GOYA
Das Zeitalter der Revolutionen
1789-1830

Hamburger Kunsthalle 17. Oktober 1980 bis 4. Januar 1981

Hamburger Kunsthalle

GOYA

Das Zeitalter der Revolutionen

1789 - 1830

Prestel

Herausgeber: Werner Hofmann

Katalogredaktion:
Werner Hofmann, Hanna Hohl, Siegmar Holsten
Gisela Hopp, Andrea Heesemann-Wilson
Redaktionssekretariat:
Dagmar Jaeckel

Aufbau und technische Einrichtung:
Herbert Dickhoff, Holger Duch, Rolf Gardthausen,
Angela Lindenau, Detlef Mallon, Gerlinde Römer,
Hyma Roskamp, Johann Seitz, Otto Spors,
Paul Stapelfeldt, Bruno Werner

Arbeitsausschuß:
Xavier de Salas
José Manuel Pita Andrade
Alfonso Emilio Pérez Sánchez
Werner Hofmann

Wissenschaftliche Berater:
Felix Baumann, Alan Bowness
John Gere, Michael Jaffé
Michel Laclotte, Maurice Sérullaz

Dieser Katalog enthält 882 Abbildungen
davon 24 in Farbe

Auf dem Umschlag:
Goya, ›Schlafende Frau‹, Dublin, National Gallery

ISBN 3-7913-0520-4
© 1980 Prestel-Verlag München
und Hamburger Kunsthalle

Abdruck, auch in Auszügen,
nur mit ausdrücklicher Genehmigung des Verlages

Offsetreproduktion:
Karl Dörfel Reproduktionsges.mbH, München
Brend'amour, Simhart GmbH u. Co.
Satz und Druck: Dr. C. Wolf & Sohn, München
Bindung: R. Oldenbourg, München

Die Ausstellung
steht unter der Schirmherrschaft
von

Bundeskanzler   und   Ministerpräsident
Helmut Schmidt   *Adolfo Suárez*

Die Ausstellung und ihr Katalog
sind folgenden Goya-Forschern gewidmet:

Jean Adhémar
José Camón Aznar
Pierre Gassier
Nigel Glendinning
José Gudiol
Tomás und Enriqueta Harris
Jutta Held
Edith Helman
F. D. Klingender
Enrique Lafuente Ferrari
George Levitine
José López-Rey
Folke Nordström
Alfonso E. Pérez Sánchez
Xavier de Salas
F. J. Sánchez Cantón
Eleanor A. Sayre
Juliet Wilson

Inhalt

Werner Hofmann	9	Vorwort
	12	Biographische und historische Dokumentation
Werner Hofmann	18	Goya und die Kunst um 1800
Maurice Sérullaz	23	Goya und Delacroix
Hans Holländer	28	Raum und Nichts
		Über einige Schlußbilder der ›Desastres de la Guerra‹ und den ›Modo de Volar‹
Maurizio Fenzo und Stefania Moronato	34	Zur Situation in Italien um 1799

Teil I Goya

37 Farbtafeln I-XII: Goya

Werner Hofmann	50	Traum, Wahnsinn und Vernunft *Zehn Einblicke in Goyas Welt*
	52	I Der Traum der Vernunft, oder: Täter und Opfer
	62	II Das zweideutige Geflügel der Nacht
	75	III »Die Krankheit der Vernunft«
	95	IV »Die Welt ist eine Maskerade«
	108	V »Wirst du nie wissen, was du auf dem Rücken trägst?«
	117	VI »Verhängnisvolle Folgen . . .«
	146	VII »Lux ex tenebris«
	171	VIII »Sterben ist besser«
	195	IX »Torheiten« (Disparates)
	209	X »Immer noch lerne ich«
Hanna Hohl		Goya als Zeichner und Graphiker
	239	Goya und Velázquez
	255	Anfänge und Experimente
	266	Von den frühen Alben zu den »Caprichos«
	280	Von den »Desastres« zu den »Disparates«
	299	Die »Tauromaquia« und die »Stiere von Bordeaux«
	300	Späte Blätter
Werner Hofmann	310	Die Gemälde

Teil II Das Zeitalter der Revolutionen

337 Farbtafeln XIII-XXIV: Zeitgenossen

Andrea Heesemann-Wilson	349	Freiheit oder Tod *Goyas Zeitgenossen zwischen Revolution und Restauration*
Werner Hofmann		Einführung: Siegmar Holsten 349 – Vorboten 358
Siegmar Holsten		Freiheit oder Tod: Revolution in Frankreich 364
und Gisela Hopp		Freiheit oder Barbarei: Widerhall und Widerstand in Europa 371
		Die Gleichheit wird beim Wort genommen: Wider die Sklaverei 378
		Opfer und Märtyrer 380
	395	Napoleon – Koloß, Weltseele, Antichrist
		Einführung: Siegmar Holsten 395 – Das Bild Napoleons 398
		Der permanente Krieg 411 – Patriotischer Widerstand 430
		Leitfiguren im Kampf gegen Napoleon 436
	443	Nachtgedanken
		Einführung: Werner Hofmann 443 – Nachtgedanken 447 – Rebellen 450
		Angst und Verzweiflung 458 – Die herausgeforderten Elemente 463
		Das fahle Pferd 469 – Pferde 472 – Eros 474 – Hexen 476
	480	Gescheiterte Hoffnungen *Vom Wiener Kongreß zur Julirevolution*
		Einführung: Werner Hofmann 480 – Die neue Ordnung 486
		Wunschbilder der Eintracht 491 – Nationale Gräber, Heldenmale
		und Gedenkbilder 495 – Géricault: »Wirklich ist nur das Leiden« 503
		Frankreich: Freiheit als nationale Selbstbestimmung 509

Anhang bearbeitet von Günter Hartmann und Andrea Heesemann-Wilson

524	Verzeichnis der abgekürzt zitierten Literatur
529	Kurzbiographien der Künstler und Verzeichnis ihrer ausgestellten Werke
544	Verzeichnis der Vergleichsabbildungen
547	Fotonachweis
548	Konkordanzen
550	Verzeichnis der Leihgaben nach Standorten
551	Der Zyklus ›Kunst um 1800‹

»Der mehrdeutige Charakter dieses Werkes bedeutet einen beständigen Schock. Unsere Betrachtung verwandelt sich in einen dauernden Kampf mit ihm und mit uns selbst, weil wir, wenn wir ihm gegenüberstehen, nicht wissen, was wir denken sollen: Ist das, was wir sehen, gut oder schlecht? Hat es diese Bedeutung, die wir ihm geben, oder genau den gegenteiligen Sinn? Drückt sich in dem, was er schafft, der Wille des Künstlers aus, oder entsteht das, was er malt, ohne seinen Willen? Mit einem Wort: ist er ein hochbedeutendes Genie oder ein Irrsinniger? Wenn diese Unschlüssigkeit ein Ende fände und wir uns für das eine oder das andere Extrem entscheiden könnten, würde damit auch der Genuß und die zutiefst innerliche Freude an seinem Werk vermindert werden, und Goya würde aufhören, ein so einzigartiges Phänomen in der Kunstgeschichte zu sein, wie er es jetzt darstellt.«

Ortega y Gasset *Goya*

Goya: *El Sueño de la Razon produce Monstruos*
(Der Traum der Vernunft erzeugt Ungeheuer)
Federzeichnung laviert, 1797

Vorwort

Flugblatt des Altonaer Jakobinerklubs, 1792
Kopenhagen, Staatsarchiv

Im Sommer 1891 bot der Londoner Kunsthändler und Antiquar Bernard Quaritch dem Direktor der Hamburger Kunsthalle ein Konvolut spanischer Zeichnungen an, das zuvor dessen Berliner Kollege offenbar als nicht erwerbenswert erachtet hatte. Lichtwark griff zu und sicherte unserem Kupferstichkabinett für 180 Pfund den Grundstock seines Bestandes spanischer Meister: 122 Blätter, hauptsächlich von Künstlern des 17. Jahrhunderts, die an Umfang und Qualität nur von den Sammlungen des Prado übertroffen werden. (Der von Alfonso Emilio Pérez-Sánchez verfaßte Katalog der Prado-Zeichnungen des 17. Jahrhunderts umfaßt 374 Blätter.) Gerade die Seltenheit spanischer Zeichnungen verhilft unserer Sammlung zu ihrem Rang — auf der im vergangenen Frühjahr vom Prado veranstalteten Ausstellung spanischer Meisterzeichnungen des siglo d'oro war sie mit vierzig Leihgaben vertreten. Auch unsere Goyas — Teil des Lichtwarkschen Ankaufs — haben Gewicht: die achtzehn Zeichnungen stehen — freilich mit Abstand — nach dem Prado und dem Metropolitan Museum an dritter Stelle der Goya-Bestände öffentlicher Sammlungen.

Mit diesem Pfund läßt sich wuchern. Wolf Stubbe brachte es 1966 als beachtliches Eigenkapital in die große Ausstellung ›Spanische Zeichnungen von El Greco bis Goya‹ ein, zu der die Madrider Sammlungen (Prado, Biblioteca Nacional, Academia de San Fernando) den größten Teil der Leihgaben beisteuerten.

Unsere Ausstellung bezieht ihre raison d'être aus anderen Überlegungen. Sie ist auch nicht lokalhistorisch konzipiert und streift bloß einige der Anknüpfungspunkte, welche Hamburg mit den europäischen Erschütterungen des »Zeitalters der Revolutionen« verbinden. Wir verweisen auf die Flugblätter des Altonaer Jakobinerklubs, der vor den Toren der Freien und Hansestadt für Beunruhigung sorgte, wir erinnern an die heikle diplomatisch-kommerzielle Versöhnungsmission, welche Georg Heinrich Sieveking, einen der angesehensten Bürger der Stadt, 1796 nach Paris führte. In jenen Jahren der engen wirtschaftlichen Beziehungen zwischen den beiden Republiken dürfte wohl auch Regnaults berühmtes Bild ›Freiheit oder Tod‹ (Kat. 322) in eine Hamburger Sammlung gelangt sein. Von den Volksfesten, die damals stets am Jahrestag des Sturms auf die Bastille auf der Alster stattfanden, konnten wir leider keine Bilddokumente auftreiben. Schließlich ist an ein Kuriosum zu erinnern (zu dem Georg Syamken die Fährte erschloß), welches den von Napoleon beherrschten Kontinent als Vorwegnahme des Europas der Gastarbeiter erscheinen läßt. Als Hamburg ab 1806 dem französischen Imperium eingegliedert und 1811 zum Département ›Bouches de l'Elbe‹ umbenannt wurde, kamen spanische Truppen in die Hansestadt. Selber in ihrer Heimat von den Franzosen besetzt, durften die Katalonier und Andalusier 1806 bis 1808 bei den Deutschen Besatzung spielen. Sie kamen mit Kind und Kegel, was die Beziehungen zur einheimischen Bevölkerung zwar nicht vertiefte, aber ein freundliches Nebeneinander ermöglichte. Die Spanier waren in Hamburg beliebt, so berichten übereinstimmend die Quellen.

›Goya — Das Zeitalter der Revolutionen‹ beschließt und bekrönt den 1974 begonnenen Zyklus ›Kunst um 1800‹. Dies ist freilich nicht nur das Ergebnis planender Strategie, sondern die zwangsläufige Folge des Umstandes, daß die Sondermittel für bedeutende Ausstellungen der Hamburger Museen reihum vergeben werden, wir also schon 1974 (als erstmals Caspar David Friedrich damit bedacht wurde) wußten, daß das kostspielige Goya-Projekt erst 1980 würde stattfinden können. Gewiß beschert das unserem Zyklus ein glanzvolles Finale, doch hat die Ausstellung selbst manche Lücke als Folge der Leihmüdigkeit, welche zwei Ausstellungen der letzten Jahre — ›Goya‹ in Paris und ›Die europäische Kunst am spanischen Hof des 18. Jahrhunderts‹ in Bordeaux, Paris und Madrid — bei den öffentlichen und privaten Sammlungen hervorgerufen haben. Das hatte zur Folge, daß die mit Xavier de Salas, dem Direktor des Prado, seit 1975 geführten vorbereitenden Gespräche neu orientiert wurden, als José Manuel Pita Andrade die

Leitung des Museums übernahm. Gemeinsam mit seinem Subdirektor, Alfonso Emilio Pérez-Sánchez, stellte der neue Direktor unser utopisches Vorhaben auf den nüchternen Boden der Realisierbarkeit. Wir einigten uns auf einen Grundstock von rund 100 Zeichnungen — ein Ensemble, wie es in diesem Umfang noch nie gezeigt worden ist. Es kann nicht deutlich genug gesagt werden: den Maler Goya können täglich tausende Besucher des Prado sehen — sofern der Andrang es zuläßt —, der Zeichner bleibt ihnen verschlossen. Er wird in Hamburg zum ersten Mal Thema und Mittelpunkt einer Ausstellung. Bei der Auswahl der Blätter und der Vorbereitung des Kataloges halfen uns Señora Doña Rocio Arnaéz und Señora Doña Manuela Mena, bei den technischen Fragen der Verwaltungsdirektor des Prado, Señor Don Javier Morales Vallejo, und seine Sekretärin Señora Doña Michelle Longet. Immer wieder durfte der Unterzeichnete die Kollegialität des Direktors und des Subdirektors bemühen, immer wieder an die Freundschaft von Xavier de Salas appellieren, der neuerdings mit seiner Autorität als Vorsitzender des wieder ins Leben gerufenen ›Patronats‹ schließlich noch einige zusätzliche Gemälde für Hamburg verfügbar machen konnte und der alle seine Beziehungen spielen ließ, um uns die Leihgaben aus Privatbesitz zu erschließen. Seiner Fürsprache verdanken wir die Bilder von Doña María de la Blanca Gómez-Acebo y Silvela und Doña María de la Piedad Gómez-Acebo y Silvela sowie von Señor Don José Luis Várez Fisa. An zweiter Stelle ist die Biblioteca Nacional in Madrid zu nennen, deren Vizedirektor, Señor Don Manuel Carrion Gutiez, mit großer Präzision alle unsere Wünsche erfüllte, wobei ihm Señora Doña Consuelo de Angulo zur Seite stand. Wesentliche Unterstützung lieh uns die Botschaft der Bundesrepublik Deutschland in Madrid, wofür ich Herrn Botschafter Dr. Lothar Lahn und Herrn Botschaftsrat Albrecht Frank herzlich danken möchte. Daß auch Banken in der internationalen Ausstellungsdiplomatie hilfreich sein können, erwiesen die von Herrn Hans-Kurt Scherer, dem Generalbevollmächtigten der Deutschen Bank in Hamburg, in seiner Eigenschaft als Geschäftsführer der ›Stiftung zur Förderung der hamburgischen Kunstsammlungen‹ geknüpften Fäden zu den Direktoren der Niederlassung der Deutschen Bank in Madrid, Herrn Karl-Otto Born und Herrn Dr. Thomas Feske, die für uns die Leihgaben des Banco Exterior de España und des Banco Español de Crédito erwirkten.

Zu den Madrider Leihgaben kam der Beitrag zweier Hamburger Sammler, welche den größten Teil der Radierungen und Lithographien beisteuerten — darunter eine Reihe von Probedrucken und überaus seltenen Exemplaren. (Die Hamburger Kunsthalle besitzt Goyas radierte Zyklen nur in gebundenen Ausgaben.) Wir danken unseren Hamburger Freunden für ihre beispielhafte Liberalität. Zu keiner Stunde sollte dies eine herkömmliche Goya-Ausstellung sein — eine Ambition, die sich nicht nur mit dem Rang des Erfinders der ›Caprichos‹, sondern auch mit unserem Zyklus ›Kunst um 1800‹ begründen läßt, für dessen Abschluß kein Brennpunkt von größerer schöpferischer Potenz hätte gefunden werden können. (Darüber mehr in der folgenden Einführung ›Goya und die Kunst um 1800‹.) Wir ließen also nochmals die Epoche Revue passieren und stellten fest, daß die Gestalten und Themen der acht vorangegangenen Ausstellungen in dem von Goya beherrschten Planetensystem durchaus ihren Platz und ihre Funktion haben, zumal wenn wir nicht die ganze Epochenbreite, sondern nur die Thematik des »Zeitalters der Revolutionen« anvisieren. Solche Konzentration schien geboten, wollten wir nicht in den aussichtslosen Wettstreit mit den Ausstellungen des Europarates treten, deren ausufernde Breite uns übrigens als Warnung diente.

Unsere Bitten um Leihgaben fanden unerwartet aufgeschlossenen Widerhall. Wir bekamen mehr Zusagen, als wir zu erhoffen wagten. 75 öffentliche und private Sammlungen haben uns Leihgaben überlassen. Die bereitwilligsten Freunde und Kollegen verdienen hier genannt zu werden — dies auch im Rückblick auf die Großzügigkeit, mit der sie an den acht anderen Ausstellungen mitwirkten: Felix Baumann, Alan Bowness, Günter Busch, Martin Butlin, Bengt Dahlbäck, Reginald Dodwell, John Gere, Dieter Honisch, Michael Jaffé, C.M. Kauffmann, Walter Koschatzky, Michel Laclotte, Gilberte Martin-Méry, Franz Meyer, Bernard de Montgolfier, Pierre Rosenberg, Norman Rosenthal, Jean-Pierre Seguin, Maurice Sérullaz, Erich Steingräber, Robert Waißenberger und James White.

Freilich gingen nicht alle Wünsche in Erfüllung. Die französischen »Revolutionsarchitekten« — Ledoux, Boullée und Lequeu — fehlen, weil gerade zur gleichen Zeit die Pariser Nationalbibliothek ihr Gesamtwerk zeigt, das in der Hamburger Kunsthalle bereits 1970

Suhr, *Ein Katalonier mit seiner Frau und Kind auf dem Marsch*
Kolorierte Radierung
Hamburg Museum für Hamburgische Geschichte

Suhr, *Spanischer Offizier mit Regenschirm*
Aquarell
Hamburg, Museum für Hamburgische Geschichte

in einer von Klaus Gallwitz vorbereiteten Ausstellung zu sehen war. Wir vermissen Wilkies ›The Maid of Saragossa‹ (Abb. 86) aus dem Besitz der englischen Krone, wir bedauern, daß die polnischen Museen nicht in der Lage waren, uns Dokumente über die polnischen Freiheitskämpfe 1794 und 1830 zu überlassen. Italien ist die große »Abwesende«, doch zeigen wenigstens einige Photographien, wie die französische Revolution im Veneto aufgenommen wurde (Abb. S. 35).

Alles in allem ist die Fülle des Materials mehr als beachtlich — doch welcher Ausstellungsregisseur brächte es fertig, an kollegiale Großzügigkeit die Elle der »Verschlankung« zu legen? Wir wollen nicht verhehlen, daß Ausstellung und Katalog weit über ihren ursprünglich vorgesehenen Umfang hinauswuchsen, und wir können nur hoffen, daß sich dem Besucher mit den Beschwernissen des Schauens und Katalog-Tragens auch etwas von der Freude und Intensität mitteilt, welche unserer Arbeit Pate standen. Damit meine ich die Mitarbeiter, deren Beiträge meinem Konzept die wissenschaftliche Binnenzeichnung geben: Andrea Heesemann-Wilson, Hanna Hohl, Siegmar Holsten und Gisela Hopp. Die beiden mit Goya befaßten Katalogbearbeiter — Hanna Hohl und der Unterzeichnete — wurden in linguistischen Fragen immer wieder beraten von Sabine Horl, deren Übersetzungen der Kommentare zu den ›Caprichos‹ einen wesentlichen Bestandteil des Kataloges ausmachen.

Eine Ausstellung dieses Umfangs und dieser Komplexität beruht auf mehreren Bezugspunkten — Wissenschaft, Restaurierung, Verwaltung und technische Einrichtung —, die ständig miteinander kommunizieren müssen, wenn anders das Unternehmen gefährliche Schlagseiten hinnehmen muß. Je geringer die Mittel und je knapper die personelle Ausstattung, desto mehr ist zügige Zusammenarbeit geboten. Dank der Flexibilität aller Beteiligten hat dieser seit Jahren erprobte Kontakt wieder ausgezeichnet funktioniert. Als Vorsitzender des Museumsrates danke ich allen, die an der Ausstellung mitgewirkt haben, besonders den Wissenschaftlern und Restauratoren, sodann Herrn Karl-Wilhelm Eggemann, unserem Verwaltungsleiter, Herrn Otto Spors, der mit seinen Mitarbeitern, von den Tischlern und Elektrikern unterstützt, den Aufbau der Ausstellung betreute, und Frau Dagmar Jaeckel, meiner Sekretärin, für ihre unermüdliche, hingebungsvolle Arbeit. Frau Andrea Jonischkies hat meine Manuskripte geschrieben, Frau Ute Harms und Herr Günter Hartmann haben mich bei der Katalogredaktion unterstützt und beim Korrekturenlesen entlastet.

Die von der Kunsthalle erstellten Bezugspunkte decken nur einen Teil des Arbeitsaufwandes ab, der hinter dieser Ausstellung steht. Dazu kommen der Transport, die Versicherung und die verlegerische Herstellung des Kataloges. Wieder war Herr Herbert Wuttke für uns und das Haus Hasenkamp unermüdlich tätig, wieder hat uns Frau Monika Ohge von der Firma von Berenberg-Gossler zu den günstigsten Bedingungen verholfen, und schließlich sei des Prestel-Verlags dankend gedacht, dessen erfahrene Mitarbeiter Frau Aasta Fischer, Frau Marina Traber und die Herren Eugen Sporer, Peter Langemann und Christoph Wiedemann die Herstellung des Kataloges betreuten.

Werner Hofmann

Biographische Dokumentation

1746
Am 30. März wird Francisco José de Goya y Lucientes in Fuendetodos (Aragon) geboren als Sohn des Vergolders José Goya und seiner Frau Engracia Lucientes, die aus verarmtem argonesischen Adel stammt. Er wächst in Saragossa auf.

1758-61
erhält er in Saragossa seine erste Ausbildung bei dem Maler José Luzán. Er kopiert Stiche.

1763-66
Wahrscheinlich ist Goya bis 1771 Schüler von Francisco Bayeu, seinem ehemaligen Mitschüler bei Luzán. 1763/64 reist Goya nach Madrid und nimmt ohne Erfolg an einem Wettbewerb der Academia de San Fernando teil. 1766 hält er sich aus demselben Grund zum zweiten Mal in Madrid auf, gewinnt aber wieder keinen Preis. Diese Reisen machen deutlich, daß sich Goya dem privilegierten Kreis um Mengs anschließen will. Mengs wurde 1761 nach Madrid berufen und gehört der neuen Malergeneration an, die, zusammen mit Winckelmann, eine Erneuerung der Klassik auf wissenschaftlicher Basis anstrebt.

1770-72
Auf Anregung von Francisco Bayeu unternimmt Goya eine Italienreise und hält sich in Rom auf. 1771 beteiligt er sich an einem Wettbewerb der Akademie in Parma und erhält eine ehrenvolle Erwähnung durch die Jury. Ende Juni kehrt er von Rom nach Saragossa zurück. Hier erhält er seinen ersten bedeutenden Auftrag: die Deckenmalerei des kleinen Chors der Kirche El Pilar, die er bis 1772 ausführt.

1773-74
Goya hält sich in Madrid auf und heiratet Josefa Bayeu, die Schwester des Hofmalers Francisco Bayeu, mit dem er seit seiner Ausbildung in Saragossa in engem Kontakt steht. Auf Veranlassung Bayeus wird Goya Ende 1774 durch Mengs zum Hofmaler berufen. Er malt sein erstes Selbstbildnis (Kat. 281).

1774-76
Goya freskiert die Karthäuserkirche Aula Dei in Saragossa. Er siedelt nach Madrid über und wohnt bei seinem Schwager Francisco Bayeu in der Calle del Reloj Nr. 7-9. 1775 beginnt Goyas Tätigkeit für die Teppichmanufaktur Santa Bárbara in Madrid. Die erste Serie entsteht für den Palast San Lorenzo del Escorial, die zweite 1776-78 für den Palast El Pardo. Sie leiten eine Folge von Serien solcher Tapisseriekartons ein, die Goya bis 1792 entwirft (Kat. 283).

Historische Dokumentation

Der Schwur vom 17. Juni 1789 (»Es lebe der König!«)

Die Nationalversammlung tritt am 17. Juni 1789 in Versailles zusammen

Feier zum ersten Jahrestag (am 14. Juli 1790) der Erstürmung der Bastille auf dem Marsfeld

1746
Ferdinand VI. wird König von Spanien.

1755
Zusammenstöße in Nordamerika führen zum Ausbruch des Krieges zwischen England und Frankreich.

1756
Ausbruch des Siebenjährigen Krieges: Preußen (1758-61 im Bündnis mit England) kämpft gegen Österreich, Frankreich, Rußland, Schweden und die Mehrzahl der Reichsfürsten.

1759
Karl III. wird König von Spanien.

1760
Nach dem Tod Georgs II. wird Georg III. englischer König.

1761
Spanien schließt sich der französisch-österreichischen Koalition gegen England und Preußen an und tritt ein Jahr später in den Krieg gegen England ein.

1763
Ende des Siebenjährigen Krieges. Durch den Frieden von Paris zwischen Spanien, Frankreich und England wird England zur größten Kolonialmacht, Nordamerika wird britisches Territorium.

1764
Wachsende Kritik an Einfluß, Reichtum und reformfeindlicher Haltung des Jesuitenordens führt zu seiner Vertreibung aus Frankreich.

1766
Die Unbeliebtheit des spanischen Finanz- und Kriegsministers Esquilache führt zu einer Reihe von Erhebungen, die den König zwingen, zeitweise aus der Hauptstadt zu fliehen und den Minister zu entlassen.

1767
Der wesentlich am Esquilache-Aufstand beteiligte Jesuitenorden wird aus Spanien vertrieben.

1773
Papst Klemens XIV. verkündet die kirchliche Aufhebung des Jesuitenordens.

1774
Nach dem Tode Ludwigs XV. wird Ludwig XVI. französischer König.

1775
Beginn des nordamerikanischen Unabhängigkeitskrieges gegen England.

1776
Unabhängigkeitserklärung der dreizehn anglo-

BIOGRAPHISCHE DOKUMENTATION

1777-78
Goya wohnt in der Carrera de San Jerónimo Nr. 66, einem Haus der Marquesa de Campollano. 1778 veröffentlicht Goya Radierungen nach Bildern von Velázquez, die aus königlichen Sammlungen in Madrid zusammengetragen und von Mengs den jungen Künstlern zur Nachahmung empfohlen wurden. Zwei Radierungen fertigt er in dem erst kurz zuvor erfundenen Aquatinta-Verfahren, dessen Vervollkommnung er sich allmählich zu eigen macht.

1780
1776 hatte Goya den Auftrag für die Kuppelausmalung der Kirche El Pilar in Saragossa erhalten, die er 1780-82 zusammen mit Francisco und Ramón Bayeu ausführt. Er weigert sich, Änderungen seines Entwurfs durch Bayeu vornehmen zu lassen. Seine erste Auflehnung gegen den Akademismus bleibt jedoch erfolglos. Goya wird Mitglied der Academia de San Fernando. Sein Aufnahmestück ist das bewußt akademisch konzipierte Kruzifix für San Francisco el Grande in Madrid (Prado).

1781-82
In königlichem Auftrag beginnt er das große Gemälde des Heiligen Bernardino für die Kirche San Francisco el Grande. Sein Vater stirbt. 1782 (wahrscheinlich aber schon seit 1779) lebt Goya in einem Haus in der Calle del Desengaño Nr. 1.

1783
Es entsteht des Portrait von Floridablanca, dem ersten Staatssekretär Karls III. Goya hält sich auf dem Landsitz des Infanten Don Luis in Arenas auf, um Portraits der Familie zu malen.

1784
Sein Sohn Francisco Javier Goya wird geboren (gest. 1854). Er ist der einzige Sohn, der seinen Vater überlebt.

1785
Goyas Tätigkeit für die Herzöge von Osuna beginnt, von denen er bis 1799 Aufträge erhält. Er malt einen Portraitzyklus im Auftrag der Banco de San Carlos in Madrid.

1786
Zusammen mit Ramón Bayeu wird er zum königlichen Maler (Pintor del Rey) ernannt.

1787-88
entstehen die Altarbilder für Santa Ana in Vallodolid und für die Kapelle des heiligen Franziskus de Borja in der Kathedrale von Valencia, sowie Kabinettbilder für die Herzöge von Osuna. Er vollendet das Portrait Karls III. (Kat. 285).

1789
Goya wird zum Hofmaler (Pintor de cámara) ernannt. Er malt Portraits der Thronfolger Carlos IV. und Maria Luisa.

1792-93
Während eines Aufenthaltes in Cádiz (Andalusien) erkrankt Goya und wird taub. Sein Schwager Ramón Bayeu stirbt. Goya malt Kabinett-

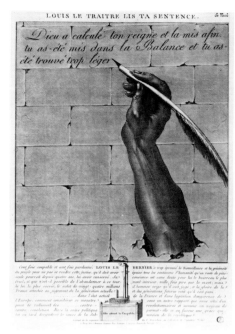

»Verräter Ludwig, lies dein Urteil«, 1793

Robespierre wird am 28. Juli 1794 hingerichtet

HISTORISCHE DOKUMENTATION

amerikanischen Kolonien. Floridablanca wird Erster Minister Spaniens.

1778
Frankreich schließt ein Bündnis mit den Vereinigten Staaten und tritt, unterstützt von Spanien, in den Krieg gegen England ein.

1780
Joseph II. tritt nach dem Tod Maria Theresias ihre Nachfolge an.

1783
Im Frieden von Versailles erkennt England die Unabhängigkeit der USA an.

1786
Friedrich Wilhelm II. folgt Friedrich II. auf den preußischen Thron.

1787
Unterzeichnung der Bundesverfassung der Vereinigten Staaten von Amerika.

1788
Tod Karls III.,. Karl IV. wird spanischer König. Während seiner Herrschaft bestimmt Godoy, Günstling der Königin Maria Luisa und ab 1792 Erster Minister, die Politik maßgeblich.

1789
Ausbruch der Französischen Revolution. Verlauf: Im Mai Eröffnung der unter dem Druck der Finanznot einberufenen Generalstände in Versailles. Im Juni bildet der sich als Träger des Nationalwillens verstehende Dritte Stand, das Bürgertum, die Nationalversammlung und berät eine Verfassung. Gerüchte von einer geplanten Auflösung der Nationalversammlung durch den König veranlassen die Abgeordneten zum Auszug in das Ballhaus, wo sie schwören, eine Verfassung durchzusetzen. Konzentrierungen königlicher Truppen und die Entlassung des reformfreudigen Finanzministers Necker rufen Unruhen in Paris und am 14. Juli den Sturm auf die Bastille hervor. In den folgenden Monaten beschließt die Nationalversammlung: Aufhebung des Feudalsystems und der Standesprivilegien, Abschaffung des Zehnten für den Klerus, Einführung des Einkammernsystems und Annahme des an drei Steuerklassen gebundenen Zensuswahlrechtes.
Georg Washington wird zum ersten Präsidenten der Vereinigten Staaten von Amerika gewählt.

1790
Verstaatlichung der französischen Kirchengüter, Beamtung der Geistlichen.
Nach dem Tod Josephs II. übernimmt Leopold II. die Herrschaft.

1791
Ein Fluchtversuch Ludwigs XVI. wird vereitelt. Leopold II. und Friedrich Wilhelm II. beschließen, im Interesse der Monarchie in Frankreich einzuschreiten (Pillnitzer Deklaration).

1792
Frankreich erklärt dem von Preußen unterstützten Österreich den Krieg (1. Koalitionskrieg). Zweite Revolutionsphase in Frankreich: Sturm

BIOGRAPHISCHE DOKUMENTATION

stücke für die San Fernando-Akademie, um von Aufträgen unabhängige Bilder vorzuweisen.

1795
Goyas Schwager Francisco Bayeu stirbt. Goya wird zum Direktor der Malerei (Director de pintura) an der Academia de San Fernando ernannt. Er malt die Bildnisse des Herzogs und der Herzogin von Alba.

1796
Goya reist erneut nach Andalusien (Sevilla, Cádiz und Sanlúcar) und hält sich bei der Herzogin von Alba auf. Der Herzog von Alba stirbt. Goya malt ein Portrait der Herzogin in Schwarz. Die Zeichnungen des ›Sanlúcar-Albums‹ (Kat. 222a, b) schildern das freizügige Leben in der Umgebung der Herzogin.

1797
Zurückgekehrt nach Madrid, fertigt er eine Reihe von Zeichnungen an, das ›Madrider Album‹ (Kat. 223-225). Er beginnt die Arbeit an den ›Caprichos‹. Goya portraitiert seine liberalen Freunde Meléndez Valdés (Kat. 289) und den Viceprotektor der Akademie, Bernardo de Iriarte. Es entstehen sechs Hexengemälde für die Herzöge von Osuna. Wegen seiner Taubheit tritt Goya von seinem Amt als Direktor für Malerei zurück, weil es mit Lehrverpflichtungen verbunden ist. Daraufhin wird er Ehrenmitglied der Akademie (Director honorario).

1798
Goya malt Fresken in San Antonio de Florida in Madrid. Er portraitiert den liberalen Justizminister Jovellanos und den französischen Gesandten Guillemardet. Für die Kathedrale in Toledo malt Goya die Gefangennahme Christi (Kat. 293).

1799
veröffentlicht Goya seine Caprichos. Er wird zum ersten Hofmaler ernannt (Primer pintor de cámara). Goya malt sieben Bilder für die Alameda de Osuna und ein Portrait des befreundeten Dichters Leandro Fernández de Moratín, der wie Meléndez Valdés den französischen Klassizismus in Spanien vertritt. Als Hofmaler portraitiert er Karl IV. und Maria Luisa (Kat. 294).

1800
Goya malt das berühmte Gruppenportrait der Familie Karls IV. und Bildnisse des königlichen Hofs (Die Gräfin von Chinchon). Zwischen 1798 und 1805 entstehen die Darstellungen der nackten und bekleideten ›Maja‹.

1801
entsteht das Bildnis von Godoy, dem Günstling der Königin und dem einflußreichsten Staatsmann Spaniens. Goyas Freund Jovellanos wird in Bellver eingekerkert (bis 1808).

1802
Die Herzogin von Alba stirbt. Goya konzipiert ein Projekt für ihr Grab.

1803
Goya übergibt die Druckplatten der Caprichos dem König aus Furcht vor der Inquisition.

Frankreich träumt von der Invasion Englands, 1797

Napoleon löst den Rat der Fünfhundert auf, 1799

Napoleon am Grabe Friedrichs des Großen in Potsdam, 25. Oktober 1806

HISTORISCHE DOKUMENTATION

auf die Tuilerien, Gefangennahme der königlichen Familie. Danton und Marat veranlassen zur »Gefängnisreinigung« die Septembermorde. Frankreich wird zur Republik erklärt.
Nach dem Tode Leopolds II. übernimmt Franz II. die Regierung (1804 nimmt er als Franz I. den erblichen Titel eines Kaisers von Österreich an).

1793
Hinrichtung Ludwigs XVI. Daraufhin treten neben anderen europäischen Mächten auch England und Spanien dem Bündnis gegen Frankreich bei. Beginn der »Schreckensherrschaft« in Frankreich: Einsetzung des Revolutionstribunals, Massenverhaftungen, Hinrichtung Marie-Antoinettes. Charlotte Corday ermordet Marat. Zweite Teilung Polens zwischen Preußen und Rußland.

1795
Friede von Basel zwischen Frankreich und Preußen, dem sich auch Spanien anschließt: Godoy wird daraufhin »Friedensfürst«. In Frankreich beginnt die Regierung eines fünfköpfigen ›Direktoriums‹ des Bürgertums.

1796
Nach dem französisch-spanischen Vertrag von Ildefonso tritt Spanien in den Krieg gegen England ein. Erfolgreicher Feldzug Napoleon Bonapartes in Italien mit mehrfachem Sieg über Österreich, Eroberung der Lombardei, Belagerung Mantuas.

1797
Friede von Campo Formio zwischen Frankreich und Österreich mit territorialen Gewinnen für Frankreich.
Regierungsantritt Friedrich Wilhelms III. von Preußen.

1798
Ägyptenfeldzug Napoleons. Nelson besiegt die französische Flotte bei Abukir.
Saavedra übernimmt Godoys Ministerium.

1799
England, Rußland, Österreich, Portugal, Neapel, die Türkei und der Kirchenstaat verbünden sich zum 2. Koalitionskrieg gegen Frankreich. Napoleon stürzt das Direktorium und wird Erster Konsul, Talleyrand sein Außenminister. Urquijo löst Saavedra ab.

1800
England besetzt Malta. Napoleon besiegt die Österreicher bei Marengo.
Godoy wird erneut Erster Minister.

1801
Österreich muß im Frieden von Lunéville die Bedingungen von Campo Formio bestätigen.
Godoy führt als Generalkapitän der spanischen Armee im Interesse Frankreichs Krieg gegen Portugal.

1802
Friede von Amiens zwischen England und Frankreich: Für die französische Räumung

BIOGRAPHISCHE DOKUMENTATION

1804-1807
Es entstehen zahlreiche Portraits: der Marquis von San Adrian, die Marquise von Villafranca und die Marquise von Santa Cruz. 1805 malt Goya Familienangehörige. Sein Sohn Javier heiratet. 1806 wird sein Enkel Mariano Goya geboren (gest. 1874). Goya malt sechs Szenen vom Banditen El Maragato. Goya begegnet seiner späteren Lebensgefährtin Leocadia Zorilla, die 1807 Isidoro Weiss heiratet.

1808
Die Akademie bestellt bei Goya das Reiterbildnis des Thronerben Fernando VII. Goya bekundet Joseph Bonaparte seine Anerkennung. Er reist nach Saragossa auf Einladung von General Palafox, dem Verteidiger der Stadt gegen die Franzosen, um die Ruinen zu zeichnen. Der liberale ehemalige Justizminister Jovellanos und der Kunsthistoriker Ceán Bermúdez, ebenfalls Goyas Freund, kehren nach Madrid zurück. Die ›Majas‹ werden als Eigentum Godoys inventarisiert.

1809-1810
Im Auftrag der Stadt malt Goya eine Allegorie Madrids mit dem Bildnis von Joseph Bonaparte. Er portraitiert General Victor Guye. Die ersten Platten der ›Desastres de la Guerra‹ entstehen, in denen sich auch während der folgenden Jahre Goyas Eindrücke des Unabhängigkeitskrieges niederschlagen. In den Jahren 1808-12 malt Goya das Bild ›Der Koloß‹.

1811
Goya erhält von Joseph Bonaparte den königlichen Orden Spaniens. Jovellanos stirbt. Einer der besten Freunde Goyas, der Dichter Leandro Fernández de Moratín, wird Generaldirektor der Bibliotheken.

1812
Josefa Bayeu, Goyas Frau, stirbt. Goya portraitiert Wellington und übermalt auf der Allegorie Madrids im Auftrag der Stadt das Portrait Joseph Bonapartes mit der Aufschrift »Constitucion«, das er aber nach der Rückkehr Josephs in den alten Zustand bringen muß.

1813
lebt Goya mit der inzwischen verwitweten Leocadia Weiss zusammen. Als Vorbereitung zur Rückkehr Ferdinand VII. wird Goya beauftragt, auf der Allegorie Madrids das Wort »Constitucion« anstelle des Portraits von Joseph Bonaparte wieder einzufügen. Die Aufschrift wurde aber binnen kurzem von einem anderen Maler mit einem Portrait Ferdinands VII. übermalt.

Begegnung Napoleons und Alexander I. auf einem Floß im Njemen am 25. Juni 1807

Englische Karikatur, *Spanische Patrioten dringen in Madrid ein und entdecken den Herzog von Berg*, 1808

Die Vereinigung Frankreichs und Österreichs, 1810

HISTORISCHE DOKUMENTATION

Ägyptens verzichtet England auf den größten Teil seiner überseeischen Eroberungen.
Napoleon wird Konsul auf Lebenszeit.

1803
Der Reichsdeputationshauptschluß zu Regensburg führt zur Aufhebung der Klöster und Säkularisierung der meisten deutschen Fürstentümer.

1804
Spanien erklärt England den Krieg.
England, Rußland, Österreich, Schweden und Neapel verbünden sich zu einer neuen Koalition gegen Frankreich.
Napoleon krönt sich zum Kaiser der Franzosen.

1805
Napoleon wird König von Italien.
Dritter Koalitionskrieg. Durch den Sieg über die französisch-spanische Flotte bei Finistère und Trafalgar sichert England sich die Seeherrschaft.
Napoleon besiegt Rußland und Österreich bei Austerlitz (Dreikaiserschlacht). Nach dem Frieden von Preßburg scheidet Österreich aus der Koalition aus.

1806
16 süddeutsche Fürsten gründen unter Napoleons Protektorat den Rheinbund, dem sich bis 1811 20 weitere deutsche Territorien anschließen. Franz II. legt die römisch-deutsche Kaiserkrone nieder.
Napoleon besiegt das mit Rußland verbündete Preußen bei Jena und Auerstedt und verhängt eine Blockade gegen England.
Nach dem Sturz der Bourbonen in Neapel wird Napoleons Bruder Joseph dort König.

1807
Die Schlacht bei Eylau zwischen Frankreich und Rußland/Preußen endet ohne klaren Sieger.
Friede von Tilsit.
Ein französisches Heer unter Junot erobert Portugal.
Im Vertrag von Fontainebleau sichert Godoy Frankreich militärische Stationierungs- und Durchmarschrechte in Spanien.
Spanien schließt sich der Kontinentalsperre an.

1808
Ein Volksaufstand in Aranjuez gegen die Politik Godoys führt zu dessen Verhaftung und läßt Karl IV. zugunsten seines Sohnes Ferdinand VII. abdanken. Napoleon, der um seinen Einfluß in Spanien fürchtet, nötigt in Bayonne Ferdinand zur Abdankung zugunsten seines Bruders Joseph Bonaparte, den er zum spanischen König ernennt. Volksregierungen in Oviedo und Cartagena proklamieren daraufhin den nationalen Widerstand. Asturien und Andalusien erheben sich, in Sevilla wird eine Zentral-Junta für Ferdinand VII. gebildet. Nach der Niederlage des französischen Heeres bei Balién, der Flucht Josephs und der Landung des englischen Generals Wellesley (ab 1814 Herzog von Wellington) in Portugal greift Napoleon selbst mit 300000 Mann ein.

BIOGRAPHISCHE DOKUMENTATION

1814
Mit finanzieller Unterstützung der Regierung malt Goya die berühmten Bilder des Aufstands vom 2. Mai 1808 und der Erschießung der Aufständischen am 3. Mai 1808. Er portraitiert Ferdinand VII. (Kat. 298) und General Palafox, den Helden von Saragossa. Die ›Majas‹ werden von der Inquisition als unzüchtig bezeichnet. Goyas Freund Iriarte, der ehemalige Vizeprotektor der Akademie, stirbt in Bordeaux.

1815-1816
Goya steht wegen der ›Majas‹ vor der Inquisition. Wie alle Mitglieder der Akademie muß sich Goya für seine Haltung während der französischen Herrschaft rechtfertigen. Er wird wieder als Hofmaler eingesetzt. Neben Selbstbildnissen entstehen zahlreiche Portraits, u. a. von José Luis Munárriz (Direktor der Philippinenkompanie), Miguel de Lardizábal (Indienminister) und dem Herzog von San Carlos. In diesem Jahr arbeitet Goya an den ersten Platten der ›Tauromaquia‹, die 1816 veröffentlicht wird. Um 1815 entsteht ›Die Sitzung der Philippinenkompanie‹.

1817-1818
Goya hält sich in Sevilla auf und malt für die Kathedrale der Stadt das Altarbild ›Die Heiligen Justina und Rufina‹. Ceán Bermúdez vermittelte den Auftrag. Goyas Freund Meléndez Valdés stirbt in Montpellier.

1819
Goya erwirbt die ›Quinta del Sordo‹ (Landhaus des Tauben) nahe dem Manzanares. Dorthin zieht er sich vom Hof zurück. Goya druckt zum ersten Mal in der neuen Technik der Lithographie. Für die Kirche San Antonio in Madrid malt er das Altarbild ›Die letzte Kommunion des heiligen Joseph von Calasanz‹. Goya portraitiert den Architekten Juan Antonio Cuervo, den Direktor der San-Fernando-Akademie. Am Ende des Jahres erkrankt Goya schwer.

1820
entsteht das Bild ›Goya und sein Arzt Arrieta‹. Goya wohnt letztmals einer Akademiesitzung bei, um auf die Verfassung zu schwören. Er malt das Portrait des Architekten Tiburcio Pérez y Cuervo, eines Neffen des Akademiedirektors.

1820-1823
Goya malt die beiden Haupträume seines Landhauses mit phantastischen Szenen aus, den ›pinturas negras‹ (Prado). 1821 entstehen die Disparates. In Vorbereitung seiner Abreise nach Frankreich vermacht er 1823 sein Landhaus dem Enkel Mariano. Er portraitiert D. Ramón Satué, dem er vor seiner Übersiedlung nach Frankreich die kleine Rosario Weiss anvertraut.

Der Brand von Moskau

Rückzug der Großen Armee aus Rußland

Napoleon von Spanien und Rußland bedrängt, 1814

HISTORISCHE DOKUMENTATION

1809
Nach der französischen Besetzung Madrids und Eroberung Saragossas kehrt Joseph nach Madrid zurück.
Die Erhebung Österreichs unterbricht Napoleons Aktivität in Spanien, wo jedoch der hauptsächlich von Adel und Klerus geführte Guerillakrieg fortdauert. Napoleon unterliegt Erzherzog Karl bei Aspern, siegt jedoch bei Wagram über Österreich, das im anschließenden Frieden von Schönbrunn große territoriale Einbußen hinnehmen muß.

1810
Beginn des Befreiungskrieges der spanischen Kolonien in Südamerika (bis 1825).

1812
Rußlandfeldzug Napoleons. Nach dem Brand Moskaus zieht sich das französische Heer zurück. Durch Kälte und russische Überfälle erleidet es starke Verluste.
Wellington gelingt die Befreiung Madrids.
In Cadiz treten die Cortes (Ständevertreter aus den nicht von Frankreich besetzten Provinzen) zusammen und beschließen eine spanische Verfassung, die zwar die Monarchie beibehält, aber fast die ganze Macht in die Hände der Volksvertretung legt.

1813
Beginn der Befreiungskriege gegen Napoleon. Preußen, Rußland, England und Österreich verbünden sich und schlagen Napoleon in der Völkerschlacht bei Leipzig (ohne England). Auflösung des Rheinbundes.
Wellingtons letzte Offensive befreit Spanien endgültig: bei Vitoria gelingt ihm ein entscheidender Sieg über Frankreich. Ferdinand VII. erhält im Vertrag von Valençay von Napoleon die Krone zurück.

1814
Einmarsch der Verbündeten in Paris. Napoleon kapituliert und muß sich nach Elba zurückziehen. Mit Ludwig XVIII. kommen in Frankreich die Bourbonen wieder an die Macht. Im Frieden von Paris muß Frankreich die Grenzen von 1792 anerkennen.
Der spanische König Ferdinand VII. verwirft die Verfassung von 1812, führt die Inquisition wieder ein und regiert als absoluter Herrscher.
Papst Pius VII. setzt den Jesuitenorden wieder ein.

1815
Rückkehr Napoleons nach Paris. Seine »Herrschaft der 100 Tage« endet nach seiner endgültigen Niederlage gegen die Armeen Wellingtons und Blüchers bei Waterloo. Er wird nach St. Helena verbannt, der geflüchtete Ludwig XVIII. kehrt nach Paris zurück.
Im Wiener Kongreß Versuch der Neuordnung Europas: Gründung des Deutschen Bundes unter dem Vorsitz Österreichs, Vereinigung Hollands, Belgiens und Luxemburgs zu den Niederlanden, Wiederherstellung der alten Dynastien in Portugal, Spanien und Sizilien; England erhält fast alle geforderten Kolonien.

BIOGRAPHISCHE DOKUMENTATION

1824
Von Januar bis April verbirgt sich Goya bei dem Freund Don José Duaso y Latre, um der Verfolgung der Liberalen zu entgehen. Er malt dessen Portrait und das Bildnis von Maria Martinez de Puga aus Dankbarkeit. Im Mai bittet er Ferdinand VII., für sechs Monate nach Frankreich reisen zu dürfen, um in Plombières eine Badekur durchzuführen. Im Juni reist Goya über Bordeaux, wo er Moratín besucht, nach Paris. Hier bleibt er bis September und steht in Kontakt mit den spanischen Emigranten Joaquín de Ferrer (laut Polizeibericht ein gefährlicher Revolutionär) und Manuela Alvárez Coiñas de Ferrer, die er beide portraitiert. Er wird mit Leocadia Weiss (Kat. 298b) und ihren beiden Kindern in Bordeaux ansässig. Hier portraitiert er seinen engsten Freund Moratín. Bis in das kommende Jahr malt er 40 Miniaturen auf Elfenbein. Er beginnt seine Zeichnungen der Alben G und H, an denen er bis zu seinem Tode arbeitet.

1825
erwirkt er im Januar und im Juli eine Urlaubsverlängerung. Er wird schwer krank. Es entstehen die vier Lithographien ›Die Stiere von Bordeaux‹.

1826
Goya portraitiert den Direktor der Bank von Bordeaux, Jacques Galos, dem er seine Vermögensverwaltung anvertraut. Im Mai reist er nach Madrid, um seine Pensionierung als ›Pintor de cámara‹ zu erwirken, die ihm bei Weiterzahlung seines Gehaltes genehmigt wird. Goya wird von Vincente López portraitiert.

1827
Goya reist zum letzten Mal nach Madrid. Hier portraitiert er seinen Enkel Mariano und Juan Bautista de Muguiro. Seine liberalen Freunde Moratín und Manuel Silvela übersiedeln nach Paris.

1828
Goyas Schwiegertochter Gumersinda und sein Enkel Mariano kommen nach Bordeaux. Goya wird gelähmt und stirbt am 16. April. An seinem Sterbebett wachen der junge Maler Brugada und sein Freund José Pio de Molina, dessen Bildnis unvollendet bleibt. Am 20. April trifft sein Sohn Javier ein. Moratín stirbt zwei Monate später in Paris. Goya wird in Bordeaux beerdigt. Antonio Brugada inventarisiert die ›Quinta del Sordo‹. Seit 1919 liegt Goya in der Ermita de San Antonio de la Florida in Madrid begraben.

Bei den Abbildungen handelt es sich um Stiche zeitgenössischer anonymer Künstler im Besitz der Bibliothèque Nationale, Paris.

Napoleon flieht von der Insel Elba

Die Heilige Allianz, 1815

Allegorie auf die Pariser Juli-Revolution 1830

HISTORISCHE DOKUMENTATION

Zur Abwehr der bürgerlichen Freiheitsbestrebungen gründen Österreich, Rußland und Preußen die ›Heilige Allianz‹, der später fast alle europäischen Monarchien beitraten.
Wiedereinsetzung der Jesuiten in Spanien.

1819
Durch die ›Karlsbader Beschlüsse‹ werden Presse- und Versammlungsfreiheit in Deutschland aufgehoben, die Universitäten überwacht. Arbeiterunruhen auf dem Petersfeld in Manchester führen zur Einschränkung der Presse- und Versammlungsfreiheit in England.

1820
Wachsende Kritik an der absolutistischen Herrschaft Ferdinands VII. führt zur Revolution in Spanien unter Oberst Riego. Ferdinand wird gezwungen, die Verfassung von 1812 anzuerkennen; er bittet jedoch gleichzeitig die Großmächte um Hilfe. Aufhebung der Inquisition, Abschaffung des Jesuitenordens.
Georg IV. wird englischer König.

1821
Beginn des griechischen Unabhängigkeitskampfes gegen die Türken (bis 1829).
Eine Revolution in Portugal erzwingt die Anerkennung der Verfassung durch den König.
Die Österreicher schlagen liberale Erhebungen in Piemont und Neapel nieder.
Napoleon stirbt auf St. Helena.

1822
Auf dem Kongreß von Verona beschließen die Großmächte gegen englischen Protest die Intervention Frankreichs gegen Spanien.

1823
Französische Truppen besetzen Spanien (bis 1828) und schlagen die Erhebung mit grausamen Mitteln nieder. Politische Verfolgungen, Hinrichtung Riegos und anderer Revolutionäre. Ferdinand VII. hebt alle Beschlüsse der konstitutionellen Regierung wieder auf.

1824
Nach dem Tode Ludwigs XVIII. wird Karl X. König von Frankreich.

1827
England, Frankreich und Rußland einigen sich im Vertrag von London über die Autonomie Griechenlands. Entscheidende Niederlage der ägyptisch-türkischen Flotte gegen die englisch-französisch-russische Flotte bei Navarino.

1830
Die ›Juliordonnanzen‹ Karls X., die die Aufhebung der Pressefreiheit und die Änderung des Wahlrechtes zur Folge haben, lösen in Paris eine Revolution aus. Karl X. dankt ab und flieht nach England; Louis-Philippe, Herzog von Orléans, wird »Bürgerkönig«.
Das Beispiel Frankreichs belebt die nationalen und liberalen Ideen in ganz Europa: Nach der Revolution in Brüssel proklamiert Belgien seine Unabhängigkeit; zwölf Schweizer Kantone geben sich eine demokratische Verfassung; mit dem Aufstand in Warschau beginnt die Revolution in Polen.

Werner Hofmann

Goya und die Kunst um 1800

»Frankreichs Freiheit wird Blut kosten. Aber Frankreichs Freiheit wird Freiheit der Welt werden.«
(Georg Heinrich Sieveking am 8. April 1792)

»Die Freiheit kann, sie wird siegen, früher oder später; warum siegt sie nicht gleich?«
(Ludwig Börne am 5. März 1831 nach der Niederschlagung des Warschauer Aufstandes durch die Truppen des Zaren.)

»Die Lebensgeschichte der französischen Revolution, die von 1789 her datiert, ist mit dem Jahre 1830, wo eins ihrer Momente, nun bereichert mit dem Bewußtsein seiner sozialen Bedeutung, den Sieg davon trug, noch nicht beendigt.« (Karl Marx, Die heilige Familie, 1845)

I.

Der Titel ist als Hommage an Theodor Hetzer gedacht, der 1932 einen Vortrag über ›Goya und die Krise der Kunst um 1800‹ hielt, welcher 1950 im Wiener Jahrbuch für Kunstgeschichte abgedruckt wurde. Damals, vor dreißig Jahren, haben Hetzers Thesen meiner Auseinandersetzung mit Goya die Richtung gewiesen, was heute noch jedem deutlich wird, der nach der Herkunft meines formanalytischen Ansatzes fragt. Hetzers Diagnose einer Epochenwende dürfte auch bei dem Gedanken mitgewirkt haben, die ›Kunst um 1800‹, von Kennworten wie Klassizismus oder Romantik entlastet, in einer Ausstellungsreihe darzustellen, welche vom primär greifbaren historischen Konkretum ausgehen sollte, von der Einzelpersönlichkeit, um diese dann auf die verschiedenen formalen und inhaltlichen Wirkmuster der Epoche zu projizieren. Die »Krise«, von der Hetzer etwas alarmierend sprach, kommt jedoch in unserem Titel nicht vor, denn in diesem Wort zeigt sich der Historiker als rückwärts gewandter Prophet, der letztlich gegen die von ihm eindringlich herausgearbeitete Radikalität Goyas Partei ergreift, anstatt sich an die probate Regel zu halten, wonach es keinen Gewinn ohne Verlust gibt, und zu versuchen, Goyas Kunst als einen signifikanten Bestandteil der künstlerischen Mutations-Prozesse zu sehen, die sich an der Wende zum 19. Jahrhundert zutrugen – denn daß »um 1800« ein tief greifender Bruch durch die europäische Kunstlandschaft geht, soll nicht wegdiskutiert werden, im Gegenteil: die Ausstellungen unseres Zyklus zeigten, daß er sich auch bei anderen Künstlern nachweisen läßt. Goya war kein Einzelfall, wie Hetzer anzunehmen schien, und die Bruchsituation, die etwa Blake, Füssli, Friedrich und Runge in ihrem Werk herstellten und reflektierten, erzeugt die ihnen gemeinsame Problemlage, in der Traditionsverlust und Innovationszwang sich durchdringen.

Reicht diese Plattform aus, um mit den auf ihr Versammelten eine kunsthistorische Epoche zu konstituieren? Oder ist der historische Bruch bloß ein Intervall, ein Übergang, in dem ein ›Nicht mehr‹ und ein ›Noch nicht‹ sich auf unentwirrbare Weise durchdringen? Auf Goya bezogen, scheint Hetzer diese Frage zu stellen, wenn er die frühe ›Flucht nach Ägypten‹ (Kat. 212) mit dem späten ›Duell‹ (Kat. 275) vergleicht und sagt: »Das eine läßt an Tiepolo, das andere an Manet denken.« Aber wo steht Goya zwischen diesen beiden Positionen? Ist der Zerstörer des 18. nur der Zuträger des 19. Jahrhunderts? Analog wäre nach dem Standort der anderen in unserem Zyklus gezeigten Künstler zu fragen. Wir kennen die bequeme Spielart dieses Verfahrens, das Runge zu einem Vorläufer gegenstandsloser Farblehren, Turner zum ersten Informel-Maler, Friedrich zum Impressionisten avant la lettre und Blake zum Herold des Jugendstils macht. Solche Patenschaften herzustellen, war nicht unser Thema, deshalb haben wir es vermieden, die Zeit um 1800 aus dem Blickwinkel unserer Gegenwart zu aktualisieren. Den heutigen Künstlern bleibt es überlassen, sich an Friedrich, Blake oder Turner zu messen.

Hält man sich strikt an den Epochenrahmen, so füllt sich der vermeintliche ›Hiatus‹ zwischen Tiepolo und Manet mit einem dichten Möglichkeitsspektrum, das notwendig disparat anmutet, da in ihm die extremen Lösungsvorschläge den Ausschlag geben. Es gibt keinen gemeinsamen Stilnenner. Der Bruch konstituiert nicht nur die Epoche »um 1800«, Brüche klaffen auch zwischen ihren bedeutendsten Repräsentanten auf. Daran läßt der anschauliche Befund, den unsere acht Ausstellungen erbracht haben, keinen Zweifel. Er ist zu ergänzen durch die reflektierte Zäsur-Erfahrung, welcher die meisten der von uns befragten Künstler in ihren Schriften und Bekenntnissen nachgehen, am beharrlichsten die beiden Deutschen, Runge und Friedrich.

Wir behaupten also einen Bruch. Das erweckt den Anschein, als widersprächen wir dem Wort von Locquin[1], um dessen Bekräftigung sich vor einigen Jahren die Veranstalter der faszinierenden Ausstellung ›De David à Delacroix — La peinture française de 1774 à 1830‹ bemühten, daß nämlich die Revolution von 1789 keine kunstgeschichtliche Zäsur verursacht habe. Es geht uns nicht darum, Locquin zu widerlegen, zumal seine These für die französische Kunst, auf die sich seine Analyse — aus dem Jahr 1912! — beschränkte, zutreffen dürfte, denn in Frankreich bleibt die Malerei — von der kurzen, wahrhaft revolutionären Phase Davids abgesehen — an den Machtapparat gebunden und hat dessen Legitimationsverlangen zu befriedigen. Das Paradoxon der von Napoleon bewirkten Stabilität hat Marx richtig gesehen: »Er vollzog den Terrorismus, indem er an die Stelle der permanenten Revolution den permanenten Krieg setzte. Er befriedigte bis zur vollen Sättigung den Egoismus der französischen Nationalität...«[2] Dies mag Locquins These stützen; auf jeden Fall deckt es sich mit der Tatsache, daß die Kunstbedürfnisse sowohl der Revolutionspropagandisten wie der imperialen Machtpolitik die Innovationsmöglichkeiten der französischen Maler erheblich beschnitten. Gefragt war pseudosakrale Huldigungskunst, Verherrlichung des großen Helden. Niemand belegt das deutlicher als David, der vom ›Schwur der Horatier‹ (Kat. 310) bis zum ›Marat‹ (Kat. 350) geradezu paradigmatisch den Traditionsbruch[3] verkörpert, um den es uns hier geht, und der dann im Dienste Napoleons seine eigene Kühnheit dementiert.

Die Zeitspanne, über die sich die erwähnte Pariser Ausstellung erstreckte, plädiert für künstlerische wie für dynastische Kontinuität: sie beginnt 1774 mit der Krönung Ludwigs XVI. und endet 1830 mit dem Sturz Karls X., des letzten Bourbonenkönigs. Anscheinend war dies gar kein ›Zeitalter der Revolutionen‹, schon garnicht eines der künstlerischen Umbrüche... Geht nicht Delacroix' ›Missolunghi‹ (Kat. 537) aus einem Frühwerk von David, dem ›Heiligen Rochus‹, hervor?[4] Das stimmt, aber aus nichtfranzösischer Sicht stellen sich die Dinge anders dar. Es ist deshalb kein Zufall, daß der Titel *unserer* Ausstellung in einem Gespräch mit Michel Laclotte auftauchte, das sich um das Konzept seines Überblicks »de David à Delacroix« drehte. Wir freuten uns über den griffigen Titel und erwogen sogar, die Hamburger Ausstellung auch in Paris zu zeigen. Inzwischen habe ich herausgefunden, daß Byron uns den Titel vorformuliert hat: »... but this is the age of revolutions«, heißt es, gleichsam nebenbei, in einem Brief an Lady Melbourne vom 6. Jan. 1814.

Hamburg will nun keineswegs die ›konservativen‹ Pariser Eckdaten (1774-1830) durch revolutionäre (1789-1830) korrigieren oder gar der Kunst der ganzen Epoche eine permanent revolutionäre Gesinnung unterschieben. Es geht um anderes. Einmal um den Nachweis, daß die Kunst, ehe sie fragwürdigen Ismen zugeordnet wird, eine Zeugin der Geschichte ist, daß also die von der französischen Revolution ausgelösten politischen Umwälzungen auf verschiedenen künstlerischen Ebenen registriert und kommentiert wurden. Sie beschäftigten die zeichnenden Augenzeugen, die bissigen Pamphletisten, die Schlachtenmaler, die Karikaturisten und die allegorisierenden Lobredner — Erfinder und Zerstörer von Mythen. Das ist der unmittelbare Ereignisniederschlag. Nun waren aber die politischen Geschehnisse selbst wieder Teil eines umfassenden, vielschichtigen Gärungsprozesses, der sich uns als *Zerreißprobe zwischen dem Rationalen und dem Irrationalen* darstellt. Hier ist eine Einblendung angebracht: Goya und Sade sind, mit Baudelaires Formel, die »Leuchttürme« dieser ›Dialektik der Aufklärung‹. Sie zeigen den Menschen jeder Klasse, jedes Standes als Januskopf, dazu verurteilt, ständig die Gratwanderung zwischen Vernunft und Unvernunft zu riskieren. Diese Erfahrungen haben im französischen Denken des 18. Jahrhunderts ihren Ursprung, jedoch in der französischen Malerei keine Entsprechung. Das kommt nicht zuletzt daher, daß die Kunst, in den Dienst der nationalen Machtbefestigung genommen, nicht sich selbst zum Problem werden konnte. Als Auftragskunst blieben ihr die extremen Positionen verschlossen, die anderswo in Europa erprobt wurden.

Um die Vielschichtigkeit dieser ›Gärung‹ zu erkennen, reichen freilich kunsthistorische Kategorien nicht aus. Das hat schon Friedrich Schlegel in seinen ›Fragmenten‹

---

[1] Jean Locquin, La Peinture d'Histoire en France de 1747 à 1785, Paris 1912 (Reprint ›Athena‹, 1978)

[2] Karl Marx, Die heilige Familie, 1845, Berlin 1953, S. 251

[3] Dissonanz und Diskontinuität, die beiden konstituierenden Elemente von Davids ›Modernisme‹ hat Thomas Crow am ›Schwur der Horatier‹ untersucht (in: Art History, I, 1978, S. 424ff.)

[4] Vgl. meinen Aufsatz über die ›Liberté‹ von Delacroix in der Gazette des Beaux-Arts, 1975

ausgesprochen: »Die französische Revolution, Fichtes Wissenschaftslehre, Goethes Meister sind die größten Tendenzen des Zeitalters. Wer an dieser Zusammenstellung Anstoß nimmt, wem keine Revolution wichtig scheinen kann, die nicht laut und materiell ist, der hat sich noch nicht auf den hohen und weiten Standpunkt der Geschichte der Menschheit erhoben.« Wenn wir mit Schlegel die politischen, intellektuellen und künstlerischen Prozesse »um 1800« als kommunizierende Röhren auffassen, steht es uns frei, die »größten Tendenzen des Zeitalters« um die Hauptwerke der Malerei zu vermehren, die damals in Spanien, Deutschland und England geschaffen wurden: Goyas ›Schwarze Bilder‹, Blakes ›Jerusalem‹ (vgl. Kat. 434), Friedrichs ›Mönch am Meer‹ und Runges ›Morgen‹ (Kat. 499).

Kurzum: Künstler — nicht unbedingt Verfechter der revolutionären Ideen — haben auf ihre Art die Revolution weitergeführt und deren Traditionsbruch in ihrem Werk ›aufgehoben‹, als die Revolution bereits abgedankt hatte oder ihren Idealen entfremdet worden war. Wenn wir von Brüchen reden, meinen wir mit dieser Metapher im Werk unserer künstlerischen Kronzeugen das zu treffen, was Hegel 1806 als Ergebnis der ›spekulativen Philosophie‹ seinen Jenaer Hörern aufzeigte: »Wir stehen in einer wichtigen Zeitepoche, einer Gärung, wo der Geist einen Ruck getan, über seine vorige Gestalt hinausgekommen ist und eine neue gewinnt. Die ganze Masse der bisherigen Vorstellungen, Begriffe, die Bande der Welt sind aufgelöst und fallen wie ein Traumbild in sich zusammen.«[5]

In der Kunst führt dieser »Ruck« zu den die Zeitgenossen verwirrenden Gestaltmutationen und inhaltlichen Bedeutungsinversionen (Warburg), von denen die Künstler unseres Zyklus Zeugnis ablegten. In einem entscheidenden Punkt dürfen wir allerdings Hegels Analyse nicht auf unsere Thematik projizieren. In Hegels Denksystem erfüllt die Kunst nicht mehr das höchste Bedürfnis des Geistes, sie ist nicht »die höchste und absolute Weise ..., dem Geiste seine wahrhaften Interessen zum Bewußtsein zu bringen.«[6] Dieser Diskriminierung ist zu entgegnen, daß gerade die Künstler die ›Gärung‹ und den ›Ruck‹ umfassender gesehen haben (nämlich dialektisch als Befreiung und als Verzweiflung darüber!) als der idealistische Philosoph, dessen Spekulation sich damit begnügte, den neuen ›Heraufgang des Geistes‹ als ›das Ewige‹ zu erkennen und ihm »seine Ehre zu erzeigen«. Von solchen Kniefällen vor einem Phantom wissen die Maler nichts: sie wollen sich aber auch nicht des »Traumbildes« entledigen, das für Hegel mit der Heraufkunft des Geistes schlicht passé ist. Der ›Traum der Vernunft‹ (Kat. 2, 3) und seine ›Nachtgedanken‹ (Kat. 430ff) bewahren ihre Macht — nicht zuletzt weil die Einbildungskraft ihrer bedarf. Die dunklen Vögel, die Goya sein Leben lang umschwirren (Kat. 4-21), haben nichts mit der abgeklärten »Eule der Minerva« zu tun, die der allwissende Hegel sich auf die Schulter setzt.

Der Künstler steht nicht in der Gefolgschaft des Philosophen, auch dann nicht, wenn er — merkwürdige Koinzidenz — dessen Denkmuster anschaubar macht. Dafür ein Beispiel. Wenn Hegel die Renaissance als erste »Morgenröte« und die Reformation als die darauf folgende »Alles verklärende Sonne« begrüßt, so malt Runge den Lichtmetaphern des Philosophen das anschauliche Kultbild, seinen ›Morgen‹ (Kat. 499), eine Venus-Aurora, die sich der christlichen Epiphanie substituiert, obendrein eine Lichtbringerin, in der sich bereits Delacroix' ›Liberté‹ (Kat. 538) — auch sie ist religiösen Ursprungs — ankündigt.

2.

Der Zeuge aller Zeugen ist Goya. Er steht im Zentrum der Ausstellung, wie er auch den Kern der Überlegungen bildete, die zu deren Konzept führten. Das ›Zeitalter der Revolutionen‹ deckt sich etwa mit den vier entscheidenden Jahrzehnten seiner künstlerischen Laufbahn — Goya stirbt 1828 in Bordeaux, zwei Jahre vor der Pariser Juli-Revolution. Seine Kunst belegt wie die keines seiner Zeitgenossen, daß die Hegelsche ›Gärung‹ ihr erregendstes Zentrum in der *Diesseitigkeit des Menschen* hat, der nun, nicht mehr von den Hoffnungen und Ermahnungen des christlichen Heilsgeschehens getragen, mit sich allein den Dialog von Täter und Opfer austragen muß. Die Formel für diese Erfahrung steht bei Baudelaire[7] —

---

[5] Georg Lukács, Der junge Hegel, Berlin 1954, S. 521
[6] Hegel, Ästhetik, hsg. von Friedrich Bassenge, Berlin 1955, S. 56
[7] Das Zitat stammt aus dem Gedicht ›L'Héautontimorouménos‹. Es korrigiert anscheinend Lamartine, der in seinen ›Harmonies politiques et religieuses‹ (1830) den Menschen entweder Opfer oder Henker sein läßt: für Baudelaire ist er stets beides.

»ich bin die Wunde und das Messer,
bin das Opfer und der Henker«
— ihre anschaulichen Metaphern durchziehen das Lebenswerk Goyas, vor allem seine Zeichnungen und seine Radierungen. Doch diese Metaphern sind zugleich Aussagen über die politische und gesellschaftliche ›Gärung‹, deren Zeitgenosse Goya war und die in Spanien wildere und grellere Formen annahm als im übrigen Europa. Diese eruptive Heftigkeit teilt sich Goyas Kunst mit: niemand hat das ›Zeitalter der Revolutionen‹ tiefer und schmerzhafter erfahren, niemand hat aus dieser Erfahrung stärkeren Formgewinn und rätselhaftere Bedeutungszonen gewonnen. Diese These möchte die Ausstellung in Bild und Wort belegen.

3.

Gegen Ende seines bohrenden Fragens nach Goyas ›hispanidad‹, nach dem Spanischen in seiner Kunst, rät Ortega y Gasset dem Kunsthistoriker, den Künstler in seiner Rätselhaftigkeit zu belassen. Wir sind diesem Rat nur dann gefolgt, wenn wir glaubten, in der Mehrsinnigkeit den Kern der künstlerischen Aussage vermuten zu dürfen. Anders verhält es sich mit den Dimensionen des Werkes, die der Klärung zugänglich sind. Wer sich dieser Annäherung begibt, entrückt Goya in die Tabuzone der sprachlosen Bewunderung. Viele inhaltliche Fragen, die sein Werk stellt, wurden in den letzten Jahren von der Forschung aufgehellt; es genügt, an die Arbeiten von Nordström, Helman, Klingender, Levitine und Glendinning zu erinnern. Die nebelhaften Mythen, über die Ortega spottet, haben sich aufgelöst: Goyas Gestalt hat greifbaren Umriß angenommen, sachlich am eindrucksvollsten in der großen Monographie von Pierre Gassier und Juliet Wilson.

A Anonym, *Der Anarchist oder der Januskopf*, 1797

Noch immer sind viele Fragen offen, z. B. die nach Goyas Auseinandersetzung mit den Meisterwerken des Prado, vor allem mit Tizian und Tintoretto. Dazu gibt unser Katalog einige Hinweise (Kat. 18, 40, 64, 69, 108, 137, 139). Welche Anregungen kann Goya für die ›Desastres‹ von der zeitgenössischen Graphik empfangen haben? Hier steht eine Bestandsaufnahme des Materials noch aus, weshalb unsere Vergleiche nur der ersten Orientierung auf einem Terrain dienen können, das schon Eleanor Sayre ins Auge gefaßt hat (Kat. 71, 73, 110 und Abb. 51, 52, 53 und 54). Wir wollen keine Abhängigkeiten behaupten, sondern zeigen, wie Goya aus bereitliegendem Sprachmaterial seine in der Regel überlegene, weil konzentrierte, Syntax gewann. Das wird besonders deutlich, wenn wir geläufige Prototypen der Bildsatire, etwa den Januskopf (Abb. A) oder den Ritt auf dem unterdrückten Stand (Abb. B) mit Goyas Formulierungen vergleichen (Kat. 49, 56, 57, 150)[8]. Eben weil sie auf Traditionszusammenhänge verweisen, ist das spezifische Gewicht von Goyas Formgedanken leicht zu ermitteln — nicht immer freilich die Botschaft, die darin steckt.

B Anonym, *Der Ritt auf dem unterdrückten Stand*, 1789

Hat die Goya-Forschung der letzten Jahre ihren Gegenstand eingegrenzt und faßbar konturiert, so hat sie ihn damit dem europäischen Bezugsrahmen kaum näher gebracht, wenn nicht gar entrückt. Unsere Ausstellung — besonders das Kapitel ›Nachtgedanken‹ (Kat. 430-488) — möchte daran erinnern, daß der große Spanier in jeder Hinsicht ein europäisches Ereignis war. Ein Gemeinplatz? Leider nein, denn dieses Merkmal ist Goya bisher nur selten oder zögernd zuerkannt worden. Der europäische Kontext — sowohl der Kunstgeschichte wie des historischen Geschehens von 1789 bis 1828 — blieb ungenutzt, er scheint Unsicherheit und Verlegenheit zu bereiten. Das zeigen die Bücher von Zeitler, Rosenblum und Honour[9]. Die große Ausstellung des Europa-Rates ›The Romantic Mouvement‹ (Tate Gallery, 1959) zeigte fünf Gemälde (etwas zufällig gewählt) und rund zwanzig Radierungen — ein schmales Ensemble, verglichen mit den Werkgruppen von Delacroix, Géricault oder Turner, Künstler, auf die das Etikett »romantisch« nicht besser paßt als auf Goya.

Unser Vorhaben ist ein erster Entwurf, der weitergedacht werden sollte. Dann werden wir eines Tages erkennen, was wir jetzt nur behaupten und andeuten, daß das ›europäische Ereignis‹ Goya auch eine schöpferische Kategorie per se war — größer und widersprüchlicher als alle seiner Zeitgenossen. Es könnte auch nützlich sein, diesen Künstler der Randerfahrungen auf jene Erfahrungsränder zu beziehen, die Michel

8 Sigrun Paas hat im Katalog ihrer Ausstellung ›Goya — Die Caprichos‹ (Staatliche Kunsthalle Karlsruhe, 1976/77) gezeigt, daß Goya in diesem Zyklus sich an den Vorstellungsbereich der ›Verkehrten Welt‹ anschließt‹. Das gilt besonders für Cap. 2 (Kat. 22) und Cap. 42 (Kat. 56). Ob er von den anonymen Bilderbögen direkt angeregt wurde, darf freilich bezweifelt werden. Wahrscheinlich kannte er aber ihren Fundus seit seiner Jugend. Leider war mir der Karlsruher Katalog beim Schreiben meiner Texte nicht präsent.

9 Rudolf Zeitler, die Kunst des 19. Jahrhunderts, Berlin 1965 (Propyläen Kunstgeschichte, Bd. 11) — Hugh Honour, Romanticism, London 1979 — Robert Rosenblum, Modern Painting and the Northern Romantic Tradition, London 1975

Foucault in seiner ›Histoire de la folie‹ untersucht, wo übrigens auch schon unser Goya-Sade-Vergleich umrissen wird.

Den europäischen Kontext unserer Ausstellung machen in der Hauptsache Franzosen und Engländer unter sich aus. Der deutsche Anteil fällt bescheiden aus, manchmal sogar hausbacken, wie etwa Kerstings patriotische Gartenlaube (Kat. 509). Dieses Fazit entspricht objektiv den Tatsachen. Wen das betrübt, der halte sich an die Methode Friedrich Schlegels[10] und rechne zu den »größten Tendenzen des Zeitalters« die ›Zauberflöte‹, den ›Fidelio‹, die ›Räuber‹, den ›Egmont‹ und die ›Winterreise‹, diese Anrufung der »desolation«[11], die sich Goyas späten Zeichnungen (Kat. 126, 131, 134) zur Seite stellen läßt. Auch an Kleist ist zu erinnern, der ein Gedicht auf den spanischen General Palafox schrieb (den Goya porträtierte, GW 901) und dessen ›Katechismus der Deutschen‹ (1809) auf eine spanische Vorlage zurückgeht.[12] Indes: Die deutschen Zeitgenossen des Goyas der ›Caprichos‹ und der ›Disparates‹ sind Jean Paul (›Rede des toten Christus vom Weltgebäude herab, daß kein Gott sei‹, 1795) und der anonyme Verfasser der ›Nachtwachen des Bonaventura‹ (1804)[13].

4.

Auch der die kunsthistorischen Spielregeln negierende Versuch, die etablierte ›Romantik‹-Terminologie und -Ideologie in Frage zu stellen, kann nicht der Versuchung widerstehen, für die neun Ausstellungen über die ›Kunst um 1800‹ eine synoptische Formel vorzuschlagen. Auf die Frage, was die erste Ausstellung des Zyklus mit der letzten, was Ossian mit Goya verbindet, antworte ich mit einem ›cul-de-lampe‹ von Ludwig Börne, nachzulesen im 7. Brief aus Paris. Börne schildert den Tod des unbekannten Studenten, der am 28. Juli 1830 für die Freiheit fiel (Kat. 540): »Die Königlichen hatten den Grève-Platz besetzt und schossen über den Fluß, die von jenseits andrängenden Studenten abzuhalten. Da trat ein Zögling der Polytechnischen Schule hervor und sprach: ›Freunde, wir müssen die Brücke erstürmen. Folgt mir! Wenn ich falle, gedenket meiner. Ich heiße *Arcole;* es ist ein Name guter Vorbedeutung. Hinauf!‹ Er sprach's und fiel, von zehn Kugeln durchbohrt. Jetzt liest man in goldnen Buchstaben auf der Pforte, die sich über die Mitte der Brücke wölbt: Pont d'Arcole, und auf der anderen Seite: le 28 juillet 1830. Für Ossians Aberglauben hätte ich in dieser Stunde meine ganze Philosophie hingegeben.«

---

10 Heine hat Schlegels Bedeutungsanalogien weitergeführt und die deutsche Philosophie mit der politischen Geschichte verknüpft: »Kant war unser Robespierre, Fichte... der Napoleon der Philosophie«, Schelling entspricht der »Contrerevolution« und Hegel ist der »Orléans der Philosophie...«, (Einleitung zu: Kahldorf über den Adel in Briefen an den Grafen von Moltke, 1831, in: Heine, Sämtliche Schriften, hsg. von Klaus Briegleb, München 1969 f. Bd. 2, S. 655)

11 »Paint me a desolation« könnte über Schuberts Zyklus und den letzten Blättern Goyas stehen. Auf dieses Dichterwort, dessen Verfasser noch nicht ermittelt werden konnte, beruft sich Constable im Kommentar zu seinem Bild ›Old Sarum‹ (C. R. Leslie, Memoirs of the Life of John Constable, London 1951, S. 197)

12 Politische Katechismen: Volney – Kleist – Heß, hsg. von Karl Markus Michel, Frankfurt am Main 1966 (Sammlung Insel)

13 Den Goya-Jean Paul-Vergleich stellte schon Walther Rehm in seinem ›Experimentum medietatis‹ (München 1947, S. 15) an. Auf die ›Nachtwachen‹ verwies Hans Holländer (›Goyas distanziertes Engagement‹, in: Studium generale, 21, 1968, S. 749ff.) Vgl. auch Elmar Jansen, Hogarth – Callot – Goya oder Phantasiestücke in E.T.A. Hoffmanns Manier, in: Jahrbuch der staatlichen Kunstsammlungen Dresden, 1976/77, S. 103 ff.

Maurice Sérullaz

Goya und Delacroix

Schon früh — seit 1824 — hat Delacroix für das graphische Werk Goyas ein überaus lebhaftes Interesse bezeugt. Zum Beweis diene folgende Bemerkung seines Tagebuchs vom 19. März 1824 (I, S.62): »Einen ausgezeichneten Tag mit Edouard[1] im Museum verbracht. Die Bilder von Poussin! die von Rubens! und vor allem der François I von Tizian! Velázquez. Danach in meinem Atelier mit Edouard die Goyas betrachtet.« Delacroix meint hier zweifellos eine Folge von Radierungen, insbesondere die ›Caprichos‹, deren erste Auflage 1799 in Spanien zum Verkauf kam.

Ein wenig später, Mittwoch den 7. April, (Tagebuch I, S.69) schreibt der Künstler: »Am Abend Leblond und Lithographieversuche. Großartige Projekte hierzu. Karikaturen in der Art von Goya...« und fügt hinzu: »...viel die Menschen meiner Zeit zeichnen... die Menschen folgender Epochen: um Michelangelo und Goya«.

Bei der Versteigerung von Delacroix' Ateliernachlaß 1864 wurden elf Blätter verstreut, die unter Nr.640 des Kataloges ›Studien nach Goya‹ bezeichnet waren. Bemerken wir jedoch, daß im Cabinet des Dessins des Louvre allein mindestens sechzehn[2] bewahrt werden und daß noch weitere in Privatsammlungen oder im Handel zu finden sind.

In einem gut dokumentierten Artikel[3], bei dessen Verweisungen sich jedoch leider Verwechslungen eingeschlichen haben, äußert Michel Florisoone die Vermutung, daß Delacroix zwischen 1818 und 1824 begonnen habe, die Caprichos zu kopieren. Überdies bemerkt er, »wenn man die Vorbilder Goyas für die Zeichnungen von Delacroix zusammensucht, stellt man fest, daß die Kopien des jungen französischen Malers sich auf ein ganzes Exemplar der Caprichos verteilen: Er verfügte also über eine Gesamtausgabe, nicht nur über einzelne Blätter«.

Aber welches Exemplar der Caprichos kann Delacroix benutzt haben? Man hatte zunächst vermutet, daß der Drucker Motte, mit dem Delacroix mindestens seit 1820 Beziehungen pflegte, ihm Drucke, die er veröffentlichen wollte, hat zur Verfügung stellen können.

Man erinnert sich in der Tat, daß Delacroix schon 1821 vage Vorstellungen von seinem Faust entwickelt, eine enorme Arbeit, die er wenig danach — unter dem Einfluß der Caprichos von Goya — in Angriff nimmt und die Motte 1828 veröffentlichen wird.

Jedoch sollte Motte drei Jahre später, im Januar 1825, zehn Caprichos von Goya in einem Heft mit dem Titel ›Caricatures espagnoles, Ni plus, ni moins‹ veröffentlichen. Man hat sich nun fragen können, nach welchen Originalen diese Auswahl getroffen worden war und welcher Künstler die Zeichnungen ausgeführt haben konnte. Jean Adhémar (1941) und Nunez de Arenas (1950) haben an Delacroix selbst gedacht. Angesichts der Mittelmäßigkeit der Lithographien weist Florisoone diese Hypothese zurück und schlägt den Namen Achille Devéria vor; den Ursprung von Delacroix' »Goyismus« — und zugleich denjenigen des Heftes von Motte — mußte man anderweitig suchen. Es blieb nun nichts übrig, als zur einzigen spanischen Quelle zurückzukommen, zu welcher Delacroix leichten Zugang hatte: Félix und Edouard Guillemardet, seine Schulfreunde. Ihr Vater, Ferdinand, ist in der Tat Botschafter Frankreichs in Madrid gewesen und gewiß mit Goya, der sein Porträt malte (heute im Louvre aufbewahrt), freundschaftlich verbunden. Nun wird letzterer von der Einstellung des Verkaufs an bis zur Hinterlegung der Blätter in der Königlich Spanischen Chalcographie (1803) die Möglichkeit gehabt haben, Exemplare der Caprichos zu verteilen. Als Empfänger eines dieser Exemplare kann Ferdinand Guillemardet es 1803 bei seiner Rückkehr nach Frankreich mitgebracht haben.

Viel später — 1834 — erfährt man von George Sand (›Journal intime‹, 25. November 1834), daß ihr Freund Delacroix immer noch dieses Heft benutze — dem Künstler zweifellos von den Brüdern Guillemardet überlassen —, denn sie notiert: »Diesen Morgen... hat mir Lacroix [sic] das Heft von Goya gezeigt«.

Das Cabinet des Dessins im Louvre bewahrt — wie schon bemerkt — sechzehn Blätter, die Zeichnungen nach den Caprichos von Goya enthalten, mehrere beidseitig benutzt. Mit einer Ausnahme kommen sie alle aus der Sammlung Etienne Moreau-Nélaton, die dem Louvre 1927 geschenkt wurde, mit mehr als tausend Zeichnungen und Skizzenbüchern, vor allem von Delacroix, Corot, Millet und Jongkind. Da als Bedingung dieser Schenkung festgelegt ist, daß kein Stück den Louvre verlassen darf, schien es angebracht, in dieser Ausstellung immerhin durch Fotografien von fünf Blättern, die unser Freund und Kollege Werner Hofmann auswählte, eine Vorstellung von den Zeichnungen zu geben.

Wir haben uns dieser Idee angeschlossen, denn es schien uns interessant, wenn nicht aufschlußreich, den analytischen Prozeß, den Delacroix in der Auseinandersetzung mit Goya durchlief, zu verfolgen. Manchmal kopierte er ein Capricho vollständig — dies jedoch selten; ein anderes Mal ließ er sich inspirieren, indem er eine der zwei oder drei Hauptfiguren kopierte; in den meisten Fällen jedoch »pickte« er Details heraus: ganz oder teilweise wiedergegebene Personen, zahlreiche Kopfstudien und zuweilen nur Beinstudien. In einigen Blättern schließlich, wie im ›St. Sylvester-Album‹ genannten Skizzenbuch (RF 9140), hat er Zeichnungen gestaltet, die, vom satirischen, düsteren und visionären Geist Goyas angeregt, zu eigenen Phantasien transponiert sind.

Verweisen wir vornehmlich im St. Sylvester-Album von 1820-21 auf Folio 102 recto oder noch in demjenigen von 1830-31 auf Folio 187 verso, während man in diesem letzteren Album sonst Einflüsse von Goya greifbarer wiederfindet: Die Person, die sich gegen Fledermäuse wehrt, nicht gegen Eulen, wie Florisoone angibt (Folio 67 recto), ist in der Tat eine Wiederaufnahme des Themas von Capricho Nr. 43, so wie der auf dem Rücken eines Mannes getragene Esel (Folio 118 recto) auf Capricho Nr. 42 zurückgeht.

Fügen wir schließlich an, daß sich Delacroix in seinen Lithographien der Jahre 1820-22 gleichfalls von Goyas Caprichos beeinflußt zeigt. Zum Beispiel erinnert ›La Consultation‹ (Delteil Nr. 29) an Capricho Nr. 40: ›De que mal morira?‹ — An welchem Übel wird er sterben?; ›Un bonhomme de lettres en méditation‹ — Ein rechtschaffener Schriftsteller meditierend (Delteil Nr. 31) an Capricho Nr. 23: ›Aquellos polbos‹ — Dieser Staub; ›Duel polémique entre dame quotidienne et messire le journal de Paris‹ — Polemisches Duell zwischen der Hohen Dame Tageszeitung und dem Hohen Herrn Journal de Paris (Delteil Nr. 34) an Capricho Nr. 24: ›Nohubo remedio‹ — Es gab keine Hilfe; ›Le Théâtre italien‹ (Delteil Nr. 33) an Capricho Nr. 56: ›Subir et bajar‹ — Auf und ab; ›Le Grand Opéra‹ (Delteil Nr. 32) an Capricho Nr. 77: ›Unos á otros‹ — Einer nach dem anderen; schließlich ›Gare derrière‹ — Wartet nur, ihr dahinter (Delteil Nr. 38) an Capricho Nr. 76: ›Está Vm^d... pues, Como digo... eh! Cuidado! si no!...‹ — Euer Gnaden sind-... nun, wie soll ich sagen... eh! Achtung! Wenn nicht...!

Anmerkungen

1 Es handelt sich nicht um Edouard Bertin, Landschaftsmaler, wie Florisoone annimmt, sondern um Edouard Guillemardet, einen Jugendfreund Delacroix'.
2 RF 10.175 bis 10.181, 10.189, 10.246, 10.287, 10.384, 10.460, 10.461, 10.620, 10.649 und 31.217
3 M. Florisoone: Comment Delacroix a-t-il connu les ›Caprices‹ de Goya? In: Bulletin de la Société de l'Histoire de l'Art Français, 1957, S. 131-144.
4 Diese verschiedenen Untersuchungen wurden zusammen mit einem meiner ehemaligen Schüler durchgeführt: Louis-Antoine Prat, Chargé de Mission au Cabinet des Dessins, Louvre.

Goya, *Capricho 8* (Kat. 23)

1 Delacroix
Von zwei Männern fortgetragene Frau
Feder, braune Tinte, braun laviert über Vorzeichnung in Blei, 10,7 x 17,5 cm (RF 10.175)
Unmittelbare Gesamtkopie von Capricho Nr. 8: ›Que se la llevaron!‹ — Daß man sie mißbraucht hat!

2 Delacroix
Sitzender bekleideter Esel, nach links gewandt
Feder, braune Tinte, 20,0 x 15,3 cm (RF 10.384)
Unmittelbare Kopie, jedoch nur eines Teils von Capricho Nr. 39: ›Asta su Abuelo‹ — Bis zu seinem Großvater.

3 Delacroix
Junge sitzende Frau im Profil nach links, die Hände auf den Knien zusammengefaßt

(Rückseite des unter Abb. 2 gezeigten Blattes)
Teilkopie von Capricho Nr. 32: ›Por que fue sensible‹ — Weil sie zu empfindlich war.
Auf derselben Seite ist der Eselskopf der Hauptfigur von Capricho Nr. 37 kopiert: ›Si sabrá mas el discipulo‹ — und wenn der Schüler mehr weiß?

4 Delacroix
Studienblatt mit verschiedenen Aktzeichnungen

Feder, braune Tinte, 31,8 × 20,7 cm (RF 10.460)
Es zeigt gleichzeitig eine unmittelbare Anregung von Goya wie auch dessen Einfluß bei freien Arbeiten Delacroix'. In der Tat ist die nackte Frau mit gekrümmten Beinen im oberen Teil des Blattes aus dem Capricho Nr. 66 kopiert: ›Allá va eso‹ — Da geht es. Die anderen Aktzeichnungen hingegen scheinen Delacroix selbst erdachte, rasch hingeworfene Entwürfe zu sein.

5 Delacroix
Verschiedene Personen- und Beinstudien

(Rückseite des unter Abb. 4 gezeigten Blattes)
Besonders wichtig für die Beziehungen zwischen Goya und Delacroix und sie vollständig repräsentierend: Die Studie eines Mannes mit Zweispitz, eine Prise nehmend, ist aus Capricho Nr. 11 kopiert: ›Muchachos al avío‹ — Burschen am Werk. Der halbfigurig wiedergegebene Mann mit Perücke, der Mann, der sich erbricht, und auch die beiden Männerbeine sind aus Capricho Nr. 33 kopiert: ›Al Conde Palatino‹ — Zum Pfalzgraf. Die halbfigurig wiedergegebene Frau stammt aus Capricho Nr. 31: ›Ruega por ella‹ — Sie betet für sie. Die Frauensilhouette mit flatterndem Kleid und nackten Beinen schließlich ist Capricho Nr. 36 entnommen: ›Mala noche‹ — Eine böse Nacht. Die anderen Skizzen scheinen von Delacroix selbst zu sein.

6 Delacroix
Studienblatt mit neun Köpfen und einer halbfigurig wiedergegebenen Frau

Feder, braune Tinte, 12,5×20,3 cm (RF 31217)
Nicht weniger bezeichnend für die Entlehnungen Delacroix' von Goya, quer durch die Caprichos. Die zwei Köpfe links sind aus Capricho Nr. 33 kopiert: ›Al Conde Palatino‹ — Zum Pfalzgraf. Die drei Köpfe rechts unten (mit Kappe) und zur Mitte hin kommen aus Capricho Nr. 24: ›Nohubo remedio‹ — Es kab keine Hilfe; der mit einem Tuch umhüllte Kopf der Alten nahe der Mitte aus Capricho Nr. 28: ›Chiton‹ — Psst. Die beiden geneigten Köpfe eines Mannes oben links und der Frauenkopf sind von Capricho Nr. 60 angeregt: ›Ensayos‹ — Versuche. Die halbfigurige Frauenstudie schließlich ist Capricho Nr. 61 nachgestaltet: ›Volaverunt‹ — Weggeflogen.

7 Delacroix
Studienblatt mit zahlreichen Köpfen verschiedener Personen, Karikaturen, Kopf einer Raubkatze, und einem halbfigurigen Rückenakt

Feder, braune Tinte, 23,8×34,9 cm (RF 10.620)
Wieder eines der bezeichnendsten Beispiele der Begegnung Delacroix' mit Goya.
Die drei Köpfe rechts oben sind von der Frau und ihren beiden Kindern in Capricho Nr. 3 angeregt: ›Que, viene el Coco‹ — Da kommt der Kinderschreck. Der vierte Kopf am linken Rand, von oben gezählt, der Mann, der den Finger in den Mund steckt, ist dem Capricho Nr. 4 entnommen: ›El de la rollona‹ — Der vom Kindermädchen. Die Frauenbüste mit nackter Kehle, der sechste Kopf am linken Bildrand von oben, ist nach Capricho Nr. 5 gezeichnet: ›Tal para qual‹ — Gleich und Gleich gesellt sich gern; der Kopf eines Mannes darunter, in der Hand ein Lorgnon, nach Capricho Nr. 7: ›Ni asi la distingue‹ — Selbst so kann er sie nicht erkennen; der Kopf eines Mannes links unten, eine Hand vor seinem Mund, sowie der Kopf einer Frau daneben, ein Tuch am Gesicht, nach dem Capricho Nr. 12: ›A caza de dientes‹ — Auf Jagd nach Zähnen. Der fünfte Kopf am linken Bildrand, von oben gezählt, der eines Mannes, skizziert denjenigen aus Capricho Nr. 18: ›Y se le quema la Casa‹ — Und sein Haus brennt. Darüber gehört der dritte Kopf von oben dem Mann mit Zweispitz aus Capricho Nr. 22: ›Pobrecitas!‹ — Arme kleine Mädchen. Der Kopf eines Mannes mit hoher Kappe schließlich, links oben, stammt aus Capricho Nr. 24: ›Nohubo remedio‹ — Es gab keine Hilfe. Alle anderen Köpfe und Skizzen scheinen dagegen von Delacroix selbst inspiriert zu sein.

Hans Holländer

Raum und Nichts
Über einige Schlußbilder der ›Desastres de la Guerra‹ und den ›Modo de Volar‹

Goyas graphische Hauptwerke, die Caprichos, die Desastres de la Guerra und die Disparates, auch die Tauromaquia, sind Serien, keine Zyklen. Sie sind Bildfolgen, die kein Ende haben oder nur ein zufälliges. Das letzte Blatt ist nicht das letzte aller möglichen. Jede der Serien könnte fortgesetzt werden — vielleicht mit Ausnahme der Tauromaquia, deren Historie, Grundfiguren und Ereignisse begrenzt oder doch begrenzbar sind. Für die anderen Folgen gilt das nicht, und wie die große Zahl von Entwürfen, die nicht radiert wurden, zeigt, hatte Goya nur eine Auswahl getroffen oder Fortsetzungen im Sinn. Jedes Bild trifft so einen Aspekt, ein Ereignis, einen Einfall oder eine Beobachtung. Von Anfang an hatten die meisten Blätter auch die Eigenschaften einer Allegorie, einer Parabel oder einer darin enthaltenen allgemeineren Feststellung, die über begrenztere historische Umstände und spanische Verhältnisse hinausreichte, obgleich konkrete Situationen Anlaß und Auslöser waren. Aus den vielen Bildern setzt sich aber kein geschlossenes System zusammen. Es gibt keinen Reim, kein Raster und keine Begrenzung. Serien, die grundsätzlich unabgeschlossen sind, nur als unendliche auch vollständig wären, sind Fragmente, sie sind unvollendbar. Das schlägt auf jedes einzelne Blatt zurück, denn wenn auch jedes in sich vollkommen sein mag, so unterbricht doch schon das folgende die Kontinuität.

Fragmentarische und diskontinuierliche Eigenschaften graphischer Folgen mögen nun mehrere Ursachen haben oder, besser, mehrere kalkulierbare Gründe. Der eine bestünde darin, daß die gemeinte Realität als Ganzes sich der Darstellung als geschlossenes System entzieht. Der andere könnte darin bestehen, daß die Wahrnehmungen und Beobachtungen durchaus Schlußfolgerungen zulassen, weil sie begrenzbar sind, aber das Wirkliche immer nur ein winziger Ausschnitt des Möglichen ist und der möglichen Kombinationen mit Realitätsfragmenten, die der Phantasie zugänglich sind. In beiden Fällen kämen Serien von Variationen über die gegebenen Themen heraus und beides mag zutreffen. Es bleibt aber die Unmöglichkeit, Realität und Phantasie jemals zur Deckung zu bringen. Auch hat in beiden Fällen die unvollendbare Serie mit dem Aspektcharakter des einzelnen Bildes und der unendlichen Fortsetzbarkeit ihre hinreichende Begründung.

Goya hat seine Gründe, seine Moral und seine realen Anlässe stets zu erkennen gegeben, und die zeitgenössischen Beweggründe waren sichtbar. Es handelt sich indessen nicht einfach nur um handgreifliche Ereignisse. Ein Text, eine Nachricht, Literatur haben eine nicht geringere, oft intensivere Wirkung als der Schrecken der Geschichte. Beides ist Realität, bestimmt das Handeln und fordert Antworten heraus. Einige der Antworten Goyas sind hinlänglich bekannt. Er hat in den Caprichos Maximen der Aufklärung versammelt, an denen er auch in den Disparates festhielt, obgleich ihre Weltansicht überwiegend pessimistisch war und nur der Artist (entsprechend dem Torero in der Tauromaquia) sich behauptet. Die fragmentarische Struktur läßt es nicht zu, sie allzustark als geschlossene Gebilde, Bildfolgen zu betrachten und voneinander abzugrenzen. Auch gehört es zu den Eigentümlichkeiten des späten Goya, daß er beständig und zunehmend auf frühere Motive oder Kenntnisse zurückgreift und sie neu realisiert. Daher ist es zweckmäßig, hier den Zusammenhang einer sich bildenden ›Privatikonographie‹, die bisweilen zur bildlichen Selbstinterpretation wird, als übergreifende Struktur zu sehen, unabhängig von der Zahl und Anordnung der Bilder der verschiedenen Serien. Nur die Tauromaquia nimmt eine gewisse Sonderstellung ein, denn man kann in ihr eine Historie mit genauer Disposition erkennen. Doch ist hier mindestens die Nähe zu den Disparates in mehreren Blättern sichtbar, so daß auch der Schluß erlaubt ist, in der Tauromaquia sei ein mögliches ›Disparate-Thema‹ zu seiner vollständigen Entwicklung gelangt.

Ein besonderer Aspekt sei ausgewählt. Es gibt Nahtstellen zwischen den Serien, Motive, die einander ähnlich sind in der Bedeutung und den Mitteln der Realisierung. Zugeordnete Begriffe können der Raum, das Nichts und der Abgrund sein. Goyas Raum wurde als Abgrund einer ›ortlosen Unendlichkeit‹ seit langem als befremdlich betrachtet. Auch hat der damit angekündigte Begriff des ›Nichts‹ bei Goya mehrere durchaus bestimmbare Bedeutungen: Die kosmologische wie die geschichtliche sind offenkundig einander auch zugeordnet, denn der Raum als unendliches Nichts und die Vergeblichkeit geschichtlicher Anstrengungen, ihre Nichtigkeit, haben bei Goya wie bei vielen seiner Zeitgenossen und Nachfolger eine unmittelbare Zusammengehörigkeit gewonnen.

I.

Goya beendete die Arbeit an den Desastres de la Guerra, deren letzter Teil auch den Untertitel »Schrecknisse eines schlechten Friedens« haben könnte, als die Restauration die erhoffte liberale Entwicklung in Spanien verhinderte und frühere Verhältnisse in Kirche, Justiz, Innenpolitik, die durch den Befreiungskrieg irreal geworden waren, wieder eingeführt wurden unter verschärften Bedingungen und ohne die althergebrachte ›Unschuld des Bösen‹, also mit verstärktem Druck. Die geschichtliche Konstellation zeigte keinen Sinn. Die Spuren fortschreitender Entfaltung von Vernunft und Freiheit im Sinne der Aufklärung waren verschwunden. Doch steht dem »historischen Nihilismus« am Ende der Desastres ein Rest einer verschwundenen Möglichkeit als Hoffnung auf künftige Zeiten gegenüber, die schließlich in eine Verhaltensregel mündet.

Es erscheint Goya absurd, daß nach diesem mörderischen Freiheitskrieg nichts sich geändert haben soll. Eines der Bilder, die am Schluß stehen könnten und eine Schlußfolgerung enthalten, formuliert eine fürchterliche Bilanz. Sein Titel: »Nichts, es wird sich zeigen.« Es wird sich zeigen, daß alles umsonst war, das Resultat ist nichts. Der halbverweste Tote, dessen eingesunkener Oberkörper aus der Erde ragt, hat eine Feder in der Hand, die Spitze berührt noch den Zettel, auf dem er geschrieben hat: »Nichts.« Aus dem umgebenden Dunkel taucht, an Deutlichkeit zunehmend, Hexenspuk auf, Masken und Geziefer, der alte Spuk der Caprichos. Eine der Ausgeburten fährt auf den Toten zu, der Mund ist keifend geöffnet.

Nichts: Der Kampf war umsonst. Die Caprichos endeten noch mit der Hoffnung der Aufklärung: Der Tag wird kommen, das Licht der Vernunft wird den Nachtspuk vertreiben. Und Goya hatte guten Grund, dieses Licht der Vernunft bereits am Werk zu sehen. Hier nun, angenommen, dies wäre das Ende der bereits zu Beginn höchst pessimistisch geschilderten Desastres, bleibt ein allumfassendes Nichts, ein Dunkel, in das kein Licht dringt. An dieser Stelle schlägt Goyas erfinderischer Zweifel an der Realität um in Verzweiflung.

Angenommen, dies wäre der Schluß der Desastres, dann wäre dieser Schluß identisch mit dem Schluß der ›Nachtwachen des Bonaventura‹. Fünfzehn Jahre zuvor wurde in jener Quintessenz der frühen Romantik mit der gleichen Bedeutung und mit der gleichen Betonung dasselbe Wort in verwandter Artikulation mit wohlbegründeter Bestimmtheit als Schlußfolgerung an den Schluß gesetzt[1]. Ich zitiere die letzten Sätze der letzten Nachtwache: » ... bei der Berührung zerfällt alles in Asche und nur auf dem Boden liegt noch eine Handvoll Staub und ein paar genährte Würmer schleichen sich heimlich hinweg, wie moralische Leichenredner, die sich beim Trauermahle übernommen haben. Ich streue diese Handvoll Staub in die Lüfte und es bleibt: Nichts! Drüben auf dem Grabe steht noch der Geisterseher und umarmt Nichts! Und der Widerhall im Gebeinhause ruft zum letzten Male: Nichts!«

Zum allgemeinen Umkreis dessen, was hier und bei Goya und bei einigen der stärksten Geister seiner Zeit das Wort »Nichts« bedeutet, gehört auch einiges bei Jean Paul. So die ›Rede des toten Christus vom Weltgebäude herab, daß kein Gott sei‹, aus dem ›Siebenkäs‹, die mitsamt der Vorrede (in der das Ganze als Traumbericht deklariert wird) mit der bieder-trügerischen Harmlosigkeit der Überschrift ›Erstes Blumenstück‹ in wahnwitzigster Weise kollidiert. In dem ›Vorbericht‹ heißt es: »Das All ist die kalte, eiserne Maske der gestaltlosen Ewigkeit.« Das bekräftigt die ›Rede‹: »Und als ich aufblickte zur unermeßlichen Welt nach dem göttlichen Auge, starrte sie mich mit einer leeren, bodenlosen Augenhöhle an; und die Ewigkeit lag auf dem Chaos und zernagte es und wiederkäuete sich ... Starres, stummes Nichts, kalte, ewige Notwendigkeit, wahnsinniger Zufall! Kennt ihr das unter euch? Wann zerschlagt ihr das Gebäude und mich? Zufall, weißt du selber, aber, wenn du mit Orkanen durch das Sternen-Schneegestöber schreitest und eine Sonne um die andere auswehst, und wenn der funkelnde Tau der Gestirne ausblinkt, indem du vorübergehest? — Wie ist jeder so allein in der Leichengruft des All.«

Historie und Kosmologie, Unendlichkeit des Raumes und Absurdität der Geschichte scheinen in einen Zusammenhang zu geraten, der den Gedankenbildern Goyas nicht gänzlich fern ist. Es scheint sich hier um eine überall in Europa nachweisbare Antwort auf das Dilemma zu handeln, das nach dem Ende der Französischen Revolution und durch den Aufstieg Napoleons nur zu deutlich wurde, doch sind die politischen Ereignisse nur als auslösende Momente zu verstehen. Die Tradition des kosmologischen Pessimismus ist älter, hier aber wendet sie sich zum Urteil auch über die Geschichte, deren Nichtswürdigkeit kosmologisch begründet wird:

»Im unendlichen Raum zahllose leuchtende Kugeln, um jede von welchen etwa ein Dutzend kleinerer, beleuchteter sich wälzt, die inwendig heiß, mit erstarrter, kalter Rinde überzogen sind, auf der ein Schimmelpilz lebende und erkennende Wesen erzeugt hat: — dies ist die empirische Wahrheit, das Reale, die Welt. Jedoch ist es für ein denkendes Wesen eine mißliche Lage, auf einer jener zahllosen im grenzenlosen Raum frei schwebenden Kugeln zu stehen, ohne zu wissen, woher noch wohin, und nur Eynes zu seyn von unzählbaren ähnlichen Wesen, die sich drängen, treiben, quälen, rastlos und schnell entstehend und vergehend, in anfang- und endloser Zeit ... «[2] Mit diesen Sätzen beginnt Arthur Schopenhauer die Ergänzungen zur ›Welt als Wille und Vorstellung‹. Von Jean Paul ist das nicht weit entfernt. Und der Schluß der ›Welt als Wille und Vorstellung‹ endet mit dem letzten Wort der Nachtwachen: »Nichts!«: » ... was nach gänzlicher Aufhebung des Willens übrig bleibt, ist für alle die, welche noch des Willens voll sind, allerdings Nichts. Aber auch umgekehrt ist Denen, in welchen der Wille sich gewendet und verneint hat, diese unsere so sehr reale Welt mit allen ihren Sonnen und Milchstraßen — Nichts.«[3]

Das Nichts Schopenhauers ist ein anderes als das der Nachtwachen oder Jean Pauls oder Goyas. Das ›Nichts‹ hat Eigenschaften, die nach dem Kontext sich richten, in denen das Wort erscheint. Gleichwohl bildet es den Schluß oder die Quintessenz von Texten. Auch ein graphischer Zyklus ist, zumal bei Goya, als Text zu verstehen, nicht nur, weil er ohne begleitende Tituli weniger verständlich wäre, sondern weil er eine bildhafte Prosaform darstellt.

Sätze wie die zitierten (sie ließen sich beträchtlich vermehren) sind keine zufälligen Parallelen. Zwar hat Goyas Radierung mit dem Titel ›Nichts‹ im Zusammenhang der Desastres ihren genau bestimmbaren Ort. Es bedarf zum Nachweis ihrer Bedeutung kaum der Texte, die er gar nicht kennen konnte. Hier zeigt sich vielmehr, daß verwandte Geister, präzise Phantasten, distanzierte Beobachter, die genauer als andere Hoffnungen und Zweifel zu artikulieren fähig waren, auf dieselben Phänomene ganz ähnlich reagiert haben, nämlich mit dem gleichen allumfassenden Wort: ›Nichts‹. Die Unterschiede der Betonung, der Bedeutung, sind freilich nicht zu übersehen. Im Wort Nichts kulminiert bei Jean Paul die Vision eines Kosmos, den der Zufall regiert. Mit wiederum anderen Akzenten begegnet Ähnliches später bei Stifter in der Novelle ›Der Condor‹. Zufall, Unendlichkeit, Kosmos, Tod, tödliches, unendliches Nichts gehören hier immer zusammen. Die Worte scheinen austauschbar zu werden. Am deutlichsten ist ihre Zusammengehörigkeit in den Nachtwachen. Dort bezieht das Schlußwort ›Nichts‹ sich auf Tod ohne Unsterblichkeit, auf die Sinnlosigkeit menschlicher Taten und Leiden und auf die Unendlichkeit des Raumes.

Die Schrift auf dem Zettel in der Hand des verwesenden Toten meinte die Vergeblichkeit aller Anstrengungen, die Sinnlosigkeit des mörderischen Kampfes. Das Licht Goyas (sein Scheinwerferlicht), sein Raum, der nirgends mehr die Eigenschaften des Rokoko-Bildraumes mit seinen schwebenden, gleitenden infinitesimalen Strukturen hat, gehört zu den artistischen Bedingungen und Voraussetzungen der Schrift auf dem Zettel.

Den Bildern der Desastres mit dem leeren Himmel und den einsamen Gestalten, den Senkrechten vor den spärlichen Konturen der Grenze zwischen Himmel und Erde, läßt sich kaum Gleichrangiges oder Gleichartiges zuordnen. Dennoch ist eine Zuordnung in Richtung der genannten Texte möglich. Was bei Goya in ganz anderem Zusammenhang gilt, kommt mindestens bei einem Meister zu vergleichbarer Bildgestalt. Caspar David Friedrich war kein Maler von Idyllen. Seine kalten und feindlichen Bildräume passen nicht in das Konzept der Verharmlosung der Romantik. Seine religiösen Motivierungen sind in den Bildern nur in Symbolen noch kenntlich.[4] Sein Raum ist der nichtmenschliche, offene Raum, die diffuse Unendlichkeit. Goya hat keine reinen Landschaften gemalt, sie sind oft Staffage; Friedrich hat selten reine Figurenbilder gemalt. Seine Figuren sind Rückenfiguren, Gestalten, die in den Raum hineinblicken wie der Betrachter ins Bild. Sie sind Linsen, die seinen Blick präzisieren und lenken, die mit ihrer Gestimmtheit und Haltung dem Anblick zu seiner gemäßen Bedeutung verhelfen.

Der ›Mönch am Meer‹ (Berlin) ist 1808/9, also fast gleichzeitig entstanden wie die hier gemeinten Blätter der Desastres. Das zugleich einfachste und stärkste Bild der Romantik zeigt die Entsprechung.[5] Die Unendlichkeit des Raumes berührt nichts. Der Meereshorizont ist eine einzige Waagrechte, der Raum ist rauchig, dunstig, bewölkt, neblig. Er ist unbestimmt, diffuse Unendlichkeit, durchaus nicht sehr verschieden von den Stimmungen der leeren Unendlichkeit in den Räumen Goyas. »Wie wenn einem die Augen weggeschnitten wären«, schreibt Kleist über das Bild, und niemand beschrieb es besser: »Nichts kann trauriger und unbehaglicher sein als diese Stellung in der Welt: Der einzige Lebensfunke im weiten Reiche des Todes, der einsame Mittelpunkt im einsamen Kreis. Das Bild liegt mit seinen zwei oder drei geheimnisvollen Gegenständen wie die Apokalypse da.«

Die Nähe dieser Sätze zu den andern, den zitierten, ist unverkennbar. Näherhin: Friedrichs Gegenstand, das Thema des Bildes, ist der Raum, und zwar der nichtmenschliche, fremde, faszinierende, saugende, unendliche Raum. Die Gestalt gleitet mit den Kurven des Mönchsgewands, der bedeutungsvollen Verkleidung, ihm entgegen. Doch bleibt der flache Horizont ungestört. Die Senkrechte überschneidet ihn nicht. Sonst steht sie, wie bei Goya, so auch bei Friedrich, meist darüber. Verwandt ist hier einiges, und man braucht nicht noch weitere Bilder Friedrichs, etwa das ›Eismeer‹ (Hamburg, Farbtafel XXIV) zu zitieren, um dies zu erhärten. Die splitternden Planken, das andrängende Eis in der Kälte des Raumes aus eisigem, unwirklichem Blau zeigen dasselbe.

Goya und Friedrich: Kein äußerer Zusammenhang und doch verwandte Themen, ähnliche Bedeutungen. An den äußersten Grenzen — Goya und Friedrich sind Antipoden — treffen sich die Extreme. Das Verbindende ist die den Bildern zugehörige nichtmenschliche Leere des Raumes. In beiden Fällen zeigt sich die Radikalität der Romantik. Kunst ist Erkenntnis, das gilt auch hier. Die Wahrheit der menschlichen Taten und Leiden malt der eine, der andere meint die Erscheinungsformen der Landschaft. Das trifft sich in der verwandten Darstellung des Raumes, der beides umgreift. Den literarischen und kunsthistorischen Zeitgenossen wären einige weitere hinzuzufügen. Aufklärung, Revolution, Romantik liefern den allgemeinen Hintergrund.

Nach dem Ende der ersten Etappe der Aufklärung und in der schärfer kalkulierenden, etwas klüger gewordenen ironischen und mit Masken operierenden Romantik das Wort: Nichts. Von Nihilismus ist anläßlich dieser Phänomene mehrfach die Rede gewesen[6], mit Recht insofern, als in dem Wörtchen ›Nichts‹ zu dieser Zeit sehr vieles endet. Doch ist Nihilismus nicht das geeignete Wort. Es suggeriert mit seiner Endung allzu leicht einen neuen Fetisch, einen Glaubensinhalt, der nun eben das ›Nichts‹ wäre. Das ist nicht der Fall, auch nicht bei Goya. Vielmehr ist das Wort eine Feststellung, eine resignierende, pessimistische Erkenntnis. Nihilismus wäre eine Verharmlosung mit seiner Unterstellung, daß, statt an irgend etwas anderes, nunmehr an das Nichts geglaubt würde. Dann hätte tatsächlich nur ein Wort sich geändert. Gemeint ist hier vielmehr ein völlig unmenschliches, unsinniges, durch nichts beeinflußbares Nichts, das identisch ist mit dem Universum, das keine Zuversicht bestätigt, keiner Hoffnung Spielraum läßt. Das ist ein notwendiges Resultat gerade dort, wo der revolutionäre Elan der Aufklärung, die das Ziel schnell erreichen wollte und die glaubte, man brauche das Licht der Vernunft nur anzuzünden, am stärksten war. Das war ein Irrtum. Nirgends war Entzündliches vorhanden. Man bemerkte, daß man es erst herstellen müsse. Allgemein stellte sich heraus, daß man sich die Sache zu einfach vorgestellt hatte.

Dem Optimismus der Aufklärung, der direkt und treffend war, folgte die Erkenntnis schwierigerer Gegner und dann der Pessimismus der Romantik, den man Nihilismus nur im Bewußtsein der Tatsache nennen kann, daß er aus dem Scheitern und der Verzweiflung angesichts der Sinnlosigkeit aller Versuche resultiert, dem allumfassenden Nichts und Zufallsdunkel angemessen zu begegnen. ›Schwarze Romantik‹ ist keine Spielerei, sondern Resultat einer Erkenntnis. Mit dieser Herausforderung beginnt unser gegenwärtiges Zeitalter. Sie hat sich als entscheidender und zerstörerischer, als konstruktiver Antrieb seither gegen alle Restaurationen behauptet.

Das Bild aus den Desastres mit dem Titel »Nichts«, das eine Quintessenz ist, könnte ein Schlußbild sein, aber die Sache geht weiter.

›Die Wahrheit ist tot‹ (Kat. 105), wieder eines der möglichen Schlußblätter. Veritas, die Muse der Vernunft, liegt am Boden, Strahlen gehen von ihr aus, die sich rasch brechen. Ringsum eine Menschenmenge, in der Mitte ein Priester, fast gesichtslos, denn sein Gesicht verbirgt sich im Dunkel, nur der Blick ist zu sehen. Mönche hantieren mit der Schaufel — Totengräber. Rechts hockt als einzige Trauernde Justitia, denn mit dem Tod der Wahrheit endet auch sie.

Dem Schluß folgt ein weiterer: »Ob sie wieder auferstehen wird?« Der Lichtschein hat sich verstärkt, ist konzentrierter geworden, doch dringt er nicht weit ins Dunkel. Im Dämmer hat sich wieder das Geziefer versammelt, einer greift nach einem Stein, hat den Knüppel schon in der anderen Hand. Ein Mönch ist auch der nächste mit der abwehrenden Gebärde, dann einer mit einem aufgeschlagenen Folianten, auch dies ein altes Symbol — wozu noch Wahrheit, es steht ja schon alles drin. Die Wahrheit ist nicht willkommen. Das Dunkel setzt sich zur Wehr, aber Goya fragt: »Ob sie wieder auferstehen wird?« — Wieder eine Frage, keine Behauptung. Das Licht der Vernunft hat nur geringe Chancen. Dann kommt endgültig der Schluß, Titel: »Dies ist die Wahrheit.« Veritas ist als geleitende Muse wieder da, dahinter hellste Morgenröte. Neben ihr ein struppiger Kerl mit der Hacke in der Hand, im Hintergrund Schafe und Felder und ein Baum mit Früchten. Das sind deutliche Symbole. Sie können nicht ganz überzeugen, jedenfalls können sie es nicht mehr nach allem, was vorausging. Man bekommt Bedenken, ob dies nicht der falsche Schluß sei.

Gleichwohl, man muß einiges abziehen, die Umstände berücksichtigen. Schließlich steckt nicht mehr darin, als die Feststellung, daß die Wahrheit, die Vernunft, das richtige Handeln sich im Alltäglichen zu bewähren habe, in der konkreten und produktiven Arbeit. Die Devise ist also arbeiten und nicht verzweifeln, und mehr ist damit nicht gesagt. Nach den Schrecken des Krieges und in der Verlogenheit des Friedens hilft nur diese Maxime. Voltaire schrieb am Schluß des Candide: »Wir müssen unseren Garten bestellen.« Einen besseren Schluß wußte auch Goya nicht. Die Wahrheit ist das nicht, mehr eine Verhaltensregel.

2.

Die Caprichos wie die Desastres wurden fortgesetzt in Zeichnungen, Entwürfen und in der Folge der Disparates, die ihre nächste Verwandtschaft in den ›schwarzen Bildern‹ im Hause des alten Goya hatten. Die Disparates (auch Proverbios, von Goya selbst Sueños genannt) sind sämtlich geeignet, die pessimistischen Schlußbilder der Desastres zu bestätigen. Eines dieser Bilder, ›Un modo de volar‹[7], ist als Quintessenz der verschiedenen Flugmotive der Caprichos und einiger Gemälde zu verstehen. Es scheint zunächst ein

Einzelblatt gewesen zu sein oder das erste der neuen Folge. Sein Thema läßt sich mit einer Reihe früherer Blätter und Bilder in Verbindung bringen. So gehört es durchaus in den Zusammenhang der Darstellung artistischer Wagnisse mit hohem Risiko des Mißlingens, ein Thema, das auch in der irregulärsten seiner Bildfolgen, den Disparates, begegnet und am ausführlichsten in der Tauromaquia variiert wurde, wenn auch mit sonst nicht vergleichbaren Voraussetzungen.

Die Verwegenheit der Fliegenden im ›Modo de volar‹ ist von anderer Art und Qualität als diejenige des Stierkämpfers, dessen lange historische Tradition Goya vergegenwärtigte. Die Fliegenden jedoch haben keine Geschichte. Ihren Kontext liefert der Raum. Das Bild mag gerade wegen des offenkundigen Tatbestandes merkwürdiger sein als die stärker verrätselten anderen Disparates, denn die gelungene Realisierung des Wunsches, fliegen zu können, ist nicht ganz geheuer. Die rationale Phantastik der Disparates ist hier deutlicher als sonst. Denn das Bild stellt nicht einen Flugtraum, eine traumhafte Flugmetapher mit allegorischem Hintersinn dar, sondern einfach und hintergründig eine Methode des Fliegens, die als nicht wirkliche, nur erträumte, wenngleich wohl überlegte und erdachte Möglichkeit allerdings den ›Sueños‹ zugehört. Der Flugtraum, das alte Leitmotiv Goyas, kommt zu seinem Ziel. Hier ist nichts als das Fliegen selbst dargestellt, ohne noch Mittel zum Zweck oder Metapher für anderes zu sein, kein blocksberghafter Hexenspuk, kein dämonisierter Pegasus eines Liebestraums. Der Flug bedient sich keiner mythischen Requisiten und konstruierten Dämonen, sondern einer Apparatur. Die Flieger sind angeschnallt an ein Gestänge, das die Flügel bewegt. Drähte oder Seile laufen von den Fußbügeln hoch zu den Spanten der Fledermausflügel. Die Konstruktion ist wahrscheinlich, sie war es zu dieser Zeit noch. Nebensächlich ist bei der offenkundigen Wahrscheinlichkeit der Konstruktion, die erst später als für den Menschen unbrauchbar erwiesen wurde, ob das Gerät nun so funktionieren könnte, selbst wenn der Mensch leichter und kleiner und seine Muskelkraft größer wäre. Wesentlich ist, daß die oberste Gewichtsgrenze für den Flug mit Muskelkraft damals noch nicht bekannt war, sie wurde erst im 20. Jahrhundert allmählich Gewißheit[8]. Goya hat eine zu seiner Zeit noch durchaus diskutable Möglichkeit des Fliegens gezeigt. Sein Flugbild und der gedachte, der Fledermaus analoge Flugmechanismus gehört keineswegs dem schlechthin Sinnlosen oder auch der Allegorie an, im Gegenteil. Nachdem sich auf »montgolfierische Art« der Luftraum tatsächlich als zugänglich erwiesen hatte, lag der Gedanke an mögliche andere Arten des Fliegens einigermaßen nahe. Der Luftballon war im übrigen noch lange ein etwas unheimliches und zu Metaphern anregendes, mindestens abenteuerliches Instrument[9]. Bekanntlich hatte am intensivsten zuvor Leonardo da Vinci sich mit dem Problem beschäftigt, und unter seinen Voraussetzungen alle denkbaren Möglichkeiten durchgespielt. Goyas Konstruktion ist einer der Varianten Leonardos auffallend ähnlich. Denn Leonardo hatte, obgleich er das günstigste Verhältnis von Nutzlast und Energie aus begreiflichen Gründen noch nicht in den Griff bekommen konnte, erkannt, daß die Arme und die Brustmuskulatur allein nicht ausreichen, daß alle vorhandene Muskelkraft einzusetzen sei, zumal die der Beine. Er hat daher einen Tretmechanismus vorgesehen, um die stärkere Kraft der Beine im Zusammenspiel mit den Armen zur Bewegung der Flügel zu benutzen. Zwar reichte selbst das noch nicht aus, aber das konnte man weder zu Leonardos noch zu Goyas Zeit wissen.

Jedenfalls hat Goya eine wahrscheinliche Lösung des Problems zu vergegenwärtigen versucht und sich nicht mit der alten Darstellungsform der angeschnallten Flügel begnügt, er hat also nicht die Erfindung des Dädalus oder dergleichen gemeint, sondern eine wahrscheinliche Lösung des Dädalusproblems. Er hat daher wie Leonardo einen Apparat entworfen, der mit Armen und Beinen zugleich, ja mit dem ganzen Körper betrieben wird. Das Bild zeigt übrigens verschiedene Stadien des Flugvorganges, also des Flügelschlagens, als ob Goya demonstrieren wollte, wie das Ganze funktioniert. Der Vordere hat die Beine angezogen, die Flügel sind hochgeschlagen. Ein anderer streckt die Beine, die Flügel schlagen nach unten, und rechts hat einer die Beine ganz ausgestreckt, steht in den Seilen, und die Flügel bilden nun eine fast fallschirmartige Glocke über dem senkrechten Körper.

Goya realisiert, ja wiederholt hier einen Gedanken Leonardos, dessen zeichnerische Reflexionen zum Flugproblem zu dieser Zeit nur wenigen bekannt waren. Ob er jemals Gelegenheit hatte, Entwürfe dieser Art in ihrer ursprünglichen Gestalt zu betrachten, steht dahin. Die Wahrscheinlichkeit ist sehr gering. Allgemeiner bekannt wurden die aeronautischen Projekte Leonardos erst 1874[10], dann seit dem Beginn der systematischen Publikation der Schriften Leonardos im Jahre 1881. Immerhin aber waren einzelne Entwürfe schon vorher publiziert worden, und die erste Veröffentlichung von flugtechnischen Arbeiten Leonardos überhaupt erfolgte im Jahre 1793, als C. G. Gerli in seine ›Disegni di Leonardo da Vinci‹ einige Tafeln aufnahm, auf denen etwa zwanzig flugtechnische Skizzen reproduziert sind. Das Werk war für Künstler und Gelehrte bestimmt und hatte eine sehr begrenzte Verbreitung[11]. Ob Goya es gekannt hat, ist ungewiß, aber wenn überhaupt Exemplare dieser Publikation nach Spanien gelangt sind, dann hatte Goya dank seiner Ämter am Hof und an der Akademie die besten Möglichkeiten, das Werk kennenzulernen. Die merkwürdige Übereinstimmung der Daten ist vielleicht zufällig, aber immerhin: 1793 erschien das Buch, 1794 beginnt im Werke Goyas die lange Serie von Flug-Allegorien und Variationen über Flugmotive, und 1815 entstand ›Un Modo de volar‹. Angenommen, er kannte das Buch: dann hat er es entweder zu einem frühen Zeitpunkt nach Erscheinen gesehen, so daß sein Interesse für Flugmotive durch die Stiche nach Leonardo angeregt worden wäre, oder aber das Interesse war bereits vorhanden, die Caprichos schon vollendet, dann führten die Stiche zu den Konzeptionen des ›Modo de volar‹. Die zweite Möglichkeit ist wahrscheinlicher, gesetzt den Fall, die Annahme sei richtig. Da es fast ausgeschlossen ist, daß Goya originale Zeichnungen Leonardos zu diesem Problem kannte und in diesem Falle kein anderer als Leonardo als Vorbild in Frage kommt, halte ich es für sehr wahrscheinlich, daß er in der Tat die Nachzeichnungen von Gerli kannte. Denn: allzusehr gleicht Goyas Mechanismus dem Vorschlag Leonardos. Und Goya war zwar ein Künstler höchsten Ranges wie jener, aber er war kein Erfinder, Techniker und Naturwissenschaftler. Eine Verbindung muß existiert haben, und es gibt anscheinend keine andere Möglichkeit, kein anderes ›missing link‹, als das Werk Gerlis.

Die Flugapparate sind also keine reinen Traumgebilde, nichts Hexenhaftes, sondern innerhalb der Möglichkeiten um 1800 wahrscheinliche Konstruktionen analog den Entwürfen Leonardos, denn an dem Problem der Möglichkeit oder Unmöglichkeit des Menschenfluges mit Muskelkraft hatte sich in den drei Jahrhunderten seit Leonardo nicht viel geändert. Entsprechend nimmt Lafuente Ferrari rechtens an, daß es sich bei diesem Bild nicht um einen ›Disparate‹ gemäß der Bedeutung des Wortes handelt, sondern um ein Gedankenspiel, das einfach aus dem Interesse Goyas für das Problem des Fliegens folgt. Das

Gedankenspiel ist hier sicherlich zunächst entscheidend. Gleichwohl ist dies nur der Ausgangspunkt. Auch hier noch ist die Vergangenheit des Flugmotives im Werke Goyas gegenwärtig und im Bilde kenntlich. Die Glaubwürdigkeit des Apparates, die Überlegtheit der Konstruktion macht die Sache nicht geheurer. Keineswegs aber handelt es sich hier um Menschen, die in ›heiterer Gelassenheit‹ in den Lüften schweben [12].

Wenn Goya nichts als Dämonie des Fliegens oder Flug als Hexenspuk hätte darstellen wollen, so hätte er sich einfach seines wohlausgebildeten und an Varianten reichen Repertoires bedienen können. Für die Darstellung von Menschenflug als Hybris etwa hätte er sich an die alten Darstellungsformen des Mythos von Dädalus und Ikarus anschließen können. Eben das ist nicht der Fall. Goya stellt Flug nicht nur symbolisch dar, sondern als mögliche Tatsache, und mit dieser Eindeutigkeit des Gemeinten wird die Sache erst recht vieldeutig. Denn jede Darstellungsform des Fliegens, abgesehen von dem Luftballonmotiv vielleicht, das seine eigene Hintergründigkeit hat, spielt, ob das nun gemeint ist oder nicht, zu diesem Zeitpunkt noch unvermeidlich auf Dädalus und Ikarus an. Allerdings zeigt Goya keinen Stürzenden, der Ikarus repräsentieren könnte, sondern gelungenen Flug, entsprechend Dädalus mit der Technik Leonardos. Nicht also die Hybris oder die Kühnheit des Ikarus ist dargestellt, sondern die Unheimlichkeit des Gelingens an der Grenze des Möglichen. Denn unheimlich ist die Szenerie ja trotz aller Wahrscheinlichkeit der Apparatur durchaus, und das wird durch ein Symbol bekräftigt.

Die hochgeschobene Kappe des Fliegers ist ein großäugiger Vogelkopf. Der Flieger trägt, so scheint es, die Maske eines Vogeldämons, eines Greifen, denn mit einem Vogel identifiziert er sich ja. Jedenfalls handelt es sich hier um ein Requisit aus der alten Zauberkiste der chimärischen Erfindungen Goyas. Durch diese Vogelmaske gerät der Flieger in die Nähe der Chimären, die in dieser Serie etwa der ›Fliegende Disparate‹ repräsentiert. Die Bedeutung dieser Maske kann nicht zweifelhaft sein: Der Mensch wird zum Vogel, er wird es aber nicht wirklich, er bedient sich der Vogelhaftigkeit als Maske. Zwar ist die Maske ein Mittel der Identifizierung, auch ein Mittel zur Darstellung des Dämonischen, aber hier kann gelten, was zuvor schon in den Caprichos, auch in den Desastres als Maxime kenntlich war: Zwar existieren Dämone nicht, sind Aberglaube, aber der Mensch kann sie sämtlich darstellen, weil er sie in sich hat.

Daher auch konnte Goya sich unbegrenzt alter Topoi des Dämonischen, auch der Requisiten des Hexenaberglaubens als adäquater Darstellungsform für Hintergründiges bedienen. Er zeigt hier mit der bekräftigenden Vogelmaske, daß mit dem neuen Abenteuer des Fliegens eine neue Maske in Kraft tritt, die eine alte Maske fortsetzt: der Vogeldämon als Apparat, Technik als Fortsetzung der Magie. Der Raum ist nicht ganz dunkel und von milchstraßenhafter Beleuchtung. Das diffuse Dämmern, das nächtliche Raumlicht ist hier von merkwürdig körniger Struktur, und die Körner sind Lichtpunkte, nicht umgekehrt. Der Raum gewinnt so in subtiler Vergröberung der Aquatintatechnik die Eigenschaften eines Sternenhimmels, ohne dies eindeutig zu meinen. Jedenfalls ist dieser Raum unendlich und unbestimmt, aber nicht leer, oder, um auf Jean Paul anzuspielen, dieses Nichts mit den nebelhaften Sternschwaden ist ein schlechthin fremder, ja feindlicher Raum, der die Gestalten nicht umgibt, sondern in dem sie sich befinden. In ihm bewegen sich mit ungewissem Ziel die der Erde entrückten Fliegenden. Ihre Beleuchtung schneidet sie scharf aus der Umgebung heraus. Das Scheinwerferlicht Goyas bestätigt die Disparatheit der Figuren zu jeder Umgebung, auch verhindert es eine Vermittlung von Raum und Gestalt.

Es zeigt sich hier, in welchem Maße dieses Bild Quintessenz der Formen und Gedanken Goyas ist. Das Motiv des Fliegens muß ihn an sich interessiert haben, unabhängig von der Anwendung bei der Darstellung gefährlicher Unsicherheit, sei es der Liebe oder der Zukunft. Es muß ihn interessiert haben, weil es sich in höherem Maße als alles andere auf den Raum bezieht. Im Flug wird eine Dimension hinzugewonnen. Ort der Bewegung ist nun wirklich der Raum, eben der Raum, den Goya so oft als dreidimensionale Unendlichkeit dargestellt hat. Flugmotive begegnen in allen Varianten und Bedeutungen, oft als Flugträume und Flüge mit nichtigem oder ungewissem Ziel, aber auch schildernd und überlegend wie hier, oder auf Tatsächliches sich beziehend. So gibt es von ihm auch Darstellungen der Montgolfiere, des ersten funktionierenden Flugkörpers. Das bereits wirklich Gewordene, das Mögliche und das Unwirkliche bilden ein Netz von Beziehungen. Raum und Flug gehören zusammen, ganz unabhängig von den wechselnden Motivierungen. Der Traum vom Fliegen ist in sich bereits Inhalt genug. Das bestätigt die geradezu enzyklopädische Vollständigkeit aller denkbaren Motivierungen und die beharrliche Wiederholung und Variation des Themas bei Goya. Der Raum hat im übrigen in allen Flugbildern Goyas die gleiche Beschaffenheit, und der Flug ist in wechselnden Motivierungen immer ein riskantes Abenteuer mit ungewissem Ziel.

›Un Modo de volar‹ zeigt das fast noch deutlicher als die Flug-Allegorien. Bekräftigend kommt hier ein anderes Motiv hinzu, eine Anspielung, ein Hinweis, denn: Charakteristisch ist, daß die fliegenden Menschen mit fledermaushaften Flügeln ausgestattet sind. Zwar folgt das aus der Konstruktion, und es zeigt die Unabhängigkeit von der Dädalus-Ikarus-Tradition, aber um so mehr verweist das Bild damit auf eine andere Bildtradition und auf ein anderes Leitmotiv Goyas, ein programmatisches, das hier unzweifelhaft als Anspielung gegenwärtig ist und zu der Assoziationskette Goyas gehört.

Die Fledermaus, das Wappentier der Melancholie, das in Dürers Melencolia I in saturnischem Licht am Himmel steht, das in Goyas »Melancholia«, dem Capricho 43, aus dem Dunkel des Raumes aufsteigt, kehrt hier mit einer überraschenden Wendung in Gestalt der fliegenden Menschen noch einmal wieder, die in den dunklen Raum aufsteigend ein Nichts durchqueren. Die beiden Bilder sind sehr verschieden, auch unterschiedlich motiviert, und vom einen zum anderen führt scheinbar kein Weg, aber das eine ist im anderen enthalten, und mit fast noch stärkerem Recht ist Capricho 43, das die Caprichos ursprünglich als Autorenbild, als formulierte Kunsttheorie, und als Darstellung der Bedingungen der Kunst Goyas einleiten sollte, den Disparates zugehörig, die stärker und konzentrierter die Caprichos fortsetzten. Die Schatten des Bewußtseins, nach außen projiziert als Nachtdämonen der Melancholia und zugleich als Bedingungen aller Künste und Erfindungen und »Quelle ihrer Wunder« kehren hier wieder als erträumte Erfindung. Das Wappentier der Melancholia wird zum Gerät, die Rollen vertauschen sich, die Fliegenden werden, in die geräthafte Maske sich einspannend, zu nächtlichen Attributen der Melancholia; das Dunkel, in dem sie aufsteigen, ist dasselbe wie zuvor, der Raum der gleiche. Das Capricho 43 stand am Beginn der saturnischen Flugmotive der Caprichos, deutlich auf die folgenden Bilder bezogen. Nach mannigfaltigen Verwandlungen und Verschlüsselungen folgt, wieder im Klartext, dies. Was in den Caprichos das Blatt 43 war, könnte in den Disparates, den wohlüberlegten und kalkulierten ›Sueños‹, dieses Bild sein.

›Un Modo de volar‹ läßt eine ›optimistische‹ Deutung nicht zu, so wenig wie die Disparates und die ›schwarzen Bilder‹. Positiven Wert behielt für Goya offenkundig das Artistische, das riskante, aber genau kalkulierte Wagnis. In diesen Zusammenhang gehört das Bild durchaus und damit sowohl in die Nähe der Tauromaquia wie des ›Disparate puntual‹, der Seilakrobatin zu Pferde.

Risiko und Kalkül beziehen sich gleicherweise auf die Möglichkeiten der Kunst, denn sie ist auch in der Tauromaquia als Summe menschlichen Könnens und Erkundung seiner Grenzen metaphorisch im Spiel. Daher sind ›Un Modo de volar‹ und der ›Disparate der Stiere‹, die im freien Raum keinen Grund und Boden unter sich haben, sondern im Raum fallen und stürzen, möglicherweise Gegenbilder. In beiden erweist sich der Raum als unendliches Nichts, und so könnte die Schlußfolgerung und das Rahmenthema sowohl der Schlußblätter der Desastres wie des Flugbildes gemeinsam sein: Geschichte, menschliche Taten und Erfindungen und Illusionen in einem kalten, gleichgültigen und unendlichen Universum ohne Sinn und menschliches Maß.

Daher bleibt der Artist hier und später dann sehr oft als einzige ›positive‹ Gestalt übrig, denn er kennt seine Situation. Ihr zu begegnen erkundet er seine eigenen Möglichkeiten in extremen Lagen an der Grenze des Mißlingens. Für sie steht hier der unendliche Raum als unendlicher Abgrund, in dem menschliche Maße zunichte werden. Das Bild führt die Spur weiter, die am Ende der Desastres sichtbar war. Der Artist akzeptiert die Absurdität der Welt, indem er sie mit kalkulierten ›Sueños‹ herausfordert. Auch repräsentiert er, wie der träumende Autor in Capricho 43, eine der Grundfiguren künstlerischer Existenz, deren Tradition einige Jahrhunderte früher, um 1500, beginnt.

Am Ende der Desastres stand, etwas überraschend und buchstäblich durch ›Nichts‹ vorbereitet, das Voltaire-Zitat mit dem Titulus »Das ist die Wahrheit.« Der Satz wie das Bild wurden danach nicht weiter bestätigt, eher durch die späteren Bilder zurückgenommen. Jedenfalls blieb es Ausnahme. Beständiger als die des Gärtners erschien die Existenzform des Artisten. Auch unter dem Flugdisparate könnte der Satz stehen »Das ist die Wahrheit«, freilich eine, die keine Sicherheit mehr verspricht und keine einfache Lösung mehr anbietet. Die Bilder bezeichnen Grenzpositionen, Möglichkeiten, die richtig sind, menschlich oder auch ›die Wahrheit‹. Wahrscheinlich meinte Goya mit dem schwierigen Begriff ›Wahrheit‹ beide zugleich als ein Entweder-Oder, aber sicherlich, das zeigt sich seit den Caprichos, nichts dazwischen.

Nachbemerkung:
Dieser Text verbindet zwei leicht gekürzte und veränderte Abschnitte aus früheren Arbeiten des Verfassers, die thematisch zusammengehören. (Francisco Goyas distanziertes Engagement in: Studium Generale 2, 1968, und: Los Disparates, Tübingen 1968)

Anmerkungen

1 Sämtliche Themen der Nachtwachen kommen in fast identischer Bedeutung auch bei Goya (in den Capricnos zumal) vor. Verwandt ist auch die Scheinunordnung der Nachtwachen der kunstvoll chaotischen Gliederung der Caprichos. Merkwürdig, aber um so beweiskräftiger für die Beziehungen von Aufklärung und Romantik.
Die Studie von Richard Brinkmann über die Nachtwachen des Bonaventura, Pfullingen 1966 (Neske Verlag, Opuscula 31) gilt fast ohne Einschränkungen auch für den späten Goya. Dazu ergänzend: Graphische Zyklen, zumal diejenigen Goyas, sind Grenzfälle der Bildkünste, äußerste Näherungen zur Literatur. Das entspricht auch ihren Zielen. Die Caprichos, Desastres und Disparates (selbst die Tauromaquia) sind ›graphische Literaturgattungen‹ — man kann darin lesen. Die Bilder bilden ein Buch. Graphik und Literatur stehen ohnehin seit langem in nächster Nachbarschaft. Das Verhältnis zur Literatur wird bekräftigt durch die Tituli. Angenommen, die Serien wären Romane (Briefromane z.B. oder von Reflexionen durchsetzte Erzählungen), dann wären Fragmente aus sämtlichen Kapiteln mitsamt den Entwürfen zu den Fragmenten und den Kommentaren des Autors so kombiniert, daß ein scheinbares Chaos entstünde, dessen Sinn zwar nirgends ganz verborgen, aber immer nur undeutlich erkennbar wäre. Dieses Produkt wäre ein Grenzfall (mit den Eigenschaften der Caprichos), aber es existieren seit der Romantik und ihren Experimenten mit Prosaformen zahlreiche Näherungslösungen. Der bekannteste Fall ist E.T.A. Hoffmanns ›Kater Murr‹: Ein verwandtes Prinzip der Auffächerung des Gegenstandes in disparate Ansichten zeigte zuvor Wilhelm Tieck im ›William Lovell‹.
2 Arthur Schopenhauer, Sämtliche Werke, Bd. 3, Die Welt als Wille und Vorstellung, II., Wiesbaden 1961, S.3.
3 Arthur Schopenhauer, Sämtliche Werke, Bd. 2, Die Welt als Wille und Vorstellung, I, Wiesbaden 1961, S.487.
4 Die Symbole und Ziele sind deutlich. In der Bildgestalt erweist sich anderes bereits als stärker. Zu den Motivierungen: Hubert Schrade, Die romantische Idee von der Landschaft als höchstem Gegenstande christlicher Kunst. Neue Heidelberger Jahrbücher, Neue Folge 1931, 1-94; Jan Bialostocki, Romantische Ikonographie, in: Stil und Ikonographie, Dresden 1966; Börsch-Supan, Carl Wilhelm Jähnig, C.D. Friedrich, München 1973;u. C.D. Friedrich, Ausst. Kat. der Hamburger Kunsthalle, 1974.
5 Goya und Friedrich wurden m.W. zuerst von Hans Sedlmayr in ›Verlust der Mitte‹, (Salzburg 1948) miteinander in Verbindung gebracht. Werner Hofmann hat auf anderen Wegen den Zusammenhang einleuchtend dargestellt in: Das Irdische Paradies, München 1960, 2. A. 1974.
6 Vgl.: Werner Kohlschmidt, Nihilismus der Romantik in: Form und Innerlichkeit, Bern 1955. Auch: Eudo C. Mason, Deutsche und englische Romantik, Göttingen 1959.
7 Titel handschriftlich auf dem Exemplar, das in die für Ceán Bermúdez bestimmten Probedrucke der Tauromaquia eingebunden wurde. Titel vielleicht von Ceán notiert nach Mitteilung Goyas.
8 Konrad Lorenz nimmt als obere Grenze 10 kg an. (Die"Erfindung" von Flugmaschinen in der Evolution der Wirbeltiere, in: Darwin hat recht gesehen, Pfullingen 1965, S.41.) Allerdings hatte bereits Giovanni Alfonso Borelli in seiner Schrift ›De motu animalium‹ (Roma 1680, dt.in: Ostwalds Klassiker, Nr.221. Leipzig 1927) die Möglichkeit des Menschenfluges mit Muskelkraft abgelehnt, weil die Brustmuskulatur zu schwach sei. Vgl. Friedrich Klemm, Technik, eine Geschichte ihrer Probleme, Freiburg 1954, 177f. Diese Kritik bleibt zwar vereinzelt, sie verweist aber darauf, daß das Problem seit Leonardo immer wieder diskutiert wurde, sei es auch als bloße Kuriosität.
9 Das zeigt etwa Stifters Novelle ›Der Condor‹. Zur Metaphorik der Montgolfiere: Rolf Denker, Luftfahrt auf mongolfierische Art in Goethes Dichten und Denken, in: Goethe, N.F. des Jb. der Goethe-Gesellschaft, 26; 1964.
10 Vgl. C. H. Gibbs-Smith, Leonardo da Vincis Aeronautics, London 1967, S.37f.
11 Gibbs-Smith, a.a.O.S.37
12 Lafuente Ferrari, Goya, Sämtliche Radierungen und Lithographien, Wien und München 1961, S. 42f.

Zur Situation in Italien um 1799

Als im März 1796 General Bonaparte den Kampf gegen österreichische Truppen in Piemont übernahm, drang er bald tief in Italien ein. Im Frieden von Campoformio im Oktober 1797 überließ er Österreich das eroberte Venedig, erhielt dafür die Anerkennung der Frankreich angeschlossenen Cisalpinen Republik Italien. Als Napoleon 1798-99 in Ägypten festgehalten war (vgl. Kat. 389-393), konnten die Heere der im Frühjahr 1799 geschlossenen zweiten Koalition (Österreich, Rußland, England und Türkei) die Franzosen aus Italien vertreiben, die nur Genua zu halten vermochten. Nachrichten von dieser Situation veranlaßten Napoleon, seine Truppen in Ägypten zu verlassen (vgl. Kat. 363). Im Frühjahr 1800 begann er — der sich in einem Staatsstreich die höchste Macht im Staat verschafft hatte (vgl. Kat. 365) einen neuen siegreichen Feldzug in Italien (vgl. Kat. 396, 397). Der Friede von Lunéville im Februar 1801 stellte die Zustände von 1797 wieder her.

Die vier Abbildungen wurden uns vom Museo Correr, Venedig, zur Verfügung gestellt. Wir danken Professor Giandomenico Romanelli für sein Entgegenkommen und seinen beiden Mitarbeitern Dr. Stefania Moronato und Dr. Maurizio Fenzo für die erläuternden Texte.

»Maschere regionali italiane attorno all'albero della libertà«

(Italienische Masken um einen Freiheitsbaum)
Radierung, aquarelliert, 30,0 x 38,5 cm
Venedig, Museo del Risorgimento

Antidemokratische satirische Allegorie. Sie stellt verschiedene italienische Masken dar, die Worte der Einsicht und Reue zum Ausdruck bringen, während sie einen Baum umwandern, der auf seinem Gipfel eine phrygische Mütze trägt, Zeichen der französischen Revolution; von den Zweigen dieses Baumes hängen die Früchte der revolutionären Jahreszeit: Ämterschacherei, Unentschiedenheit, Irreführung, Gier, Unduldsamkeit und Gottlosigkeit.
Maurizio Fenzo

»Statua della Democrazia composta d'immondezze congelate ...«

Mailand 1799
Radierung, aquarelliert, 38,5 x 53,0 cm
Venedig, Museo del Risorgimento
Unterschrift:
(Statue der Demokratie aus vereistem Unrat geformt, von den Jakobinern auf einem Haufen gleichen Materials errichtet. Die Luft erwärmt sich; deshalb schwindet jene Statue dahin, die Arme sind schon abgefallen: Die Vertreter des cisalpinen Direktoriums eilen hinzu, um mit Blasebälgen so gut es geht die lächerliche Statue aufrechtzuerhalten; aber vergebens. Die Sonne der Wahrheit macht mit ihren Strahlen jede Bemühung nutzlos: sie können sich nicht mehr auf ihren Füßen halten, einige fallen in den Unrat, andere ertrinken darin und werden ohne Unterschied in die Wagen geworfen, um sie mit dem Rest des Schmutzes dem Schicksal ihrer Genossen zuzuführen. Auf der Loggia sind die Helden der alliierten Mächte, die Beifall spenden und der Himmlischen Gerechtigkeit danken. Dies ist das Ende der irrsinnigen Philosophie, die die Religion nicht anerkennen will.)

Satire antidemokratischer und antifranzösischer Gesinnung, die sich auf die Lage von 1799 bezieht. Sie stellt das Ende der Demokratie dar, die als eine Statue aus vereistem Unrat sich unter der Sonne der Wahrheit auflöst, und den Sieg der Mächte der zweiten antifranzösischen Koalition (Türkei, Rußland, England und Österreich).
Stefania Moronato

»La colossal Repubblica Francese ...«

Rovereto, Juli 1799
Radierung und Kupferstich, aquarelliert, 27,0 x 39,0 cm
Venedig, Museo del Risorgimento
Unterschrift:
(Den Koloß der französischen Republik blies Satan in seinem glühenden Ofen wie aus feinem und durchsichtigem Glas auf: Darauf machte die Verwüstung anderer sie bekannt. Aus Schwefel und Pech sowie schmutzigem Bitumen formte sie die sechs, die man um sie sieht; aber von der göttlichen Sonne von Tag zu Tag mehr erschüttert, schwinden sie dahin. Gerechtigkeit wird eines Tages die erstere zerschmettern. Dies sind die Bitten und Sehnsüchte: Militärisches Zusammenwirken zerschneide den Faden, während Verdienst und Tapferkeit ein neues Königtum fordern).

Satirisch allegorische Darstellung des bevorstehenden Endes der französischen Republik, die als eine von Satan aus feinem Glas geblasene Statue von der Gerechtigkeit (einem über ihrem Haupt hängenden Felsstein) zerstört werden wird, wenn militärisches Zusammenwirken den Faden zerschneiden wird, der den Stein hält. Die göttlichen Strahlen, die vom Spiegel der Mächte der zweiten antinapoleonischen Koalition (Rußland, England, Österreich und Türkei) reflektiert werden, lösen schon die von Frankreich abhängigen demokratischen Republiken auf, während Tapferkeit die Lilien der wiederaufzurichtenden französischen Monarchie herausmeißelt.
Stefania Moronato

»Lungo tempo viaggiò Democrazia ...«

Rovereto, September 1799
Radierung, aquarelliert, 23,3 x 37,8 cm
Venedig, Museo del Risorgimento
Unterschrift:
(Lange Zeit reiste die Demokratie, und als bei immer neuen kühnen Unternehmungen ihr bösartiger und ungehobelter Wagemut den Gipfel an Frechheit erreichte, bewegt und erregt schließlich ein wütender Wind das vorher ruhige Meer. Nunmehr bäumt sich das Schicksalsboot auf, dem großen Moment des Schiffbruchs nahe. Schon öffnet sich das Meer und verschlingt die Freiheit. Die kühne Schar der Kämpfer für Religion, Gerechtigkeit und Frieden triumphiert. Die zuschauende Welt wird mit Freude erfüllt.)

Die vier gegen Napoleon verbündeten Mächte (Türkei, England, Österreich und Rußland) erregen, mit Hilfe von Aeolus, einen Sturm, in dem das Boot der französischen Revolution nach dem Verlust des Mastes, der die fundamentale Rolle der Freimaurerei innerhalb der revolutionären Ereignisse symbolisiert, hoffnungslos zugrundegehen wird. Im Hintergrund beobachten Religion, Gerechtigkeit und Friede die Szene, glücklich über ihre Rettung und wiedererlangte Ruhe.
Maurizio Fenzo

»Maschere regionali italiane attorno all'albero della libertà«

»Statua della Democrazia composta d'immondezze congelate...«

»La colossal Repubblica Francese...«

»Lungo tempo viaggiò Democrazia...«

1 *Paar mit Sonnenschirm*, 1797; Hamburger Kunsthalle (Kat. 230a)

II *Selbstbildnis*, 1771-1775; Privatbesitz (Kat. 281)

III *Martin Zapater,* 1790; Privatbesitz (Kat. 287)

IV *Das Picknick*, um 1776-1778; München, Bayerische Staatsgemäldesammlungen (Kat. 284a)

V *Die Gefangennahme Christi;* Madrid, Prado (Kat. 293)

VI *Ferdinand VII.*, um 1814; Madrid, Prado (Kat. 297a)

VII *Pedro Romero,* 1796; Fort Worth, Kimbell Art Museum (Kat. 290)

VIII *Tomas Peréz de Estala*, 1800-1805; Hamburger Kunsthalle (Kat. 295)

IX *Die Frau des Buchhändlers*, 1805-1806; Washington National Gallery (Kat. 296)

x *Kriegsszene,* 1810-1815; Madrid, Prado (Kat. 85)

XI *Ehestreit,* 1812-1823; Madrid, Prado (Kat. 170)

XII *Der hl. Petrus im Gebet,* 1818-1825; Washington, The Phillips Collection (Kat. 300)

Teil I   Goya

Werner Hofmann
Traum, Wahnsinn und Vernunft
Zehn Einblicke in Goyas Welt

Seit Juliet Wilson und Pierre Gassier vor mehr als zehn Jahren ihr Werkverzeichnis veröffentlichten — auf das sich alle unsere mit dem Kürzel GW versehenen Hinweise beziehen —, ist Goyas Lebenswerk nahezu lückenlos ausgebreitet. Es umfaßt, einschließlich einiger nicht ganz gesicherten Gemälde und Zeichnungen, 1870 Katalognummern. Etwa 700 Gemälden stehen 875 Zeichnungen gegenüber, der Rest sind Radierungen und Lithographien. Bedenkt man, daß die Gemälde zum größten Teil Auftragsarbeiten waren, indes von den vier graphischen Zyklen nur der erste, die ›Caprichos‹, zu Goyas Lebzeiten veröffentlicht wurde — ganz zu schweigen von den nicht als Sammlerware geschaffenen Zeichnungen —, so liegt es nahe, den ›offiziellen‹ vom ›privaten‹ Goya abzuheben und jenem die Geschmackskonformität zu unterstellen, welcher dieser sich durch den Rückzug in die nur sich selbst verpflichtete Subjektivität zu entziehen wußte. Eine solche Unterscheidung kann sich zwar auf den berühmten Brief an Iriarte stützen, von dem später zu reden sein wird (S. 59), doch entwirft sie von Goyas komplexer Persönlichkeit ein allzu vereinfachtes Bild. Freilich läßt sich nicht leugnen, daß alle Goya-Ausstellungen, auch die unsere, diesen Eindruck eher bekräftigen als korrigieren. Schuld daran ist der Umstand, daß jene Gemälde, in denen Goya — ähnlich rückhaltlos wie in den Zeichnungen und Radierungen — den Stoff seiner »Launen« (›Caprichos‹) aus Wahnsinn, Unvernunft und Gewalttat schöpft, in der Mehrzahl in spanischem Privatbesitz sich befinden und bisher fast allen Ausstellungen vorenthalten blieben (GW 327-329, 914-921). Auf vergleichbare Werke in öffentlichem Besitz (GW 330, 922, 923, 927, 929 u. a.) mußten wir verzichten, da sie in den letzten Jahren zu oft auf Reisen waren. Da schließlich auch die Wandbilder, die Goya 1820-23 für sein Landhaus malte, nicht transportfähig sind (GW 1615-1627 a), tritt in unserer schmalen Gemäldeauswahl (Kat. 281-300) vornehmlich der Bildnismaler hervor, mithin eine Werkgruppe, die auf den ersten Blick den Auftragskünstler und seine Anpassungsfähigkeit aufzuzeigen scheint.

Daß es sich anders verhält, werden die Erläuterungen zu den einzelnen Gemälden deutlich machen.

Dennoch heißt es weder der bequemen Dichotomie (privat vs. öffentlich) Vorschub leisten noch den Maler abwerten, wenn unsere Auswahl das Ziel verfolgt, das vielschichtige und vielsinnige Insgesamt dieses Lebenswerkes aus der Fülle der Zeichnungen und Druckgraphiken zu ermitteln. Das geschieht auf zwei Wegen der Annäherung. Der eine soll zeigen, von welchen Inhalten Goya erfüllt, getrieben und besessen war. Davon handelt der folgende Abschnitt. Diese zehn Einblicke in Goyas Welt (Kat. 1-189) setzen zeitlich erst mit den ›Caprichos‹ von 1799 ein. Was ging diesem ersten großen Wurf des reifen Goya voraus, welche Phasen durchlief sein Gestaltungsvermögen, soweit es sich im Schaffen des Zeichners, Radierers und Lithographen niederschlägt? Darüber soll der zweite, von Hanna Hohl bearbeitete, Abschnitt Aufschluß geben (Kat. 190-280), in dem auch das Frühwerk zu Wort kommt. Warum diese Zweiteilung, warum diese Wechselbäder aus formalen und inhaltlichen Kontexten? Durch ihr Nebeneinander entlasten sich die beiden Betrachtungsweisen gegenseitig und erlauben es, das Anschauungsmaterial zu bündeln bzw. in Gegenüberstellungen einmal die Entfaltung eines Themas, das andere Mal den Verlauf eines Formgedankens konzentriert vor Augen zu führen. Solcherart gerafft stellt sich Goyas zwiefache Erfindungskraft in ihrer Konstanz und in ihrer Wandlungsfähigkeit dar. Es liegt auf der Hand, daß zwischen den Problemen der Form und des Inhalts komplementäre Wechselgespräche stattfinden, in die am besten derjenige Betrachter Einblick gewinnen dürfte, welchem die Komponenten des Dialoges anschaulich gemacht werden. Diesem Herausschälen soll die Zweiteilung dienen. Ihr Anschauungsmaterial sind 140 Zeichnungen und 142 Radierungen und Lithographien. Davon entfallen etwa zwei Drittel auf den ersten Teil, auf »Traum, Wahnsinn und Vernunft«, der in zehn Kapitel gegliedert ist. Bis auf eine, von Goethe entlehnte Formulierung (Kap. II: Das

Die Abkürzung GW bezieht sich auf das Werkverzeichnis in Pierre Gassier/Juliet Wilson, Goya — Leben und Werk, Fribourg 1971. Bei der Druckgraphik verweist H. mit Nummer auf den Catalogue raisonné von Tomás Harris (Oxford 1964). Alle nicht weiter bezeichneten Abzüge unserer Auswahl stammen aus der ersten Auflage (= Harris III, 1).

zweideutige Geflügel der Nacht) stammen alle Titel von Goya. Das I. Kapitel – »Der Traum der Vernunft« – hat nur drei Nummern, doch steckt in diesen drei Selbstdarstellungen der ganze Goya. Sie sprechen die existentielle und soziale Grunderfahrung aus, die gleich einem ›Generalnenner‹ die folgenden Kapitel durchwirkt. Der Künstler stellt sich den Gefährdungen, die ihm seine Einbildungskraft beschert: Kunst wird zu einem befreienden und zugleich bannenden Akt, der ständig den Abgrund aufsucht, in dem die destruktiven Triebe ihre Herrschaft ausüben. Diese Bedrohungen nehmen in Goyas Phantasie die Gestalt dunkler Vögel an. Davon handelt das II. Kapitel. Sein Leben lang empfand Goya diese Unheilsboten als geradezu mythische Herausforderung, zugleich aber verwendete er sie als eindeutige Metaphern für die Dunkelmächte der Reaktion, die Spanien bedrohten und lähmten. Doch diese Dunkelvögel haben nicht nur Spanien in ihrer Hand. Nach dem Ende der napoleonischen Herrschaft gerät ganz Europa unter ihre Herrschaft. Das III. Kapitel bringt Beispiele für die »Krankheit der Vernunft«, mit der Goya sich als kritischer Zeitgenosse auseinandersetzt, dem die Ideen der Aufklärung den Blick für Mißstände, Sittenverfall und Dummheit geschärft haben. Wir blicken in eine »verkehrte Welt«. Daraus zieht Goya in Cap. 6 (Kat. 43) das Fazit: »Die Welt ist eine Maskerade«. So lautet der Titel von Kap. IV. Wenn die gesellschaftlichen Institutionen der Verschleierung der tatsächlichen Probleme und Konflikte dienen, dann ist Verschleierung notwendig auch das Prinzip, nach dem Herrschaft entworfen und befestigt wird. Darauf nimmt das V. Kapitel Bezug. Es versammelt alle eindeutig sozialkritischen Aussagen Goyas. Die resignative Einsicht des IV. Kapitels wird wieder aufgegriffen, aber auf die gesellschaftlichen Machtverhältnisse gelenkt. Der Mummenschanz ist nun nicht mehr das Produkt launischer Verstellung, er fungiert als Instrument der Unterdrückung derer, die »nie wissen« (Kat. 64), von wem und zu welchen Zwecken sie manipuliert werden. Insgesamt handeln die Kap. III, IV und V von verschiedenen Formen der Entmündigung des Menschen. Dazu tritt im VI. Kapitel eine neue, geradezu apokalyptische Geschichtserfahrung, die Besetzung Spaniens durch die Franzosen und deren Vertreibung. Wieder kommt es zum Rollentausch, der im I. Kap. untersucht wurde. Das Opfer wird Täter, der Täter Opfer. Doch indem diese Ereignisse Goyas pessimistische Weltsicht bestätigen und mit neuen, ungeahnten Dimensionen der Grausamkeit versehen, setzt ihr Ausgang die bange Hoffnung auf eine bessere Zukunft frei (Kat. 108). Damit sind wir beim VII. Kapitel, das von den Wandlungen handelt, welche das »Licht aus der Finsternis« in Goyas Werk durchläuft. Von unseren zehn »Einblicken« ist das der einzige, in dem der Glaube an den Menschen über das Geflügel der Nacht triumphiert. Goya vollzog damit keine kurzfristige Wendung. Wenn unsere Deutungen zutreffen, zeigen sich lichtwendige Ansätze bereits in den ›Caprichos‹; sie finden ihren beschwörenden Höhepunkt in den Allegorien am Ende der ›Desastres‹ und den verwandten Blättern des Albums C Kat. (112-115). In einigen späten Zeichnungen schließlich findet der greise Goya Halt bei Zeugnissen der Nächstenliebe — doch dies ist kein kämpferisches Credo mehr, sondern ein Zufluchtsuchen, hinter dem Resignation steht (Kat. 122). Unterdessen war in Spanien wieder die Reaktion ans Ruder gelangt. Nach der Vertreibung der Franzosen hatte Ferdinand VII., »der Ersehnte«, wieder den Thron bestiegen, und mit ihm war das Geflügel der Nacht zurückgekehrt. Der Klerus nahm Rache an den Liberalen, die Inquisition durfte ihre Willkürjustiz wieder in Gang setzen. Wie Goya diese Verdüsterung erlebte, zeigt die im VIII. Kap. zusammengestellte Auswahl von Zeichnungen aus dem Album C: »Sterben ist besser«. In jene Jahre fällt auch der Zyklus der ›Disparates‹, der fast vollständig in Kap. IX gezeigt wird. Die verschlüsselte Sprache, die Goya in diesen Radierungen wählt, weist viele Berührungen und eine zentrale Übereinstimmung mit den ›Caprichos‹ auf. Beide Male werden wir durch das Tollhaus einer irdischen Hölle geführt. Das ist konsequent, denn wenn es keine Erlösung nach dem Tode gibt, dann auch keine Bestrafung. Die Hölle findet auf Erden statt. Das X. und letzte Kapitel hat seine Schwerpunkte in den Zeichnungen aus den beiden Alben, die Goya während seiner letzten Lebensjahre in Bordeaux anlegte, wohin er 1824 ins Exil gegangen war. Von milder Altersweisheit ist nichts zu spüren, wenn darunter ein abgeklärtes Weltbild verstanden wird, in dem alles sich rundet und zum Ganzen fügt. Goyas Lebenswerk läßt nur das offene, in eine Frage mündende Fazit zu, das unter seinem späten ›idealen‹ Selbstbildnis steht und diesem Kapitel den Titel gibt: »Immer noch lerne ich« (Kat. 179). Dieses Bekenntnis steht jenseits von Optimismus und Pessimismus. Das Vertrauen in die eigene Kraft, das aus ihm spricht, weiß sich jedoch in einer Rückzugsposition.

Das Auswahl- und Gruppierungsverfahren dieser zehn »Einblicke« wird Kritik auslösen. Vorauszusehen ist der Einwand, es fehle an Konsequenz, woraus sich der andere ergibt, das Ergebnis sei ein Kompromiß. In der Tat läßt sich Willkür nicht verleugnen. Da werden, von den ›Disparates‹ abgesehen, die graphischen Zyklen und die Zeichnungs-Alben zerlegt und neu zusammengefügt; da findet der Betrachter die Lichtvisionen des Albums C in Kap. VII, die Nachtvisionen in Kap. VIII. Einige Kapitel enthalten nur Zeichnungen oder Radierungen, andere sind Zwitter. Manchmal wird ein Bildgedanke im Längsschnitt durch dreißig Schaffensjahre veranschaulicht (Kap. II, IV, V und VII), manchmal im Querschnitt durch nur einen Zyklus vorgeführt (II, VI, VIII). Alle diese Einwände hätten sich vermeiden lassen, wären wir einfach dem chronologischen Verfahren treu geblieben, das sicher bequemer ist, da es vom Betrachter keine Rößlsprünge verlangt. Dafür bezahlt er freilich mit einem Nacheinander, das die Mehrdimensionalität der künstlerischen Leistung, wenn nicht unterschlägt, so doch einebnet. Ein solches Verfahren versagt gerade bei einem Künstler, der wie Goya die Mehrschichtigkeit paradigmatisch verkörpert. Damit mag zusammenhängen, daß Goya selbst seine Folgen immer wieder neu gegliedert und gruppiert hat, daß er auf bestimmte Leitmotive zurückgriff und sie variierte. Das entspricht seinem sowohl *zyklischen* wie *sprunghaften* Formdenken, das die spanische Tradition des ›Caprichos‹ zu Aussagen von exemplarischer Mehrschichtigkeit vertieft. Daraus läßt sich für den Interpreten die Berechtigung zu wieder neuen Konstellationen und Verknüpfungen ableiten, sofern mit deren Hilfe die innere Dramatik dieses Werkes gesteigert und sein geistiger Kern — seine »dunkle Totalidee« (Schiller) — erhellt werden kann.

I. Der Traum der Vernunft, oder: Täter und Opfer

Am 6.2.1799 kündigte Goya seine ›Caprichos‹ im Diario de Madrid an:

Eine Sammlung von Drucken launiger Themen, erfunden und radiert von Don Francisco Goya. Weil der Autor überzeugt ist, daß die Kritik menschlicher Irrtümer und Laster (obgleich der Redekunst und der Dichtung vorbehalten) auch Gegenstand der Malerei sein kann, hat er als angemessene Themen für seine Arbeit aus der Vielzahl der Extravaganzen und Torheiten, die jeder menschlichen Gesellschaft gemeinsam sind, und unter den vulgären Vorurteilen und Betrügereien, wie sie durch Gewohnheiten, Unwissenheit oder Eigennutz sanktioniert sind, jene ausgewählt, die er für besonders geeignet hielt, ihm Stoff für das Lächerliche zu liefern und gleichzeitig die künstlerische Phantasie anzuregen.

Da der größte Teil der Dinge, die in diesem Werk dargestellt werden, idealer Natur ist, dürfte es nicht verwegen sein zu hoffen, daß ihre Mängel von den Einsichtigen entschuldigt werden, wenn man berücksichtigt, daß der Autor weder fremden Beispielen gefolgt ist noch die Natur kopieren konnte. Und wenn die Nachahmung der Natur schon schwierig genug ist und bewundernswert, wenn sie gelingt, wird doch auch derjenige einige Achtung verdienen, der, völlig von ihr abgekehrt, Formen und Gebärden vorzuführen genötigt war, die bisher nur im menschlichen Geist existierten, welcher verdunkelt und verwirrt ist aus Mangel an Aufklärung [ilustración] oder überhitzt durch die Zügellosigkeit der Leidenschaften. Man würde eine zu große Unwissenheit des Publikums in Dingen der Schönen Künste voraussetzen, würde man erklären, daß der Autor in keiner der Kompositionen dieser Sammlung die Absicht hatte, die besonderen Fehler dieser oder jener Person lächerlich zu machen. Damit würde man die Grenzen des Talents zu eng ziehen und die Mittel verkennen, deren sich die nachahmenden Künste bedienen, um vollkommene Werke hervorzubringen.

Die Malerei (wie die Dichtkunst) wählt aus dem Allgemeinen das aus, was sich am besten für ihre Zwecke eignet: in einer einzigen, der Einbildungskraft entsprungenen Figur vereinigt sie Umstände und Eigenschaften, die in der Natur auf viele verteilt sind, und erst einer solchen geistvollen Verbindung entspringt jene glückliche Nachahmung, durch die der gute Künstler den Titel eines Erfinders und nicht den eines servilen Kopisten erringt.

Erhältlich in der Calle del Desengaño No. 1, im Parfüm- und Likörladen zum Preis von 320 Reales pro Serie von 80 Drucken.

Der nebenstehende Text erschien unsigniert auf der ersten Seite der Madrider Tageszeitung. Wahrscheinlich hat ihn Goya mit Hilfe seiner Freunde Moratín und Ceán Bermúdez verfaßt. Die werbende Absicht geht nicht nur aus dem Hinweis auf Preis und Verkaufsort hervor, vielmehr kulminiert darin die ganze, auf die Erweckung von Neugierde gerichtete Anzeige.

Dieser Künstler stellt sein Licht nicht unter den Scheffel. Zum einen glaubt er es mit den Dichtern und Literaten aufnehmen zu können, zum andern will er weder der Natur noch fremden Vorbildern folgen: die menschlichen Schwächen haben für ihn kein Geheimnis, doch stellt er nicht nur die Lächerlichkeit bloß, er will Dinge vor Augen führen, die bisher nur in der Vorstellung existierten. Solche Ankündigungen sollten hohe Erwartungen bei einem großstädtischen Publikum erwecken, das begierig nach Neuem, Sensationellem Ausschau hält. (Dahinter verbirgt sich freilich der alte Rat des Horaz, die Dichter sollten unterhalten und moralischen Nutzen stiften.)

Goyas Erwartungen haben sich nicht erfüllt. Auch eine zweite Anzeige, die am 19. Februar in der ›Gazeta‹ erschien, brachte nicht den gewünschten Verkaufserfolg. Von 300 Folgen konnte Goya nur 27 absetzen. Die Goya-Kenner ließen sich das Angebot freilich nicht entgehen: so kaufte die Herzogin von Osuna vier Exemplare. Die Zurückhaltung der Öffentlichkeit und das wachsame Auge der Inquisition bewogen Goya, die ›Caprichos‹ zurückzuziehen. 1803 schenkte er die achtzig Kupferplatten und den unverkauften Auflagenrest König Karl IV., der dafür Goyas Sohn Xavier eine Leibrente aussetzte. Von 1799 bis 1937 wurden von den in der Calcografia Nacional in Madrid aufbewahrten Platten insgesamt zwölf Ausgaben gedruckt. Über die in unserer Ausstellung gezeigte Auswahl der ›Caprichos‹ unterrichtet die Konkordanz im Anhang.

Hinter der vordergründigen, auf den Tageskonsum bezogenen Reizwirkung, die der Text im Diario de Madrid provozieren sollte, steht eine kunsttheoretische Aussage. Sie ist, genauer besehen, voller Widersprüche. Goya reiht sich bei den »Idealisten« ein, bei den Künstlern, die aus ihrem Ideenvorrat schöpfen. Die bloße Nachahmung der Natur, wie überhaupt des Einmaligen und Zufälligen, kann ihn nicht fesseln. Sein Ziel ist die »geistvolle Verbindung« vieler verstreuter Einzelheiten, was er zwar als »Nachahmung« ausgibt, wofür er aber als »Erfinder« gelten möchte. Was er erfindet, nennt er Caprichos, Launen. Das bewahrt uns vor dem Irrtum, die Naturabkehr dieses »Idealisten« auf die normative Vorbildlichkeit eines ›Ideals‹ zu beziehen. Da er seine Kunst zwar zur Erfindung ermächtigt, ihr aber anscheinend keine objektiven Regeln und Gesetzmäßigkeiten vorschreiben will, müssen wir seinen Lizenzen und seiner Bindungslosigkeit einen anderen geistigen Ort entdecken. Zur ersten Orientierung bietet sich die »Manier« an, und zwar in dem idealtypischen Begriffsumfang, den Goethe 1789, also zehn Jahre vor dem Erscheinen der ›Caprichos‹, in seiner Skizze ›Einfache Nachahmung der Natur, Manier, Stil‹ gegeben hat. Zur »Manier« greift nach Goethe der Künstler, der die einfache Nachahmung als »nicht hinreichend« empfindet: »Er sieht eine Übereinstimmung vieler Gegenstände, die er nur in ein Bild bringen kann, indem er das Einzelne aufopfert; es verdrießt ihn, der Natur ihre Buchstaben im Zeichen nur gleichsam nachzubuchstabieren; er erfindet sich selbst eine Weise, um das, was er mit der Seele ergriffen, wieder nach seiner Art auszudrücken, einem Gegenstande, den er öfters wiederholt hat, eine eigene bezeichnende Form zu geben, ohne, wenn er ihn wiederholt, die Natur selbst vor sich zu haben, noch auch sich geradezu ihrer ganz lebhaft zu erinnern. Nun wird es eine Sprache, in welcher sich der Geist des Sprechenden unmittelbar ausdrückt und bezeichnet. Und wie die Meinungen über sittliche Gegenstände sich in der Seele eines jeden, der selbst denkt, anders reihen und gestalten, so wird auch jeder Künstler dieser Art die Welt anders sehen, ergreifen und nachbilden, er wird ihre Erscheinungen bedächtiger oder leichter fassen, er wird sie gesetzter oder flüchtiger wieder hervorbringen.«[1]

Goya hat diesen Text natürlich nicht gekannt. Aber er war sicher mit den Schriften von Anton Raphael Mengs[2] vertraut, deren spanische Ausgabe Nicolo d'Azara 1780 und 1797 besorgte. Sie gehörten zur ästhetischen Grundausstattung des spanischen Künstler bis ins 19. Jahrhundert.[3]. Wir resümieren die wichtigsten Gedanken aus den »Betrachtungen über die Schönheit und den guten Geschmack in der Malerei.«[4] Anders als die Natur verfügt der Künstler über die Freiheit des Wählens, deshalb kann er Schönheiten schaffen, die der Natur überlegen sind. Wohlgemerkt: er soll auswählen, »nicht aber neue und unmögliche Dinge hervorbringen, sonst würde die Kunst mehr erniedrigt werden; denn sie würde nicht sowohl ihren Körper verlieren, sondern auch ihre Schönheiten würden dem Zuschauer unverständlich werden«. Auch der Gestaltungsakt darf nicht rätselhaft werden, vielmehr soll jeder Pinselstrich dazu beitragen, daß das »Werk allezeit als das Produkt eines aufgeklärten Menschen angesehen werden könne«. Wo die Vernunft nicht herrscht, wird die Kunst ein Werk des »bloßen Zufalls«. Dann entstehen widersinnige Chimären, »deren Existenz unmöglich ist«, bzw. »lächerliche, falsche, unwahrscheinliche und abenteuerliche Gegenstände, dergleichen die Grotesken sind.« Vor diesem Verfall kann den Künstler zwar das Vorbild der Antike bewahren, doch warnt Mengs ausdrücklich vor deren »knechtischen Nachahmern«.

Viel spricht dafür, daß Goya sich mit diesen Maximen auseinandergesetzt hat[5]. Einiges — die Überwindung der Natur und die Freiheit des Wählens — ist als Denkmuster bei ihm hängen geblieben, und auch den Vorsatz, mit seiner Kunst der Aufklärung (ilustración) zu dienen, teilt er mit Mengs. Doch diese Übereinstimmung mit dem klassizistischen Theoretiker überzeugt nicht ganz, wenn wir aus ihr den Kerngedanken von Goyas ›Kunstwollen‹ herausschälen. Von den Lächerlichkeiten des theatrum mundi inspiriert, nimmt Goya für seine Erfindungen das Recht in Anspruch, widersinnig und unwahrscheinlich zu sein. Dieser Anspruch gehört zu den Lizenzen des ›Capricho‹, dieses wieder dürfte Mengs zu den »Grotesken« und anderen Geschmacksentgleisungen gerechnet haben. Wer seine Einfälle mit dieser Freiheit legitimiert, weiß sich gegenüber der Wirklichkeit souverän, und er muß sich nicht, wie der Marquis de Sade, heuchlerisch auf die »Natur« und ihre bizarren Neigungen ausreden, wenn er die Normen der Moral verletzt und hinter die Kulissen des Anstands blickt:

*On n'est point criminel pour faire
la peinture
des bizarres penchans qu'inspire la nature*
(La Nouvelle Justine, 1797)

Auf Sade[6] ist hinzuweisen, weil auch er — wie Goya ein Dialektiker der Aufklärung — die Unnatur des Menschen als künstlerische Erfahrung und als Stimulans zu integrieren versucht. Wir halten, mit dem Blick auf die ›Caprichos‹, an einem Punkt, an dem sich ein Widerspruch auftut. Zur freien Erfindung und zum geistvollen Kombinieren ermächtigt, soll Goyas Einbildungskraft zugleich auch das Perverse und Lächerliche bloßstellen. Umgekehrt weiß aber Goya, daß gerade das Lächerliche seine Phantasie beflügelt. Seine Satire ist nicht trockene Belehrung und moralisierende Parteinahme, sondern, in Gestalt von Caprichos vorgetragen, eine Ausschweifung der Einbildungskraft, die sich der Ausschweifungen einer depravierten Gesellschaft in dem Maße bedient, in dem sie sie kritisiert — mehr noch: eine Ausschweifung, die mit den Ausschweifungen des Tollhauses, in das sie blickt, rivalisiert und sie zu überbieten, zu übertreffen sucht — denn nichts anderes bedeutet ja Goyas Absicht, das in der Wirklichkeit Verstreute zu einer Synthese zu verdichten.

Nur einmal, im ersten Satz der Ankündigung, ist von »asuntos caprichosos« die Rede. Überhaupt rühmt Goya sich zwar als Innovator, unterspielt aber, worauf es ihm dabei ankommt. Er weiß, daß er sich an unterrichtete Leser wendet, deren Kunstbildung zu schmeicheln sich lohnt. ›Capricho‹ ist für den Gebildeten ein vertrauter Topos, der die Erwartung des Betrachters auf Ungewöhnliches lenkt, das keine Regeln kennt, auf Einfälle, die verblüffen.[7] Wenn wir das Capricho der schweifend ausschweifenden Formfamilie zuweisen, die Goethe der »Manier« subsumierte, meinen wir vor allem den sprunghaften Wechsel der Höhenlagen, das Mischen der Sprachniveaus, wie es sich sowohl in den einzelnen Blättern als auch in deren Abfolge geltend macht.[8] Der Ablauf der ›Caprichos‹ folgt dem Prinzip der Collage. Stilkritisch gesehen sind sie disparat, doch steht diesem Befund das einigende Band, der gemeinsame Nenner von Goyas ›Handschrift‹ entgegen. Welchen Standort nimmt ein »Erfinder« ein, der sich — im Sinne von Goethes »Manier« — der verschiedensten Sprachhöhen bedient? Baldinucci[9] hat das Capricho dem Plebejischen zugeordnet, also einer Sicht von unten. Diese Sicht eignet sich dazu, die etablierten Werte und Ordnungen (nicht nur der Kunst!) umzustülpen und zu desavouieren. Das bringt uns auf den »plebeyismo«, den Ortega y Gasset[10] im Goya der Teppichentwürfe festgestellt hat. Der Goya der ›Caprichos‹ geht aus diesem »plebeyismo« hervor. Er verfestigt seinen Standort der kritischen Geringschätzung, er vertieft die ›Launen‹ bis hin zur Rätselhaftigkeit, aber mit der einbekannten Absicht, die Gesellschaft und ihre Kunsterwartungen »von unten« zu verunsichern und zu verletzen. Den Verstand, den sein Mentor Mengs auf das hohe Ideal ausgerichtet wissen wollte, nutzt er für eine Negativsumme, für ein absurdes, doch in sich stimmiges Weltbild aus Masken und Lemuren, das die antipodische Verzerrung der harmonischen Werthierarchie des Idealismus darstellt. Diese Gegenwelt des Häßlichen entspricht dem, was Rosenkranz das »Negativschöne« nannte.

Bei Rosenkranz finden wir eine Bestimmung des Häßlichen, welche in die Dimensionen vorstößt, die Goya (der in der ›Ästhetik des Häßlichen‹, 1853, nicht vorkommt) zum ersten Mal in den ›Caprichos‹ ausgelotet hat. »Unfreiheit« ist das Prinzip des Häßlichen, Unfreiheit in einem »allgemeinen Sinn« genommen und auf die Kunst wie die Natur und das Leben bezogen. Rosenkranz zielt auf den »Mangel an Selbstbestimmung«. Er trifft damit die gesellschaftlichen Einschränkungen, Verdrängungen und Bevormundungen, auf die Goya in den ›Caprichos‹ den Finger legt, wobei er es in seiner Ankündigung nicht unterläßt, auf Gewohnheiten, Unwissenheit und Eigennutz als den Urheber dieses kollektiven Alptraums hinzuweisen. Ähnlich sieht Rosenkranz im Häßlichen eine Mißbildung, für die nicht die Natur, sondern die gesellschaftlich sanktionierte Aggressivität verantwortlich ist: »es ist die Selbstsucht, die ihren Wahnsinn in den tückischen und frivolen Gebärden, in den Furchen der Leidenschaft, in dem Scheelblick des Auges und — im Verbrechen offenbart.« (S. 4) Man könnte Goyas Pandämonium nicht besser charakterisieren.

Das bringt uns noch einmal auf die Frage nach dem ›Aufklärer‹ Goya. War er einer der spanischen ›ilustrados‹? Indem er seine Erfindungen als »Launen« bezeichnet, scheint er sie von aufklärerischen Aussagen zu entlasten. Doch ist das nicht eine der Schutzbehauptungen, von denen es in der Ankündigung der ›Caprichos‹ mehrere gibt? Denn gerade die andere Zusicherung, er wolle — aus kritischer Sicht — Formen und Gebärden darstellen, die bisher nur im Geist existierten, macht seine Kunst als einen Akt der Befreiung, wenn nicht der Erlösung deutlich. In dem Augenblick, wo er den Erfahrungsrohstoff seiner Erfindungen, alle diese Gebär-

Abb. 1 Goya, *Selbstbildnis mit Zylinder*

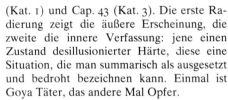

1

Abb. 2 Goya, *Spätes Selbstbildnis*

den der Lächerlichkeit und Verlogenheit, aus ihrer Vorläufigkeit (und Verstreutheit) befreit und zur Gestaltsumme bringt, entzieht Goya sie dem Dunkel und der Verwirrung, also der Gestaltlosigkeit, zu der sie aus »Mangel an Aufklärung [ilustración]« verurteilt waren. Ilustración, Darstellung (im Sinne von Veranschaulichung), fällt in Goyas Ankündigung beziehungsvoll mit »Aufklärung« zusammen. Der formsetzende Akt findet zur ältesten seiner Funktionen zurück: er beschwört und bannt, indem er benennt. Solcherart dient er im wahrsten Sinne des Wortes der Erhellung. Was nicht in der Form ist, hat über uns die Gewalt der Ängstigung, was Form gefunden hat, tritt in den ›Anschauungsraum‹ ein, der sich in den ›Denkraum‹ öffnet[11].

Goya ist Aufklärer, nicht etwa weil er die Vernunft allegorisierte, seinen Pinsel in den Verstand tauchte oder für die Erniedrigten und Beleidigten eintrat, sondern weil er den Erfahrungs- und Gestaltungsradius seiner Kunst auf die Bedingungen ausdehnte, unter denen Unfreiheit entsteht (und zugleich zu einem formalen Konstituans wird), weil er das künstlerische Tun wieder auf seinen ältesten Auftrag zurückführte und es auf sich nahm, unser Auge Unerhörtes und wahrhaft Abgründiges sehen zu lassen, um es »vom Blick ins Grauen der Nacht zu erlösen«.[12]

Wie stellt sich der Mann dar, der zu dieser umfassenden Versinnlichung des Ungeheueren entschlossen war? Auf diese Frage geben die ›Caprichos‹ zwei Antworten: Cap. 1 (Kat. 1) und Cap. 43 (Kat. 3). Die erste Radierung zeigt die äußere Erscheinung, die zweite die innere Verfassung: jene einen Zustand desillusionierter Härte, diese eine Situation, die man summarisch als ausgesetzt und bedroht bezeichnen kann. Einmal ist Goya Täter, das andere Mal Opfer.

Wer so souverän seine Einsichten in die Schwächen der menschlichen Natur und ihre gesellschaftlich verfestigten Hinterhalte ankündigt, wäre ein schlechtes Aushängeschild seiner Ware, zeigte er sich dem potentiellen Käufer nicht in der Haltung wissender Überlegenheit. Wohl um seine Autorität zu bekräftigen, hat Goya dem Zyklus das Selbstbildnis mit Zylinder vorangestellt. Aus dem »Traum der Vernunft«, der ursprünglich den Anfang machen sollte, wurde Cap. 43 (Kat. 3). Mit dem Kopf des skeptischen Beobachters, der auf die Welt herabblickt, unterschlägt Goya seinen Kunden fürs erste die Bedrängnisse, die ihm seine Traumgesichte bereiten. Verglichen mit der Bloßstellung, die er an dem Träumenden vornimmt, scheint Goya dem Profilkopf eine kühle Maske aufzusetzen, doch steckt gerade darin eine subtile Selbstenthüllung, die vom Kommentar in der Bibl. Nacional getroffen wird: »Echtes Selbstbildnis, schlecht gelaunt und mit satirischem Ausdruck.«

So sieht sich also Goya, seit fünf Jahren ertaubt, in seinem 51. Lebensjahr — in dem Augenblick, wo er in den ›Caprichos‹ die ganze Spannweite seiner Sprachmittel zur ersten, umgreifenden Darstellung seiner Weltsicht heranzieht: kritisch abwägend und spöttisch überlegen, gibt er seiner »üblen Laune« (mal Humor) den Ausdruck des distanzierten Engagements, von dem bis heute die Rätselhaftigkeit seiner Kunst geprägt ist. In der Zeichnung zum Zylinder-Selbstbildnis (Abb. 1) ist der Ausdruck der kühlen Würde noch nicht von der Verachtung überlagert, die in der Radierung dominiert. Gassier hat bereits beobachtet, daß zwischen diesem Selbstbildnis und der Zeichnung von 1824, die Goya im Alter von 78 Jahren schuf, eine große Ähnlichkeit besteht (Abb. 2): »Zwar ist das Gesicht fülliger und etwas schlaffer geworden, weicht der Mund unter der stärker hervortretenden Nase zurück, aber das Auge hat unter den schweren Lidern seine ganze Lebendigkeit bewahrt.«

López-Rey (1953, S. 164) erkannte im Selbstbildnis mit Zylinder »einen Helden des 18. Jahrhunderts«, worunter er wohl einen ›ilustrado‹ verstand, der in seiner Kunst für die Vernunft optiert, indem er Dummheiten, Laster und Lügen bloßstellt. Wie verträgt sich damit Cap. 43 (Kat. 3)? Der Titel »Der Traum der Vernunft gebiert Ungeheuer«[13] klingt wie eines der ästhetischen Dogmen von Mengs. Wem gilt dieser Verweis: dem Künstler (als solcher ist der Träumende eindeutig ausgewiesen) oder jedem, der träumt? Eine Antwort gibt der Prado-Kommentar: »Die von der Vernunft verlassene Phantasie erschafft unmögliche Ungeheuer. Mit ihr vereint, ist sie die Mutter der Künste und der Ursprung aller Wunder.« Ohne Zweifel ist hier der Künstler angesprochen: seine Einbildungskraft soll buchstäblich zur Räson gebracht werden. So könnte Mengs gesprochen haben. Anders, allgemeiner ist die Warnung des Kommentars in der Bibl. Nacional formuliert: »Wenn die Menschen nicht den Ruf der Vernunft hören, verwandelt sich alles in Visionen.« Soll diese Warnung die »Vision« (womit der spanische Sprachgebrauch ursprünglich religiöse Erscheinungen bezeichnete) vor Mißbrauch schützen und sie zum Erlebnisreservat des Künstlers erklären? Wieder hat es den Anschein, daß wir vor einer Schutzbehauptung stehen. Nicht anders verhält es sich mit der Inschrift auf einer Zeichnung, die als prima idea für Cap. 43 gilt (Kat. 2): »Der träumende Autor. Seine einzige Absicht ist es, schädliche Gemeinplätze zu verbannen und mit diesem Werk der Caprichos das bleibende Zeugnis der Wahrheit abzulegen.« Im Einklang mit dieser Absichtserklärung steht auch das vorangesetzte Wort: »Ydioma universal«, denn wer allgemeingültige Aussagen macht, bedient sich einer »allgemeinen Sprache«.

Hat Goya in Kat. 2 und in Cap. 43 bloß eine »Vision« aufgezeichnet oder mittels der »universalen Sprache« die monströsen Folgen des Traumes der Vernunft aufgezeigt? Oder hat er sich, dem Gestaltenden, jenes Bewußtsein zugesprochen, dessen der Träumende offenbar ermangelt? Dieser träumende Künstler ist von der Erfahrung überwältigt, welche der Künstler, der zeichnet, in den Anschauungsraum überführt. Woraus folgt, daß dem Gestaltungsakt eine anders geartete Erfahrung vorausgeht, auf die er aber angewiesen ist. Schiller hat das in seiner Auseinandersetzung mit Schellings Transzendentalphilosophie die »dunkle Totalidee«[14] genannt. Für ihn beginnt das Kunstwerk im »Bewußtlosen«, das »allem Technischen vorhergeht«. Wer sich dieses Ursprungs nicht versichert, bringt »nur ein Werk der Besonnenheit« hervor. Schiller verlangt das Zusammenwirken *beider* Faktoren: »Das Bewußtlose mit dem Besonnenen vereinigt macht den poetischen Künstler aus.« Im Cap. 43 schlägt Goya diese Brücke vom Bewußtlosen zum Besonnenen, von der Traumerfahrung zu ihrer Gestaltung.

Dennoch ist nach der Verbindlichkeit dieses Traumes zu fragen. Der Leser, der den flackrig zerrissenen Titel, eine Art Menetekel, entziffert, muß sich darüber schlüssig werden, ob der Träumer für ihn oder gleichsam nur privat träumt. Im Augenblick, wo das Exemplarische des künstlerischen Aktes zur Diskussion steht, stoßen wir auf das Problem, das Kant bei Aristoteles aufgelesen hat: »Wenn wir wachen, so haben wir eine gemeinschaftliche Welt, träumen wir aber, so hat ein jeder seine eigene.« (Dort, am Anfang des 3. Hauptstückes des 1. Teils der »Träume eines Geistersehers«, 1766, ihre Zielscheibe ist Swedenborg, steht auch schon das Wort von den »Träumern der Vernunft«).

Kant möchte den Satz des Aristoteles umkehren und folgern: »wenn von verschiedenen Menschen ein jeglicher seine eigene Welt hat, so ist zu vermuten, daß sie träumen.« Die Unfähigkeit zur »Einstimmung mit anderem Menschenverstande«, die Kant diesen Träumern vorwirft, wäre demnach — aus negativer Sicht — auch eines der Merkmale eines Künstlers, der die Gattung des Caprichos dazu nutzt, seiner Phantasie das Spiel der Launen und extravaganten Ausschweifungen zu gestatten. Aber das ist es gerade, was Goya an den Menschen und ihren Institutionen (Staat, Kirche, Bildung, Ehe) denunziert. Quod licet Iovi non licet bovi? Der Künstler sitzt auf dem Ast, an dem er sägt. Seine Satire provoziert das, was sie angreift, sie lebt davon. Anders formuliert: ›capricho‹ und ›sueño‹ (Traum) haben in Spanien eine lange künstlerische Tradition. Aber nicht nur Dichter und Maler träumen und haben Launen, das widerfährt jedem. Aus den »Launen der Richter«, die in der Satire ›Pan y Toros‹ (die 1793/96 zirkulierte) kritisiert werden, resultiert die allgemeine Rechtlosigkeit, die Willkür und Bestechlichkeit der Beamten; aus den »Träumen einfältiger Frauen«[15] kommt der Aberglaube und der Bilderkult, alles Auswüchse und gesellschaftliche Mißstände, die Goya in den ›Caprichos‹ bekämpft. Doch er bekämpft Caprichos mit ›Caprichos‹, Sueños mit ›Sueños‹[16]. Die Träume des Künstlers haben folglich eine andere Qualität, denn in ihnen verbindet sich das »Bewußtlose« der Traumerfahrung mit dem »Besonnenen« des Gestaltungsaktes, der erhellt, indem er benennt. Aus dieser Sicht bilden das überlegene Profil von Cap. 1 und die decouvrierende Offenheit von Cap. 43 zwei Seiten einer Sache, ihr Äußeres und ihr Inneres.

Vielleicht kommt das Exemplarische von Goyas Selbst*behauptung* und Selbst*preisgabe* daher, daß er sich in einer künstlerischen Tradition der Traumdarstellung weiß, die ihn absichert und mit der er sich mißt. Er kannte sicher Murillos ›Traum des römischen Patriziers‹ (Abb. 3), wohl auch Mitellis ›Alfabeto in sogno‹ (Abb. 4) (Hohl, 1970, S. 114), aber vielleicht auch Salvator Rosas ›Traum des Aeneas‹ (Abb. 5) und Marc Antonio Raimondis ›Pest‹ (Abb. 6). So viel zur formalen Genesis des »Träumenden«[17]. Entscheiden-

Abb. 3 Murillo, *Traum des Patriziers* (Detail)

Abb. 4 Mitelli, *Titelblatt* (Detail)

Abb. 5 Salvator Rosa, *Traum des Aeneas* (Detail)

Abb. 6 M. A. Raimondi, *Die Pest* (Detail)

der als der Traumgestus sind die Gesichte, vor denen er Schutz gewähren soll, ist das Risiko, das dieser Träumer eingeht. Goya, wir sagten es schon, ist der Erwecker dieser Nachtwelt, ehe er zu ihrem Erheller wird. Er ist derjenige, »der Ungeheuer produziert« (Held, 1980, S. 58), »er erscheint als ihr Schöpfer und Opfer zugleich.« (Hohl, 1970, S. 114). Dieses Wort zielt auf den zentralen Topos von Goyas Kunst, die gestalthafte Janusköpfigkeit, die Täter und Opfer miteinander verklammert. Goya bannt das Schreckliche, indem er es herstellt und leidend erfährt. Seine Tat wurzelt in der Erfahrung des Opfers.

Der Träumende, der über die Kraft der Gestaltung gebietet, verfügt mithin über Distanz schaffende, bannende Autorität. Diese Autorität ist ganz auf sich allein gestellt, zugleich aber der Einbildungskraft ausgeliefert. Addison hat die Gewalt der Phantasie in seinen 1711/12 im ›Spectator‹ erschienenen ›Essays on Imagination‹[18] so gesehen: »Gott übt eine ungeheure Macht über den Menschen durch dieses Vermögen der Einbildungskraft aus. Die Bilder der Phantasie haben bestimmte Gewalt über unser Gemüt. Ihr erlebt es, daß das Schreckbild eines Unglücks plötzlich vor euch steht; ihr wiederholt euch vergebens, das Unglück sei nicht wirklich da; das gespenstische Bild bleibt ruhig stehen und verwirrt euch den Sinn, und ihr tut an einem solchen Tage, was ihr sonst nicht getan haben würdet. War es ein Trug, verglichen mit der äußeren Realität, so war es in eurem Innern doch eine starke Wirklichkeit.«

Gott, der erste Beweger (the prime mover), als den ihn das 18. Jahrhundert gerne sah, wirkt in Goyas Bildvorstellung nicht mehr mit. Was diesen sich selbst überlassenen Träumer zu einem Ärgernis der Vernunft-Apostel macht — seine gefährliche und gefährdende Grenzüberschreitung ins Niemandsland —, könnte auch aus theologischer Sicht Anstoß hervorrufen, denn es wurde früher in der Kategorie der bösen Träume untergebracht. Die Aufklärung rationalisiert die religiöse Angst vor den ›bösen Träumen‹. Eine berühmte Zeichnung von Michelangelo, ›Il Sogno‹, mag das erläutern (Abb. 7). Wir ziehen die Deutungen von Panofsky[19] und Heckscher[20] heran, die sich wieder auf eine ikonographische Beschreibung aus der Mitte des 17. Jhts. stützen. Ein »ekstatischer Jüngling« ruht auf einem vorne offenen Kubus, der Theatermasken enthält. Er wendet sich einem Genius zu, der »mit seiner Tuba den Menschen aus sündenvollem Schlaf zur Tugend erweckt und somit die menschliche Seele gleichsam nach langer Irrfahrt in ihre wahre Heimat zurückruft« (Heckscher). Die Trauminhalte des sündenvollen Schlafes verkörpern die Gestalten im Hintergrund, in denen man die Sieben Todsünden erkannt hat. Wir sehen in ihnen die theologische Summe des Tollhauses, als das Goya in den ›Caprichos‹ die zwischenmenschlichen Beziehungen darstellt. In dieser Gesellschaft regieren alle sieben: Hoffart, Neid, Unmäßigkeit, Geiz, Trägheit, Zorn und Unkeuschheit. Allesamt wirken sie an dem bösen Kollektivtraum mit, den Goya in Cap. 6 (Kat. 43) auf die Formel von der Welt als einer Maskerade bringt, in der jeder jeden betrügt. Die Requisiten dieses Mummenschanzes blicken uns aus dem Würfel entgegen, auf dem Michelangelos Jüngling lagert. Diese Masken sind, wie Guy de Tervarent gezeigt hat[21], Attribute der »Nacht« und ihrer Sündhaftigkeit (im Gegensatz zum »Tag« und seiner englischen Botschaft). Von diesem Gegensatz ist Goyas Lebenswerk geprägt. Die »Nacht« hat darin die führende Stimme (vgl. besonders Kap. II), doch gibt es, verweltlicht und mit neuer Kraft versehen, auch eine »englische Botschaft« (Kap. VII, Lux ex tenebris).

Diese Verweltlichung erstreckt sich auch auf den sündhaften Traum, zugleich aber schlägt die Kritik der ›Caprichos‹ auf die Dimension zurück, die sie preisgibt: Goya zeigt die Verkommenheit seiner zeitgenössischen Gesellschaft als Gottferne auf. Von dieser Gottferne ist auch der träumende Künstler betroffen. Er ist mit seinen Gesichten allein. Das gilt vor allem für die Zeichnung, die allgemein als die erste Idee zu Cap. 43 angesehen wird (Kat. 2). Kürzlich hat man sie als eigenständigen Bildgedanken gedeutet und auf Goyas Trauer über den Sturz seines Freundes Jovellanos bezogen[22]. Die aus dem Kopf des Mannes hervorsprühenden Traumgestalten bilden ein Gemenge, das sich grell von der Dunkelzone abhebt, in der die Nachtgeschöpfe hausen. In den Köpfen hat Goya zwei Selbstbildnisse untergebracht. Mit den Leuchtstrahlen scheint er das Prinzip der produktiven, erhellenden Einbildungskraft veranschaulichen zu wollen. Die zuckenden Grimassen, die aus dem Liniengewirr hervortreten, haben vielleicht eine apotropäische Funktion. Dann wären sie von den Nachtvögeln provoziert, die sie abwehren sollen. Von solchen Deutungen fällt freilich kein Licht auf das Pferd und den Hundekopf am oberen Blattrand, und wir erfahren auch nichts über die Bedeutung, die Goya seinen Selbstbildnissen inmitten dieses Tumults zusprechen

Abb. 7 Michelangelo, *Der Traum*

Abb. 8 Goya, *Bildnis Jovellanos*

wollte. Sie scheinen zwischen dem »Bewußtlosen« und dem »Besonnenen«, zwischen dem Traum und dem Gestaltungsakt zu vermitteln, d.h. die Genesis des letzteren vorzuführen. An Schiller orientiert und mit dem Blick auf die Traumdarstellungen von Goyas Zeitgenossen (Kat. 430, 431, 435, 454, 480), stellen wir fest, daß diese Zeichnung am weitesten in das anfängliche Dunkel der »dunklen Totalidee« zurückgreift.

Der bis in seine prämorphen Ursprünge aufgedeckte Gestaltungsprozeß erschließt den entscheidenden Zugang zu Goyas Welt. Die Kraft des analytischen Durchschauens, die den Gesellschaftskritiker auszeichnet, gründet sich auf eine ebenbürtige Kraft des Zusammenschauens. Goya gestaltet inhaltliche und formale Bedeutungszwitter. Die Zeichnung Kat. 2 macht dieses transitorische Formdenken deutlich. Sie zeigt, daß Goyas kritisches Bewußtsein von seinem Formtrieb geprägt wird. Im Chaos ansetzend, projiziert der Zeichenstift diese Promiskuität auf eine Welt, in der sich das Chaos zur Maskerade verfestigt hat, aber immer noch rückfällig werden, ins Anfängliche, Vieldeutige zurücksinken kann. Der böse Kampf aller gegen alle, der permanente Konflikt zwischen Täter und Opfer, hat im formalen Widerstreit, wie ihn die Visionen unserer Zeichnung vorführen, seine Entsprechung, seine Vorwegnahme. Der bestürzende Einblick, den diese Zeichnung in die künstlerische Tätigkeit gewährt, dient auch der Selbstdarstellung des schöpferischen Menschen, weshalb sich der Vergleich mit dem gleichzeitig entstandenen Bildnis von Goyas Freund Jovellanos anbietet, denn er führt uns zwei Prototypen vor, den Künstler und den Staatsmann (Abb. 8). Jovellanos[23] sitzt in nachdenklicher Haltung, die an den Melancholie-Gestus erinnert (Nordström 1962), und bietet das Bild abwägender »Besonnenheit«. Ein Standbild der weisen Minerva ist ihm als Attribut und Schutzgottheit beigegeben. Von dieser »Besonnenheit« sagt Schiller, der Nichtkünstler teile sie mit dem Künstler, hingegen sei ihm das »Bewußtlose« verwehrt. Diese Erfahrungsstufe ist für Schiller dem Künstler vorbehalten. Es geht hier um einen konstitutionellen Unterschied. An dem Vermögen des Künstlers, das »Bewußtlose aussprechen und mitteilen zu können«, sind zwei Fähigkeiten beteiligt. Die eine betrifft das Sehen in transitorischen Zusammenhängen. Das ist, dem »Hineinsehen« vergleichbar, das Leonardo empfahl, ein Projektionsvorgang, in dessen Verlauf die Fakten der Wahrnehmung miteinander verzwittern. Schon Kant hat gesehen, daß es bei solchen Prozessen um Ich-Projektionen geht, nämlich um »lauter Dinge, die niemand sonsten sieht, als dessen Kopf schon vorher damit angefüllt ist.«[24] Die zweite Fähigkeit betrifft das Machen. Was Schiller dazu sagt, liest sich wie ein Kommentar zu der Freundschaft, die den Künstler Goya mit dem Staatsmann und Kunstfreund Jovellanos verband: »Es leben jetzt mehrere so weit ausgebildete Menschen, die nur das ganz Vortreffliche befriedigt, die aber nicht imstande wären, auch nur etwas Gutes hervorzubringen. Sie können nichts machen, ihnen ist der Weg vom Subjekt zum Objekt verschlossen; aber eben dieser Schritt macht mir den Poeten.«

Diesen fundamentalen Unterschied, der von den umfangreichen literarischen Arbeiten des Politikers nicht relativiert wird[25], führt der Vergleich des Gemäldes mit Kat. 2 vor Augen. Wir vermuten, daß Goya ihn bewußt formuliert hat. In der Art, wie sie ihre Beine kreuzen, sind die beiden Männer einander sehr ähnlich, worauf schon Nordström hingewiesen hat, dafür unterscheiden sie sich radikal in den Gebärden, die über ihr Bewußtsein aussagen. Der Politiker scheint ruhig und gefaßt, der Künstler bedroht und verwirrt. Dieser Unterschied prägt auch ihre jeweilige Weltsicht. Wenn Jovellanos sich etwa über die Entartungen der Religion äußert und die Prozessionen kritisiert, weil sie zur frechen »Farce«[26] verkommen sind, so ist für Goya die Perversion die Regel, also schlechthin alles eine Posse, aber was für eine: eine höllische! Und wo Jovellanos in seinen Schriften und als Politiker nach Prinzipien urteilt und eindeutige Grenzlinien zwischen Werten und Unwerten zieht, erlebt Goya einen brodelnden Mummenschanz, dessen Unentwirrbarkeit ihn zu faszinieren scheint. Der Jovellanos des Gemäldes hält sich im gesicherten »Denkraum« auf, er ist der ›ilustrado‹, für den diese Welt im Guten wie im Bösen weder Geheimnisse noch Rätsel hat. Goya hingegen, den Kopf in den Armen verborgen, ringt um seinen »Anschauungsraum«. Sein Bewußtsein gründet auf Gefährdungen, seine Aussagen über den Menschen sind mehrsinnig, sie sprengen die unumkehrbare Perspektive der Vernunft. Man könnte den Jovellanos-Goya-Gegensatz auf Goethes ›Tasso‹ (1790) beziehen, wo der Staatsmann Antonio Montecatino die felsenfest gegründete Vernunft verkörpert, indes der Dichter – bald sturmbewegte Welle, bald zerberstendes Schiff – in seinem Schlußmonolog ins Bodenlose stürzt. Mit dem Gegensatz, den er im Schauspiel bis zur unversöhnlichen Entzweiung steigerte, wurde Goethe als Staatsmann und als Dichter fertig.

Ähnlich Goya, sein um drei Jahre älterer Zeitgenosse: in Cap. 1 hat er sich selber als »Felsen« gesehen, in Cap. 43 als Bedrängten und Bedrohten, und offenbar wollte er in beiden Radierungen die einander ergänzenden Kräfte des Künstlers darstellen, das »Bewußtlose« (Cap. 43) und das »Besonnene« (Cap. 1).

Reicht dieser Deutungsvorschlag aus, um einen Weg von Kat. 2 zu Cap. 43 zu finden? Wir wissen nicht, was Goya dazu bewogen hat, in der Radierung den zuvor erörterten dramatischen Zusammenstoß zwischen »Tag« und »Nacht« wegzulassen. Desgleichen sind wir bei der Erörterung der formalen Unterschiede zwischen der Radierung und ihrer Vorzeichnung (Abb. 9) auf Vermutungen angewiesen. In dieser Zeichnung schneidet ein helles, nicht konturiertes Kreissegment in das Dunkel des Raumes ein. Das erste Mal verwendet Goya einen Kunstgriff, dem später seine aperspektivische Flächen- und Raumgliederung ihre Spannung und das abrupte Nebeneinander von Fülle und Leere verdanken wird. (Kat. 73, 78, 98, 144, 154) Zum Scheibenrund ergänzt, erinnert diese Helligkeit an die Kugel, die zur gleichen Zeit in den puristischen Architektur-Utopien von Ledoux und Boullée als anschaulicher Begriff der vollkommenen Form propagiert wurde. (Abb. 10) Dieser geometrische Rationalismus ist abstrakt und bilderfeindlich, in seiner Totalität ist für das »Natürliche« kein Platz, es wird radikal ausgegrenzt. Das führt zu unserer Zeichnung zurück. Die körperlose Helligkeit kontrastiert mit der von Eulen und Fledermäusen dicht bevölkerten Dunkelzone. Die Vögel meiden das Kreissegment. Das könnte bedeuten, daß das Licht der Vernunft mit der Nacht der Unvernunft zusammenprallt. Dies liefe auf eine Neuformulierung des uralten, aus Mythos und Religion kommenden Gegensatzes von Tag und Nacht hinaus. Weiter können wir folgern, daß die Vernunfthelligkeit, sobald sie von den wuchernden Gebilden der Einbildungskraft (Kat. 2) gesäubert ist, sich zum abstrakten, gestaltlosen Prinzip entleert. Ist es nicht gerade der von Hybris getragene Traum der Vernunft, in dem diese ihre schattenlose Makellosigkeit postuliert, welcher in dialektischer Gegenbewegung die Ungeheuer erzeugt (»produce monstruos«)? Das hieße, daß Goya mit dieser Zeichnung die ›Dialektik der Aufklärung‹ reflektierte und auf den Punkt brachte, den ein Wort von Horkheimer/Adorno benennt: »Aufklärung ist die radikal gewordene, mythische Angst.«[27] Einen solchen Angsttraum hatte schon Jahrzehnte zuvor Diderot geträumt, jedoch unveröffentlicht gelassen.[28] Auch Goya liefert sich dem Traumdunkel, dem »Bewußtlosen« aus, von dort bezieht seine Kunst ihre im wahrsten Sinne des Wortes »dunkle Totalidee«.

In der Radierung (Kat. 3) fehlt die Lichtzone, alles ist in die poröse Monochromie der Aquatinta getaucht. Die Nachtvögel beherrschen jetzt den ganzen Raum. Formale Erwägungen allein können diese Entdramatisierung nicht ausgelöst haben. Ihr Ergebnis erweckt beim Betrachter den Eindruck der Verlassenheit. Es gibt keine Konflikte, aber auch keinen Dialog mehr. Diese Verlassenheit hat zwei Aspekte: sie ist Gottferne und Menschenferne. Seine Gottferne stellt den von Nachtvögeln umschwärmten Künstler in den Bann einer Ungewißheit, deren schöpferische Emanzipation auf eine lange Geschichte zurückblickt. Am Anfang steht eine Zeichnung aus dem Hortus deliciarum der Herrad von Landsberg von Ende des 12. Jahrhunderts[29] (Abb. 11). Die Darstellung gleicht auf den ersten Blick einem Hostienteller. Im mittleren Rundfeld thront die Philosophie, gekrönt von drei Köpfen, welche Moral, Naturwissenschaften und Theologie verkörpern, zugleich aber auf die Trinität anspielen. Das theologische Weltbild erfährt solcherart eine Ausdehnung und Systematisierung, notwendig aber auch eine Verdünnung seiner theozentrischen Hierarchie. Der äußere Kreis aus sieben Rundbögen ist mit den allegorischen Gestalten der Freien Künste besetzt: Grammatik, Rhetorik, Dialektik, Musik, Arithmetik, Geometrie und Astronomie. Die geschlossene Komposition mit der Philosophie als alma mater veranschaulicht ein unverrückbares Wert- und Beziehungsgefüge. Außerhalb dieser geschützten Zone, am unteren Rand der Zeichnung, hat der Künstler vier buchstäblich frei schwebende Existenzen untergebracht. Kein geometrisches Gerüst trägt sie. Es sind vier Männer an Schriftpulten. Jedem scheint ein schwarzer Vogel etwas ins Ohr zu flüstern. Raben waren manchen Heiligen als Nahrungsbringer hilfreich, aber aus den Heiligenlegenden kennen wir auch den Teufel als Verführer in Gestalt eines schwarzen Vogels. Die Inschrift erhellt den Sachverhalt. Sie benennt die Vier als fabulierende Poeten und Magier, die demnach die eitlen, von menschlicher Selbstüberschätzung getrübten Künste, die artes incertae[30], verkörpern.

In den Eingebungen der dunklen Vögel kündigt sich der »Traum der Vernunft« an, und fast wären wir versucht, das helle Kreissegment der Vorzeichnung (Abb. 9) in

Abb. 9 Goya, *Zeichnung für Kat. 3*

Abb. 10 Boullée, *Kenotaph für Newton*

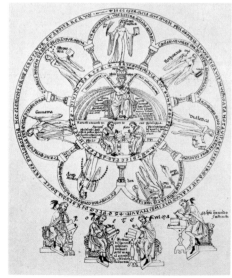

Abb. 11 *Herrad von Landsberg*

Analogie zu der von der Philosophie beherrschten Kreiskomposition zu bringen. Wie die vier Poeten und Magier, hält sich auch der träumende Goya außerhalb und unterhalb dieser Schutzzone auf. Auch er ist gefährdet und versucht sich in einer ›ars incerta‹. Sechs Jahrhunderte liegen zwischen Goya und der Zeichnung aus dem Hortus deliciarum. Längst hat das scholastische System der Sieben Freien Künste seine Ordnungsfunktion eingebüßt, doch immer noch verkörpert die Philosophie — in der Gestalt der Vernunft (razón) — eine Leitinstanz, und der Künstler, der sich in die ungewissen, ungeheuerlichen Zonen seiner Subjektivität begibt, muß anscheinend immer noch Zuflucht bei der Schutzbehauptung nehmen, er wolle des Beistandes der Vernunft nicht entbehren. Der formale Befund von Cap. 43 dementiert jedoch diesen Anspruch.

Nun zur Menschenferne. Erneut[31] sei auf den Monolog hingewiesen, den Goethe seinen Tasso sprechen läßt, nachdem dieser sich die Gunst seines herzöglichen Protektors verscherzt hat:

»*Das häßliche, zweideutige Geflügel,*
Das leidige Gefolg' der alten Nacht,
Es schwärmt hervor und schwirrt mir
Um das Haupt.
Wohin, wohin beweg' ich meinen Schritt,
Dem Ekel zu entfliehn, der mich umsaust,
Dem Abgrund zu entgehn, der vor mir liegt?«
(Goethe, Tasso IV, I)

Der Herrscher hat sich des Dichters entledigt. Dieser Affront treibt Tasso dazu, einen zweiten zu provozieren: ausgestoßen, will er auch von der bewunderten Fürstin verstoßen werden. Goethes ›Tasso‹ erschien 1790. Wie sich in seinen Hauptgestalten, dem Dichter und dem Staatskanzler, Goethes persönliche Erfahrungen, Zwiespälte und der Konflikt zwischen Selbst- und Fremdbestimmung niedergeschlagen hat, darf als bekannt vorausgesetzt werden. Auch Goya mußte sich diesen beiden Polen stellen, und er hat sie in kühnere, riskantere Balance gebracht als der Staatsmann in Weimar. Seit 1789 Hofmaler, war auch er eine offizielle Persönlichkeit, doch der Staatsdiener in ihm konnte nicht den freien Denker und Kritiker mundtot machen, der in den ›Caprichos‹ ausspricht, was er von dieser Gesellschaft und ihren Würdenträgern denkt. Er lebt, seit 1792 von Taubheit befallen, mit den Bedrängnissen seiner Einbildungskraft. Er nutzt die Heftigkeit, mit der sie ihn heimsuchen, zur schöpferischen Therapie, zur bannenden Gegenwehr, aber auch zur Selbst-

Abb. 12 Goya, *Schiffbruch*

behauptung gegenüber anderen ›Versuchungen‹ seines Künstlertums: den offiziellen Verpflichtungen. Die Krankheit, die ihn isoliert hat, quält seine Phantasie, schreibt er am 4. Januar 1794 an Bernardo de Iriarte, und er begründet damit den Entschluß, Bilder mit »Beobachtungen« zu malen, wie sie »in Auftragsarbeiten gewöhnlich keinen Platz finden, da bei diesen Laune [capricho] und Erfindung [invención] nicht frei schalten und walten können«.[32] Zu diesen seltsamen »Beobachtungen« zählen ein Irrenhaus, eine Feuersbrunst und ein Schiffbruch (Abb. 12). Zum ersten Mal ist in diesem Brief bei Goya von »capricho« die Rede, noch nicht von einer bestimmten Bildgattung, aber von der schöpferischen Freiheit, die notwendig dorthin führt. Mit dieser Entscheidung legt Goya das Zentrum, die geistige Kernzone seiner Kunst auf einen Bereich außerhalb der Auftragsverpflichtungen fest. Menschenferne bedeutet also den selbstgewählten Abstand zu den Auftraggebern. Doch die Einsicht, daß zwischen Auftragskunst und persönlichem Ausdrucksbedürfnis eine Kluft liegt, hindert ihn nicht daran, seine »Launen« in einem höheren Sinne als Auftragskunst aufzufassen. In den ›Caprichos‹ gibt er sich einen gesellschaftlichen Auftrag: er nutzt die anschauliche Waffe der ›ilustración‹, um seine Zeitgenossen kritisch zu beleuchten. Allerdings entspricht es dem resignierten Grundton der Einsicht des Iriarte-Briefes, daß Goya sich sechs Jahre später mit einer Zeitungsannonce an anonyme Adressaten, also an alle und keinen wendet. Die Unabhängigkeit vom Auftraggeber bezahlt er mit der Selbstpreisgabe an den ›Markt‹. Seine Verwundbarkeit, irritiert von einem kompakten, institutionalisierten Gesellschaftskörper, wird zum Stimulans der Aggressivität. Das Opfer wird Täter.

Werner Hofmann

Anmerkungen zu Hofmann, Kap. I, Kat. 1-3

1. Goethe, Schriften zur Kunst, Bd. XIII der Gedenkausgabe Zürich 1954, besorgt von Christian Beutler, S. 66. Zur Bedeutung dieses Textes für die »Variationsbreite« der modernen Kunst vgl. meine ›Grundlagen der modernen Kunst‹, 2. A. Stuttgart 1978, S. 117ff.
2. Mengs (1728-79) war von 1761 bis 1775 als Erster Hofmaler in Madrid tätig. Zusammen mit Tiepolo wirkte er an der Ausschmückung des Palacio Real mit. Als ›Klassizist‹ eingestuft, wird Mengs von der Forschung in der Regel zur dogmatischen Folie stilisiert, von der sich der junge, den Regeln sprengende Goya im Protest abhebt. Die Abwendung von den Mengs'schen Idealen ist differenzierter zu sehen. Der Bildnismaler Goya verdankt Mengs sehr viel; dieser empfahl den jungen Künstlern das Vorbild des Velázquez. Für Goyas Begabung war er nicht blind: 1775 bezeichnete er den Maler der Teppichkartons als »talentiert und geistvoll« (GW, S. 46), was einer Empfehlung gleichkam.
3. Marcelino Menéndez Pelayo, Historia de las Ideas estéticas en España, Madrid 1974 (4. A.), I, S. 1122.
4. Zit. nach der deutschen Ausgabe der Hinterlassenen Werke, hsg. von M.C.F. Prange, Halle 1786, 3 Bde.
5. Jutta Held hat Goyas Akademiekritik von 1792 zum Anlaß genommen, um seinen kunsttheoretischen Standort zu präzisieren (Münchener Jahrbuch der bildenden Kunst, 3.F.,XVII, 1966, S. 214ff.) Die Beziehung zu Mengs wurde darin nur gestreift, das gilt besonders für die Punkte, in denen die Theorien beider übereinstimmen.
6. Das Terrain, auf dem Goya und Sade sich berühren, ist noch unerforscht. Die »monstruosité intégrale«, nach der Sade trachtet, diesen Gedanken von Pierre Klossowski (Sade mon prochain, Paris 1947) haben Horkheimer und Adorno zur gleichen Zeit in ihre ›Dialektik der Aufklärung‹ (Amsterdam 1947) eingebracht – diese vollständige Ungeheuerlichkeit scheint auch die ganz und gar offene, experimentelle Anthropologie der ›Caprichos‹ zu bestimmen. (Sades ›Nouvelle Justine‹ erschien 1797 in Amsterdam.) Zugleich ist dieser Spielraum auf den Tod Gottes fixiert, das gibt ihm seine zweite entscheidende Dimension. Eine solche »Gegen-Kirche«, wie Klossowski sie für den Marquis und sein literarisches Werk behauptet, durchzieht das gesamte Werk von Goya. Wir werden darauf mehrmals im Katalog hinzuweisen haben, wobei wir uns eines Terminus von Aby Warburg, der »Bedeutungsinversion«, bedienen. Darunter ist zu verstehen, daß ein Kunstwerk Erinnerungen und Anspielungen an tradierte formale Gerüste enthält, diese aber für neue, wenn nicht gar entgegengesetzte Bedeutungen verwendet. (Vgl. Kat. 18, 22-24, 40, 69, 104-108, 115, 125, 133, 158). Auf Klossowskis »contre-Eglise« können wir auch ein von den Goncourts überliefertes Wort von Flaubert beziehen, wonach der Sadismus das letzte Wort des Katholizismus ist. (Vgl. Flaubert Correspondance, I, Paris 1973, hsg. v. Jean Bruneau, Anm. S. 868.) Ein solches »letztes Wort« der Religion entdeckt Goya im Aberglauben und in den pervertierten Glaubensformen seiner Umwelt.
7. Lucrezia Hartmann, »Capriccio« – Bild und Begriff, Dissertation, Nürnberg 1973.
8. Diese Mischung der Ausdruckshöhen gehörte zu den Merkmalen der »autos«, jener Theaterstücke, welche von den ›ilustrados‹ heftig bekämpft wurden. In ihnen bereitet sich ein blasphemischer Würdeverlust der religiösen Gegenstände vor, der wesentlich zur Selbstentlarvung des Kultes und seiner Propandisten beigetragen hat. Gebetsformel, Sprichwort, Scherz und Wirtshauswitz werden durcheinander gemischt und austauschbar – »hasta poder sustituirse uno por otro«, urteilt René Andioc in seiner Untersuchung über Teatro y Sociedad en el Madrid del Siglo XVIII, Madrid 1976, S. 364. Diese Entleerung der verbalen und anderen Verhaltensweisen steht hinter den ›Caprichos‹: Goya behält die Verfügbarkeit der Phrase bei und deckt den Abgrund auf, der dahinter steht.
9. Hartmann, a.a.O., S. 53.
10. José Ortega y Gasset, Goya, Madrid 1970 (2.A.), S. 48ff.
11. Diese Terminologie ist von Aby Warburg abgeleitet. Warburg unterscheidet zwischen »Andachtsraum« und »Denkraum«; für ersteren setzte ich »Anschauungsraum«. Warburgs »Denkraum der Besonnenheit« bezieht sich auf einen antiken Leitgedanken, den »sophrosyne«, auf den wohl auch Schillers unten zitierte Formulierung zurückgeht (Anm. 14). Vgl. Ernst H. Gombrich, Aby Warburg. An intellectual biography, London 1970, S. 224f.
12. Nietzsche, Die Geburt der Tragödie, 19. Kapitel. Wir haben diesen Satz unlängst auf Aby Warburg als den Kunsthistoriker bezogen, der sich wie kein anderer von den Bedrohungen, die der Künstler zu bewältigen hat, betroffen wußte. (Werner Hofmann, Warburg sa méthode, in: Cahiers du Musée d'Art moderne, Paris, 3, 1980, S. 60f.)
13. »Sueño« bedeutet im Spanischen sowohl Traum wie Schlaf. Wir entscheiden uns für den »Traum«, weil er die produktive Seite, »produce monstruos«!, des Vorganges, d.h. die grenzenlose Ausdehnung des Bewußtseins erkennbar macht.
14. Brief an Goethe vom 27. März 1801.
15. Zitiert nach der Neuausgabe in ›Pan y toros y otros papeles sediciosos de fines del siglo XVIII, hsg. von Antonio Elorza, Madrid 1971, S. 21 und 25.
16. Ursprünglich wollte Goya eine Reihe seiner Einfälle zu einem Zyklus von »Sueños« zusammenstellen. Als »sueño 1« sollte Cap. 43 figurieren. Diese ›Träume‹ sind in die Caprichos eingegangen.
17. Kannte Goya die Allegorie der Nacht aus dem Casino de la Reina, die heute im Madrider Museo Romantico eine Decke schmückt? In dieser ›Nacht‹ ist Goyas Träumer enthalten. Die Literatur zu Cap. 43 ist umfangreich, wir verweisen bloß auf die beiden wichtigen Aufsätze von George Levitine in The Art Bulletin, 37, 1955, S. 56f. (Literary Sources of Goya's Capricho 43) und im Journal of the Warburg and Courtauld Institutes, XXII, 1959, S. 106ff. (Some Emblematic Sources of Goya), und das Buch von Folke Nordström, Goya, Saturn and Melancholy, Stockholm 1962.
18. Levitine, 1955, hat bereits auf eine andere Stelle von Addisons Essays verwiesen.
19. Erwin Panofsky, Studies in Iconology, New York 1939, S. 224f.
20. William S. Heckscher, Goethe im Banne der Sinnbilder, in: Jahrbuch der Hamburger Kunstsammlungen, 7, 1962, S. 45f.
21. Guy de Tervarent, Attributs et Symboles dans l'Art profane, Genf 1958, S. 262.
22. Steven Mansbach, Goya's Liberal Iconography: Two Images of Jovellanos, in: Journal of the Warburg and Courtauld Institutes XLI, 1978, S. 340.
23. Gaspar Melchor de Jovellanos gilt als der bedeutendste Vertreter der spanischen Aufklärung. Der 1744 in Gijón Geborene wurde im November 1797 Justizminister, aber bereits im August des folgenden Jahres auf Betreiben von Godoy entmachtet. Er mußte 1801 in seine Geburtsstadt ins Exil gehen. 1808 wurde er auf Mallorca als Staatsgefangener inhaftiert. 1810 gehörte er dem von der Junta von Cadiz ernannten Regentschaftsrat an, doch starb er schon ein Jahr darauf.
24. Träume eines Geistersehers, 2. Teil, 2. Hauptstück: Ekstatische Reise eines Schwärmers durch die Geisterwelt.
25. Vgl. die fünfbändige Werkausgabe in der Biblioteca de Autores Españoles, Madrid 1963f.
26. Edith Helman, El humanismo de Jovellanos, in: Jovellanos y Goya, Madrid 1970, S. 25.
27. Dialektik der Aufklärung, a.a.O., S. 27.
28. Der ›Rêve de d'Alembert‹ dürfte um 1769 entstanden sein. Das Manuskript wurde erst 1830 gedruckt. (Diderot, Œuvres, hsg. von André Billy, Paris 1951 (Ed. de la Pléiade), S. 886ff.)
29. Unsere Interpretation stützt sich auf den Beitrag von Peter-Klaus Schuster zum Katalog der Ausstellung »Kunst was ist das?«, Hamburger Kunsthalle 1977, S. 64. Vgl. auch Schusters ungedruckte Dissertation über Dürers Melancolia I, Göttingen 1975; auch seinen Aufsatz: Moral und Psychologie. Zu einem Interpretationswandel ikonographischer Typen seit dem Ende des 18. Jahrhunderts, in Anzeiger des Germanischen Nationalmuseums, Nürnberg 1980.
30. Zu den artes incertae rechneten die Praktiken der Magie, der Mantik und des Gaunertums.
31. Vgl. meine Notizen zu Goyas Capricho 43 (1964), in: Bruchlinien. Aufsätze zur Kunst des 19. Jahrhunderts, München 1979, S. 90f.
32. Der Brief ist abgedruckt bei Gassier-Wilson, S. 108.

Bemerkung zu den zeitgenössischen Kommentaren der Caprichos

Bei den Katalogeintragungen zu den »Caprichos« sind im folgenden die drei wichtigsten zeitgenössischen »Kommentare« zitiert, die Aufschluß geben darüber, wie Goyas Bilderfindungen von ihm selbst und von seinem Publikum verstanden worden sind.
Kommentar P, der im Prado verwahrt wird, stammt wahrscheinlich im Wortlaut von Goya selbst oder ist von ihm authentisiert. Harris läßt offen, ob auch die Handschrift die Goyas ist oder die des Schreibers Pedro Gomez, den der Künstler zeitweilig für sich beschäftigte. Auffallend ist an den Erläuterungen, daß sie den Sinn der »Caprichos« eher verdunkeln und ihre Kritik abschwächen, sei es, um ihre allgemein gültige Bedeutung zu betonen, sei es, um sie vor dem Verbot durch die Inquisition zu schützen. Ungewiß ist auch, ob sie schon während der Entstehungszeit des Zyklus verfaßt wurden oder erst 1803, als Goya die Platten und Abzüge der Real Calcografia schenkte.
Die Kommentare A und BN, zu Lebzeiten Goyas von unbekannten Verfassern aus seinem Umkreis angefertigt, versuchen dagegen eher, Personen und zeitkritische Bezüge der Darstellungen zu identifizieren und sind somit wichtig zur Entschlüsselung konkreter Inhalte. Kommentar A, so genannt nach seinen ehemaligen Besitzern, der Familie Ayala, wurde 1887 von einem frühen Biographen Goyas, dem Conde de la Viñanza veröffentlicht. Das Manuskript der Biblioteca Nacional in Madrid (BN) wurde erstmals 1963 von Edith Helman publiziert.

1 Fran.ᶜᵒ Goya y Lucientes, Pintor
Cap. 1
1797-98
Radierung und Aquatinta
219 x 152 mm
Privatsammlung Hamburg
Literatur: GW 451, H 36

A* *Wirklichkeitstreues Portrait, spottlustig.*
BN *Wirklichkeitstreues Portrait, verdrossen und spottlustig*

(Erläuterungen zu den Kommentaren siehe S. 60)

2 El sueño de la razon produce monstruos
    Der Traum der Vernunft
    erzeugt Ungeheuer
Zeichnung für Cap. 43, GW 536
1797
Feder, Sepia, Hintergrund leicht laviert
230 x 155 mm
Madrid, Prado, Inv.Nr. 470
Literatur: GW 538, G(Z) 101, Vorderseite von 70

3 El sueño de la razon produce monstruos
    Der Traum der Vernunft
    erzeugt Ungeheuer

Cap. 43
1797-98
Radierung und Aquatinta
216 x 152 mm
Privatsammlung Hamburg
Literatur: GW 536, H 78

A *Die Phantasie, vom Intellekt (Verstand/Vernunft) verlassen, bringt Monstren hervor, vereint mit ihm, ist sie die Mutter der Künste.*
BN *Titel für dies Blatt: wenn die Menschen den Ruf des Verstandes (der Vernunft) nicht hören, wird alles Fieberwahn/Alptraum.*
P *Die Phantasie von der Vernunft verlassen bringt unmögliche Monstren hervor. Vereint mit ihr ist sie die Mutter der Künste und der Ursprung der Wunder.*

II. Das zweideutige Geflügel der Nacht

Der Titel ist dem Monolog entlehnt, den Tasso spricht, nachdem ihn sein Herzog verstoßen hat (vgl. S. 59). Zweideutig sind die Vögel seit dem Altertum. Der Vogel ist ein guter Ratgeber – so die Eule der Minerva – oder ein Bote der Täuschung, der trügerische Weissagungen verkündet (Ovid, Metamorphosen). In Vogelgestalt verwandelt zu werden, bedeutet Strafe: die drei Töchter des Minyas müssen als Eule, Fledermaus und Krähe ihr Los beklagen. Die Eule ist ambivalent, sie kann auch zum Schreckbild werden. Zwei Zwillingsbrüder, Otos und Ephialtes, werden zur Strafe in der Unterwelt an eine Säule gebunden, auf der die schreckliche Eule ›Styx‹ sitzt. (Kerényi, Die Mythologie der Griechen, I, IX, 2). Der junge Goya malte eine Jagdszene mit einer Eule, die – als Lockvogel? – auf einer senkrechten Stange sitzt (GW 68).

Die Fledermaus gilt den Alten als dämonisches Wesen, das dem Totenbereich nahesteht. Sie hat aber auch den Ruf der Klugheit, weil sie im Dunkel fliegen kann. Im 3. Buch Mose wird sie unter den unreinen Tieren aufgeführt. Im Mittelalter gehört sie zum ›satanischen Bestiarium‹ und verkörpert den Teufel, den Fürsten der Finsternis. Als Lastersymbol gehen von ihr verderbliche Einflüsse aus. Da sie ein Zwitter aus Vogel und Ratte ist, steht sie auch für Doppelzüngigkeit und Heuchelei. Die Fledermaus ist gleichsam das Emblemtier der »Welt als Maskerade« (Kap. IV).

Den Nachtseiten des Bewußtseins zugewandt und als Partnerin von Teufelsspuk und Zauberei verschrien, gewinnt die Fledermaus einen anderen, höheren Bedeutungsstatus, als am Beginn der Neuzeit die Einsamkeit sich des Makels der Sündhaftigkeit entledigt, von dem sie als ›Trägheit‹ (acedia) gezeichnet war. Aus einer der Sieben Todsünden wird das schwerblütige Temperament, die Melancholie, jene Geistes- und Gemütsverfassung, welche seitdem als Merkmal großer Menschen gilt. Die in der Einsamkeit gezeugten Gedanken der Melancholie gleichen den Nachtgedanken der Fledermäuse, deren Flug dem nächtlichen Studium zur Seite steht (Panofsky, 1923, S. 50). Bei Alciati (Emblemata, 1551) freilich ereignet sich eine Bedeutungsinversion: die Fledermaus verkörpert nun Blindheit und Torheit, sie steht für die Lichtscheuen und Übeltäter (Bandmann, 1960, S. 88). Eine ähnliche Bedeutungsspaltung bis hin ins Gegensätzliche können wir bei den Geschöpfen des Saturn beobachten. Dieser Planet ist seit der Renaissance der ›Gott der Melancholie‹. Zu seinen Geschöpfen rechnen einmal die elitären, einsamen Denker, aber auch die Bettler, Narren und Gefangenen.

Die aufwertende Verweltlichung des nächtlichen Bewußtseins legte die Basis für den modernen Geniekult, der den außerordentlichen Rang nach der inneren Gefährdung und der Abseitigkeit seines Helden bemißt. Gleichzeitig aber tritt der Künstler in eine Gemeinschaft mit den anderen ›Außenseitern der Gesellschaft‹ (Wittkower, 1965). Die solcherart sozialisierte Einsamkeit blieb jedoch weiterhin im Banne der dämonischen Kräfte, mit denen von alters her der Traum und seine geflügelten Sendboten ausgestattet sind. Wenn Flaubert den Traum als »schreckliches Ungeheuer« bezeichnet, das »anzieht und das schon viele Dinge gefressen hat«, dann bringt er, der sich beim Schreiben der ›Versuchung des heiligen Antonius‹ mit dem Heiligen identifizierte, die Traumobsession wieder in ihren ursprünglichen religiösen Kontext. Diesem Zusammenhang zwischen dem Traum des Melancholikers und der ›Versuchung‹ ist Chastel nachgegangen (Gazette des Beaux-Arts, 1936, I, S. 218f.).

Aus diesen und anderen Überlieferungen mag Goya geschöpft haben. Sein erster Alptraum ereignet sich zwischen Gott. und Teufel (Kat. 4). In der Bostoner Allegorie (Kat. 291) verlagert sich dieser Gegensatz auf die Ideenwelt der Aufklärung. Die Vernunft wird von den Mächten der Finsternis bedroht, die in Gestalt von Fledermäusen aus dem Dunkel auftauchen. Goyas Nachtvögel, das ist entscheidend, wenden jedoch den alten Unheils-Topos nicht bloß auf den auserwählten Einzelgänger, auf den sich freiwillig isolierenden Künstler an, sie verkörpern nicht nur die Nacht als Quelle der romantischen Einbildungskraft, sondern stehen für die dem Tageslicht der Vernunft feindlichen Geschichtsfaktoren, für die Ideologien der Obskurantisten. Wie häufig bei Goya wird die subjektive, private Erfahrung auf die öffentliche Problematik übertragen und an deren Spannungen objektiviert, was sie einerseits relativiert (und das Künstlerschicksal seiner Einmaligkeit entkleidet), anderseits aber die Gesellschaftskritik mit subjektivem Engagement auflädt. Konkret gesagt: der Künstler, der sich von Nachtvögeln bedroht und schöpferisch provoziert weiß (Kat. 3), kann den von Vampiren ausgesogenen Leib seines Volkes so darstellen, als wäre er sein eigener (Kat. 11). Goya stellt das Schicksal, das Spanien widerfährt, in die Nachfolge seines Künstlerschicksals. Das ist nicht Anmaßung, sondern der seltene Fall einer schöpferischen Solidarisierung, der den namhaften Einzelnen mit den Namenlosen in Übereinstimmung bringt. Auf diesem Brückenschlag ruht ein anderer, der eine Synthese der beiden »conditions extrêmes« (Chastel) herbeiführt, auf die sich die Geschöpfe Saturns verteilen. Wie keinen anderen Künstler seiner Zeit haben Goya die Randmenschen der Gesellschaft beschäftigt, die Bettler, die Irren, die Verbrecher und die Gefangenen. In seiner Kunst verband er diese anonymen Saturnkinder mit seinem eigenen saturnischen Los zu einer Art Bruderschaft der Außenseiter der Gesellschaft. W.H.

Abb. 13 Goya, *Hl. Franz von Borgia*

Abb. 14 Goya, *Hl. Franz von Borgia*

4 Der Heilige Franz von Borgia am Sterbebett eines Unbußfertigen

Zeichnung für das Gemälde von 1788
(Valencia, Kathedrale) GW 243
Schwarze Kreide
353 x 272 mm
Madrid, Prado, Inv.Nr. 475
Literatur: GW 245, G(Z) 14

Zeichnung für eines der beiden Gemälde, welche der Herzog und die Herzogin von Osuna zu Ehren ihres 1671 heiliggesprochenen Vorfahren 1788 von Goya für die Kathedrale von Valencia malen ließen. Franz von Borgia (1510-1572) trat 1546 in den Jesuitenorden ein, er richtete sein karitatives Wirken besonders auf Kranke und Sterbende. Davon handelt die von Goya gewählte (oder ihm vorgeschlagene) Episode. Was er daraus zu machen wußte, zeigt der Vergleich der Zeichnung mit der Ölskizze und dem großformatigen Gemälde (Abb. 13, 14): in diesem Gestaltungsprozeß taucht erstmals das ›Geflügel der Nacht‹ auf.

Die Zeichnung zeigt den Ordensgeistlichen, wie er dem Sterbenden mahnend und beschwörend das Kreuz vorzeigt. Sein gütiges Zureden scheint zu wirken, denn schon zeigen sich geflügelte Himmelsboten, um die gerettete Seele nach oben zu tragen, indes »ein geflügelter Dämon sich erschrocken anschickt, den Raum zu verlassen« (Nordström 1962, S. 66). In diesem Flügelgeschöpf steckt der Formkeim der Monstren, die als Verkörperungen des Bösen in Goyas Werk eine zentrale Rolle spielen werden. Dem Bildgedanken der Dämonenbeschwörung, der in unserer Zeichnung tastend Gestalt annimmt, kommt dabei eine auslösende Funktion zu, denn der nächste Schritt, die Ölskizze (Abb. 13), zeigt den ›Dämon‹ bereits vervielfacht und mit bedrohlicher Macht ausgestattet. Anstatt das Feld zu räumen, hat das Nachtgeflügel vom Sterbebett Besitz ergriffen. Wir vermuten, daß zwei Erwägungen oder besser: Impulse diese Akzentverschiebung auslösten, nämlich einmal die Einsicht, daß die Komposition nach mehr Dramatik verlangte, und zum andern die Faszination, die Goya fortan für das Grauenhafte und Schreckliche empfinden wird. Nicht nur stimmt es, daß er solcherart »ein reichlich banales religiöses Sujet in eine Art von ›Capricho‹« verwandelte (Gassier-Wilson, S. 56), in dem dämonischen Figurenklumpen der Ölskizze erfüllte er zum ersten Mal die Forderung, die er etwa zehn Jahre später in der Ankündigung der ›Caprichos‹ stellte, nämlich in einer »solo personage fantastico«, also in einer Gestaltsynthese, das zu vereinen, was in der Natur nur verstreut vorkommt, bzw. überhaupt nur in der Phantasie existiert. Diesen Phantasiegeschöpfen ist indes anzumerken, daß sie, wie das Nachtgeflügel von Cap. 43 (Kat. 3), physisch gegenwärtig sind. Darin steckt die Herausforderung, die der Heilige annimmt. Er handelt mit demselben Ziel wie später der Künstler, der sich ›Caprichos‹ erträumt. Auf beide dürfen wir beziehen, was Goya auf die Vorzeichnung zu Cap. 43 (Abb. 9).schrieb: »die Absicht . . . , schädliche Gemeinplätze zu verbannen und mit diesem Werk der Launen [Caprichos] das feste Zeugnis der Wahrheit abzulegen.« Im Laufe der zehn Jahre, die zwischen dem ›Unbußfertigen‹ und den ›Caprichos‹ liegen, erfährt freilich der Begriff ›Wahrheit‹ im Schaffen Goyas eine entscheidende ›Bedeutungsinversion‹: er verläßt nicht nur die religiöse Sphäre, sondern tritt ihr, ganz und gar säkularisiert, als Vernunftgebot entgegen. Aus aufgeklärter Sicht verfallen die Glaubenswahrheiten in Aberglauben — was Goya freilich nicht hindert, diesen Anfechtungen mit der ganzen Besessenheit seiner Einbildungskraft zu dienen (vgl. Kat. 5, 6, 8, 39, 40, 45, 147).

Das Borgia-Bild ist auch das erste Zeugnis für unsere Behauptung, Goya begreife Kunst als einen apotropäischen (bannenden), vom Schrecken ausgelösten Akt (vgl. dazu S. 56). Erstmals läßt Goya in die Orantengebärde den Ausdruck von Angst und Beschwörungskraft einfließen, den er bis in sein Spätwerk immer wieder abwandeln wird (Kat. 7, 45, 52, 62, 69, 112, 125, 188, 189). Der Helfende scheint selber der Hilfe zu bedürfen. Eben diese Ambivalenz (vgl. Heucken, 1974, S. 103) macht den Unterschied zu einem Bild von Michel-Ange Houasse aus, ›Der hl. Franz Regis erscheint der Mutter Monplaisant‹, von dem Sánchez Canton (1951) Goya abhängig glaubt. Nordström (1962, S. 72) vermutet den Einfluß von David und zieht eine Parallele zu Füsslis ›Nachtmahr‹. Diese Einflüsse müßten Goya zugekommen sein, als er sich entschloß, die Zeichnung für das Gemälde neu zu überdenken.

5

6

5 Corrección
  Strafe
Cap. 46
1797-98
Radierung und Aquatinta
217 x 149 mm
Privatsammlung Hamburg
Literatur: GW 543, H 81

Der Prado-Kommentar bedient sich eines alten Kunstgriffs der Satire, der Antiphrase, welche zu rühmen vorgibt, was sie bloßstellt. Der Hinweis auf Gelehrsamkeit und das Seminar von Barahona soll vor Augen führen, daß die herrschenden Mächte nur Zerrbilder der Forschung und Wissenschaft dulden, daß sie nicht die Diskussion, sondern die blinde Unterwerfung wollen. Von dieser Verdunkelung ist nicht nur das Wirken der »ilustrados« betroffen, auch das Wort des Evangeliums fällt ihr zum Opfer, wird entstellt und verfälscht. Nicht nur glaubte »der niedere Klerus jeden Unfug, über den in den Verfahren (des Heiligen Offiziums) diskutiert wurde, und teilte den Aberglauben des Volkes« (Stuttgart 1980, S. 53), der »Einfluß der Mönche« ging so weit, daß die »Träume und Delirien« (sueños y delirios) einfältiger Frauen als »geoffenbarte Wahrheiten« galten, worüber sich León de Arroyal in seinem berühmten Pamphlet ›Pan y Toros‹ mokierte, das sofort nach seinem Erscheinen verboten wurde. Diese Ferne vom wahren Glauben kennzeichnet die verstockten und vertierten Geschöpfe, die Goya in diesem Capricho zusammengeführt hat.

P *Ohne Strafe oder Zensur ist es unmöglich, in den Wissenschaften voranzukommen, und die der Hexerei erfordert besonderes Talent, Fleiß, Reife, Unterwerfung und Gelehrigkeit gegenüber den Unterweisungen des großen Hexenmeisters, der das Seminar von Barahona leitet.*

6 Se repulen
  Sie putzen sich wieder auf
Cap. 51
1797-98
Radierung und Aquatinta
214 x 151 mm
Privatsammlung Hamburg
Literatur: GW 553, H 86

Eine teuflische Trinität. Die glotzäugige Mittelgestalt zeigt mit ihrem hochgereckten Flügel, wo die Krallen sitzen, denen die Zehenkosmetik anscheinend nichts anhaben wird. Die Kommentare des Ayala-Manuskripts und der Bibl. Nacional lassen über die satirische Absicht keinen Zweifel. Pérez-Sánchez hat bemerkt, daß die rechte Gestalt auf der Vorzeichnung im Prado (GW 554) eine Mönchskutte trägt.

A *Spitzbuben im Staatsdienst finden immer eine Entschuldigung und decken sich gegenseitig.*
BN *Die Spitzbuben, die den Staat berauben, helfen und unterstützen sich gegenseitig. Ihr Vorsitzender bläht sich auf und wirft mit seinen monströsen Flügeln Schatten über sie.*
P *Lange Krallen zu haben ist so gefährlich, daß es sogar in der Hexerei verboten ist.*

8 Allá va eso
Da geht es

Cap. 66
1797-98
Radierung und Aquatinta
209 x 166 mm
Privatsammlung Hamburg
Literatur: GW 583, H 101

Dieser Flugunterricht hat nichts vom dunkelmächtigen Figurenknäuel des Cap. 64. (Kat. 248) Die beiden Gestalten scheinen das Kunststück noch nicht ganz zu beherrschen. Es fällt auf, daß die Flügel mit keinem der Leiber verwachsen sind. Von ihnen abgehoben, bilden sie eine tragende Folie, in der bereits der Ansatz zu dem selbständigen Flugapparat steckt, mit dessen Hilfe Goya etwa zwei Jahrzehnte später »eine Art zu fliegen« (Kat. 162) vorschlagen wird.

P   *Da fährt eine Hexe hin, die auf dem hinkenden Teufel reitet. Dieser arme Teufel, über den alle spotten, ist manchmal noch ganz nützlich.*

7 Volaverunt
Weggeflogen

Cap. 61
1797-98
Radierung und Aquatinta
217 x 152 mm
Privatsammlung Hamburg
Literatur: GW 573, H 96

Dargestellt ist die Herzogin von Alba. Mit dem sarkastischen »Volaverunt« zieht Goya einen Schlußstrich unter eine Liebesbeziehung, die er in einem anderen Blatt von Lüge und Wankelmut zerstört sieht (Kat. 49). Das lateinische Wort bedeutete damals im Spanischen soviel wie »aus und vorbei«. Gilt die bittere Prophezeihung »Alle werden fallen« auch für die mächtige Herzogin? Dieser Flug ist keine »Himmelfahrt«, sondern eher deren Parodie, und er scheint nach unten zu führen. Mit den Augen eines Enttäuschten sieht Goya die Freundin kraftlos und wehmütig entgleiten.

A   *Die Herzogin von Alba. Drei Toreros verdrehen ihr den Kopf.*
BN *Drei Toreros verdrehen der Herzogin von Alba den Kopf, so daß sie schließlich über ihrer Launenhaftigkeit den Verstand verliert.*
P   *Die Gruppe von Hexen, die der Dame als Unterbau dient, ist mehr Schmuck als Notwendigkeit. Es gibt Köpfe, die so voll entzündbaren Gases sind, daß sie zum Fliegen weder einen Ballon noch Hexen brauchen.*

9 Nada. Ello dirá
Nichts. Es wird sich zeigen

Des. 69
1812-20
Radierung und Aquatinta
155 x 200 mm
Privatsammlung Hamburg
Literatur: GW 1112, H 189

Goyas Titel (auf einem Probedruck für Céan Bermudez) lautet: »Nada. Ello dice.« (Nichts. Er sagt es.) Mit diesem ›Schlußwort‹ wollte Goya den Zyklus beenden, ehe er sich entschloß, die »caprichos enfáticos«, die Blätter über das Hungerjahr 1811/12, anzufügen (Kat. 92ff) und mit einer Allegorie der wiedererwachten Volkskraft ein verheißendes Licht ans Ende zu setzen (Kat. 108). Das ›Wahre‹, das uns dort entgegenleuchtet, ist weiblichen Geschlechts, der Chronist, der mit letzter Kraft »Nichts« auf sein Blatt schreibt, ist ein Mann, den die Geschehnisse in die totale Hoffnungslosigkeit getrieben haben. Mit seinem Skelett endet der Totentanz des Krieges, und noch einmal verbinden sich die Kräfte des Bösen und der Rechtlosigkeit zu einem geifernden Mummenschanz. Der Sterbende trägt die Signatur des endgültigen physischen Verfalls: sein Gegenbild ist die weibliche ›Wahrheit‹, die wieder erwachen wird (Kat. 106, 107). Dieser Kontrast läßt vermuten, daß Goya im Skelett das Gegenprinzip treffen wollte, die von der pervertierten Vernunft angezettelte Selbstvernichtung der Menschheit. Insofern setzt ›Nada‹ die Frage fort, die Goya in Cap. 43 (Kat. 3) stellt. Der Krieg hat der Einbildungskraft neue Wege erschlossen, Grausamkeiten wurden erfunden, hinter denen die künstlerische Phantasie zurückbleibt (vgl. Kat. 86-88). Als Objekt auf dem Spielbrett der Luststeigerung mußte der Mensch nicht nur bei Sade, sondern bei dessen Rivalen auf der politischen Szene neue Grenzwerte der physischen Schändung erfahren. In ›Nada‹ wird dieser sadomasochistische Kollektivtraum zu Ende geträumt. »Läßt sich etwas Unheimlicheres, Trostloseres denken?«, fragte Gautier in seinem ›Voyage en Espagne‹.

10 Contra el bien general
Gegen das allgemeine Wohl

Des. 71
1815-20
Radierung
175 x 220 mm
Privatsammlung Hamburg
Literatur: GW 1116, H 191

Ein Nachtgeschöpf in der Rolle eines Klerikers. Offenbar eine Anspielung auf die von Kircheninteressen bestimmte Gesetzgebung nach der Rückkehr Ferdinands VII, (1814). Rainer Burbach zog zur Deutung ›Gli animali parlanti‹ von Casti heran, eine Satire in Gestalt der Tierfabel, mit der Goya vertraut war (vgl. Kat. 60): »In canto XXIV repräsentiert ein Vampir den Berater des Königs und ist zugleich ein gieriger Befürworter der Uneinigkeit; er steht an der Spitze von Notaren, Kriminalisten und Geschäftsleuten.« (Stuttgart 1980, S. 113).

11 Las resultas
Die Folgen

Des. 72
1815-20
Radierung
175 x 220 mm
Privatsammlung Hamburg
Literatur: GW 1118, H 192

Wie Des. 71 von Castis ›Animali parlanti‹ angeregt (Burbach). Ob mit dem Geier die Kirche gemeint ist, »welche den Gläubigen ihre letzte Habe nimmt« (Stuttgart 1980, S. 113), bleibe dahingestellt. Das Rahmenthema, der von Nachtgeschöpfen bevölkerte Alptraum, hat im Kontext der Desastres eine neue Symbolqualität gewonnen. Nicht mehr der Künstler ist in der Einsamkeit seines Arbeitsraumes von Vögeln bedroht (und zugleich stimuliert), sondern ein Wehrloser wird zur Beute animalischer Gefräßigkeit. Aus der subjektiven Beunruhigung und Gefährdung

Abb. 15 Goya, *Was für ein goldener Schnabel*, Cap. 53

von Cap. 43 (Kat. 3) zieht Goya die für das ganze Volk gültige Konsequenz, las resultas: er verbindet das private Künstlerschicksal mit dem Spaniens, das nun, kaum von den Franzosen befreit, den Vampiren Ferdinands VII. ausgeliefert ist.

12 Farándula de charlatanes
Reigen der Scharlatane

Des. 75
1815-20
Radierung und Aquatinta
175 x 220 mm
Privatsammlung Hamburg
Literatur: GW 1124, H 195

In Cap. 53 (Abb. 15) verspottete Goya die leere Rhetorik der Kanzelredner und die Leichtgläubigkeit ihrer Zuhörer. Aus dem plappernden Papagei ist ein zwitterhafter Vorbeter geworden, halb gebieterischer Dirigent, halb drohende Vogelscheuche (vgl. Kat. 45/Cap. 52). (Der Papagei sekundiert ihm links oben in der Ecke). Der Vogel-Mönch parodiert die religiöse Heilserwartung und den tradierten Verkündigungsgestus, aber auch die Demut der wahren Gläubigkeit – das wird deutlich, wenn wir ihn seinem Gegenbild, dem Knienden (Kat. 69/Des. 1) konfrontieren.
Die satirische Pointe des Blattes hat Burbach unter Bezug auf Castis ›Animali parlanti‹ (vgl. Kat. 10) augenfällig gemacht: »Papagei, Esel, Affe, Bär und Hund sind alle am Hofe der Königinmutter in Castis Gedicht anzutreffen. Mit ihnen macht Goya satirisch auf die Kamarilla um Ferdinand VII. aufmerksam.« (Stuttgart 1980, S. 114)

13 6ª con pesadilla
(Sechste) Vision mit Alptraum

(Album C 44 [42])
1803-24
Tuschlavis
205 x 140 mm
Madrid, Prado, Inv. Nr. 269
Literatur: GW 1282, G (S) 191

Die sechste von neun Visionen einer Nacht (C 39-C 47, vgl. Kat. 132), aber die einzige, die Goya als »Alptraum« (pesadilla) empfunden hat. Gassier wundert sich, daß gerade diese Figur »weder lächerlich noch ungeheuerlich [ist], ... vielmehr geht von dieser gebeugten, fast gesichtslosen, von namenlosem Schmerz gepeinigten Frauengestalt der Eindruck menschlicher Tragik aus.« Warum sollte ein Alptraum keine tragischen Visionen hervorbringen? Die Frau erinnert an die Menschen, die vor den Franzosen flohen, aber die Angst, die ihre Züge verzerrt, kommt aus einer anderen Bedrohung. Sie wird von zahllosen Nachtvögeln umschwirrt, die aus einem dunklen Lichtstrahl hervorbrechen. (Baudelaire spricht einmal von einem »soleil noir«.) Wir ahnen, daß dieser Sturm sie zu Boden werfen wird. Das Gesicht nimmt den ›Schrei‹ von Munch vorweg.
Dennoch fällt auf, daß dieser Vogelschwarm

13

offenbar nur die Frau betrifft, die Hockenden im Hintergrund (Nachkommen der gleichgültig brütenden Celestinas) scheinen davon nichts zu merken.
Merkwürdig ist der rechte Winkel, mit dem Goya den schwarzen Lichtbalken an den Rändern abbrechen läßt, als wollte er den Alptraum in einem streng begrenzten Blickfeld unterbringen, worauf auch die senkrechte Pinsellinie am rechten Blattrand hindeutet.
Lafuente-Ferrari sieht in der Frau »die Wahrheit, von den Kräften des Bösen verfolgt« (1979, S. 245).
Eine völlig entgegengesetzte Deutung gibt López-Rey (1956, S. 92f): in dem Zwerg mit dem »Dreispitz« (?) sieht er Napoleon, neben ihm zwei »melancholische« Liberale. Die Frau verkörpert den »Pöbel«, der sich gegen Napoleon und die Liberalen aufhetzen ließ. (Die Zwangsjacke, in die López-Rey die Frau gesperrt sieht, wirft seine Deutung ihr und den anderen Figuren über.)

Abb. 16 Goya, *Zwei Frauen auf einem Bett* (Detail)

Abb. 17 Goya, *Das riecht nach Zauberei* (Detail)

Abb. 18 Goya, *Diese Hexen werden es sagen* (Detail)

14 Nada dicen
   Sie sagen nichts
(Album C 70)
1808-14
Sepialavis
205 x 142 mm
Madrid, Prado, Inv. Nr. 369
Literatur: GW 1307, G (S) 216

Eine verschollene Zeichnung des Sanlúcar-Albums (Ak, Abb. 16) zeigt zwei Frauen, die siamesische Zwillinge sein könnten. Goya dürfte dabei keine Symbolabsicht verfolgt haben, vielmehr führte ihm, dies ist wörtlich gemeint, sein symbiotisches Formdenken den Pinsel. Zehn oder mehr Jahre später entstand der Hexenzwitter des Albums C. Diese an den Hinterbacken nahezu miteinander verwachsenen Furien haben in Goyas Werk nicht

14

ihresgleichen – anderswo wird man sie erst recht vergeblich suchen. Das erklärt sich nicht mit ihrer Häßlichkeit, sondern mit der Vergeblichkeit, die ihrer wüsten Kraftanstrengung vorbestimmt ist. Das macht sie tragisch und groß, größer als die Hexen von Cap. 59 (Und noch immer gehen sie nicht!), die sich einer riesigen Steinplatte entgegenstemmen. (Kat. 250) Wenn es stimmt, wie Sánchez Cantón und Gassier vermuten, daß dieses Blatt zusammen mit C 68 und 69 (Abb. 17, 18) eine »magische Trilogie« bilden sollte, dann fällt es doch durch seine formale Strategie aus diesem Kontext heraus, zumal Gassier nicht zu erklären vermag, was die beiden Geschöpfe dazu veranlaßt, die schwere Steinplatte hochzuheben. López-Rey vermutet, daß die Hexen vom Gewicht der Platte, die sie schließen wollen, nach unten gezogen werden (1956, S. 101).

15 Don Quijochote

(Album F 54)
1812–23
Sepialavis und Feder
207 × 144 mm
London, British Museum,
Inv.Nr. 1862.7.12.188
Literatur: GW 1475, G(S) 320

López-Rey (1957, S. 143f) hat die Echtheit der Zeichnung bestritten. Er hält sie für die Kopie nach einem Stich von Bracquemond, der 1860 als Illustration zu dem Goya-Aufsatz in der Gazette des Beaux-Arts veröffentlicht wurde. López-Rey argumentiert stilkritisch. John Gere hat festgestellt, daß das Papier des Blattes mit dem des Albums F übereinstimmt. Als die Zeichnung 1862 für das British Museum erworben wurde, trug sie bereits die Nummer 54 – eine der wenigen »freien« Nummern des Albums, was damals, wie Gassier hervorhebt, niemand wissen konnte.
Zum Thema Goya und Cervantes haben Gassier-Wilson (1475) folgende Fakten zusammengetragen: Goya schuf eine verlorengegangene Zeichnung für eine Don-Quijote-Ausgabe der Spanischen Akademie (1780), die in einem Stich überliefert ist (GW 315). Sein Zeitgenosse Gallardo erwähnt in einem Aufsatz eine Reihe von »Caprichos«, die Goya als Don-Quijote-Visionen bezeichnete. Unsere Zeichnung könnte an der Spitze dieses Zyklus gestanden haben. Gassier-Wilson bemerkten die Verwandtschaft mit Cap. 43 (Kat. 3). Nicht minder bemerkenswert ist, was beide Darstellungen unterscheidet. Zwar läßt Cervantes seinen Helden gleich im ersten Kapitel zwischen Vernunft und Unvernunft dialektische Kapriolen schlagen, doch geht davon nichts auf Goyas Zeichnung über. (Den Ritter entzückt z.B. ein Satz des Feliciano de Silva: »der Sinn des Widersinns, den Ihr meinen Sinnen antut, schwächt mir die Sinne dermaßen, daß ich nicht ohne Sinn über Eure Schönheit Klage führe.«)
Der Leser der alten Ritterabenteuer blickt abwägend selbstbewußt von seinem Buch auf. Was ihn umschwirrt, sind seine Wunschgeschöpfe, nicht ungerufene Traumgesichter. Der Leser genießt, wo der Autor seine Erfahrungen erleidet. Allein das unternehmungslustige Windspiel zeigt an, daß ein Abenteuer bevorsteht.
Das Geflügel der Nacht hat die Präsenz von fertigen Phantasieprodukten, die ein anderer schon aufbereitet hat. Das dunkle Flügeltier erinnert an den Langnasigen von Cap. 58 (Kat. 38).

übermächtigen Phantasiegebildes hat seinen aufgeklärten Gegentyp in den Gestalten, die eine »neue Art zu fliegen« erproben (Kat. 162).

16 Disparate Volante
Fliegende Torheit

Disp. 5
1815-24
Radierung und Aquatinta
245 x 350 mm
Privatsammlung Hamburg
Literatur: GW 1578, H 252

Ein Greif, auf dessen Rücken zwei Gestalten sitzen, ein Mann und eine Frau, die sich wehrt. Der mythische Zwitter entführt beide, »den Entführer und die Entführte« (Holländer) — wieder also sind Täter und Opfer miteinander verschränkt. Das ist Goyas altes Verdikt über die Menschen: sie kommen voneinander nicht los (vgl. Kat. 18, 41, 49, 117, 150, 170, 181, 185-187). Der Mensch als Objekt eines

17 Satans Verzweiflung

1815-24
Rot laviert und Rötelspuren
220 x 325 mm
Madrid, Prado, Inv. Nr. 200
Literatur: GW 1608, G (Z) 306

»Eine der schönsten Zeichnungen Goyas« (Gassier) und eine seiner rätselhaftesten, denn in ihr wird das Sturzmotiv — Goyas Menschen leben stürzend (Helman 1963, S. 134) — allseitig artikuliert und die Unterscheidung zwischen oben und unten unmöglich gemacht. Genaugenommen stürzt dieser Satan in vier Richtungen, von denen allerdings nur zwei von der Forschung diskutiert werden: jene, die sich aus dem Querformat des Blattes ergeben, wofür spricht, daß es in Maßen und Technik mit den querformatigen Zeichnungen für die ›Disparates‹ übereinstimmt. Harris (II, S. 411) vermutet sogar, daß unser Blatt die »prima idea« von Disp. 18 (Kat. 249) enthält.

Wir bilden die Zeichnung so wie Juliet Wilson und Camón Aznar (1951) ab, wofür sich auch Pérez Sánchez ausgesprochen hat. Sánchez Cantón (1954, No. 396) und Gassier drehen das Blatt um 180° und berufen sich auf einen Text von Carderera: »Er hält sich an einem Felsbrocken fest, der im Begriff ist, abzubrechen, und schaut zum Himmel empor, den er erklimmen möchte... Die Hände klammern sich an Felsvorsprünge.« Einzuräumen ist, daß diese Beschreibung nicht auf die von uns gewählte Ansicht paßt und daß der Körper des Satans so leichter lesbar ist als umgekehrt. Hingegen läßt Gassiers Argumentation die geflügelten Gestalten im Hintergrund außer acht, vielleicht mit Absicht, denn ihr Wirrwarr löst sich erst auf, wenn wir die Zeichnung so lesen, wie sie hier abgebildet ist. Dann erst erkennen wir einen Richtungsgegensatz: jene fliegen nach oben, der Satan stürzt herab.

18 Camino de los infernos
  Straße zur Hölle

1819-24
Chinesische Tusche laviert
188 x 268 mm
Madrid, Biblioteca Nacional, Inv.Nr. B 1252
Literatur: GW 1647, G (Z) 378

Gassiers Vergleich mit der ›Höllenvision‹ (Kat. 271) übergeht einen wichtigen ikonographischen Aspekt. Die ›Höllenvision‹ ist eine bittere Parodie auf die Grablegung Christi, wobei wir als direktes Vorbild an Tizians Bild im Prado (Abb. 19) denken. Auch sein ›Tityos‹ (ebenfalls im Prado) könnte Goya beeindruckt haben (Abb. 20). In der ›Straße zur Hölle‹ greift Goya noch einmal eines seiner existentiellen Leitmotive auf, die »unauflöslichen Bande« (vgl. Kat. 117), wofür auch »Vom Teufel vereint« (Kat. 41) stehen könnte. Zwei Paare stürzen und jagen, vom Teufel verklammert, in den lodernden Höllenrachen. So wurden in den ›Desastres‹ die Leichen behandelt (Kat. 79 = Des. 27). Diese Verklammerung ist kompliziert angelegt. Eine Frau greift zwischen den Beinen des Dämons hindurch nach den Haaren des Mannes. Ein drittes Höllenopfer, vom Dämon umklammert, scheint mit dem vierten, das die Beine an den Leib zieht, verwachsen. Dieses hockende Fliegen kennen wir aus den Caprichos (Cap. 52, Kat. 45; Cap. 61, Kat. 7). Der an den Haaren gezerrte Mann erinnert an Cap. 60 (Abb. 21), doch zeigt der Vergleich, daß Goya in der späten Zeichnung den Bewegungsgehalt dieser Chiffren steigert und sie zu einem Ganzen verbindet.

Abb. 19 Tizian, *Grablegung Christi* (Detail)
Abb. 20 Tizian, *Tityos*
Abb. 21 Goya, *Versuche*, Cap. 60

19 El perro volante
Der fliegende Hund
(Album G 5)
1824-28
Schwarze Kreide
190 × 150 mm
Madrid, Prado, Inv.Nr. 394
Literatur: GW 1715, G(S) 369

Gassier nennt den fliegenden Hund einen »Ikarus aus dem Tierreich«. Über seine Herkunft geben die Emblembücher und Sprichwörtersammlungen keine Auskunft. Wir können nur Fragen stellen: was bedeuten die Schwimmhäute an den Hinterbeinen, was das offene Buch, das an das Halsband angeheftet ist? Eine ganz und gar private Metaphorik ist nicht auszuschließen — etwa in der Art der Metapher, die Büchner den Mercier auf Danton münzen läßt: »Diese Dogge mit Taubenflügeln! Er ist der böse Geist der Revolution...«

20 Mal sueño
Ein böser Traum
(Album G. a.)
1824-28
Schwarze Kreide
191 x 151 mm
Madrid, Prado, Inv.Nr. 396
Literatur: GW 1720, G(S) 417

Die ursprüngliche Beschriftung ist unleserlich, das »Mal« wurde von Goya später hinzugefügt. So Gassier, der den von schwarzen Vögeln bedrohten Kopf für das Traumgesicht hält, das dem »noch völlig verstörten« Mann erscheint. Diese Erklärung überzeugt uns nicht ganz, doch haben wir keine bessere anzubieten. Kann es nicht sein, daß der Träumende, der eher wach und bewußt wirkt, den schwebenden Kopf als Produkt seiner Einbildungskraft wahrnimmt, ähnlich wie in Kat. 2? Sein Gesichtsausdruck zeigt nicht Schrecken, sondern eher Zorn und Unmut. »Modern«, wie Gassier meint, ist diese Darstellung nicht, denn es war schon längst üblich, die Traumerscheinung neben den Träumenden zu setzen (vgl. Abb. 22). Wir blicken noch einmal auf Cap. 43 (Kat. 3) zurück. Das gefährliche Getier hat sich nun in zwei Kategorien getrennt. Aus den wilden Katzen wurden zwei brave Haustiere, aus den Fledermäusen gierige Raben. Der Träumer träumt jetzt offenen Auges.

20

Abb. 22 Giordano, *Salomos Traum* (Detail)

Abb. 23 Goya, *Schrei nicht, Dumme*, Cap. 74

21 Allegorische Figur: Der Krieg (?)

(Album H 15)
1824-28
Schwarze Kreide
190 × 155 mm
Madrid, Prado, Inv.Nr. 391
Literatur: GW 1778, G(S) 432

Lafuente-Ferrari möchte den von Sánchez Cantón vorgeschlagenen Titel erweitern: »Der Krieg und das Böse«. Diese Inkarnation der bösen Gewalt ist aus den Hexen abzuleiten, deren schweifende Herumtreiberei sich in der thronenden Gestalt zu emblematischer Strenge verfestigt. Kein liederlicher Nachtspuk, eine strenge Gottheit tritt uns entgegen: ihre Züge sind eine Synthese aus verschatteten Bösewichtern (Cap. 74, Abb. 23) und dem ›Hexenmeister‹ von Cap. 70 (Kat. 40). Sie sitzt in der Mulde des Vogelungeheuers wie Venus in der Muschel, zugleich aber reitet sie das Tier. Ähnlich schwebend treiben die Parzen der ›Pinturas negras‹ ihre Geschäfte (GW 1615). Frontalität und Symmetrie geben dieser Allegorie das düstere Pathos der Unbezwingbarkeit. In der Größe der Erfindung, nicht im anatomischen Detail, ist sie Goethes Phorkyas vergleichbar. Für López-Rey verkörpert die Gestalt den »Triumph der Heiligen Allianz« (1956). Wir vermuten eine Anspielung auf den Verband der ›Engel der Vernichtung‹, einen reaktionären Klub, der nach der Rückkehr Ferdinands VII. an den Freunden der Verfassung brutale Rache nahm (Stuttgart 1980, S. 121).

III. »Die Krankheit der Vernunft«

Dieser Titel ist der Zeichnung Kat. 35 entlehnt. Er soll eine Auswahl von neunzehn Blättern aus den ›Caprichos‹ charakterisieren, in denen Goya das Spanien des ausgehenden 18. Jahrhunderts kritisch untersucht. Diese Zeitkritik tritt jedoch verschlüsselt, durch Fabel, Traum und Allegorie gebrochen auf. Ihre Aussagen entziehen sich oft der eindeutigen Festlegung auf bestimmte Personen und Tatbestände. Die Verschlüsselung erklärt sich einmal aus der strengen Wachsamkeit der Zensur und der Inquisition, zum andern aus Goyas Scharfblick für die Mehrsinnigkeit menschlicher Verhaltensweisen, der ihn dazu befähigte, das Beiläufige zur Parabel zu erhöhen oder in der Hybris der Mächtigen die Mischung aus Tragik und Banalität aufzuspüren. Daraus beziehen diese Blätter ihre Spannung und – gemessen etwa an Goyas englischen Zeitgenossen – eine metaphorische Kraft, welche die herkömmlichen Strategien der Satire sprengt und jedem Deutungsversuch Unangemessenheit vor Augen führt.

Als zeitkritische Aussagen gehen Goyas Radierungen mit einem Staatswesen ins Gericht, das seinen Machtapparat dazu nutzte, um den Bürger in Unmündigkeit zu halten, und das im Konzert der europäischen Mächte den Part der Rückständigkeit verkörperte. Nach dem Tode Karls III. bestieg dessen Sohn als Karl IV. 1788 den spanischen Thron. Damit endete eine Phase relativer Liberalität, die den Ideen der Aufklärung zwar Eingang verschafft, aber nicht ihren Durchbruch erwirkt hatte. Das nun beginnende Jahrzehnt, das in Goya den Capricho-Gedanken reifen ließ, ist von Machtkämpfen geprägt, in deren Verlauf die Liberalen immer mehr an Boden verloren. Hinter den Intrigen und wechselnden Koalitionsabsprachen steht als einzige Konstante die unheilige ›Trinität‹, zu der sich der schwache König mit seiner Gemahlin Maria Luisa und Godoy (1767-1851), deren Günstling und Geliebten, zusammenfand. Die Französische Revolution verhärtete die Fronten, ihre Exzesse waren Wasser auf die Mühlen der Konservativen und veranlaßten sie zu prohibitiven Maßnahmen. 1790 wurde die ›Grande Encyclopédie‹ verboten und spanischen Bürgern das Studium im Ausland untersagt. Diese Anordnung trug die Unterschrift des Grafen von Floridablanca, den Goya 1783 porträtiert hatte (GW 203) und der bis 1792 die Regierungsgeschäfte leitete. Auf ihn folgte der Graf von Aranda, der noch im selben Jahr von Godoy abgelöst wurde. 1793 stürzte sich Spanien in das Abenteuer des 1. Koalitionskrieges gegen Frankreich, schwenkte aber bald in das Lager seines Gegners um und zählte seit dem Frieden von Basel (1795), der Godoy den Titel des ›Friedensfürsten‹ eintrug, zu Frankreichs Verbündeten. Diese Parteinahme hatte 1796 die Kriegserklärung an England zur Folge. Alle diese kriegerischen Unternehmungen verliefen nicht eben glorreich, zugleich verschärften sie die Interessengegensätze. Im November 1797 wurde Jovellanos, der führende Kopf unter Spaniens Aufklärern, zum Justizminister ernannt, indes seine Freunde Iriarte und Saavedra andere Schlüsselpositionen einnahmen. Für kurze Zeit gelang es, Godoys Einfluß zurückzudrängen, doch schon im August wurden die Liberalen aus ihren Positionen verdrängt und zwei Jahre später (1800) hatte Godoy wieder das Heft in der Hand.

Hinter diesen Fakten ereignete sich das, was Goya ins Auge faßt: die Krämpfe und bösen Wucherungen eines kranken Gesellschaftskörpers. Die Krone, die Kirche, ein gewissenloser Adel und eine willfährige Justiz machen den Bürger zum Objekt ihrer Willkür. ›Launen‹ (Caprichos), das sind zunächst die Umgangsformen, die die Mächtigen den Ohnmächtigen aufzwingen, um die Goya daraus seine ›Caprichos‹ macht. Hörigkeit bestimmt alles: die Erziehung unterwirft das Kind den Eltern, die Ehe stellt den Mann über die Frau, der Adel genießt angemaßte Privilegien, der Klerus stützt seine Macht auf Aberglauben und Unwissenheit, die Gesetze fördern Betrug und Korruption, statt sie zu verhindern. Alle diese Auswüchse und Mißstände wurden von den spanischen Aufklärern erkannt und angeprangert. Die bedeutendsten dieser ›ilustrados‹ – Jovellanos, Moratín, Iriarte, Meléndez Valdés und Céan Bermúdez – zählten zu Goyas Freunden. Seine Satire ist sicherlich von ihnen beeinflußt, doch dürfen wir sie nicht bloß als Begleitstimme des intellektuellen Protestes auffassen. Zwar weiß Goya sich der geistigen Strömung verbunden, deren Wortführer sich die Erneuerung Spaniens auf administrativer, ökonomischer und intellektueller Basis vorgenommen haben, doch reicht seine Anklage über den zeitbedingten Anlaß hinaus. Wenn Goya den Meinungsterror der Inquisition, die Schamlosigkeit der Mönche und die Perversionen der Justiz aufzeigt, sieht sein zusammenfassender Blick diese Mißstände als Spielarten einer einzigen, alle Stände, Gesellschaftsschichten und Institutionen umfassenden *Entstellung des Menschen*. Diese Entstellung entspringt dem Mißbrauch, den der Mensch mit seinesgleichen treibt, indem jeder jeden in seine Gewalt zu bringen sucht. Die ›Caprichos‹ sind Variationen über ein einziges Grundthema, über die verschiedenen Möglichkeiten, die der Mensch ersinnt, um seinen Nächsten zu demütigen, zu zerstören und als willfähriges Objekt in seinen Besitz zu bringen. An Beispielen der physischen Erniedrigung wird der Prozeß der Enthumanisierung aufgezeigt. Der Vergleich dieser Satiren mit der humanistischen Tradition, mit der »verkehrten Welt«, dem ›Narrenschiff‹ von Brant oder dem ›Lob der Torheit‹ des Erasmus (von spanischen Vorläufern ganz zu schweigen), trifft nicht den Kern, der gerade ihre bis heute gültige Aktualität ausmacht. Nicht Narrheiten und Eitelkeiten werden hier an den Pranger gestellt, sondern die entstellende Brutalität der modernen Eigentumsgesellschaft, deren Held der rücksichtslose Täter ist, der vor nichts zurückschreckt, der – in welcher Maske immer – von der permanenten Annexion, Unterwerfung, Entmündigung und Entmenschlichung seiner Opfer lebt und selber Opfer seiner Hybris ist.   W. H.

**22 El si pronuncian y la mano alargan
Al primero que llega.**
Sie sagen Ja und geben ihre Hand dem Ersten, der um sie anhält.

Cap. 2
1797-98
Radierung und Aquatinta
218 x 154 mm
Privatsammlung Hamburg
Literatur: GW 454, H 37

Der Titel ist dem satirischen Gedicht ›A Arnesto‹ von Jovellanos entnommen, das 1786/87 anonym in der Zeitschrift ›El Censor‹ erschien (Helman 1963, S. 126). Das »ungleiche Paar« – ein Thema der Bildsatire, mit dem Goya sich oft beschäftigte – tritt vor den Traualtar mit der Absicht, sich gegenseitig zu betrügen: »Con la impudente frenta levantada« geht der Ehebruch von einem Haus zum andern, heißt es bei Jovellanos. Die Begleitpersonen, die Eltern und die Kupplerin (die notorische Celestina), sehen beifällig der Vollendung ihres Werkes entgegen. Die Gesichtszüge des Freiers verraten den entschlossenen Komplizen. Ein aus dem Dunkel herausragender Kopf nimmt die breitmäuligen Physiognomien der späten Zeichnungen (Kat. 178, 186, 189) und Bilder vorweg, z. B. den Masturbanten der Pinturas negras (GW 1618) und den Tio Paquete (GW 1631). An der Braut läßt sich eine Bedeutungsinversion beobachten. Sie ist ein Zwitter. Als hell ragende Gestalt, deren makelloser Umriß ihre Unberührtheit andeutet (die sie begehrlich macht), hebt sie sich von den unruhigen, schwerfälligen Körpermassen ihrer Zubringer ebenso ab wie von der Menge zu Füßen der Plattform. Die schwarze Maske verrät – sie demaskiert, wie Helman treffend sagt – das »heuchlerische Dämchen« (Lafuente Ferrari), das keineswegs einem Betrug zugeführt wird. Goya überträgt hier die Regeln des Blindekuhspiels auf den Ehekontrakt. Auch der Spieler mit der Augenbinde greift nach dem erstbesten Partner, dessen er habhaft werden kann. Umgekehrt erkennen wir im heiteren Gesellschaftsspiel eine Parabel zwischenmenschlicher Bindungen und Trennungen. Die Ehe ist ein Spiel mit verteilten Rollen, die Rollenträger sind austauschbar. So malt Goya später auf seinem berühmten

Abb. 24 Goya, *Familie Karls IV.* (Detail)

Gruppenbildnis der königlichen Familie eine Prinzessin mit verlorenem Profil, die ›Matrize‹ der zukünftigen Gemahlin eines Infanten, deren Wahl damals noch nicht feststand (Abb. 24).

In Cap. 2 wird nicht gespielt, sondern ein zynisches Geschäft abgeschlossen, entsprechend dem Brauch, daß die Frau bis zur Ehe unberührt sein muß, dann aber jede Freiheit genießen darf. Der Schnabelkopf, der hinter dem Mädchen nach links blickt, wird in der Regel als zweite Maske gedeutet, worauf der Kommentar in der Biblioteca Nacional anzuspielen scheint. Darin ist die Dame als Prinzessin bezeichnet, die sich gegenüber ihren Vasallen wie eine Hündin benehmen müsse; die Kehrseite ihres Gesichtes imitiere einen Kopfputz (un peinado). Goya spaltet die Gestalt in mehrere Bedeutungsebenen auf: Reinheit wird vorgeführt und dementiert; die Maske dient der Demaskierung; das Opfer ist zugleich Täter und Komplize. In der tierischen Maske handhabt Goya den Kunstgriff, Formen verschiedener Herkunft zu einer ›Überfigur‹ zu verzwittern. Mag sein, daß dieser sein ganzes Werk prägende Formtrieb hier der inhaltichen Verrätselung dienen soll. Vom szenischen Kontext wird die Rolle der Braut zusätzlich differenziert. Der Vorgang gleicht einer Schaustellung. Die erregte Menge verhält sich ähnlich wie vor den Opfern der Inquisition (Kat. 137, 29). Wir erkennen darin die Inversion des ›Ecce homo‹. Genau genommen ist Cap. 2 das

Gegenbild zur ›Gefangennahme Christi‹, die Goya zur gleichen Zeit malte (Kat. 293). Als formales Ganzes ist das Ereignis eine Verklammerung von Hell-, Grau- und Dunkelzonen. Der Radierer vermag es meisterhaft, die dunkle Stofflichkeit der Kleidung in das materiell unbestimmte Raumdunkel übergehen zu lassen, das sich als scharfe Schnittlinie um Kinn, Hals und Busen der Braut legt. In dieser Entblößung hat das Blatt seine hellsten Zonen. Über der Menge liegt, sie zusammenfassend, eintöniges Grau.

A *Mißbilligt blindlings (unüberlegt) geschlossene Ehen, wie die von Prinzessinnen und Hofdamen.*
BN *Ehen werden für gewöhnlich ohne nachzudenken geschlossen: von den Eltern abgerichtet, putzen sich die Mädchen aufs Schönste heraus, um den Erstbesten einzufangen. Diese hier, eine Prinzessin mit Maske, wird später einmal ihre Untergebenen aufs Niederträchtigste behandeln, wie es ihr Haarputz in Form eines Gesichts schon andeutet. Das törichte Volk applaudiert solchen Verbindungen und hinterdrein kommt betend ein Betrüger im Gewand des Klerikers und macht das Glück der Nation vollkommen (Hochzeit der Hofdamen).*
P *Die Leichtigkeit, mit der viele Frauen in die Ehe einwilligen in der Hoffnung, in größerer Freiheit leben zu können.*

23 Que se la llevaron!
Daß man sie mißbraucht hat!

Cap. 8
1797-98
Radierung und Aquatinta
217 × 152 mm
Privatsammlung Hamburg
Literatur: GW 465, H 43

Für eine Entführung sind die drei Gestalten merkwürdig statisch ineinander verstrebt. Die Frau wird nicht davongetragen, sondern an Ort und Stelle von zwei Komplizen mißhandelt, wenn nicht gar mißbraucht. Die ›Matrize‹ dieses Vorgangs ist eine Folterszene im Album B (worauf Gassier hingewiesen hat), deren Beischrift (»Heute ist sein Namenstag«) sich auf ein spanisches Sprichwort bezieht: »Man muß ihn ausnehmen, heute ist sein Namenstag« (Abb. 25). Der grausame Scherz liefert die Gestaltfolie für die Entführte von Cap. 8. Die spröde, kantige Zeichnung des Körperumrisses scheint m. E. auszuschließen, daß Goya sich dabei einer seiner Kopien nach Flaxman bediente (Abb. 26 = G(Z) 343), es sei denn, er wollte die gleitende Linearität des Engländers bewußt härten und gleichsam korrigieren (vgl. Kat. 93).

Als ›Rahmenthema‹ steht hinter dieser Entführung die ›Grablegung‹. Goya verweltlicht nicht nur eine religiös besetzte Pathosformel, er gibt ihr, wenn wir dem Kommentar in der Bibl. Nacional folgen, eine antiklerikale Spitze. Die Brutalität tritt in der Maske der Anonymität auf. Beim Namenstagsscherz sind die Gesichtszüge von Täter und Opfer austauschbar, im Cap. 8 betont Goya den Gegensatz zwischen kreatürlicher Hilflosigkeit und dumpfer Gewalt, die unerkannt bleibt. Vgl. die spätere Entwicklung dieses Motivs in den ›Desastres‹ (Kat. 91 und GW 1145).

A *Die Frau, die nicht auf sich achtgibt, gehört dem Erstbesten, der sich an sie heranmacht.*
BN *Ein Kleriker, der eine unerlaubte Liebschaft hat, sucht einen Kerl, der ihm bei der Entführung seines Liebchens hilft.*
P *Die Frau, die nicht auf sich achtgibt, wird von den ersten besten entführt. Ist das Unglück erst geschehen, dann können die Leute sich nur noch wundern.*

23

Abb. 25 Goya, *Heute ist sein Namenstag*

Abb. 26 Goya, *Zeichnung nach Flaxman*

Abb. 27 Goya, *Entwurf für das Grab der Herzogin von Alba*

Abb. 29 Goya, *Sie träumt von einem Schatz*

Abb. 28 aus: Young, *Night Thoughts* (Detail)

24 Tantalo
Tantalus
Cap. 9
1797-98
Radierung und Aquatinta
208 × 151 mm
Privatsammlung Hamburg
Literatur: GW 467, H 44

Tantalus, ein Sohn des Zeus, wurde wegen eines Frevels in die Unterwelt verbannt, wo er ewig Hunger und Durst leiden muß. Das Wasser, in dem er steht, zieht sich zurück, sooft er trinken will, und die Früchte entschwinden, wenn er danach greift. Goya hat die Tantalusqualen »sexuell akzentuiert« (Göttingen, 1976, S. 29), wobei nicht auszuschließen ist, daß er »seine schmerzliche Trauer über eine Liebesleidenschaft zum Ausdruck [brachte], die keine Erfüllung findet« (Jansen). Lafuente-Ferrari vermutet eine Anspielung auf Goyas Liebesaffäre mit der Herzogin von Alba (vgl. Kat. 7, 49) und deutet die Pyramide als das Grabmal der Vernunft, in dem beide ihre Leidenschaft begraben mußten. Im Göttinger Katalog wird die Pyramide aus der emblematischen Tradition als »Zeichen der Abhängigkeit von der Geliebten« gedeutet. Folgerichtig wäre Goyas Entwurf für ein Grabmal der Herzogin (Abb. 27) in der Fortsetzung von Cap. 9 zu sehen. In dieser Grablegung (vor einer Pyramide!) wird jene der Tantalus-Radierung ihres parodistischen Beigeschmacks entkleidet und resakralisiert. (Gantner, 1975, S. 138, bezog den Grabmalentwurf auf Cap. 8 = Kat. 23, was nicht zu überzeugen vermag.) Stärker als der private Bekenntnisgehalt berührt uns die ins Theatralische gesteigerte Nekrophilie der Szene. Adhémar hat bereits auf Young verwiesen (und dabei wohl Vafflards Gemälde ›Young begräbt seine Tochter‹, 1804, im Auge gehabt), sodann auf

Prud'hons ›Melidor und Phrosine‹ (Kat. 477). Auch der Liebestod von Hero und Leander gehört zu diesem Themenkreis, in dem ein zentrales Ausdrucksbedürfnis des späten 18. Jhdts, die Wollust des Schmerzes, sein Ventil findet. Im ›Tantalus‹ hat Goya sich diesem Bedürfnis nicht verschrieben, er hat es aus ernüchternder Distanz zitiert. Welche Formquellen stehen dahinter? Nordström (1962, S. 116f) hat bereits darauf hingewiesen, daß Goya von Youngs ›Night Thoughts‹ angeregt wurde. Vielleicht kannte er, wie Nordström vermutet, die französische Ausgabe von 1769, die einen Kupferstich von C. P. Marillier enthält (Abb. 28), aus dem der unvorbereitete Betrachter Tantalusqualen herauslesen kann. (Eine Vater-Tochter-Beziehung dürfte er kaum vermuten.) Vgl. zu dieser Frage meinen Aufsatz im Katalog der Füssli-Ausstellung der Hamburger Kunsthalle, 1975, S. 48/49, der ohne Kenntnis von Peter Kühn-Nielsens Analyse der Genesis der Tantalus-Zeichnung (Master Drawings, XII, 1974, S. 151) geschrieben wurde.

Die Frau — ist sie bewußtlos oder tot? — weist einen für Goya ungewöhnlichen Linienexhibitionismus auf. Die makellosen Formen von Hals, Nacken und Brüsten können es mit Flaxman aufnehmen, jedoch haben sie den keuschen Konturen des Engländers die provozierende kalte Erotik voraus. Die Schönlinigkeit läßt auf ein antikes Vorbild schließen. Wir vermuten es, wie schon im Füssli-Katalog angedeutet, in einem antiken Relief in den Uffizien (Abb. 208), von dem auch Füssli, wie Schiff gezeigt hat, sich inspirieren ließ und das David in den Motivvorrat eines seiner Skizzenbücher aufnahm (Abb. 210) (vgl. Einleitung zum Kapitel ›Nachtgedanken‹).

Wie Goya es versteht, diese Pathosformel der Ohnmacht bzw. des Todes zu ironisieren, zeigt eine Träumende, die einen Finger sehnsüchtig in einen Nachttopf steckt (Abb. 29). In einem anderen Blatt begegnet uns eine Ohnmächtige, die aus einem bürgerlichen Trauerspiel stammen könnte (GW 376). Beide Zeichnungen entstanden gleichzeitig mit den ersten Arbeiten für die ›Caprichos‹. Goya hat also immer mehrere Höhenlagen parat. Ähnliche Wandlungen standen dem Tantalus-Motiv noch bevor, z.B. in Kat. 125 und Kat. 133 und GW 1342.

A *Wäre er galanter, käme sie schon wieder zu sich. So ergeht es den Alten, die junge Frauen heiraten.*
BN *Ein junges Weib fällt an der Seite eines Alten, der sie nicht befriedigt, in Ohnmacht, und ihm geht es wie dem Durstigen, der am Rande des Wassers steht und nicht trinken kann.*
P *Wäre er ein besserer Liebhaber und weniger langweilig, würde sie wieder aufleben.*

Abb. 30 Goya, *Hinkender und buckliger Tänzer* (Detail)

25 Que sacrificio!
Welches Opfer!

Cap. 14
1797-98
Radierung und Aquatinta
201 x 151 mm
Privatsammlung Hamburg
Literatur: GW 479, H 49

Ein stumpfer Figurenblock, aus dem sich, gleich einem Leitmotiv, der Buckel und das Hinterteil des krummbeinigen Mannes abheben, der dem Mädchen seinen Kopf hinhält — das ist wörtlich gemeint, denn der Kopf hat sich verselbständigt, ein Einfall, auf den Goya in einer späten Zeichnung (Abb. 30) wieder zurückgreift, von der es nur ein Schritt zum Gran Disparate (Kat. 175) ist.

Goya arbeitet mit sprechenden Signalformen, um drei Kontraste zu koppeln: der Mann gegen die Frau, alt gegen jung, häßlich gegen schön, das bedeutet, auf die moralische Ebene übertragen, die Wertskala zwischen Reinheit und Unschuld auf der einen Seite und Verkommenheit auf der anderen Seite.

Das arme Mädchen, das sich einem reichen Freier verkaufen muß, gehört, wie Helman gezeigt hat, zum Repertoire der moralisierenden Komödien der Zeit (Moratín, El viejo y la niña). Es hat einen seiner Ursprünge in dem ungleichen Paar der mittelalterlichen Satire. Goyas formaler Einfall, der Fünf-Figuren-Block, erweist sich den Kommentaren überlegen: er hat die epigrammatische Dichte, die ihnen abgeht. In den drei Zuschauern mischt sich Gleichgültigkeit mit geheucheltem Mitleid.

Der Titel enthält vielleicht einen ironischen Kommentar zur Ehe als neuzeitlichem Opferritual. Der junge Goya malte zwei Bilder, die wahrscheinlich die Opferung der Tochter Jephthahs darstellen (GW 167, 169). Damals, um 1775/80, entstand auch ›Lot und seine Töchter‹ (GW 168), das erste ›ungleiche Paar‹ in seinem Werk. Die Zivilisation hat die Opferpraxis verfeinert, sie tötet nicht, sondern läßt ihr physisch und moralisch zerstörtes Opfer am Leben, denn die materiellen Interessen verlangen, daß die Frau sich ständig ihrem Ausbeuter zur Verfügung hält.

A (wie P:) *So ist es! Der Bräutigam ist nicht gerade der Begehrenswerteste, dafür aber reich und so wird auf Kosten der Freiheit des unglückseligen Mädchens einer hungrigen Familie Hilfe erkauft. Das ist der Lauf der Welt.*

BN *Gemeiner Eigennutz treibt die Eltern, eine junge und hübsche Tochter einem alten Buckligen zu opfern, und es fehlt auch nie der Priester, der solchen Hochzeiten sekundiert.*

26 Todos Caerán
Alle werden fallen

Cap. 19
1797-98
Radierung und Aquatinta
219 × 145 mm
Privatsammlung Hamburg
Literatur: GW 489, H 54

Abb. 31 Ugo da Carpi, *Diogenes* (Detail)

Das Blatt behandelt wie Cap. 14 (Kat. 25) die Beziehungen der Geschlechter, jedoch aus der Gegensicht: jetzt sind die Männer aller Stände, das Ms. Ayala spricht von Militärs, Bauern und Mönchen, das Opfer weiblicher Verführungskünste. Sie umschwirren einen Lockvogel in der Baumkrone. In dieser parodierten Sphinx wurde die Herzogin von Alba vermutet, demnach wäre der Mann neben ihr Goya (Lopez-Rey). Die ›Sphinx‹ läßt ihre Opfer in die Hände zweier Dirnen fallen, die sie, von einer Kupplerin angeleitet, rupfen und zum Erbrechen bringen. Die mit sadistischem Vergnügen vorgenommene Quälerei hat einen analerotischen Beigeschmack.

Die ikonographischen Wurzeln wurden von Hilde Kurz und Levitine erhellt. Kurz verwies darauf, daß schon im 16. Jhdt. der Mensch-Tier-Vergleich in populären Kupferstichen auftaucht, die sich mit den Beziehungen zwischen Mann und Frau befassen. Levitine führte einen Stich von Theodore de Bry in die Diskussion ein, den Goya gekannt haben mag. Brys Vorlage war ein Farbholzschnitt von Ugo da Carpi (Abb. 31). Daß die fliegenden Zwitter auf unserem Blatt weniger menschenähnlich sind, rührt daher, daß sie zur Familie der fliegenden Nachtgeschöpfe verwandtschaftliche, d.h. morphologische Beziehungen unterhalten (vgl. unser Kapitel »Das Geflügel der Nacht«, Kat. 1-21). Goya zeichnet nicht zappelnde Luftspringer, wie der Radierer des 17. Jhdts., sondern Geschöpfe, die sich aus dem Nachtdunkel absondern und allmählich Gestalt annehmen. Gleichwohl ist dieser Flirt noch im Spielerischen angesiedelt — erst das Rupfen enthüllt seine Kehrseite! — und trifft nicht ganz die lapidare Prophezeiung des Titels, in der Goyas Skepsis zum Ausdruck kommt. Der Mensch im Baum, hier noch von einfältiger Flatterhaftigkeit herumgetrieben, wird später, im 3. Blatt der Disparates, zum Gleichnis existenzieller Bedrohtheit und Verstocktheit zugleich (Kat. 148).

P *Und diejenigen, die fallen werden, werden vom Beispiel der Gefallenen nicht lernen! Doch es hilft nichts: Alle werden fallen.*

26a Ya van desplumados
Dort gehen sie schon gerupft

Cap. 20
179798
Radierung und Aquatinta
217 × 152 mm
Privatsammlung Hamburg
Literatur: GW 491, H 55

Die Dirnen setzen ihre kümmerlichen Kunden (einer kopuliert noch rechts oben) vor die Tür, ohne zu wissen, daß sie damit den Mönchen zuarbeiten, denn wer die käufliche Liebe praktizierte, muß sich durch Beichte und Geldbußen freikaufen. Das körperliche und das Seelenheil kosten beide Geld! Das besagt aber auch, daß alles käuflich ist. Insofern sieht Goya den Mechanismus der Ausbeutung richtig, wenn er Dirnen und Mönche als Komplizen darstellt. In Cap. 21 (Kat. 27, 28) nimmt er eindeutig für die Straßenmädchen Partei.

P *Wenn sie bereits gerupft worden sind, hinaus mit ihnen! Andere werden herein kommen.*

26a

27 Qual la descañonan!
  Wie sie sie rupfen!
Zeichnung für Cap. 21, GW 494
1797-98
Rot laviert, Rötel, Spuren von Sepia
182 x 128 mm
Madrid, Prado, Inv.Nr. 104
Literatur: GW 495, G(Z) 82

28 Qual la descañonan!
  Wie sie sie rupfen!
Cap. 21
1797-98
Radierung und Aquatinta
217 x 148 mm
Privatsammlung Hamburg
Literatur: GW 494, H 56

Eine unheilige Trinität der Macht, die im Namen des Gesetzes handelt. Gassier unterscheidet einen Richter (in der Mitte), einen Gendarm und einen Gerichtsschreiber. Das Objekt ihrer Züchtigung ist eine Dirne in Gestalt einer Sphinx en miniature. Nun ist die Frau, die eben noch mit ihren männlichen Kunden Kehraus machte (Kat. 26a), das Opfer einer massakrierenden Rachejustiz. Als literarische Quelle hat Helman (1970, S. 82) eine Stelle in Jovellanos' 1786/87 anonym erschienener Satire ›A Arnesto‹ ausfindig gemacht, die von den Machenschaften der Justiz handelt. Dieser kritischen Einstellung, von Goyas Kommentar verschleiert, entspricht die Erläuterung im Manuskript der Bibl. Nacional: »Die höheren Richter decken regelmäßig die Gerichtsschreiber und Polizisten, die die armen Huren einfangen und rupfen.«
López-Rey (1953, S. 71 f) verwies darauf, daß die literarische Tradition in Spanien den Polizeidiener in Katzengestalt kennt. In der Maske der Tierfabel deckt Goya auf, daß das Problem der unterdrückten Minoritäten bzw. Andersdenkenden seinen Ursprung in einer Justiz hat, die den Mann zum Richter über die Frau macht. Wir denken an eine Stelle aus Blakes ›Hochzeit von Himmel und Hölle‹ (1793):
Gefängnisse baut man mit den Steinen des Gesetzes, Bordelle mit den Ziegeln der Religion.

In der Zeichnung beschreibt Goya einen Gefängnisraum, indes er in der Radierung die Handlung in ein Aquatinta-Dunkel versetzt, aus dem die Richterköpfe und der Leib der Sphinx selbstleuchtend hervortreten. Das Konspirative dieser Vergewaltigung wird dadurch unterstrichen.
P   *Küken geraten ihrerseits an Raubvögel, die sie rupfen, und darum sagt man: Du bekommst das, was du gibst.*

29 Aquellos polbos
  Dieser Staub

Cap. 23
1797-98
Radierung und Aquatinta
217 × 148 mm
Privatsammlung Hamburg
Literatur: GW 498, H 58

Die zur Schau gestellte Gestalt — ein Mann oder eine Frau? — trägt die Schandzeichen der von der Inquisition Verurteilten, das Kleid (sambenito) und den Spitzhut (coroza). (Ähnliche Hüte setzten die chinesischen ›Kulturrevolutionäre‹ ihren Opfern auf!) Ein Sprecher des Santo Oficio verliest das Urteil. Die Deutung muß die Sperriegel mehrerer Irreführungen umgehen. Da ist zunächst der Titel: »Dieser Staub« könnte sich auf die Nichtswürdigkeit des Angeklagten beziehen, doch rechnete Goya wahrscheinlich mit einem Betrachter, dem dabei ein spanisches Sprichwort einfiel: »De aquellos polvos vienen estos lodos« (»Aus solchem Staub kommt dieser Schlamm«). Heißt das, daß ein geringfügiges Vergehen zu schwer verurteilt wird (Göttingen, 1976), oder ist darunter der amorphe Menschenschlamm zu verstehen, der sich an diesem Schauspiel weidet?
Die Gestalt ist bejammernswert. Genau das Gegenteil von Mitleid möchte aber Goyas ironischer Prado-Kommentar hervorrufen. Die »Ablenkungsfunktion« (Jansen) dieser Schutzbehauptung ist leicht zu durchschauen, denn die Aussage des Bildes setzt sich gegen die des Wortes durch. Goya übt Kritik an der Inquisition, wobei es von sekundärer Bedeutung ist, ob wir in der Gestalt eine »ehrbare Frau«, eine Dirne (López-Rey, 1953, S. 119) oder (dem Ayala-Kommentar folgend) Perico den Krüppel erkennen, der 1787 (oder 1784) wegen des Verkaufs von Liebespulvern (polvos) verurteilt wurde (Helman, 1970, S. 121). Allerdings hätte diese Identifizierung für sich, daß sie den Doppelsinn des Titels aufdeckt.

A *Autodafé. Der Mob aus Priestern und dummen Mönchen ergötzt sich an solchen Darbietungen. Perico el cojo (der lahme Peter) verkaufte den Verliebten Pülverchen.*
BN *Nur von solchen Vorstellungen (Autodafés) lebt die Masse der Priester und Mönche (der lahme Peter).*
P *Schande! eine ehrbare Frau, die der ganzen Welt für eine Kleinigkeit so emsig, so nützlich gedient hat, so zu behandeln! Schande!*

30 Nohubo remedio
 Es gab keine Hilfe

Cap. 24
1797-98
Radierung und Aquatinta
217 × 152 mm
Privatsammlung Hamburg
Literatur: GW 499, H 59

Die zentrale Gestalt, eine Frau auf dem Rücken eines Esels, ist hell aus dem feinkörnigen Aquatinta-Grau ausgespart, in dem eine Menge von Antreibern, Zuschauern und Mitläufern sich tarnt, darunter zwei Gendarmen mit Katzenphysiognomien (vgl. Kat. 27, 28). Goyas Prado-Kommentar wirkt auf den ersten Blick ironisch, ist aber eindeutig, wenn wir bei der Übersetzung berücksichtigen, daß »verguenza« nicht nur »Scham«, sondern auch »Schande« bedeutet (Jansen, S. 187; Göttingen, 1976, S. 39). Demnach ist das Opfer ohne Schande, eher könnte man seine Schaustellung als schamlos bezeichnen. Lafuente-Ferrari hat die Wirklichkeitsnähe der Radierung durch den Hinweis auf einen Bericht des französischen Physikers Arago bekräftigt: »Während meines Aufenthaltes in Valencia 1807 mußte sich das Santo Oficio mit einer vorgeblichen Hexe befassen. Man ließ sie durch alle Stadtviertel ziehen, rücklings auf einen Esel gesetzt, dem Schwanz des Tieres zugewandt. Ihr Oberkörper war bis zum Gürtel entblößt . . .« (Übersetzung H. Holländer). Es scheint, daß dieses Schandritual auf die mittelalterlichen Eselfeste zurückgeht. »In feierlicher Prozession wurde ein Esel, auf dem ein Mädchen wohl zur Darstellung der Maria saß, in die Kirche geführt, wobei man allerlei Schabernack trieb« (Zacharias, 1970, S. 46). Unser Gewährsmann erinnert auch an die Ambivalenz des Esels bei den alten Völkern: er gilt als heilig und orakelverkündend, aber auch als Symbol der Bosheit und Finsternis. So gesehen steckt in unserem Blatt eine ›Bedeutungsinversion‹, das Umschlagen des ›Sakralen‹ in das ›Dämonische‹, was López-Rey gespürt haben dürfte, als er die »heilige Frau«, von der im Kommentar die Rede ist, dialektisch auf die kirchlichen Riten der öffentlichen Seligsprechung bezog. Die verurteilte Hure ist eine Gegen-Heilige.

P *Sie verfolgen diese heilige Frau bis in den Tod. Nachdem sie ihr Todesurteil unterschrieben haben, führen sie sie im Triumph hinaus. Sie verdient alles, doch wenn sie sie beschimpfen, so vergeuden sie ihre Zeit. Niemand kann denjenigen beschämen, der nichts hat, dessen er sich schämen muß.*

Por que fue sensible.

31 Por que fue sensible
Weil sie empfindlich war

Cap. 32
1797-98
Aquatinta
218 × 152 mm
Privatsammlung Hamburg
Literatur: GW 515, H 67

Zwischen dem nüchtern-fatalistischen Prado-Kommentar und der formalen Aussage klafft eine Diskrepanz. Wieder scheint der schreibende Goya sich mit der Rechtssprechung abzufinden — oder resigniert er einfach angesichts einer Gesellschaftsstruktur, in der Unfreiheit und Verstellung herrschen? Der Zeichner ist eindeutiger. Er macht aus diesem Gefängnis-Nocturno, das ganz in Aquatinta gearbeitet ist, eine Szene, die ihre dichterische Entsprechung in Goethes Faust hat. Doch ist diese Frau, die zwischen Laterne, Nachttopf und Ratten über ihr Schicksal nachdenkt, eine Unschuldige, Verführte? In zwei der Kommentare heißt es lakonisch: »Frau des Castillo«. Helman hat in einem ihrer Aufsätze (1970, S. 244) eine Stelle aus dem Tagebuch von Goyas Freund Moratín erwähnt, wo von der öffentlichen Hinrichtung der »Frau des Castillo und ihres Komplizen« die Rede ist, doch ist ihr die Beziehung zu Cap. 32 entgangen. Erst Glendinning (1978, S. 130f) ging dieser Spur nach und fand Folgendes heraus: Die 32jährige Maria Vicenta Mendieta wurde angeklagt, am 9. Dezember 1797 ihrem Geliebten bei der Ermordung ihres Ehemannes, Francesco de Castillo, Beihilfe geleistet zu haben. So endete eine der »ungleichen Ehen«, wie sie in vornehmen Kreisen üblich waren (vgl. Kat. 22, 25, 125). Die Verteidigung versuchte geltend zu machen, Maria sei zu ihrem Geständnis durch Folterungen genötigt worden. (Darauf könnte sich Goyas Titel beziehen, wenn wir »sensible« mit »empfindlich« übersetzen.) Die Anklage verschloß sich diesem Argument ebenso wie der Beschwerde, Standespersonen dürften nicht gefoltert werden. Das spektakuläre Verfahren endete am 23. April 1798 mit der öffentlichen Hinrichtung auf der Plaza Mayor in Madrid. Vielleicht zählte Goya zu den Augenzeugen. Die Vorzeichnung im Prado (Abb. 32) steht hinter der Ausdrucksdichte der Radierung zurück.

A *Die Frau des Castillo. Wenn sie allzu gefühlvoll sind, wird ein Gefängnis letzte Station und Kreißsaal für die unvorsichtigen Mädchen.*
BN *Die armen unbedachten Mädchen enden im Gefängnis, nur weil sie, wegen eines ganz natürlichen Gefühls, schwanger geworden sind (Die Frau des Castillo).*
P *So mußte es kommen; die Welt hat ihre Höhen und Tiefen, und das Leben, das sie führte, konnte nicht anders enden.*

Abb. 32 Goya, *Zeichnung für Cap. 32* (Kat. 31)

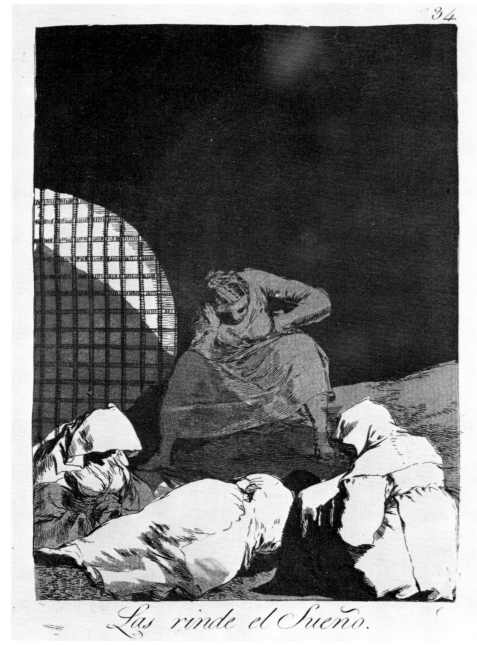

32 Las rinde el Sueño
Schlaf überwältigt sie

Cap. 34
1797-98
Radierung und Aquatinta
218 × 153 mm
Privatsammlung Hamburg
Literatur: GW 518, H 69

Der Ayala-Kommentar spricht von Unglücklichen, deren einzige Flucht der Schlaf ist. Anders als der von den Gestalten bedrängte Künstler (Kat. 3) dürfen sie traumlos schlafen. Die beiden anderen Kommentare legen hingegen eine antiklerikale Deutung nahe. Wenn es sich, wie Lafuente-Ferrari (1977, S. 39) darlegt, um ein Frauengefängnis handelt, dann sind die Kapuzengestalten Kupplerinnen. Warum sollen wir sie in einer Welt, in der alles Maskerade ist, nicht auch als Nonnen interpretieren? Negativ gesehen ist die Nonne eine Kupplerin, die von dem Geschäft mit dem Glauben lebt. Wichtiger ist der formale Aufbau. Die Gefängnisszene zerfällt in drei Raumschichten: vorne die vom grellen Seitenlicht angestrahlten Bündel der drei Kapuzenfrauen, im Grau des Mittelgrundes die etwas mißglückte junge Frau mit den gespreizten Beinen, dahinter wie ein Schafott eine dunkle Wand, in die ein vergittertes Rundbogentor eingeschnitten ist. Die mondsichelartige Helligkeit, die in dieser Öffnung sitzt, wird vorgewiesen und zugleich verweigert. Das ist aus dem »Licht der Aufklärung« (Sayre, 1980, S. 9) geworden, das Goya als Kreissegment in seine Vorzeichnung zum Cap. 43 einfügte (Abb. 9). Auch hier ist die Radierung packender und intensiver als die Vorzeichnung im Prado (GW 519).

A *Weckt sie nicht, vielleicht ist der Schlaf das einzige Glück der Unglücklichen.*
BN *Die Mönche schleichen sich des Nachts in die Klöster der Nonnen und geben sich mit ihnen allen möglichen Ausschweifungen hin, bis sie sie herumgekriegt haben und Schlaf sie überwältigt.*
P *Was sollen Mönche und Nonnen anderes tun als schlafen, nachdem sie sich in ihren Klöstern besoffen und liederlich betragen haben?*

33 Frau im Gefängnis

1797-98
Rot laviert und Rötel
200 x 139 mm
Madrid, Prado, Inv.Nr. 100
Literatur: GW 617, G(Z) 130

Zeichnung für ein nicht in den Zyklus aufgenommenes Capricho, von dem nur ein (Probe?)-Abzug in der Madrider Bibl. Nacional existiert.

Eine Frau kauert in einem Kerkergewölbe, in das von links Licht einfällt. Die beiden Mauerkurven ergeben in einer Überschneidung einen ›Spitzbogen‹, der einer Messerklinge gleicht. (Vgl. Kat. 223b, wo die beiden Rundbögen anders geführt sind und die einladende Haltung der Maja paraphrasieren.) In dieser schneidenden Form drückt sich etwas von der brutalen Abgeschnittenheit der Gefängnisexistenz aus. (Gassier verweist auf ähnliche »Gewölbe-Effekte« in Goyas nach 1808 entstandenen Arbeiten. Der Kunstgriff der abrupten Raumzerschichtung wäre noch zu untersuchen.)

Zugleich aber betont Goya die vitale Kraft, die noch in diesem Leib steckt. Der rechte Arm ist aufgestützt, als wolle er widerstehen oder den Oberkörper aufrichten. Das größte Augenmerk des Zeichners gilt jedoch den Beinen. Sie liegen an einer Kette und sind bis zu den Schenkeln entblößt, der zurückgeschobene Rock verhilft dem Gesäß zu einer bemerkenswerten Wölbung.

Lafuente-Ferrari (1979, S. 85) hat angemerkt, daß zur Entstehungszeit der Zeichnung (1797/98) das Thema der Frau im Gefängnis noch nicht politisch motiviert war. Wie dem auch sei: diese Gefangene ist nicht nur ein Opfer der Justiz. Ihre Wehrlosigkeit macht sie dem Künstler begehrlich. Warum sollte sich Goya nicht in der zeichnerischen Umsetzung den Wunsch erfüllt haben, mit dem der Marquis de Sade, sein Zeitgenosse, ein literarisches Genre bestritt? Die zehnbändige illustrierte Ausgabe der ›Nouvelle Justine‹ erschien 1797, zwei Jahre vor den Caprichos. Die Frau in ihrer totalen Verfügbarkeit, diese männliche Wunschphantasie bedient sich gerne des Stimulans der Folterung. Es fällt auf, daß Goya hin und wieder der nekrophilen Erotik nachspürte (Cap. 9, Desastres 30, 64 = Kat. 24, 84, 93).

33

Abb. 33 Gillray, *Karikatur auf George III.*

34 Brabisimo!
Bravissimo!
Cap. 38
1797-98
Radierung und Aquatinta
218 x 152 mm
Privatsammlung Hamburg
Literatur: GW 524, H 73

Unter einen Probedruck (Boston) schrieb Goya: »Er ist ein Schirmherr der Künste, und man sieht, wie er sie begreift.« Offenbar eine Anspielung auf Godoy (vgl. S. 117), der sich als Freund der Künste und Wissenschaften feiern ließ. 1806 schuf Goya ein Bildnis Godoys als Förderer des Erziehungswesens (GW 856). Klingender (S. 110) vermutet im Esel den König und im Affen Godoy.
Breitbeinig dastehend (diese Haltung nimmt Goya in den späten Zeichnungen häufig auf) ist der Affe ein artistischer Scharlatan, der auf die Unbildung seiner Zuhörer setzt. Es sind ihrer drei: hinter dem blöd hockenden Esel zwei von Goyas typischen Mitwisser-Gestalten, frech subalterne Höflinge hinter dem Rücken ihres Herrn und Meisters.
Im Esel steckt Bedeutungsambivalenz (Kat. 56, 58, 146). Seit der Antike verkörpert er nicht nur diverse Spielarten der Dummheit, sondern auch den schlechten Geschmack in den Künsten. Als Tier, das menschliche Handlungen ausübt, gehört er zur »Verkehrten Welt«, einem Topos, der in der ›Krankheit der Vernunft‹ immer wieder auftaucht. In mehreren Eseleien (asnerias) spielt Goya auf die Eitelkeit und Ignoranz Godoys und seines Beraterkreises an (Cap. 37-41).
Cap. 42 (Kat. 56) zeigt den Esel als brutalen Unterdrücker. Die politische Verwendung der Esel-Metapher könnte von englischen Vorbildern angeregt worden sein, etwa von Gillrays Karikatur auf George III., 1782 (Abb. 33).
Moratíns Notizen von seinem Londoner Aufenthalt im Januar 1797 (Salas, 1979, S. 711 ff.) behandeln das Repertoire der englischen Karikaturisten. An strengste Zensur gewöhnt, zeigt sich der spanische Besucher überrascht, daß der Spott der Zeichner vor nichts zurückschreckt und die höchsten Würdenträger des Staates als Tiere maskiert und damit demaskiert. Sicher hat sich Moratín mit seinem Freund Goya über diese Lizenz der Satire unterhalten.

Lit.: Karl Arndt, Volker Plagemann und Max Denzler, Stichwort ›Esel‹ im Reallexikon zur deutschen Kunstgeschichte, V., Spalte 1484 ff., Stuttgart 1967

A *Wenn zum Verstehen die Ohren genügten, wäre keiner besser ausgerüstet.*
BN *Wenn es Mode ist und die anderen »Bravissimo« rufen, dann applaudieren sogar die Esel schlechter.*
P *Wenn die Ohren allein genügten um zu verstehen, würde niemand intelligenter zuhören; aber es ist zu fürchten, daß er etwas beklatscht, was man nicht hören kann.*

Abb. 34 Goya, *Zeichnung für Kat. 36*

35 La enfermedad de la razon
Die Krankheit der Vernunft

Zeichnung für Cap. 50, Los Chinchillas. (Die Chinchillas), GW 551
Erste Legende in Kreide: Pesadilla soñando qͤ no me podia despertar ni desen/redar de la nobleza...
(Alptraum. Ich träumte, ich könnte nicht aufwachen noch mich von dem Adel befreien...)
1797-98
Feder und Sepia
235 x 160 mm
Madrid, Prado, Inv. Nr. 35
Literatur: GW 623, G(Z) 65

Der Adel gehört zu den großen Themen der spanischen Satire. In Quevedos ›Sueños‹ geht ein Teufel mit einem Adeligen ins Gericht: »Habt ihr Adlige während eurer Lebenszeit Adliges getan? Sind nicht vielmehr Götterlästerung, Fluchen, Schwören, Huren, Rauben, Morden, Sengen, Brennen eure Taten gewesen?... Soll das eines Edelmanns Leben sein? Pfui des nackten Titels, des losen Adels, der nur in Briefen, in Lastern, in Aufschneidereien und Hochmut, und nicht in Ehre und Tugend besteht! Ihr Herren habt niemals etwas getaugt...« Goyas Kritik an den ungebildeten adeligen Nichtstuern trifft sich mit der seiner aufgeklärten Freunde (Jovellanos, Moratín, Cadalso); sie wurde von einem Bühnenstück angeregt: Helman (1970, S. 183 ff) hat nachgewiesen, daß die Zeichnung auf die Komödie »El dómine Lucas« von Cañizares anspielt, in der ein Adeliger namens Chinchilla vorkommt. Die Szene selbst findet sich nicht im Stück, wohl aber einige Anspielungen auf das Essen. Die Wappen sind Goyas Erfindung, ihre heraldische Deutung steht noch aus. Die Plattenmarkierungen lassen vermuten, daß Goya die Zeichnung auf eine Kupferplatte abklatschte, doch ist kein Druck bekannt.
Nach unserer Zeichnung entstand eine andere, die den Vorgang strafft und abstrahiert (Abb. 34), aus ihr ging Cap. 50 (Kat. 36) hervor. Dort ist aus der Burleske ein dunkles Ritual geworden. Die Rolle der vier ›Nymphen‹ (die Goya von Cañizares übernahm) vollstreckt nun ein blinder Esel.

36 Los Chinchillas
Die Chinchillas

Cap. 50
1797-98
Radierung und Aquatinta
208 x 151 mm
Privatsammlung Hamburg
Literatur: GW 551, H 85

Die Radierung weist gegenüber der Zeichnung Kat. 35 erhebliche Unterschiede auf. Aus sechs wurden drei Gestalten, der Raum büßte seine Autonomie ein: er wird als summarische Dunkelzone und als Zwischenraum spürbar, der in die Verzahnung der drei Akteure eingreift. Der Gesamtduktus der Körper ist kantig und steif, daraus geht ein Vieleck hervor, das zu Goyas Chiffren für die Täter- und Opfer-Beziehung zählt. Die beiden hellen Gestalten verharren in willenloser Passivität. Der Sitzende trägt eine Art Zwangsjacke. Sie ist wie der Rock des anderen mit einem (noch nicht identifizierten) Wappen geschmückt. Goya nutzt diese Embleme als Hinweise auf den in Dummheit erstarrten Standesdünkel des Adels. Das Rangabzeichen ist vom Schutzschild, den es früher einmal schmückte, zur Zwangsjacke verkommen, die ihre Träger physisch beschränkt und als beschränkt ausweist. Das erläutert der Kommentar in der Bibl. Nacional. Handelt es sich demnach um adelige Nichtstuer, die sich von Unwissenheit ernähren lassen, dann wäre der Esel mit dem Löffel ein falscher Gelehrter (und nicht, wie im Göttinger Katalog vermutet wird, das spanische Volk).

Die Scheuklappen bewirken offenbar einen automatischen Reflex: wessen Ohren abgeriegelt sind, der schließt auch die Augen, dafür reißt er den Mund auf und läßt sich blind füttern. Das Automatenhafte dieses Vorgangs kommt in den formalen Verknappungen der Radierung noch deutlicher zum Ausdruck als in der Zeichnung Kat. 35. Diese Abstraktion vollzog sich in der Zeichnung (GW 552), die als die eigentliche Vorstudie zum Capricho gelten kann (Abb. 34).

A *Die Narren, als Personen von Adel herausstaffiert, verfallen Müßiggang und Aberglauben und sperren ihren Verstand hinter Schloß und Riegel, während die Ignoranz sie ungeschlacht aufpäppelt.*

BN *Die Hohlköpfe, die sich als Adelspersonen ausgeben, tragen unablässig ihr Adelsprivileg zur Schau, liegen gähnend auf der faulen Haut und beten scheinheilig den Rosenkranz. Die Ignoranz füttert sie mit Plumpheit, und den Verstand verwahren sie hinter Schloß und Riegel.*

P *Jener, der nichts versteht, nichts weiß und nichts tut, gehört zur großen Familie der Chinchillas, die nie an etwas gut gewesen sind.*

36

37 Subir y bajar
   Auf und ab

Cap. 56
1797-98
Radierung und Aquatinta
217 × 151 mm
Privatsammlung Hamburg
Literatir: GW 563, H 91

»El hombre vive cayendo«. Mit dem Befund, daß der Mensch stürzend lebt, hat Edith Helman (1963, S. 134) ausgesprochen, daß den Menschen Goyas eine tragische Schicksalsbahn vorbestimmt ist. Das beginnt mit den Kartons für die Tapisserien: das Drachensteigen (GW 81), die Strohpuppe (GW 301), der Maibaum (GW 248) und das Bockspringen (GW 158) sind lauter Parabeln auf den Drang des Menschen, hoch hinaus zu wollen.

Doch auf den Aufstieg folgt der Fall. Diese resignierte Sentenz des Prado-Kommentars wird vom Ayala-Manuskript auf Godoy bezogen, den Aufsteiger par excellence, der sich seit 1795 (Friede von Basel) als »Friedensfürst« feiern ließ. Goya zeigt ihn, eine Mischung aus Gaukler und Akrobat, als gefährlichen Zündler, der selber Feuer gefangen hat. Das Spiel mit dem Feuer ist sein Ende, es wird dem seiner Rivalen gleichen. Burbach vermutet in den Stürzenden die liberalen Reformer Jovellanos, Urquijo und Saavedra, denen Goya nahe stand. Wie verträgt sich diese Sympathie mit der zynischen Darstellung des Sturzes? Gilt hier wieder einmal Goyas bittere Maxime: »Alle werden fallen« (Cap. 19, Kat. 26)? Der tierleibige »Dämon auf dem Erdball« (Lafuente-Ferrari) ist für Burbach (1980, S. 62) Pan, die Verkörperung der Unzucht. Palm (1971) weist etymologisch nach, daß Spanien im 18. Jhdt. als das »Land des Pan« galt; demnach setzt er die Königin (Maria Luisa) mit ihrem Land gleich und gewinnt die Analogie zwischen Unzucht und Landesherrin, welch letztere durch Gunst oder Ungunst über die Minister gebietet. Ob wir diese spitzfindige Deutung annehmen oder uns darauf beschränken, den ›Aufsteiger‹ der Unzucht ausgeliefert zu sehen — in beiden Fällen wird der Popanz manipuliert, ist er eine fremdbestimmte Marionette. Gerade dadurch trifft Goya den Kern des politischen Machtmißbrauchs, die leere Gestikulation der Schwächlinge. Der im Göttinger Katalog (1976, S. 59) angestellte Vergleich dieser »Puppe« mit dem Koloß von Rhodos überzeugt nur, wenn wir annehmen, Goya habe dessen »Hohlheit«, die bald seinen Einsturz herbeiführen sollte, mitbedacht.

Der formale Kerngedanke teilt sich auch mit, wenn wir den genauen zeitkritischen Zusammenhang nicht kennen. Was hier in grellen Hell-Dunkel-Kontrasten durcheinander wirbelt, ist der Mechanismus der pervertierten Macht, den der Kanzler im 2. Teil des ›Faust‹ so sieht:

»Wer schaut hinab von diesem hohen Raum
Ins weite Reich, ihm scheint's ein schwerer Traum,
Wo Mißgestalt in Mißgestalten schaltet,
Das Ungesetz gesetzlich überwaltet
Und eine Welt des Irrtums sich entfaltet.«

A Friedensfürst. Die Zügellosigkeit stemmt ihn an den Füßen in die Höhe; Dampf und Rauch um den Kopf, sendet er Blitze gegen seine Rivalen.
BN Der Friedensfürst, von der Ausschweifung emporgetragen, den Kopf voll Rauch, schleudert Blitze gegen die guten Minister. Diese fallen und das Rad dreht sich weiter, denn das gehört zur Geschichte von Günstlingen.
P Das Glück behandelt diejenigen, die es verfolgen, sehr schlecht. Es belohnt mit Rauch die Mühe des Aufsteigens und straft diejenigen, die heraufgekommen sind, durch Herunterstürzen.

38

39

38 Tragala perro
  Schlucke, Du Hund
  Cap. 58
  1797-98
  Radierung und Aquatinta
  217 × 151 mm
  Privatsammlung Hamburg
  Literatur: GW 567, H 93

Links ein Mönch mit einer Klistierspritze, die auf einen händeringenden Mann zielt, der ahnt, was ihm bevorsteht. Die geilen Komplizen des Mönchs umstellen und verhöhnen das Opfer. Ein sadistisches Ritual, das Goya zu einem Angriff auf Mönche und Klerus nutzt. Der Mönch ist nicht Beistand des Menschen, sondern dessen Zerstörer. Die pervertierte Religion schafft namenlose Märtyrer, die gegen sie zeugen. Die Klistierspritze, im 18. Jhdt. ein Sexualsymbol, das in der galanten Graphik eine große Rolle spielte, wurde von der Inquisition als Folterinstrument verwendet. In der Regel gilt der Kniende als betrogener Ehemann, dem die Hörner aufgesetzt werden, die der Langnasige im Hintergrund bereits trägt. Dann läge es nahe, den Mönch als Betrüger zu deuten (Stuttgart 1980). Der Titel hätte demnach, wie Helman (1970, S. 82) hervorgehoben hat, eine direkte und eine übertragene Bedeutung: der Mann muß beides schlucken, die Tortur und sein Schicksal. Außerdem war der Titel ein politisches Losungswort, das die Liberalen gegen die Feinde der Konstitution richteten. 1820 wurde daraus der Refrain eines Kampfliedes (Klingender, 1978, S. 119f). Glendinning (1961) glaubt, in einer Anekdote, die vom Kampf eines Soldaten und eines Mönchs um eine verheiratete Frau handelt, die literarische Quelle gefunden zu haben. Lafuente-Ferrari (1977 und 1979) schließt sich dieser Deutung an. Damit wäre die verschleierte Frau links hinten erklärt. Ihr Abseits-Stehen nimmt eine ähnliche Konstellation in einer der Pinturas negras (GW 1623) vorweg. Der weiße Fleck über dem Kopf des Mönchs wirkt wie die Parodie eines Heiligenscheins. Die Angriffshaltung des Mönchs treffen wir später wieder an (Kat. 85, 149), sie gehört zu Goyas gestischen Grundfiguren.

A *Ein paar Mönche versuchen, einen armen Kerl zu heilen, indem sie ihm eine Reliquie um den Hals hängen und ihm ein Klistier verpassen.*
BN *Weil sie um seine Frau herumscharwenzeln, verabreichen diese Mönche einem gewissen Burschen ein ansehnliches Klistier und hängen ihm ein Beutelchen wie eine Reliquie um den Hals, damit er gesund wird und den Mund hält. Im Hintergrund sieht man die verschleierte Frau, und ein Monster mit ungeheuren Hörnern präsidiert der Funktion, ganz im Einvernehmen mit dem Vater Abt.*
P *Wer unter Menschen lebt, wird unheilbar gequält: Wenn er dem entgehen will, muß er sich in die Berge zurückziehen; und wenn er dort ist, wird er erkennen, daß alleine zu leben eine Qual ist.*

39 Quien lo creyera!
  Wer könnte das glauben!
  Cap. 62
  1797-98
  Radierung und Aquatinta
  207 × 152 mm
  Privatsammlung Hamburg
  Literatur: GW 575, H 97

Abb. 35 Nolde, *Studien nach Goya*

Der Kommentar der Bibl. Nacional scheint den Kern der handgreiflichen Auseinandersetzung zu treffen. Es ist ein Liebeskampf, der vom Trieb nach neuen Paarungsformen angefacht wird. Wir beziehen diesen Liebeskampf auf eine der Sieben Todsünden, die Luxuria (Unzucht). In der Gestalt der Hexen soll der Mensch seine eigene, animalische Sinnengier wiedererkennen. Die rittlings sitzende Gestalt ist eine Frau.

Die Radierung ist ein frühes Beispiel für Goyas zugleich raum- und gestalthaltiges Dunkel, wobei es ihm meisterhaft gelingt, den Taumel der beiden Figuren auf die gesamten Flächenbeziehungen zu übertragen, so daß man das Blatt auf den Kopf stellen kann (vgl. Kat. 17). Ohne die Raumzonen beschreibend zu differenzieren, gibt ihnen Goya mit Hilfe der Aquatinta-Monochromie die Signalwirkung von Abgrund, Bodenlosigkeit und Bedrohung. Die beiden Tiere, die dem Liebeskampf assistieren, sind die zur Aggression gesteigerten Energien dieses Raumes. Nolde hat diese ambivalenten Raum-Körper-Beziehungen in einer schematischen Skizze scharf herausgearbeitet (Abb. 35).

A *Zwei Alte, die Unzucht treiben, werden von Ungeheuern verschlungen.*

BN *Ein lüsternes altes Paar denkt sich neue Stellungen der Hurerei aus; sie zanken, weil sie nichts Rechtes zustande bringen und die Dämonen der Ausschweifung stürzen sie in den Abgrund.*

P *Hier sieht man einen grausamen Streit darüber, wer von beiden die größere Hexe ist: Wer hätte gedacht, daß die Hinkende und die Krause sich so zanken würden: Die Freundschaft ist die Tochter der Tugend; die Bösen können wohl Mitschuldige, aber keine Freunde sein.*

40

40 Devota profesion
  Frommes Bekenntnis
Cap. 70
1797-98
Radierung und Aquatinta
210 × 166 mm
Privatsammlung Hamburg
Literatur: GW 591, H 105

Eine junge Hexe legt vor zwei Hexenmeistern ihr Gelübde ab. Goya nimmt auf drei Ebenen eine Bedeutungsinversion vor, die auf den Klerus zielt, aber überdies den religiösen Kult und seine Kunstformen bloßstellen soll.

1. Der Schwur pervertiert zu einem Akt, der zu totaler moralischer und körperlicher Willfährigkeit verpflichtet: er stellt ein Unterwerfungsritual dar, die Einführung in einen Komplizenverband. Cap. 70 ist das teuflische Gegenstück zu Cap. 2 (Kat. 22), wo ebenfalls eine vielversprechende ›Novizin‹ die höheren Weihen von Lüge und Betrug empfängt.

Abb. 36 Ribera, *Dreieinigkeit*

2. »Der Prado-Kommentar liest sich wie eine Parodie auf das klösterliche Gelübde«, heißt es im Göttinger Katalog mit dem Hinweis auf das Ayala-Ms.: »Man muß die Geistlichen, die aus dem Nichts hervorgegangen sind, zu den höchsten Würden erheben, da sie die heiligen Bücher zwikken.« Die Lehrmeister sind hohe Priester des Bösen, ihre ›Mitren‹ pervertieren die Rangabzeichen der katholischen Priesterschaft und ähneln den ›corozas‹, den Hüten der Inquisitionsopfer. Darüber hinaus könnte Goya, der sicher Riberas Bild im Prado (Abb. 36) kannte, an eine Spott-Trinität gedacht haben. Die beiden Hexenmeister wären dann Gottvater und Gottsohn, der böse Vogel zu ihren Füßen eine Blasphemie der Taube, des Symbols des Heiligen Geistes. Spott-Trinitäten finden sich oft in Darstellungen des Hexensabbats (Zacharias, Abb. 15). Auch die Königin Maria Luisa erlaubt sich eine blasphemische Bedeutungsinversion. Sie schreibt am 14. August 1806 an Godoy, ihren Geliebten: »und deshalb bedaure ich, daß Du offenbar Dich von den Geschäften zurückziehen willst, denn dann verlieren wir alles, aber wenn Friede wird, werden wir — der König, Du und ich, Manuel — uns schon arrangieren, weil wir ja schließlich die Dreieinigkeit hier auf Erden sind...«

3. Das Dreieck, das diese ›Trinität‹ bildet, spielt ironisch auf das pyramidale Kompositionsschema der Sakralkunst an, eine Würdeformel, die Goya selbst in seinen religiösen Frühwerken (GW 5, 6, 192, 235) verwendete und von der er sich jetzt kritisch abwendet, indem er sie desakralisiert. Wie wenig der Goya der ›Caprichos‹ noch an himmlische Erscheinungen glaubt, zeigt der hl. Isidor (um 1800, GW 739), der wie ein Hampelmann in der Luft baumelt. Die beiden körperlosen Zuschauerköpfe könnten Delacroix angeregt haben; vgl. die Verdammten auf einer frühen Studie zur Dante-Barke (Sérullaz, 1963. No. 39).

A   *Manche Kirchenmänner sind aus dem Nichts zu höchsten Ehren gelangt, indem sie die Heiligen Bücher in die Zange genommen haben (mit Folterwerkzeugen).*
BN   *Zwei unbedeutende Männer haben aus dem Nichts mithilfe von Sittenlosigkeit und Dummheit den Weg nach oben gemacht und setzen sich gar die Bischofsmütze auf, indem sie die Heiligen Bücher in die Zange nehmen (Die päpstlichen Bullen).*
P   *Schwörst du, deinen Herrn und Meistern zu gehorchen und sie zu respektieren? Die Speicher zu fegen, Tau zu spinnen, die Glocke zu schlagen, zu heulen, zu schreien, zu fliegen, zu kochen, zu salben, zu saugen, zu dampfen, zu blasen, zu frieren, jedesmal und immer, wenn es dir befehlen? — Ich schwöre. — Nun, mein Kind, bist du eine Hexe. Herzlichen Glückwunsch.*

41 No hay quien nos desate?
Kann uns niemand losbinden?
Cap. 75
1797-98
Radierung und Aquatinta
217 x 152 mm
Privatsammlung Hamburg
Literatur: GW 602, H 110

Goya wendet sich gegen das kirchliche Verbot der Ehescheidung, das in Frankreich 1792 aufgehoben worden war (Klingender, 1978, S. 119). Jansen verweist auf Boschs ›Garten

41

der Lüste‹ im Prado, wo in der Mitteltafel eine Eule ebenfalls auf zwei zusammenhängenden, voneinander wegstrebenden Körpern hockt (Abb. 37) (vgl. Göttingen, 1976, S. 62).
Die bebrillte Eule verkörpert die Kurzsichtigkeit der Gesetze (Lafuente-Ferrari, 1977, S. 51/52). Für López-Rey verspottet Goya in dem Blatt nicht nur die Lehre von der Erbsünde, er entwirft gleichsam einen Garten Eden »á rebours«, gegen den Strich.
Die Beziehung zu Bosch einerseits und die enge »plastic unity« von Mann, Frau und Baum (López-Rey), geben unserer Deutung die Richtung an. Goya erfindet Metaphern für seine ›discordia concordans‹. Wir verstehen darunter einen Konflikt aus Positionsgegensätzen, der in seiner formalen Gestaltung aufgehoben erscheint. So sehr die beiden voneinander wegstreben, so eng sind sie miteinander zu einer ›Überfigur‹ verwachsen. Nicht das Gesetz, der Künstler bindet sie zusammen. Goyas formsetzende Kraft bewirkt solcherart, daß wir das Thema dialektisch wahrnehmen, als Hinweis auf Entmündigung des Bürgers und als Gestaltsymbiose feindseliger Partner zur discordia concordans. Gewiß steckt in dem Blatt eine aufklärerische

Abb. 37 Bosch, *Garten der Lüste* (Detail)

Mahnung. Sie wird indes relativiert durch Cap. 19, Kat. 26: Alle werden fallen. Wenn dem so ist und auch der Libertin ein designiertes Opfer ist, bietet sich zum ›Ehekerker‹ keine Alternative an.

A   *Zwei, die man zur Ehe gezwungen hat, oder zwei in wilder Ehe.*
BN   *Zwei, die in Kebsehe leben, versuchen vergeblich, sich voneinander zu lösen: sie verknoten sich nur immer mehr.*
P   *Ein Mann und eine Frau, mit Stricken aneinandergefesselt, bemühen sich zu befreien und rufen nach jemanden, sie schnell loszubinden? Entweder ich mich, oder man hat die beiden zur Ehe gezwungen.*

IV. »Die Welt ist eine Maskerade«

Der Titel, von Lope de Vega entlehnt, stammt von Cap. 6 (Kat. 43). Er trifft das Welttheater, wie es sich Goya darbietet. Schon das Kind wird darauf dressiert, sich mit Lüge und Trug abzufinden (Kat. 42). Damit beginnt der Reigen der Verstellung. Das Kind wird von der Mutter betrogen, diese von ihrem Mann; den Geliebten hintergeht die Geliebte, den Gläubigen der Mönch oder der Priester, den Abergläubischen ein Fetisch; die Häßliche wird von ihrer Eitelkeit genarrt, der Tagträumer von seinen geheimen Wunschphantasien. Stets hat einer das Nachsehen, ist der Täter sein eigenes Opfer.

Die gesellschaftliche ›Figur‹ dieses Betrugsreigens ist weniger der venezianische Karneval eines Tiepolo als das Blindekuh-Spiel (Abb. 38), das vom fortwährenden Rollentausch lebt. Wer verbundenen Auges einen der Mitspieler gefaßt hat, wird ›sehend‹, dafür muß der andere sich die Binde überziehen. Der Erkannte muß nun selbst erkennen – er wird Täter und Opfer zugleich.

Zu fragen bleibt, ob Goya die totale Verlogenheit und Undurchschaubarkeit der menschlichen Verhaltensweisen bloß als Folge gesellschaftlicher (also institutionell bedingter) Deformationen auffaßt oder in diesen ein tieferes Übel, die Gottferne des Menschen, konstatiert. Dann träfe er sich mit einem Gedanken von Pascal: »Der Mensch ist also nur Verkleidung, Lüge und Heuchelei, sich selbst und den andern gegenüber.« (Misère de l'homme sans Dieu, 100). Mit dieser Frage hängt die geistesgeschichtliche Herkunft von Goyas radierten ›Sentenzen‹ und ›Aphorismen‹ zusammen. So wichtig der von Edith Helman vertiefte Hinweis auf die ›ilustrados‹, die spanischen Aufklärer ist, denen Goya freundschaftlich verbunden war, er verlangt nach ergänzenden, weiter reichenden Ableitungen.

Goya beurteilt das menschliche Treiben mit illusionsloser Skepsis und frei von der idealistischen Verklärung, die dem fortschrittsfrommen ilustrado nur allzu rasch zur Rhetorik gerät. Daß die Einsicht, die als Überschrift dieses Kapitel einleitet, einen Gedanken von Rousseau abwandelt (vgl. Kat. 43), sollte uns als Hinweis auf die Quellen dieses Denkens dienen. Sie liegen bei den französischen Moralisten, deren Maximen sich oft wie Goyas Bildlegenden (oder die Kommentare dazu) lesen. Diese Zusammenhänge und die sie bewirkenden Zwischenträger müssen noch untersucht werden. Freilich steht hinter dem aphoristischen, jeder abrundenden Systematik sich verweigernden Denkstil ein spanisches Vorbild, Graciáns ›Handorakel der Weltklugheit‹ (1647), gleichwie hinter den Bild-Aphorismen von Goyas ›Caprichos‹ die ›Sueños‹ (1627) des Quevedo stehen, satirische Prosa mit der Lizenz der schweifenden Traumerfahrung ausgestattet.

Bei aller Schärfe, die er auf die Bloßlegung menschlicher Verderbtheiten wendet, verschließt sich Goya doch der bequemen Schwarz-Weiß-Malerei wie auch dem Optimismus, der auf einen neuen Menschen in einer neuen Gesellschaft hofft. Der Stoiker in ihm sieht den Menschen im Zwielicht und im Zwiespalt. Nicht anders die französischen Denker: »In dem Moralisten, der die Verstellung in allen Schlupfwinkeln aufspürte, in allen Formen, in die sie sich versteckte, aufsuchte, kreuzte sich die richtende und vernichtende Schärfe des Urteils mit einer Einstellung zum Leben, die die Verkettung von Gut und Böse hinnimmt. In der Perspektive La Rochefoucaulds müssen sich die Laster mit der Tugend mischen wie Gifte mit den Heilmitteln.« (Fritz Schalk in der Einleitung zu dem von ihm herausgegebenen Band ›Die französischen Moralisten‹, I, München 1973 (dtv), S. 27)

W. H.

Abb. 38 Goya, *Blindekuh*

42 Que viene el Coco
Da kommt der Kinderschreck

Cap. 3
1797-98
Radierung und Aquatinta
217 × 153 mm
Privatsammlung Hamburg
Literatur: GW 455, H 38

Auf den ersten Blick eine Kritik an der Kindererziehung, die mit Angst und Einschüchterung operiert. Damit greift Goya die blinde Autoritätsgläubigkeit an. López-Rey (1956, S. 105) hat die aufklärerische Intention des Blattes mit den pädagogischen Reformen Pestalozzis in Verbindung gebracht, welche freilich erst 1806 Eingang in das spanische Erziehungswesen fanden, als in Madrid auf Betreiben Godoys ein Real Instituto Militar Pestalozziano gegründet wurde. Für die Fassade dieses Institutes malte Goya ein Schild (GW 873a).

Der Einfall von Cap. 3 ist nicht auf Erziehungskritik beschränkt, im Gegenteil: Goya macht den Kinderschreck nicht lächerlich, er monumentalisiert ihn zu furchterregender Undurchschaubarkeit. Solcherart nutzt er eine Lizenz, die er sich in der Ankündigung der Caprichos ausgestellt hat, nämlich aus den »vulgären Vorurteilen« jene auszuwählen, welche sowohl der Lächerlichkeit Stoff bieten als auch die Phantasie des Künstlers anregen. Zugleich aber gibt Goya dem Pseudo-Schrekken, den die dumm-raffinierten Mütter ohne an ihn zu glauben ihren Kindern vorgaukeln, die Glaubwürdigkeit einer machtvollen Formerfindung. Mit anderen Worten: seit es Cap. 3 gibt, gehört der Kinderschreck nicht zu den Popanzen, »que sólo han existido hasta ahora en la mente humana, obscurecida y confusa por la falta de ilustración o acalorada con es desenfreno de las pasiones.« (»... die bis heute nur im menschlichen Geist existieren, der verdunkelt und verwirrt ist aus Mangel an Aufklärung oder erhitzt durch die Zügellosigkeit der Leidenschaften.« Übertragung Jutta Held.)

Der formprägende Impuls der »dunklen Totalidee« (Schiller, vgl. Einführung, S. 55) hat kraft seiner Eigenbewegung den satirischen Gedanken überholt. Nur so ist es möglich, daß wir in dieser Szene formale Ansätze der Gestalten erkennen, in denen Goya später Panik und Trauer darstellt (Des. 44, 50 und 62). Das unterscheidet den Kinderschreck von dem als Mönch verkleideten Baumstamm (Kat. 45): dieser wird von Goya demaskiert, jener hat die Würde eines ›pleurant‹ von einem Grabmal.

Cap. 3 enthält bereits den Bildgedanken der ›Erschießung der Aufständischen‹, nämlich den Zusammenstoß zwischen dem preisgegebenen Individuum, das seine Hilflosigkeit in Gesten hinausschreit, und der kompakten Übermacht, die verhüllt, gesichtslos auftritt.

A *Die Mütter jagen ihren Kindern Angst vor dem Schwarzen Mann ein, um sich ihrem Liebhaber widmen zu können.*
BN *Unberatene Mütter machen ihre Kinder zu Angsthasen, indem sie ihnen den Schwarzen Mann vorgaukeln; schlimmer sind die, die zu solchen Mitteln greifen, wenn sie anders ihre Kinder nicht loswerden können, um mit ihrem Liebhaber ungestört zu sein.*
P *Unglückbringender Mißbrauch der frühen Erziehung. So kommt es, daß das Kind den »Schwarzen Mann« mehr fürchtet als den eigenen Vater und daß es Furcht empfindet vor einem Nichts.*

42a Delacroix
Radierversuch nach Cap. 3
189 x 131 mm
Aquatinta
Paris, Bibl. Nationale, Inv.Nr. D7 183a
Lit.: Delteil 7

An den Beginn seiner immer noch gültigen Skizze über »Die Anfänge von Goyas Einfluß in Frankreich im 19. Jhdt.« stellte Jean Adhémar (1935, S. XX) ein Wort des Malers: »Wo findet man Linien in der Natur? Ich sehe nur beleuchtete und nicht beleuchtete Körper; Flächen, die sich nähern oder zurückweichen, Reliefs mit Hebungen und Senkungen.« Ähnlich sollte später Delacroix über »das berühmte Schöne« urteilen: ». . . da haben alle sich darauf versteift, es ausschließlich in den Linien zu sehen. Ich bin an meinem Fenster und sehe die schönste Landschaft, der Gedanke an eine Linie kommt mir nicht in den Sinn: die Lerche singt, der Fluß spiegelt tausend Diamanten, das Laub flüstert, wo sind die Linien, die solche reizenden Empfindungen erzeugen?« (Brief an Léon Peisse vom 15. Juli 1849). Man könnte eine Linie von Goya über Delacroix zur programmatischen Linienverweigerung der Impressionisten ziehen, doch wäre damit das Formdenken der beiden ›Vorläufer‹ nur verkürzt und entstellt wiedergegeben. Ehe Delacroix aus seiner Naturanschauung ein homogenes Farbfleckengeflecht entwickelte, arbeitete er im Geiste Goyas und von ihm angeregt. Die wahrscheinlich 1819 entstandene Radierung nach Cap. 3 geht über Goya hinaus, denn Delacroix benutzt die Aquatinta, dieses antilineare Verfahren par excellence, noch radikaler, d.h. er verzichtet fast völlig auf jegliches Liniengerüst, so daß die hellen und dunklen Flächen der verbindenden Konturen ermangeln und wie Bruchstücke aus einem zerstörten Ganzen anmuten. Analog zu diesem Verfahren hat der junge Nolde Goyas Flächenkontraste verrätselt (vgl. Abb. bei Kat. 39). Vielleicht war es diese Radikalität, die Delacroix daran hinderte, den Versuch zu vollenden, aber was spricht letztlich dagegen, ihn als vollendet zu bezeichnen? Delteil verzeichnet in seinem Katalog nur drei Abzüge. Das ›Cabinet des Dessins‹ des Louvre bewahrt eine Zeichnung der Mutter mit den beiden Kindern, in der Delacroix sich nicht für die Hell-Dunkel-Kontraste, sondern für die verängstigten Physiognomien interessiert. Zeichnung und Aquatinta enthalten je eine der beiden Sprachebenen, die bei Goya ein Ganzes bilden. Hinter dieser analytischen Sonderung steht als Verbindendes Delacroix' Interesse an grellen Gegensätzen und den Empfindungen von Angst und Schrecken. Über Delacroix' Zeichnungen nach Goya vgl. den Beitrag von Maurice Sérullaz (S. 21).

43

43 Nadie se conoce
Man kennt sich gegenseitig nicht

Cap. 6
1797-98
Radierung und Aquatinta
153 x 128 mm
Privatsammlung Hamburg
Literatur: GW 461, H 41

A *Die Welt ist ein Mummenschanz, Gesicht, Aufzug, Stimme: alles Verstellung. Ein weibischer General macht Madame vor den Augen anderer Gehörnter den Hof.*
BN *Ein weibischer – oder weibisch herausgeputzter – General bändelt bei einem Fest mit einem schmucken Frauenzimmer an; zu erkennen ist er an der Stickerei auf dem Ärmel. Im Hintergrund die Ehemänner. Anstelle der Hüte tragen sie ein ungeheures Horn, wie ein Einhorn. Demjenigen, der sich ganz verhüllt, wächst es senkrecht hervor, dem anderen krumm.*
P *Die Welt ist eine Maskerade; das Gesicht, die Kleidung, die Sprache, alles ist vorgespiegelt. Alle wollen so erscheinen, wie sie nicht sind; alle täuschen und niemand kennt sich selbst.*

44 Ni asi la distingue
    Selbst so kann er sie nicht erkennen

Cap. 7
1797-98
Radierung und Aquatinta
200 × 150 mm
Privatsammlung Hamburg
Literatur: GW 463, H 42

Der Titel geht auf eine Komödie Lope de Vegas zurück. Lafuente Ferrari (1977, S. 31) erinnert an das spanische Sprichwort: Die ganze Welt ist ein Karneval. Bei Quevedo heißt es: »Man mag die Welt besehen wie man will, sie ist voll Verblendung, Schein und Betrug. Die Heuchelei ist der Quell aller Sünden und alle fließen wieder in sie zurück.« (3. Traumgesicht: Die Straße der Heuchler). Einmal wird das Thema à la Tiepolo behandelt, als Flucht in eine Maskerade, die jede Freiheit erlaubt, das andere Mal als galante Episode in einem Madrider Park. Nicht die Maske verbirgt die Identität der Dame, sondern der ›petimetre‹ (petit-maître), der ihr den Hof macht, ist unfähig, das Objekt seines Verlangens zu durchschauen. Beide spielen miteinander Komödie.

Hinter der resignierten Einsicht, daß alles Maske ist, steckt Goyas leidenschaftliche Suche nach Wahrheit, ein Verlangen, das er mit Rousseau teilt, der den 14. Brief des zweiten Teils der ›Nouvelle Héloïse‹ mit der Frage enden läßt: »Ich sehe nur Larven und Phantome, die für Sekunden das Auge fesseln und verschwinden, sobald man sie fassen will. Bis jetzt habe ich nur viele Masken gesehen, wann werde ich Gesichter von Menschen sehen?«

P   *Wie sollte er sie erkennen? Um zu wissen, was sie ist, genügt kein Augenglas, man braucht Urteilskraft und Welterfahrenheit, und genau das ist es, was dem armen Kavalier fehlt.*

45 Lo que puede un Sastre!
    Was ein Schneider vermag!

Cap. 52
1797-98
Radierung und Aquatinta
217 × 152 mm
Privatsammlung Hamburg
Literatur: GW 555, H 87

Wie in Cap. 6 und 7 verspottet Goya die Leichtgläubigkeit derer, »welche die Dinge nach ihrer äußeren Erscheinung beurteilen«. Die fliegenden Hexen − nach Sayre (1974, Kat. 78-80) später hinzugefügt − sollen die antiklerikale Kritik verschleiern, mit der Goya sich auch von den Heiligengestalten seiner frühen Gemälde distanziert. Ein schwebender Hl. Isidor von 1800 (Abb. 39) scheint aus demselben Stoff gemacht wie die Vogelscheuche auf Cap. 52.

Um Goyas satirische Absicht in den Kampf der ›ilustrados‹, der Aufklärer, gegen den

Abb. 39 Goya, *Hl. Isidor*

Aberglauben einzubringen, zitiert Helman (1963, S. 71) aus dem Reisebericht des Engländers Southey (1796), der sich darüber mokiert, daß das einfache Volk mit dem Schnitzmesser jeden kreuzähnlichen Baumstamm in ein Kruzifix verwandelt. Wenn ›Aufklärung‹ sich darauf beschränkt, in einem Baum nur einen Baum zu sehen (wie das Kant mit asketischer Systematik in seiner ›Kritik der teleologischen Urteilskraft‹, § 64, vorführt), dann ist freilich die Formphantasie zu rügen, welche imstande ist, in einem Gebilde auch ein anderes zu sehen. Diesen Verweis müßte auch Goya einstecken, denn gerade sein Formdenken wird vom Aufspüren multivalenter Strukturen geprägt. Deshalb ist seine ›Vogelscheuche‹ eindrucksvoller als eine Vogelscheuche. Zum andern weiß der Künstler, anders als der Abergläubische, der sich vor einem Fetisch verneigt, daß in einem Stück Holz kein wirkendes Wesen steckt. In Disp. 2 (Kat. 147) taucht das Schreckgespenst wieder auf.

A *Der Aberglaube verführt die törichte Menge, einen herausstaffierten Baumstamm anzubeten.*
BN *Der allgemein verbreitete Aberglaube führt dazu, daß ein ganzes Volk in die Knie geht und angstvoll einen ganz gewöhnlichen Baumstrunk anbetet, der als Heiliger herausstaffiert ist.*
P *Wie oft geschieht es, daß sich ein lächerliches Tier in ein reißendes Ungeheuer verwandelt, in ein Ungeheuer, das zwar nichts ist, aber viel erscheint. Soviel vermag die Kunst eines Schneiders und die Dummheit, die die Dinge nach ihrem äußeren Schein beurteilen.*

46 Hasta la muerte
Bis zum Tod

Cap. 55
1797-98
Radierung und Aquatinta
218 × 152 mm
Privatsammlung Hamburg
Literatur: GW 561, H 90

46

Auch auf dieses Blatt könnte man den Titel von Cap. 52 beziehen: »Was ein Schneider vermag!« Selbst der Spiegel zeigt nicht die Wahrheit, er dient der Lebenslüge: die meisten sehen in ihm, was sie sehen wollen. Das Thema steht in der Tradition der Vanitas-Darstellungen. Er behandelt die eitle Verdrängung der Vergänglichkeit. Seit A. Mayer wird ein Stich von Surugue nach Coypel »La Folie pare la Décrépitude des ajustements de la jeunesse« als Quelle genannt. Im Göttinger Katalog (S. 54) findet sich der Hinweis auf einen Stich von Cornelis Visscher nach einem Bild von Strozzi, das eine alte Frau vor dem Spiegel zeigt. Solchen Vergleichsbeispielen geht jedoch die böse Drastik von Goyas Verhäßlichung ab, welche sogar englische Karikaturen (Abb. 40) hinter sich läßt.
Die vom Ayala-Kommentar gestützte Vermutung, in der Dargestellten verberge sich die Herzogin von Osuna, wurde von Helman

Abb. 40 Gillray, *Karikatur*

(1963, S. 57) zurückgewiesen, denn Goya hatte damals sehr gute Beziehungen zur herzöglichen Familie. Auch die Königin Maria Luisa, damals 48 Jahre alt, kommt als Zielperson nicht in Frage.

Wichtiger als diese Frage ist der Schritt, den Goya über die ›Toilette der Eitelkeit‹ hinaus macht. Er stellt hinter den Spiegel zwei widerliche ›petimetres‹. Der eine grinst verstohlen, der andere blickt in geheuchelter Anbetung zur Decke. Beide Mitwisser durchschauen die Maskerade, spielen aber mit.

A *Die alte Herzogin von Osuna* (und derselbe Text wie P)

BN *Wenn eine Frau töricht ist, bleibt sie es bis zu ihrem Ende. Diese hier ist eine gewisse Herzogin (von Osuna), wie sie sich mit Häubchen und Schleifchen aufputzt, und es fehlen auch nicht die Speichellecker von der Sorte, die es auf die Kammermädchen abgesehen haben, um Ihrer Scheußlichkeit zu versichern, wie göttlich es ihr steht.*

P *Sie tut gut daran, sich herauszuputzen: sie feiert ihren Geburtstag, sie wird 75 Jahre alt, und die Freunde werden kommen sie zu besuchen.*

Abb. 41 Goya, *Zeichnung für Cap. 57* (Kat. 48)

47 La filiación
   Die Abstammung

Zeichnung für Cap. 57 (GW 565)
11/Máscaras de caricaturas/qᵉ apuntaron pʳ su significado ...
11.(Traum). Masken von Karikaturen, die sie nach ihrer Bedeutung festhalten ...

1797-98
Feder, Sepia und Spuren von Rötel
292 x 185 mm
Madrid, Prado, Inv.Nr. 30
Literatur: GW 624, G(Z) 50

48 La filiación
   Die Abstammung

Cap. 57
1797-98
Radierung und Aquatinta
217 x 152 mm
Privatsammlung Hamburg
Literatur: GW 565, H 92

Cap. 6 war eine spielerische Maskerade, der Tiepolo die Kostüme lieh, in Cap. 57 sind die Masken bös, widerlich und bestialisch geworden. Auf einem schönen Frauenleib sitzt eine Hundemaske, dahinter ein Maskierter mit Monokel, dessen Buckel mit der Zweispitzkurve rivalisiert, links einer von denen, die immer mitschreien, dahinter eine bedrohliche Kollektivsilhouette, darüber ein herrenloses Lorgnon.

Vor der Sitzenden eine fleißig schreibende Celestina, die ihrer Kundin einen eindrucksvollen Stammbaum zusammenstellt. Der betrogene Bräutigam ist nicht der Maskierte, sondern der Kopf, der wie ein Holofernes seiner Judith im Schoß liegt. Mit ihren Händen deckt sie die Hörner zu, die sie ihm bereits aufgesetzt hat. Dieser Schädel ist ein Beispiel für das, was Sayre Goyas »changing image« genannt hat. In der Prado-Zeichnung ist er eindeutig phallisch geprägt, in einer Zeichnung des Madrider Albums (Abb. 41) trägt er männlich-weibliche Geschlechtsmerkmale, wozu Goyas Legende paßt: »Maskerade. Er schreibt sie als Hermaphrodit ein«. Aus dieser Maskerade wurde eine Satire auf den Ehebetrug. Gassier vermutet, daß Goya die Maske umgestaltet hat, weil sie zu anstößig war.

Zwischen unserer Zeichnung und Cap. 57 liegt ein laviertes Blatt (GW 566), das die endgültige Bildanordnung der Radierung aufweist.

A   *Der Zukünftige wird mit dem gekauften Adelsbrief von Eltern, Großeltern und Ur-Eltern eingewickelt. Und wer ist sie? Später wird er es dann merken.*
BN   *Eitle Leute geben vor, von großen Männern abzustammen, obwohl man kaum die entferntere Verwandtschaft kennt und Brillen nötig hat, das Nächstliegende zu erkennen.*
P   *Die Absicht ist, dem Bräutigam durch Vorzeigen des Stammbuches zu schmeicheln und zu sagen, wer die Eltern, die Großeltern, die Urgroßeltern und die Ururgroßeltern der jungen Dame waren. Aber wer ist sie? Er wird es später herausfinden.*

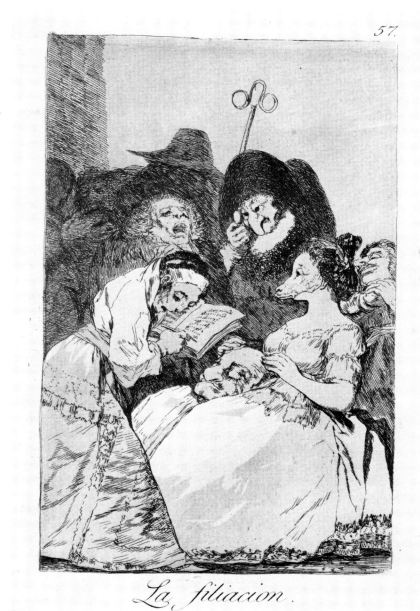

49 Sueño/De la mentira y la ynconstancia
Traum von Lüge und Wankelmut

1797-98
Feder, Sepia und Tuschlavis
237 x 166 mm
Madrid, Prado, Inv.Nr. 17
Literatur: GW 620, G (Z) 64

Vorzeichnung für ein nicht erschienenes Blatt der Caprichos, das nur in einem einzigen Abzug (Abb. 42) bekannt ist. Der Grund dafür liegt in der unverhohlenen Verknüpfung des Leitgedankens, die Welt ist eine Maskerade, mit Goyas einschlägigen privaten Erfahrungen. Die zwiegesichtige Frau mit den Schmetterlingsflügeln ist auf der Radierung als Herzogin von Alba zu erkennen, der Mann, der ihren Arm festhält, ist Goya. Der Gefühlszwiespalt, um den es geht, führt das Ende der kurzen Liebesbeziehung herbei.

Abb. 42 Goya, *Traum von Lüge und Wankelmut*

1795 hatte Goya ein ganzfiguriges Porträt des Herzogs gemalt. Nach dessen Tod am 9. Juni 1796 ging die Herzogin auf den Landsitz in Sanlúcar, wohin ihr Goya bald folgte. Damals entstanden die unbeschwerten Blätter des sog. Sanlúcar-Albums (vgl. Kat. 222 a, b; 225 a, 230 a, b). 1797 malte Goya das berühmte ganzfigurige Bildnis der Herzogin (New York, Hispanic Society). Danach zerbrach die Beziehung: woran, das macht der ›Traum von Lüge und Wankelmut‹ deutlich. Nordström (1962. S. 142 f) hat ihn bis ins Detail aufgehellt. Goya macht aus einer inneren Erfahrung eine äußere Handlung. Die zwiegesichtige Frau, von Ripas Allegorie der »Fraus« (Falschheit) abgeleitet, ist dabei, den Liebhaber zu wechseln. Noch ist ihr der eine nahe, der ihren Arm heftig umschlingt, doch schon taucht ein anderer auf. Seine Schweigegebärde macht uns zu Mitwissern. Wir kennen das vom Beiseite-Sprechen auf der Bühne. Dem Rivalen ist die ebenfalls zwiegesichtige Dienerin nützlich: sie legt seine Hand in die ihrer Herrin, ohne einen Blick darauf zu werfen. Mit dem anderen Gesicht blickt sie, verkörperte Treue, zur Herzogin empor. Ganz vorne eine auf zwei Satteltaschen sitzende Maske, die grinsend auf eine Schlange und einen Frosch blickt, die einander anfauchen. Ein zweiter Frosch wird die Schlange bald belästigen. Frosch und Schlange stehen für Unkeuschheit und fleischliche Begierde. Die Maske gehört zur Falschheit, die Sattelsäcke erklärt Nordström mit dem spanischen Sprichwort: »pasarse a la otra alforja«, zu einer anderen Satteltasche übergehen, was besagt, sich Freiheit herausnehmen. Die Frau mit den Schmetterlingsflügeln — Attribute der Fahrlässigkeit — liegt nicht, sie schwebt; hielte ihr Liebhaber sie nicht, würde sie davonfliefen. Das Gebäude im Hintergrund deutet Nordström als »Château d'amour«.

Erst in der Radierung sind die Züge Goyas und der Herzogin deutlich erkennbar. Die Geldbörse fehlt — enthielt sie den Lohn, den die Dienerin für ihre Vermittlung bekam?

Ihre Zwiegesichtigkeit macht die beiden Frauen zu Komplizen. Gemeinsam bestreiten sie vier Dreiecks-Situationen, woraus sich ein Parallelogramm der Begierden ergibt. Diese Konstellation hebt Goyas Einfall über das persönliche Bekenntnis hinaus und läßt ihn an den Formen des Partnertausches teilhaben, mit denen Mozart sich in der ›Hochzeit des Figaro‹ und in ›Cosi fan tutte‹ befaßte. Schon Quevedo kam in seinen ›Sueños‹ beim Besuch des ›Tollhauses der Verliebten‹ (1. Traumgesicht) zu ähnlichen Einblicken in die erotische Promiskuität: »Die nächsten Anverwandten machten den Kuppler, und die Kupplerinnen wurden zu Schwägerinnen; die Dienstmädchen wurden Frauen und die Frauen Mägde«.

50

50   Gequälter Geck
1797-98
Rot laviert und Rötelspuren
190 × 132 mm
Madrid, Prado, Inv.Nr. 112
Literatur: GW 651, G(Z) 323

Eines von sechs Blättern, in denen Nordström (1962, S. 76) Allegorien der vier Temperamente zu erkennen glaubte (vgl. Kat. 238). Er beschäftigte sich allerdings nur kurz mit unserer Zeichnung und folgte den Bemerkungen von López-Rey (1953, I, S. 67f), der zwischen dem Geck und der gefesselten Frau zwei Parallelen zog. Demnach entspricht der geschwellten Brust des Mannes der Busen der Frau, und ihre Folterung verweist auf »the self-inflicted torment that he hides under his attire«. Alles das läßt López-Rey an eine Folterkammer denken. Der Spiegel ist sonach ein Instrument der Wunscherfüllung ›in effigie‹, ähnlich den Projektionen der Laterna magica, die damals in Mode kamen. Wie der Spiegel, vor dem die eitle Alte (Kat. 46) sich schmückt, zeigt auch dieser, was man sehen will.

Mit dem Hinweis auf die Folterkammer trägt López-Rey zur Erhellung der bislang noch unbeachteten sadomasochistischen Erotik in Goyas Werk bei (vgl. unsere Bemerkungen zu Kat. 33, 84, 117). Der Spiegel bietet die Frau als wehrloses Opfer an. Solche Schaustellungen, bei denen der Voyeur sich selbst befriedigt, kommen in Sades ›Nouvelle Justine‹ (1797) und anderen Romanen häufig vor.

Ungeklärt ist bislang, was Goya veranlaßte, dieses decouvrierende Capricho in eine Allegorie des sanguinischen Temperaments zu verwandeln, wobei aus der Frau ein Affe wurde.

51

51 Die Beerdigung der Sardine

Zeichnung für das Gemälde von 1812-19
(Madrid, Real Academia de San Fernando
676), GW 970
Feder und Sepia laviert
236 × 190 mm
Madrid, Prado, Inv.Nr. 272
Literatur: GW 971, G(Z) 21

Goya hat für seine Gemälde keine Skizzen gemacht. Dieses Blatt bestätigt die Ausnahme von der Regel, es ist eine freie Vorzeichnung für das Bild in der Academia de San Fernando (GW 970). Die Unterschiede sind allerdings beträchtlich, sie betreffen Form und Inhalt.
Das Begräbnis der Sardine ist End- und Höhepunkt des Madrider Karnevaltreibens. Diese Ausgelassenheit tragen die Masken des Gemäldes puppenhaft-plump zur Schau. Hier amüsiert sich das Volk — auf der Zeichnung treiben Mönche und Nonnen ihren Mummenschanz. Auch die mit Goya befreundeten ›ilustrados‹ erkannten, daß die religiösen Prozessionen zu Karnevalsspäßen degenerierten, und Jovellanos schloß ein satirisches Sonett, das er anonym am 13. August 1788 im Diario de Madrid veröffentlichte, mit den Worten: »In dieser Gesellschaft ist alles eine Posse [farsa]« (Helman, 1970, S.25). Die Fahne zeigt religiöse Symbole: Mitren, einen Bischofsstab und das Wort MORTUS. Ein Begräbnis der Religion? Die makabren ›Totengräber‹ legen diese Vermutung nahe. Der eine rechts vorne erinnert an die ›Vogelscheuche‹ von Cap. 52 (Kat. 45), eine der Nonnen trägt einen Tierschnabel: einen solchen Zwitter setzt Goya in das Zentrum von Des. 75 (Kat. 12).
Der »um die Tanzenden kreisende Bildaufbau« (Gassier) verbindet das Blatt mit dem Blindekuhspiel der Teppichkartons (Abb. 38) und dem Tanztaumel des disparate feminino (Kat. 146).

52 Que quiere este fantasmon?
   Was will dieses Gespenst?

(Album C 123)
1820-24
Sepialavis und Tuschlavis
205 × 143 mm
Madrid, Prado, Inv. Nr. 357
Literatur: GW 1358, G(S) 267

Auch dieses ›Gespenst‹ stammt aus der Requisitenkammer des Aberglaubens, doch wird es von Goya in den Rang einer Vision gehoben: es wirkt riesenhaft, und seine Vertikalität empfängt von der kühnen Lichtführung etwas vom unsteten Leuchten einer Flamme. Das Leben, das in dieser Maskerade gefangen ist, leuchtet noch einmal auf und erlischt. Die ausgebreiteten Arme, bei Goya in der Regel ein Zeichen für Hilflosigkeit (vgl. Kat. 69, 154, 41), lassen beim Betrachter Furcht in Mitleid umschlagen. Die hohläugige Physiognomie steht noch an der Grenze zur Karikatur, kündigt aber schon die ausdrucksvolle Verhäßlichung an, die wir dem ›Expressionismus‹ zuschreiben.

52

53 Lo cuelga ravioso
Er hängt sie (die Kutte) wütend auf

(Album C 130)
1810-14
Tuschlavis
205 x 145 mm
Madrid, Prado, Inv.Nr. 372
Literatur: GW 1365, G(S) 274

Kleider machen Leute, sagt das Sprichwort; ein anderes behauptet: »Das Kleid macht keinen Mönch«. Beides stimmt insofern, als die Kleidung jeweils als Verkleidung aufgefaßt wird.

Goya beschäftigt sich in dieser und anderen Zeichnungen des Albums C (123-131) mit der Auflassung der religiösen Orden, die Joseph Bonaparte am 1. Mai 1808 durch ein Dekret angeordnet hatte. Einer der Gründe für diese Maßnahme war die starke Beteiligung der Mönche am antifranzösischen Volkskrieg (Kat. 75). Am 18. Februar 1813 wurde nach Abzug der Franzosen eine Anordnung der Cortes erlassen, welche die Säkularisierung teilweise wieder rückgängig machte (Stockholm 1980, S. 38). Sie gehörte zu den ersten Maßnahmen des kirchenfreundlichen Regimes und bereitete dessen antiliberalen Tendenzen den Weg.

Auch während der Franzosenzeit hat Goya die Mönche nicht gerade geschont (Kat. 58-60). Stammt die Zeichnung aus jenen Jahren oder blickt sie auf sie zurück? Für Goya zeigt der Mönch, der die Kutte ablegen muß, sein wahres Gesicht. (Ein deutsches Sprichwort sagt: »Der Mönch legt die Kutte wohl ab, aber nicht den Sinn.«) Die leere Hülle einstiger Macht und Würde gleicht einer in sich zusammengefallenen, kopflosen Gestalt. Davor, scheint Goya zu sagen, wird wohl niemand ehrfürchtig in die Knie sinken.

54 Disparate de bobo
Dummkopftorheit
Disp. 4
1815-24
Radierung und Aquatinta
245 × 350 mm
Privatsammlung Hamburg
Literatur: GW 1576, H 251

»Bobalicón«, so ein gebräuchlicher Titel, meint einen dummen Riesen. Dieser »Erzdummkopf« mit dem gutmütigen Grinsen führt Böses im Schilde. Mit dem Klappern der Kastagnetten gibt er sich gleichsam nach Landesart, doch hinter ihm kommen zwei Köpfe hervor, seine Satelliten. In ihnen zeigt die von der Tanzgebärde überdeckte Drohung ihre bellende, zustoßende Wut. Holländers Deutung des Riesen als Mars (»der schon in der griechischen Mythologie als der Dümmste der Götter erscheint«) wird weitgehend von den beiden Schreckköpfen bestimmt, für die er nur eine einzige »Möglichkeit« sieht, nämlich sie mit ›Phobos‹ und ›Daimon‹ (Furcht und Grauen), den beiden Söhnen und Begleitern des Kriegsgottes zu identifizieren.

Ein wichtiges Detail läßt diese Deutung unberücksichtigt: die riesige Puppe – Burbach vermutet in ihr eine Heiligenstatue – die der Mann dem Riesen zuwendet. Sie soll ihn beschützen. Versucht er nicht auch, mit ihrer apotropäischen Hilfe das Unheil abzuwehren? Wir sehen in dem Blatt den Aberglauben bzw. die Leichtgläubigkeit zweifach aufs Korn genommen. Der Riese ist ein plumper Schwindler, auf den nur Arglose hereinfallen können. Der Mann hinter der Puppe scheint ihn zum Teil durchschaut zu haben, aber er setzt sich mit falschen Mitteln zur Wehr, das heißt, er macht aus seinem Gegner einen übermenschlichen Riesen, den er mit Hilfe einer ›Vogelscheuche‹ (vgl. Kat. 45) bannen möchte. So steht Popanz gegen Popanz.

V. »Wirst du nie wissen, was du auf dem Rücken trägst?«

Der Titel ist die Legende von Kat. 64, die sich nicht eindeutig entschlüsseln läßt, weshalb zwei Lesarten zur Diskussion stehen: »sabras« – du wirst nie wissen (Gassier) und »sabias« – du weißt nicht (Sayre, Stockholm 1980, Nr. 34). Folgen wir Gassier, so scheint Goya gegen Ende seines Lebens endgültig an der Fähigkeit des spanischen Volkes, unter den gegebenen Umständen sich selbst zu befreien und seine Feinde zu erkennen, gezweifelt zu haben. Die Zeichnung stammt aus den Unterdrückungsjahren nach 1814, als Ferdinand VII. und seine Handlanger die liberalen Reformen wieder aufhoben (vgl. die Einleitung zu Kap. VIII). Wie stand das ›Volk‹ zu diesen reaktionären Maßnahmen? »Es hatte 1814 die Verfassung verhöhnt und allenthalben verbrannt, verehrte sie 1820 wie eine Reliquie, um, wieder drei Jahre später, ihren abermaligen Untergang zu bejubeln. Es können nicht sehr viele gewesen sein, die wirklich verstanden, was mit der Verfassung gemeint war, die wirklich Träger des modernen Geistes waren...« (Golo Mann, 1960, S. 400) Wieviele es waren, die nach 1814 den Repressalien Ferdinands VII. zum Opfer fielen, hat ein spanischer Historiker ermittelt (S. 172).

Immerhin hatte Goya allen Anlaß, die Vergeblichkeit aller liberalen Aufklärungs- und Reformbestrebungen resigniert zu beklagen. In seiner Skepsis ist wohl auch die Erklärung dafür zu suchen, daß es in seinem Werk kaum einen positiven männlichen Helden gibt, keinen, der seine Fesseln abwirft (vgl. Einleitung zu Kap. VII). Selbst die Caprichos, aus der Parteinahme für die Ideale der Aufklärung hervorgegangen, enthalten keine erweckende Persönlichkeit. Sie zeigen die Ausgebeuteten in dumpfer Unterjochung, der Menschengestalt entfremdet und nicht unähnlich den von der Fron gebeugten Tier-Menschen, die La Bruyère ergreifend schildert (De l'Homme, 128). In den ›Desastres‹ sind dann die Gutgläubigen die Opfer des Bilderkultes, dieser von den klerikalen Autoritäten inszenierten Maskerade der Religiosität. Die ›Disparates‹ (Kap. IX) behandeln noch einmal die komödiantische Automatik fremdbestimmten Handelns, und die späten Zeichnungen aus Bordeaux (Kap. X) handeln von vertierten Menschen, die, indem sie ihren Nächsten mißhandeln und mißbrauchen, sich selbst erniedrigen und sich der Vernunft verweigern. »Wirst du nie wissen?« bedeutet also auch, daß der fremdbestimmte Mensch zur Bestie verkommen kann. Das führen die Patrioten vor Augen, die die Franzosen abschlachteten (Kat. 80).

Goyas bittere Prophezeiung betrifft also nicht bloß die sozialen Mißstände, deren Mechanismen die Betroffenen nicht zu durchschauen vermögen, sondern die physische und psychische Verkrüppelung, die sie davon empfangen.
W. H.

55 Al Conde Palatino
Zum Pfalzgraf

Cap. 33
1797-98
Radierung und Aquatinta
218 x 152 mm
Privatsammlung Hamburg
Literatur: GW 517, H 68

Die Widmung im Titel läßt eine bewußte Ablenkung vermuten. Sicher hat Goya an keinen »Grafen von der Pfalz« gedacht, sondern mit diesem Adelstitel, Lope de Vega verleiht ihn einer Figur in seinem ›Gran Duque de Moscovia‹, die herrschende Klasse bezeichnen wollen, die ihre Macht zur Ausbeutung des Volkes mißbraucht. Pérez Sánchez (1979) vermutet in der Gestalt eine zeitgenössische Persönlichkeit. Adhémar dachte an Urquijo, den Gegenspieler von Jovellanos, Jansen an Godoy, im Göttinger Katalog wird eine Anspielung auf den falschen Grafen von Cagliostro (1743-1795) vermutet, »der durch seine medizinischen Schwindeleien in ganz Europa berühmt und berüchtigt war«.

Goyas Bildidee geht auf das Thema des Schaustellers zurück, das seit dem Beginn der Neuzeit die Tradition der christlichen Heil- und Wundertaten säkularisiert und parodiert. Am Anfang steht das ›Steinschneiden‹ von Bosch im Prado (vgl. Kat. 185). Eine Zeichnung zu unserem Capricho (Abb. 43) zeigt, daß Goya ursprünglich an eine Schauhandlung dachte. Links im Hintergrund sieht man drei Zuschauer. Die Legende lautet: »Jedes Wort ist eine Lüge. Der Scharlatan reißt eine Kinnbacke aus, und sie glauben das.« (Ursprünglich stand »Zahn« für »Kinnbacke«.) Für Gassier stellen die drei Objekte des Scharlatans die drei Phasen der Vorführung dar: vorher, während und nachher.

Die Radierung hebt den Vorgang auf eine allgemeine Bedeutungsebene. Treppen führen zum ›Altar‹ der Wissenschaft, auf dem die heilkräftigen Requisiten versammelt sind. Es scheint jedoch, daß der Scharlatan die brutale Gewalt bevorzugt. Er macht sein Opfer buchstäblich mundtot. Deutlicher als in der Zeichnung, die noch an Tiepolo erinnern mag (Gassier), ist in der Radierung die Figurenpyramide als Machtsymbol herausgearbeitet. Die gespreizten Beine der Opfer und ihre gebeugten Leiber bilden die Basis des Dreiecks. An der zentralen Gestalt wird die Unterdrückung physisch erprobt. Täter und Opfer bilden ein Ganzes. Der übergroße Scharlatan gehört in die lange Reihe von Goyas Hinterrücks-Tätern (vgl. Kat. 56, 57, 99, 185-187), aus der später ein wirklicher Helfer hervorgehen wird, der Arzt Arrieta, der dem Maler 1819 das Leben rettete. Abgesehen von der Längung des »Conde« enthält der straffe Figurenaufbau eine merkwürdige Unstimmigkeit: der rechts Sitzende scheint zwei linke Arme zu haben.

P *In allen Wissenschaften gibt es Scharlatane, die alles wissen und für alles ein Heilmittel finden können, ohne jemals ein Wort studiert zu haben. Man kann ihnen kein Wort glauben. Der wirklich Weise mißtraut immer der Versprechung; er verspricht wenig und erfüllt viel, aber der Pfalzgraf erfüllt keine einzige seiner Versprechungen.*

56 Tu que no puedes
Du, der du es nicht kannst

Cap. 42
1797-98
Radierung und Aquatinta
217 x 151 mm
Privatsammlung Hamburg
Literatur: GW 534, H 77

Der Titel ist der erste Teil eines spanischen Sprichwortes: »Wer selbst nicht mehr kann, der nimmt den andern noch mit auf die Schultern.« Die Kommentare stellen Goyas gesellschaftskritische Absicht außer Zweifel. Für Gassier-Wilson ist dieses Blatt das »revolutionärste« der Caprichos (1970, S. 130). Formal setzt es den Hinterrücks-Täter (Kat. 55) in einen monströsen Begattungsakt um. Dabei bedient sich Goya des Rollentausches, der in der Bildsatire eine bis in die Antike zurückgehende Tradition hat. In den populären Darstellungen der ›verkehrten Welt‹ (Le monde à rebours) werden alle Partnerschaften auf den Kopf gestellt. Dazu kommt die Esels-Ikonographie, in der die moralische Warnung anklingt, aus der Goya seine gesellschaftskritische Spitze gewinnen wird. In Brants ›Narrenschiff‹ (Abb. 44) ist der, der trotz seiner Sünden fröhlich lebt, zum Reittier des Esels bestimmt:

> »Es muß der Esel auf seinem Rücken,
> Um ihn zu Boden ganz zu drücken.
> Der ist ein Narr, der das Gute sieht
> Und doch nicht vor dem Bösen flieht.«

Goyas Lastträger verdanken ihren Zustand nicht der Flucht aus der Entscheidung zwischen Gut und Böse, sondern dem gesellschaftlichen ›Überbau‹ (Staat, Verwaltung, Aristokratie), der sie als willenlose Objekte benutzt.

A   *Die nützlichen Klassen tragen auf ihren Schultern die wahren Esel, nämlich die ganze Last der Gesellschaft.*
BN *Gerade die armen Leute und die nützlichen Klassen der Gesellschaft schleppen die Esel auf dem Rücken, d. h. sie allein tragen das ganze Gewicht der Steuerlast.*
P   *Wer möchte behaupten, daß diese Reiter keine Pferde sind.*

Abb. 43 Goya, *Zeichnung für Cap. 33* (Katl. 55)

Abb. 44 Brant, *Narrenschiff*

57 Miren que grabes!
Schau, wie ernst sie sind

Cap. 63
Radierung und Aquatinta
215 × 163 mm
Privatsammlung Hamburg
Literatur: GW 577, H 98

Verglichen mit Cap. 42 (Kat. 56) tritt ein neuer, zynisch-pessimistischer Ausdrucksakzent auf. Jetzt werden die Menschen nicht bloß ›beritten‹, sondern ›besessen‹, von den tierischen Reitern in ihresgleichen verwandelt. Die Körperverflechtung macht das deutlich: die Beine der ›Reiter‹ dienen als Vorderbeine der Reittiere. Die Verwandlung des Opfers in einen Komplizen hat ihren sadomasochistischen Endpunkt erreicht. Darauf spielt der Kommentar in der Bibl. Nacional an. Der Bildgedanke geht auf den 8. Traum (Sueño 8°) zurück, dessen Legende – »Die Drohnen der Hexen« – noch keine gesellschaftskritische Pointe enthält (GW 578, Gassier, Z 47). Helman (1970, S. 111) stützt Goyas Kritik mit Zitaten aus den Tagebüchern von Jovellanos ab, in denen der Hof mit einer Hölle verglichen wird, in der Lügen und Intrigen, Gleichgültigkeit und Verwirrung herrschen. Diese Einsicht in den Gang der Dinge hatten nur Wenige. Die Masse, daran läßt Goya keinen Zweifel, scheint der Pantomime ihrer Erniedrigung Beifall zu spenden. Die Zuschauer im Hintergrund des Blattes spielen diese Rolle.

A Zwei bestialische Wesen über die Reitkunst. Der eine wegen seiner Bigotterie, der andere als Langfinger berüchtigt.
BN *Die Welt ist voll von Ungeheuerlichkeiten: zwei abscheuliche Bestien tragen zwei Wesen auf dem Rücken: der eine gibt vor, ein Allerweltskerl zu sein, ist aber nur ein Strauchdieb; der andere spielt den Schwarmgeist und ist Wüstling. Dergleichen sind die gekrönten Häupter und Staatenlenker und trotzdem jubelt ihnen das Volk von ferne zu, applaudiert ihnen und überläßt ihnen vertrauensvoll die Regierungsgeschäfte.*
P *Das Bild zeigt zwei, die bei der Hexerei nur auf den eigenen Vorteil bedacht sind, dazu noch Anfänger, die ein bißchen die Reiterei wollen.*

57

58

58 Extraña devocion!
　　Seltsame Frömmigkeit
Des. 66
um 1815-20
Radierung und Aquatinta
175 x 220 mm
Privatsammlung Hamburg
Literatur: GW 1106, H 186

59

59 Esta no lo es menos
　　Dies ist nicht weniger (seltsam)
Des. 67
1815-20
Radierung und Aquatinta
175 x 220 mm
Privatsammlung Hamburg
Literatur: GW 1108, H 187

Zweimal kritisiert Goya den religiösen Bilderkult. Ein Esel trägt einen gläsernen Sarg mit einem (einer?) Heiligen auf dem Rücken. Glendinning (1962, S. 224 f) hat zwei literarische Quellen entdeckt: ›El asno cargado de Reliquias‹ von Felix Maria de Samaniego und ›El burro cargado de Reliquias‹ von Ibanez de la Renteria, welche auf Lafontaines Fabel ›L'âne portant des reliques‹ zurückgehen dürften. Das Thema des Esels, der die Reliquienverehrung auf sich bezieht, ist antiken Ursprungs und taucht bereits im ›Emblematum liber‹ des Andrea Alciato auf, von dem allein im 17. Jht. drei spanische Ausgaben erschienen (Göttingen 1976, Kat. 90, S. 81). Goya denkt den Topos im Sinne der Gesellschaftskritik der Caprichos weiter (Kat. 34, 56). Der Esel, Komplize der leeren Machthüllen, die er zur Verehrung vorweist, verkörpert das verdummte Volk, das die Herrschaft seiner Unterdrücker verfestigt. Die Knienden scheinen ihre Verehrung sowohl auf das Tier als auch die Reliquie zu richten.
Dieselbe »seltsame Frömmigkeit« gilt auf Blatt 67 einer Madonnenstatue, die auf dem Rücken von Würdenträgern des ›ancien régime‹ in die Kirche getragen wird. Goya spielt damit auf die Restauration der Macht des Klerus nach der Rückkehr Ferdinands VII. (7. Mai 1814) an. Wieder bilden Subjekt und Objekte der Unterwerfung ein Ganzes, eine kompakte ›Überfigur‹; daran sind wesentlich die horizontalen Schattenschraffuren beteiligt, die von den beiden Statuenträgern bis zu der Menge im Hintergrund reichen. Goya verspottet mit dem Kult auch dessen Symbole. Das Standbild der ›Schmerzensreichen Muttergottes‹ (wir erkennen drei in die Brust getriebene Schwerter) ist doppelt entwürdigt, seiner »Aura« entkleidet: es liegt, statt zu stehen, und es zeigt uns, was es sonst verbirgt, die Unterseite seiner Standfläche. Wir sehen einen dialektischen Zusammenhang zwischen dieser zum Fetisch entleerten Gestalt und der ›Wahrheit‹ (Kat. 108), die ihren erlösenden, karitativen Auftrag übernommen und mit neuer Glaubwürdigkeit versehen hat. Der strahlende, entblößte Körper dieser Wahrheit kontrastiert besonders mit der vom Kleidungsornat verhüllten zweiten Madonnenfigur, die im Hintergrund schwankend auftaucht. Sie wird wie ein Popanz getragen und erinnert an die verhüllten ›Vogelscheuchen‹ der Caprichos (Kat. 42, 45), die der abergläubischen Menge Angst machen. (Der Titel von Cap. 52, »Was ein Schneider vermag«, gilt auch für die Verkleidungen der Madonnenfiguren). Für Goya sind offenbar Aberglauben und Bilderkult analoge Verhaltensweisen, mit denen der Mensch sich selbst betrügt.

45

Esto es lo peor!

60 Esto es lo peor!
Das ist das allerschlimmste!

Des. 74
1815-20
Radierung
180 × 220 mm
Privatsammlung Hamburg
Literatur: GW 1122, H 194

Das Tier (für Gassier ein Wolf, für Pérez-Sánchez ein Fuchs) hat soeben sein zynisches Urteil über die Menschheit niedergeschrieben, die ihm angstvoll zu huldigen scheint: »Mísera humanidad la culpa es tua. Casti« (Elende Menschheit, die Schuld ist dein, Casti). Dieses Zitat stammt aus einem Werk des italienischen Dichters Giambattista Casti (1721-1803), vermutlich aus den ›Animali parlanti‹, 1802 (Gassier, Z 222). Goya zeichnete ein Porträt Castis nach dessen Tod für eine Radierung (GW 770, Gassier, Z 350). Goya legt das Dichterwort einem Machthaber in den Mund, der seinen Betrug selbst ohne Schafspelz bewerkstelligt. Das ist das traurige Fazit: Die Befreiung von den Franzosen schlägt in ihr Gegenteil um, die Befreier entpuppen sich als die neuen Unterdrücker. In Gestalt des Mönchs, der dem Tier das Tintenfaß hält, wird die Kirche zur Handlangerin der Reaktion, deren erstes Opfer, ein Gefesselter, links im Hintergrund steht.

El buitre carnívoro.

61 El buitre carnívoro
Der fleischfressende Geier

Des. 76
1815-20
Radierung und Aquatinta
175 × 220 mm
Privatsammlung Hamburg
Literatur: GW 1126, H 196

»Gerupft läßt man sie laufen«, der Titel von Cap. 20 (Kat. 26a) trifft auch auf diese Radierung zu: ein böser, doch hilfloser Popanz (vgl. Cap. 52, Kat. 45) wird als Symbol des aus Spanien vertriebenen und in Waterloo besiegten Napoleon gedeutet. Mit seinem Spotthelden knüpft Goya (wahrscheinlich unbewußt) an den Spottmenschen des Diogenes an, der Platos Definition des Menschen als eines zweifüßigen Tieres ad absurdum führte, indem er einen Hahn rupfte und mit den Worten »Das ist Platos Mensch« in die Schule der Philosophen brachte. Vielleicht kannte Goya den gerupften Hahn aus Bocchis ›Symbolicarum quaestionium de Universe Genere quas serio ludebat Libri Quinque‹, 1555, oder dessen Quelle, den Holzschnitt von Ugo da Carpi (Abb. bei Kat. 26) (vgl. Edgar Wind,

Journal of the Warburg Institute, I, 1937, S. 261). Der Besiegte wird von denen gereizt, die ihn gestern fürchteten. Auf die Volksmenge im Hintergrund trifft das nur teilweise zu. Die meisten sind grinsende Zuschauer, einige schenken dem Ereignis gar keine Beachtung, ein Mönch betet, ein anderer segnet die Vertreibung. Nur ein Mann, mit einer Heugabel bewaffnet, handelt für alle. Aber auch er ist ein Hinterrücks-Täter (vgl. Kat. 56-57, 185-87). Rechts hinten wenden sich einige Gestalten ab, wohl keine Franzosen, wie man vermutet hat, sondern ›afrancesados‹, also Spanier, die mit der Besatzungsmacht zusammengearbeitet hatten. Auch Goya zählte zu diesem Kreis.

Wie differenziert und kritisch Goya die spanische Erhebung gegen Frankreich sieht, zeigt eine ›offizielle‹ Allegorie auf die Ereignisse von 1808 (Abb. 45). José Napoleon versucht ein Standbild Spaniens und seines Königs vom Sockel zu stoßen. Die sechzehn mit Nummern versehenen Provinzen hindern ihn daran, ihr Heldentum wird von ›Fama‹ verkündet, indes zu Füßen des Sockels, der einen warnenden Brief des Marschalls Berthier an José enthält, der französische Adler vom Löwen, dem spanischen Wappentier, zerfleischt wird. Im Hintergrund rechts die Flotte der verbündeten Engländer.

Abb. 45 *Erhebung von 1808*

62 Que se rompe la cuerda
Hoffentlich reißt das Seil
Zeichnung für Des. 77, (GW 1128)
1815-20
Rötel
145 × 203 mm
Madrid, Prado, Inv Nr. 175
Literatur: GW 1129, G (Z) 225

63 Que se rompe la cuerda
  Hoffentlich reißt das Seil

Des. 77
1815-20
Radierung und Aquatinta
175 x 220 mm
Privatsammlung Hamburg
Literatur: GW 1128, H 197

Drei Vorstellungskreise treffen hier zusammen: Zeitgeschichte, Akrobatik und Parodie. Die Vorzeichnung (Kat. 62) zeigt den Seiltänzer mit einer Tiara. Diesen Hinweis auf Papst Pius VII. (von dem sich Napoleon 1804 krönen ließ) hat Goya in der Radierung zurückgenommen, damit aber die antiklerikale Anklage von einer Person auf die Kirche als Institution übertragen. Ob seine Kritik auf die Politik des Vatikans gegenüber Spanien oder auf die unsichere Stellung der Kirche während der französischen Besetzung zielt (Pérez-Sánchez, 1979), sicher ist, daß Goya mit diesem Blatt viel riskierte.

Wartet die gaffende Menge auf den Sturz des Geistlichen? (Gassier) Sie scheint eher, wie oft bei Goya, zwischen Staunen, Zweifel und Sensationslust zu schwanken. Als Seiltänzer steht der Geistliche zwischen den Volksbelustigungen der Kartons, (die Strohpuppe, GW 301, Abb. 78; die Stelzenläufer, GW 303,

Abb. 46 Goya, *Stelzenläufer* (Detail)

Abb. 46), der Frau auf dem Seil (Kat. 161a) und dem ›Verrückten Schlittschuhläufer‹ (Zeichnung, GW 1737). Schon in einem seiner frühen Bilder, einer Szene aus dem Esquilache-Aufstand von 1766, der zur Vertreibung der Jesuiten führte, stellte Goya einen ähnlichen Gegensatz dar, nämlich einen Mönch auf einer Plattform, der die Volksmenge zu seinen Füßen gegen den Reform-Minister Esquilache aufhetzt (GW 17).

Die Arme des Geistlichen dienen der Wahrung des Gleichgewichts und erinnern an den traditionellen Verkündungsgestus der religiösen Malerei. Goya hat ihn 1782 in seinem Altarbild des Heiligen Bernardin von Siena benutzt. Jetzt scheint er ihn zu parodieren: der Geistliche hat nichts als seinen Balanceakt zu verkünden. An einem toten Punkt angelangt, tritt er auf der Stelle. Wie der gerupfte Geier (Kat. 61) kann auch er nicht fliegen. Der Himmel als Ort der Verheißung ist ihm verschlossen.

64 No sabras/lo q.ᵉ llebas a/quest/as [?]
  Wirst du nie wissen, was du auf dem Rücken trägst?

(Album C 120)
1820-24
Tuschlavis und Sepialavis
200 x 142 mm
Madrid, Prado, Inv. Nr. 361
Literatur: GW 1355, G (S) 264

Ein Mönch, der einem Landarbeiter im Genick sitzt — wir kennen diese Hierarchie der

63

Abb. 47 Bosch, *Luxuria* (Detail)

Unterdrückung von Kat. 55, 56, 57, 59, doch die Zeichnung ist deutlicher als die Radierungen, sie zeigt die konkreten Lebensumstände der beiden Antagonisten an. Der Landarbeiter schlägt mit äußerster Kraft auf den Boden ein, indes der Mönch sich seiner Gefräßigkeit widmet. Die Unterdrückung bedarf keiner physischen Gewalt, denn sie ist institutionalisiert. Das kommt auch dadurch zum Ausdruck, daß der Mönch, ein passiver Hinterrücks-Täter, räumlich sowohl *auf* wie *hinter* dem Arbeiter sitzt.

Goya zeigt jedoch nicht nur »den krassen Unterschied zwischen dem Reichtum der religiösen Orden und der Armut der spanischen Landbevölkerung« (Gassier) auf. Der Arbeiter scheint sich in sein Los zu schicken, er wehrt sich nicht, er läßt sich mißbrauchen. Genauso verhält sich bei Bosch der Narr, der sich von einem Mönch das entblößte Hinterteil verprügeln läßt (Abb. 47). Die ›Überfigur‹ dieser beiden Gestalten ist dem Rhythmus unserer Zeichnung verwandt, nur wurde aus dem lustvoll Züchtigenden ein Fresser, während das Zuschlagen jetzt vom Opfer, dem Arbeiter besorgt wird. Sicher hat Goya das Bild von Bosch gekannt, vielleicht hat es ihn zu seiner Gestaltkoppelung angeregt — auf jeden Fall steht seine Zeichnung ikonographisch in der Nachfolge der ›Luxuria‹ (Wollust), denn sie handelt von der Befriedigung, die das Nichtstun auf Kosten anderer gewährt. Eine ähnliche Koppelung findet sich bei Hogarth (Abb. 48).

64

Abb. 48 Hogarth, *Chairing the members* (Detail)

65

Die Rache des Wolfs

(Album H 5)
1824-28
Schwarze Kreide
191 x 158 mm
Madrid, Prado, Inv. Nr. 375
Literatur: GW 1768, G(S) 422

Sánchez Cantón deutete die Zeichnung als Jahrmarktszene. Ihm folgend erfand Gassier den Titel »Der dressierte Wolf«, (GW 1970, 1768), den er später in »Die Rache des Wolfes« umkehrte und mit einem Rollentausch begründete: »Der Mann ist zum Tier und der Wolf zum Edelmann geworden, wobei der erste vor seinem neuen Herrn ehrerbietig oder almosenheischend den Hut gezogen hat.« Diese Deutung läßt sich auf Des. 74 (Kat. 60) beziehen, wo der Wolf (Fuchs?) über die Menschen gebietet und sich von einem Mönch ein Tintenfaß halten läßt. In unserer Zeichnung hält ihm der Mann unterwürfig seinen Hut entgegen.

VI. »Verhängnisvolle Folgen...«

In der Einleitung zum 3. Kapitel wurde die spanische Zeitgeschichte bis zum Ende des 18. Jahrhunderts verfolgt. Am Beginn des neuen Jahrhunderts steht Goya auf dem Höhepunkt seines offiziellen Ruhmes. Am 31. Okt. 1799 wird ihm vom Ersten Minister Urquijo das Dekret seiner Ernennung zum Ersten Hofmaler überreicht, woraus hervorgeht, daß die ›Caprichos‹ der königlichen Huld nicht im Wege standen. Es gehört zu den Sprunghaftigkeiten (sprich: Caprichos) der spanischen Politik, daß der kritische Maler alsbald mit dem berühmten Gruppenbildnis der königlichen Familie beauftragt wurde (Abb. 24, Kat. 22), – dessen Deutungen zwischen »Majestätsbeleidigung« und »zynischer Faktenwiedergabe« schwanken –, indes seine Freunde und Gönner, die Minister Urquijo und Jovellanos, 1801 ihrer Ämter entkleidet und inhaftiert wurden. Mit diesen Maßnahmen sicherte sich Godoy wieder die uneingeschränkte Macht. Goya scheint sich mit dem königlichen Favoriten arrangiert zu haben, desgleichen dieser mit ihm, denn es mußte dem ›Friedensfürsten‹ bewußt sein, daß einige der Spottbilder der ›Caprichos‹ (die er in einem kostbar gebundenen Exemplar besaß) sich mit seiner Person befaßten. Goya malte Godoy als Feldherrn (1801, GW 796) und als Förderer des Erziehungswesens (GW 856); er entwarf das Wappen für das ›Real Instituto Militar Pestalozziano‹, das der ›Principe Generalisimo Almirante‹ 1806 gründete (GW 873 a). Er schuf auch einige allegorische Gemälde für Godoys Stadtpalast (GW 690-693) und befriedigte den privaten Kunstgeschmack dieses berüchtigten Frauenjägers mit der nackten und der bekleideten Maja (GW 743, 744).

Sicher war Godoys für die Kunstgeschichte folgenreicher Ehrgeiz, den ersten Maler Spaniens zu beschäftigen, eines der entschuldbaren Symptome seines Machthungers, dessen schlimme Auswirkungen sich zur gleichen Zeit im politisch-militärischen Bereich zeigten. 1801 schloß er den Vertrag von Aranjuez, der Spanien noch enger an seinen nördlichen Nachbarn band. Der im gleichen Jahr vom Zaun gebrochene ›Orangenkrieg‹ mit Portugal sollte diesen traditionellen Verbündeten Englands neutralisieren und für Napoleon unschädlich machen. 1804 mußte Spanien der Inselmacht den Krieg erklären. 1805 wurde seine Flotte an der Seite der französischen von Nelson bei Trafalgar vernichtend geschlagen. Insgeheim schwankte Godoy, ob er es weiter mit Frankreich halten oder die englische Karte spielen sollte. 1807 schloß Spanien sich jedoch der von Napoleon verordneten Kontinentalsperre an, und Godoy sicherte sich im Vertrag von Fontainebleau, der die Aufteilung Portugals zwischen Frankreich und Spanien vorsah, das »Fürstentum« von Algarve als persönlichen Besitz. Damals scheint Napoleon des unzuverlässigen Verbündeten (den er überdies verachtete) überdrüssig geworden zu sein. Ende 1807 ließ er seine Truppen in Spanien einmarschieren. Die Invasion wurde als brüderliche Hilfe einer befreundeten Schutzmacht getarnt. In der Tat wurden die Franzosen zunächst als Befreier begrüßt – von den ›ilustrados‹ als Sendboten des Landes, das der Zivilisation mit der Aufklärung und der Revolution neue Wege gewiesen hatte, vom Volk, weil es darin eine Hilfsaktion für den bedrängten Thronfolger erblickte. Dieser, der spätere Ferdinand VII., galt vielen als Hoffnung und einziger Ausweg aus der Unmündigkeit, in die Godoys Politik das Land gebracht hatte. Die Franzosen wurden Zeugen unwürdiger Palastkabalen. Godoy ließ den Thronfolger, seinen Todfeind, verhaften; vom König begnadigt, nahm Ferdinand schleunigst Rache, fachte die Erhebung von Aranjuez an (17. März 1808) und gab Godoy dem Volkszorn preis. Der Generalissimus entging nur knapp der Lynchjustiz, er wurde eingekerkert, von den Franzosen befreit und begleitete die Königsfamilie – Karl IV. hatte am 19. März zugunsten seines Sohnes Ferdinand abgedankt – ins Exil nach Bayonne. Als Napoleon bald darauf auch den jungen König nach Frankreich befahl, wurden die Madrider argwöhnisch. Stand die Entmachtung ihres Königs bevor? Die Spannung entlud sich am 2. Mai 1808 in einer Reihe hitziger Protestkundgebungen. Murat, dessen Truppen am 22. März in die Stadt eingezogen waren, beantwortete den Aufstand mit einer ›Überreaktion‹ und verstieß damit gegen Napoleons Anweisungen. Seine Mamelucken richteten unter den Demonstranten auf der Puerta del Sol, dem zentralen Platz der Stadt, ein Blutbad an (Abb. 49, 51). Am folgenden Tag traten die Erschießungskommandos in Aktion (Abb. 50).

Auf diese Tragödie ließ die Königsfamilie im fernen Bayonne ein Satyrspiel folgen. Den von Vater und Sohn inszenierten Kuhhandel um die Krone entschied ein lachender Dritter, Napoleon, für sich. Ferdinand mußte zugunsten seines Vaters, des Ex-Königs, abdanken, dieser gab die Krone an den Kaiser der Franzosen weiter, der sie seinem Bruder Joseph (für die Spanier »José«) zuspielte – welch ein Capricho! In der unverzüglich gegründeten neuen Regierung tauchten die Namen einiger ›afrancesados‹ auf (Urquijo, Cabarrús und Aranza), andere, wie Jovellanos, entzogen sich dem französischen Werben und organisierten den Widerstand. Am 15. Juni ließ Napoleon in Bayonne eine Junta zusammentreten, die binnen weniger Wochen eine »Verfassung« zu Papier brachte, die viele Erwartungen der Liberalen nicht erfüllte. Mit dem Code Napoléon wurden andere französische Verwaltungsmaßnahmen eingeführt, die Macht der Klöster eingeschränkt, hingegen wurde die Gewährung der Pressefreiheit von zweijährigem Wohlverhalten abhängig gemacht. In erster Linie sollte die Verfassung Macht und Besitz des neuen Königs festigen. Unberührt von diesen gesetzgeberischen Schachzügen hatte unterdessen in Spanien die Stimmung gegen die Franzosen umgeschlagen. Ohne zentrale Führung und ohne strategisches Konzept griff das Volk in Stadt und Land zu den Waffen. Zu den blutigsten Kraftproben zählte der Kampf um Saragossa. Die französischen Truppen belagerten die Stadt von Juni bis August und dann wieder im Winter 1808/09 (Abb. 52). Zwischen den beiden Belagerungen besuchte Goya im Auftrag des Generals Palafox die Stadt, »um die Ruinen... anzusehen und zu studieren mit dem Ziel, ein Gemälde zum Ruhm der Bewohner zu schaffen, was ich angesichts des

Abb. 49 Goya, *Der. 2. Mai 1808*

Abb. 51 Enguidanos, *Der 2. Mai 1808 auf der Puerta del Sol*

Abb. 50 Goya, *Der 3. Mai 1808*

Abb. 52 Galbez-Brambila, *Die Explosion der Kirche Santa Engracia*

Abb. 53 Enguidanos, *Der 2. Mai 1808 im Prado*
Franzosen erschießen spanische Patrioten

Abb. 54 Pomares, *Die Erhebung von Madrid*

großen Interesses, das ich dem Ruhm meines Vaterlandes entgegenbringe, nicht ablehnen kann.« (GW, S. 210). Die Franzosen suchten die Empörung des Volkes mit legalistischen Maßnahmen einzudämmen. Am 23. Dezember 1808 holten sie etwa 30.000 Madrider Familienoberhäupter zusammen und ließen sie einen Treueschwur auf König José ablegen. Ob Goya an dieser Kundgebung teilnahm, wissen wir nicht – Sayre (Stockholm 1980, S. 11) meint, er sei erst später aus Saragossa zurückgekehrt. Eindeutig ist hingegen das Zeugnis anderer, öffentlicher Stellungnahmen. 1811 malte Goya eine große Allegorie der Stadt Madrid (Abb. 55) mit dem Bildnis König Josés, der ihm im Jahr darauf den Königlichen Orden von Spanien verlieh. Goya will diese Auszeichnung nie getragen haben, und unter den Gemälden, die er in höchstem Auftrag für den Abtransport nach Frankreich auswählte, soll sich kein Meisterwerk befunden haben. Diesen Kontakten mit dem neuen Regime ging die Arbeit an den ›Desastres de la guerra‹ parallel.

Wieder einmal war Goya in einen Zwiespalt geraten, in Widersprüche und Gesinnungskonflikte, auf die er nur mit seiner Kunst, den ›Desastres‹ vor allem, eine Antwort zu geben vermochte. Doch da sie Zwiespälte widerspiegelt, mußte diese Antwort komplex und mehrsinnig ausfallen. Als Sympathisant der Franzosen stießen ihn die Ausschreitungen einer entmenschten Soldateska ab, als spanischer Patriot sah er sich plötzlich Seite an Seite mit den klerikalen Fanatikern, deren unheilvolle Rolle er schon in den ›Caprichos‹ angeprangert hatte. Er distanzierte sich von den Exzessen beider Lager und ergriff Partei für die Opfer gegen die Täter. Dennoch war sein Blick weder der eines Idealisten noch eines Moralisten. Wieder sehen wir Goya von der triebhaften Grausamkeit fasziniert und zu einigen seiner stärksten Erfindungen herausgefordert. Von Erfindungen, von Schöpfungen der Einbildungskraft darf auch hier, wie bei den ›Caprichos‹, gesprochen werden, denn nur wenige der Kriegsereignisse dürfte Goya als Augenzeuge erlebt haben (Kat. 89). Manchmal könnte er sich auch mit Vorbildern aus dem Bereich der patriotischen Bildreportage auseinandergesetzt haben, etwa mit dem 1814 erschienenen Zyklus ›Ruinas de Zaragoza‹ von Galbez und Brambila (Kat. 73), doch wollen die ›Desastres‹ keine Chronik der Ereignisse sein. Es sind Paraphrasen über das Thema Grausamkeit, die sich kaum je im erzählerischen Detail verlieren, sondern als verdichtete Mementos, als Parabeln aufzufassen sind. Bewußt läßt Goya die wenigen Lichtblicke aus, also die am 18. März 1812 von den Liberalen beschlossene Verfassung von Cadiz, oder den 12. August, als der siegreiche Wellington (den er mehrmals porträtieren sollte) in Madrid einzog. Überhaupt fehlt, von der todesmutigen Agustina Aragon abgesehen (Kat. 103), die poetisierte Heldentat, erst recht der Triumphgestus für das patriotische Lesebuch. Die Vertreibung der Franzosen sieht Goya als einen schnöden Triumph (Kat. 61), und auf den siegreichen Ausgang des sechsjährigen Krieges reagiert er mit banger Hoffnung (Kap. VII., Kat. 104-108). Die Entscheidungen, mit denen Ferdinand VII., »el deseado« (der Ersehnte), bald nach seinem Einzug in Madrid (am 7. Mai 1814) seine Herrschaft befestigte, sollten dieser Skepsis Recht geben. Bereits am 4. Mai war die Verfassung von Cadiz aufgehoben worden, am 21. Juli wurde die Inquisition wieder eingesetzt. Die Pressezensur wurde wieder eingeführt. Universitäten und Theater mußten schließen. Zum Einzug des Königs leistete auch Goya einen Beitrag. Auf einem der schnell gezimmerten Triumphbögen konnte der Monarch die beiden eben erst gemalten Riesengemälde über die Ereignisse des 2. und 3. Mai 1808 sehen – ob er sie bemerkt hat? (Abb. 49, 50). Damit brachte sich Goya als Hofmaler und Patriot wieder in Erinnerung. Von den ›Desastres‹ erfuhr die Öffentlichkeit nichts. Goya arbeitete an dem Zyklus von 1810 bis 1820. Er zählt 82 Radierungen, von denen unsere Ausstellung 41 zeigt (vgl. die Konkordanz im Anhang). Inhaltlich gliedert sich die Folge in drei Themengruppen. Am Anfang stehen die Kriegsereignisse (Des.

2-47), darauf folgt der Madrider Hungerwinter (Des. 48-64), und den Abschluß bilden die »caprichos enfáticos« (Des. 65-82). Diese Abfolge deckt sich in etwa mit der Entstehungszeit der Radierungen. Die Blätter der ersten Gruppe entstanden zwischen 1810 und 1815; mit den Darstellungen der Hungersnot begann Goya 1812, er dürfte sie 1815 beendet haben. Damals arbeitete er bereits an den »caprichos enfáticos«, in denen er das Ereignishafte zur Parabel erhöhte und eine bittere Summe zog. Denn kaum war der Befreiungskrieg siegreich beendet, geriet Spanien unter den Würgegriff der Reaktion, in deren Repräsentanten Goya wieder das zwielichtige Nachtgeflügel erkannte, das ihn seit Jahrzehnten verfolgte (Kap. II., Kat. 4-21). Damals, am Übergang von einem Chaos in das nächste, entstand auch das erste Blatt der ›Desastres‹ (Kat. 69), dessen Titel – »Trübe Vorahnungen dessen, was geschehen wird« – als *Prolog* und als *Epilog* der ganzen Folge gelten kann, denn wieder einmal war die spanische Geschichte in einen fatalen Teufelskreis geraten. Die »Vorahnungen« betreffen ebenso den Krieg gegen die Franzosen wie das, was 1814 auf deren Vertreibung folgen sollte: die Rache der Fernandisten an den Liberalen. Ähnlich mehrsinnig ist der Titel, den Goya dem Zyklus geben wollte: »Fatales consequencias de la sangriente guerra en España con Buonaparte y otros caprichos enfáticos« (Verhängnisvolle Folgen des blutigen Krieges in Spanien gegen Bonaparte und andere ergreifende Launen). Diese Formulierung bezieht sich nicht nur auf den Krieg, sondern auf dessen Folgen nach der Rückkehr zur alten ›Ordnung‹, aber alles das ist ja selbst wieder »verhängnisvolle Folge« der von Godoy betriebenen Politik, die Spanien den Franzosen in die Arme und schließlich in die Selbstzerstörung trieb. Die nach 1814 einsetzende Entmündigungspolitik ist zwar unmittelbare Folge der Kriegsereignisse, aber, indem sie das Rad der Geschichte wieder zurückdrehen will, zugleich deren Voraussetzung. Ferdinand VII.. setzt Karl IV. fort.

Was hat Goya bewogen, den Zyklus nicht zu veröffentlichen? Was die antiklerikalen Blätter angeht, hätten sie ihn sicher der Verfolgung durch die Inquisition ausgesetzt, doch wäre es möglich gewesen, diese wegzulassen – eine Vorsichtsmaßnahme, zu der Goya schon bei den ›Caprichos‹ gegriffen hatte (Kat. 49). Die anderen Blätter hätten ihren Schöpfer als Patrioten ausgewiesen, wenngleich den Gesinnungsschnüfflern nicht verborgen geblieben wäre, daß Goya sich dem Triumphpathos verweigert, mit dem die offizielle Verherrlichungskunst mühelos zurecht kommt (Abb. 56). Aber nach 1814 mußte gerade ein Mann wie Goya das Patriotenetikett in Zweifel ziehen, denn nun wurde es von denen getragen, die damit ihren Haß auf die Liberalen rechtfertigen wollten. Gassier dürfte richtig vermuten, wenn er für die Nichtveröffentlichung des Zyklus Goyas Distanz gegenüber diesem ›Patriotismus‹ verantwortlich macht. Der ›afrancesado‹, der er geblieben war, wollte nicht als Fernandist abgestempelt werden. Als Goya 1824 seine Heimat verließ, blieben die Platten zurück.

Abb. 55 Goya, *Allegorie auf die Stadt Madrid*

Das Bild spiegelt u. a. Goyas wechselnde Loyalitäten als Folge der politischen Wechselfälle wider. Ursprünglich enthielt das Medaillon ein Porträt des Joseph Bonaparte (als Vorbild diente Goya ein Kupferstich). Nach dem Rückzug der Franzosen ersetzte 1812 das Wort ›Constitución‹ das königliche Bildnis. Als Joseph bald darauf wieder zurückkehrte, durfte er neuerlich seinen Platz einnehmen, wurde aber bereits 1813 wieder gegen das Bekenntnis zur Constitución ausgetauscht, welche schon im Jahr darauf auf Befehl des neuen Herrschers gelöscht wurde. Eiligst mußte Goya ein Bildnis Ferdinands VI. in das Medaillon malen. 1842 war wieder eine Devise an der Reihe – »El libro de la Constitución« –, und schließlich deckte die heutige Inschrift alle früheren Widmungen zu.

Abb. 56 Aparicio, *Die spanische Nation erhebt sich gegen Napoleon*

Abb. 57 Goya, *Sie stimmen nicht zu*, Des. 17 (Kat. 228)

Abb. 56a Anonym, *Napoleon und Godoy*
Im Traum sieht Napoleon seine Niederlage in Rußland und Spanien voraus. Neben ihm Godoy in flehender Haltung. Der anonyme Stecher zitiert Goyas Cap. 9 (Kat. 24) und Cap. 43 (Kat. 3)

Erst 1863 besorgte die Real Academia de San Fernando die erste Ausgabe unter dem von ihr gewählten Titel ›Los desastres de la guerra‹. Sie umfaßte nur die Blätter 1–80. Des. 81 und 82 (Kat. 96, 108) wurden 1870 gesondert abgezogen. Alle Platten befinden sich in der Calcografia Nacional in Madrid. Der Prado verwahrt 73 Vorzeichnungen, von denen Goya 66 für Radierungen verwendete. Von den übrigen sieben (GW 1142-1148, vgl. Kat. 85) sind keine Abzüge bekannt; zwei dienten als Vorstudien für Gemälde.

Was die ›Desastres‹ den zeitgenössischen Darstellungen der Volkserhebung und des Krieges voraus haben, springt beim Vergleich sofort ins Auge: sie sind unmittelbarer, lassen alles szenische Beiwerk weg und zeigen jedes Ereignis als Komprimat. Umgekehrt könnte man aber auch sagen, daß Goya sich mit diesen Bildberichten berührt, ihnen vielleicht sogar die eine oder die andere Episode verdankt (Abb. 53, 57 und Kat. 74). Sein Verfahren ist jedoch ein ganz anderes, es nimmt die Optik der Photographie und der Filmkamera vorweg. Dennoch lohnt es sich nachzuweisen, daß viele der Vorfälle, die Goya im Ausschnitt monumentalisiert, in den Radierungen seiner Zeitgenossen verstreut, ja geradezu versteckt enthalten sind, d.h. vom Kompositionsgedränge geradezu eingeebnet werden (Abb. 53). Für Pomares z.B. ist die Erschießung der Aufständischen eine Hintergrundepisode; und wenn er zeigt, wie eine Spanierin gegen einen wehrlosen Franzosen eine Stichwaffe erhebt, dann geht diese Tat im allgemeinen Tumult unter (Abb. 54). Goyas Kunstgriff, die französischen Soldaten als anonymes, diszipliniertes Kollektiv auftreten zu lassen (Abb. 50), findet sich auch in einer Darstellung des Massakers auf der Puerta del Sol, aber bloß als peripherer Akzent (Abb. 51). Wenn die fleißigen und allzu umsichtigen Berichterstatter ein dichtes Nebeneinander aus Gemetzel, Zweikampf, Verwundung und Flucht vor uns abrollen lassen, entrücken sie selbst das grausamste Ereignis in eine Turbulenz, die unbeteiligt läßt. Goya bricht mit dieser, auf die antiken Sarkophage zurückgehenden Tradition der Schlachtenmalerei. Er sieht nicht das malerische Hin und Her, sondern die signifikante Einzelheit. Er hebt die Distanz auf. W.H.

66 Saturn verschlingt seine Söhne
1797-98
Rötel
202 × 147 mm
Madrid, Prado, Inv. Nr. 85
Literatur: GW 635, G (Z) 139

Die Rötelkreide gleitet behutsam über das Papier, weite Partien sind mehr ›Frottage‹ (im Sinne von Max Ernst) als Zeichnung. Wo sich Linien absondern, sind sie dünn und strähnig. Das weiche Haar des Greises bestimmt die gesamte Strichführung. Aus diesem Geflecht heben sich die Augen des Saturn und die verstümmelten Körper seiner Opfer ab. Die Augen blicken, abwägend und unbeteiligt, an uns vorbei ins Leere. Diese Nachdenklichkeit kontrastiert mit dem kannibalischen Akt, der mit mechanischer Gelassenheit vollzogen wird.

Aus diesem zwiespältigen Befund erklärt sich das Dilemma der Deutung. Mit Recht hat Nordström (1962, S. 192 ff) diese Zeichnung

66

Abb. 58 Goya, *Saturn*

von dem Saturn abgehoben, den Goya etwa zwanzig Jahre später für sein Landhaus malte (Abb. 58). Dieser Akt ist ein menschenfressender Wüstling, jener der Zeichnung ein nachdenklicher Vollstrecker. Was vollstreckt er? Nordström erinnerte daran, daß Saturn ein Zwitter ist: in ihm steckt auch Kronos, der Gott der Zeit, zu dessen Symbolbereichen die Melancholie gehört (Vgl. Einleitung Kap. II). Nordström vergleicht ihn mit der späten Zeichnung Kat. 179. Anders als Nordström möchten wir diese Bedeutung jedoch nicht für das Gemälde, sondern für die Rötelzeichnung in Anspruch nehmen. Freilich berichtet der menschenfressende Greis nicht nur von der alles-verschlingenden Macht der Zeit (tempus vincit omnia), vom ›Nichts‹, das jedem Geschöpf als Ende vorbestimmt ist (vgl. Kat. 9), er zeigt uns den Menschen in seiner Gefährdung und als Spielball, der hin- und hergeworfen wird. »Alle werden fallen« (Kat. 26) – dieses Leitmotiv, dem Helman (1970,

S. 134) einige ihrer eindringlichsten Beobachtungen gewidmet hat, ist auch in unserer Zeichnung gegenwärtig. Der Mensch, in den der Alte sich verbissen hat, ist mehr ein Stürzender als einer, der verschlungen wird. In ihm vollzieht sich bereits das Schicksal der Kriegsopfer (Kat. 79). Am Ende dieser Sturz-Paraphrasen steht die ›Straße zur Hölle‹ (Kat. 18). Wie immer bei Goya, tritt uns eine Gebärde entgegen, die sich auf verschiedenen Symbolebenen unterbringen läßt. Deshalb ist Lafuente-Ferrari (1979, S. 3) beizupflichten, wenn er in der Zeichnung eine Vorahnung dessen sieht, was sich wenig später in der Geschichte Spaniens ereignen sollte. Wir stellen das Blatt deshalb den ›Desastres‹ voran.

67 Eine moderne Judith (?)
1797-98
Rötel
205 x 142 mm
Madrid, Prado, Inv.-Nr. 65
Literatur: GW 636, G (Z) 140

Zwar sind Goyas Titel und Legenden oft irreführend, aber wenn sie fehlen, drohen die Deutungen auszuufern. Für A. Mayer ist dieses Ungeheuer eine moderne Judith, die viele Köpfe rollen läßt. Gassier möchte in ihr die männerverschlingende Frau schlechthin sehen. Ist sie der Krieg, der alles niedermacht, oder die Kehrseite der Revolution, wie Lafuente-Ferrari vermutet? Er verweist auf Moratín, der 1792 Frankreich bereiste und Augenzeuge vieler Greueltaten war, worüber er Goya nach seiner Rückkehr (1796) berichtet haben dürfte.

Die Deutung wird durch formale Unstimmigkeiten erschwert. Die Alte hat etwas von einer Celestina (Kat. 22, 32), sie erinnert aber auch an den vermummten Kinderschreck Cap. 3 (Kat. 42). Die Kraftanstrengung scheint sie zu überfordern, was dem Massaker einen donquijotesken Unterton gibt. Aber ist es ein Massaker? Sind nicht die Köpfe, die aus dem zeltartig getürmten Katafalk hervorquellen, schon längst abgeschlagen? Solches Kopfgemenge kennen wir aus Goyas Zuschauermassen, doch bleibt es dort immer anonym, indes wir hier artikulierten Gesichtszügen begegnen. Jedenfalls ist diesen Menschen bereits übel mitgespielt worden und weitere Mißhandlungen kündigen sich an. Dennoch fehlt der Erfindung die packende Täter-Opfer-Verschränkung, und für eine hieratische Allegorie, wie Goya sie in der späten Zeichnung H 15 (Kat. 21) gestaltet, sind die formalen Elemente zu beiläufig aufeinander bezogen. Die Alte vermag durch ihre bloße Präsenz nichts — im Gegensatz etwa zu Kat. 42 —, aber auch ihr Drauflosschlagen scheint in die Leere zu gehen.

67

68 Tan barbara le seguridad como el delito
Die Einkerkerung ist ebenso grausam wie das Verbrechen

1810-20
Radierung mit Stichel
110 × 85 mm
Hamburger Kunsthalle
Literatur: GW 986, H. 26

Eine von drei Radierungen, die Goya in Probeabzügen dem für Céan Bermudez bestimmten Exemplar der ›Desastres‹ beifügte. Die Legenden stammen von Goya.
Ein Mensch, den die Folter zur gefügigen Masse geknetet hat. Der Leib hängt in den Ketten, die Beine sind durch schwere Fußeisen verriegelt. Goyas Blick konzentriert sich auf das Wesentliche: wo die beiden Ketten befestigt sind, wird nicht gezeigt, das erhöht ihren Symbolrang, sie sind nicht Inventarstücke einer Gefängniszelle, sondern machen aus der Fesselung einen Zustand, der abstrakt, nämlich im System verankert ist. Darauf spielt die Legende an. Der die Ketten zur Kurve verbindende linke Arm des Gefangenen betont die lastende Beschwernis dieses Zustandes und macht augenfällig, wie das eiserne Gerät vom organischen Körper Besitz ergreift. Die Haltung des Mannes könnte die eines Betenden vor der Hinrichtung sein (Kat. 75). Aus den ineinandergekrallten Fingern taucht schattenhaft die Andeutung eines Kreuzes auf. Vielleicht wollte Goya den Leidensgestus des Märtyrers säkularisieren. Sayre (Stockholm 1980, S. 13) weist darauf hin, daß die Folter schon unter Karl III. für ungesetzlich erklärt worden war, aber — unter einem andern Namen — weiter gehandhabt wurde. Noch die unter französischem Druck erarbeitete Verfassung von Bayonne (1808) sah die Folter vor, sofern sie »vom Gesetz ausdrücklich gebilligt« wird. Erst die Verfassung von Cadiz (1812) verfügte ihre Abschaffung.

68

69 Tristes presentimientos de lo que ha de acontecer
Trübe Vorahnungen dessen, was geschehen wird

Des. 1
1814-20
Radierung
175 × 220 mm
Privatsammlung Hamburg
Literatur: GW 993, H 121

Das erste Blatt der ›Desastres‹, wohl aber später, gleichzeitig mit den ›caprichos enfáticos‹ entstanden, die den Zyklus abschließen. Klingender und Sedlmayr haben unabhängig voneinander den Knienden als Säkularisation des Christus am Ölberg gedeutet. Indem Goya sich des Christus-Symbols bediente, »schlug er eine Saite an, auf die sein Volk seit langem abgestimmt war« (Klingender, 1978, S. 231). Es wird jedoch nicht nur der Heiland verweltlicht und in seiner Leidenserfahrung radikalisiert — Nimbus und tröstender Engel fehlen —, diese namenlose Verkörperung menschlicher Verlassenheit wird auch in die ›Nachfolge Christi‹ gestellt. Jeder kann und soll sich in dieser Gebärde erkennen, die in ihrer flehenden Demut weniger Verzweiflung als die Bereitschaft ausdrückt, sich in eine Prüfung zu schicken. Freilich weiß der Kniende sich in dieser Prüfung ohne Beistand, ähnlich der bittern Einsicht, die Büchner seinem Robespierre in den Mund legt: »Wahrlich, der Menschensohn wird in uns allen gekreuzigt, wir ringen alle im Gethsemanegarten im blutigen Schweiß, aber es erlöst keiner den andern mit seinen Wunden.« Vielleicht ließ Goya sich von Tizians ›Christus am Ölberg‹ im Prado anregen (Abb. 60). In der Haltung zitiert Goya seine frühe Radierung des Heiligen Isidoro (Göttingen 1976) (Kat. 213): sie ist, wie der Titel betont, Vorgefühl und Vorahnung und nicht die wissende Erwartung eines bestimmten Ereignisses — etwa eines bevorstehenden Endes, wie sie den Mann mit dem weißen Hemd auf der ›Erschießung der Aufständischen‹ prägt (Abb. 50), in dessen Handteller Nordström (Stockholm 1962, S. 178) ein Wund- bzw. Kreuzigungsmerkmal entdeckt hat. Ihre metaphysische Komponente verbindet diese existentielle Fragehaltung mit dem ›Christus am Ölberg‹, den Goya im August 1819 für die Escuelas Pias in Madrid malte (Abb. 59). Klingender hat beide mit dem Mann verglichen, der kniend eine Vision der Göttlichen Freiheit hat (Kat. 112). Die dem Gestus entlockte »Bedeutungsinversion« (Warburg) zeigt die Verfügbarkeit der Sprachmittel auf. So eng wohnt in Goyas »religiöser Stunde« (Sánchez Cantón) — über deren Zeitpunkt und Dauer die Forschung noch keine Einigkeit erzielt hat — die Verheißung neben der Verzweiflung, das Licht neben der Finsternis, der neue, vernunftgeprägte Glaube neben der unausrottbaren Angst der Kreatur vor der Sinnverweigerung, die einst der ›deus absconditus‹ verkörperte und die jetzt im Krieg, dieser säkularisierten Apokalypse, drohende Gestalt annimmt.

Das erste Blatt der Desastres hängt auch mit der Bedrohung zusammen, die Goyas Selbstdarstellung in Cap. 43 (Kat. 3) zum Inhalt hat. Aus dem Künstler-Bürger, der die produktiven Ängste seines Berufsstandes und die Phobien der ›ilustrados‹ zu Papier bringt, ist ein demütiger Lumpenmensch geworden, der das spanische Volk und seine Gefährdung verkörpert. Um das auszudrücken, ist das »Geflügel der Nacht« zu harmlos (vgl. Kat. 4-21). Goya schichtet um den Knienden eine gestaltträchtige Mauer der Dunkelheit. Zwar spuken »undeutlich erkennbare Ungeheuer« (Klingender) durch die Finsternis, aber sie verfestigen sich nicht zu greifbaren, benennbaren Geschöpfen — ähnlich den »Gebilden«, von denen Goethe seine Helena sagen läßt, die alte Nacht schlinge sie zurück »in ihrer Tiefe Wunderschoß«. Doch dieser Schoß ist nicht wundermächtig, sondern trächtig eher im Sinne von Brecht: das Böse nistet in ihm in vielerlei Gestaltkeimen, als Larven, Tiere und Greifarme, die auftauchen, sich vermengen und wieder verschwinden.

Tristes presentimientos de lo que ha de acontecer.

69

Abb. 59 Goya, *Christus am Ölberg*

Abb. 60 Tizian, *Christus am Ölberg*

Las mugeres dan valor

Y son fieras

70 Las mugeres dan valor
   Die Frauen geben Mut

Des. 4 (34)
1810-15
Radierung und Aquatinta
155 × 206 mm
Privatsammlung Hamburg
Literatur: GW 997, H 124

Die Legende deckt sich mit den Bildaussagen der ›Desastres‹. Von den 80 bzw. 82 Radierungen des Zyklus zeigen nur wenige positive Symbolfiguren, und diese sind immer Frauen — das beginnt mit den Widerstandskämpferinnen (das Wort gab es damals noch nicht, wohl aber seinen Inhalt) und steigert sich zu den Wahrheitsallegorien der letzten Blätter (Kat. 104-108). Goya übersieht freilich nicht, daß der Mut der Verzweiflung grausam bis zum Exzeß macht. Der Titel »Die Frauen geben Mut« setzt sich im folgenden Blatt fort: »Und sie sind wie Raubtiere« (Des. 5, Kat. 71). Nimmt man beiden Szenen die patriotische Sanktion, geraten sie in die Nähe der blutigen Kämpfe zwischen Mann und Frau (Kat. 39, 170, 176).

71 Y son fieras
   Und sie sind wie Raubtiere

Des. 5 (27)
1812-15
Radierung und Aquatinta
156 × 208 mm
Privatsammlung Hamburg
Literatur: GW 998, H 125

Abb. 61 Galbez-Brambila, *Die Frauen von Saragossa*

Der Titel setzt den von Des. 4 fort: »Die Frauen geben Mut«. (Kat. 70). Über die Grausamkeiten des Volkskrieges, den die Spanier gegen die französischen Besatzungstruppen kämpften, ist viel geschrieben worden. Im Zuge dieser Auseinandersetzung gingen beide Teile über die Kriegsregeln hinweg. Die Franzosen mußten in jedem Spanier einen Feind, einen Widerstandskämpfer vermuten. Nicht nur beseitigte der Volkskrieg die Trennlinie zwischen Soldaten und Zivilisten, er machte die kämpfenden Frauen den Männern ebenbürtig: es bedurfte des schrecklichen Gleichmachers Krieg, um in Situationen der äußersten Bedrohung die Rangunterschiede zwischen den Geschlechtern auszulöschen.

Goya entdeckt die Kehrseite dieser neuen Ebenbürtigkeit: der Kampf zwischen Mann und Frau nimmt die Formen erotischer Bestialität an. So wird der destruktive Eros, der im übrigen Europa zu den Merkmalen der sado-masochistischen Romantik zählt, von Goya an das Zeitgeschehen delegiert und patriotisch maskiert. Auch er weiß, daß »der eigentliche Grund der Wollust Grausamkeit ist« (Novalis).

Eine Radierung von Galbez und Brambila aus dem Zyklus ›Ruinas de Zaragoza‹ (Abb. 61) zeigt eine vergleichbare Kampfsituation, der jedoch die Heftigkeit abgeht, da das Ereignis aus sicherer Distanz gesehen ist. Außerdem fehlt die fatale Verklammerung von Täter und Opfer. Dargestellt ist, wie die Frauen von Saragossa fünf fliehende französische Dragoner umzingeln und töten.

72 No quieren
Sie wollen nicht
Des. 9 (29)
1810-15
Radierung und Aquatinta
155 × 209 mm
Privatsammlung Hamburg
Literatur: GW 1005, H 129

Solche Szenen mögen sich tatsächlich zugetragen haben; Sayre (Boston, 1974, Kat. 104, 105) verweist auf Southeys Schilderungen aus dem Unabhängigkeitskrieg. Die Wollust der Grausamkeit antwortet hier wieder der Grausamkeit der Wollust (vgl. Kat. 71). Wir sehen in dem Vorfall die Beziehung umgekehrt, welche im großstädtischen Liebesgeschäft das Mädchen, den Liebhaber und die alte Celestina zum Dreieck verbündet (vgl. Cap. 5, 73). Im Zuge der dialektischen ›Bedeutungsinversion‹ wurde aus der Gelegenheitsmacherin, die im Hintergrund lauert, eine von dort hervorstürzende, rächende Furie. Goya gibt die sich wehrende Frau als Rückenfigur, wodurch er den Betrachter auffordert, sich mit ihr zu identifizieren (vgl. die gleiche Rollenverteilung in den späten Vergewaltigungsszenen, Kat. 170, 149). Die Pelzmütze macht den Soldaten zum Tier. Das Radfragment im Hintergrund gehört zum schmalen Repertoire von Goyas Objekt-Symbolen. Räder und Rundbögen werden als Metaphern der Schwere, des Gefangenseins und einer selbstzweckhaften Mechanik eingesetzt (vgl. Kat. 32, 33, 74, 93, 143, 144, 145).

72

73 Ni por esas
Noch diese

Zeichnung für Des. 11 (18) (GW 1007)
1810-15
Feder und Sepia laviert und Rötel
134 x 186 mm
Madrid, Prado, Inv. Nr. 167
Literatur: GW 1008, G (Z) 171

74 Ni por esas
Noch diese

Des. 11 (18)
1810-15
Radierung
162 x 213 mm
Privatsammlung Hamburg
Literatur: GW 1007, H 131

Der Titel setzt den von Des. 9 (»Sie wollen nicht«) fort (Kat. 72). Die ikonographische Beziehung zum ›Bethlehemitischen Kindermord‹ ist offenkundig. Vielleicht hat Goya einen Stich nach Poussins berühmtem Gemälde in Chantilly gekannt (Abb. 62). Wir entnehmen dieser Verwandtschaft auch die Erklärung für den klassizistischen Ursprung von Goyas reliefartiger Bildraumgliederung. In der vordersten Ebene die Frau, die ein Soldat davonschleppt, dahinter ein zweiter Aggressor mit einer flehenden Frau, dann der Rundbogen, der dem hellen Raum dahinter eine positive Qualität gibt: er gleicht einem kreisenden Sägeblatt, das alles durchschneidet. Schemenhaft sitzt in dieser Fläche ein Kirchturm. Über diese Gliederung war Goya sich schon in der Zeichnung im klaren, aber erst in der Radierung brachte er sie auf ihre äußerste Konsequenz und Präzision. Die Frau mit dem nach hinten durchhängenden Kopf kennen wir aus Cap. 8 und 9 (Kat. 23, 24). Sie gehört in der Kunst ›um 1800‹ zu den Pathosformeln des physischen Zerbrechens (Abb. 63, Füssli). Ein Blatt aus dem Zyklus ›Ruinas de Zaragoza‹ (Abb. 64) von Galbez und Brambila ist dem Bildgedanken Goyas sehr verwandt: Nahsichtigkeit, Hell-Dunkel-Kontraste und die dramatische Einbeziehung der Architektur lassen sich vergleichen, doch bleibt Goya überlegen, weil er zur äußersten formalen Konsequenz bringt, was bei Galbez-Brambila im Ansatz stecken bleibt. Ihre Radierung zeigt die Heldentat eines 76jährigen Zimmermannes, der, nur mit einem Messer bewaffnet, zwei französische Soldaten besiegte.

73

74

Abb. 62 Poussin, *Bethlehemitischer Kindermord* (Detail)

Abb. 63 Füssli, *Die Nachtmahr*

Abbb. 64 Galbez-Brambila, *Josef de la Hera*

75

75 Duro es el paso!
   Hart ist der Weg

Des. 14 (23)
1810-11
Radierung
143 x 168 mm
Privatsammlung Hamburg
Literatur: GW 1013, H 134

Diese Radierung und Kat. 84, Des. 30, entstanden auf der Rückseite der Kupferplatte von Kat. 219.

Zivilisten werden erhängt, doch bleibt offen, ob es sich um Patrioten oder ›afrancesados‹ (Franzosenfreunde) handelt (Pérez-Sánchez). Der Mönch spendet — nicht eben überzeugend — letzten Trost. Auf der Vorzeichnung (GW 1014) wirkt er wie ein hohläugiger Todesbote. Seine breit ausschwingende Gestalt verbindet sich mit den beiden Erhängten zu einer Pendelbewegung des tödlichen Einerlei. Damit kontrastiert die schräg verstemmte Galgenleiter. Der Strick ist die letzte in der Reihe der Metaphern, mit denen Goya das Schicksal des Menschen als ein Hängen, Fallen oder Geworfenwerden deutet. Das beginnt, scheinbar harmlos, mit den Schaukeln und der in die Luft geworfenen Strohpuppe (GW 131, 301). Der Todeskandidat auf der Leiter geht auf Kat. 68 zurück. Auf der Vorzeichnung hält er ein kleines Kreuz in Händen. Gassier fragt, ob Goya ähnliche Szenen aus Callots ›Misères de la guerre‹ gekannt hat (Abb. 65). Mit Werner Busch (1977, S. 238) vermuten wir, daß Goya sich bei diesem Blatt an Rembrandts Große Kreuzabnahme von 1633 (Münz 198) erinnerte.

Abb. 65 Callot, *Die Gehenkten*

76 Enterrar y callar
Beerdigen und schweigen

Des. 18 (16)
1810-12
Radierung
163 × 238 mm
Privatsammlung Hamburg
Literatur: GW 1020, H 138

Ausgeplünderte, nackte Leichen, von einem Mann und einer Frau beklagt. Diese Körper muten wie im Sturz erstarrt an: ihr Höllensturz endete im Diesseits, in dem Inferno, das der Mensch seinesgleichen bereitet. Symmons (1971) hat nachgewiesen, daß Goya sich von einem Stich Flaxmans anregen ließ (Abb. 66). Indem Goya Flaxman benutzt, wendet er ihn ins Brutale, als wollte er die keusche Schönlinigkeit des Vorbildes korrigieren. Er zerreißt das ornamentale Band, das Flaxmans Tote adelt, und zeigt Kreaturen, die aus einem Konzentrationslager stammen könnten. Aus Dante und Vergil werden zwei Überlebende. Der Brückenbogen verwandelt sich in einen Totenhügel.

77 Ya no hay tiempo
Es ist keine Zeit mehr

Des. 19 (19)
Radierung
166 × 239 mm
Privatsammlung Hamburg
Literatur: GW 1022, H 139

Der Titel bezieht sich wahrscheinlich auf die herannahenden Spanier, die den Franzosen keine Zeit zur Vergewaltigung der Frauen lassen. Bemerkenswert, daß die Männer bereits tot sind, die Frauen müssen sich allein verteidigen. Links ein typischer Hinterrücks-Täter; der Liegende mit den ausgebreiteten Armen gehört zu den Kreaturen, die sich im Tod oder in der Verzweiflung in der Erde festkrallen (vgl. Kat. 127, 145). Der Soldat mit der Pelzmütze (die mit der Fensterhöhlung korrespondiert) scheint sich auf einen Zweikampf vorzubereiten, doch bei genauem Hinsehen merken wir, daß sein Gegenüber unbewaffnet ist: den Degen, den die Frau zu halten scheint, führt ein Komplize des Angreifers. Drei Säbel und eine Scheide — in diesen Werkzeugen konzentrieren sich Goyas Metaphern der schneidenden Vernichtung, das Rad und der Rundbogen (Kat. 32, 93).

Abb. 66 Flaxman, *Der Graben der Seuchen*

Abb. 67 Porter, *Massaker von Toulon* (Detail)

78 No se puede mirar
Man kann es nicht ansehen

Des. 26 (27)
Radierung
144 × 210 mm
Privatsammlung Hamburg
Literatur: GW 1037, H 146

Zivilisten, vor die Läufe eines Erschießungskommandos getrieben. Die aufgepflanzten Bajonette erinnern daran, daß das Gewehr nicht nur als Schuß-, sondern auch als Stoßwaffe benutzt werden kann. Die Männer und Frauen wissen nicht, welche der beiden Todesarten sie erwartet. Gombrich (1963, S. 125) hat diese Bildform der gerafften Konfrontation von einem englischen Flugblatt abgeleitet, das Napoleon als den Anstifter des berüchtigten Massakers von Toulon denunziert (Abb. 67). Das mag für das allgemeine Schema zutreffen, nicht aber für dessen Differenzierung, die Goya nur sich selbst verdankt. Letzteres gilt für den Einfall, die Mordwaffen ohne die Soldaten, die sie handhaben, ins Bild zu setzen (vgl. Kat. 82), und es gilt besonders für die psychologische Charakterisierung der Opfer. Der vorne Kniende hat den Ausdruck blöder Verzweiflung. Die vermummte Mutter, die ihre Kinder verbergen möchte, ist eine Synthese aus Cap. 3 (Kat. 42), zugleich Schutzmantel und Kinderschreck. Links von ihr eine Frau, die sich den Bajonetten öffnet, als wollte sie sich ihnen hingeben. Diese inbrünstige Todeserwartung erinnert an Berninis Heilige Theresa, die den göttlichen Liebespfeil ekstatisch erwartet.

79 Caridad
Nächstenliebe

Des. 27 (II)
1810-12
Radierung
161 x 236 mm
Privatsammlung Hamburg
Literatur: GW 1038, H 147

Sayre (1974, S. 165) bezieht diese Massenbestattung auf die Typhusepidemie, die 1809 während der zweiten Belagerung von Saragossa ausbrach und an der Tausende zugrunde gingen. Da die Friedhöfe nicht ausreichten, wurden Massengräber angelegt. Für Klingender (1978, S. 177) verrichten hier Bauern gleichgültig ihr Werk, für Gassier (Z. 186) legt dieses Blatt Zeugnis für Goyas unerschütterlichen Glauben an die Nächstenliebe ab. Wir vermuten eher, daß er mit dem Titel andeuten wollte, was aus der ›caritas‹ geworden ist. Es ist eine Nächstenliebe, die das Töten fortsetzt und den Menschen wie Abfall ins Leere stößt. Was diese Leichen zu »kaputten Hampelmännern« (Gassier) macht, verbindet sie mit den bei Kat. 66 angeführten Metaphern des Fallens und Stürzens. Boelcke-Astor (1952/53) vermutete im Zuschauer, der unbeteiligt in die Ferne blickt, ein Selbstbildnis Goyas.

80 Populacho
Pöbel

Des. 28
1814-20
Radierung
177 x 219 mm
Privatsammlung Hamburg
Literatur: GW 1040, H 148

Die klassischen Figuren der öffentlichen Gewalttat: Täter, Opfer, Zuschauer. Ein an den Füßen gefesselter nackter Mann ist vor die Menge gezerrt worden, offenbar ein ›afrancesado‹ (ein Franzosensympathisant), der nun gelyncht wird. Goya zeigt, wie aus Patrioten Bestien werden. Auch in dieser Bestrafung steckt eine erotische Komponente, eine Art vulgarisierter Sadismus, den wir auf zwei Blätter der Caprichos zurückverfolgen können. Die Frau mit dem Prügelstock kommt aus Cap. 20 (Kat. 26a), wo Dirnen ihre Kundschaft vor die Tür kehren, der Mann mit dem Spieß leitet sich aus dem Mönch mit der Klistierspritze ab (Kat. 38), dessen analerotische Aggressivität nun in Analverstümmelung umschlägt. Diese rohe Züchtigung à la Sade ist die äußerste Form des Geschlechtsverkehrs, zu dem im 18. Jhdt. die auf dem Bauch liegenden Lustpolster eines Boucher oder Fragonard einluden. In der Kunst ›um 1800‹

kommt die hingestreckte Gestalt häufig vor, bei Füssli, Blake, Flaxman, Runge und Koch, aber immer liegt sie, in der Tradition der Grabfiguren, auf dem Rücken, dem Gegenüber des Raumes zugewandt. Goya erfindet die extremste Form der Zerstörung, den bäuchlings Liegenden, der sich, bar jeder Hoffnung, im Tode in der Erde festkrallt (vgl. Kat. 127, 145).

81 Y no hai remedio
   Und daran ist nichts zu ändern
Zeichnung für Des. 15 (22) (GW 1015)
1810-12
Sepia laviert und schwarze Kreide
181 x 218 mm
Madrid, Prado, Inv. Nr. 460
Literatur: GW 1016, G (Z) 175, Rückseite von 189 (Kat. 83)

82 Y no hai remedio
   Und daran ist nichts zu ändern
Des. 15 (22)
1810-11
Radierung
141 x 168 mm
Privatsammlung Hamburg
Literatur: GW 1015, H 135

Für diese Radierung und Des. 13 benutzte Goya die Rückseite der Kupferplatte von Kat. 220/GW 750, die er um 1810 halbierte. Die Vorzeichnung versetzt die Erschießung in nächtliches Dunkel, das jedoch an Körperhaftes gebunden ist. Gassier sieht in diesen Flecken »freie Kompositionsversuche«. Das eine Bein des Mannes ist in seiner verstemmten Kraft betont. Deutlich hebt sich das Kreuz ab, das der Tröster — ein Mönch(?) — dem Todeskandidaten entgegenhält. Beide fehlen auf der Radierung. Nun ist der Mann allein, zugleich einer von vielen, die mechanisch hingerichtet werden. Das Anonyme dieser Exekution drückt Goya in den Gewehrläufen aus, einem genialen Einfall, der im Teil das Ganze und die Selbsttätigkeit des Tötungsapparates aufzeigt. Der auf dem Boden liegende Tote erinnert an die ›Erschießung der Aufständischen‹ (Abb. 50, Einleitung Kap. VI). Was die »filmische Verdichtung« (Pérez-Sánchez) dieses Vorgangs angeht, ist die Radierung dem Gemälde noch überlegen.

83 Estragos de la guerra
   Verwüstungen des Krieges

Zeichnung für Des. 30 (21) (GW 1044)
1810-12
Feder und Sepia, Lavis und schwarze Kreide
181 x 218 mm
Madrid, Prado, Inv. Nr. 436
Literatur: GW 1045, G (Z) 189, Vorderseite
von 175 (Kat. 81)

83

Abb. 68 Gillray, *Karikatur*

84

84 Estragos de la guerra
   Verwüstungen des Krieges

Des. 30 (21)
1810-11
Radierung
141 x 170 mm
Privatsammlung Hamburg
Literatur: GW 1044, H 150

Sayre (Boston 1974, Kat. 136, 137) bringt die Darstellung mit der Explosion eines Pulvermagazins in Saragossa in Verbindung, wodurch ganze Straßenzüge verwüstet wurden. Wie oft bei Goya ein geordnetes Chaos, ein Zusammenbruch der festgefügten Ordnung, der sich gleichwohl in rhythmischen Kadenzen ereignet. Eben das unterscheidet Goyas Formökonomie von der »Momentaufnahme«, mit deren Technik man das Blatt verglichen hat. Die Zeichnung erweckt noch stärker als die Radierung den Eindruck der explosiven Erschütterung, die diesen Zusammenbruch auslöste. In der Radierung hat Goya dem Lehnstuhl, einem »Wohlstandssymbol« (Gassier), präzise Form gegeben.
Auch hier ist der Sturz als Metapher für die ›conditio humana‹ zu sehen, also letztlich vom Höllensturz vorgeprägt, doch zugleich dessen Widerlegung, denn dieser Sturz macht das Diesseits zur Hölle. Wieder spürt Goya im Tod ein erotisches Signal auf. Die Frau mit

den entblößten, in der Radierung sorgfältig modellierten Schenkeln ist noch in ihrem Ende begehrenswert — aber wie ganz anders, nämlich letztlich absichtslos, wirkt diese Gebärde verglichen mit den Blößen, die ein englischer Satiriker bei durcheinander purzelnden Frauen entdeckt (Abb. 68). Werner Busch (1977, S. 237) hält Hogarths ›Southwark Fair‹ für eine mögliche Quelle.

85 Kriegsszene *Farbtafel X*
1810-15
Sepia laviert und Rötelspuren
150 x 195 mm
Madrid, Prado, Inv. Nr. 166
Literatur: GW 1148, G (Z) 239

Gassier reiht das Blatt im Umkreis der Vorstudien zu den ›Desastres‹ ein. Wir sehen darin die Steigerung des Formansatzes, den wir aus ›Tragala perro‹ (Kat. 38) kennen: der Täter stürzt sich auf das am Boden liegende Opfer, dessen Hände verzweifelt aufflackern. Die vom Helldunkel zerrissene formale Gliederung beruht auf einem Kreuz aus Diagonalachsen, das seinen Drehpunkt im Ellbogen des Angreifers hat. Die steile Achse fällt von links oben auf das Opfer, die andere läuft vom Bajonett durch das Bein des Angreifers in die linke untere Ecke des Blattes.

86 Tampoco
   Auch hier nicht
Des. 36 (39)
1812-15
Radierung und Aquatinta
158 x 208 mm
Privatsammlung Hamburg
Literatur: GW 1051, H 156

Der Titel setzt den von Des. 35 (Niemand kann wissen warum) fort. Der Erhängte wird von einem Offizier betrachtet, der sich auf

Abb. 69 Goya, *Ländliche Ereignisse*

einen ›Meditationsblock‹ stützt, wie wir ihn schon aus Cap. 43 (Kat. 3) kennen. Es ist, als genieße ein Künstler sein vollendetes Werk. Wir können im Gesichtsausdruck weder ein »genüßliches Lächeln« (Göttingen, S. 79) noch »pensativa meditación« (Pérez-Sánchez, 1979, S. 104) erkennen. Der Sadismus dieser Szene bedarf keines Kommentars, wohl aber die formale Ausgewogenheit, die das Ganze zusammenhält. Der Tote bildet die Mittelachse eines gleichschenkligen Dreiecks, dessen Umrisse Goya zur Pyramide verräumlicht. Das Buschwerk im Hintergrund ist als dunkle Folie für den toten Körper notwendig. Die vertikalen Schraffuren hinter dem fernsten der drei Erhängten passen sich genau dem Dreiecksumriß ein. Das Blatt steht zwischen zwei anderen Erhängten, dem Cap. 10 und der späten Zeichnung »Ländliche Ereignisse« (Abb. 69).

87 Esto es peor
Das ist schlimmer

Des. 37 (32)
1812-15
Radierung
157 × 207 mm
Privatsammlung Hamburg
Literatur: GW 1052, H 157

Goyas handschriftliche Notiz auf der Rückseite eines Probedruckes in Boston — »el de Chinchon / Der aus Chinchon« — läßt vermuten, daß es sich bei dem Aufgespießten um eines der Opfer von Repressalien handelt, mit denen die Franzosen die Ermordung von zwei oder drei ihrer Soldaten rächten. Mehr als hundert Männer aus Chinchon, einem Städtchen in der Nähe von Madrid, wurden ermordet. Oft verbindet Goya Mensch und Baum zu einer ›Überfigur‹ (Kat. 26, 41, 77, 88, 117, 134, 148) — hier geschieht es als Folge einer barbarischen Tötung: der abgesägte Stamm antwortet dem Armstumpf.

87

Esto es peor.

88

Grande hazaña! Con muertos!

89

89 Yo lo vi
  Ich sah es

Des. 44 (15)
1810-12
Radierung
160 x 235 mm
Privatsammlung Hamburg
Literatur: GW 1064, H 164

Menschen auf der Flucht vor den heranrückenden Soldaten. Gerade dieses Blatt, dem Goya durch den Titel die Authentizität des Augenzeugenberichts gibt, gehört formal zu den schwächsten, denn es geht ihm das ab, was wir mehrmals mit dem Begriff ›Überfigur‹ zu fassen versuchten, die Verschränkung von Opfer und Täter. In der konventionellen Gliederung der Handlung stecken gleichwohl wertende Akzente. Während die beiden Männer links sich hastig in Sicherheit bringen, denkt die Frau nicht an sich selbst, sondern an ihr Kind, das gestürzt ist. Die Soldaten dürften in allernächster Nähe sein, das verrät der Blick des Kindes. (Vgl. Cap. 3, Kat. 42, wo die Mutter ihre Kinder vor dem bösen »Coco« beschützt.)
Mutterliebe steht gegen männliche Hysterie und Eigensucht. Der Mann mit dem vollen Geldbeutel verkörpert die Angst derer, die am meisten zu verlieren haben. Sein nach rechts blickender Begleiter könnte ein ›Zitat‹ aus Hogarths ›Garrick als Richard III.‹ (gestochen 1746) sein (Busch, 1977, S. 238).

88 Grande hazaña! Con muertos!
  Eine große Tat! Mit Toten!

Des. 39 (51)
Raiderung
157 x 208 mm
Privatsammlung Hamburg
Literatur: GW 1055, H 159

Trophäen der Bestialität. Der Baum ist verstümmelt wie die Menschen, deren zerstückte Glieder er trägt, doch wenigstens sein Laubwerk hat noch einen Rest von Lebenskraft. Es wäre falsch, diese Schaustellung als einen protestierenden Aufschrei des Entsetzens von der formalen Analyse zu dispensieren. Wir müssen, obgleich widerstrebend, Goyas präzise gliedernde Ökonomie hervorheben, die alle Gliedmaßen — die der Menschen und des Baumes — zu einer ausbalancierten Signatur verbindet und die gemeine Zerstörung der organischen Form in einer Kunstform aufhebt — dürfen wir sagen: künstlerisch rechtfertigt?
Vielleicht hat Goya Hogarths Illustrationen zu Beavers ›Roman Military Punishments‹ gekannt (Abb. 70).

Abb. 70 Hogarth, *Verstümmelung*

90 Asi sucedió
So ist es passiert

Des. 47 (33)
1812-15
Radierung
155 x 205 mm
Privatsammlung Hamburg
Literatur: GW 1069, H 167

Vorne ein gekrümmter Mönch, vielleicht im Todeskampf, hinter ihm, durch ein Geländer getrennt, französische Soldaten mit geraubtem Kirchengut. Die senkrechten Stäbe stabilisieren das Gegeneinander von Mönch und Soldaten, der Querbalken trennt die Welt der Sieger von der der Besiegten. In den Memoiren eines französischen Generals wird ein toter Mönch in Saragossa erwähnt, der noch immer das Ciborium mit der Hostie hielt, das er gegen die Soldaten verteidigt hatte (Sayre, Boston 1974, S. 187). Vgl. die satirischen Darstellungen der Kunst- und Kirchenräuber (Kat. 401).

91 Madre infeliz!
Unglückliche Mutter!

Des. 50 (55)
1812-14
Radierung und Aquatinta
155 x 205 mm
Privatsammlung Hamburg
Literatur: GW 1074, H 170

In Cap. 3 (Kat. 42) flüchtete ein Kind wie dieses vor einer Schreckgestalt in die Arme der Mutter. Jetzt ist das Mädchen allein, selbst die Leichenträger achten seiner nicht. Goya hat der toten Mutter eine ergreifend schöne Form gegeben: der Leib, eine Horizontale, die von der Brust bis zum Knie reicht, wird seitlich schräg abgestützt, links von der Halspartie, rechts von den Unterschenkeln. Dieser zweifache Knick erinnert an Füsslis ›Nachtmahr‹ (Abb. 63). Wenn Goya dieses Bild in einer Stichreproduktion gekannt hat, wie Nordström (1962, S. 74) im Hinblick auf den ›Heiligen Franz von Borgia am Sterbebett eines Unbußfertigen‹ (GW 244) vermutete, dann machte er aus einer theatralischen Exhibition eine keusch zerbrochene Kreatur.

92 No hay que dar voces
Es lohnt sich nicht zu schreien
Des. 58 (34)
1812-15
Radierung und Aquatinta
155 × 205 mm
Privatsammlung Hamburg
Literatur: GW 1090, H 178

Ein Blatt aus den ›Caprichos enfáticos‹, die das Madrider Hungerjahr (1811/12) behandeln. Damals starben mehr als 20000 Menschen. Vorne kauern zwei bärtige Männer, die an die Bildtradition der Lumpenphilosophen erinnern (Kat. 128), der am Pfosten Lehnende ist ein Echo des Toten in Cap. 10 (El amor y la muerte). Daneben eine Liegende und eine Stehende. Diese fünf Gestalten sind keineswegs ›komponiert‹, dennoch ergibt ihre Anordnung nicht bloß eine Fünfzahl, sondern die Chiffre des kollektiven Elends. Die Gestalten im Hintergrund erklären den Titel: er warnt die Hungernden vor den Franzosen in ihrer Nähe. Pérez-Sánchez erinnert an die vielfach belegte Überlieferung, wonach die Madrider Bevölkerung es ablehnte, von den Franzosen Almosen entgegenzunehmen, und verweist auf das berühmte Bild von Aparicio, das diese Verweigerung mit antikischem Pathos monumentalisiert (Abb. 71). Xavier de Salas hat erkannt, daß hinter dieser Komposition Füsslis ›Ugolino‹ (Abb. 72) steckt.

92

Abb. 72 Füssli, *Ugolino*

Abb. 71 Aparicio, *Das Jahr des Hungers*

92a Si son de otro linage
Sie sind anderer Abstammung

Des. 61 (35)
1812-15
Radierung
155 x 205 mm
Privatsammlung Hamburg
Literatur: GW 1096, H 181

Eine Szene aus dem ›Jahr des Hungers‹ (1811/12). Goya gibt der Gegenüberstellung von Elend und Wohlstand die Schärfe des Klassenkampfes (Pérez Sánchez, 1979, S. 118). Zugleich entdeckt er in dieser widerlichen Besichtigung der Armen die Praxis der Herrschenden, die Misere ihrer Opfer zur Schau zu stellen und sich daran zu delektieren. Klingender meint, die Hungernden und die Bürger würden von einem Polizisten getrennt (1978, S. 181). Das Blatt ist auch eine Studie in Kleidungsmetaphern. Die Armen bilden einen Elendshaufen aus Lumpen und fragmentierten Gliedmaßen. Demgegenüber verkörpern die beiden korrekt gekleideten Herren die kompletten Umrisse der gesellschaftlichen Ordnung. Die Sichelform des Zweispitzes hat schneidende Schärfe. Wir kennen sie aus der Geometrie der Gefängnisgewölbe (Kat. 32, 33). Vgl. Des. 54, 55 und 57, wo Goya ebenfalls die Kranken den Gesunden, die Armen den Wohlhabenden gegenüberstellt.

93 Carretadas al cementerio
Karrenladungen für den Friedhof

Des. 64 (38)
1812-15
Radierung und Aquatinta
155 x 205 mm
Privatsammlung Hamburg
Literatur: GW 1102, H 184

Im Katalog unserer Flaxman-Ausstellung (S. 28) wurde bereits angedeutet, daß Goya die Anregungen, die er von den Stichen des Engländers empfing, korrigierend umformte. Es hieß dort mit Bezug auf unsere Radierung und Flaxmans ›Hektor, von Achilles geschleift‹ (Abb. 73): »in Goyas heillos gewordener Welt haben die alten Heroen ihre Leitfunktion eingebüßt, und ihre Sänger sind verstummt.« Goya erfindet »Chiffren für die totale Entgötterung«. Der Sieger Achill . . . »vollbringt ein in unseren Augen nicht gerade nobles Ritual. Flaxman macht daraus ein auf- und absteigendes Körperband, dessen Rhythmus die Roheit des Vorganges überdeckt. Goya zeigt Leichen, die von einem Karren heruntergezogen werden, als wären sie

94

Schlachtvieh. Das angeschnittene Rad hat die verletzende Schärfe eines Martergerätes.« Es korrespondiert mit dem Rundbogen, hinter dem die Leichen verschwinden. Diese beiden Symbole einer rotierenden, in den Tod befördernden Mechanik (vgl. Kat. 74) verbinden sich mit den Senkrechten und Waagrechten zum Ausdruck einer kalten, abgezirkelten Brutalität. Hier wird Fließbandarbeit geleistet. Pérez-Sánchez sieht diese Inhumanität im Kontrast mit dem schönen Körper der Frau. Doch steckt in dieser Entblößung nicht auch eine Spur nekrophiler Erotik? (Vgl. Kat. 24, 33)

94 Que locura!
Welcher Wahnsinn!
Des. 68
1815-20
Radierung
160 × 220 mm
Privatsammlung Hamburg
Literatur: GW 1110, H 188

Blickt man hinter die Kulissen des Devotionalienhandels, dann gleichen die Heiligenbilder den Masken eines Theaterfundus. Das ist vermutlich die Gleichung, die Goya in dieser rätselhaften Radierung aufstellt.
Von Sympathie für den von den Franzosen bestohlenen Klerus (wie auf Des. 47 = Kat. 90) ist hier nichts zu merken. Goya verspottet den Trödelkram der Symbole und ihre Hüter. Der Mönch mit den gespreizten Beinen – ein Prototyp, dem wir später noch oft begegnen werden – wendet den Requisiten seiner Macht die Verachtung seiner Kehrseite zu. Hinter den Kulissen kann er es sich leisten, sogar auf den Nachttopf zu verzichten. Was soll der Löffel in seiner Hand?

Abb. 73 Flaxman, *Hektor von Achilles geschleift*

95 No saben el camino
   Sie wissen den Weg nicht

Des. 70
1815-20
Radierung
175 x 220 mm
Privatsammlung Hamburg
Literatur: GW 1114, H 190

Wer sind diese Männer, die wie Glieder einer endlosen Kette in einen Abgrund taumeln, der sie verschlingt? Drei Deutungen stehen zur Wahl. Gassier hält sie für ›afrancesados‹, für Spanier also, die mit den Franzosen sympathisierten und nun, nach der Rückkehr Ferdinands VII., zur Rechenschaft gezogen werden. Dagegen spricht, daß sich auch einige Mönche darunter befinden, Angehörige jenes Standes also, der im Widerstand gegen die Besatzungsmacht eine herausragende Rolle gespielt hatte. Für Lafuente-Ferrari sind die Männer Gefangene der Franzosen, also Widerstandskämpfer. Dafür spricht, daß sie sich aus verschiedenen Gesellschaftsschichten zusammensetzen: zwischen den Männern ›von Stand‹ tauchen auch Barhäuptige auf. Dieses Argument entkräftet die Vermutung von Pérez-Sánchez (1979, S. 123), es handle sich um Angehörige der in ihren Vorurteilen befangenen »clases dirigentes«, die den Weg nicht kennen, den die Nation einzuschlagen hätte. Vielleicht hat Goya die Darstellung absichtlich in der Mehrdeutigkeit belassen, um ihr den Rang einer Parabel zu gewinnen. Hinter dieser fatalen ›Prozession‹ steht das biblische Gleichnis von den Blinden, die einander in die Grube führen (Matthäus, 15,14) (Göttingen, 1976, S. 84). Mit dem Blick auf die Bildtradition dieses Gleichnisses (Bosch, Bruegel, Massys u.a.) wird Goyas Ausdrucksleistung deutlich, weshalb wir Gassier nicht beipflichten, wenn er Des. 70 »nicht zu [dessen] besten Arbeiten« zählt. Die Menschenkette ist Begleitstimme der sie aufsaugenden, unaufhaltsam absinkenden Bodenwellen, umgekehrt ist die Erdwölbung abstrakte Metapher der Unausweichlichkeit dieses Abstieges in die Hölle. Aus diesen Schneisen führt kein Weg zurück.

Ein anonymer französischer Stich (Abb. 74) drückt dieses gnadenlose Verschwinden in der Versenkung, diesen Abtritt von der Bühne der Geschichte, mit einfältiger Direktheit aus. Der Kampf zwischen Soldaten und Mönchen findet in den Kopfbedeckungen beider seinen symbolischen Ausdruck. Wie Goya (Kat. 92a) weiß der anonyme Zeichner den Zweispitz als schneidende Waffe zu charakterisieren, die Überlegenheit verbürgt. Der französische Stich erinnert auch an Des. 42 (Abb. 75), dessen Titel sich umgekehrt auf jenen beziehen läßt: ›Alles geht drunter und drüber.‹

95

Abb. 74 *Kampf zwischen Soldaten und Mönchen* (Detail)

Abb. 75 Goya, *Alles geht drunter und drüber*, Des. 42

96

Abb. 76 Bruegel, *Monstren*

Abb. 77 Goya, *Duell mit Stöcken*

96 Fiero monstruo!
Wildes Ungeheuer!

Des. 81
1815-20
Radierung
175 x 220 mm
Hamburger Kunsthalle
Literatur GW 1136, H 201, III, 2

Dieses und das folgende Blatt Des. 82 (Kat. 108) wurde nie mit der gesamten Folge gedruckt. Abzüge mit Goyas handschriftlichen Titeln befanden sich in dem für Céan Bermúdez bestimmten Satz, doch kamen die Platten zu Paul Lefort, der sie 1870 der Madrider Calcografia überließ.

Zu den Ahnen dieses Untiers, das keiner »bekannten Tierart entspricht« (Gassier), gehören die Monstren von Bruegel (Abb. 76) und Bosch, mit denen Goya sich im Prado vertraut machen konnte. Was diesen Saturn in Tiergestalt besonders abstoßend macht, ist die Sättigung, die seine blinde Gefräßigkeit erreicht hat. Nicht das Verschlingen ist dargestellt, sondern die Gegenbewegung: die Bestie hat sich überfressen, sie ist anscheinend dabei, sich zu übergeben. Wenn Goya damit den Krieg meint, der die Menschheit verzehrt, so macht er seine Grausamkeit doppelt widernatürlich und sinnlos: das Tier weist die Hekatomben, deren Opfer es fordert, von sich.

Vgl. Des. 40, das einen Menschen im Kampf mit einem ähnlichen Untier zeigt. Der zum Hügel abgeflachte Leib begegnet im Hintergrund der Duellszene der ›Pinturas negras‹ (Abb. 77) und des Disp. 10 (Kat. 153).

97 Gott wird es Dir lohnen

1800-04
Radierung und Aquatinta
175 × 215 mm
Hamburger Kunsthalle
Literatur: GW 772, H 25

Erstmals veröffentlicht in der Gazette des Beaux-Arts, 1867. Ein zeitgenössischer Abzug trug den Titel »Barbara dibersion« (Barbarische Unterhaltung). Unser Titel geht auf die Beschriftung der Vorzeichnung im Prado (GW 773) und eines Probedrucks zurück, der Carderera gehörte. Angesichts des dramatischen Gegenstandes spricht Lafuente Ferrari (1961, S. 43) von einer »scherzhaften, doch einigermaßen unbarmherzigen Erklärung«. Der Blinde, mit dem Tier zu einer prekären Übergestalt verwachsen, bestätigt das Wort, das Helman auf den gestürzten Bauarbeiter prägte: der Mensch lebt im Sturz (vgl. Kat. 284 und Abb. 158). Im Blinden wird die Unbeholfenheit der Strohpuppe, die jedem als Spielball dient (Abb. 78), auf eine existentielle Randsituation projiziert. Das folgende Blatt aus Tauromaquia zeigt, daß jeder in diese Situation kommen kann (Kat. 98).

97

Abb. 78 Goya, *Die Strohpuppe*

98 Desgracias acaecidas en el tendido de la plaza de Madrid, y muerte del alcalde de Torrejon
Unglückliche Zwischenfälle in den vorderen Zuschauerreihen der Arena von Madrid und Tod des Alcalde von Torrejón

Taur. 21
1815-16
Radierung und Aquatinta
245 × 355 mm
Privatsammlung Hamburg
Literatur: GW 1192, H 224

Der Vorfall soll sich am 15. Juni 1801 zugetragen haben. Ein Stier drang in die Zuschauertribüne ein und nahm den Bürgermeister von Torrejon auf die Hörner. Von allen Unglücksfällen, die Goya in der ›Tauromaquia‹ (vgl. Kat. 253-56, 259-62) darstellt, ist das der krasseste. Mit Recht wurde darauf hingewiesen, daß dieses Massaker an die ›Desastres‹ erinnere (GW, S. 229). Die tieferen Symbolebenen betreffen jedoch die Dreieckssituation Täter-Opfer-Zuschauer, mit der Goya sich immer wieder auseinandergesetzt hat. Niemand ist gegen Gewalt gesichert, auch der Mächtigste ist ihrem plötzlichen Zugriff ausgeliefert — das ist eine der Lehren dieser Stierkampf-Episode. Freilich: einer — der Künstler? — hat sich in Sicherheit gebracht, er blickt wie ein letzter Überlebender über die hinterste Palisade auf das gräßliche Schauspiel. Im Umkreis des Stiers, der zu seinem eigenen, bannenden Monument erstarrt ist, herrschen Tod und Verwirrung. Niemand scheint entfliehen zu können. Die Sitzreihen verwandeln sich in Schächte, in die die Menschen hineinstürzen. Der Frau, die nach links läuft, versperrt eine Barriere den Fluchtweg. Was hier geschieht, ist eine von Goyas Parabeln der Gewalttätigkeit, die sinnlos jeden ergreift und aufspießt — einmal den blinden Lautenspieler (Kat. 97), das andere Mal den Guerillero (Kat. 87).

Im zertrampelten Menschenturm, der eines der rätselhaftesten Disparates vorwegnimmt (Kat. 152), entdecken wir ganz vorne ein Paar, das sich in Angst und Wollust umschlingt. Will er sie retten oder ihr Gewalt antun — oder beides? Es ist eine alte Einsicht, daß Katastrophen auf die Überlebenden erotisierend wirken, wie anderseits (nach Novalis) »der eigentliche Grund der Grausamkeit Wollust ist« (vgl. Kat. 71). Die Pointe dieses Satzes steckt in seiner Umkehrung. In Sades ›Nouvelle Justine‹ setzt die Sprengung eines Schiffes, auf dem sich Josephine befindet, das Verlangen nach dem Koitus frei. Ähnlich ist die Wirkung des Stier-Massakers auf das Paar im Vordergrund.

Alle diese Beobachtungen und Vermutungen sagen nichts darüber aus, daß dieses Blatt zu Goyas kühnsten Bildraumerfindungen gehört. Das liegt an folgenden Kunstgriffen: Goya setzt die Fülle gegen die Leere, schneidende Geometrie gegen ein Konglomerat von Leibern, die er an den Rand drängt. So entsteht eine (wohlüberlegte) Anti-Komposition, die den Eindruck des spontanen Schnappschusses erweckt. Der Betrachter wird zum Augenzeugen.

VII. »Lux ex tenebris«

Gestalten, die Zuversicht ausstrahlen, sind in Goyas Werk selten. Sie tauchen nur sporadisch auf und werden buchstäblich von der langen Reihe derer überschattet, die im Dunkel stehen und keinen Ausweg wissen. Die wenigen positiven Helden Goyas sind zumeist Frauen, wie überhaupt das andere Geschlecht seiner differenzierenden Psychologie und seiner Einbildungskraft mehr Stoff geboten haben dürfte. Das Rollenrepertoire der Frau ist nicht nur reicher gestuft als das des Mannes, es schließt sogar eine ruhige Lebensbejahung ein (Kat. 109), die der Mann mit der Mühe des Lernens stützen muß (Kat. 179), welche oft in Vegeblichkeit mündet (Kat. 128).

In diesem Kapitel, in dem es um Goyas Hoffnung auf eine bessere Welt geht, setzen Frauen die Akzente. Halb Engel, halb Landmädchen, sind sie, himmlisch und irdisch zugleich, in jenem Zwischenreich angesiedelt, das sich Florestan im Dunkel seines Kerkers aufhellt:

»Ich seh', wie ein Engel im rosigen Duft
Sich tröstend zur Seite mir stellet,
Ein Engel, Leonoren, der Gattin, so gleich,
Der führt mich zur Freiheit ins himmlische Reich.«

Auch Goya läßt eine Frau das »Licht aus der Finsternis« bringen (Kat. 113). Mit diesem an die Genesis anklingenden Wort erhebt Goya den Optimismus der Aufklärung, des ›siècle des lumières‹, in den Rang einer Heilsbotschaft. Die wenigen Zeichnungen, in denen er die Gestalt der Lichtbringerin abwandelt, sind dialektisch den zahlenmäßig überlegenen Visionen der Finsternis zugeordnet, die sein ganzes Lebenswerk prägen und von denen das 2. Kapitel eine auf das »zwielichtige Geflügel der Nacht« konzentrierte Auslese enthält (Kat. 4-21). Aufeinander bezogen, tritt in diesen beiden Kapiteln die Spannung komplementärer Kräfte zutage, von der Goyas Weltbild geprägt ist. Der neue Tag, den die Autorität der Vernunft ein für alle Male erwecken sollte, ist für Goya nicht nur nächtlichen Ursprungs, sondern stets von Umnachtung bedroht. Wann wird die Freiheit erwachen, wie lange wird ihr Tag währen? (Kat. 104-108, 114). Diese Fragen und das Wort »Du wirst nicht entkommen« (Kat. 99), mit dem Goya die Übermacht der Nachtgeschöpfe anerkennt, stehen hinter jeder seiner Lichtbotschaften. Darin äußert sich die Skepsis eines Mannes, den sein Leben mehrmals gelehrt hat, daß Freiheit nur auf Widerruf gewährt wird. Die spanische Geschichte, deren betroffener Zeuge Goya war, mutet wie ein wirrer Tumult an, dessen einziges erkennbares Wirkmuster der stete Wechsel von Tag und Nacht, Befreiung und Unterdrückung darstellt. Immer wieder suchte Goya Mut zu fassen, doch die Tage wurden kürzer und die Nächte länger und unbarmherziger, und als er 1824 nach Bordeaux ins Exil ging, hatte sich um Spanien wieder das Dunkel der Reaktion zusammengezogen. Als er 1828 starb, war kein Tag in Sicht. Im selben Jahr wurde Mariana Pineda, die granadinische Freiheitsheldin, hingerichtet.

Das Hin und Her der Ereignisse — vgl. die Einleitung zu Kap. VI. — erschwert auch die Datierung mancher Zeichnungen, z.B. von Kat. 112 und 114, denn wir wissen nicht, ob Goya darin auf die Ausrufung der Verfassung von 1812 oder auf deren zweites Inkrafttreten 1820 anspielt.

Die schier unentwirrbare Struktur der Ereignisse deckt sich mit den anschaulichen Metaphern, die für Goyas Weltbild stehen. Er gibt dem Widerstreit zwischen Tag und Nacht, Licht und Finsternis, Gut und Böse das Merkmal der Unauflösbarkeit. Dieses Gegeneinander ist für ihn, ähnlich wie für den Blake der ›Hochzeit von Himmel und Hölle‹, ein Ineinander. In diesem Konflikt erkennt der nur auf sich selbst gestellte Mensch sein schöpferisches Dilemma. Die Macht des Weltbildners, Licht und Finsternis zu schaffen (Jesaias 45, 7), geht auf den Menschen über und schlägt in selbstherrliche Ohnmacht um. (Das ist das Problem, mit dem Goethes Faust konfrontiert ist.)

Goyas Lichtverkünderinnen hellen dieses Zwielicht mit ihrer arglosen Anmut auf. Sie haben einen ehrwürdigen, christlich-humanistischen Stammbaum. Wir erkennen in ihnen Veritas, Caritas und Justitia, doch vom allegorischen Ballast befreit und in Frauen und Mädchen aus dem Volk verwandelt (Kat. 108, 109, 110, 111). Zu diesen Gestalten treten die Symbole der neuen Zeit, die ›göttliche Vernunft‹ (Kat. 115) und die ›göttliche Freiheit‹, letztere einmal als körperloses Licht (Kat. 112), das andere Mal als resolute Eierfrau (Kat. 110).

Im späten Goya weicht die erweckende der nachdenklichen Gebärde. »Wir müssen unseren Garten bestellen.« Holländer hat dieses Wort, das Voltaire an das Ende seines ›Candide‹ setzte, auf Kat. 108 bezogen (vgl. seinen Katalogbeitrag S. 27). Es trifft auch auf Kat. 119 zu. Doch für den alten Goya ist das kein letztes Wort. Er denkt nicht nur an den Garten, der bestellt sein will, sondern an die letzte Stunde, die auch die Stunde des letzten Trostes ist. Goya zeichnet die ›ars moriendi‹ (Kat. 122). Wie weit ist diese Zwiesprache von der Sterbeszene des Unbußfertigen entfernt (Kat. 4) — selbst das Nachtgeflügel scheint endgültig verscheucht!   W.H.

99 No te escaparás
Du wirst nicht entkommen
Cap. 72
1797-98
Radierung und Aquatinta
261 x 151 mm
Privatsammlung Hamburg
Literatur: GW 596, H 107

Ein zartes, leichtfüßiges Geschöpf, von geflügelten Hexen und Ungeheuern bedroht. Grazie, von makellosen Umrissen gefaßt, im Konflikt mit Geschöpfen, deren Anatomie verzerrt, zerrissen, aber eben darum wie ein gieriges Zupacken anmutet. Die Flügel dienen zum Zuschlagen, die fletschenden Mäuler zum Zubeißen. Wie diese Bedrohung ausgehen wird, ahnen wir, ohne den pessimistischen Titel zu kennen. Für das Mädchen gibt es keinen Ausweg.

Goya nimmt in diesem Blatt Abschied von der tänzerischen Anmut des 18. Jhdts., der er selbst in einigen seiner Teppich-Entwürfe huldigte. Wir vermuten, daß er einen Stich nach Fragonards ›La Fuite à dessein‹ (Abb. 79) kannte. Diese »absichtliche Flucht« ist Teil des Fangens und Fliehens, das aus dem Liebesspiel einen Tanzreigen macht. Während Gillray (Abb. 80) die lockere Rokokowelt in der professionellen Tänzerinnen-Grazie lächerlich machte und Schadow sie zu stereometrischen Tanzfiguren ernüchterte (Abb. 81), schlug Goya den Weg der Verdüsterung ein. Schönheit und Grazie geraten in die Fänge der Nachtgeschöpfe. Auch formal geht der Akzent, die Initiative auf die Fratzen über — mit ihnen verglichen wirkt das Mädchen blaß und schablonenhaft. Dennoch ist nicht zu übersehen, daß in ihrer Schulter der Drehpunkt aller Bewegungskurven der ›Überfigur‹ sitzt.

Im Ayala-Ms. und in dem der Bibl. Nac. findet sich ein Hinweis auf die von Godoy verfolgte

Abb. 82 Goya, *Vorsicht bei diesem Schritt*

Abb. 79 Fragonard, *La Fuite à dessein* (Detail)

Abb. 80 Gillray, *Karikatur*

Abb. 81 Schadow, *Die Tänzerin Vigano*

Tänzerin Duté. Helman schließt diese Anspielung nicht aus (1963, S. 89), indes Gassier im Kommentar zu den beiden Vorzeichnungen (Kat. 235 a, b) sie als unwahrscheinlich bezeichnet, da Goya damals ein gutes Verhältnis zu Godoy hatte.

In jedem Fall kündigt sich in dieser ›Tänzerin‹ Goyas positiver Frauentyp an, der das Dunkel flieht und das Licht zugleich sucht und selber verkündet. Unberührt von dieser Bedeutungsvertiefung blieb später das Blatt 30 des Schwarzrand-Albums (Abb. 82). In der Legende spricht der Kenner der Tanzkunst: »Cuydado con ese paso« (Vorsicht bei diesem Schritt!)

A   *Mademoiselle Duté, von Godoy, Duro und Ore verfolgt,*
BN *Vergebens flieht eine schöne Tänzerin vor den vielen Galgenvögeln, die ihr nachsetzen: der wildeste oder der finsterste, auf den Schultern der anderen, wird früher oder später auf sie herabstoßen. (Ore, Duro, Godoy und die Duté.)*
P   *Niemals entkommt die, die sich gerne fangen läßt.*

100   Rednerin vor einer Menge
1797-98
Rot laviert und Spuren von brauner Tinte
210 × 153 mm
Madrid, Prado, Inv.Nr. 115
Literatur: GW 637, G(Z) 141

Eine riesige Frau, die sich mit erhobenen Armen an einen Menschenhaufen wendet, der von Tüchern (Zeltbahnen?) zu einer amorphen ›Überfigur‹ gebündelt wird. Für Gassier wirkt die »heftig gestikulierende Rednerin ... wie eine Vorläuferin der Pasionaria«. Lafuente-Ferrari (1979, S. 127) vergleicht sie ebenfalls mit der ›Judith‹-Zeichnung (Kat. 67) und fragt, ob der Appell eine Klage oder eine Forderung enthalte. Mehr als diesen Doppelsinn vermögen wir aus diesem Blatt nicht herauszulesen. Das formale Pathos kündigt bereits die ›Schwarzen Bilder‹ an, in denen Goya noch summarischer formuliert, mit grellen Kontrasten arbeitet und die überhöhte Einzelfigur gegen die dumpfe Menge setzt (vgl. Abb. 77 und Kat. 147). Vielleicht spricht das für eine spätere Datierung.

101 Hexenflug

1797-98
Rot laviert und Spuren von Rötel
205 × 133 mm
Madrid, Prado, Inv.Nr. 116
Literatur: GW 641, G(Z) 144

Gassier verweist auf Hexenritte in den Caprichos (Cap. 61, 65, 66 und 68), erinnert an die neue Bedeutung, die der weibliche Akt seit dem Aufenthalt bei der Herzogin von Alba für Goya bekommt und vergleicht die »jugendliche, hell strahlende nackte junge Frau« unserer Zeichnung mit der Allegorie ›Die Zeit rettet die Wahrheit‹, Kat. 291. Eine Skizze für die ›Wahrheit‹ befindet sich auf der Rückseite von Kat. 102, wo die Veritas den Kronos mit der Sanduhr von hinten umfängt. An Gassiers Hinweis ist anzuknüpfen. Wir vergleichen das Paar Kronos-Wahrheit mit dem Paar Widder – junge Frau. Kronos ist gleichsam der vermenschlichte Widder, den die Hexe auf unserer Zeichnung reitet. In ihr steckt bereits die ›Wahrheit‹ bzw. die Entschlossenheit zum Sieg über die Finsternis. Anders als die grazile Tänzerin (Kat. 99) weiß sie, daß man seinen Stier bei den Hörnern packen muß, wenn man ihn beherrschen will. Dieser ›Stier‹, ein Widder, ist ein zahmes, fügsames Reittier, und die unter ihm sich duckenden Hexen haben nicht die Entscheidungsfreiheit, der die Fliegerin auf Cap. 61 (Kat. 7) ausgeliefert ist.

102 Wahrheit und Zeit
Rötel
305 × 206 mm
Madrid, Prado, Inv.Nr. 423
Literatur: GW 642, G(Z) 16

102a Nackte junge Frau
Zeichnung für das Gemälde
›Spanien, Zeit und Geschichte‹
(Stockholm, Nationalmuseum),
GW 695. Rückseite von Kat. 102
Rot laviert und helle chinesische Tusche
305 × 206 mm
Madrid, Prado, Inv.Nr. 463
Literatur: GW 643, G(Z) 17

Eine Zeichnung, die Optimismus ausstrahlt. Die Wahrheit, gemäß der antiken Tradition ›filia temporis‹ (Tochter der Zeit), läßt sich von Kronos tragen. Sie blickt vertrauensvoll in die Zukunft. Der alte Mann — für Sayre (Stockholm 1980, Kat. 3) ihr Erretter — leitet sich von Kat. 101 ab: er ist ihr zum Partner vermenschlichtes Reittier. Beide scheinen zu hellen, lichterfüllten Zonen unterwegs. Gleich einer Laterne leuchtet ihnen die Sanduhr voran.

Ihr Flugritt läßt das dunkle, gefiederte Ungeziefer der Nacht hinter und unter sich. Zwar steht die Zeichnung noch den Caprichos nahe, enthält aber auch schon im Ansatz, in der Lichtwendung, den Bildgedanken des Gemäldes ›Die Zeit rettet die Wahrheit‹ (Kat. 291). Die Skizze einer nackten jungen Frau (Kat. 102a) steht in mehr als nur »loser Beziehung« (Gassier) zu dem erwähnten Gemälde. Zwischen ihr und der Darstellung auf der Vorderseite vollzog sich in Goyas Formvorstellung ein Bruch, der zu einem neuen Ansatz führte. Vielleicht geschah das im Rückgriff auf eine Zeichnung des Albums A (GW 375, Abb. 83).

Rötelzeichnungen sind in Goyas Werk nicht häufig (vgl. Kat. 66). Der weich gehandhabte Stift läßt Linien und gewischte Zonen ineinanderübergehen. Köpfe und Körper bleiben hell ausgespart. So bilden Mann und Frau ein Bündnis, in dem auch ein Abenteuer steckt. Das unterscheidet ihre Wahrheitssuche von den barocken Veritas-Allegorien (etwa Berninis), auf die Lafuente-Ferrari (1979, S. 4) hinweist.

102a

Abb. 83 nach Goya, *Stehender Akt*

Abb. 85 Galbez-Brambila, *Agostina Aragon* (Detail)

Abb. 84 Galbez-Brambila, *Bateria del Portillo*

Abb. 86 Wilkie, *The Maid of Saragossa*

103 Que valor!
   Welcher Mut!

Des. 7
1810-15
Radierung und Aquatinta
155 x 208 mm
Privatsammlung Hamburg
Literatur: GW 1000, H 127

Die einzige Darstellung der ›Desastres‹, die ein bestimmtes Ereignis festhält. Als die französischen Truppen 1808 Saragossa belagerten, beteiligte sich die gesamte Bevölkerung an der monatelangen Verteidigung der Stadt. Nach und nach wurde ihr Widerstand von der Übermacht gebrochen. Der Aussichtslosigkeit des Kampfes nicht achtend, sprang eine junge Frau, Agustina Aragon, für ihren toten Mann ein und bediente eine Kanone. Gerade die vom Bostoner Katalog (1974, S. 134/35) wahrscheinlich gemachte Anregung Goyas durch einen Stich von J. Galbez und F. Brambila verdeutlicht den Rangabstand (Abb. 84). Die beiden Chronisten, Augenzeugen der Belagerung, bauen ein kunstgerechtes Historienbild auf: Trümmer und Leichen im Vordergrund, die Schanze im Mittelgrund, von der Kanonierin beherrscht, die mit einem Guerillero in Rufkontakt steht, links die vordersten Reihen der Franzosen, im Hintergrund die bekrönende Architektur eines Klosters.

Goya geht auf die lokalen Umstände überhaupt nicht ein. Seine Agustina gestikuliert nicht. Auf einem Leichenhaufen stehend, den die Räder des Geschützes zu durchpflügen scheinen, hält sie die Lunte an das Pulver. Es ist, als wolle sie die Kanone auf den Feind loslassen. Dieser bleibt unsichtbar. Ein pyramidaler Hügel, wie oft bei Goya aus Parallelschraffen geschichtet (denen der Umriß fehlt), bildet das einzige Gegengewicht zum alles überragenden Aktionszentrum. Sein einförmiges Dunkel entzieht sich der inhaltlichen Festlegung, allein die auslöschende horizontale Strichführung, die sich überall einfrißt, kann als Ende, als das Nichts der Vernichtung gelesen werden. Damit kontrastiert das Mädchen: hell hebt sich sein Kleid vom Geschütz ab, dunkel sein Oberkörper vom blaßgrauen Hintergrund. Wenn Goya aus dem Galbez-Brambila-Zyklus ›Ruinas de Zaragoza‹ eine Anregung empfing, dann von der Radierung, die die ›Artillera‹ zeigt, wie sie die Lunte, die sie einem gefallenen Kanonier abgenommen hat, an das Geschützrohr legt (Abb. 85). In dem Gefallenen erkennen wir eine von Goyas Pathosformeln (vgl. Abb. 50). Dennoch: diese Agustina wirkt letztlich doch gestellt, ihr Heldentum stellt sich zur Schau. Bei Goya handelt sie anonym.

Auch außerhalb Spaniens wurde Agustina, das Mädchen von Saragossa, gefeiert. Byron besang sie in Childe Harold's Pilgrimage (I, 1812, 54.-59. Stanze) und Sir David Wilkie malte 1828 ›The Maid of Saragossa‹ (Abb. 86). Das Bild wurde im Jahr darauf von Georg IV. erworben.

104 Murió la Verdad
  Die Wahrheit ist gestorben
Zeichnung für Des. 79
1815-20
Rötel
146 x 203 mm
Madrid, Prado, Inv.Nr. 176
Literatur: GW 1133, G (Z) 227

105

105 Murió la Verdad
Die Wahrheit ist gestorben

Des. 79
1815-20
Radierung
175 × 220 mm
Privatsammlung Hamburg
Literatur: GW 1132, H 199

Mit diesem und den folgenden Blättern (Kat. 106, 107) endete 1863 die erste Veröffentlichung der ›Desastres‹. Mönche schicken sich an, die Wahrheit zu begraben, ein Bischof gibt dazu seinen Segen. Rechts, wie es ikonographischer Tradition entspricht (Gassier), bringt Goya die Gerechten unter, die die Tote beklagen, darunter die Gerechtigkeit mit der aus dem Gleichgewicht geratenen Waage (vgl. die Waage auf Kat. 114, 115, 120).
Die Totengräber, soweit erkennbar lauter männliche Fratzen, verkörpern die wieder an

Abb. 87 Stimmer, *Allegorie auf die Wahrheit*

Abb. 88 Pomares, *Triumph der Religion* (Detail)

Abb. 89 Daumier, *Wehrloses Polen*

Abb. 90 Grandville, *Den Raben zur Beute*

die Macht gelangte Reaktion. Im Göttinger Katalog wird die Frage, ob Goyas Wahrheit in der biblischen oder in der antiken Tradition (veritas filia temporis) stehe, zugunsten ersterer entschieden, und zwar mit dem Hinweis auf den 85. Psalm: »Veritas de Terra orta est et Justitia de Coelo prospexit« (Die Wahrheit ist von der Erde aufgestiegen und die Gerechtigkeit hat vom Himmel herabgeblickt). Hans Kauffmann, Lorenzo Bernini, Berlin 1970, S. 206, erwähnt eine Zeichnung von Tobias Stimmer (Abb. 87), die sich ikonographisch auf Goya beziehen läßt: die ›Zeit‹ rettet die ›Wahrheit‹ vor den Angriffen der Gegenreformation, also des katholischen Klerus.

Levitine (1959, S. 110f) möchte Goyas »Tod und Auferstehung der Wahrheit« (Kat. 105, 107) von einem Emblem des Jacob Cats (1577-1660) ableiten. Solche Filiationen machen ihre spekulative Rechnung ohne den anschaulichen Befund. Goya mag vielleicht den Strahlenkranz irgendwo entlehnt haben – der Bildgedanke ist insofern sein Eigentum, als er sich aus einem Einfall der Caprichos entwickelt, der freilich auf eine antike Quelle zurückgeht (»Tantalo«, Kat. 24). Die Tote liegt jetzt auf dem Boden, die Arme über dem Schoß gekreuzt, indes der alte Mann, der sie zweideutig beklagt, sich in der Menge der Totengräber vervielfacht hat. Das besagt, daß sich die Wahrheits-Allegorie, ehe man in Emblem-Büchern nach ihren Quellen spürt, am einleuchtendsten auf Goyas Rahmenthema ›Die Frau – Opfer des Mannes‹ zurückverfolgen läßt.

Noch eindringlicher als die Radierung, in der die Dunkelmächte sich zur Kollektivbedrohung vereinigt haben, zeigt die Zeichnung die Wahrheit als Lichtquelle, die mit ihrer Energie noch im Tod alles überstrahlt. Dachte Goya dabei an die heilige Cäcilie von Maderno? Wenn ja, dann wohl aus dem Glauben an ein neues, aus dem Volke und seinen Leiden geborenes Märtyrertum, das die Kirchenheiligen verdrängen wird. Diesen Gegensatz macht der Vergleich mit einer Radierung von Pomares deutlich, die den Sieg über die Franzosen als Triumph der Religion feiert (Abb. 88). Ferdinand VII., von seinen Heerführern umgeben, wird von einem Genius gekrönt. Was aus diesem Triumph wurde, zeigt Goya in den antiklerikalen Zeichnungen seines ›Albums C‹ auf (Kat. 132, 133). Merkwürdig sind zwei ähnliche patriotische Allegorien, in denen Daumier und Grandville zwanzig Jahre später auf das wehrlose Polen und das durch Korruption ausgeplünderte Frankreich anspielten (Abb. 89, 90). Die ›Desastres‹ waren damals noch unveröffentlicht.

106 Si resucitará?
Und wenn sie auferstehen würde?
Zeichnung für Des. 80 (GW 1134)
1815-20
Rötel
146 × 204 mm
Madrid, Prado, Inv. Nr. 177
Literatur: GW 1135, G(Z) 228

106

107

108

107 Si resucitarà?
Und wenn sie auferstehen würde?

Des. 80
1815-20
Radierung
175 × 220 mm
Privatsammlung Hamburg
Literatur: GW 1134, H 200

Vgl. die Bemerkungen zu Kat. 104, 105. Das »wenn« in der Legende ist Ausdruck der Hoffnung auf eine Wende. Goya zeichnet einen Vorentwurf dessen, was ihm als Wunschbild vorschwebt. Was unterscheidet die auferstehende von der toten Wahrheit? Ihr Körper hat den Umriß eingebüßt, seine Leuchtkraft überstrahlt den physischen Bestand, nur das Antlitz und die Brüste zeichnen sich greifbar ab. Es ist keine Auferstehung in der herkömmlichen Bibeltradition. Eine Kopfwendung der Wahrheit genügte, um die Dunkelmächte in Schrecken zu versetzen. Die Totengräber setzen zur Tötung an. In der Zeichnung scheint die Wahrheit von Fledermäusen und Nachtgetier umschwirrt, in der Radierung tragen ihre Quäler tierische Züge. In diesem Blatt und in Des. 82 (Kat. 108) gibt Goya sich selbst die Antwort auf das trostlose »Nada« von Des. 69 (Kat. 9), mit dem er ursprünglich den Zyklus beschließen wollte. Der spukhafte Kadaver behält nicht das letzte Wort!

Abb. 91 Tintoretto, *Junge Frau*

108 Esto es lo verdadero
Das ist die Wahrheit

Des. 82
1815-20
Radierung und Aquatinta
175 × 220 mm
Hamburger Kunsthalle
Literatur: GW 1138, H 202, III, 2

Nun ist die Wahrheit auferstanden, jedoch nicht als Allegorie, sondern als kräftige, junge

Frau, die auf ›das Wahre‹ nicht verweist, sondern es ist, d.h. körperhaft vergegenwärtigt. Die Lichtquelle ist nicht ihr Leib, sie liegt dahinter, wie ein aufgehender neuer Tag. Die Frau wendet sich einem alten Bauern zu und zeigt auf die Früchte seiner (oder ihrer gemeinsamen) Arbeit: Korngarben, ein Obstbaum, ein Schaf und ein gefüllter Korb. Auch das ist ›das Wahre‹ – die Arbeit und ihr Lohn (Klingender, 1978, S. 243). In diesem Paar verbergen sich zwei Allegorien: die ›Wahrheit‹ und ihr alter Vater, die ›Zeit‹ (Kronos) (vgl. Kat. 102).

Aber noch etwas anderes scheint sich in der natürlichen Würde dieses Geschöpfes zu verbergen: die Schönheit, die unerkannt auf ihre Stunde wartet. In der ›Dirnenkunst‹ (Arte de las Putas, Madrid 1777) des älteren Moratín heißt es: »oft kannst du unter einem bäuerlichen Kleid einer Venus von Tizian begegnen« (Ausgabe Madrid 1977, S. 122). Goya ist diese Symbiose gelungen. Sein Landmädchen dürfte von Tintorettos junger Frau, die ihren Busen entblößt, angeregt worden sein (Abb. 91). Das Rätselhafte dieser Geste bekommt bei Goya eine Begründung.

Vielleicht steckt in dem heilig gesprochenen Landmann ein säkularisierter Heiliger. Der Göttinger Katalog verknüpft die »Leidensbereitschaft« des Knienden in Des. 1 (Kat. 69) mit der frühen Radierung des heiligen Isidro (Kat. 214), des Stadtheiligen von Madrid. Eine Komödie von Lope de Vega, ›San Isidor, labrador de Madrid‹, zeigt im 1. Akt die Hochzeit des Bauern-Heiligen mit dem Landmädchen Maria (»Die schlichte Frömmigkeit des Bräutigams und die jungfräuliche Eingezogenheit der Braut sind sehr hübsch gehalten«, bemerkt Grillparzer in seinen Studien zum spanischen Theater). Es ist nicht auszuschließen, daß Goya von der poetisierten Vita des Heiligen angeregt wurde.

109

109 Buena muger, parece
  Eine brave Frau, wie es scheint
(Album C 9)
1803-24
Tuschlavis und Sepialavis
205 x 143 mm
Madrid, Prado, Inv.Nr. 13
Literatur: GW 1251, G(S) 157

Der lakonische Nachsatz »parece« nimmt die Eindeutigkeit der Zeichnung zurück. Ohne ihn wären wir von der Lauterkeit dieses stillen Glücks überzeugt. Ist es gerade die Selbstbeschränkung, der Rückzug der Frau auf ihre Mutterrolle (Gassier), was Goya skeptisch macht? Die junge Frau, eine »morena« nach Lafuente-Ferrari (1979, S. 216), und ihr kleines Kind bilden zusammen mit dem niedrigen Stuhl, der sie diskret ins Lot bringt, ein in sich ruhendes Ganzes – ohne Wünsche, Sehnsüchte und Ängste. Oder scheint es nur so? Gassier kontrastiert diese Mutter mit B 44 aus dem Madrid-Album, wo das Kindermädchen »weit mehr von mütterlichen Gefühlen erfüllt zu sein [scheint], als die Mutter selbst«. Vgl. auch die Zeichnungen ›Frau mit zwei Kindern‹ (H 43) und ›Junge Frau mit einem Kind auf dem Schoß‹ (H 49).

110 La huebera
Die Eierfrau
(Album C 12 (11))
1803-24
Tuschlavis
205 x 138 mm
Madrid, Prado, Inv.Nr. 10
Literatur: GW 1253, G(S) 162

Was ist das für eine Eierfrau, die ihr Geschäft mit erweckender Entschlossenheit betreibt? Sie geht schnellen Schrittes an uns vorbei, dennoch ruhen ihre Füße fest auf dem Boden, ihr Arm zielt auf etwas, das wir nicht sehen, ihr Blick hat die leuchtende Kraft einer Gewißheit.

Sie gehört zu den Frauen aus dem Volk, in denen Goya Kraft und Hoffnung versammelt: auf sie sollten die anderen hören, denn sie weisen den richtigen Weg (vgl. Que valor, Kat. 103; Esto es lo verdadero, Kat. 108).

Doch diese Wegweiserin scheint gefährdet. Ein riesiger Felsblock (vgl. die phallische Landschaft Kat. 219) versperrt ihr den Weg, dahinter lauert ihr ein Mann mit einem »Galgenvogelgesicht« auf, links duckt sich ein zweiter. Wieder geht es um die Frau, die vom Mann bedroht wird. Hinter dem Einfall möchte man ein Sprichwort, eine volkstüm-

Abb. 92 Galbez-Brambila, *Maria Augustin* (Detail)

liche Anspielung auf die kostbare, fragile Fracht der Eierträgerin vermuten. Wir verknüpfen die Darstellung (wie schon López-Rey, 1956, S. 78) mit ›No te escaparás‹ aus den Caprichos (Kat. 99). Dort entschied sich Goya für die Unentrinnbarkeit, hier läßt er der Frau eine Chance. Aus den Nachtgeschöpfen sind Wegelagerer geworden, die vielleicht in ihrem Abseits nur darauf warten, erweckt zu werden. Goya deutet die Möglichkeit einer Zwiesprache an. Das macht den »prosaischen Realismus« (Lafuente-Ferrari, 1979, S. 217) der Zeichnung aus. Ohne ihren Eierkorb und das andere Beiwerk wäre die junge Frau eine Freiheitsgöttin (Vgl. Kat. 538). (López-Rey hebt ihre sinnliche Wirkung auf die beiden Männer hervor und sieht in ihr das Selbstbewußtsein der ›Liberalen‹ verkörpert.)

Wie schlicht nimmt sich daneben die kühne Maria Agustina aus, wie sie den Verteidigern von Saragossa Munition bringt (Abb. 92). Ohne die Bildunterschrift würden wir sie für eine Eierverkäuferin halten.

111 P^{a}·los q.^{e}/estan en/P.^{do} Mortal
Für jene, die im Zustand der Todsünde leben

(Album C 60)
1803-24
Sepialavis und Feder
205 x 141 mm
Madrid, Prado, Inv. Nr. 290
Literatur: GW 1298, G(S) 207

Eine junge Frau, die um Almosen bittet. Sie ist die verkörperte ›Caritas‹ und Schwester der ›Veritas‹, die dem alten Bauern Hoffnung spendet (Kat. 108). Diese überzeugt durch ihre naturwüchsige Körperfülle, indes die ›Caritas‹ die Schönheit ihrer Leidensfähigkeit in ihren Gesichtszügen trägt. Hier hat Goya auf engstem Raum den Widerstreit untergebracht, der sein ganzes Lebenswerk bestimmt: das Gegen- und Miteinander von Hell und Dunkel, von Hoffnung und Verzweiflung. Für Gassier ist diese Figur »eine der monumentalsten, die Goya je gezeichnet hat«. Das verschattete Auge begegnet uns auf der Kriegsallegorie als Zeichen der Verschlagenheit (Kat. 21).

112 Divina Libertad
Göttliche Freiheit

(Album C 115)
1820-24
Sepialavis und Tuschlavis
205 × 144 mm
Madrid, Prado, Inv.Nr. 346
Literatur: GW 1350, G(S) 259

»In wenigen Werken Goyas kommt eine so überwältigende Freude zum Ausdruck«, be-

merkt Gassier. Ein Schriftsteller – wir sehen links Papier und Tintenfaß –, der den Hut auf dem Kopf trägt, damit wir ihn nicht für einen (An-)Betenden halten (López-Rey, 1956, S. 131). In dieser Freiheitsvision drückt sich die Freude des alten Goya über die Ereignisse des Jahres 1820 aus. Der siegreiche Aufstand des Don Rafael de Riego verhalf dem liberalen Gedanken zum Durchbruch. Am 9. März mußte Ferdinand VII. den Eid auf die 1814 von ihm widerrufene Verfassung von Cadiz (1812) leisten, die Rede- und Pressefreiheit garantierte. Am 4. April fand eine Sitzung der königlichen Akademie statt, in der Goya den Verfassungseid leistete.

Klingender (1978, S. 229) sah in der Zeichnung die Verzweiflung des ›Christus am Ölberg‹ und des knienden ›Schmerzensmannes‹ (Des. 1, Kat. 69) umschlagen in »jubelndes Frohlocken«. Das Christus-Bild (Abb. 59) entstand 1819 im Auftrag der Escuelas Pías, wo es heute noch im Amtszimmer des Priors hängt. Sánchez Cantón hat im Zusammenhang mit diesem Auftrag von Goyas »religiöser Stunde« gesprochen. Klingender verdanken wir die Erhellung der historischen Umstände, die dazu den Hintergrund bilden: »Er erhielt seinen Auftrag von den Vätern der ›Frommen Schule‹ am Tage vor dem fünften Jahrestag jener Schreckensnacht, 10./11. Mai 1814, als die führenden Liberalen aus ihren Betten heraus verhaftet und ins Gefängnis geschleppt wurden, wo viele von ihnen noch immer schmachteten – jener Schreckensnacht, die das Signal zu neuer Unterdrückung gab. 1819 war, wie wir gesehen haben, das Jahr, in dem die schauderhafte Korruption der Regierung in völliger Gesetzlosigkeit und Verwirrung offenbar wurde; der Augenblick, da Garays Versagen allen Menschen klarmachte, daß nur eine Erhebung des Volkes dem Lande Frieden und Ordnung wiedergeben konnte. Das Jahr 1819 sah auch den letzten und aufregendsten der vielen vergeblichen Versuche zu einem Aufstand. Noch ehe Goya sein Altarbild abgeliefert hatte, war die Meuterei von Cadiz durch La Bisbal verraten worden.« (Klingender, 1978, S. 229)

Goyas »religiöse Stunde« um 1819/20 ist auch eine Stunde der radikalen Umwertung der religiös besetzten Pathosformeln. Dieser »Intellektuelle, der die Redefreiheit begrüßt« (Lafuente-Ferrari, 1979, S. 28), ist nicht passiver Empfänger einer Offenbarung, sondern einer, der für diese Wende gestritten hat. Er ist der Verkünder des Lichtes, das auf ihn fällt. López-Rey (1956, S. 62) und Gassier datieren das Blatt »um 1820«, Sayre (Stockholm 1980, Kat. 24) aufgrund der Kleidung »um 1811/12«, also in die Zeit der liberalen Verfassung von Cadiz.

Goethes ›Egmont‹ (1788) endet mit einer

Vision der »göttlichen Freiheit«. Im Traum erscheint dem zum Tod Verurteilten sein Klärchen, das Bürgermädchen, vom Morgenlicht umstrahlt: »Die göttliche Freiheit, von meiner Geliebten borgte sie die Gestalt, das reizende Mädchen kleidete sich in der Freundin himmlisches Gewand. In einem ersten Augenblick scheinen sie vereinigt, ernster als lieblich. Mit blutbefleckten Sohlen trat sie vor mir auf, die wehenden Falten des Saumes mit Blut befleckt. Es war mein Blut und vieler Edlen Blut. Nein, es ward nicht umsonst vergossen. Schreitet durch! Braves Volk! Die Siegesgöttin führt dich an!« Goethes bürgerliche Siegesgöttin entspricht den Landmädchen Goyas (Kat. 108, 110).

113

Abb. 93 Goya, *Fresko in San Antonio de la Florida* (Detail)

113 Lux ex tenebris
Licht aus der Dunkelheit

(Album C 117)
1820-24
Tuschlavis und Sepialavis
205 x 143 mm
Madrid, Prado, Inv.Nr. 347
Literatur: GW 1352, G(S) 261

Wie in Kat. 112 grüßt Goya die neue, von der Verfassung garantierte Freiheit. Lafuente-Ferrari (1979, S. 27) datiert die Zeichnung in das Frühjahr 1820. Gassier vermutet, daß die Wahrheits- und Lichtbringerin den Verfassungstext in ihren Händen hält.
Die Freude macht Goya nicht blind für die Gefahren, die dem neuen Tag drohen: sein Lichtkreis ist begrenzt, das Dunkel hat sich zurückgezogen, doch seine Kräfte bleiben als drohende Masse weiter gegenwärtig (vgl. GW 1470: ›Die Wahrheit wird von dunklen Geistern geplagt‹ und Kat. 114).
Goyas Lichtbringerin ist kein Engel, aber die Engel von S. Antonio de la Florida gehören zu ihren Ahnen (Abb. 93) (das hat schon López-Rey, 1956, S. 131 f, gesehen).

114

114 »Das Licht der Gerechtigkeit«

(Album C 118)
1820-24
Tuschlavis und Sepialavis
205 x 142 mm
Madrid, Prado, Inv.Nr. 345
Literatur: GW 1353, G(S) 262

Goya hat dieser Zeichnung keine Legende gegeben. »Das Licht der Gerechtigkeit« (Gassier-Wilson) verfehlt sicher nicht den Sinn der Aussage. Goya läßt das neue Zeitalter (vgl. Bemerkungen zu Kat. 112) mit einem »Jüngsten Gericht« (López-Rey, 1956, S. 132) anbrechen: links die Guten, die zu einem Freudentanz ansetzen, rechts die Bösen, von Entsetzen gepackt, vorne ein Priester, der sich vom Licht abwendet.

Auf menschliche Symbolträger verzichtend, verkündet Goya die Gerechtigkeit als abstraktes Prinzip des Gleichgewichts, das, in einer Lichtkugel eingeschlossen, über den Köpfen der Menschen schwebt und nicht in ihrer Mitte wirkt. Das unterscheidet die Zeichnung von den anderen des Zyklus (Kat. 111, 112); als überirdische, nicht von Menschen herbeigeführte Offenbarung steht sie den frühen religiösen Bildern mit Visionen und Himmelserscheinungen nahe (vgl. GW 160, 172, 175). Vielleicht empfing Goya Anregungen aus einem Emblembuch.

115 Divina Razon/No deges ninguno
Göttliche Vernunft. Nimm keinen aus

(Album C 122)
1820-24
Tuschlavis und Sepialavis
205 x 143 mm
Madrid, Prado, Inv.Nr. 409
Literatur: GW 1357, G(S) 266

Die Gerechtigkeit, der wir als abstraktem Prinzip in Kat. 114 begegnen, tritt in strafende Aktion gegen die dunklen Vögel (Krähen?) der Unwissenheit und Unterdrückung. In der jungen Frau verbindet sich die ›Wahrheit‹ mit der ›Gerechtigkeit‹. An diese Beobachtung knüpft Gassier den Hinweis, daß der zweite Teil der Legende — »No deges ninguno« (Nimm keinen aus) — sich auf die Aufhebung zahlreicher Klöster nach Einführung der liberalen Verfassung bezieht. Erwin Walter Palm (1971, S. 337) hat Goyas Quelle in der Ikonologie von Jean-Baptiste Boudard (Parma 1759) entdeckt (Abb. 94) und diese Formanleihen für den linkischen, abstrakten Duktus der Zeichnung verantwortlich gemacht. Goya könnte das Buch bei seiner Italienreise (um 1770/71) kennengelernt haben. Boudards Allegorie verteidigt den Glauben gegen seine Anfechtungen, indes Goyas Wahrheit-Gerechtigkeit mit der von der Kirche verordneten Selbstbezichtigung (also mit der Flagellanten-Praxis) bricht und die Dunkelmächte als Anfechtung entlarvt und davonjagt.

Da die Vögel Goyas Zutat sind, vermutet Palm, sie seien später hinzugefügt worden. Seine aus dieser Unstimmigkeit abgeleitete Frage — wer greift Vögel mit einer Peitsche an? — ist leicht zu beantworten, wenn wir die Szene mit Cap. 20 vergleichen und als Variante eines ›Rahmenthemas‹ auffassen (Kat. 26a).›Dort gehen sie schon gerupft‹ setzt den Titel des vorhergehenden Blattes: ›Alle werden fallen‹ (Kat. 26) fort und bezieht sich auf die Mißhandlungen, die die Dirnen ihren Kunden zufügen. Die dummen, vogelähnlichen Liebhaber und die Vögel der Intoleranz — beide sind Kehricht, und beide Male gehört Goyas Sympathie nicht den Bestraften, sondern den Strafenden, wobei er freilich, auf Boudard gestützt, die Wahrheit-Gerechtigkeit mit mehr Würde und Autorität ausstattet als die Prostituierten. Für López-Rey (1956, S. 134) ist die Gestalt, weil von unten gesehen, ein »Kultbild«, und er vergleicht sie mit der Vernunft-Göttin, der in der Französischen Revolution Tempel errichtet wurden.

115

Abb. 94 aus Boudard, *Iconologie*

116 Hilfe
(Album F 23)
1812-23
Sepialavis
206 × 145 mm
Madrid, Prado, Inv.Nr. 259
Literatur: GW 1451, G(S) 297

Der Titel stammt von Gassier, der ihn auf die sitzende Rückenfigur bezieht, offenbar eine ältere Frau, der sich die beiden jüngeren helfend zuneigen. Lafuente-Ferrari (1979, S. 309) vermutet eher eine Szene »de miseria extrema« und erinnert daran, daß E. Lucas diese Szene mehrere Male nachgeahmt hat. Goya zeichnet die Sitzende mit knappen, das Volumen betonenden Pinselstrichen, während er der linken Frau einen fließenden Umriß gibt, wie er ihn nur selten verwendet. Damit kontrastieren der dunkle Raumzwickel zwischen den Gestalten und die harte Schranke, »die fast unüberwindbar zum Himmel emporsteigt« (Gassier). Sie gibt der Komposition die nach unten zielende Diagonale — Ausdruck der Beschwernis und Mühsal.

117

117 Vinculos indisolubles
Unauflösbare Bande
1810-20
Schwarze Kreide und chin. Tusche
188 × 158 mm
Madrid, Biblioteca Nacional, Inv.Nr. B 1253
Literatur: GW 1525, G(Z) 368

Die Deutung muß sich mit der Frage auseinandersetzen, ob der Titel am unteren Blattrand von Goya oder von fremder Hand stammt. Wenn wir letzteres vermuten, dürfte er auf einer falschen Lesart des Ereignisses beruhen, denn dargestellt sind nicht die ›Ehebande‹ (wie auf Kat. 41, Kat. 150), sondern die Vorbereitungen für eine Folterung bzw. Vergewaltigung. Die Frau ist das Opfer männlicher Gewalt, und ihr von den beiden Voyeuren entblößter Oberkörper deutet an, daß hier sadistische Bedürfnisse nach Befriedigung verlangen. Insofern, als Täter und Opfer – fatal miteinander verknüpft – ein Paar bilden, könnte der Titel, stammte er von Goya, auf diese »unauflösbaren Bande« hinweisen.

Das Festbinden paßt freilich auch zu den Vorbereitungen für eine Erschießung. Vergleichbares gibt es in den Desastres (15, 32, 39). Wieder verbinden sich Grausamkeit und Wollust, Tod und Eros zu einem düsteren Ritual, in dessen Hintergrund ein klassisches ›Rahmenthema‹ steht: die geopferte Unschuld. Der nahezu ingreske Hals der Frau scheint sich einer Enthauptung anzubieten. Ähnliche Halskurven fallen bei den Todeskandidatinnen der Desastres auf (13, 26). In einigen früheren Gemälden Goyas – Opferung Isaaks, Opferung Jephthahs Tochter – treffen wir das Rahmenthema unserer Zeichnung in mythologischer Überhöhung an. (Vgl. auch ›Wilde ermorden eine Frau‹, Besançon, um 1808/1814, GW 924). Das führt zu der Frage, ob es sich nicht um eine patriotische Allegorie handelt, die auf die Vergewaltigung Spaniens anspielt. Die gefesselte Frau wäre dann eine Symbolgestalt wie die ›Wahrheit‹ (Kat. 104-108). Lafuente-Ferrari vermutet in dem alten Mann die ›Zeit‹, woraus sich die Frage ableitet, ob es zwischen der Zeichnung und der Konstitutionsallegorie ›Die Zeit rettet die Wahrheit‹ (Kat. 291) einen, vielleicht dialektischen, Zusammenhang gibt. In dieser Richtung dürfte die Entschlüsselung von Goyas Bildmetapher zu suchen sein.

118 Segura union natural (Hombre la mitad Muger la otra. Dulce union)
Eine natürliche, sichere Verbindung.
Zur Hälfte Mann, zur Hälfte Frau. Süße Verbindung.
(Album G 15)
1824-28
Schwarze Kreide
192 x 150 mm
Cambridge, Fitzwilliam Museum,
Inv.Nr. 2067
Literatur: GW 1723, G(S) 376

Goya entdeckt eine Lösung für den Kampf der Geschlechter: er erfindet eine tatsächliche ›Überfigur‹, halb Weib, halb Mann, und es scheint, daß diese Symbiose glücklich macht. Ein »lustiges Blatt« (Gassier), in dem der alte Künstler den Gedanken des Ausgleichs und der Versöhnung auf eine aphoristische Gestalt bringt, als wollte er die Darstellung der Falschheit dementieren, die Ripa in seiner Iconologia (1630) gab: eine Frau mit zwei Köpfen (Abb. 112 bei Kat. 150). (Nordström, 1962, hat diesen Holzschnitt bereits mit Goyas ›Traum von Lüge und Wankelmut‹ (Kat. 49) in Verbindung gebracht.)

119 Guter Rat
(Album H 4)
1824-28
Schwarze Kreide
190 x 153 mm
Madrid, Prado, Inv. Nr. 402
Literatur: GW 1767, G(S) 421

Ein Dialog, der mit Symbolen ausgetragen wird. Der unförmige Mönch, ein ausladendes Kleiderbündel, argumentiert mit Kreuz und Totenschädel: alles Tun ist eitel. Der Knabe hält ihm die Hacke als Antwort entgegen: in der Arbeit ist das Heil. Wieder eine discordia concordans, ein Gegeneinander der Weltanschauungen, das der Zeichner Goya einem einzigen Umriß, einer ›Übergestalt‹, subsumiert. Aus der kompakten ›Landmasse‹ dieses unregelmäßigen Dreiecks ragen nur die drei Symbole heraus. Die aufrecht gehaltene Hacke beherrscht das Ganze.

Neu ist Goyas Einfall, den Glauben an die Zukunft mit einem Kind zu veranschaulichen: zu dieser Auszeichnung kennen wir in der Kunst um 1800 keine Parallelen. (Blakes kleiner Schornsteinfeger ist der dialektische Gegentyp, das ausgebeutete Kind.)

120

120 Die Feder ist mächtiger als das Schwert

(Album H 7)
1824-28
Schwarze Kreide
192 x 156 mm
Cambridge, Fitzwilliam Museum,
Inv. Nr. 2068
Literatur: GW 1770, G(S) 424

Wieder eine Antithese aus Symbolen (vgl. Kat. 113-115, 119). Klingender (1978, S. 242) deutet den Mann als Wahrheit-Gerechtigkeit, für C. van Hasselt (1957, S. 87-89) ist er ein Mönch. Gassier macht auf die Lichtstrahlen aufmerksam, die vom Kopf des Greises ausgehen, was bei Goya bedeutet, daß der Dargestellte eine Tugend, eine positive Wertvorstellung verkörpert. Demnach stelle Goya hier »den Sieg des Geistes über die Gewalt« dar. Die Waage zeigt nicht die Gerechtigkeit, sondern eine Wertskala an. Der Blick des Mannes ist gespannt auf die Waage gerichtet, er scheint dem ›Sieg des Geistes‹, für den seine linke Hand bekräftigend wirbt, nicht recht zu trauen.

Die Allegorie gerät in die Nähe emblematischer Sinnsprüche, sie hat mehr vom Geist des 18. Jhdts. − vgl. Fragonards ›Traum des Plutarch‹ (Abb. 95) − als von der sinnlichen Fülle, mit der Goya die Emblematik überwand.

Abb. 95 Fragonard, *Der Traum des Plutarch*

121 Nachdenkliche Schäferin

(Album H 8)
1824-28
Schwarze Kreide
191 x 150 mm
Madrid, Prado, Inv.Nr. 320
Literatur: GW 1771, G(S) 425

Goya greift auf den Einfall aus dem Album C zurück: ›Piensalo bien‹ (C 25, GW 1263) heißt ein Blatt mit einer Schäferin, die sich auf einen Stock stützt. Gassier untersucht die formalen Unterschiede zwischen beiden Zeichnungen. In der Aussage ist die Schäferin dem immer noch lernenden Greis verwandt. (Kat. 179) Ihre Legende könnte lauten: immer noch denke ich nach. Ihr Gewicht bekommt diese versonnene Gestalt von dem Umstand, daß die Mehrzahl der Zeichnungen in den beiden späten Alben (G und H) sich mit bedrohten oder bedrohlichen Geschöpfen befaßt, mit Verrückten, Mißhandelten, mit Rohlingen und Besessenen (vgl. Kat. 175-178, 185-189). Die Schäferin gehört einer anderen Welt an (vgl. Kat. 109).

121

122 Er hilft ihm gut zu sterben

(Album H 44)
1824-28
Schwarze Kreide
191 × 155 mm
Madrid, Prado, Inv.Nr. 365
Literatur: GW 1805, G(S) 459

Gassiers Titel lautet: »Er hilft ihm gut sterben«. Der Kapuziner und der offensichtlich zum Tod verurteilte Gefangene bilden eine ›Überfigur‹, aus der nur das schwarze Kreuz sich abhebt: es weist auf das Kruzifix im Hintergrund. In diesem Zwiegespräch macht Goya seinen Frieden mit den Antagonismen, die ihn sein Leben lang beschäftigt haben, und zum ersten Mal steht der Mönch nicht im Dienste der Gewalt, sondern der Nächstenliebe (Gassier). Darüber dürfen wir nicht übersehen, daß diese Nächstenliebe sich in Umständen bewähren muß, die Goya im hohen Alter nicht weniger beklagt, als er sie in seiner Jugend angriff: immer noch gibt es Todesurteile, geht die Justiz mit dem einfachen Menschen hart ins Gericht. Den Ausgleich der Gegensätze überschattet Resignation.

VIII. Sterben ist besser

So lautet der Titel von Kat. 142. Alle Zeichnungen dieses Kapitels stammen aus dem Album C, dem sogenannten ›Tagebuch-Album‹. Es ist von allen ›Skizzenbüchern‹ das umfangreichste und fast vollständig erhalten. Es wäre freilich besser, nicht von einem ›Skizzenbuch‹ zu sprechen, denn diese Zeichnungen sind weder erste Studien noch flüchtige Notierungen, sondern eigenständige Bildgedanken.

Die höchste nachweisbare Nummer der Folge ist 133. Davon sind 126 Zeichnungen bekannt, die sich bis auf 6 alle im Prado befinden. Dieser Bestand wurde wahrscheinlich 1854 von Román Gareta den Nachkommen Goyas abgekauft; er kam 1866 in das Museo de la Trinidad (Museo Nacional de Pinturas). Die ersten Veröffentlichungen berücksichtigen nicht Goyas handschriftliche Nummern. Erst Pierre Gassier stellte 1947 117 der 120 im Prado befindlichen Zeichnungen zusammen (Dessins de Goya au Musée du Prado, Genf 1947, mit einem Aufsatz von André Malraux). Er glaubte aus der Nummernfolge auf eine zeitliche Abfolge schließen zu können und datierte den Zyklus zwischen 1800 und 1823. In seinem großen Werk über Goyas ›Skizzenbücher‹ (1973) hat Gassier diesen Standpunkt revidiert. Er kommt jetzt zu folgendem Schluß: »Das Album C ist im Laufe vieler Jahre entstanden, es fällt hauptsächlich in die tragische Zeit des Unabhängigkeitskrieges und der Unterdrückung nach der Rückkehr Ferdinands VII. Diese lange Entstehungszeit, die sich deutlich in der stilistischen und technischen Entwicklung spiegelt, erklärt auch, warum das Album das komplizierteste, vielschichtigste aller Skizzenbücher Goyas ist.« (S. 227) Eine erste inhaltliche Untersuchung nahm José López-Rey in seinem Buch ›A Cycle of Goya's drawings — The Expression of Truth and Liberty‹, London 1956, vor. Gassier äußerte Bedenken gegen die »klugen Kombinationen«, mit denen López-Rey versuchte, »diese Vielzahl von Zeichnungen durch ein Netz gedanklicher Bezüge miteinander zu verknüpfen«. Diese Vorbehalte scheinen gerechtfertigt, zumal wenn wir das Album C als Fortsetzung des Capricho-Gedankens auffassen, zu dessen Merkmalen Sprunghaftigkeit und Rätselhaftigkeit zählen. Dennoch lassen sich innerhalb des Ganzen einige Leitvorstellungen erkennen. Gassier hat sie so benannt:

C 39 bis C 47:	Visionen aus einer Nacht (vgl. Kat. 13, 132)
C 85 bis C 92:	die encorozados (Opfer der Inquisition) (vgl. Kat. 136, 137)
C 93 bis C 114:	Gefängnisse (vgl. Kat. 138-145)
C 115 bis C 118:	Die Freiheit (vgl. Kat. 112-114)
C 119 bis C 125:	gegen die religiösen Orden gerichtete Darstellungen (vgl. Kat. 52, 64, 115)
C 126 bis C 131:	Ordensleute, die sich ihrer Kutten entledigen (vgl. Kat. 53)

Diese Gliederung überzeugt, doch läßt sie mehr als die Hälfte der Zeichnungen (C 1-C 38 und C 48-C 84) unberücksichtigt. Man kann einen roten Faden ganz allgemein in den »Wechselfällen des menschlichen Daseins« (Gassier) erkennen. Das Unvorhersehbare dieser »Wechselfälle« kommt durch Goyas oft abrupten Themenwechsel zum Ausdruck. Mehr noch als in den Caprichos äußert sich Goya als Zeitgenosse, der das Schicksal seines Vaterlandes zwischen Verzweiflung und Hoffnung, Nacht und Tag erlebt. Jene Zeichnungen des Albums C, in denen sich der Glaube an eine nationale Erneuerung ausspricht, sind in unserem Kap. VII (Lux ex tenebris, Kat. 112-115) vereinigt. Die folgende Auswahl betont die dunkle Kehrseite, die Hoffnungslosigkeit, in die Goya von den wieder ans Ruder gelangten Kräften der Reaktion getrieben wird. Diese Betroffenheit scheint nachhaltiger gewirkt zu haben als das kurze Aufflackern seines Optimismus.

Bald nach seiner Rückkehr 1814 schaffte Ferdinand VII. wieder die Verfassung ab. Mit dem König kam auch die Inquisition wieder an die Macht, wurden die Adelsprivilegien wieder in Kraft gesetzt und alle Einrichtungen der demokratischen Selbstverwaltung (die Cortes und die Provinzversammlungen) abgeschafft. Diese Rückkehr zu den alten, vornapoleonischen Strukturen stieß auf Widerstand. Verschiedentlich kam es zu Militärrevolten, die zu Beginn des Jahres 1820 in der von Rafael del Riego y Nuñez angeführten Offiziersrevolte kulminierten. Als die Bewegung die großen Städte und ihre Garnisonen ergriff, mußte sich der König ihrem Druck beugen und am 9. März 1820 die Verfassung wieder anerkennen (Abb. 96). (Am 4. April legte Goya in einer Sitzung der Academia de S. Fernando den Verfassungseid ab.) Die in Angriff genommenen Reformen betrafen u.a. die Abschaffung der Inquisition, die Aufhebung der Klöster und die Garantie der Pressefreiheit. In die Enge getrieben, begann der König zu lavieren, und während sich die politischen Reformer in ›Moderados‹ (Gemäßigte) und ›Exaltados‹ (Schwärmer) spalteten und so ihren Gegnern, den ›Serviles‹, in die Hand arbeiteten, verfolgten die Mächte der ›Heiligen Allianz‹ den Verfall der politischen Stabilität und Autorität mit wachsendem Argwohn. Romantische ›Schwärmer‹ wie Chateaubriand drängten auf eine bewaffnete Intervention. Ende 1822 wurde auf dem Kongreß von Verona die spanische Frage erörtert und die Entsendung eines französischen Expeditionskorps — das sich glaubenskämpferisch »die hunderttausend Söhne des heiligen Ludwig« nannte — beschlossen, dem es unter der Führung des Herzogs von Angoulême binnen weniger Monate gelang, die absolute Monarchie wieder herzustellen. Ferdinand VII. nahm an seinen politischen Gegnern so grausame Rache, daß selbst seine Verbündeten ihm zur Mäßigung

Abb. 96 *Ferdinand VII. schwört auf die Verfassung*

rieten, doch ohne Erfolg. Die Opfer des weißen Terrors der Reaktion gehen in die Tausende. Der Bürgerkrieg von 1823 und seine Folgen kosteten das Land 100000 Menschenleben. 6000 endeten auf dem Schafott, 8000 wurden ohne Urteil ermordet, 16000 starben in den Kerkern, 24000 blieben inhaftiert. So lauten die Zahlen eines spanischen Historikers (Stuttgart 1980, S. 121).

Goya hat die Gewalttaten dieses Regimes im Album C kommentiert. Diese Zeichnungen gehören zu den wenigen Bilddokumenten aus der dunkelsten Zeit der neueren spanischen Geschichte. Zensur und Inquisition unterbanden die Satire in Wort und Bild. Auch ein Mann von Goyas Rang war der Verfolgung ausgesetzt. Das veranlaßte ihn, ins Exil zu gehen. Im September 1823 machte er sein Landhaus seinem Neffen zum Geschenk, im Mai 1824 ließ er sich vom König beurlauben, um die Bäder von Plombières aufzusuchen. Das war nur ein Vorwand, um die Ausreiseerlaubnis zu bekommen. Er ging nach Bordeaux, wo er die letzten vier Jahre seines Lebens verbrachte und am 16. April 1828 starb. Aus dem Exil reiste er nur zweimal nach Madrid, einmal, 1826, um sich von seinen Pflichten als Hofmaler entbinden zu lassen.

W.H.

123 Salvage menos q.ᵉ otros
Weniger wild als andere

(Album C 2)
um 1803-24
Tuschlavis und Sepialavis
205 × 143 mm
Madrid, Prado, Inv.Nr. 87
Literatur: GW 1245, G(S) 152

Der mit Waffen gespickte Mann erinnert Gassier an den »guten Wilden«, den Rousseau seiner depravierten Gesellschaft als Vorbild entgegenstellte. Analog dazu wäre Goyas sarkastische Legende als Seitenhieb auf die Zivilisation zu lesen. Als Typ ist dieser Krieger eher eine burlesk verkleidete Figur, die uns an die ›Trinker‹ des Velázquez erinnert, die Goya 1778 in einer Radierung kopierte (Kat. 207).

123

124 Así suelen acabar los hombres utiles
   So enden oft nützliche Menschen

(Album C 17 (16))
um 1803-24
Tuschlavis
205 x 142 mm
Madrid, Prado, Inv.Nr. 46
Literatur: GW 1256, G(S) 165

Goya betont, daß der Alte ein »nützlicher Mensch« war, nicht um ihn von der Kategorie der Bettler und Landstreicher abzuheben, sondern um zu zeigen, wer alles zu diesen Randmenschen der Gesellschaft zählt. Der morsche Körper ist eine einzige Krümmung, die eine unsichtbare Last trägt. Die »Mühseligen und Beladenen« haben eine lange Geschichte in Goyas Werk, beginnend etwa mit dem Buckel des Wasserträgers (Kat. 217). Aus dem Menschen, der Lasten tragen muß, entwickelt Goya die deformierte Anatomie der bedrückten Kreatur schlechthin, die er auf seine Gestürzten, Fallenden und Toten überträgt. Er nimmt den Schädel in die Masse der Schultern zurück und spannt ihn gleichsam in deren Joch (Kat. 125, 175). So entstehen beklemmende Gegenbilder zum aufrechten Menschentyp, zum stolzen ›ilustrado‹, dessen Selbstbewußtsein in der Selbstbestimmung gründet. Goya könnte Anregungen von Callots Bettler-Radierungen empfangen haben. (Abb. 97, 98).

Abb. 97 Callot, *Der Bettler mit den Krücken*

Abb. 98 Callot, *Der Verkrüppelte*

125 Be V.ᵈ q.ᵉ expr.ⁿ, pues no lo cree el marido
Seht diesen Ausdruck! Nun, der Gatte glaubt es nicht

(Album C 19 (18))
um 1803-24
Tuschlavis und Sepialavis
205 x 142 mm
Madrid, Prado, Inv.Nr. 14
Literatur: GW 1258, G (S) 167

Der Titel ist der formalen Dialektik angemessen: indem er aufhellt, verrätselt er zugleich. Ohne seine Kenntnis würden wir auf eine Sterbeszene schließen, vielleicht sogar auf eine Mischung aus Pietà und Grablegung. Der formale Aufwand, den Goya einsetzt, rechtfertigt diese Vermutung, indes belehrt uns der Titel, daß die religiös besetzten Pathosformeln für eine banale Betrugskomödie zwischen Ehegatten herhalten müssen. Solcherart bekommt der Vorgang den Beiklang eines hohlen, entlehnten Pathos; zugleich deutet Goya an, daß das Repertoire der religiösen Kunst, für die Farce verfügbar geworden, seine ursprüngliche Bedeutungsebene rückwirkend parodiert. Die aus drei Körpern bestehende ›Überfigur‹, in der die stützende Assistenzfigur fast untergeht, scheint Goyas Ausdrucksabsicht zu unterstreichen: hier betrügt jeder jeden, doch keiner kann sich vom anderen trennen (vgl. Kat. 41, 49, 117, 150).

126 Culpable miseria
　Schuldhaftes Elend
(Album C 22 (21))
um 1803-24
Tuschlavis
205 x 143 mm
Madrid, Prado, Inv.Nr. 43
Literatur: GW 1261, G(S) 170

Die halbnackte, in Lumpen gehüllte Gestalt bringt die existentielle Fragehaltung der »Düsteren Vorgefühle ...« (Kat. 69) auf ein bestimmtes gesellschaftliches Verhalten, den Bettler. Er ist aber nicht nur der anschauliche Inbegriff der von der napoleonischen Besetzung angerichteten Verwüstung des Volkskörpers, sondern eine Symbolfigur der Mißwirtschaft, die auch die Reformer des 18. Jhdts. nicht zu beseitigen vermocht hatten. Lafuente-Ferrari (1979, S. 225) erinnert daran, daß im ausgehenden 18. Jhdt. etwa 140000 Bettler gezählt wurden, und er richtet die Schuldfrage, die Goya in seiner Legende anspricht, an die Besitzenden, an Adel und Kirche, die diesen Problemen gleichgültig gegenüberstanden. In dieser Memento-Gestalt setzt Goya die Allegorisierung der Armut fort, die in Spanien seit den Lumpenphilosophen des Velázquez und den Träumen des Quevedo eine künstlerisch-philosophische Tradition hat. Quevedos Träumer trifft in der ›Straße der Heuchler‹ (3. Traumgesicht) einen Alten, der ihm sagt: »Ich bin ein Freund der Wahrheit und ein ehrlicher Mann, wie meine Armut und meine zerrissenen Kleider dir bezeugen. Ich bin der entdeckte Betrug oder vielmehr der Offenbarer des Betrugs in allen Dingen. Die Mißhandlungen der Welt und ihrer Anhänger haben meine Kleider zu Fetzen gemacht, die Narben und Wundmale in meinem Gesicht sind die Zeichen ihrer Verehrung.«

127

127 Mejor fuera vino
Wein wäre besser

(Album C 23, früher C 29)
um 1803-24
Tuschlavis und Sepialavis
205 × 143 mm
Madrid, Prado, Inv. Nr. 47
Literatur: GW 1267, G(S) 172

Trinkt er oder erbricht er sich? Der Titel beantwortet diese Unklarheit, die uns bewußt macht, wie nahe dieses Gegensatzpaar in Goyas Werk beisammen wohnt. Schon der Mann auf dem Londoner ›Picknick‹ (GW 274) ist in dieser Hinsicht ambivalent. Goya beobachtet, daß der Mensch, den seine Bedürfnisse überwältigen, zum Tier wird, und er entdeckt in der gleich einer Schildkröte sich festkrallenden Kreatur eine neue Ausdrucksqualität: der Rücken hat nicht mehr die Krümmung der Servilität, sondern den Buckel einer Landschaft. Die elementare Vitalität, die in dieser Begierde steckt, wird deutlich, wenn wir sie mit dem ›Trinkenden Hirten‹ von Delacroix (Abb. 99) vergleichen. Die Bedeutungsschichten dieser Trinker-Haltung reichen bis in den Tod. Der Tote in einer Blutlache (Kat. 82) ist die wohl bitterste Illustration der Sentenz: »Wein wäre besser«. Vgl. C 49 (GW 1287) C 112 (Kat. 145 und Kat. 284a).

Abb. 99 Delacroix, *Trinkender Hirte*

128 No lo encontraras
   Du wirst ihn nicht finden

(Album C31 (30))
um 1803-24
Tuschlavis und Sepialavis
205 x 142 mm
Madrid, Prado, Inv.Nr. 419
Literatur: GW 1269, G(S) 178

Die Legende sagt aus, was die Zeichnung allein nicht anschaulich machen kann: Goyas Pessimismus, der hier »einen seiner tiefsten Punkte« (Lafuente-Ferrari, 1979, S. 21) erreicht. Dem Diogenes von Sinope, der sich am hellichten Tag anschickte, mit einer Laterne einen Menschen zu suchen, antwortet der Zeichner mit schneidendem Hohn: »Du wirst ihn nicht finden«. Dennoch hat der kynische Philosoph seine Sympathie. Er zeichnet ihn, der sich seines Wagnisses bewußt ist, als skeptischen Bruder des alten Mannes, der »immer noch lernt« (Kat. 179). Die Gestalt steht in der spanischen Bildtradition der Lumpenphilosophen (vgl. Kat. 205, 206). Mit dem ›Diogenes‹ des Castiglione (Gemälde im Prado und Radierung Abb. 100) hat die Gestalt Goyas nichts zu tun. Castiglione bezieht das Thema auf die Vanitas-Tradition.

Abb. 100 Castiglione, *Diogenes sucht Menschen*

128

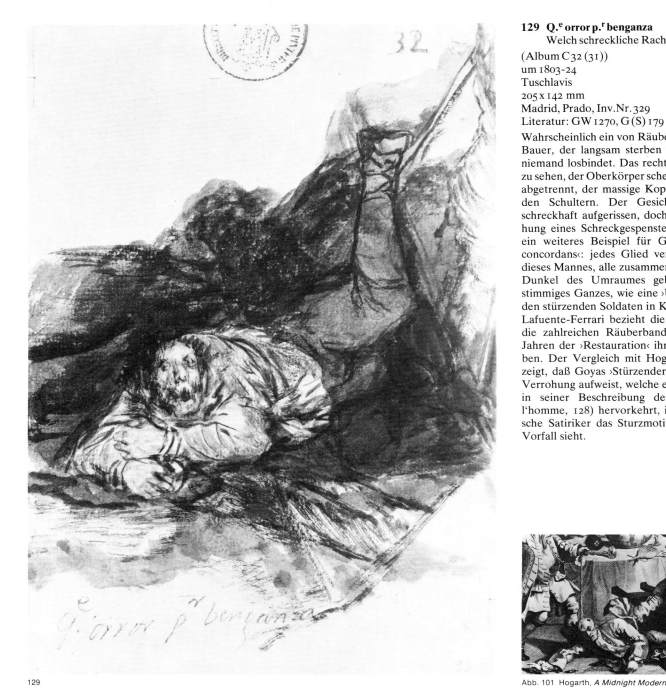

129 Q.ᵉ orror p.ʳ benganza
Welch schreckliche Rache

(Album C 32 (31))
um 1803-24
Tuschlavis
205 × 142 mm
Madrid, Prado, Inv.Nr. 329
Literatur: GW 1270, G(S) 179

Wahrscheinlich ein von Räubern überfallener Bauer, der langsam sterben wird, wenn ihn niemand losbindet. Das rechte Bein ist nicht zu sehen, der Oberkörper scheint vom Becken abgetrennt, der massige Kopf sitzt dicht auf den Schultern. Der Gesichtsausdruck ist schreckhaft aufgerissen, doch ohne die Drohung eines Schreckgespenstes. Das Blatt ist ein weiteres Beispiel für Goyas ›discordia concordans‹: jedes Glied verrät die Marter dieses Mannes, alle zusammen wirken, in das Dunkel des Umraumes gebettet, wie ein stimmiges Ganzes, wie eine ›Überfigur‹. Vgl. den stürzenden Soldaten in Kat. 158.

Lafuente-Ferrari bezieht die Zeichnung auf die zahlreichen Räuberbanden, die in den Jahren der ›Restauration‹ ihr Unwesen trieben. Der Vergleich mit Hogarth (Abb. 101) zeigt, daß Goyas ›Stürzender‹ jene qualvolle Verrohung aufweist, welche etwa La Bruyère in seiner Beschreibung der Bauern (De l'homme, 128) hervorkehrt, indes der englische Satiriker das Sturzmotiv nur als einen Vorfall sieht.

Abb. 101 Hogarth, *A Midnight Modern Conversation*

130 Rara penitencia
  Seltsame Buße
(Album C 34 (33))
um 1803-24
Tuschlavis
205 × 142 mm
Madrid, Prado, Inv.Nr. 280
Literatur: GW 1272, G(S) 181

»Die Arme fröstelnd über der Brust gekreuzt, scheint der halbnackte Büßer in einer Haltung dümmlicher Verzückung erstarrt zu sein« (Gassier). Der Mann ist indes kein »Büßer«, es sei denn, wir geben ihm die Schuld für das Elend, das er zur Schau trägt. Sicher ist hier auch Exhibitionismus im Spiel (Lafuente-Ferrari, 1979, S. 234), aber er entspringt der Nötigung. Wer von dieser Gesellschaft bemerkt und mit Almosen bedacht werden will, muß die Schamschwelle übertreten und sich zur Schau stellen. Dieser Exhibitionismus erweckt nicht Goyas Spott, wie Gassier meint, sondern sein Mitleid. Wieder zeichnet er eine Paraphrase auf den unfreien Menschen, den die Umstände zur tragisch-lächerlichen Puppe herabwürdigen. Die heruntergelassene Hose fungiert als Fußeisen (vgl. Kat. 142).

131 Bas muj lejos?
Gehst du sehr weit?

(Album C 37 (36))
um 1803-24
Tuschlavis
205 x 141 mm
Madrid, Prado, Inv.Nr. 205
Literatur: GW 1275, G(S) 184

So fragt ein Wanderer einen anderen, der ihm begegnet. Eine solche Frage könnte in Schuberts ›Winterreise‹ (1827) stehen, doch würde sie dort in eine verzweifelte Befragung des Schicksals und seiner Unergründlichkeit münden: »Ach, was hab' ich denn verbrochen...«

Goya stellt hingegen das Elend am Beispiel von Menschen dar, die das Opfer überlebter oder ruinierter ökonomischer Strukturen sind. Gassier verweist auf die Kritik, die Männer wie Jovellanos und Campomanes an der Mißwirtschaft übten, die zur Verelendung der Bauern und Landarbeiter führte. Goya zeigt die absteigende Linie an, die diesem Mann bevorsteht: aus dem brotlosen Landarbeiter wird ein Bettler werden, aus diesem ein Angehöriger des Lumpenproletariats.

132 9.ª
Neunte (Vision)
(Album C 47 (45))
um 1803-24
Tuschlavis
205 x 140 mm
Madrid, Prado, Inv.Nr. 276
Literatur: GW 1285, G(S) 194

Das letzte von neun Blättern, auf denen die Visionen einer einzigen Nacht dargestellt sind (C39-C47). Es handelt sich, wie Gassier gezeigt hat, um eine Satire auf die Mönche, die als Nachbeter der leeren Glaubensformeln ebenso blind sind wie die ›Chinchillas‹ (Kat. 35, 36) und die junge Hexe (Kat. 40). Gassier zieht Vergleiche mit Cap. 54, 57, 61 und 63. Ebenso wie López-Rey sieht er in dem vogelhaften Profil den Einfluß von Lavater. Wir erblicken in dieser Physiognomie das Ergebnis einer Verwandlung vom Tier zum Menschen, die beim predigenden Papagei (Cap. 53) ansetzt, und zum »Reigen der Scharlatane« (Kat. 12) führt. In der neunten Vision ist aus dem geflügelten Prediger eine Puppe geworden, die nichts von dem versteht, was sie aus sich heraus plärrt. Die den ›Chinchillas‹ wie Folterinstrumente auferlegten Scheuklappen sind hier physiognomisch integriert. Die aufgezwungene Absperrung ist verinnerlicht.

Die Kraft und rhythmische Geschlossenheit der Gruppe steht im Widerspruch zu Goyas demaskierender Ausdrucksabsicht.

133 Esto/ya se be
Man sieht das noch

(Album C 51)
1814-24
Tuschlavis
205 × 141 mm
Madrid, Prado, Inv.Nr. 300
Literatur: GW 1289, G(S) 198

Eine »abstoßende Szene«, die Gassier zu den »am besten durchgestalteten, ausdrucksvollsten Szenen des Albums« rechnet und auf die Ereignisse nach 1814 bezieht, als der wieder zur Macht gelangte Klerus mit den Liberalen abrechnete. Offenbar versucht der Mönch, dem Gefangenen ein Geständnis zu entreißen. Als ›Rahmenthema‹, dem Goya eine bitter parodierende ›Bedeutungsinversion‹ erfindet, ist unschwer die Pietà, bzw. die Grablegung Christi auszumachen. Das verbindet die Zeichnung mit Kat. 23, 24. Goya kritisiert die Kirche, weil sie sich vom wahren Glauben, vom Opfertod des Heilands abgewendet hat. Der auf dem Kreuz gefolterte Christus, dem der Mönch den Rücken zuwendet, blickt auf den in Ketten Geschlagenen herab, in dem sich die wahre ›Nachfolge Christi‹ vollzieht. Die Kirche, ein Ort der Zuflucht, ist zum Schauplatz moralischer und physischer Tortur geworden: ein anderes Gefängnis. Ähnlich interpretiert López-Rey: er kontrastiert Mönch und Erlöser, indes er diesen mit dem Gefangenen vergleicht. Beide sind für ihn heldenhafte Opfer, in deren Niederlage ein Sieg steckt. Auch die ›Liberalen‹ haben sich als Wahrheitsapostel verstanden (López-Rey, 1956, S. 96).

134 Esto ya se/be q.ᵉ no es/arrancar Nabos
Man sieht deutlich, daß es hier nicht
darum geht, Rüben auszureißen

(Album C63)
1803-24
Sepialavis und Tuschlavis
205 × 141 mm
Madrid, Prado, Inv.Nr. 289
Literatur: GW 1301, G(S) 210

»Die erste ganz in Sepialavis ausgeführte
Zeichnung dieses Albums« (Gassier). Der
Bauer (oder Landarbeiter) bemüht sich, einen
Baumstrunk auszureißen. (López-Rey, 1956,
S. 99, hält ihn für einen Blinden, der an einem
Eisenring zerrt.) Was Goya an dieser Tätigkeit fasziniert, ist weniger ihr Ergebnis oder
der gezielte Krafteeinsatz, als die rhythmische
Gestaltverschränkung aus Mensch und Baum,
zu der sie den Vorwand liefert. Eine Verschränkung, in der zwei Kräfte einander
begegnen.

134

135

135 Que sacrificio
Welch ein Opfer!

(Album C 76)
1812-24
Sepialavis
205 × 142 mm
Madrid, Prado, Inv.Nr. 325
Literatur: GW 1312, G(S) 221

Der Titel deckt sich mit Cap. 14 (Kat. 25). Dort verband sich die Frauenbeschau mit Sittensatire, jetzt gibt Goya der Handlung einen orientalisierenden Rahmen. Zugleich steigert er die Ausdrucksmittel. Die Männer – ein ›Pascha‹ und drei Assistenzfiguren – bleiben im kompakten Dunkel, in dem wir die äußerste formale Verdichtung des ›Figurenblocks‹ von Cap. 14 erkennen. Das Mädchen wurde aus diesem Block herausgelöst, auf seine Gestalt konzentriert Goya das ganze Licht. Der Kopf hat nichts von der larmoyanten Unschuld der Caprichos: seine feinen Züge sind von Wissen geprägt, das sich in sein Los schickt. Die Hell-Dunkel-Wirkungen dürften auf Rembrandts Kunst des Auslöschens und Überdeckens zurückgehen. Vielleicht hat Goya Wallets Stich nach Fragonards Gemälde ›Le Pacha‹ (Wildenstein 339) gekannt (Abb. 102). Vgl. die Zeichnung ›Vor dem Sultan‹ (GW 1520, um 1818/20).

Abb. 102 Fragonard, *Le Pacha*

136 P.ʳ linage de ebreos
   Wegen jüdischer Herkunft
(Album C 88 (78))
1814-24
Sepialavis
205 × 142 mm
London, Britisches Museum,
Inv.Nr. 1862.7.12.187
Literatur: GW 1324, G (S) 233

Vielleicht hat Goya an die Bildtradition des ›Ecce homo‹ und daran gedacht, daß sich an den verfolgten und diskriminierten Juden das Schicksal wiederholt, das sie selber einst dem Messias zufügten, als sie ihn dem öffentlichen Gespött preisgaben.
Die Zeichnung trug ursprünglich die Nummer 78, sollte also die Abfolge der Inquisitionsopfer einleiten (Gassier).

137 Por no tener piernas
Weil er keine Beine hatte

(Album C 90 (80))
1814-24

Hinter dem Titel steht dessen Erläuterung:
Yo lo conoci a este baldado, q.ᵉ no tenia pies/y dicen q.ᵉ le pedia limosna al . . . /cuando salia de Zaragoza/y en la calle de/Alcala cuando entraba lo encontraba pidiendole
Ich kannte diesen Krüppel, der keine Beine mehr hatte, und man sagt, daß er gebettelt hat . . . wenn man von Saragossa kam, am Eingang zur Alcalá-Straße fand man ihn bettelnd.

Sepialavis und Tuschlavis
205 x 143 mm
Madrid, Prado, Inv.Nr. 314
Literatur: GW 1326, G (S) 235

Das Blatt ist heraldisch gegliedert. Im Achsenkreuz sitzt der beinlose Krüppel, das Standbein seiner Hockfläche trennt den Vordergrund in eine helle und in eine dunkle Hälfte. Das Dunkel setzt sich rechts in den Hintergrund fort, links gliedert es sich zu einem Gemenge von Zuschauerköpfen, die allerdings nur bis zum Kinn des Verurteilten reichen. Dahinter weiße Leere, die vom Schandhut (coroza) diagonal durchschnitten wird. Links vorne liegen die kümmerlichen Krücken des Mannes. Es ist, als wollte Goya diesem menschlichen Bruchstück eine strenge, geometrische Folie geben, die Verstümmelung in ein festes Flächengefüge einbetten, um die Härte des Gegensatzes anschaulich zu machen, der das konkrete Opfer von dem abstrakt-anonymen Apparat trennt, der sich seiner bemächtigt hat.

Die Inquisition greift auch nach den Ärmsten der Armen. López-Rey (1956) glaubte aus der Beischrift auf ein Teufelskunststück schließen zu können, das der Verurteilte zwischen Saragossa und Madrid verübt haben soll. Sayre (1980, S. 17) meint, er habe im Verdacht gestanden, mit Teufels Hilfe von Saragossa nach Madrid geflogen zu sein. Dagegen steht Gassiers einleuchtende Erklärung: »Wenn man von Saragossa kam, betrat man ganz einfach Madrid durch das Alcalá-Tor und gelangte in die gleichnamige Straße.«

138 Por carsare con quien quiso
Weil sie nach eigenem Gutdünken geheiratet hatte

(Album C 93 (83))
1814-24
Sepialavis
205 x 144 mm
Madrid, Prado, Inv.Nr. 342
Literatur: GW 1329, G (S) 238

Nur der schmerzverzerrte Kopf der Frau tritt aus dem Dunkel hervor, in dem sich mehrere Körper bedrohlich zusammenballen, wahrscheinlich Folterknechte. Die Lage des Opfers läßt auf eine der grausamsten Methoden der Inquisition, die »Befragung durch Wasser« schließen, wobei dem Verdächtigen solange Wasser eingeflößt wurde, bis er sich unter Krämpfen wand (vgl. Sayre, 1980, S. 22). Aber es geht Goya nicht um einen bestimmten Vollzug, sondern um den ruchlosen Mißbrauch eines wehrlosen Menschen. Diese Frau ist das Opfer einer Gewalttat, vielleicht einer Vergewaltigung. Der nach hinten geknickte Kopf erinnert an Cap. 8 und 9, wo auch die sadistisch-nekrophile Erotik unserer Zeichnung schon anklingt. Der auf Opfer und Täter gemünzte Hell-Dunkel-Kontrast erinnert an Kat. 135.

138

139 Te comforma?
Unterwirfst du dich?

(Album C 97)
1814-24
Sepialavis und Tuschlavis
204 x 133 mm
Madrid, Prado, Inv.Nr. 344
Literatur: GW 1333, G(S) 242

Eine Folterszene während eines Verhörs. Links wartet ein Gehilfe offenbar auf den Befehl der Mönche, die Verhörte an dem um ihren Leib gelegten Seil in den Brunnen herabzulassen. Sayre (1980, Kat. 16) vermutet hingegen, daß die junge Frau in die Höhe gezogen und mit Gewichten belastet werden soll. Der »bestialische Gesichtsausdruck« (Gassier) des Henkersknechts ruft, wie überhaupt die ganze Prozedur, eine Zeichnung aus dem Album B, also aus der Zeit der Caprichos, in Erinnerung, die man für eine Folterszene halten würde, wiese die Legende sie nicht als einen derben Scherz aus (Abb. bei Kat. 23). Hat Goya bei der Brunnenfolter unseres Blattes an zwei andere Zeichnungen des Albums B gedacht, in denen der Brunnen eine symbolische Rolle spielt (B 45 und B 46)? Auf der zweiten Zeichnung blickt ein Mädchen wehmütig in den Brunnen (Abb. 103). Für Gassier ist sie von einer Enttäuschung gezeichnet und erinnert an das spanische Sprichwort »Mi gozo en un pozo« (»Meine Freude in einen Brunnen«). Zwanzig Jahre später nimmt sich die verhaltene Melancholie dieser Zeichnung — vergleichbar den frühen Frauengestalten von C.D. Friedrich — wie ein Klang aus einer anderen Welt aus.

Auch die körperliche Arbeit nimmt bei Goya oft den Ausdruck der Qual an — die jemand erleidet oder einem anderen bereitet (Abb. 104).

Abb. 103 Goya, *Mädchen am Brunnen*

140 P.ʳ liberal?
   Weil sie liberal war?
(Album C 98)
1814-24
Sepialavis und Tuschlavis
205 × 142 mm
Madrid, Prado, Inv. Nr. 335
Literatur: GW 1334, G(S) 243

Die Frau ist mehrfach angekettet. Ihr Kopf steckt in einer Halszange, die an einem Querbalken befestigt ist, der gleich einer Last auf den Schultern zu liegen scheint. Der in die Regungslosigkeit gezwungene Körper wird überdies der Tektonik des Foltergestänges unterworfen (vgl. Kat. 142-145). Der Ausdruck »liberal« kam in Spanien auf, als in Cadiz die Verfassung (1811/12) beraten wurde (Gassier). Goyas Zeichnung geißelt ein Justizverbrechen, wie es sich in den Jahren nach der Rückkehr Ferdinands VII. (1814) häufig ereignet haben dürfte. Lafuente-Ferrari (1979, S. 275) erinnert an den Fall der Mariana Pineda, die 1828 hingerichtet wurde, weil sie mit einer liberalen Flagge angetroffen worden war. Für López-Rey ist die Frau die verkörperte Freiheit (1956, S. 118).

140

Abb. 104 Goya, *Die Säger*

141

141 No se puede mirar
   Man kann das nicht ansehen

(Album C 101)
1814–24
Sepialavis und Tuschlavis
205 × 142 mm
Madrid, Prado, Inv.Nr. 336
Literatur: GW 1337, G(S) 246

Ein alter Mann wird einer besonders grausamen »Befragung durch das Wasser« unterworfen (Sayre, 1980, S. 22 unter Hinweis auf den Bericht eines englischen Reisenden, der Augenzeuge ähnlicher Martern war). Der Greis betet; sein Antlitz erinnert López-Rey (1956, S. 122) und Gassier an den heiligen Petrus. Gewiß wollte Goya die Tradition der christlichen Märtyrerdarstellungen fortsetzen und polemisch gegen die Folterungen der Inquisition wenden. Als Vorbilder mögen ihm Bilder von Ribera und Zurbaran (Abb. 105) vor Augen gestanden haben. Jahrzehnte früher zeichnete Goya im Madrid-Album die spaßhafte Erhängung eines Mannes. Jetzt ist aus dem grausamen Spaß Ernst geworden (Abb. 25).

Abb. 105 Zurbarán, *Petrus erscheint dem hl. Pedro Nolasco*

142 Mejor es morir
 Sterben ist besser

(Album C 103)
1814-24
Sepialavis und Tuschlavis
205 × 142 mm
Madrid, Prado, Inv.Nr. 341
Literatur: GW 1339, G(S) 248

Für Gassier »vielleicht die eindrucksvollste Kerkerszene, die Goya je gezeichnet hat«. (Gassier vergleicht das Blatt mit F 80 im Metropolitan Museum, New York.) Im Schicksal dieses Gefangenen greift Goya wieder einen Themenkreis auf, der ihn seit seinen Anfängen fesselt. Der Mensch, physisch ein erdgebundenes Geschöpf, ist fortwährend damit beschäftigt, seine Schwere zu überwinden, in Bewegung umzusetzen. Goya beschreibt die Pantomimen dieses Bewegungsverlangens, die Hilfsmittel (Stelzen, Krücken, Stöcke) und die Hindernisse (unförmige Kleidung usf.), die dabei auftreten. Dabei geht es um die Gefährdungen, denen der Mensch, der sich selbst als homo movens bestimmen will, immer wieder ausgesetzt ist. Das Thema gehört also zu den Metaphern der Aufklärung und ihrer Kehrseite. Letztere führen die von der Folter zur Bewegungslosigkeit verurteilten Gefangenen vor Augen. Gleichwohl ist es von ihnen nicht weit zu den Mönchen, die sich ihrer Kutten entledigen (Kat. 53) und den Sackhüpfern der Disparates (Abb. 106), diesem Umschlagen des Bewegungsdranges in die Lächerlichkeit. Auch diese Menschen können nicht über sich selbst verfügen. Sie sind Gefangene.

Abb. 106 Goya, *Torheit in Säcken*

143 *Zapata*/tu gloria será eterna
Zapata, dein Ruhm wird ewig sein

(Album C 109)
1814-24
Sepialavis und Tuschlavis
204 × 144 mm
Madrid, Prado, Inv.Nr. 351
Literatur: GW 1345, G(S) 254

Der Gefangene, von der rechtwinkeligen Kerkerarchitektur und von den Ketten in ein geometrisches System gespannt, kauert in der Haltung religiöser Meditation. Die Folter reicht nicht an seine Würde heran. Der Name ›Zapata‹ wurde später von fremder Hand hinzugefügt. Dennoch ist nicht auszuschließen, daß Goya an den Arzt Diego Martin Zapata dachte, der als Freund der Juden von der Inquisition angeklagt und verurteilt wurde (Gassier; Sayre, 1980, S. 24). Dann hätten wir es nach Galilei (GW 1330) und Torrigiano (GW 1336) hier das dritte Mal im Album C mit einem historischen Opfer der Inquisition zu tun. López-Rey (1956, S.127 f.) verweist auf das Aufsehen, das der Zapata-Prozeß im Ausland hervorrief, was wohl die Inquisition zu einer gewissen Milde veranlaßt haben dürfte, denn später durfte Zapata sogar hochgestellte Patienten behandeln. López-Rey schließt einen Bezug unserer Zeichnung zu Voltaires ›Les Questions de Zapata‹ (1766) nicht aus, wo es um einen toleranten Theologieprofessor der Universität von Salamanca geht, der den religiösen Fanatismus bekämpft. Schließlich haben F. Boix und Sánchez-Canton in dem Namen eine sarkastische Anspielung auf den berüchtigten Großinquisitor Zapata vermutet.

144 No te aflijas
　　　Sei nicht betrübt
(Album C III)
1814-24
Tuschlavis und Sepialavis
205 × 143 mm
Madrid, Prado, Inv.Nr. 349
Literatur: GW 1346, G(S) 255

In der Legende spricht Goya dem Gefangenen der Inquisition Mut zu, die Zeichnung selbst enthält keinen Hoffnungsschimmer. Da sie uns weder einen Hinweis auf ein bestimmtes ›Vergehen‹ noch auf eine Foltermaßnahme gibt, wie etwa Kat. 136, 137, 139-145, — schien es angebracht, diesen Mann bei den Gefangenen einzureihen, für die der Tod eine Erlösung bedeuten würde. Wieder nutzt Goya die Treppen und Quadern des Verlieses, um den Häftling gleichsam »in die Zange« zu nehmen und das Unausweichliche seines Schicksals anschaulich zu machen. Die Architekturelemente gehören keinem betretbaren Raum an, sie sind ganz und gar Ausdruckschiffren der Unterdrückung.

145

145 Dispierta ynocente
Erwache Unschuldiger!

(Album C 112)
1814-24
Sepialavis und Tuschlavis
205 x 145 mm
Madrid, Prado, Inv.Nr. 350
Literatur: GW 1347, G(S) 256

Dieser schlafende Gefangene – wir denken an Beethovens Florestan – »wirkt wie eine dunkle, kaum mehr menschenähnliche Masse, die im geometrischen Netz von Mauerwerk und schrägen Bodenfliesen gefangen ist« (Gassier). Mehr noch: der sockelartige Mauerkubus scheint auf dem Körper zu lasten. Goya hat gleichsam die Tradition der Herrscherstandbilder fortgesetzt, die in der Sockelzone die besiegten und unterworfenen Völker zeigen. Der dunkle Würfel legt den Vergleich mit einer Zeichnung des Sanlúcar-Albums nahe (A.i., Abb. 107), die eine junge Frau in erwartungsfroher Haltung zeigt. Hier gibt der dunkle Sockel eine Lichtzone frei, in der späten Zeichnung verriegelt er sie. Das Licht der Aufklärung ist erloschen.

Abb. 107 Goya, *Rückenansicht einer jungen Frau*

IX. »Torheiten« (Disparates)

An dieser Folge ist alles ungewiß: Titel, Umfang, Entstehungszeit, Reihenfolge und schließlich der Inhalt der einzelnen Blätter. Titel: Zu Goyas Lebzeiten wurden nur Probedrucke abgezogen. Neun der elf überlieferten, von Goya stammenden Titel enthalten das Wort »Disparate«. Achtzehn Radierungen wurden erstmals 1864 von der Real Academia de San Fernando unter dem Titel ›Proverbios‹ (Sprichwörter) veröffentlicht. Wer diese Entscheidung traf, wissen wir nicht. Carderera überliefert, daß Goya von »Sueños« (Träume) gesprochen habe. Heute heißt die Folge bald Proverbios, bald Disparates. Der Versuch von Harris (1964, S. 193f), für jede Darstellung ein Sprichwort zu benennen, führte zu verkürzenden, eindimensionalen Ergebnissen, die der Mehrsinnigkeit Goyas geradezu widersprechen, da sie ihr eine eindeutige Sentenz bzw. Tendenz unterschieben. »Disparate« trifft diese Mehrsinnigkeit besser. Umfang: Ein Probedruck von Disp. 10 (Kat. 153) trägt die Nummer 25, was darauf schließen läßt, daß Goya die Reihe umfangreicher plante. Auch einige Zeichnungen im Prado (GW 1605-1612, vgl. Kat. 17, 244, 251) lassen sich auf zusätzliche Disparates beziehen, welche entweder verschollen sind oder nie radiert wurden. Zur Akademie-Ausgabe von 1864, auf die bis 1936 acht weitere Auflagen folgten, kamen 1877 Abzüge von vier Platten, welche Iriarte in der Pariser Zeitschrift ›L'Art‹ erscheinen ließ (vgl. Kat. 161a, 162).

Entstehungszeit: der Vergleich mit datierten Arbeiten hat ergeben, daß Goya die Disparates um 1815, als er noch an der ›Tauromaquia‹ (Kat. 253-56, 259-62) arbeitete, begonnen und vor seiner Übersiedlung nach Bordeaux (1824) beendet (oder abgebrochen) haben dürfte. Die meisten Blätter sind um 1819, also gleichzeitig mit den Pinturas negras entstanden. Über die von Goya geplante Reihenfolge wissen wir nichts — gab es überhaupt einen solchen Plan? Die Reihung scheint jedoch von sekundärer Bedeutung, denn im Grunde könnte die Folge — sie ist kein Zyklus, wie mehrfach betont wurde — mit jedem Blatt anfangen und enden. Wie bei den ›Caprichos‹, deren vielschichtige Thematik die ›Disparates‹ vielfach wieder aufnehmen, bewirkt auch hier jede Reihung letztlich nur, daß dem Betrachter die Sprunghaftigkeit, der rasche Themenwechsel potenziert vor Augen tritt. Wie immer wir diese Blätter anordnen, nie wird sich ein stetiger Ablauf ergeben, immer wird Blatt gegen Blatt in schroffem Nebeneinander stehen. Überdies erstreckt sich das Merkmal der »Montage« (Holländer, S. 18) nicht nur auf die Abfolge der achtzehn Radierungen, sondern betrifft auch die Binnenstruktur jedes einzelnen Blattes.

Von den meisten Autoren werden die ›Disparates‹ als Goyas Summe angesprochen. Holländer, der sie ausführlich kommentiert hat, nennt sie die »Quintessenz der Kunst und Weltansicht« ihres Schöpfers. Wir schließen uns diesem Urteil an und fragen nach dem Kontext, auf den es sich bezieht. »Allgemein sind die Schlußfolgerungen der Disparates pessimistischer als die der Caprichos, pessimistischer selbst als die der Desastres.« (S. 20) Auch das ist richtig, aber unvereinbar mit Holländers Versuch, Goya letztlich doch noch auf den Boden der Aufklärung zurückzuholen: »Goyas moralisches, aufklärerisches Engagement ist in den Disparates so intensiv wie zuvor.« (S. 21) Wir bezweifeln das, aber auch, daß Goya die Disparates dazu genutzt habe, »um alles auf den gleichen Stand des distanzierten, durchschauenden und kenntnisreichen Bewußtseins zu bringen«. Die trächtige Chaotik der Vorzeichnungen und die formale wie inhaltliche Distanz, die diese ersten Bildideen von den Radierungen trennt, machen deutlich, daß hier die Einbildungskraft, beim Prämorphen ansetzend, auf der Suche nach sich selbst war — analog etwa der von Kleist beschriebenen »allmählichen Verfertigung der Gedanken beim Reden«.

Wenn von »Quintessenz« die Rede ist, darf nicht vergessen werden, daß die Disparates zwar vor dem trostlosen Hintergrund der Reaktion entstanden (die kurze liberale Phase von 1820 bis 1823 findet in ihnen keinen Niederschlag), aber jeglicher direkten Bezugnahme auf zeitgenössische Vorgänge entbehren, weshalb wir Burbach nicht folgen können, der die meisten Blätter als Satiren auf die sozialen und politischen Verhältnisse der Zeit deuten möchte (Stuttgart 1980, S. 122f.).

»Disparate« bedeutet Dummheit, Unsinn, Torheit. Das Wort ist ein understatement, denn es geht Goya um mehr, um den Menschen in zwei einander gegensätzlich zugeordneten Prägungen: als Einzelner und als Kollektiv in Unfreiheit und Verpuppung — so oder so ein gefährliches Ungeheuer. W.H.

146 Disparate Femenino
Weibliche Torheit

Disp. 1
1815-24
Radierung und Aquatinta
240 x 350 mm
Privatsammlung Hamburg
Literatur: GW 1571, H 248

Der Mann als Spielball weiblicher Launen: dieses Thema geht auf die Strohpuppe der Wandteppichentwürfe zurück. Der junge Goya verdankt es, wie Held (1971, S. 62) gezeigt hat, einem Teppich von Procaccini, doch ist bei ihm die Lustigkeit dieser Unterhaltung gebrochen durch die Täter-Opfer-Beziehung, die als zwangshaft erlebt wird. Das Amüsement erstarrt im Ritual, in der mechanischen Wiederholung.

Die beiden Geworfenen sind ungewöhnlich klein. Sie bilden eine Zwitteranatomie, die an Cap. 56 (Kat. 37) und 67 erinnert. Holländer sieht in der einen Gestalt einen Affen. Im Sprungtuch ein liegender Esel und ein Mann — ob tatsächlich oder nur abgebildet, ist kaum zu entscheiden. Ein Probeabzug trägt die Bemerkung: »Mit den Eseln spielt man Puppen« (Con los burros se juega a los peleles). Dahinter steht Goyas zentrale Metapher vom Menschen, der stürzend lebt.

147

147 Disparate de miedo
Torheit der Furcht

Disp. 2
1815-24
Radierung und Aquatinta
245 x 350 mm
Privatsammlung Hamburg
Literatur: GW 1573, H 249

Der Mensch, Spielball seiner Ängste, erfindet sich das Gespenst als Fetisch. Seit den Caprichos setzt sich Goyas Einbildungskraft dialektisch mit diesem Problem auseinander: sie stellt die Gespensterangst bloß, sie verspottet den Aberglauben und den Bilderkult (Kat. 45, 58, 59), zugleich aber monumentalisiert sie deren Wahngebilde (Abb. 108) zu schrecklicher Größe: nicht sie sind lächerlich, sondern die kurzsichtig Neugierigen, die glauben, mit einem Lorgnon das Unbekannte durchschauen zu können (Abb. 109). Goya deckt auf, dennoch widerstrebt ihm offenbar – wie Schiller im verschleierten Bild zu Sais – der platte Enträtselungsdrang. Dieser Widerstreit steckt auch in der vermummten Riesengestalt unserer Radierung. Wahrscheinlich ist sie eine leere Hülle – doch blickt nicht aus einer Ärmelöffnung ein grinsender Kopf hervor? (Göttingen, 1976, S. 107). Aber wie mächtig und parzenhaft ragt diese Hülle auf! Die davonrennenden Soldaten erinnern an die ›Desastres‹. Heuken (1974, S. 94) sieht im Gespenst einen »Mönchspopanz«, der für ihn das reaktionäre System Ferdinands VII. verkörpert, und in den Soldaten »das damals liberale Militär«. Ob liberal oder reaktionär – nüchterne Köpfe haben diese Haudegen jedenfalls nicht.

Abb. 108 Goya, *Der Koloß*

Abb. 109 Goya, *Selbst so erkennt er ihn nicht*

148 Disparate Ridiculo
Lächerliche Torheit
Disp. 3
1815-24
Radierung und Aquatinta
245 × 350 mm
Privatsammlung Hamburg
Literatur: GW 1575, H 250

Die Deutung dieses rätselhaften, wenngleich formal bezwingend einfachen Blattes bewegt sich zwischen zwei Extrempositionen, deren eine zeitkritisch argumentiert, indes die andere ins Zeitlose zielt. Burbach sieht in dem Menschenklumpen die »dekadente spanische Gesellschaft«, »die Verhinderer des Fortschritts, die Unterdrücker des Volkes...« (Stuttgart 1980, S. 125). Für Holländer könnte es sich um Flüchtlinge handeln, Pérez-Sánchez vermutet ein Gleichnis der »frágil condición de humanos«. Diese Deutungsspannweite wäre nicht möglich ohne Goyas bewußt eingesetzte Mehrdeutigkeit, die Verklammerung von Täter und Opfer, Unterdrücker und Unterdrückten. Vielleicht ist der Schlüssel in alten Parabeln der Narrheit zu suchen, im ›Narrenschiff‹ oder im ›Heuwagen‹ von Bosch (Abb. 110), doch ist zu bedenken, daß diese Metaphern der Toleranz und der Narrenfreiheit zur Zeit Goyas bereits dem ›Irrenhaus‹ gewichen waren, Orten der Disziplinierung und der strengen Abkapselung derer, die »anders sind«. Dieses trostlose Abgeschiedensein prägt den Menschenklumpen im Baum, ob er sich nun aus Flüchtlingen oder Reaktionären zusammensetzt. Hier überlebt nur, wer sich nicht rührt, aber diese Regungslosigkeit ist eine Vorahnung des Todes. Gilt nicht auch für diese Erfindung der Titel von Cap. 19 »Alle werden fallen« (Kat. 26)? Oder denkt Goya an Möglichkeiten des kargen Überlebens, wie Leonardo sie in seinen ›Prophezeiungen‹ gelassen ankündigt?: »Die Menschen werden schlafen und essen und wohnen zwischen den Bäumen.« (Von den Menschen, welche auf den Balken des Baumes schlafen; Herzfeld, 1911, S. 286.)

Abb. 110 Bosch, Detail aus dem ›Heuwagen‹

149

149 Disparate Cruel
 Grausame Torheit
Disp. 6
1815-24
Radierung und Aquatinta
245 × 350 mm
Privatsammlung Hamburg
Literatur: GW 1579, H 253

Wir blicken auf die ›Matrize‹ dieser Szene zurück, Capr. 58: Tragala perro (Kat. 38). (Diesen Zusammenhang hat schon Holländer gesehen.) Ein Zwischenglied ist die Lynchszene Des. 28 (Kat. 80). Der Vergleich zeigt, daß der Angreifer immer mächtiger geworden ist, er steigerte sich zu einem Herkules, der den Augiasstall leerfegen will. Ein Kläffender, der ihm zwischen den Beinen haftet, kann ihm nichts anhaben. Womit ist die Angriffswut gerechtfertigt? Kämpft nicht der Mann mit dem Spieß, wie die don-quijoteske ›Judith‹ (Kat. 67), gegen Phantome? Für Lafuente Ferrari ist die Rückenfigur mit den gespreizten Beinen ein Onanist (vgl. den ›Onanisten‹ auf den pinturas negras, GW 1618), während Pérez-Sánchez der sich abwendenden Frau obszöne Gebärden anmerkt. Könnte man daraus nicht eher schließen, daß Mann und Frau miteinander beschäftigt waren? Für Holländer ist der Mann, der diese Kontakte unterbrach, ein »Eifersüchtiger« für Pérez-Sánchez die rächende »Vernunft«. Sollten wir in dieser Torheit nicht eher eine Szene aus einem Irrenhaus sehen, wobei dem Bewaffneten die Rolle des brutalen Aufsehers zufiele? So ließen sich die Indifferenz der Zuschauer und die Festungsmauer erklären. Oder steht das ›Irrenhaus‹ (Abb. 111) zwar als ›Keimzelle‹ hinter dieser Szene, sie selbst jedoch als Gleichnis für die Verrücktheit, die sich außerhalb dieser Schutzreviere zuträgt?

Abb. 111 Goya, *Hof der Irren*

150 Disparate Desordenado
Unordentliche Torheit

Disp. 7
1815-24
Radierung und Aquatinta
245 × 350 mm
Privatsammlung Hamburg
Literatur: GW 1581, H 254

Die Deutung wird vom Titel vorentschieden. Lafuente-Ferrari (1961, S. 40) hält an der Bezeichnung »Disparate matrimonial« fest, woraus sich der inhaltliche Vergleich mit Cap. 75 (Kat. 41) ergibt, Goyas erstem Angriff auf die spanischen Ehegesetze, die keine Scheidung zuließen. Lafuente-Ferrari sieht »im Hintergrund scheinheilige und kupplerische alte Weiber, die der von den Banden der Frau gefesselte Mann anzuklagen scheint«. Zweifellos verkörpern diese Gestalten die Mächte der Finsternis, also der Reaktion. Die Alte mit dem Schnabelgesicht führt im Des. 75 (Kat. 12) den »Reigen der Scharlatane« an; der Mönch am linken Bildrand ist dem bigotten Tölpel der »Neunten Vision« (Kat. 132) verwandt.

Cap. 75, »das mit der bloßen Fessel immerhin noch die Möglichkeit einer Lösung andeutet, findet eine radikale und pessimistische Fortsetzung, denn hier ist die Lösung, die Freiheit bringt, unmöglich«, sagt Holländer. Das ist richtig, doch steckt in diesem Zwitter aus Mann und Weib nicht nur das Fazit der

Abb. 112 aus Ripa, Iconologia

›enttäuschten Aufklärung‹, sondern eine formale Quintessenz höchsten Ranges, nämlich die schaurig großartige Versinnlichung sowohl einer transempirischen inhaltlichen ›Idee‹ (»Ehebande«) als auch eines Formgedankens: der Überfigur. Nur wen es dazu trieb, zwei nackte Frauen arglos zu verzwittern (Abb. 16 bei Kat. 14), der konnte zwanzig Jahre später diese Janusgestalt der Unfreiheit erfinden. Und wer über solche Erfindungskraft gebietet, bedarf nicht der Anregungen aus der Populärgraphik, die C. Ackley im Bostoner Katalog anführt (1974, Nr. 214). In dem dort beigebrachten Beleg für die »Falschheit in verschiedenen Gesichtern« erkennen wir einen ikonographischen Ableger der Spott-Trinität. Wichtiger ist der Hinweis auf den »Traum von Lüge und Wankelmut« (Kat. 49), in dem Goya den Januskopf, der in der Emblemliteratur ein Symbol der Weisheit ist (Göttingen 1976, S. 111), als Falschheit darstellt (vgl. Nordström 1962, S. 143). Alle diese Deutungen schließen einander nicht aus, denn wenn die Ehe mit einem Betrug anfängt (Kat. 22, 25), ist sie zum Symbol der Verlogenheit prädestiniert. Die ›Falschheit‹, bei Ripa eine Eigenschaft der Frau (Abb. 112), wird für Goya zum Verhaltensmerkmal beider Ehepartner. Aus diesem Ansatz erfindet er eine seiner stärksten ›Überfiguren‹.

150

151 Disparate General
Allgemeine Torheit
Zeichnung für Disp. 9 (GW 1583)
1815-24
Rot laviert und Rötel
230 × 330 mm
Madrid, Prado, Inv. Nr. 433
Literatur: GW 1584, G(Z) 295, Vorderseite von 311

151

152

152 Disparate General
Allgemeine Torheit
Disp. 9
1815-24
Radierung und Aquatinta
245 × 350 mm
Privatsammlung Hamburg
Literatur: GW 1583, H 256

Der Titel dürfte auf Goya zurückgehen. Dieser kompakt getürmte Menschenberg ist ein gestrandetes Narrenschiff. (Eine Vorform sehen wir in Des. 42, GW 1060). Der Tumult setzt sich aus lauter schroff gegeneinander gestellten Gesten der Verweigerung, des Verlangens oder des Erschreckens zusammen. Die Gestaltsumme hebt jedoch diese Dissonanzen in einer Art Homogenität wieder auf, sie bringt kraft einer Pendelschwingung das Zusammenhanglose in den Zusammenhang einer ›Überfigur‹, es ist die komplexeste von den vielen, die Goyas Werk uns vorführt.
Vorne eine Gestalt mit einer Tierfratze, einer »Nonne« zugewandt, die einen Wurf Katzen trägt — eine Kupplerin mit ihren Mädchen? (Holländer, 1968, S. 10). Was sich dahinter auftürmt ist ein Amalgam aus Krall- und Zerrgebärden — ein Zerrbild im wahrsten Sinne des Wortes. Mitten in dieser »panikartigen Versammlung« (Holländer) ein lesender Greis. Er gleicht den christlichen Einsiedlern, denen keine Anfechtung etwas anhaben kann. Hinter ihm links eine Gestalt, die den Haufen abzustützen scheint. Schattenhaft taucht ein breitbeiniger Zweispitz auf.

Ist dieser Mummenschanz ein Hinweis auf die Welt als Narrenhaus, so deckt Goya darin auch seine Lust am Chaos und am Furioso des Gestaltungsprozesses auf. In der Vorzeichnung (Kat. 151) ist das, was die Radierung auf verschiedene Rollenträger verteilt, ganz der wählenden, tastenden Pinselbewegung überlassen, ist das allgemeine Ineinander der hellen und dunklen Massen zugleich ein allgemeines Gegeneinander. Wenn Goya hier eine »Art Angst vor dem Ungestalten geschaffen hat« (Gassier), könnte man ebensogut sagen, diese Angst habe sich gleich einer kreativen Faszination des Pinsels bemächtigt. So entstand eine apotropäische, Dämonen bannende Vision. Zugleich aber trifft sich dieser prämorphe Gestaltungsansatz mit der »dunklen Totalidee«, in der Schiller den Ursprung der künstlerischen Tätigkeit entdeckte (vgl. S. 55).

201

153

Abb. 113 Fragonard, *Les suites de l'orgie*

Abb. 114 Clodion, *Bacchantin*

153 El caballo raptor
Das Pferd als Frauenräuber

Disp. 10
1815-24
Radierung und Aquatinta
245 × 350 mm
Privatsammlung Hamburg
Literatur: GW 1585, H 257

Der Mensch in der Gewalt seiner Instinkte, doch anders als der ›Spielball‹, der in die Luft geworfen wird (Kat. 146), ist dieses Opfer von seinem Täter fasziniert, buchstäblich hingerissen. Die Frau ist der Erfüllung ihrer geheimsten Wünsche hingegeben. Der Gegentyp dieser sich öffnenden Gebärde ist die Sterbende (Kat. 73/74). Beide Male ist der Körper ekstatisch empfängnisbereit. Dabei bedient sich der Goya der ›Desastres‹ einer Pathosformel, die im 18. Jhdt. eindeutig erotisch determiniert war (Abb. 113, 114).

Die vom Pferd geraubte Frau kommt aus dieser Tradition, doch eignet ihr die Ursprünglichkeit eines neuen, noch nicht besetzten Formgedankens, an Intensität vergleichbar Tizians ›Raub der Europa‹ (Boston, Isabella Stewart Gardner Museum).

An sich könnten viele Tiere den entfesselten Instinkt verkörpern. Daß gerade das Pferd seit der Antike (Platon, Homer) dafür herhalten muß, liegt wohl daran, daß es dem, der mit ihm umzugehen weiß, die Chance einer Zähmung einräumt. Jedoch gerade seine ›Erziehbarkeit‹, die immer wieder rückfällig wird, macht das Pferd zu einem Gleichnis des Menschen, der ja ähnlichen Gefährdungen ausgesetzt ist. Goya hat sich mit allen diesen Erfahrungsdimensionen auseinandergesetzt, er hat die zerstörende Leidenschaft nie mit der Elle des platten Vernünftlers gemessen: Disp. 10 ist dafür ein Beleg.

Wir bezweifeln, daß Levitines Spürsinn auf dem richtigen Weg ist, wenn er Goyas Formgedanken aus emblematischen Quellen ableitet, nämlich aus der Morosophie des Guillaume de La Perrière (Lyon 1553), wo eine Frau von einem Pferd davongetragen wird, und aus dem Emblembuch des Andrea Alciati (1655), wo die Lascivia (ihr Prototyp ist die babylonische Hure) auf einem Monstrum mit Rattenköpfen reitet. Diese dürftigen Symbole der Lüsternheit den animalischen Wucherungen zu vergleichen, die auf Goyas Radierung in träger Gefräßigkeit ihr Unwesen treiben, heißt, sich von der Frage zu dispensieren, auf die Goyas formschöpferischer Impuls – seine »dunkle Totalidee« (Schiller) – die Antwort gibt. Wer als Zeichner dem »changing image« (Sayre) immer neue Vexierbilder zu entlokken weiß, holt seinen Formvorrat nicht aus Emblembüchern.

Eher vermuten wir in der Raptus-Szene eine

volkstümliche literarische Quelle, worauf schon Gantner (1974, S. 213) und Burbach (Stuttgart 1980, S. 130) hingewiesen haben: Ein Mann, der eine verheiratete Frau liebt, wird verhext, verwandelt sich in ein Pferd, tötet den Ehemann und raubt dessen Frau. Auf der Vorzeichnung (Gassier, Z. 296) liegt links vorne ein toter Mann, die gefräßigen Monstren fehlen noch. Indem Goya in der Radierung jenen wegließ und diese hinzufügte, entschied er sich für den »allgemeineren, ungenaueren Symbolismus« (Pérez-Sánchez), der die Interpreten nicht ruhen läßt.

Das Pferd ist seit altersher ein Symbol der männlichen Kraft (vgl. Bachofen, Mutterrecht und Urreligion), in der Renaissance verkörpert es »dirnenhafte Schamlosigkeit« (vgl. Panofsky, Problems in Titian, 1969, S. 118). Im 19. Jhdt. wird es sowohl männlich wie weiblich gedeutet. Baudelaire möchte die Liebe in Gestalt eines rasenden Pferdes darstellen, das seinen Herrn (!) verschlingt (Salon von 1859). Diese Mehrdeutigkeit ist auch bei den Pferdedarstellungen von Füssli, Géricault, Boulanger und Delacroix zu bedenken (Kat. 480, 471, 472, 473, 475). Mit dem ›fahlen Pferd‹ ist ihnen das Drohende, Gewaltsame gemeinsam (Kat. 465-470).

154

154 Disparate Pobre
Arme Torheit

Disp. 11
1815-24
Radierung und Aquatinta
245 × 350 mm
Privatsammlung Hamburg
Literatur: GW 1587, H 258

»Du wirst nicht entkommen«, schrieb Goya unter Cap. 72 (Kat. 99). So könnte auch diese Radierung heißen. Zwei Männer stellen einer jungen Frau nach, die zwei Köpfe hat. Goya gestaltet diese Monstrosität wie etwas, das sich von selbst versteht (vgl. Kat. 118, 150). Die Doppelköpfigkeit des Mädchens dürfte den Schlüssel zur Doppeldeutigkeit der Darstellung enthalten. Die Frau hat ihre Verfolger angelockt, sie scheint ihr Begehren zu genießen und zu fliehen. So wird sie »zum Opfer der durch sie ausgelösten Triebe« (Holländer). Die Flucht führt sie den alten Kupplerinnen in die Arme – das ist keine Freiheit, sondern Unterwerfung anderer Art. Nicht um Wankelmut und Falschheit der Frau geht es hier, sondern um deren permanente Unfreiheit in einer Gesellschaft, die über sie wie über eine Ware verfügt.

Ganz anders die Vanitas-Deutung von Pérez-Sánchez. Danach läßt die Frau die Leidenschaften und Galanterien der Jugend zurück und wendet sich resigniert dem dunklen Reich des Alters und des Todes zu.

155

156

155 Disparate Alegre
Heitere Torheit

Zeichnung für Disp. 12 (GW 1589)
1815-24
Rot laviert
214 x 312 mm
Madrid, Prado, Inv.Nr. 193
Literatur: GW 1590, G(Z) 298

156 Disparate Alegre
Heitere Torheit

Disp. 12
1815-24
Radierung und Aquatinta
245 x 350 mm
Privatsammlung Hamburg
Literatur: GW 1589, H 259

Gassier spricht von einem »Reigen fröhlicher Tanzender«. Fröhlichkeit sieht anders aus. Hier herrscht blinde Ausgelassenheit, deren Akteure – sechs menschliche Gestalten – einen einzigen brodelnden Körper bilden. Goyas flackrig angesetzter Pinsel gibt diesem Geschlinge aus gedrungenen Leibern und tappenden Gliedmaßen die graphischen Chiffren einer Ekstase, aus der uns das »Immer zu, immer zu!« entgegenruft, mit dem Woyzeck die Tanzenden im Wirtshaus höhnisch zur Paarung antreibt: »Dreht euch, wälzt euch!«
Dieser Tanz, der erst mit der totalen Erschöpfung enden wird, ist Goyas letztes Wort zu einem Thema, das ihn seit den Teppichentwürfen beschäftigte. Aus dem Tanz als Lustbarkeit wurde die kollektive Enthemmung (vgl. GW 151, 275, 659, 970, 971 = Kat. 51). In der Radierung (Kat. 156) holt Goya aus dem leeren Schädelklumpen der Zeichnung böse Grimassen heraus.

157 Disparate de Carnabal
Torheit des Karnevals

Disp. 14
1815-24
Radierung und Aquatinta
245 x 350 mm
Privatsammlung Hamburg
Literatur: GW 1593, H 261

»Die Welt ist eine Maskerade«. Nachdem er in Cap. 6 dieses Fazit gezogen hatte, konnte Goya den Mummenschanz überall aufspüren: in Predigten und Prozessionen, in Inquisitionsprozessen und in Irrenhäusern, in den Beziehungen der Geschlechter und im Kampf um die Macht – nur die Täter und Opfer des Krieges läßt er ohne Masken auftreten.

Disp. 14 ist eine Summe dieser Einsicht in eine pervertierte Gesellschaft, wo die Maske nicht nur ihren Träger schützen, sondern dessen Gegenüber erschrecken und vernichten soll. Wie diese Menschen miteinander verkehren, sind sie schlimmer als Tiere, schlimmer als die ›Wilden‹ (Kat. 123, 165). Nur ein Künstler, dessen Denken von Gestalt- und Bedeutungs-Zwittern erfüllt war, konnte diese Ungeheuer hervorbringen.

155-158

157

158 Disparate Claro
Klare Torheit

Disp. 15
1815-24
Radierung und Aquatinta
245 × 350 mm
Privatsammlung Hamburg
Literatur: GW 1594, H 262

Goyas Gepflogenheit, vertraute Bedeutungen umzukehren und durch den Gegensinn zu entlarven (wofür sich Warburgs »Bedeutungsinversion« als Terminus anbietet, vgl. S. 20), dürfte den Schlüssel zu dieser Radierung anbieten. Der ausschwingende Raum läßt an den Ausschnitt aus einem Kuppelrund denken. Dies und die in der vordersten Raumzone gedrängten Gestalten legen den Vergleich mit den 1798 entstandenen Fresken für S. Antonio de la Florida nahe (Abb. 115). In dieser Kirche vor den Toren von Madrid malte Goya die Erweckung eines Ermordeten, dessen Vater dieser Tat verdächtigt worden war, durch den hl. Antonius von Padua. Hier steht also die Kirche im Dienst der Wahrheit, fast möchte man sagen: der »Aufklärung« – nämlich eines falschen Verdachtes. Im Disp. 15 geschieht das Gegenteil. Ein Soldat wird von einem geifernden Mönch verdammt, in den Todessturz getrieben. (Seine Gestalt erinnert an Kat. 129.) Die Kirche ist ein Instrument der Demagogie, des Hasses und der Vernichtung geworden. Vielleicht ist das der Grund, warum Goya dieses Schauspiel der Unduldsamkeit in ein »Zirkuszelt« (Holländer) verlegt. Der barocke Himmel, der jeden auf sein Heil hoffen ließ, ist einer lastenden Draperie gewichen, die Unheil verkündet.

Abb. 115 Goya, *Das Wunder des hl. Antonius*

158

159

159 Disparate quieto
Stille Torheit
Zeichnung für Disp. 17 (GW 1598)
1815-24
Rot laviert und Rötelspuren
220 x 322 mm
Madrid, Prado, Inv.Nr. 199
Literatur: GW 1599, G(Z) 302

160 Disparate quieto
Stille Torheit
Disp. 17
1815-24
Radierung und Aquatinta
245 x 350 mm
Privatsammlung Hamburg
Literatur: GW 1598, H 264

Gassier hält die Szene für undeutbar, zumal die Radierung (Kat. 160) »nicht zu ihrem Verständnis beiträgt«. Das stimmt, solange wir nicht zwischen beiden Darstellungen die Dialektik der »Bedeutungsinversion« entdecken. In der Radierung, die seit Delteil »Die Loyalität« heißt, wird ein feister Greis – für Holländer (1968, S. 15) eine Karikatur des Spießers und seines Verhaltens – von lockenden, nicht minder grotesken Gestalten umtanzt. Wer soll hier wem auf den Leim gehen, wer ist der Betrüger, wer der Betrogene? Diese Larven sind einander ebenbürtig. Wir erblicken das Urbild des geilen Spießers in einer Zeichnung des Madrid-Albums (B 49, Abb. 116).

Die Zeichnung ist einfacher zu lesen, denn sie beruht auf Gegensätzen. Die Stelle des Dickwanstes nimmt eine schlanke Gestalt ein, in deren »hieratischer Haltung« (Gassier) wir mit Pérez-Sánchez die Befangenheit einer Frau erkennen, die dem wüsten Gespött preisgegeben wird. In dieser Angeklagten gibt Goya seinem Cap. 24 (Kat. 30) einen mächtigen Widerhall, aber auch hier geht es, wie in Cap. 14 (Kat. 25) um ein junges, unschuldiges Geschöpf, das von der Begierde häßlicher Männer umlauert wird. Die späte Zeichnung hebt dieses Schauspiel der Erniedrigung in die Bedeutungsebene des ›Ecce homo‹, sie läßt an Rembrandt, Daumier und Watteaus ›Gilles‹ denken. In diese Richtung weist auch eine gemalte ›Gefängnisszene‹ (um 1808/12, GW 933).

160

Abb. 116 Goya, *Junge Frau und dickbauchiger Mann*

161 Disparate de Bestia
Torheit des Tieres

1815-24
Radierung und Aquatinta
245 × 350 mm
Privatsammlung Hamburg
Literatur: GW 1603, H 268

Ein zusätzliches ›Disparate‹, das zu den vier 1877 in ›L'Art‹ veröffentlichten Darstellungen gehört (vgl. Kat. 161a). Der Abzug mit Goyas Titel (»Andere Gesetze für das Volk«) befindet sich im Museo Lázaro Galdiano, Madrid (M I-11.590). Wahrscheinlich wurde der Elefant von einer Zeichnung (GW 1532) übernommen (Gassier-Wilson). Harris (268) bezieht die Szene auf ein spanisches Sprichwort: »Wer hängt der Katze die Schelle um?« Dieser Frage müssen sich die vier Orientalen — Pérez-Sánchez erinnern sie an Tiepolo — stellen, die dem offensichtlich gutmütigen Elefanten neben Büchern und Schriftstücken ein (zu knapp bemessenes) Schellenhalsband vorzeigen. Wird das Tier seinen Verführern auf den Leim gehen? Vielleicht verkörpert der Elefant das immer wieder betrogene Volk — dann ließe sich die ovale Lichtinsel, die von ihm ausgeht, als Ausdruck seiner ruhig und stetig expandierenden Kraft deuten, vor der die Dunkelmänner zurückweichen müssen.

161a Disparate Puntual
Präzise Torheit

1815-24
Radierung und Aquatinta
245 × 350 mm
Privatsammlung Hamburg
Literatur: GW 1602, H 267

Dem Zirkus als Spottkirche (Kat. 158) antwortet der Zirkus als Schauplatz einer Randerfahrung. Hier kann die Erfahrung des exponierten Täters in Sekunden in die des Opfers umschlagen. Wenn die Frau auf dem Seil stürzt, »wird die Masse, die im Dunkeln auf der Lauer liegt, ihr nicht verzeihen« (Lafuente-Ferrari, 1961, S. 40). Zwar ist »die Wildheit gebändigt« (Holländer), aber nur die des Tieres: der Mensch, ein kollektives Ungeheuer, wartet auf seine Stunde. Goya schlägt hier auf der Ebene der artistischen Schaustellung eines der großen Themen des unabhängigen und mithin vogelfreien Künstlers an: seine Selbstbestimmung und -rechtfertigung angesichts einer amorphen, passiven Menge, die sich im Hinterhalt zusammengeschlossen hat. Indes: wie ihr frei schwebendes, potentielles Opfer hängt dieses ›Publikum‹ ungesichert im Leerraum.

162 Modo de volar
   Eine Art zu fliegen

Disp. 13
1815-20
Radierung und Aquatinta
245 × 350 mm
Privatsammlung Hamburg
Literatur: GW 1591, H 260

Dieses Blatt, das wurde immer wieder beobachtet (Lafuente-Ferrari, Holländer, Held), fällt aus dem Gesamtthema des Zyklus heraus, das den Menschen in seiner Unfreiheit behandelt. Diese Flieger haben die »menschliche Unzulänglichkeit« (Lafuente-Ferrari) hinter sich gelassen, weshalb sie als Zukunftsvision gelten, als Vorgriff auf eine künftige Befreiung. Danach wäre ihr Flug die aufklärerische Antwort auf das Nachtgeflügel, das Goya sein Leben lang als Bedrohung empfunden hat. In ihren Vogelkopf-Helmen hätten die Flieger demnach den Vogel domestiziert und dem Fortschritt gewonnen. (Held, 1980, S. 126, assoziiert den Helm mit dem Vogel »als Symbol der menschlichen Seele, welche die irdischen Begrenzungen durchbricht«.) Für die oft festgestellte Ähnlichkeit mit den Fluggeräten Leonardos ist möglicherweise nicht nur geistige Verwandtschaft, sondern eine direkte Beziehung namhaft zu machen (Abb. 117). Es ist möglich, daß Goya eine Stichpublikation des C. G. Gerli (Disegni di Leonardo da Vinci, Mailand 1784) kannte, die einige Wiedergaben der Flugapparate enthielt (Taf. XLI, XLII, XLIII). Darauf hat bereits Holländer hingewiesen.

Ist Goya damit dem Fortschrittsglauben gewonnen, der von der Renaissance in das technische Zeitalter führt? Ja und nein. Gewiß verwirklicht er sich einen alten Menschheitstraum (vgl. Kat. 182), scheinen seine Flugmenschen von Gefährdungen frei — doch sind sie nicht die Gefangenen ihrer Erfindung, eingespannt in den Apparat, über den sie in dem Maße gebieten, in dem sie ihn bedienen? Wenn diese Deutung stimmt, dann hätte Goya auch hier den Januskopf gesehen, der allem anhaftet, was der Mensch tut und denkt. Auch diese Täter wären dann Opfer — Opfer ihrer selbst.

Zwar unterscheidet sich der beherrschte Gleitflug dieser Apparate von den aufgeregten Flugbewegungen der meisten Caprichos, aber es gibt doch eine auffällige Beziehung: die zur Mondsichel abgeflachten Flügel tauchen schon auf Cap. 19 und 72 auf (Kat. 26, 99).

162

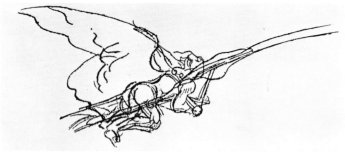

Abb. 117 Leonardo da Vinci, *Schwingenflugzeug*

X. »Immer noch lerne ich«

Die in diesem Abschnitt zusammengefaßten Zeichnungen aus den Alben D, E, F, G und H erstrecken sich über ein Vierteljahrhundert. Die ersten entstanden nach 1800, die letzten am Ende von Goyas Leben zwischen 1824 und 1827 in Bordeaux. Unsere Auswahl – vgl. Konkordanz im Anhg. – versucht die bereits früher herausgehobenen Leitgedanken nachzuweisen. Der Mensch ist Täter und Opfer zugleich. Dieser existentielle Zwitter findet seine schärfste Ausprägung im Irren, den die Gesellschaft, deren Opfer er ist, zur rächenden Tat herausfordert. Unterhalb der Ebene dieser selbstzerstörerischen Gewalttaten breitet Goya die Symptome harmloser Abirrungen bis hin zu Narreteien und simplen Torheiten aus. Dieses lächerliche Treiben muß immer wieder seine Vergeblichkeit erkennen, dennoch oder eben deshalb setzt es entweder Bosheit und Wut frei oder schlägt um in Resignation, Wut, Trauer und Verzweiflung. Neu ist, verglichen mit den ›Caprichos‹, daß in diesem Tollhaus niemand mehr eine Maske trägt. Die Verstellungen sind abgefallen, denoch »kennt keiner den andern« (vgl. Cap. 6, Kat. 43). Durch dieses Labyrinth der brennenden oder erloschenen Begierden geht der Künstler, der von sich sagt, daß er immer noch lerne (Kat. 179). Er gleicht dem Greis, der die ›Wahrheit‹ in Gestalt eines strahlenden jungen Mädchens sehen durfte (Kat. 108). Doch solche ›Lichtblicke‹ gibt es in den fünf Alben nur wenige. Überwiegend stellt Goya, auf seine Beobachtungs- und Einbildungskraft gestützt, die Wahrheiten dar, die sich in den Schatten- und Nachtseiten der menschlichen Existenz verbergen. Das »immer noch lerne ich« bezieht sich sowohl auf seine Gestaltungskraft, die in den Alben G und H späte Höhepunkte erreicht, als auch auf den Menschen, dessen Rätselhaftigkeit ihn immer wieder aufs Neue betroffen macht. »Immer noch lerne ich« heißt aber auch, daß Goya sich dieser Rätselhaftigkeit preisgibt, wie er sich schon Jahrzehnte vorher von den Gesichten bedrängen ließ, die zu den ›Caprichos‹ führten. In seiner Kunst fordert er sich Teilnahme, besser: Teilhabe an den Geschehnissen ab, die er aufzeichnet. Wie Büchners Lenz zieht es ihn zum Abgrund, treibt ihn eine schier wahnsinnige Lust, »immer wieder hineinzuschauen und sich diese Qual zu wiederholen«.

Die folgenden Bemerkungen zu den einzelnen Alben stützen sich auf die Forschungen von Pierre Gassier (Goya – Die Skizzenbücher, 1973). Das wahrscheinlich zwischen 1801 und 1803 entstandene Album D ist unvollendet geblieben. Den Anstoß zu seiner Identifizierung gab Harry B. Wehle, der 1941 aus zwei Zeichnungen, die sich in keiner der bereits bekannten Folgen unterbringen ließen, auf ein noch unbekanntes Album schloß. Gassier folgte dieser Hypothese und konnte 1970 siebzehn Blätter katalogisieren (GW 1368-1384). Da eines der Blätter die Nummer 22 trägt, müssen einige Zeichnungen als verschollen betrachtet werden. Aus dem Katalog der Versteigerung von 1877 kennen wir wenigstens die Titel von vier solcher ›Phantomzeichnungen‹, die sich auf die offenen Nummern des Albums D verteilen. Inhaltlich schließen die Zeichnungen an den Hexenspuk der ›Caprichos‹ an, doch konzentriert sich Goya jetzt ganz auf die handelnden Figuren und verzichtet auf Hintergrundsdarstellungen.

Das Album E, das sog. Schwarzrand-Album, muß mindestens 50 Zeichnungen umfaßt haben, denn unter den Nummern, die die erhaltenen 38 Blätter aufweisen, ist 50 die höchste. Dieser Schluß wird freilich von der Tatsache relativiert, daß 11 Zeichnungen keine Nummern tragen. Auch dieses Album kam 1877 zur Versteigerung: sein Bestand verteilt sich heute auf 29 Sammlungen. Chronologisch schließt es unmittelbar an das Album D an. A.L. Mayer schlug »1805« vor, Gassier datiert vorsichtiger zwischen 1803 und 1812. Goya bedient sich des Pinsellavis mit besonderer Sorgfalt, was seine Absicht, geschlossene, bildmäßige Wirkungen zu erzielen, verrät. Dazu trägt auch die Rahmenleiste bei. Die Themen wechseln von Blatt zu Blatt, doch glaubt Gassier eine Konstante ausmachen zu können: die Beschäftigung mit der Welt der einfachen Menschen. Aber auch in dieser Alltagswirklichkeit spürt Goya den Sonderling auf, entdeckt er Lächerliches und Ungereimtes (Kat. 167, 168). Gassiers Hinweis, daß diese Zeichnungen den Realismus von Daumier, Courbet und Millet vorwegnehmen, läßt sich belegen, wenn wir den Kriegskrüppel (Kat. 168a) mit Daumiers ›Julihelden‹ (Kat. 545) vergleichen.

Das Album F (»Sepia-Album«) dürfte 106 Zeichnungen enthalten haben. Gegenwärtig sind davon 88 bekannt. Alle Blätter sind in Sepialavis ausgeführt. Der Vergleich mit thematisch verwandten, datierten Gemälden legt für den größten Teil der Zeichnungen eine Entstehungszeit zwischen 1815 und 1820 nahe. Gassier konnte nur vier schmale Themengruppen aussondern, nämlich Duelle nach alter Art (F 10 bis F 15), die Casa de Campo (F 30 bis F 32), das Maultier (F 36 bis F 39) und die Jagd (F 97 bis F 106). »Alle übrigen Zeichnungen, also der größte Teil des Albums, zeigen sehr unterschiedliche Szenen, sind also nicht in irgendeiner erkennbaren Weise miteinander verknüpft. In bunter Folge sehen wir Bettler, Mönche, Bauern, Gefangene, Arbeiter, Mörder, Tanzende, groteske Greise, Akrobaten, Soldaten, Wilde, junge Frauen und Kinder – ein vielgestaltiges Universum.« (Gassier, S. 387)

Die beiden Bordeaux-Alben G und H enthalten je rund 60 Blätter. Sie sind durch Goyas Ankunft in Bordeaux im Juni 1824 und seinen Tod ebendort am 16. April 1828 zeitlich eingegrenzt. Es bedurfte der Forschungsarbeit mehrerer Generationen, um die formal sehr verwandten Zeichnungen auf zwei Alben zu verteilen. Als Lafond 1907 38 Zeichnungen als ›Nouveaux Caprices‹ herausgab, wußte er nicht, daß er es mit zwei Alben zu tun hatte. A.L. Mayer begann in den dreißiger Jahren mit dem Auseinandersortieren, aber erst Crispolti konnte 1958 zwei Listen vorlegen, die später von Gassier erweitert wurden. Letzterer hat den Griff nach einer neuen, unerprobten Technik, der schwarzen Kreide und dem Fettstift, überzeugend damit erklärt, daß Goya sich in seinen letzten Schaffensjahren für die Lithographie interessierte (vgl. Kat. 263-266, 273-276). Kaum in Bordeaux angekommen, brach er nach Paris auf, wahrscheinlich um seinen dorthin ausgewanderten Landsmann Cardano aufzusuchen, der 1819 die erste Madrider Lithographierwerkstätte geleitet hatte. Paris war damals die künstlerische Hochburg der neuen, 1798 von Senefelder erfundenen Technik. Ob Goya, wie vermutet wird, Carle oder Horace Vernet getroffen hat, wissen wir nicht. Jedenfalls haben ihn die Pariser Erfahrungen dazu geführt, nicht mehr auf Umdruckpapier, sondern mit der Fettkreide direkt auf den Stein zu zeichnen. Vielleicht trug er sich mit der Absicht, einige Zeichnungen aus den beiden Alben in Lithographien umzusetzen, denn in einem Brief vom Dezember 1825 an seinen Freund Ferrer lehnte er eine Neuauflage der ›Caprichos‹ mit der Begründung ab, er habe »bessere Pläne«, die »sich günstiger verkaufen lassen werden«. (Gassier, S. 501). Unverkennbar ist die formale Verwandtschaft zwischen den späten Zeichnungen und den Lithographien. So tragen die Menschen, die sich mit den Stieren herumschlagen (Toros de Burdeos, Kat. 263), die Züge der Irren und Besessenen, die uns in den beiden Alben entgegentreten. Hier wie dort auch der gleiche faserige, brüchig weiche Strich, der jedoch nichts Unsicheres hat, sondern die Massen sicher und fest zu disponieren weiß.

W.H.

163 Tan bien riñen las viejas
Auch die Alten prügeln sich

(Album D. d)
1801-03
Tuschlavis und Feder
152 x 123 mm
Madrid, Biblioteca Nacional, Inv.Nr. B 1256
Literatur: GW 1382, G(S) 110

In diesem verbissenen Ringkampf holt Goya das (erotisch vieldeutige) Hexenduell der Caprichos (Kat. 39) auf den Boden der Alltäglichkeit und macht daraus eine Satire auf Starrsinn und Beschränktheit. Das »auch« im Titel könnte sich darauf beziehen, daß es die jungen Frauen nicht anders halten (GW 1404). Wie die Alten sungen ... Die beiden kurzleibigen Gestalten stehen Callot und Rembrandt nahe.

164 Eine Tracht Prügel

(Album F 74)
1812-23
Sepialavis
205 × 141 mm
Rotterdam, Museum Boymans-van Beuningen, Inv.Nr. S 17
Literatur: GW 1493, G(S) 338

Gassier unterstellt dem Blatt »einen für die damalige Zeit etwas schlüpfrigen Humor«. Diese Charakterisierung dürfte eher auf eine Prügelszene des Madrider Albums passen (B 15), wo ein Majo als lachender Dritter die Einblicke genießt, die ihm das Handgemenge zweier Majas erschließt. Die entblößte Kehrseite, eine alte Lizenz der Bildsatire (Bruegel, Hogarth), beschäftigt Goya schon in dem frühen, verschollenen Bild eines Lehrers, der einen Schüler züchtigt (GW 159a). Varianten dazu bieten die Caprichos: Dirnen betreiben an ihren Kunden Anal-Analyse (Kat. 26), eine Mutter prügelt ihr Kind mit einem Schuh (Cap. 25). In unserer Zeichnung verwandelt sich die Sittensatire in eine Episode aus der alltäglichen Sittenchronik. Diese Akzentverschiebung macht der Vergleich mit Ridgeways ›Westminster School‹ (Abb. 118) deutlich. Die Entblößung wird von Goya nur beiläufig angedeutet, das künstlerische Interesse gilt dem Einswerden von Täter und Opfer.

Abb. 118 *Ridgeway, Karikatur*

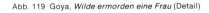

Abb. 119 Goya, *Wilde ermorden eine Frau* (Detail)

165 Zweikampf
(Album F 57)
1805-12?
Sepialavis
207 × 141 mm
Oxford, Ashmolean Museum
Literatur: GW 1478, G(S) 323

In einem Versteigerungskatalog von 1877 hieß die Zeichnung »Samson«, später bezog man sie auf Kain und Abel — eine Deutung, an der Lafuente Ferrari (1979, S. 12) festhält und die er auf die ständigen Bruderkriege der Menschheit bezieht. Gassier setzt das Blatt zu den Bildern in Besançon in Beziehung (Abb. 119) und sieht darin einen Kampf zweier Wilder. Das schließt nicht aus, daß Goya ein biblisches ›Rahmenthema‹ säkularisierte. Bemerkenswert, wie er, der dem Menschen jede Maske abriß und keine Entblößung ersparte, die Scham des Mannes mit einem Fell umhüllte.

166 Espresivo doble fuerza
Ausdruck doppelter Kraft
1819 (?)
Lithographie mit Tusche laviert
80 × 115 mm
Madrid, Biblioteca Nacional, Inv.Nr. 45627
Literatur: GW 1648, H 274

Der struppige Mann, der die Frau zu sich zieht, kann ihrem makellosen Umriß nichts anhaben. Goya scheint auf die ›Unberührtheit‹ der Gestalt Wert gelegt zu haben, denn es verlangte ihn nach einem symbolischen Schwarz-Weiß-Kontrast. Das Weiß der Unschuld verhält sich jedoch nicht defensiv: dieser Körper scheint in seiner Neigung den des Mannes sanft zurückzudrängen, in dessen Zügen sich erschrockenes Staunen abzeichnet. Hält er, wie Tantalus (Kat. 24), eine Ohnmächtige, eine Tote in seinen Armen?

167 No sabe lo q.ᵉ hace
  Er weiß nicht, was er tut

(Album E 19)
1806-12
Tuschlavis
269 x 179 mm
Berlin, Staatl. Museen Preußischer Kulturbesitz, Kupferstichkabinett, Inv.Nr. 4391
Literatur: GW 1392, G(S) 120

Nach Klingender (1978, S. 237) zerstört der Mann eine Freiheitsstatue, handelt also im Namen der blinden Reaktion, die 1814 mit der Rückkehr Ferdinands VII. einsetzte. Gassier denkt eher an Dummheit und Wandalismus schlechthin, sieht aber auch positive Beziehungen zu Goyas »robusten Gestalten von Männern aus dem Volk« (›Der Scherenschleifer‹, GW 964, ›Die Schmiede‹, GW 965). Der eingetrübte Blick, das marionettenhafte Gebärdenspiel und das mühsame Balancieren des Körpers deuten auf einen Betrunkenen. Ob Reaktionär oder nicht, er weiß nicht, was er anrichtet. Vielleicht wendet sich Goya, der mit positiven Symbolträgern sparsam umging (vgl. Kat. 112-115, 120, 122), gegen den konventionellen Bilderkult der Vernunftreligion, wie früher sein Freund Jovellanos gegen den religiösen Bilderkult. Das Balancieren auf der Leiter läßt an Hogarth denken (Abb. 120). Goya setzt die Leiter einem seiner aperspektivischen Flachräume vor: sie ruht in einer Raumzone *vor* dem Podest auf, müßte also oben ins Leere münden (vgl. Kat. 75).

167

Abb. 120 Hogarth, *Karikatur*

168 Valentias? Quenta con los años
Heldentaten? Denk an dein Alter

(Album E 38)
1803-12
Tuschlavis
265 x 187 mm
Berlin, Staatl. Museen Preußischer Kulturbesitz, Kupferstichkabinett, Inv.Nr. 4395
Literatur: GW 1407, G(S) 133

Eine »Fallstudie«, in der Goya nicht nur die Hinfälligkeit des alten Menschen und deren lächerliche Folgen schalkhaft aufzeigt, sondern eines seiner existentiellen Leitmotive anschlägt. Der Mensch lebt im Sturz (Helman 1963, S. 134). Diese Fallsucht projiziert Goya auf verschiedene Ausdrucksebenen, sie betrifft den Arbeiter wie den Müßiggänger, die Alten wie die Jungen. Auf den ersten Blick könnten wir in der Greisin auch ein ungeschicktes Kind vermuten. Denkt Goya bei der Treppe an die beliebte Allegorie des Lebenslaufes als auf- und absteigende Stufenfolge?

168a Trabajos de la guerra
Folgen des Krieges

(Album E.c)
1808-12
Tuschlavis
240 × 170 mm
Privatbesitz
Literatur: GW 1420, G(S) 143

Die deutsche Übersetzung unterschlägt den Doppelsinn der Legende. »Trabajos«, das sind die »Arbeiten«, die zerstörerischen »Werke« des Krieges. Zwar ist dem Mann keine Verstümmelung anzumerken, aber er kann offenbar nur ein Bein gebrauchen und muß mit Hilfe von Hut und Krücke die Balance halten. Im Umriß dieses defekten Körpers erkennen wir die Fragehaltung von Des. 1 wieder (Kat. 69). Die »düsteren Vorahnungen«, denen jener Kniende sich öffnete, haben sich für den bettelnden Krüppel erfüllt. Er hat den Krieg überstanden — aber wie! (Vgl. Daumiers Julihelden von 1831, Kat. 545).

168 a

169

169 Verhungert

(Album F 1)
1812-23
Sepialavis
192 × 140 mm
Madrid, Prado, Inv.Nr. 303
Literatur: GW 1431, G(S) 277

Gassier schlägt den Titel »Verhungert« vor und zieht Vergleiche zu den Radierungen der Desastres, die den Hungerwinter 1811/12 behandeln (Kat. 92, 92a, 93). Der ikonographische Prototyp (das ›Rahmenthema‹) ist leicht auszumachen, es ist die Ohnmacht der Gottesmutter am Fuße des Kreuzes. Goya macht deutlich, daß hier jede Rettung zu spät kommt. Die dunkle Masse, die sich helfend (oder schützend) über den hellen Körper beugt, legt seiner Entkräftung zugleich das Siegel der Endgültigkeit auf. Aus der Beweinung wird eine Totenklage.

Das Blatt E 33 (»Resignation«) kann als lyrische Vorstufe unserer Zeichnung gelten.

Abb. 121 Tizian, *Venus und Adonis*

170 Ehestreit *Farbtafel XI*
(Album F 18)
1812-23
Sepialavis
208 x 146 mm
Madrid, Prado, Inv.Nr. 255
Literatur: GW 1446, G(S) 292

Von Anfang an deutet Goya (wie Blake) Heirat und Eheleben unter den negativen Vorzeichen von Zwang und Heuchelei. Wir sehen darin einen Beitrag nicht nur zur Sittengeschichte der bürgerlichen Gesellschaft, sondern zu einem größeren Symbolrahmen. Als eine der Spielarten des Gefängnisses (oder Irrenhauses), das der Mensch dem Menschen bereitet, ist die Ehe auch eine Unterdrückungsinstitution und Schauplatz des umfassenden Aggressions- und Beherrschungstriebes, der die zwischenmenschlichen Beziehungen prägt. »Nirgendwo jedoch ist ein so erbitterter Streit dargestellt«, bemerkt Gassier und vergleicht die Erregung des Paares mit der unruhigen, peitschenden Linienführung. Von dem aufgeklebten Papier fehlt die obere Hälfte. Goya scheint darauf eine Schwurhand gezeichnet zu haben.

Lafuente-Ferrari weist die Vermutung, es könnte sich bei der Szene um eine Anspielung auf Goyas oft stürmische Beziehungen zu Leocadia Zorilla handeln, mit Recht zurück. Was diesen Streit von den Eheszenen abhebt, verbindet ihn mit den Mißhandlungen und Vergewaltigungen der ›Desastres‹, z.B. Des. 9 (Kat. 72) und Des. 19.

Auf den ersten Blick überdeckt das heftige, zur Zerreißprobe erhitzte Pinselgeflecht den Formgedanken, der dahinter steckt: Tizians Venus und Adonis im Prado (Abb. 121). Goyas Anleihe trägt die Merkmale der Bedeutungsinversion: aus dem klassischen Liebespaar werden zwei wilde Streithähne, die Harmonie der Gebärden schlägt in schrille Dissonanz um. Der umgeworfene Nachttopf trägt zur Trivialisierung bei (vgl. GW 426). Ob Goya damit einer klassischen Pathosformel eine neue Bedeutung geben und die bisherige verabschieden wollte? Eines seiner frühesten Bilder behandelt die Klage der Venus vor dem toten Adonis (GW 21). Das Bild steht in der Tradition der Heldenklage. Etwa drei Jahrzehnte später entstand ›Amor und Psyche‹ (GW 745), ein mißglückter Versuch, die erotische Dreistigkeit einer ›Maja‹ mit dem antiken Mythos zu verbinden. Damals dürfte Goya erkannt haben, daß ihm die Fähigkeit abging, den Mythos glaubwürdig darzustellen. Daraus entstand wohl der Entschluß zur Bedeutungsinversion.

170

171 Armut
(Album F 22)
1812-23
Sepialavis
205 × 142 mm
Madrid, Prado, Inv.Nr. 258
Literatur: GW 1450, G (S) 296

Der Mann scheint nach Flöhen oder Läusen zu suchen. Eine Beschäftigung, die in der Genremalerei oft als Vorwand für pikante Enthüllungen dient — auch der junge Goya blickte manchmal durch das Schlüsselloch (Madrid-Album B 85, 87) — wird hier ohne den Beigeschmack des Schlüpfrigen gesehen. Der Mann prüft seine einzige Habe, er versucht wenigstens diese Blutsauger sich vom Leib zu halten — gegen die anderen, größeren, die ihn ins Elend gebracht haben, ist er machtlos. Was den Vorgang monumentalisiert, ist die formale Verspannung, die Goya ihm erfunden hat. Ein schwingender Rhythmus hält alles zusammen. Seine Keimfigur ist das Kleidungsstück, das der Mann durchsucht: es vermittelt einerseits zwischen der gebeugten Frau und der Architekturkulisse, anderseits versammelt sich in ihm die Bewegung, die aus den Beinen des Mannes aufsteigt. Sie sind so gekreuzt, daß sie gefesselt anmuten.

172 Mönchsprozession
(Album F 44)
1812-23
Sepialavis
204 x 138 mm
Berlin, Staatliche Museen Preußischer
Kulturbesitz, Kupferstichkabinett
Inv.Nr. 4292
Literatur: GW 1469, G(S) 314

Gassier sieht in der Wegkrümmung ein Mittel der zeitlich-räumlichen Staffelung. Auf der Sänfte an der Spitze des Zuges scheint eine Gestalt zu liegen. Die von ihrem Kopf ausgehenden Lichtstrahlen lassen Gassier an ein Begräbnis der Wahrheit denken, welche im nächsten Blatt des Albums (F 45) wieder auferstanden ist, nunmehr aber von Mönchen bedroht wird. Goya nutzt die Mönchskleidung und das dichte Gedränge, um den Eindruck eines sich voranschiebenden Menschenwurms zu erwecken, dessen körperliche Monotonie mit jener der Litaneien korrespondiert.
Gassiers Datierung schwankt zwischen 1812 und 1823. Da es sich eindeutig um einen Seitenhieb auf die klerikale Reaktion handelt, wäre das Blatt nach 1814 anzusetzen.

172a Vor dem Eingang zum Bad

(Album F 79)
1812-23
Sepia laviert
204 x 141 mm
Berlin, Staatliche Museen Preußischer
Kulturbesitz, Kupferstichkabinett
Inv. Nr. 4397
Literatur: GW 1497, G(S) 342

Früher hieß die Zeichnung »Bettler vor einer Tür« (GW 1497). Gassiers Umbenennung leuchtet ein, dennoch assoziieren wir mit diesen ›Badenden‹ die Lebensumstände von Randmenschen. Sie muten ausgeschlossen, wenn nicht ausgestoßen an. Einige könnten Bettler sein oder zu denen gehören, die ihre einzige Habe auf dem Leib tragen (vgl. Kat. 171). Den Ausdruck der offenbar frierenden Gestalt vorne links kennen wir aus der »seltsamen Buße« (Kat. 130), und der Sitzende rechts, der zwei Münder, zwei Nasen und drei Augen hat, wäre auch als Insasse eines Irrenhauses denkbar. Die kubische Türöffnung hat lastendes Gewicht und faßt die Menschengruppe zusammen. Ähnliche Hell-Dunkel-Gegensätze begegnen in den Folter- und Gefängnis-Zeichnungen des Albums C (Kat. 137, 142-145).

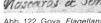

Abb. 122 Goya, *Flagellant*

173

173 Semana S.ª/en tiempo pasado en España
Die Karwoche in Spanien in früheren Zeiten
(Album G 57)
1824-28
Schwarze Kreide
192 × 147 mm
Ottawa, Nationalgalerie, Inv. Nr. 2999
Literatur: GW 1761, G(S) 413

Eine Zeichnung von 1794 (Abb. 122, Album B 80) zeigt einen Flagellanten, dem der Rücken blutet. Vom Vergleich mit diesem Blatt ließ sich Gassier dazu verführen, unsere Zeichnung als »fast wehmütige Erinnerung ... an die schöne Jugendzeit« zu deuten. Davon kann keine Rede sein. Gerade ihre von Gassier betonten Qualitäten machen die späte Zeichnung zu einer Aussage, in der Goya eine Summe zieht. In eine Raummulde eingebettet, tritt uns eine ›Überfigur‹ entgegen. Die beiden Flagellanten sind zwar nicht tatsächlich, aber in der zeichnerischen Umsetzung Rücken an Rücken gekoppelt (vgl. Dis. 7, Kat. 150) — also unfrei, ihr Handeln wird nur davon bestimmt. Maske und ›coroza‹, der hin und her baumelnde Spitzhut, machen sie zu Marionetten. Sie tappen im Dunkeln — wie Blinde. Goyas formale Bindung, die Mulde, ist gleichsam ein Rückgriff auf seine Anfänge als Freskant: die Hängezwickel in Saragossa (El Pilar, GW 180-183). Was dort geometrisch vorgegeben war, wird jetzt organisch umschrieben.

173a Eine Gruppe von Mönchen unter einem Torbogen

(Album H 56 (55))
1824-28
Schwarze Kreide
186 x 134 mm
Berlin, Staatliche Museen Preußischer Kulturbesitz, Kupferstichkabinett
Inv. Nr. 4293
Literatur: GW 1814, G(S) 468

Zu der Frage, ob diese Zeichnung eine Kopie ist, hat Gassier das Für und Wider dargelegt. Das Summarische scheint ihm für eine Kopie zu sprechen, hingegen läßt es gerade ein typisches Merkmal der Nachahmung vermissen, das Bemühen, das Original an Ausführlichkeit zu übertreffen. Gassier kommt zu dem Schluß, daß wir es mit einem unvollendeten oder mißglückten Versuch von Goyas Hand zu tun haben. Was die Echtheit des Blattes angeht, ist diesem Befund beizupflichten, nicht aber seinem negativen Qualitätsurteil. Die Zeichnung zeigt Goyas Altershandschrift an einem ihr adäquaten Thema. Die langsame, körperverdichtende Hand des Zeichners findet in den Mönchen einen Rohstoff, der fasziniert, weil sich aus ihm eine Metapher der physischen wie geistigen Regungslosigkeit — bis hin zum dumpfen Starrsinn — gewinnen läßt. Der Mensch wird zur beharrenden Materie, als vielköpfige Masse bildet er eine undurchdringliche Mauer. Man kann von einem Gewölbe der Köpfe sprechen, dessen Buckeln von der Architekturwölbung zusammengefaßt werden.

174 Animal de letras
Literatentier

(Album G 4)
1824-28
Schwarze Kreide
191 x 150 mm
Madrid, Prado, Inv.Nr. 398
Literatur: GW 1714, G(S) 368

Ein Zwitter blickt uns an, ein katzenähnliches Tier, in dessen menschlichen Zügen Trauer sitzt. Seine nachdenkliche Würde unterscheidet es von dem Mann, der es schadenfroh grinsend belauert – wieder ein Hinterrücks-Täter, der für sein Opfer nur Verachtung hat. Gassier vermutet eine Satire auf die Literaten, die sich durch ernste Mienen wichtig machen. Warum dann der hämisch-vulgäre Zuschauer im Hintergrund?
Der ironische Titel bezieht sich vielleicht auf die angehäufte Wissenssumme, die den Menschen zwar nicht klüger und besser als die Tiere macht, ihm aber wenigstens die Einsicht in seine Grenzen erschließt. So ließe sich das Doppelwesen und sein ernster, bannender Blick erklären. Als Zeichnung gehört das Blatt zu den schönsten Zeugnissen von Goyas weicher, später Handschrift, in der ein behutsames, mürbes Gekritzel alle Nuancen zwischen Hell und Dunkel, Kontur und Binnenform mit atmendem Leben erfüllt.

174

175 Gran disparate
Große Torheit

(Album G 9)
1824-28
Schwarze Kreide
192 × 152 mm
Madrid, Prado, Inv.Nr. 382
Literatur: GW 1718, G(S) 372

Wieder eine der Dreiergruppen, die Goyas Stift zu einem fatalen Ganzen verfilzt, das Täter, Opfer und die zuschauende Alte umgreift. Die Zeichnung dürfte im Anschluß an die Disparates entstanden sein (Gassier); ihren Bildgedanken hat Klingender (1978, S. 202) auf ein Gemälde von Bosch, ›Das Steinschneiden‹, zurückverfolgt, das Goya im Prado gesehen haben kann. Müssen wir deswegen in der zentralen Gestalt einen »Enthaupteten« vermuten? Wie auf Cap. 50 (Los Chinchillas, Kat. 35/36) wird eine Indoktrination vorgenommen, doch wirkt diesmal das Opfer selber mit. Kopf und Leib sind voneinander getrennt, sie empfangen verschiedene Nahrung. Dem Leib wird von fremder Hand Fremdnahrung eingeflößt. Klingender verweist auf den Trichter als »Sinnbild für das Leblose, rein mechanische Wissen der Gelehrten«. Das heißt, man muß zunächst seinen eigenen Kopf (= sein eigenes Denken) ausschalten, um den vorgekochten Lehren Einlaß zu gewähren. Der davon gestärkte Leib verfügt über die mechanische Kraft, zum Löffel zu greifen und den Kopf zu ernähren. Indes: von dort führt nichts zum Körper zurück. »Armer Mensch, an dem der Kopf alles ist!« meint Goethe am 10. Juli 1772 zu Herder, das heißt, daß Körperlosigkeit so schlimm ist wie Kopflosigkeit.

Wie oft bei Goya verhalten sich Form und Aussage dialektisch gegenläufig: auf den Verlust der organischen Ganzheit setzt der Zeichner die aus seiner Vorstellungskraft entsprungene Ganzheit der Überfigur, die das Getrennte wieder behutsam mit seinem Ursprung vereint. So wird der Kopflose kraft zeichnerischer Verwandlung des Überlebens teilhaftig, das die Kirche ihren Märtyrern zubilligte. Einen solchen Heiligen, der seinen abgeschlagenen Kopf in der Hand trägt, hat der junge Goya im Kuppelfresko der Kirche El Pilar in Saragossa gemalt (GW 177). Den Kopflosen unserer Zeichnung erwartet kein Himmel: dieser hat seine Allmacht und seine Caritas an den Künstler abgetreten.

176 Mal Marido
Schlechter Ehemann
(Album G 13)
1824-28
Schwarze Kreide
192 × 151 mm
Madrid, Prado, Inv.Nr. 414
Literatur: GW 1721, G(S) 374

Der Vergleich mit dem ›Ehestreit‹ (Kat. 170), den Gassier anstellt, trifft nicht den Kern, die Unterdrückung des Menschen durch den Menschen. Der »schlechte Ehemann« ist ein Gesinnungsgenosse des Mönchs, der den Bauern reitet (Kat. 64), und beide leiten sich von Cap. 42 (Kat. 56) ab. Weitere Beispiele für die Unterwerfung, die wie eine Drohne im Nacken sitzt: Cap. 63, 70 (Kat. 57, 40). Schon im Madrider Album prügelt ein junger Mann ein Mädchen (B 34, GW 402), aus dieser Aggression wird später ein Mord, von einer Frau an einem Schlafenden verübt (F 87, GW 1503). Unsere Zeichnung hält die Mitte, sie gehört zu den Unterdrückungsmetaphern und rächt gleichsam den von Phyllis gerittenen Aristoteles (Abb. 123).

Abb. 123 Lucas van Leyden, *Aristoteles und Phyllis*

176

177 Dice q.ᵉ son de nacimiento, y pasa su/vida con ellos
Er sagt, er sei mit ihnen geboren und müsse sie zeitlebens behalten

(Album G 19)
1824-28
Schwarze Kreide
191 × 140 mm
Madrid, Prado, Inv.Nr. 397
Literatur: GW 1726, G(S) 379

Einer der Randmenschen, die mit ihrem Elend den Weg derer säumen, die über Macht und Ansehen verfügen. Diese Kreatur ist ein Zwitter. Mitleid erweckend, erinnert die demütige Haltung an die ›Düsteren Vorgefühle‹ (Kat. 69). Der Gesichtsausdruck ist dem des traurigen Tieres vergleichbar, das nicht lesen kann (Kat. 174). Eine frühere, von Goya gelöschte Legende dürfte eine andere Deutung enthalten haben (Gassier). Die Gestalt würde sich auch unserem Kap. VII (Sterben ist besser) (Kat. 123-145) einfügen lassen, denn offenbar zielt Goya auch hier auf die diskriminierende Macht des Vorurteils. Zugleich verhilft er den Hörnern, diesem Symbol des betrogenen Ehemannes, zu einer ›Bedeutungsinversion‹: das lächerliche Attribut wird zu einem tragischen Stigma.

178 Con animales pasan su vida
    Sie verbringen ihr Leben mit Tieren

(Album G 30)
1824-28
Schwarze Kreide
192 × 148 mm
Madrid, Prado, Inv. Nr. 400
Literatur: GW 1735, G(S) 388

Ein verfilztes, faseriges Ganzes: ein breitbeinig Sitzender — wir denken an den musizierenden Affen (Cap. 30, Kat. 34) — und eine Lumpengestalt, deren Kopf, nach rechts blickend, sich unter dem Vogel abzeichnet. Gassier nimmt die gedrungene Gestalt und ihren feisten Rundschädel für einen neuen Menschentyp in Anspruch, den er erst in Bordeaux (wohin Goya 1824 geht) auftauchen sieht. Der Typ ist älter: die blöden Grinser deuten sich schon in dem Mann an, der auf Cap. 2 (Kat. 22) aus dem Dunkel auftaucht. Überhaupt belehnt diese Zeichnung das Repertoire der ›Caprichos‹: der Vogel erinnert an den Papagei auf Cap. 53, die Katze stammt aus der Menagerie von Cap. 43 (Kat. 3), doch verläuft jetzt das Spiel der Unvernunft nach anderen Regeln. In den beiden Spielfiguren hat der läppische Alte die Animalität domestiziert und sich ihr angeglichen. In seiner Dummheit hetzt er sie gegeneinander auf (er zeigt der Katze, worauf sie sich stürzen soll). Das erinnert an die grinsende Maske im Vordergrund des ›Traums von Lüge und Wankelmut‹ (Kat. 49), die sich am Kampf einer Schlange mit einer Kröte vergnügt. Wieder schlagen beim späten Goya frühe Bildideen durch.

178

179 Aun aprendo
   Noch immer lerne ich

(Album G 54)
1824-28
Schwarze Kreide
191 x 145 mm
Madrid, Prado, Inv.Nr. 416
Literatur: GW 1758, G(S) 411

Diese Zeichnung ist »Goyas Idealbild gegen Ende seines Lebens«, eine Selbstdarstellung, die allerdings für Gassier ohne die Legende nur den Rang einer Anekdote hätte. Wir bestreiten das. Ob Goya an seinen eigenen Lebensweg gedacht hat, ist unerheblich, wichtiger scheint, daß er als greiser Künstler dem alten Menschen die ungebrochene Würde des Wissen- und Erfahrenwollens zugesprochen hat. Dieser Alte hat viele Verwandte in Goyas Werk. Am Anfang steht Saturn-Kronos (Kat. 66) (dort klingt bereits die Bildidee des Greises als alt gewordene Zeit an), am Ende die beiden Alten der ›Pinturas negras‹ (Abb. 124). Lafuente-Ferrari (1979, S. 222) hat in seiner Analyse des alten Mannes auf Krücken (Kat. 124) auf die Bedeutung hingewiesen, die das Ethos der Arbeit in Goyas Werk einnimmt. Lange vor Carlyle hat er »arbeiten, nicht verzweifeln!« gepredigt.

›Aun aprendo‹ setzt den Gedanken einer Zeichnung aus dem Album E fort: »Viel weißt Du und immer noch lernst Du. Alles ist Beruf.« (GW 1390) Es scheint nicht abwegig, als Vorbild an Zurbaráns Altarbild des Heiligen Antonius zu denken, das bis 1810 in der

179

Abb. 125 Zurbarán, *Hl. Antonius* (Detail)

Abb. 124 Goya, *Zwei alte Männer*

Kirche Merced Descalza (San José) in Sevilla hing, wo Goya es gesehen haben kann (Abb. 125). (1798/99 zeichnete Goya ein Bildnis Zurbaráns für ein Künstlerlexikon, an dem sein Freund Céan Bermúdez arbeitete.)

Das graphische Gewebe ist weich angelegt: nicht der Kontur, die Binnenzeichnung gibt den Ausschlag. Die hellen Zonen sind ausgespart, leider durch spätere Abreibungen entstellt, bzw. vergrößert. Das Dunkel, das hinter dem Greis steht, scheint gestaltträchtig: es ist, als kündigten sich in seinen Randzonen die Umrisse böser Vögel an.

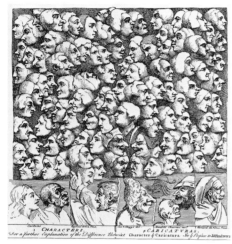

Abb. 126 Hogarth, *Charaktere und Karikaturen*

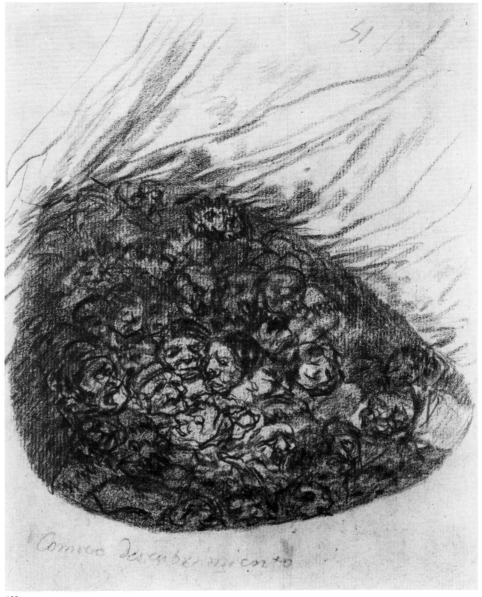

180

180 Comico descubrimiento
Komische Entdeckung
(Album G 51)
1824-28
Schwarze Kreide
192 x 149 mm
Cambridge, Fitzwilliam Museum,
Inv.Nr. 2066
Literatur: GW 1756, G(S) 409

Alles an dieser Zeichnung ist rätselhaft. Welche Kraft trägt diesen Knäuel von Köpfen, was hält ihn zusammen? Ist er in Falten gebettet oder sind die Linien ein Flammenschweif? Fliegende Bewegtheit kontrastiert mit der dumpf geballten, geradezu gekneteten Schädelmasse. Von Anfang an hat Goya sich mit der Menge und ihrem physiognomischen Konglomerat beschäftigt (Kat. 12, 22, 51, 61, 62, 137, 67, 100, 152). Niemand hat vor ihm das erfaßt, was wir mit einer Metapher ein Meer von Köpfen nennen, womit ein Durcheinanderwogen gemeint ist, das alle Gestaltgrenzen aufhebt.

So ist es auch in dieser Zeichnung: zwar können wir etwa ein Dutzend Knollenköpfe unterscheiden, aber sie sind keine distinkten Größen, sondern mit einem chaotischen Gestaltbrei vermengt. Angenommen, Goya habe Hogarths ›Characters and Caricatures‹ (1743) (Abb. 126) gekannt — was hat er aus dieser Addition von Profilen gemacht!

Hasselt (Apollo, 1957, S. 87f.) hat die Zeichnung auf die nach 1823 einsetzenden Massenhinrichtungen von Liberalen bezogen, Sayre sah in den bestialischen Köpfen »Höllenbewohner«, was Gassier dazu bewog, Goyas beobachtenden Scharfblick ins Treffen zu führen — »vermag doch das Auge eines Philosophen in jeder Menschenmenge die Hölle zu sehen«.

181

Abb. 127 Goya, *Menschenfrösche*

Abb. 128 Bruegel, Detail aus ›*Luxuria*‹

181 Se quieren mucho
    Sie lieben sich sehr

(Album G 59)
1824-28
Schwarze Kreide
192 x 150 mm
Madrid, Prado, Inv.Nr. 392
Literatur: GW 1763, G(S) 415

Goya zeichnet in diesem Blatt nicht nur eine Satire auf die »Liebeswut alter Leute«, wie Gassier vermutet, wobei er Vergleiche mit Cap. 48 und 66 anstellt. Gerade diese Rückverweise auf die Caprichos zeigen, daß Goya noch etwas anderes im Sinn hatte. Aus den Hexenszenen abgeleitet, erweist sich das Paar als ausgedienter Abfall, der in Menschennähe gerät; aus der Sicht des Menschen wirkt es verhäßlicht und vertiert. Diese Ambivalenz ist formal vorgegeben. Einmal sind die beiden Gestalten armselige, ausgemergelte Kreaturen, zum andern hat ihr »vertierter Blick« (Gassier) eine böse, geile Entschlossenheit; beide Ausdruckszonen ergänzen sich zur Signatur der Angst vor dem drohenden Sturz ins Leere. Daraus ergibt sich die Beziehung zur Dädalus-Zeichnung (Kat. 182). Vgl. die Zeichnung der beiden Menschenfrösche (Abb. 127), die mit Bruegels ›Luxuria‹ zusammenhängen dürfte (Abb. 128).

Abb. 129 Gowy, *Fall des Ikarus*

182

182 Dädalus sieht seinen Sohn Ikarus abstürzen(?)

(Album H 52)
1824-28
Schwarze Kreide
191 × 148 mm
Madrid, Prado, Inv.Nr. 395
Literatur: GW 1811, G(S) 465

Sánchez Cantón deutete die Gestalt als flehenden Dämon. Wir halten an der Beziehung zum antiken Mythos fest, denn die in den Halteschlaufen sich festklammernden Finger lassen keinen Zweifel daran, daß es sich um angeheftete, nicht um gewachsene Flügel handelt. Vielleicht wurde Goya von einem Bild von Gowy (Abb. 129) im Prado angeregt, das auf eine Skizze von Rubens für das Schloß Torre de la Parrada zurückgeht. Dennoch steht er in der von Velásquez eingeleiteten spanischen Tradition der Verhäßlichung des Mythos. Das bedeutet freilich auch Vermenschlichung. Dieser Dädalus ist ein Mann aus dem Volk. Er scheint die Grenzen seiner Flugfähigkeit zu kennen – im Gegensatz zu seinem Sohn. Mag sein, daß das die »Moral« dieser Parabel ist.

183 Unglücklicher am Straßenrand

(Album H 14)
1824-28
Schwarze Kreide
191 × 154 mm
Madrid, Prado, Inv.Nr. 321
Literatur: GW 1777, G(S) 431

In dieser Gestalt treffen verschiedene Formen der physischen Entmündigung zusammen: die Rückenkrümmung, der gleichsam in das Schulterjoch eingespannte Schädel, die Fesselung der Arme und die sackartig verpackten Beine. Die Summe ist ein Klumpen Mensch, ausgesetzt im wahrsten Sinne des Wortes. Gassier vermutet darin das Opfer eines Racheaktes, vielleicht einen Geistlichen. Der Baum trägt die totale Gebundenheit des Körpers, aus dem er hervorzuwachsen scheint, in einen offenen, expandierenden Rhythmus, wodurch das Elend der Gestalt gemildert wird. Baum und Mensch sind zu einer ›Übergestalt‹ verschränkt.

184 Kniender Greis mit gefesselten Händen
(Album H 21)
1824-28
Schwarze Kreide
191 x 148 mm
Madrid, Prado, Inv.Nr. 323
Literatur: GW 1784, G(S) 438

Der erste Blick läßt einen Betenden vermuten, doch dann entdecken wir, daß die Arme an den Gelenken gekreuzt sind: allein mit dieser Andeutung macht Goya den gefesselten Zustand ahnbar. Auch der Blick ist nicht der eines Betenden, er klagt nicht und er fleht nicht. Dieser Mann erwartet weder Almosen noch die Befreiung aus seinem Los. Wie sein kompakter Körper auf dem Boden ruht, geht etwas Unverrückbares von ihm aus. Der Kopf ist wieder in die Schultern zurückgenommen. Haare und Bart wuchern in der ärmlichen Kleidung weiter.

184

185

Abb. 135 Bruegel, *Quacksalber* (Detail)

Abb. 136 Amigoni, *Jahel und Sisera*

Abb. 130 Hellenistisch, Satyr und Nymphe

Abb. 132 Morales, *Estremadura Pietà* (Detail)

185 Ein Mann ermordet einen Mönch

(Album H 34 (36))
1824-28
Schwarze Kreide
191 x 153 mm
Madrid, Prado, Inv.Nr. 403
Literatur: GW 1796, G (S) 450

186 Kampf auf Leben und Tod zwischen zwei dicken Männern

(Album H 38 (40))
1824-28
Schwarze Kreide
190 x 154 mm
Madrid, Prado, Inv.Nr. 399
Literatur: GW 1800, G (S) 454

Abb. 131 Hans Baldung Grien, *Der Tod und das Weib*

Abb. 133 Antonello da Messina, *Toter Christus von Engel gestützt* (Detail)

186

187 Vereint durch den Teufel

(Album H 57 (56))
1824-28
Schwarze Kreide
181 x 150 mm
Madrid, Prado, Inv.Nr. 393
Literatur: GW 1815, G(S) 469

Drei Variationen der Gewalttätigkeit. Die formalen Ähnlichkeiten springen ins Auge: jedesmal überwältigt der Täter sein Opfer »a tergo«, von hinten, er sitzt ihm im Genick. Diese zupackende Unterwerfung hat in Goyas Werk eine lange Geschichte: sie taucht schon in Cap. 42 (Kat. 56) auf, wo zwei Männer von Eseln (Symbolen der herrschenden Klasse) geritten werden (vgl. Cap. 63, Kat. 57). Auch im Liebesspiel gibt es die Besitznahme von hinten, halb Umarmung, halb Überfall. Das

Abb. 134 Goya, *Selbstbildnis mit Arrieta* (Detail)

beginnt etwa mit der hellenistischen Kunst (Abb. 130). Auch der Tod umarmt seine Geliebte von hinten (Abb. 131). Von hinten kann man nicht nur angegriffen, man kann auch gestützt werden. Dieser helfende, tröstende Gestus wird Christus als Schmerzensmann zuteil (Abb. 132, 133). Goya wandelt ihn in seinem ›Selbstbildnis mit dem Arzt Arrieta‹ ab (Abb. 134). So gesehen sind unsere drei Zeichnungen Beispiele der Bedeutungsinversion, die Goya häufig an ikonographischen ›Rahmenthemen‹ vornimmt. Hilfe schlägt in ihr Gegenteil um.

Die drei Blätter sind Beispiele für Goyas komprimierende zeichnerische Kraft. Mörder und Opfer bilden eine untrennbare, schicksalhafte ›Überfigur‹. Die Tötung eines Mönchs (oder einer Nonne) durch Schädelbohrung, offenbar die Tat eines Wahnsinnigen (Gassier), ist mit einem satirischen Rest behaftet, der an Bruegels Quacksalber denken läßt (Abb. 135). Sie hat aber auch einen biblischen Stammbaum (Abb. 136). Im ›Zweikampf‹ scheint sogar das Opfer etwas von der Wollust der Mißhandlung zu verspüren. Der breitbeinig den Unterworfenen überwölbende Gewalttäter kommt schon früher vor, aber erst in den späteren Zeichnungen verbindet sich damit eine rohe erdrückende Körperfülle, die allein durch ihr Gewicht Überlegenheit zum Ausdruck bringt.

»Vereint durch den Teufel« zeigt einen Mann, dessen Leib von einer Frau zerbrochen wird. Täter und Opfer werden vom Teufel, dem »Dämon der Fleischeslust« (Gassier), gesegnet, er scheint ihre Körper zusammenzuschweißen. Goya führt hier den Grundgedanken von Kat. 125 (»Seht diesen Ausdruck!«) weiter, indem er ihn zum Konflikt steigert. Es geht hier nicht nur um das Thema Ehestreit, sondern um ein pessimistisches Fazit der menschlichen Beziehungen, um eine Einsicht in deren sadistische Antriebe, welche Sades erotische Obsessionen weit hinter sich läßt. Bezogen auf das pyramidale Kompositionsschema der religiösen Kunst, das Goya hier zu parodieren scheint, könnte man von einer »unheiligen Familie« sprechen. Aber vielleicht gibt Goya auch einen desillusionierenden Kommentar zu einem Bild von Lorenzo Lotto im Prado, das eine ›Verlobung‹ als einverständigen Zusammenklang von Mann und Frau darstellt (Abb. 137). Aus Amor, der bei Lotto den Bund stiftet, ist bei Goya der Teufel geworden.

Schließlich sei noch auf eine Zeichnung aus dem Madrid-Album hingewiesen (B 43, Abb. 138), die auf den ersten Blick harmlos anmutet, aber doch schon die Täter-Opfer-Beziehung anklingen läßt. In dieser Maja steckt eine Judith oder eine Dalilah. Mit seinem Scharfblick für mehrdeutige Situationen könnte Goya dazu von Veroneses ›Venus und Adonis‹ im Prado (Abb. 139) angeregt worden sein.

Abb. 137 Lorenzo Lotto, *Marsilio und seine Braut* (Detail)

Abb. 138 Goya, *Sitzende Maja* (Detail)

Abb. 139 Veronese, *Venus und Adonis* (Detail)

187

188 Ein Messer schwingender Mann
(Album H 47)
1824-28
Schwarze Kreide
191 x 150 mm
Rotterdam, Museum Boymans-van Beuningen, Inv.Nr. S 15
Literatur: GW 1807, G(S) 461

Hielte der Mann kein Messer in der Faust, könnten wir sein Aufbegehren auf eine Erscheinung, auf eine Vision beziehen. Doch diese Ekstase ist die eines direkt und handgreiflich Bedrohten. Darauf dürfte Gassier anspielen, wenn er sagt, diese Bauerngestalt sei komplizierter, als man auf den ersten Blick annehmen möchte. »Wie vereinbaren sich der pathetische Gesichtsausdruck und die leidvolle Gestik mit dem in der Rechten geschwungenen Messer?« Die Antwort dürfte sich aus der formalen Genesis ergeben. Diese Zeichnung steht am Ende eines Verwandlungsprozesses, in dessen Verlauf der von der christlichen Ikonographie besetzte Gestus der ausgebreiteten Arme seinen Ausdrucksakzent ändert. Aus der Metapher der Ergebenheit oder der Selbstoffenbarung (Kat. 214) wird allmählich die Fragehaltung der ›Mühseligen und Beladenen‹ (Kat. 69). Zwar ist auch der Mann mit dem Messer ein ›Gekreuzigter‹, aber seine Waffe gibt dem Pathos des aufgerissenen Körpers den Stachel des Widerstandes. Die offenen Arme, nicht mehr Zeichen passiven Ausharrens, klagen an und setzen sich zur Wehr. Doch wo ist der Gegner? Stürzt er auf den Knienden herab? Der nach oben gerichtete Blick läßt das vermuten. Gassier vergleicht die Zeichnung mit den beiden Duellanten der ›Pinturas negras‹ (Abb. 77).

188

189 Mit Kastagnetten tanzendes Gespenst
(Album H 61)
1824-28
Schwarze Kreide
191 × 150 mm
Madrid, Prado, Inv. Nr. 385
Literatur: GW 1818, G(S) 473

Wohl der letzte der vielen Tänzer, die Goya geschaffen hat. Die großzügig drapierte Kutte verhüllt den Körper und betont zugleich die schwingenden Kraftlinien der Tanzbewegung. Kein leichtfüßiger, aber ein derb vitaler Tänzer, den man sich wie den ›Dummkopf‹ (Disp. 4, Kat. 54) riesengroß vorstellen kann. Mit Gassier halten wir dafür, daß in dem Blatt keine »satirische Absicht« steckt.

Hanna Hohl

Goya als Zeichner und Graphiker

Goya und Velázquez. Zeichnungen und Radierungen 1778/79

Goya als Zeichner und Graphiker hat sich vor allem in geschlossenen Folgen ausgesprochen, ebenso in seinen Skizzenbüchern wie in den zeichnerischen Vorarbeiten und endgültigen Ausführungen seiner graphischen Zyklen, die selbsterfundene gedankliche Zusammenhänge herstellen. Eine wichtige Vorstufe dazu stellen seine Kopien nach Velázquez dar.

Es ist wiederholt konstatiert worden, daß Goya sich gerade in Zeiten persönlicher und politischer Krisen auf das Instrument der Graphik zurückgezogen habe, und die ›Caprichos‹ wie die ›Desastres de la guerra‹ bezeugen ja auch den zugleich privaten wie subversiven Charakter dieses Mediums. Auch für die Radierungen nach Velázquez hat man angeführt, daß sie nach einer Krankheit im Frühjahr 1778 in Angriff genommen worden seien, als der Maler seine Arbeit an den großen Teppichkartons habe liegenlassen müssen. Wichtiger für ihre Entstehung sind jedoch offenbar Anregungen der beiden einflußreichsten Künstler und Kunstkritiker Madrids jener Jahre gewesen. Anton Raffael Mengs, der mit seiner Kunstlehre und der neuklassischen ›Einfachheit‹ seiner Malerei über seinen Antipoden Tiepolo gesiegt hatte, empfahl in einem Brief an den Sekretär der Akademie San Fernando, Don Antonio Ponz, den Künstlern das Studium der Gemälde Velázquez' wegen ihres »natürlichen Stils«, ihrer Naturtreue vor allem in der Wiedergabe der Luftperspektiven und in der Verteilung von Licht und Schatten. Ponz, selbst ausgebildeter Künstler und engagierter Protektor der Kunst und Geschichte seiner Heimat, veröffentlichte dieses Schreiben im 6. Band seines Buches ›Viage en España‹ (1776). Darin forderte er seinerseits die heranwachsenden kompetenten Graphiker Spaniens auf, die Schätze ihres Landes, vor allem die bis dahin unzugänglichen Gemälde im Besitz des Königshauses, den Interessierten in Europa durch Stichreproduktionen bekannt zu machen, wie es z.B. in Italien und Frankreich längst üblich sei, zu Ehren der Besitzer der Originale und zum Verdienst und Profit derer, die sie vervielfältigten.

Tatsächlich sind die Radierungen nach Velázquez fast die einzigen geblieben, mit denen Goya auch finanziell einen gewissen Erfolg hatte. In der Zeitung ›Gazeta de Madrid‹ vom 28. Juli 1778 ließ er die ersten neun Radierungen nach Gemälden von Velázquez aus den königlichen Sammlungen (sie waren mit anderen kurze Zeit zuvor nach Madrid gebracht worden) zum Verkauf durch den Buchhändler D. Antonio Sancha anbieten, die Reiterbilder Philipps III. und Philipps IV. (Kat. 190) und die ihrer Gemahlinnen (Kat. 191) sowie das des Herzogs von Olivares, die Einzelfiguren der beiden Philosophen Menippos und Aesop (Kat. 205, 206) und von zwei sitzenden Narren (Kat. 203). Am 22. Dezember folgte eine Ankündigung von zwei neuen, dem Reiterbild des Prinzen Baltasar Carlos (Kat. 192) und den ›Borrachos‹ (Kat. 207). Insgesamt sind 1778/79 dreizehn Radierungen publiziert worden, außerdem sind vier weitere in seltenen oder einzigen Abzügen bekannt geworden, auf eine weitere kann geschlossen werden (Kat. 208). Drei der heute bekannten und anerkannten zwölf Zeichnungen sind wohl nicht radiert worden (Kat. 193, 194, 197). Andererseits sind nicht von allen Radierungen Vorzeichnungen erhalten. Der Künstler schenkte den größten Teil der Zeichnungen seinem Freund, dem Kunsthistoriker Ceán Bermudez. Acht davon sind über den Umweg England 1891 in die Hamburger Kunsthalle gelangt.[1]

Goyas Edition wurde von Ponz als »Eifer, der Nation zu dienen« begrüßt. Dieser Eifer galt dabei wohl nicht nur der Hommage an ein künstlerisches Vorbild, sondern vielleicht auch der Vergegenwärtigung einer spezifisch spanischen Tradition und des Verhältnisses eines Hofmalers zu einem vorbourbonischen, spanisch-habsburgischen Königshaus. Und dahinter stand für den erst 1774 endgültig aus der Provinz nach Madrid übergesiedelten Maler, der bei seiner Tätigkeit für die königliche Teppichmanufaktur eine abhängige, untergeordnete Stellung einnahm, vielleicht auch die Absicht, sich als Hofmaler zu empfehlen, indem er sich auf den Hofkünstler

Philipps IV. berief. Daß Godoy, der Günstling des Königspaares, den Ankauf der Platten für die königliche Calcografia erwirkte, spricht eher dafür als dagegen. (Als Goya sich 1779 nach Mengs' Tod um die freigewordene Stelle des ›pintor de camera‹ bewarb, wurde ihm allerdings sein Kollege Maella vorgezogen.)
Die Velázquez-Folge ist in der Kunstgeschichte unterschiedlich bewertet worden. Während Loga[2] in ihr nicht mehr als »fabrikmäßige Brotarbeit« sehen wollte, anerkennt Eleanor Sayre[3] sie als eigenständige Kunstwerke. Hetzer[4] (in seinem wichtigen Aufsatz) beschreibt in eindringlichen Vergleichen gerade diese eigenständigen Ansätze, wertet aber zu Ungunsten Goyas, was doch wohl nur für den Vergleich eines Anfängers in seinem Medium mit einem reifen Vorbild gelten kann.

Dagegen könnte man für Goya anführen, daß er, indem er sich an Velázquez schult, sich mit künstlerischer Ökonomie für seine spätere Rolle als Hofmaler vorbereitet und unter dessen Gemälden gerade die auswählt, in denen seine eigenen Themen angelegt sind. Denn nicht nur fand er bei Velázquez die Bildaufgaben vor, die er später zu erfüllen hatte: das Porträt der Königsfamilie in den ›Meninas‹ (Kat. 198), auf das er sich später in seiner ›Familie Karls IV.‹ bezieht (GW 783); den Typus des majestätischen Reiterbildnisses (vgl. GW 776, 777, Karl IV. und Maria Luisa zu Pferde, GW 875, Ferdinand VII., GW 896, Wellington); das Jägerbildnis (GW 774, Karl IV. als Jäger); die so oft gewählte Bildform der Ganzfigur vor der Landschaft oder im Innenraum und schließlich das Kinderporträt. In den Narren, Zwergen und Palastkindern (Kat. 203, 204) mag Goya in seinem stets zwiespältigen inneren Verhältnis zum Hofe dessen Kehrseite, seine moralische und politische Absurdität gesehen haben, eine Distanz und Kritik, die sich auch in seiner Auslegung von Velázquez' Bildnissen der Familie Philipps IV. verrät. In seinen Darstellungen der Narren und der Debilen kündigt sich gerade in den unterschiedlichen Nuancen zu Velázquez auch schon ein weiteres späteres Grundthema an: das menschlicher Verblendung und Unvernunft (in den ›Caprichos‹) und das des Wahnsinns (vom ›Hof der Irren‹, GW 330, bis zu den ›Schwarzen Gemälden‹). Aesop und Menippos (Kat. 205, 206) stehen dagegen in der Folge als Verkörperungen von Weisheit, von Spott über Torheit und Dünkel, von Freiheit vom Besitz (vgl. Kat. 128).

Es ist wohl kein Zufall, daß er die religiösen und mythologischen Themen ausgespart hat. Das bekräftigt gerade das einzige mythologische Motiv des Zyklus ›Die Betrunkenen‹, das Goya im Verständnis seiner Zeitgenossen entmythologisiert hat (Kat. 207), letztlich in konsequenter Fortführung der Absichten des jungen Velázquez, der den Gott Bacchus in seine eigene Umwelt, die Wirklichkeit des niederen spanischen Volkes, versetzt hatte. Mit den ›Betrunkenen‹, den Philosophen im Bettlergewand (Kat. 205, 206) und dem ›Wasserverkäufer von Sevilla‹ (Kat. 208) schließt sich Goya also an die bürgerlich-realistische Tradition der spanischen Kunst in der sevillaner Frühzeit des Velázquez an, die in dessen Gemälden vom Hofe nur noch latent sichtbar ist.[5]

Wenn Goya, wie ein Zeugnis seines Sohnes Javier sagt, später neben der »Natur« nur Velázquez und Rembrandt als seine Lehrer anerkannt hat, mag er bei Velázquez diesen Doppelaspekt von Hofkünstler und realistischem Vertreter des Volkes im Auge gehabt haben. Wie wesentlich für seine Kunst dieser realistische Ansatzpunkt seit den Teppichkartons war, braucht man nicht zu betonen. Vom ›Wasserverkäufer von Sevilla‹ wird sie zu dem Gemälde der ›Wasserträgerin‹ führen (GW 963), in dem sie dem arbeitenden Menschen aus dem Volk beispielhafte Würde verleiht.

Auch was den Einsatz der graphischen Technik anlangt, ist die Velázquez-Folge ein Schlüsselwerk. Denn nicht nur beginnt er hier die Radierung zu beherrschen und zu systematisieren. Zum ersten Mal wendet er auch in einzelnen Blättern (Kat. 196, 200, 202) die kurz zuvor in Frankreich entwickelte Methode der Aquatinta an, die von den ›Caprichos‹ an sein wesentliches Gestaltungsmittel werden sollte. Dient ihm die Radierung dazu, Atmosphäre, Farbwerte, Licht und Schatten an den Körpern in das Schwarzweiß der Graphik umzusetzen, so versucht er durch die Aquatinta-Ätzung, eine Entsprechung zu homogenen, tonal abgestuften gemalten Flächen herzustellen und die Bildwirkung zu vereinheitlichen, was nicht in jedem Falle gelang (Kat. 198).

Er ist damit der erste Künstler in Spanien, der diese Neuerung aufnahm. Darüber, wie sie ihm von ihrem anerkannten Erfinder, Jean-Baptiste Leprince, aus Frankreich auf Umwegen bekannt wurde, ist man bis heute auf Vermutungen angewiesen. Jedenfalls erweist sich Goya als genuiner Graphiker auch darin, daß er eine neue Technik sofort aufgreift – wie später die Lithographie (Kat. 263ff.) um ihre spezifischen Ausdrucksmöglichkeiten zu erproben.

Anmerkung zu Goyas Technik[6]:
Die Vorzeichnungen sind, wie fast alle Goyas (Ausnahme z.B. Kat. 215), seitengleich zu den Radierungen. Diese ungewöhnliche Tatsache erklärt sich aus Goyas Anwendung des Umdruckverfahrens. Er feuchtete die Zeichnung an, legte sie auf die Kupferplatte und schlug den Papierrand um, damit sie nicht verrutschen konnte. Dann ließ er Papier und Platte durch die Presse laufen, so daß die Zeichnung im Gegensinn auf die Platte abgeklatscht wurde. Wenn er danach die Platte in diesem Sinne weiter bearbeitete, erhielt er beim Druck Abzüge, die wiederum seitengleich zu den Vorzeichnungen waren. Die Aquatinta-Partien kamen in einem gesonderten Arbeitsgang hinzu.

Von der Velázquez-Serie an hat Goya die Vorstudien zu Radierungen meist in Rötel ausgeführt, später (bei den ›Caprichos‹ und der ›Tauromaquia‹) hat er diese Technik mit dem Pinsel in roter Tinte zur Angabe von Flächen- und Helligkeitswerten erweitert.

Anmerkungen

1 Wolf Stubbe im Vorwort des Katalogs ›Spanische Zeichnungen von El Greco bis Goya‹, Hamburger Kunsthalle 1966, außerdem Loga 1908
2 Loga o.J., S. 6/7
3 Sayre 1974, S. 21
4 Hetzer 1957, S. 186-190
5 Klingender 1978, S. 48
6 Harris 1964, Bd. 1, S. 23ff; G(Z) S. 53-55

190 Philipp IV. zu Pferde, 1778

Radierung, 370×310 mm
Legende: »FELIPE IV. REY DE ESPAÑA. Pintura de D. Diego Velazquez del tamaño del natural en el R^l Palacio de Madrid, dibujada y grabada por D. Francisco Goya, Pintor. Año de 1778«.
(Philipp IV., König von Spanien. Gemälde von D. Diego Velázquez in Lebensgröße im kgl. Palast von Madrid, gezeichnet und radiert von D. Francisco Goya, Maler. Im Jahre 1778)
Privatbesitz
Lit.: H 7, III, 1; GW 93; López-Rey 1945, S. 138/139. Zu dem Gemälde von Velázquez wie zu den folgenden Nummern die Monographie von Kurt Gerstenberg (Berlin-München 1957) sowie der Œuvrekatalog von José López-Rey (London 1963). Außerdem wie zu den beiden folgenden Nummern: Martin Warnke, Das Reiterbildnis des Baltasar Carlos von Velázquez, in: Festschrift Werner Gross, München 1968, S. 217-227.

Dargestellt ist Philipp IV. (1605-1665), der Enkel Philipps II., nach dem Gemälde des Prado (Nr. 1178, Abb. 140) von 1635. Mit seinem Gegenstück (Kat. 191) und den Reiterbildnissen Philipps III. und seiner Gemahlin wurde es zur Regierungszeit des Königs an den Wänden des Thronsaales im 1632 vollendeten Gartenschloß angebracht, dessen politisches Programm Warnke erläutert hat. Goya hat das bei Velázquez quadratische Gemälde in ein deutliches Hochformat verkürzt, indem er vor allem den Baum am linken Bildrand wegläßt, der der Komposition Festigkeit, dem Motiv des Ausreitens Bezug gibt. Durch die Isolierung des Reiters, der sich bei Goya stärker vor dem Hintergrund silhouettiert, die auffällige Entleerung der Landschaft, scheint die Korrespondenz von Herrscher und Herrschaftsbereich gestört, wie sie für Velázquez' Gemälde galt. Auch die souveräne Ruhe und Kraft von Reiter und Pferd ist bei Goya in angestrengte Energie des Gesichtsausdrucks und betonte Dynamik umgebildet.

Die Radierung ist offenbar in zwei Arbeitsgängen hergestellt: auf eine leichte Ätzung der gesamten Platte folgte eine zweite, in der vor allem die plastischen Werte am Brustpanzer des Königs, am Leib, der Mähne und dem Schweif des Pferdes verstärkt wurden. Hier wie in den folgenden Blättern zeigt sich, daß Goya noch seine frühe, von Tiepolo herkommende Radierweise der feinen Striche und Punkte handhabt, diese jedoch zu Bündeln und Flächen ordnet und durch unterschiedliche Stärke und Ätzung klarer akzentuiert.

Abb. 140 Velázquez, *Philipp IV.*

191

Abb. 141 Velázquez, *Isabella von Bourbon*

191 Isabella von Bourbon zu Pferde, 1778

Radierung und Kaltnadel, 370×310 mm
Legende: »D. ISABEL DE BORBON, REYNA DE ESPAÑA, MUGER DE FELIPE QUARTO. Pintura de D. Diego Velazquez del tamaño del natural en el R^l. Palacio de Madrid, dibujada y grabada por D. Francisco Goya, Pintor. Año 1778.«
(Isabella von Bourbon, Königin von Spanien, Gemahlin Philips IV. Gemälde von D. Diego Velázquez in Lebensgröße im kgl. Palast zu Madrid, gezeichnet und radiert von D. Francisco Goya, Maler. Im Jahre 1778)
Privatbesitz
Literatur: H 8, III, 1; GW 94

Isabella von Bourbon (1602–1644), Tochter Heinrichs IV. von Frankreich und der Maria de Medici, war Philipps IV. erste Gemahlin. Das Gemälde des Velázquez (heute Prado Nr. 1179, Abb. 141) ist auch hier ins Hochformat gebracht. Da die Landschaft links um ihre natürliche Öffnung ins Tal, rechts um ihren markanten Anstieg verkürzt ist, steht das Reiterbildnis eher isoliert vor tiefem Horizont und einem fast leergelassenen Himmel. Die Gebärde der Königin hat an Sicherheit verloren, ihre Gestalt scheint durch die graphische Behandlung fast zu verschweben, was gerade den Reiz des Blattes ausmacht. Hier ist besonders deutlich, wie Goya ohne zusammenfassende ›Linie‹, ohne Kontur auskommt, um geschlossene Formen in ihrer Helldunkelabstufung und atmosphärischen Einbindung wiederzugeben, vielmehr durch feinste, sich verdichtende Netze von Linienkürzeln eine ›malerische‹ Entsprechung zu seinem Vorbild in der Graphik findet.
Die Herstellung des Druckes entspricht der des Gegenstücks. Harris hat außerdem geringfügige Überarbeitung mit der kalten Nadel (an der Vordermähne des Tieres) festgestellt.

Abb. 142 Velásquez, *Prinz Baltasar Carlos zu Pferde*

192 Prinz Baltasar Carlos zu Pferde, 1778
Radierung und Kaltnadel, 350 x 220 mm
Legende: »D. BALTASAR CARLOS PRINCIPE DE ESPAÑA, HIJO DEL REY D. FELIPE IV. Pintura de D. Diego Velazquez del tamaño natural, dibujada y grabada por D. Francisco Goya, Pintor. 1778.«
(Don Baltasar Carlos, Prinz von Spanien. Sohn König Philipps IV. Gemälde von D. Diego Velázquez in Lebensgröße, gezeichnet und radiert von D. Francisco Goya, Maler. 1778)
Privatbesitz
Literatur: H 9, III, 1; GW 95;
Sayre 1974, Nr. 22.

Kronprinz Baltasar Carlos war der Sohn Philipps IV. und der Isabella, er starb schon 1646 im Alter von siebzehn Jahren. Als Velázquez ihn um 1635 malte und das Bild (heute Prado Nr. 1180, Abb. 142) über der Tür des Thronsaales im ›Buen Retiro‹ angebracht wurde, war es durch seinen herausfordernden Gestus sichtbar und ideell, über die traditionell-majestätischen Profilbildnisse der königlichen Eltern hinweg, auf den Thron, seinen neuen Herrschaftsanspruch bezogen. (Die eingeplante hohe Plazierung erklärt auch die auf Untersicht berechnete, kugelartige Massivität des Pferdeleibes). Wiederum betreffen Goyas nuancierende Eingriffe vor allem die Landschaft: sie wirkt schemenhaft reduziert. Bezeichnend sind auch die Veränderungen in der Gestalt des Prinzen selbst, die sich vor einem hohen Himmel zu behaupten hat: bei Velázquez ein Knabe von kindlicher, vorbewußter Sicherheit und selbstverständlicher Überlegenheit, bei Goya ein wissendes, ›altes‹ Kind, das den Herrscherstab fast wie einen Fremdkörper vor sich hält. Die graphische Behandlung entspricht den beiden vorausgehenden Blättern, wobei sich hier in der Gestaltung des Himmels Goyas künstlerische Absicht zu flächiger Zusammenfassung deutlicher erkennen läßt. Schwächen in der Ätzung der linken unteren Ecke wurden durch Kaltnadelarbeit ausgeglichen.

193

Abb. 143 Velázquez,
Prinz Baltasar Carlos als Jäger

193 Prinz Baltasar Carlos als Jäger, 1778/79

Rötel, 268 × 158 mm
Bez. u.l. in Feder (Stecherschrift): »Pintado por Velazquez« (Gemalt von Velázquez und u.r. »Dibuxado por Goya.« (Gezeichnet von Goya), umrandet in Rötel
Hamburger Kunsthalle, Inv.Nr. 38540
Literatur: GW 117; G(Z) 36

Zeichnung nach dem 1635 entstandenen Gemälde (Prado Nr. 1189, Abb. 143), das mit zwei anderen Jägerbildnissen die Torre de la Parada, Philipps IV. Jagdhaus, schmücken sollte. Goya hat hier das Windspiel auf Velázquez' Bild, das durch eine spätere Verkürzung der Leinwand durchschnitten ist, nur schwach in Bleistift angegeben und außerdem die landschaftlichen Elemente vernachlässigt. Sein Kronprinz erscheint wiederum weniger selbstsicher und standfest vor dem entleerten Ambiente.
Die Umrandung und die ›radiermäßige‹ Zeichenweise lassen darauf schließen, daß auch dieses Blatt im Hinblick auf eine graphische Edition ausgeführt worden ist.

194 Philipp IV. als Jäger, 1778/79

Rötel, 277 × 189 mm
Bez. u.l. in Feder (Stecherschrift): »Velazquez.« und u.r.: »Goya.«, umrandet in Rötel.
Hamburger Kunsthalle, Inv.Nr. 38543
Literatur: GW 115; G(Z) 34

Zeichnung nach Velázquez' Gemälde (Prado Nr. 1184), an der wie bei der vorigen nichts auf eine Ausführung in der Graphik hinweist. Die teils nur skizzenhafte, schematische Anlage des Blattes erlaubt keine schlüssige Interpretation, läßt aber schon erkennen, daß Goya die korrespondierende Energie von Person und Landschaft aufgelöst und statt dessen den psychologischen Ausdruck des Königs verstärkt hat.

195 Infant Don Fernando als Jäger, 1778/79

Rötel, 272 × 150 mm
Bez. u.l. in Feder (Stecherschrift): »Velazquez.« und u.r.: »Goya.«, umrandet in Rötel
Hamburger Kunsthalle, Inv.Nr. 38538
Literatur: GW 98; G(Z) 27; Sayre 1974, Nr. 25-29.

Der Infant (1609-1641), jüngerer Bruder Philipps IV., 1619 Kardinal und 1634 Gouverneur von Flandern, ist nach Velázquez' Gemälde des Prado Nr. 1186 wiedergegeben. Dabei hat Goya ein etwas steileres Format gewählt und wieder die landschaftlichen Elemente reduziert. Dem Infanten selbst hat er etwas von seiner Schlankheit und seiner aristokratischen Haltung und Noblesse genommen, ihn unsicherer und ungelenker gemacht.

196 Infant Don Fernando als Jäger, 1778/79
Radierung und Aquatinta, Stichel oder Kalte Nadel, Roulette, Schaber, 280 x 175 mm
Legende: »UN INFANTE DE ESPAÑA.
Pintura de Velazquez del tamaño natur.^{l} en el R.^{l} Palacio de Madrid. Dibux.^{o} y grabado p^r Fran.^{co} Goya, Pintor.«
(Ein Infant von Spanien. Gemälde von Velázquez in Lebensgröße im kgl. Palast zu Madrid. Gezeichnet und radiert von Francisco Goya, Maler)
Hamburger Kunsthalle
Literatur: H 11, III, 3; GW 97; Sayre 1974, Nr. 25-29.

Der hier mögliche Vergleich zeigt — was in den ›Caprichos‹ noch deutlicher werden wird, daß Goya mit der Umsetzung seiner Zeichnungen in die Graphik meist eine Intensivierung und Verdichtung bewirkt. An diesem Blatt ist auch sein Experimentieren und sein Fortschritt in der Technik des Radierens abzulesen, denn er hat hier nicht nur mit zweierlei Ätzungen gearbeitet (im zweiten Vorgang wurden das Kostüm des Infanten und Teile der Landschaft hervorgehoben), sondern auch danach mit der Roulette die Abdunkelung des Hintergrundes vorbereitet und schließlich den Untergrund und die Kleidung mit einem Aquatinta-Ton verstärkt. Nachträglich wurden die beleuchteten Partien leicht ausgeschabt. So sind stärkere kompositorische Akzente erreicht, die sich gegenüber der harmonischen Gesamtwirkung von Velázquez' Gemälde (Prado Nr. 1188) verselbständigen.

194

195

196

197 Der Infant Don Carlos, 1778/79
Rötel über Spuren von Bleistift, 273 x 171 mm
Bez. u.l. in Feder (Stecherschrift): »Velaz-
quez« und u.r.: »Goya.«, umrandet in Rötel
Hamburger Kunsthalle, Inv.Nr. 38535
Literatur: GW 116; G(Z) 35

Das Blatt zeigt keine Spuren einer Verwendung für die Graphik, doch läßt seine radiermäßige Zeichenweise erkennen, daß es wie
die anderen Blätter der Folge für eine solche
gedacht war.
Dargestellt ist der zwei Jahre jüngere Bruder
Philipps IV., von dem berichtet wird, daß er
diesem an Intelligenz überlegen gewesen sei,
durch die Machtpolitik des Hofes sich aber
stets in seiner Entfaltung gehemmt gefühlt
habe. Während Velázquez mehr sein selbstsi-
cheres, nonchalantes Auftreten betont, hebt
Goya eine weiche und hellsichtige Persönlichkeit hervor, wobei auch — Ungeschick oder
Absicht — Haltung und Kleidung weniger
elegant erscheinen.

Abb. 144 Velázquez, *Las Meninas*

198

198 Las Meninas, 1778/79

Radierung und Aquatinta, Grabstichel, Kaltnadel und Roulette, 405×325 mm
London, British Museum
Literatur: H 17, I, 3; GW 107; Sayre 1974, Nr. 30/31

An diesem Blatt kann man ablesen, daß Goya zur Zeit seiner Velázquez-Kopien noch nicht sicher im Umgang mit der Radiertechnik war und vor allem mit dem Aquatinta-Verfahren noch experimentierte. Im letzten Zustand innerhalb der erhaltenen Probedrucke (H 17, I, 4, Boston) ist die Platte durch zwei neue Aquatinta-Töne überätzt, so daß der formale und tonale Zusammenhang der Darstellung zerstört ist. Goya ließ die Platte offenbar als mißglückt liegen und versah sie auch nicht mit einer Legende.

Der hier gezeigte frühe Abzug weist außer der Anlage durch Ätzung und einem leichten, unregelmäßigen Aquatinta-Ton sparsame Arbeit mit dem Grabstichel, der kalten Nadel und der Roulette auf, durch welche die Figuren vor dem Hintergrund akzentuiert werden.

Goyas Eingriffe treffen hier ein gerade durch seine mathematische Grundordnung und seine harmonische Proportion besonders empfindliches Bildgefüge: durch die Verkleinerung der Figuren im Verhältnis zur Raumhöhe, durch Veränderung der Größe und Richtungen der Personen untereinander, durch stärkere Licht- und Schattenwerte, welche sich gegenüber der räumlichen und atmosphärischen Kontinuität des Vorbildes verselbständigen, bringt er das Bild aus seinem vollendeten Gleichgewicht. Auch die Infantin und ihre Meninas, die Ehrenfräulein, haben etwas von ihrer unbewußten Sicherheit und kindlichen Würde eingebüßt.

Umgekehrt kann man feststellen, daß Goya hier, gerade indem ihm keine untergeordnete Reproduktion gelingt, seine eigenen graphischen Ausdrucksmöglichkeiten zu entdecken beginnt.

Die vielschichtige Bildidee der ›Meninas‹ (heute Prado Nr. 1174, Abb. 144) — zugleich Porträt der Familie Philipps IV. und Selbstbildnis des Malers — hat Goya in seinem Bildnis der Familie Karls IV. wiederaufgegriffen, wobei er vor allem die Rhythmisierung der Gruppe, das Thema vom Bild im Bilde und die Selbsteinbeziehung variierte.

199

200

Abb. 145 Velázquez, *Don Juan de Austria*

199 Don Juan de Austria, 1778/79
Rötel über Spuren von Blei, 268 x 165 mm
Bez. u.l. in Feder (Stecherschrift):
»Velazquez« und u.r.: »Goya.«
umrandet in Rötel
Hamburger Kunsthalle, Inv.Nr. 38539
Literatur: GW 110; G(Z) 31

Bei dem Dargestellten handelt es sich um einen der Narren am Hofe Philipps IV., einen Schizophrenen, der seinen Namen trug, weil er die fixe Idee hatte, eben dieser Seeheld der Schlacht von Lepanto zu sein. Im Vergleich mit dem Gemälde (Prado Nr. 1200, Abb. 145) wird hier besonders deutlich, daß Goya mit dem Modell schonungsloser umgeht als Velázquez, indem er den Ausdruck des Irreseins verstärkt, das Mißverhältnis zwischen Kostümierung, Attributen und fragiler Gestalt betont. Durch das Weglassen des Landschaftsausblicks (bei Velázquez ein Hinweis auf die Lepanto-Visionen) und der räumlichen Ordnung des Saales ist ihm gleichsam der Boden entzogen, steht er isoliert.

200 Don Juan de Austria, 1778/79
Radierung, leicht laviert, 280 x 170 mm
Madrid, Biblioteca Nacional
Literatur: H 18, I, 1; GW 109; Sayre 1974, Nr. 32/33

Dieser erste, nur in diesem Exemplar erhaltene Zustand der Radierung, von der es keine Auflagendrucke gibt, folgt noch weitgehend der Vorzeichnung. (In den folgenden Probedrucken [H 18, I, 2] kommt Aquatinta- und Schab-Arbeit dazu). Jedoch entstehen durch unterschiedliche Tiefe der Ätzung schon stärkere Akzente als bei der fast gleichmäßig weichen und hellen Zeichnung, so am Bart, am Hut und an der Weste.
Die meist fein gepunkteten und gestrichelten verschiedenen Partien geben noch keinen geschlossenen Gesamtaspekt. Doch ist durch feine Lavierung bereits der Aquatinta-Ton angegeben, der die Komposition verfestigen und vereinheitlichen wird.

201 Barbarossa, 1778/79

Rötel, 267 × 165 mm
Bez. u.l. (Stecherschrift): »Velazquez le pintó« (Velázquez hat ihn gemalt) und u.r.: »Goya le dibuxó« (Goya hat ihn gezeichnet) umrandet in Rötel
Hamburger Kunsthalle, Inv.Nr. 38548
Literatur: GW 100; G(Z) 28

Kopie nach dem von Velázquez unvollendet gelassenen, von späterer Hand ergänzten Bild des Prado (Nr. 1199), Porträt des Hofnarren Philipps IV., der sich in die Rolle des algerischen Seeräubers Barbarossa aus dem 16. Jahrhundert hineinspielte und deshalb in türkischem Kostüm auftrat. In Goyas Wiedergabe ist die im Gemälde so sprechende identische Energie von Gesichtsausdruck und Haltung verunsichert, Einzelheiten wie die Hände sind noch ungeklärt.

202 Barbarossa, 1778/79

Radierung, 280 × 165 mm
Von späterer Hand beschriftet in Feder u.l.: »Velazquez pinx. Goya. De esta estampa antes de la mezotinta solo esisten 2º3 pru[ebas] 1º est.« (Velázquez hat gemalt. Goya. Von diesem Druck vor der Mezzotinto gibt es nur zwei oder drei Probeabzüge. 1. Zustand).
Madrid, Biblioteca Nacional
Literatur: H 12, I, 1; GW 99

Erster Zustand der Radierung vor der Hinzufügung von Aquatinta und eines der frühen Beispiele dafür, wie Goya seine Motive auf dem Weg von einer mehr schematischen Zeichnung zum endgültigen Druck verdeutlicht und intensiviert, ein Vorgang, der hier bereits an der Klärung des Faltenwurfes zu erkennen ist. Der etwas schweren und gleichmäßigen Malerei entsprechen bei Goya eine Angleichung von Figur und Bildgrund und eine etwas schematische Vereinheitlichung des Strichbildes.

201

202

203

Abb. 146 Velázquez, *Sebastian de Morra*

203 Sebastian de Morra, 1778

Radierung, 205 × 155 mm
Legende: »Sacada y gravada del Quadro original de D. Diego Velazquez en que representa al vivo un/Enano del S. Phelipe IV. por D. Francisco Goya Pintor. Existe en el R.¹ Palacio de Madrid/Año de 1778.«
(Radiert nach der Vorlage des Originalgemäldes von D. Diego Velázquez, das einen Zwerg König Philipps IV. nach dem Leben darstellt. Von D. Francisco Goya, Maler. Es befindet sich im kgl. Palast zu Madrid. Im Jahre 1778)
Privatsammlung Hamburg
Literatur: H 15, III, 1; GW 104; Sayre 1974, Nr. 14

Der zwergwüchsige Sebastian de Morra diente wie das ›Kind von Vallecas‹ (Kat. 204) zur Erheiterung und Selbstbestätigung der Hofgesellschaft und wurde von dieser generös mitleidig behandelt. Goya hat in seiner Kopie des Gemäldes von Velázquez (Abb. 146) eher einen latenten Konflikt zum Vorschein gebracht. Sebastian de Morra erscheint jetzt weniger aufmerksam gezügelt als aggressiv mißtrauisch, ja bösartig in der Abwehr seines Gegenübers – und seiner Dienstherren. Während er dort in einen malerisch und räumlich übergeordneten Zusammenhang eingebunden ist, tritt er hier dem Betrachter vor unbestimmtem Hintergrund dringlich gegenüber, Zeichen dafür, daß Goya solche debilen Wesen nicht nur als geduldete Statisten einer sich human gebenden Gesellschaft versteht, sondern ihre menschliche Problematik aufzudecken unternimmt.

204 Das Kind von Vallecas, 1778/79

Rötel, 202 × 157 mm, umrandet in Rötel
Hamburger Kunsthalle, Inv. Nr. 38536
Literatur: GW 113; G (Z) 32

Eine der Kopien nach Velázquez, die nicht zur Edition kamen. Die Übertragung auf eine Radierplatte bezeugen Quetschfalten im Papier und ein Plattenrand oben, doch ist der einzige heute noch bekannte Abzug davon im Institut Jovellanos in Gijon zerstört.
Goya hat auch hier den Ausdruck des kleinen Schwachsinnigen mit dem Wasserkopf und den ungleichen Körperhälften verstärkt. Während das Kind in Velázquez' Bild (Prado Nr. 1204) unbewußt und selbstzufrieden wirkt, ist es hier anrührender geworden. Es ist weniger mit der Aura des Mitleids als mit der Ehrlichkeit des Befundes dargestellt.

204

205 Menippos, 1778

Radierung, 300 × 220 mm
a Mit der Bezeichnung ›Moenippus‹ (das N seitenverkehrt) o. l. in der Darstellung. Bez. u. L. in Kaltnadel »Velazquez« und signiert u. r.: »FG«
Legende von der Hand Goyas in Feder: »MENIPO FILOSOFO/Pintura de D. Diego Velazquez q^e esta en el Palazio R.^{l} de Mad.^{d} grabada p.^{r} D. Fran.^{co} Goya Pintor à 1778.«
Privatbesitz
Literatur: H 14, I, 2; GW 103

b Legende: »Sacada y gravada del Quadro original de D. Diego Velazquez, que existe en el R.^{l} Palacio de Madrid, por D. Fran.^{co} Goya Pintor,/año de 1778. Representa à Menipo Filosofo de la estatura natural.«
(Radiert nach der Vorlage des Originalgemäldes von D. Diego Velázquez, das sich im kgl. Palast zu Madrid befindet, von D. Francisco Goya, Maler, im Jahre 1778. Es stellt den Philosophen Menippos in Lebensgröße dar.)
Hamburger Kunsthalle
Literatur: H 14, III; GW 103

Dieses Blatt kann hier in zwei Druckzuständen gezeigt werden, in einem Probedruck vor der ersten Auflage der Real Calcografia 1778 (a) und in einem späteren Auflagendruck (b). Der Probedruck (dem das Unikat eines unbezeichneten Abzugs, heute in Boston, vorausgeht) trägt die Namen der beiden Künstler in Kaltnadel. Wie man vermutet, hat Goya zur Information der Käufer einige Probe-Abzüge sorgfältig in Schönschrift bezeichnet. Für den Auflagendruck wurde eine veränderte Legende in die Platte geätzt.

In der Radierung sind gegenüber dem Gemälde (Prado Nr. 1707) die Proportionen des Bildes verbreitert, so daß die Geschlossenheit von Figur, Attributen und Umraum gelockert ist. Andererseits hat Goya für die Gestaltung des Hintergrundes Licht- und Schattenzonen erfunden, die nicht der Logik einer Beleuchtung, sondern der Ausgewogenheit von Schwarz und Weiß in der Fläche entsprechen: ein Ansatz zur eigengesetzlichen Anwendung der graphischen Mittel, die Goya später mit so großer Freiheit handhaben wird.

Wie auch in anderen Blättern der Folge ist hier im Sinne eines Naturalismus das Phantasie-Porträt zum Charakteristischen, ja Häßlichen hin stärker individualisiert.

Menippos, ein griechischer Philosoph des 3. Jhdts. v. Chr., der Mythos und Götterglauben mit Spott und Parodie belegte und ein Leben der Bedürfnislosigkeit praktizierte, ist der Aura des selbstsicheren Insichruhens entblößt, erscheint mehr als der vom Leben geprüfte denn als der überlegene Weise.

205 a

205 b

206

Abb. 147 Velázquez, *Aesop*

206 Aesop, 1778
Radierung, 300 × 215 mm
Legende: »Sacada y gravada del Quadro original de D. Diego Velazquez que existe en el R. Palacio de Madrid, por D. Franc.ᶜᵒ Goya Pintor, / año de 1778. Representa à Esopo el Fabulador de la estatura natural.«
(Radiert nach der Vorlage des Originalgemäldes von Velázquez, das sich im königlichen Palast zu Madrid befindet, von D. Francisco Goya, Maler, im Jahre 1778. Es stellt den Fabeldichter Aesop in Lebensgröße dar.)
Hamburger Kunsthalle
Literatur: H 13, III; GW 101; Sayre 1974, Nr. 11-13

Velázquez' Aesop (heute Prado Nr. 1206, Abb. 147) ist als gedankliches und kompositorisches Pendant zum ›Menippos‹ konzipiert, beide bildeten in ihrer ursprünglichen Anbringung in der Torre de la Parada ein Ensemble mit dem weinenden Heraklit und dem lachenden Demokrit von Rubens. Aesop gilt als der antike Erfinder der Fabel, dem ähnlich wie dem Menippos ein Leben außerhalb der gesellschaftlichen Normen — Sklavenarbeit und Tempeldiebstahl — nachgesagt wird.
Goya hat bei seiner Kopie die gleiche Nuancen-Veränderung wie bei dem Gegenstück vorgenommen und dabei diesen Aspekt betont. Statt der Gelassenheit und lebensklugen Festigkeit hebt er mehr den zweiflerischen und leidgeprüften Ausdruck des Philosophen-Dichters hervor. Wie beim Menippos sind die graphischen Mittel — sich verdichtende kurze Striche und Strichlagen — besonders ökonomisch und durchsichtig angewandt.

207

207 Los Borrachos (Die Betrunkenen), 1778
Radierung, 315 × 430 mm
Legende: »Pintura de Don Diego Velazquez con figuras del tamaño natural en el Real Paalacio de Madrid, que representa um BACO fingido coronando algunos/borrachos: dibujada y grabada por D. Francisco Goya, Pintor Año de 1778.«
(Gemälde von Don Diego Velázquez mit Figuren in Lebensgröße im königlichen Palast zu Madrid, das einen vorgespielten Bacchus zeigt, der einige Betrunkene krönt: gezeichnet und radiert von D. Francisco Goya, Maler, im Jahre 1778)
Privatbesitz
Literatur: H 4, III, 1; GW 88; Sayre 1974, Nr. 23

Die Inschrift des Blattes läßt erkennen, daß Goya den Sinn von Velázquez' Gemälde (Abb. 148) bewußt oder unbewußt mißverstanden hat, indem er sich auf dessen Beschreibung durch Ponz und Mengs bezieht. Denn während Velázquez das mythologische Motiv, die Inkarnation des antiken Weingottes, in die Welt der zeitgenössischen spanischen Bauern versetzt, verstehen die Künstler und Interpreten des 18. Jahrhunderts diesen Bacchus nur noch als »Baco fingido«, als einen, der die Rolle des Weingottes vorführt. Dementsprechend hat Goya aus Velázquez' schönem, sinnenfrohem Bacchus einen derben, durchtriebenen Schalk gemacht. Seine Gesellen sind gegenüber dem Vorbild in ihrer Vitalität und Naivität betont herausgearbeitet, worin man eine Anerkennung des Volkes durch den Künstler sehen könnte. Andererseits ist aber auch ihre Unbewußtheit fast karikierend überzeichnet. So werden Mythologie und pagane Lebensfreude als Spiel der Trinker, als Täuschung der Unaufgeklärten aufgefaßt, ein Bildgedanke, der schon auf die künstlerischen Absichten der ›Caprichos‹ vorauszuweisen scheint.

Abb. 148 Velázquez, *Die Betrunkenen*

208 Der Wasserverkäufer von Sevilla, 1778
Rötel, 252 x 186 mm
Bez. (Stecherschrift) u.l. in Feder: »Pint. por Velazquez.« (Gemalt von Velázquez); und u.r.: »Dibux. por Goya.« (Gezeichnet von Goya); und darunter in der Mitte: »El Aguadór de Sevilla.« (auf vorgezeichneten Linien); umrandet in Rötel
Hamburger Kunsthalle, Inv.Nr. 38537
Literatur: GW 114; G(Z) 33

Auch dieses Blatt ist offensichtlich im Hinblick auf eine Radierung geschaffen, wie Goyas Bezeichnung in Stecherschrift belegt, doch ist kein Abzug bekannt. Die Tatsache, daß die Rötelkreide wie durch Feuchtigkeit leicht ausgelaufen wirkt und daß das Papier einen (oben unregelmäßigen) Plattenrand erkennen läßt, zeigt, daß zumindest versucht worden ist, die Zeichnung auf eine Radierplatte zu übertragen.

Mit der Kopie dieses Gemäldes (heute London, Wellington Museum, Apsley House) setzte sich Goya ähnlich wie bei den ›Borrachos‹ mit der nicht höfischen Sevillaner Kunst des jungen Velázquez auseinander. Hier gewinnen die einfachen Menschen aus dem Volk eine monumentale Würde und ein humanes Eigenrecht, wie sie wegweisend für Goyas spätere Darstellung von Vertretern der niederen Stände wurden.

Einzelblätter. Anfänge und Experimente

Im folgenden Abschnitt unserer Ausstellung zeigen wir Blätter außerhalb der großen Zyklen, die Goyas Anfänge in der Zeichnung und in der Graphik sowie herausragende Einzellösungen darstellen. Sie machen bereits die Spannweite deutlich, die der Künstler den beiden Medien in ihrer Funktion, ihrer Thematik und ihren Ausdrucksmöglichkeiten verliehen hat.

Bis auf Goyas Zeit besaß Spanien im Gegensatz zu den anderen europäischen Ländern keine eigenständige Tradition des Kupferstichs und der Radierung.[1] Denn einerseits war der spanische »Markt« seit dem 16. Jahrhundert aufgrund von königlichen Privilegien für Einfuhren von der Bilderflut aus den flämischen Provinzen gesättigt, und andererseits wurden auch Stecher aus den Niederlanden nach Spanien »importiert«. Erst unter der Regierung der Bourbonen begann eine systematische Förderung der Graphik in Spanien. 1752 wurde die Akademie gegründet, an der Juan Bernabé Palomino (Neffe des Antonio Palomino, des Autors der auch für Goya wichtigen Abhandlung über die Malerei) als Professor der Kupferstecherkunst wirkte und die durch Entsendung von Stipendiaten nach Paris die französische Art des Kupferstichs in Spanien heimisch machte. Unter Karl III. wurde eine königliche Buchdruckerei, unter Karl IV. die Real Calcografia gegründet, um die spanische Druckkunst konkurrenzfähig zu machen.

Neben dem französischen Einfluß durch die Akademie verstärkte sich seit der Berufung Giovanni Battista Tiepolos zum Hofmaler nach Madrid auch die Wirkung der venezianischen Radierung, nachdem schon im 17. Jahrhundert die spanische Graphik vor allem von Italien abhängig war, mit José de Ribera als einem Bindeglied zwischen beiden Ländern. Dieser Einfluß ist in Goyas Frühwerk besonders offenkundig und wird bis zu den ›Caprichos‹ reichen, die sich im Titel und in der phantasievollen Verknüpfung von Einfällen auf Tiepolos 1749 erschienene ›Capricci‹ als eine von vielen Anregungen beziehen.

In Goyas Inventar von 1812 tauchen Namen von zwei Radierern auf, die man neben Tiepolo als seine Vorbilder in der Graphik nennt[2]: Rembrandt, von dem er zehn Blätter, und Piranesi, von dem er »eine Kollektion« besaß — seine Radierungen konnte er schon während seines Romaufenthaltes 1771 kennengelernt haben.

Goyas eigene Anfänge in der Graphik sind durchaus üblich. Wie Generationen von Künstlern hat er schon bei seinem Lehrer Luzan in Saragossa im Nachzeichnen von Stichen aus dessen Sammlung das Metier erlernt, und auch mit seinen Kopien nach Velázquez, in denen er sich an einem selbst anerkannten Vorbild schulte, steht er in einer langen Tradition. Denn seit ihren Anfängen diente ja die Graphik auch dazu, Gemälde zu reproduzieren und Bildideen zu verbreiten. Den Sprung zum freien Graphiker, zum Peintre-graveur, tut Goya schließlich zwischen dem Blatt mit dem heiligen Franziskus de Paula (Kat. 214) und dem »Garrottierten« (Kat. 216), in dem er seine eigene Wahrnehmung der Wirklichkeit darstellt. In den beiden Landschaften (Kat. 219, 220) und im ›Koloß‹ (Kat. 221) wird die Radierung sein genuines Instrument: es sind Bilderfindungen, die nicht anders als in diesem Medium ausgedrückt werden können.

Malerei und Graphik sind für Goya gleichberechtigte, aber unterschiedliche Ausdrucksmöglichkeiten, und auch die Zeichnung gewinnt für ihn — etwa in den späten Alben — zunehmend selbständige Funktion. Wie viele große Maler gerade seines eigenen Landes, so Velázquez, Künstler, die auch in der Malerei das Zeichnerische meiden, hat Goya die Zeichnung nicht als Vorarbeit zu Gemälden eingesetzt, während er seine Radierungen wohl ausnahmslos in Zeichnungen angelegt hat, um die Wirkung in der Fläche zu erproben.

Die hier ausgestellten Blätter zu Gemälden sind Ausnahmen im Frühwerk (Kat. 209-211) und wie dieses von der Kunst seines Lehrers Bayeú und von italienischen Vorbildern abhängig. An ihre Stelle treten später Ölskizzen zu Bildern in ihrer Gesamtanlage. Studien nach dem Modell, Detailstudien für größere Kompositionen, wie sie an den Akademien geübt wurden, fehlen in Goyas Werk fast völlig, ebenso die Naturstudie. Das Blatt mit der Montgolfiere (Kat. 218) ist, trotz sichtbarer Kenntnis der Luftperspektive, schon mehr Imagination als einfache Wiedergabe der Landschaft und des erlebten Ereignisses. Hier hat sich Goyas Zeichenkunst von der dienenden Funktion und der stilistischen Abhängigkeit der frühen Blätter bereits weit entfernt, Zeichnen ist für ihn, wie die ›Caprichos‹ beweisen, inzwischen ein Mittel geworden, gegen alle Normen und akademischen Schönheitsregeln kritisch in die Wirklichkeit einzugreifen und zugleich seine Erfahrung über das Bekannte und Sichtbare hinaus zu erweitern.

Anmerkungen

1 Dazu Lafuente Ferrari 1961, S. 6-8, und Sayre 1974, S. 1-4
2 Sayre 1974, S. 3, Anm. 15

209

210

209 Engelskopf, 1772
Rötel, 450 × 348 mm
Madrid, Prado, Nr. 473
Literatur: SC 450; GW 32; G (Z) 1

Wie Pierre Gassier (G(Z), S. 25) feststellt, sind von den etwa tausend katalogisierten Zeichnungen Goyas nur zweiundzwanzig Vorarbeiten zu Gemälden. Dieser Engelskopf ist neben einem zweiten in der Sammlung Carderera, Madrid (GW 33, G(Z) 2) das einzige erhaltene Beispiel für eine Detailstudie zu einem Fresko, nämlich dem 1772 abgeschlossenen Deckengemälde im kleinen Chor der Basilika El Pilar in Saragossa. Goya hat später die akademische Tradition, Gemäldekompositionen zeichnerisch vorzubereiten, ebenso hinter sich gelassen wie den akademischen Zeichenstil selbst, den er hier so sicher handhabt. In der weichen, sorgfältigen Modellierung, in kurvigen Linien und Kreuzschraffuren unterscheidet er sich dabei noch nicht von dem Muster seines Lehrers und Schwagers Francisco Bayeú (vgl. Museo del Prado, Catálogo de Dibujos II, [Rocio Arnáez], Abb. 16, 19b und passim). Somit hat die Zeichnung selbst noch wenig individuellen Charakter, wie auch der Gesichtstypus und der Ausdruck des Engels allgemeinen Formeln der italienischen Barockmalerei nachempfunden sind.

210 Im Takt klatschender Majo, 1777
Schwarze Kreide, weiß gehöht, auf graublauem Papier, 292 × 227 mm
Madrid, Prado, Nr. 1
Literatur: SC 443; GW 75; G (Z) 10

Ein Beispiel aus den wenigen bekannten Vorzeichnungen Goyas zu seinen Teppichkartons, nämlich eine Detailstudie zum ›Tanz am Ufer des Manzanares‹ (heute Prado Nr. 769), der für 1777 dokumentiert ist. Gegenüber dem vorigen Blatt und auch gegenüber den anderen Karton-Vorarbeiten ist dieses von überraschender Freiheit. Die lockeren, zum Teil offen ausschwingenden Linien dienen hier weniger der Klärung und Modellierung des Gegenständlichen als der spontanen Umsetzung von Bewegung. Man versteht, daß der Künstler bei solcher Sicherheit in der unmittelbaren Skizzierung einer Bildvorstellung auf Vorzeichnungen verzichten konnte.

211 Die Erscheinung der Virgen del Pilar,
um 1780-1785

Weiße Kreide auf graublauem Papier,
288 x 217 mm
Madrid, Prado, Nr. 2
Literatur: Sánchez-Cantón 1951, S. 29/30;
SC 444; GW 193; G(Z) 12

Die Darstellung bewahrt eine Komposition, die Goya um 1780/85 als Altarbild für die Pfarrkirche von Urrea Gaén in der Provinz Terúel ausgeführt hat und die dort 1936 zerstört wurde. Bildthema ist der heilige Jakobus, der Schutzheilige Spaniens, dem nach der Legende die Heilige Jungfrau auf einer Säule erschien.

Wie in Kat. 210 verwendet Goya hier blaues Tonpapier, das besonders im späten 18. Jahrhundert bei den Künstlern sehr beliebt war, weil es gerade bei weicher Kreidezeichnung malerische Wirkung ermöglicht. Ungewöhnlich ist allerdings, daß er die Figuren nicht in schwarzer Kreide anlegt, um danach die Helligkeiten durch Weißhöhungen anzugeben, sondern ausschließlich in weißer Kreide arbeitet. So entsteht gleichsam das Negativ einer Zeichnung.

Auch hier verrät sich noch kein ausgeprägter Individualstil, vielmehr ein spätbarockes Formvokabular italienischer Prägung. Doch ist auffällig eine Verflüssigung des Strichbildes fast bis zu seiner Auflösung.

211

211a

211a, Huldigung an Charles Lemaur

Rötel, 210 x 260 mm, Darstellung umrandet
Signiert u.l. unterhalb der Darstellung: Goya fecit. Bezeichnet im Rand l.: Canale de Guadarrana; u.: Laguna de/Sierra morena — Canal de Castilla; r.: SCRIPTIS. GESTIS./ANIMO. SANTITATE./CLARISSIMO. VIRO./CAROLO LEMAUR.
Madrid, Señor José Luis Várez Fisa

Die Zeichnung, hier erstmals ausgestellt, war bisher nur durch den 1788 datierten Stich von Pierre-Philippe Choffard (1730-1809) bekannt (Lafuente Ferrari 1961, S. 10; GW 316). Es handelt sich um ein Gedenkblatt für den französischen Ingenieur Charles Lemaur, der für Spanien wichtige Strassen und Kanalanlagen entworfen hat, worauf die Beischriften hinweisen. So sind es auch Karten und Pläne, über die sich die Gestalt der Trauer beugt — umgeben von technischen Geräten und einem Globus. Die lateinische Inschrift erscheint in dem ausgeführten Stich unter dem Medaillonporträt des Verstorbenen auf dem pyramidalen klassizistischen Gedenkstein. Goya bedient sich hier eines traditionalistischen Motivvokabulars, doch schließt er damit nicht nur an die Ikonographie der ›Melancholie‹ an, sondern nimmt in der Komposition zugleich Elemente seines ›Tantalus‹ (Kat. 72) vorweg.

Die Zeichenweise ist derjenigen der Velázquez-Kopien verwandt (Kat. 190 ff.), hat jedoch etwas von der Indifferenz, wie sie solchen unpersönlichen Auftragsarbeiten eignet.

212

213 Der Heilige Isidor der Ackerbauer
um 1778/79

Radierung, 230 x 168 mm
Signiert in der Platte u.l.: »Goya«
Madrid, Biblioteca Nacional
Literatur: H 2; GW 53; Sayre 1974, Nr. 2

Schon Carderera, der erste große Goya-Sammler, aus dessen Besitz diese Radierung stammt, überliefert (1863, S. 239), daß es sich dabei um ein Unikat handele. Möglicherweise hat der Künstler wegen der Fehlätzung des Hintergrundes die Platte nach diesem einen Abzug verworfen. Jedenfalls gehört das Blatt in die Zeit, in der er in der Technik der Radierung noch experimentierte. (Die von Sayre in Erwägung gezogene Datierung auf 1781-83 erscheint daher nicht überzeugend, eher die während oder sogar kurz vor seinen Arbeiten nach Velázquez.)

Gegenüber der ›Flucht nach Ägypten‹ (vgl. Kat. 212) weist der ›Heilige Isidor‹ eine völlige Umkehr in der Anwendung der Radiertechnik auf. Anstelle von langgezogenen Linien sind feine und offene kurze Striche und Häkchen getreten, anstelle der zeichnerischen Abgrenzung eine malerische Einbeziehung der Figur in den lichterfüllten Raum, ein Stilwandel, den man auf den Einfluß der Radierungen von Giovanni Battista und Domenico Tiepolo zurückführt.

Im vorliegenden Blatt ist Goyas neue Radierweise noch unvollkommen und wohl auch unfertig. Die Andeutung von räumlicher Distanz (etwa zum Ochsen) und von Lichtführung, ebenso die Durchbildung des Körpers bleiben unklar, Details wie die Hände nicht durchgebildet, das Strichbild ohne System. Dargestellt ist der Schutzpatron von Madrid, der nach der Legende mit seinem Spaten eine Quelle aufbrach. Die Legende berichtet weiter, daß ein Engel seine Ochsen vor dem Pflug führte, als er betend die Feldarbeit für seinen Dienstherren vernachlässigte. Einen solchen visionären Vorgang hat Goya hier für seine Darstellung gewählt, eine Szene der religiösen Ergebung, wie er sie später unter anderem Vorzeichen im Titelblatt der ›Desastres‹ verwandeln wird (Kat. 69).

212 Die Flucht nach Ägypten, um 1771/72

Radierung. 130 x 95 mm
Signiert in der Platte u.r.: »Goya inv.ᵗ et fecit«
Privatbesitz
Literatur: H 1, I; GW 52; Sayre 1974, Nr. 1

Dieses Blatt, das nur in wenigen Abzügen erhalten ist, gilt als frühestes Dokument für Goyas Radierversuche. Man datiert es in die Zeit seiner Italienreise 1771 oder, wegen einer Verwandtschaft im Figuralstil, in die Zeit der Fresken für die Kathedrale El Pilar in Saragossa (GW 30) 1772.

Thematisch und stilistisch läßt es allgemein an italienische Vorbilder und an den in Italien geschulten Ribera denken. Vielleicht liegt für die Wahl des Motivs eine Anregung aus der Kunst der Venezianer vor — man denke etwa an Domenico Tiepolos Zyklus der ›Flucht nach Ägypten‹ aus dem Jahre 1752!53 (Aldo Rizzi, L'opera grafica dei Tiepolo 'Le aqueforti, 1971, Nr. 67-96).

So einfach und durchschaubar in der Anwendung der Mittel Goyas kleine Radierung anmuten mag, scheint sie doch künstlerische Absichten seiner reifen Graphik vorwegzunehmen. Auffällig sind im Vergleich zu den folgenden Exponaten die lineare Betonung der Umrisse und die durch einfache Schraffuren und Kreuzlagen erzeugten Helldunkelkontraste. Ganz eigenwillig erscheint aber die Art, wie hier über die Gegenstände hinweg fast abstrakt lesbare selbständige Formeinheiten von gezeichneten und leeren Flächen entstehen.

213

und krauser Striche und feiner Zickzacklinien auf. Wichtig für die Wirkung ist dabei das Durchscheinen und selbständige Mitsprechen des weißen Blattgrundes. Wie Lafuente Ferrari vermutet, darf man in dieser malerisch umschreibenden Technik auch ein frühes Ergebnis von Goyas Beschäftigung mit der graphischen Kunst Rembrandts sehen, vielleicht auf dem Umweg über Domenico Tiepolo, dessen um 1774/75 in zwei Folgen von je 30 Radierungen edierten ›Raccolte di Testi‹ (Köpfe aus Bildern und Zeichnungen des Vaters Giovanni Battista und von ihm selbst) Goya hier sehr nahe ist (Rizzi 1971, Nr. 159ff., bes. Nr. 170, 196). Tiepolo bezieht sich darin im Motiv wie im kleinen Format und in der Technik seinerseits auf Rembrandt, vor allem auf dessen Studienköpfe von Greisen aus der Frühzeit.

Franz von Paula ist der Gründer des Ordens der Minimen, Wundertäter und Prediger christlicher Nächstenliebe, zu dessen Attribut der Stab und die Inschrift »Caritas« gehören. Für die Datierung von Goyas Radierung hat man das Jahr 1780 in Erwägung gezogen, in dem ein Sohn des Künstlers auf den Namen Francisco de Paula Antonio Benito getauft wurde.

214 Der Heilige Franciscus de Paula (Caritas), um 1780

Radierung und Kaltnadel, 130 × 95 mm
Signiert im unteren Rand in der Platte: »Goya f.^{t}« und betitelt o.l.: »CARI«
Madrid, Biblioteca Nacional
Literatur: H 3, I, 2; GW 55; Lafuente Ferrari 1961, S. 8; Sayre 1974, Nr. 4; Muraro 1970, S. 278

Noch mehr als bei der vorigen Radierung ist hier die Nähe zur typisch venezianischen Radierweise der Tiepolo offensichtlich. Die Anatomie der Figur, die Klärung des Details (etwa die Handhaltung) haben Goya anscheinend wenig interessiert, stattdessen löst er Figur und Umraum in ein silbrig lichtes Netz sich verdichtender und sich lockernder zarter

214

215

216

215 Der Erdrosselte (El Agarrotado)
um 1778/80

Feder in Braun über Bleistift, 264 × 200 mm
London, British Museum, 1850.7.13.11
Literatur: GW 123; G(Z) 37; Sayre 1974, Nr. 7

Dies ist eine der wenigen Vorzeichnungen Goyas zu Radierungen, die in Feder ausgeführt sind, und eine der wenigen, die nicht im Umdruckverfahren weiterverwendet, sondern im Gegensinn angelegt und danach auf die Radierplatte übertragen wurden (vgl. folgende Radierung).

216 Der Erdrosselte (El Agarrotado)
um 1778/80

Radierung, 330 × 210 mm
Privatbesitz
Literatur: H21; GW 122; Lafuente Ferrari 1961, S. 10; Sayre 1974, Nr. 8-10

Zeichnung und Radierung des ›Garrottierten‹ nehmen in Goyas Œuvre eine Schlüsselposition ein. Während sie in der Technik noch die Leichtigkeit, den Glanz des Rokoko bewahren, bezeugen sie in ihrem schockierend neuen Inhalt erstmals den Künstler als Reporter seiner Zeit, der das bedrängende Erlebnis zugleich zum mahnenden Exempel werden läßt. Hier zum ersten Mal hält Goya sich nicht an eine überkommene Ikonographie, sondern entdeckt außerhalb seiner Auftragsarbeit als Maler sein Grundthema als Graphiker.
Neu ist auch der schonungslose Wirklichkeitssinn, der sich in seiner Auseinandersetzung mit Velázquez schon ankündigte, die Ambivalenz von Kälte und Mitleid, die vor allem in seiner Stellungnahme zu den ›Schrecken des Krieges‹ zutagetreten wird (Kat. 69ff., 239ff.). Goya ist hier offensichtlich Augenzeuge einer öffentlich vollstreckten Hinrichtung gewesen, einer Todesart, die den ›Hidalgos‹, den Adligen vorbehalten war. Die ständischen Privilegien innerhalb der spanischen Gesellschaft galten selbst gegenüber dem Tod.
Goya schildert weniger ein einmaliges Ereignis als einen Endzustand. Sein ›Garrottierter‹ gewinnt durch die Einsamkeit mit dem feierlichen Licht der Kerze etwas von der Würde eines Christus an der Martersäule. Die Verklärung gilt nicht dem Heiligen, sondern dem leidenden Menschen.
Gegenüber der Zeichnung ist in der Radierung das Gefüge von Licht- und Dunkelwerten verdichtet, der Ausdruck des Gesichtes durch hinzukommende feine Punkte und Striche und durch abdunkelnde Überarbeitung der Haare verstärkt. Einige fehlgeätzte Linien in diesem endgültigen Zustand zeugen von Goyas experimentierender mehrfacher Arbeit an der Platte.

217 Der Blinde mit der Gitarre, 1778
Radierung, 395 × 570 mm
Signiert u.l. in der Darstellung: »Goya«
Madrid, Biblioteca Nacional
Literatur: H 20, I; GW 87

In dieser Radierung reproduziert Goya zum ersten und letzten Mal ein eigenes Gemälde, einen Ende April 1778 fertiggestellten Teppichkarton für die Königliche Manufaktur, möglicherweise um seine Bilderfindung bekanntzumachen, vielleicht aber auch, um die Komposition in dem ursprünglichen Zustand zu bewahren, den er auf Anweisung des Auftraggebers im Oktober des Jahres verändern mußte. Als Wiedergabe eines Gemäldes leitet das Blatt (Goyas größte Radierplatte) zu den Kopien nach Velázquez über.

Es weicht tatsächlich von der Neufassung des Gemäldes ab, in der der Bauer mit dem Ochsen durch einen Baum und einen sitzenden Fischer ersetzt sind. Auffällig ist in der Radierung die konzentrierte Gruppierung der Figuren zu einer Art Dreieck im Vordergrund, eine kompositorische Gestaltung eines Volkszuges, wie Goya sie noch in den ›Schwarzen Gemälden‹, der ›Romería de San Isidro‹ (GW 1626) weiterbilden wird.

Gegenüber dem zur Einfachheit gehaltenen Teppichentwurf erlaubt die Radierung eine stärkere Individualisierung der Personen. Den Möglichkeiten der Technik gemäß ist auch die Gruppe im Vordergrund durch stärkere Ätzung hervorgehoben (allerdings ohne eindeutige Lichtführung), während Mittelgrund und Hintergrund in leichterer Ätzung zunehmend mit der Atmosphäre zu verschweben scheinen. Diese Licht und Luftperspektive einbeziehende, noch von Tiepolo herkommende harmonische Gestaltung der Landschaft ist allerdings im Sinne des späteren Goya durch einige frei gesetzte, starke Dunkelakzente aufgebrochen. Ein Vergleich mit der späteren Fassung des Bildthemas des blinden Gitarristen (Kat. 97) veranschaulicht Goyas künstlerische Entwicklungß während er es hier noch als folkloristisches Motiv gestaltet, konzentriert er es dort zum Sinnbild menschlicher Existenz.

215-217

218

218 Die Montgolfiere, um 1800-1808

Schwarze Kreide, 383 x 272 mm
Bezeichnet von späterer Hand u.l. (Feder):
»Goya«
Hamburger Kunsthalle, Inv.Nr. 38546
Literatur: GW 755; G(Z) 335; Kat.Ausst.
›Leichter als Luft‹, Münster 1978, Nr. 353

Die Zeichnung wird etwa in die Entstehungszeit der beiden Landschaftsradierungen (Kat. 219, 220) datiert. Sie hat mit ihnen die Unterproportionierung der Menschen gemeinsam, die gegenüber dem hohen, leeren Himmel (einem Himmel, der kein Ziel hat) und der riesigen Montgolfiere zur Anonymität und Bedeutungslosigkeit versinken. Sicherlich ist Goya hier zunächst Reporter von Ereignissen und Vorstellungen seiner Zeit, doch verhält er sich dabei, wie oft in den ›Desastres‹, zwiespältig. Er registriert das Ereignis des Ballonaufstiegs, aber er dramatisiert und feiert es nicht, sondern macht es zu einer Vision der Bedrohung. Während seine Zeitgenossen seit dem geglückten Versuch der Brüder Montgolfier 1783, einen Heißluftballon aufsteigen zu lassen, vom Glauben an den Sieg der Menschen über die Naturkraft, vom Glauben an seine technische Intelligenz erfüllt waren, stellt Goya diesen Fortschrittsoptimismus in Frage. Damit gehört dieses Blatt, das man wegen seiner fast atmosphärischen, weichen Zeichentechnik vordergründig als Naturstudie bezeichnen könnte, in die Nähe seiner späteren programmatischen Darstellungen des Fliegens. So hat er in der Radierung ›Modo de volar‹, »Art und Weise des Fliegens« (vgl. Kat. 162), die Befreiung des Menschen, zugleich aber auch seine ikarische Vermessenheit in seine Bildsprache umgesetzt.

219 Landschaft mit großem Felsen, Gebäuden und Bäumen, um 1799-1810

Radierung und Aquatinta in Schwarzbraun
geschabt, 165 x 285 mm
Madrid, Biblioteca Nacional
Literatur: H 23, 1, 2; GW 748; Sayre 1974, Nr. 93, 94; Held 1966, S. 220; Kat. Ausst. Hamburg 1976, Nr. 336

220 Landschaft mit großem Felsen und Wasserfall, um 1799-1810

Radierung und Aquatinta in Schwarzbraun
geschabt, 156 x 285 mm
Madrid, Biblioteca Nacional
Literatur: H 24, 1, 2; GW 750; Kat.Ausst. Hamburg 1976, Nr. 335

Man nimmt an, daß die beiden Radierungen zwischen 1799, dem Abschluß der ›Caprichos‹, und 1810, dem Beginn der Arbeit an den ›Desastres‹, zu datieren sind. Denn einerseits sind sie in der Technik den ›Caprichos‹ verwandt (Sayre weist auf Cap. 19 hin), andererseits hat Goya beide Platten halbiert und ihre Rückseiten für vier Darstellungen aus den ›Desastres‹ (Nr. 13 und 15, 14 und 30) weiterverwendet. Nach Harris ist dies ein Zeichen dafür, daß Kupfer in der Zeit des Bürgerkrieges knapp wurde, zugleich aber erscheint es als eine erstaunliche Herabwürdigung des eigenen, heute so originär und kühn erscheinenden Beitrags zum Thema Landschaft. Tatsächlich hat Goya nur diese beiden radierten und wenige gezeichnete Landschaften (darunter die Vorzeichnungen hierzu, G(Z) 161, 162) hinterlassen, sonst spielt die Natur, auch in seinen Gemälden, meist eine untergeordnete Rolle. Sein kritisches künstlerisches Engagement galt dem Menschen in seinen Handlungen und Schicksalen.
Die beiden Radierungen sind niemals als Auflage erschienen, von beiden sind nur zwei Abzüge erhalten. (In unserem Jahrhundert hat man versucht, von den wieder zusammengesetzten Platten Abzüge herzustellen.)
Motivisch und technisch sind beide Blätter ebenso prägnant wie sparsam. Die gegenständlichen Motive sind zunächst geätzt, stärker bei Kat. 219 vom Vordergrund mit dem Pferd über die Bäume zum Felsen hin, bei Kat. 220 von der vorderen Bildgrenze zum großen Felsen, mit dem ein kleiner am rechten Bildrand korrespondiert, und am Rande des Wasserfalls. Der atmosphärische Aquatintaton ist partienweise ausgespart und geschabt, um zugleich räumliche Distanz und Helldunkeleffekt zu suggerieren.

Wie in den ›Caprichos‹ erzeugt dieses Verfahren ein eigengesetzliches Bildmuster, verglichen etwa mit dem frühen Blatt des ›Blinden mit Gitarre‹ (Kat. 217), in dem durch unterschiedliche Grade reiner Ätzung in feinen Strichen der Eindruck eines räumlichen Kontinuums, von Licht und Luftperspektive erweckt wurde.

Als mögliche Vorbilder für die beiden Radierungen hat Eleanor Sayre Landschaften Gabriel Perelles (1603-1677) genannt, von dem Goya nachweislich zwei Drucke selbst besessen hat. Doch läßt gerade der Vergleich mit Perelle erkennen, wie sehr sich Goyas Auffassung der Landschaft von der herkömmlichen, vedutenhaften, unterscheidet. Man möchte daher eher an einige Radierungen Callots (1592-1635) denken (Abb. 149), die nicht nur den phantastischen Aspekt, sondern auch das Hauptmotiv des unvermittelt aufragenden großen Felsens vorwegnehmen (Lieure 276, 277, 512, 567), ein Motiv, das Goya bis hin zu den ›Schwarzen Gemälden‹ (GW 1620) immer wieder einsetzt. Innerhalb Goyas eigener Generation ist ihm in der Interpretation der Landschaft am ehesten Füssli (1741-1825) nahe (vgl. Schiff 1973, Nr. 1186, ›Steilküste am Meer in Südengland‹, und Nr. 1189, ›Steilhänge bei Devil's Dyke mit Blick aufs Meer‹, beide gezeichnet um 1790). Hier wie dort ist der Mensch nicht mehr eingebunden in einen geordneten Landschaftsausschnitt, den er perspektivisch erfahren – und damit beherrschen – kann, vielmehr als Dargestellter und Betrachter jäh konfrontiert mit einem ›Tremendum‹ der Landschaft, die durch Überdimensionierung und Entgrenzung elementares und künstlerisches Eigenleben gewinnt.

Das gestalthafte Aufragen der Felsen läßt diese fast wie eine Rückverwandlung des ›Giganten‹ (Kat. 221) in Naturformen erscheinen – Verkörperung mythischer Naturkraft oder Symbol der politischen Bedrohung.

219

220

Abb. 149 Callot, *Der große Felsen*

221 Der Koloß (Der Gigant), um 1810-1818
Radierung (Schabkunst), 285 x 210 mm
Madrid, Biblioteca Nacional
Literatur: H 29, I, 2; GW 895; Lehrs 1906;
Hofmann 1907, Nr. 233; Loga 1910, S. 44;
Fraenger 1916; Lafuente Ferrari 1961, S. 44;
Bialostocki 1965, S. 162; Gantner 1974,
S. 177-180; Kat. Ausst. Hamburg 1976,
Nr. 158; Burbach 1977, S. 42; Malraux 1978,
S. 176-178; Klingender 1978, S. 155; Williams
1978, S. 147

Innerhalb Goyas graphischer Produktion ist der ›Koloß‹ technisch wie thematisch einzigartig. In der Technik nimmt der Künstler — stets begierig auf die Erprobung neuer Verfahren damit die in England verbreitete Methode der Mezzotinto-Radierung auf. Dabei ist das Motiv ohne jede Linienätzung aus dem Schwarzen ins Helle durch Ausschaben einer vorbereiteten Platte herausgearbeitet. Auf eine Änderung der Formvorstellung oder auch eine gewisse Unsicherheit im graphischen Verfahren lassen ›Pentimenti‹ im Kopf und im Oberkörper des Giganten schließen. Jedenfalls sind heute nur sechs Abzüge der Platte bekannt, die nach Aussage von Goyas Enkel Mariano zerbrach und vielleicht im unteren, leergelassenen Rand eine Inschrift vorsah.

Während Harris (Bd. 1, S. 27) vermutet, daß Goya sogar eine aus England bezogene, kommerziell vorbereitete Mezzotinto-Platte benutzt habe, waren Lehrs und neuerdings Sayre der Ansicht, daß die Platte in einer sehr feinen, dichten Aquatinta behandelt sei. (Während man bei der Schabkunst die Platte durch Wiegen mechanisch aufrauht, bestäubt man sie beim Aquatintaverfahren gleichmäßig mit Asphalt- oder Kolophoniumstaub, der nach dem Erhitzen als feineres oder gröberes ›Korn‹ den Ätzgrund bildet. Bei beiden Verfahren können die hellen Partien negativ, als nicht druckend, aus dem Grund herauspoliert werden).

Mag der ›Koloß‹ technisch nicht brillant erscheinen, ist er als Erfindung von bestürzender visionärer Kraft und von monumentaler Wirkung. Über einem Ausschnitt des Erdballs, über einer flachen Landschaft, in der Vegetation und menschliche Siedlungen im Kontrast zu verschwindender Kleinheit schrumpfen, sitzt der Gigant. Er wendet das Gesicht zurück, dem Widerschein der aufgehenden Sonne zu, der seinen Körper streift, während der abnehmende Mond nur noch als schwache Sichel über ihm steht.

Über die Bedeutung des Blattes und die Herkunft seines Themas sind unterschiedliche Thesen aufgestellt worden; sie müssen wohl auch im Zusammenhang mit dem Gemälde im Prado (Nr. 2785, GW 946) beurteilt werden, das in Goyas Inventar von 1812 als »Gigant« betitelt ist. Da man annehmen kann, daß die Radierung in der Zeit der französischen Invasion entstanden ist, hat man sie wie das Bild als Symbol für die Unterdrückung und Bedrohung des spanischen Volkes und auch als Gleichnis für dessen Widerstandskraft interpretiert, oder ganz allgemein als Personifikation des Krieges.

Goyas erster Sammler Carderera (1863, S. 248) sah in ihm das Sinnbild einer Zeitenwende, die Erwartung der Morgenröte eines neuen Tages, einer Zukunft der Aufklärung und Humanität. Dieser Gedanke schlägt eine verlockende Brücke zu Runges ›Morgen‹ (Kat. 499), doch während der deutsche Romantiker die Aurora, die Heilshoffnung selbst, als Personifikation aus der Transzendenz in die Welt treten läßt, thront Goyas erdhafter Riese — noch? — wie ein Herrscher über dem Globus.

Als formale Quellen sind u.a. ein Stich nach Pieter Bruegel aus seiner Folge der Sprichwörter herangezogen worden (Fraenger), von Sayre ein Stich in Crayon-Manier nach einem akademischen Akt des Jacques Gamelin von 1779. Bialostocki bezieht den ›Koloß‹ in seine Betrachtung über romantische Ikonographie ein und sieht in ihm die Subjektivierung und Verallgemeinerung eines traditionell festgelegten Bildthemas, nämlich des saturnischen Temperaments, der Melancholie.

Diese Deutungen schließen sich gegenseitig nicht aus. Es scheint jedoch wichtig festzuhalten, daß Goyas Riese nicht Koloß ist, überlebensgroßes Standbild eines Helden, sondern Gigant im Sinne des griechisch-römischen und des alttestamentlichen Mythos. Er ist eine dämonische Urkraft zwischen Erde und Gottheit, ein Rebell gegen alle Ordnung und somit Symbol der Bedrohung für den Menschen.

Von den frühen Alben zu den ›Caprichos‹

Thema dieses Abschnittes sind nicht die ›Caprichos‹ in ihrer Gesamtheit und in ihren inhaltlichen Dimensionen. Darüber, über ihre Veröffentlichung und Kommentierung handelt zusammenhängend Werner Hofmann in Kapitel I dieses Kataloges. Hier sollen nur Hinweise zu ihrer Bildform gegeben werden, wie Goya sie aus den Vorstufen seiner beiden frühen Zeichnungs-Alben entwickelt hat.

Das sogenannte Sanlúcar-Album, das Madrid-Album und die Zeichnungen und Radierungen der Caprichos sind in einem Zeitraum von nur wenigen Monaten oder Jahren entstanden, wobei das Jahr 1797 die Verbindung zwischen den drei Zyklen herstellt. Das Sanlúcar-Album ist bis heute ebenso mit Spekulationen über seine inhaltlichen Bezüge wie mit Ungewißheit über sein Entstehungsdatum behaftet. Sicher ist, daß Goya zu jener Zeit Gast der im Juni 1796 verwitweten Herzogin von Alba in Sanlúcar bei Cadiz in Andalusien gewesen ist, zu einer Zeit, da er sich von der schweren Krankheit und Krise des Jahres 1792 zu erholen begann. Ob dieser Besuch, wie Gassier annimmt, im Sommer 1796, oder aber, wie Sayre meint, Anfang des folgenden Jahres stattfand, ist noch nicht eindeutig erwiesen. Am 1. April 1797 war Goya jedenfalls wieder in Madrid, wie es ein mit seiner schlechten Gesundheit begründetes Rücktrittsgesuch an die Akademie dokumentiert. Ungeklärt bleiben wird wohl die Frage, in welchen der Blätter des Sanlúcar-Albums Goya seine Gönnerin — und Geliebte — dargestellt hat, und ob seine Zeichnungen als Erinnerung, als Imagination oder Appell an die Herzogin zu lesen sind. Als Hinweis auf das tragische Ende des Verhältnisses hat man sowohl die Zeichnung von ›Traum von Lüge und Wankelmut‹ (Kat. 49) als auch das Porträt der Herzogin aus dem Jahre 1797 (GW 355) interpretiert. Entscheidender für unsere Fragestellung ist, was dieses erste Album innerhalb Goyas Schaffen für das Medium der Zeichnung und für ihre Inhalte bedeutet.

Zum ersten: Mit diesen frühesten der von Eleanor A. Sayre, Pierre Gassier und Juliet Wilson rekonstruierten acht Skizzenbüchern[1], deren Blätter heute in verschiedenen Sammlungen verstreut sind, beginnt Goya eine selbständige künstlerische Äußerung, unabhängig von seinen vergleichsweise wenigen Zeichnungen zu Gemälden und den fast vollständig überlieferten Vorzeichnungen zu den großen graphischen Zyklen. Ihre Selbständigkeit erweisen diese ersten Skizzenblätter trotz ihres kleinen Formats durch eine intime Geschlossenheit, eine gleichsam ›malerische‹ Ausführung, die sie wie Grisaille-Arbeiten anmuten läßt. Zum ersten Mal hat Goya hier in reiner Pinsel-Technik gearbeitet, wobei er ähnlich der Malerei die grauen Lavispartien durch Akzente von Schwarz verdeutlicht und die Figuren in einen atmosphärischen Zusammenhang einbindet.

Zum zweiten, und das gilt für alle Skizzenbücher Goyas: sie beinhalten nicht Gelegenheitsarbeiten, weder Studien nach der Natur noch nach dem Modell, keine Ideen zu größeren Gemälden, sondern sie haben in der Art eines künstlerischen Tagebuches Selbstwert, ihr Thema ist der Mensch in seinen Ausdrucksgesten.

In den beiden frühen Alben hat Goya diese Verhaltensweisen von verschiedenen Seiten beleuchtet. Während er im ersten die Frauen als Einzelfiguren in Gelöstheit und Heiterkeit darstellt, um ihre Erscheinung zu feiern, zeigt er sie im zweiten im Kontext einer Gesellschaft, in der die Abweichung von der Moral zunehmend zur Abweichung von der Schönheit, damit zur Karikatur, gerät.

Man hat im Madrider Skizzenbuch, das noch in Andalusien oder unmittelbar nach Goyas Rückkehr in die Metropole begonnen und wohl im selben Jahr 1797 beendet worden ist, zwei oder drei stilistische oder inhaltliche Gruppen unterschieden, die von den einzelnen Autoren etwas differierend angegeben werden. Die erste Hälfte des Albums steht in Stimmung und Technik noch dem von Sanlucar nahe, wobei auf Darstellungen vor hellem Grund solche vor kontrastierender Lavierung folgen, die schon auf Goyas Einsatz der Aquatinta-Technik in den Caprichos vorausweist. Die zweite Hälfte nähert sich noch mehr dem Stil der Radierungen, nicht nur durch die summarischer werdende Zeichenweise, die Reduktion der Modellierung und Nuancen zugunsten stärkerer Schwarzweiß-Effekte, sondern auch durch den neuen satirischen Ton, der nun in den Bildunterschriften und in der karikierenden Übertreibung der Gesten und Physiognomien hinzukommt. Von Nr. 58 an der von Goya bis 94 gezählten Doppelseiten des Albums taucht auch der Begriff »caricatura« auf.

Während Goya das stilistisch und inhaltlich geschlossene Sanlúcar-Album, von dem heute acht zweiseitig bezeichnete Blätter gesichert sind, weder mit Legenden noch mit Numerierung versah, gab er dem größeren zweiten eine wenn auch nicht illustrative systematische Ordnung, wie sie für seine graphischen Zyklen und späteren Zeichenbücher charakteristisch wird.

Trotz dieser äußeren Vereinheitlichung legt das Madrider Skizzenbuch einen Umbruch in seiner Kunst offen, in der auch das Medium der Zeichnung neuen Sinn annimmt. Daß sie nicht ›Naturstudie‹ war, galt schon für das Sanlúcar-Album. Hier nun wird sie zunehmend zu einem Mittel, über die beobachtete oder vorgestellte Erscheinung hinaus Konstellationen und Konflikte zu veranschaulichen, die nicht durch ein Mehr an malerischer Beschreibung, sondern durch Konzentration der Bildmittel zu erreichen ist. Es scheint, daß die Graphik hier erstmals zu dem Instrument wird, kritisch in die Wirklichkeit einzugreifen und das auszudrücken, wozu keine andere Technik befähigt ist.

Auch insofern besteht eine direkte Verbindung von dem Madrider Skizzenbuch zu den Caprichos, die, 1797 erstmals angekündigt und im Januar 1799 fertiggestellt und gedruckt, mehrere Motive daraus in verwandelter Form aufnehmen, daneben eines aus dem Sanlúcar-Album.

Im Gegensatz zu den Albumblättern haben die direkten Vorzeichnungen zu den Caprichos, in Rötel und teils mit roter Lavierung ausgeführt und wie die Velázquez-Kopien unmittelbar auf die Radierplatte übertragen, vorbereitenden Charakter. Doch lassen sie gerade in ihrer Lockerheit und Skizzenhaftigkeit den spontanen künstlerischen Impetus ihres Autors erkennen, der in den ausgeführten Radierungen durch die Verknappung und Zuspitzung der Mittel eher hinter dem exemplarischen Bildsinn zurücktritt.

Anmerkung:
1 Sayre 1964; GW S. 114ff; G(S) S. 11ff.

222a Junge Frau mit Hütchen
1796
Sanlúcar-Album S. 1
Pinsel in Grau und Schwarz
190 × 97 mm

222b Rückansicht einer den Rock hebenden jungen Frau
verso S. 2
Pinsel in Grau und Schwarz
Madrid, Biblioteca National B. 1270
Lit.: GW 356/357; G(S) 1/2, Aa, Ab; López-Rye 1953 S. 15/16; Sayre 1964, S. 21

Erst Pierre Gassier (G/S S. 41) hat in Zweifel gezogen, daß es sich bei der Dargestellten um die Herzogin von Alba handele. Es ist jedenfalls eine Dame von höfischer Eleganz und betont graziöser Erscheinung, die offenbar Goyas Schönheitsideal jener Zeit entsprach. Kennzeichnend für dieses erste Skizzenbuch ist, wie die Gestalt mit leichten, fast kapriziösen Pinselzügen und Tupfern auf dem kaum definierten Hintergrund vor dem Hellen dunkel und vor dem Dunklen hell herausmodelliert ist, wie durch malerische Freiheit und die Transparenz der Lavierung der Eindruck des Lebendigen erweckt wird. Die lockere Zeichenweise ergibt einen fast rokokohaft anmutenden Gesamtaspekt. Die Rückseite des Blattes bringt sozusagen die Kehrseite gesellschaftlich gezügelten Verhaltens zum Vorschein, körperliche Abkehr und zugleich Provokation in einer »unlady-like fashion«, eine anschauliche Reflexion über das Doppelwesen der Frau, wie sie auch im Madrid-Album zutage treten wird (B 45/46, GS 56/57). Die ›Zwielichtigkeit‹ der weiblichen Erscheinung ist hier durch die Maske des Gesichtes betont, das schärfer als auf der Vorderseite der Zeichnung durch Licht und Schatten geteilt ist. Dieser dunkle Nebenton widerspricht dem allgemein festgestellten heiter-festlichen Stimmungsgehalt dieses ersten Skizzenbuches und erweist schon hier Goya als den Künstler, der den Widerstreit der Gefühle und Verhaltensweisen kennt.
Charakteristisch auch hier die mehr umschreibende als definierende Zeichenweise, die nur in den betonten Körperteilen plastischer und fester wird, und charakteristisch auch, daß die Figur mit ihrem Schatten vor dem hellen Grund als abgeschlossenes Bildganzes wirkt.

223a

223b

223a Liebespaar im Dunkeln

1797
Madrid-Album S. 3
Pinsel in Schwarz und Grau
236 x 147 mm

223b Maja und Celestina unter einem Bogen wartend

Verso S. 4
Pinsel in Grau und Schwarz
Hamburger Kunsthalle
Inv. Nr. 38544
Lit.: GW 377/378; G(S) 22/23, B 3/4(?); López-Rey 1953, S. 36

Die Vorderseite des Blattes (a), die erst bei einer Ablösung und Restaurierung vor einigen Jahren zum Vorschein gekommen ist, erlaubt wegen ihres schlechten Erhaltungszustandes keine eingehende Beschreibung. Kompositorisch und inhaltlich scheint sie auf die Darstellung der Rückseite bezogen zu sein: hier hüllt eine schräg abrundende Lavierung das Paar in nächtliches Dunkel, dort sitzen Maja und Kupplerin, wenn auch distanziert, so doch formal verspannt, vor einer Art Brückenbogen, der die Komposition oval abrundet. Er gibt den Blick auf eine Landschaft mit Bäumen und einen Hügel frei, der mit dem hellen Blattgrund verschwebt, zugleich aber das Kompositionsmotiv wiederholt, eine Gestaltung des Hintergrundes, wie sie für die frühen Blätter dieses Albums typisch ist. Kennzeichnend im Vergleich mit dem von Sanlúcar ist die Abstufung von kontrastierenden Helligkeitswerten, die zugleich räumliche Staffelung und flächige Ordnung herstellt. Es geht nun nicht mehr um die reine Erscheinungsweise einer Gestalt, sondern um Beziehungen und darin angelegte Konflikte, Beziehungen, in denen die fast spiegelbildliche Gebärde der ›Maja‹ auf Vorder- und Rückseite — Erfüllung und Erwartung — verschiedenen Ausdrucksgehalt hat. Zum ersten Mal taucht hier wie mehrfach in diesem Album als Begleiterin der jungen Frau die alte Kupplerin auf, deren Anwesenheit und lauernde Geste keinen Zweifel am Zweck des gemeinsamen Wartens läßt.

224a Sie wartet auf sein Kommen
1797
Madrid-Album S. 64
Pinsel in Schwarz, Grau und Sepia
232 x 142 mm
Numeriert oben links in Pinsel: »64« und bezeichnet am unteren Rand: »Aguarda q.ᵉ benga«. Von späterer Hand oben links: »5«.
Verso von b

224b Fröhliche Karikatur
Recto S. 63
Pinsel in Schwarz und Grau
Numeriert o. r.: »63« und bezeichnet am unteren Rand: »Caricatura alegre«.
Madrid, Prado, Nr. 424/443
Lit.: SC 212/20; GW 424/423; G(S) 69/68, B 64/63; López-Rey 1953, S. 40-41, 49, 92, 111-112

a Waren auf dem frühen Blatt des Albums (Kat. 223b) die herausfordernde Haltung und der sinnliche Ausdruck der ›Maja‹ von einer gewissen natürlichen Koketterie und durch die geistreiche Pinselführung auch mit künstlerischem Charme verbrämt, scheint die fast identische Haltung der Frau hier wie in Erwartung erfroren. Diese Erstarrung liegt auch über dem maskierten Gesicht, das dem dunklen Hintergrund zugewandt ist, wo schemenhaft männliche Gestalten auftauchen. Anstelle eines Restes von spielerischer Leichtigkeit also hier düsterer Ernst, der durch die Maskierung eher noch abgründige, dämonische Züge annimmt. Die Gebärde der Frau, dermaßen betont und isoliert, wird nach López-Rey zu einem Gleichnis für die Unzucht und Verkommenheit einer ganzen Gesellschaft.
Dieser neuen Interpretation des Themas entspricht die in den späteren Blättern des Albums veränderte Technik. Hintergrund und verschatteter Vordergrund sind fast in der Art einer Aquatinta-Fläche dunkel zugestrichen, so daß sich die Gestalt der Frau, vor allem die vorgeschobenen Beine, und die Rückenlehne fast grell davon abheben. Auch die ornamentale Gestaltung von Haaren, Kleidung und Sofa, die über das Gegenständliche hinweggeht, trägt zu diesem scharfen Kontrast der flächigen Bildelemente bei.

b Die Zeichnung bildet nicht die direkte Vorlage, wohl aber eine Vorstufe zu dem Capricho Nr. 13 »Estan Calientes« (H 48), dessen Titel die Doppeldeutigkeit von »caliente« als heiß und geil ausspielt. Thema ist hier — übrigens in einer ähnlich wie auf der Rückseite diagonal angelegten Komposition — die Verworfenheit und Gier der Mönche, die zu Goyas Zeit eine schmarotzerhafte Gesellschaft innerhalb der Gesellschaft bildeten, dem politischen und aufklärerischen Fortschritt feindlich. Goya schildert sie als eine Versammlung von Gleichgesinnten, die sich selbst mit Befriedigung betrachten. Die Unfähigkeit, die eigene Begierde zu zügeln, die Sünde der Völlerei, tritt gerade im Mönchsgewand verschärft zutage, so daß Goyas Inschrift sich mit einer Beimischung von Sarkasmus liest. Unmäßigkeit heißt hier Abweichung von menschenwürdigem, bewußten Verhalten, und diese faßt die Zeichnung in das Mittel der Verhäßlichung und der verzerrenden, karikierenden Übertreibung vor allem bei dem Penissymbol der überlangen Nase, die auf ebenso scheinbar glaubhafte wie komische Weise durch eine Art Krücke gestützt werden muß. Komik schlägt hier in Entsetzen um.
Die Zeichnung verzichtet noch weitergehend als die der Rückseite auf Modellierung. Vielmehr ist sie aus flächenbezogenen Pinselpartien aufgebaut, in denen Hell und Dunkel unvermittelt kontrastieren. So entsteht eine heftige, fast plakative Bildwirkung, die dem inhaltlichen Appell entspricht.

224a

224b

225a Nackte Frau mit Spiegel oder **Nach dem Bad**

1797
Madrid-Album S. 26
Pinsel in Grau und Schwarz
237 × 145 mm
Numeriert oben links in Pinsel: »26«
Verso von b

225b Zofe kämmt einer jungen Frau die Haare

Recto S. 25
Pinsel in Grau und Schwarz
Numeriert oben rechts in Pinsel: »25«
Madrid, Biblioteca Nacional, B. 1263
Lit.: GW 396/395; G(S) 41/40, B 26/25; López-Rey 1953, S. 32-33

a Eine der intimsten Darstellungen des Madrid-Albums, in der die Rückenfigur der Frau in einen fast geheimnisvollen Zusammenhang tritt: Sie sucht nicht nur ihr Bild im Spiegel, sondern steht auch im unausgesprochenen Dialog mit der Dunkelheit hinter den sie rahmenden Vorhängen, aus der das Gesicht einer Gefährtin ahnbar wird. Diese Szene scheint hier, auf einem frühen Blatt des Buches, noch ohne kritischen Aspekt geschildert. Eigenartig (und neu gegenüber dem Sanlúcar-Album, vgl. Kat. Nr. 222) ist, wie das Ambiente als Hell und Dunkel, Außen und Innen, auch für die geistige Atmosphäre mitspricht. Daneben haben diese Bildelemente selbständige Bedeutung für die Komposition, die in fast klassizistischer Weise einem verschobenen Dreieck gemäß angelegt ist. Der leergelassene Vordergrund schafft den Eindruck von Räumlichkeit und verfestigt zugleich diese Komposition in der Fläche.

b Die Vorderseite des Blattes ist weniger in großzügigen Pinsellinien- und Lavisflächen als in feinen Übergängen und kleinen umschreibenden und modellierenden Strichen und Tupfern ausgeführt; Details wie die Brüste der Herzogin, wie Rüschen oder Schuhe sind zeichnerisch geistreich angedeutet. López-Rey meint in der unterschiedlichen Bekleidung der Frauen einen Hinweis darauf zu sehen, daß sie als soziale Charaktere dargestellt seien. Dieser Unterschied gibt sich auch in dem mehr und weniger selbstbewußten Ausdruck der beiden zu erkennen.

Goyas artifizielle Verwandlung der scheinbar so frisch beobachteten Szene ist hier besonders subtil. Man beachte etwa, wie der linke Arm der Herrin nur als flächiger Grauwert angegeben ist, so daß er mit der Schattenpartie unterhalb des aufgelegten Beines und derjenigen am Boden korrespondiert. Durch solche freie Behandlung des Gegenständlichen beginnt sich wiederum das für Goyas Graphik so kennzeichnende selbständige Bildmuster zu entwickeln.

225a

225b

226 Ruega por ella
Sie betet für sie

1797
Zeichnung zu Capricho 31
Rötel über Spuren von Blei
191 x 137 mm
Madrid, Prado, Nr. 59
Lit.: GW 514; G (Z) 91; Sánches-Cantón 1949, S. 82; López-Rey 1953, S. 91, 123; Ragghianti 1954, S. 172

Der Schritt von dem vorausgehenden Skizzenbuchblatt (Kat. 225b) zu dieser direkten Vorzeichnung und ihrer Umsetzung in die Graphik (Kat. 227) ist typisch für Goyas entwickelnde Schaffensweise und seine kritische Umdeutung eines Themas. Auf der ersten Stufe die malerische und bildhafte Wirkung der differenzierten Pinselarbeit vor dem lichthaften Grund, und, wenn auch nur scheinbar, ein unmittelbar gesehenes Augenerlebnis, mit dem ihm entsprechenden Charme und mit Delikatesse wiedergegeben. Hier eine zarte, gleichmäßigere Rötelzeichnung, die als Vorzeichnung nicht völligen Selbstwert beansprucht, jedoch in der Bündelung der Linien und der Organisation der Fläche als abgeschlossenes Ganzes wirkt. Gegenüber dem Albumblatt ist nun der Bildsinn durch Hinzufügung der alten Kupplerin verändert, die Szene von einer hohen auf eine niedere Ebene herabgezogen. Die Beinhaltung der jungen Herrin wird gleichsam voyeuristisch beobachtet durch die »mère utile« (Gautier), die wie ein böser Schatten Goyas ›Majas‹ begleitet. In ihrer grotesken Häßlichkeit sieht Gautier alle sieben Todsünden vereint, eine Häßlichkeit, neben der noch der Teufel hübsch sei (Voyage en Espagne, 1842, Ausgabe Paris 1890, S. 120).

226

227

227 Ruega por ella
Sie betet für sie

1797/98
Capricho 31
Radierung und Aquatinta, geschabt,
Kaltnadel und Stichel
205 x 150 mm
Privatsammlung Hamburg
Lit.: H 66, III, 1; GW 513; Helman 1963, S. 80; Sayre 1974, Nr. 64/65

Was in dem Skizzenblatt als heitere Morgentoilette, als harmlose weibliche Verschönerung geschildert wurde, wird in der Radierung noch deutlicher als in der Vorzeichnung in seinen Antriebsgründen entlarvt. Der Titel, der neben der Perversion der Moral auch die der Religion meint — die Alte betet mechanisch einen Rosenkranz — unterschreibt das Zwielichtige der Szene, die nun durch die Einbettung in einen dunklen Aquatintaton in nächtliche Verborgenheit gerückt scheint. Wesentlich für die Sinnverschiebung gegenüber der ersten gezeichneten Fassung ist, daß die Prostituierte und ihre betende ›Mutter‹ nun durch Helligkeit verbunden sind, während dort Herrin und Zofe als Einheit wirkten. Hier ist die Dienerin durch eine zweite, leichte Aquatintierung als Nebenfigur mehr dem Hintergrund angeglichen.

Im Vergleich zur Vorzeichnung sind nicht nur die Kontraste spannungsvoll verstärkt, sondern auch in den geätzten Linien das Gegenständliche geklärt, wobei sich Goya wie stets auf wenige sprechende Attribute beschränkt. Zusätzliche Arbeiten mit Kaltnadel und Stichel unterstreichen die feine Modellierung am Körper der Hauptfigur und einen verhaltenen Gesichtsausdruck bei den beiden jungen Frauen.

A *Eine Mutter, die zur Kupplerin der Tochter wird, bittet Gott, ihr gutes Glück (Reichtum) zu schenken und sie vor allem Übel durch Ärzte und Gerichtsdiener zu bewahren.*
P *Und sie tut gut daran, damit ihr Gott Glück gebe und sie schütze vor Bösem und vor Chirurgen und Gerichtsdienern, damit sie so geschickt, so munter und erfahren werde wie ihre selige Mutter.*

228

Abb. 150 Goya, Album-Blatt

228 Bien tirada está
Gut hochgezogen

1797/98
Capricho 17
Radierung und Aquatinta, geschabt, und Stichel
250 × 150 mm
Privatsammlung Hamburg
Lit.: H 52, III, 1; GW 485; Sànches-Cantón 1949, S. 31; López-Rey 1953, S. 19, 89f, 116 123; Ragghianti 1954, S. 171; Helman 1963, S. 80; Sayre 1974, Nr. 50-52

Eine ähnliche formale und inhaltliche Präzisierung wie zwischen den drei voraufgehenden Beispielen (Kat. 225-227) ließe sich auch für dieses Blatt nachweisen, vom Skizzenblatt (Aj) des Salúcar-Albums zur ausgeführten Radierung. Sie bedeutet die unterschiedliche Sichtweise des ›privaten‹ Zeichners einerseits und andererseits des Künstlers, der sich mit seiner Graphik und ihrer Möglichkeit zur Vervielfältigung kritisch und aufklärerisch an die Öffentlichkeit wendet.

In der frühen Zeichnung (Abb. 150) ist die vorgebeugte Gestalt einer jungen Frau wie selbstvergessen vom Betrachter halb abgewandt und damit beschäftigt, ihr Strumpfband zu befestigen. Scheinbar ein flüchtiger Augeneindruck, der mit höchster Ökonomie gestaltet ist – mit wenigen Pinselstrichen, welche den Körper bezeichnen, und mit der Verschattung von Kopf und Accessoires, die ihn hell vor hellem Grund hervortreten lassen. In der Radierung sind sowohl die Gelöstheit der Gebärde wie das Fürsichsein der jungen Frau gestört. Dies nicht nur, weil eine finstere Zeugin den Vorgang beobachtet, sondern auch, weil sie selbst durch Physiognomie und Gestik bewußter in Erscheinung tritt. Bett und Becken sind nun deutlich als ihre Attribute gekennzeichnet. Anstelle verklärender Helligkeit ist das sinnbildliche Zwielicht der Aquatinta getreten.

Doppeldeutig ist Goyas Titel. Er bezieht sich nicht nur auf den Strumpf der Dirne, der »gut hochgezogen« wird, sondern auf diese selbst, die aus der Gosse kommt (in der sie wieder landen wird).

Wieweit Goya mit einer solchen Darstellung der Caprichos sowohl von der ›Imagerie à la mode‹ wie auch von der einfachen Karikatur seiner Zeit entfernt ist, können zwei Vergleichsbeispiele verdeutlichen, auf die Werner Hofmann hinwies: ein zeitgenössischer Stich auf der einen, eine Karikatur von Gillray auf der anderen Seite (Abb. 151, 152). Gegenüber solcher vordergründiger Anzüglichkeit und Kritik hat Charles Baudelaire (1857, S. 334) Goyas Szene in ihrer Mischung von Faszination und Abschreckung charakterisiert. Er spricht von »all diesen weißen, schlanken Spanierinnen«, »die von uralten Vetteln gewaschen und sei es für den Hexenritt, sei es für die abendliche Prostitution, diesen Hexensabbat der Zivilisation ... Licht und Finsternis treiben ihr Spiel durch all diese Häßlichkeiten hindurch! ...«

A *Nichts wird häufiger benutzt als eine Straßendirne. Tante Curra weiß ganz gut, wie wichtig es ist, daß die Strümpfe recht glatt sitzen.*

BN *Eine Hure zieht sich den Strumpf glatt, damit man ihr schönes Bein sieht, und nichts wird häufiger benutzt als sie.*

P *Oh! Tante Curra ist nicht dumm. Sie weiß sehr wohl, wie wichtig es ist, daß die Strümpfe hübsch glatt sitzen.*

Abb. 151 Anonym, *La Belle à jambe*

Abb. 152 Gillray, *Karikatur*

229 Frauen

um 1815-20
Sepia
179 x 138 mm
Madrid, Biblioteca Nacional, B. 1258
Lit.: GW 1452; G(S) 298, F 25

Diese Zeichnung aus dem sogenannten Sepia-Album (Album F, vgl. Kat. 165-174) nimmt das Motiv von Capricho 17 wieder auf. Anstelle der dort prononciert vorgetragenen kritischen Bildaussage ist hier ein geheimnisvoll anmutendes Sichzusammenschließen von fünf Frauen getreten, deren Erwartungshaltung ebenso unbestimmt bleibt wie die Umgebung der Promenade. Nur die vorderste, die ihr Bein gestützt auf einen Steinsockel zur Schau stellt, nimmt wie stellvertretend deutlichere Gestalt an. Es ist offensichtlich nicht nur das demonstrative Verhalten des einzelnen, sondern das gesellschaftliche Beisammensein einer Gruppe, das Goya hier interessiert. Dementsprechend sind die malerisch-zeichnerischen Mittel hier summarischer angewandt.

Der Einsatz der sehr großflächigen und freien, jedoch starken Lavierung in dunklem Sepia schafft einen der Aquatinta-Technik vergleichbaren, schon abstrakt wirksamen expressiven Stimmungsgehalt im Gegensatz zu den lichtdurchlässigen grauen Tuschlavierungen der beiden frühen Alben.

230a Paar mit Sonnenschirm *Farbtafel I*
1797
Madrid-Album S. 37
Pinsel in Grau und Schwarz
221 x 135 mm
Numeriert o. r. in Pinsel: »37«

230b Zwei auf der Promenade stolzierende Majas
Verso S. 38
Pinsel in Grau und Schwarz
Numeriert o. l. in Pinsel: »38«
Hamburger Kunsthalle, Inv.Nr. 38545
Lit.: GW 405/406; G(S) 50/51, B. 37/38

Vorderseite wie Rückseite dieses Blattes aus der ersten Hälfte des Madrid-Albums stellen Begegnungsszenen dar. Einmal das junge Paar unter dem Sonnenschirm (a), das durch Blickrichtung, Haltung und freie Lichtführung verschränkt ist, als anschauliche Einheit vor hellem Grund. Dieser ist nur im unteren Teil durch leichte, flächige Lavierung und durch Andeutung anonymer Passantinnen gegliedert. Das andere Mal (b) die dunkel akzentuierte Einheit der beiden ›Majas‹ vor der im Mittelgrund wartenden Gefährtin in Begleitung eines Mannes und der immer wiederkehrenden ›Celestina‹. Der Hintergrund ist hier, entsprechend dem zweiten Stil innerhalb der frühen Blattnummern, durch rechteckige transparente Lavierung abgeschlossen. Auch hier bleibt Absicht oder Sinn der Begegnung in der Schwebe. Die Frauen erscheinen als herausforderndes und begehrenswertes, jedoch selbstbewußtes Zentrum einer Gesellschaft, deren Normen sich in spielerisch, fast bühnenhaft geprägtem Verhalten zu erkennen geben. Die leichte Heiterkeit überwiegt hier noch die dunklen Komponenten der Darstellung.

230a

230b

231 Tal para qual
Gleich und gleich gesellt sich gern
1797/98
Sueño 19, Zeichnung zu Capricho 5
Feder und Pinsel in Schwarz und Sepia
245 x 185 mm
Beschriftet am unteren Rand mit Kreide:
»3   Las viejas se salen de risa p.^{r} q.^{e} saben q.^{e} el no lleba un quarto«
(3   Die alten Frauen lachen sich schief, weil sie wissen, daß er keinen Heller hat)
Madrid, Prado, Nr. 27
Lit.: SC 3; GW 460; G(Z) 54

Es bedarf nicht unbedingt der Kenntnis von Goyas eigenem Kommentar, um zu ersehen, daß er hier im Vergleich mit dem vorangehenden Album-Blatt (Kat. 230a) die Begegnung von ›Maja‹ und Galan, von Frau und Mann, schärfer akzentuiert und kritisiert. Aus Liebeswerben und Spiel ist hier ein latenter Kampf der Geschlechter geworden, anschaulich in der zudringlichen Geste des Mannes, der herausfordernden Gebärde der Frau, dem versteckten Beobachten und Grinsen der Kupplerinnen. Es ist eine Szene, die das Licht des Tages scheuen muß.

Aus der Dunkelheit der Pinsellavierungen leuchten nur das Gesicht des Galans und das halbverschleierte der ›Maja‹, ihr zur Schau getragener Busen, der spitze Schuh heraus, daneben die verhüllten Gestalten der Alten. Das Blatt gehört zu der Reihe der ›Sueños‹, mit denen Goya seine Arbeit an den Caprichos begann, und die er dann über die Folge verteilt hat. Er arbeitet hier, anders als bei den späteren Vorzeichnungen zu den Caprichos, mit der Feder und – wie in wenigen Fällen – außerdem mit starken Pinsellavierungen, die bereits die Verteilung der Helldunkel-Werte in der Aquatinta-Radierung angeben. Daß die Zeichnung auf die Kupferplatte übertragen wurde, lassen deutlich der Plattenrand und die Faltung des Papiers erkennen, das für die Druckerpresse an allen vier Seiten nach hinten umgeschlagen wurde.

231

232

232 Tal para qual
   Gleich und gleich gesellt sich gern
1797/98
Capricho 5
Radierung und Aquatinta
geschabt, Kaltnadel
200 × 150 mm
Legende im unteren Rand, Numerierung im oberen Rand rechts
Privatsammlung Hamburg
Lit.: H 40, III, 1; GW 459; Sánchez-Cantón 1949, S. 71; López-Rey 1953, S. 106; Sayre 1974, Nr. 39-41; Kat. Ausst. Karlsruhe 1976, Nr. 5

Während Goyas Unterschrift auf der Vorzeichnung (Kat. 231) die Lächerlichkeit und Vergeblichkeit der Begegnung menschlich und realistisch erklärt, hebt die gedruckte Legende die allgemeine Moral der Szene hervor. Sie wird im Prado-Kommentar als Exempel falscher Erziehung hingestellt, die Mann und Frau gleich verderbt mache, während die beiden anderen Kommentare sie als politisch-gesellschaftliche Satire, nämlich als Anspielung auf das Verhältnis der Königin Maria Luisa zu Godoy erläutern. Es wird berichtet, daß sie während eines heimlichen Stelldicheins von fünfzig Wäscherinnen ausgelacht worden sei, worauf sich der hämische Ausdruck der beiden Zeuginnen im Hintergrund beziehen könnte.

Wie immer bei den Caprichos ergeben solche historischen Hinweise eine zusätzliche Implikation ihrer Anspielungen, doch ist ihre allgemeine Bedeutung auch ohne sie sinnfällig.

Bei der stufenweisen Herstellung der Druckplatte hat Goya seine Bildmittel verdeutlicht und systematisiert in einer Weise, die der Verständlichkeit des Inhalts zugute kommt (natürlich aber die Spontaneität und malerische Offenheit der Zeichnung zurücknimmt). Die Figuren sind in meist parallel laufenden Strichlagen geätzt, danach die Platte mit zwei unterschiedlich feinen Aquatinta-Tönen überzogen, die eine nächtliche Stimmung entstehen lassen und die nun etwas variiert gesetzten polierten Helligkeitsakzente klar aufleuchten lassen.

Zusätzliche Kaltnadelarbeit verstärkt die dunkle Zone des Himmels oben links, bezeichnet den Steinblock, auf dem eine der Alten sitzt, die Bildbühne des Vordergrundes und einige plastische Details. Das Paar ist nun deutlicher von den Kupplerinnen abgehoben, so daß auch der Fingerzeig der einen betont hervorscheint: »Gleich und gleich« gilt nun der Unterschrift gemäß für die Alten wie für die Jungen und wohl auch als versteckter Hinweis auf ein unwürdiges Ende der Jungen im Alter.

A   *Maria Luisa und Godoy*
BN   *Die Königin und Godoy, als er noch Gardist war und die Waschfrauen über die beiden lästerten. Man sieht ein Stelldichein, das zwei Kupplerinnen arrangiert haben und über das sie sich nun lustig machen, dabei aber so tun, als beteten sie den Rosenkranz.*
P   *Man hat sich oft gestritten, ob die Männer schlechter sind als die Frauen oder umgekehrt. Die Laster der einen wie der anderen kommen von schlechter Erziehung. Wenn Männer pervers sind, sind es die Frauen ebenso. Die junge Frau auf dem Bild hat genauso viel Verstand wie der Geck, der mit ihr spricht, und was die beiden Alten angeht, so ist die eine so niederträchtig wie die andere.*

233

234

233 Mala noche
Eine böse Nacht

1797/98
Sueño 22. Zeichnung zu Capricho 36
Feder in Sepia
240 x 165 mm
Beschriftet am unteren Rand in Kreide:
»22 Ay viento/ Si ay culpa en la escena la tiene el trage« (22 Es stürmt, wenn an der Szene etwas zu tadeln ist, dann das Kleid)
Madrid, Prado, Nr. 24
Lit.: SC 33; GW 622; G(Z) 56

Die Darstellung greift ein Motiv aus dem Album B (Madrid-Album S. 81, G/S 84) auf, dem dort eine Szene folgt, in der zwei Dirnen von Polizisten abgeführt werden. Edith Helman (1963, S. 83) und andere haben vermutet, daß Goya sich mit diesen Motiven auf Moratíns d. Ä. von der Inquisition verbotene Schrift ›Kunst der Dirnen‹ bezieht, der Dirnen, die ihr Gewerbe auf offener Straße betreiben und deren »Geschäft« nach der Erklärung des Ayala-Kommentars »schlecht geht . . ., wenn der Wind und nicht das Geld die Röcke der hübschen Mädchen hebt«.

Die Zeichnung Sueño 22, teils mit feiner, teils mit breiter Feder ausgeführt und bildhaft gerahmt (was vielleicht auf die Kunstform dieser Träume hinweist), ist von großer Vehemenz. Die stärksten der parallelen und sich kreuzenden Strichlagen gelten der Naturgewalt des Sturmes, der die Gestalt eines dämonischen Wesens annimmt. So scheinen sich die beiden Frauen wie Negativbilder dieser dunklen Übermacht zu erwehren.

Wiederum lassen die Markierungen erkennen, daß Goya das Blatt auf die Kupferplatte übertragen hat, doch weist die ausgeführte Radierung (folgendes Blatt) beträchtliche Veränderungen auf.

234 Mala noche
Eine böse Nacht

1797/98
Capricho 36
Radierung und Aquatinta, geschabt
215 x 150 mm
Legende im unteren Rand, Numerierung im oberen Rand rechts
Privatsammlung Hamburg
Lit.: H 71, III, 1; GW 621; López-Rey 1953, S. 127; Kat. Ausst. Karlsruhe 1976, Hr. 36

Der Vergleich mit der vorbereitenden Zeichnung läßt an diesem Beispiel besonders gut erkennen, wie Goya die Verbindung von Linienätzung und abgestufter Aquatintaätzung dazu benutzt, räumliche und plastische Werte in die flächige Organisation der Komposition einzubinden, so daß ein spannungsvolles, abstrakt lesbares und zugleich den Sinn betonendes Bildmuster entsteht. Schlaglichtartig sind die Unterkörper der Frauen und der vom Sturm aufgewehte Rock beleuchtet, der sonst geheuchelter Schamhaftigkeit innerhalb der Gesellschaft dient.

Gegenüber der Zeichnung ist in der Radierung eindeutig eine Nachtszene gemeint. Von einem dichten feinkörnigen Aquatintagrund hebt sich ein leichterer an den Figuren ab, aus dem die hellen Partien herausgearbeitet sind, während schwächere Auspolierungen im dunklen Hintergrund den Horizont andeuten. Ungewöhnlich ist, wie die geätzten Linien die Verspannung der motivischen Elemente verstärken, ebenso in der Zone zwischen den Röcken der beiden Frauen wie am rechten unteren Rand und beim zerzausten Haar der hinteren Figur.

A *Die Geschäfte gehen schlecht, wenn der Wind und nicht das Geld den hübschen Mädchen die Röcke hebt.*
BN *Stürmischer Wind in der Nacht bedeutet schlechte Geschäfte für Huren.*
P *Dieser Anstrengung setzen sich die herumstreunenden Mädchen aus, die nicht zu Hause bleiben wollen.*

235   No te escaparás
Du wirst nicht entkommen
1797/98
Zeichnungen für Capricho 72
a Recto
Rötel
204 x 144 mm
b Verso
Rötel
Madrid, Prado, Nr. 458/432
Lit.: SC 74/71; GW 598/597; G(Z) 121/122

Wie die meisten unmittelbaren Vorzeichnungen zu den Caprichos sind diese in Rötel ausgeführt, wobei das zarte Strichbild durch Partien von kräftiger Druckstärke des Stiftes übergangen ist.

Goyas Motivfindung läßt sich hier an einem Sonderfall (neben Sueño 3, G(Z) 41/42) nachvollziehen. Er pauste die Hauptmotive der ersten Zeichnung (b) auf die andere Seite des Blattes durch und arbeitete dann weiter, wobei er entscheidende Veränderungen vornahm.

Im ersten Entwurf ist die Haltung der Frau noch etwas ungelenk, die männliche Figur hinter ihr offenbar zweimal begonnen und kaum definiert. In der umgekehrten Darstellung (a) ist die Gestalt der Frau von tänzerischer Beschwingtheit und Eleganz, die das Thema der Radierung — Verführung und Verfolgung in einem — glaubhaft macht. Ihre Verfolger sind nun die geflügelten Mischwesen.

Wie sicher Goya als Radierer war, zeigt die Tatsache, daß er nur das Gesamtschema der Komposition anlegt, die Frau mit wenigen Konturlinien umreißt und ihre Verfolger durch verdichtete und verstärkte Partien als Einheit zusammenfaßt. So ist hier die diagonale Verschränkung angelegt, die den Bildsinn widerspiegelt.

235a

235b

236 No te escaparás
Du wirst nicht entkommen

1797/98
Capricho 72
Radierung und Aquatinta, geschabt
215 x 150 mm
Legende im unteren Rand, Numerierung im oberen Rand rechts
Oldenburg, Stadtmuseum
Lit.: H 107, III, 1; GW 596; Lopez-Rey 1953, S. 159; Helman 1963, S. 89

Der Vorgang ist vor leerem Raum, gleichsam zwischen Luft und Erde angesiedelt, wo wenige Ätzlinien den Boden angeben. Ein gleichmäßiger heller Aquatintagrund überzieht die Bildfläche, wobei nur Partien von Gesichtern, am Arm und Körper der Frau und am Flügel des oberen Vogelwesens auspoliert sind, das die Gruppe zeltartig überspannt. Auch sonst sind hier die graphischen Mittel höchst sparsam und offen eingesetzt. Gegenüber der Zeichnung sind andererseits die physiognomischen Züge, der Liebreiz der Frau, die genüßliche und bösartige Begierde der männlichen Mischwesen, durch wenige Angaben verstärkt, so daß die Darstellung trotz der symbolischen Abstraktheit und Allgemeingültigkeit des Ambiente an Überzeugungskraft gewonnen hat.

237 Las rinde el sueño
Der Schlaf übermannte sie

1797/98
Capricho 34
Radierung und Aquatinta, geschabt
215 x 150 mm
Bezeichnet am unteren Rand (unterhalb des Plattenrandes) in Tusche: »Las rindio el sueño«
Privatbesitz
Lit.: H 69, I, 2; GW 518

Die Radierung, die an anderer Stelle dieses Kataloges (Kat. 32) erläutert wird, kann noch einmal in einem der seltenen Probedrucke der Caprichos gezeigt werden, die noch nicht die radierte Numerierung und Legende der Auflagendrucke tragen. Der vorliegende Abzug ist mit einer Unterschrift versehen, welche die gedruckte Legende im Wortlaut und in der Anordnung vorbereitet.

Obwohl bis heute in der Forschung keine endgültige Klarheit über Goyas Handschrift in ihrem unterschiedlichen Einsatz — unterschiedlich etwa zwischen privaten Briefen und offiziellen Bezeichnungen von Gemälden und graphischen Blättern — besteht, kann man annehmen, daß es sich hier um ein Autograph handelt (vgl. dazu Weissberger 1945, bes. S. 190-192). Die etwas künstliche Schreibweise, die von der sonst flüssigeren Handschrift des Künstlers abweicht, mag man darauf zurückführen, daß er die endgültige Beschriftung vorbildet, die unter seiner Aufsicht von berufsmäßigen Stechern oder Kalligraphen ausgeführt wurde.

Der Probedruck ist im Vergleich zu dem Druck der ersten Auflage (Kat. 32) weniger stark eingefärbt, so daß der Gesamtaspekt des Blattes homogener und zugleich durchsichtiger und räumlich mehr gegliedert erscheint. Dabei bleibt auch deutlicher sichtbar, daß die Platte nach der Ätzung der Linien mit zwei verschieden feinen Aquatinta-Körnern überzogen ist, wobei das erste in zwei unterschiedlich dunklen Ätzungen, das zweite mit einem tiefschwarzen Ton bedeckt ist. Dieser bezeichnet die Wandfläche im Hintergrund und die auch in den Linien stark geätzten Schattenpartie zwischen den zwei vordersten Gestalten und überlagert sich (was im Auflagendruck kaum mehr zu erkennen ist) an der Innenseite des Fensterbogens mit dem ersten. (Die beleuchteten Bildelemente sind wiederum nachträglich auspoliert.) So entsteht in der für die Komposition und den Bildsinn signalhaft wirkenden Fensteröffnung eine Abfolge von Kreissegmenten von einem durchsichtigen Grau zum Weiß über das Dunkel der Mauerlaibung zu dem der Wand. Die deutlich sichtbare Markierung der Platte kommt dadurch zustande, daß diese noch nicht an den Rändern schräg abgeschliffen ist, wodurch man ein Einreißen des Papiers beim Druckvorgang verhindert.

238 Frau (Schlange)
um 1797/99
Feder und Pinsel in Sepia, Spuren von Rötel
210 × 147 mm
Numeriert u. l. mit Kreide: »22«
Madrid, Prado, Nr. 32
Lit.: SC 268; GW 648; G(Z) 320; López-Rey 1953, S. 68-72; Nordström 1962, S. 80-85; Licht 1979, S. 72

Wegen seiner Technik und wegen seines Themas wird dieses Blatt in die Entstehungszeit der Caprichos datiert. Die Zeichenweise mit ihren offenen, meist parallelen Federzügen erinnert an die Vorarbeiten zu den ›Sueños‹, die decouvrierende Bilderfindung an die aufklärerischen Absichten der Folge im ganzen.
López-Rey und Nordström haben nachgewiesen, daß die Darstellung zu einem Zyklus von vier Federzeichnungen gehört, die durch zwei weitere mit einer Figur vor dem Spiegel ergänzt werden. Sie bringen aufgrund von Lavaters Physiognomielehre und der traditionellen Temperamentenlehre das Spiegelbild oder Abbild, die zweite Natur des Menschen und somit seinen wahren Charakter zum Vorschein.
Gemeint ist in diesem Exponat demnach die Frau mit ihrem eigentlichen Wesen, der Schlange, der sie auch in der Physiognomie gleicht. Sie ist, wenn auch selbst nicht einsichtig, konfrontiert mit ihrem Schicksal, der Vergänglichkeit, allegorisch anschaulich in der Sense (des Todes), an welche die Schlange gefesselt ist, und dem geflügelten Stundenglas. Dies sind zugleich die Attribute Saturns, des Sternbildes der Melancholie, die allgemein (wie etwa bei Dürer) weiblich personifiziert wurde.
Die Darstellung hat also doppelten Sinn. Man könnte sich fragen, ob Goya nicht noch einen dritten impliziert: die Reflexion über Aufgabe und Wahrheitscharakter der Kunst, denn es ist ja ein Gemälde, das hier die Wahrheit ans Licht bringt.
Goyas besondere Ausdeutung des Themas kann ein Vergleich mit einem Stich aus Lavaters ›Physiognomischen Fragmenten‹ (Abb. 153) klarmachen (Frontispiz der Ausgabe 1775-78, Band 4). Dort reagieren vier Männer ihrem Temperament gemäß unterschiedlich in der Betrachtung eines Gemäldes, das den ›Abschied des Calas‹ nach Chodowiecki darstellt. Bei Goya blickt die Frau an ihrem Bild vorbei und ist doch davon »getroffen«. Hierzu paßt die spezifische Zeichentechnik. Die scharfen Pinseltupfer an Gesicht und Kleidung der Frau unten wirken fast wie eine Karikatur auf die früheren Albumblätter und auf die verklärende Schönheit des Rokoko.

238

Abb. 153 Frontispiz zu Lavaters ›Physiognomischen Fragmenten‹

Von den ›Desastres‹ zu den ›Disparates‹

Die beiden Zyklen sind bereits in den Kapiteln VI und IX dieses Katalogs von Werner Hofmann eingehend behandelt worden. Deshalb sollen hier wiederum nur ergänzende Hinweise zu Stil und Technik anhand einzelner ausgewählter Blätter folgen [1].

Die ›Desastres de la guerra‹ sind während eines verhältnismäßig langen Zeitraumes, zwischen 1810 und 1820 oder etwas später entstanden. Diese lange Entstehungszeit erklärt ihre unterschiedliche Dramaturgie und Radierweise innerhalb verschiedener Werkgruppen. Die erste thematische Gruppe, zu der die drei 1810 datierten Platten (20, 22, 27) gehören, behandelt die ›Schrecken des Krieges‹, Überfälle, Kampfszenen, Hinrichtungen (Platten 2-47). Die zweite (Nr. 48-64) verarbeitet Erlebnisse der Hungersnot, von der Madrid im Winter 1811/12 heimgesucht wurde. Danach hielt Goya die Folge offenbar zunächst für abgeschlossen, und möglicherweise gab er ihr jetzt eine erste Numerierung, die von der Reihenfolge ihrer Entstehung abwich und auch die verschiedenen Stile in der Abfolge mischte. So stellte er z. B. die Radierung Kat. 240, die zur späteren stilistischen Gruppe gehört, an den Anfang, während das früher entstandene Katalog-Beispiel (239) als Nr. 4 fungierte.

Die frühen Blätter (Kat. 239) zeichnen sich durch relative Kleinfigurigkeit, durch Detailreichtum und nuancierte Strichtechnik aus. Die zweite Werkgruppe, zu der ein Teil der Kriegsszenen (Kat. 240) und alle Hungersnotdarstellungen gehören, sind energischer und breiter in der Radierung, zugleich einfacher und konzentrierter in der Komposition. Personen und Handlungen sind dem Betrachter unmittelbar gegenübergestellt, wogegen die Bezeichnung von Örtlichkeit und Landschaft zurücktritt.

Während der Künstler in dem Blatt 44: »Yo lo vi«, »Ich habe es gesehen« (Kat. 89) noch wie ein Reporter die Wahrheit seiner Darstellung mit seiner Augenzeugenschaft begründet, löst er die späteren Motive immer mehr aus dem Zusammenhang der historischen Zeit und des Ortes und macht die Taten und Leiden isolierter Gestalten zu Modellen menschlichen und unmenschlichen Verhaltens auf allen Seiten, dessen Fazit die Sinnlosigkeit des Krieges ist.

Vielleicht hatte Goya die Absicht, die ›Desastres‹ nach Kriegsende 1814 zu veröffentlichen. Da jedoch Ferdinand VII. am 11. Mai des Jahres die Verfassung von 1812 widerrief und erklärte, die Ereignisse von 1808-14 seien zu vergessen, unterblieb eine Publizierung (die ohnehin wegen mangelnder eindeutiger Stellungnahme der Kriegsdarstellungen problematisch gewesen wäre). In den nun folgenden Jahren der Restauration trat Goya nur mit der Graphik der ›Tauromaquia‹ an die Öffentlichkeit. Wohl um 1820 schuf er dann den dritten Teil der ›Desastres‹, die er selbst als »Caprichos enfáticos« (nachhaltige Eingebungen der Phantasie [Held]) bezeichnete. Sie schließen stilistisch an die zweite Gruppe an. In der Methode greifen sie auf die Verschlüsselung und Allegorisierung der frühen ›Caprichos‹ zurück, hinter der sich seine Kritik am reaktionären Regime verbirgt. Zu diesem Komplex gehören nach Form und Format unter anderem auch das Titelblatt und das Blatt 62 (Kat. 241), das nachträglich in die Reihe der Hungersnotszenen eingefügt wurde.

Einen vollständigen Satz von Probedrucken schenkte Goya seinem Freund Ceán Bermúdez. Er enthielt neben den 80 Blättern zwei weitere für die Publikation bestimmte Drucke (81, 82, H 201, 202, vgl. Kat. 96, 108) und drei Darstellungen von Gefangenen (Kat. 68, 242). Die Blätter sind vom Künstler in Bleistift bezeichnet und in der Platte oder handschriftlich endgültig numeriert, worauf sich die späteren Editionen stützen.

Neben diesem Album (heute im Prado) ist ein zweiter vollständiger Satz erhalten, außerdem ungewöhnlich viele einzelne Probedrucke (nach Sayre 493).

Goya ließ die unveröffentlichten Platten bei seiner Emigration in Madrid zurück, wo erst 1862 Nr. 1-80 von seinen Erben an die Akademie verkauft wurden, zusammen mit denen der ›Proverbios‹. In ihrem Auftrag stellte die Werkstatt von Laurenciano Potenciano 1863 die erste Auflage her, wobei Goyas eigene Titel und Numerierung hinzugefügt wurden. Die Auflagendrucke können insofern nicht als völlig authentisch gelten, als man ihnen einen einheitlichen Plattenton gab, der das für Goyas Graphik so wichtige Mitsprechen des hellen Blattgrundes mindert. (Ferner waren einige Überarbeitungen der Platten, die Beseitigung von Kratzern und Fehlstellen in den Aquatintaflächen, die Erneuerung von Randlinien notwendig geworden.)

Wie bereits dargelegt, stammt auch der neue Titel der Serie, den die Akademie ihr wohl in Anlehnung an Callots ›Misères de la Guerre‹ (um 1632/33) beigab und der sich allgemein eingebürgert hat, nicht vom Künstler selbst (vgl. oben Kap. VI, S. 119ff.).

Die ›Disparates‹ haben eine ähnliche Geschichte wie die ›Desastres‹. Auch sie wurden erst posthum und unter dem von der Madrider Akademie beigegebenen, irreführenden Titel ›Proverbios‹ 1864 in erster Auflage veröffentlicht (dazu oben Kap. IX, S. 195). Es ist deshalb wie bei den ›Desastres‹ wichtig, neben diesen Auflagendrucken die Probedrucke zu kennen, die Goya selbst, später der Verleger Potenciano unmittelbar nach Auffinden der Platten hergestellt hat [2]. Zwar wurden die Radierplatten, wie Harris feststellt, bei der ersten Edition noch nicht nachgeätzt, doch mit schwererer Einfärbung versehen, welche die Transparenz des Strichbildes und der Aquatintagründe beeinträchtigt.

Die Radierungen der ›Disparates‹ selbst und auch ihr Verhältnis zu den Vorzeichnungen belegen gegenüber den ›Desastres‹ eine gewandelte, mehr improvisatorische Arbeitsweise, wie sie ihrem auf das Ungeahnte, Unfaßbare zielenden Inhalt entspricht. Die graphischen Mittel sind reich, aber offenbar nicht mehr vorrangig mit der Absicht technischer Perfektion eingesetzt und anscheinend erst während der Bearbeitung der Platte entwickelt. Die Radierungen der ›Disparates‹ sind also — anders als die der ›Caprichos‹ und die meisten der ›Desastres‹ — nicht direkt in Vorzeichnungen vorbereitet, welche auf die Platte übertragen werden konnten. Vielmehr stehen die Pinselzeichnungen in einem sehr freien Verhältnis zur graphischen Ausführung.

Dagegen sind nur wenige der insgesamt 73 erhaltenen, sämtlich im Prado verwahrten Vorzeichnungen zu den ›Desastres‹ mit breitem, malerischem Pinsel und starken Kontrasten von Faktur und Lichtwirkung angelegt (vgl. oben, Kat. 81, 83) und stellen so eine stilistische Vorstufe zu denen der ›Disparates‹ dar.

Anmerkungen:

1 Zu den graphischen Folgen vor allem Lafuente Ferrari 1961, S. 25ff. und S. 35ff., Harris Bd. 1, S. 139ff. und S. 193; zu den Desastres außerdem Williams 1978, S. 158ff. und Held 1980, S. 89ff.; zu den Disparates Holländer 1968.

2 Diese Frage behandelt für die Desastres Boelcke-Astor 1952/53.

239a

239b

239 a, b Se aprovechan
Sie ziehen Nutzen daraus

um 1810
Desastres 16(4)
a Radierung, Kaltnadel, Lavis, Schaber und Stichel
160×235 mm
Signiert in der Platte am li. Rand u.: »Goya« und numeriert im Rand o. l. mit seitenverkehrter Ziffer 6
b ebenso; Legende im unteren Rand
Privatsammlung Hamburg (a und b)
Lit.: H 136, I, 2 (a); H 136, III, 1 (b); GW 1017, Sayre 1974, Nr. 115/116

Es ist in zeitgenössischen Berichten überliefert, daß die spanischen Soldaten während des Befreiungskrieges nur mangelhaft ausgerüstet waren. Goya beschreibt – ob nach Berichten oder aus der Vorstellung – die brutalen Folgen dieser Tatsache: Soldaten fleddern Leichen, um nicht nur dem Krieg seine Beute zu geben, so wie es der Titel sarkastisch besagt. (Ob die Gefallenen Kameraden oder Feinde sind, ist nicht eindeutig.)

Das Motiv, dessen Grausamkeit, naturalistisch gesehen, bestürzt, ist doch mit zurückhaltender künstlerischer Ordnung gestaltet. Die Hauptfiguren, Lebende und Tote, sind in der Komposition von sich überschneidenden Kurven verspannt, wobei die Lichtführung mitwirkt. Ein mächtiger Baum schließt den hügelartigen Vordergrund ab, hinter dem ein Gewühl von Soldateska und eine ferne Landschaft sichtbar werden. Gemäß dem ersten Stil innerhalb der Gesamtfolge sind die Radierlinien fein geätzt und variieren in der individuellen Bezeichnung der Bildgegenstände und der Bildgründe. Feinste Punktierung dient zur Modellierung der entblößten Körper, die so noch im Tode fast lebend erscheinen.

Theodor Hetzer, der beschrieben hat, wie in den ›Desastres‹ »die künstlerische Intensivierung und Steigerung der Vereindringlichung des Besonderen dient, nicht der Überleitung des Besonderen in ein Allgemeines« (einer höheren innerweltlichen und göttlichen Ordnung), fühlt sich angesichts solcher Darstellungen des Kriegsthemas »im Zwiespalt zwischen der Grausigkeit des Inhalts und der ästhetischen Leistung« (1957, S. 195).
Umgekehrt darf man aber wie auch Jutta Held (1980, S. 100) argumentieren, daß Goya gerade durch seine Sensibilität, durch die menschliche Individualisierung nicht nur Teilnahme, sondern auch einen Rest von Humanität bewahrt. Dies könnte gerade hier ein Vergleich mit Callots ›Schrecken des Krieges‹ (Abb. 154) verdeutlichen, die oft im Zusammenhang mit Goyas Zyklus zitiert werden (vgl. vor allem Dvořák 1929). Callot ist zwar objektiver Chronist, aber als solcher auch neutral. Bei ihm bleiben Tote und Lebende anonym, Teile einer übergeordneten Kriegsmaschinerie und winzige Figuren in einer barocken Bildordnung, in der sich der Glaube an eine Harmonie der Welt spiegelt. Erst Goya zeigt die Eigenverantwortlichkeit und Verlorenheit des Menschen und macht so den Krieg zur eigenen Sache – auch für den modernen Betrachter. Wir können hier Blatt 16 der ›Desastres‹ in zwei Druckzuständen zeigen. In dem frühen Probedruck (a) ist die reine Linienätzung (mit etwas Kaltnadelarbeit, etwa am Kopf des stehenden Soldaten links) durch Schaben der Bodenpartien um die Toten in der Mitte aufgehellt, so daß ein malerischer, weicherer Gesamtaspekt entsteht. Durch wenig Stichelarbeit sind diese Flächen nachträglich wieder verstärkt. Das von Harris beschriebene zarte Lavis ist in diesem Abzug am ehesten im Oberkörper und Gesicht des rechts stehenden Soldaten zu erkennen.

Die Transparenz des Strichbildes und die für den Inhalt so bedeutsame Verteilung von Licht und Schatten gehen dem Druck der Auflage von 1863 (b) weitgehend verloren durch den gleichmäßigen Plattenton, der das Blatt auf den ersten Blick zwar kräftiger, aber weniger differenziert erscheinen läßt.

Abb. 154 Callot, *Schrecken des Krieges: Die Rache der Bauern*

240 241

240 Por una navaja
Wegen eines Messers

um 1810-14
Desastres 34 (I)
Radierung, Kaltnadel, Stichel und Schaber
155 × 205 mm
Doppelte Numerierung o. l., Legende im unteren Rand
Privatsammlung Hamburg
Lit.: H 154, III, 1; GW 1049; Sayre 1974, Nr. 139

Waffenbesitz war den Spaniern nach einem Erlaß des französischen Generals Murat, den Joseph Bonaparte 1809 erneuerte, auf Todesstrafe untersagt. Unter dieses Verbot fielen auch Taschenmesser, wie es der dargestellte Erdrosselte bei sich hatte. Es wurde ihm bei der Hinrichtung wie ein falscher Orden umgehängt, sein Vergehen auf ein Schild auf seiner Brust geschrieben. Was Gombrich (1963, S. 120-126) für Goyas ›Desastres‹ als die Verwandlung von »perception« (Wahrnehmung) in »expression« konstatiert, ist hier an den künstlerischen Mitteln selbst abzulesen, ebenso an der Sparsamkeit und »expressiven« Verwendung der Radiertechnik wie an der Konzentration und Strenge der Komposition. Geschildert sind lediglich der Verurteilte auf einer schmalen Raumbühne und hinter ihr eine anonyme Volksmenge, eine Ansammlung von Voyeuren, die an die Zuschauer der Stierkämpfe in der ›Tauromaquia‹ (Kat. 254, 256) denken läßt.
Gezeigt ist — wie bei dem frühen Einzelblatt (Kat. 216) — nicht ein Vorgang, sondern ein Ergebnis menschlichen Handelns, das zeitlos und ortlos erscheint und damit zum beispielhaften Appell wird. Während der frühe ›Garrottierte‹ noch vom irdischen Schein einer Kerze verklärt war, ist der hier Hingerichtete der scharfen Helligkeit und der Entgrenzung des Bildraumes ausgesetzt. Gerade dieser Kontrast zu der Leere, dem Nichts, steigert die Wirkung. Ihr dienen die graphischen Mittel, wie Goya sie im zweiten Teil des Zyklus einsetzte. Mit starken, einfachen Linien ist die Gestalt des Hingerichteten gezeichnet, auf Aquatintaton ist verzichtet. Stattdessen ist sein Gewand im Sinne einer sprechenden pyramidalen Komposition mit dem Stichel verstärkt, sind die Köpfe der Zuschauer mit der kalten Nadel summarisch zusammengezogen, wodurch die Isolation des Garrottierten schreckhaft betont wird.

241 Las camas de la muerte
Die Betten des Todes

um 1815-20
Desastres 62
Radierung, Lavis, Kaltnadel, Stichel und Schaber
175 × 220 mm
Numerierung o. l., Legende im unteren Rand
Privatsammlung Hamburg
Lit.: H 128, III, 1 GW 1098; Sayre 1974, Nr 159; Gantner 1974, S. 171; Licht 1979, S. 154

Goyas Kommentierung des Motivs wirkt ebenso endgültig wie seine Darstellung, sie bezeichnet nicht Ursache und Lösung, sondern einen Zustand. Es wäre müßig, über Ort, Zeit, Personen zu rätseln. Die verhüllt stehende, schwere Gestalt einer alten Frau faßt in ihrer monumentalen Gebärde diese überpersönliche Hoffnungslosigkeit in sich zusammen. Die Toten hinter ihr, in Tücher wie in Säcke gehüllt, sind kaum mehr in ihren Umrissen als Menschen zu erkennen. Sie scheinen bereits der Erde angeglichen, in die sie wieder zurückkehren.
Die Platte ist offenbar zusammen mit denen der ›Caprichos enfáticos‹ entstanden. Sie ist in meist parallelen dichten Linien geätzt, welche die Bildgegenstände und Wirkung vereinheitlichen. Danach sind die verhüllten Körper der Toten mit Kaltnadel weiter verschattet, mit dem Stichel sind Verstärkungen und Veränderungen vorgenommen. Vor allem ist der Umhang der alten Frau rechts vom Betrachter verkürzt und verschmälert, so daß ihre Gestalt gedrungener geworden ist. Auf ihr und, weniger, auf dem links liegenden Menschenbündel, liegt das Licht, das durch Auspolieren der Aquatinta entsteht und erst nachträglich durch den Plattenton der ersten Auflage reduziert ist.

242 Gefangener

um 1810
(»La seguridad de un reo no exige tormento«
Die Inhaftierung eines Angeklagten
verlangt keine Folterung.)
Radierung
115 x 85 mm
Privatbesitz
Lit.: H. 27, I, 1 (nach Mitteilung von Juliet
Wilson ein bisher unerkanntes Exemplar des
ersten eigenhändigen Zustandes); GW 988;
Sayre 1974, Nr. 161

Zusammen mit zwei anderen Gefangenendarstellungen (H. 26, 28; GW 986, 990; vgl. Kat. 68) hatte Goya einen Abzug dieser Platte dem Probeexemplar der ›Desastres‹ für Ceán Bermúdez beigefügt. Sayre vermutet auf Grund der von Goya hinzugefügten Titel und auf Grund zeitgenössischer Quellen, daß die drei Radierungen ursprünglich nicht als Kriegsdarstellungen konzipiert waren, sondern sich inhaltlich auf die Diskussion um die seit 1808 verbotene, jedoch immer noch angewandte Folter beziehen. In der Radierweise ist das vorliegende Blatt einigen frühen um 1810 entstandenen Darstellungen der ›Desastres‹ verwandt. Wie in Kat. 239 dienen kleinste Punkte einer sensiblen Körpermodellierung, so an Beinen und Oberkörper des Gefangenen. Ein dichtes Liniennetz dunkelt den Hintergrund ab, ist jedoch so fein geätzt, daß es durchsichtig und kontrollierbar bleibt. Die Gestalt des Eingekerkerten ist diagonal eingespannt in die Fläche, eine beklemmend anschauliche Entsprechung zu seiner physischen Fesselung — aufgerichtet würde er den Bildrahmen sprengen. Die motivische und perspektivische Unklarheit des in verschieden gerichteten Strichlagen gezeichneten Hintergrundes verstärkt noch die Wirkung der Isolation. Der Kopf ist herabgesunken und vor dem hell gelassenen Körper wie ein dunkler Schatten behandelt, als sei die Persönlichkeit ausgelöscht.

243 Frontale Silhouette eines angeketteten Gefangenen

um 1810-20
Pinsel in Sepia, Spuren von Rötel
140 x 87 mm
Madrid, Prado, Nr. 388
Lit.: SC 336; GW 992; G(Z) 166

Die Zeichnung wird im Zusammenhang mit den drei Radierungen von Gefangenen (Kat. 242) gesehen, doch steht sie mit keiner in unmittelbarer Beziehung. Gassier nennt sie eher ein flächiges Lavis als eine echte Zeichnung. Tatsächlich scheint es hier, als sei Goya nicht von einer bestimmten Formvorstellung oder Wiedergabe ausgegangen, sondern habe die Gestalt aus der Farbe wie aus einem Material herausgearbeitet. So ist die Figur nur zu ahnen, ihre Haltung nicht definierbar. Nur in der Kette nimmt die Pinselführung Formbezeichnung an. Wesentlich für die Wirkung ist das Durchscheinen und Mitsprechen des hellen Grundes, vor dem sich verschieden dunkle Tuschflecken überschichten. Es ist, als mache das Licht nicht nur die dunkle Masse sichtbar, sondern erwecke sie zum Leben. Diese künstlerische Arbeitsweise verbindet das Blatt mit den Zeichnungen zu den ›Disparates‹ (folgendes Blatt).

244 Menschengruppe in einem Baum

um 1819-23
Zeichnung zu Disparate 3: Disparate ridiculo (Lächerliche Torheit)
Pinsel in Rot
227 x 320 mm
u. l.: »9«
Madrid, Prado, Nr. 202
Lit.: SC 387; GW 1605; G(Z) 292; Camón Aznar 1951, S. 85

Es würde nicht ausreichen, dieses Blatt, das im Zusammenhang mit Disparate 3 steht (folgende Nr.), als skizzenhaft zu bezeichnen. Und dies nicht nur, weil es keine flüchtige Vorbereitung der Radierung darstellt, sondern vor allem, weil die Formfindung darin nicht beschreibend, deduktiv, sondern aus der breiten Pinselzeichnung selbst, quasi induktiv vollzogen ist. Dieser Schaffensprozess entspricht der Erfindung des Motivs aus der traumwandlerischen Sicherheit einer Vision. Aus Flecken und wolkigen Formen bilden sich vage Umrisse. Nur ein rätselhaftes, sprechendes Gesicht in der Mitte deutet darauf hin, daß es Menschen sein könnten, die sich wie ein Schwarm von Vögeln auf dem Bogen eines Baumstamms oder Astes versammelt haben, der ebenso unstabil zu sein scheint wie diese Wesen selbst. Dahinter, hinter einer schmalen Bodenzone, steht die undefinierbare Leere des weißen Blattgrundes, der, durchscheinend, auch das gegenständlich Angedeutete zur Phantasmagorie werden läßt. Zu dieser Wirkung trägt die teils trockene, teils intensive Pinselarbeit in roter Tusche bei, die ebenso transparent wie suggestiv ist.

Pierre Gassier meint, in einigen Strichen unterhalb des Bogens Vogelfüße zu erkennen und deutet das Blatt deshalb auch als Idee zu Goyas Zeichnung des stolzen Pfaus (G(Z) 311).

244

245

245 Disparate ridiculo
Lächerliche Torheit

um 1819-23/1864
Disparate 3
Radierung, Aquatinta und Kaltnadel
245 x 350 mm
Oldenburg, Stadtmuseum
Lit.: H 250, III, 1; GW 1575; Camón Aznar 1951, S. 84 ff; Lafuente Ferrari 1961, S. 41; Holländer 1968, S. 7/8; Sayre 1974, Nr. 207

Zum Thema der Darstellung vgl. auch Kat. 148. Das Motiv ist gegenüber der Pinselzeichnung deutlich verändert, denn in der Radierung spannt sich der Ast, etwa der Bilddiagonale entsprechend, vor bodenloser Leere. Dadurch erscheint das Ausgesetztsein der Gestalten zugespitzt in seiner Hoffnungslosigkeit. Die Szene ist präzisiert und bleibt doch gespenstisch verrätselt. Eine dem Betrachter abgewandte, verhüllte Gestalt scheint mit ihrem Rednergestus auf die stumm Verharrenden einzuwirken. Gerade die Diskrepanz von Exaktheit in Form und Technik und der Unerklärlichkeit des Inhalts macht das ›Disparate‹, die Absurdität dieser Radierung aus. Vor der Indifferenz des grobkörnigen Aquatintagrundes heben sich die Gestalten in leichter, der tragende Ast in stärkerer Ätzung ab. Die Figuren sind teils durch Linien bis zur Anonymität verschattet und dadurch dem gestaltlosen Hintergrund angeglichen. Unregelmäßige Helligkeit geht über sie hinweg und faßt sie zusammen.

246 Disparate claro
Klare Torheit

um 1819-23
Zeichnung zu Disparate 15
Pinsel in Rot
237 x 325 mm
u. l.: »16«
Madrid, Prado, Nr. 203
Lit.: SC 398; GW 1595; G (Z) 300; Camón Aznar 1951, S. 66-67

Noch deutlicher als bei dem vorausgehenden Beispiel (Kat. 244) zeigt sich hier, daß Goya bei seinen Vorarbeiten zu den ›Disparates‹ Gegenständlichkeit aus dem Chaos, Form aus der Formlosigkeit entwickelt, eine Formlosigkeit, in die sie, wie es scheint, wieder zurücksinken könnte. So stehen diese Zeichnungen an der Grenze zwischen Erweckung zum Leben und Vergehen und machen damit unmittelbar den visionären Charakter ihres Inhaltes anschaulich. Und so widerspricht der Gesamtaspekt dieses Blattes geradezu dem Titel der danach ausgeführten Graphik. Die Pinseltechnik scheint nur einem Duktus der Eingebung zu folgen: aus einem Gewühl von fast abstrakten Formballungen bilden sich kaum definierbare Figurationen heraus, die eine allgemeine Erregung, Instabilität suggerieren. Der für die Radierung entscheidende Helldunkeleffekt ist summarisch vorbereitet.

247 Disparate claro
Klare Torheit

um 1820-23/1864
Disparate 15
Radierung, Aquatinta (geschabt) und Lavis
245 x 350 mm
Oldenburg, Stadtmuseum
Lit.: H 262, III, 1; GW 1594; Camón Aznar 1951, S. 65/66; Lafuente Ferrari 1961, S. 41; Holländer 1968, S. 13-14

Daß Goya auch bei seinen Radierungen der ›Disparates‹, anders als bei den ›Caprichos‹, nicht von einer genauen Planung ausging, ist an diesem Exponat ablesbar. Es ist auch ein Zeichen dafür, daß es dem Künstler im Alter weniger um technische Brillanz als um suggestive Kraft seiner Graphik ging. So hat er diese Platte im Arbeitsprozeß beträchtlich verändert. Während er in einem ersten Zustand (Abb. 155) links einen Flammen speienden Abgrund und eine Rauchsäule vorsah, als Gegenpol zu dem vom Bildgrund rechts einfallenden Licht, ersetzte er diese in der endgültigen Lösung durch den übrigens überdimensionierten, fast gigantischen, in den Tod stürzenden Soldaten und durch auf ihn weisende Gestalten. Bei dieser Überarbeitung der Platte kamen offenbar Fehlätzungen zustande, die Goya durch neue starke Ätzlinien in Verbindung mit Aquatinta und Lavis verdeckte. Die labile Situation der Gestalten, die in der Zeichnung durch ihre Aufhäufung angegeben war, wird nun durch ein bühnenhaftes Podest hervorgehoben, das zu der Theatralik des Blattes beiträgt. Betont ist die Unteransicht der Szene, die Fraenger als ein »de profundis« deutet (1977, S. 228).
Zur inhaltlichen Deutung vgl. Kat. 158, S. 205.

246

247

Abb. 155 Goya, *Klare Torheit*, Disp. 15, 1. Zustand

248 Buen Viage
Gute Reise

um 1797/99
Capricho 64
Radierung, Aquatinta (geschabt), Stichel
215 x 150 mm
Privatsammlung Hamburg
Lit.: H 99, III, 1; GW 579; Lopez-Rey 1953, S. 153; Sayre 1974, Nr. 85

Wie der späte Goya frühere Erfindungen aufgreift, um sie inhaltlich zu verwandeln und auch technisch neu zu fassen, können die folgenden Exponate veranschaulichen. Capricho 64 bezieht sich, wie Goyas Kommentar besagt, kritisch auf den Aberglauben seiner Zeit, auf die Hexen, die nur im Dunkel der Unaufgeklärtheit ihr Wesen treiben können. Die vier Frauen, die auf dem Rücken eines geflügelten Ungeheuers durch die Luft schweben, sind ebenso alt und hexenhaft häßlich wie dieses selbst. Ihre Schreie scheinen die dunkle Leere zu erfüllen. Ihre geisterhafte Unwirklichkeit, in der sie sich nur wie eine Verdichtung der Nacht herausheben, ist dadurch erzielt, daß nur wenige offene Radierlinien unter dem doppelten Aquatintagrund Gesichter und Körper andeuten und nur tonale Aufhellungen wenige schwache Lichtakzente setzen.

A *Mit weit ausgebreiteten Schwingen fliegen die Laster im Reich der Unwissenheit, eines das andere tragend.*
BN *Die Laster richten den Flug in das Reich der Ignoranz. Sind die Menschen erst einmal verdorben, dann verfallen sie dem abscheulichen Laster der Sodomie.*
P *Wo will sie hin, diese höllische Horde, die die Luft in der Finsternis der Nacht mit ihrem Heulen erfüllt? Wäre es Tag, wäre es anders, und man könnte sie mit dem Gewehr abschießen. Aber da es Nacht ist, kann sie keiner sehen.*

249 a,b Die Gespenster

um 1820-23
Disparate 18
Radierung und Aquatinta (geschabt), Stichel
245 x 350 mm
Privatbesitz (a)
Privatsammlung Hamburg (b)
Lit.: H 265, I, 2 (a); H 265, III, 1 (b); GW 1600; Camon Aznar 1951, S. 86-87; Holländer 1968, S. 16; Gantner 1974, S. 219

Eine Geisterszene, die nicht zwischen Himmel und Erde, sondern in der Unterwelt sich abspielt und sich episch (im Breitformat) entfaltet. Während Goya in Capricho 64 das Hexenwesen so schlaglichtartig darstellt, wie er verbal den Glauben daran ad absurdum führt, hat es hier den Anschein, als begebe er sich in der Vision selbst in ein Zwischenreich, in dem die Gesetze der Wirklichkeit aufgehoben sind. Holländer meint sogar, in der »Hadesfahrt« der greisen Hauptgestalt ein Autorenporträt zu erkennen, analog zu Capricho 43 (Kat. 3), umgeben von den Schatten seiner Erfahrungen und Erinnerungen. In diesem außerlogischen Raum fluten die Gestalten nach eigener Schwerkraft durcheinander und nehmen aus der Dunkelheit heraus unterschiedliche schattenhafte Realität an. Daß Goya dabei gleichsam eine Vision in Form gefaßt hat, dokumentiert auch der graphische Aspekt der Radierung: Es existiert wiederum keine klärende Vorzeichnung, vielmehr hat der Künstler noch während der Arbeit an der Platte seine Formvorstellung entwickelt und das endgültige Ergebnis auch technisch im Stadium imaginativer Offenheit belassen.

Es ist besonders wichtig, daß wir dieses Beispiel aus den ›Disparates‹ in zwei Exemplaren vorführen können. Denn der Probedruck (a) zeigt Goyas eigene graphische Absicht reiner in der Transparenz und den diffusen tonalen Übergängen, die zum geisterhaften Charakter seiner Bilderfindung gehören. Der Abzug aus der ersten Auflage von 1864 (b) wurde nach einer Reinigung der Platte mit stärkerer Einfärbung hergestellt, so daß sowohl die geätzten Linien als auch der Aquatintagrund schwärzer ausfallen und die Lichter durch erneute Auspolierungen punktuell verstärkt sind. So kommt eine kontrastreiche, aber weniger luzide Gesamtwirkung zustande.

249b

250 Y aun no se van
     Und noch immer gehen sie nicht weg

um 1797/98
Capricho 59
Radierung und Aquatinta (geschabt), Stichel
215 × 150 mm
Numerierung im Rand o.r.,
Legende im unteren Rand.
Privatsammlung Hamburg
Lit.: H 94, III, 1; GW 569; Sánchez-Cantón 1949, S. 94; López-Rey 1953, S. 149–150; Harris 1964 (2), S. 41; Sayre 1974, Nr. 83/84; Klingender 1978, S. 122

Dieses Blatt aus den Caprichos ist in seiner formalen Konzeption ebenso klar wie vieldeutig in seinem Inhalt. Ein nackter alter Mann, kaum mehr als ein Gerippe, versucht,

250

eine übermäßig große und schwere Platte abzustützen, die ihn und eine Gruppe von Gestalten zu erdrücken droht. Seine Gefährten schlafen oder nehmen nur hilflos und blind Anteil an seiner Sisyphosarbeit. Es ist eine Bilderfindung, die Schwäche und Gewalt, Hilflosigkeit des einzelnen und mangelnde Bewußtheit und Gemeinsamkeit zum Vorschein bringt, vielleicht eine Anspielung auf die spanische Gesellschaft, vielleicht eine Satire auf den gemeinsamen Feind.

Die Kommentare erlauben verschiedene Interpretationen. Ist der Untergang der korrupten Regierung Karls IV. gemeint oder, allgemeiner, ein Gericht über die verlorenen Menschen, die selbst angesichts des drohenden Todes nicht zur Besinnung kommen?

Die aufs äußerste zugespitzte Situation hat Goya dadurch verdeutlicht, daß er die in ihrem Standort unbestimmte (Grab?-) Platte in die Diagonale stellt und fast die Hälfte der Bildfläche füllen läßt, während der dürre Körper des Mannes darunter zusammenzubrechen scheint. Die übrigen Figuren ducken sich wie in Klumpen zusammen. Das unvermeidliche Herabfallen der Steinplatte wird durch eine bogenförmige Aufhellung des Grundes betont, die hinter der Dunkelheit schwindet.

A *Beschmutzt mit Lastern, sehen die Menschen die Falle des Todes zuschnappen, und wollen sich dennoch nicht bessern.*

BN *Obwohl schon mit einem Fuß im Grab, stecken sie so tief im Schmutz der Laster, daß sie vor der Falle des Todes, die über ihnen zuschnappen wird, nicht fliehen und auch nicht daran denken, sich zu bessern.*

P *Der, der nicht über die Unbeständigkeit des Glücks nachdenkt, schläft ruhig, umgeben von Gefahren: er weiß das Unglück, das droht, nicht abzuwenden, noch gibt es ein Unheil, das ihn überraschte.*

251

251 Zwei Figuren zeigen auf eine helle Öffnung

um 1820-23
Rötel und Pinsel in Rot
222 × 316 mm,
u.l.: »12«
Madrid, Prado, Nr. 197
Lit.: GW 1610; G(Z) 308; Carderera 1860, S. 226; Camón Aznar 1951, S. 51

Capricho 59 stellt eine Grenzsituation dar. Eine solche gewinnt in der vorliegenden Zeichnung eschatologischen Aspekt. Zwei Gestalten — von Camón Aznar in Anlehnung an Carderera als Dante und Vergil an der Pforte zur Hölle gedeutet — stehen weisend, erwartungsvoll vor einem schrägen Tor. Aus ihm leuchtet die Helligkeit des weißen Blattgrundes heraus wie das grelle Licht einer anderen Welt. Hoffnung oder Furcht davor, das bleibt nun im Gegensatz zu Capricho 59 offen, es wird nicht Vergehendes erdrückt, sondern Neues erschaut. Was dieses Neue ist, bleibt dem Betrachter verborgen, und die Hand, die in die Helligkeit hineinweist, greift ins Ungewisse. Dieser Bildgedanke der metaphysischen Leere ist mit den neuen Mitteln der Disparates-Zeichnungen verwirklicht, zu denen dieses Blatt hinzugerechnet wird. In freier, summarischer Pinselführung sind Figuren und Umraum flächig zusammengefaßt, so daß die Helle des Tores wie im Negativ unvermittelt hervortritt.

Die ›Tauromaquia‹ und die ›Stiere von Bordeaux‹

Der Titel ›Tauromaquia‹ für Goyas Stierkampfserie hat sich nachträglich eingebürgert, seit der französische Künstler und Verleger Loizelet Goyas Druckplatten erworben und unter diesem Namen 1876 mit einem selbstgestalteten Titelblatt in Paris in dritter Auflage herausgegeben hat. (Die zweite Auflage hatte 1855 die Calcografia Nacional in Madrid besorgt.)

Goya selbst kündigte am 18. Oktober und am 31. Dezember 1816 im ›Diario de Madrid‹ und in der ›Gazeta de Madrid‹ den Zyklus unter folgendem Wortlaut an: »Eine Sammlung von Drucken, erfunden und radiert von D. Francisco Goya, Hofmaler Seiner Majestät, in der verschiedene Gänge und Abenteuer im Stiergefecht dargestellt sind, die sich bei den Vorführungen auf unseren Plätzen ereignet haben. Die Serie vermittelt eine Vorstellung von den Anfängen, dem Fortschritt und dem jetzigen Zustand dieser Feste in Spanien. Diese Vorstellung manifestiert sich ohne weitere Erklärung, allein durch den bloßen Anblick [dieser Szenen]. — Sie werden im Graphikladen in der Calle Mayor, gegenüber dem Haus des Grafen Oñate verkauft, zu zehn Reales das Stück, oder 300 Reales die vollständige Serie, die aus 33 Blättern besteht.«[1]

Die Radierungen erschienen trotz des Hinweises auf ihre unmittelbare Verständlichkeit nicht ganz ohne Erläuterungen, sondern mit einem gedruckten Titelblatt, das die Szenen und die Hauptfiguren benennt. Handschriftliche Manuskripte in Madrider Privatbesitz (der Erben Cardereras), in Boston (Public Library) und Oxford (Ashmolean Museum) haben erwiesen, daß sie in ihrer endgültigen Formulierung auf Ceán Bermúdez zurückgehen.[2]

Goya hatte dem Freund einen Satz der Probedrucke mit eigenen, knappen und allgemeineren Unterschriften zugesandt, damit er sie redigiere. Dabei nun machte Bermúdez diese nicht nur verständlicher, sondern stellte auch innerhalb der Serie eine historisch logischere Folge her. Während Goya die verbalen Korrekturen für die Ausgabe weitgehend übernahm, beließ er es bei seiner ursprünglichen Reihenfolge — ob nur, sich eine Überarbeitung der Platten zu ersparen oder aus tieferen Gründen, ist bis heute nicht schlüssig geklärt. Jedenfalls gab Goya der Auflage das Blatt »Modo de volar« (Kat. 162), das er als Nummer 34 an Ceán Bermúdez geschickt hatte, nicht mehr bei. So ist es seither immer den ›Disparates‹ zugerechnet worden.[3]

Auch über die Absicht, die Goya mit seiner ›Tauromaquia‹ verfolgte, besteht bis heute noch keine einhellige Klarheit. Sicher darf man dafür, wie es getan wird, die Leidenschaft des Künstlers für den Stierkampf heranziehen, die sich schon auf seinem Teppichkarton der ›Novillada‹ (Kampf mit Jungstieren) von 1780 (Madrid, Prado, GW 133). in dem versteckten Selbstporträt verrät und die in den späten ›Stieren von Bordeaux‹ (Kat. 263-266) in der Erinnerung noch einmal auflebt. Dazwischen liegen die reportagehaften gemalten Stierkampfszenen (GW 317-324) und die Porträts berühmter Stierkämpfer (GW 671, 672 und Kat. 290) aus den neunziger Jahren. Doch reicht diese biographische Erklärung nicht aus bei einem Künstler, der in der Graphik der ›Caprichos‹ und der ›Desastres‹ aufklärerisch und kritisch Stellung genommen hatte zu den Problemen seiner Zeit. Hier also nur »Impressionismus« oder private Neigung, eine Erholung und Objektivierung im Dokumentarischen zu sehen, trifft nur eine Seite von Goyas künstlerischem Unternehmen.[4]

Wichtiger ist die Überlegung, daß die ›Tauromaquia‹ zwischen 1815 (der Datierung von drei Druckplatten) und 1816 (dem Datum ihrer Ankündigung) geschaffen ist (vielleicht etwas früher begonnen), also in der Zeit, als er aufgrund der Restauration eine Veröffentlichung der ›Desastres‹ nicht wagen konnte. So konnte die neue Arbeit ein Mittel sein, sich aus der politischen Resignation zu befreien und mit einem scheinbar unverfänglichen Thema — vielleicht subversiv — an die Öffentlichkeit zu treten.

Goyas Folge erschien am Ende einer Ära, in der der Stierkampf in Spanien besonders populär und zugleich umstritten war, eine Popularität, von der sein Vorgänger Antonio Carnicera durch den großen Erfolg und durch immer neue Auflagen seiner erstmals 1790 publizierten ›Coleccion de las principales suertes de una corrida de toros‹ profitierte. Gegenüber diesen bilderbogenhaften Illustrationen konnte sich Goyas inhaltlich und formal anspruchsvolles Werk nicht durchsetzen. Seinen inhaltlichen Anspruch bekundet er in der oben zitierten Annonce, nämlich nicht nur Regeln und erlebte Ereignisse des Stierkampfs zu beschreiben, als vielmehr dessen Herkunft, Entwicklung und aktuelle Bedeutung in der spanischen Gesellschaft. Damit greift er bildlich in die damals herrschende politische und intellektuelle Diskussion um dieses »nationale Fest« ein.[5]

Im Jahre 1805 war von Godoy jeglicher Stierkampf verboten worden, um erst fünf Jahre später von Joseph Bonaparte zur Beruhigung des Volkes wieder zugelassen zu werden. Zu denen, die ihn damals als brutal und menschenunwürdig abschaffen wollten, gehörten auch Bekannte und Freunde des Künstlers aus dem Kreis der ›Ilustrados‹, wie Don José Vargas Ponce und Don Gaspar Melchor Jovellanos. In dem Pamphlet ›Pan y Toros‹ (Brot und Stiere), das Jovellanos zugeschrieben wurde, neuerdings aber Léon de Arroyal, 1796 abgeschlossen und 1812 erstmals gedruckt, werden die Spiele sogar als negativer Inbegriff für die Unaufgeklärtheit und den politischen und moralischen Niedergang des Landes angeprangert.[6]

Nigel Glendenning[7] hat versucht, anhand der punktuellen Unstimmigkeiten in Goyas Folge, in Anbetracht ihrer Betonung des Barbarischen, auch sie als Kritik am spanischen Nationalsport zu interpretieren. Als Beweisstück dafür galt ihm eine Inschrift in dem Oxforder Manuskript, die dem aufgeklärten Publikum die Serie mit dem Kommentar »Bárbara Diversion!« übergibt. Sicherlich ist Glendenning im Recht, wenn er sagt, nur mit diesem kritischen Aspekt füge sich die ›Tauromachie‹ in das Gesamtbild von Goyas graphischen Zyklen, das der ›Caprichos‹, der ›Desastres‹ und der ›Disparates‹, welche die Natur und das Verhalten des Menschen bloßlegen. Und sicher beobachtet er richtig, daß hier wie in den ›Desastres‹ Grausamkeit bei allen Beteiligten im Spiele ist – bei den Kämpfern auf beiden Seiten und bei den Zuschauern. Wie immer scheint Goya als Künstler hier gleichsam zwischen den Fronten zu stehen, denn er bezieht sich gleichzeitig auf ein Werk, das die ›Tauromaquia‹ aus Nationalstolz verherrlicht.

Besser nachprüfbar ist nämlich die Tatsache, daß er sich in der Bildfolge wie in den Legenden auf die erstmals 1777 erschienene Geschichte des Stierkampfs des älteren Moratín (des Vaters seines Freundes) bezieht: ›Carta historica sobre el origen y progresos de las fiestas de toros en España‹. Darin wird, im Gegensatz zur Auffassung der Klassizisten, die ›Tauromachie‹ nicht auf römische Ursprünge zurückgeführt, sondern als nationalspanische Errungenschaft dargestellt. Da eine Neuauflage des Buches 1816 erschien, hat man sogar angenommen, daß Goya zunächst dessen Illustrierung plante. Doch folgt er ihm nur im historischen Teil und setzt diesen mit eigenen Themen fort.[8]

Wie Moratín schildert Goya die Entwicklung des Stierkampfs von der primitiven Jagd, die noch nichts mit Spiel zu tun hat (Kat. 260), zur Geschicklichkeit der Mauren (Kat. 261) und zum höfischen turnierartigen Kampf (Kat. 262). Entscheidend ist auch für ihn offenbar die qualitative Neubewertung des Stierkampfes seit dem 18. Jhdt. Aus einem Vorrecht des Adels wurde damals ein Sport für das ganze Volk, in dem professionelle Kämpfer, die ›Picadores‹ und ›Toreros‹ ihre Kunst bewiesen und leidenschaftliche Parteien von Anhängern selbst unter dem Adel fanden. Die geradezu mythische spanische Tradition wurde also im Volke fortgesetzt, was zur Zeit des Erscheinens von Goyas Werk als Demonstration von Patriotismus gelten konnte. Wie sehr dies der Fall war, läßt eine antifranzösische ›Apologie‹ des Stierkampfs, 1815 erschienen, von Antonio de Capmany erkennen.

Ob nun Goya, wie Jutta Held annimmt[9], gemäß populärer spanischer Graphik den Stier wörtlich als Verkörperung des französischen Feindes verstand, den Stierkämpfer als das spanische Volk und seine Anführer im Guerillakampf – im Gegensatz zu Gillray (Kat. 410), der den Stier als Symbol des spanischen Widerstandes einsetzt –: offenkundig ist, daß er Kampf, Krieg als elementares Geschehen schildert, mit der Gefahr des Todes für beide Seiten. Insofern erscheint die ›Tauromaquia‹ als Fortführung der ›Desastres‹ auf der Ebene des artifiziellen Kampfes. Der ›homo ludens‹ bewährt sich darin – im Ernst des Spieles – durch die Überlegenheit des Verstandes und bewußter Geschicklichkeit gegenüber dem Instinkt der Natur. Aus diesem Grund erscheint es folgerichtig, daß Goya nach seinem ersten Plan der Stierkampf-Serie das Blatt »Eine Art zu fliegen«, Disp. 13 (Kat. 162) beigab, in dem die technische Erfindung des Menschen über die natürliche Bindung an die Schwerkraft siegt, wobei allerdings der Ausgang letztlich offen bleibt.

Goya hat 33 Radierungen der ›Tauromaquia‹ veröffentlicht, sieben weitere (A-G, H 237 bis 243), die auf den Rückseiten einzelner Platten angelegt sind, hat Loizelet 1876 veröffentlicht, daneben sind fünf in seltenen Abzügen oder Unikaten bekannt geworden (H-L, H 244-247 und GW 1241). Es existieren heute insgesamt 50 Vorzeichnungen.

Die Radierungen kann man in zwei Gruppen ordnen, die jedoch nicht der definitiven Abfolge der Edition entsprechen.[10] Die erste Gruppe, zu der die 1815 datierten und alle verworfenen Platten gehören, ist vielfigurig angelegt, intensiv mit der Radiernadel bearbeitet und zunächst mit Aquatinta überzogen, aus der Helligkeiten auspoliert wurden. Die zweite läßt sich am äußerst ökonomischen Einsatz der Mittel, an der asymmetrischen Auswägung leerer und bearbeiteter Bildteile erkennen, die sowohl abstrakt als auch als spannungsvoller Licht-Schatten-Kontrast zu lesen ist und zur Bezeichnung Goyas als einem Vorläufer des Impressionismus beitrug.

Die Zeichnungen, heute meist im Prado verwahrt, sind spontaner, detailreicher und regelloser, gemessen an dem Kalkül und der dramatischen Zuspitzung, welche die radierten Fassungen gewinnen.[11] Wie bei seinen vorigen Folgen hat Goya sie zunächst auf die Platte übertragen, um sie dann zu präzisieren.

In seinem vierteiligen Zyklus der ›Stiere von Bordeaux‹ (ein verworfenes fünftes Blatt sollte vielleicht dazugehören) schließt Goya während seines französischen Exils noch einmal an die ›Tauromaquia‹ an, sowohl im Rahmenthema als auch in einzelnen Motiven (Kat. 263-266). Der Erfolg der neuen Serie war eher noch geringer. Zweimal hat sich der Künstler den Dokumenten nach in Briefen an seine Pariser Freunde gewandt mit dem bescheidenen Angebot, sie billig zu vertreiben, doch weiß man von keiner positiven Resonanz.[12] Es war der Verleger Gaulon in Bordeaux, der 1825 eine Auflage von hundert Exemplaren der Lithographien wagte.

Die neue Grundstimmung der lithographierten Stierkampfszenen ist nicht nur der neuen Technik zuzuschreiben. Sicherlich hat Goya in diesem Medium die Möglichkeit entdeckt, atmosphärische und farbige Valeurs sowie atmosphärische Einheit adäquat wiederzugeben. Wichtiger aber ist, daß er diese zu einer neuen Einheit der Handelnden – Kämpfer und Zuschauer – umdeutet.[13]

Doch erscheint auch diese Gemeinsamkeit wiederum doppelsinnig, denn es ist ja nicht nur eine allgemeine Volksbelustigung, die sich hier abspielt, sondern zugleich ein elementarer Ausbruch von Schaulust und Rausch, der in Grausamkeit umschlägt. Das ›Volk‹ erscheint in den ›Stieren von Bordeaux‹ als Gemeinschaft, aber auch als besinnungslose Masse.

Anmerkungen:

1 Harris 1964, Bd. II, S. 449 (der spanische Text); Held 1980, S. 116
2 Hierzu Hofer 1940; Sayre 1974, S. 197ff., zur unterschiedlichen Titulierung auch Sayre 1973
3 Sayre 1974, S. 248-250; Held 1980, S. 125/126
4 Dazu Lafuente Ferrari 1961, S. 34; GW S. 227-228; G (Z) S. 327-329
5 Ortega y Gasset 1955, S. 244 Fff.; Klingender 1978 S. 96ff.
6 Pan y Toros y otros papeles sediciosos de fines del siglo XVIII, Hrsg. Antonio Elorza, Madrid 1971
7 Glendenning 1966; Kat. Ausst. Göttingen 1976, S. 92ff.
8 Hofer 1969 (Einleitung) und Sayre 1974 (S. 202) nehmen als inhaltliches und illustratives Vorbild auch die auf den Torero Pepe Illo zurückgehende Schrift über den Stierkampf an, der seinerseits auf Moratín basiert: »Tauromaquia, o arte de torear a caballo y a pie,« 1796/1804
9 Held 1980, S. 117
10 Lafuente Ferrari (1961, S. 33) unterscheidet drei inhaltliche Gruppen: 1. die Illustrationen zu Moratín, 2. bestimmte Erinnerungen an große Figuren des Stierkampfes und denkwürdige Ereignisse in der Geschichte seiner Feste, 3. Darstellungen von verschiedenen Kampfhandlungen. Zum Stil auch Hetzer 1957, S. 196-198
11 Hierzu und zum Verhältnis der beiden Zyklen Gantner 1974, S. 248
12 Harris Bd. 1, S. 220-221; GW S. 346ff.; außerdem Florisoone 1966
13 Held 1980, S. 126

252 Ein geschickter Torero fordert den Stier heraus, indem er ihm den Rücken zuwendet

1815/16
Zeichnung für Tauromaquia K
Rötel, rot laviert
193 x 295 mm
Hamburger Kunsthalle, Inv. Nr. 38542
Lit.: GW 1240; G (Z) 287

Unter den fünfzig erhaltenen Zeichnungen zur ›Tauromaquia‹ fallen vier, von denen drei der Hamburger Kunsthalle gehören, durch ihre Technik heraus. Sie sind nicht nur in Rötel, sondern mit roter Lavierung ausgeführt, die zusätzliche Spannung in den formalen Elementen schafft und im Kontrast zu den ausgesparten weißen Partien des Blattgrundes den Eindruck von Lichthaltigkeit und Atmosphäre verstärkt. Diese Technik war für Goya offenbar ein Experiment, denn die vier Zeichnungen gehören allesamt Radierungen der ersten Manier oder verworfenen Platten zu. Die rote Lavierung diente wohl auch als Mittel, die Wirkung des Aquatinta-Tones im Druck vorzubereiten.

Dieses Blatt ist die Vorzeichnung zu einer verworfenen Platte (K, H. 247), von der sich ein einziger erhaltener Abzug in der Madrider Nationalbibliothek befindet. Es schildert ein besonders mutiges Vorgehen des Toreros, nämlich den Stier mit der rückwärts gehaltenen ›capa‹ zu reizen. In der Radierung sind die handelnden Personen auf drei deutliche Gruppen konzentriert, die Zuschauermenge schemenhaft zusammengefaßt. Darauf deutet hier schon das lose Liniengewirr im oberen Bildfeld hin, das wie Eigenkorrekturen anmutet: ein Einblick in den Schaffensprozeß zwischen Idee und Lösung.

253 Der tapfere Rendon stößt den Stier mit der Lanze und tötet ihn mit diesem einen Hieb in der Arena von Madrid

1815/16
Zeichnung für Tauromaquia 28
Rötel
187 x 313 mm
Hamburger Kunsthalle, Inv.Nr. 38534
Lit.: GW 1207; G(Z) 270

Dies ist ein Beispiel für die reinen Rötelzeichnungen zur ›Tauromaquia‹ mit ihrem einheitlicheren Strichbild, gemessen an den lavierten Blättern, und ihrer weniger akzentuierten, jedoch spontaneren Gestaltung, im Vergleich mit den Radierungen. Die Zeichnung arbeitet im Boden und im Hintergrund hauptsächlich mit sich verdichtenden und sich lockernden horizontalen Strichlagen und nimmt im Figürlichen an Dynamik zu. Auch hier lassen ihre Transparenz und das Aussparen von Bildzonen den Eindruck von flutendem Licht entstehen. Gezeigt ist die Turbulenz der Kampfhandlung kurz vor dem Endspiel: der berittene Picador geht mit der Lanze auf den Stier los, während ein zweiter und die Quadrilla-Hilfstruppe ihm zur Seite stehen.

Der Picador Rendon und sein Torero Costillares gehörten zu den Stierkämpfern, um die sich zu Goyas Lebzeiten Parteigänger scharten, in diesem Fall die Familie des einflußreichen Grafen Osuna, die Goya mehrfach porträtiert hat (GW 219, 278, 674).

253

254

254 Der tapfere Rendon stößt den Stier mit der Lanze und tötet ihn mit diesem einen Hieb in der Arena von Madrid

um 1815/16
Tauromaquia 28
Radierung, Aquatinta (geschabt) und Stichel
250 x 350 mm
signiert in der Platte u.r.: »Goya«
Oldenburg, Stadtmuseum
Lit.: H 231, III, 1; GW 1206

Während die Vorzeichnung (voriges Blatt) mehr die Gesamtanlage der Radierung vorbereitet und das Gegenständliche noch summarisch angibt, schafft die Graphik deutlichere Akzente, vor allem in der Behandlung der verstärkten und freier, abstrakter gesetzten Helldunkel-Werte. Anstelle der atmosphärischen Einheit von Zeichnung und hellem Bildgrund tritt hier die scharfe Helligkeit der Barriere als Folie für den dramatischen Vorgang. Die Kämpfenden sind deutlicher individualisiert und durch tiefe Ätzung unterschiedlicher Strichlagen und verstärkende Grabstichelarbeit hervorgehoben, das Liniengefüge insgesamt ist systematisiert. Nebenfiguren hinter dem Pferd des Rendon sind weggelassen oder, wie die Gruppe in der Mitte, verdeutlicht. Die Menge der Zuschauer erscheint demgegenüber als anonyme Ansammlung von Schaulust. Sie ist durch abgehackte horizontale Striche und flüchtig umreißende Konturen als bewegte Gesamtheit angedeutet, aus der nur punktuell einzelne Köpfe und Figuren hell herausgehoben sind.

255

255 Zwei Gruppen von Picadores werden hintereinander von einem Stier niedergeworfen

1815/16
Zeichnung für Tauromaquia 32
Rötel, rot laviert
182 × 313 mm
Hamburger Kunsthalle, Inv.Nr. 38541
Lit.: GW 1215; G(Z) 274; Sayre 1974, Nr. 193

Auch hier wie in Kat. 253 stellt die Verbindung von Rötelzeichnung und Pinselarbeit den Eindruck allgemeiner Spannung und flutender Atmosphäre her, wobei die Lavierung, wie oft in Goyas Graphik die Aquatintierung, frei über das Gegenständliche hinweggeht. Die Zeichnung ist, wenngleich unpräziser, detailreicher und raumhaltiger als die Radierung.

256

256 Zwei Gruppen von Picadores werden hintereinander von einem Stier niedergeworfen

1815/16
Tauromaquia 32
Radierung, Aquatinta (geschabt), Kaltnadel und Stichel
245 × 350 mm
Privatsammlung Hamburg
Lit.: H 235, III, 1; GW 1214; Sayre 1974, Nr. 194/195

Während die Vorzeichnung (Kat.Nr. 255) mehr die Impression, die Reportage des Ereignisses wiedergibt, bildet die Radierung daraus gleichsam die dramatische Essenz, vor allem durch die Angleichung von Bildraum und Bildfläche zu einer fast abstrakten Räumlichkeit. Zu dieser Verdichtung und Klärung gehört auch, daß an die Stelle der flimmernden Helligkeit der Zeichnung ein vereinheitlichender Dunkelton von Ätzung und Aquatinta getreten ist, aus dem die Hauptmotive durch Ausschaben herausgehoben sind. Und dazu gehört auch die Konzentration auf den Zusammenprall der Kräfte in der Mitte, auf den nun alle Bildelemente hinführen. So ist die Figur bei dem gestürzten Pferd rechts weggelassen (allerdings noch in der schwachen Kontur ahnbar), die Gruppe mit dem gestürzten Tier und Picador links an das Hauptmotiv herangezogen und die Gestalt des Helfers zwischen Stier und Pferd fast versteckt. Feine Überarbeitungen der geätzten Platte betonen die Akzente: Kaltnadelstriche deuten eine Blutlache um den Körper des gestürzten Pferdes rechts an, mit dem Grabstichel ist die Stelle unterstrichen, an der die Lanze des Picadors den Stier trifft. Die Menge der Zuschauer ist hier skizzenhaft bis zum Verschwinden dem Hintergrund angeglichen.

257

258

257 Der Tod des Pepe Illo
1815/16
Tauromaquia E
Rötel, rot laviert
190 × 313 mm
Hamburger Kunsthalle, Inv.Nr. 38533
Lit.: GW 1228; G(Z) 281; Sayre 1974, Nr. 197

Die Benennung des Motivs geht auf Loizelet zurück, der die dazugehörige Radierung (Kat. 258) als Nr. E in seine erweiterte Ausgabe der ›Tauromaquia‹ aufnahm. Es ist also nicht sicher, ob damit wirklich der Tod des Pepe Illo oder nicht der eines anderen Stierkämpfers geschildert ist. Jedenfalls stimmt die Darstellung mit Augenzeugenberichten überein (der prominenteste ist ein erschreckter Brief der Königin Maria Luisa an Godoy), die das Ereignis vom 11. Mai 1801 schildern. Der seinerzeit berühmteste Torero, genannt Pepe Illo, geliebt wegen seiner Kühnheit und seiner stolzen Bescheidenheit, wurde in der Arena von Madrid vom siebten Stier des Tages zu Boden geworfen und an den Hörnern aufgespießt. Diese tödliche Situation stellt Goya dar. Die ganze Arena scheint gleichsam von der Erregung des Geschehens erfaßt, eine Spannung, die sich durch die freie, regellose Mischung der Technik und die Durcharbeitung der ganzen Zeichenfläche mitteilt. Als Brennpunkte des Kampfes sind der dunkle Stier, der den Torero kopfüber schleudert, und das helle Pferd mit dem zu Hilfe kommenden Picador wie Gegenmächte gekennzeichnet, um die sich die übrigen Helfer scharen.

258 Der Tod des Pepe Illo
1815/16
Tauromaquia E
Radierung, Aquatinta (geschabt), Kaltnadel und Stichel
245 × 350 mm
Signiert in der Platte u. r.: »Goya«
Privatsammlung Hamburg
Lit.: H 241, III, 1; GW 1227; Sayre 1974, Nr. 198

Auch dies eine der von Goya verworfenen Platten, die erst in Loizelets Edition aufgenommen wurden. Man kann vermuten, daß der Künstler selbst mit der wie ausgelaufenen Lavis-Arbeit links und rechts (einer direkten Ätzung der Platte mit verdünnter Säure) nicht zufrieden gewesen ist. Die Veränderung gegenüber der Zeichnung entspricht im wesentlichen der bei den vorangehenden Radierungen (Kat. 254, 256). Die Personen der Szene sind verringert, die Kampfhandlung, vor allem der vorspringende Stier, heben sich vor dem hell ausgeschabten Grund der Barriere effektvoller ab, die Gegensätze erscheinen gezielter, wie auch die Isolierung der Stierkämpfer vor der dunklen anonymen Zuschauermasse. Der noch lebendige, festliche Charakter der Zeichnung scheint wie in sein unheimliches, düsteres Gegenbild verkehrt: vielleicht auch dies ein Anzeichen für Goyas ambivalente Bewertung der ›Tauromaquia‹.

259 Der unglückliche Tod des Pepe Illo in der Arena von Madrid

1815/16
Tauromaquia 33
Radierung, Aquatinta (geschabt), Kaltnadel und Stichel
245 x 350 mm
Privatsammlung Hamburg
Lit.: H 236, III, 1; GW 1217

Wenn, wie man annimmt, die Radierung E (Kat. 258) und eine andere verworfene Platte F (H 242) den Tod des Pepe Illo darstellen, kann man am Wandel in der Auffassung des Themas eine charakteristische inhaltliche und stilistische Veränderung ablesen, den Schritt vom ersten zum zweiten Stil der ›Tauromaquia‹. Während das voraufgehende Blatt einen vielfigurigen, um die Mitte konzentrierten Handlungszusammenhang herstellt, ist hier das Ereignis auf einen Endzustand zurückgeführt. Der dem Tode ausgelieferte Pepe Illo liegt hoffnungslos und isoliert unter den Hörnern des Stieres und in der Leere der Bildfläche. Die anderen Toreros erscheinen nur als hilflose und vage Gestalten im Hintergrund.

Die Dramatik und die gleichnishafte Endgültigkeit werden auch durch die abstrakte Gliederung der Fläche betont. Sie ist durch partielle Entfernung der leichten Aquatinta-Ätzung im Sinne der Bilddiagonale aufgeteilt, die zugleich den Blick auf das Geschehen hinlenkt. Die bildhafte Rahmung durch mehrfache Ätzung unterstreicht den exemplarischen Charakter des Inhaltes deutlicher als bei dem voraufgehenden Exponat. In Goyas eigener Anordnung der Folge bildete diese Darstellung den Schluß: Apotheose eines Helden oder resignative Kritik?

259

260

260 Eine andere Art, zu Fuß zu jagen

1815/16
Tauromaquia 2
Radierung, Aquatinta (geschabt), Kaltnadel und Stichel
245 x 350 mm
Privatsammlung Hamburg
Lit.: H 205, III, 1; GW 1151

Die Frage, die oben (Kat. 259) gestellt wurde, läßt sich hier abwandeln. Schildert Goya, indem er nach Moratíns Buch primitive Stierjagd darstellt, eine überwundene frühe Stufe des Menschseins oder vielleicht eine Konstante der Gegensätze zwischen Menschlichem und Tierischem und der aggressiven Energie im Menschen selbst? Dem wilden, mordgierigen Ausdruck der Jäger ist hier die Unbeholfenheit des Stieres entgegengesetzt, der fast menschlich leidend erscheint. Der Titel des Blattes bezieht sich auf den der vorangehenden Nr. 1, auf der die Frühform der Stierjagd zu Pferde gezeigt ist.

261 Die Mauren reizen den Stier in der Arena mit dem Burnus

1815/16
Tauromaquia 6
Radierung, Aquatinta (geschabt), Kaltnadel und Stichel
245 × 350 mm
Privatsammlung Hamburg
Lit.: H 207,III, 1; GW 1155; Sayre 1974, Nr. 167;
Kat. Ausst. Dresden 1978, Nr. 177

Gezeigt ist die Entwicklungsstufe des Stierkampfes, in der er von der Jagd auf Nahrung (Kat. 260) zum Spiel fortgebildet wurde. Nach dem Buch Moratíns waren es die Mauren in Spanien, die diese Errungenschaft einführten. Sie wird in Goyas Radierung verdeutlicht durch die fast tänzerischen Gebärden der Stierkämpfer im Gegensatz zur Plumpheit der Jäger auf Blatt 2. Nun findet der Kampf auch erstmals als Vorführung in einer abgesperrten Arena statt. Seine Künstlichkeit unterstreicht die freie, asymmetrische Aufteilung der Bildfläche.

Die maurischen Stierkämpfer sind bei Goya in die Tracht der napoleonischen Mameluken gekleidet, wie er sie in seinem Historienbild vom Aufstand des 2. Mai 1808 (GW 982) dokumentiert hat. Vielleicht deutet diese ahistorische Darstellung der Vergangenheit darauf hin, daß Goya in sie auch die politischen Kämpfe seiner eigenen Gegenwart implizierte.

261

262

262 Karl V. in der Arena von Valladolid, einen Stier mit der Lanze durchbohrend

1815/16
Tauromaquia 10
Radierung, Aquatinta (geschabt), Kaltnadel und Stichel
250 × 350 mm
Signiert in der Platte u.l.: »Goya«
Privatsammlung Hamburg
Lit.: H 213,III, 1; GW 1155; Sayre 1974, Nr. 172/173; Kat. Ausst. Göttingen 1976, Nr. 105

Gemäß Moratíns Geschichte des Stierkampfes stellt diese Radierung dessen weiter fortgeschrittene Stufe dar, auf der er sich von der Geschicklichkeitsübung der Mauren zum höfischen Turnier entwickelt hat. Nach Moratín trat Kaiser Karl V. zur Feier der Geburt seines Sohnes Philipp II. 1527 selbst in der Arena von Valladolid auf und tötete einen Stier mit *einem* Lanzenstoß.

Einzigartig innerhalb des Zyklus ist die dramaturgische Zuspitzung dieses singulären Ereignisses. Es spielt sich vor einem undefinierbaren Grund ab, der nur durch bühnenhafte Beleuchtung strukturiert ist. (Vermutlich sind die Übergänge von Licht und Schatten durch Kippen der Platte bei der Aquatinta-Ätzung erzeugt.) Der Theatralik des Lichteinfalls entspricht die optische Verspannung von Pferd und Reiter mit dem Stier durch Helldunkel-Effekte.

Vollends künstlich, fast grotesk kostümiert erscheint die Gestalt des Kaisers selbst, der jedem gesellschaftlichen und historischen Rahmen entzogen und somit anschaulich isoliert wirkt: all dies bedeutet zumindest keine Apologie der Geschichte von seiten Goyas.

Die Stiere von Bordeaux

263 Der berühmte Amerikaner Mariano Ceballos

1825
Lithographie (Kreide und Schaber)
305 x 400 mm
Signiert im Stein u.l.: »Goya«. Titel und Druckvermerk unterhalb der Darstellung: »El famoso Americano, Mariano Ceballos«. »Déposé« »Lith. de Gaulon«.
Privatbesitz
Lit.: H 283, II; GW 1707

Ihren Titel hat Goyas vierteilige Folge nachträglich erhalten, weil der Künstler sie wie aus der Erinnerung an Spanien und vielleicht auch im Hinblick auf seine spanischen Freunde im Exil ebendort mit Hilfe des Lithographen Gaulon in Bordeaux herausgebracht hat. Inhaltlich und kompositorisch schließen sich die Lithographien an vier gemalte Stierkampfszenen an (GW 1672-75), von denen eine für den Pariser Aufenthalt 1824 dokumentiert ist, in einzelnen Motiven außerdem an die Tauromaquia-Serie. So führt das vorliegende Blatt die Radierung Nr. 24 fort (Abb. 156), und dies mit charakteristischen Veränderungen. Während sich dort ein unerbittlicher Zweikampf isoliert vor einem fast abstrakt gegliederten Bildgrund abspielte — betont durch die Konfrontation von dunklem und hellem Stier — scheinen hier die Schranken zwischen Kämpfenden und Zuschauern gefallen. Eine Ovalkomposition schließt die Volksmenge mit den Protagonisten der Handlung zusammen, wobei sich die Gestalt des Toreros auf dem Stier wirkungsvoll vor der hellen Mitte der Arena silhouettiert. Dargestellt ist der berühmte »Amerikaner«, der aus Südamerika stammende Ceballos, der die Kühnheit besaß, den Stier vom Rücken eines anderen Stiers aus mit einem kurzen Schwert anzugreifen. Er reitet wie mit einem Schrei der Herausforderung auf ihn los, selbst so wild wie die Tiere. Diese elementare Erregung überträgt sich anschaulich auf alle aktiv und passiv Beteiligten.

Es ist immer wieder hervorgehoben worden, daß die ›Stiere von Bordeaux‹ nicht nur den Höhepunkt von Goyas Schaffen als Graphiker bedeuten, sondern auch einen frühen Höhepunkt der Lithographie, die zu jener Zeit ihrer Entstehung noch hauptsächlich als Mittel der Reproduktion angewandt wurde. Goya hat ihr dabei bereits alle ihr innewohnenden Ausdrucksmöglichkeiten abgewonnen: die bewegliche Freiheit der Zeichnung, die feinen Übergänge und Kontraste zwischen Schwarz und Weiß, die Licht und Stofflichkeit suggerieren. Anders als die frühen Madrider Lithographien, sind sie direkt mit weicher Kreide auf Stein gezeichnet, wobei schon das Format für diese Frühzeit erstaunlich ist.

Abb. 156 Goya, *Tauromaquia 24*

Ähnlich wie beim Verfahren der Aquatinta-Radierung arbeitete Goya negativ und positiv weiter, nachdem er den Stein mit der Zeichnung oder einem allgemeinen grauen Ton bedeckt hatte: er schabte Halbtöne und Glanzlichter mit dem Radiermesser heraus und verstärkte Schwärzen durch zusätzliche Zeichnung, was eine feinere Nuancierung im Vergleich zur Radierung erbrachte. Mehr als bei der ›Tauromaquia‹ befreit sich der Strich von der Gegenstandsbezeichnung und stellt ein malerisches Gesamtbild her, weshalb man die Folge als Vorgriff auf den Impressionismus verstanden hat – auch wegen ihrer Ausschnitthaftigkeit und kühnen Perspektive, die Fläche und Raum identisch setzt. Baudelaire spricht bewundernd von »riesigen Gemälden im Kleinen« (1857, S.335).

Goyas Arbeitsweise bei seinen Lithographien schildert sein erster Biograph Matheron (1858), wobei er sich auf den Augenzeugenbericht des Malers Brugada stützt, der Goya in seinen letzten Lebensjahren häufig besuchte, folgendermaßen: »Der Künstler schuf seine Lithographien auf der Staffelei, auf die der Stein wie eine Leinwand aufgestellt war. Die Stifte führte er wie Pinsel, ohne sie je zuzuschneiden. Er arbeitete im Stehen, entfernte oder näherte sich in jeder Minute, um die Wirkung seiner Arbeit zu prüfen. Gewöhnlich bedeckte er den ganzen Stein mit einer einheitlichen Grauschicht und hob dann mit dem Rasiermesser die hellen Partien ab – hier einen Kopf, eine Figur, dort ein Pferd, einen Stier. Danach griff er wieder zum Stift, um die Schatten und Kraftlinien zu verstärken oder um die Figuren herauszuarbeiten und ihnen Lebendigkeit zu verleihen. Einmal arbeitete er auf diese Weise mit der Messerspitze aus dem schwarzen Untergrund ohne jede Retusche ein seltsames Porträt heraus. (Es handelte sich um das Bildnis von M. Gaulon, der alle Lithographien Goyas gedruckt hat.) Vielleicht findet man es lächerlich, wenn ich verrate, daß alle Lithographien Goyas mit der Lupe geschaffen wurden – nicht, um Feinheiten zu zeichnen, sondern weil seine Augen nachließen« (GW S.348).

264

264 Stier greift Picador an (Bravo Toro)
1825
Lithographie (Kreide und Schaber)
305 × 410 mm
Signiert im Stein u.l.: »Goya«
Privatbesitz
Lit.: H 284, II; GW 1708

Die Benennung »Bravo Toro« für dieses Blatt stammt nicht von Goya selbst. Es führt das Thema der ›Tauromaquia‹ 26 (H 229) fort: Ein Stier erscheint als der Held, der einen Stierkämpfer auf seine Hörner nimmt, während Picadores ihm hilflos zur Seite springen. Insofern bezeichnet der Titel treffend den doppeldeutigen Aspekt der Darstellung. Grausamkeit und tierische Lust leben hier in beiden Parteien. Im Hintergrund wird ein Verletzter wie ein hilfloses Bündel abgeschleppt.

Das Blatt zeigt besonders deutlich, wie Goya in dieser späten Serie Ausdrucksgebärden erfindet, die Menschen und Tiere einander angleichen.

265 Spanische Unterhaltung

1825
Lithographie (Kreide und Schaber)
300 × 410 mm
Signiert im Stein u. l.: »Goya«. Titel und Druckvermerk unterhalb der Darstellung: »Dibersion de España« »Déposé« »Lith. de Gaulon«.
Privatbesitz
Lit.: H 285, II; GW 1709; Kat. Ausst. Stuttgart 1980, Nr. 209

Gezeigt ist nicht der professionelle Stierkampf, sondern die allgemeine Volksbelustigung, bei der nach dem Ende der Vorführung Jungstiere in die Arena getrieben wurden, an denen sich die Amateure aus dem Publikum erproben konnten. Wie im ersten Blatt der Folge (Kat. 263) schildert Goya dieses Vergnügen als künstlerisch geordnetes Chaos, als Ausgelassenheit, die gleichsam über Leichen geht. In der Mitte des Platzes und der ovalen Komposition ist bereits ein Zuschauer unter die Hufe eines Stiers geraten, im Vordergrund bahnt sich ähnliches Unheil an: ein anderer Stier hat einen Menschen überrumpelt und ist daran, einen zweiten auf die Hörner zu nehmen, wobei er ihm das Hemd hochzieht und seinen Körper entblößt. Baudelaire (a. a. O.) spricht von der »Unziemlichkeit mitten im Gemetzel«, welche die »Zuschauer ungerührt« lasse. Sie scheinen, selbst grotesk-überzeichnet, mehr die Komik der Situation wahrzunehmen als durch Mitleid oder Hilfsbereitschaft auf die Gefahr zu reagieren. Fast findet eine Umkehrung der Verhältnisse statt, denn die Menschen wirken zumindest nicht weniger angreiferisch und brutal als die Tiere — »es ist wie eine Revolution« (Lafuente Ferrari 1961, S. 46): wiederum eine doppelbödige Interpretation des Themas.

265

266

266 Die geteilte Arena

1825
Lithographie (Kreide und Schaber)
300 × 415 mm
Signiert im Stein u. l.: »Goya«
Privatbesitz
Lit.: H 286, II; GW 1710

Auch hier greift Goya frei auf die ›Tauromaquia‹ zurück, nämlich auf die Radierungen 30 und 31 (H 233, 234), die er zu einer Komposition vereinigt. Er beschreibt damit die Verdoppelung des Stierkampf-Vergnügens, wie es bei seinen Zeitgenossen besonders geschätzt war: Die Arena wurde durch eine Bretterwand geteilt, so daß zwei Kämpfe synchron und rivalisierend stattfinden konnten. Wiederum hat die Menge den Kampfplatz gestürmt — allgemeine Begeisterung oder Besinnungslosigkeit, wie sie die Physiognomien andeuten? Es sind jedenfalls keine einsamen Heroen, die den Kampf führen, sondern es ist das Volk, das als Gemeinschaft im positiven und negativen Sinne in Aktion tritt. Eine Burleske, deren mögliches tragisches Ende offenbleibt.

Späte Blätter

Dieser Schlußabschnitt beginnt mit zwei der wenigen offiziellen Porträt-Zeichnungen Goyas aus seiner mittleren Zeit (Kat. 267, 268a), die jedoch wegen ihrer Verknüpfung mit einer späten Arbeit hier aufgeführt werden (Kat. 268b).

Das verbindende Thema dieses Kapitels sind elementare Ausdrucksweisen in ihren Inhalten und formalen Lösungen, in denen sowohl Verdichtung und Vereinfachung als neue technische Experimente sichtbar werden. Inhaltlich sind in diesen Werken Paraphrasen und Variationen früherer Grundmotive festzustellen[1], im Technischen bis zuletzt eine Neugier auf die der Graphik innewohnenden Möglichkeiten.

Goyas abnehmendes Interesse an der Radierung in seinen letzten Jahren hat man auf die schwierige Handhabung des Tiefdrucks im Vergleich zur Lithographie zurückgeführt. Um so mehr bleibt sein innovatorischer Umgang mit dem neuen Medium erstaunlich, das er erst im Alter von 72 oder 73 Jahren durch den Drucker Cardano in Madrid kennengelernt hat. Sein erstes von ihm selbst anerkanntes Ergebnis in der Technik des Flachdrucks hat er im Februar 1819 datiert (›Die alte Spinnerin‹, H 270). Daß er sie innerhalb weniger Jahre zu einem zu seiner Zeit unvergleichlichen Ausdrucksreichtum entwickeln konnte, führt man auf seinen Pariser Aufenthalt von 1824 zurück: Florisoone (1966) hat sogar die These vertreten, der alte und kranke Künstler habe hauptsächlich deswegen die Beschwernis der Reise nach Paris auf sich genommen, weil die Metropole damals neben London führend in der Ausübung der Lithographie gewesen ist, so daß ihr im Salon von 1824 eine eigene Abteilung zuerkannt wurde. Goya konnte dort nicht nur Cardano wiederbegegnen, sondern ließ sich wahrscheinlich auch im Kreis der damals versiertesten Künstler und Drucker in diesem Fach, Horace Vernet und Charles de Lasteyrie, weiterbilden, um sie bald weit zu überflügeln.

Harris zählt heute 18 gesicherte Lithographien im Œuvre Goyas und daneben 5 zugeschriebene[2]. Nur die ›Stiere von Bordeaux‹ (Kat. 263-266) kamen zu seinen Lebzeiten in einer Auflage heraus, wenn auch ohne registrierbaren Erfolg. Ob dies nur auf mangelndes Verhältnis der Zeitgenossen für seine Innovationen, vielleicht aber auch auf abnehmendes Interesse des Künstlers an öffentlicher Wirkung zurückzuführen ist, muß dahingestellt bleiben.

Auch seine letzten Radierungen blieben zunächst unbekannt und wurden erst als der englische Diplomat John Savile Lumley die Platten im Jahre 1859 erworben hatte, erstmals aufgelegt. In ihnen ein Nachlassen der gestalterischen Kräfte zu sehen, wie es manche Autoren nahelegen, geht an ihrer Absicht vorbei. Vielmehr scheint sich in ihnen eine souveräne, fast nachlässige Meisterschaft zu bekunden, die ihren scheinbar anspruchslosen Sujets entspricht.

In einem 1824/25 zwischen Bordeaux und Paris geführten Briefwechsel mit dem spanischen Freund Ferrer[3], ebenfalls einem Emigranten, ist vom Wunsch nach einer Neuauflage der Caprichos die Rede. Goya beantwortet ihn abschlägig, nicht nur, weil er die Platten der Folge an die königliche Calcografia in Madrid abgetreten habe, sondern auch, weil er jetzt andere, bessere Ideen im Kopf habe. Man hat daraus auf die Konzeption neuer graphischer Zyklen geschlossen[4] und die letzten Radierungen wie auch einige der letzten Lithographien als Ansätze zu geplanten neuen Folgen von ›Caprichos‹ angesehen. Auch das bleibt jedoch nur Vermutung.

Anmerkungen:
1 Lafuente Ferrari 1961, S. 46
2 H 288-292
3 Sayre 1966, S. 113-114
4 Sayre 1971 und S. W. Reed im Katalog von Sayre 1974, S. 304-305

267 Der Herzog von Wellington

1812-14
Bleistift
227 x ? 158 mm
Beschriftet unten von Vincente Carderera dem das Blatt gehörte: »Lord Wellington p^r. Goya« (Lord Wellington von Goya)
Hamburger Kunsthalle, Inv.Nr. 38547
Lit.: GW 899; G(Z) 20; Symmons 1977, S. 76

Die Zeichnung ist, obwohl nicht in allen Partien voll ausgeführt, von der Neutralität und Sorgfalt einer Auftragsarbeit, wie sie Goyas offiziellen Porträts seit dem Regierungsantritt Ferdinands VI. eigen ist. Das Verhältnis des Künstlers zu seinem Modell ist von Distanz geprägt, nur die intellektuelle Kühle und der strenge Blick des Herzogs scheinen eine gewisse Faszination auf ihn ausgeübt zu haben. Man könnte fast meinen, als wolle er die bewußt aristokratische Haltung des erzkonservativen »Tory« zum Vorschein bringen, der sich später über die demokratischen Bestrebungen des spanischen Volkes zynisch hinwegsetzte. Bei seinem Einzug in Madrid im August 1812 an der Spitze englischer Truppen war Wellington vom spanischen Volk noch als Retter vor Napoleon gefeiert worden.

Die Zeichnung diente als Vorlage für das Brustbild (GW 900), das heute der National Gallery in Washington gehört, und kam in einer späteren Sitzung, nach Kat. 268a, zustande, frühestens im September 1812, nachdem der Herzog das Goldene Vlies zu tragen befugt war.

Bei der Reihe von insgesamt fünf Porträts scheint die Wiedergabe von Wellingtons stets wechselnden und vermehrten Orden dem Künstler Schwierigkeiten bereitet zu haben, andererseits scheint auch der Auftraggeber mit den Ergebnissen nicht zufrieden gewesen zu sein. Gleichwohl sollte dieses gezeichnete Bildnis vermutlich als Vorlage für eine Radierung dienen, die das Bild des ›Helden‹ verbreitet hätte. Darauf weisen das Linienbild und vor allem der freigelassene untere Rand hin, der eine Inschrift tragen könnte. Überhaupt erklärt nur die Absicht einer graphischen Vervielfältigung die in Goyas Œuvre ungewöhnliche zeichnerische Ausarbeitung eines Porträts.

Das Blatt ist im Oberkörper des Dargestellten nur in dünnen, teils schraffierenden Linien angelegt und gewinnt im Gesicht an feiner Modellierung.

268a

268b

268a Der Herzog von Wellington
1812
Rötel über Bleistift
232 x 175 mm
Beschriftet unten von Carderera: »Lord Welling^n studio p^a. el retrato equestre q^e. pinto Goya« (Lord Wellington, Studie für das von Goya gemalte Reiterbildnis).
London, British Museum, 1862. 7. 12. 185
Lit.: GW 898; G(Z) 19; Symmons 1977, S. 76

Wie Carderera angibt, handelt es sich um eine Studie im Zusammenhang mit dem Reiterbildnis Wellingtons, das Goya schon drei Wochen nach dessen triumphalem Einzug in Madrid, vom 11. bis 22. September 1812, in der Real Academia de San Fernando ausstellte (GW 896, dazu Braham 1966). Außerdem diente es als Vorlage zu dem 1812-14 gemalten Brustbild, heute in der National Gallery in London (GW 897).
Die Zeichnung ist sprechender und intensiver als die spätere (Kat. 267). Die weiche Kreide ist mehr flächig verrieben als linear angewandt. Aus dem verschatteten Grund, der wiederum an eine geplante Radierung denken läßt, hebt sich das Gesicht durch sparsame Modellierung hell ab. Der Sitz der Orden ist nur flüchtig in der Zeichnung offengelassen.

268b Bruder Juan Fernandez de Rojas
1817
Verso von 268a, Schwarze Kreide
Bezeichnet am oberen Rand: »Al espirar Fray Juan Fernandesz Agustino.« (Zum Tod des Augustinermönchs Juan Fernandez).
Lit.: GW 1562; G(Z) 375; Helman 1966, S. 273-290

Die Zeichnung entstand wahrscheinlich unter dem unmittelbaren Eindruck des Todes des Mönchs. Diese Teilnahme spiegelt sich nicht nur in der unerschrocken-wahrhaftigen Wiedergabe, sondern ebenso in dem bewegten Zeichenduktus, dem noch ein Hauch von Leben innezuwohnen scheint. Ein unregelmäßiges, transparentes System sich verdichtender und lockernder Linien ist durch kräftigere Kreidestrich, etwa an dem geöffneten Mund des Toten, akzentuiert. So entsteht eine zwar in der künstlerischen Gesinnung, nicht aber in den Mitteln ›realistische‹ Darstellung.
Konfrontation und zugleich würdevolle Anerkennung läßt das Blatt auch dadurch sichtbar werden, daß es ohne jeglichen Kontext nur den Kopf des Verstorbenen monumental ins Bild setzt. Neben Géricault (Kat. 523) ist Goya wohl der erste Künstler, der eine solche Unmittelbarkeit wagt.

Goya hatte den Augustinermönch, den er wegen seiner kritischen theologischen Schriften und seiner satirischen Dichtungen bewunderte, bereits einige Jahre zuvor mit einem Bildnis (GW 1555) geehrt.

269 El amor y la muerte
Liebe und Tod

um 1797/98
Capricho 10
Radierung und Aquatinta, geschabt, Stichel
215 × 150 mm
Numerierung im Rand o.r.
Legende im unteren Rand
Privatsammlung Hamburg
Lit.: H 45 III, I; GW 469; Sánchez-Cantón 1949, S. 73; López-Rey 1953, S. 109-110; Ragghianti 1954, S. 175; Sayre 1974, Nr. 42-45

Kontinuität und Wandel in Goyas Kunst kann ein Vergleich mit dem voraufgehenden und dem folgenden Beispiel aufweisen. In dieser Radierung ist ein, wie López-Rey sagt, ganz »unromantischer« Liebestod dargestellt, ein Liebhaber, der, im Duell getroffen, in den Armen seiner Geliebten stirbt. Er entgleitet ihrer angestrengten Umklammerung, der Tod vereinigt nicht, sondern trennt. Darauf sind alle Bildelemente abgestimmt: die labilen Schrägen der Körper, das Lasten der dunklen Himmelszone, die ruinösen Reste einer Befestigungsanlage, die nach López-Rey vielleicht schon als solche auf die Antiquiertheit des Duellierens, die Sinnlosigkeit eines überholten Ehrbegriffs verweisen. Auf ihn bezieht sich auch Goyas Kommentar, wenn er von dem calderonianischen Liebhaber spricht, einer Personifikation der historischen Dramenwelt des Dichters, die der Aufklärung als überholt in ihrer Moral galt.

Durch betonte Helligkeit ist die zusammenbrechende Gestalt des Mannes mit Gesicht und Arm der Frau herausgehoben. In der Angleichung ihrer Gesichter ist exzessiver Schmerz zusammengefaßt.

A *Es ist nicht ratsam, den Degen oft zu ziehen: Liebschaften bringen Streit und Herausforderungen mit sich.*
BN *Verbotene Liebesgeschichten haben nur Redereien und Händel zur Folge.*
P *Hier sehen sie einen calderonianischen Liebhaber, der, unfähig seinen Rivalen auszulachen, in den Armen der Geliebten stirbt und sie durch seine Verwegenheit verliert. Es ist nicht ratsam, das Schwert zu oft zu ziehen.*

270 Frau beweint einen Sterbenden

um 1810-20
Pinsel in Tusche
189 x 261 mm
Madrid, Biblioteca Nacional, B. 1260
Lit.: GW 1526; G (Z) 369

Gassier folgend, darf man in dieser Zeichnung eine »pathetische« Stilisierung der Ereignisse des Befreiungskrieges und des Hungerwinters 1811/12 sehen.

Im Gegensatz zu Capricho 10 ist in dieser späten Arbeit nicht das Ende eines Dramas, sondern anonymes und damit allgemeingültiges menschliches Elend dargestellt, eine ›Beweinung‹, die an biblische Darstellungen denken läßt und in einer Variante des Albums F (1, G(S) 277) wiederkehrt.

Die Bindung von Mann und Frau und zugleich die Unausweichlichkeit des Endes werden sinnfällig schon durch die Komposition, eine Pyramide vor weitem, leerem Blattgrund, in welche die Gestalten zwischen Fels und Baumstumpf eingebunden sind.

Ebenso wie das Motiv räumlich unbestimmt bleibt, deutet die Zeichnung die plastischen Formen in Flächen und Flecken um, welche das Gegenständliche verschmelzen lassen. Ausgesparte Helligkeit geht frei darüber hinweg, wodurch die beiden Menschen in ihren Gesten noch intimer vereint erscheinen. Mit Freiheit und zugleich Reduktion der Mittel ist hier stärkste expressive Wirkung erreicht.

271

270

271 Höllenvision

um 1819
Pinsel in lithographischer Tusche
155 x 233 mm
London, British Museum, 1876.5.10.374
Lit.: GW 1646; G (Z) 312

Daß das Blatt von Anfang an als Vorzeichnung zu einer Lithographie konzipiert war, beweist die Verwendung lithographischer Tusche. In der Bildvorstellung und in der Art der Pinselarbeit ist sie den Vorarbeiten zu den ›Disparates‹ verwandt. Während Goya jedoch dort den ersten Entwurf bei der Arbeit an der Platte weiterentwickelte, hoffte er hier, ihn in seiner malerischen Spontaneität und Helldunkel-Wirkung unmittelbar vervielfältigen zu können (vgl. folgendes Blatt).

Ähnlich wie in Kat. 251 ist hier eine Grenzsituation zwischen Zeit und Ewigkeit dargestellt, einer Ewigkeit, die sich als helle Leere der Hölle auftut. Der Mensch, dessen Leichnam von einem Teufel an diese Grenze gezerrt wird, erscheint als Leidender, Gestürzter. Er wird verfolgt von dämonischen Gestalten und Fratzen, Inkarnationen des Dunkels. Ihre visionäre Erscheinungsweise ist bewirkt durch Goyas Zeichentechnik, die Form aus chaotischer Verdichtung entstehen läßt (vgl. auch Kat. 18).

272

272 Höllenvision

um 1819
Lithographie (Pinsel und Tusche, Umdruck)
120 x 240 mm
Madrid, Biblioteca Nacional
Lit.: H 272; GW 1645; Sayre 1974, Nr. 248-250

Nur dieses Unikat der Lithographie nach der voraufgehenden Zeichnung (Kat. 271) ist erhalten. Es ist, vergleichbar Goyas Übertragung von Vorzeichnungen auf die Radierplatte, im Umdruckverfahren hergestellt. Das Ergebnis dieses Versuchs wird »mißglückt« (Lafuente Ferrari 1961, S. 41) oder gar »katastrophal« (Gassier (Z) 312) genannt, da Goya hier, in einem seiner ersten Experimente in dem neuen Medium, weder das geeignete Papier verwendete noch einen gleichmäßigen Druckvorgang erzielte.
Trotzdem ist die Lithographie von imaginativer Wirkung. Die Druckfarbe erscheint, analog zu der Zeichnung, als das Material, aus dem sich positiv und negativ die gestalthaften Formationen herausbilden.

273

273 Die Lektüre

um 1824
Lithographie (Kreide)
115 x 125 mm
Privatbesitz
Lit.: H 276; GW 1699; Sayre 1966, S. 84, 106, 113, 114; Sayre 1974, Nr. 254

Wegen ihrer Intimität und heiteren Ruhe wird diese Lithographie meist in Goyas letzte bordelaiser Jahre datiert, die er in Lebensgemeinschaft mit Leocadia Weiss und ihren Kindern Guillermo und der kleinen Mariquita (vielleicht seiner Tochter) verbrachte. So könnte man in der Darstellung der jungen Frau, die zwei begierig lauschenden Kindern vorliest, eine Huldigung an familiäre Gemeinsamkeit sehen, die – schwach erkennbar – eine düstere männliche Gestalt aus der Finsternis beobachtet.
Gegenüber den ersten, noch in Madrid entstandenen Lithographien zeigt diese ein neues Verständnis für die Ausdrucksmöglichkeiten dieser Technik. Sie ist nicht nur auf den Stein gezeichnet, wobei dichte und transparente Partien ineinander übergehen, sondern weitgehend durch Herausholen der Helligkeit aus der dunkel druckenden Kreide. So entsteht ein um die Grüppe konzentrierter Lichtschein von lebendiger Atmosphäre.
Sayre (1966) hat festgestellt, daß Goyas Technik hier der seiner um 1824 entstandenen

Miniaturen entspricht, von denen er selbst sagt, sie seien mehr mit dem Pinsel des Velázquez als dem des Mengs gemalt, und ohne die miniaturgerechte Punktiertechnik. Dies trifft tatsächlich für diese Lithographie mit ihrer — gemessen an ihrem kleinen Format — breiten Faktur zu.

274 Hunde greifen einen Stier an

um 1824/25
Lithographie (Kreide, Feder, Schaber)
165 x 125 mm
Privatbesitz
Lit.: H 277; GW 1704

Mit dieser Lithographie nimmt Goya das Motiv von zwei Blättern, Nr. 25 und C, der Tauromaquia (H 228, 239) wieder auf, einen Stier, der von Hunden gereizt wird. Er hat den einen bereits in die Luft geschleudert und ist angriffsbereit, den nächsten auf seine Hörner zu nehmen. Der Vorgang spielt sich hier nicht in der Arena, sondern auf freiem Feld ab, ist nicht Vorspiel zum gesellschaftlich vereinbarten sportlichen Ritual, sondern Zusammenprall von tierischer Kampflust, den zwei Toreros erregt aus der Ferne beobachten.
Anstelle des abgegrenzten und flächig gestalteten Bildraums von Blatt 25 der Tauromaquia tritt nun die Heiligkeit des offenen Blattgrundes.
Das lithographische Verfahren ermöglicht es hierbei, mehr als die Radiertechnik dort, Tiere und Figuren darin einzubinden. Die Darstellung ist in verschiedener Druckstärke, am leichtesten bei den Zuschauern im Hintergrund, am intensivsten im Zentrum, mit Kreide auf den Stein gezeichnet, mit der Feder in lithographischer Tinte an den Hauptmotiven verstärkt, wobei einige Veränderungen mit dem Schaber vorgenommen worden sind. So entsteht der Eindruck von Luftperspektive, von lebendiger Modellierung und von Tonvaleurs.

275 Das Duell

um 1824/25
Lithographie (Kreide)
220 x 200 mm
Signiert u.l. im Stein: »Goya«
Privatbesitz
Lit.: H 281; GW 1702; Sayre 1971; Sayre 1974, Nr. 260

Das Thema hatte Goya bereits in einer Federlithographie der letzten Madrider Zeit, dem ›Altspanischen Duell‹ behandelt (H 271). In seinen späteren Alben war es mehrfach vorbereitet, so im Sepia-Album (F 10-15, G(S) 284-89), und in einem Blatt des Bor-

274

275

276

deaux-Albums (G 58, G(S) 414). Dort trägt die Zeichnung die Inschrift: »Quien vencera?« – Wer wird siegen? Diese Frage nach Leben und Tod ist auch der Inhalt der vorliegenden Lithographie, wobei die Antwort schon mit enthalten ist.

Goyas Kunst erweist sich hier schon im Verzicht auf alles illustrative Beiwerk und in der Anlage einer konzentrischen Komposition vor der hellen Bildfläche. In ihr sind Duellanten, Zuschauer und sparsam gestalteter Umraum zusammengefaßt und zugleich durch weiche Abstufung der Grauwerte voneinander abgehoben. Durch Zeichnen und breites Verreiben der Kreide ist das Motiv auf den Stein gebracht und nachträglich punktuell verstärkt, so daß vor allem die beiden Schwerter und das Blut des Erstochenen hervortreten.

Dieser Kampf hat nichts Heroisches, die Duellanten erscheinen nicht als Helden, sondern eher von dumpfer, ungelenker Wildheit. Doch hat Goyas Darstellung hier nicht mehr die moralisierende Absicht der Caprichos (vgl. Kat. 269), vielmehr meint sie eine Hervorkehrung ›archetypischer‹ menschlicher Gegnerschaft.

Sayre meint in diesem und dem folgenden Blatt zusammen mit einem dritten (Junge Frau in Trance, H 279) den Ansatz zu einer lithographischen Folge von neuen späten ›Caprichos‹ zu sehen.

276 El vito (Andalusischer Tanz)

um 1824/25
Lihtographie (Kreide)
180 x 180 mm
Signiert im Stein u. Mitte: »Goya«.
Madrid, Biblioteca Nacional
Lit.: H 280; GW 1701

Ähnlich wie bei den Lithographien der ›Stiere von Bordeaux‹ (Kat. 263-266) hat man hier den Eindruck, daß Goya die Möglichkeiten dieser Technik geradezu sinnlich auskostet und damit eine zu seiner Zeit unerkannte Ausdrucksskala entdeckt. Zarterer oder stärkerer Nachdruck der Kreidezeichnung, der handschriftliche Duktus, die unmittelbar in die Graphik übertragen sind, erwecken den Eindruck von flutendem Leben und Licht.

Die applaudierenden Zuschauer, die mit Instrumenten und Händeklatschen dem Rhythmus der Tänzerin sekundieren, sind nicht nur durch die ovale Gruppierung, sondern vor allem durch die Entgrenzung der Einzelformen in Übergängen von Grauwerten als vitale Einheit begriffen, aus der sich die Hauptgestalt hell und plastisch heraushebt. Lockere Zickzacklinien und punktierte Ränder verbinden sich mit den frei gesetzten tiefen Schwärzen zu einem vibrierenden Bildmuster. So wird der ›Andalusische Tanz‹ zur elementaren Lebensäußerung einer Gemeinschaft, die wie bei den ›Stieren von Bordeaux‹ ungeschönt, ja mit groteskem Humor gesehen ist.

277 Maja (vor dunkelm Hintergrund)

um 1826
Radierung, Aquatinta (?), geschabt
190 x 120 mm
Privatbesitz
Lit.: H 30, III; GW 1823; Sayre 1971

Carderera (1863, S. 247) meinte, diese Platte, die auf der Rückseite das Gegenstück, Kat. 278, trägt, sei um 1807/08 ausgeführt, doch wird sie heute richtiger in Goyas letzte Arbeitszeit in Bordeaux datiert. Die vorliegende Radierung setzt vereinfacht die Technik der ›Proverbios‹ (Kat. 249) fort. Vor einem in ungeordneten, unruhigen Ätzlinien und Aquatinta angelegten dunklen Grund, in dem vage Umrisse von geisterhaften Figuren zu erkennen sind, hebt sich die Gestalt der Maja durch stärker geätzte Zeichnung und partielles Aussparen des Gesichtes und des Rockes ab. Sie nimmt fast die ganze Bildfläche ein und tritt dem Betrachter in selbstbewußter Haltung gegenüber. Durch die Verschattung der Augen und die Einbindung in den dunklen Blattgrund wirkt sie wie von Geheimnis umgeben.

So ist ihr Bild eine kleinformatige, doch monumentale Wiederholung von Leitmotiven aus Goyas Schaffen. Man denkt ebenso an die unzähligen ›Majas‹ seiner Caprichos wie an seine großen ganzfigurigen Porträts, etwa das der Herzogin von Alba (GW 355), und an seine Würdigung der Frau aus dem Volke in der ›Wasserträgerin‹ (GW 963).

Sayre bezeichnet die Maja zusammen mit den Alten auf der Schaukel (Kat. 279, 280), einem ›Andalusischen Schmuggler‹ (H 34) und einem ›Blinden Gitarristen‹ (H 35) als Fragmente einer späten, radierten Capricho-Serie.

278 Maja (vor hellem Grund)
Radierung und Kaltnadel
190 × 120 mm
Privatbesitz
Lit.: H 31, III; GW 1824; Sayre 1971

Eleanor Sayre hat darauf hingewiesen, daß diese Radierung fast wörtlich einem Blatt des Bordeaux-Albums (G(S) 439) folgt, wobei allerdings das Kapriziöse ihrer Haltung und die Ornamente ihres Kostüms betont herausgearbeitet sind. Gerade diese genaue Wiedergabe einer Zeichnung widerspricht jedoch Goyas Schaffensweise in seinen späten Radierungen, wie auch die Tatsache, daß die Radierung die Zeichnung seitenverkehrt wiedergibt, was bei ihm nur in Ausnahmen (Kat. 215) vorkommt. Auffallend ist auch, daß die ergänzende Kaltnadelarbeit an der Mantilla rechts und an der rechten Schulter der Frau wie an ihrem linken Oberkörper sich nicht mit den geätzten Partien verbindet.

Hinzu kommt ein anderes wichtiges Indiz, auf das Sayre hinwies. Während die beiden ›Alten‹ (Kat. 279/280) auf Vorder- und Rückseite einer normalen Platte geätzt sind, befindet sich die ›helle‹ Maja auf der Rückseite einer ungewöhnlich dünnen Kupferplatte, ebenso wie der in Motiv und Technik unstimmige ›Andalusische Schmuggler‹ (H 34) auf der Rückseite einer anderen, unvollendet gelassenen, fehlgeätzten dünnen Platte. Sayre hat daraus geschlossen, daß diese beiden ursprünglich zusammengefügt gewesen und erst nachträglich wieder getrennt worden seien. Auch dies legt die Vermutung nahe, daß ein anonymer Radierer, vielleicht sogar Lumley selbst, der sich als Amateur in diesem Fach betätigte, die Rückseiten der beiden Platten ausführte und dabei Zeichnungen Goyas kopierte. Der vorliegende Abzug stammt wie die dazugehörigen Blätter (Kat. 277, 279/280) aus der kleinen Auflage, die Lumley 1859 herstellen ließ.

Das Beispiel erinnert daran, wie bald schon nach dem Tode eines Künstlers sich Fehler in der Kunstgeschichtsschreibung einstellen können. Schon Carderera 1863 (S. 247) hegte keinen Zweifel an der Eigenhändigkeit der ›hellen‹ Maja. Er veröffentlichte andererseits im selben Aufsatz in der ›Gazette des Beaux-Arts‹ (vor S. 239), eine Radierung von Jules Jacquemart, die er für die Wiedergabe einer originalen Goya-Zeichnung hielt, die in Wirklichkeit aber ein Pasticcio von Goya-Motiven und eine harmlose Abwandlung von Capricho 17 (Kat. 228) zur ›Scène Espagnole‹ darstellt. (Nochmals als Graphik abgedruckt bei Lafond 1890, nach S. 36, und abgebildet bei Sánchez Cantón 1949, nach S. 32.)

277

278

279

280

279 Alte Frau auf einer Schaukel

um 1826
Radierung (und Schaber?)
185 x 120 mm
Privatbesitz
Lit.: H 33, III; GW 1826

Auch in diesem und dem folgenden Exponat erkennt man Rückgriffe Goyas auf Bildthemen seiner früheren Jahre. Hatte er in einem Teppichkarton von 1779 (GW 131) das Schaukeln noch im Sinne des Rokoko und eines Fragonard als gesellschaftliches Spiel gestaltet, gerät das Motiv hier zum Ausdruck eines elementaren Lebenswillens und abgründigen Humors. Burlesk, ja närrisch ist das Gesicht der Alten gezeichnet, die von einer Katze auf einem kahlen Ast beobachtet wird. Wahrhaft ›bindungslos‹ ist ihre Situation, denn man sieht weder Halterung noch Standfläche der Schaukel.

Sayre sieht deshalb in ihr nicht eine Alte auf der Schaukel, sondern eine Hexe, die auf ihrem Seil durch die Luft »reitet«.

Ähnlich wie bei den gleichzeitigen Lithographien (Kat. 274-276) hat Goya hier einen Formzusammenhang hergestellt, der mit den Bedingungen von Raum und Bildfläche frei korrespondiert. Auch das trägt zum Eindruck losgelösten Schwebens bei.

Während der Künstler sich in seinen frühen Radierungen (Kat. 190ff.) um eine zunehmende Systematisierung der Technik bemühte, scheint sich hier eher ein spontaner Umgang mit dem Medium zu dokumentieren. Die Angaben von Anatomie und Konturen sind vernachlässigt, in unregelmäßigen Ätzlinien geht das eine in das andere über. Harris ist sogar der Ansicht, daß die Plattenfehler am Kopf und Oberkörper der Alten bewußt hergestellt sind.

280 Alter Mann auf einer Schaukel

um 1826
Radierung und Aquatinta (geschabt)
185 x 120 mm
Privatbesitz
Lit.: H 32, III; GW 1825; Sayre 1974, Nr. 261-265

Die Radierung bildet auf derselben Platte aus Lumleys Besitz die Vorderseite zur vorigen und ist auch inhaltlich ihr Pendant. Die Figur wirkt hier nicht wie in die Helle hineingezeichnet, sondern wie aus dem dunkel radierten und aquatintierten Grund herausgearbeitet. Geisterhafte Andeutungen von zwei Gestalten hinten, Ätzflecken unten verstärken den Eindruck der Ungewißheit. Sayre bezeichnet den Alten als Zauberer auf dem Seil, umgeben von Dämonen.

Eine Ideenskizze, welche die Entstehung in Bordeaux bestätigt, findet man in Goyas letztem Album (H 58, G(S) 470). Während der Alte dort gleichsam an den Bildrändern befestigt über der Leere der Fläche schwebt, hängt er hier ›haltlos‹ auf seiner Schaukel, übermütig frei und verloren zugleich. Wollte man in diesen letzten Arbeiten etwas vom Lebensgefühl des späten Goya erkennen wollen, würde noch einmal sein ambivalentes Verhältnis zur Welt und zur Gesellschaft sichtbar.

Werner Hofmann
Die Gemälde

Vorbemerkung

Einige der in der Ausstellung versammelten Gemälde Goyas sind seit Jahren Gegenstand grundsätzlicher wissenschaftlicher Erörterungen und Kontroversen: ihre Autorschaft ist nicht zweifelsfrei anerkannt, über ihre Entstehungszeit gehen die Meinungen weit auseinander. Da nicht alle Leihgaben an ihren Standorten untersucht werden konnten und es auch nicht möglich war, auf ausgedehnten Reisen einen Grundstock von gesicherten und datierten Werken zu studieren, um solcherart die im wahrsten Sinne des Wortes »fragwürdigen« Fälle zu klären, müssen diese Fragen offen bleiben und konnten nur vorsichtig diskutiert werden.

Die von Gassier-Wilson, Gudiol und de Angelis vorgeschlagenen Datierungen stehen in Klammern neben den Nummern der jeweiligen Werkverzeichnisse.

Farbtafel II

281 Selbstbildnis
Öl auf Leinwand
58 × 44 cm
Privatbesitz
Lit.: GW 26 (um 1771-75); Gudiol 1971, Nr. 36 (um 1773); Angelis 1974, Nr. 38 (1773-74)

Goyas erstes Selbstbildnis und eines seiner ersten Bildnisse überhaupt. Die Datierung schwankt zwischen 1771/75 (Gassier-Wilson), 1773/74 (Gudiol, de Angelis) und 1783 (Sánchez-Cantón). De Angelis vermutet, daß Goya das Bild malte, als er 1773 Josefa Bayeu heiratete. In warmen, sevillaner Farben gehalten — Gudiol denkt an Murillo — hat Goya diese Selbstdarstellung nicht nur vom repräsentativen Vorzeigegestus des 18. Jahrhunderts entlastet, sondern auch die Standes- bzw. Berufsattribute unterschlagen. Das gibt dem Bild seinen privaten Charakter und seine Eindringlichkeit. Ein Mann etwa in der Mitte seines dritten Jahrzehnts, der sich mit prüfender Beharrlichkeit wiedergibt, fast weiblich in manchen Gesichtspartien, doch von einer dunklen, glühenden Sinnlichkeit. Der dunkle Grund, in den das Gesicht eingelassen ist, wird von Gallego (Saragossa 1978, S. 22) als keimender ›Romanticismo‹ gedeutet. Der vollrunde Schädel greift schon auf die Selbstbildnisse um 1800 voraus (Bayonne, Castres).

282 Die Opferung von Jephthahs Tochter

Öl auf Leinwand
97 x 120 cm
Madrid, Señor José Luis Várez Fisa
Lit.: GW 169 (um 1775-80); Gudiol 1971, Nr. 109 (um 1775-80); Angelis 1974, Nr. 183 (1780-90)

Bis vor kurzem vermutete die Forschung in der Szene die Opferung der Iphigenie. Pérez Sánchez (Archivo Español de Arte, 205, 1979, S. 77) hat unlängst eine verwandte Komposition (GW 167) als Opferung der Tochter Jephthahs gedeutet. Seine Argumentation überzeugt: das von ihm ›umgetaufte‹ Bild galt früher ebenfalls als Opferung der Iphigenie – ein Titel, der wenig überzeugte, da es eindeutig zu einer Gruppe von vier Bildern zählt, von denen drei zweifelsfrei Szenen aus dem alten Testament darstellen (GW 164, 165, 166, alle früher im Besitz der Herzöge von Aveyro, nämlich Moses und die eherne Schlange, Moses schlägt Wasser aus dem Felsen und die Opferung Isaaks). Eine antike Szene paßt nicht in dieses Ensemble, weshalb Pérez Sánchez nach einer alttestamentarischen Opferhandlung suchte und auf das Schicksal der Tochter Jephthahs stieß, die für den Sieg ihres Vaters über die Ammoniter bezahlen mußte. Jephthah hatte vor dem Kampf geschworen: »Was zu meiner Haustür heraus mir entgegengeht, wenn ich mit Frieden wiederkomme . . ., das soll des Herrn sein, und ich will's zum Brandopfer opfern.« (Richter, 11, 31). Dem Heimkehrer kam als erste sein einziges Kind entgegen. Sie durfte noch zwei Monate lang ihre Jungfräulichkeit beweinen, danach wurde das Gelübde vollstreckt.

Wahrscheinlich hieße es die Deutung überanstrengen, wollten wir schon in diesem frühen Werk ein Indiz für einen von Goyas Leitgedanken sehen: die Frau als Opfer männlicher Machtjustiz, aber zweifellos steckt in der hochdramatischen Szene nicht nur der Kern der Opfer-Täter-Beziehung, auf die wir mehrmals hinweisen konnten, sondern auch der Ansatz zu einigen von Goyas bevorzugten Pathosformeln: die Rückenfigur mit den abwehrend und schreckhaft hochgerissenen Armen begegnet uns später immer wieder (z.B. in der Erschießung der Aufständischen und in Kat. 125). Die schräg nach oben blickende Kniende ist die ›Matrize‹, aus der Des. 1 (Kat. 69) hervorgehen wird; zusammen mit dem Exekutanten (einem Hinterrücks-Täter) treffen wir sie in Kat. 117 wieder an.

283 Majo mit Gitarre

Öl auf Leinwand
135 × 110 cm
Madrid, Prado (Inv.Nr. 743)
Lit.: GW 140 (1780); Gudiol 1971,
Nr. 92 (1780); Angelis 1974, Nr. 98 (1779-80)

Aus der Serie von zwölf Vorlagen für Wandteppiche, die das Vorzimmer der Prinzen von Asturien im Pardo-Palast schmücken sollten. Dem dekorativen Zweck entsprechend, ist die Komposition großflächig angelegt. Sie entspricht dem klassischen Dreiecksschema, wobei Goya die flankierenden Gestalten in einer dicht dahinterliegenden Raumschicht unterbringt — ein frühes Beispiel für seine Vorliebe, Menschen abrupt hinter Raumschwellen absinken zu lassen.

Das Bild bietet Anlaß, den von Ortega y Gasset (Goya, Madrid 1963, S. 48f) zur Diskussion gestellten »plebeyismo« Goyas zu untersuchen. Dieser modischen Geschmackshaltung befleißigten sich die spanischen Aristokraten der 2. Hälfte des 18. Jahrhunderts. Man ahmte Gesten und Umgangsformen der niederen Klassen nach, man vulgarisierte sich, indem man sich selber und das echte »volgare« — an dem diese Anleihen freilich nicht spurlos vorübergehen konnten — im Zitat gleichsam verfremdete. Goya verstand es, die in diesen Attitüden verborgenen Zwiespälte mit Hilfe anschaulicher Umschlageffekte herauszuarbeiten. Deutlicher als die meisten seiner aus dem Leben des Volkes gegriffenen Szenen, mit denen die Teppichmanufaktur die königlichen Paläste schmückte, zeigt sein ›Majo mit der Guitarre‹ die Ambivalenz dieses »plebeyismo« auf. Einmal erkennen wir in der Haltung des Mannes einen ins »volgare« abgesunkenen Gestus, den Marc Antonio Raimondi aus Raffaels Parnaß abwandelte und in einem Stich verbreitete (Abb. 157), — Goya verfährt mit dem klassischen Vorbild (wenn er es gekannt hat!) etwa so wie Manet mit Raimondis Flußgöttern —, zum andern steckt in dieser Haltung eine Rangerhöhung: seine Ähnlichkeit mit Apoll wertet den Majo auf. (Das geht so weit, daß Goya das Dreiecksschema eigenmächtig seinem ›Zitat‹ hinzufügt, also das normative Vorbild übertrifft.)

Wir haben es also mit »plebeyismo« und dessen Umkehrung zu tun. Ein Kenner der italienischen Renaissance konnte (und sollte wohl auch) in dem Bild eine Parodie, d. h. die Ironisierung einer klassischen ›Höhenlage‹ erblicken, zugleich forderte es ihn auf, den anonymen Majo als Erben des göttlichen Sängers zu deuten: wie er nach oben blickt, scheint er nach himmlischer Inspiration Ausschau zu halten. Nordström (1962, S. 25) vergleicht unser Bild mit dem Gitarrenspieler in Ripas ›Iconologia‹ (1630), der dort das sanguinische Temperament verkörpert. Mit dem Johannes der Apokalypse kontaminiert, erfuhr Raimondis Apoll in Gillrays ›Apotheose des Generals Hoche‹ (1798) eine noch radikalere ›Bedeutungsinversion‹ (Kat. 384).

283

Abb. 157 Raimondi, *Parnaß*

283 a Allegorie
Öl auf Leinwand
Gudiol 121
Madrid, Señor José Luis Várez Fisa

Offenbar identisch mit dem ›boceto‹, in dem Guidol (Kat. 121) einen der zurückgewiesenen Entwürfe für die Kirche El Pilar in Saragossa vermutet. Goya führte diesen Auftrag 1781 aus.

284 Der betrunkene Maurer
Öl auf Leinwand,
35 x 15 cm
Madrid, Prado (Inv. Nr. 2782)
Lit.: GW 260 (1786); Gudiol 1971, Nr. 224 (1786); Angelis 1974, Nr. 202 (1786)

Erste Skizze eines Wandteppichentwurfs für den Speisesaal im Pardo-Palast. Bei der Übertragung änderte Goya den Bildgedanken: aus dem betrunkenen wurde ein verletzter Maurer. Diese ›Bedeutungsinversion‹ wird uns von beiden Assistenzfiguren signalisiert. Auf der Skizze verrät ihr breites Grinsen etwas von der Schadenfreude lustiger Komplizen, in der endgültigen Fassung (Abb. 158) blicken sie ernst, aber nicht sehr teilnahmsvoll. Die Gerüste im Hintergrund haben sich kaum geändert. Das ist wichtig, denn es läßt den Schluß zu, daß Goya in beiden Bildern einen Gestürzten darstellen wollte: einmal ist er – laut Titel – betrunken, das andere Mal nicht. Zur gleichen Zeit behandelte Goya in einem anderen Teppichentwurf einen Arbeitsunfall, der sich bei einem Steintransport

Abb. 158 Goya, *El albañil herido*

zugetragen hat: wir sehen, wie ein Arbeiter auf einer Bahre weggetragen wird (GW 252). Wie konnte Goya auf die Idee kommen, den Hof in seinen Palästen mit solchen und anderen Szenen aus der Welt der Arbeiter und Armen zu behelligen? Edith Helman (1963, S. 32) schlägt zwei Antworten vor. Einmal erklärt sie das Thema mit einem Erlaß Karls III. (Kat. 285), der sich mit der mangelhaften Sicherheit der Baugerüste befaßte und seit 1778 mehrmals veröffentlicht wurde — insofern wäre ein Wandteppich mit einem verletzten Arbeiter ein ›Denkmal‹ des sozialen Gewissens des Monarchen —, zum andern sieht sie, Ortega y Gasset folgend, in den beiden Maurer-Bildern einen weiteren Beweis für Goyas Indifferenz und leugnet jedwedes sozialkritisches Engagement. Demnach kostete es Goya keine Mühe, das anstößige Thema eines Betrunkenen zu entschärfen, denn weder dieses noch das des Verletzten habe ihn innerlich beschäftigt. Sein einziges Interesse galt den »problemas pictóricos«.

Diese Argumente überzeugen nicht. Was die Anstößigkeit angeht, treffen wir Betrunkene, Randalierer und Schlägertypen jeder Art in mehr als einem Teppichentwurf (GW 76, 263) — sie gehören auf das Konto des »plebeyismo« (vgl. Kat. 283). Und Goyas soziales ›Desengagement‹ sollte man nicht schnell abtun, denn es bedeutet nicht Gleichgültigkeit, sondern einen Blick auf die conditio humana, der die Rollen, die sie uns abfordert, zwar sieht, aber letztlich zusammenfallen läßt. Wer den Menschen permanent als stürzend erlebt, wie Helman an anderer Stelle eindringlich gezeigt hat (1963, S. 134), bemißt das Unglück nicht danach, ob es einen Betrunkenen oder einen Nüchternen ereilt hat. Seine Distanz macht Goya nicht indifferent, sie weitet seinen Blick.

Zuletzt sei noch auf ein künstlerisches Problem hingewiesen. Es liegt nicht dort, wo Helman es vermutet, im Formalen, sondern in der ›Bedeutungsinversion‹, von der bereits mehrmals die Rede war (S. 312f.). Die beiden Maurer-Bilder sind ausgezeichnete Beispiele dafür, wie die Bedeutung einer Geste umschlagen kann, wenn ihr Kontext (hier: die beiden Assistenzfiguren) sich ändert. Hier gilt, was Kafka einmal so ausdrückte: »Der Verzückte und der Ertrinkende, beide heben die Arme. Der erste bezeugt Eintracht, der zweite Widerstreit mit den Elementen« (Drittes Oktavheft). Auch das 18. Jahrhdt. kennt diese Mehrdeutigkeit. In Diderots ›Traité du Beau‹ wird die Relativität, d. h. die Bezugsabhängigkeit jeder ästhetischen Formulierung behandelt. Wörter und Sätze sind demnach kontextabhängig. Das belegt Goya sein Leben lang für das anschauliche Vokabular des Malers.

284a

Farbtafel IV

284a Das Picknick
Öl/Leinwand
42 × 54,5 cm
München, Bayerische Staatsgemäldesammlungen, Neue Pinakothek, Inv.Nr. H. u. W. 23
Lit.: GW 149 (um 1776-78); G 272 (1786-88); Angelis 58 (1776); Münchener Jahrbuch der bildenden Kunst, Band XXV, 1974, S. 252, 253

Eine im wahrsten Sinne des Wortes bunt zusammengeworfene Gesellschaft. »Bunt« umschreibt die mit flüssigem Pinsel erzeugte Starkfarbigkeit, die nicht aus Akkorden, sondern aus grellen Kontrasten hervorgeht. Gelb, Rot, Weiß und Blau sind mit der Kraft eines Ostinatos eingesetzt, wobei die gewaltsame farbige Intensität Grenzwerte der Sättigung erreicht, die sich mit dem unbekümmerten Gebaren der Teilnehmer an diesem ländlichen Trinkgelage treffen. Aus der Sättigung, ja Übersättigung dieser Majos und Majas kommt die Promiskuität, die das Wort »zusammengeworfen« meint. »Die Majos und Majas gehören der untersten Schicht der spanischen Gesellschaft des 18. Jhdts. an. Die Majos stilisieren sich durch großsprecherische Redeweise, durch draufgängerisches Gehabe und durch ihre traditionell spanische Kleidung«. (Held, 1971, S. 35) In dieser Schicht verkörpert sich das, was der Spanier »castizismo« nennt, das Unverfälschte, die spanische Eigenart, die sich gegen das Französische der »petimetres« und der Aufklärungsideen zur Wehr setzt.

Die Freuden des Weines und ihre Kehrseite – so könnte man das Bild auch nennen. Der beherrschende zentrale Figurenturm aus einer Frau und drei Männern zeigt das ›Vivat Bacchus‹ auf seinem geselligen Höhepunkt. Der Majo im Vordergrund verkörpert anscheinend den Augenblick, wo der Genuß des Weines das Gleichgewicht bedroht und ein gewisses Sichgehenlassen hervortreten läßt. Der nächste Schritt dieses ›volgare‹ wird links vollzogen. Ein Trinker erbricht sich, von einem Mönch (in dem sich Goyas ›Hinterrückstäter‹ ankündigt) gleichgültig unterstützt. Im hilflosen Verfall der Vitalität steckt bereits das Modell, die ›dunkle Totalidee‹ der Sterbenden oder Verdurstenden, mit denen Goya sich in seinem späteren Werk immer wieder beschäftigen wird (vgl. Kat. 78, 82, 127). Im ›Picknick‹ der Londoner National Gallery (GW 274) führt Goya diese Haltung weiter. Unbeteiligt an diesem Geschehen sind einmal die beiden Männer, die rechts hinter einer Bodenwelle auftauchen bzw. verschwinden (vgl. Kat. 283), zum andern die rotrockige Maja, die nicht schadenfroh, sondern distanziert überlegen wirkt. Sie ist Zuschauerin und die einzige Gestalt mit deutlich wahrnehmbaren Gesichtszügen – alle andern verbergen sich, wie es sich für Komplizen gehört, oder wenden sich von uns ab.

Das ›Picknick‹, vermutlich für einen Wandteppich bestimmt, der nicht ausgeführt wurde, dürfte um 1776/78 entstanden sein. Damals malte Goya auch einige Bilder mit alttestamentarischen Szenen, darunter einen Moses, der Wasser aus dem Felsen schlägt (GW 165). Wir vermuten, daß Goyas »agudeza« (Scharfsinn) die naheliegende Beziehung zwischen den Trinkfreuden des Weingelages und des biblischen Wunders herstellte – noch nicht im Sinne der subtilen ›Bedeutungsinversion‹, von der mehrmals die Rede war, aber doch als ein bewußtes Gegeneinandersetzen extremer Ausdruckslagen. Moses steht in der Tradition der tiepolesken Historienmalerei, das ›Picknick‹ ist ein Beispiel für Goyas »plebeyismo« (vgl. Kat. 283), dessen brutale Verachtung formaler Konventionen erst deutlich wird, wenn wir ihm ähnliche Themen aus der Madrider Teppichmanufaktur zur Seite stellen (vgl. Held, 1971, Kat. 92, 95, 107, 119, 224). Das Münchener ›Picknick‹ ist somit auch ein Beleg für das »Moment des Ungeordneten«, welches Held inhaltlich deutet und auf die »anarchistische Tendenz« von Goyas Majos und Majas bezieht.

285 König Karl III

Öl auf Leinwand
211 x 127 cm
Madrid, Banco Exterior de España
Lit.: bei GW 230 (Replik); Gudiol 1971,
Nr. 265 (um 1786-88); Angelis 1974, Nr. 219
(1786-88)

Goya schuf das Jägerbildnis Karls III. (1716-88) in dessen letzten Lebensjahren, weshalb Baticle vermutet, es sei nicht »ad vivum«, sondern nach einem Stich von Camaron gemalt worden. Fünf Exemplare sind bekannt. Goyas Auseinandersetzung mit Velázquez ist offenkundig: sie betrifft jedoch nicht nur Jagdbildnisse von Philipp IV. und Prinz Baltasar Carlos (Kat. 193, 194, 195), worauf Baticle hinweist (Paris 1970, Nr. 11), sondern auch die nachdenkliche, fragile Menschlichkeit des Hofnarren ›Don Juan de Austria‹. Auch dieses Bild hat Goya kopiert (Kat. 199,200). Doch der geistige Vorfahr des greisen Königs ist in Haltung und Blick der ›Menippos‹ von Velázquez (vgl. Kat. 205).

Von diesem kynischen Philosophen der Fragwürdigkeit aller Werte ist es nur ein Schritt zu dem Jäger, den die Zeitgenossen den »Philosophen auf dem Königsthron« nannten. Gudiol spricht von einer »mitleidlosen Karikatur« — ein Wort, das Verständnislosigkeit bezeugt und einmal mehr zur Vorsicht im Umgang mit Kategorien, wie schön, häßlich oder komisch, rät.

286 Das Blindekuhspiel
Öl auf Leinwand
41 × 44 cm
Madrid, Prado (Inv. Nr. 2781)
Lit.: GW 275 (1788); Gudiol 1971, Nr. 255 (1788); Angelis 1974, Nr. 234 (1788)

Skizze für den großen Wandteppichentwurf, der für das Schlafzimmer der Infantinnen im Pardo-Palast bestimmt war. In der endgültigen Fassung (GW 276) sind die Figuren größer und füllen die ganze untere Hälfte der Bildfläche aus, die Blicke sind differenzierter, bald lebhafter, bald mehr maskenhaft; der Karren im Wasser und die winzigen Figuren am anderen Ufer fehlen. In beiden Fassungen konzentriert sich Goya auf den Tanzreigen, die Natur ist nur konventionelle Kulisse. Die Spielregeln verlangen Schmiegsamkeit und rasches Reagieren. Das gelingt nicht allen Teilnehmern: das stehende Mädchen, das aus dem Bild herausblickt, scheint nicht ganz bei der Sache. Diese verwunschene Frontalität wird Goya als Bildnismaler vertiefen.

In der Rückschau und mit dem Wissen der Ereignisse, die 1789 ausbrachen, wirkt die Unschuld dieser Rokokopuppen wie ein Tanz auf dem Vulkan. Goya malte die Skizze im Sommer 1788. Wir versagen uns einschlägige gesellschaftskritische Meditationen zugunsten eines Hinweises auf die zentralen Leitgedanken Goyas, die sich im Ornament des Gesellschaftsspiels durchdringen: der Mensch lebt stürzend, er geht ständig im Kreis — keiner kennt den andern, alles ist Maskerade und Betrug. Davon war in den Bemerkungen zum graphischen Werk mehrmals und ausführlich die Rede.

Farbtafel III

287 Martin Zapater

Öl auf Leinwand
83 x 65 cm
signiert und datiert (1790)
Privatbesitz (Leihgabe an die Galerie Cramer, Den Haag)
Lit.: GW 290; Gudiol 1971, Nr. 293; Angelis 1974, Nr. 745

Das Papier auf dem Schoß des Mannes trägt eine von Goyas Widmungen, in der er dem Dargestellten seine Freundschaft, aber auch seinen Künstlerfleiß bekundet: »Mi amigo Mart^n.Zapater.Con el/mayor trabajo/te ha hecho el/Retrato/Goya/1790.« (Mein Freund Zapater. Ich habe dein Bildnis mit größter Mühe gemacht. Goya 1790).

Wir wissen, daß Goya vom 9. Oktober bis zum 4. November 1790 in Saragossa war. Damals dürfte das Bildnis seines Jugendfreundes entstanden sein, mit dem ihn bis in die ersten Jahre des 19. Jahrhunderts ein regelmäßiger Briefwechsel verband. Diese von spontaner Offenheit diktierten Äußerungen Goyas gehören zu den wichtigsten Quellen seines Lebens (Abb. 159).

Die »verträumte Sanftheit, die vom Gesicht des Freundes ausgeht« (Gassier-Wilson, S. 35), entspringt nicht der verhaltenen Unsicherheit eines Anfängers, sondern einer engen menschlichen Beziehung zwischen Maler und Modell. Damals, um 1790, war Goya bereits durchaus imstande, auf der Skala stattlichen Imponiergehabes zu spielen, und ebendeshalb gab er dem »amigo Zapater« nichts davon, sondern rückte ihn in eine bergende Dunkelheit, die sogar das kalte Grün seines Rocks durchwärmt. Der Blick ist eine Vertrauensvorgabe, die der Maler zu honorieren wußte.

287

Abb. 159 Goya, *Selbstbildnis*

288

288 Der »Bordador« (Sticker) des königlichen Hofes

Öl auf Leinwand
107 × 81,5 cm
Privatbesitz
Lit.: GW 688 (um 1790–1800); Gudiol 1971, Nr. 268 (um 1786–88); Angelis 1974, Nr. 268 (1790–95)

Bis vor kurzem mit Antonio Gasparini identifiziert, gilt der Dargestellte neuerdings als »bordador« (Sticker) des Königs, Don Juan Lopez de Robrero (vgl. Arch. Esp. de Arte, 1974, S. 81)

Dies leuchtet ein, denn der von seiner Bedeutung überzeugte Mann zeigt uns einen Ausschnitt aus seinem ornamentalen Formenschatz: das Musterblatt in seinen Händen und dessen Umsetzung in die Stickerei des Rokkes. Wie das kunstvolle Liniengeschlinge die Brust und die Manschette überwächst, legt es über den Körper einen dekorativen Bann. Für die werbende Schaustellung muß er mit Erstarrung bezahlen.

289 Juan Antonio Meléndez Valdés
Öl auf Leinwand
73,3 × 57,1 cm
Madrid, Banco Español de Crédito
Lit.: GW 670 (1797); Gudiol 1971, bei Nr. 372; Angelis 1974, Nr. 313 (1797)

Meléndez Valdés (1754-1817) war einer der bedeutendsten spanischen ›ilustrados‹. Fünf Jahre jünger als Goethe, wirkte er wie der Weimarer Minister als Dichter und als Staatsmann, doch in der zweiten Funktion ungleich engagierter und folgenreicher als jener. Als Jovellanos, sein geistiger Führer, Justizminister wurde, ernannte der König ihn zum Kronanwalt. Im selben Jahr — 1797 — malte Goya das Bildnis seines Freundes. Wann diese Freundschaft begann, wissen wir nicht. Baticle (Paris 1970, Nr. 17) glaubt ab 1794 den Einfluß des Dichter-Staatsmannes auf Goyas Interesse für Fragen der Kriminalität und das Los der Gefangenen feststellen zu können.

Der formgewandte Lyriker verfügte wie der Staatsmann über einen europäischen Horizont, die Sympathien des Politikers galten Frankreich. 1808 gehörte er zu den ›afrancesados‹, die sich von José Bonaparte eine durchgreifende Reform des spanischen Staatswesens erhofften. Napoleons Bruder ernannte ihn zum Präsidenten des Erziehungswesens. Dafür mußte er 1813 bezahlen. In Oviedo entging er nur knapp der Lynchjustiz; er wurde ausgewiesen und starb 1817 im Exil in Montpellier.

Die Schranke, hinter der Goya seinen Freund abschirmt (ist sie die Barriere, auf der die Justiz ihre Hoheit gründet?), dient der Widmung an den Dargestellten: »A Meléndez Valdés su amigo Goya. 1797«. Diese Horizontale — ob Balken oder Schriftleiste, ist von sekundärer Bedeutung — stellt Würde her, das wußten schon die Venezianer: sie schneidet den Oberkörper zur Büste ab (Giovanni Bellini, Bildnis des Leonardo Loredan, London). Dieser abstrahierende Eingriff kommt dem Denker zustatten, er verfestigt seinen Umriß zur strengen Pyramide und kompensiert die kritisch-abwägende Unsicherheit, die sich im Blick mitteilt.

290

290 Pedro Romero *Farbtafel VII*
Öl auf Leinwand
84,1 x 65 cm
Fort Worth, Kimbell Art Museum
Lit.: GW 671 (um 1795-98); Gudiol 1971,
Nr. 405 (um 1796-98); Angelis 1974, Nr. 303 a
(1796)

Pedro Romero, Liebling der Massen und Schützling der Herzogin von Osuna, war einer der berühmtesten Stierkämpfer des letzten Jahrhundertdrittels. Der ältere Moratín (der Vater von Goyas Freund Leandro) besang in einer Ode seine Kraft und seine Schönheit (Baticle im Katalog Goya, Paris 1970, Nr. 19). Drei Jahre bevor Romero sich 1799 aus der Arena zurückzog, malte Goya sein Bildnis. Was die Gesichtszüge angeht, läßt der Maler den 42jährigen jünger erscheinen, hingegen drückt seine Haltung die selbstbewußte Gelassenheit eines Mannes aus, dem sein Ruhm bis in die zweite Lebenshälfte treu geblieben ist. Ein Massenidol, dargestellt in der Haltung eines Edelmannes. Die Venezianer, etwa Tizians ›Mann mit dem Handschuh‹, müssen zum Vergleich aufgeboten werden, wenn wir einer ähnlichen Nonchalance begegnen wollen. Die lässige Hand ist nicht die eines Kämpfers. Goya betont ihre lockere Untätigkeit und unterspielt damit die Bedeutung, die sie für den Beruf dieses Mannes hat: von ihr hängt sein Leben ab. Es ist, als hätte der Maler in Castiglones ›Cortegiano‹ die Tugenden nachgelesen, die den Gentleman ausmachen. Zu ihnen gehört das, was wir heute ›understatement‹ nennen.

Es scheint, daß Goya als Porträtist Gefallen daran fand, seinen Modellen, je nach der Sympathie, die er für sie empfand, Befangenheit oder Unbefangenheit zu leihen. Im Auftragsbildnis — etwa für den Hofstaat (vgl. Kat. 288) — greift er zur unfreien Pose, einen Mann wie Pedro Romero, der dem »plebeyismo« des Adels zugesagt haben dürfte, stattet er mit einfacher Würde aus, ohne ihm jedoch zu ›nobilitieren‹.

291 Die Zeit rettet die Wahrheit
Öl auf Leinwand
42 x 32,5 cm
Boston, Museum of Fine Arts
(Inv. Nr. 27.1330)
Lit.: GW 696 (1797-1800); Gudiol 1971,
Nr. 482 (um 1800); Angelis 1974, Nr. 332
(1797-1800)

Eine der jungen Frauen des ›Blindekuhspiels‹ (Kat. 286) steht ein wenig abseits, wenngleich zwei Majos sie an den Armen halten und mit der Gruppe verbinden. Sie blickt aus dem Bild heraus und scheint sich um das Spiel nicht zu kümmern. Wir begegnen dieser steifleibigen Unschuld wieder in der Bostoner Allegorie. Jetzt steht sie hüllenlos da, ihr Blick und ihre Haltung sind von entwaffnender Arglosigkeit. Ihr linker Arm geht jetzt nicht zu einem Mitspieler, sondern zu einem Greis, der in dem Maße zurückzuweichen scheint, in dem er sie mit seinem riesigen Flügel vor dem »Geflügel der Nacht« zu beschützen trachtet. Wieder eine ›Bedeutungsinversion‹: aus einer Unschuld vom Lande wurde eine Lichtbringerin, eine Allegorie der Wahrheit. Die Bedrohung, der in Cap. 43 (Kat. 3) der Künstler ausgesetzt ist, schlägt nun in einen tröstlichen Erfahrungsgewinn um. Die ›Zeit‹ — der Mann mit dem Stundenglas — bringt das Licht der Wahrheit zur Anschauung, vor dem Lüge und Trug zurückweichen; und die ›Geschichte‹, im Vordergrund sitzend, ist dabei, dieses Offenbarwerden festzuhalten. Goya verbindet den traditionellen allegorischen Apparat in der Gestalt der ›Wahrheit‹ mit schlichter Treuherzigkeit. Das unterscheidet seinen Bildgedanken von der kalten Formensprache, deren sich etwa ein französischer Stecher in einer ähnlichen Lichtverkündung bediente (Abb. 160). Frankreich, durch die Lilie und die Attribute der demokratischen Regierung gekennzeichnet, zerstreut die Dunkelheit und zeigt dem Universum die Wahrheit (»Fiat Lux«) und die Natur, die den Menschen die Tafel ihrer Rechte vorweist. Die Despoten in Gestalt von Nachtvögeln fliehen beim Anblick des Lichts. So erläutert die Unterschrift die Darstellung, welche zeigt, daß Goyas Metaphern aus der französischen Revolutions-Ikonographie kommen.

Wir haben die Herkunft von Goyas Allegorie bei Kat. 101 und 102 erläutert, ihre weitere Entwicklung hat E. Sayre zur Stockholmer Fassung (GW 694) untersucht. Sie führt zum großen Gemälde in Stockholm. Kronos ist nun ein bärtiger Greis, die Stehende trägt ein großzügig dekolletiertes weißes Kleid, die ›Geschichte‹ ein Hüfttuch. Die Stehende wurde immer wieder als Verkörperung Spaniens gedeutet. Goyas Zeitgenossen, so vermutet Sayre, könnten sie auch als Freiheit gedeutet haben. Dagegen spricht freilich das Buch in der Rechten, in dem Sayre die 1812 in Cadiz beschlossene Verfassung vermutet, weshalb sie das Bild in »Allegorie auf die Annahme der Konstitution« umbenennt und zeitlich in die unmittelbare Nähe dieses Ereignisses rückt.

Gegenüber dem Verfassungstext in der Rechten kommt dem Zepter in der Linken weniger Gewicht zu — so Sayre unter Berufung auf Ripa, der die Rechte als Trägerin der größeren Bedeutungsgewichte empfiehlt. Das erklärt freilich nicht das Nebeneinander der beiden Attribute. Bedeutet es, daß Goya einen Kompromiß, die konstitutionelle Monarchie, vorschlägt? (Oder stellt er — ähnlich wie Regnault (Kat. 322) — Spanien vor die Wahl zwischen zwei einander ausschließenden Regierungsformen?

291

322 Abb. 160 Anonym, *Droits de l'homme*

292

Abb. 161 Goya, *Junge schlafende Frau*

Abb. 162 Becerra, *Maria Magdalena*

292 Schlafende Frau *(Farbig auf Umschlag)*
Öl auf Leinwand
44,5 × 76,5 cm
Dublin, National Gallery (Inv.Nr. 1928)
Lit.: GW 746 (um 1798-1808); Gudiol 1971, Nr. 323 (um 1790); Angelis 1974, Nr. 245 (1790)

Die Frage der Datierung ist noch offen. Wenn das Bild zu den für Sebastián Martínez gemalten Supraporten gehört, wie Gudiol vermutet, dann wurde es um 1790 gemalt. Baticle (Paris 1970, Nr. 32) möchte die ›Schlafende‹ in das Jahrzehnt zwischen 1795 und 1805 versetzen. Gassier-Wilson reservieren ihr die Dekade »1798-1808« und bringen sie in der Nähe der beiden Majas unter.

Zu den Martínez-Bildern wird eine Schlafende mit aufgestütztem Arm gezählt (Madrid, Privatbesitz, GW 308, Abb. 161). Sie schläft den Schlaf einer Maria Magdalena, die solcherart ihre Unschuld wiedergefunden hat. Als Anregung könnte ein Bild wie die ›Maria Magdalena‹ von Becerra im Prado (Abb. 162) gedient haben. Aber Goyas Poesie des Schlafes geht weiter zurück, und sie hat tiefere

Wurzeln. »Schlaf überwältigt sie« — dieser Titel von Cap. 34 (Kat. 32) gilt auch für die Wäscherin, der ein ahnungsloses Lamm mit seiner Liebkosung den Schlaf verschönt (Abb. 163). Im Schlaf wird ihr die Befriedigung zuteil, nach der es die Nymphe auf Tizians ›Bacchanal‹ im Prado verlangt (Abb. 164). Zwischen diesen beiden Schläferinnen ist unser querformatiges Brustbild — die Gattungsbezeichnung ist hier wörtlich zu nehmen — angesiedelt. Der Schlaf dieser Frau ist nichts weniger als die wartende Hingabe, wie wir sie aus den von einem Satyr belauschten Nymphen von Rubens und Watteau kennen. Der Voyeur dieses Bildes ist der Maler selbst, doch er legt zwischen sich und seinen Gegenstand den Abstand der Unberührbarkeit. Dennoch: dieser Schlaf gewährt Schutz und macht wehrlos, er verhüllt und entblößt. Nicht einmal die Schlafenden Courbets reichen an ihn heran.

Abb. 164 Tizian, *Bacchanal*

Abb. 163 Goya, *Wäscherinnen*

Abb. 165 El Greco, *Entkleidung Christi*

Farbtafel V
293 Die Gefangennahme Christi
Öl auf Leinwand
40×23 cm
Madrid, Prado (Inv.Nr. 3113)
Lit.: GW 737 (1798); Gudiol 1971, Nr. 397 (1798); Angelis 1974, Nr. 362 (1798)

1789 erhielt Goya den Auftrag, für die Sakristei der Kathedrale von Toledo eine Gefangennahme Christi zu malen. Aus ungeklärten Gründen ließ er zehn Jahre verstreichen und lieferte das große Gemälde (300×200 cm) erst am 8. Januar 1799 ab, also wenige Wochen vor der öffentlichen Ankündigung der ›Caprichos‹. Ein Auftrag für Toledo legt die Vermutung nahe, daß Goya die Gelegenheit nutzte, um sich mit El Greco auseinanderzusetzen. Die Forschung ist dieser Frage meines Wissens bisher nicht nachgegangen. Mir scheint, daß Goya sich durch Grecos ›Espolio‹ (Entkleidung Christi) herausgefordert fühlen mußte (Abb. 165). Das macht besonders die hier gezeigte Skizze zu seinem Bild deutlich. Ihre heftige, energische Handschrift ist oft gerühmt worden. Das dichte Gedränge und das zuckende Gegeneinander von Helldunkel-Kräften (die nicht menschlichen Körpern anhaften, sondern beinahe gegenstandsfrei artikuliert werden) — das sind Merkmale, die nicht nur an Greco, sondern auch an Rembrandt denken lassen, den Goya bewunderte und von dessen Radierungen er einige besaß. Letztlich geht es ihm aber nicht nur um Gestaltungsprobleme. Gleichzeitig mit den ›Caprichos‹ entstanden, paraphrasiert die ›Gefangennahme Christi‹ das Rahmenthema des Unschuldigen, der mißbraucht, mißhandelt und zur Schau gestellt wird. Darüber war bei Cap. 2 (Kat. 22) die Rede. Umgekehrt besagt das, daß die junge Frau, die sich in die Ehe verkaufen und der Menge vorführen läßt, in der »Nachfolge Christi« steht.

294

294 Königin Maria Luisa

Öl auf Leinwand
114 x 81 cm
Madrid, Prado (Inv.Nr. 740c)
Lit.: bei GW 781 (Replik); Angelis 1974, bei Nr. 376 (Replik)

Eine Galionsfigur, die mit den Insignien ihres Ranges prunkt – weder schön noch häßlich, aber machtbewußt. Das Bild geht auf das ganzfigurige Porträt im Prado zurück (GW 781), das im Juni 1800 entstand. Damals war die 1751 in Parma geborene Königin 49 Jahre alt – ein Umstand, den Goya nicht beschönigt. Von diesem Bildnis im Hofkostüm gibt es mehrere Repliken und Kopien. Xavier de Salas (1979, S. v) hält die hier gezeigte Fassung für eigenhändig.

295

296

295 Tómas Pérez de Estal *Farbtafel VIII*

Öl auf Leinwand
102 x 79 cm
Hamburger Kunsthalle (Inv.Nr. 338)
Lit.: GW 804 (um 1800-1805); Gudiol 1971, Nr. 531 (um 1803-1806); Angelis 1974, Nr. 407 (1800-1805)

Der Dargestellte ist durch den Namenszug auf der Schriftrolle identifiziert, die er in der Linken hält: »D.ⁿ/Thomas Perez/Estala/P. Goya.« Er gilt als ein mit dem Maler befreundeter Tuchfabrikant aus Segovia.

Zwei Merkmale bestimmen den ersten Gesamteindruck: die abgewinkelten Arme, deren Ellbogen die Basis der Pyramide bilden, auf der der Kopf sitzt, und die Lehne des Sofas, die das Bild horizontal genau in zwei Hälften teilt. Beide Merkmale korrespondieren miteinander und geben den Körper- und Gegenstandsformen des Bildes einen konvexen Grundakkord. Die Sofakurve bereitet auf die massige Wölbung des Oberkörpers vor (den sie zur Büste isoliert, vgl. die Barriere auf Kat. 289) und findet ihr Echo im fleischigen Mund, den Augenbrauen und der Schädelwölbung. Diesen Kurven entsprechen seitlich die Klammern der Arme. Der Schädel meidet die Mittelachse, wie auch die Gesichtszüge asymmetrisch verlaufen. Die Verschiebung des Kopfes in die rechte Bildhälfte wird durch die nach links weisende Öffnung des Rockes zurückgenommen. Diese Gewichtsverteilung und der leere Hintergrund lassen an die besten Bildnisse Davids denken (z.B. M. Joubert, Montpellier), denen freilich die malerische Sensibilität Goyas abgeht. Der Akkord aus Blau und Gelb (der auch das Jovellanos-Porträt kennzeichnet) gibt der derben Sinnlichkeit des Mannes eine kühle Fassung. So könnte ein zu Geld und Ansehen gelangter Emporkömmling ausgesehen haben, der sich als Herrscher fühlte.

Farbtafel IX

296 Die Frau des Buchhändlers

Öl auf Leinwand
109,9 x 78,2 cm
Washington, National Gallery (Inv.Nr. 1903)
Lit.: GW 835 (um 1800-1808); Gudiol 1971, Nr. 522 (um 1803-1806); Angelis 1974, Nr. 449 (1805-1806)

Dargestellt ist wahrscheinlich die Frau des Buchhändlers Antonio Bailó, der im Hause Nr. 4 der Calle de las Carretas einen Laden hatte. Bailó sagte 1814 zugunsten Goyas aus, als dieser sich vor dem Inquisitionstribunal wegen seiner Sympathien für die Franzosen rechtfertigen mußte.

Kenner rechnen diese Frau zu den Verkörperungen des spanischen Frauenideals (Gudiol). Sie ist derber als die berühmte ›Maja‹ und weniger verschlossen — ein Geschöpf aus Kraft, Würde und selbstverständlicher Eleganz, dem Goya einen statuarischen Umriß gibt.

Eine genaue Analyse der Bezugsachsen sowie der Hell-Dunkelwerte erbrächte den Nachweis, daß diese Flächenrechnung nichts Beiläufiges kennt. Die Frau ist von den Haarlocken bis zu den Fingerspitzen am unteren Bildrand ein kontinuierliches malerisches Ereignis. Der hängende linke Arm wird von der rechten Hand aufgewogen. Diese imaginäre waagrechte Achse kommt knapp unterhalb der Bildmitte zustande, sie bereitet die Basis für Büste und Kopf vor. Das dunkle Augenpaar ist gleichsam das Konzentrat dieses Balanceaktes.

297 Pantaleón Pérez de Nenín

Öl auf Leinwand
205 x 125 cm
signiert und datiert (1808)
Madrid, Banco Exterior de España
Lit.: GW 878; Gudiol 1971, Nr. 548; Angelis 1974, Nr. 475

Auf der Scheide des Degens lesen wir: »Don Pantaleón Pérez de Nenín/Por Goya 1808.« Das Porträt entstand also in dem Jahr, in dem die Junta von Bilbao den Offizier zum General ernannte und mit der Verteidigung der Stadt gegen die Franzosen betraute. Goya zeigt einen Haudegen, aber keinen, der sich in Positur wirft: nichts verrät hier die Siegesgewißheit, die von den Bildnissen napoleonischer Heerführer ausstrahlt.

297a König Ferdinand VII. *Farbtafel VI*

Öl auf Leinwand
212 x 146 cm
Madrid, Prado (Inv.Nr. 735)
Lit.: GW 1540 (1814); Gudiol 1971, Nr. 632
(um 1814-15); Angelis 1974, Nr. 578 (1814)

Im Mai 1814 war Ferdinand VII., »der Ersehnte«, aus dem französischen Zwangsexil wieder auf den spanischen Thron zurückgekehrt. Unser Bild dürfte bald danach entstanden sein — auf wessen Auftrag, ist noch nicht geklärt. Es gehört zu Goyas letzten Arbeiten als Hofmaler, was vermuten läßt, daß es nicht die Erwartungen des Herrschers erfüllte. Ferdinand ist im Krönungsornat dargestellt. Die Kette des Goldenen Vlieses, der Hermelinkragen und der reichbestickte rote Mantel bilden eine prunkvolle, doch plump drapierte Hülle, die angesichts der hölzern wirkenden Beine etwas von einer Verhüllung bekommt. Das ostentativ gehaltene Zepter wirkt wie ein Strafinstrument, wie das Symbol der Züchtigung, die bald auf die Liberalen niedergehen wird. Die Schwerfälligkeit dieses überforderten Monarchen läßt fast das Häßliche und Vulgäre vergessen, das man immer wieder seinen Gesichtszügen angemerkt hat, und selbst »wenn das Ganze fast wie eine Travestie wirkt« (Schleier), müssen wir uns fragen, ob es so gemeint war. Wir dürfen nicht vergessen, daß Goya, als er das Bildnis des Königs malte, als ›afrancesado‹ sich eine kritische Durchleuchtung seiner Gesinnung gefallen lassen mußte, also gut beraten war, wenn er Loyalität demonstrierte — was ihm übrigens als Bildnismaler nie besonders schwerfiel. Gewiß, für uns heute, die wir wissen, was Ferdinand VII. nach seiner Rückkehr anrichtete (vgl. S. 171), ist das Bild so gemalt, wie Schleier es kürzlich gedeutet hat: »Mit einem Unterton kritischer Ironie und karikierendem Spott über das Mißverhältnis von Person und Drapierung und in unbarmherziger Offenlegung der schwachen und in der Schwäche grausamen Person des Königs...« (Kat. Bilder vom Menschen in der Kunst des Abendlandes, Berlin 1980, S. 235) — aber deckt sich unsere Vorstellung von schön, häßlich und Karikatur mit dem, was man damals in Spanien darunter verstand? (Vgl. Kat. 285).

297a

298a Asmodea

Öl auf Leinwand
20 x 48,5 cm
Basel, Kunstmuseum
Lit.: GW 1628b; Gudiol 1971, Nr. 714
(1821-22); Angelis 1974, Nr. 628 (1820)

Im Februar 1819 erwarb Goya ein Landhaus in der Nähe von Madrid, das bald »la Quinta del Sordo«, das Haus der Tauben, genannt wurde. Für das Erd- und Obergeschoß des Hauses schuf er vierzehn Ölgemälde, die ›schwarzen Bilder‹ (pinturas negras). Sie entstanden nach Goyas Genesung von einer Krankheit im Winter 1820 und vor der Überschreibung des Hauses an Mariano, seinen Enkel, im Herbst 1823. Was Goya in diesen Gemälden (GW. 1615-1627a), die sich heute im Prado befinden, aussagt, ist den ›Disparates‹ (Kat. 146-162) verwandt. Es sind fast ausnahmslos Szenen der Gewalttätigkeit, der Verblödung und der Massenhysterie, in denen z.T. alte Themen wie Judith, Saturn (vgl. Kat. 66, 67) wieder aufgegriffen werden.
1828 stellte Brugada ein Inventar des Landhauses auf, das sieben »bocetos de la casa de campo« enthält. Bisher sind fünf Skizzen aufgetaucht, die sich mit diesen »Caprichos« (so Brugada) identifizieren lassen. Das Basler Bild und die ›Leocadia‹ aus Madrider Privatbesitz (Kat. 298b) gehören dazu. Die Goya-Forschung hat die Frage der Echtheit bisher aus der Sicht stilkritischen Ermessens entschieden. Gassier-Wilson stellen die Skizzen zur Diskussion und bemerken zu ›Asmodea‹ — von Gudiol ohne Vorbehalt als Skizze akzeptiert, daß der Unterschied zwischen »boceto« und Wandbild (Abb. 166) sehr groß sei — im Gegensatz zu den anderen Paaren, wo die kleine sich mit der großen Fassung deckt. Das erlaubt zwei Hypothesen: entweder hat Goya den ersten ›Wurf‹ später weiterentwickelt oder eine andere Hand (Lucas?)

298a

Abb. 166 Goya, *Asmodea*

hat das Wandbild variierend kopiert. Für letzteres spräche der Unterschied in der Handschrift. Goyas ›pinturas negras‹ sind oft grob und summarisch angelegt, doch gibt auch der flüchtig gesetzte Pinsel kompakte Maße wieder, d. h. die gerne als expressiv bezeichnete Heftigkeit der Handschrift ereignet sich innerhalb eines körperhaft eingegrenzten Gebildes. Im Basler »capricho« fehlt den Pinselhieben und -schwüngen diese Bindung, sie sitzen leichter und verbinden sich zu einem lockeren Fleckengewebe. Freilich, gerade dieses Merkmal treffen wir auch in anderen kleinformatigen Arbeiten der Spätzeit an, z. B. in den vier auf Zink gemalten Bildern in Besançon (GW. 1657 a-d) und in den sechs Münchener Holztafeln (GW 1651-1656), zwei Werkgruppen, deren Eigenhändigkeit nicht völlig außer Zweifel steht.

Der Titel ›Asmodea‹ stammt von Brugada und Iriarte. Er bezieht sich auf die seltene weibliche Ausprägung des alttestamentarischen Dämons Asmodi, der im Buch Tobias auftritt, wo er die sieben Männer der Sara nacheinander tötet, »alsbald, wenn sie sich zu ihr tun sollten.« De Angelis (1976, Nr. 629) hat darauf hingewiesen, daß Vélez de Guevara diesen bösen Geist in seinem, von Le Sage nachgeahmten, Roman ›Diablo cojuelo‹ auftreten läßt. Asmodea, Dämon der Sinnlichkeit, wäre dann die Entführerin des erschrokken auf den Felsen zeigenden Mannes. Diese Deutung übersieht, daß die beiden Fliegenden ein gemeinsames Schicksal erleiden: das ist es, was sie letztlich zusammenhält.

Diese Feststellung gilt auch für das Basler Bild, ungeachtet zweier erheblicher Abweichungen. Einmal fehlen die beiden Schützen rechts vorne, zum andern ist der Körper der Hexe nach links gewendet, der Kopf ekstatisch nach hinten geworfen und im Ganzen eigenständiger, ja eigenwilliger als in der großen Fassung. Das Pathos dieser geknickten Gestalt ist für Goya ungewöhnlich. Es erinnert an den verzückten Mänaden-Typ der griechischen Kunst, doch da diese als Anschauungsquelle kaum in Frage kommt, dürfen wir ein Werk vermittelter Antiker heranziehen, Gros' ›Sappho, vom leukatischen Felsen herabspringend‹, ausgestellt im Salon von 1801 und mehrmals in Stichen reproduziert (Abb. 105 im Katalog der Ausstellung ›De David à Delacroix‹, Paris, Grand Palais 1974/75). Sánchez Cantón zitiert den offenbar nicht veröffentlichten Hinweis von A. Lapraik Livermore auf ein Werk des Padre Feijóo — ›Duendes y espíritus familiales‹ (Kobolde und Hausgeister) —, in dem fliegende Geister in Wolkengestalt vorkommen.

298 b Leocadia

Öl auf Leinwand
27 x 33 cm
Madrid, Señor José Luis Várez Fisa
Lit.: Gudiol 1971, Nr. 772 (1821); Angelis 1974, Nr. 776 (1821)

Das Bild wird den sieben »bocetos« zugerechnet, die sich in Goyas Landhaus fanden, und mit der ›Leocadia‹ des 1828 von Brugada aufgestellten Inventars identifiziert (vgl. die Bemerkungen zu Kat. 298a). Auch in diesem Fall ist die Frage der Echtheit noch nicht entschieden. Sie hängt im Grunde von einer Vorentscheidung des Interpreten ab. Wer in der Übereinstimmung zwischen Skizze und Wandgemälde ein Indiz dafür erblickt, daß hier ein Kopist am Werk war, unterstellt, daß Goya sich nicht wiederholte, da er seine Bildgestalt prozeßhaft entwickelte. Daß es sich in der Regel so verhält, schließt jedoch Ausnahmen nicht aus. Überdies weist die von Gudiol und Salas (mündliche Mitteilung) anerkannte »Skizze« gegenüber dem Gemälde einige Abweichungen auf. Das Erdmassiv ist anders gegliedert. Bedenklich stimmen hingegen die Gesichts- und Oberkörperpartien. Der Blick ist eher nichtssagend als ausdrucksvoll leer, wie jener der Leocadia des Wandgemäldes; Schleier und Mantilla sind flüchtig, aber nicht durchsichtig gemalt.

Leocadia Zorillo Weiss, Goyas »junge Lebensgefährtin« (Gassier-Wilson), hatte sich 1811 von ihrem Mann, einem aus Deutschland stammenden Madrider Kaufmann, getrennt. Nordström (1962, S. 210) hat ihre nachdenkliche Haltung mit Riberas berühmter Radierung ›Der Dichter‹ verglichen. Gassier meint, Goya habe die Freundin in der Rolle der Witwe an seinem Grab gemalt. Das Erdmassiv bildet einen ›Denkwürfel‹, wie wir ihn aus Cap. 43 (Kat. 3) und Des. 36 (Kat. 86) kennen.

298 b

299 a Das Duell
Öl/Kiefernholz
31,3 x 21 cm
München, Bayerische Staatsgemäldesammlungen, Neue Pinakothek, Inv.Nr. 8617
Lit.: GW 1653 (um 1820-24); G 731 (1823-24); Angelis 648 (1820-24)

299a

299 b Mönchspredigt
  (Gruppe von alten Leuten)
Öl/Kiefernholz
31,3 x 21 cm
München, Bayerische Staatsgemäldesammlungen, Neue Pinakothek, Inv.Nr. 8615
Lit.: GW 1651 (um 1820-24); G 732 (1823-24); Angelis 650 (1820-24)

Zwei von sechs Tafelbildern — Xavier de Salas kennt ein weiteres in einer Madrider Privatsammlung —, deren Echtheit immer noch diskutiert wird, da es den dafür zuständigen Goya-Forschern noch nicht möglich war, eine »eingehende Prüfung der ganzen Gruppe« (Gassier-Wilson) vorzunehmen. Vier Tafeln befinden sich in München, eine in Südamerika, eine in Madrid. (GW 1651-1656). Seit 1912, als München die aus der Pariser Sammlung Lafitte stammenden Bilder erwarb, stand Goyas Autorschaft fest. Heute möchten sich einige Forscher nicht festlegen. Gudiol hat keine Bedenken, während Gassier-Wilson die Bilder in ihr Werkverzeichnis aufnehmen, aber kein eindeutiges Votum aussprechen, desgleichen de Angelis, die sich auf das Referieren der Meinungen beschränkt. Die einzige strikte Ablehnung kam von Lafuente Ferrari, der die Bilder dem Angel Lizcano (1846-1929) zuschrieb. (Mündliche Mitteilung an Halldor Soehner, 1958, dessen Katalog der spanischen Meister der Alten Pinakothek, München 1963, die vier Tafeln bei den Apokryphen einreiht.) Neuerdings wurden die Bilder der Neuen Pinakothek eingegliedert und von Barbara Hardtwig (Nach-Barock und Klassizismus, München 1978, S. 110f.) wieder Goya zugesprochen. Aufgrund von Pigmentuntersuchungen, die vom Doerner-Institut vorgenommen wurden, ist auch Eberhard Ruhmer überzeugt, daß sie von Goya stammen (mündliche Mitteilung). Zweifel an der Echtheit können sich auf das klassische Argument stützen, welches für das ›Pasticcio‹ überhaupt gilt, daß es nämlich die Charakteristika des Originals übertreibt, weil sein Autor überzeugen möchte. Damit ließe sich das betont Plumpe, Verpuppte der Gruppe der alten Leute (Mönche?) in Frage stellen, andererseits aber doch auch wieder durch den Hinweis auf verwandte Zeichnungen (wie etwa GW 1523, 1524, 1528, 1773, 1775, 1776 und 1814) für Goya reklamieren. Bedenklicher als das betont ›Goyeske‹ stimmt die etwas aufgesetzt wirkende Binnenzeichnung der stehenden Zentralfigur oder das unentschiedene graue Pinselgestrichel hinter dem Kopf der links sitzenden Figur.

Das ›Duell‹, darauf haben schon Gassier-Wilson hingewiesen, ist mit der Lithographie Kat. 275 verwandt, was Anlaß zu der Frage geben könnte, ob wir nicht auch diesen Zweikampf in Zweifel ziehen würden, wäre er nicht für Goya gesichert. In der Lithographie und im Tafelbild fallen gewisse Unsicherheiten in den Kampfgesten auf. Indes: formale Mängel — Ortega y Gasset rechnet sie zu den konstitutiven Merkmalen von Goyas Kunst! — reichen gerade beim Spätwerk nicht aus, um eine Abschreibung zu rechtfertigen.

299a,b

299b

300 Der hl. Petrus im Gebet *Farbtafel XII*
Öl/Leinwand,
72,4 × 64,2 cm,
signiert: Goya
Washington, Phillips Collection
Lit.: GW 1641 (um 1820-24); Gudiol 1971, Nr. 725 (um 1823-24); Angelis 1974, Nr. 641 (1820-24)

Zusammen mit seinem Gegenstück, dem hl. Paulus mit Schwert und Buch (USA, Privatbesitz, GW 1642), entstand dieses Bild um die Mitte der 20er Jahre, vielleicht noch in Madrid oder schon in Bordeaux. Wir stellen es den späten Zeichnungen zur Seite, in denen Goya nicht Greise oder alte Mönche festhält, sondern die natürliche, gewachsene Religiosität des Alters (vgl. Kat. 184).

Dem »Immer noch lerne ich« der berühmten Zeichnung (Kat. 179) stellt das Gemälde ein Bekenntnis zur Seite, das »Immer noch irre ich« lauten könnte. Der Blau-Gelb-Akkord hat einen weiten Weg zurückgelegt (vgl. Kat. 295), desgleichen die pyramidale Schichtung der Körpermasse. Aus dem Dreiecksschema ist etwas Neues geworden: wie Goyas Greise als Berge, Bäume oder Felsen sich gegen die Umwelt absichern (Kat. 183), ist dieser alte Mann ein sich auftürmendes Bekenntnis, einer, der seinen Wankelmut überwindet. Aus dem zum Steinklumpen verhärteten Menschen — einer Metapher, die Goya häufig verwendet — ist der Fels geworden, der die künftige Glaubensgemeinde tragen soll. Freilich: ein Fels aus fragender Menschlichkeit, keine zum Block verhärtete Institution, genannt Kirche.

300

Teil II Das Zeitalter der Revolutionen

Bearbeitet von
Werner Hofmann
Siegmar Holsten
Gisela Hopp
Andrea Heesemann-Wilson

XIII Jean-Baptiste Regnault: *Freiheit oder Tod*, 1794; Hamburger Kunsthalle (Kat. 322)

XIV Hubert Robert: *Der Abbruch der Bastille*, 1789; Paris, Musée Carnavalet (Kat. 340)

xv Johann Baptist Seele: *Kampf der Österreicher, Russen und Franzosen auf der Teufelsbrücke am Sankt Gotthardpaß im Jahre 1799*, 1802; Staatsgalerie Stuttgart (Kat. 394)

XVI Philippe Jacques de Loutherbourg: *Die Überrumpelung der französischen Korvette ›La Chevrette‹ durch englische Soldaten*, 1802; Bristol, City Museum & Art Gallery (Kat. 380)

XVII Jean Pierre Franque: *Bonaparte in Ägypten von einer Vision der Zustände in Frankreich zur Rückkehr gemahnt*, 1810; Paris, Musée du Louvre (Kat. 363)

XVIII Joseph Mallord William Turner: *Der Tod auf dem fahlen Pferd*, um 1830; London, The Tate Gallery (Kat. 470)

XIX Johann Heinrich Füssli:
Thor im Kampf mit der Midgardschlange
1790
London, The Royal Academy (Kat. 437)

XX Anne Louis Girodet de Roucy-Trioson: *Der Aufstand in Kairo,* 1810; The Cleveland Museum of Art (Kat. 393)

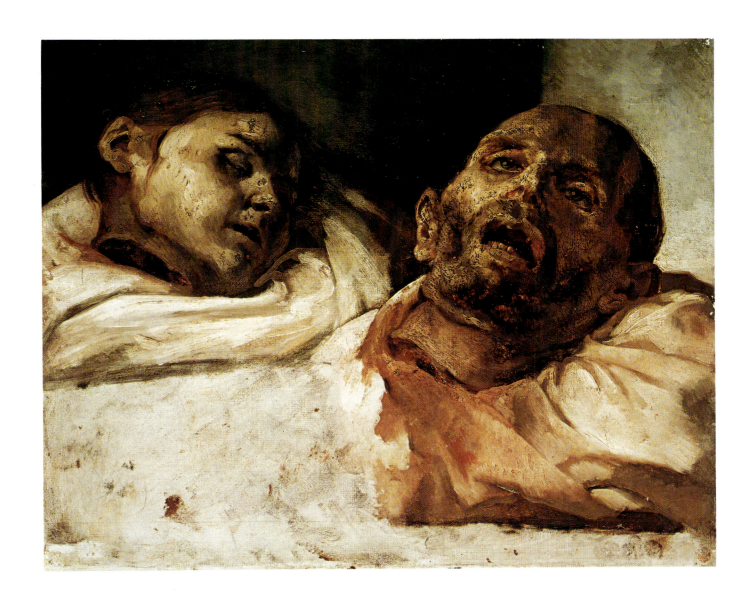

XXI Théodore Géricault: *Köpfe von Hingerichteten*, 1818; Stockholm, Nationalmuseum (Kat. 523)

XXII Eugène Delacroix: *Das Massaker von Chios,* 1824; Paris, Musée du Louvre, Cabinet des Dessins (Kat. 535)

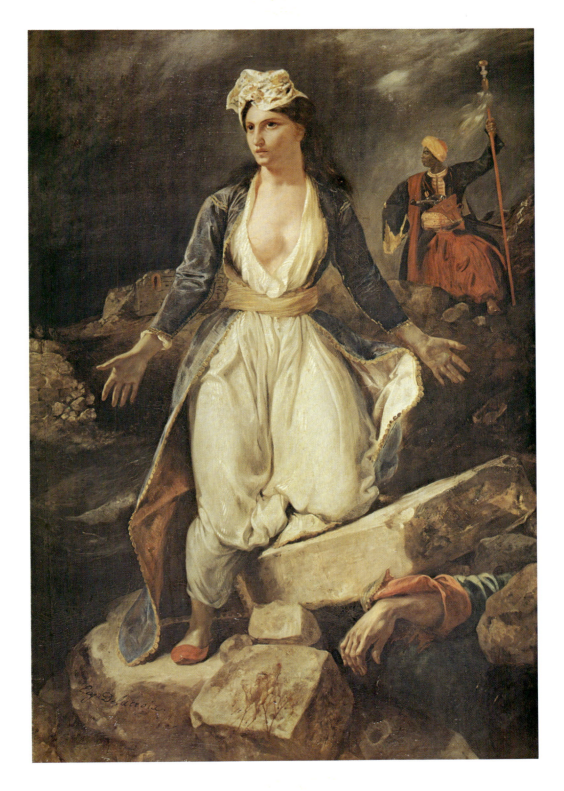

XXIII Eugène Delacroix: *Griechenland auf den Ruinen von Missolunghi*, 1827
Bordeaux, Musée des Beaux-Arts (Kat. 537)

XXIV Caspar David Friedrich: *Das Eismeer*, um 1823-1824; Hamburger Kunsthalle (Kat. 517)

Freiheit oder Tod

Goyas Zeitgenossen zwischen Revolution und Restauration

Die Ausstellung setzt Goyas Werk unter dem Gesichtspunkt sozialer und nationaler Konflikte mit der europäischen Kunst seiner Zeit in Beziehung. Zu fragen, wie andere Künstler auf die Wechselwirkung von Revolution und Restauration, napoleonischem Weltherrschaftsstreben und nationaler Behauptung reagierten, hilft, Goyas besondere Leistung zu ermessen.

Eine derart dichte Zusammenstellung von Kunstwerken zum Thema Revolution, Freiheitskriege und Restauration soll nicht den Eindruck erwecken, ihr Ideengehalt sei die maßgebende treibende Kraft des historischen Prozesses im Sinne einer idealistischen Geschichtsauffassung gewesen. Vielmehr werden die Werke selbst als Symptome und Zeugnisse der politischen und sozialen Ereignisse verstanden, die freilich auf sie zurückgewirkt haben. Insofern setzt das Verstehen und damit der intellektuelle Genuß der Ausstellung ein gewisses Maß an Geschichtskenntnis voraus. Die komplexe politische Realität hat nur in bestimmten Ausschnitten in Kunstwerken Niederschlag gefunden. Zumal in dieser Zeit die Konflikte mehr im Medium Wort als in Bildern ausgetragen wurden[1]. So sehr Bilder für uns den Vorzug sinnlicher Anschauung besitzen, so sehr müssen wir sie doch in den umfassenden Zusammenhang politischer Prozesse einordnen. Die Einführung zu den zeitgenössischen Arbeiten soll auf solche Beziehungen zwischen den ausgewählten Werken und der Geschichte aufmerksam machen. Sie spannt den Bogen über fast fünfzig Jahre und versucht, Knotenpunkte und Phasen der Entwicklung aufzuzeigen. Solch eine Überschau wird dadurch erschwert, daß sie verschiedene Länder mit unterschiedlichen sozialgeschichtlichen Stadien erfassen muß. Während der Konflikt zwischen den Privilegien des Adels, den großbürgerlichen Unternehmern, dem Mittelstand und dem entstehenden Proletariat in England weitgehend gewaltfrei reguliert wurde, gelangte er in Frankreich zum revolutionären Ausbruch. In Ländern wie Spanien, Österreich und den deutschen Staaten dagegen geriet die durch Napoleon oktroyierte bürgerliche Emanzipation, ehe sie zum Tragen kam, durch die nationale Verteidigung wieder unter die Herrschaft der feudalen Restauration. Solche Phasenverschiebungen haben der Leser des Kataloges und der Betrachter der Ausstellung angesichts der vereinfachenden Ordnung der Bilder nach Themen im Geiste zu ergänzen.

Voraussetzungen und Vorboten der bürgerlichen Revolution

Wenn die allmähliche bürgerliche Emanzipation, die sich im 18. Jahrhundert neben der letzten Blüte aristokratischer Kultur vollzog, auch indirekt in der bildenden Kunst Niederschlag fand[2] — Namen wie Hogarth, Greuze oder Chodowiecki genügen als Andeutung —, so blieben die sozialen und wirtschaftlichen Ursachen der Revolution doch höchstens ein Randthema der Kunst. Der wirtschaftliche Aufstieg des gehobenen Bürgertums durch Handel, Manufaktur- und Fabrikbetrieb drückte sich allenfalls im Porträt aus. Die wachsende Steuerlast des Bauern- und Mittelstandes wurde nur in Karikaturen dargestellt (Abb. 167). Erst in Goyas Caprichos verdich-

Abb. 167 Anonyme Karikatur auf die Steuerlast

tet sich dieses Thema zu formaler Stringenz (Kat. 56). Klassengegensätze wurden bisher zwar mit humaner Anteilnahme für die Armen dargestellt (vgl. Kat. 303), aber ihre Ursache, die Steuerfreiheit von Adel und Klerus, in Frankreich und Spanien sogar vom Monarchen in Frage gestellt, trat nicht ins Bild.

Daß solch eine analytische Sicht den Künstlern fremd war, heißt keineswegs, sie hätten kein Gespür für die Umbruchsituation gehabt. Ihrer bildhaften Denkweise erschloß sich indessen eher die Welt der neuen Ideen. Der Optimismus der Aufklärung und ihr Vertrauen in die verändernde Kraft der Ratio spricht beispielsweise aus Carstens' Allegorie auf das 18. Jahrhundert aus den 80er Jahren (Kat. 302). Die Vernunft bedarf in diesem Kampf personifizierter Werte noch göttlicher Hilfe Athenas. Erscheint hier die Spannung von Neuerung und Reaktion noch vor dem Augenblick der Entscheidung, so strahlt die wenig frühere Allegorie des Engländers Barry – ›Der Fortschritt der menschlichen Bildung‹ – bereits ungebrochene Zuversicht aus (Kat. 301). Solche Sinnbilder des aufklärerischen Impulses geben in ihrer Vereinfachung als Erfindung von Denkern aus, was in Wahrheit nur im politischen Konflikt bewußt und durchsetzbar wurde. Diese konkrete Konfliktsituation war im amerikanischen Unabhängigkeitskrieg gegeben, der viele Forderungen und Ergebnisse der bürgerlichen Befreiung in Europa vorwegnahm.

Die amerikanische Revolution als Wegbereiterin

Die Befreiung des Bürgertums brach sich dort zuerst Bahn, wo die Unterdrückung aus der Ferne erfolgte und kein privilegierter Stand im eigenen Land die Selbstbestimmung hemmte: 1773 verweigerten die nordamerikanischen Kolonien ihrem Mutterland Großbritannien auferlegte Importzölle und beschlossen im folgenden Jahr einen Handelsboykott. Im Widerstand gegen koloniale Ausbeutung fielen nationale Selbstfindung und bürgerliche Emanzipation zusammen. Nach jahrelangen Kämpfen gelang es ihnen, bis 1783 ihre Unabhängigkeit als Vereinigte Staaten von Amerika offiziell durchzusetzen. Die neue Verfassung sicherte als erste die Prinzipien der Freiheit und Gleichheit aller Menschen, die Volkssouveränität und das Recht auf Widerstand als Grundrechte zu.

Ein wichtiger künstlerischer Ertrag dieser Zeit nationaler und sozialer Auseinandersetzungen ist die neue Gattung des aktuellen

Abb. 168 West, Tod des Generals Wolfe

Ereignisbildes[3]. Anders als in der herkömmlichen Historienmalerei verstand man nicht mehr allein das Vergangene, das im Neuland Amerika weitgehend entfiel, als geschichtlich und bildwürdig, sondern auch die politische Gegenwart. Bahnbrechend war das Gemälde »Der Tod des Generals Wolfe« von 1786, in dem Benjamin West Authentizität durch genaue Wiedergabe von Gesichtern und Uniformen anstrebte (Abb. 168). Die Ausstellung verweist auf das Ereignisbild amerikanischer Herkunft mit einer Vorzeichnung von Wests Schüler Copley zum Gemälde »Der Tod des Majors Pierson« (Kat. 304), das allerdings eine Episode aus dem englisch-französischen Krieg von 1781 darstellt. Die Studie der Straßenschlacht diente Copley dazu, mit großer Präzision die Suggestion des Hier und Jetzt, den Eindruck dabeizusein, zu erzeugen. Die Selbstbefreiung Amerikas und die bürgerlichen Ideale der Freiheit und Gleichheit zündeten auch in Europa bürgerliche Emanzipationsbestrebungen[4]. Auch Künstler nahmen die Ereignisse drüben als beispielhaft für die Befreiung von feudalen Banden im eigenen Land wahr. In Preußen widmete Chodowiecki 1783 der ›Nordamerikanischen Revolution‹ zwölf Radierungen. Das Verbrennen der Stempelakte (Kat. 305), mit dem der Widerstand 1764 begann, gestaltete er z. B. als anspornendes Fanal des Volksaufruhrs.

Während derartige liberale Anstöße in Deutschland die feudale Ordnung nicht erschüttern konnten, hatte das amerikanische Beispiel in England unmittelbare Folgen. Breite Teile des Mittelstandes lehnten hier den vom König erzwungenen Krieg gegen die amerikanischen Kolonien ab. 1780 kam es zu mehreren Unruhen, die diesen Protest mit innenpolitischen Zielen verbanden[5]. Unter den englischen Künstlern war William Blake sozialen Spannungen gegenüber am hellhörigsten[6]. Die bürgerlichen Freiheitsforderungen hatten für ihn als Kleinbürger, der sich nicht in höfische Dienste begab, vitale Bedeutung. Nicht zuletzt aus Schutz vor politischer Zensur verschlüsselte er seine Aussagen als private Mythen, die er in enger Verbindung von Wort und Bild gestaltete (vgl. Kat. 430, 443, 444, 451). Die gesellschaftlichen Kräfte von Aufruhr und Unterdrückung, Resignation und Widerstand verdinglichte er zu mythischen Wesen. Sein Versuch, auf diese Weise die Ereignisse der Französischen Revolution zu durchleuchten, setzte scharfsichtig mit einer Rückschau auf den Amerikanischen Unabhängigkeitskrieg ein[7]: In der Gestalt Orc, die sich, von ihren Eltern an einen Felsen gefesselt, himmelstrebend aus der Knechtschaft befreit (Abb. 169), findet er eine Metapher für den erfolgreichen Widerstand der amerikanischen Bürger gegen den Kolonialismus des britischen Königshauses. Daß Blake amerikanische und europäische Revolutionen in direktem Zusammenhang sah, bezeugt sein anknüpfender Zyklus ›Europe – a Prophecy‹ von 1794, dessen gedanklicher Bogen von der Weltschöpfung (Kat. 331) über den Sieg des Bösen (Monarchie und Papsttum) bis zum aktuellen Versuch reicht, diese Mächte im Brand der Revolution zu überwinden. In der Entstehungszeit von Goyas Caprichos schafft Blake – darin bei aller Verschiedenheit diesem verwandt – mit seinen Prophetischen Büchern ein Werk, das über den Freiheitsimpuls hinaus auch die subjektiven Schattenseiten des politischen Konflikts, Ohnmacht und Ängste des einzelnen, zur Anschauung bringt (vgl. Kat. 430, 443, 444, 451, 452).

Abb. 169 Blake, Orc entsteigt den Flammen

Der Schwur zum Widerstand — Vom historischen Leitbild zum Kampfritual

Nicht als Illustrationen eines Geschichtsabrisses führt die Ausstellung Kunstwerke vor Augen, sie spürt vielmehr bildlichen Denkformen, spezifischen Gestaltprägungen nach, die umgekehrt ein Licht auf damalige Bewertung der politischen Ereignisse werfen. Geradezu ein Leitmotiv der Zeit ist die Pathosformel des Schwurs, die vor der Revolution als Erinnerung an Geschichte (Kat. 309, 310), im Konflikt selbst als praktiziertes Ritual auftritt (Kat. 312) und schließlich in der Restaurationszeit in ein Trutzmotiv feudaler Reaktion umschlägt (Abb. 230).

Ein Jahrzehnt vor der Französischen Revolution entwarf Füssli für das Rathaus seiner Vaterstadt ein Bild der schweizerischen Gründungsgeschichte als Fanal bürgerlicher Selbstbehauptung (Kat. 309). Der Schwur auf dem Rütli, durch den sich im Mittelalter die drei Urkantone von der Herrschaft österreichischer Landvögte lossagten, erhält durch Füsslis antikisierende Vorzeichnung einen doppelten Aspekt: Über den Stolz des früh von aristokratischen Zugriffen befreiten Landes hinaus gibt er mit der Anspielung auf römische Formeln zugleich dem Streben nach republikanischer Erneuerung Ausdruck, das damals von dem Kreis um seinen Freund Bodmer ausging[8]. Daß er mit diesem Sprengstoff politischer Aktualität für ein städtisches Auftragsbild zu weit gegangen war, verrät seine entschärfende Rückkehr zu mittelalterlichen Kostümen im ausgeführten Gemälde (Abb. 170). Freier war er in der Gestaltung des selbstgewählten Themas ›Tells Sprung aus dem Schiff‹, dessen revolutionäre Brisanz auch in Frankreich verstanden wurde (Kat. 308).

Dort hatte Jacques-Louis David bereits 1784 mit seinem Gemälde ›Der Schwur der Horatier‹ (vgl. Kat. 310) ein Leitbild patriotischer Tugend entworfen. Die Zeitgenossen, die das Bild 1785 im Salon sahen, übertrugen die Darstellung stählerner Opferbereitschaft aus Roms republikanischer Zeit auf die gegenwärtige politische Situation[9]. Die Schärfe, mit der David durch römische Requisiten und klassizistischen Stil gegen die Welt des Ancien Régime opponiert, macht sein Bild zu einem moralischen Appell, für eine Republik in Frankreich Opfer zu bringen.

Während er vor der Revolution ein historisches Thema auf seine Zeit projizierte, griff er 1790/91 bei der Darstellung eines aktuellen Schwurs auf eine bewährte pathetische Struktur zurück: Den Eid des Dritten Standes im

Abb. 170 Füssli. *Der Schwur auf dem Rütli*

Ballhaussaal (Kat. 312), trotz des Widerstandes der Aristokratie, für die Durchsetzung der Verfassung einzutreten, bündelt David zu einer Gruppierungsform, die das auf die Mitte konzentrierte Motiv des Horatierschwurs zu einem in der Gestalt Baillys gipfelnden Zusammenstimmen vieler macht[10]. Aus der beispielhaften Einigkeit Einzelner ist die mitreißende Kraft der revolutionären Menge geworden[11].

Das Schwurmotiv taucht als Spiegel historischen Wandels an Brennpunkten der Entwicklung auf. Einst den Aufbruch sozialer Umwälzung überhöhend, wird es wenige Jahre später zum Startzeichen imperialistischer Aggression (Kat. 386), um nach dem Sturz Napoleons in den Dienst restaurativer Herrschaftssicherung zu treten (Abb. 230).

Freiheit oder Tod — Revolution in Frankreich

Auffällig ist, daß die Gewalt der Massen, die die Durchsetzung der politischen Forderungen des Bürgertums erst möglich machte, für die Hochkunst kaum Thema war[12]. Der Aufruhr des Dritten Standes — vornehmlich Bauern und Kleinbürger, die von der Finanzkrise der 80er Jahre besonders betroffen waren und die Entschiedenheit, mit der Adel und Geistlichkeit ihre von ministeriellen Reformplänen bedrohten Privilegien einklagten, als Hohn empfanden — taucht dort nicht auf. Nur auf Dokumentations- und Reportagestichen erscheint der Sturm auf das Staatsgefängnis Bastille (vgl. Kat. 313), mit dem der Sturz des Ancien Régime erkämpft wurde. Die Kampfszene von Greuze, die sich möglicherweise auf die Septembermorde bezieht (Kat. 342), gelangte über das Stadium der Zeichnung nicht hinaus. Ob Romneys Massenszene (Kat. 445) mit der Revolution zusammenhängt, ist ungewiß. Auch die großen Feste auf dem Marsfeld, die in den folgenden Jahren der Verfassung oder dem Kult des Höheren Wesens galten (Abb. 171) und mit denen die einst aggressiven Massen dem Kollektivgefühl der neuen Staatsordnung zugeführt wurden, blieben ausgespart. David hat zwar als künstlerischer Organisator ihre ästhetische Wirkung maßgeblich bestimmt,[13] aber sie nie zum Gegenstand einer Darstellung gemacht. In der Regie der Festaufzüge zum Ornament manipuliert, waren die Volksmassen für bedeutende Künstler nicht bildwürdig.

Ihren Interessen und Möglichkeiten entsprach es mehr, für die Ideale der bürgerlichen Emanzipation anschauliche Metaphern zu finden. Die Werte Freiheit, Gleichheit, Brüderlichkeit, Gesetz, Vernunft und Natur, von Rousseau im »Contrat social« schon 1762 formuliert, lagen der Erklärung der Menschenrechte zugrunde, die in die französische Verfassung von 1791 aufgenommen wurde. Abstrakte Begriffe als Personifikationen anschaulich zu machen, war ein traditionelles Mittel der Bildsprache. Durch geläufige Attribute kenntlich gemacht, ließen sie sich zu komplizierten Allegorien verbinden, die philosophischen Aussagen eine lesbare Bildform verleihen.

Ein repräsentatives Beispiel ist Prud'hons Allegorie auf die französische Verfassung von 1793 (Kat. 316). Hauptfigur ist die Freiheit, die durch gesprengte Ketten und eine aufgepflanzte rote Freiheitsmütze (bonnet rouge) gekennzeichnet ist. Diese Mütze war nicht nur ein verabredetes Symbol der Kunstsprache, sondern wurde als revolutionäres Bekenntnis von Jakobinern tatsächlich getragen. Auf einen Stab gesteckt, diente sie auch als Freiheitsstandarte.[14] Die Freiheit, die Prud'hon in ähnlicher Weise auch als Einzelfigur dargestellt hat (Kat. 317), wurde durch zahlreiche Darstellungen der Hoch- und Trivialkunst so populär, daß Delacroix sie noch 1830 in seinem Barrikadenbild zum Symbol der Julirevolution machen konnte (vgl. Kat. 538). Sie erlangte solches Allgemeinverständnis nicht allein durch bildliche Überlieferung, sondern wohl mehr noch dadurch, daß sie in Ritualen republikanischer Ersatzreligion auch leibhaftig verkörpert wurde. Bildzeichen und symbolischer Akt standen in direktem Bezug. Im einzelnen konnten die Bedeutungsnuancen je nach dem Kontext variieren. So trat am 10. November 1793 in einem Kult zu Ehren der Philosophie, den die Kommune des Départements Paris in der Kathedrale Notre Dame veranstaltete, die Freiheit in Gestalt eines weiß gewandeten Mädchens mit roter Jakobinermütze auf. Als die Zeremonie nach einer Prozession durch die Straßen im Nationalkonvent fortgesetzt wurde, trat die gleiche Figur als Göttin der Vernunft auf,[15] jenes Begriffes, der in der Ideologie der Revolution den Freiheitsgedanken fundiert.

In Prud'hons Allegorie sind beide durch Attribute differenziert. Die Vernunft, verkörpert durch Pallas Athene, vermittelt zwischen dem für alle gleichen Gesetz und der Freiheit, die einander die Hand reichen. Die Freiheit schlägt mit der Linken zugleich eine Brücke zur Natur, eine Anspielung auf das Naturrecht.[16] Das rechte Sockelbild stellt die Gleichheit dar, den nächstwichtigen politischen Begriff der Revolution. Ihr immer wiederkehrendes Zeichen ist das an einem Winkel hängende Winkel-Lot, das aus der Freimaurer-Symbolik stammt.[17]

Mit diesen Emblemen war bei aller Austauschbarkeit von Personifikationen ein Zeichenrepertoire vorhanden, das auf Allgemeinverständlichkeit rechnen konnte. Eine vom Alptraum geplagte Frau auf dem Bild von Sauvage (Kat. 318), die Füsslis Metapher erotischer Beklemmung in Erinnerung ruft (vgl. Kat. 480), wird durch Maurerlot und Freiheitsmütze über ihrer Brust und durch Wappen und Krone zu ihren Füßen zum Sinnbild der entmachteten Aristokratie.

Auch in Davids Repräsentationsallegorie der neuen Republik (Kat. 321) bilden diese beiden Zeichen einen der Schlüssel der Botschaft. Obwohl der Titel ›Der Triumph des französischen Volkes‹ lautet, tritt abermals nicht das Volk als Masse auf, sondern es erscheinen Verkörperungen der Werte, für die es auf die Barrikaden ging. In dieser Selbstdarstellung des neuen Staates, deren offizieller Maler David war, bekommt die Affirmation des Siegesgefühls bedenkliche Züge angesichts der tatsächlichen inneren Zerspaltung ihrer Führer während der Schreckensherrschaft. Der zielgerichtete Triumphzug ist gleichsam die bildliche Formel für den Zwang, die von innen gefährdete Einheit des Staates durch Mobilisierung gegen die Bedrohung von außen zu sichern.

Abb. 171 Anonym. *Föderationsfest auf dem Marsfeld 1790*

Im Dienste jener Taktik, die innere Zersplitterung durch Abwehrbereitschaft zu überwinden, steht die Devise »Freiheit oder Tod«, die Regnault ein Jahr später zum Thema eines Gemäldes machte (Kat. 322). Der über dem Erdball schwebende Genius Frankreichs, suggestiv die Alternative zwischen finsterem Tod und lichter Freiheit weisend, trägt den Appell zu Kampf- und Opferbereitschaft über die Grenzen des Landes hinaus. Das Bekenntnis zur Republik schließt die Aufforderung ein, die errungenen Werte Freiheit (rote Mütze) und Gleichheit (Lot) mit dem Leben zu verteidigen. Indem Regnault die damalige Situation seines Landes — kaum durchschaubare innenpolitische Konflikte einerseits und Bedrohung durch die europäischen Monarchien andererseits — auf eine derart vereinfachende Formel bringt, die einzig das Ideal beschwört, versucht er die Entscheidung des einzelnen zum Kampf zu erleichtern. Er entrückt seine emblematische Argumentation in eine überirdische Sphäre, um gepriesenen Idealen überzeitliche Geltung zu verleihen.

Wie konkret indessen die Devise »Freiheit oder Tod« gemeint war, lehrt das Fahnenträgerbild von Boilly aus dem ersten Koalitionskrieg (Kat. 319). Die Worte tauchen dort als Inschrift der Trikolorenstandarte in der Hand eines triumphierend posierenden Sansculotten auf. Boilly überhöht hier einen Schauspieler, der in einer Vorführung am 14. Oktober 1792 die Erfolge der republikanischen Truppen gegen die Koalition rühmte, zu einem gemalten Siegesmonument. Sein Ausdruck unerschütterlicher Kampfbereitschaft sollte zur Identifikation anspornen. Wie sehr man auf die appellierende Wirkung der Darstellung rechnen konnte, verrät die Tatsache, daß sie 1814 mit der Bourbonenlilie anstelle der Freiheitsdevise in den Dienst der monarchischen Reaktion gestellt werden konnte Kat. 489).

Freiheit oder Barbarei —
Widerhall und Widerstand in Europa

Die anfängliche Begeisterung für die errungenen Ziele der Französischen Revolution im liberalen Bürgertum des übrigen Europa schlug sich auch in der Kunst nieder. Besonders eng an die vorgegebenen Formeln und Embleme französischer Prägung hielt sich in Deutschland Chodowiecki. Die bekannte weibliche Figur der Freiheit mit emporgehaltener Jakobinermütze verwendete er 1791 als Verkörperung der neuen französischen Verfassung (Kat. 323). Zerbrochene Adelswappen zu ihren Füßen und ein König — in der Erläuterung ausdrücklich als Despot bezeichnet —, den sie mit geläufiger Siegerpose zu Boden tritt, präzisieren die politische Bedeutung. Durch den ebenfalls überwundenen Aberglauben, die kauernde Figur rechts, wird die Freiheit zugleich zum Sinnbild der Vernunft, auf deren Sieg auch der Landschaftshintergrund anspielt: Die als Hinweis auf die erstürmte Bastille ausgewiesene Ruine ist

Abb. 172 Anonym, *Freiheitsbaum auf dem Markusplatz*

– anders als auf dem Gemälde des Royalisten Hubert Robert (Kat. 340) – kein Zeichen betrauerten Untergangs; vielmehr steigt hinter ihr Fortschritt verheißend die Sonne der Aufklärung empor, der programmatisch ein anderes Blatt des Kalenders gewidmet ist.[18] Chodowieckis Bekenntnis zur Verfassung dauerte nur solange, wie sie mit der Monarchie verbunden blieb. Inbegriff eines guten Königs war für ihn Friedrich II., den er in vielen Illustrationen als menschlichen Herrscher gepriesen und dessen Tod er im gleichen Kalender als himmlische Apotheose verklärt hatte.[19] Wie große Teile des Bürgertums vom Prinzip der Monarchie bei verfassungsmäßiger Bindung überzeugt, mußte Chodowiecki vom Beispiel der Französischen Revolution enttäuscht werden, als er vom Sturm auf die Tuilerien erfuhr. Seine Freiheitspersonifikation des Jahres 1792 (Kat. 324) trägt als Bekenntnis zur konstitutionellen Monarchie bei gleichem Symbol der Jakobinermütze eine Königskrone und läßt den Sturm auf seine Idealfigur – sicher eine Anspielung auf den Tuileriensturm – als kindisches Spiel erscheinen (vgl. Abb. zu Kat. 324). Chodowieckis Haltung war typisch für große Teile des deutschen Bürgertums, das den liberalen Ideen nur solange folgte, wie die königliche Autorität unangetastet blieb. Als die innenpolitischen Rivalitätskämpfe Frankreichs im Jahr darauf zur Schreckensherrschaft führten, distanzierte er sich auch mit Worten von den Ergebnissen der Revolution.[20]

War die Freiheitspersonifikation nicht auf die Bildwelt der Kunst beschränkt, sondern auch in Ritualen gegenwärtig, so wurde auch die aufgesteckte Jakobinermütze als tatsächliches Siegeszeichen verwendet. Bildsymbol und symbolische Handlung standen in enger Wechselbeziehung. Solche Standarten, oft mit Laubwerk als Freiheitsbäume geschmückt, wurden aufgestellt, wo immer es den republikanischen Truppen gelungen war, die Koalitionsheere zu schlagen (Abb. 172). Goethe, der die Kampagne in Frankreich 1792 als Augenzeuge mitgemacht hatte, erhob die Darstellung solch eines Freiheitspfahles auf eine emblematische Ebene (Abb. 185 zu Kat. 325). Aus der Feder eines Mannes, der den Feldzug auf der Seite der Koalition mitgemacht hat, erhält das Siegeszeichen vor der untergehenden Bourbonensonne und dem unwetterverhangenen Koalitionsadler mahnende Züge. Die Wertung dieses Scheideweges, dessen welthistorischer Bedeutung er sich bewußt war, überläßt Goethe dem Betrachter.

Bleibt bei Goethe, der noch Reste von Sympathien für die republikanische Seite besaß, die Stellungnahme in der Schwebe, so schafft der österreichische Hofberichterstatter Löschenkohl eine unmißverständliche Persiflage auf den Freiheitsbaum (Kat. 326). Inschriften unterstreichen die Tendenz, die Revolution als Kette von Hinrichtungen zu diffamieren, die »Barbarei statt Freiheit« gebracht habe. Das ironische Flugblatt versucht, um der Stärkung der Monarchie im eigenen Lande willen, die Befürworter der Revolution als Sympathisanten von Henkern hinzustellen. Derart verfremdet wird das Symbol der Freiheit zu einem Hohn auf die Republik und statt dessen die Krone zum eigentlichen Garanten der Liberté. Die Ereignisse in Frankreich machten es solcher Propaganda leicht, den Betrachter durch suggestive Schwarz-weiß-Klischees auf ihre Seite zu bringen.

Auf formal höherem Niveau, aber inhaltlich nicht weniger vereinfachend, spielte sich die Kritik an der Schreckensherrschaft in England ab, wo Gillray den Freiheitsbaum als von Geköpften umgebenen und mit einem Geköpften bekrönten Speer parodiert hat (Kat. 327). Die Jakobinermütze mit der Inschrift »Libertas« (Freiheit) wird hier zum Hohn ihrer selbst.

Ersatz für die christliche Religion – Der Kult des Höchsten Wesens

Die Revolution brachte in Frankreich nicht nur den Adel, sondern auch die Kirche und den von Steuern befreiten Klerus zu Fall. Im Bildersturm, in der Beschlagnahme der kirchlichen Güter zugunsten der Bauern und in der Säkularisation der Klöster entlud sich ein lange angestauter Haß gegen die privilegierte Geistlichkeit. Dieser Revolte war eine geistige Entfremdung von den kanonischen Glaubensvorstellungen unter den Denkern der Aufklärung vorausgegangen. Schon Rousseau, auf dessen ›Contrat social‹ von 1762 auch die politischen Ideale der Revolution Freiheit, Gleichheit, Brüderlichkeit zurückgehen, hatte der christlichen Trinitätsgottheit die Vorstellung eines einzigen Höchsten Wesens als Ursache aller Dinge entgegengestellt. Als absolute Vernunft gedacht, galt es zugleich als Garant der Freiheit. Bei aller Kritik der meisten Philosophen der Aufklärung an christlicher Offenbarung blieb die Vorstellung eines geistigen göttlichen Prinzips doch Allgemeingut.

Die intellektuelle Ideologie sollte als Ersatz für den beseitigten katholischen Kult auch dem Volk nahegebracht werden. Dies als Ritual der Massen zu verwirklichen, war die Initiative Robespierres. Er ließ 1794 in den Tuilerien und anschließend auf dem Marsfeld eine gigantische Feier zu Ehren des Höchsten Wesens zelebrieren, der Jacques-Louis David als Organisator die ornamentale, Einheit stiftende Struktur verlieh (Abb. 173).[21] In Natursymbolen wie Opferflamme, Freiheitsbaum und Berg kristallisierte sich der Widerspruch zwischen dem aufklärerischen Primat der

Vernunft und den irrationalen Resten eines Bedürfnisses nach symbolischen Riten.

Wenn sich aufgrund des kirchlichen Widerstandes und der traditionellen Gläubigkeit in der Provinz auch die Verehrung des Höchsten Wesens nicht durchsetzen konnte – Napoleon ließ 1802 den katholischen Gottesdienst wieder zu –, so blieb der Gedanke einer apersonalen Gottesvorstellung, der im 19. Jahrhundert in den Pantheismus mündete, doch unter vielen Intellektuellen Europas gegenwärtig. Es kam dabei zu mannigfaltigen Versuchen, das abstrakte, philosophische Gottesbild mit dem überlieferten christlichen zu versöhnen.

Bilddokumente hierzu sind selten, weil sie dem abstrakten Gehalt widersprachen. Die Künstler nahmen hierfür zum Teil bei antikischen Gestalten Zuflucht, die nicht vom Emotionsgehalt mittelalterlicher oder barocker Gottesbilder belastet waren. Auf diese Weise ersetzte z. B. Bonneville einen persönlichen Gott durch einen neuen (Abb. 174). William Blake, der an den Grundzügen des christlich-dualistischen Weltbildes festhielt, ließ den Weltenschöpfer entgegen christlicher Bildtradition als nackten Bärtigen den Kosmos vermessen (Kat. 331). Antikische Züge hat die Gestalt auch in Füsslis Bild der Erschaffung Evas (Kat. 332). Indem Füssli offiziell bestritt, daß er dabei an die Vorstellung des Höchsten Wesens gedacht hat, bestätigte er es. Um dem Widerspruch, ein göttliches Prinzip als Figur zu verkörpern, zu entgehen, hat Füssli die Gottheitsgestalt in einer späteren Variante durch einen Lichtschein ersetzt.

So behalf sich auch ein französischer Zeichner bei der symbolischen Darstellung der Menschheit, die dem Höchsten Wesen für die Menschenrechte dankt (Abb. 175): Die Personifikation blickt zu einem himmlischen Licht empor, das mit einem Blitzstrahl gleichzeitig die Insignien des Adels vernichtet. Soziale und religiöse Revolution werden als Einheit ausgewiesen.

Die Gleichheit beim Wort genommen – Wider die Sklaverei

Der Gedanke der Freiheit und Gleichheit aller Menschen vor dem Gesetz, von Denkern wie Rousseau schon in der Mitte des 18. Jahrhunderts zur Maxime erhoben, und das christliche Gebot der Nächstenliebe führten früh zur Anprangerung der Sklaverei. Hatte Montesquieu bereits die Sklavenhaltung – mit Ausnahme der Versklavung von Negern, denen er die Menschenrechte aberkannte – abgelehnt, so stieß mehr und mehr auch die Verschleppung von Afrikanern in die europäischen Kolonien Amerikas und Indiens auf Kritik. 1781 wurde das Buch ›Histoire philosophique et politique des établissements et du commerce des Européens dans les deux Indes‹ (1771 anonym und 1780 mit Verfassernamen erschienen) vom französischen Parlament öffentlich verbrannt, worin der Historiker und Philosoph Guillaume-Thomas-François Raynal die Befreiung der Sklaven gefordert hatte. Erst nach der Revolution wurde er rehabilitiert. Bereits 1783 forderte im englischen Parlament Richard Wellesly, einstweilen noch vergeblich, die Abschaffung der Sklaverei.

Abb. 173 nach Simon, *Das Fest des Höchsten Wesens*

Abb. 174 Bonneville, *Das Höchste Wesen*

Abb. 175 Anonym, *Dank an das Höchste Wesen*

Abb. 176 Hackwood, *Bin ich nicht ein Mensch und Bruder?*

Der unmenschliche Auswuchs des Kolonialismus war gerade in jenem Land am ausgeprägtesten, das mit der verfassungsmäßigen Durchsetzung bürgerlicher Grundrechte beispielhaft vorangeschritten war: Vor allem in den südlichen Staaten der britischen Kolonien Nordamerikas bzw. ab 1783 der USA stieg der Anteil der meist in Baumwollplantagen ausgebeuteten Sklaven an der Gesamtbevölkerung bis 1793 auf 40%.[22] Trotz scharfer Kritik aus den Nordstaaten setzten die USA als eines der letzten Länder erst 1865 ein generelles Sklavenhandelsverbot durch. Eine der ersten Initiativen durch die Quäker in Philadelphia von 1775 scheiterte am Widerstand der britischen Krone. 1787 trat Thomas Jefferson im Verfassungskonvent vergeblich gegen die Opposition der Südstaaten für ein Verbot ein. Möglicherweise bezieht sich eine in diesem Jahr in der englischen Manufaktur Wedgwood gefertigte, wohl von William Hackwood entworfene Jaspermedaille auf das aktuelle Ereignis (Abb. 176). Den in der Figur eines kniend gefesselten Negersklaven ausgedrückten moralischen Appell, für Freiheit, Gleichheit und Brüderlichkeit einzutreten, unterstreicht die Umschrift »Am I not a Man and a Brother?« (Bin ich nicht ein Mensch und ein Bruder?). Wahrscheinlicher ist es, daß das Stück mit der englischen Diskussion über die Sklaverei in diesen Jahren zusammenhängt. 1787 gründete Clarkson die African Institution, die den Kampf gegen die Sklaverei nachdrücklich vorantrieb. Im folgenden Jahr gab es eine erneute Initiative hierzu im Unterhaus. Auf einen weiteren Vorstoß im Jahre 1791 bezieht sich Gillrays scharf anklagende Karikatur ›Barbarei in Westindien‹ von 1791 (Kat. 334). Infolge des Widerstandes im Oberhaus kam es in England aber erst 1807 zu einer gesetzlichen Verankerung des Verbots. Auf eine einprägsame künstlerische Formel brachte Blake 1792 die Gleichheitsforderung am Beispiel der Sklaverei, indem er auf das traditionelle Motiv der Drei Grazien zurückgriff (Kat. 333). Das Emblem harmonischer Eintracht der Rassen entlarvt bei näherem Hinsehen die Realität der Unterdrückung. Europa im Schmuck der Perlen, von Afrika und Amerika gestützt, auf deren Knechtung die Armreifen der Sklaverei deuten. Aus dem Doppelsinn der Figuration, ohne Mittel der Satire, geht die anklagende Wirkung hervor. In Deutschland, das mangels eigener Kolonien nicht selbst in das Problem verwickelt war, gestaltete Chodowiecki das Thema. Der humane Appell seiner ›Empörung der Neger‹, als Geste des Aufruhrs im kleinen Format vorgetragen (Kat. 335), bezieht sich auf die Vorgänge in den französischen Kolonien der Karibik. Betroffener waren die Franzosen selbst. Die Gleichheitsforderung der Revolution zog Kritik an der Sklaverei zwangsläufig mit sich. Ein frühes Bilddokument dieser Diskussion ist ein anonymer Stich von 1791, der eine allegorische Anprangerung der Ausbeutung Farbiger mit zitierten Meinungsäußerungen über Afrikaner verbindet (Abb. 177).

Marie Louise Adelaide Boizot hat das Problem emblematisch im Bild eines Negers mit Jakobinermütze verdichtet: ›Auch ich bin frei‹ (Abb. 178). 1794 verbot der französische Konvent den Sklavenhandel in den karibischen Kolonien des Landes, ein Ereignis, das der Künstler Monsiau zum Gegenstand einer bewegten Schilderung machte (Kat. 336). Die Realität blieb weit hinter der Forderung des Gesetzes zurück, und selbst nachdem sich im Wiener Kongreß 1815 alle beteiligten Staaten verpflichtet hatten, den transatlantischen Sklavenhandel einzustellen (vgl. Kat. 337),

Abb. 178 Boizot, *Auch ich bin frei*

blieb das Problem noch vielerorts akut. Zeugnisse eines republikanischen und egalitären Bekenntnisses gegen die Sklaverei in der Zeit der Restauration sind die Negerdarstellungen Géricaults (Abb. 179, vgl. Kat. 527), die an das Gewissen des Bürgers appellieren, eine räumlich ferne Unterdrückung auf die eigene politische Situation zu beziehen.[23]

Opfer und Märtyrer der Revolution

Wenn in der Ausstellung den Emblemen der Freiheit eine geschlossene Gruppe von Bildern Getöteter folgt, so soll das weder suggerieren, blinder Terror sei das einzige und unumgängliche Ergebnis jeder Revolution, noch, Gewalt sei in Situationen der Unter-

Abb. 177 Anonym, *Diskussion über die Farbigen*

355

drückung grundsätzlich illegitim. In der Auswahl der Werke schlägt sich allerdings nieder, was die Künstler neben den Sinnbildern politischer Wertvorstellungen in der Zeit der Revolution besonders beschäftigt hat. Ihre Betroffenheit war dort am größten, wo sich der soziale Konflikt in beispielhaften persönlichen Schicksalen von Opfern der einen oder der anderen Seite oder solchen, die zwischen die Lager geraten waren, manifestierte, wo eine persönliche Stellungnahme als Mitleid, Haß oder verzweifelte Ohnmacht herausgefordert war. Sympathie- und Feindbilder stehen in der Ausstellung absichtlich nebeneinander.

Dem gehobenen Bürgertum, das seinem wirtschaftlichen Aufstieg entsprechende politische Rechte verlangte, gelang die Revolution gegen die privilegierten Stände von Adel und Klerus erst im Bündnis mit dem Vierten Stand, den Bauern und besitzlosen Kleinbürgern, die unter der Finanzkrise der 80er Jahre am meisten zu leiden hatten. Mit Hilfe der unzufriedenen Massen, die später durch das Zensuswahlrecht den Bürgern keineswegs gleichgestellt waren, hatte der Sturm auf das Staatsgefängnis der Bastille Erfolg. In symbolischer Weise wurden dadurch die Fesseln politischer Häftlinge gesprengt und zugleich die Mauern der Feudalordnung und der absoluten Monarchie gebrochen.

Während der Sturm auf die Bastille selbst nur in erzählenden Stichen zeitgeschichtlicher Chroniken dargestellt wurde (Kat. 313) – aus der Sicht der Handelnden hat kein bedeutender Künstler das historische Ereignis dargestellt –, gibt es von dem zerstörten Bauwerk ein großartiges Gemälde Hubert Roberts (Kat. 340). Der Maler hat den Abriß der Festung mit der Präzision eines Augenzeugen wiedergegeben. Die Abtragung der Burg, von den Revolutionären als Triumph über die absolutistische Gewalt empfunden, zeigt Robert in düsteren Farben mit beschwörender Mahnung. Indem er das im Schleifen begriffene Bauwerk übergroß, die Figuren dagegen winzig ins Bild setzt, macht er es als Sinnbild königlicher Macht zum tragischen Helden. Als Kustos der Gemäldesammlung des Königs war er vom Sturz der Monarchie persönlich betroffen.

Während Robert dem vergangenen Regime nachtrauerte, hielt der Parteigänger der Revolution, Jacques-Louis David, der mit dem ›Ballhausschwur‹ auch die programmatische Form republikanischer Kunst gestaltete (Kat. 312), in seinem Skizzenbuch die Bluttrophäen der revolutionären Gewalt fest. Der aufgespießte Kopf des Gouverneurs der Bastille (Kat. 339), als Siegeszeichen durch die Straßen von Paris getragen, erscheint aus der Sicht des Aufständischen als Symbol des Triumphes – ein Bild der Gewalt, das nicht als Abschreckung, sondern als Ansporn gemeint ist. Der guillotinierte Kopf des Mörders jenes Gouverneurs dagegen, 1794 im antirevolutionären Göttinger Kalender abgebildet (Abb. zu Kat. 339), sollte Mitleid und Abscheu erwecken, mit ironischem Hinweis auf die Ironie der Geschichte, daß er wegen eines Bekenntnisses zur Monarchie Opfer derselben Revolution wurde, die er ein Jahr zuvor zu gründen geholfen hatte.

Je knapper und emblematischer das Bild der Gewalt, desto mehr ist seine Deutung vom Standpunkt des Betrachters abhängig, desto mehr läßt sie sich durch geringe Kontextänderung, z. B. durch Beischriften, manipulieren. Markante Beispiele hierfür stammen aus der zweiten Gewaltphase der Revolution, die 1792 mit dem Sturm auf die Tuilerien und der Gefangennahme des mit Emigranten zusammenarbeitenden Königs (vgl. Kat. 345) beginnt und 1793/94 in den Rivalitätskämpfen der Revolutionäre gipfelt. Das gleiche Motiv des abgeschlagenen Kopfes Ludwigs XVI., das auf einem revolutionären Flugblatt ironisch gekrönten Jongleuren entgegengehalten wird (Abb. 180), hebt in einem antirevolutionären österreichischen Flugblatt auf das Mitleid Königstreuer ab (Abb. 181) und soll Haß auf die Revolutionäre stimulieren.

Solches Mitleid aus humaner Anteilnahme nutzen vor allem Bilder des Schicksals der königlichen Familie für eine royalistische Beeinflussung aus. Rambergs »Gefangennahme der Marie Antoinette« (Kat. 346) zielt in seiner melodramatischen Inszenierung auf sentimentale Rührung. Die anonyme französische Allegorie auf deren Tod (Kat. 347) nutzt dazu das Pathos des Totenkults zu einem zeitlosen Denkmal.

Überzeugender kommt die Betroffenheit eines Royalisten in Roberts ›Korridor des Gefängnisses‹ (Kat. 348) zum Ausdruck. Ohne gedankliche Überhöhung gibt er ein nüchternes Protokoll seiner und seiner Leidensgenossen Gefangenschaft.

Nach der Hinrichtung König Ludwigs XVI. 1793 steigerte sich die Welle von Aggression und Rache zwischen Republikanern und Royalisten. Zugleich spitzte sich der Rivalitätskampf unter den Revolutionsführern zu. Die prominenten Opfer des wechselseitigen Blutbades fielen durch ihren Tod nicht gänzlicher Wirkungslosigkeit anheim, sondern wurden zu Märtyrern erhoben und für die politische Auseinandersetzung nutzbar gemacht. Am bedeutendsten sind die beiden als Gegenstücke konzipierten Bilder, in denen Jacques-Louis David den Opfern royalistischer Anschläge Lepelletier de Saint-Fargeau und Marat ein Denkmal setzte (Kat. 350, 351). Lepelletier, der als Abgeordneter im Konvent für die Hinrichtung des Königs gestimmt

Abb. 179 Géricault, *Der afrikanische Sklavenhandel*

hatte, wurde einen Tag vor deren Vollstreckung ermordet. In seiner Bestattung — sein Leichnam wurde blutig und nackt auf dem Vendômeplatz aufgebahrt, von dem man das Standbild des Königs entfernt hatte, und anschließend, vom Volk begleitet, in das Pantheon getragen — war bereits jener Märtyrerkult angelegt, den David in seinem Gemälde auf eine eindringliche Formel brachte; Marat, der als Vorsitzender des Wohlfahrtsausschusses an der Spitze der Revolution stand und für viele Hinrichtungen von Königstreuen verantwortlich war, wurde von der Royalistin Charlotte Corday in seiner Wohnung ermordet. Die treffende Wirkung der Bilder beruht darauf, daß David die harte Nahsicht scheinbarer Augenzeugenschaft mit der allen Beiwerks entledigten Bildstruktur des traditionellen Rahmenthemas (hierzu Kat. 437) der Totenklage verbunden hat. Die feierlich aufgebahrten entblößten Leichname erinnern einerseits an römische Totenbettdarstellungen, die der Künstler auf Sarkophagen studiert hatte,[24] und die in der Kunst des späten 18. Jahrhunderts häufig aufgegriffen wurden, und andererseits an Bilder der Pietà Christi, die den Ermordeten das Pathos zeitüberdauernden, beispielgebenden Märtyrertums verleihen. Indem David die in beiden Bildtraditionen geläufigen Klagefiguren fortläßt[25] und die Leichname sehr nah in den Vordergrund rückt, erzielt er die zwingende Wirkung, die jeden Betrachter in die Rolle des betroffenen Klagenden versetzt.

Während David als offizieller Maler der Republik den Tod der Revolutionäre überhöht, macht Hauer aus eher royalistischer Sicht die Attentäterin zur Heldin (Kat. 354). Gegenüber dem Porträt Charlotte Cordays, das er nach dem Modell malte (Museé de Versailles), beschönigt er ihre Gesichtszüge und Kleidung, wohingegen Marat, auf einem Gegenstück noch keck die Freiheitsmütze vorweisend, zu einem namenlosen Opfer degradiert ist. Die Meuchelmörderin Marats durch den Topos der couragierten Jeanne d'Arc zu überhöhen, versuchten verschiedene royalistisch gesonnene Künstler (Kat. 356) z. T. noch in der konservativen Salonmalerei des 19. Jahrhunderts[26]. Aus republikanischer Sicht mag es eine Genugtuung sein, daß Davids Gestaltung des Themas künstlerisch bedeutender und politisch brisanter war. Wie sehr der revolutionäre Zündstoff seiner Bilder gefürchtet wurde, verrät die Tatsache, daß das Gemälde des toten Lepelletier von einer Royalistin zerstört wurde, so daß der verstümmelte Nachstich die Märtyrerrolle sinnfällig weiterträgt.

Siegmar Holsten

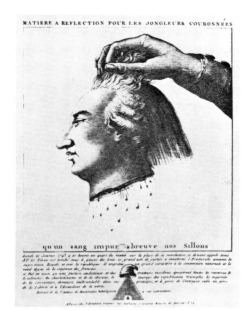

Abb. 180 Villeneuve, *Der guillotinierte Kopf Ludwigs XVI.*

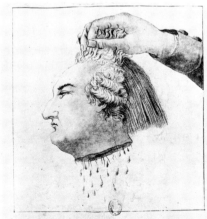

Abb. 181 Anonym, *Kopie nach Villeneuve*, Abb. 180

Anmerkungen

1 Vgl. Ernst H. Gombrich, The Dream of Reason. Symbolism of the French Revolution, in: The British Journal for Eighteenth-Century Studies, Bd. 2, Nr. 3, 1979, S. 187-205, hier S. 203
2 Vgl. zur Situation in Deutschland Leo Balet und E. Gerhard, Die Verbürgerlichung der deutschen Kunst, Literatur und Musik im 18. Jahrhundert, Frankfurt a. M., Berlin, Wien 1972
3 Edgar Wind, The Revolution of History Painting, in: Journal of the Warburg Institute Bd. 2, 1938/39, S. 116-127
4 Einige Personen wie Thomas Paine und La Fayette bildeten konkrete Brücken zwischen beiden Revolutionen. Der Engländer Paine, der mit Flugschriften für die amerikanische Befreiung eingetreten war, unterstützte später die Französische Revolution durch sein Hauptwerk ›Die Menschenrechte‹ und als Abgeordneter des Nationalkonvents; der Franzose La Fayette, als Offizier am amerikanischen Sieg beteiligt, wirkte in Paris am Entwurf der Menschenrechtserklärung mit und wurde einer der führenden Revolutionspolitiker vor dem Sturz der Monarchie.
5 Angeführt von den Politikern Wilkes und Gordon, protestierten sie zugleich gegen den von Konservativen durchgesetzten Sonderschutz für Katholiken. In Bristol und London kam es zu Revolten (Gordon Riots). Vgl. Eric J. Hobsbawm, Industry and Empire. An Economic History of Britain since 1750, 1968, deutsche Ausgabe Frankfurt a. M. 1969, Bd. 1, S. 21-110
6 Vgl. David V. Erdman, Blake: Prophet against Empire, 1954, 2. verb. Aufl. Princeton 1969; Gerald E. Bentley Jr., Blake Records, Oxford 1969
7 Erdman 1969 (wie Anm. 6), S. 7-29; David Bindman, in: Ausst.-Kat.: William Blake, Hamburger Kunsthalle, München 1975, S. 127-131
8 Vgl. Schiff 1973, S. 95
9 Vgl. Robert Rosenblum, Transformations in Late Eighteenth Century Art, Princeton 1967, 3. Aufl. 1974, S. 68 ff.
10 Vgl. Rosenblum 1967 (wie Anm. 9), S. 81 f.
11 Daß Davids Vorzeichnungen in der Gestaltung der Menge weiter gehen als die endgültige Komposition, die die beobachtete Menge wieder zur Gruppe konzentriert, hat Wolfgang Kemp sozial- und kunstgeschichtlich zu begründen versucht: Das Bild der Menge, in: Städel-Jahrbuch, N. F. Bd. 4, 1973, S. 249-270, hier S. 256-259
12 Zu diesem Problem Kemp 1973 (wie Anm. 11)
13 Ebd. S. 259-263
14 Sie geht auf die römische Filzmütze pilleus, die befreite Sklaven trugen, und auf die phrygische Mitra zurück. Hierzu Gombrich 1979 (wie Anm. 1) S. 187-205, hier S. 196 f.
15 Gombrich 1979, S. 188 f.; im einzelnen Alphonse Aulard, Le Culte de la Raison et le Culte de l'Etre Suprême, Paris 1892, Reprint Aalen 1975, S. 449
16 Die Verankerung politischer Prinzipien im Naturrecht geht über Rousseau auf Montesquieu zurück. Vgl. dessen Werk ›L'Esprit de la Loi‹ (1748), Buch III, Kapitel 1
17 Gombrich 1979, S. 202
18 Peter Märker, Ausst.-Kat.: Daniel Chodowiecki, Städelsches Kunstinstitut, Frankfurt a. M. 1978, Nr. 174, Abb. S. 146
19 Ebd. Nr. 174, Abb. S. 146, Text S. 141 f.
20 »Wer hätte so viel Greuelthaten und so vielen Unsinn von einer der gebildetsten Nationen erwarten sollen ...« Brief an die Gräfin Solms 1798, zitiert nach Märker 1978 (wie Anm. 20), S. 141
21 Aulard 1892 (wie Anm. 15), S. 311 ff.; vgl. Kemp 1973 (wie Anm. 13), S. 262

Vorboten

James Barry
301 Der Fortschritt der menschlichen Bildung

um 1800
lavierte Federzeichnung
69,7 × 48,3 cm
London, Sabin Galleries Ltd.

Abb. 182 Barry, *Elysium*

Lit.: Ausstellungskatalog »Angelika Kauffmann und ihre Zeitgenossen«, Bregenz und Wien 1968, Nr. 114, Abb. 286; D.G.C. Allan: »The Progress of Human Culture and Knowledge«, in: »The Connoisseur«, Juni 1974, S. 100ff., Februar 1975, S. 98ff.

Von 1777 bis 1783 führte Barry eine Reihe von Wandgemälden für den Festsaal der Londoner Royal Society of Arts aus, die den Fortschritt der menschlichen Kultur und Bildung zeigen sollten. Sein Ziel war, wie er selber sagte, »die Illustration einer großen moralischen Wahrheit, nämlich, daß individuelle oder öffentliche Glückseligkeit nur durch die Kultivierung der menschlichen Fähigkeiten erreicht werden kann« (James Barry: »An Account of a Series of Pictures in the Great Room of the Society of Arts, Manufactures and Commerce at the Adelphi«, London 1783).

Diese Zeichnung entstand wahrscheinlich als Vorlage für einen Kupferstich nach dem Mittelteil des letzten Gemäldes des Zyklus (Abb. 182), in dem Barry zeigt, wie im Elysium die hervorragendsten Persönlichkeiten aller Nationen und Zeiten für ein kummerfreies ewiges Leben auserwählt werden. Er greift damit ein Thema auf, das in der Kunst um 1900 — man denke nur an Ingres ›Apotheose des Homer‹ (1827, Louvre) — große Beliebtheit erlangen sollte: die Versammlung ›großer Menschen‹, die dem Betrachter fast wie Götter des Olymp als Vorbilder und Objekte der Verehrung vorgeführt werden. Im Vordergrund erkennen wir einen Engel, der skeptisch eine Waage betrachtet, die wohl über den Wert eines menschlichen Lebens zu befinden hat. Hinter ihm liest ein weiterer Engel ewige Wahrheiten aus einem Buch vor; unter den aufmerksamen Zuhörern befinden sich laut Barrys Beschreibung Origenes, Bossuet, Pascal und Bishop Butler (v.l.n.r., die den Betrachter fixierende Figur fehlt im Gemälde und deshalb auch in Barrys Beschreibung). In der Reihe darüber sind große Staatsmänner, Feldherren und Kirchenfürsten versammelt, über ihnen schwebt ein blumenstreuender Engel.

Mit seinen Wandgemälden wollte Barry beweisen, daß auch in England ›große‹ Historienmalerei entstehen kann; als Vorbild nannte er Raphaels Fresken in der Stanza della Segnatura im Vatikan. Tatsächlich gewann er durch diesen Zyklus großes Ansehen bei seinen Zeitgenossen; die optimistische Interpretation der Geschichte, der Glaube an den Fortschritt, die Darstellung von ewigen Werten, die auch in einer politisch unruhigen Zeit nicht in Frage gestellt zu werden brauchten, fanden großen Anklang und verhalfen den nach den Gemälden hergestellten Kupferstichen zu gutem Absatz.

A. H.-W.

Jakob Asmus Carstens

302 Allegorie auf das 18. Jahrhundert

um 1785/88
Federzeichnung
30 x 59 cm
Bez. u.r.: »Squizze von J. Carstens«
Schweinfurt, Slg. Georg Schäfer,
Inv.Nr. 615 A
Lit.: Alfred Kamphausen, Asmus Jakob Carstens, Neumünster 1941, S. 92, S. 401, Nr. 49;
Ausst.-Kat.: Klassizismus und Romantik, Gemälde und Zeichnungen aus der Sammlung Georg Schäfer, Nürnberg 1966, Nr. 9 VI, Abb. 9

In dieser formal traditionellen Allegorie, die Begriffe durch Figuren verkörpert, macht Carstens den geistigen Grundkonflikt seines Jahrhunderts anschaulich. Als Anhänger der Aufklärung bekennt er sich zur Vernunft, die er durch Mächte des Irrationalen, Aberglauben, Sturm und Drang, gefährdet sah: Ein Priester des Altertums und sein Gehilfe links, wohl Metaphern für jeglichen Aberglauben, und eine Midasgestalt mit den Eselsohren der Dummheit rechts, versuchen der Vernunft die Kehle abzuschnüren. Minerva, die Göttin der Weisheit und Beschützerin der Künste, die durch Helm und gorgonengeschmückten Schild gekennzeichnet ist, eilt ihr zu Hilfe. Dies ist wahrscheinlich der Wandbildentwurf, den Carstens 1788 an den Kurator der Berliner Akademie, Minister von Heinitz, einsandte. In Berlin, das den Gedanken der Aufklärung gegenüber offen war, konnte er hoffen, mit diesem Programmbild Anklang zu finden. Zwar kam der Auftrag als Wandbild nicht zustande, aber eine inzwischen verschollene Ölfassung war 1788 in der Berliner Akademie ausgestellt. (Eine weiß gehöhte Kreidezeichnung nach dem Gemälde abgebildet bei Kamphausen 1941, S. 91.) S.H.

303

George Romney

303 Reichtum und Armut

um 1777-80
Braune Tinte, grau laviert, über schwarzer Kreide
38,1 — 38,7 x 31,7 cm
Bez.: auf der Rückseite: »No. 80«
Cambridge, Fitzwilliam Museum
Lit.: Jaffé 1977, Nr. 54

302

Dieses Blatt Romneys wird von seinem Sohn John als spontane Studie nach der Natur beschrieben, angeregt durch den Ausdruck eines bettelnden jungen Mädchens, das Romney besonders aufgefallen war (Zitiert bei Jaffé 1977, S. 31).

Patricia Jaffé weist jedoch darauf hin, daß verschiedene Studien zu sehr ähnlichen Kompositionen existieren; die Zeichnung ist also vielleicht im Zusammenhang mit einem geplanten Stich oder Gemälde zu sehen und sicherlich auch in ihrem Inhalt bedeutungsvoll. Es ist bekannt, daß sich John Romney bemühte, die von ihm als radikal eingeschätzte politische Haltung seines Vaters vor der Öffentlichkeit zu verbergen. Auch in diesem Fall mag er versucht haben, jeglichen Anschein von Sozialkritik auszuschließen.

Romney zeigt zwei Frauen, die sich in Alter und Physiognomie sehr ähnlich sind; Kleidung und Haltung, demütigt gebeugt die eine, stolz aufgerichtet die andere, weisen jedoch auf die unterschiedlichen gesellschaftlichen Positionen der beiden hin. Was Romney hier schildert, trat seinen Zeitgenossen zunehmend drastischer vor Augen: Durch die etwa um die Jahrhundertmitte einsetzende Landflucht entstand in den Metropolen wie London ein Überangebot an Arbeitskräften, das zu immer schlechteren Arbeitsbedingungen und zu einer Verelendung der sozial schwachen Schichten führte, das aber andererseits erst die Ausbreitung der Industrialisierung ermöglichte. Bedenkt man, wie Romney in anderen Darstellungen (vgl. Kat. 447) seine Anteilnahme am Schicksal benachteiligter Bevölkerungsgruppen ausdrückt und bedenkt man ferner seine spätere Begeisterung für die französische Revolution, so fällt es schwer, in diesem Blatt nur — wie es John Romney möchte — eine künstlerische Ausdrucksstudie zu sehen. A.H.-W.

304

John Singleton Copley
304 Der Tod des Majors Pierson
1782-83
Schwarze Kreide, weiß gehöht
27,7 x 35,7 cm
London, Courtauld Institute Galleries, Witt No. 533
Lit.: Jules David Prown: »John Singleton Copley«. Washington, 1966, II, S. 302-310, S. 442, Abb. Nr. 451

Abb. 183 Copley, *Der Tod des Majors Pierson*

Am 5.1.1781 besetzten französische Truppen die Hauptstadt der englischen Kanalinsel Jersey, St. Helier, und nahmen den Kommandanten der dort stationierten englischen Truppen gefangen. Nach einer kurzen, heftigen Schlacht gelang es dem erst 24 Jahre alten Major Pierson mit dem Teil der englischen Truppen, die noch nicht kapituliert hatten, die Stadt wiederzugewinnen und die Besetzer zu vertreiben. In dem Augenblick, in dem der englische Sieg feststand, wurde der Major jedoch durch eine französische Kugel tödlich getroffen. Sein farbiger Diener rächte seinen Tod, indem er den Mörder erschoß.

Der englischen Öffentlichkeit, die gerade erhebliche Verluste im amerikanischen Unabhängigkeitskrieg zu beklagen hatte, schenkte dieses Ereignis neues Vertrauen in die Stärke der eigenen Armee. Copley wählte es als Thema seines berühmten Historienbildes (Abb. 183), das er 1784 fertigstellte (heute London, Tate Gallery) und das das höchste Lob des englischen Königs fand. Im Mai 1784 wurde es zusammen mit einer Begleitbroschüre der Öffentlichkeit vorgestellt, in der Copley erklärte, daß sich die Mittelgruppe des Bildes gänzlich aus exakten Porträts der Beteiligten zusammensetze. Höchstwahrscheinlich reiste er auch nach Jersey, um den Ort des Geschehens so wahrheitsgetreu wie möglich darstellen zu können. Diese Studie zur Mittelgruppe weicht in der Komposition in einigen Details vom fertigen Gemälde ab; so befindet sich der farbige Diener mit dem Gewehr auf der rechten Seite, während er im Gemälde links steht und dort der Gruppe größere Geschlossenheit gibt. Wie in einer Grablegung Christi wird der junge Held mit herunterhängendem Arm und in den Nacken gesunkenem Kopf von seinen Landsleuten getragen. Hier diente Copley wohl besonders die Darstellung des von ihm bewunderten Rubens nach Caravaggio zum Vorbild (heute Ottawa, Nat. Gallery of Canada), die er aus Nachstichen kannte. Durch die formale Analogie zum religiösen Gemälde wird Major Pierson zusätzlich verklärt.

A.H.-W.

305

306

Daniel Chodowiecki
305 Die Amerikaner widersetzen sich der Stempelakte

1783
In: Historisch-genealogischer Calender oder Jahrbuch der neuen Welt-Begebenheiten für 1784
Blatt 1 der 12 Illustrationen zu dem Aufsatz ›Die Geschichte der Revolution von Nord-America‹ von Matthias Christian Sprengel
Radierung
9,1 x 5,2 cm
Bez. u. Mitte: »D. Chodowiecki del. et sculp.«
Hamburger Kunsthalle, Kupferstichkabinett, Inv.Nr. 56672
Lit.: Engelmann 1857, Nr. 492

Im Jahr des Friedens von Versailles, in dem Großbritannien die Unabhängigkeit der Vereinigten Staaten anerkennen mußte, widmete Chodowiecki dem Freiheitskrieg der Amerikaner zwölf Radierungen. Bei allem Anschein sachlicher Schilderung ist unverkennbar, mit welcher Sympathie er den Kampf und die Durchsetzung bürgerlicher Grundrechte darstellt. Wenngleich königstreu eingestellt, hatte er doch in seinem Werk stets gegen despotische Bestrebungen gestritten. Seine Anteilnahme für den Volkswiderstand spricht besonders aus dem ersten Blatt des Freiheitssignals. Durch die Rückansicht der Hauptfigur ist der Betrachter in das Geschehen einbezogen. Die Bedeutung ergibt sich aus der Beischrift: »Die Americaner widersetzen sich der Stempel Acte und verbrennen das aus England nach America gesandte Stempel-Papier zu Boston im August 1764.«
Damit ist jener demonstrative Beginn der Emanzipationsbestrebungen gemeint, mit dem die nordamerikanischen Kolonien Großbritanniens gegen die Versuche des Mutterlandes protestierte, durch eine Stempelgebühr (der später die Teesteuer folgte) zusätzliche Abgaben zu erzwingen. S.H.

Daniel Chodowiecki
306 Die Einwohner von Boston werfen den englisch-ostindischen Tee ins Meer

1783
In: Historisch-genealogischer Calender oder Jahrbuch der neuen Welt-Begebenheiten für 1784
Blatt 2 der 12 Illustrationen zu dem Aufsatz ›Die Geschichte der Revolution von Nord-America‹ von Matthias Christian Sprengel
Radierung
9,1 x 5,2 cm
Hamburger Kunsthalle, Kupferstichkabinett, Inv. Nr. 56672
Lit.: Engelmann 1857, Nr. 492

Die Darstellung bezieht sich auf den demonstrativen Akt der sogenannten ›Boston Tea Party‹, der den amerikanischen Unabhängigkeitskrieg auslöste: Als Indianer verkleidete Kolonisten warfen englische Teeladungen in den Hafen von Boston, um gegen die vom Mutterland auferlegten Einfuhrzölle zu protestieren. Vgl. auch den Text zu Kat. 305.

William Blake
307 Frontispiz zu ›America a Prophecy‹

Entworfen 1793, gedruckt um 1821
kolorierte Reliefätzung
30,4 x 23,6 cm
Cambridge, Fitzwilliam Museum, Inv.Nr. P 127-1950
Lit.: Bindman 1970, Nr. 13; Janet A. Warner: ›Blakes Use of Gesture‹, in: Erdman/Grant 1970, S. 193-194; Erdman 1974, S. 137 (Abb.)

Blakes erstes prophetisches Buch ›America‹ erschien 1793. Ähnlich wie in seinem unvollendeten Gedicht ›The French Revolution‹ (1791) behandelt er auch hier ein Stück Zeitgeschichte, die Periode vom Ausbruch des amerikanischen Unabhängigkeitskrieges bis zum Beginn der französischen Revolution. Diesmal jedoch verwendet er keine wirklichen Namen, sondern kleidet die Ereignisse in die Form eines Mythos: Dem revolutionären Geist Orc gelingt es, sich aus seinen Fesseln zu befreien und Albions Engel (ein Symbol der bestehenden Verhältnisse und im engeren Sinne der Regierung Georges III) zu vertreiben. Zwar dürfen auch nach dem Zusammenbruch von Albions Truppen (der für die amerikanische Eroberung von Yorktown 1781 steht) »Engel und schwache Menschen« noch zwölf Jahre lang über die Starken und somit über Orc bestimmen, dann aber wird Frankreich durch Orc erleuchtet werden und die Herrschaft der Schwachen endgültig enden. Diese Herrschaft der Schwachen ist für Blake die Zeit nach dem Ende des amerikanischen Unabhängigkeitskrieges, der die monarchischen Systeme Europas unangetastet gelassen hatte: Blake erhofft sich durch die französische Revolution ein befreites, republikanisches Europa.
Erdman deutet das Frontispiz zu ›America‹ als Darstellung der zwölfjährigen Herrschaft der Schwachen nach dem Ende des Krieges. Wieder liegt Orc (eine riesenhafte, ganz in sich gekehrte Gestalt) in Ketten. Die zerstörte Mauer hinter ihm und die Kanone am unteren Bildrand weisen auf das Ende eines Kampfes hin. Neben Orc sitzt eine trauernde Mutter mit zwei Kindern. Sie wartet darauf, daß er sich erneut aus seinen Fesseln löst, um die Frauen Europas zu befreien, ebenso wie er (nach Blakes Beschreibung in ›America‹) die amerikanischen Frauen befreit hat.
Als Frontispiz zeigt dieses Blatt, wie Blake die in seinem Buch geschilderten amerikanischen Ereignisse verstanden sehen will: Sie sind eine Verheißung für das noch unterdrückte Europa. A.H.-W.

307 308

Nach Johann Heinrich Füssli
308 Der Sprung Wilhelm Tells aus dem Schiff

um 1787/88
Kupferstich von Charles Guttenberg nach einem verlorenen Gemälde Füsslis
43,8 x 59,5 cm
Bez. u. l.: »Peint par Fuessli, à Londres«, u. r.: »Gravé à Paris par Charles Guttenberg«
Zürich, Kunsthaus, Inv. Nr. Gr. 1940/41
Lit.: Zelger 1973, S. 25, Abb. 6; Schiff 1973, Nr. 719, Bd. 1, S. 137 f.

Der Stecher Guttenberg erwarb das Gemälde – wahrscheinlich bei seinem Aufenthalt in London 1787 – von Füssli selbst. Er fügte in seiner Reproduktion eine Vignette mit den als patriotische Sinnbilder bekannteren Motiven des Tell-Schusses und Rütlischwurs (vgl. Kat. 309) hinzu und erläuterte die Geschichte Tells in einer Legende.

Guttenbergs Erläuterung macht unmißverständlich, was Füssli sicher auch im Gemälde ausdrücken wollte. Sie gipfelt in dem Satz: »Schnell und kühn, eingeflammet vom Geiste der Freiheit, raffte TELL Pfeil und Bogen zu sich, und sprang an Strand.« Die Gründungsgeschichte der Schweiz, 1779 noch einzig auf die nationale Identität bezogen, ist hier, kurz vor der Französischen Revolution, zum Leitbild bürgerlicher Befreiung geworden. Nach 1789 wurde Tell in Frankreich sogar zu einer jakobinischen Symbolfigur: 1793 wurde gesetzlich angeordnet, daß Lemierres Tragödie ›Guillaume Tell‹ dreimal in der Woche aufzuführen sei; 1791 malte Frédéric Schall ein Tellbild, im gleichen Jahr Vincent (Rosenblum 1967, S. 80, Anm. 105). In Davids ›Triumph des französischen Volkes‹ (Kat. 321) taucht Tell als republikanische Gestalt auf. In Deutschland zeichnete Franz Pforr 1807 den Tellschuß. Koch konzipierte das Motiv noch nach dem Wiener Kongreß als Gegenstück zu seinem ›Tiroler Landsturm‹ (Kat. 516).

Tell war der Überlieferung nach im Mittelalter einer der Freunde jener drei Männer, die mit dem Schwur auf dem Rütli (vgl. Kat. 309) die Urkantone der Schweiz gründeten und der Herrschaft österreichischer Landvögte den Kampf ansagten. Er bot dem Landvogt Geßler die Stirn, indem er sich weigerte, einen aufgepflanzten Hut demütig zu grüßen. Wegen weiterer selbstbewußter Kühnheiten festgenommen, sollte er mit einem Schiff in ein Gefängnis gebracht werden. Da er in einem Sturm der einzige war, der das Schiff vor dem Untergang retten konnte, ließ man ihn ans Ruder. Füssli stellt den Augenblick dar, in dem Tell vom Bug des in Ufernähe manövrierten Schiffes an Land springt, um wenig später den Tyrannen zu erschießen. Für diese Symbolfigur bürgerlicher Selbstbefreiung findet er eine dynamische, das Bild sprengende Diagonalkomposition. Während der Held beherrschend nach links oben schnellt, sind die entsetzt im Schiff Zurückbleibenden in die entgegengesetzte Ecke gedrängt. Die Energie des Aufbruchs kann kaum deutlicher betont werden als durch diesen Gegensatz zu den kauernd Verschreckten. Den Zeitgenossen ließ das Rokokokostüm erkennen, daß sie als Verkörperungen des Ancien Régime gemeint waren (Zelger 1973, S. 25), während Tells ausgreifende Figur als ein Signal der sich wenig später bahnbrechenden Bürgerfreiheit ertönt. S.H.

Johann Heinrich Füssli

309 Die drei Eidgenossen beim Schwur auf dem Rütli

1779
Feder und Sepia, braun und grau getönt
41,4 × 34,5 cm
Bez. u. l. auf aufgeklebtem Zettel: »Zurico 79«, u. r.: »3«
Zürich, Kunsthaus, Inv. Nr. Z 1938/765
Lit.: Frederick Antal, Fuseli Studies, London 1956, S. 71 ff. (deutsche Ausgabe Dresden 1973, S. 70-72); Schiff 1973, Nr. 412, S. 94 f.; Ausst.-Kat.: Johann Heinrich Füssli, Hamburger Kunsthalle, München 1974, Nr. 20

1779 erhält Füssli von seiner Vaterstadt Zürich den Auftrag zu einem Gemälde des Rütlischwurs für das Rathaus der Stadt. In jenem Eid hatten die Schweizer Walter Fürst, Werner Stauffacher und Arnold von Melchtal im Mittelalter ihre Kontone Uri, Schwyz und Unterwalden von der Feudalherrschaft österreichischer Vögte losgesagt und die Urkantone der Schweiz gegründet. In zahlreichen Darstellungen war dieser Dreierbund zuvor zu einem Emblem nationaler Identität gegossen worden. Im 18. Jahrhundert bekam der Stolz der Schweizer auf ihre bürgerliche Freiheit in einem Europa, das Gleiches zu erringen begann, neue Aktualität. Füssli abstrahiert in dieser Vorzeichnung von historischen Kostümen und schafft durch halbnackte Gestalten in antikischen Gesten ein allgemeines Sinnbild nationaler Einheitsstiftung und bürgerlicher Selbstbestimmung. Er läßt dem Betrachter dadurch Spielraum, an republikanische römische Pathosgesten ebenso zu denken wie an das beschworene Ereignis im Mittelalter und beides zugleich auf gegenwärtigen Bürgerstolz zu übertragen. Die Darstellung erhält ihre mitreißende Evokationskraft aus dem Kontrast gesammelter Ruhe in den ineinandergelegten Händen im Zentrum und den himmelwärts gereckten Posen des Schwurs. In dem 1780 vollendeten Gemälde (Schiff Nr. 359), bis dahin seinem größten Werk, hat Füssli wohl mit Rücksicht auf die Auftraggeber den generalisierenden Charakter antikischer Nacktheit zugunsten mittelalterlicher Kostüme und Waffen wieder zurückgenommen.

S.H.

nach Jacques Louis David

310 Der Schwur der Horatier

Kupferstich von Jean Charles Levasseur nach einem Gemälde von David
34,7 × 45,5 cm
Bez. u. l.: »L. DAVID PINX^T« u. r.: »LEVASSEUR SCULP^T« Unterschrift: »LE SERMENT DES HORACES/MUSÉE DU LOUVRE«
Paris, Bibliothèque Nationale, Inv. Nr. Dc 22 vol. 1
Lit. zum Gemälde im Louvre: Salon de 1785, Nr. 103; Salon de 1791, Nr. 134; Sterling-Adhémar 1959, Nr. 536; Kat. Ausst. London 1972, Nr. 62; Wildenstein 1973, Nr. 122, 145, 148, 152, 154, 155, 156 (u.a.); Thomas Crow, The Oath of the Horatii in 1785. In: Art History, Bd. 1, 1978, S. 424-471.

Das über vier Meter breite Gemälde von David war im Salon von 1785 ein herausragendes Ereignis, nachdem es zuvor schon in Rom seinem Entstehungsort Begeisterung erregt hatte. Der alte Horatius in der Mitte läßt seine drei Söhne schwören, für Rom ihr Leben einzusetzen. Denn diese sind erwählt, gegen drei Vertreter der rivalisierenden Stadt Alba Longa zu kämpfen, um den seit langem schwelenden Krieg zwischen den benachbarten Städten zu entscheiden. Da ihre drei Gegner zweifach mit ihnen verschwägert sind, müssen Familienbande mißachtet werden: Hinter dem Wohl des Vaterlandes hat jedes private Interesse zurückzustehen.

Dies zu betonen führte David den Schwur ein,

der weder von Corneille noch von Livius den Quellen Davids berichtet wird, während die Frauen der sicheren Trauer ausgeliefert sind, wie immer der Kampf ausgehen mag. Das hohe Ethos der Aussage machte David darüber hinaus durch seine karge, aber einprägsame Darstellungsweise bewußt:

Die drei Bögen der Hintergrundarkade, die reliefartig komponierte Szene bildparallel hinterziehend, fassen diese zusammen, geben aber auch jedem einzelnen Teil eine eigene Weihe und Würde. Die Brüder sind in ihrer Einheit betont, aber auch in ihrer aktiven Entschiedenheit, da ihre schwörende Gebärde über die Senkrechte der Säule hinweg in den Bereich des Mittelbogens hinübergreift. Hier bildet das hochgehaltene Schwertbündel den Höhepunkt der Komposition überhaupt. Dem Schmerz der zusammengesunkenen Frauen gilt der dritte Bogen. So bekommt die Opferung persönlichen Glücks zum Wohl des Vaterlandes religiöses Pathos. David wirkte prägend auf seine Zeitgenossen mit dieser Komposition. Sie war zwar – von Ludwig XVI. bestellt – ohne unmittelbare politische Ziele entstanden, wuchs aber wenige Jahre später zu einem Leitbild der Revolution (vgl. auch Kat. 312, 315, 386, 387). G.H.

311

Freiheit oder Tod: Revolution in Frankreich

unbek. franz. Künstler

311 Die Mißbräuche werden zu Grabe getragen

1789
Radierung und Aquatinta
22,0 x 37,0 cm
Unterschrift: »CONVOI DE TRES HAUT ET TRES PUISSANT SEIGNEUR DES ABUS/ Mort sous le Règne de LOUIS XVI le 4 Mai 1789
Des antiques abus le souverain empire/A la voi de Louis tremble, chancelle, expire;/Victimes des Abus sechez enfin vos pleurs;/Et toi Divinité de la reconnoissance/Prepare ton encens et grave dans nos coeurs/Le nom du Prince aimé, par qui renait la France«/
(Totengeleit des überaus hohen und mächtigen Herrn der Mißbräuche/gestorben unter der Regierung Ludwigs XVI, den 4. Mai 1789
Die Stimme Ludwigs läßt die hohe Herrschaft der alten Mißbräuche zittern, schwanken und verenden; Opfer der Mißbräuche trocknet endlich eure Tränen;
Und du Göttin der Erkenntlichkeit bereite deinen Weihrauch und grabe in unsere Herzen den Namen des geliebten Prinzen, durch den Frankreich neu ersteht.)

Beschreibung der Darstellung:
A Pauvres Victimes des Abus
   (Arme Opfer der Mißbräuche)
B Une des Furies
   (Eine der Furien)
C L'Avarice
   (Der Geiz)
D Génies chantant les Ouvrages les plus estimés sur des Etats Generaux
   (Genien, die anerkanntesten Werke über die Generalstände besingend)
E La Folie
   (Der Wahnsinn)
F L'Orgueil
   (Der Stolz)
G Le Tiers Etat portant le Corps immense des Abus/couvert d'un riche Poêle sur lequel la Mitre/designe les abus dans le Clergé, l'Epée liée a une Bourse/ceux de la Noblesse, le Bonnet carré ceux de la Chicane/à côté une Courone de Fer marque l'empire tyranique des Abus
(Der dritte Stand, den mächtigen Körper der Mißbräuche tragend, der mit einem reichen Bahrtuch bedeckt ist, darauf bezeichnet die Mitra die Mißbräuche der Geistlichkeit, der mit einer Börse zusammengebundenen Degen diejenigen des Adels, die viereckige Mütze diejenige der Schikanen, daneben kennzeichnet eine Eisenkrone die tyrannische Herrschaft der Mißbräuche)
H L'Egalité
   (Die Gleichheit)
I La Prudence et la Force
   (Die Klugheit und Kraft)
K La Justice
   (Die Gerechtigkeit)
L M̄ Necker qui après avoir approfondi les abus les/conduit au Tombeau
   (M. Necker, der die Mißbräuche zunächst vertieft hatte, führt sie nun zu Grabe)
M Grand Deuil de ceux qui peuvent regretter les abus
   (Die große Trauer derer, die eine Abschaffung der Mißbräuche zu beklagen haben)

Hamburger Kunsthalle, Kupferstichkabinett, Inv.Nr. 1980/54

Die Allegorie bezieht sich auf die Einberufung der Generalstände im Mai 1789. Man sieht, welche Hoffnung dieser Maßnahme entgegengebracht wurde. Die tiefgreifende Art der Veränderungen, die damit in die Wege geleitet wurden, konnte der Zeichner allerdings nicht ahnen. G.H.

nach Jacques Louis David
312 Der Schwur im Ballhaussaal

Aquatinta von Jean Pierre Jazet (etwa 1825)
nach einer Zeichnung von David
35,4 x 53,8 cm
Bez.u.l.: »Dessiné par David«, u.r.: »Gravé
par Jazet«
Paris, Bibliothèque Nationale, Inv.Nr. Dc 22
Fol.Bd. 1
Lit.: Bibl.Nat.Inv. après 1800, Bd. 11, Jazet
Nr. 106 oder 107
Lit.: zur Zeichnung Davids in Versailles:
Salon de 1791, Nr. 132; Guiffrey-Marcel, Bd.
IV, Nr. 3197; Virginia Lee: Jacques Louis
David: The Versailles Sketchbook. In: The
Burlington Magazine, Bd. 111, 1969, S.
197-208, 360-369; Kat.Ausst. London 1972,
Nr. 553; Wildenstein 1973, Nr. 264, 285, 303
(u.a.)

Am 20. Juni 1789 schworen die Abgeordneten des dritten Standes im Ballhaussaal in Versailles, sich nicht zu trennen, bis eine Konstitution auf solider Basis geschaffen sei. Dieser Schwur war eine spontane Reaktion auf die Schwierigkeiten, die sich den Abgeordneten für ihre reformerische Tätigkeit abzuzeichnen schienen, als sie am Morgen dieses Tages die Türen zum gewohnten Versammlungsraum unter fadenscheinigem Vorwand verschlossen fanden. So mußte das Ereignis später als ein Auftakt der Revolution empfunden werden. An seinem Jahrestag erhielt David 1790 vom Nationalkonvent den Auftrag, es zu gestalten. David gruppierte die Schwörenden symmetrisch um ihren erhöht postierten Vorsitzenden. Den Impetus der erhobenen Arme brachte er gesteigert zur Wirkung, indem er ihre Schrägen jeweils an der entgegengesetzten Seite von der der Fensterböschungen aufnehmen ließ, die zugleich mit zusammenfassender Kraft die Einigkeit der vielen Menschen unterstreichen. Allein die erhobene Hand des Vorsitzenden greift über die Fluchtlinie hinweg, überdies von der großen Rückwand des Raumes hinterfangen und ausgezeichnet. So vermittelt der dreigeteilte architektonische Überbau der turbulenten Szene eine religiöse Feierlichkeit. Ihre Dreiheit wird in einer Gruppe nahe der Mitte des Vordergrundes kernhaft verdichtet aufgenommen. Nahe zusammengerückt verinnerlichen diese drei Menschen — ein Ordensgeistlicher, ein Weltgeistlicher und ein evangelischer Pfarrer — den Schwur, dabei von der gleichen elementaren Kraft beseelt, welche die anderen so die Arme hochreißen läßt, wie der Wind die Vorhänge hochwirbelt. Mit der Dreizahl wird die Maxime der Revolution: Freiheit, Gleichheit, Brüderlichkeit angesprochen, die darum im Schwur mitzuschwingen scheint.
Für die Zeitgenossen unverkennbar hat David bei der Gestaltung einiger Teilnehmer auf sein bekanntes Bild »Schwur der Horatier« Bezug genommen, mit dem er im Salon von 1785 die Besucher bewegt hatte und das er 1791 zusammen mit der neugeschaffenen Komposition ausstellte (vgl. Kat. 310). Die Bedeutung des Ereignisses der zeitgenössischen Geschichte wurde bewußt an derjenigen der antiken Szene gemessen.
Die monumentale Ausführung der Komposition blieb unvollendet, obwohl noch 1801 der Auftrag erneuert wurde (Wildenstein 1973, Nr. 1379).   G.H.

312

Jean Bertrand Andrieu
313 Die Belagerung der Bastille

1789
Blei, bronziert
Durchmesser 8,5 cm
Bez. u. l.: »ANDRIEU. F.«u. r.:»N⁰ 1« Umschrift:
»SIEGE DE LA BASTILLE« Unterschrift:
»PRISE PAR LES CITOYENS DE / LA VILLE
DE PARIS/LE 14 JUET 1789«
Hamburger Kunsthalle, Inv.Nr. 418
Lit.: Gunhild Salaschek: Kat. der Plaketten
und Medaillen des 19. und 20. Jahrhunderts
aus dem deutschen und französischen Sprachraum in der Hamburger Kunsthalle, Nr. 12
(im Erscheinen begriffen).

Wiedergegeben ist das entscheidende Stadium der Belagerung, da Soldaten den kaum bewaffneten Bürgern von Paris zu Hilfe kamen, Kanonen herbeischafften und diese mit Sachverstand bedienten. So gelang es, den Gouverneur zur Übergabe zu zwingen (siehe auch Kat. 338). Hatten die Pariser dort ursprünglich nur ihre Bürgerwehr bewaffnen wollen, so wurde im Lauf der Auseinandersetzung die Überwindung dieses mächtigen Hindernisses zum Symbol der Befreiung von Tyrannei. An eine Befreiung der sieben Gefangenen hatten diejenigen, die die Schlüssel der Bastille später im Triumph durch Paris führten, gar nicht gedacht. Die Gefängnisse mußten aufgebrochen werden.   G.H.

313

sitz nach Paris zu verlegen. Am folgenden Tag wurde die königliche Kutsche nach Paris eskortiert. Andrieu beschreibt ihre Ankunft auf der Place Louis XV., der heutigen Place de la Concorde, als ein Fest der Heimkehr des Königs in die Hauptstadt seines Volkes. Um diese Zeit war die Monarchie noch unangetastet, sofern der absolute Herrschaftsanspruch fallen gelassen wurde. G.H.

nach Alexandre-Evariste Fragonard

315 Die Rechte des Menschen und des Bürgers

Radierung von Jacques-Louis Copia nach einer Zeichnung von Fragonard
36,9 x 24,1 cm
Bez.u.l.: »Fragonard fils inv & del.«
u.r.: »Copia Sculp.«. Unterschrift:
»DROITS DE L'HOMME ET DU CITOYEN.«
Hamburger Kunsthalle, Kupferstichkabinett,
Inv.Nr. 1980/72

314

Jean Bertrand Andrieu
314 Ankunft des Königs in Paris

1789
Blei, bronziert
Durchmesser 8,5 cm
Bez.u.l. »ANDRIEU.F.«u.r.»N°2«
Umschrift:»ARRIVEE DU ROI A PARIS«,
Unterschrift:»LE 6 OCTOBRE /1789«
Hamburger Kunsthalle, Inv.Nr. 420
Lit.: Gunhild Salaschek: Kat. der Plaketten und Medaillen des 19. und 20. Jahrhunderts aus dem deutschen und französischen Sprachraum in der Hamburger Kunsthalle, Nr. 13 (im Erscheinen begriffen)

Auf ein Gerücht hin, Leibgarden des Königs mißachteten die dreifarbene Kokarde – das Zeichen der Volkserhebung –, wanderte am 5. Oktober 1789 eine wütende Menschenmenge – wohl auch von Hunger getrieben – nach Versailles, wo sie ins Schloß eindrang. Mit Mühe konnte der König die Menge beruhigen, indem er versprach, seinen festen Wohn-

315

Die von Fragonard gestaltete Tafel der Erklärung der Menschenrechte vom 3. September 1791 erschien als Titelblatt des dritten Bandes der 1804 veröffentlichten ›Tableaux Historiques de la Révolution francaise‹ (vgl. auch Kat. 338, 355, 397), wird aber schon früher entstanden sein, denn Copia, der die Zeichnung auf die Kupferplatte übertrug, starb 1799. Außerdem konnten schon seit 1791 die fortlaufend produzierten Tafeln einzeln erworben werden.

Fragonard verteilte die 17 Artikel der Grundrechte in drei von Halbsäulen flankierte Kolumnen auf einer reliefartig gestalteten Tafel, deren Helligkeit vor tiefdunklem Grund leuchtend gemacht wurde. Die Tafel schließt oben in drei ganz linear gezeichneten Halbbögen, deren abstrakter Charakter dem idealen Wert der allegorischen Frauengestalten angemessen ist: In der Mitte gewährt die durch einen Thron ausgezeichnete Gerechtigkeit zwei zufluchtsuchenden Kindern Schutz, links hält ihr die Gleichheit ihr Zeichen entgegen, rechts die Weisheit. Auf dem Sockelfeld läßt die Gestalt Frankreichs antike Krieger bei ihrer Ehre schwören, die Menschenrechte zu verteidigen. Sicherlich sollte deren uralter Anspruch betont, zugleich aber der moderne Bürger aufgerufen sein, sich die Ethik der antiken Helden zu eigen zu machen, an Davids Schwur der Horatier sich erinnernd (vgl. Kat. 310). Für den Inhalt der Erklärung sind die drei ersten Artikel besonders wichtig:

1. Die Menschen sind von Geburt an frei und gleich an Rechten. Soziale Unterschiede sind nur im Hinblick auf den Nutzen für die Allgemeinheit zu rechtfertigen.
2. Das Ziel jeder politischen Gesellschaft ist die Bewahrung der natürlichen und vorgegebenen Rechte des Menschen. Diese Rechte sind Freiheit, Eigentum, Sicherheit und Widerstand gegen Unterdrückung.
3. Jegliche Herrschaft hat ihren wesentlichen und ursächlichen Grund in der Nation. Ohne ihren ausdrücklichen Auftrag darf keine Körperschaft noch ein Individuum eine Autorität ausüben.

Die folgenden Artikel wägen Freiheit und Gesetz gegeneinander ab.

Die Aufstellung dieser Grundrechte war von ungeheurer Wirkung. Sie bildete das Fundament aller Verfassungen der kommenden neunziger Jahre. Über die Grenzen Frankreichs hinweg wurde sie zur Richtschnur aller Revolutionäre. G.H.

316

nach Pierre Paul Prud'hon
316 Die französische Verfassung
Radierung und Kupferstich von Jacques-Louis Copia nach einer Zeichnung von Prud'hon
44,7 x 53,2 cm (Bildfeld 40,8 x 50,2 cm)
seitenverkehrte Wiedergabe
Bez. u.l.: »P.P.Prudhon invenit«,
u.r.: »Copia Sc«.
Auf der Basis in der Mitte die Inschrift: »CONSTITUTION FRANCAISE/FONDEE PAR LA SAGESSE SUR LES BASES / IMMUABLES DES DROITS DE L'HOMME / ET DES DEVOIRS DU CITOYEN« (Die französische Verfassung, von der Weisheit auf den unveränderlichen Fundamenten der Menschenrechte und der Bürgerpflichten gegründet). Unter der linken Basisallegorie des Gesetzes: »CE QUI CONVIENT A LA SOCIETE« (was der Gesellschaft zukommt).
Unter der rechten Basisallegorie der Gleichheit: »CE QUI CONVIENT AUX HOMMES« (was den Menschen zukommt)
Hamburger Kunsthalle, Kupferstichkabinett, Inv.Nr. 1980/47
Lit.: Salon de 1798, Nr. 705; Goncourt 1876, Nr. 67, 4. von 5 Zuständen; Bibl.Nat.Inv. 18ᵉ siècle, Bd. 5, Copia Nr. 49; Kemp 1973, S. 159/160.

Im dritten Zustand trug das Blatt folgende Beschreibung (frei übersetzt):

Bekleidet mit einem Helm und einem Brustpanzer, auf dem die Sonne der Wahrheit glänzt, fordert Minerva das Gesetz auf, das ebenfalls gepanzert herantritt — in der Hand das Zepter der Wachsamkeit —, sich mit der Freiheit zu vereinigen. Die Göttin der Weisheit legt ihnen die Hände wie ein Joch auf die Schulter. Die Freiheit lädt die Natur mit ihren Kindern zu dieser glücklichen Vereinigung ein (das letzte der Kinder — offenbar ein farbiges — hält das Zeichen der Gleichheit dem Betrachter entgegen). Ein Tier, das sich mit seiner Zähmung niemals in einen Zustand der Dienstbarkeit hat ziehen lassen, eine Katze, sitzt als Emblem der Unabhängigkeit der Freiheit zu Füßen. Hinter dem Gesetz trägt ein Kind einen Eichenzweig (Symbol sozialer Tugend) und eine Tafel (mit der Aufschrift: Das Gesetz — Sicherheit für alle). Ihm zur Seite trabt ein gebändigter Löwe friedlich neben einem Lamm. Zwei Flachreliefs mit analogen Allegorien schmücken den Sockel.

In keinem Œuvrekatalog wird berichtet, zu welchem Ziel diese Komposition entworfen wurde: Als Kopfillustration einer Proklamation der französischen Verfassung und für welche? Inhaltlich bezieht sie sich am engsten auf diejenige von 1793. Dort heißt es in den ersten 6 Artikeln:

1. ... Die Regierung ist eingesetzt, um dem Menschen zum Genuß seiner natürlichen und vorgegebenen Rechte zu verhelfen.
2. Diese Rechte sind: Gleichheit, Freiheit, Sicherheit, Eigentum.
3. Alle Menschen sind von Natur aus gleich, gleich auch vor dem Gesetz.
4. Das Gesetz ... ist das gleiche für alle, ob es schützt oder straft.
5. Alle Bürger haben gleicherweise Zutritt zu öffentlichen Ämtern ...
6. Die Freiheit ist die Möglichkeit eines jeden, alles zu tun, was einem anderen nicht schadet: Ihre Grundlage ist die Natur; die Rechtsprechung soll sie achten, das Gesetz sie bewahren.

Diese Verfassung wurde niemals in Kraft gesetzt, da Wirtschaftsnot und Krieg Ausnahmebestimmungen nötig erscheinen ließen. Vielleicht blieb deswegen Prud'hons Komposition unverwendet? Die erste Nachricht von ihrer Existenz bringt allerdings erst der Salonkatalog von 1798, in dem ein Exemplar der Graphik von Copia verzeichnet ist.

Eindruck macht, wie die herantretende Figur des Gesetzes vom Mantel der Weisheit aufgenommen wird, während die von rechts hinzukommende Natur einen Freiraum für ihre tanzende Bewegung erhält. Die Symmetrie der Anordnung gewinnt dadurch an Dynamik.

G.H.

318

nach Pierre Paul Prud'hon
317 Die Freiheit

Radierung und Punktiermanier, von Jacques-Louis Copia nach einer Zeichnung von Prud'hon
15,6 x 9,7 cm
Bez.u.l.: »Prudhon inv.«, u.r.: »Copia sculp«, Überschrift: »LA LIBERTÉ (Die Freiheit), Unterschrift: »Elle a renversé l'Hydre de la Tyrannie, et brisé/le joug du Despotisme.« (Sie hat die Hydra der Tyrannei überwältigt und das Joch des Despotismus zerbrochen)
Hamburger Kunsthalle, Inv.Nr. 1980/50
Lit.: Goncourt 1876, Nr. 70 (2. von 3 Zuständen); Bibl.Nat.Inv. 18e siècle, Bd. 5, Copia Nr. 37; Kat.Ausst.Paris 1977, Nr. 218

Die mehrköpfige Hydra zu überwinden, war eine der Aufgaben des Herkules. Doch gab Prud'hon seiner Gestalt der Freiheit keine herkulische Kraft, sondern eher die Leichtigkeit einer göttlichen oder heiligen Erscheinung. Nach dem Vorbild der hl. Margarete von Raffael (im Louvre) oder eines St. Michael beruhte die Überwindungskraft eher auf dem hohen Wert dessen, was sie vertritt, als auf Gewalt. Das Beil in der Rechten hat darum eher einen symbolischen Sinn als eine Funktion. Die Fellkleidung – Herkuleszeichen – weist auf den uralten natürlichen

317

Ursprung des Freiheitsanspruches. Auch in der Allegorie der französischen Verfassung wird die Freiheit von der Natur mit ihren Kindern begleitet (Kat. 316).

G.H.

nach Piat Joseph Sauvage
318 Der Alptraum der Aristokratie

1793
Punktiermanier, von Jacques Louis Copia nach einem Gemälde von Sauvage
oval, 9,0 x 11,0 cm
Bez.u.l.: »Sauvage pinxit.«, u.r.: »Copia sculpsit.« Unterschrift: »LE CAUCHEMAR DE L'ARISTOCRATIE«
Paris, Bibliothèque Nationale, Inv.Nr. Ef. 103 rés.
Lit.: Bibl.Nat.Inv.18e siècle, Bd. 5, Copia Nr. 30.

Die Komposition besitzt ein ebenso ovales Gegenstück mit der Unterschrift: »LE JÉHOVAH DES FRANÇAIS«:
Die strahlende Erscheinung des Gleichheitszeichens über einem Altar bewegt die Figur der französischen Nation, sich niederzuwerfen. Ist es hier leuchtend dem Trinitätssymbol verwandt dargestellt, so taucht es im ausgestellten Bild als ein düsterer Spuk aus der Dunkelheit des Grundes auf und läßt die Figur der Aristokratie sich auf ihrem Lager krümmen.
Beide Drucke von Copia wurden am 4. Januar 1793 im Journal de Paris angekündigt. Wo sich die Originale von Sauvage befinden, ist unbekannt.

G.H.

nach Louis-Léopold Boilly

319 Fahnenträger des Bürgerfestes

Radierung und Punktiermanier, von Jacques-Louis Copia nach einem Gemälde von Boilly
33,9 x 25, cm (den Maßen des Gemäldes nahekommend)
Bez.u.l.: »Peint par Boyli.« u.r.: »Gravé par Copia.« auf der Fahne die Devise: »LA LIBERTÉ OU LA MORT« Unterschrift: »LE PORTE DRAPEAU DE LA FÊTE CIVIQUE.«
Paris, Bibliothèque Nationale, Inv.Nr. Ef 103 rés.
Lit.: Henry Harrisse: Louis Boilly, Peintre, Dessinateur et Lithographe, Paris 1898, Nr. 445 (das Gemälde des Musée Carnavalet, Paris; die Radierung von Copia genannt); Bibl.Nat.Inv. 18ᵉ siècle, Bd. 5, Copia Nr. 42; Kat.Ausst.Paris 1977, Nr. 221.

Der Schauspieler Chénard ist dargestellt, so wie er auf dem Fest anläßlich der Siege republikanischer Truppen am 14. Oktober 1792 auftrat. Die Kleidung des Fahnenträgers wurde bewußt ärmlich gewählt, um deutlich zu machen, welche Bevölkerungsschicht die Devise der Revolution voranbrachte. Insbesondere ist der zu klein bemessene altmodische Rock, der in den Nähten reißt, voller Anspielung. Sicherlich war auch das mit kleinen Bauernhütten besiedelte Land hinter dem Rücken des Mannes beispielhaft als ein Ort gemeint, der befreiende Reformen nötig hatte. Verheißungsvoll erhebt sich über ihm ein hoher Himmel, beherrscht von der Fahne mit der Devise: Freiheit oder Tod (wie sie nach 1814 umgestaltet aussah, siehe Kat. 489). G.H.

319

unbek. franz. Künstler

320 Patriotische Kehrreime

Radierung, aquarelliert
20,8 x 27,6 cm
Unterschrift:

»REFRAINS PATRIOTIQUES
Si vous aimez la danse,
Venez accourez tous,
Boire du Vin de France, (bis)
Et danser avec nous.

Dansons la carmagnole
Vive le son, vive le son,
Dansons la carmagnole
Vive le son du canon

Ah! ça ira ça ira ça ira,
Le Peuple en ce jour sans cesse repete:
Ah! ça ira ça ira ça ira
Réjouissons nous le bon temps viendra.«

[Patriotische Kehrreime
Wenn ihr den Tanz liebt
So kommt alle herbei,
Den Wein Frankreichs zu trinken, (zweimal)
Und mit uns zu tanzen

Tanzen wir die Carmagnole
Es lebe der Klang, es lebe der Klang
Tanzen wir die Carmagnole
Es lebe der Klang der Kanone

Ah! es geht vorwärts, geht vorwärts
Das Volk wiederholt ohne Unterlaß:
Ah! es geht vorwärts, geht vorwärts
Freuen wir uns über die kommende gute Zeit.]

Lübeck, Privatbesitz
Lit.: Kat.Ausst. Paris 1977, Nr. 58

Alle drei mit ihrem Refrain zitierten Lieder waren während der Revolutionszeit beliebt. Nach ihren Melodien tanzte man gern um einen Freiheitsbaum – Sinnbild des Sieges über Tyrannei (vgl. Kat. 325, 327), wie hier dargestellt. Im Hintergrund ist die Ursache der Freude gezeigt: eine eroberte Festung und fliehende Feinde der Republik. Vielleicht bezieht sich die Darstellung auf die gleichen Siege wie der Fahnenträger von Boilly (vgl. Kat. 319).

»Ça ira« soll zuerst am 5. Oktober 1789 gehört worden sein, als das aufgebrachte Volk nach Versailles zog (vgl. Kat. 314).

Der Text der ›Carmagnole‹ beschäftigt sich in 13 Strophen mit der Gefangenschaft des Königspaares 1792.

Carmagnole hieß ursprünglich eine lange Weste, die – den Marseiller Teilnehmern am Aufstand vom 10. August 1792 abgesehen – von eifrigen Patrioten als Zeichen ihres Engagements für die Revolution getragen wurde. »Engagement für die Revolution« schien also gemeint, sobald nur das Wort ›Carmagnole‹ fiel; so übertrug es sich auch auf den Tanz.

G.H.

320

Jacques Louis David
321 Triumph des französischen Volkes

1793
Bleistift, Feder und Pinsel in Grau auf Papier quadriert, 21,1 × 44,0 cm
Bez. u. mit Feder: »DAVID«
Paris, Musée du Louvre, Cabinet des Dessins, Inv.Nr. RF 71
Lit.: Guiffrey-Marcel, Bd. IV, Nr. 3199; Kat.Ausst. Bordeaux 1980, Nr. 121. Lit. zur zweiten Fassung im Musée Carnavalet, Paris: Dowd 1960, S. 6-7; Rosenblum 1967, S. 80-81.

Die Komposition wurde als Entwurf für einen Opernvorhang erdacht. In einer zweiten späteren Fassung (Musée Carnavalet, Paris) kam sie zu größerer Präzision, jedoch nicht zur Vollendung – sicherlich weil der Sturz Robespierres im Juli 1794 eine Ausführung undenkbar machte.

Sie wird von der mächtigen Figur des Volkes auf einem Triumphwagen beherrscht, die Herkules ähnlich gestaltet ist, um ihre Kampfkraft deutlich zu machen. Im Schutz der Herkuleskeule werden die Insignien von Freiheit und Gleichheit von deren Personifikationen in die Höhe gehalten. Unter dieser Devise umarmen sich – niedriger sitzend – die Figuren der Wissenschaft, der Kunst, des Handels und des Überflusses. Ihrer Zahl entsprechend ziehen vier Stiere den Wagen – auch sie urtümliche Kraft zur Schau stellend. Diese Kraft geht in zwei voranstürmende Bürger über, deren Angriffswut die stürzenden und fliehenden Tyrannen unterlegen sind.

Im Schatten des Wagens drängen sich rechts

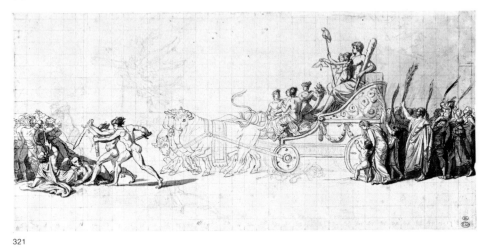

321

Märtyrer der Freiheit aus Antike und Neuzeit: allen voran geht Cornelia mit ihren beiden Kindern, den Gracchen, die im Kampf um eine gerechtere Besitzverteilung ihr Leben lassen mußten. Ihr folgt Brutus, der in der zweiten Fassung das Dekret in die Höhe halten wird, mit dem er seine beiden aufständischen Söhne zum Tode verurteilte. Von Brutus' Toga halbverdeckt ist Wilhelm Tell, der seinen Sohn auf der Schulter trägt. Marat und Lepelletier (vgl. Kat. 349, 350) werden in der zweiten Fassung von weiteren Märtyrern der jüngsten Revolution begleitet sein.

Diese ganze Szene ist bewußt der Tradition fürstlicher Triumphzüge entsprechend gestaltet. Die verwandelte Sinngebung mußte sich den Zeitgenossen um so deutlicher einprägen. Man wird sich in dieser Art die Festumzüge zu denken haben, die David in den Revolutionsjahren mehrmals organisierte.

G.H.

322

Freiheit oder Barbarei: Widerhall und Widerstand in Europa

Farbtafel XIII

Jean Baptiste Regnault
322 Freiheit oder Tod
1794
Öl auf Leinwand
60,0 x 49,3 cm
Bez.u.r.: »Regnault L'an 3me«
Hamburger Kunsthalle, Inv.Nr. 510
Lit.: Salon de 1795, Nr. 424; Kat. Hamburg 1966, S. 128; Heusinger von Waldegg, J.: ›Freiheit oder Tod‹ (1794-95); zu einem Gemälde von Jean-Baptiste Regnault in der Kunsthalle, Ferdinands-Tor-Blatt, 17. Januar 1972, S. 3-4; Kat.Ausst. De David à Delacroix 1974-75, Nr. 150; Gombrich 1979, S. 196

Das Bild illustriert die Devise der Konstitution des Jahres III (10. August 1793): »Liberté, Egalité, Fraternité ou la Mort«. Der Genius Frankreichs schwebt über dem französischen Land. Mit ausgebreiteten Armen weist er zur Linken auf ein dunkel verhülltes Skelett, das jedem verständliche Bild des Todes, und zur Rechten auf die allegorische Figur der Freiheit. Diese sitzt erhöht auf einem Thron, mit Zeichen der Ewigkeit versehen: dem Sterndiadem im Haar und der sich in den Schwanz beißenden Schlange auf der Thronwange. Sie hebt einen Winkel mit Lot und triumphierend mit der anderen Hand eine phrygische Mütze in die Höhe, die Gleichheit und Freiheit signalisieren. Ihr zu Füßen liegt ein Liktorenbündel, das Brüderlichkeit und enge Zusammengehörigkeit symbolisiert.

Die französischen Farben, Blau, Weiß, Rot — in den Flügeln des Genius und in dem Band um das Liktorenbündel präzisiert — bestimmen darüber hinaus von einem Goldton begleitet das ganze Bild. Dabei ist vom weit verbreiteten Blau über das Weiß im Flügel des Genius, das die zur Freiheit hinweisende Gebärde betont, eine Konzentration zum strahlenden Rot der Mütze zu beobachten — dem Licht entgegen, dessen von links oben einwirkende Kraft die Gestalt der Freiheit sieghaft macht, während diejenige des Todes zurückgewiesen wird. Dementsprechend ist auch die Gestik von Armen und Flügeln des Genius differenziert. So trägt dieser die Botschaft vom Sieg der Freiheit dem Betrachter entgegen. Daß seine Gestalt dabei diejenige des Götterboten Merkur in Erinnerung ruft, so wie Raphael sie in der Villa Farnesina geprägt hatte, ist nicht ohne Sinn: Das Sendungsbewußtsein der Franzosen kommt auf solche Weise zum Ausdruck.

Diese beschriebenen Wirkungen der Komposition müssen in der »10 Fuß« (ca. 3 m) hohen großen Fassung, die Regnault ebenfalls im Salon von 1795 (unter Nr. 421) ausstellte, noch nachhaltiger gewesen sein. Leider ist sie zur Zeit unauffindbar.

Kritisch bewertet wurde 1795 die Kompromißlosigkeit der Aussage, die vor dem Sturz Robespierres am 27. Juli 1794 konzipiert sein mag.

Sie hat wenig gemeinsam mit der Welt Goyas, in welcher die Macht des Todes die Freiheit nicht zum Zuge kommen läßt.   G.H.

Daniel Chodowiecki
323 Die neue französische Konstitution
1791
Blatt 6 der Illustrationen ›Sechs große Begebenheiten des vorletzten Decenniums‹ zum ›Goettinger Taschen Calender für das Jahr 1792‹, verlegt bei Joh. Chr. Dietrich (die Erklärung dort auf S. 211-213)
Radierung
7,4 x 5,2 cm
Hamburger Kunsthalle, Bibliothek
Lit.: Engelmann 1857, Nr. 661; Ausst.-Kat.: Daniel Chodowiecki, bearbeitet von Peter Märker, Städelsches Kunstinstitut, Frankfurt a.M. 1978, Nr. 174 mit Abb., Text S. 141

Um seine graphischen Arbeiten preiswert verbreiten zu können, versteckte Chodowiecki die Signale seiner traditionellen Allegorik und die Schlagkraft geläufiger Pathosgesten ins miniaturhafte Format. Politisch trat er für die Emanzipation der Bürger ein, die sich in seinem Land Preußen mit dem Königtum arrangiert hatten. Despotische Auswüch-

se prangerte er jedoch an. Aus dieser Sicht begrüßte er die neue konstitutionelle Monarchie westlich des Rheins, in der sich das Bürgertum mit Hilfe eines Zensuswahlrechts die Vorherrschaft gesichert hatte. Enge Verbindungen zur französischen Kolonie in Berlin (vgl. Märker 1978, S. 17) verstärkten seine Sympathie für die politische Wende in Frankreich 1791. Seine Allegorie der französischen Verfassung, der er im Göttinger Kalender dieses Blatt als Hauptereignis des vergangenen Jahrzehnts widmet, signalisiert daher Optimismus: Mit verheißungsvoller Geste hält die Personifikation der Verfassung die Jakobinermütze der Freiheit empor, während sie mit den Füßen Tyrannen niedertritt. Chodowiecki unterstreicht solche konventionelle Allegorik durch eine symbolische Landschaft im Hintergrund: Über den Ruinen der Bastille geht die Sonne auf. Ihre Strahlen hinterfangen die Figur wie eine Aureole — der hoffnungsvolle Morgen einer neuen Zeit. Hier ist in einer Illustration zur Zeitgeschichte bereits jene Verbindung von Allegorie und Symbollandschaft angelegt, die Philipp Otto Runge ein Jahrzehnt später zu einem viel umfassenderen Sinnbild der neuen Epoche erweitert (Kat. 499). Chodowiecki selbst erläutert sein Blatt so: »Die Freyheit triumphiert über Tyrannen (denn was da unter ihren Füßen liegt, ist kein König, sondern blos ein Tyrann) und Aberglauben; der letztere scheint sich wieder etwas aufrichten zu wollen. Im Hintergrund sieht man die Ruinen der Bastille, hinter welcher die Sonne aufgeht, und im Vordergrunde zertrümmerte Wappen und Adelsbriefe.« S.H.

Daniel Chodowiecki
324 Die Kinder Frankreichs drohen ihrer Mutter

1792
Blatt 4 der 6 Illustrationen ›Begebenheiten aus der neueren Zeitgeschichte‹ zum ›Goettinger Taschen Calender für das Jahr 1793‹, verlegt bei Johann Christian Dietrich (die Erklärung dort auf den Seiten 197-200).
Radierung
8,8 x 5,2 cm
Hamburger Kunsthalle, Kupferstichkabinett, Inv. Nr. 53848
Lit: Engelmann 1857, Nr. 686 II; Ausst.-Kat.: Daniel Chodowiecki, bearbeitet von Peter Märker, Städelsches Kunstinstitut, Frankfurt a. M. 1978, Nr. 185 mit Abb., Text S. 141

Schon ein Jahr nach ihrer Einsetzung kam die konstitutionelle Monarchie Frankreichs, die Chodowiecki 1791 gepriesen hatte (Kat. 323),

324

zu Fall. Die Erklärung des Herzogs von Braunschweig, die Wiederherstellung der absoluten Monarchie in Frankreich zu unterstützen, hatte 1792 zum Sturm auf die Tuilerien, zur Gefangennahme des Königs und seiner Familie und zur Abschaffung des Königtums geführt. Die radikalen Republikaner Danton, Robespierre und Marat hatten die Führung der Revolution übernommen und den vierten Stand einbezogen, ehe sie sich im Rivalitätskampf des folgenden Jahres gegenseitig außer Kraft setzten. Das Ringen der gesellschaftlichen Parteien bringt Chodowiecki auf eine ebenso einfache allegorische Formel wie die Verfassung im Vorjahr (Kat. 323). Die gleiche Symbolfigur der französischen Konstitution, jetzt durch die Krone als monarchisch gekennzeichnet, erhebt die Insignien der Freiheit. Hinter ihr durchzucken indes drohende Blitze verdüstertes Gewölk, wo zuvor die Sonne strahlte. Sie stehen für den Sturm auf die Tuilerien, den Puttenkinder allegorisch verkörpern. Indem Chodowiecki das Thema des Volksaufstands derart vereinfachend in die Bildsprache konventioneller Emblematik faßt — dahinter stehen Darstellungen des gleichen Rahmenthemas wie das Blatt ›Sturm aufs Schloß‹ aus den 1657 erschienenen ›Jeux et plaisirs de l'enfance‹ von Jacques Stella (Abb. 184) —, wird er dem komplizierten Konflikt verschiedener Stände kaum gerecht. S.H.

Johann Wolfgang von Goethe (?)
325 Landschaft mit Freiheitsbaum

um 1792
Bleistift, Feder mit Tinte, aquarelliert
23 x 19,4 cm
Düsseldorf, Goethe-Museum, Inv. Nr. KK 187
Lit.: Ludwig Münz, Goethe-Zeichnungen und Radierungen, Wien 1949, vgl. S. 74; Gerhard Femmel, Corpus der Goethezeichnungen, Bd. VI B, Leipzig 1971, Nr. 136; Ausst. Kat.: Veränderungen — Goethe, Jacobi und der Kreis von Münster, Goethe-Museum, Düsseldorf 1974, Nr. 279

1792 begleitet Goethe als Minister den Herzog von Weimar während des Koalitionskrieges der bourbonentreuen französischen Emigranten, der Preußen und Österreicher gegen die Revolutionstruppen. Die Kampagne endet mit einer Niederlage des Koalitionsheeres und stärkt die Jakobiner in Frankreich. Goethe geht nicht auf den Wunsch des Herzogs von Braunschweig, des Feldherrn der Alliierten, ein, seine Eindrücke vom Feldzug und den mißlichen Wetterbedingungen zu veröffentlichen. Vielmehr vernichtet er sein Kriegstagebuch nach dem Unternehmen. Seine als Tagebuch konzipierte ›Campagne in Frankreich‹ schrieb er erst 1819 unter veränderten politischen Bedingungen einer gefestigten Restauration aus der Erinnerung. Bei dieser Quellenlage kommt seiner Zeichnung auf der Rückseite eines Briefes an Herder vom 16. Oktober 1792 besondere Authentizität zu (Abb. 185). Sie zeigt einen Siegespfahl, bekrönt von einer Jakobinermütze und einem Trikolorenband mit einem Wegweiser nach Paris und der Inschrifttafel »Dieses Land ist frei«. Auf der linken, der französischen Seite geht offenbar die Sonne mit dem Lilienwappen der Bourbonen unter, gegenüber um-

Abb. 184 Stella

Abb. 185 Goethe, *Freiheitsbaum*

spannt die Mondsichel wohl den Doppeladler des Reiches. Den Mond verdüstert ein Regenschauer, wohl eine Anspielung auf das regnerische Herbstwetter, das die Schlagkraft der Koalitionstruppen stark beeinträchtigte. Goethes Zeilen an Herder betonen die Absicht symbolischer Verschlüsselung, indem sie sie — vielleicht aus Furcht vor Zensur — leugnen: »Aus der mehr historischen und topographischen als allegorischen Rückseite werden Ew. Liebden zu erkennen geruhen, was für Aspecten am Himmel und für Conjuncturen auf der Erde gegenwärtig merkwürdig sind. Ich wünsche, daß diese Effigiation zu heilsamen Betrachtungen Anlaß geben möge. Ich für meine Person singe den lustigen Psalm David dem Herrn, daß er mich aus dem Schlamme erlöst hat, der mir bis an die Seele ging.« Die Antithese der Bildaussage liegt nicht, wie es zunächst scheint, im Gegenüber von (bourbonischer) Sonne und (deutschem) Mond, denn durch Untergang und Unwetter sind beide als unterlegen gekennzeichnet, sondern in deren Spannung zum jakobinischen Siegeszeichen vorn. Die gemeinsame Niederlage von Bourbonen und der ihnen zu Hilfe geeilten Koalition wird überragt vom Symbol des republikanischen Triumphs. Zwar enthält sich Goethe in Bild und Text einer eindeutigen Parteinahme, im Unterschied zu seiner späteren Einstellung gegen die Revolution fehlt dem Freiheitssymbol jedoch jede negative Kennzeichnung — Zeugnis des Schwankens seiner Sympathie? Ohne sich auf ein begeistertes Bekenntnis festzulegen, scheint die Darstellung doch Goethes Bewußtsein von der historischen Wende auszudrücken. Das entspricht dem Satz, den er den Soldaten am Tag der Niederlage von Valmy gesagt haben will: »Von hier und heute geht eine neue Epoche der Weltgeschichte aus, und Ihr könnt sagen, Ihr seid dabeigewesen.« In der wohl nach dem Blatt für Herder entstandenen ausgestellten Zeichnung, deren Eigenhändigkeit nicht unbezweifelt ist (vgl. Femmel 1971, Bd. IV B, S. 50), ist die allegorische Spannung zurückgenommen zugunsten einer vordergründigen anekdotischen Schilderung. Gleichwohl erscheint auch hier das Siegeszeichen mit der Jakobinermütze und der Tafel »Vorübergehende — dieses Land ist frei« ein klares politisches Signal. S.H.

Hieronymus Löschenkohl
326 Denkmal auf die Französische Revolution von 1789, 90, 91 und 1792

um 1792/93
Kupferstich
35 x 23,1 cm
Wien, Historisches Museum der Stadt,
Inv. Nr. 62.055
Lit.: Ausst.-Kat.: Wien 1800-1850, Empire und Biedermeier, Historisches Museum, Wien 1969, Nr. 12; Reingard Witzmann, Hieronymus Löschenkohl — Bildreporter zwischen Barock und Biedermeier, Wien 1980, Tafel 44.

Das aufblühende Pressewesen in Österreich, durch die gelockerte Zensur unter Joseph II. bedingt, brachte Löschenkohl Absatzmöglichkeiten für Bildreportagen, die die Tradition des volkstümlichen Flugblattes in den Dienst der Regierung stellte. Als Hofberichterstatter geißelt er in diesem Blatt die Auswüchse der Französischen Revolution, um diese als Barbarei gegenüber der gerechten Krone zu diskreditieren. Den jakobinischen Freiheitsbaum (vgl. Kat. 325) kehrt er ironisch in eine Pariser Laterne um, wie sie in der Revolutionszeit häufig als Galgen verwendet wurde. Statt einer Lampe ragt ein Schwert mit aufgespießten Köpfen aus ihr hervor, deren Schriftband »Weder Licht noch Finsternis« das trostlose Motto bildet. Zettel mit Namen der Hingerichteten und ein übergroßer Assignat zu 5 Livres, eine damals schon inflationsentwertete Banknote der Revolutionszeit, schmücken den Stamm. An seinem Fuße treten Verkörperungen der Anarchie und Pöbelherrschaft ein Gesetzbuch und ein Ordensband. Die Sockelinschrift »Barbarey statt Freyheit« signalisiert ein heute noch ähnlich in Wahlslogans funktionierendes Schwarzweiß-Klischee, das rationales Abwägen verhindern soll. Unmißverständlich sitzt vor dem ›Denkmal‹ die abgesetzte königliche Gewalt, die mit dem Zepter mahnend auf die Worte »Nur im Gesetz ist Heil zu finden« weist. Durch eine derartige Verbindung von konventioneller, damals allgemeinverständlicher allegorischer Bildsprache und Texteinschüben versucht Löschenkohl, die Entscheidung des Betrachters für eine Seite der suggerierten Alternative zu manipulieren. Sein Geschick erweist sich z.B. im gezielten Einbeziehen bestimmter gesellschaftlicher Gruppen in die Darstellung: indem er das Volk, z.B. eine Fischfrau, und jakobinisch gesinnte Adelige, huldigend um seine Parodie des Freiheitsbaums versammelt, versucht er sie als verblendet bloßzustellen.

327

328

James Gillray
327 Der Freiheitsbaum muß sofort gepflanzt werden!
16.2.1797
Kolorierter Kupferstich
33,5 × 23,5 cm
Hamburg, Museum für Kunst und Gewerbe
Lit.: B.M. 8986

Hier bezieht sich Gillray auf einen Ausspruch, der am 14.2.1797 während einer Rede im Whig Club gefallen sein soll: »Der Freiheitsbaum muß sofort gepflanzt werden! Dies muß getan werden, und zwar schnell, um das Land vor der Zerstörung zu retten!« Dieser Ausspruch erreichte rasch notorische Bekanntheit und führte dazu, daß die Opposition, deren Anhängerschaft sich ohnehin stetig verringerte, weiter ins schlechte Licht rückte. Ihr Führer Fox sah sich gezwungen, öffentlich zu erklären, daß auch er die Franzosen bekämpfen würde, wenn sich die Gerüchte einer Invasion Englands bewahrheiten sollten. Gillray zeigt hier, was für ein Freiheitsbaum seiner Ansicht nach die Rettung Englands wäre: Anstelle einer Stange (vgl. Kat. 325) dient eine Lanze als ›Stamm‹; darauf ist nicht einfach eine Jakobinermütze gestülpt, sondern auch der Kopf des Charles James Fox gespießt. Die abgeschlagenen Häupter anderer führender Oppositionspolitiker bilden die ›Wurzeln‹ des Baumes. Das Blatt ist ein Beispiel dafür, wie grausam Gillrays Kritik an den angeblich so blutrünstigen englischen ›Jakobinern‹ zuweilen ausfallen kann.

A.H.-W.

James Gillray
328 Der Schrein in St. Ann's Hill
26.5.1789
Aquatinta, koloriert
33,7 × 24,6 cm
Hamburg, Museum für Kunst und Gewerbe
Lit.: B.M. 9217

1797 zog sich der Oppositionsführer Fox, dessen Gefolgschaft im englischen Unterhaus wegen seiner Bemühungen um einen Frieden mit Frankreich und seiner Befürwortung der französischen Revolution stark abgenommen hatte, für fünf Jahre fast völlig vom Parlament zurück. In St.Ann's Hill, dem Haus seiner Frau in der Grafschaft Surrey, widmete er sich literarischen und historischen Studien. Weiterhin nahm er jedoch öffentlich (etwa im Whig Club) Stellung zu politischen Ereignissen. So sprach er sich 1798 für die Selbstbestimmung Irlands aus: Dies kostete ihn seinen Platz im Privy Council (dem geheimen Staatsrat des Königs). Als am 23. Mai — drei Tage vor der Veröffentlichung dieses Blattes — die irische Rebellion ausbrach, gaben seine politischen Gegner ihm und seinen Anhängern die Schuld.

Diese Karikatur zeigt ihn vor seinem ›Hausaltar‹ in Anbetung der Jakobinermütze auf einem Gestell, dessen Fuß unter einem Totenschädel die Aufschrift »Exit Homo« trägt. Darüber, gekrönt von einer Guillotine, verkünden Gesetzestafeln die neuen Menschenrechte, etwa »das Recht anzubeten, wen wir wollen«, »das Recht zu töten« oder »das Recht, die Ehe zu brechen«. Besonders bemerkenswert ist das neunte der Gesetze, »das Recht so auszusagen, wie es uns paßt«. Hiermit spielt Gillray auf einen Vorfall an, der Fox' Glaubwürdigkeit groben Schaden zugefügt hatte: Fox hatte den Freispruch des irischen Patrioten Arthur O'Connor bewirkt, der unter dem Verdacht verhaftet worden war, mit Frankreichs Hilfe eine Rebellion vorzubereiten. Nach dem Prozeß gestand O'Connor jedoch seine Schuld ein. Links erscheinen in einer Wolke die geflügelten Häupter sechs anderer Oppositionspolitiker; sie blicken aufmerksam auf die Gesetzestafeln. Auch in St.Ann's Hill bleibt Fox für Gillray das geistige Zentrum der Opposition, eine Art Hohepriester der Revolution, der nur scheinbar in Isolation und politischer Abstinenz lebt.   A.H.-W.

329

James Gillray
329 Voltaire belehrt den jungen Jakobinismus

um 1800
Ölskizze
27,4 × 20,4 cm
New York, The New York Public Library, Samuel J. Tilden Collection, Prints Division
Lit.: Hill 1965, S. 101, Abb. 83

Dieses Blatt ist wahrscheinlich im Zusammenhang mit der regierungstreuen Wochenzeitschrift ›The Anti-Jacobin‹ entstanden, die mit Nachrichten und satirischen Beiträgen vom November 1797 bis zum Juli 1798 erschien. Einer ihrer wichtigsten Autoren war der Politiker George Canning (1770-1827), ein Anhänger Pitts. Daß die sehr populäre Zeitschrift nur sechs Monate lang erschien, ist wohl auf die Furcht Cannings zurückzuführen, seine journalistische Tätigkeit könne seiner politischen Karriere schaden: Kritiker des Journals hatten beklagt, es schüre durch seine persönlichen Attacken Unfrieden im Lande. Nachdem die wöchentliche Publikation eingestellt worden war, erschienen verschiedene Gesamtausgaben und Anthologien des ›Anti-Jacobin‹. 1800 plante der Verleger Wright eine Luxusausgabe, zu der Gillray zwischen 30 und 40 Illustrationen liefern sollte. George Canning suchte die Mitarbeit Gillrays an diesem Projekt mit allen Mitteln zu verhindern, da er befürchtete, daß seine Karikaturen den Attacken des Journals zusätzliche Schärfe verleihen könnten. Gillray erklärte sich schließlich bereit, von sämtlichen bereits fertigen Platten nur wenige Abzüge herzustellen und die Platten dann zu vernichten; er erhielt dafür von Canning eine finanzielle Entschädigung.

Nur ein Abzug und drei Skizzen sind aus dieser Serie noch nachweisbar. Bei dieser Skizze handelt es sich wahrscheinlich um den Entwurf für die Illustration der ›Ode to Jacobinism‹, die im — nicht illustrierten — ›Anti-Jacobin‹ vom 26.3.98 zuerst erschienen war. Sie bietet ein geisterhaftes Bild: Voltaire, ein gebeugter, ausgemergelter Greis mit grotesk verzerrten Zügen, sitzt auf einem Thron, umringt von furchterregenden Gestalten, die im Dunkel um ihn nur schemenhaft erkennbar sind. Sein Schützling, das Kind Jakobinismus, ist ein lächerlicher kleiner Affe, der seinen Lehrer harmlos angrinst und nichts von seiner bedrohlichen Umgebung wahrzunehmen scheint. Hier werden die Jakobiner nicht — wie sonst so oft in Gillrays Karikaturen — als gefährliche Umstürzler gezeigt, sondern als hirnlose ›Affen‹, die gefährlichen Einflüsterungen offen sind und dabei nicht wahrnehmen, in welche Gefahren sie ihr Land bringen.   A.H.-W.

William Blake

330 Illustrationen zu Mary Wollstonecraft: ›Original Stories from Real Life‹

1791
6 Kupferstiche, von Blake entworfen und ausgeführt
16,8 x 10 cm
London, Westminster City Libraries
Lit.: Blunt 1959, S. 39; Erdmann 1969, S. 156; Ausstellungskatalog William Blake, Hamburger Kunsthalle, Hamburg, 1975, Nr. 114-119 (Abb.)

Blake führte diese Arbeit im Auftrage des Verlegers Joseph Johnson aus, zu dessen regierungskritischem literarisch-politischem Kreis außer Mary Wollstonecraft auch Persönlichkeiten wie Joseph Priestley, Joel Barlow, William Godwin und Tom Paine gehörten. Mary Wollstonecraft (1759-97) handelte sich besonders durch ihr ein Jahr später erschienenes Buch ›Vindication of the Rights of Women‹, in dem sie sich als eine der ersten für die Gleichstellung von Mann und Frau in Erziehung und Beruf einsetzte, den Ruf der politischen Radikalität ein. Blake teilte dieses Engagement, er selber sollte 1793 in seinem prophetischen Buch ›Visions of the Daughters of Albion‹ die sexuelle und gesellschaftliche Unterdrückung der Frau anprangern.

Auch Mary Wollstonecrafts ›Original Stories from Real Life‹ erbauliche Geschichten für Kinder, in denen der Einfluß Rousseau'scher Erziehungsideale deutlich spürbar ist – kamen seinen eigenen Interessen entgegen: Er selber hatte bereits 1789 mit den ›Songs of Innocence‹ eine an Kinder gerichtete Gedichtsammlung verfaßt. Darin wird deutlich, daß er die Kindheit als Zustand paradiesischer Unschuld sah; die Pflicht der Erwachsenen bestand für ihn einzig darin, das Kind sanft anzuleiten und zu behüten, ohne seine Freiheit und Unbeschwertheit einzuschränken. Dieses Verhältnis zwischen Eltern und Kindern hebt er auch in seinen Illustrationen der ›Original Stories‹ besonders hervor.

A. H. – W.

William Blake

331 Der Alte der Tage
(The Ancient of Days)

Frontispiz zu ›Europe – a Prophecy‹
1794 entworfen, um 1827 gedruckt und koloriert
Kolorierte Reliefätzung
30,4 x 23,6 cm
University of Manchester, Whitworth Art Gallery, Inv. Nr. D.32.1892
Lit.: Anthony Blunt: ›Blake's'Ancient of Days': The Symbolism of the Compasses‹ in: Essick 1973, S. 71 ff.; Erdman 1974, S. 156/157 (Abb.); Ausstellungskatalog William Blake, Hamburger Kunsthalle, Hamburg, 1975, Nr. 35 (Abb.); Bindman 1977, S. 80

Blake schuf diese Komposition als Frontispiz zu seinem illuminierten Buch ›Europe, a Prophecy‹, hat sie jedoch später wiederholt als Einzelblatt veröffentlicht. Dieses Exemplar hat er kurz vor seinem Tode für seinen Nachlaßverwalter Tatham eigenhändig koloriert.
Wie ›America‹ (siehe Kat. 307), so zeigt auch ›Europe‹ ein Stück Zeitgeschichte (diesmal den Eintritt Englands in den Krieg gegen Frankreich) eingebettet in einen Mythos, der den gesamten Verlauf der Menschheitsge-

schichte von der Schöpfung an umfaßt. Bereits im Frontispiz stellt er die Ursache allen menschlichen Elends vor: Urizen, eine Gestalt, die alle herrschsüchtigen Eigenschaften Jupiters und des alttestamentarischen Jahwe in sich vereint und zugleich die tyrannische Vernunft verkörpert, die der menschlichen Energie und dem menschlichen Streben nach Selbstverwirklichung enge Grenzen setzt. Schon in seinem Namen spielt Blake auf sein Wesen an: Urizen = Your reason (deine Vernunft). Urizen wird vom Umriß der Sonne (oder eines vor der Sonne stehenden Schildes) eingerahmt; der Zipfel eines Hermelinmantels neben seinem Fuß weist auf seinen universellen Herrschaftsanspruch hin.

Blake zeigt Urizen im Begriff, die materielle Welt zu erschaffen. Der Zirkel in seiner Hand wird schon in den Sprüchen Salomos erwähnt (8,27) und tritt in der mittelalterlichen Buchmalerei häufig auf. Ursprünglich ein Symbol dafür, daß Gott bei der Schöpfung Ordnung ins Chaos bringt, wird er bei Blake im Kontext von ›Europe‹ zu einem Symbol des mathematisch-rationalen Denkens, das der kreativen Vorstellungskraft Grenzen setzt. (Später sollte er auch Newton, der für ihn den verhaßten Rationalismus des 18. Jahrhunderts personifizierte, mit dem Attribut des Zirkels darstellen.) Urizen macht das Unendliche meßbar, kalkulierbar: er bindet die Menschheit an die Prinzipien einer materialistischen Weltanschauung. In ›Europe‹ zeigt Blake, wie sie sich von dieser Versklavung lösen kann: indem sie Orc, dem Geist der Revolution, folgt und sich gegen Urizen (in einem engerem Sinne: gegen repressive Regierungsmacht) erhebt. A.H.-W.

331

332

Johann Heinrich Füssli
332 Die Erschaffung der Eva
(Milton, Paradise Lost, VIII, 426ff.)
1793
Öl auf Leinwand
307 x 207 cm
Hamburger Kunsthalle, Inv. Nr. 795
Lit.: Schiff 1973, Bd. 1, Nr. 897, S. 208f.

In diesem 17. Bild zur sogenannten Miltongalerie, in der Füssli mit vierzig Gemälden Miltons ›Paradise Lost‹ im Sinne einer Heroisierung des Satans interpretiert (vgl. Kat. 439), treibt er die Säkularisierung eines christlichen Themas provozierend voran. Die Gestalt, die über dem schlafenden Adam und der aus seiner Rippe geschaffenen, anbetend aufgerichteten Eva wie schwebend aufragt, erregte bei Zeitgenossen Zweifel und Zorn. Miltons Dichtung zufolge müßte sie der Messiah sein; Füssli hebt sie durch antikische Idealisierung indes so deutlich gegen traditionelle Christusdarstellungen, aber auch gegen den Typus der Gottvaterfigur ab, daß Zeitgenossen zwangsläufig an das »Höhere Wesen« denken mußten, dem Robespierre in Frankreich einen Kult weihte (vgl. S. 353). Zwar verwahrt sich Füssli in Briefen an seinen Freund William Roscoe, der eben dies an der zum Verkauf bestimmten Zweitfassung beanstandet, energisch gegen diese Auslegung — ein derartiger Gedanke sei ihm nie in den Sinn gekommen —, räumt aber gleichzeitig indirekt diese Generalisierung ein: »Für den Gläubigen mag es der Sohn sein, der sichtbare Vertreter seines Vaters; für andere ist es lediglich ein höheres Wesen, das mit ihrer Erschaffung beauftragt war und, Zustimmung für dieses Werk erheischend, zu der inspirierenden Kraft oben aufblickt« (Übersetzung nach Schiff 1973, S. 208). Füsslis Abwehr der Kritik resultiert aus der Sorge, das Bild lasse sich wegen des Abweichens vom Miltontext schlecht verkaufen, gleichzeitig gesteht er jedoch mit größerer Sympathie die allgemeinere Bedeutung ein, nach der die Gestalt ein Höheres Wesen darstellt. Um dem Dilemma von Texttreue, reformatorischer Forderung, sich kein Bild von Gott zu machen, und neuem eigenem Gottesbild zu entgehen, hat er in einer späteren Fassung dieses Themas, in einer Illustration zu Erasmus Darwins ›The Temple of Nature‹, die göttliche Gestalt durch einen himmlischen Lichtschein ersetzt (Schiff 1339). S.H.

Die Gleichheit wird beim Wort genommen: Wider die Sklaverei

William Blake
333 Europa, von Afrika und Amerika gestützt

um 1793-95
Kupferstich
18,25 x 13 cm
London, Westminster City Libraries
Lit.: Erdmann 1969, S. 230-33, Tafel III, Geoffrey Keynes: »William Blake and John Gabriel Stedman« in: Keynes 1971, S. 98-104

1796 erschien in London Johan Gabriel Stedmans ›Narrative of a Five Year's Expedition against the Revolted Negroes of Surinam from the year 1772 to 1777‹. Stedman, Offizier eines Regimentes holländischer Söldner, war nach Surinam geschickt worden, um die europäischen Pflanzer vor ihren aufständischen Sklaven zu schützen. Schon bald nach seiner Ankunft ergriff er jedoch zumindest innerlich die Partei der Sklaven; sein ›Narrative‹ schildert ihren Mut und ihre Charakterstärke angesichts der Mißhandlungen durch die Europäer. Grundlage für die Illustration seines Buches bildeten die Skizzen, die Stedman selber in Surinam angefertigt hatte. Mit der Anfertigung der 80 Kupferstiche wurden zahlreiche Stecher beauftragt; Blake schuf davon 16, fast ausschließlich Darstellungen von Sklaven (Abb. 186). Aus dem Kontakt zu Stedman entwickelte sich eine Freundschaft, die auf gemeinsamen Interessen beruhte:

333

Beide Männer setzten sich — wie ein großer Teil der englischen Bevölkerung — für die Abschaffung der Sklaverei ein und waren tief enttäuscht, als 1793 eine entsprechende Gesetzesvorlage im Parlament abgewiesen wurde. In Blakes Buch ›Visions of the Daughters of Albion‹ (1793), in dem er menschliche und vor allem weibliche Versklavung in einem weiteren Sinne verurteilte und an dem er etwa gleichzeitig mit den Stedman-Illustrationen arbeitete, ist der Einfluß des Freundes deutlich spürbar.

Wie frei Blake bei seinen Illustrationen des ›Narrative‹ verfahren konnte, ist nicht mehr bestimmbar, da Stedmans Vorlagen nicht erhalten sind. Dieses Blatt schuf er für die ›finis‹-Seite; es verbildlicht den Wunschtraum, mit dem der Autor seinen Text ausklingen läßt »daß alle Völker sich in Zukunft und bis in alle Ewigkeit helfen mögen«, da »wir zwar von unterschiedlicher Farbe, aber von einer Hand geschaffen sind«. Als Zeichen dafür, wie segensreich die liebevolle Umarmung der drei Frauen wirken kann, läßt Blake zu ihren Füßen Rosen aus dem steinigen Boden sprießen. A.H.-W.

James Gillray
334 Barbarei in Westindien

23.4.1791
Kupferstich
23,4 x 33,5 cm
Lübeck, Privatbesitz
Lit.: B.M. 7848

Gillray bezieht sich hier auf eine Passage aus der Parlamentsdebatte am 18.4.1791, die dem Antrag William Wilberforces auf Abschaffung des Sklavenhandels folgte. Während dieser Debatte wurde ein besonders erschreckendes Beispiel für die Brutalität vieler Sklavenhändler angeführt: Ein Aufseher warf einen jungen Sklaven, der durch Krankheit nicht arbeitsfähig war, in einen Bottich mit kochendem Zuckerwasser. Obwohl das Opfer vier Tage darauf an seinen Verbrennungen starb, wurde der Aufseher lediglich dazu verurteilt, einen neuen Sklaven zu beschaffen und selber die Stelle zu wechseln (die Bildlegende Gillrays gibt fälschlicherweise an, der Sklave habe sich nach fast sechs Monaten von der Mißhandlung erholt).

Gillray zeigt den Flüche und Drohungen ausstoßenden Aufseher im Begriff, sein Opfer unterzutauchen. An der Wand hängen schaurige Trophäen: Zwischen kleinen Tieren sind ein Unterarm und zwei Ohren eines Sklaven über die Tür genagelt. Die Tortur des jungen Sklaven ist also kein Ausnahmefall: auch sonst werden kleinste Vergehen brutal bestraft, wird kein Unterschied zwischen Menschen und Ungeziefer gemacht. A.H.-W.

Abb. 186 Blake, *Neger auf dem Foltergestell*

334

335

336

Daniel Chodowiecki
335 Die Empörung der Neger

1792
Blatt 5 der 6 Illustrationen ›Begebenheiten aus der neueren Zeitgeschichte‹ zum ›Goettinger Taschen Calender für das Jahr 1793‹, verlegt bei Johann Christian Dietrich (die Erklärung dort auf S. 197-200).
Radierung
8,8 x 5,2 cm
Hamburger Kunsthalle, Kupferstichkabinett, Inv. Nr. 53848
Lit.: Engelmann 1857, Nr. 686, II; Ausst.-Kat.: Daniel Chodowiecki, bearbeitet von Peter Märker, Städelsches Kunstinstitut, Frankfurt a.M. 1978, Nr. 185 mit Abb.

Der Sklavenhandel hatte in Europa schon seit den 80er Jahren des 18. Jahrhunderts Anstoß erregt. 1788 war er Gegenstand einer britischen Parlamentsdebatte, 1794 erließ der französische Nationalkonvent ein Verbot. Chodowiecki nimmt den Aufstand der Neger auf Santo Domingo als wichtiges Jahresereignis in seinen Kalender auf. Seine Symbolfigur des freien Negers erscheint in heroischer Nacktheit und in einer traditionellen Pathoshaltung des Aufbegehrens. Es ist die gleiche Körpersprache, die Blake bei allem stilistischen Unterschied für seine Verkörperung des sich befreienden Englands verwendet (Abb. 187) und die in Delacroix' ›Freiheit auf den Barrikaden‹ (vgl. Kat. 538) gipfelt. Anders als Blake setzt Chodowiecki diese positive Befreiungsgeste zu Massakermotiven in Spannung. Furienartige Wesen verwandeln die Flamme der Freiheitsfackel in eine Feuersbrunst des Grauens. S.H.

Abb. 187 Blake, *Titelblatt zu ›Daughters of Albion‹*

Nicolas-André Monsiau
336 Abschaffung der Sklaverei

Feder und Pinsel in Braun, weiß gehöht
26,0 x 33,3 cm
Paris, Musée Carnavalet, Inv.Nr. D 6008

Die Darstellung bezieht sich auf einen Beschluß des Nationalkonvents vom 4. Februar 1794. Offenbar ist er gerade unter Bezug auf die Proklamation der Menschenrechte (siehe Kat. 315) verkündet worden. Im Vordergrund weist ein Mann auf ihre Tafel rechts hinter dem Vorsitzenden (mit der Überschrift DROIT DE L'HOMME), die links eine Tafel der Verfassung (CONSTITUTION) als Pendant hat. Das Dekret zur Abschaffung der Sklaverei wurde allerdings in den Kolonien nicht durchgesetzt, da die französischen Farmer zu sehr auf die Arbeitskraft ihrer Sklaven angewiesen waren. Doch ist seither die Forderung, die Menschenwürde der Farbigen der eigenen gleich zu achten, nicht verstummt. G.H.

337

Opfer und Märtyrer

nach Jean Louis Prieur
338 Festnahme des Gouverneurs der Bastille, M. de Launay
Radierung von Jean Duplessi-Bertaux, vollendet von Pierre Gabriel Berthault, nach einer Zeichnung von Prieur
19,0 x 25,1 cm
Bez.u.l.: »Prieur inv. & del.« u.r.: »Berthault sculp«. Unterschrift: »ARRESTATION DE M.R DE LAUNAY, GOUVERNEUR DE LA BASTILLE./le 14 Julliet 1789.«
Nr. 17 der ›Collection complète des Tableaux Historiques de la Révolution française‹, Paris 1804
Hamburger Kunsthalle,
Bibliothek,
Lit.: Bibl.Nat.Inv. 18e siècle, Bd. 8, Duplessi-Bertaux, Nr. 337,
Bd. 2, Berthault Nr. 217

Die Volksmenge, die am 14. Juli 1789 zur Bastille zog, war auf der Suche nach Waffen und Schießpulver, um eine Bürgerwehr damit auszurüsten. Nur weil der Gouverneur nichts freiwillig hergeben wollte, begann eine mehrere Stunden währende Belagerung. Einer

beherrscht. Mit der Zeit jedoch häuften sich Berichte darüber, daß ein illegaler Sklavenhandel weiterhin florierte. Außerdem hatte sich durch das neue Gesetz die Lage der bereits in den Kolonien lebenden Sklaven verschärft: Besonders in Westindien mußten sie nun, da der ›Nachschub‹ nicht mehr gesichert war, noch mehr Arbeit bewältigen. In weiten Kreisen der englischen Bevölkerung wurde deshalb die Forderung laut, daß die Haltung von Sklaven gänzlich zu verbieten sei. So sandte Thomas Clarkson, der schon entscheidend an der Abschaffung des Sklavenhandels mitgewirkt hatte, 1814 ein Schreiben an Metternich, in dem er ihn bat, der Wiener Kongreß möge in einer eigenen Erklärung die Völkerrechtswidrigkeit der Sklaverei feststellen.

Dieses Flugblatt, das auf im Unterhaus erstatteten Augenzeugenberichten beruht, gehört zu dem Informationsmaterial, das Clarkson seiner Bittschrift beilegte. Es zeigt Transport, Verkauf, Brandmarkung und Auspeitschung der Sklaven und gibt Beispiele von besonders brutalen Mißhandlungen.

Trotz der Bemühungen vieler Engländer wurde die Sklaverei in den englischen Kolonien erst 1833 gesetzlich abgeschafft; bis zur Befreiung der Sklaven in Westindien dauerte es noch weitere fünf Jahre. A.H.-W.

Anonym, englisch
337 Bericht über die Behandlung von Negersklaven in Westindien
Gedruckt von Darton, Harvey & Co., Gracechurch Street, London um 1813
Kupferstich
59 x 49 cm
Wien, Österreichisches Staatsarchiv, Abt. Haus-, Hof- und Staatsarchiv
Kongreßakten Kart.13 (alt Fz.24), fol. 35
Lit.: Ausstellungskatalog ›Der Wiener Kongreß‹, hrsg. vom Bundesministerium für Unterricht gemeinsam mit dem Verein der Museumsfreunde, Wien, 1965,
S. 155-156, Nr. IV, 14.

1807 wurde im englischen Parlament die Abschaffung des Sklavenhandels beschlossen: Fortan durften keine weiteren Sklaven in die englischen Kolonien geschickt werden und keine Sklavenschiffe mehr aus englischen Häfen auslaufen. Dies war zunächst ein wichtiger Schritt, hatte England doch zuvor gut die Hälfte des internationalen Sklavenhandels

ARRESTATION DE MR DE LAUNAY, GOUVERNEUR DE LA BASTILLE.
le 14 Juillet 1789

338

Abordnung hatte der Gouverneur versprochen, nicht auf die schlecht bewaffneten Bürger zu schießen, solange er nicht angegriffen werde. Doch fühlte er sich bedroht, als die Menge in die Vorhöfe der Bastille drang, und ließ das Feuer auf sie richten. Das erfüllte diese mit Wut, da sie sich verraten glaubte. Als der Gouverneur schließlich aufgeben mußte, weil die Belagerer Kanonen zur Verfügung bekamen, die gegen die Zugbrückenhalterung gerichtet wurden, hatte er darum das rasend aufgebrachte Pariser Volk gegen sich. In Prieurs Darstellung verfolgen die erregten Bürger mit Drohungen den bereits gefangenen Gouverneur, dem die zerrissene bourbonische Fahne vorangetragen wird. Rechts brennt sein Haus. Welches Ende de Launay auf dem Weg zum Rathaus nahm, schildert eindrucksvoll eine Skizze von David (Kat. 339). G.H.

Jacques Louis David
339 Die Köpfe des Vorstehers der Kaufmannschaft und des Gouverneurs der Bastille

1789
Bleistift, Feder in Braun
ca. 17,0 × 20,2 cm
(zwei Seiten eines kleinen Skizzenbuches)
Bez. unter dem linken Kopf: »Tete de l'officier de la bastille / qui fut porté dans les rues, quon / croyoit etre celle de Mr du pujet Major«, in anderer Handschrift fortgesetzt: »dessiné a l'instant par David / mis a l'encre depuis«
(Kopf des Offiziers der Bastille, der durch die Straßen getragen wurde, den man für denjenigen des Majors du Pujet hielt. Momentskizze von David, später mit Tusche übergangen); bez. über dem rechten Kopf: »Tete de M de Launay gouverneur de /la Bastille dessine au naturel lorsquon / la portoit au bout d'une fourche / dans les rues de paris apres son execution /le 14 juillet 1789 cette tete avoit / un œuil fermé et l'autre dans l'etat / represente«, in anderer Handschrift fortgesetzt: »dessiné par David au crayon / mis a l'encre depuis«
(Kopf von M de Launay, Gouverneur der Bastille, am Ort gezeichnet, als man ihn auf der Spitze einer Forke durch die Straßen von Paris trug. Nach seiner Hinrichtung am 14. Juli 1789 hatte dieser Kopf das eine Auge geschlossen und das andere in dem dargestellten Zustand. Von David mit Bleistift gezeichnet, später mit Tusche übergangen)
Paris, Bibliothèque Nationale,
Inv.Nr. B6 rés.
Lit.: Hautecoeur 1954, S. 113; Wildenstein 1973, Nr. 209.

Abb. 188 *Guillotine*

Nach der erzwungenen Übergabe der Bastille (vgl. Kat. 338) versuchten einige besonnene Leute, den Gouverneur ins Rathaus und damit in Sicherheit zu bringen. Doch gelang es nicht, ihn vor der empörten Menge zu schützen. Der Gouverneur wurde niedergemetzelt und sein Kopf anschließend durch die Straßen getragen. Auch drei Offiziere und drei Soldaten der Bastille wurden ermordet. Doch nicht einem von ihnen gehörte der zweite Kopf — wie David sagen hörte — sondern dem Vorsteher der Kaufmannschaft Flesselles. Man hatte ein von diesem unterzeichnetes Billet bei de Launay gefunden, mit folgendem Inhalt: »Ich amüsiere die Pariser mit Kokarden und Versprechungen. Halten Sie durch bis zum Abend, dann werden Sie Verstärkung bekommen.«
Der Mörder de Launays soll ebenfalls während der Revolution ums Leben gekommen sein — im August 1793 als ›Royalist‹ hingerichtet. Jedenfalls nennt ihn der Autor des Göttinger Revolutionsalmanachs von 1794 als eines der Opfer der Guillotine, deren Illustration er kommentiert (siehe Abb. 188). G.H.

340

341

Farbtafel XIV

Hubert Robert

340 Der Abbruch der Bastille

1789
Öl auf Leinwand
77,0 × 114,0 cm
Bez. u.r.: »20 juillet 1789. H.Robert pinxit«
Paris, Musée Carnavalet, Inv.Nr. P 1476
Lit.: Salon de 1789, Nr. 36 (zusammen mit einer anderen Parisansicht); Bernard de Montgolfier: Hubert Robert, peintre de Paris au Musée Carnavalet. In: Bulletin du Musée Carnavalet 1964, Nr. 1/2, S. 14-15; Hubert Burda: Die Ruine in den Bildern Hubert Roberts, München 1967, S. 85; Kat.Ausst. Berlin 1980, S. 321-322, Nr. 30.

Robert hat das Thema der Ruine in seinen Werken überaus reich variiert und sich dadurch den Beinamen »Robert des Ruines« zugezogen. Den Sinn solcher Darstellungen, die Vergänglichkeit aller Menschenwerke zum Ausdruck zu bringen, machte Robert besonders dann deutlich, wenn er heile Bauten seiner Zeit wie etwa die große Galerie des Louvre ruinös zur Vorstellung brachte. Auch mancher Abbruch regte ihn zu Bildern entsprechender Aussage an. Zu diesen gesellt sich die berühmteste Szene dieser Art in Paris: die Schleifung der Bastille. Die Demolierungsarbeiten begannen schon am Tag nach ihrer Besetzung (siehe Kat. 313, 338) ohne jeden Auftrag, aber einem verbreiteten Bedürfnis folgend, das von vielen als Symbol einer verhaßten Despotie angesehene Bauwerk zu beseitigen. Als Robert fünf Tage später den Zustand der Bastille festhielt, zeigte er die Zinnen bereits entfernt, den Festungskörper jedoch noch in seiner alten Wucht. Er gab das mit einem Eckturm auf den Betrachter hingerichtete Bollwerk von dunklen Rauchwolken hinterzogen wieder, die vom noch immer brennenden Gouverneurshaus (vgl. Kat.338) rechts im Hintergrund ausgehen und kaum das abendliche Sonnenlicht wirksam werden lassen. Der Eindruck ist also vorwiegend düster. Daran ändern auch nichts die wie magisch leuchtenden Steine, die von der Höhe in den Graben geworfen worden sind. Ihr Licht läßt das Bauwerk in seinen Fundamenten angegriffen erscheinen, macht seine ursprünglich solide und sichere Erscheinung labil. Zugleich glüht in ihnen noch einmal die Würde der Symbole auf. So gestaltete Robert seine Trauer um verlorene Lebensformen und Sorge um die Gegenwart, statt in den Siegestaumel der Bastillestürmer einzustimmen.

G.H.

nach Jean Luis Prieur

341 Verhaftung Ludwigs XVI. in Varennes

Radierung und Punktiermanier, vergrößerte Kopie einer Radierung von Duplessi-Bertaux nach einer Zeichnung von Prieur, Nr. 53 der ›Tableaux Historiques de la Révolution française‹, Paris 1804
30,5 × 44,1 cm
Hamburger Kunsthalle, Kupferstichkabinett, Inv.Nr. 1980/55

Ludwig XVI., der nach außen hin die revolutionären Veränderungen akzeptierte, konnte sich jedoch nicht damit abfinden. Insgeheim plante er seine Flucht, um mit der Unterstützung ausländischer Mächte sein Königtum in der alten Form zurückzugewinnen. Im Juni 1791 setzte er sie ins Werk, wurde jedoch nahe der Grenze erkannt und als Verräter überführt. Sein Schicksal war von nun an besiegelt. Die Darstellung schildert die Verhaftung anders, als sie sich nach heute bekannten Aufzeichnungen von Augenzeugen zugetragen hat. Nach dem Bericht eines Postmeisters erkannte er den König in der Kutsche während eines Pferdewechsels, ritt voraus, um in Varennes eine Brücke verbarrikadieren zu lassen, so daß die Kutsche dort anhalten mußte. Bei der Paßkontrolle im Haus des Gemeindevorstehers in die Enge getrieben, gab Ludwig XVI. seine Identität zu (›Die Französische Revolution in Augenzeugenberichten‹, dtv 3.Aufl.1980). Wahrscheinlich gab es verschiedene »Augenzeugenberichte«, von denen der Zeichner denjenigen wählte, der ihm zur Verfügung stand.

G.H.

Jean-Baptiste Greuze
342 Revolutionsszene

Feder und Pinsel in Schwarz, grau laviert
21,0 x 30,0 cm
Tournus, Musée Greuze, Inv.Nr. 38
Lit.: J. Martin et C. Masson: Catalogue raisonné de l'oeuvre peint et dessiné de J.-B. Greuze, Paris 1908, Nr. 29; Kat. Ausst. Greuze 1977, unter Nr. 108.

Die summarisch skizzierte Szene konnte bisher nicht mit Sicherheit gedeutet werden. Im Katalog der Greuze-Ausstellung 1977 nannte Munhall sie im Zusammenhang mit der Zeichnung eines Mannes, dessen Name und Situation durch eine Inschrift gesichert sind: M. de Sombreuil, Gouverneur der Invaliden, bei seiner Festnahme im September 1792. Auch in der ungedeuteten Szene wird jemand beim Kragen ergriffen wie M. de Sombreuil (wenn auch von der anderen Seite). Sollte die gleiche Situation gemeint sein und Greuze ein Bild von der Royalistenverfolgung im September 1792 — nach der Festnahme des Königs — geplant haben?   G.H.

342

James Gillray
343 Petit-Souper, à la Parisienne — oder — eine Familie von Sansculotten labt sich nach des Tages Mühen

20.9.1792
Kupferstich
23,1 x 33,8 cm
Lübeck, Privatbesitz
Lit.: B.M. 8122

Am 8. September 1792 berichteten die englischen Zeitungen zum erstenmal von den Pariser Septembermorden. Gillray, der wie die Mehrzahl der englischen Karikaturisten der Revolution gegenüber zunächst eine abwartende, ja optimistische Haltung vertreten hatte, begann die Jakobiner nun mit drastischen, in diesem Falle fast schon abstoßenden Mitteln zu attackieren.

Hier schildert er sie als menschenfressende Ungeheuer, die die Opfer ihrer Morde voller Gier verschlingen. Sie erscheinen ausgemergelt und wild, Raubtieren ähnlich, mit weitaufgerissenen, riesigen Mündern und langen spitzen Zähnen. Gillray zeigt sie ohne Hosen: So verbildlicht er den Spottnamen »sansculottes« für die revolutionäre Volksschicht, die an Stelle der Kniebundhosen des Adels (culottes) lange Beinkleider (pantalons) trug. An der Wand erscheint in Form von Graffiti die politische Lage Frankreichs: Oben links hält Pétion (der damalige Bürgermeister von Paris) ein Beil und einen Menschenkopf hoch, neben ihm stehen die Parolen der Revolution »vive la Liberté«,, und »vive l'Egalité«. Daneben erscheint die kopflose Figur Ludwigs XVI., bezeichnet als »Lewis le Grand« — eine geradezu prophetische Kritzelei, wenn man bedenkt, daß der König erst vier Monate später enthauptet wurde. Rechts blickt man durch eine Tür in einen weiteren Raum, in dem die ›Verpflegung‹ für die kommenden Tage an Fleischerhaken von der Decke baumelt.   A.H.-W.

343

344

345

Nach Johann David Schubert
344 Greuel zu Avignon 1791

um 1793
Radierung von Ernst Ludwig Riepenhausen nach Schuberts Zeichnung
9,2 × 5,7 cm
Bez. u. l.: »Schubert del«, u. r.: »Riepenhaus. sc.«. In: Revolutions-Almanach von 1793, Göttingen, Verlag Johann Christian Dieterich 1793, gegenüber S. 266
Hamburger Kunsthalle, Bibliothek
Lit.: Lanckoronska-Rümann, Nr. 18

Die meisten Illustrationen des antirevolutionären Almanachs betonen die Grausamkeiten der Ereignisse in Frankreich, um abzuschrecken. Wie aus dem erläuternden Text des Herausgebers hervorgeht, bezieht sich die Darstellung auf ein Blutbad, das der Marschall der Revolutionstruppen Graf Jean Baptiste Jourdan in Avignon angerichtet haben soll: »Als Jourdan und seine Mordgesellen unter dem Vorwande, L'Ecuyers Tod zu rächen, viele unschuldige reiche Einwohner umbrachten und plünderten, rissen sie auch einen Kaufmann, Nahmens Lami aus seinem Hause, und schleppten ihn zur Schlachtbank. Sein zwölfjähriger Sohn ... flehte um Schonung des Lebens seines Vaters; aber die Barbaren, seiner Thränen und Bitten überdrüssig, erwürgten zuerst ihn, und dann seinen Vater.« Der wie ein Feldzeichen aufgespießte Kopf eines weiteren Opfers überspitzt die Grausamkeiten zum sarkastischen Symbol der Revolution.
S.H.

nach Charles Monnet
345 Die Hinrichtung Ludwigs XVI.

Radierung von Isidore Stanislas Helmann nach einer Zeichnung von Monnet
26,7 × 42,9 cm
Bez.u.l.: »Dessiné par Monnet.« u.r.: »Gravé par Helman«. Unterschrift: »Journée du 21 Janvier 1793 la mort de Louis Capet sur la Place de la Révolution. Présenté à la Convention Nationale le 30 Germinal par Helman« Nr. 8 der ›Collection des Principales Journées de la Révolution‹, deren 15 Blätter zwischen 1790 und 1802 erschienen.
Hamburger Kunsthalle, Kupferstichkabinett, Inv.Nr. 1980/57

Ludwig XVI. wurde wegen »Verschwörung gegen die Freiheit der Nation und des Anschlags gegen die allgemeine Sicherheit des Staates« am 20. Januar 1793 zum Tode verurteilt. Durch seinen Fluchtversuch im Juni 1791 (vgl. Kat. 341) schien erwiesen, daß er die seit 1789 erarbeiteten Neuerungen hat bekämpfen wollen. Vollends ließ der Krieg, der 1792 gegen Österreich und Preußen ausbrach, deutlich werden, daß Ludwig den Sieg der Gegenseite erhoffte, die von Emigranten unterstützt wurde. So konnte die Forderung der Jakobiner, den König abzusetzen, an Boden gewinnen. Während des Aufstandes am 10. August 1792 wurde die königliche Familie aus dem Palast der Tuilerien vertrieben und interniert.

Monnet ließ in seiner Darstellung der Hinrichtung des ehemaligen Königs das Blutgerüst zwischen den beiden Giebeln des heute Place de la Concorde genannten Platzes hochragen — den Wohllaut ihrer Entsprechung durchkreuzend. Ihm gegenüber erhebt sich rechts das Symbol der gestürzten Monarchie: der Sockel des zerstörten Reitermonuments Ludwigs XV. (auf der Plakette von Andrieu, Kat. 314, noch ganz zu erkennen).
G.H.

Johann Heinrich Ramberg
**346 Die Verhaftung
der Königin Marie Antoinette**

1794
Öl auf Holz
40 x 50 cm, oval
Bez. u.r.: »IH Ramberg, invt. et. pinx. 1794«
(I und H zusammengezogen)
Hannover, Niedersächsische Landesgalerie, Inv.Nr. 337
Lit.: Jacob Christoph Carl Hoffmeister, Johann Heinrich Ramberg in seinen Werken, Hannover 1877, S. 59, Nr. 244 (zum Nachstich von J.F. Bolt); Katalog der Kunstsammlungen im Provinzialmuseum zu Hannover, Berlin 1930, Nr. 115

Ramberg, der sich vor allem als satirischer Zeichner, selten als Maler hervorgetan hat, greift hier auch in einem Gemälde ein aktuelles Thema auf. Er schlägt in diesem gehobeneren Medium jedoch einen Ton an, der frei von sarkastischer Schärfe ist. Auf das Mitgefühl des Betrachters zielend, kristallisiert er die Wirren der Französischen Revolution an einem menschlichen Einzelschicksal heraus. In einem Stil, wie er in den 80er Jahren die Salonausstellungen beherrschte, schildert er auf einer schmalen Bildbühne ein Ereignis, als sei es ein Schauspiel. Brennpunktartig konzentriert sich der Ausschnitt auf den Spannungsgipfel der Handlung: die gewaltsame Trennung der Königin von ihren Angehörigen im Tempel. Schlaglicht hebt die von drohenden Revolutionssoldaten umstellte Frauengruppe heraus: die klagend scheidende Marie Antoinette mit ihrem Bündel und die niedergesunkenen Zurückbleibenden. Derart als Tragödie inszeniert, evoziert das Bild Mitleid mit der königlichen Familie. Ramberg malte es ein Jahr, nachdem ihm der König von Hannover die Stelle eines Hof- und Kabinettmalers übertragen hatte. Möglicherweise kannte er ähnliche Arbeiten aus Frankreich, z.B. die im Jahr zuvor entstandene ›Gefangennahme Ludwigs XVI.‹ von dem in Paris lebenden Elsässer Johann Jakob Hauer (Abb. 189, heute im Musée Carnavalet in Paris), die den Vorabend einer Königshinrichtung zwar weniger dramatisch, aber in einem ähnlich sentimentalen Ton des Mitleids mit den Opfern vor Augen führt.   S.H.

346

Abb. 189 Hauer, *Abschied Ludwigs XVI.*

347

Abb. 190 David, *Marie Antoinette auf dem Weg zur Hinrichtung*

unbek. franz. Künstler

347 Allegorie zur Erinnerung an Marie Antoinette

Öl auf Leinwand
54,0 x 54,0 cm
Montpellier, Musée Fabre, Inv.Nr. 51-6-1

Einem gedachten Grabmonument der hingerichteten Königin wenden sich trauernde Menschen zu. Das Monument besteht aus einem Sarkophag, auf dem die Figur Marie Antoinettes tot im Schoß der behelmten Gestalt Frankreichs lagert. Mit dem gleichen Sinn wie bei Davids Marat (Kat. 350) wird dabei an Pietàdarstellungen erinnert. Neben dem Sarkophag blickt die Gestalt des Friedens trauernd auf die Gruppe. Die Denkmalfiguren leuchten hell im düsteren Ensemble, sehr lebensvoll, als seien sie mehr eine leuchtende Vision als aus Stein.

So schien königstreuen Franzosen die Königin durch ihr gewaltsames Ende nur um so mehr verehrungswürdig. David, der stattdessen einem revolutionären Gegenspieler — dem oben schon genannten Marat — ein Denkmal zu setzen bemüht war, widmete der Marie Antoinette nur eine hämische Skizze, die er auf ihrem Weg zur Hinrichtung notierte (Abb. 190).

G.H.

Hubert Robert
348 Korridor des Gefängnisses St. Lazare

1794
Öl auf Leinwand
40,0 × 32,0 cm
Paris, Musée Carnavalet, Inv.Nr. P 177
Lit.: Bernard de Montgolfier: Hubert Robert, peintre de Paris au Musée Carnavalet. In: Bulletin du Musée Carnavalet, 1964, Nr. 1/2, S. 16.

Robert gehört zu den vielen Unglücklichen, die im Herbst 1793 wegen irgendeiner Äußerung oder sonstiger Umstände als königstreu verdächtig inhaftiert wurden (Ferdinand Boyer — Bulletin de la Société de l'Historie de l'art français 1963, S. 385-388 — fand in den Archiven allein über dreißig des Namens Robert). Es gibt keine Anklageschrift, die genau festhielte, weswegen er festgenommen wurde. Auch der Name des Denunzianten wäre unbekannt, hätte ihn Robert nicht selbst überliefert (vgl. Kat. 353). Anfangs in St. Pélagie untergebracht, kam er Ende Januar 1794 nach St. Lazare — einem Kloster, das seit der Revolution als Gefängnis diente, bis das Gebäude 1935 abgerissen wurde. Die Gefangenen genossen dort den Vorzug, sich innerhalb der Korridore frei bewegen zu können. Doch war der Aufenthalt auch hier nicht heiter. Das schilderte Robert ohne Pathos. Die promenierenden Menschen zeigt er von den starren Reihen der Türen und der Deckenbalken wie vergittert umfaßt. Das spärliche Licht vom fernen Ende des Korridors verdeutlicht es beängstigend. Die Düsternis wird auch durch das magere Feuerchen, das im Vordergrund zur Erwärmung angefacht wird, mehr betont als erhellt.
Erst nach dem Sturz Robespierres im Juli 1794 konnte Robert das Gefängnis verlassen, glücklicher als mancher seiner Leidgenossen, die ihr Leben verloren hatten. G.H.

nach Jacques Louis David
349 Lepelletier de Saint-Fargeau auf seinem Totenbett

Kupferstich von Pierre Alexandre Tardieu nach einem verschollenen Gemälde von David
Paris, Bibliothèque Nationale,
Inv.Nr. AA 3 rés.
Lit.: Richard Cantinelli: Jacques Louis David, Paris und Brüssel 1930, Tafel XXXIV; Wildenstein 1973, Nr. 427, 601, 602, 675, 738 (u.a.).
Lit. zum verschollenen Gemälde: Délécluze 1855, S. 152-153; Dowd 1948, S. 101-102; Wildenstein 1973, Nr. 410, 427, 675, 1166, 2074 (u.a.).

Der beschädigte Stich gibt den unteren Teil eines Gemäldes wieder, das David am 29. März 1793 dem Nationalkonvent schenkte. Der Künstler hat auf diese Weise Michel Lepelletier ehren wollen, der am 20. Januar 1793, einen Tag vor der Hinrichtung Ludwigs XVI., ermordet worden war, weil er für den Tod des Königs gestimmt hatte. Er zeigte den Leichnam hochgebettet in königlicher Feierlichkeit, so wie er in einem 1783 datierten Bild den toten Hektor wiedergegeben hatte. Leider ist dieses Bild verschollen, seit es 1826 an Madame Lepelletier de Mortefontaine verkauft wurde. Da diese eine überzeugte Royalistin war, wird ihr die Zerstörung des Bildes zur Last gelegt, ebenso diejenige der Stiche; denn nur das ausgestellte beschädigte Exemplar der Bibliothèque Nationale ist bekannt. Eine Vorstellung von der gesamten Komposition gibt eine Zeichnung von A. Devosge im Museum von Dijon. Danach war die obere Hälfte des Bildes von einem an einem Faden aufgehängten Degen beherrscht: die Mordwaffe. Ein aufgespießter Zettel trug die Inschrift »Je vote la mort du tyran« (ich stimme für den Tod des Tyrannen), wie Délécluze, der das Bild kannte, überliefert hat. G.H.

348

349

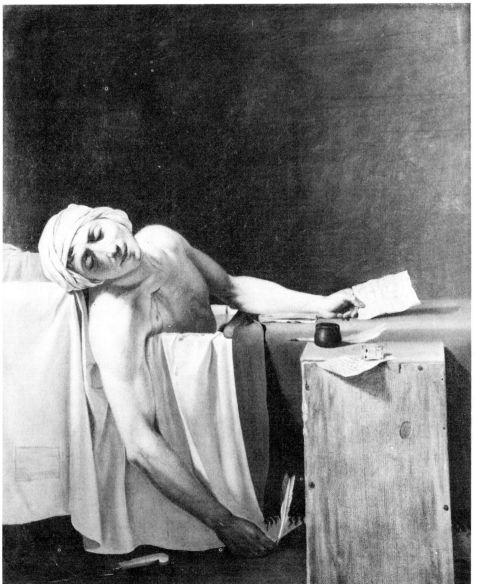

Nach Jacques Louis David
350 Der Tod des Marat
1793/1794
Öl auf Leinwand
92,0 x 73,0 cm
Dijon, Musée des Beaux-Arts, Inv.Nr. 2306
Lit.: Catalogue du Musée de Dijon, 1968, Nr. 196. Lit. zum Original Davids, Brüssel, Musées Royaux des Beaux-Arts: Dowd 1948, S. 105-108, 141; Klaus Lankheit: Jacques-Louis David, Der Tod Marats, Stuttgart 1962 (Reclams Werkmonographien zur Bildenden Kunst, Nr. 74); London 1972, Nr. 68; Wildenstein 1973, Nr. 462, 601, 602, 674, 675, 1166 (u.a.); Alpatow 1974, S. 276-291 (zuerst 1938). Lit. zur Replik in Versailles: Kat. Ausst. David, London 1948, Nr. 13; Kat. Ausst. Chicago — Los Angeles — San Francisco 1962-1963, Nr. 12.

Das Bild ist eine von mehreren Kopien, die im Atelier Davids nach dem wohl berühmtesten Gemälde des Meisters (heute in Brüssel, Musées Royaux des Beaux-Arts) gemalt wurden. Es zeigt Jean-Paul Marat, der als Redakteur der Zeitschrift ›Ami du Peuple‹ sich mit Leidenschaft für die Volkssouveränität eingesetzt hatte, ermordet. Die Mörderin ist in dem Brief genannt, den der Tote noch in der Hand hält. Er lautet: »du 13 juillet 1793. Marie anne Charlotte Corday au citoyen *Marat*. Il suffit que je sois bien malheureuse pour avoir Droit à votre bienveillance« (Es genügt, daß ich unglücklich bin, um Ihre Aufmerksamkeit beanspruchen zu können).

Das Motiv der Tat, die Meinung, Marat treibe die Revolution zum Terror, findet in dem gerade verfaßten Brief auf dem Schreibblock einen Kommentar: »Vous donnerez cet assignat à la mère de cinq enfants dont le mari est mort pour la défense de la patrie« (Geben Sie diesen Geldschein der Mutter von fünf Kindern, deren Gatte bei der Verteidigung des Vaterlandes starb).

Davids Stellungnahme kommt auch in der Art der Darstellung zum Ausdruck: Die Badewanne, in welcher Marat wegen einer quälenden Hautflechte zu arbeiten und auch zu empfangen pflegte, wurde zur Bahre gestaltet und der Leichnam in Tüchern so gezeigt, daß Pietàdarstellungen dem Betrachter in Erinnerung kommen mußten. An Michelangelos Pietà in St. Peter in Rom mag David gedacht haben, oder auch an die noch ältere aus Saint-Germain-des Prés. Diese letztere gehört zu den Kunstschätzen, die um diese Zeit im ›Depot des Petits Augustins‹ gesammelt wurden. David gehörte zur Kommission, die entschied, welche Werke ausgestellt werden sollten (vgl. Wildenstein 1973, Nr. 434). Mit einer solchen Evokation des Bildes Christi im Porträt Marats wollte David aussagen, daß der Dargestellte im Einsatz für andere gestorben sei und deswegen Verehrung zu beanspruchen habe.

›Der Tod des Marat‹ und das Bild des aufgebahrten Lepelletier (vgl. Kat. 349), als dessen Pendant die neuere Komposition geschaffen war, konnten im Herbst 1793 sechs Wochen lang im Hof des alten Louvre besichtigt werden (siehe den Rekonstruktionsversuch des Pendantverhältnisses). Dann erhielten sie ihren Platz im Sitzungssaal des Konvents – doch nicht für lange. Als David das Gefängnis verlassen konnte, in das er als Anhänger Robespierres eingeliefert worden war, nahm er am 9. Februar 1795 die beiden Bilder zurück.

Verglichen mit dem von David gemalten Original in Brüssel weist die ausgestellte, wesentlich verkleinerte Kopie eines Schülers einige Veränderungen auf, die genau denen der bekannten Replik in Versailles entsprechen: Der Körper des Toten wurde mit erweiterten Armwinkeln mehr ins Bild hineingerückt, so daß die Gestalt zusammen mit dem ebenfalls verrückten Schreibblock die Mitte des Bildes einnimmt. Sie scheint also eher die Replik nachzubilden als das Original selbst. Ist sie vielleicht zu jener Zeit entstanden, als das Original im Nationalkonvent hing? Sicherlich waren diese Veränderungen bewußt geplant, da die Kopien als Einzelwerke betrachtet werden sollten, während die Komposition Davids zu dem entgegengesetzt aufgebahrt wiedergegebenen Lepelletier linkslastig konzipiert war. Daß David hiermit auch Ausdruckswerte gewann, die Gewalt des Messerstoßes fühlbar machte, da durch sie die Gestalt an den Rand gedrückt scheint (das Messer zeigt in der linken unteren Ecke noch die Richtung an), wurde von den Kopisten offenbar nicht empfunden. Auch die Last des hohen grauen Grundes (ein Mittel, das Goya ebenso eindrucksvoll einzusetzen verstand, vgl. Kat. 23), erscheint in den Kopien gemildert: in dem Versailler Bild allein durch eine Verbreiterung der Maßverhältnisse, in der ausgestellten Kopie darüber hinaus durch eine Anhebung der Gestalt mitsamt dem Schreibblock. G.H.

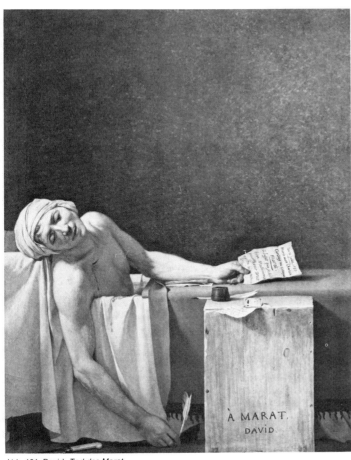

Abb. 191 David, *Tod des Marat*

Abb. 192 nach David, *Lepelletier auf seinem Totenbett*

351

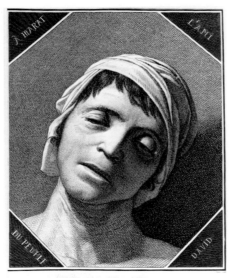

Ne pouvant me corrompre, ils m'ont assassiné

352

nach Jacques Louis David
351 Der Kopf des ermordeten Lepelletier

1794
Radierung von Vivant Denon nach einer
Kreidezeichnung von David
31,0 x 24,5 cm. Inschrift in den vier Ecken
(beginnend o.l.): »M.r LEPELLETIER/PRE-
MIER/MARTIR/DE LA LIBERTÉ« Paris,
Bibliothèque Nationale,
Inv.Nr.Dc 22 Fol.Bd. 1
Lit: Bibl.Nat.
Inv. 18e siècle, Bd. 6, Denon Nr. 319

Als Pendant der Radierung von Copia nach
dem Kopf Marats veröffentlicht (Kat. 352),
gibt diese Radierung Denons Kunde von einer
Zeichnung Davids, deren Verbleib z.Zt. unbekannt ist. Dem frontalen Gesicht Marats,
das leicht nach rechts geneigt, dem Betrachter
leidvolle Züge entgegenhält, ist links das klare
Profil Lepelletiers entgegengesetzt, das entschiedener noch als das Gemälde (vgl.
Kat. 349) die 1783 von David gestaltete Leiche
Hektors in Erinnerung ruft. Die ganze Spannweite von antikem Heldentum zu christlicher
Leidbereitschaft wollte David für die Märtyrer der Revolution in Anspruch nehmen – in
den beiden Köpfen wie in den großen Gemälden. G.H.

nach Jacques Louis David
352 Der Kopf des ermordeten Marat

1794
Radierung und Kupferstich von Jacques Louis
Copia nach einer Federzeichnung von David
26,8 x 21,2 cm
Bez.r.u.: »Copia sculp« mit Bleistift in der
Mitte unten: »d'après l'étude peinte (sic) par
David, d'après nature«. Widmung in den vier
Ecken (beginnend oben links): »À MARAT/
L'AMI/DU PEUPLE/DAVID«.Unterschrift: »Ne
pouvant me corrompre, ils m'ont assassiné«
(Da ich nicht bestochen werden konnte,
wurde ich ermordet)
Paris, Bibliothèque Nationale,
Inv.Nr. Ef 103 rés.
Lit.: Bibl.Nat.Inv. 18e siècle, Bd. 5, Copia
Nr. 36; Kat.Ausst.Paris 1977, Nr. 220. Lit. zur
Zeichnung in Versailles: Guiffrey-Marcel,
Bd. IV, Nr. 3200; Kat.Ausst.London 1972,
Nr. 554

Copia ist mit dieser Radierung, die 1794
zusammen mit dem Pendant von Vivant
Denon (Kat. 351) zum Verkauf stand, eine
einfühlsame Kopie gelungen, die viel von der
Ausdruckskraft der Vorlage vermittelt.
David erarbeitete die Federzeichnung (jetzt
in Versailles) bald nach dem Attentat vor dem
Toten selbst und richtete sich danach bei der
Gestaltung des Gemäldes (vgl. Kat. 350).
Doch ist sie mehr als nur eine Studie. David
selbst bekundete mit der Widmung, daß er sie
als ein abgeschlossenes, ausgefeiltes Werk
darbot. Dabei unterstrich er mit der Abteilung der Ecken die Neigung des Kopfes, die
zum leidenden Ausdruck der scharf gezeichneten Züge beiträgt. Der große zusammenfassend Bogen der Kopfbinde lenkt vollends in
den Schatten hinein. G.H.

Hubert Robert
353 Marat schlafend auf seinem Bett

1793
Aquarell
23,2 x 34,0 cm
Wien, Graphische Sammlung Albertina,
Inv.Nr. 12439
Lit.: Kat.Ausst. Kauffmann 1968/1969,
Nr. 404; Kat.Ausst.Robert 1978, Einleitung
S. 23.

Das Bild ist voller Anspielungen, die nicht
leicht zu deuten sind. Ihr Schlüssel ergibt sich
aus dem Text des Blattes auf dem Tisch:
»denonciat(ion) de Robert par Baudoin.«
Nun wurde Robert erst im Oktober 1793
denunziert – mehrere Wochen nach dem
Attentat auf Marat. Offensichtlich sollte dieses
Schreiben, Zeugnis erfahrener Ungerechtigkeit, symbolisch alle Härten und Fehlmaßnahmen der Jakobiner zum Ausdruck bringen. In diesem Sinn konnte es eine Erwiderung auf den Brief sein, den David seiner
Darstellung des toten Marat (vgl. Kat. 350)
beigefügt hat, um die edlen Motive der
Handlungen des Verstorbenen zu dokumentieren. Robert kann die beiden Märtyrerbilder Davids während ihrer Ausstellung im Hof
des Louvre im Herbst 1793 gesehen haben.
Damals (seit dem 3. Oktober) stand er schon
unter Anklage, kam jedoch erst Ende Oktober in Haft (vgl. F.Boyer, Hubert Robert dans
les prisons de la Terreur d'après les fonds des
Archives Nationales, Bulletin de la Société de
l'histoire de l'art français 1963, S. 385-388).
Spontan wird er das Aquarell als Kommentar
notiert haben. Er stellte Marat noch lebend
dar, umgab ihn aber mit Zeichen der Bedrohung, die ungerechte Handlungen mit sich
bringen mußten. Die Bedrohung wird durch
die Büste Lepelletiers angedeutet, dessen
Morddegen – auch dieses Detail Davids
Darstellung entnommen (vgl. Kat. 349) – nun
über ihm selbst hängt. Eine Lanze über dem
Schlafenden – an diejenige im Hintergrund
von Davids ›Schwur der Horatier‹ erinnernd
(vgl. Kat. 310) – scheint eine Vordeutung auf
das Messer zu sein, das Charlotte Corday
neben ihrem Opfer liegen lassen wird. Der
große Wachhund und die Keule am Fußende
des Bettes sind Zufügungen voll Ironie. Denn
die Darstellung macht deutlich, daß Marat
seinem Schicksal nicht entrinnen kann. G.H.

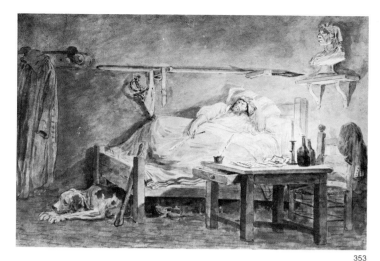

353

354

Johann Jakob Hauer
354 Charlotte Corday (Der Tod Marats)

1793
Öl auf Leinwand
39,5 × 33,5 cm
Paris, Musée Carnavalet
Lit.: Bernard de Montgolfier, Collections révolutionaires, in: Bulletin du Musée Carnavalet, Paris 1968, Nr. 1/2, S. 31 f.; Wolfgang Becker, Paris und die deutsche Malerei, München 1971, S. 81, Abb. 147

Am 13. Juli 1793 ermordet die königstreue Charlotte Corday einen der Anführer der republikanischen Montagnards, Jean Paul Marat. Der Tote wird zum Märtyrer der Revolution, Charlotte Corday hingerichtet. Der historischen Bedeutung bewußt, malt Hauer den Mord am Abgeordneten des Volkes und schickt das Bild noch im gleichen Jahr auf den Salon – ein Historiengemälde der Gegenwart, ein aktuelles Ereignisbild, das den Anschein erweckt, der Künstler sei als Augenzeuge am Tatort zugegen gewesen. Anders als Jacques Louis David, der in seinem berühmten Gemälde des toten Marat (Abb. 191) eindeutig Stellung für den Volksvertreter nimmt, macht Hauer die Attentäterin bildwürdig. Ohne sie mit Blutspuren des Mordes zu benetzen, taucht er sie als ebenso entschlossene wie anmutige Heldin in ein verklärendes Licht, während er das Opfer Marat, von der Tischkante überschnitten, im Schatten rechts nur andeutet. Alle herben Züge der Täterin, die ihr ebenfalls von Hauer gemaltes Porträt im Musée de Versailles aufweist, sind bewußt beschönigt. Isoliert betrachtet, kann das ausgestellte Gemälde als Vorläufer jenes royalistischen Charlotte-Corday-Bildes gelten, dem der Salonmaler Baudry 1861 monumentale Weihe verliehen hat (Abb. im Ausst.-Kat.: Courbet und Deutschland, Hamburger Kunsthalle 1978, Nr. 58). Diese Interpretation würde jedoch Hauers Absicht nicht gerecht. Das Musée Carnavalet bewahrt nämlich ein Gegenstück, das aus unverkennbar sympathievoller Sicht den noch lebenden Marat darstellt (Abb. 193): Die Feder in der Rechten, die Jakobinermütze in der Linken, wendet er sich vom Schreibtisch der Büste Le Peletiers de Saint-Fargeau zu, jenes Republikaners, der am 20. Januar 1792 ermordet und unter großem Zulauf aufgebahrt und bestattet worden war. Vor dem Sockel liegt ein Zettel mit der Aufschrift »Menschenrechte«. Daß die Büste dieses Mannes, der damals als Märtyrer der Revolution ein Begriff war, auf dem Pendant über dem ermordeten Marat wiederkehrt, verrät Hauers prorevolutionären Hintersinn. Er erschließt sich nur, wenn man die Gemälde nebeneinander plaziert. Dabei treten Mörderin und künftiges Opfer in eine Blickbeziehung, die dem Betrachter die Frage der politischen Bewertung anheimstellt. Hauer hat seinen Standpunkt durch seinen Beitritt zu den Revolutionstruppen (Becker 1971, S. 81) klarer zu erkennen gegeben als durch seine Malerei.

S.H.

Abb. 193 Hauer, *Marat*

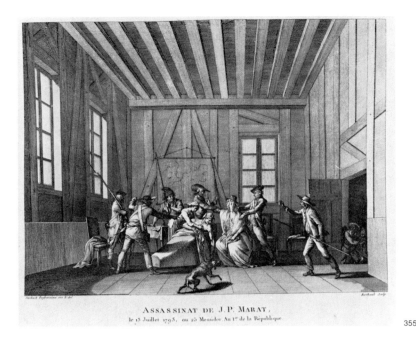

355

356

nach Jacques François Joseph Swebach-Desfontaines

355 Die Entdeckung des Mordes an Jean Paul Marat

Radierung von Jean Duplessi-Bertaux, vollendet von Pierre Gabriel Berthault, nach einer Zeichnung von Swebach
18,9 x 24,2 cm
Bez. u.l.: »Swebach Desfontaines inv. & del.«
u.r.: »Berthault Sculp.«, Unterschrift:
»ASSASSINAT DE J.P.MARAT/, le 13 Juillet 1793, ou 25 Messidor, An Ier de la République.«
Nr. 83 der ›Collection complète des Tableaux Historiques de la Révolution française‹, Paris 1804
Hamburger Kunsthalle, Bibliothek
Lit.: Bibl.Nat.Inv. 18e siècle, Bd. 8, Duplessi-Bertaux Nr. 363, Bd. 2, Berthault, Nr. 283

Während David die Gestalt des ermordeten Marat zum Symbol erhebt (siehe Kat. 350), wird hier die Entdeckung des Mordes novellistisch erzählt. Charlotte Corday, die Royalistin, die eigens von Caen nach Paris gekommen war, um die ihrer Vorstellung nach unheilbringende Tätigkeit des Volksvertreters zu unterbinden, läßt sich – ruhig und erschöpft rechts neben ihrem Opfer sitzend – von zwei Männern ohne Widerstand ergreifen. Es wird deutlich, daß sie nichts zu ihrer Sicherheit eingeplant, ihren eigenen Tod in die Waagschale geworfen hatte. Auf der anderen Seite des Opfers entdecken drei Männer den Brief auf dem Tisch, in dem die Mörderin gebeten hatte, empfangen zu werden. Mitten zwischen diesen heftig agierenden Personen bemüht sich Marats Schwester um den Toten in der Badewanne. Davor heult ein Hund allein im Vordergrund seine Trauer aus. Die Szene ist in einem großen – wenn auch einfachen – Raum wiedergegeben, der sich bühnenartig nach vorn öffnet. Da Augenzeugen den Tatort als ein enges Zimmer beschrieben, in dem nur zwei Personen Platz hatten (Bericht im ›Ami du Peuple‹, der von Marat herausgegeben worden war), wird der Zeichner mehr als nur eine Reportage im Sinn gehabt haben. Offensichtlich wollte er den Ermordeten und die Ergreifung der Täterin zusammenhängend darstellen. Die Bedeutung des Ereignisses mit der Höhe und Weite des Raumes zu betonen, kann ihm darüber hinaus wichtig gewesen sein. G.H.

Johann Daniel Schubert

356 Marat stirbt des Tod's, den er für andere gepredigt hatte

um 1793/94
Radierung
9,9 x 5,7 cm
Bez. u.r.: »Schubert del.«
Illustration zum: Revolutions-Almanach von 1794, hg. von H.A.O. Reichard, Verlag Johann Christian Dieterich, Göttingen 1794, gegenüber S. 380
Hamburger Kunsthalle, Bibliothek
Lit.: Lanckoronska-Rümann, Nr. 18

Das Blatt stellt den Augenblick dar, in dem die königstreue Charlotte Corday d'Armand im Begriffe ist, den Revolutionspolitiker Marat mit einem Dolch zu erstechen. Anders als David, der den ermordeten Revolutionär in Anlehnung an Pietà-Darstellungen zum Märtyrer überhöht (Kat. 350), erhält hier die Mörderin die Heldenrolle. Der erläuternde Text des Herausgebers dieses antirevolutionären Almanachs läßt keinen Zweifel an der Parteinahme für die Attentäterin. Er räumt ein, daß Meuchelmord immer ein Schandfleck bleibe, stellt ihn aber als ein Zeichen der Vorsehung hin, »die diesen Mann eben des Todes sterben ließ, den auf sein Anstiften so viele Hunderte von Unschuldigen gestorben sind« (S. 380). Charlotte Cordays fanatischen Eifer heiligsprechend, bemerkt er, ihre Büste wäre im Pantheon aufgestellt worden, hätte sie einen Adligen durchbohrt (S. 381). In solcher Verbindung von Text und Illustration entsteht ein positives Bild der Attentäterin aus royalistischer Sicht. S.H.

James Gillray
357 Die heroische Charlotte la Cordé während ihres Prozesses
29.7.1793
Kupferstich
28,8 × 35,3 cm
Lübeck, Privatbesitz
Lit.: B.M. 8336

Am 26. Juli 1793 berichtete der ›London Chronicle‹ über den Auftritt Charlotte Cordays vor dem Revolutionstribunal, der neun Tage zuvor stattgefunden hatte. Aus dieser Zeitung übernahm Gillray die Worte der Angeklagten, die er hier als strahlende Heldin schildert: Als einzige Figur im überfüllten Gerichtssaal ist sie nicht karikiert, sondern idealisiert. Unerschrocken drückt sie ihre Verachtung der Kläger und Richter aus und schließt mit der Prophezeiung » ... Frankreich wird mein Andenken in größeren Ehren halten als Bethulia das der Judith« (Die Heldin des apokryphen Buches Judith hatte ihre Vaterstadt Bethulia von den Belagerern befreit, indem sie dem Hauptmann Holofernes das Haupt abschlug). Der tote Marat liegt vor Charlotte Corday aufgebahrt. Ausgemergelt, die finsteren Züge verzerrt, die Haut durch Ausschlag verunstaltet, wirkt er grotesk und abstoßend; in der Titelinschrift bezeichnet Gillray seine Hautkrankheit als Strafe des Himmels für seine Sünden. Wie während Marats feierlichen Begräbnisses wird sein blutbeflecktes Hemd an einem Stab geradezu als Reliquie zur Schau gestellt.

Gillray deutet an, daß den Richtern jegliche Qualifikation fehlt; ein Kamm verrät den Linken als Barbier, eine Schere den Rechten als Schneider; den Mittleren weisen die hochgerollten Ärmel als Schlachter aus. Auf wessen Kosten sie Recht sprechen, zeigt die Figur der Justitia auf dem Baldachin über ihnen: Sie stampft mit dem Fuß auf eine Königskrone.
Von ähnlicher Stimmung wie dieses Blatt wird Jean Pauls Beschreibung der Charlotte Corday vor ihren Richtern getragen. Er nennt sie »eine zweite Jeanne d'Arc« und rechtfertigt ihre Tat: »Sie erlebt einen Marat, das unbedeutende, heuchelnde, rohe, mechanische, auch äußerlich-häßliche, bluttrunkene, aufgeblasene Wesen, das mehr als Blutegel denn als Raubtier leckte ...« (Vgl. Jean Paul: »Über Charlotte Corday«, in: Dr. Katzenbergers Badereise [1809]. Werke, Band 6, München 1963, S. 333-357) A.H.-W.

nach Alexandre Evariste Fragonard
358 Der Tod Condorcets
Radierung von Jean Duplessi-Bertaux nach einer Zeichnung von Fragonard
18,8 × 24,1 cm
Bez. u.m.: »gravé a leauforte par Duplesis berteaux.«
Hamburger Kunsthalle, Kupferstichkabinett, Inv.Nr. 1980/56
Lit.: Bibl.Nat.Inv. 18ᵉ siècle, Bd. 8, Duplessi-Bertaux Nr. 373 (1. von 2 Zuständen)

Die Darstellung wurde in der vollendeten Fassung als Nr. 97 der ›Collection complète des Tableaux Historiques de la Révolution française‹ veröffentlicht (siehe auch Kat. 315, 338, 355, 397). Dort ist das Licht gedämpft, fällt nur in einem schmalen Streifen über die eintretenden Personen hinweg auf den Toten, während hier das Tageslicht durch die ganze Türöffnung voll in den Raum eindringt. Es ergeben sich dadurch scharfe Helldunkel-Kontraste, die ebenso schneidend wirken wie die unvermutete Entdeckung, die sich den Eintretenden bietet: der Gefangene leblos.
Der Gefangene war der Marquis de Condorcet, ein Mathematiker und Philosoph, der zu den geistigen Wegbereitern und Führern der Revolution gehörte. Unter anderem beschäftigte er sich mit der Einrichtung von allen zugänglichen öffentlichen Schulen und mit dem Recht der Frauen. Im Nationalkonvent nahm er Partei für die gemäßigten Girondisten, die am 2. Juni 1793 von den Jakobinern vertrieben wurden. Einige Monate konnte Condorcet untertauchen. Doch im März oder April 1794 wurde er gefangengenommen und kurz darauf an einem Morgen tot in seiner Zelle aufgefunden — durch Gift umgekommen, wie man vermutete. G.H.

357

358

359

Jacques Louis David
359 Leichnam eines Jünglings
Kreide, quadriert
32,1 x 40,6 cm
Paris, Bibliothèque Nationale, Inv.Nr. B6 rés.
Lit.: Cantinelli, Richard: Jacques Louis David, Paris und Brüssel 1930, Tafel XXXVI.
Lit. zum Bild der ›Sabinerinnen‹ im Louvre: Chaussard, P.: Sur le tableau des Sabines par David, Paris 1800; vgl. Kat.Ausst.London 1972, Nr. 555 (Kompositionsstudie mit Hinweis auf weitere Zeichnungen);
Wildenstein 1973, Nr. 1131, 1326 (u.a.)

Der Leichnam des Jünglings ist von einer Lanze durchbohrt. Er gehört zu den Opfern einer Schlacht, die den Römern von den benachbarten Sabinern geliefert wurde, weil jene drei Jahre zuvor ihre Frauen geraubt hatten. Für ihre Darstellung (Abb. 194) wählte David aus der von Plutarch erzählten Geschichte jenen Moment, da die Frauen sich mit ihren Kindern zwischen die Kämpfenden warfen, um Frieden zu stiften. Er wünschte, daß die Betrachter des Bildes den Appell dieser Frauen zugleich auf sich gerichtet empfanden, sich aufgerufen fühlten, mit den Zwistigkeiten des Bürgerkrieges ein Ende zu machen. Der Tote der so verstandenen Szenerie, mit der sich David in der ausgestellten Zeichnung in einem frühen Studium seiner Arbeit beschäftigte, wurde zu einem Sinnbild der Revolutionsopfer.

Als David 1794 im Gefängnis Luxembourg — nach dem Sturz Robespierres als dessen Parteigänger dort eingeliefert — die ersten Ideenskizzen zu seinem neuen Werk zeichnete, waren solche Gedanken hochaktuell. Aber auch noch 1799, als David sein endlich fertiggestelltes Bild im Louvre dem Publikum zeigen konnte, wurde er verstanden (siehe Chaussard).   G.H.

Abb. 194 David, *Die Sabinerinnen*

Napoleon — Koloß, Weltseele, Antichrist

Historisch pointierend stellt ein Abschnitt der Ausstellung die Zeit zwischen der bürgerlichen Revolution (1789/94) und der Heiligen Allianz (1815) unter den Namen der Persönlichkeit, die Europa fast 20 Jahre lang in Bann gehalten hat[1]. Hier wird nicht einer eindimensionalen Mythisierung das Wort geredet, sondern — wie die authentischen Napoleonmetaphern der Zeit im Untertitel andeuten — der Blick auf den Facettenreichtum der unterschiedlichen politischen Stellungnahmen seiner Zeitgenossen gelenkt, eine Vielfalt, die im politischen Standort der Reagierenden ebenso begründet ist wie in den Widersprüchen Bonapartes selbst: Anwalt bürgerlicher Rechte, Idol republikanischer Hoffnungen und Opfer cäsarischer Selbstüberschätzung.

Es wäre vermessen, den Anspruch zu erheben, anhand von Kunstwerken die komplizierten Wechselwirkungen individueller und kollektiver Kräfte in jener Zeit zu dokumentieren. Die Bilder sind weder Ersatz noch Illustration historischer Forschung. Vielmehr sind sie jeweils als subjektive Stellungnahmen von Zeitgenossen zu werten. Selbst vor dem Hintergrund der Geschichte interpretationsbedürftig, geben sie indessen ein anschauliches Meinungsspektrum ihrer Zeit, das unserer Geschichtskenntnis anschauliche Konturen gibt.

Zwangsläufig vereinfachend sei daher in dieser Skizze versucht, der Dialektik von kollektivem und individuellem Handeln nachzugehen, soweit sie sich in Kunstwerken niedergeschlagen hat. Der Bogen spannt sich vom Beginn der Koalitionskriege, in denen sich die französischen Republikaner gegen die Reaktion der feudalen Nachbarn zur Wehr setzten, über Napoleons Aufstieg vom General von Revolutionstruppen zum selbstgekrönten Kaiser, der alle Monarchen an Machtsucht übertraf, bis hin zum europäischen Widerstand gegen Napoleons Hegemoniestreben, einer Abwehr, die in sich gespalten war zwischen nationalen Republikanern und dynastischen Kräften und im Sieg gegen den ›Koloß‹ schließlich der Restauration die Oberhand brachte.

Ehe Napoleon sich bei der Niederschlagung eines Provinzaufstandes 1793 ausgezeichnet hatte und sich seine strategische und politische Begabung abzuzeichnen begann, hatte sich der Konflikt zwischen einer isolierten französischen Republik und den benachbarten Monarchien zu einem Kampf um die Vormachtstellung in Europa verschärft. Bereits im Ersten Koalitionskrieg hatte sich bewährt, daß erfolgreiche militärische Mobilisierung der Revolutionskräfte ihre Führungsstruktur festigt (vgl. Kat. 319-321). Umgekehrt hatten im gegnerischen Lager Feldherrn wie Erzherzog Karl, die den Kampf gegen die Revolutionstruppen zur nationalen Sache machten, den Krieg bereits zur Selbstüberhöhung genutzt (vgl. Kat. 420).

Napoleon löste diesen Konflikt nicht aus, sondern griff in einer Weise in einen laufenden Prozeß ein, die aus der Verbindung gegenläufiger Tendenzen — Durchsetzen bürgerlicher Ideale und Steigerung dynastischer Autorität — eine bespiellose Macht auf ihn selbst konzentrierte. 1793 noch ein kaum bekannter Hauptmann, 1796 ein General, dem ein zeitgenössischer volkstümlicher Holzschnitt noch seinesgleichen an die Seite stellt (Abb. 195, vgl. auch Kat. 360), gewinnt er

Abb. 195 Anonym, *Bonaparte und Generäle*

in kurzer Zeit das Profil eines überlegenen Strategen. Künstler halfen, dieses Image zur Legende zu steigern. So verband Baron Gros in seinem Gemälde ›Napoleon in der Schlacht bei Arcole‹ (Kat. 360) die Geste des revolutionären Fahnenträgers (vgl. Kat. 319) mit der

Abb. 196 H. u. F. Olivier, *Napoleon*

Pose barocker Feldherrnbildnisse. Das rasch gewachsene Selbstbewußtsein eines Mannes, dem 1797/98 in knapp einem Jahr die Eroberung halb Italiens gelang, spiegelt eine konventionelle Allegorie der Zeit, in der die Ruhmesgöttin dem gefesselten Neid ein von Putten getragenes Napoleonporträt vorweist (Kat. 361). Bonapartes Kühnheit, 1798 in der Art cäsarischer Imperialstrategie Ägypten zu überfallen, entsprach sein Malerchronist Gros mit einem Rückgriff auf das Herrschermotiv barocker Reiterbilder (Kat. 389). Solchem überhöhenden Pathos, dem noch 1808 in naiverer Form die deutschen Brüder Olivier huldigten (Abb. 196), stand auf der Seite der Gegner ein sich ebenso rasch durchsetzendes Feindbild des Gigantischen entgegen. Der ›Koloß‹ Napoleon behält in Gillrays Karikatur (Kat. 391) selbst im Zustand der Verstümmelung – eine Anspielung auf die Niederlage der französischen Flotte bei Abukir – überdimensionale Züge. Als himmelragenden Riesen, der eroberte Völker in panische Flucht treibt, hat ihn später Goya in seinem Gemälde ›Der Koloß‹ mythisiert (Abb. 197).

Obwohl der Aufstand von Kairo sowie Niederlagen in Syrien und der Seeschlacht von Abukir, die die Landtruppen in Ägypten vom Mutterland abzuschneiden drohten, Napoleon erstmals in Schranken verwiesen, begann erst jetzt sein politischer Aufstieg. Was der Maler Franque später als ossianische Vision eines einsamen Helden verklärt, dem von Ägypten aus im Traum die zerstrittenen Parteien in der Heimat erscheinen (Kat. 363), war das aufs Ganze gehende Kalkül eines Mannes, der mit seinen treuesten Anhängern die gefährdete Armee in Ägypten zurückließ, um in einer von der Zweiten Koalition bedrohten französischen Republik nicht nur als militärischer Retter aufzutreten, sondern auch die Zügel politischer Herrschaft an sich zu reißen. Indem er am 18. Brumaire des Jahres 7 (1799) in einem Staatsstreich die seit 1795 amtierende Direktionalregierung stürzte (vgl. Kat. 365) und sich zum Ersten Konsul machte, vereinigte er Staats- und Kriegsführung auf sich allein. Mit der Rückeroberung Italiens, das inzwischen an die Österreicher verlorengegangen war, festigte er seine Macht (vgl. Kat. 397), der er in den Friedensschlüssen von Lunéville (1801) und Amiens (1802) staatsmännisch Konturen gab. In den Dienst imperialer Propaganda stellte er Künstler, die seinen Ruhm in bewährten Formeln der Herrscherapotheose priesen. Den Italiensieg bei Marengo verklärte Duplessi-Bertaux zu einer aus himmlischen Regionen gelenkten Schlacht (Kat. 397). Auf den Frieden von Lunéville bezieht sich die allerdings nicht von Napoleon selbst beauftragte Friedens- oder besser Siegesallegorie von Prud'hon (Kat. 366), die Bonaparte auf einer Quadriga lorbeerbekränzt und von Genien begleitet zu einem römischen Triumphator überhöht.

Die gemalte Weihe entsprach einer zielstrebigen Politik der Machterweiterung und einem aller revolutionären Anfänge zum Trotz inszenierten Herrscherkult. Durch eine Volksabstimmung 1802 zum Konsul auf Lebenszeit gewählt, stellte Napoleon die Weichen für eine seiner eigenen Stellung dienliche widersprüchliche Politik, die zwar in Neuerungen wie dem bürgerlichen Gesetzbuch (›Code civile‹) Ideen der Französischen Revolution realisierte, gleichzeitig aber in der Versöhnung mit der Katholischen Kirche (Konkordat) und der Zentralisierung der Verwaltung Kompromisse mit autoritären Strukturen des Feudalismus schloß. Sie ebneten ihm den Weg zur selbstvollzogenen Kaiserkrönung 1804. In diesem absolutistischen Akt, der sogar die päpstliche Salbung in den Dienst des Herrschaftsrituals stellte, schlug für viele, die in Napoleon einst die Verkörperung und Durchsetzungskraft republikanischer Ziele gesehen hatten, die Bewunderung des Weltbewegers in Mißtrauen und Haß um (vgl. Abb. nach Kat. 369). Künstler in seinen Diensten verliehen der Einmaligkeit des Kaiserkults die

Abb. 197 Goya, *Der Koloß*

Abb. 198 David, *Salbung Napoleons 1804*

Abb. 199 Gillray, *Krönungsprozession Napoleons*

Weihe der Verewigung. David, der sich einst zum Organ republikanischer Kräfte gemacht hatte (Kat. 312), versuchte, den Betrachter seines Krönungsbildes (Abb. 198) schon durch die kolossale Größe und die Massierung von Pracht in staunende Ohnmacht zu versetzen. Gérard verband in seinem Kaiserporträt (Kat. 368) Gestik und Attribut römischer Imperatoren mit der Pose des barocken Herrscherporträts.

Neben dem offiziellen Repräsentationsbild wurde das Charisma Napoleons durch Darstellungen verbreitet, die ihn in der Tradition römischer Herrscherallegorien, aber auch bürgerlicher Tugendbilder des 18. Jahrhunderts, als Tugendhelden, Wohltäter und milden Feldherrn verklären. Noch weiter ging Gros in seinen Darstellungen des Besuchs Bonapartes bei den Pestkranken von Jaffa (Kat. 370, 371). Beauftragt, der englischen Propaganda entgegenzuwirken, Napoleon habe in Syrien fünfhundert seiner von der Pest befallenen Soldaten töten lassen, zeigt er den Feldherrn als Wundertäter, der christusgleich durch Auflegen der Hand zu heilen imstande ist.

Solchen Herrscherverklärungen im Dienste Napoleons antworteten auf der Seite der Gegner Spottbilder, die die überirdische Entrückung in satanische Metaphern umschlagen lassen oder die Ohnmacht der Manipulierten entlarven (Abb. 199).

Selbst in Ländern, die im Dritten Koalitionskrieg abermals der französischen Expansion erlagen und bis 1811 einem ständigen Machtzuwachs des Korsen zusehen mußten, hielt sich die Legende Napoleons lange. Die Künstler stellten ihn hier entweder klischeehaft verklärt dar oder dämonisierten ihn. Es scheint, als sei eine sachliche und differenzierte Schilderung im Bann eines einzelnen, der die Geschicke Europas nach seinen Vorstellungen zu bestimmen verstand, nicht möglich gewesen.

Solch eine Fixierung auf ein Leitbild war nicht auf Napoleon beschränkt. Auch in anderen europäischen Ländern stand im Kampf gegen ihn bürgerlichem Emanzipationsstreben noch ein Bedürfnis nach Führerfiguren entgegen. Der mutige, exponierte Kriegsheld galt dabei mehr als ein Politiker.

In England, wo seit den 90er Jahren französische Invasionsdrohungen panische Reaktionen auslösten – zahlreiche Karikaturen zeugen von der Angst des Inselvolkes (vgl. Kat. 380-383) –, richtete sich das Verlangen nach patriotischen Vorbildern vor allem auf Admiral Lord Nelson, der durch seine erfolgreiche Strategie den Ruf der unschlagbaren britischen Seemacht aufrecht hielt (vgl. Kat. 422). Wie beliebt er war, bezeugen die Massen, die ihm nach dem Tod in der siegreichen Trafalgarschlacht 1805 das letzte Geleit gaben. Ein Staatsbegräbnis mit einer derart großen öffentlichen Beteiligung und Anteilnahme hatte es bis dahin in der Neuzeit nicht gegeben. Der Verehrung durch die Menge entsprach die Verewigung seines Ruhmes durch Kunstwerke. Sie reichen von der auf Trauer gestimmten Karikatur Gillrays (Kat. 424) bis hin zur monumentalen Apotheose in der Malerei (vgl. Kat. 425). Blakes verschlüsselte Kritik an Nelson (Kat. 423) bildet eine Ausnahme gegenüber einem durchweg auf Verklärung zielenden Totenkult.

Es scheint, als sei eine von allen Schichten einer Nation getragene Abwehrbereitschaft gegen Napoleon Voraussetzung für den Widerhall eigener patriotischer Leitfiguren gewesen, die umgekehrt den Kräften des Volkes wirksame Stoßkraft verliehen. In Spanien, wo die Monarchie zum Spielball napoleonischer und später bourbonischer Politik wurde, fehlte trotz des unermüdlichen Volkswiderstandes die koordinierende Gestalt. Goya stellt in seinen Radierungen der ›Schrecken des Krieges‹ (Kat. 71) zwar die unbeugsame Zähigkeit der Bevölkerung und im Gemälde des Koloßes (Abb. 197) ein hypnotisierendes Feindbild dar, nicht aber einen Strategen, der die Energien zu bündeln wußte. Die Tiroler Volkserhebung (vgl. Kat. 409) hielt der bayrischen und französischen Übermacht 1809/10 unter der Führung des Kapuzinermönchs Joachim Haspinger, des Soldaten Joseph Speckbacher und vor allem des Gastwirts Andreas Hofer erstaunlich lange stand, war schließlich jedoch dem militärischen Potential des Gegners nicht gewachsen. Hofer, auf Befehl Napoleons erschossen, wurde über Tirol hinaus zum Märtyrer patriotischen Widerstandes (vgl. Kat. 428, 429).

Napoleons Eroberungswahn scheiterte 1812 mit der Eroberung Moskaus am passiven Widerstand der Bevölkerung und an den geographischen Bedingungen Rußlands (vgl. Kat. 404). Sein Bild zerrann zur Karikatur eines zerschlagenen Flüchtlings (Kat. 406). Ein Jahr später vom russisch-preußischen Bündnis noch einmal herausgefordert, gelang es, ihn in der Völkerschlacht bei Leipzig zu schlagen, weil sich das große Aufgebot Freiwilliger mit staatlicher Militärstrategie verband. Die deutschen Leitfiguren wie Scharnhorst (vgl. Kat. 513), Blücher und Schill (vgl. Kat. 426) waren preußische Generäle und Offiziere. War die Verbindung von Landsturm und staatlicher Strategie einerseits die Voraussetzung für den Erfolg, Napoleon niederzuzwingen, so forderte sie andererseits als Preis, daß sich die von vielen Freiwilligen gehegte Hoffnung auf nationale Erneuerung im Rahmen einer Republik oder verfaßten Monarchie nicht einlösen ließ. Durch den so errungenen Sieg über Napoleon (vgl.

Abb. 200 Kügelgen, *Germania*

Kat. 407, 408) gewannen dynastische Interessen die Oberhand, die feudale Zustände vor der Revolution in ganz Europa wieder herzustellen trachteten.

Die künstlerischen Zeugnisse nationalen Widerstands kamen in Deutschland meist ohne Leitfiguren aus. Ihr verhaltenes Pathos drückte politische und religiöse Erwartungen, selten Aggressivität aus. Runge beklagte den ›Fall des Vaterlandes‹ (Kat. 415) und mußte die Hoffnung auf Befreiung von napoleonischer Herrschaft (verlegerischer Vorsicht vor französischer Zensur wegen) zu hermetischen Sinnbildern nationaler Auferstehung verschlüsseln (Kat. 416 a, b). Die Kraft zu einer Wende deutete er eher im Schicksal als in aktiver Gegenwehr an.

Kersting (Kat. 509) und Caspar David Friedrich (Kat. 506, 507) warben für patriotische Gesinnung, indem sie gefallenen Freiheitskriegern in Gemälden und Zeichnungen Denkmäler setzten. Wie Runge versteckte Friedrich die antifranzösische Stoßrichtung seiner Bildaussagen in verrätselte Symbole (Kat. 507). Brachte er französische Soldaten ins Bild (Kat. 507, 508), so drückte er seine parteiliche Einstellung nicht in aggressiven Feindbildern, sondern in Naturmetaphern passiver Standhaftigkeit aus (Kat. 508).

Friedrichs unterschwellige Hoffnung, der Sieg über Napoleon möge eine nationale und religiöse Erneuerung bringen, hat Gerhard von Kügelgen mit größerer politischer Klarheit formuliert: Die Erdgöttin Melpomene, die auf seinem Gemälde von 1815 eine Urne mit der Asche gefallener Freiheitskrieger hält (Abb. 200), verkörpert zugleich Germania als Sinnbild eines neuen Reiches. Präzise inhaltliche Konturen wie dieser Allegorie hatte er zuvor auch dem Feindbild gegeben: Auf seinem 1808-1814 entstandenen Gemälde des heiligen Michael, der seit dieser Zeit als Schutzheiliger der Deutschen verstanden wurde[2], trug der in die Tiefe gestürzte Satan unverkennbar die Züge Napoleons. Kügelgen konnte um so mehr damit rechnen, mit solcher Anspielung verstanden zu werden, als der Topos ›Napoleon als Satan bzw. Antichrist‹ sich in Deutschland mehr und mehr durchsetzte. Ernst Moritz Arndt verwendete ihn z. B. in seiner Kriegslyrik, weil sich mit ihm ebenso der Gegner dämonisieren wie die eigene Nation heilsgeschichtlich überhöhen ließ.[3]

Die liberalen Erwartungen, die ein Teil des Bürgertums an die Niederzwingung Napoleons knüpften, wurden mit dem Wiener Kongreß von 1814/15 enttäuscht. Angepaßt an die Restauration machte ein in Staatsdiensten stehender Künstler wie Schinkel die patriotische Erinnerung an die Freiheitskriege dynastischer Politik verfügbar (vgl. Kat. 511-513). Wer an bürgerlichen Freiheitsideen festhielt wie Caspar David Friedrich, mußte sie als Bildgedanken nach den Karlsbader Beschlüssen angesichts scharfer staatlicher Zensur verschlüsselt kundtun (vgl. Kat. 517). Unter restaurativen Verhältnissen, die alle liberalen Bestrebungen niederhielten, bedurfte es eines neuen Freiheitsimpulses von außen, dessen zündende Wirkung 1830 abermals von Paris ausging (vgl. Kat. 538). Siegmar Holsten

Anmerkungen

1 Aus Karikaturen der Zeit geläufig (vgl. Kat. 391), taucht die Bezeichnung Napoleons als »Koloß« noch in Hegels ›Vorlesungen über die Philosophie der Geschichte‹ (Teil 4, Abschnitt 3, Kapitel 3) auf. Von ihm, der die Herscherindividuen der Geschichte »Geschäftsführer des Weltgeistes« genannt hat (ebd. Einleitung IIb) stammt auch die Napoleonmetapher des »Weltgeistes zu Pferd«. Der Vergleich mit dem Satan bzw. Antichrist setzte sich im Maße seiner Eroberungen durch, etwa bei Joseph Görres oder Ernst Moritz Arndt

2 Vgl. meine Arbeit: Allegorische Darstellungen des Krieges. 1870-1918, München 1976, S. 34 ff.

3 So heißt es in einem Gedicht Ernst Moritz Arndts von 1811 z. B.: »Denn der Satan ist gekommen/hat sich Fleisch und Bein genommen/Und will Herr der Erde sein ...« Vgl. hierzu Hasko Zimmer, Auf dem Altar des Vaterlandes. Religion und Patriotismus in der deutschen Kriegslyrik des 19. Jahrhunderts, Frankfurt a. M. 1971, S. 53

Das Bild Napoleons

nach Antoine-Jean Baron Gros
360 Bonaparte bei der Brücke von Arcole
Kupferstich von Giuseppe Longhi nach einem Gemälde von Gros
43,0 x 31,7 cm
Bez. u.l.: »Peint par Le-Gros«, u.r.: »Gravé à Milan par J. Longhi 1798«, Unterschrift: »Bonaparte/à la bataille d'Arcole le 27. Brumaire an V«
Paris, Bibliothèque Nationale,
Inv. Nr. Dc 57 (a)
Lit. zum Gemälde in Versailles: Salon de 1801, Nr. 163; Kat. Ausst. Chicago – Los Angeles – San Francisco 1962-1963, Nr. 52.

Bei Arcole konnte im November 1796 die französische republikanische Armee einen Sieg über die der Österreicher gewinnen. General Bonaparte setzte sich dabei persönlich ein: er selbst führte einen Angriff auf die Brücke vor Arcole, als seine Soldaten zögerten, sich dort dem Beschuß auszusetzen.
Bald danach erhielt der noch unbekannte Antoine-Jean Gros durch Vermittlung von Josephine in Mailand den Auftrag, das Porträt des Generals in dieser Situation zu malen. Offensichtlich war Napoleon mit dem Ergebnis weniger kurzer Sitzungen zufrieden. Denn 1798 – noch vor dem Erfolg des Bildes im Salon 1801 – bestellte er den Stich von Longhi.
Die Macht des Angriffs wird durch den Schwung der riesigen Fahne ausgedrückt, die der General über sich entfalten läßt, so daß in deren Mitte das eichenlaubbekränzte Liktorenbündel – Zeichen der Brüderlichkeit – sichtbar wird. Das Ziel liegt dort, wo der von Fahnenstange und Degen gebildete Winkel hinweist: die Brücke. Nur die Streben zeichnen sich ab, der Flußübergang selbst ist von Pulverrauch verdeckt, der von hier ausgehend den ganzen Bildhintergrund erfüllt. Da die Quelle des Pulverrauchs von dem Winkel wie von einer Zange erfaßt wird, die auch das Zeichen der Österreicher, den Doppeladler umgreift, scheint die Überwindung des Hindernisses gewiß.
G.H.

nach Pierre Paul Prud'hon (?)
361 Allegorie auf Bonaparte
Radierung und Punktiermanier, von Victor Marie Picot nach einem Vorbild eines mit P. signierenden Künstlers
36,0 × 50,8 cm

Bez. u.l.: »P. Inv.ᵗ« u.r.: »V.M.Picot Sculp.«, Unterschrift: »Allégorie/relative à Buonaparte Général des Armées/Françaises && dans l'expédition contre/l'Angleterre/Dédiée au Directoire par V.B.Picot«
Paris, Bibliothèque Nationale,
Inv.Nr. Dc 37, vol. 4
Lit.: Goncourt 1876, Nr. 71;
Guiffrey 1924, unter Nr. 396.

Die Allegorie macht deutlich, wie sehr sich Napoleons Ansehen während des Italienfeldzuges 1796/1797 gefestigt hat. Als er danach vom Direktorium den Auftrag erhielt, eine Expedition gegen England zu führen (siehe die Unterschrift), ließ — so die Interpretation der Darstellung — sein von Genien in einer heroischen Landschaft getragenes Bild die gefesselte Figur des Neides aufheulen, während die entfliehende Zeit mit ihrer Schnelligkeit das rapide Anwachsen seines Ruhmes versinnbildlicht.

Ob Prud'hon diese Komposition erdachte, ist fraglich (siehe Guiffrey). G.H.

362

James Gillray
362 Kampf um den Misthaufen – oder – Jack Tar erledigt Buonaparte
20.11.1798
Aquatinta, koloriert
23,8 x 33,8 cm
Hamburger Kunsthalle, Kupferstichkabinett, Inv.Nr. 1978/35
Lit.: B.M. 9268

Dies ist die erste Karikatur Gillrays, die Napoleon (ein Jahr vor seinem Staatsstreich vom 18. Brumaire) als Verkörperung der ganzen französischen Nation zeigt. Mager und schwer verwundet – Blut spritzt aus seiner Nase – scheint er von der Erdkugel abzurutschen; der Namenszug »Nelson« auf seinem Bauch verrät, wer ihn in diese prekäre Situation gebracht hat (Vgl. Kat.391).
Der wohlgenährte, kampflustige Jack Tar – ein Prototyp des englischen Soldaten – ist im Begriff, ihm den Rest zu geben. Dabei stützt er sich mit dem rechten Fuß auf Malta: Dort war am 2. September eine offene Rebellion gegen Frankreich ausgebrochen. England hatte diesen Aufstand durch eine Blockade unterstützt, um so die durch die Schlacht bei Abukir bereits geschwächte Position der Franzosen weiter zu verschlechtern. A.H.-W.

Farbtafel XVII

Jean Pierre Franque
363 Bonaparte in Ägypten, von einer Vision der Zustände in Frankreich zur Rückkehr gemahnt
1810
Öl auf Leinwand
261 x 326 cm
Bez. u.l.: »Franque«
Paris, Musée du Louvre, Inv.Nr. 4560
Lit.: Salon de 1810, Nr. 342; Kat.Ausst. De David à Delacroix 1974-75, Nr. 61.

Die Zustände in Frankreich offenbaren sich Bonaparte, der rechts auf einem Hügel lagert, durch beredte allegorische Figuren: Die Gestalt Frankreichs streckt ihm flehend die Linke entgegen. Denn unmittelbar hinter ihr dringt das Verbrechen mit einem Messer und der Flamme der Zwietracht vor, ein dichtes Gefolge anführend. Blinde Wut zerrt an ihrem blauen Mantel, einen Altar umwerfend. Die umgestürzten Gesetzestafeln liegen ihr zu Füßen. Und neben ihrer resignierten Rechten leert sich ein Füllhorn. Das offenbarende Licht zeichnet die Gestalt Frankreichs aus, läßt ihr Gewand weiß aufleuchten und aus der Helligkeit der Wolken, auf denen sie erscheint, hervortreten. Soll dieses Weiß im Verhältnis zum weggezogenen Blau und dem von der Zwietracht in Anspruch genommenen Rot andeuten, daß beim Auseinanderfallen der Trikolore die Farbe der Bourbonen siegreich bleiben wird?
Doch ist das Licht nicht nur auszeichnend wirksam, sondern steigert mit seiner Plötzlichkeit auch den Ausdruck der Gebärden, die es zeichnend trifft, deren Entsetzen, erregende Aggression oder Trauer. Die überwiegende Düsternis des Bildes, die ohnehin im Kontrast an Tiefe gewinnt, läßt sich von diesem Ausdruck erfüllen.
Auch die Gestalt Napoleons ist der Düsternis verhaftet. Nur seine erhobene Linke gerät ins Licht. Die Betroffenheit, die sie ausdrückt, ebenso wie der Griff der Rechten zum aufblitzenden Degen, erhält dadurch eine Betonung. Mehr noch gewinnt die Hand im Verhältnis zu den Erscheinungen eine ähnlich suggestive Kraft wie die musizierenden Hände Ossians in Gérards Bild (Kat.435). Sicherlich war Franque von der Komposition Gérards angeregt – wenn auch von einer der früheren Fassungen. Reale Welt und die der Erscheinungen sind einander gleich nahe, trotz der tiefen wassererfüllten Schlucht zwischen ihnen; beide Szenen werden von einem ähnlich fahlen Licht erleuchtet, das die Düsternis der Bildwelt vertieft. Vielleicht war der Rückgriff auf das ältere Bild eine bewußte Anspielung – sollte Napoleon durch den Vergleich mit dem Barden Ossian heroisiert sein?
Die Wichtigkeit von Napoleons Entscheidung in Ägypten 1799, nach Frankreich zurückzukehren, ist mit Recht in diesem Bild betont. Seine Truppen waren zwar siegreich; doch hatten die Engländer sie durch die Zerstörung ihrer Schiffe von der Heimat abgeschnitten. Ihre Lage war um so gefährlicher, als die republikanischen Truppen in Europa an Boden verloren. Nur von Frankreich aus konnte Napoleon – der sich allein durch die Blockade der Engländer hindurchschlug – eine Änderung der Verhältnisse bewirken. Er erreichte sie, indem er überraschend durch den berühmten Staatsstreich selber in die Politik eingriff (siehe Kat.365). Für seine Truppen in Ägypten konnte er allerdings nichts tun. Sie kehrten zwei Jahre später heim, nachdem sie von britischen und türkischen Streitkräften zur Übergabe von Kairo gezwungen waren.
G.H.

363

Isaac Cruikshank

364 Der Geist Buonapartes erscheint dem Direktorium

1.1.1799
Kolorierter Kupferstich
21,3 x 32,5 cm
Hamburger Kunsthalle, Kupferstichkabinett,
Inv.Nr. 38179
Lit.: B.M. 9336

Im Dezember 1798 verbreitete sich in England das Gerücht, Napoleon sei in Kairo kurz nach dem britischen Seesieg bei Abukir einem Attentat zum Opfer gefallen.

Cruikshank zeigt hier das prunkvoll gekleidete Direktorium (das nach der Verfassung von 1795 die französische Regierung bildete), wie es voller Entsetzen vor dem rachedurstigen Geist Napoleons zurückweicht. Auf dem Tisch liegt der Plan offen, der für den (angeblichen) Tod Napoleons verantwortlich ist: »Tagesordnungspunkt: Napoleon nach Ägypten schicken, um zu verhindern, daß er das Direktorium organisiert«. In diesem Sinne klagt auch Napoleon die Sitzenden an: »Königsmörder, Muttermörder, Brudermörder, Vatermörder, das habt ihr also von eurem unstillbaren Eroberungswillen; das also ist euer Lohn für meine glänzenden Taten in Italien ...« Tatsächlich übte Napoleon seit dem Staatsstreich vom 4. September 1797 einen beträchtlichen Einfluß auf das Direktorium aus. Bis er sich seiner jedoch durch einen weiteren Staatsstreich ganz entledigte, sollten noch elf Monate vergehen. Interessant ist in diesem Blatt der Gegensatz zwischen dem dekadenten Direktorium und dem jugendlichen Napoleon, der zwar ohne Hosen als »Sansculotte« (vgl. Kat. 343), aber durchaus nicht als rein negative Figur erscheint: er tritt als junger Idealist auf, dessen kämpferisches Geschick skrupellos ausgenutzt wurde.
A.H.-W.

364

365

nach einem unbekannten franz. Künstler

365 Der Staatsstreich Napoleons

Lithographie
14,6 x 19,8 cm
Überschrift: »DER 18. BRUMAIRE«, Unterschrift: »Am 18 Brumaire tritt Napoleon allein in den Saal des Rathes der Fünfhundert; / sogleich schreit man: »Nieder mit dem Dictator!« Dolche werden gegen ihn gezückt; / seine Grenadiere umgeben und befreien ihren General.«

44. Tafel des Werkes: Das Leben Napoleons, dargestellt in lithographierten Bildern nach den vorzüglichsten Original Gemälden der französischen Schule mit erläuterndem Text nach dem Französischen. Frankfurt a.M. 1830
Hamburger Kunsthalle, Bibliothek, Inv.Nr. III. XIX Varii 1830

Die Bezeichnung »18 Brumaire« muß ein Irrtum sein. Denn in der folgenden Beschreibung der Szene wird ihr der »19 Brumaire« zugeteilt, während der »18 Brumaire« schon in der vorhergehenden Tafel erklärt wird. In der Tat ist der zweite Tag des Staatsstreiches beschrieben. War am 9. November 1799 das Direktorium abgesetzt und eine Regierung von drei Konsuln gebildet worden, so versuchte Napoleon am 10. November den Rat der Fünfhundert für seine Pläne zu gewinnen. Doch Widerstand erhob sich. In dem folgenden Tumult wären die Ergebnisse des Vortages zusammengebrochen, hätte Napoleon nicht Truppen zusammengezogen, die den Rat der Fünfhundert auflösten.
G.H.

366

nach Pierre Paul Prud'hon
366 Triumph Bonapartes
Lithographie von Antoine Maurin (1824) nach einer Zeichnung von Pierre Paul Prud'hon, seitenverkehrte Wiedergabe
35,8 × 62,8 cm (den Maßen des Originals etwa entsprechend)
Paris, Bibliothèque Nationale,
Inv.Nr. Dc 37, vol. 10
Lit.: Goncourt 1876, Nr. 73, Lit. zur Zeichnung in Chantilly: T.C.Bruun Neergaard, Sur la Situation des Beaux-Arts en France, Paris 1801, S. 133-135; Guiffrey 1924, Nr. 1058

Die Darstellung bezieht sich auf den Frieden von Lunéville (1801) nach den siegreichen Schlachten von Marengo und Hohenlinden über die Österreicher (vgl. auch Kat. 397).
Bonaparte (in antiker Gewandung statt in Generalsuniform, wie Prud'hon ihn in allen Fassungen wiedergab) läßt sich auf einem vierspännigen Triumphwagen von der Figur des Sieges, neben sich zur anderen Seite die Figur des Friedens, zum Ruhmestempel bringen, der sich am Bildrand abzeichnet. Der Wagen wird von den Musen begleitet und hat die Figuren der Künste im Gefolge. Kindliche Genien, die Vergnügen und Lachen symbolisieren, führen den Zug an.
Die friesartige, antiken Reliefs entsprechend gestaltete Komposition hat einen strengen, viermal kadenzierten Rhythmus von feierlich harmonischer Gemessenheit. Er findet in der zur Spitze des Zuges hin abfallenden Linie des Horizontes eine Zusammenfassung, die der Hoheit der darüber emporgehobenen Gestalten auf dem Triumphwagen zugute kommt.
G.H.

James Gillray
**367 Buonaparte,
48 Stunden nach der Landung**
26.7.1803
Kolorierter Kupferstich
33 × 23,5 cm
Hamburger Kunsthalle, Kupferstichkabinett,
Inv.Nr. 1977/92
Lit.: B.M. 10041

Im Sommer 1803 wurde in England bekannt, daß Napoleon sich für eine – seiner Meinung nach nun einfach durchführbare – Invasion Englands ausgesprochen hatte. Diese Äußerungen lösten eine erneute Welle britischer Invasionsangst aus, die in einer Vielzahl von Karikaturen ihren Niederschlag fand. Hier wird deutlich, wie wenig Gewicht allgemein dem Frieden von Amiens (1802) beigemessen wurde.
Am 18. Juli beschloß das Parlament, im Falle einer Invasion alle freiwilligen Männer (also auch die militärisch Ungeschulten) im Alter zwischen 17 und 55 Jahren zur Verteidigung heranzuziehen. Gillray zeigt hier John Bull (der Name tauchte erstmals 1712 in einer Satire von John Arbuthnot auf und wurde im Laufe des 18. Jahrhunderts zu einem verbreiteten Spitznamen für den ›typischen‹ Engländer) als Mitglied eines solchen freiwilligen Heeres. Er wirkt dumm und tölpelhaft, seine langen Haare und das einfache Halstuch passen schlecht zu seiner prächtigen militärischen Uniform. Die anderen Soldaten im Hintergrund bieten ein ähnliches Bild, auch sie zeigen eine gewisse naive Begeisterung. Im Gegensatz zu ihnen wirkt Napoleons Kopf, den John Bull auf eine Mistgabel gespießt hat, geradezu nobel. Wenn auch im Grundtenor weiterhin patriotisch, distanziert sich Gillray doch hier von der simpel-militanten Haltung vieler seiner Landsleute.
A.H.-W.

367 BUONAPARTE, 48 Hours after Landing!

François Baron Gérard
**368 Der Kaiser Napoleon I.
im Krönungsornat**

Öl auf Leinwand
227 × 145 cm
Paris, Musée du Louvre, Inv. Nr. RF 1973-28
Lit.: Kat. Ausst. Défense du Patrimoine national, Paris 1978, Nr. 7 (bearbeitet von Nicole Hubert)

Einem großen Bedarf entsprechend wurde Napoleon von verschiedenen Künstlern im Krönungsornat dargestellt: von David, Ingres, Robert Lefèvre, Girodet u. Gérard. Das hier gezeigte Werk ist eine der Wiederholungen, die Gérard mit Hilfe seiner Schüler nach seinem 1805 von Napoleon in Auftrag gegebenen Gemälde auszuführen hatte. Es gehörte Caroline, einer Schwester des Kaisers, die den Feldherrn Murat heiratete und mit diesem 1808 das Königreich Neapel übernahm.

Das Besondere an Gérards Komposition ist die machtbeanspruchende Gestik der das Zepter ergreifenden Rechten. Ihre aktive Kraft ist betont im Verhältnis zur Last der nach rechts in den Vordergrund gelagerten Hermelinschleppe. Getragen von dieser Gestik wirkt die ikonenhafte Frontalität des Gesichts selbst vom Willen geprägt.   G.H.

369

Jacques Louis David
369 Schwur der Armee vor Napoleon nach der Verteilung der Adler

1808
Feder und Pinsel in Schwarz, weiß gehöht auf braunem Papier
18,2 x 29,1 cm
Bez. u. r. »David/X.bre 1808«
Paris, Louvre, Cabinet des Dessins, Inv.Nr. RF 1915
Lit.: Guiffrey-Marcel, Bd. IV, Nr. 3207; Kat. Ausst. Napoléon 1969, Nr. 162. Lit. zum Gemälde in Versailles: Salon de 1810, Nr. 188; Rosenblum 1967, S. 94; Wildenstein 1973, Nr. 1474, 1542, 1547, 1585, 1588 (u. a.).

Mit dieser Zeichnung bereitete David eine der vier gewaltigen Kompositionen vor, die Höhepunkte der Krönungsfeierlichkeiten für Napoleon im Dezember 1804 gestalten sollten. Nur zwei dieser Kompositionen, die ihm 1806 aufgetragen wurden, hat er vollenden können: ›Die Krönung in Notre Dame‹ (Louvre) und die ausgestellte Szene auf dem Marsfeld, deren 1810 datierte, sechs Meter breite Fassung im Schloß von Versailles einer Replik des Krönungsbildes gegenüberhängt (ohne Siegesengel und die Kaiserin Josephine, deren Gestalt Napoleon noch kurz vor der Ausstellung des Bildes im Salon übermalen ließ).

Das Verhältnis der Gruppe von Soldaten, die ihren Eid ablegen, zum erhöht stehenden Kaiser — jeder in der Mitte eines quadratischen Bildteils — ist von entschiedener Distanz geprägt, die nur von einem Baldachin im Hintergrund überbrückt scheint. Mit einer solchen Gestaltungsweise schlug David einen neuen Ton an: im ›Schwur der Horatier‹ (vgl. Kat. Nr. 310) waren die Schwörenden demjenigen, der den Eid forderte, gleichgestellt. Und im ›Ballhausschwur‹ (vgl. Kat. Nr. 312) ragte die Hand des Vorsitzenden nur so weit heraus, daß sie den Schwur der anderen im eigenen sammeln konnte. Mit einer neuen Bildrhythmik entsprach David den neu geschaffenen Hierarchien. G.H.

Nur als Foto in der Ausstellung
Ludwig van Beethoven
Titelblatt der Partitur ›Eroica‹

1804
Von Beethoven überprüfte erste Abschrift (Autograph verschollen)
23,3 x 32 cm
Wien, Gesellschaft der Musikfreunde
Lit.: Georg Kinsky, Das Werk Beethovens. Thematisch-bibliographisches Verzeichnis, Hg. Hans Halm, München und Duisburg 1955, S. 129; Ausst.Kat.: Der Wiener Kongress, Wien 1965, Nr. 1/16

Der Titel lautet: »Sinfonia grande / intitolata Bonaparte / del Sigr. / Louis van Beethoven«, unten: »Sinfonie 3 / Op: 55«. Hinter »Bonaparte« eingefügt: »[1]804 im August«. Unter »Louis van Beethoven« die kaum noch lesbare Bleistifteintragung Beethovens: »Geschrieben auf Bonaparte« und ein großes »B«. An den Rändern eigenhändige musikalische Bemerkungen Beethovens.

Vielleicht stärker als in der bildenden Kunst schlugen sich in Deutschland und Österreich die mit der Französischen Revolution und Napoleon verbundenen Hoffnungen in der

Musik nieder. Beethoven schrieb seine 3. Symphonie 1803 und widmete sie dem Fürsten Franz Joseph von Lobkowitz. Erst nachträglich, im August 1804, schrieb er die Huldigung an Bonaparte auf das Titelblatt. Das heroische Pathos des Werks schien ihm der hoffnungsvollen Energie zu entsprechen, mit der Napoleon die bürgerlichen Freiheiten der Französischen Revolution auch dem übrigen Europa zu geben versprach. (Soeben war der ›Code civil‹, das bürgerlichem Selbstverständnis nachkommende Zivilgesetzbuch, erschienen.) Als Beethoven jedoch von der Selbstherrlichkeit erfuhr, mit der sich sein einstiges Idol am 2. Dezember 1804 zum Kaiser gekrönt hatte, radierte er die Widmung mit einer Entschiedenheit aus, von der das Loch im Titelblatt immer noch zeugt. S.H.

Antoine-Jean Baron Gros
370 Ideenskizze zu dem Staatsauftrag: Besuch Napoleons bei den Pestkranken von Jaffa
Öl auf Leinwand
73,5 × 92,0 cm
New Orleans Museum of Art, Inv.Nr. 67.24
Lit.: Schlenoff 1965; H. Mollaret und J. Brossollet 1968; Kat. Ausst. Napoleon 1969, Nr. 70; Brunner 1979, S. 143-145

Im Mai oder Juni 1803 beauftragte Napoleon Gros, seinen Besuch bei den pestkranken Soldaten in Jaffa im März 1799 monumental zu gestalten. Bald danach wird sich der Künstler mit dem ausgestellten Entwurf beschäftigt haben. Dem 1802 veröffentlichten Bericht des Chefarztes Desguenettes folgend, zeigte er die Kranken in einem engen Raum, der ihr Elend gedrängt offenbaren mußte. Napoleon versuchte, den Eindruck zu erwecken, er halte die Krankheit für ungefährlich, indem er helfend zugriff, als ein Sanitäter einen Schwerkranken aufheben wollte. Das Entsetzen der Umstehenden erstickt in Gros' Darstellung jedoch die Zuversicht, die Napoleon erregen wollte. Es verbindet sich mit der Verzweiflung der Kranken, die in wenigen betonten Gebärden und Gesichtszügen zum Ausdruck kommt.

In der endgültigen Fassung (siehe Kat. Nr. 371) wurde Napoleons Anteilnahme zu segenbringender Ausstrahlung gesteigert. Diese erschien nun dem lastenden Halbkreis der Kranken am unteren Bildrand entgegengesetzt, der im wesentlichen übernommen werden konnte. G.H.

nach Antoine-Jean Baron Gros
371 Besuch Napoleons bei den Pestkranken in Jaffa

Kupferstich und Radierung von Masson nach einer Zeichnung von Edouard Girardet nach einem Gemälde von Gros
23,6 x 33,7 cm. Nr. 655 der »Galerie historique de Versailles« (1835-1851) bez. u.l.: »Peint par Gros«, u.r.: »Gravé par Masson«, u.l.: »Dessiné par Girardet«. Unterschrift: »Le Général Bonaparte visite les pestiférés de Jaffa / 11 Mars 1799
Paris, Bibliothèque Nationale, Inv.Nr. Dc 57 (a)
Lit. zum Gemälde im Louvre: Salon de 1804, Nr. 224; Walter Friedländer: Napoleon als ›Roi Thaumaturge‹. In: Journal of the Warburg and Courtauld Institutes, Bd. 4, 1939/1940, S. 139-141; Schlenoff 1965; H. Mollaret und J. Brossollet 1968; Brunner 1979, S. 141-180.

Während des Ägyptenfeldzuges hatte Napoleon im Februar 1799 seine Truppen nach Syrien vorstoßen lassen, um der englischen Flotte im Mittelmeer ihre Versorgungsgrundlage zu nehmen. Doch griff in Jaffa die Pest um sich und entmutigte auch die noch gesunden Soldaten. Seinen Besuch bei den Kranken zu gestalten, gab Napoleon 1803 in Auftrag, um der britischen Propaganda entgegenzuwirken, die verbreitete, er habe beim Rückzug aus Jaffa die nicht transportfähigen Kranken vergiften lassen.

Gros wurde diesem Wunsch gerecht. Wohl brachte er das Elend der am unteren Bildrand niedergedrückt lagernden Kranken in ihrer Überlebensgröße buchstäblich nahe. Doch ließ er darüber durch hohe spitzbogige Arkaden Licht einströmen. Dieses Licht scheint die Geste Napoleons, der mit bloßer Hand die Geschwulst eines Infizierten berührt, zu unterstützen. Es ist eine heilende Geste, die einem sakralen Bereich angehört und von den französischen Königen während der Krönungsriten ausgeübt worden war. In dem Bild wird der fürsorgende General schon zum Kaiser überhöht, zu dem Napoleon erst Ende 1804 proklamiert werden sollte. Um solche Wirkungen zu erreichen, verließ Gros, ohne zu zögern, das Feld historischer Genauigkeit.

Den Berichten zufolge waren die Kranken in den engen Räumen eines armenischen Klosters untergebracht. Wenn Gros sie in den Hof einer erdachten Moschee verlegte, so wollte er sicherlich den orientalischen Charakter der Umgebung betonen. Darüber hinaus konnte er der Gestalt Napoleons auszeichnend die Höhe der Arkaden, das einströmende Licht und die Weite des Hintergrundes zuordnen. Mit diesem Gemälde hatte Gros im Salon von 1804 seinen ersten Riesenerfolg. Um das 7 m breite Werk ausführen zu können, war ihm der Saal des Jeu de Paume in Versailles zur Verfügung gestellt worden (jener Raum, der durch den Schwur vom 20. Juni 1789 berühmt wurde, siehe Kat. 312).   G.H.

François André Vincent
372 Allegorie auf die Befreiung französischer und italienischer Gefangener aus Algier im Jahre 1805 durch Jérôme Bonaparte

1806
Öl auf Leinwand
159 x 204 cm
Bez. u.l.: »Vincent de l'institut./de la Légion. d'honneur. Paris. 1806.« Das Band am Eichenkranz in der Hand des Kindes trägt die Aufschrift: »La riconoscenza a Girolamo Bonaparte.« Kassel, Staatliche Kunstsammlungen, Neue Galerie, Inv.Nr. 1875/969
Lit.: Kat. Ausst. de David à Delacroix 1974-75, Nr. 202 (Bearbeiter Jean-Pierre Cuzin)

Stellvertretend für seine zweihundert Schicksalsgenossen dankt der von seinen Ketten befreite Mann im Vordergrund seinem Retter, stellvertretend für die Angehörigen das Kind neben ihm. Die Widmung am Eichenkranz in der Hand des Kindes läßt vermuten, daß die Botschaft des Bildes so gemeint war und Jérôme Bonaparte offeriert wurde. Denn ihm ist es 1805 im Auftrag seines kaiserlichen Bruders gelungen, den Bey von Algier zur Herausgabe der Gefangenen zu zwingen, die wohl durch die damals noch geübte Piraterie ihre Freiheit verloren hatten. Außerdem mußte die Blockade der Engländer überwunden werden, bevor die Gefangenen − wie auf dem Hintergrund des Bildes zu sehen − im Hafen von Genua ausgeschifft werden konnten. Als Jérôme 1807 das Königtum von Westfalen übertragen wurde, das Preußen im Frieden von Tilsit an Frankreich abgetreten hatte, kam das Bild nach Kassel, dem Regierungssitz. Dort blieb es, als Napoleons Kaiserreich zusammenbrach und Jérôme Bonaparte Kassel verlassen mußte.   G.H.

371

372

373

nach Benjamin Zix (zugeschrieben)

373 Die Nacht vor der Schlacht von Austerlitz

Lithographie
14,4 × 19,5 cm
Überschrift: »DIE NACHT VOR DER SCHLACHT VON AUSTERLITZ«. Unterschrift: »Nachdem Napoleon mit seinem Generalstab den Angriffsplan verabredet hatte, schlief er sorglos/ein wie Alexander der Große.«
86. Tafel (Nr. 1) des Werkes: Das Leben Napoleons dargestellt in lithographirten Bildern nach den vorzüglichsten Original Gemälden der französischen Schule mit erläuterndem Text nach dem Französischen.
Frankfurt a. M. 1830
Hamburger Kunsthalle, Bibliothek
Inv. Nr. III. XIX Varii 1830

Dem Zeichner dieser Komposition war es wichtig, die Sicherheit Napoleons im Hinblick auf den Ausgang der bevorstehenden Schlacht zu betonen. Sie ließ ihn ruhig schlafen, während die Generäle die Pläne berieten. Auch die Aura des Lagerfeuers hinter der Gestalt des Schlafenden in der Mitte des Bildes weist auf den Triumph voraus. In der Tat konnte Napoleon am folgenden Tag, dem 2. Dezember 1805, seine Truppen gegen die der Österreicher und Russen zu einem seiner glänzendsten Siege führen, der unmittelbar zum Friedensschluß führte.
Die Lithographie gibt seitenverkehrt und vereinfacht eine Komposition wieder, die Benjamin Zix zugeschrieben wird (siehe Abb. 201). Dieser hatte allerdings den Vorabend der Schlacht von Wagram 1809 gemeint, die ebenso siegreich den Krieg beenden half. So benannt wurde die Komposition von Heinrich Reinhold gestochen. G.H.

Abb. 201 Zix (?), *Die Nacht vor der Schlacht von Wagram*

unbekannter
französischer Künstler
374 Traum Napoleons
Radierung, aquarelliert
16,9 × 13,5 cm
Überschrift: »LE SONGE« [Der Traum],
Unterschrift: »... il est un Dieu vengeur!«
[er ist ein Rachegott!]
Hamburger Kunsthalle, Kupferstichkabinett,
Inv.Nr. 1980/34

Bonaparte, aufgebracht durch Anschläge auf sein Leben, wollte die Royalisten abschrekken. Als Opfer schien ihm der Herzog Enghien geeignet, ein enger Angehöriger der königlichen Familie, der schon im Juli 1789 emigriert war. Diesen ließ er im März 1804 aus Ettenheim, wo der Herzog nahe der Grenze lebte, entführen und in der Festung Vincennes einkerkern. In einem kurzen Prozeß ohne Verteidiger konnte ihm lediglich nachgewiesen werden, daß er Militärdienste gegen die Republik geleistet hatte. Die Todesstrafe wurde am 21. März vollzogen.
Sein Ziel hat Bonaparte erreicht, sich jedoch zugleich den Ruf hemmungsloser Gewalttätigkeit eingehandelt. Für den Zeichner des ausgestellten Blattes war der Herzog sogar nur ein Opfer von vielen, deren aufgeschichtete Gebeine die Zitadelle von Vincennes überragen. Der Ermordete hohen Geschlechts werde aber mit göttlicher Hilfe die Rache heraufbeschwören – einen neuen Kreuzzug, will die Ritterrüstung besagen. Dies läßt der Zeichner Bonaparte im Traum befürchten.
Auch die Radierung von Fores (Abb. 202) zeigt, wie die Erschießung des Herzogs am Festungsgraben von Vincennes als Mord empfunden wurde, hinterhältig von Napoleon ›persönlich‹ durchgeführt. Die Adligen Europas, – entsetzte Zeugen der Szene, – sollen sich in Ritterrüstung zu einem neuen Kreuzzug wider den Antichrist aufgerufen fühlen: Beide Blätter, so verschieden sie sind, enthalten gleicherweise diesen Gedanken.   G.H.

374

Abb. 202 Fores, *Der kaltblütige Mörder*

James Gillray

375 Der Plum-Pudding in Gefahr — oder — die Staatsepikuräer nehmen ein kleines Abendessen zu sich

26. 2. 1805
Kupferstich, 25,2 x 35 cm
Lübeck, Privatbesitz
Lit.: B. M. 10371

Dieses Blatt, entstanden kurz vor dem Ausbruch des dritten Koalitionskrieges, zeigt den englischen Premierminister Pitt und Napoleon an einem Tisch vereint. Pitts Stuhl schmückt der aufrecht stehende, gekrönte englische Löwe, den Napoleons der kaiserliche Adler, der eine Jakobinermütze in den Klauen hält. Auf Pitts Teller erscheint das königliche Wappen, auf Napoleons eine Kaiserkrone.

Mit Säbeln schneiden sie große Scheiben von der Erdkugel ab; Pitts Gabel hat die Form eines Dreizacks — Hinweis auf Englands Stärke zur See. Napoleons Stück enthält die europäischen Staaten, die er erobert hat oder die von ihm abhängig sind; Pitt dagegen sichert sich die westindischen Inseln. Gillray stellt hier Pitts Kolonialpolitik den europäischen Expansionsbestrebungen Napoleons als gleichermaßen unmäßig gegenüber. Die Situation ist prekär: Noch überschneiden sich die Interessen der beiden Politiker nicht, doch mustert Pitt den gierigen Napoleon bereits mit Sorge. Noch ist das Mittelstück nicht verteilt — wird es Englands, Schwedens und Rußlands wegen zum Kampf kommen?   A.H.-W.

375

Gottfried Schadow

376 Die Teilung der Welt

1813
Radierung, 15,8 x 20 cm (Platte)
Bez. u. Mitte: »Gilrai«, u. r.: »Le partage du monde«
Hamburger Kunsthalle, Kupferstichkabinett, Inv.Nr. 38368
Lit.: Hans Mackowsky, Schadows Graphik, Berlin 1936, Nr. 57; Konrad Kaiser, Gottfried Schadow als Karikaturist, Dresden 1955, S. 16

Einige Monate nach Napoleons gescheitertem Rußlandfeldzug und der vernichtenden Niederlage in der Leipziger Völkerschlacht macht Schadow den Korsen als maßlosen Feldherrn lächerlich, der immer noch glaubt, die Welt nach seiner Regie aufteilen zu können. Wichtige Bildform der Ironie ist der Wechsel von Auf- und Untersicht. Während man Napoleon auf die Schulter blickt, erscheinen die meisten seiner Vasallen in komischer Froschperspektive. Im einzelnen liest sich das Blatt mit Kaiser wie folgt: Bonaparte steht »breitbeinig, die Linke in der Hosentasche, auf der am Boden ausgebreiteten Weltkarte und verteilt die eroberten und noch zu erobernden Länder. Mit erhobener Lorgnette betrachten Jérôme Bonaparte tief gebückt und Marschall Davoust von oben herab ihren zu erwartenden Anteil. Ihnen gegenüber schließen die Marschälle Ney und Vandamme, devot gebeugt und servil notierend, die Gruppe um Napoleon. Die Alte und Junge Garde haben sich zupackend bzw. mit offener Hand fordernd dahinter postiert. Im Hintergrund reiten auf Schindmähren die leichte und die schwere Kavallerie hochnäsig mit gezücktem Säbel rechts und links davon. Im Vordergrund notiert der Außenminister, an einem Schreibpult sitzend, die kaiserlichen Dekrete, in denen Schadow das Zeitwort ›nehmen‹ konjugiert. Dem dahinter stehenden Finanzminister schlitzt der Degen des sich bückenden Jérôme die Hose.« (Kaiser 1955, S. 16)   S.H.

376

Der permanente Krieg

377

Gottfried Schadow
377 Bemächtigt Euch Berlins
1813
Radierung, 15,6 x 20 cm (Platte). Bez. u.l.:
»Gilray. III«
Hamburger Kunsthalle, Kupferstichkabinett,
Inv. Nr. 38366
Lit.: Hans Mackowsky, Schadows Graphik,
Berlin 1936, Nr. 59; Konrad Kaiser, Gottfried
Schadow als Karikaturist, Dresden 1955, S. 16

Aus der Rückschau auf Napoleons Niederlage zieht Schadow hier das selbstsichere Gebaren ins Lächerliche, mit dem Napoleon seinen Truppen, Verwaltern und deutschen Helfershelfern den Befehl zur Einnahme der preußischen Hauptstadt gegeben hatte. »Wieder steht er breitbeinig da, jetzt auf einem Feldherrnhügel, und gibt den Befehl zur Eroberung Berlins. Der Leibmameluk zieht mutig das Krummschwert. Im Hintergrund setzt sich die Armee in Marsch; im Vordergrund zieht die Besatzungsverwaltung, von einem Tambourmajor und einem Pionier geführt, gen Berlin. Vor den Dienstgraden der Beschriftung steht jeweils das Wörtchen ›Grand‹, womit Schadow auf die Wichtigtuerei und Großsprecherei der napoleonischen Ausbeutungsmaschinerie anspielt. Madame Administration reitet auf dem immer fressenden Verwaltungsesel; an ihrer Seite gucken aus Spankörben ihre Kinder, die Employés, ihre ›deutschen‹ Helfershelfer, heraus. Auf einem Schild am Sattelknauf wird die Verwaltungsmethode angezeigt.
Daß dieser ganze Aufwand nicht mehr ernst zu nehmen sei, bezeugt der grinsende Martin, ein kesser Junge, der frech zwischen den Beinen des Allgewaltigen hindurchlugt.«
(Kaiser 1955, S. 16) S.H.

nach Philippe Jacques de Loutherbourg
378 Die Schlacht bei Valenciennes
Kuferstich von William Bromley, 1801
51,4 x 76,5 cm (58,4 x 80 cm)
London, British Museum
Lit.: L. H. Wüthrich: Das Œuvre des Kupferstechers Christian von Mechel. Basel 1959, S. 40-41; Draper Hill: Mr. Gillray, the Caricaturist. London 1965, S. 50-52; Joppien 1973, Nr. 64

Am 31. Juli 1793 erreichten die Neuigkeiten der durch den Duke of York siegreich geführten Schlacht bei Valenciennes London. Wenig später erteilten die Verleger und Kupferstecher Valentine und Rupert Green zusammen mit dem Baseler Graphikhändler Christian von Mechel Loutherbourg den Auftrag, ein großes Gedenkbild dieses ersten englischen Triumphes im ersten Koalitionskrieg gegen Frankreich zu malen. Sie planten, es gegen Gebühr auszustellen und Kupferstiche danach anfertigen zu lassen. Da der Stich erst 1801 – sechs Jahre nach der Fertigstellung des Gemäldes – erschien, vermutet Joppien, William Bromley habe die Arbeit erst spät von einem erfolglosen Stecher übernommen. Loutherbourg brach schon Ende August 1793 zusammen mit James Gillray, der ihm bei der Materialsammlung helfen sollte, nach Frankreich auf. Die beiden Künstler hielten sich etwa einen Monat lang in der Gegend um Valenciennes auf, wo sie zahlreiche Landschafts- und Porträtskizzen anfertigten. Bereits diese Skizzen wurden vom englischen König, der sie nach ihrer Rückkehr empfing, gepriesen; das fertige Gemälde jedoch wurde aufgrund seines patriotischen Themas ein großer Erfolg. Loutherbourg hat die Kampfhandlung in den Hintergrund verlegt, links vorne erteilt der Duke of York seinen Offizieren Anweisungen. Um eine genaue Beschreibung seines Mantels zu erhalten, mußte sich Gillray an die königliche Hofschneiderei wenden: Loutherbourg scheint mehr an einer genauen Detailschilderung als an der dramatischen Darstellung der kämpferischen Auseinandersetzung gelegen zu haben. A.H.-W.

378

379

380

nach Philippe Jacques de Loutherbourg
379 Der Sieg des Earl of Howe
Kupferstich von James Fittler, 1799
51,1 x 77 cm (58,2 x 81 cm)
London, British Museum
Lit.: L. H. Wüthrich: Das Œuvre des Kupferstechers Christian von Mechel. Basel, 1959, S. 46; Joppien 1973, Nr. 65

Ebenfalls im Auftrag von Valentine und Rupert Green und Christian von Mechel stellte Loutherbourg 1795 das Gemälde fertig, nach dem dieser Stich 1799 entstand. Es war als Pendant zum Gemälde ›Die Schlacht bei Valenciennes‹ (Kat. 378) gedacht, wurde mit ihm zusammen ausgestellt und erreichte die gleiche Popularität, stellten doch beide Bilder zusammen Englands Stärke zu Lande wie zur See dar. Auch für dieses Gemälde ließ Loutherbourg Gillray genaue Studien anfertigen; um die englischen Schiffe zu skizzieren, mußte der Karikaturist nach Portsmouth reisen.
Richard Earl of Howe (1725-99) errang 1794 als Oberbefehlshaber der britischen Ärmelkanalsflotte einen wichtigen Seesieg über die Franzosen, bei dem er sieben Schiffe des Feindes nehmen konnte. Anders als in ihrem Pendant macht Loutherbourg in dieser Darstellung das Drama des Kampfes deutlich. Vor einer bewegten Kulisse nehmen die individuellen Rettungsversuche breiten Raum ein – Sieger und Besiegte sind kaum zu unterscheiden; die Schlacht wirkt wie eine Naturkatastrophe, der alle Beteiligten gleichermaßen ausgeliefert sind. A.H.-W.

Philippe Jacques de Loutherbourg
380 Die Überrumpelung der französischen Korvette »La Chevrette« durch englische Soldaten, mit Porträts der beteiligten Offiziere
1802
Öl auf Leinwand, 106 x 151,1 cm. Signiert und datiert: »P. I. de Loutherbourg RA 1802«
Bristol, The City of Bristol Museum and Art Gallery
Lit.: Joppien 1973, Nr. 71, Abb. 71

In der Nacht zum 21. Juli 1801 drangen vier englische Fregatten heimlich in die Bucht bei Camaret an der normannischen Küste ein und überrumpelten im Beisein der französischen und spanischen Flotte die französische Korvette ›La Chevrette‹. Nach den französischen Siegen bei Marengo und Hohenlinden (1800) stärkten die Nachrichten von dieser geglückten Aktion das englische Selbstbewußtsein, wenn sie auch nicht von großer strategischer Bedeutung war. Die britische Flotte wurde jährlich durch etwa zweitausend gekaperte Schiffe verstärkt: Das Kapern der ›Chevrette‹ ragte allein durch die besonders schwierigen Umstände und durch den Mut der Beteiligten unter den vielen anderen Überfällen hervor. Schon 1801 bestellte der Kupferstecher James Fittler ein Gemälde dieses Ereignisses bei Loutherbourg, stellte jedoch erst 22 Jahre später einen Stich danach fertig.
Loutherbourg unternahm diesmal keine Studienreisen an den Ort des Geschehens, fertigte allerdings wahrscheinlich Porträtskizzen der englischen Offiziere an. Anders als in seinen Darstellungen der Schlacht bei Valenciennes (Kat. 378) oder des Sieges des Earl of Howe (Kat. 379) konzentriert er sich hier auf einen Ausschnitt der Kampfhandlung, in dem die individuellen Reaktionen der Kämpfenden im Vordergrund stehen. Während die Engländer – im Begriff, das Schiff zu erklimmen – heldenhaft entschlossen scheinen und überwiegend mit Säbeln kämpfen, wirken die Franzosen, die sich mit Handgranaten, Beilen und Pistolen zur Wehr setzen, wie unberechenbare Banditen: ein Feindbild, das an die Darstellung der Franzosen in der englischen Karikatur erinnert. A.H.-W.

James Gillray
381 Der triumphierende Genius Frankreichs – oder – Britannia bittet um Frieden
1.2.1795
Aquatinta, koloriert, 21,9 x 32,9 cm
Hamburger Kunsthalle, Kupferstichkabinett, Inv.Nr. 1980/31
Lit.: B.M. 8614

Dies ist eine besonders scharfe Attacke auf die englischen Oppositionspolitiker, die – ebenso wie verschiedene radikale Gruppen zu diesem Zeitpunkt an Boden zu gewinnen schienen: durch Teuerung, Arbeitslosigkeit und militärische Mißerfolge war die Popularität der Regierung stark gesunken. Gillrays Angriff richtet sich besonders gegen die parlamentarischen Anträge der Opposition auf einen baldigen Friedensschluß mit Frankreich.

Britannia hat all ihre Würdenzeichen abgelegt, darunter auch die Magna Charta (das wichtigste altenglische Grundgesetz). Flehend blickt sie auf ein Monstrum — die Verkörperung der französischen Republik —, dessen Kopf aus einer dunklen Rauchwolke besteht, geschmückt durch eine Guillotine. Sein Körper ist ausgemergelt, die Kleidung zerrissen: So entspricht es der englischen Klischeevorstellung eines Franzosen. Als Thron dient ihm die Freiheit (Libertas) in Form einer Bombe, in die er mit seinen Sporen zu stechen scheint, als Fußstützen Sonne und Mond, die von seinen schweren Stiefeln fast erdrückt werden: es stellt also eine kosmische Bedrohung dar.

Der ›Genius‹ trägt keine Hosen, ist also ein »Sansculotte« (Vgl. Kat. 343), ebenso wie die englischen Jakobiner, die ihm freudig zuwinken: Links hält Fox den Schlüssel der Bank of England, dahinter winkt Stanhope mit der »Zerstörung des Parlamentes«; Sheridan entrollt ein Dokument mit der Aufschrift »Wir versprechen die Übergabe der britischen Flotte, Korsikas, Ost- und Westindiens und die Abschaffung der Gottesverehrung«. Die Friedensbemühungen der Opposition werden als Verrat an den materiellen und moralischen Grundpfeilern Englands ausgegeben.

A.H.-W.

James Gillray
382 Versprochene Schrecken der französischen Invasion — oder — schlagende Argumente dafür, über einen königsmörderischen Frieden zu verhandeln
20.10.1796
Aquatinta, 30 x 41,6 cm
Lübeck, Privatbesitz
Lit.: B.M. 8826

Gegen Ende des Jahres 1796 wurde die englische Öffentlichkeit durch die unsichere Haltung der Politiker verwirrt: Einerseits malte die Regierung die Gefahr einer französischen Invasion an die Wand und beriet über Verteidigungsmaßnahmen, andererseits wurde über die Möglichkeit diskutiert, mit Frankreich Frieden zu schließen. Hier macht sich Gillray über beide Alternativen lustig, indem er die Invasion als Ursache der Friedensverhandlungen darstellt, d. h. als Gelegenheit für die Opposition, mit dem Feind gemeinsame Sache zu machen.

Mit erhobenen Bajonetten marschieren französische Truppen die Londoner St. James-Street entlang; der königliche Palast steht bereits in Flammen. Im Vordergrund wird der an einen Freiheitsbaum (siehe Kat. 325) gebundene Premierminister Pitt vom Oppositionsführer Fox kräftig ausgepeitscht. Auch die anderen Politiker und Anhänger der Opposition genießen das Spektakel: auf dem rechten Balkon schwenken sie die brennende Magna Charta, bedienen eine Guillotine oder reiben sich einfach zufrieden die Hände, während die Anhänger Pitts grausam malträtiert werden: Lord Grenville, Staatssekretär des Auswärtigen, hängt zerstückelt an einem Gestänge, Edmund Burke wird von einem Ochsen in die Luft geschleudert, der Duke of York und der Prince of Wales stürzen tot vom linken Balkon. Wieder wird die englische Opposition als blutrünstige Meute geschildert, die sich der Franzosen bedient, um ihre eigenen Machtgelüste erfüllen zu können (Vgl. Kat. 381).

A.H.-W.

381

382

383

James Gillray
383 Aufziehender Sturm — oder — die republikanische Flotille in Gefahr
1.2.1798
kolorierter Kupferstich, 25 x 65 cm
Hamburger Kunsthalle, Kupferstichkabinett, Inv.Nr. 1980/102
Lit.: B.M. 9167

Die englische Angst vor einer französischen Invasion erreichte zu Anfang des Jahres 1798 einen ersten Höhepunkt. Tatsächlich wurden auf französischer Seite in den Hafenstädten des Ärmelkanals eifrige Vorbereitungen dafür getroffen, bis Napoleon am 23.2. bekannt gab, daß ein solches Vorhaben vorläufig nicht zu verwirklichen sei.

Gillray zeigt hier die Führer der Opposition, Fox, Sheridan, Bedford und Tierney, eifrig bemüht, mittels einer Winde eine französische Flotille mit einem festungsähnlichen Aufbau und einem Heer bewaffneter Soldaten an Land zu ziehen. Das Gefährt trägt vorne eine große Fahne mit der Aufschrift »Freiheit« — ihr Pendant am anderen Ende jedoch verkündet »Sklaverei«. Rings um die Flotille verraten weitere Wimpel, was die Engländer erwartet: »Invasion«, »Beschlagnahme«, »Plünderung«, »Armut«, »Mord«, »Zerstörung«, »Anarchie«, »Blasphemie«, »Atheismus«. Gegen diese Gefahren wehrt sich Premierminister Pitt als Sturmwind, indem er eine riesige Welle erzeugt, die das Gefährt überschwemmen wird, bevor es englischen Boden erreicht hat. Außerdem bläst er ein Bündel von vernichtenden Blitzen auf die Feinde zu. Jeder trägt den Namen eines verdienstvollen Offiziers oder Politikers (Howe, Colpoys und Gardner hatten sich in Seeschlachten mit Frankreich einen Namen gemacht) — gegen diese Waffen müssen die Bestrebungen der Opposition zum Scheitern verurteilt sein.

A.H.-W.

James Gillray
384 Die Apotheose des Generals Hoche
11.1.1798
Kolorierter Kupferstich, 49 x 38 cm
Hamburger Kunsthalle, Kupferstichkabinett, Inv.Nr. 1980/105
Lit.: B.M. 9156; Gerd Unverfehrt: Gedanken zur englischen Karikatur oder die Apotheose des Generals Hoche. In: Ausstellungskatalog ›Ladies, Lords und Lumpenpack‹, Kunstsammlung der Universität Göttingen, Göttingen, 1975, S. 23-28, Abb. auf S. 22

Diese Satire auf den französischen Revolutionsgeneral Lazare Hoche (1768-1797) entstand anläßlich seines aufwendigen Begräbnisses auf dem Pariser Marsfeld. Hoche, der 1796 erfolglos die Eroberung Irlands vorbereitet hatte, war den Engländern als Verkörperung französischer Invasionsgelüste besonders verhaßt.

In diesem Blatt hat Gillray eine Vielzahl von überlieferten christlichen und profanen Bildschemata mit neuem Inhalt gefüllt. Im Zentrum der Komposition thront Hoche — nicht karikiert — auf einem Regenbogen, ähnlich wie der Weltenrichter Christus in Darstellungen des Jüngsten Gerichtes. Eine Henkersschlinge bildet seinen Heiligenschein, zwei Pistolen stecken an seiner Hüfte. In der Linken hält er eine Guillotine (wie der auf dem Parnaß thronende Sonnengott Apoll die Leier). Unter seinen fallenden Feldherrenstiefeln erstreckt sich das von seinen Truppen verwüstete Land; im Vordergrund spielen sich grausame Gemetzel ab. Das Schild »La Vendée« verweist auf Hoches führende Rolle im Ausrottungskrieg gegen die Royalisten in der Vendée. Von oben rechts fallen wütende Furien mit Feuer, Gift, Schwert und Bayonett über das Land her, angeführt von einer weiblichen Gestalt mit Schlangenhaaren, aus deren Brüsten Milch spritzt (ein traditionelles

Merkmal der personifizierten Inspiration): die Jakobiner richten nicht nur physische, sondern auch geistige Schäden an.

Hoche ist umgeben von den jakobinischen Himmlischen Heerscharen, von den Verfechtern und Märtyrern der Revolution. Links hat Gillray besonders bekannte Figuren durch Namensschilder gekennzeichnet, rechts zeigt er eine anonyme enthauptete Menge, deren Köpfe kreisförmig um Hoche angeordnet sind: auch jetzt noch blind fanatisch, singen sie aus ihren Chorbüchern die Marseillaise und den Schlachtruf »Ça ira«.

Gekrönt wird die Darstellung durch zwei von Liktorenbündeln und grotesken Monstern gerahmte Gesetzestafeln, auf denen die Umkehrungen der Zehn Gebote zu lesen sind (»Du sollst andere Götter neben mir haben« usw.). Das Dreieck über den Tafeln — sonst Symbol der göttlichen Trinität — verkörpert nun, mit seinem Lot versehen, die Revolutionslosung der Gleichheit; statt des göttlichen Lichtes strahlen Bajonette von ihm aus. Gillray stellt die Revolution als Umkehrung der himmlischen Ordnung, als apokalyptisches Ereignis dar; ihre Anhänger macht er zu Feinden Gottes: An die Stelle traditioneller christlicher Werte (und verbrämt als neues Himmelreich) sind in seiner Karikatur Götzendienst und Barbarei getreten. A.H.-W.

384

Louis Lecoeur
385 John Bull

Radierung, aquarelliert
19,3 x 25,7 cm
Bez. u. Mitte: »Le Coeur inv. & Sculp.^{t} an XI«, Unterschrift: »JOHN BULL/ou/le Peuple Anglais apprenant de l'enchanteur Merlin/ COMMENT FINIRA LA GUERRE«. [John Bull oder Das englische Volk erfährt vom Zauberer Merlin, wie der Krieg enden wird.]
Schrift auf dem Galgen: »Recompense decernée par John Bull A PIT« [PIT von John Bull zugestandene Belohnung.]
Lübeck, Privatbesitz

Der sagenhafte Zauberer Merlin, berühmt als Berater des Königs Arthur und wegen seiner Prophezeiungen zur Zukunft Britanniens, nimmt diese in der Darstellung Lecoeurs wieder auf. Er zeigt dem erfreuten John Bull (vgl. Kat. 367), wie die Errungenschaften der französischen Revolution auch in England sich durchsetzen, den König stürzen und den Minister Pitt an den Galgen bringen werden. So jedenfalls hätte die Zukunft Englands den Wünschen des Radierers entsprochen. G.H.

386

Jean Baptiste Wicar
386 Den Verteidigern des Vaterlandes

1796
Radierung, 16,5 x 29,8 cm, bez. u. l.: »Wicar inven. et fecit florentiae«. Unterschrift: »AUX DEFENSEURS DE LA PATRIE«. »De Nombreux Ennemis Attaquent Le 21 Germinal an 4.ᵉ La Redoute de Montenesino occupée/par 1500 Français. Le Chef de la Brigade Rampon leur fait prêter au Milieu du feu Le Serment/de la défendre Jusqu'à la Mort ils le Jurent par la République et la Gloire«
[Den Verteidigern des Vaterlandes. Zahlreiche Feinde greifen am 21. Germinal des Jahres 4 an (10. April 1796). Die Schanze von Montenesino von 1500 Franzosen besetzt, läßt der Brigadechef Rampon sie mitten im Feuer schwören, sie bis zum Tod zu verteidigen. Sie schwören es um der Republik und des Ruhmes willen.]
Paris. Bibliothèque Nationale, Inv.Nr. AA3
Lit.: F. Beaucamp: Le peintre lillois Jean Baptiste Wicar (1762-1834). Son œuvre et son temps, Lille 1939, Bd. 1, S. 218, Bd. 2, S. 677, Nr. 5

In der Schlacht von Montenotte (deren entscheidende Phase sich in Montenesimo abspielte) siegten die Franzosen unter Bonaparte über eine drückende Übermacht von Österreichern und Piemontesen. In einem kritischen Augenblick ließ der Brigadechef Rampon seine Soldaten schwören, unter Einsatz des Lebens die Schanze zu verteidigen, die zu halten sie beauftragt waren. Diesen Moment wählte Wicar für seine Darstellung. Wichtig war es ihm vor allem, die Einigkeit der Schwörenden wiederzugeben: Darum gruppierte er sie eng gedrängt um ihren Anführer, während an den Seiten — wo die Kanonen feuern — der Blick in die Tiefe der Berglandschaft geführt wird. Die vielen Arme ließ Wicar wie zu einer einzigen Gebärde zusammenwachsen, dem »Schwur der Horatier« (vgl. Kat.Nr. 310) von David enger folgend als dessen »Schwur im Ballhaussaal« (vgl. Kat.Nr. 312). Das Motiv dieser Einigkeit steht groß über ihnen auf der Fahne:
»REPUBLIQUE FRANÇAISE
UNE INDIVISIBLE
VAINCRE OU MOURIR«

Eine solche Themenwahl war neu und dem Gedankengut der Revolution verpflichtet: wurde früher bei einem Sieg der Feldherr gefeiert, so kam nun die Einsatzbereitschaft der Soldaten ins Blickfeld. G.H.

Joseph Anton Koch
387 Der Schwur der 1500 Republikaner bei Montenesimo

1797
Radierung
38 x 67 cm (Platte)
Bez. im unteren Rand: »Serment fait, le 21 germinal an 4ᵉ, par 1500 républicains attaqués par une armée de deffendre la redoute important de Montenesimo ils remplisent leur Serment; et la Victoire la plus Complette fûr remportée par l'armée française.« [Nachdem der Schwur, die wichtige Redoute von Montenesimo zu verteidigen, am 21. Germinal von 1500 Republikanern geleistet worden war, die von einer Armee angegriffen wurden, erfüllten sie ihren Eid; und der vollständigste Sieg wurde von der französischen Armee davongetragen.] Links unten unter dem Bild: »Comp. et gravé par Koch à Rome«. [Entworfen und radiert von Koch in Rom.] In der Mitte unter der Unterschrift: »Se vend à Nuremberg, chés Jean Frideric Frauenholz. 1797.« [Verlegt in Nürnberg bei Jean Frideric Frauenholz. 1797.]
Wien, Graphische Sammlung Albertina
Lit.: Andreas Andresen, Die deutschen Maler-Radierer des 19. Jahrhunderts, Leipzig 1866, Bd. I, S. 32, Nr. 28; Otto R. von Lutterotti, Joseph Anton Koch, Berlin 1940, S. 23, Abb. 291; Becker 1971, S. 82, Abb. 149

Buonaparte, der als ›Kleiner Korporal‹ am Anfang der Karriere stand und in der dargestellten Schlacht bei Montenotte 1796 seinen ersten Sieg errang, erschien Koch in dieser Zeit noch als Garant seiner revolutionären Ideale. Noch hatten die Invasionen der Korsen nicht sein Land Tirol getroffen. Damals konnte der Künstler, der sich 1791 als Mitglied des Straßburger Jakobinerklubs nach bitteren Erfahrungen im feudalistischen Württemberg zu den Zielen der Französischen Revolution bekannt hatte, den Kampfeseid der napoleonischen Truppen bei Montenesimo, einer erbittert verteidigten Schanze nahe Montenotte in Oberitalien, noch vorbehaltlos verherrlichen. Griff er später Eroberungsdrang und Despotie des Selbstgekrönten entschieden an (Kat.516), so brachte er in diesem Blatt wie kaum ein Künstler in Deutschland seine republikanischen Hoffnungen noch mit einer Hymne auf Napoleon zur Deckung. Bei Montenotte besiegte Bonaparte mit 38000 Soldaten eine 55000köpfige Übermacht piemontesischer und österreichischer Truppen. Den Wendepunkt der Schlacht verdankte er seinem General Rampon, der seine 1500 Leute schwören ließ, bis zum letzten Blutstropfen zu kämpfen. Koch faßt diesen Fahneneid bei Montenesimo mit Napoleons berühmter Ansprache vor der Schlacht zusammen. Im Zentrum steht Bonaparte wie ein

römischer Feldherr bei der Kampfanfeuerung, neben ihm Rampon mit der Fahne. Deren Wappen mit umkränzter Jakobinermütze und der Inschrift

»REPUBLIQUE FRAN[ÇAISE]
UNE INDIVISIBEL VAINCRE OU MOURIR«
[Unteilbare französische Republik, siegen oder sterben]

signalisieren den geleisteten Schwur. Um diese Mitte scharen sich die Soldaten, die Schwurhand auf die Fahne gerichtet.

Hatten Künstler wie David (Kat. 310) und Füssli (Kat. 309) vor dem Ausbruch der Revolution republikanische Treueeide in römische oder mittelalterliche Gewandung gehüllt und in drei Figuren als pars pro toto verschlüsselt, so feiert Koch in diesem aktuellen Ereignisbild ein Ritual der Massen. Gleichwohl bewahrt er durch Anlehnung an Formeln der Bildtradition seinem Bekenntnis den Charakter des Symbols, des Übertragbaren, Beispielhaften. Wolfgang Becker (1971, S. 82) hat auf Kochs direktes Vorbild, eine Radierung desselben Themas von dem Franzosen Wicar aufmerksam gemacht (Kat. 386). Als aktuelle Illustration des Zeitgeschehens zeigt sie ausschließlich Rampon mit seinen schwörenden Soldaten. Das Grundmuster, die halbkreisförmige Zentrierung der Soldaten auf die Mitte hin, ist gleich. Koch verwandelt es von einem mechanischen Parallelismus der Gesten in ein variationsreiches Pulsieren und interpretiert so die kollektive Handlung als einen Entschluß freier Individuen. Dem gemeinsamen Vorbild, Davids berühmtem »Schwur der Horatier« (Kat. 310), wird er so nicht wie Wicar in der geometrischen Strenge, sondern in der dynamischen Vitalität gerecht. Koch wird auch an Davids ›Ballhausschwur‹ (Kat. 312) gedacht haben. Nicht allein in topographischer Genauigkeit begründet ist sein Gedanke, das Pathos der Gebärden durch die von Pulverdampf umwölkte Bergkulisse zu unterstreichen.　　　　S.H.

388

nach Carle Vernet
388 Abtransport der Pferde von San Marco

Radierung von Jean Duplessi-Bertaux (vollendet von Delaunay le jeune), aquarelliert, nach einer Zeichnung von Vernet, 27,3 x 38,7 cm. Bez. u. l.: »Dessiné par Carle Vernet« u. Mitte: »Gravé à l'eauforte par Duplessis-Bertaux« u. r.: »Terminé par Delaunay le jeune«. Unterschrift: »ENTRÉE DES FRANÇAIS À VENISE, EN FLOREAL, AN₅«
Hamburger Kunsthalle, Kupferstichkabinett, Inv.Nr. 1980/107
Lit.: Bibl. Nat. Inv. 18ᵉ siècle, Bd. 8, Duplessi-Bertaux Nr. 545; Paul Wescher, Kunstraub unter Napoleon, Berlin 1976, S. 69, 71; Ed. Guido Perocco, The Horses of San Marco, Venice, London 1979, Abb. 146.

Das Blatt gehört zu den ›Tableaux historiques des Campagnes d'Italie‹, die von 1799 an erschienen. Alle 22 Darstellungen sind von Carle Vernet gezeichnet und von Duplessi-Bertaux radiert. 1806 wurde die erste Gesamtausgabe veröffentlicht.
Napoleon ließ Venedig, Schauplatz der hier gezeigten Darstellung, im Mai 1797 einnehmen, um es im Friedensvertrag mit Österreich – unterzeichnet am 17. Oktober 1797 – gegen das heutige Südbelgien anbieten zu können. Wie überall, wo er als Eroberer auftrat, forderte er als Tribut Kunstwerke jeder Art, die Paris in die reichste Kunststadt Europas verwandelten. Für Paris bestimmt waren auch die vier antiken Bronzepferde, die 1204 während eines Kreuzzuges in Konstantinopel erbeutet, an der Fassade von San Marco Aufstellung gefunden hatten. Da sie Symbolwert für die Macht Venedigs besaßen, mußte ihr Abtransport im Dezember 1797 – von Carle Vernet im ausgestellten Blatt gezeigt – die Venezianer besonders hart treffen, zumal auch der Markus-Löwe zu den verschleppten Werken gehörte. Abb. 203 zeigt ihren triumphalen Einzug in Frankreich. 1815 mußten sie zurückgegeben werden. G.H.

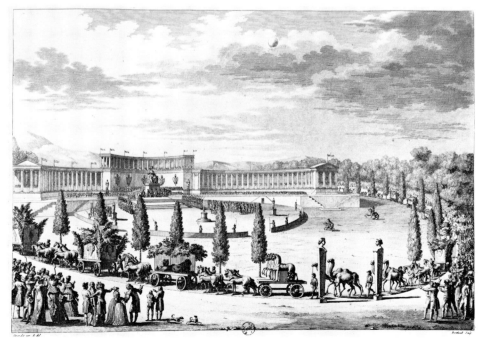

418   Abb. 203 Einzug von Monumenten der Wissenschaft und Kunst

nach Antoine-Jean Baron Gros

389 Bonapartes Ansprache vor Beginn der Pyramidenschlacht am 21. Juli 1798

Radierung von Jean-Jacques Frilley nach einer Zeichnung von Edouard Girardet nach einem Gemälde von Gros, 23,2 x 31,2 cm
Bez. u.l.: »Peint par Gros«, u.r.: »Gravé par Frilley«, u.l.: »Dessiné par Girardet«. Überschrift:
»SOLDATS DU HAUT DE CES PYRAMIDES 40 SIÈCLES NOUS CONTEMPLENT«
[Soldaten, von der Höhe dieser Pyramiden blicken 40 Jahrhunderte auf uns herab].
Unterschrift: »Bataille des Pyramides/12 Juillet 1798«
Nr. 639 der ›Galerie Historique de Versailles‹
Paris, Bibliothèque Nationale
Inv.Nr. Dc 57(a)
Lit.: zum Gemälde in Versailles: Salon de 1810, Nr. 390; Salon de 1836, Nr. 899; Schlenoff 1965; Brunner 1979, S. 291-296

Die Schlacht bei den Pyramiden entschied schon kurz nach der Landung der französischen Truppen in Ägypten den siegreichen Fortgang des Feldzuges, der, um die Engländer an einer empfindlichen Stelle ihrer Handelswege zu treffen, unternommen worden war. Vor Beginn der Schlacht versammelte der General Bonaparte seine Offiziere, um sie in einer Ansprache vorzubereiten. Dabei wies er auf die Pyramiden in der Ferne und rief die Bewunderung für ihre imponierende Größe wach, um auf solche Weise den Kampfgeist zu heben. Dies ist in der ausgestellten Komposition dargestellt. Offenbar schien die Begeisterungsfähigkeit des Anführers wie der Truppen überaus wichtig zur Erringung des Sieges, der mit den Gefangenen im Vordergrund rechts schon vorgezeichnet ist. Noch 1810 war also jene Gesinnung lebendig, die Wicar 1796 den Schwur der Soldaten bei Montenesino für darstellungswürdig halten ließ (Kat. 386).

Im Salon von 1810 existierte nur der hochformatige Mittelteil des Bildes (ca. 385 x 267 cm, s. Abb. rechts). Erst als man 1834 das Werk in die Versailler Galerie einreihen wollte, wurde Gros um eine Erweiterung der Komposition gebeten. Als dieser im folgenden Jahr starb, hinterließ er Entwürfe, nach denen ein Schüler die Anstückungen ausführte. Das auf diese Weise verwandelte Bild wurde 1836 im Salon ausgestellt und von Frilley auf die Druckplatte übertragen.

In der ursprünglichen Fassung war die Gebärde Napoleons zu den Pyramiden hin, die frei und unverstellt im Hintergrund erschienen, voll suggestiver Kraft. Ihre Stellung im Hochformat allein genügte, um des Generals Ausruf »Du haut de ces Pyramides ...« lebendig zu machen.   G.H.

389

Théodore Géricault
390 Episode des Ägyptenfeldzugs

Schwarze Kreide, mit Pinsel grau laviert und weiß gehöht auf braunem Papier
20,6 x 28,2 cm
Paris, Musée du Louvre, Cabinet des Dessins, Inv.Nr. 796
Lit.: Clément 1879, Dessins, Nr. 38; Guiffrey-Marcel, Bd. V, Nr. 4163; Kat. Ausst. Géricault 1971/1972, Nr. 52; Kat. Ausst. Rom 1979/1980, Nr. 50.

Statt figurenreiche Schlachtenpanoramen zu entwickeln wie noch Baron Gros, monumentalisierte Géricault bezeichnende Szenen, wie hier eine beliebige der Pyramidenschlacht von 1798, bei der die berittenen Mammeluken von französischer Infanterie geschlagen wurden. Ein vom sich aufbäumenden Pferd gestürzter Orientale ist Mittelpunkt der Komposition und des Interesses, sein Schrecken vom heftigen Licht des Geschützfeuers beleuchtet, während der Angriff der mit Bajonetten bewaffneten französischen Fußsoldaten wie aus dem Hinterhalt kommend plötzlich wirkt. Den geschlagenen Gegner so heroisierend darzustellen, war nur aus der Distanz möglich, die Géricault 1818 zu den Ereignissen um Napoleon hatte. Zahlreiche solche Darstellungen bekunden, daß sich Géricault um diese Zeit mit den Siegen und Niederlagen der napoleonischen Kriege beschäftigte. G.H.

James Gillray
391 Die Vernichtung des französischen Kolosses

1.11.1798
kolorierter Kupferstich
32,8 x 24,7 cm
Hamburg, Museum für Kunst und Gewerbe
Lit.: B.M. 9260

Am 2. Oktober 1798 wurde in London der Sieg Nelsons in der Schlacht bei Abukir bekannt. Viele Engländer bewerteten diesen Erfolg als entscheidenden Vernichtungsschlag gegen Frankreich, so Gillray in diesem Blatt:
Mit letzter Kraft versucht sich der französische Koloss — durch die herabfallende Mütze und das aus seiner Linken gleitende Buch über die ›Religion de la Nature‹ als Jakobiner gekennzeichnet — aus Ägypten nach Frankreich zu retten. Sein rechter Fuß steht auf einer Bibel, einem Kruzifix und den Waagschalen der Gerechtigkeit, die Hand sucht an einer bluttriefenden Guillotine Halt. Britannia hat ihn jedoch bereits mit einem Bündel von Blitzen tödlich getroffen: Sein Kopf (ein Totenschädel, aus dem sich Schlangen winden), Arme und Beine lösen sich auf gräßliche Weise vom Rumpf.
In der Landschaft hinter ihm bezeichnen kleine Fahnen die bereits durch Frankreich besetzten oder geplünderten Gebiete: Malta, Spanien, Holland, die Schweiz und Rom. Unter der Titelinschrift verspricht ein fälschlich Tertullian zugeschriebenes Zitat auch diesen Gebieten baldige Rettung: »Sollen die Werke einer üblen Nation bestehen bleiben? Sollen die Denkmäler der Unterdrückung nicht zerstört werden? Soll der Blitz nicht in das Bildnis fahren, das die Zerstörer gegen den himmlischen Gott und seine Gesetze errichtet haben?« A.H.-W.

James Gillray

392 Entwurf für den ›Naval Pillar‹

30.1.1800
Kupferstich
48,8 × 28,1 cm
Lübeck, Privatbesitz
Lit.: B.M.9513

1799 wurde in London ein Komitee für die Planung »einer Säule oder eines Monuments« gegründet, das die britischen Seesiege, besonders Nelsons Sieg bei Abukir, feiern sollte. Die beiden aussichtsreichsten Kandidaten für die Ausführung waren der Bildhauer John Flaxman, der in einem Pamphlet eine mehr als siebzig Meter hohe Statue der siegreichen Britannia vorschlug, und der Architekt Dufour, der für einen monumentalen architektonischen Entwurf plädierte.

Gillray nimmt hier besonders Flaxmans kolossales Projekt aufs Korn: Auch seine Entwurfs-Karikatur zeigt Britannia mit Dreizack, Schild und Löwen. Die mit Reliefs bedeckte Säule (die an Arcimboldos »Früchteporträts« erinnert) ist dagegen seine eigene Erfindung. Auf ihr bringt er Hinweise auf Widrigkeiten an, die Britannia bereits überwunden hat: Die Jakobinermütze und die Fahne mit der Aufschrift »Egalité« erinnern an die Bedrohung durch das revolutionäre Frankreich, zerbrochene Schwerter und geborstene Kanonenrohre an dessen militärische Unterlegenheit. Der Sockel der Säule steht auf massiven Steinquadern, die die Namen der britischen ›Seehelden‹ tragen.

Ähnlich wie in Kat. 383 erscheint im Hintergrund eine französische Flotille, die geradewegs in ein zerstörerisches Unwetter hineingleitet.

A.H.-W.

Anne Louis Girodet de Roucy-Trioson

393 Der Aufstand in Kairo *Farbtafel XX*

1810
Öl auf Leinwand
15,9 × 23,5 cm
Cleveland Museum of Art
Inv.Nr. CMA 65.310
Lit.: Kat. Ausst. University of North Carolina at Chapel Hill 1978, Nr. 39; Kat. Ausst. Cleveland 1980, Abb. 92. Lit. zum Gemälde in Versailles: Salon de 1810, Nr. 369; Kat. Ausst. Chicago-Los Angeles-San Francisco 1962-1963, Nr. 50

Am 21. und 22. Oktober 1798 hatten die Franzosen, die Ägypten besetzt hielten, in Kairo gegen einen erbitterten Aufstand der Einwohner zu kämpfen, die durch hohe Abgaben aufgebracht waren und außerdem die ›Reformen‹ der in Religion und Sitten Andersdenkenden sich nicht aufzwingen lassen wollten. Insbesondere in der Azhar-Moschee verschanzten sich die Rebellen und waren erst nach einer konzentrierten Kanonade zu überwinden. Dieser Endkampf im Hof der Moschee wurde von Girodet dargestellt: Die Araber sind, nach rechts an die Wand gedrängt, in einer ausweglosen Situation. Mit desto größerer Wucht verteidigt sich rechts vorn ein Araber, im Arm einen reichgekleideten Toten. Mit mächtigem Schwung holt er gegen denjenigen aus, der ihn — den Mantel wegreißend — bedroht. Ein links hinzueilender französischer Offizier macht mit erhobenem Degen den Ausgang des Kampfes gewiß. Die kleine ausgestellte Skizze entspricht dem 5 m breiten 1810 im Salon gezeigten Werk in allen wesentlichen Zügen. Girodet gab der Szene in der endgültigen Ausführung nur mehr Höhe und variierte dementsprechend die Proportionierung der Kämpfenden. Die Gebärde des Hinzueilenden erscheint dadurch sieghafter. In den gepreßteren Proportionen der Skizze wird eher die Wut des Kampfes empfunden, die ohnehin durch die spontan pastos geführten Pinselzüge einen expressiven Nachdruck bekommt.

G.H.

394

395

Farbtafel XV
Johann Baptist Seele
394 Kampf der Österreicher, Russen und Franzosen auf der Teufelsbrücke am St. Gotthardpaß im Jahre 1799

1802
Öl auf Leinwand
76 x 99,5 cm
Bez. u. re.: »Seele, pinx. 1802«
Stuttgart, Staatsgalerie, Inv.Nr. L 16
Lit.: Ausst.-Kat.: Das Ereignisbild, Nationalgalerie Berlin 1935, Nr. 102; Fleischhauer, Baum, Kobell, Die schwäbische Kunst im 19. und 20. Jahrhundert, Stuttgart 1952, S. 82; Becker 1971, S. 82

Nachdem Napoleons Expansion auch durch den Frieden von Campo-Formio am 17. Oktober 1797 nicht verhindert worden war, im Mai 1798 begann Bonaparte den Ägyptenfeldzug, reagierten Rußland, Österreich, Großbritannien, die Türkei, Portugal, Neapel und Rom mit dem Zweiten Koalitionskrieg. Daraus schildert Seele, dessen Ereignisbild noch ganz im Zeichen der Aktualität entstand, jene Schlacht, in der sich der Versuch, die Franzosen aus der eroberten Schweiz zurückzudrängen, sinnfällig zuspitzte. Den russischen Truppen unter dem Feldherrn Suworow war es, vereinigt mit einer österreichischen Brigade, am 25. und 26. September 1799 gelungen, den Übergang über den St. Gotthardpaß und die Teufelsbrücke freizukämpfen. Seele überträgt die von Rubens in seiner ›Amazonenschlacht‹ angewandte Perspektive, die den Betrachter des Brückenkampfes selbst an schwindelerregender, unbestimmbarer Stelle über dem Abgrund ansiedelt, auf das aktuelle Geschehen und pointiert sie durch Verengung des Bildausschnitts. Als stürze man selbst, wird man so betroffener Zeuge des erbitterten, brennpunktartig verdichteten Gefechts. Die Österreicher unter der Doppeladlerfahne links und die Kosaken erscheinen als dynamisch geordnete Übermacht gegenüber den sich panisch verteidigenden Franzosen. In einer kleinen Variante von 1801, die als Stich Verbreitung fand (Kat. 395), hat Seele das gleiche Ereignis aus geringer Aufsicht noch nahsichtiger gestaltet. Auch hier erzeugt das Bild die Illusion des Dabeiseins. S.H.

nach Johann Baptist Seele
395 Kampf der Österreicher, Russen und Franzosen auf der Teufelsbrücke am St. Gotthardpaß im Jahre 1799

um 1801
Kolorierte Radierung von Johann Heinrich Bleuler nach Seeles Gemälde von 1801
37,5 x 42,5 cm
Bez. u. Mitte: »Gefecht auf der Teufelsbrücke am Gotthardsberg im Canton Ury v. Bleuler bey der Rheinbrücke Schaffhausen«
Wien, Heeresgeschichtliches Museum, Inv.Nr. B I 5.209

Graphische Reproduktion der kleinen Fassung von Seeles in Kat. 394 besprochenem Gemälde des Kampfs auf der Teufelsbrücke. S.H.

Jean Duplessi-Bertaux
397a Die Schlacht von Marengo

Radierung
4,4 x 13,5 cm (Bildfeld ohne Rahmung)
Bez. u. l.: »J. Duplessi Bertaux inv. & sculp.«
Hamburger Kunsthalle, Kupferstichkabinett
Inv.Nr. 50276

397a

397b

Anonym
396 Übergang über den St. Bernhard-Paß am 20. Mai 1800

wohl 1820er Jahre
Kolorierte Lithographie
27,2 x 34,9 cm
Wien, Heeresgeschichtliches Museum

Dem Stile und der Technik nach zu urteilen, ist diese Geschichtsillustration erst in den 20er Jahren entstanden. In Wahrheit eine Rückschau, schildert sie den Zug der napoleonischen Armee über die Alpen anekdotisch detailliert mit dem Schein der Augenzeugenschaft. Die Hilfe der Klosterbrüder ist dabei mehr hervorgehoben als die Feldherrnpose Bonapartes. S.H.

Jean Duplessi-Bertaux
397b Die Schlacht von Marengo, darüber Portrait des Kaisers

Radierung
36,0 x 22,4 cm (Bilder mit Rahmung)
12,2 x 18,0 cm
(Bildfeld der Schlacht von Marengo).
Bez. unter dem Bildfeld der Schlacht von Marengo: »Duplessi-Bertaux del.« Schrifttafel unter dem Bildnis Napoleons: »NAPOLÉON LE GRAND/ Empereur des Français, Roi d'Italie,/protecteur de la Conféderation du Rhin«. Unterschrift: »Bataille de Marengo, commandée par l'Empereur et Roi, le 25 Prairial, An VIII.«
Hamburger Kunsthalle, Bibliothek,
Inv. Nr. Ill. XIX Varii 1804

Im dritten Band der ›Collection complète des Tableaux Historiques de la Révolution française‹ (vgl. Kat. 315, 338, 355, 358) sind Bildnisse der herausragenden Persönlichkeiten der Revolutionszeit versammelt. Jedes Porträtmedaillon ist von einer winzigen Szene aus dem Leben des Dargestellten und einem Text begleitet. Allein der Sieger von Hohenlinden, General Moreau, und Napoleon, der Sieger von Marengo (Kat. 397b) werden durch eine große Darstellung der Schlacht anstelle des Textes ausgezeichnet, während die Plakette, die sonst die genannte kleine Szene enthält, den Namen des Ausgezeichneten verkündet. Nun zeigt eine frühere Zwergfassung der »Schlacht von Marengo« (Kat. 397a), daß Napoleon ursprünglich keineswegs herausgehoben werden sollte. Erst für die Neuausgabe der ›Tableaux Historiques‹ (die schon 1802 zusammengefaßt erschienen) im Krönungsjahr Napoleons 1804 wurde die Umgestaltung vorgenommen: die Schlachtenszene auf ein größeres Format gebracht und durch eine himmlische Allegorie erweitert. Diese Allegorie feiert Napoleon als Friedensbringer. In der Mitte ragt die apollinische Erscheinung eines Friedensgenius über einem Füllhorn in die Höhe, rechts neben ihm lagert die Malerei mit den Attributen der anderen Künste, links Merkur, der Gott des Handels.

Die siegreichen Schlachten von Marengo, am 14. Juni 1800, und Hohenlinden, am 3. Dezember 1800, führten zum Frieden von Lunéville mit Österreich, den auch Prud'hon feierte (vgl. Kat. Nr. 366). Offenbar erschien den Herausgebern der ›Tableaux Historiques‹ dieser Friede endgültig, die Zeit der Revolutionen und Kriege beendet. Deswegen konnten die Tafeln, die seit 1791 einzeln, 1798 und 1802 zusammengefaßt erschienen, nun ihre vorläufig endgültige Buchgestalt finden (1817 nochmals geändert aufgelegt). Den Zuwachs an Macht und Ansehen des Friedensstifters Napoleon in der Zeit zwischen den beiden letzten Ausgaben machen die verschiedenen Fassungen der ›Schlacht von Marengo‹ deutlich.

G.H.

396

398

Wilhelm von Kobell
398 Die Beschießung von Ulm

1807
Öl auf Leinwand
57,7 x 88,7 cm
Bez. u. re.: »guillaum K 1807«
München, Bayerische Staatsgemäldesammlungen, Neue Pinakothek, Inv. Nr. WAF 10669
Lit.: Siegfried Wichmann, Wilhelm von Kobell. Monographie und kritisches Verzeichnis der Werke, München 1970, Nr. 910, S. 64f., 68

Wilhelm von Kobell, seit 1792 bayrischer Hofmaler, hatte sich durch zahlreiche uniformkundliche Darstellungen und konventionelle Gemälde des Kriegs- und Lagerlebens den Ruf eines Schlachtenmalers erworben. Es lag nahe, daß der bayrische König Max I. Joseph für einen größeren Auftrag von Schlachtengemälden ihn wählte, zumal es wenige Konkurrenten in diesem Fach gab. Bayern und Österreich waren 1805 im Dritten Koalitionskrieg an Frankreich gefallen. Max I. Joseph, der sich hiervon eine größere Autonomie versprechen konnte als unter österreichischem Zugriff, fügte sich dem Machtwechsel, der ihn auf dem Thron beließ. Dieses Bild gehört zu einer Reihe von sieben Schlachtengemälden Kobells, die der bayrische König dem Vertrauten Napoleons, Marschall Alexandre Berthier, Fürst zu Neuchâtel, zum Geschenk zudachte. Er beauftragte den Künstler, die Siege Napoleons im Dritten Koalitionskrieg zu verherrlichen. Damit war ein parteilicher Blickwinkel vorgeschrieben. Entsprechend erscheint auf dem ausgestellten Bild, das die entscheidende Schlacht vor Ulm darstellt, Napoleon in gebieterischer Reiterpose im Zentrum, durch einen Sonnenstrahl verklärend hervorgehoben. In gebührendem Abstand umgeben ihn, ebenfalls zu Pferd, seine Generäle (der fünfte rechts neben ihm ist Murat). Die Gefallenen im Vordergrund sind ausschließlich Österreicher.
Kobell kommt es nicht auf den großen Zusammenhang wogenden Schlachtgetümmels an — er wäre bei seiner Neigung zu kleinteilig sachlicher Schilderung auch kaum zur großzügigen Darstellung von Bewegungsabläufen in der Lage gewesen; vielmehr versucht er, Bedeutung und Größe der Schlacht durch die Weite des landschaftlichen Umraums anzudeuten, die er nachträglich vor Ort ebenso gründlich studiert hat wie die verschiedenen Uniformen. Kobell erwiderte denn auch den Vorwurf der Kleinteiligkeit — der Maler Dillis sprach von Kabinettstil und niedlicher Ausführung — konsequent auf seine Weise: In den folgenden größeren Schlachtenbildern steigerte er noch die Weite von Landschaft und Atmosphäre, behielt aber gleichzeitig die relativ sachliche und statische Figurenschilderung bei. Bei der ›Belagerung von Ulm‹ konnte er durch die Landschaft die verlangte Überhöhung Napoleons relativieren.   S. H.

nach Hippolyte Lecomte
399 Die Bombardierung Madrids am 4. Dezember 1808

Radierung von François-Louis Couché nach einer Zeichnung von Lecomte, aquarelliert
25,1 x 37,7 cm
Bez. u. l.: »Le Compte del.« u. Mitte: »Couché fils aquaforti.« u. r.: »Bonvinet Sculp.^{t}«. Unterschrift: »BOMBARDEMENT DE MADRID, LE 4 DÉCEMBRE 1808.«
Hamburger Kunsthalle, Kupferstichkabinett. Inv. Nr. 1980/108
Lit.: Bibl. Nat. Inv. après 1800, Bd. 5 Couché (François-Louis), Nr. 10

Als zu Beginn des Jahres 1808 französische Truppen das verbündete Spanien überfielen, konnten sie zunächst Überraschungserfolge erzielen. Doch hatte Napoleon den Widerstandswillen der Spanier unterschätzt, die einen heftigen Guerillakrieg begannen. Außerdem bekamen ihre Truppen Unterstützung von den Briten, die sehr wohl begriffen, daß ihnen der Angriff galt — vor allem der Kontrolle der Meerenge von Gibraltar. So mußten sich die französischen Truppen nach und nach zurückziehen. Erst als im November Napoleon selber mit aus Deutschland abgezogenen Truppen eingriff, wendete sich das Kriegsglück. Anfang Dezember hatten die Franzosen Madrid erreicht, das sich nach dreitägiger Belagerung und einer Kanonade am 4. Dezember ergab.
In der weiträumigen Darstellung Lecomtes (um 1810 gezeichnet) wird die Wirksamkeit der Kanonade auf die Stadt gezeigt, deren Befestigungen links sichtbar sind. Ein langer Zug von Delegierten zieht niedergeschlagen einen Abhang hoch auf das rechts ragende Zelt Napoleons zu, vor dem der Kaiser mit großem Gefolge sie mit ausgebreiteten Armen empfängt.   G. H.

François Grenier
400 Die Übergabe von Madrid

Lithographie
26,4 x 36,1 cm
Bez. im Bildfeld u. l.: »F Grenier«, bez. u. l. »Grenier del.«, Unterschrift: »Reddition de Madrid«
Hamburger Kunsthalle, Kupferstichkabinett, Inv. Nr. 1980/35
Lit.: Bibl. Nat. Inv. après 1800, Bd. 9, Grenier Nr. 5

Grenier konzentrierte den gleichen Vorgang, den Lecomte (Kat. 399) weiträumig und vielfigurig darstellte, auf die Begegnung von vier Madrider Delegierten mit Napoleon mit nur vier Zeugen. Die Überlegenheit des Siegenden bekommt durch das hohe kaiserliche Zelt Nachdruck, während tief im Tal hinter den Delegierten die Stadt Madrid liegt. Diese beiden kontrastierenden Bildteile werden von einem Baum verknüpft, der beim Zelt verwurzelt ist, seine Krone aber über die Stadt und ihre Vertreter ausstreckt. So läßt die Gebärde des Baumes das Auftreten des Kaisers als dasjenige eines Beschützers erscheinen.

Grenier schuf den umfangreichen Zyklus ›Victoires et Conquêtes‹, zu dem die ›Übergabe von Madrid‹ gehört, zwischen 1818 und 1825. G.H.

Anonym, englisch
401 Diebe rauben möblierte Quartiere aus. Ort der Handlung: Madrid
Kolorierter Kupferstich
21,3 × 31,4 cm
Hamburger Kunsthalle, Kupferstichkabinett, Inv.Nr. 1980/68
Lit.: B.M. Nr. 11012

Als Joseph Bonaparte die Neuigkeiten von der Niederlage Frankreichs bei Balién erfuhr (vgl. Kat. 411), verließ er Madrid nur neun Tage nach seinem Einzug als neuer spanischer Herrscher und zog sich nach Burgos zurück, nicht ohne vorher die Schatzkammer geplündert zu haben.

Dieses Blatt zeigt ihn bei seiner Flucht, beladen mit Münzen, Juwelen und Kirchenschätzen (einem Kruzifix und einer Mitra). Er steht verzweifelt vor einem »Blutsee« und fragt den Teufel um Rat: »Wohin soll ich eilen, wie soll ich diesen See überqueren? Guter Teufel, hilf mir!« Zwei Dämonen bieten ihm als Antwort auf sein Flehen verschiedene Möglichkeiten, sein Leben zu beenden: Galgen, Pistole und Gift. Auch Josephs Landsleute sind schwer beladen, wirken jedoch ebenfalls finster und hoffnungslos. Auf dem Boden liegt eine tote Spanierin mit ihrem Kind und sterbendem Mann, der den Himmel um Rache anfleht. Daß die Vergeltung für die Taten der Franzosen nicht lange auf sich warten lassen wird, deutet der Karikaturist an: Ein Wegweiser in Form eines Galgens trägt die Inschrift: »Straße nach Frankreich, alias ins Verderben – Belohnung für Verdienste«. A.H.-W.

Bewegung und die parallel dazu zusammenfassend hochschwingende Kurve des Säbels machen den Sieg gewiß, doch muß ein Irritieren überwunden werden. Mit jedem Pinselstrich drückt sich die Erregung erneut aus. So verwandelt sich die Anspannung des Malenden spontan in diejenige des Reiters in der Schlacht. G.H.

Antoine-Jean Baron Gros
404 Der Brand von Moskau

Schwarze Kreide und Feder in Braun, mit Pinsel grau laviert, weiß gehöht auf braunem Papier
57,4 x 84,2 cm
Paris, Musée du Louvre, Cabinet des Dessins, Inv.Nr. 27025
Lit.: Guiffrey-Marcel, Bd. VI, Nr. 4614; Brunner 1979, S. 315-319

Am 16. und 17. September 1812 brannte Moskau, angezündet von Russen, die den Feinden die Besetzung ihrer Hauptstadt wert-

nach Johann Lorenz Rugendas II.
402 Belagerung von Saragossa vom 25. Januar bis zum 19. Februar 1809

um 1809
Aquatinta-Radierung von Köpfer nach einer Zeichnung Rugendas'
47,6 x 59,5 cm
Bez. u. l.: »Dessiné par Rugendas«, u. re.: »Gravé par Köpfer«
Wien, Heeresgeschichtliches Museum, Inv.Nr. B I 4.800

Anders als in den meisten übrigen Nachbarländern hatte Napoleon die Schlagkraft seiner Armeen in Spanien und Portugal anfangs überschätzt. Die meisten Feldzüge seiner Generäle scheiterten zunächst am erbitterten Widerstand der Bevölkerung. So mußte die vergebliche Belagerung von Saragossa nach vier Wochen aufgegeben werden. Für die Spanier wurde dieser Erfolg zu einem Inbegriff patriotischer Entschlossenheit. Goya hat ihm im nachhinein in seinem Blatt ›Welch ein Mut‹, das den Einsatz einer Frau verherrlicht, ein Denkmal gesetzt (Kat. 103). Anders der bayerische Zeichner, der die Stadt aus napoleonischer Sicht darstellt, als sei sie der scheinbaren Übermacht der französischen Kolonnen hilflos ausgeliefert. Sein Augenmerk gilt der Geschäftigkeit der Truppen General Verdiers auf den eingenommenen Vorwerken und den Pulver- und Rauchwolken, die die Stadt zu ersticken drohen. S.H.

Théodore Géricault
403 Angreifender Jägeroffizier

1812
Öl auf Papier, auf Leinwand aufgezogen
52,5 x 40,0 cm
Paris, Musée du Louvre, Inv.Nr. RF 210
Lit.: Clément 1879, Peintures Nr. 41; Sterling-Adhémar 1959, Nr. 932; Kat. Ausst. Géricault 1971-1972, Nr. 9; Grunchec 1978, Nr. 40, Kat. Ausst. Rom 1979-1980, Nr. 5

Mit dem fast drei Meter hohen monumentalen Werk eines angreifenden Jägeroffiziers (heute im Louvre), zu dessen vorbereitenden Arbeiten die ausgestellte Skizze gehört, machte sich Géricault im Salon von 1812 bekannt. Er konzipierte es unter dem Eindruck der unbezwinglichen Siege der französischen Truppen unter Napoleon und wollte es als deren Symbol verstanden wissen. Dementsprechend verdichtete sich das Erlebnis der Niederlage in dem ›Verwundeten Kürassier‹, der im Salon von 1814 dem nochmals gezeigten ›Angreifenden Jägeroffizier‹ entgegengesetzt wurde.

In einem frühen Stadium der Arbeit entstand die Skizze dieser Ausstellung. Ist in der endgültigen Fassung das Pferd in weitgespannter Bewegung vorstürmend sieghaft nach rechts gewandt, so bäumt es sich in der Skizze nach links hin auf, vielleicht von dem Gefechtsfeuer erschreckt, dessen Rot von dieser Seite ins Bild dringt. Die Kraft der

los machen wollten. Gleichwohl wurden in Gerüchten französische Soldaten mit der Untat belastet, die sich darum großer Empörung gegenüber sahen. Solchen Gerüchten zu begegnen, wird Gros diesen Entwurf unternommen haben — vielleicht für eine monumentale Komposition, die er nicht ausführen konnte- ‹Propagandaabsichten verbanden sich auch schon mit der Gestaltung der ›Pestkranken von Jaffa‹, siehe Kat. 371).

Er zeigt Napoleon vor dem Kreml als Zeuge der Erregung einiger Frauen angesichts der brennenden Stadt im Hintergrund. Bei einer von ihnen schlägt die Verzweiflung in Freude um, da sie Vater und Kind von einem französischen Soldaten gerettet sieht. Im Vordergrund wendet sich der Zorn einer unglücklichen Mutter über den Leichnam ihres Kindes in einer verkohlten Wiege hinweg gegen zwei vierschrötige Landsleute, die als Brandstifter vor Napoleon geführt werden. Mit einer Geste des Abscheus blickt dieser ihnen entgegen.

Solche Szenen werden sich kaum abgespielt haben, da die Einwohner Moskaus vor der Besetzung evakuiert wurden. Gros wußte sie jedoch eindringlich vorzustellen und scheute keine ›Verzeichnungen‹, um die Ausdruckskraft der Gestalten zu erhöhen. In der Unruhe der flackernden Lichter und heftigen Bewegungen bilden die Kremlmauer hinter Napoleon und dieser selbst eine Oase der Festigkeit (in der Tat konnte der Kreml vor dem Feuer gerettet werden). Dennoch scheint rückblickend der Unglückswirbel um den Kaiser — bei dessen Gestaltung Gros Eindrücke von Borgobrand Raffaels, Kindermord- und Sintflutszenen summierte — das kommende Unheil bis zum Sturz des Reiches mitzubegreifen. G.H.

404

405

Albrecht Adam
405 Schlachtfeld nahe der Moskwa am 8. September 1812

Federlithographie
16 x 30,3 cm
Erschienen in: ›Croquis pittoresques dessinés d'après nature dans la Russie en 1812 par Albert Adam‹, München: I. M. Hermann (o. J.)
Hamburger Kunsthalle, Bibliothek

Adam nahm im Regiment des Prinzen Eugen Beauharnais am Feldzug Napoleons gegen Rußland teil. Nach Skizzen vor Ort fertigte er diese Blätter, 1827-33 auch noch eine ausführlichere Serie mit dem Titel ›Voyage pittoresque et militaire de Willenberg en Russie jusqu'à Moscou, fait en 1812‹ (Kaiser 1953, Abb. S. 117). Der Künstler arbeitet hier als Bildchronist. Wie das Beiwort »pittoresque« verrät, gilt sein Hauptaugenmerk bei den meisten Blättern malerischen Aspekten wie Uniformen oder Schlachtformationen. Selten treten wie hier die Schrecken des Krieges ins Bild. Soldaten- und Pferdeleichen beherrschen den Vordergrund, während die aufgelösten Kolonnen in der Ferne verraten, daß der Feldzug nicht länger im Zeichen des Sieges steht. Noch drastischer hat Adam später das grauenhafte Ende dieses Eroberungszuges in seiner Autobiographie beschrieben, am eindringlichsten das Schlachtfeld von Borodino. Es heißt darin: »Die meisten Leichen von Menschen und Pferden waren unbeerdigt liegen geblieben, und es würde ein grauenerregendes Bild, wenn ich eine getreue Schilderung des Zustandes geben sollte, in dem ich diese Jammerstätte achtzehn Tage nach der Schlacht fand. Das Tiefergreifendste, was mir aufstieß, waren sieben Menschen, die, auf einen Knäuel zusammengekrochen, zunächst einem todten Pferde lagen.« (A. Adam, Aus dem Leben eines Schlachtenmalers. Selbstbiographie, Stuttgart 1886, S. 232) S.H.

Nach Johann Adam Klein
406 Der Rückzug der französischen Armee aus Rußland im Jahr 1812

zwischen 1812 und 1817
Radierung von Johann Georg Mansfeld nach einer Zeichnung Kleins
40,5 x 52,5 cm
Wien, Heeresgeschichtliches Museum,
Inv.Nr. I B 4.696

Anders als Albrecht Adam (vgl. Kat. 405) hat Klein nicht am Feldzug teilgenommen, sondern seine Vorstellung aus Darstellungen und Berichten von Augenzeugen gewinnen müssen. Die entscheidende Wende des napoleonischen Expansionsdrangs, das Scheitern am Widerstand der Russen und der Natur ihres Landes, blieb über das Ereignis hinaus aktuell, dies um so mehr nach den vernichtenden Niederlagen Napoleons in der Leipziger Völkerschlacht und bei Waterloo (vgl. Kat. 407). Kleins Darstellung ist wahrscheinlich aus einer solchen Rückschau entstanden. Es geht dem Zeichner nicht mehr um malerische Uniformen, die einst an den durchziehenden Soldaten fasziniert hatten, unverhüllt tritt das Elend der Gescheiterten zutage. Die schadenfrohe Abrechnung, die Schadow mit den Mitteln der Karikatur im Spottbild ausdrückt (Kat. 376), verbirgt Klein hinter dem Schein eines sachlichen Augenzeugenberichts. Von rechts in den erschöpften Troß einfallende Kosakenreiter deuten die Wehrlosigkeit des vermummt auf einem Klepper flüchtenden Kaisers und Feldherrn an. Er erscheint hoffnungslos dem Tode ausgeliefert, der in den Menschen- und Pferdeleichen am Wegrand zum Hauptmotiv wird, von Raben und kahlen Bäumen symbolisch pointiert. S.H.

406

Johann Lorenz Rugendas II.
407 Napoleons Flucht in der Schlacht von Waterloo am 18. Juni 1815

um 1815
Kolorierter Kupferstich
47,4 x 59 cm (Platte)
Bez. u. Mitte: »Gezeichnet und gestochen von J. Lorenz Rugendas in Augsburg«. In Deutsch und Französisch: »Napoleons Flucht in der Schlacht von Waterloo, den 18. Juni 1815«.
Wien, Historisches Museum der Stadt,
Inv.Nr. 66.977
Lit.: Ausst. Kat. Wien 1800-1850. Empire und Biedermeier, Historisches Museum, Wien 1969, Nr. 151

407

Rugendas, der einst die Taten Bonapartes eher rühmend geschildert hatte (vgl. Kat. 402), besiegelt hier das endgültige Scheitern des Versuchs des Kaisers, in einem letzten Schlachtaufgebot die Macht zurückzugewinnen. Das Bild zeigt die unaufhaltsamen, von Pulverwolken umhüllten Kolonnen der Engländer und Preußen, vor denen Napoleon mit seinen Generälen panikartig zu flüchten versucht. Von Blüchers Truppen verfolgt, begab er sich schließlich in englische Gefangenschaft. S.H.

William Turner
408 Das Schlachtfeld von Waterloo

um 1817
Aquarell
28,8 × 40,5 cm
Cambridge, Fitzwilliam Museum
Lit.: Malcolm Cormack: J. M. W. Turner, R. A. A catalogue of drawings and watercolours in the Fitzwilliam Museum, Cambridge. Cambridge, 1975, Nr. 14, Abb. 14; Wilton 1979, Nr. 494

Im August 1817 unternahm Turner eine Reise durch Belgien, Deutschland und die Niederlande. Bei dieser Gelegenheit besuchte er auch die Gegend um Waterloo, wo er einige Bleistiftskizzen von dem Ort der Schlacht anfertigte. Wieder in England, schuf er zunächst dieses Aquarell; 1818 entstand dann ein Ölgemälde des Schlachtfeldes (Abb. 204), das im gleichen Jahr mit dem folgenden Zitat aus Byrons ›Childe Harold's Pilgrimage‹ ausgestellt wurde:

»Last noon behold them full of lusty life;
Last eve in Beauty's circle proudly gay;
The midnight brought the signal — sound of strife;
The morn the marshalling of arms — the day,
Battle's magnificently stern array!
The thunder coulds close o'er it, which when rent,
The earth is covered thick with other clay
Which her own clay shall cover, heaped and pent,
Rider and horse — friend, foe in one red burial blent!«
(III, 28)

Wie schon dieses Zitat zeigt, hatte Turner nicht vor, nach dem Vorbild etwa Loutherbourgs eine ›patriotische‹ Darstellung zu schaffen. Vielmehr zeigte er bereits in seinem Aquarell die Schlacht als vernichtende Katastrophe, die auf beiden Seiten schreckliche Verluste hinterlassen hat. Auf einer Anhöhe liegen die toten Soldaten — eine anonyme Ansammlung von Leichen (»Friend, foe, in one red burial blent«, wie Byron sagt) — dahinter erstreckt sich ein wie leergefegtes, ödes Tal, über dem gerade ein Gewitter abzieht (auch hierin entspricht das Aquarell Byrons Beschreibung): die Schlacht wird einem zerstörerischen Naturereignis gleichgesetzt.

Canto III des ›Childe Harold‹ erschien bereits 1816; es ist also möglich, daß bereits Turners Reise nach Belgien unter dem Einfluß dieser Lektüre stand. In dem Aquarell wird die Bedeutung Byrons für Turner zum erstenmal deutlich, später sollte der Maler noch vier weitere Gemälde mit Zitaten aus ›Childe Harold‹ ausstellen und 26 Illustrationen für verschiedene Werkausgaben des Dichters schaffen. A.H.-W

408

Abb. 204 Turner, *Waterloo*

409

410

Anonym
409 Tiroler und Tirolerinnen mißhandeln Franzosen

um 1800/1810
Radierung
18,7 x 25,9 cm
Wien, Heeresgeschichtliches Museum

Wahrscheinlich ein aktuelles Kampfblatt, mit dem der auch von Frauen mitgetragene Tiroler Volksaufstand gegen die französischen Besetzer diffamiert werden sollte. Was Joseph Anton Koch in seinem Landsturmgemälde (Kat. 516) als beispielhafte patriotische Entschlossenheit heroisiert, sieht der Zeichner dieses Blattes als brutale, soldatischen Regeln spottende Metzelei. S.H.

James Gillray
410 Der spanische Stierkampf – oder – der korsische Matador in Gefahr

11.7.1808
Kupferstich, 23,8 x 33,8 cm
Lübeck, Privatbesitz
Lit.: B.M. 10997

Die spanische Erhebung gegen Napoleon wurde von England freudig begrüßt. Die Nation galt nun als Verbündete im Kampf gegen Frankreich; am 5. Juli 1808 wurde der Friede mit Spanien offiziell in England proklamiert. Bis zum Jahresende bildeten die spanische Tapferkeit und die Unterstützung, die England dem Land gewährte, die Hauptthemen der englischen Karikatur.

Ein frühes und geradezu prophetisches Beispiel dafür ist diese Satire: Entstanden acht Tage vor dem ersten wichtigen Sieg der Spanier gegen die französischen Truppen bei Balién (vgl. Kat. 411), verweist sie schon auf das endgültige Scheitern der französischen Besetzer.

Gillray zeigt den wütenden spanischen Stier, der sich von seiner »korsischen Kette« losgerissen hat und nun Napoleon in die Luft schleudert. Unter seinen Hufen liegt Napoleons Bruder Joseph Bonaparte, dem die Krone des spanischen Königs vom Kopf gefallen ist. Diesem Stier wird es nicht so ergehen wie den preußischen, holländischen und dänischen Tieren, die Napoleon bereits erlegt hat und die in der rechten unteren Ecke ihr Leben aushauchen, die Inschrift am oberen Rand des Blattes zitiert aus einer zeitgenössischen Reisebeschreibung: »Der spanische Stier ist so feurig, daß der Matador ihn auf den ersten Hieb tödlich treffen muß, sonst bringt ihn der Stier mit Sicherheit um«.

Im Halbrund der begeisterten Zuschauer – Machthabern aus aller Welt, die sich durch Napoleon bedroht fühlten – sitzt auch der Papst, der die Exkommunikation Napoleons bei sich trägt. Tatsächlich war dies ein Jahr später die Antwort des Papstes auf die Annexion des Kirchenstaates durch Napoleon.

A.H.-W.

James Gillray
411 Spanische Patrioten greifen die französischen Banditen an. Loyale Briten helfen dabei

15.8.1808
Aquatinta, koloriert
25,9 x 37,8 cm
Hamburger Kunsthalle, Kupferstichkabinett,
Inv.Nr. 1977/123
Lit.: B.M. 11010

Am 23. Juli kapitulierte in Balién am Fuße der Sierra Morena ein 23000 Mann starkes französisches Heer, angeführt von General Pierre Antoine Dupont, nach einem heftigen Gefecht gegen die Spanier. Da die französischen Truppen als zu Lande fast unbesiegbar galten, wurde dieser Sieg auch außerhalb Spaniens von den Gegnern Frankreichs als Sensation gefeiert. Der Name »Dupont« auf einer der Flaggen in der rechten oberen Ecke dieses Blattes weist darauf hin, daß Gillray hier die Schlacht von Balién darstellt.

Er zeigt ein spanisches Heer, das fast nur aus resoluten Nonnen, Mönchen und Adligen besteht. So wird er der Tatsache gerecht, daß Klerus und Adel die erbittertsten Feinde der französischen Besetzer und die eigentlichen

411

Als am Morgen des 2. Mai 1808 in Madrid bekannt wurde, daß Napoleon die Verhaftung der königlichen Familienmitglieder, die noch nicht in seiner Gewalt waren, angeordnet hatte, brach ein Aufstand los. Offensichtlich wurde den Spaniern erst jetzt das Ausmaß des Verrates bewußt, den Napoleon verübt hatte, indem er das verbündete Land annektierte. Die wütenden und verzweifelten Kämpfe dieses Tages gegen die schonungslos vorgehende Übermacht der Franzosen und die Massenerschießungen des 3. Mai haben Goya zu seinen beiden berühmtesten Gemälden angeregt: El dos Mayo – El tres Mayo (Madrid, Prado).   G.H.

Träger der spanischen Erhebung waren. Unterstützt werden sie in Gillrays Darstellung durch englische Soldaten: im Vordergrund spießt ein Brite zwei affenartige Franzosen auf einmal auf sein Bajonett. Hier allerdings schmückt der Karikaturist seine Landsleute mit unverdienten Ehren, denn zum Zeitpunkt der Schlacht waren noch keine englischen Hilfstruppen in Spanien eingetroffen. Vor dem Ansturm der Spanier (dessen Brutalität angesichts der kirchlichen Gewänder nicht ohne Ironie ist) ergreifen die Franzosen entsetzt die Flucht: in der rechten oberen Ecke sieht man sie in verzweifelter Eile, einem aufgescheuchten Insektenschwarm gleich, bei dem Versuch, sich zu retten.   A.H.-W.

nach unbek. franz. Künstler
412 Der Aufstand zu Madrid

Lithographie
14,6 × 19,6 cm
Überschrift: »DER AUFSTAND ZU MADRID«, Unterschrift: »Am 2ten Mai früh Morgens brach ein allgemeiner Aufstand in Madrid aus, der einen Theil des Tages währte. / So verwegen auch das Volk war, mußte es doch vor den französischen Colonnen fliehen; Bestürzung folgte diesen / Unruhen.«
105. Tafel des Werkes: ›Das Leben Napoleons dargestellt in lithographirten Bildern nach den vorzüglichsten Original Gemälden der französischen Schule mit erläuterndem Texte nach dem Französischen‹. Frankfurt a. M. 1830
Hamburger Kunsthalle, Bibliothek, Inv.Nr. Ill.XIX.Varii 1830

412

413

Abb. 205 Wilkie, *Guerilla Kriegsrat*

David Wilkie
413 Studie zu dem Gemälde ›Guerilla Kriegsrat in einer spanischen Herberge‹
1828
Aquarellierte Bleistiftzeichnung
19 × 21 cm
Signiert und datiert: »D. Wilkie, Madrid, 25 Febry. 1828«
Edinburgh, National Gallery of Scotland, Inv.Nr. D 4294
Lit.: K. Andrews und J. R. Brotchie: Catalogue of Scottish Drawings: National Gallery of Scotland. Edinburgh 1960, S. 235

Von 1825 bis 1828 hielt sich der gefeierte ›schottische Teniers‹ David Wilkie auf dem Kontinent auf, um sich von einem Nervenzusammenbruch zu erholen. Im Oktober 1827 erreichte er Madrid; als er die Stadt im Mai 1828 verließ, hatte er drei Gemälde zum Thema der spanischen Erhebung gegen die Franzosen (1808) vorzuweisen. Alle drei Gemälde wurden von Georg IV. erworben.
Aus Madrid schrieb Wilkie an seinen Bruder: »Ich begann und beendete das erste dieser Bilder innerhalb von zehn Wochen ... Es zeigt einen Kriegsrat; und wenn die hier dargestellten Figuren auch unbedeutend sind, waren sie doch einst die einzigen Verbündeten Englands auf dem Kontinent; und wenn sie nicht ganz in Vergessenheit geraten sind, bin ich der Hoffnung, daß dieses Bild – vorausgesetzt, es erreicht England in Sicherheit – soviel für mich tun wird wie jedes andere von mir gemalte.« (Zit. in: Allan Cunningham: The Life of Sir David Wilkie, London 1843, Bd. II, S. 506-7).

Von den spanischen Bildern Wilkies schätzten der König und die englische Öffentlichkeit den ›Kriegsrat‹ am meisten: Wahrscheinlich, weil er am ehesten an die beschaulichen dörflichen Szenen erinnert, die Wilkie berühmt gemacht hatten. Die amouröse Szene im linken Bildrand, der gitarrespielende Zwerg, das Schaf unter dem Tisch – viele Details lenken von der eigentlichen Handlung ab, deren Gefährlichkeit Wilkie durch die beiden finsteren stehenden Wachposten zu suggerieren versucht. Wilkie scheint keine der Darstellungen Goyas gesehen zu haben. Er erwähnt den Maler weder in seinem spanischen Tagebuch noch in seinen Briefen, und im Mai 1828 schreibt er an einen Freund: »Die einzigen spanischen Bilder, die für England gut genug sind, sind die von Murillo und Velázquez« (Cunningham Bd. II, S. 520).

A.H.-W.

nach F. Pomares
414 Zustand Spaniens im Jahr 1810
Radierung von Bartolomeo Pinelli
14,4 × 24,6 cm,
Bez. u. l.: »F. Pomares inven.«, u. r.: »B. Pinelli del. et sculps.«, Unterschrift: »STATO DELLA SPAGNA NEL 1810, E IN PARTE DEL 1811./L'Imperatore nemico, pacificato con tutta l'Europa, volge tutte le gigantesche sue forze contro la Spagna; ed i soli Spagnuoli, coll'ajuto de/gl'Inglesi, combattono da leoni contro di lui, senza temere la morte.«
Zustand Spaniens im Jahr 1810, und teilweise noch 1811. Der feindlich gesonnene Kaiser, der mit dem übrigen Europa Frieden geschlossen hat, wendet seine gigantischen Streitkräfte gegen Spanien; und die allein gelassenen Spanier kämpfen – nur mit der Hilfe der Engländer – wie Löwen gegen ihn, ohne den Tod zu fürchten.
Hamburger Kunsthalle, Kupferstichkabinett, Inv.Nr. 1980/70

Diese Darstellung aus dem Werk ›Guerra de la Independenzia espagnola‹ macht den bittersten Abschnitt des Widerstandes der Spanier gegen die Besatzungsmacht der Franzosen auf eindrucksvolle Art deutlich: Napoleon, der nach seinem Sieg über die Österreicher 1809 sich als Herrscher über Europa fühlen konnte, ist dem Koloss von Rhodos entsprechend wiedergegeben – jener Riesenstatue der Antike, die zu den Sieben Weltwundern gehörte. Die Völker Europas bilden einen huldigenden Halbkreis, über den er seine befriedenden Arme breitet. Allein gegen die Spanier zu seinen Füßen richten sich große Pfeile, während deren Beile und Degen sich ohne Wirkung gegen den Koloß richten. In der Tat konnte Napoleon 1810 die volle Macht seiner Streitkräfte in Spanien einsetzen, so daß der unbeirrt fortgesetzte Widerstand der Bevölkerung hoffnungslos erschien. Erst als der Kaiser sich 1812 in den Krieg mit Rußland verwickeln ließ, gewannen die spanischen und britischen Gegner langsam an Boden, um die Franzosen 1813 endgültig zu vertreiben.

G.H.

Philipp Otto Runge
415 Fall des Vaterlandes
Vorzeichnung zur geplanten Vorderseite des Umschlags der Zeitschrift »Vaterländisches Museum«, 1809.
Feder, Bleistift
19,3 x 13,4 cm
Bez. u. Mitte von späterer Hand: »1809«
Hamburger Kunsthalle, Kupferstichkabinett, Inv.Nr. 34316
Lit.: Philipp Otto Runge, Hinterlassene Schriften, Hamburg 1840/41 (zitiert als HS), Bd. 1, S. 355-360; Konrad Kaiser, in: Ausst.-Kat.: Patriotische Kunst aus der Zeit der Volkserhebung, Berlin (Ost) 1953, S. 18-21; Traeger 1975, Nr. 467, S. 76; Peter-Klaus Schuster, Rezension von Traeger 1975, in: Kunstchronik, Jg. 30, 1977, S. 273-290, hier S. 266; Jens Christian Jensen, Philipp Otto Runge. Leben und Werk, Köln 1977, S. 182 f.; Hanna Hohl, in: Ausst.-Kat.: Runge in seiner Zeit, Hamburger Kunsthalle, München 1977, Nr. 80; Konrad Feilchenfeldt, Runge – der patriotische Künstler, in: Runge. Fragen und Antworten. Ein Symposion in der Hamburger Kunsthalle, München 1979, S. 31-47, hier S. 34-37

Zwei Jahre, bevor Napoleon Hamburg besetzte, bereitete der dortige Verleger Friedrich Perthes die Gründung der Zeitschrift ›Vaterländisches Museum‹ vor. Sein Ziel war es, angesichts des drohenden Untergangs Kräfte einer nationalen Erneuerung zu sammeln – mit seinen Worten: »ernste Sorge zu tragen für Erhaltung deutscher Bildung und für Bewahrung deutsch-eigenthümlicher Art und Wissenschaft und Kunst« (HS I, S. 356). Für den Umschlag zeichnete Runge diesen Entwurf, den Perthes allerdings aus Furcht vor Zensur durch eine weniger »schneidend deutliche« (ebd., S. 360), verschlüsselte Variante (Kat. 416a) ersetzen ließ. Aus einer Beschreibung Daniel Runges (ebd., S. 359f.) und durch die Analogie zu Joseph von Görres' in der gleichen Zeitschrift erschienenen ›Reflexionen‹ (Feilchenfeldt 1979, S. 32-37) läßt sich das anschaulich Lesbare dieser Allegorie erhärten. Das gestürzte Vaterland erscheint als männlicher Leichnam, über den die Witwe, ihr Kind auf den Schultern, Erdschollen pflügt. Den Pflug zieht Amor. Die Berufung auf eine alchimistische Bildtradition (Schuster 1977, S. 286, Abb. 5) unterstreicht den anschaulichen Sinn des Motivs: Durch den aufopfernden Einsatz der Überlebenden wird aus der Scholle des Gefallenen eine neue Saat aufgehen. Die Randleiste mit den rankenden Passionsblumen überhöht diesen Gedanken in christlichem Sinne als Opfertod und Auferstehungshoffnung. Rahmende Lanzen und Schwerter präzisieren die Bedeutung des Krieges. Das bekrönende Janushaupt zeugt vom Bewußtsein einer historischen Wende.

Konrad Feilchenfeldt (1979, S. 34-37) hat jüngst versucht, durch den Vergleich der Darstellung mit ähnlichen Metaphern in Görres' Aufsatz Runges Patriotismus zu einer künstlerischen Lebensform, die keiner einzelnen Nation verpflichtet sei, zu entschärfen. Dem ist entgegenzuhalten, daß Runges politisches Denken wie das Caspar David Friedrichs zwar eingebettet war in eine heilsgeschichtliche Epochenvorstellung mit stetiger Erneuerung, daß er aber in der Situation napoleonischer Bedrohung wußte, auf welcher Seite er stand; hatte er doch schon 1805 an seinen Schwiegervater geschrieben: »Die Unverschämtheit der Franzosen wächst so ungeheuer, daß es unmöglich scheint, daß den Mächten, die noch neutral bleiben wollen, nicht die Augen aufgehen sollten. Gott gebe es, daß durch eine reelle Gesinnung in der Koalition dem gränzenlosen Elende, welches die Franzosen über die Welt bringen würden, ein Ziel gesetzet werde, und jeder Einzelne sich in seinem Herzen, wie billig, empört fühlen möge gegen die Niederträchtigkeit ihrer Tendenz« (HS. II, S. 294).

Wenn Görres' Analogiequelle genügt, die Erneuerungssymbole Januskopf und Pflügen in die Sphäre des Ewigen zu entrücken, so sollte anderseits auch dessen Forderung ausgewertet werden, »deutsche Sinnesweise sollte zur herrschenden in der Geschichte werden« (zit. nach Feilchenfeldt, S. 33). Welches Vaterlandes Fall sollte Runge gemeint haben? Zweifellos den des deutschen. Das Zurückhalten des Blattes durch Perthes spricht für sich. Daß Runges politische Hoffnung allerdings sehr unbestimmt und in eine religiöse Utopie eingebettet war, resultiert u.a. aus seinem Mißtrauen gegen Preußen und der Unerreichbarkeit einer bürgerlichen Republik.

S. H.

416a

416b

Philipp Otto Runge
416a Not des Vaterlandes
Vorzeichnung zur Vorderseite des Umschlags der Zeitschrift ›Vaterländisches Museum‹
1809 oder 1810.
Feder, Bleistift
35,4 × 23,4 cm
Hamburger Kunsthalle, Kupferstichkabinett, Inv.Nr. 34278

Philipp Otto Runge
416b Not des Vaterlandes
Vorzeichnung zur Rückseite des Umschlags der Zeitschrift ›Vaterländisches Museum‹, 1809 oder 1810
Feder, Bleistift
35,4 × 23,8 cm
Hamburger Kunsthalle, Kupferstichkabinett, Inv.Nr. 34279
Lit.: Traeger 1975, zu Nr. 469, 470, S. 76; ferner wie Kat. Nr. 415

Aus Vorsicht vor Zensur verwendete Perthes Runges ersten Entwurf zum ›Vaterländischen Museum‹, den ›Fall des Vaterlandes‹ (Kat. 415), nicht und bestellte eine weniger »schneidend deutliche«, verklausulierte Variante. Runge ersetzte das Wiedergeburtsmotiv des Pflügens über dem Gefallenen durch einen ruten- oder fackelschwingenden Engel über einem geborstenen Herzen. Geblieben sind das Selbstopfer- und Auferstehungssymbol der Passionsblume, die hier Spaten und Hellebarden umrankt, sowie das Janushaupt. Eine Strahlengloriole um den Engel überhöht die Aussage ins Sakrale. Gemeint ist, daß aus dem zerbrochenen Herzen der Nation durch die Fackel der Liebe, durch Arbeit und Kampf eine erneuernde Zeitenwende möglich sei. Liest man das Attribut des Engels als Rute, so lautet die Deutung nach Traeger (1975, S. 76): »Ein höheres Geschick zwingt durch die Rute des Krieges dem Herzen der Nation Leiden auf, die nur durch Arbeit (Spaten) und Kampf (Hellebarde) zu überwinden sind.« Der Entwurf für die Rückseite zeigt den Engel im Begriffe, das Herz zu entflammen, aus dem Maiglöckchen aufstrebenden Lilien entgegenwachsen, deren Blüten richten sich auf die strahlenumgebene Taube – Vsion des herbeigesehnten Friedens aus der erneuernden Kraft der Liebe. Selbst in dieser verschlüsselten Form scheinen die Darstellungen noch politischen Anstoß erregt zu haben. Sie wurden, in Holz gestochen von Friedrich Wilhelm Gubitz, nur für ein Heft verwendet und mußten in der letzten Ausgabe einem einfachen Eichenband weichen, ehe die Zeitschrift infolge der Napoleoninvasion ihr Erscheinen einstellen mußte. S.H.

Gottfried Schadow
417 Das Hallische Tor
1813
Radierung
15,8 × 20 cm (Platte)
Bez. u. l.: »Gilrai a Paris IIII« u. re.: »22. August 1813«
Hamburger Kunsthalle, Kupferstichkabinett, Inv.Nr. 38367
Lit.: Hans Mackowsky, Schadows Graphik, Berlin 1936, Nr. 60; Konrad Kaiser, Gottfried Schadow als Karikaturist, Dresden 1955, S. 17

In diesem Kampfbild gegen die französischen Invasoren rühmt Schadow den Erfolg der preußischen Landwehr, die die französischen Truppen unter Marschall Dudinot bei Großbeeren drei Wegstunden vor Berlin zum Stehen gebracht hat. Während er die Preußen in unerschütterlicher Gelassenheit zeigt, erscheinen die Franzosen trotz überlegener Waffen lächerlich hilflos und im Begriffe zu fliehen. Den Hintersinn der Szenen schlüsselt Mackowsky im einzelnen auf: »Am Steinpfosten des alten Halleschen Tores ist neben dem Landwehrmann der Berliner Bär mit Kreuzmütze, Revolver und geschulterter Flinte angetreten und grunzt den andringenden Franzosen ein: Wer da! entgegen, vor dem sie zurückweichen. Einer der Feinde duckt sich erschreckt zur Flucht, ein zweiter taumelt zurück vor dem Bajonett des Landwehrmannes, der ihm einen Stich in die Nase versetzt. Der kleine Tambour stolpert zu Boden mit seiner großen Trommel: »France! ton tambour tombe...« Die Entfernteren äußern mühsame Selbstermutigung, Bedauern, lähmenden Schrecken und hochmütige Verachtung, was alles Bei- und Unterschriften erklären. So steht neben dem Offizier, der den Säbel reckt: »ferme à plomb« (Kunstausdruck der französischen Fechtmeister), neben dem Sergeanten: »Oh les beaux quartiers«, unter

dem verblüfften kleinen Soldaten: »Tappedrû déroutè«, neben dem hochnäsigen Offizier: »Cet Ours nous l'avions aprivoisé mais il a repris son naturel«. In der Umgebung der Verteidiger waltet Sorglosigkeit aus dem Gefühl des Gesichertseins. Vor der Wache hinter dem Torpfosten sitzt geruhsam der Offizier neben dem stehenden Wachsoldaten; außerhalb des Tores unterhalten sich drei Berliner Damen auf dem Vorplatz eines Hauses beim Kaffee. Ein dicker Bauer ganz rechts im Vordergrunde sieht schmunzelnd dem Treiben der Feinde zu.
Links im Hintergrunde tobt die Schlacht. Auf dem Windmühlenhügel vor seinem Zelte hält zu Pferde Bernadotte. Ein Landwehrmann haut mit dem Gewehrkolben (dat fluscht) auf fünf zusammengestürzte Franzosen ein. Aufgefahrene Kanonen treiben die feindliche Kavallerie in die Flucht.« (Mackowsky 1936, S. 82) S.H.

Gottfried Schadow
418 Die Freude der großen Nation

1813
Radierung
15,8 x 20 cm (Platten)
Bez. u. l.: »Joye de la grande nation. a paris chez Gilrai«
Hamburger Kunsthalle, Kupferstichkabinett, Inv. Nr. 38369
Lit.: Hans Mackowsky, Schadows Graphik, Berlin 1936, Nr. 58; Konrad Kaiser, Gottfried Schadow als Karikaturist, Dresden 1955, S. 16f.

Schadows Spott gilt hier dem französischen Rückzug, den Napoleon seinem Volke als Kette von Siegesnachrichten meldete. Sein Sarkasmus trifft in allegorischer Verschlüsselung Napoleons Ruhmsucht, während er die französische Nation kritisch und argwöhnisch charakterisiert. Treffend ist Kaisers deutende Beschreibung: »Fama bläst mit vollen Backen die Siegestrompete. Sie liegt rückwärts gerichtet, bäuchlings auf dem reißausnehmenden korsischen Eber und hält sich dabei am Ringelschwanz des heroischen Tieres fest, das sich in so schnellem Lauf befindet, daß der pummligen Fama die Kleider vom blanken Hinterteil davonwehen. Ein uniformierter Vertreter der Großen Nation vergnügt sich an solchem Anblick. Das Grunzen des Ebers wird als Siegesverkündung ausgelegt und offiziell notiert. Gegenüber den napoleonischen Kreaturen, die selbst aus dem Rückzug Siegesmünze schlagen, verhält sich das französische Volk anders: man grinst, man reibt sich die Hände und empfindet die Trompetenmusik der häubchengezierten Fama als falsch oder langweilt sich über die gewohnten Töne. Ein ausgehungerter Köter verrichtet ob des ganzen Theaters seine Notdurft.« (Kaiser 1955, S. 16f.) S.H.

417

418

Leitfiguren im Kampf gegen Napoleon

nach Vincenz Georg Kininger

419a Kampfszene aus dem Ersten Koalitionskrieg mit Christoph Hirschel und Carl Klösch

um 1793
Aus der Folge: ›Heldentaten österreichischer Soldaten in den Feldzügen 1792-1793‹.
Kolorierte Radierung von Adam Bartsch nach einer Zeichnung Kiningers.
38,4 x 29,9 cm (Platte)
Wien, Heeresgeschichtliches Museum, Inv.Nr. B I 4.440/2

Der deutsche Text der deutschen und französischen Beischrift lautet: »Christoph Hirschel, Corporal, und Carl Klösch, Gemeiner vom zweyten Garnisons-Regiment. Diese zwey braven Männer haben, mit Aussetzung ihres Lebens, den tödlich verwundeten Oberlieutenant Wilhelm unter dem heftigsten Feuer weggetragen, und aus des Feindes Händen gerettet. Den 12. Junius, 1793.«

nach Vincenz Georg Kininger

419b Der Soldat Georg Toth rettet seinen Rittmeister

um 1793
Aus der Folge: ›Heldentaten österreichischer Soldaten in den Feldzügen 1792-1793‹.
Kolorierte Radierung von Adam Bartsch nach einer Zeichnung Kiningers.
38,5 x 30 cm (Platte)
Wien, Heeresgeschichtliches Museum, Inv.Nr. B I 4.440/4

Der deutsche Text der deutschen und französischen Beischrift lautet: »Georg Toth, Gemeiner vom k. k. Husaren-Regiment Erdödy, gibt seinem vom Pferde gefallenen Rittmeister das eigene Pferd, und errettet ihn dadurch aus der Gefahr, in feindliche Gefangenschaft zu geraten. Im Jahr 1793.«

nach Vincenz Georg Kininger

419c Kampfszene aus dem Ersten Koalitionskrieg mit Daniel Lukatsy und Barothi

um 1793
Aus der Folge: ›Heldentaten österreichischer Soldaten in den Feldzügen 1792-1793‹.
Kolorierte Radierung von Adam Bartsch nach einer Zeichnung Kiningers.
37,9 x 29,9 cm (Platte)
Wien, Heeresgeschichtliches Museum, Inv.Nr. B I 4.440/1

Der deutsche Text der deutschen und französischen Beischrift lautet: »Daniel Lukatsy und Barothi, k.k. Soldaten vom Husaren-Regiment Erzherzog Leopold. Diese zwey Männer haben ihrem braven Obersten Ott, welcher vom Feinde schon gänzlich umrungen war, bey Bellheim das Leben gerettet, indem sie die Feinde, welche ihn tödten wollten, niedersäbelten. Den 17. May 1792.«

Diese aktuellen Darstellungen gehen über übliche, auf malerische Reize von Uniformen und Lagerromantik zielende Kriegsszenen hinaus. Zwei von ihnen zeigen unverblümt die Brutalität des Nahkampfes wie aus der Sicht des exponierten Augenzeugen. Sie waren jedoch nicht abschreckend, sondern als moralischer Ansporn gemeint. Indem sie, durch Beischrift bekräftigt, jeweils einen oder zwei Soldaten als selbstlose Retter zum beispielhaften Tugendhelden erheben, sprechen sie die patriotische Opferbereitschaft des Betrachters an. Die dargestellten Taten sind nicht von allgemeiner Nächstenliebe getragen, sondern stehen in einem standesbezogenen Tugendraster: Hervorgehoben wird der ›gemeine Soldat‹, der, das Leben seines Offiziers zu retten, sein eigenes aufs Spiel setzt. Blätter wie diese dienten somit, gerade indem sie den einfachen Soldaten heroisieren, dazu, die nach Klassen gegliederte Hierarchie des Heerwesens zu stärken.

S. H.

Heinrich Friedrich Füger
420 Apotheose des Erzherzogs Karl
1796
Öl auf Leinwand
112 x 89 cm
Wien, Heeresgeschichtliches Museum,
Inv. Nr. BI 30631
Lit.: Wilhelm John, Erzherzog Karl. Der Feldherr und seine Armee, Wien 1913, S. 60, Abb. S. 21

Erzherzog Ludwig Johann Karl von Österreich gewann größere Beliebtheit als sein jüngerer Bruder Kaiser Franz II. Als Generalstatthalter der österreichischen Niederlande bereits in den Revolutionskriegen seit 1793 zu militärischem Ruhm gelangt, erhielt er 1796 als Reichsfeldmarschall das Oberkommando über die österreichische Rheinarmee. Fügers Gemälde preist seinen Erfolg, die französischen Truppen über den Rhein zurückzudrängen. Der Sieg brachte ihm den Ruf des ›Retters Germaniens‹ ein. Um dem gerecht zu werden, entrückt Füger die Verherrlichung des Feldherrn in die mythische Welt Ossians, jener Dichtung des Schotten Macpherson, die damals noch als ursprüngliche gälisch-nordische Heldensage galt (vgl. hierzu den Ausst.-Kat.: Ossian und die Kunst um 1800, Hamburger Kunsthalle, München 1974, vgl. ebd. Nr. 42, eine vergleichbare Zeichnung von Koch). Porträt des Zeitgenossen und Mythos einer fernen Zeit sind ineinander verwoben: Rechts besingt ein Barde zur Harfe den Kampfesruhm, der in Gestalt eines ossianischen Heroen auf Wolken herabschwebt und den Erzherzog bekränzt. Durch die Ritterrüstungen wird zudem deutlich, daß der besungene Sieg der alten Feudalordnung dient. Ohne Bezug auf eine bestimmte Person beschwor in Frankreich Gérard auf ähnliche Weise alte, vorrevolutionäre Zeiten (Kat. 435). Wie austauschbar derartige Mythen im Dienst verschiedener politischer Kräfte waren, bezeugt die wenig später einsetzende ossianische Napoleonverklärung in Frankreich durch Künstler wie Girodet (Kat. Ossian a. a. O., Nr. 88) und Franque (Kat. 363). S.H.

Fietta
421 Der Triumph der Gerechtigkeit und der Wahrheit
1799
Kolorierte Radierung
33,6 x 38,9 cm
Bez. u. r.: »Fietta invenit et direxit 1799«
Wien, Heeresgeschichtliches Museum,
Inv. Nr. BI 22.460
Lit.: Wilhelm John, Erzherzog Karl. Der Feldherr und seine Armee, Wien 1913, Abb. S. 30.

Der deutsche Teil der italienischen und deutschen Beischrift lautet: »Angekettet an Carls Siegeswagen, jene Halb-Götter, Herkules und Achilles, / Führt sie jener große Held, aus dem Siege zur Schau! / Zeigt dem Feind seine Schwäche, / Und der unterdrückten Menschheit bringt er Erleichterung und Wonne. Dafür krönt die Göttin der Gerechtigkeit Den würdigen Helden mit Ruhm und Ehre, Weil Ehr als Österreichischer Held Gott gibt, was Gottes ist, / Und der Menschheit das, was der Menschheit gehört.«

Die volkstümliche Apotheose des österreichischen Erzherzogs Karl buchstabiert die Rühmung des Feldherrn mit herkömmlichen emblematischen Mitteln. Von den griechischen Heroen Herkules und Achill gezogen und von der Gerechtigkeit bekränzt, erscheint der Erzherzog im Triumphwagen unter der Strahlensonne Gottes. Ein Reitergefecht im Mittelgrund verweist auf den militärischen Kontext des gepriesenen Ruhmes. Erzherzog Karl, seit 1796 als Reichsfeldmarschall Oberkommandeur der österreichischen Rheinarmee, hatte als ›Retter Germaniens‹ die Franzosen über den Rhein gedrängt. Dieses Blatt bezieht sich auf den Zweiten Koalitionskrieg, in dem er 1799 die französische Armee unter General Jourdan bei Ostrach und Stockach und General Masséna bei Zürich geschlagen hatte. S.H.

420

421

422

423

Philippe Jacques de Loutherbourg
422 Allegorie auf die Siege Nelsons
um 1799
Lavierte Federzeichnung
50,2 × 40,3 cm
Signiert: »P. I. de Loutherbourg RA del. and inv.«
London, British Museum
Lit.: Joppien 1973, Nr. 68, Abb. 68

Dieser Entwurf eines Titelblattes oder einer Titelvignette für ein Buch mit dem Titel ›Nelsons's Victories‹ entstand nach Joppiens Ansicht um 1799. Den unmittelbaren Anlaß für die geplante Publikation bot Nelsons Vernichtung der französischen Flotte bei Abukir im August 1798, ein Thema, das Loutherbourg 1800 in einem großformatigen Gemälde darstellte (London, Tate Gallery). Diese allegorische Zeichnung bezieht sich nicht auf eine bestimmte Schlacht, sondern feiert allgemeiner Englands Stärke als Seemacht. Auf einem Felsen im Meer steht Britannia, versunken in den Anblick der von himmlischen Strahlen erleuchteten Büste Georgs III. Mit der Linken hält sie eine Bibel, auf der Schwert und Zepter liegen: Symbole für Kirche und konstitutionelle Monarchie, die Grundpfeiler Englands. Ihre rechte Hand zeigt auf den wütenden englischen Löwen, unter dessen Tatzen ein Dreizack und ein Liktorenbündel auf Englands militärische Stärke verweisen. Rechts schüttet ein Füllhorn Reichtümer über England aus, es wird durch die lorbeergeschmückten Wappen Irlands, Englands, Schottlands und Wales (mit der Aufschrift »ich dien«) halb verdeckt: Einheit und Prosperität Großbritanniens bleiben auch in Krisenzeiten (symbolisiert durch die stürmische See) gesichert. A.H.-W.

William Blake
423 Die geistige Gestalt Nelsons lenkt den Leviathan
um 1808
Bleistiftzeichnung
29,0 × 20,5 cm
London, British Museum
Lit.: Erdman 1969, S. 448 ff., Tafel VIII; Keynes 1970, Nr. 46 (Abb.); Davis 1977, S. 126; Bindman 1977, S. 163, Abb. 121

Dieses Blatt ist eine Studie zu dem gleichnamigen Gemälde (Abb. 206), das Blake 1808 in seinem Haus zusammen mit dem Pendant ›Die geistige Gestalt Pitts lenkt den Behemoth‹ ausstellte. Anders als etwa Benjamin West in seiner Apotheose Nelsons (Abb. 207) verbindet Blake jedoch mit diesen Darstellungen keinerlei patriotische Absichten. Nelson erscheint zwar im Gemälde in engelhaft schöner Gestalt und mit friedlichem Ausdruck, er hält aber an der linken Hand ein grausames Untier, das sich gnadenlos um mehrere verzweifelte Gestalten windet, die wohl die England feindlich gesonnenen Mächte verkörpern. Blake nennt das Monstrum Leviathan: Hier bezieht er sich wahrscheinlich besonders auf das Buch Hiob, in dem Leviathan — ein mächtiges Wasserungeheuer – als Sinnbild für die unbezwingbare Stärke Gottes steht. Nelson erscheint also als Instrument göttlicher Gewalt, wie die Engel der Verheißung von Gott gesandt, um vor dem Jüngsten Gericht die Welt zu zerstören. Seine Siege zur See kündigen zugleich das Ende der Welt an: Die englische Geschichte wird in den Kontext einer apokalyptischen Menschheitsgeschichte gesetzt.

Wenn Blake Nelson auch in eine kosmische Ordnung einfügt und letztlich als Werkzeug Gottes zeigt, rechtfertigt er nicht seine Taten. Nicht nur in den vom Ungeheuer erdrosselten Gestalten, auch in dem unter Nelsons Füßen liegenden Negersklaven (nur auf dem Gemälde erkennbar) schildert er zu deutlich die Qualen seiner Opfer, Opfer der vernichtenden Seemacht und tyrannischen Kolonialpolitik Englands. Erdman zitiert aus unpublizierten Notizen, in denen Blake, Pitt und Nelson drastisch als »verachtenswerte Idioten, die seit den letzten Jahren große Männer genannt werden« bezeichnet (vgl. Erdman 1969, S. 449).

Erdman weist außerdem auf eine weitere Dimension der Darstellung hin: Auf dem Gemälde erkennt er rechts, genau unter dem Kopf des Untiers, die Figur Christi von ihm umschlungen. Auch in diesem Bild der Vernichtung durch einen rächenden Gott und sein Instrument weist Blake also auf die Möglichkeit der Erlösung durch Christus hin. A.H.-W.

424

Abb. 206 Blake, *Die geistige Gestalt Nelsons*

James Gillray
424 Der Tod Nelsons im Augenblick des Sieges

23. 12. 1805
Kupferstich
33,7 x 26,3 cm
Lübeck, Privatbesitz
Lit.: B. M. 10442

Am 21. Oktober 1805 gelang Nelson ein weiterer entscheidender Seesieg: Bei Kap Trafalgar zerstörte er eine Flotte von 33 französischen und spanischen Schiffen und sicherte so die englische Seeherrschaft. Während des Gefechtes wurde er durch einen französischen Scharfschützen tödlich verwundet und lebte gerade noch lange genug, um vom sicheren Sieg der Engländer zu erfahren. Schon zu Lebzeiten war Nelson durch seinen Sieg bei Abukir (1798) zum populären Helden geworden, der auch als solcher immer wieder in der antifranzösischen Propaganda auftauchte. Die Nachricht von seinem Tod, die am 6. November London erreichte, löste große Bestürzung aus. Mit seiner Karikatur antwortet Gillray auf die vielen Rufe nach einem Denkmal für den Admiral: laut Inschrift ist sie der Entwurf für ein von der Stadt London vorgesehenes Monument.

Gillray mischt Allegorie und Reportage: Hemmungslos schluchzend stützt Britannia den sterbenden Nelson, um den sich außerdem Kapitän Hardy und zwei junge Matrosen kümmern. Rings um die Gruppe tobt die Schlacht, eine Fama verkündet jedoch bereits den unsterblichen Ruhm des Admirals. Bei allem Patriotismus macht sich Gillray hier auch über die Neigung seiner Zeitgenossen lustig, militärische Führer als Helden zu idealisieren und ihren Tod in großen, dramatischen Gemälden von fast religiösem Anspruch darzustellen (vgl. Kat. Nr. 425 und Abb. 207). Als Vorbild diente ihm wahrscheinlich Benjamin Wests wohl bekanntestes und erfolgreichstes Historienbild dieser Art, sein »Tod des Generals Wolfe« (1969, Abb. 168). A.H.-W.

425

Benjamin West
425 Der Tod Nelsons
1808
Öl auf Leinwand
88 x 72 cm
Signiert und datiert: B. West 1808
London, National Maritime Museum
Lit.: Evans 1959, S. 89-90, Abb. 65

1807 notierte der englische Maler Joseph Farington in seinem Tagebuch den folgenden Ausspruch Wests: »[General] Wolfe must not die like a common soldier under a bush; neither should Nelson be represented dying in the gloomy hold of a ship, like a sick man in a prison hole — to move the mind there should be a spectacle presented to raise & warm the mind, & all should be proportioned to the highest idea conceived of the hero . . .« (»General Wolfe darf nicht wie ein einfacher Soldat unter einem Busch sterben; ebensowenig sollte man Nelson zeigen, wie er in düsterer Schiffskabine stirbt, wie ein Kranker in einem Gefängnisloch — um die Seele zu bewegen, sollte man ein Bild zeigen, das den Geist erhebt und wärmt, und alles sollte der höchsten Vorstellung angepaßt sein, die man sich von dem Helden machen kann.«)[1] Im selben Jahr stellte West in der Royal Academy seine ›Apotheose Nelsons‹ (National Maritime Museum, London) aus (Abb. 207), ein allegorisches Gemälde, in dem er entsprechend den von Farington notierten Prinzipien einen idealisierten Nelson zeigt, der von Neptun aus den Wellen gehoben und von der trauernden Britannia in Empfang genommen wird. Ganz anders jedoch hat West das Thema ein Jahr später in dem hier gezeigten Gemälde gestaltet: Nelson liegt im düstern Cockpit seines Schiffes ›Victory‹, umgeben von seinen Offizieren. Er trägt keine äußeren Zeichen seiner Würde an sich, sondern ist nur durch ein rüschenbesetztes Tuch bedeckt. Sein Gesicht ist schmerzverzerrt, der Blick zum Himmel gewandt. Der Admiral wird hier nicht als Held, sondern als leidendes Individuum gezeigt: West will nicht die Bewunderung, sondern das Mitleid und Mitfühlen des Betrachters wecken. A.H.-W.

1. Hrsg. James Greig: The Farington Diary. Bd. IV. London 1925, S. 151

Abb. 207 West, *Apotheose Nelsons*

Philipp Otto Runge

426 Die Buben der zweiten Spielkartenfassung

um 1809
Vorzeichnungen für die von Friedrich Wilhelm Gubitz in Holz gestochenen Spielkarten
Hamburger Kunsthalle, Kupferstichkabinett

a Herzbube
Feder in Schwarz, Aquarell in Rot (Herz)
Montiert, 4,7 x 5,7 cm
Inv.Nr. 1925/153

b Karobube
Feder in Schwarz, Aquarell in Rot (Karo)
Montiert, 4,6 x 5,7 cm
Inv.Nr. 1925/154

c Kreuzbube
Feder und Pinsel in Schwarz
Montiert, 4,7 x 5,7 cm
Inv.Nr. 1925/155

d Pikbube
Feder und Pinsel in Schwarz
Montiert, 4,6 x 5,8 cm
Inv.Nr. 1925/156

Lit.: Traeger 1975, Nr. 454-457, S. 138; Hanna Hohl in: Ausst.-Kat.: Runge in seiner Zeit, Hamburger Kunsthalle, München 1977, Nr. 82; Detlef Hoffmann, Die Kartenspiele Philipp Otto Runges, München 1977 (mit Faksimileausgabe), bes. S. 20-26; Konrad Feilchenfeldt, Runge – der patriotische Künstler, in: Runge. Fragen und Antworten. Ein Symposion der Hamburger Kunsthalle, München 1979, S. 30-47, hier S. 37f.

Für den Kupferstecher Gustav Andreas Forsmann, der in Hamburg eine Spielkartenfabrik gründete, lieferte Runge diese Entwürfe, die Friedrich Wilhelm Gubitz 1810 in Holz stach. Schon die Zeitgenossen, denen ähnliche französische Kartenspiele mit zeitgeschichtlichen Bezügen bekannt waren (vgl. Hoffmann 1977, Abb. 1-4), sahen darin Anspielungen auf die aktuelle Lage. Gubitz selbst erwähnt in einem späteren Aufsatz, wie Feilchenfeldt (1979, S. 38) nachgewiesen hat, daß man mit Herz den Mut assoziierte, mit Pik und Karo Waffen und mit Treff Lagerproviant. Daß diese Verschlüsselungen sich auf die Freiheitskriege beziehen, unterstreicht die schon von Daniel Runge geäußerte Vermutung, die Köpfe stellten Militärhelden der Gegenwart dar. Im Pikbuben sah er den preußischen Major und Freiheitskämpfer Ferdinand von Schill, im Herzbuben den französischen General Joachim Murat. Solche versteckten Hinweise auf Feldherrn der Napoleonzeit sind sehr wahrscheinlich, wenn auch bis heute eine eindeutige Bestimmung nicht gelungen ist. Gubitz erkannte Schill nicht im Pik-, sondern im Treffbuben. Träfe es zu, daß einer der Dargestellten Napoleons Feldherr Murat ist, so würde Feilchenfeldts These untermauert, daß Runges Patriotismus »keine nationale Begrenzung kennt« (1979, S. 38). Demgegenüber ist der Vorschlag von Cornelius Steckner zu prüfen, ob Runge nicht die geheimen Oberpräsidenten der preußischen Länder, Graf Oberst Goetzen (Herz), Major Chasot (Karo), Major Schill (Kreuz) und Oberst Freiherr von Dörnberg (Pik) gemeint (Anhang zu Feilchenfeldt 1979, S. 46) und damit für die deutsche Befreiung Stellung genommen habe. Für eine nationale Parteinahme spricht die Tatsache, daß Runge als Joker die symbolische Darstellung ›Not des Vaterlandes‹ (vgl. Kat. 416b) verwendet hat.

S.H.

Peter Krafft

427 Erzherzog Karl mit seiner Suite in der Schlacht von Aspern 1809

nach 1819
Öl auf Leinwand
42 x 58 cm
Wien, Heeresgeschichtliches Museum
Inv.Nr. B I 16.607
Lit.: Ausst.-Kat.: La Peinture militaire en Europe, Salon de l'Armée, Paris 1953, Nr. 70; vgl. Sammlungs-Kat.: Österreichische Galerie, Galerie des 19. Jahrhunderts, Wien 1924, Nr. 195, S. XLVf. (zur großen Fassung)

Späte Replik oder Kopie des 6,83 Meter breiten Gemäldes, das Krafft 1819 im Auftrag von Wiener Bürgern für das Invalidenhaus der Stadt gemalt hat (heute als Leihgabe in der Österreichischen Galerie Wien). Erzherzog Karl Ludwig Johann (1771-1847) befehligte seit dem Preßburger Frieden von 1805 als Generalissimus und Kriegsminister mit unumschränkter Vollmacht das österreichische Heer. Im Österreichisch-Französischen Krieg von 1809 gelang es ihm, Napoleons Armee in der Schlacht bei Aspern und Eßlingen am 22. und 23. Mai zu schlagen. Als »Überwinder des Unüberwindlichen« (Kleist) trug er durch diesen Sieg zur moralischen Aufrichtung der Nation bei. Wenn dadurch auch der Zusammenbruch Österreichs nach der Niederlage bei Wagram nicht abgewendet wurde, blieb die Schlacht doch als erster Einbruch des napoleonischen Siegeslaufs im allgemeinen Bewußtsein. Als solchen

427

hatte Krafft sie zu feiern, als er zehn Jahre später den Auftrag zu dem monumentalen Schlachtengemälde für das Invalidenhaus erhielt. Für diesen Zweck mußte zugleich der hohe Preis an Toten und Verwundeten durch das patriotische Leitbild der Feldherrngestalt verdrängt bzw. überhöht werden. Wenige Gefallene und Verletzte im Vordergrund lassen die tatsächliche Verlustquote — 23 340 Österreicher und 44 373 Franzosen — vergessen. Sie werden überstrahlt vom scheinbar unverletzlichen Generalissimus und seinem Gefolge, der jetzt gebieterisch jene zentrale Stelle im Bilde einnimmt, die in europäischen Schlachtenbildern der Vorjahre stets Bonaparte besetzt hatte (vgl. Kat. 389). S.H.

Johann Blaschke
428 Hofers Tod

um 1810
Radierung
16 x 10,2 cm
Wien, Heeresgeschichtliches Museum
Inv.Nr. B I 17.318

Das Blatt entstand wahrscheinlich aus aktuellem Anlaß. Andreas Hofer, der Anführer des Tiroler Volksaufstands gegen die französische und bayrische Besetzung, wurde nach der endgültigen Niederlage am Berg Isel auf Befehl Napoleons am 20. Februar 1810 standrechtlich erschossen. Er wurde so, auch über die Grenzen Österreichs hinaus, zum Märtyrer des Widerstands gegen Napoleons Hegemonialstreben (vgl. Kat. 516, 429). S.H.

Ludwig Wolf
429 Andreas Hofer, Anführer des Tiroler Insurgenten

um 1810
Radierung
40 x 28,9 cm (Platte)
Bez. u. r.: »L. Wolf del. sc«
Wien, Heeresgeschichtliches Museum
Inv.Nr. B I 4.821

Nach der Niederlage gegen die französischen Truppen fiel Tirol im Frieden von Preßburg 1805 an Bayern und damit in den französischen Einflußbereich. Die Fremdherrschaft abzuschütteln, formierte sich während des österreichisch-französischen Krieges 1809 in Tirol ein Volksaufstand. Sein politischer Anführer war der Gastwirt Andreas Hofer. Obwohl es dem Landsturm zweimal gelang, die Besetzer aus dem Lande zu drängen, unterlagen die Tiroler schließlich in der Schlacht am Berg Isel. Hofer wurde auf Befehl Napoleons standrechtlich erschossen. Die Hinrichtung machte ihn zum Märtyrer des Freiheitskrieges weit über die Grenzen Tirols hinaus. In diesem Sinne ist das Blatt des Berliners Wolf zu verstehen. Es ist ein Gedächtnisbild, das Hofer zu einem Leitbild des Widerstandes monumentalisiert. Die Darstellung hebt einzig ihn als Helden hervor und gibt ihm durch den traditionellen Herrschergestus die Würde eines Feldherrn; der tobende Kampf des Landsturms im Hintergrund wird zu seinem Attribut. S.H.

428

429

Nachtgedanken

»So malen wir überall, wie Milton, das verlorene Paradies feuriger als das wiedergewonnene, die Hölle, wie Dante, besser als den Himmel.« (Jean Paul)

Der Titel dieses Kapitels ist Young entlehnt. Die ›Complaints or Night Thoughts on Life, Death and Immortality‹ erschienen in neun Gesängen von 1742 bis 1745. Young formte aus seinem privaten Schicksal, dem Tod von Frau, Stieftochter und Schwiegersohn, eine weitläufige Meditation über die Vergänglichkeit und Nichtigkeit alles Irdischen. Seiner Totenklage entnahm die europäische Geisteswelt der Aufklärung den mahnenden Hinweis auf die Kehrseite der von Vernunft gelenkten Weltaneignung. Youngs Memento-Ruf reichte bis in das 19. Jahrhundert. Er gab der Melancholie wieder Stimme und Ausdruck. Sie verkündet die Poesie der Abgeschiedenheit und durchwandert die schmerzvollen Irrwege menschlichen Suchens und Vollbringens. Blake fügte das Werk seines Landsmannes seinem eigenen, konfliktgeladenen Weltbild ein (Kat. 430), in den ›Nachtwachen des Bonaventura‹ (1805) wird die Gräberpoesie der Engländer, die Young einleitete, in einen wahnwitzigen Mummenschanz verwandelt, und am andern, kühlen Ende der Formskala steht Friedrichs ›Mönch am Meer‹ (1810), ein Bild, dem Kleist bescheinigte, es liege wie die Apokalypse da, »als ob es Youngs Nachtgedanken hätte...«

Auch in Spanien wurden die ›Noches‹ von Young gelesen, die erste Übersetzung erschien in den ›Obras selectas‹ (1789-97). Goyas Freund Meléndez Valdés wurde mit Youngs Werk in seinen Studienjahren in Salamanca vertraut. Wahrscheinlich hat Goya die ›Noches‹ gekannt, doch hat man seine Berührung mit Young auf einer anderen Ebene vermutet und in Cap. 9 (Kat. 24) den Einfluß eines weit verbreiteten Kupferstichs nachzuweisen versucht, der den Dichter zeigt, wie er seine Tochter begräbt. Wir halten es jedoch für wahrscheinlicher, daß Goya in Cap. 9 formale Erinnerungen aus seinem Italienaufenthalt (1770/71) verarbeitet hat, nämlich eine Szene aus einem antiken Sarkophag in Florenz (Abb. 208), mit deren umformender Aneignung auch zwei seiner Zeitgenossen, Füssli und David, in ihren »Lehr- und Wanderjahren« sich beschäftigten[1] (Abb. 209, 210). Jedes dieser drei Zitate enthält eine Umdeutung. Füssli baut die Sterbeszene in eine nächtliche Geisterbeschwörung ein, er verwandelt die Bacchantin in Saul, der ange-

Abb. 208 Bacchisches Relief

Abb. 209 Füssli, *Samuel erscheint Saul*

Abb. 210 David, *Antiker Sarkophag*

sichts der Erscheinung Samuels ohnmächtig wird. Als Freund akrobatischer Anatomien kostet er die zuckende Versteifung des Körpers aus. David beläßt dem antiken Todesmotiv die fest gefügte Tektonik – allein in der Kopfwendung der Frau erkennen wir den Maler, der 18 Jahre später dem toten Marat ein Denkmal setzen wird (Kat. 350). Goya versucht sich in einer seiner »Bedeutungsinversionen«. Die Gebärde des Klagenden läßt eine Grablegung oder Beweinung erwarten – sie gilt jedoch dem Objekt erotischen Verlangens, einer bewußtlosen Frau. Die zeitgenössischen Kommentare[2] des ›Tantalo‹ machen deutlich, daß Goyas parodistische Absicht auf das Liebeswerben und das Rollenspiel der Geschlechter gerichtet ist. Der häßliche, tierhafte Mann und die schöne Frau, deren provozierender Kontur einer Wachspuppe gehören könnte, bilden eine pietätlose Pietà, eine Mischung aus Totenklage, lüsterner Nekrophilie und Schaustellung, also einen Affront, der sowohl das antike Muster wie die zur Mode gewordene Gräberpoesie in Frage zieht. Auf den klassischen Formenschatz und in die Gefühlswelt des Nordens blickend, erweist sich der Spanier als Verfremder, der pointiert mit dem Grauen scherzt, indem er es den Empfindungsekstasen zuschlägt, mit denen Mann und Frau das Spiel ihres wechselseitigen Betruges ausschmücken.

Dennoch: sehen wir vom Zwielicht ab, das diese Pantomime umgibt, so erbringt die formale Analyse, daß Cap. 9 alle wesentlichen Sprachmerkmale enthält, die den »Klassizismus« eines David ausmachen, nämlich reliefhafte Raumschichtung, deutlich voneinander abgesetzte Körperachsen, schönlinige, prägnante Umrisse und obendrein eine antike Pathosformel, die Pyramide. In ihrem Insgesamt ergeben diese Einzelheiten jedoch eine Formgestalt, der die Davidsche Kohärenz abgeht. Das Ganze wirkt stückhaft und dissonant, ironisch oder grotesk übersteigert. Es ist eine Absage an die antike Schlichtheit wie an den sentimentalen Überschwang.

Es scheint, daß diesem Verfremder nichts heilig ist. Das zeigt er in einem anderen ›Nachtgedanken‹, in dem er nicht nur die Poesie der Traum-Einsamkeit trivialisiert, sondern ein berühmtes, sakrosanktes Muster in Anführungszeichen setzt. Wir vergleichen eine Zeichnung aus dem Album B – »Sueña de un tesoro« (Sie träumt von einem Schatz, Abb. 211) – mit dem toten Marat von David (Abb. 191, Kat. 350), den Goya in einer der zahlreichen Stichreproduktionen gekannt haben kann. Er übernimmt die Teilung der Bildfläche in eine helle und eine dunkle

Abb. 211 Goya, *Sie träumt von einem Schatz*

Hälfte, er übernimmt die Kopfneigung und die herabhängende Hand, doch das Ergebnis ist das genaue Gegenteil von Davids asketischer Sakralität[3]. Es ist ein Traum, von dem wir nicht wissen, ob er einem Geldschatz oder einem Geliebten gilt (auch diese Ambivalenz ist von Goya kalkuliert!), und der die Träumende in eine Position gebracht hat, die uns für ihr körperliches Gleichgewicht fürchten läßt. Die Zweideutigkeit wird durch den unübersehbaren Titel unterhalb des Nachttopfes jedem Zweifel entrückt. Vielleicht steht hinter dem Titel ein spanisches Sprichwort, und hinter der Berührung des Nachttopfs ein Rätsel, das Freud zu lösen gewußt hätte.[4]

Diese Beispiele sollten eine Eigentümlichkeit Goyas bewußt machen, die erst im Vergleich mit der Kunst seiner Zeitgenossen faßbar wird. Gewiß, an den ›Caprichos‹ ist immer wieder festgestellt worden, daß sie sich gleich einer Collage auf verschiedenen ›Höhenlagen‹ aufhalten, das Triviale, das Absurde und das Perverse in wechselnden Mischungen und Dosierungen vorführen. Aber es scheint notwendig, die List aufzuzeigen, mit der Goya ans Werk ging. Der Mann, der die Nachtgedanken seiner Zeit tiefer als jeder andere ausgelotet hat, war zugleich imstande, die ästhetischen Formeln und Konventionen ironisch zu brechen und in Frage zu stellen. Das hat zwei Gründe. Der erste liegt in Goyas Befähigung, verschiedene Höhenlagen ineinander zu blenden, woraus sich januskönfige Bedeutungsinversionen ergeben können. Das tut keiner seiner Zunftgenossen, wohl aber finden wir diese equilibristische Freiheit im literarischen Bereich an, wo sie – etwa von Jean Paul[5] oder dem anonymen Autor der ›Nachtwachen‹ – zur Gratwanderung zwischen den Gattungen und ästhetischen Kategorien genutzt wird. In den ›Nachtwachen‹ findet sich das Publikum von jeder Rollenverpflichtung freigesprochen, was besagt, daß das künstlerische Produkt sich als offen gegenüber jedweder Reaktion erweist und einen Fächer von Rezeptions- und Interpretationsmöglichkeiten anbietet. Der Erzähler bekennt, daß er »oft bei einer ächten ernsten Tragödie brav zu lachen pflege, und im Gegentheile beim guten Possenspiel dann und wann weinen muß, indem das wahrhaft Kühne und Große immer zugleich von den beiden entgegengesetzten Seiten aufgefaßt werden kann« (Vierte Nachtwache). Das bringt uns zum zweiten Grund, Goyas Spürsinn für die Nahtstellen, an denen das Erhabene ins Triviale, das Würdige ins Banale umschlägt. Er ist imstande, jeden Gegenstand aus den »beiden entgegengesetzten Seiten« ins Auge zu fassen, so z.B. den Maurer, der getragen wird, als Betrunkenen und als Opfer eines Arbeitsunfalls (Kat. 284) oder die ›Maja‹ einmal nackt und einmal bekleidet. (Wieder trifft Goya sich mit den Literaten. Byron wollte über Missolunghi (vgl. Kat. 537) zwei Dichtungen schreiben, ein Epos und eine Burleske; ein Kupferstich des ›Zerbrochenen Kruges‹ brachte die Freunde Kleist, Wieland und Zschokke auf die Idee, das Thema in einem Wettbewerb als Satyrspiel, als Lustspiel und als Erzählung zu behandeln.)

Goyas Zangengriff nach dem Gegenstand versucht die Punkte zu ermitteln, wo »le Sublime d'en bas« (Flaubert)[6], das »Erhabene von unten« mit dem von oben zusammentrifft. Damit ist auch schon der zweite Grund für Goyas Wechsel der Höhen- und Ausdruckslagen genannt. Goya sieht die geheime Größe des Trivialen, und er sieht, wie ›Größe‹ ins Gewöhnliche verfällt – etwa in seinen Herrscherbildnissen (Kat. 298). »Der Hanswurst tanzt Solo zur Zugabe, und dann redet im Zwischenakte Mozart wieder durch die Dorfmusikanten«, heißt es in der 4. Nachtwache über den Ablauf eines Puppenspiels. Eine Anspielung, die an den »Musikalischen Spaß« (Köchel 522) vom Juni 1787 denken läßt. Dazu Hildesheimer: »Das Objekt dieser wahrhaft grandiosen Parodie ist ja nicht falsches Musizieren – damit hätte Mozart sich nicht abgegeben –, sondern stümperhaftes Komponieren: Die wunderbar fingierte Einfallslosigkeit zielt auf das Minderwertige, nicht auf das Groteske (. . .). Der synthetische Komponist, der hier aufs Korn genommen wird, dürfte der imaginäre Generalvertreter der nicht-Mozartschen und nicht-Haydnschen Musik jener Zeit sein, der minderrangige triviale Zeitgenosse, dem der große Gedanke hartnäckig und beharrlich sich entzieht.«[7] Goyas ›plebeyismo‹ und seine ironischen Bedeutungsinversionen etwa christlicher oder klassischer Bildmotive kommen diesem Werk Mozarts nahe – hier wie dort dient das Herstellen von Kunst der Reflexion darüber (und umgekehrt), nimmt der schöpferische Verstand sich kritisch-distanziert der Leerformeln, Kunstgriffe, Klischees und Matrizen an, von deren bequemen Verführungen er dauernd umstellt ist.

Goyas Nachtgedanken, die in unserer Ausstellung ausgiebig behandelt werden, unterscheiden sich also von denen seiner Zeitgenossen primär dadurch, daß sie potentiell stets mehrere Bedeutungsebenen zulassen. Goya ist unter den Malern von Blake und Füssli bis zu Friedrich und Delacroix der einzige, für den die Nacht das Sublime von oben wie von unten einschließt. Seine Nacht gehört allen, den irrenden Nachtwandlern wie den biederen Nachtwächtern[8], den Hexen und den Dirnen, den Poeten und den Prosaisten. Deshalb kann er stets mehrere Fliegen mit einem Schlag treffen. Dafür ein Beispiel: Prud'hons ›La Justice et la vengeance divine poursuivant le crime‹ (Kat. 433) handelt von den Nachtgedanken des schlechten Gewissens und ist eine den Bürger beruhigende Allegorie auf den Pakt der staatlichen Rechtsordnung mit der göttlichen Rache. Diese 1808 gemalte Huldigung an Napoleon verlangt nach einer subversiven Gegendarstellung, wenn sie den komplexen, widersprüchlichen Umriß des Gehuldigten sichtbar machen soll. Diese Ergänzung liefert ein anonymes Bildpamphlet von 1815, das den entmachteten Kaiser als Verbrecher zeigt (Abb. 212). Im Dialog ergeben beide Darstellungen ein Weiß-Schwarz-Bild des Kaisers. Goya bringt es fertig, diese Gegensätze in ein und demselben Blatt zu verschränken: Cap. 56 (Kat. 37) ist eine Parabel auf Glanz, Übermut und Elend der Mächtigen, die bei aller satirischen Schärfe die platte Schwarzweiß-Zeichnung vermeidet, denn hinter der Gesellschaftskritik steht die Einsicht von Cap. 19: »Todos caerán« – Alle werden fallen (Kat. 26).

Abb. 212 Anonym, *Pamphlet auf Napoleon*

Die plakative Ideologie der Schwarzweiß-Zeichnung ist Goyas Sache nicht. Wenn er für den Sieg des Lichtes über die Finsternis eintritt (Kat. 112-114), dann niemals mit dem Brustton der selbstgerechten Fortschrittsgläubigkeit, die aus der bequemen Äquivalenz Nacht = Dunkel und Dunkel = Reaktion und Despotismus die Gewißheit eines neuen, immerwährenden Tages ableitet (vgl. Abb. 160 bei Kat. 291). Für Goya greifen Licht und Dunkel ineinander, gleichwie Blake den Himmel mit der Hölle vermählt. Sein schöpferischer Widerspruch gegen das eindimensionale Denken des »siècle des lumières« sucht nach einer »discordia concordans«, wie Goethe sie in der Faust-Mephisto-Verklammerung entwirft (in Faust steckt Mephisto, in Mephisto Faust).

Der Optimismus, der auf die moralische Bildungsfähigkeit des Menschen setzt, hat seine ästhetische Entsprechung in dem Glauben an eine Werthierarchie, die vom Schönen als dem Ausdruck sittlicher Vollkommenheit beherrscht und überstrahlt wird. Das Häßliche, der Nacht entsprungen, ist des Teufels, es ist das Kainszeichen der moralischen Minderwertigkeit. Die Nachtgedanken Goyas und seiner Zeitgenossen bringen dieses handliche Schema durcheinander. Doch dieser Prozeß beginnt bereits in der Mitte des 18. Jahrhunderts mit der Geschmacksrevision, die Burkes ›Philosophical Enquiry into the Origin of our Ideas of the Sublime and the Beautiful‹ (1757) vorschlägt.

Der Einförmigkeit des Schönen wird die Ausdrucksvielfalt des Erhabenen entgegengehalten. Erhaben ist für Burke das Riesige, Ungefüge und Unregelmäßige, die Dunkelheit, aber auch der Kontrast von Licht und Finsternis, Abgründe, das Weiträumige, Grenzenlose . . . Die des Schönen überdrüssige Sensibilität, die im ›Erhabenen‹ ihr Bedürfnis nach Schrecken und Rührung befriedigen möchte, wird bei West, Füssli und Blake auf ihre Rechnung kommen (Kat. 436f.; 465-470).

Burke hat gleichsam die Wahrnehmungsrequisiten zusammengetragen für die Endzeiterwartungen des ausgehenden 18. Jahrhunderts. Sie richten sich auf das neue Jerusalem (Blake), aber auch auf das apokalyptische Ende, den Tod auf dem fahlen Pferd (Kat. 465 f.). Es ist kein Zufall, daß der Satan in Füsslis ›Triumph des Messias‹ (Kat. 439) den Sendboten-Gestus von Regnaults ›Genius Frankreichs‹ (Kat. 322) abwandelt, doch hat sich der Lichtbringer in einen gefallenen Engel verwandelt. Indes: prometheische Rebellen sind sie beide.

Wir ermessen die Spannungen jener Jahre, wenn wir selbst beim nüchternen Kant auf eine Abhandlung über ›Das Ende aller Dinge‹ stoßen, die im Juni 1794 in der Berlinischen Monatsschrift erschien. Zwar hofft der Philosoph, »daß der jüngste Tag eher mit einer Eliasfahrt, als mit einer der Rotte Korah ähnlichen Höllenfahrt eintreten . . . dürfte«, aber was ihn vornehmlich beschäftigt, ist die ebenso weit verbreitete wie tief verwurzelte Meinung »von der verderbten Beschaffenheit des menschlichen Geschlechts«, und er säkularisiert die christliche Vorstellung vom Sündenfall, indem er unter den Vorzeichen des jüngsten Tages alle die sozialen und politischen Wetterzeichen anführt, die damals am europäischen Horizont standen – sichtbar auch für den Beobachter im fernen Königsberg: »Einige sehen sie [diese Vorzeichen] in der überhandnehmenden Ungerechtigkeit, Unterdrückung der Armen durch Schwelgerei der Reichen, und dem allgemeinen Verlust von Treu und Glauben; oder in den an allen Erdenden sich entzündenden blutigen Kriegen, u. s. w.: mit einem Worte, an dem moralischen Verfall und der schnellen Zunahme aller Laster, samt den sie begleitenden Übeln, dergleichen, wie sie wähnen, die vorige Zeit nie sah. Andere dagegen in ungewöhnlichen Naturveränderungen, an den Erdbeben, Stürmen und Überschwemmungen, oder Kometen und Luftzeichen.« Novalis scheint sich auf diesen Aufsatz zu beziehen, als er 1798 die alte Hypothese, »daß die Kometen die Revolutionsfackeln des Weltsystems wären«, für eine andere Art von Kometen gelten lassen möchte, »die periodisch das geistige Weltsystem revolutionieren und verjüngen«.[9] Er stellt also dem revolutionären Umsturz eine kosmische Umwälzung entgegen: »Mächtige Überschwemmungen, Veränderungen der Klimate, Schwankungen des Schwerpunkts, allgemeine Tendenz zum Zerfließen, sonderbare Meteore sind die Symptome dieser heftigen Inzitation, deren Folge den Inhalt eines neuen Weltalters ausmachen wird.« Gleich-

Abb. 213 Füssli, *Eule*

viel – was von Kant als Todeskonvulsion und von Novalis als Geburtswehen einer neuen, »reineren Kristallisation« beschworen wird, dürfen wir in Zusammenhang sehen mit den formalen Exzessen und Zerreißproben, die das Werk Goyas und seiner Zeitgenossen kennzeichnen. Sintflut und Schiffbrüche[10], Wahnsinn, Alpträume (Abb. 213) und Folterungen – alle diese existentiellen Randerfahrungen paraphrasieren die großen Konvulsionen der Zeit. In ihnen verbindet sich das Repertoire des »Erhabenen« mit den Revolutionen und Kriegsstürmen, die über Europa hinwegfegen und die alten Ordnungen zerstören.

Es liegt auf der Hand, daß Zeitzeugen wie Goya, Blake, Runge, Friedrich, Turner, Géricault und Delacroix nicht einfach den geschichtlichen Ereignissen den Puls nehmen. Ihre Phantasie erfindet Metaphern. Wie kommt es, verwundert sich Kant, daß die Vorstellung von einem schrecklichen Ende der Menschheit einen so »allgemeinkräftigen Einfluß auf die Gemüter« ausübt, daß dagegen der »heroische Glaube an die Tugend« nichts auszurichten vermag? Nicht nur scheinen die bewegten Zeitläufte die Fantasie zu beflügeln – »wo läßt es eine durch große Erwartungen erregte Einbildungskraft wohl an Zeichen und Wundern fehlen?«, fragt Kant –, diese Einbildungskraft, von den alten ästhetischen Normen und Hierarchien freigesprochen, widersetzt sich den edelsten Absichten der Vernunft und wirft die Strukturen der Zivilisation über den Haufen. Wir sind diesem Dilemma bei Goya auf Schritt und Tritt begegnet. Niemand hat es deutlicher ausgesprochen als Goethe 1805 in seinen Tag- und Jahresheften: »Was hilft es, die Sinnlichkeit zu zähmen, den Verstand zu bilden, der Vernunft ihre Herrschaft zu sichern? Die Einbildungskraft lauert als der mächtigste Feind, sie hat von Natur einen unwiderstehlichen Trieb zum Absurden, der ... gegen alle Kultur die angestammte Roheit fratzenliebender Wilden mitten in der anständigsten Welt wieder zum Vorschein bringt.«

Was bei Burke als Katalog eines streckenweise transästhetischen Neulandes begann (das einzugemeinden englische Nüchternheit sich anschickte), mündet über die Auf- und Umbrüche des gesellschaftlichen Geschehens in einen Freiraum jenseits aller sozialer Bindungen, wo der Mensch das Leben nur mehr in der Ruhelosigkeit leben kann. Auch darin wird die politische Erregung der Epoche reflektiert und verinnerlicht. Das begann mit den »gewaltigen Lebensströmungen«[11], in denen sich der Daseins- und Genußhunger des Directoire Bahn brach, und setzte sich fort in Napoleon, der »an die Stelle der permanenten Revolution den permanenten Krieg setzte«. Diesem kriegerischen Unruhestifter und -sucher stellt Byron in seinem Leben und Werk die poetische Ruhelosigkeit zur Seite. Er schreibt am 6.9.1813 an Isabella Milbanke: »Das große Ziel des Lebens ist Empfinden – zu fühlen, daß wir existieren – selbst unter Schmerzen –, diese ›sehnsuchtsvolle Leere‹ ist es, die uns zum Kampf, zur Jagd, zum Reisen drängt – zu ungezügelten, brennend empfundenen Verfolgungsjagden nach jeder Schilderung, deren Hauptanziehungskraft die Erregung ist, die von ihrer Erfüllung nicht zu trennen ist.«[12] Das ist das Lebensgefühl, mit dem Géricault sich zu Tode reiten wird, das Kleist den Freitod als den »wollüstigsten aller Tode« auskosten läßt.[13]

Diese Aussagen mögen ausreichen, um die hier versammelten ›Nachtgedanken‹ zu erläutern: sie entspringen keiner Künstlerlaune, sind also keine Caprichos im traditionellen Sinn, sondern zählen zu den Zeichen, in denen die Signatur des Zeitalters aufbewahrt ist.

Werner Hofmann

1 Füsslis Rückgriff auf das Relief hat bereits Gert Schiff beobachtet (Johann Heinrich Füssli, Zürich-München 1973, II, Abb. 372)
2 siehe Kat. 24
3 Als erster hat Alpatow dargelegt, daß Davids Bild aus der christlichen Grabmals- und Grablegungs-Ikonographie kommt (Michail W. Alpatow, ›Der Tod des Marat‹ von David (1939), in: Studien zur Geschichte der westeuropäischen Kunst, Köln 1974, S. 276 ff.)
4 Freud beschreibt den Traum einer Frau »von einem Schatzgräber, der in der Nähe einer kleinen Holzhütte, die wie ein Abort aussieht, einen Schatz vergräbt« (Ges. Werke, Bd. II/III, London 1942, S. 409)
5 Erstmals hat Walther Rehm auf die Parallelen zwischen Goya und Jean Paul – besonders dessen ›Rede des toten Christus‹ – aufmerksam gemacht (Experimentum medietatis, München 1947, S. 15, 30.)
6 Brief an Louise Collet vom 4. Sept. 1846, in: Correspondance, hrsg. von Jean Bruneau, Paris 1973 (Bibl. de la Pléiade), I, S. 328
7 Wolfgang Hildesheimer, Mozart, Frankfurt am Main 1977, zit. nach der Taschenbuchausgabe 1980, S. 218
8 »Ich bin Nachtwächter hier, und zugleich Nachtwandler, wahrscheinlich, weil sich beide Funktionen in Einer Person vorstellen lassen ... « (3. Nachtwache).
9 Novalis, Werke, hrsg. von Gerhard Schulz, München 1969, S. 358
10 Gisela Hopp verweist mich auf einen im Salon von 1793 ausgestellten allegorischen Schiffbruch von Genillon, dessen Beschreibung die politische Absicht deutlich macht und der Schiffsbruch-Ikonographie eine neue Bedeutungsdimension gibt. Das Schiff ›Le Despote‹ zerschellt am Felsen der Freiheit, den deren allegorische Gestalt krönt (Salon de 1793, No. 280)
11 Dieses und das folgende Zitat stammen aus Karl Marx, Die heilige Familie, Berlin 1953, S. 250, 251
12 Byron's Letters and Journals, hrsg. von L. A. Marchand, Cambridge (Mass.) 1974, Bd. 3, S. 109 (Wir verwenden die Übersetzung in: Daniel Bell, Die Zukunft der westlichen Welt, Frankfurt am Main 1979, S. 27)
13 Brief an Marie von Kleist vom 12. Nov. 1811

Nachtgedanken

William Blake
430 Illustrationen zu Edward Young: »Night Thoughts«

1797
43 Marginalienbilder, von Blake entworfen und gestochen
42,2 x 33 cm
Hamburger Kunsthalle, Bibliothek
Lit.: Morton D. Paley: Blake's ›Night Thoughts‹: An Exploration of the Fallen World, in: Rosenfeld 1969, S. 131-157; Ausst.-Kat. William Blake, Hamburger Kunsthalle, Hamburg, 1975, Nr. 120 (Abb.); Bindman 1977, S. 109-112

Edward Youngs ›The Complaint, or Night Thoughts on Life, Death, and Immortality‹ wurde zuerst 1742-45 veröffentlicht. Es bestand aus neun Teilen oder »Nächten«, deren durchgängiges Thema die Gegenüberstellung eines weltlichen, sinnlichen Genüssen verfallenen Charakters namens Lorenzo und des im christlichen Sinne ›guten‹ Charakters Philander darstellte. Youngs Werk — eine Rechtfertigung der christlichen Lehre, durchsetzt mit rührseligen und erschreckenden Episoden sowie recht konventionellen moralischen Überlegungen — erreichte schon bald außerordentliche Popularität.

1795 erteilte der Verleger Richard Edwards Blake den Auftrag, für eine Luxusausgabe des Buches, die auf Subskriptionsbasis verkauft werden sollte, eine Serie von Illustrationen herzustellen. Blake fertigte 537 Aquarellentwürfe an. Schließlich wurden jedoch nur die ersten (und allgemein beliebteren) vier »Nächte« in der Luxusausgabe veröffentlicht, sie enthielten lediglich 43 Kupferstiche Blakes — eine Wendung, die den Künstler tief enttäuschen mußte. Blakes Marginalienbilder zeigen zum größten Teil die Qualen der gefallenen (dem Materialismus verfallenen) Welt, der Christus als Erlöser in göttlichem Glanz gegenübersteht. Blake hat Young im Hinblick auf sein eigenes mythisches System der prophetischen Bücher interpretiert und so die zahlreichen Metaphern und Personifikationen des Textes mit neuer Aussagekraft gefüllt.

A.H.-W.

Johan Tobias Sergel
431 Qualvoller Traum

1795
Lavierte Federzeichnung über Bleistiftskizze
20,4 x 33,0 cm
Bez.(von J. J. de Geer): »3. Plågsam dröm: 1795, Sergell«
Stockholm, Nationalmuseum
Inv.Nr. NM H 106/1906
Lit.: Ragnar Josephson: Sergels fantasi, Stockholm 1956, Band II, S. 467ff., Abb. 616; Ausst.-Kat. Johan Tobias Sergel, Hamburger Kunsthalle, Hamburg 1975, Nr. 80 (Abb.)

Dieses Blatt ist das dritte aus einem Zyklus von acht Zeichnungen (nur fünf davon sind erhalten) mit dem Titel ›Geschichte eines Menschen während der ersten Anwandlung von Hypochondrie‹. In diesen Werken versuchte Sergel, seine eigenen Erfahrungen zu verarbeiten und sich so von ihnen zu distanzieren: Zur Zeit der Entstehung des Zyklus, im Winter 1794/95, litt er unter starken Depressionen — verursacht einerseits durch seinen labilen Gesundheitszustand, andererseits aber wohl immer noch durch den Tod seines Förderers Gustav III. (1792).

Hier zeigt er eine athletische, idealisierte Gestalt, die sich verzweifelt ihrem bösen Traum zu entziehen versucht. Es gelingt ihr jedoch nicht: Schon windet sich eine Schlange auf ihre hilfesuchend ausgestreckten Arme zu — die Bedrohung ist unentrinnbar; Knochen und Totenschädel verstärken den grausigen Effekt der Szene. In seiner Eindringlichkeit ist dieses Blatt mit Goyas Radierung ›Der Traum der Vernunft erzeugt Ungeheuer‹ (Capricho 43, Kat. 3) vergleichbar. Hier und in den anderen Zeichnungen dieses Zyklus ist es Sergel gelungen, eindringliche Symbole einer psychischen Krise zu entwickeln, die über das persönlich Erlebte hinaus eine allgemeine Bedeutung haben. A.H.-W.

432

Johann Heinrich Füssli
432 Das Schweigen
(Allegorische Gestalt einer Kauernden mit gesenktem Kopf und über das Gesicht hinwegfließenden Haaren)
um 1799-1801
Öl auf Leinwand
63,5 x 51,5 cm
Bez. o.: »ΣITA«
Zürich, Kunsthaus, Inv.Nr. 1976/25
Lit.: Schiff 1973, Nr. 908, S. 217; Ausst.-Kat.: Johann Heinrich Füssli, Hamburger Kunsthalle, München 1974, Nr. 101, S. 49 (Werner Hofmann)

Die Personifikation des Grames, die, von Vorbildern Blakes angeregt, in Füsslis Allegorie der Melancholie auftaucht (Schiff Nr. 1306), isoliert er hier in strenger Frontalität zu einer Symbolfigur totaler Abkapselung und Verzweiflung. Es ist eine der prägnantesten Formulierungen Füsslis für das Gefühl des Auf-sich-selbst-Geworfenseins, symptomatisch für eine Zeit, in der die traditionellen sozialen Bindungen brüchig geworden sind und der Bürger seine zum Schmerz gesteigerte Einsamkeit kultiviert. S.H.

Pierre-Paul Prud'hon
433 Göttliche Rache und Gerechtigkeit verfolgen das Verbrechen
Öl auf Leinwand
24,0 x 30,0 cm
Dijon, Musée des Beaux-Arts, Inv.Nr. J 197
Lit.: Guiffrey 1924, unter Nr. 366 genannt (im Besitz von M. Albert Joliet, Dijon); Catalogue du Musée des Beaux-Arts de Dijon, 1968, Nr. 303; Weston 1975, S. 358. Lit. zur großformatigen Fassung im Louvre: Salon de 1808, Nr. 484; Guiffrey 1924, Nr. 362; Weston 1975, S. 353-362

1805 bekam Prud'hon den Auftrag, für den Gerichtssaal des Justizpalastes ein Bild zu gestalten. Als er sein Werk 1808 im Salon ausstellte, erreichte er eine ihm bis dahin nicht bekannte Berühmtheit. Die hier gezeigte Skizze steht der 3 m breiten Komposition, die sich heute im Louvre befindet, so nahe, daß manche Kenner sie eher für eine nachträglich ausgeführte verkleinerte Wiederholung als für eine Vorstudie halten.
Die Kompositionsidee, den fliehenden Raubmörder wie mit einer Zange zu erreichen, deren Scheren einerseits von der sich hochschwingenden Rachegöttin, andererseits vom herabhängenden Leichnam optisch gebildet scheinen, mag Prud'hon aus einer vielfigurigen Komposition Hennequins des verfolgten Orest im Salon von 1800 destilliert haben (The Art Quarterly, Bd. 36, 1973, S. 161). Der große Schwung, mit dem die Göttinnen vorstürmen, der Krümmung des Leichnams antwortend, ist jedoch größeren Vorbildern nachempfunden — etwa einer Engelgruppe in Michelangelos Jüngstem Gericht.
Das Licht des Vollmondes trifft hinter dem Rücken des Täters den Leichnam — die Untat grell entdeckend. Es hat hier ganz den lyrischen Charakter verloren, den Prud'hon in anderen Bildern pflegte (und der ihn sicherlich über dem ähnlich geschwungenen Körper der toten Virginie in einem 1801 ausgestellten Bild von Jean Broc beeindruckte — siehe Levitine, The Dawn of Bohemianism, 1978, Abb. 31). Hier ließ Prud'hon mit den Schlaglichtern vielmehr das Entsetzen gesteigert zur Geltung kommen, von dem die vornehmlich dunkel gestaltete Bildwelt erfüllt ist — ähnlich wie Goya sie etwa im Capricho Nr. 8 »Que se la llevaron« einsetzte (Kat. 23). G.H.

433

William Blake

434 Studie zu Blatt 51 von ›Jerusalem‹

um 1810
Bleistift mit schwarzer Kreide
16 x 33,7 cm
Hamburger Kunsthalle, Kupferstichkabinett
Inv.Nr. 1976/258
Lit.: Ausst.-Kat. William Blake, Hamburger
Kunsthalle, Hamburg 1975, Nr.93 (Abb.);
Detlev W. Dörrbecker: That Man be Separate
from Man, in: Jahrbuch der Hamburger
Kunstsammlungen, Band 22, 1977, S. 101-126

Diese Zeichnung entstand als Vorstudie zu Blatt 51 von Blakes letztem prophetischen Buch ›Jerusalem‹ (Abb. 214). Wieder entwirft Blake in diesem Buch eine Vision vom Fall und der Erlösung der Menschheit, dargestellt am Beispiel des Giganten Albion (einer Verkörperung Englands). Diesmal allerdings spielt Blakes eigenes Schicksal eine zentrale Rolle. Er zeigt, daß der einem materialistischen, von repressiven Moralvorstellungen geprägten Weltbild verfallene Albion nur von Los, der Personifikation künstlerisch-seherischer Imagination erlöst werden kann: Nur Los kann ihm Visionen der wahren Freiheit vermitteln.

Rechts in Blakes Zeichnung thront Vala, in ›Jerusalem‹ die Verkörperung der unbeseelten Natur, der Materie, die dafür sorgt, daß Albion in tiefen Schlaf fällt und ihn an der Erkenntnis der Wahrheit hindert. Sie verbirgt die Augen mit der Hand — ein Gestus der Verzweiflung, der aber auch ihre Blindheit verbildlicht. Sie erscheint nicht als triumphierende Herrscherin, sondern selbst als Opfer ihrer Taten, Ursache und Wirkung in einer Person. Links von ihr kauert Hyle, daneben steht Scofield, zwei Söhne Albions, die für unterschiedliche Aspekte seiner gefallenen Existenz stehen: Hyle für eine dumpfe Körperlichkeit, für die völlig verselbständigten, vom Geist gelösten Empfindungen — diese Gestalt ist ganz in sich selbst befangen, der Erde zugewandt, blind für ihre Umgebung. Scofield steht für eine unkritische Autoritätsgläubigkeit — er ist unter einer unsichtbaren Last gebeugt, an Händen und Füßen (durch falsche Ideologien) gefesselt, um ihn brennt ein Höllenfeuer.

Anders als Blatt 51 von ›Jerusalem‹ enthält die Zeichnung noch eine vierte Gestalt, die — ebenfalls in Ketten — den Betrachter mit zum Schrei geöffnetem Mund fixiert. Dörrbecker hat sie überzeugend als Figur des Albion selbst gedeutet, der langsam in Valas Bannkreis hineinkriecht. Wenn der Druck auch größere formale Geschlossenheit aufweist — alle drei Figuren gleichen sich in geschlossenem Umriß, räumlicher Situation und Abwendung vom Betrachter —, so gewinnt die Zeichnung doch durch die vierte Gestalt an Dynamik und psychologischem Impakt.

A.H.-W

434

Abb. 214 Blake, *Vala, Hyle und Scofield*

Rebellen

435

François Baron Gérard
435 Ossian am Ufer des Lora beschwört die Geister beim Klang der Harfe
Öl auf Leinwand
184,5 x 194,5 cm
Hamburger Kunsthalle, Inv.Nr. 1060
Lit.: Hubert 1967, S. 243, 244, Abb. 4; Kat. Hamburg 1969, S. 94/95; Kat. Ausst. Ossian 1974, Paris Nr. 74, Hamburg Nr. 83; Kat. Ausst. de David à Delacroix 1974-75, Nr. 68; James Henry Rubin: Gérard's Painting of Ossian as an Allegory of Inspired Art. In: Studies in Romanticism, Bd. 15, 1976, S. 383-394

Die Szene vergegenwärtigt jene Dichtung, die von Macpherson, frei nach alten schottischen Gesängen gestaltet, 1760-1773 herausgegeben wurde und ganz Europa tief beeindruckte: Dem greisen und blinden Barden Ossian erstehen beim Klang der Harfe die Gestalten seiner Gesänge, die verstorbenen Angehörigen, die Eltern und der Sohn Oscar mit Malvina. Wie aus Wolkendunst und Mondlicht verdichtet erscheinen sie melancholisch zwar, jedoch in silbrig goldener Verklärung vor dem Nachthimmel. Um so düsterer wirkt die rotglühend gemalte Gestalt Ossians in sich versunken, wie von der Gewalt des nach rechts unten rauschenden Flusses gezogen. Und die Bewegung der musizierenden Arme, hochgreifend dem Zug des Flusses eindringlich entgegengesetzt — im Einklang mit den hochragenden Ruinen des Schlosses im Hintergrund — bekommt einen verzweifelten Charakter.

Die erste Version dieser Komposition wurde 1800 für Napoleons Schloß Malmaison bestellt. Ihr sollte ›Die Begrüßung französischer im Freiheitskampf gefallener Helden durch die schottischen Barden‹, von Girodet gemalt, zur Seite hängen. Ob dieser Plan je ausgeführt wurde, ist nicht sicher festzustellen. Jedenfalls ging das Bild von Gérard 1810 auf dem Weg nach Schweden — als Geschenk für Graf Bernadotte bestimmt — mit dem Schiff unter. Erst 1967 konnte eine Wiederholung — wohl diejenige, die für den Fürsten de Beauharnais gemalt worden war — neben dem Bild von Girodet, das schon 1931 erworben wurde, in Schloß Malmaison aufgehängt werden.
Da die Hamburger Version aus Schweden stammt, hält man sie für jene Wiederholung, die sich Graf Bernadotte als Ersatz für das verloren gegangene Werk kommen ließ. Eine Stichwiedergabe von Rosotte dieser Fassung für das 1856 erschienene Œuvreverzeichnis Gérards trägt die Inschrift »F. Gérard pinxit 1810«. Dennoch ist die Vermutung geäußert worden, das Bild sei erst nach dem Sturz Napoleons gemalt. Denn verglichen mit der Version in Malmaison, deren Schloß unversehrt mehr nach rechts gerückt erscheint und deren Harfenband lustig im Wind flattert, sind die melancholischen Züge gesteigert. Nur in dieser Version erreichte Gérard — einzig in seinem Werk — bei der Formulierung seiner Hauptfigur eine vom nächtlichen Licht nur hervorgehobene Düsternis, die einen Vergleich mit Gestaltungen Goyas, etwa »No saben el camino« (Kat. 95) möglich macht.
G.H.

(Nur als Foto in der Ausstellung)
Johann Wolfgang von Goethe
Prometheus
um 1800/10
Bleistift, Feder mit Tusche
12 x 8,7 cm
Weimar, Nationale Forschungs- und Gedenkstätten, Inv.Nr. 2283
Lit.: Gerhard Femmel, Corpus der Goethezeichnungen, Bd. IV B, Leipzig 1971, Nr. 54; vgl. Jäger 1971, S. 92f.

Während die früheren Jahrhunderte Prometheus im Sinne von Hesiods Theogonie (Vers 507-616) als Zerstörer des Goldenen Zeitalters eher negativ angesehen hatten, wird er vor 1800 in der Tradition des Aischylos (Der gefesselte Prometheus, Vers 436-506) zu einem mythischen Helden. Seine Auflehnung gegen die Herrschaft des Zeus und seine Rolle als Wohltäter, dem die Menschen Feuer und Kunstfertigkeit verdanken, wird im Zeitalter des Sturm und Drang zu einer Identifikationsfigur der Empörung und Selbstbestimmung. Seine Bedeutung ist so offen, daß er zur spinozistischen Absage an den Monotheismus ebenso geeignet war wie zum Sinnbild bürgerlicher Befreiung.
Beides kommt in Goethes Fragment eines Prometheusepos von 1773 zum Ausdruck. Pantheistisches Welt- und Selbstgefühl spricht daraus ebenso wie ein allgemeiner politischer Protest gegen die Majestät. Im stolzen Bild der selbsterrichteten Hütte war für den Zeitgenossen die Antithese zum feudalen Palast enthalten. Wie sehr sich Goethe des politischen Zündstoffes bewußt war, verrät die Tatsache, daß er noch 1820 die Wirkung eines Neudrucks fürchtete. Das Gedicht sei »unserer revolutionären Jugend als Evangelium recht willkommen« und würde auch »die hohen Commissionen zu Berlin und Mainz« beschäftigen (Brief an Zelter, 11.5.1820, W.A. IV, Bd. 32, S. 28; vgl. Jäger 1971, S. 92f.; Edith Braemer, Goethes Prometheus und die Grundposition des Sturm und Drang, Weimar 1963; vgl. Werner Hofmann, D'une Aliénation à l'autre. L'Artiste allemand et son public en XIXe siècle, in: Gazette des Beaux-Arts, pér. 6, vol. XC, 1977, S. 124-136; hier S. 126). Auch für Herder (Der gefesselte Prometheus, 1802), Wieland (Göttergespräche), Lord Byron und Shelley war Prometheus eine Symbolfigur bürgerlichen Autonomiestrebens. Unter den bildenden Künstlern der Zeit griff u.a. Flaxmann, Koch und Kügelgen das Thema auf. Ob Goethes wohl erst nach 1800 entstandene Zeichnung noch eine politische Dimension enthält, läßt sich schwer ausmachen. Selbst wenn Prometheus nur als Sinnbild der Selbstbehauptung des Genies gemeint ist, bleibt die

positive Gebärde der Befreiung vielschichtig. Der Titan am Felsen des Kaukasus erscheint nicht in Fesseln, sondern frei in heroischer Nacktheit, selbstsicher dem Zeusadler die Stirn bietend. Ohne daß ein Zusammenhang besteht, gleicht seine Auflehnungsgeste der von Blakes Revolutionsfigur Orc. Der Stolz dessen, der sich – anders als im Mythos – selbst befreit, entspricht Goethes Versen aus dem 1. Akt des Prometheus-Fragments:

> »Und möcht' ich um alles nicht
> Mit dem Donnervogel tauschen
> Und meines Herren Blitze stolz
> In Sklavenklauen packen.«
S.H.

(Nur als Foto in der Ausstellung)
Johann Wolfgang von Goethe
Faust erscheint der Erdgeist

um 1810/12 oder 1819
Bleistift
22 × 17,1 cm
Weimar, Nationale Forschungs- und Gedenkstätten, Inv.Nr. 1367
Lit.: Ludwig Münz, Goethes Zeichnungen und Radierungen, Wien 1949, S. 110; Gerhard Femmel, Corpus der Goethezeichnungen, Bd. IV B, Leipzig 1971, Nr. 224

Die Figur des Faust, im 16. und 17. Jahrhundert als Gotteslästerer verdammt oder als verstiegener Zauberer ins Lächerliche gezogen, wurde den Dichtern des Sturm und Drang zu einer Verkörperung ihres Selbst- und Weltgefühls. Sie eignete sich, den Dogmen christlicher Religion ebenso zu trotzen wie dem Glauben der Aufklärer an Ratio und Fortschritt. Am vielschichtigsten ist sie bei Goethe, der seinen ersten Teil des Faustdramas zwischen 1797 und 1806 schrieb. Diese Zeichnung steht möglicherweise mit Aufführungsplänen von 1810/12 oder 1819 in Zusammenhang. Goethe verbindet darin, wie Münz (1949, S. 110, Abb. S. 108 und 109) nachgewiesen hat, die Illustration seines Textes mit Anregungen der Bildtradition Rembrandts und Ludwig Nauwercks (Abb. 215). Wir sehen Faust, von den Ergebnissen der Philosophie, Wissenschaft, Religion und Kunst enttäuscht, in seinem gotischen Studierzimmer. Neben ihm steht das Buch des Astrologen Nostradamus, in dem er auf der Suche nach den Gesetzen der Welt und den Kräften der Natur das Zeichen des Makrokosmos entdeckt hat. Über ihm – im Hinblick auf die Bühnensituation gleichermaßen auf den Betrachter gerichtet – strahlt die Erscheinung des Erdgeistes wie ein übergroßer Apollokopf. Die skizzierte Situation ruft folgende Verse in Erinnerung:

> Faust: »Wo faß ich dich, unendliche Natur
> Euch Brüste, wo? Ihr Quellen alles Lebens ...«

Er schlägt unwillig das Buch um und erblickt das Zeichen des Erdgeistes.

> »Wie anders wirkt dies Zeichen auf mich ein!
> Du, Geist der Erde, bist mir näher,
> Schon fühl ich meine Kräfte höher ...«

Der Geist enthüllt sich ihm mit den Worten:

> »So schaff ich am sausenden Webstuhl der Zeit
> Und wirke der Gottheit lebendiges Kleid«

und stößt Faust zugleich als nicht seinesgleichen in den Zirkel der Selbstbetrachtung zurück:

> »Du gleichst dem Geist, den du begreifst,
> Nicht mir.«

An der Wende zum 19. Jahrhundert sind hier die Normen christlicher Religion ebenso ins Wanken geraten wie der Optimismus rationaler Weltbewältigung. Der pantheistischen Religiosität, die die Welt als Einheit zu begreifen trachtet, sind gleichwohl das Bedürfnis nach einem Mysterium und die antithetische Vorstellung von Materie und Geist geblieben. Die ersehnte Einheit der Welt war nur unter der strukturierenden Kraft des Geistes denkbar. So konnten sich Spiritualität und der Glaube an die Unsterblichkeit der Seele halten. Darin gleicht Goethes Vorstellung dem Kult des Höheren Wesens, den Robespierre 1794 seiner Nation als Ersatzreligion Rousseauscher Prägung verschrieben hatte (vgl. S. 353). S.H.

Abb. 215 Nauwerck, *Faust erscheint der Erdgeist*

Johann Heinrich Füssli
436 Der Ausbrecher

1772
Feder und Sepia, grau getönt
38 × 64 cm
Bez. u. r.: »Füseli fec.«
London, British Museum, Inv.Nr. 1970-11-6-4
Lit.: Schiff 1973, Bd. 1, Nr. 515

Füssli setzt in dieser Darstellung ein persönliches Erlebnis um. Er war Zeuge, wie im römischen Hospital S. Spirito ein sterbender Patient die letzte Kommunion verweigerte und den Priestern zu entfliehen versuchte. Diese extreme Erfahrung, daß selbst der hoffnungslos Verlorene noch in gesellschaftliche Zwänge gefesselt ist, steigert Füssli zu einem Gegensatz von verzweifelt angespanntem Ausbruch und den lauernden Waltern des Rituals, der zum Sinnbild irdischer Hölle wird. Er konnte das Motiv später in diesem Sinne in verschiedenen literarischen Zusammenhängen wiederverwenden, am pointiertesten in der ›Vision des Elendsspitals‹ von 1791-93 (Schiff 1973), einer Illustration zu Miltons ›Paradise Lost‹. Es dient dort in den Bildern des Todes als Schreckensvision, die der Erzengel Michael warnend dem Adam präsentiert.   S.H.

Farbtafel IX

Johann Heinrich Füssli
437 Thor im Kampf mit der Midgardschlange

1790
Öl auf Leinwand
131 × 91 cm
London, The Royal Academy, Diploma Gallery
Lit.: Schiff 1973, Bd. 1, Nr. 716, S. 129, 137, 336, 448f.; Ausst.-Kat.: Johann Heinrich Füssli, Hamburger Kunsthalle, München 1974, Nr. 62

Um 1800 stehen dem Künstler christliche, antike und germanische Mythen gleichermaßen zu Gebote. Da keine der drei Traditionen mehr unbezweifelter Glaubensgewißheit entspricht, werden sie frei und verfügbar für individuelle Mythen, in denen sich Grundkonflikte der Gegenwart ausdrücken.
Ein häufig auftauchendes Rahmenthema, für das der Titanenkampf ebenso bemüht wurde (Kat. 441) wie der ›Sieg des hl. Michael‹ oder Motive aus der Edda, war der Konflikt von Herrschaft und Auflehnung (zum Rahmenthema vgl. Jan Bialostocki, Stil und Ikonographie, Dresden 1966, S. 111-125; zuletzt: Werner Hofmann, Rahmenthemen — Wanderthemen? in: Jahrbuch der Hamburger Kunstsammlungen, Bd. 23, 1979, S. 7-32, bes. S. 9-13). Füssli greift hierfür auf verschiedene Quellen zurück, gießt sie jedoch in verwandte formale Konstellationen und Ausdrucksformen. So variiert er in dem dreinschlagenden Thor die Dialektik kampfbereiten Aufspringens und kauernd verharrenden Entsetzens, wie er sie bereits in seinem früheren Bild des Freiheitshelden Tell vorgeprägt hatte (Kat. 308). Die Ähnlichkeit beider Bilder geht bis in Einzelheiten wie das Abstemmen des Heros von der Bordkante und die Entsetzensgesten der im Schiff Verbleibenden. Form und Pathos sind so verwandt, daß auch im Bild des kämpfenden Thor das Thema Freiheitskampf anklingen dürfte.

Thor war der Hauptgott der Skandinavier. Noch als sein Kult am Hofe durch die Verehrung Odins zurückgedrängt wurde, blieb er der Gott der freien Bauern. Er galt als Beschützer der Menschen vor den Riesen. Nach germanischer Vorstellung unterliegt er in der Götterdämmerung der von ihm gefangenen Midgardschlange, die als Verkörperung des Weltmeeres die Erde, die Lebenswelt Midgard, umspannt. Er zerschlägt zwar ihren Schädel, geht aber an ihrem Gifthauch zugrunde. Füsslis Quelle für dieses Thema aus der Soemundischen Edda war Mallets Buch »Northern Antiquities« (Bd. 2, London 1770, S. 134 ff.; hierzu: Schiff 1973, S. 488). Er zeigt den Gott als nackten Heros, der im Begriffe ist, der mit einer Kette geangelten Schlange den Schädel zu zertrümmern. Rechts im Bootsheck kauert angstvoll der Riese Eymer. Wotan beobachtet das Geschehen wie ein hockender Gnom aus den Wolken. Füssli stellt Thor nicht als Unterlegenen dar, sondern in einer Pose des Triumphs, die den in christlicher Tradition aufgewachsenen Zeitgenossen an den Kampf des Erzengels Michael gegen den Drachen des Bösen erinnert haben muß. Daß Füssli mit diesem Bild mehr beabsichtigte als eine Illustration zum nordischen Mythos, daß darin Konflikte der Zeit auf eine symbolische Formel gebracht sind, dürfte mindestens einem Künstlerfreund bewußt gewesen sein, der in privaten Mythen zu denken gewohnt war: William Blake. Die Riesenschlange taucht vier Jahre später als Symbol der Französischen Revolution auf dem Titelblatt seines Zyklus »Europe, a Prophecy« auf (Abb. 216). Welchen Rang Füssli seinem Gemälde Thors beimaß, bezeugt die Tatsache, daß er es als Diplomarbeit der Londoner Royal Academy vermachte, deren Mitglied er geworden war.   S.H.

nach Johann Heinrich Füssli

438 Tornado oder **Zeus im Kampf mit dem Typhon**

1795
Kupferstich von William Blake nach Füsslis Gemälde
21 x 17 cm
Illustration zur dritten Ausgabe von: Erasmus Darwin, The Botanic Garden, London: Joseph Johnson 1795. Bez. u. l.: »H. Fuseli RA inv.«, u. r.: »W Blake sc.«
Hamburger Kunsthalle, Bibliothek
Lit.: Schiff 1973, Nr. 976, Bd. 1, S. 161, 334-336

Um 1800 wurden die tradierten antiken, christlichen und germanischen Mythen austauschbar und zum Vorwand, allgemeinere Inhalte zum Ausdruck zu bringen. So sehr damit die Figuren wechselten, so sehr zeichnen sich angesichts der sozialen und politischen Konflikte der Zeit bestimmte, immer wiederkehrende Rahmenthemen (dazu Kat. 437) ab. In diesem Bild Füsslis geht es um den Kampf guter und böser Mächte. Der Künstler konnte in der Darstellung des Kampfes zwischen Zeus und Typhon auf eine Figurenkonstellation zurückgreifen, die er bereits 1790 beim verwandten Thema des germanischen Gottes Thor im Kampf mit der Midgardschlange verwendet hatte (Kat. 437). In beiden Fällen geht es um die Auflehnung einer als Schlange verkörperten Macht des Bösen gegen göttliche Herrschaft. Typhon, die griechische Form des ägyptischen Gottes Seth, galt als Riese, den Gaia und Tartaros aus Rache gegen Zeus' Niederwerfung der Giganten (vgl. Kat. 441) gezeugt hatten und der dem Herrscher des Olymp abermals Widerstand leistete. Was als Mythisierung von Naturkräften zunächst auf Darwins Text bezogen ist, erhält in der Revolutionszeit zugleich eine politische Dimension. Das dürfte vor allem auch Blake bei der Umsetzung ins graphische Medium fasziniert haben, pflegte er doch selbst, Konflikte seiner Zeit mythisch zu verschlüsseln (vgl. Kat. 331, 444). Das von ihm illustrierte Buch ›The Botanic Garden‹, das naturwissenschaftliches Wissen mit allegorischen Anschauungsformen verbindet (vgl. James Venable Logan, The Poetry and Aesthetics of Erasmus Darwin, Princeton 1936), erschien bei dem republikanischen Verleger Joseph Johnson, dessen Haus ein Treffpunkt liberaler Denker war. Er veröffentlichte viele Schriften, die Burkes Buch gegen die Französische Revolution angriffen, darunter Thomas Paines ›Rights of Man‹ (»Menschenrechte«) und Mary Wollstonecrafts ›Original Stories from Real Life‹ (Kat. 330) (vgl. Schiff 1973, S. 160). Durch ihn kamen Künstler wie Blake und Füssli in Berührung. S.H.

438

Abb. 216 Blake, *Europe – a Prophecy*

Johann Heinrich Füssli
439 Der triumphierende Messiah

1802
Vorlage für den Kupferstich von C. Warren zur Ausgabe von John Miltons ›Paradise Lost‹, verlegt von F. J. Du Roveray, London 1802
Öl auf Leinwand
91 × 71 cm
Zürich, Privatbesitz
Lit.: Schiff 1973, Bd. I, Nr. 1213

Das Rahmenthema (vgl. Kat. 437) der Rebellion böser Mächte gegen göttliche Herrschaft, das Füssli häufig beschäftigt hat (Kat. 437, 438), ist hier in die Bildwelt christlicher Mythologie gekleidet. Als Quelle diente ihm das um 1800 zu neuer Wirkung gelangte epische Gedicht ›The Paradise Lost‹ (1658/63) von John Milton. Das Stück behandelt den Sündenfall der ersten Menschen unter dem teuflischen Einfluß, die Rebellion Satans gegen Gott, den Sieg des Messias und seine Bedeutung als Erlöser. Füsslis Bild bezieht sich auf den Höhepunkt des Epos am Ende des sechsten Buches, in dem Milton griechische Topoi mit christlichen Vorstellungen verschmilzt: Der Aufstand Satans gegen Gott und Messiah ist niedergeschlagen. Während Füssli Gott blitzeschleudernd wie Zeus über allem thronen läßt, glorifiziert er, ebenfalls antike Triumphmotive bemühend, den von Wehrengeln umgebenen Messiah auf einem Kampfwagen, der die Kraft Satans gebrochen hat. Er verdichtet die Szene auf ihre Hauptelemente und wertet sie um. Gott und Messiah faßt er in der oberen Lichtgloriole zu einer einzigen thronenden Gestalt zusammen, als habe er an Robespierres Kult des Höheren Wesens (vgl. S. 353) gedacht. Von den gefallenen Engeln der teuflischen Legion gibt er rechts unten (in Anlehnung an Michelangelos Jüngstes Gericht) nur eine Andeutung und räumt dafür der Figur Satans in der Mittelachse der hierarchischen Komposition die Hauptrolle ein. Er läßt ihn unter dem Messiah herabstürzen, gegen den jener den Schild schirmend hinter sich hält. Dabei sieht man den Satan nicht wie auf einem vorausgehenden Bild der Milton-Serie (Schiff Nr. 1211) von oben in taumelnder Verlorenheit, sondern blickt zu einem bildbeherrschenden Genius auf, der in Antwort auf die Imperatorengeste des Herrn die Rechte gebieterisch nach vorn streckt. Bei aller Unterordnung kennzeichnet seine Gebärde unbeugsame Entschlossenheit. Solche Überhöhung des Unterlegenen wirft die Frage auf, ob Füssli nicht, ähnlich wie Blake und Shelley, Miltons Moral des göttlichen Sieges umgedeutet hat, indem er den Rebellen zum Helden machte.   S.H.

George Romney
440 Der Sturz der aufständischen Engel

um 1793
Tinte und graue Lavierung über Bleistift
54 × 38,6-39,1 cm
Bezeichnet auf der Rückseite: »No. 143«
Cambridge, Fitzwilliam Museum
Lit.: Jaffé 1977, Nr. 114

Wenn auch seine Mitarbeit an der Shakespeare Gallery (siehe Kat. 482) ihm nicht die erhoffte Anerkennung als Historienmaler gebracht hatte, gab Romney doch seine Pläne für große ›imaginäre‹ Figurenkompositionen nicht auf. Seit 1792 bot ihm — wahrscheinlich auf Anregung William Hayleys — Milton eine Fülle von Bildthemen.

Zum ›Sturz der aufständischen Engel‹ nach ›Paradise Lost‹ existieren zahlreiche Skizzen, aber kein ausgeführtes Gemälde. Hier ist eine Gesamtkomposition angedeutet: Satan — die größte und auch am weitesten ausgeführte Figur — versucht, sich durch einen Schild vor dem Zorn Gottes zu schützen; andere rebellische Engel stürzen bereits in die Tiefe. Daß Satan als einzige Gestalt körperlich und psychologisch greifbar erscheint, entspricht ganz Miltons Behandlung dieser Figur, die an Vitalität in ›Paradise Lost‹ alle anderen in den Schatten stellt. In der Behandlung der Figuren ist der Einfluß Füsslis deutlich spürbar, der sich ja ebenfalls zu dieser Zeit verstärkt mit Milton auseinandersetzte.

Daß Romney gerade dieses Thema — die Vernichtung von Rebellen durch die Macht Gottes — gewählt hat, mag mit seiner wachsenden Desillusionierung angesichts der politischen Lage Frankreichs zu tun haben: Die Nachrichten von den Septembermorden und von der Hinrichtung Ludwigs XVI. hatten seinen anfänglichen Enthusiasmus für die französische Revolution erschüttert. A.H.-W.

441

Jakob Asmus Carstens
441 Kampf der Titanen und Götter

1795
Federzeichnung, grau laviert, rötlich braun aquarelliert, wenig weiß gehöht
32,2 × 22,5 cm
Basel, Kunstmuseum, Kupferstichkabinett
Inv.Nr. 1860.14
Lit.: Alfred Kamphausen, Jakob Asmus Carstens, Neumünster 1941, S. 209f., Abb. 66; Yvonne Boerlin-Brodbek, Ausst.-Kat.: Zeichnungen des 18. Jahrhunderts aus dem Basler Kupferstichkabinett, Basel 1978/79, Nr. 11, S. 16f.

Das Blatt ist wahrscheinlich eine eigenhändige Wiederholung der 1795 datierten Zeichnung in der Sammlung Georg Schäfer, Schweinfurt (Kat. Klassizismus und Romantik, Schweinfurt 1966, Nr. 10 mit Abb.).
In Hesiods ›Theogonie‹ ist der Mythos vom Kampf der vorolympischen Titanengötter gegen Zeus überliefert. Carstens überhöht ihn im Sinne des christlichen Dualismus von irdischem und himmlischem Bereich zu einem wogenden Drama der Auflehnung gegen überirdische Herrschaft. Daß es ihm nicht um eine genaue Illustration der Hesiodstelle, sondern um ein allgemeineres Thema geht, verrät schon die Vermischung mit einem verwandten anderen griechischen Mythos: dem Kampf der Giganten gegen die Olympier. (Yvonne Boerlin-Brodbek hat gezeigt, daß die Figur des Herakles neben der Quadriga des Zeus nur in diesem Zusammenhang geläufig ist.)

Zwar hat Carstens in klassizistischer Tradition überwiegend antike Themen behandelt, hier scheint ihr Pathos indes einen programmatischen Anspruch zu erheben. Wie die Bogenabschlüsse verraten, galt dieser Entwurf einem Wandgemälde, das sich in Aufbau und Monumentalität mit Michelangelos ›Jüngstem Gericht‹ messen sollte. Gemeinsam mit diesem Vorbild in der Sixtinischen Kapelle ist das Rahmenthema des Kampfes Unten gegen Oben. Schon 1789 hatte es Carstens, christlicher Bildtradition folgend, in einem Entwurf zum ›Engelsturz‹ (Kamphausen Abb. 28) behandelt. Kann es Zufall sein, daß diese Themen bei dem erklärten Feind der Despotie im Gefolge der Französischen Revolution auftauchen? Wenn es auch keine Revolutionsallegorien im engeren Sinne sind, ist doch ein Ausdruck emanzipatorischer Auflehnung unverkennbar. Eingeflossen scheinen Reflexionen des Künstlers über die eigene Rolle in dieser Situation. Wie anders ließe sich das weder aus der Text- noch aus der Bildtradition begründete Motiv oben rechts und in der Mitte erklären — acht Musen und Pan auf der Flucht, die neunte Muse von einem der Titanen ergriffen? Die Kunst als Opfer des zu mythischer Wucht überhöhten Konflikts zwischen Macht und Auflehnung? Der Titanenmythos, der das saturnische Zeitalter vor der Entstehung der Standesunterschiede verkörpert, wurde um 1800 mehrfach auf aktuelle Konflikte übertragen, so in Jean Pauls Roman ›Titan‹ und am vehementesten in Goethes Prometheus-Fragment (vgl. Abb. vor Kat. 436; siehe auch Jäger 1971, S. 62f.). S.H.

442

443

Heinrich Friedrich Füger
442 Satans Entschluß, den Messias zu töten

1797
Kreide, laviert und weiß gehöht
46,5 × 35 cm
Bez. u. r.: »Füger inv. 1797«
Wien, Graphische Sammlung Albertina,
Inv.Nr. 23.337
Lit.: Alfred Stix, H. F. Füger, Wien und Leipzig 1925, Nr. 63, Taf. LIV

Unter Fügers Zeichnungen zu Klopstocks ›Messiade‹ (geschrieben 1748–73) variiert diese Illustration des 2. Gesanges das um 1800 häufig auftauchende Rahmenthema des Kampfes guter und böser, himmlischer und irdischer Mächte (vgl. Kat. 437). Der Mythos des Erlösers hatte durch die ungewissen Konflikte des 18. Jahrhunderts neue Aktualität gewonnen. Im Gegensatz zur orthodoxen Theologie zerfiel für Klopstock die Weltordnung nicht in den unauflöslichen Gegensatz von Gut (göttlich) und Böse (dämonisch). Vielmehr akzeptierte er das im Teufel personifizierte Böse als Bestandteil eines hierarchisch-harmonischen Kosmos, das — letztlich ohnmächtig — selbst der Erlösung bedürfe. Sein Epos schildert die Verschwörung der Teufel und ihrer irdischen Statthalter gegen den Messias bis hin zur Erlösung des Bösen durch dessen Opfertod und Weltgericht. Das Wunschbild der Versöhnung, vom Dichter in die Sphäre abstrakter geistiger Kräfte entrückt, führt Füger in bildlicher Verdinglichung auf die Ebene handelnder Personifikation zurück. Diese Zeichnung stellt den Augenblick äußerster Spannung zwischen dämonischem Furor und mutigem Glauben dar: Satan erhebt einen Felsen gegen den ihm untreu gewordenen Teufel Abbadona, der ihn warnt, seinen Entschluß, den Messias zu töten, wahrzumachen. Anders als in Füsslis vergleichbaren Milton-Interpretationen (Kat. 332, 439) münzt Füger im Sinne Klopstocks Satan nicht zum positiven Helden um. Die teuflische Übermacht, die dieses Blatt inszeniert, bleibt doch im Gesamtkontext der Folge dem vermittelnden göttlichen Prinzip untergeordnet.
S.H.

William Blake
443 Der Sündenfall

1807
Aquarell
49,6 × 39,3 cm
Signiert und datiert: »1807 W Blake inv«
Auf der Rückseite bezeichnet: »The Father indignant at the Fall — the Saviour, while the Evil Angels are driven, gently conducts our first Parents out of Eden through a guard of Weeping Angels — Satan now awakes Sin, Death & Hell, to celebrate with him the birth of War & Misery: While the Lion seizes the Bull, the Tiger the Horse, the Vulture and the Eagle contend for the Lamb.«
London, Victoria and Albert Museum
Inv.Nr. P.8-1950
Lit.: Keynes 1957, Nr. 12; Ausst.-Kat. William Blake, Hamburger Kunsthalle, Hamburg 1975, Nr. 110 (Abb.)

In diesem Blatt, das Blake für seinen Mäzen Thomas Butts schuf, schildert er den Sündenfall als auslösenden Faktor eines kosmischen Dramas. Christus leitet Adam und Eva sanft durch die Pforten des Paradieses, vorbei an weinenden Engeln (die Blake wohl nach dem

Vorbild mittelalterlicher Grabplastik gestaltete). Ganz im Gegensatz zu Christus beobachtet Gott den Fall voller Zorn: Wie so oft bei Blake wird auch hier Gottvater als strafende, unversöhnliche Autorität dargestellt. Zu beiden Seiten des Blattes stürzen die aufständischen Engel zur Hölle, in der Satan (mit den Zügen von Urizen, vgl. Kat. 452) die Sünde in Gestalt der babylonischen Hure und den Tod mit Pestglocke und Schwert erweckt; darunter taucht der Krieg aus dem Abgrund auf. Besonders am Verhalten der Tiere wird deutlich, daß der Zustand paradiesischer Unschuld zerstört ist: Eben noch friedlich vereint, fallen sie nun übereinander her.

Daß Christus selbst Adam und Eva aus dem Paradies führt, ist in der bildenden Kunst ohne Vorbild. Blake folgt damit jedoch einer tradierten christlichen Vorstellung, nach der der Sündenfall die Voraussetzung dafür darstellt, daß der Mensch durch die Gnade Christi eine höhere Form der Unschuld erlangen kann, eine Unschuld, die auf einen Zustand der Erfahrung und Korruption folgt. Im Gegensatz zu der verzweifelnden Eva blickt Adam so auch gefaßt auf den künftigen Erlöser.

Neben der Bibel diente Blake Miltons Beschreibung der Vertreibung aus dem Paradies in ›Paradise Lost‹ als Quelle dieser Darstellung: auch bei Milton sendet Satan nach dem Fall Sünde und Tod in die Welt. In seiner Hervorhebung Christi als Verkörperung der Milde und Güte unterscheidet sich Blake jedoch grundsätzlich von Milton, der ihn als zornigen Krieger beschreibt. Rache und tyrannische Herrschaft sind für Blake der Grund allen menschlichen Leides und mit der Figur des Erlösers unvereinbar. A.H.-W.

Abb. 217 Füssli, *Satan über dem feurigen See*

444

William Blake
444 Satan ruft seine Legionen hervor

1808
Aquarell
51,8 x 39,3 cm
Signiert und datiert: »W. Blake 1808«
London, Victoria and Albert Museum
Inv.Nr. P. 29-1953
Lit.: Ausst.-Kat. William Blake, Hamburger Kunsthalle, Hamburg 1975, Nr. 144 (Abb.); Bindman 1977, S. 188-192

Dieses Aquarell gehört zu einer Folge von 12 Illustrationen zu Miltons ›Paradise Lost‹, die Blake für Thomas Butts anfertigte. Es entstand in einer Zeit, in der sich Blake ohnehin intensiv mit dem Dichter befaßte: 1804 hatte er mit der Niederschrift und Illustration seines prophetischen Buches ›Milton, a Poem‹ begonnen.

Im Gegensatz zu der Mehrzahl englischer Künstler, bei denen Themen aus ›Paradise Lost‹ wegen ihres ›erhabenen‹ oder ›erschreckenden‹ Gehaltes außerordentlich populär waren, setzte sich Blake kritisch mit dem Werk auseinander. In ›Milton, a Poem‹ beklagt er den »fundamentalen Irrtum« des Künstlers: er habe sich dem repressiven puritanischen Geist seiner Zeit unterworfen und die abstrakte Vernunft über die kreative Imagination gestellt. So sind auch seine Aquarelle nicht einfach Illustrationen zu ›Paradise Lost‹, sondern persönliche Interpretationen, in denen Blake sich bemüht, die »Irrtümer« Miltons zu korrigieren. In Miltons Epos ist Satan die dynamischste, psychologisch plastischste Gestalt und der eigentliche Held, wenn er auch am Ende nicht sieghaft bleiben kann. Blake stellt dagegen in seiner Aquarellfolge Christus in den Vordergrund und reduziert Satan zu einer weit weniger vitalen Figur. In diesem Blatt wird er nicht wie in vergleichbaren Darstellungen etwa Füsslis (Abb. 217) als mächtiger Krieger gezeigt, sondern eher als tragische Figur, die sich ihres Scheiterns schon zu Beginn des Kampfes bewußt ist. Satans Legionen bestehen hier nur aus sieben Gestalten, die mit unterschiedlichen Gesten der Verzweiflung auf seinen Ruf reagieren. Anstelle eines dynamischen Aufbruches zeigt Blake zauderndes Verharren im Bewußtsein der eigenen Machtlosigkeit. A.H.-W.

Angst und Verzweiflung

George Romney
445 Erregte Menschenmenge
um 1776
Braune Tusche über Bleistift
34,3 × 54,3 cm
Cambridge, Fitzwilliam Museum
Lit.: Jaffé 1977, Nr. 31, Tafel 13

Nach Ansicht von Patricia Jaffé entstand diese Zeichnung wohl kurz nach Romneys Rückkehr aus Italien 1775. Ihr Thema ist nicht bekannt, doch lassen die langen Gewänder an eine Darstellung aus der Antike denken. Romney zeigt eine nach drei Seiten auseinanderstrebende, mit Stöcken bewaffnete Menge. Dabei scheint die Bewegung von einer Figur mit ausgebreiteten Armen in der Mitte der Darstellung auszugehen; wie ein unruhiges Flackern setzt sie sich nach beiden Seiten fort. Die Personen sind durch dicke Pinselstriche als ›Kürzel‹ nur angedeutet, einzelne Umrisse sind nicht auszumachen. Die Masse wird als Einheit greifbar, wirkt bedrohlich.
Romney hat die Stärke der Volksmenge durchaus zu schätzen gewußt. So sympathisierte er — der beliebte Porträtist der gehobenen Gesellschaft — später mit der französischen Revolution, angeregt nicht zuletzt durch radikale Freunde wie Tom Paine. In den neunziger Jahren sollten seine politischen Ansichten sogar zu einer Gefährdung seiner Karriere werden.   A.H.-W.

George Romney
446 Ein Massaker
um 1776
Braune Tusche
24,1 × 44,3 cm
Bez. auf der Rückseite: »A« und »43«,
Cambridge, Fitzwilliam Museum
Lit.: Jaffé 1977, Nr. 32, Tafel 13

Aus stilistischen Gründen ist anzunehmen, daß diese Zeichnung etwa um die gleiche Zeit wie Kat. 445 entstand. Auch hier hat Romney mit dicken, dunklen Tuschebalken formelhafte Figuren geschaffen; durch die außerdem verwendeten unruhigen, keinem Objekt zuzuordnenden Federlinien wirkt die Darstellung jedoch komplexer, erregter. In der Mitte der pyramidalen Komposition scheint eine bedrohliche Figur mit ausgreifend erhobenen Armen auf den Betrachter zuzustreben. Zu beiden Seiten hin geht von ihr eine allmählich abfallende Bewegung aus, die in die nur angedeuteten liegenden Gestalten mündet.
Patricia Jaffé meint, daß es sich hier um eine Skizze zu einer Darstellung der ›Vernichtung der Kinder der Niobe durch Apoll und Artemis‹ handeln könne, ein Thema, das Romney bereits im Januar 1775 in Italien gefesselt hatte und zu dem er später einige großformatige Zeichnungen anfertigte.
In Italien hatte Romney Füssli kennengelernt und sich mit ihm befreundet. Es ist sicherlich seinem Einfluß zu verdanken, daß Romney seit dieser Zeit viele außerordentlich bewegte Figurenkompositionen schuf, die jedoch meist über das Stadium der Skizze nicht fortschritten, da Romney durch seine Porträtaufträge sehr beschäftigt war.   A.H.-W.

447

448

George Romney
447 John Howard besucht ein Gefängnisspital

um 1791
Graue Tinte und graue Tusche über Bleistift
35,7 x 42,4 cm
Rückseite: kleine Figurenskizzen
Cambridge, Fitzwilliam Museum
Lit.: Jaffé 1977, Nr. 97

Im Juli 1790 besuchte Romney in Begleitung seines Freundes William Hayley Paris. Aus den Erinnerungen Hayleys geht hervor, daß die Stadt ein Jahr nach Ausbruch der Revolution den beiden als Ort allgemeiner Brüderlichkeit und Menschenliebe erschien (vgl. William Hayley, The Life of George Romney, Esq., Chichester 1809, S. 143). Wahrscheinlich faßte Romney hier bereits den Entschluß, mehrere Gemälde zum Andenken an den berühmten Philantropen John Howard zu malen; Hayley begann jedenfalls unmittelbar nach der Rückkehr nach England mit der Niederschrift seiner (unveröffentlichten) ›Eulogies of Howard, a Vision‹.
John Howard (1726-1790) hatte sich als einer der ersten Engländer aktiv für die Humanisierung des Strafvollzuges eingesetzt. Er schrieb zwei umfassende Werke (›The State of Prisons in England and Wales‹ und ›The Principal Lazarettos in Europe‹), in denen er die schockierenden Lebensbedingungen der Gefangenen aufdeckte. Auf Grund seiner Bemühungen wurden 1774 im englischen Parlament zwei Gesetze verabschiedet, die ein Minimum an Hygiene und eine elementare Krankenversorgung in den Gefängnissen garantieren sollten. Nach dem Erscheinen seines ersten Buches (1777) beschloß das Parlament die Errichtung eines ›Büßerhauses‹, in dem die Gefangenen nicht bestraft, sondern durch Unterweisung und Arbeit erzogen werden sollten.
Auf Romneys Zeichnung steht Howard mit einer Gebärde des Entsetzens am Eingang einer düsteren Zelle. Eine Gefangene liegt – offenbar tot – am Boden, heftig von zwei Frauen und einem Kind beklagt; andere sind schon zu entkräftet, um ihren Gefühlen Ausdruck zu verleihen. In der räumlichen Situation wie in der Intensität der Aussagekraft ist das Blatt mit Goyas Capricho 34 (Kat. 32) zu vergleichen.
Das Fitzwilliam Museum, Cambridge, bewahrt noch weitere sieben Studien zu einem Gedenkbild für Howard auf; auch in diesem Fall kam es jedoch nicht zur Ausführung des Gemäldes.
A.H.-W.

Johann Heinrich Füssli
448 Vier Mänaden köpfen einen alten Mann mit einem Fallbeil

1782
Federzeichnung
30 x 38,5 cm
Zürich, Kunsthaus, Inv.Nr. Z 1914/29
Lit.: Schiff 1973, Nr. 805

Gert Schiff vermutet, daß die Darstellung auf Livius' Bericht über die Ausschreitungen bei den Bacchanalien zurückgeht (XXXIX,8). Fallbeile hatten bereits die Römer. Füssli dürfte englische Köpfmaschinen, »gibbets« genannt, gekannt haben. Nach deren Vorbild konstruierte der in Paris lebende deutsche Mechaniker Schmitt 1791 die Guillotine, die ab 1791 auf Vorschlag des Arztes Guillotin für die Massenhinrichtungen der Revolution eingesetzt wurde. (Vgl. Alister Kershaw, Die Guillotine. Eine Geschichte des mechanischen Fallbeils, deutsche Übersetzung Hamburg 1959.)
S.H.

449

450

William Blake
449 Die große Pest von London

um 1779-80
Aquarell
13,8 x 18,6 cm
Edinburgh, Steigal Fine Art
Lit.: Martin Butlin: Five Blakes from a 19th Century Scottish Collection, in: Blake Newsletter, University of Mexico, Nr. 25, S. 5; David Bindman: Blake's ›Gothicised Imagination‹ and the History of England, in: Essays in Honour of Sir Geoffrey Keynes, Oxford, 1973; Ausst.-Kat.: William Blake, Hamburger Kunsthalle, 1975, Nr. 2 (mit Abb.)

Diese Darstellung entstand neben einer Reihe anderer Aquarelle zur englischen Geschichte kurz nach Blakes Eintritt in die Royal Academy School (1779). Bereits in einigen dieser Blätter stellt Blake Mißbrauch und Begrenztheit irdischer Macht dar — Themen, die ihn sein ganzes Leben lang beschäftigen sollten. Dieses Aquarell zeigt die Londoner Pest von 1665 — eine Seuche, die fast jeden siebten Einwohner der Stadt das Leben kostete. Wahrscheinlich hatte dieses Ereignis für ihn eine spezifisch moralische Bedeutung: Wiederholt hat er später die Pest mit dem Zerfall einer bestehenden Staatsstruktur in Beziehung gesetzt oder sie als göttliches Strafgericht für den Mißbrauch von Macht betrachtet (so etwa in seinem 1794 entstandenen prophetischen Buch ›Europe‹, hier treten auch in Tafel 7 der Mann mit der Pestglocke und die Inschrift »Lord have Mercy on us« wieder auf). In diesem Falle wäre die Seuche dann im Zusammenhang mit der Wiedereinsetzung der Monarchie (1660) nach dem Zerfall von Cromwells Republik zu sehen. Wir wissen durch Blakes Äußerungen etwa über den amerikanischen Unabhängigkeitskrieg, daß er bereits zu diesem Zeitpunkt ein überzeugter Republikaner war. A.H.-W.

William Blake
450 Skizze zu »Der Krieg, entfesselt durch einen Engel, von Feuer, Seuche und Hungersnot gefolgt«

um 1783
Lavierte Federzeichnung
17,7 x 22,1 cm
Bez. (wahrscheinlich nicht von Blakes Hand): »June 1783«
Edinburgh, Steigal Fine Art
Lit.: Erdman 1969, S. 68; Ausst.-Kat. William Blake, Hamburger Kunsthalle, Hamburg, 1975, Nr. 20 (Abb.)

1784, ein Jahr nach dem Ende des amerikanischen Unabhängigkeitskrieges, stellte Blake in der Royal Academy zwei heute verschollene Aquarelle aus: ›Eine Bresche in der Stadt, am Morgen nach der Schlacht‹ und ›Der Krieg, entfesselt durch einen Engel, von Feuer, Seuche und Hungersnot gefolgt‹. Wahrscheinlich handelt es sich bei dieser Zeichnung um eine Studie zu dem letztgenannten Aquarell. Blake lehnte den englischen Krieg gegen Amerika als Mißbrauch königlicher Macht entschieden ab, er verurteilte besonders die materialistischen Interessen, die zu ihm geführt hatten. Hier zeigt er Krieg, Feuer, Seuche und Hungersnot als göttliches Strafgericht über eine gottlose, rein materialistisch orientierte Menschheit: Wie in Kat. 449 bricht ganz plötzlich die Katastrophe über eine wohlhabende Stadt herein, deren Einwohner auch in ihren prächtigen Häusern keinen Schutz finden. Ein Engel mit Flammenschwert kündigt die kommenden Schrecken an. Schon sind bewaffnete Soldaten über die Stadtmauer eingedrungen, im Tempel im Hintergrund (auf dem Pediment meint man das goldene Kalb zu erkennen) erschlagen sie zwei kauernde Gestalten. In ihrer apokalyptischen Thematik erinnert das Blatt an Benjamin Wests ebenfalls 1783 fertiggestellte Zeichnung ›Death on a Pale Horse‹ (Kat. 466), ebenfalls eine Vision der Endzeit; der Raumaufbau läßt an italienische Malerei des Trecento und Quattrocento denken. A.H.-W.

451

452

William Blake
451 Tiriel verflucht seine Kinder
um 1788
20 x 27,3 cm
University of Manchester, Whitworth Art Gallery, Inv.Nr. D. 29.1914
Lit.: Bentley 1967, S. 41-42; Keynes 1970, Nr. 8 (Abb.)

Blake schuf diese Zeichnung im Zusammenhang mit seinem unveröffentlichten Manuskript ›Tiriel‹, das wohl vor 1789 entstand und somit als erstes illustriertes Buch Gestalten seiner eigenen Erfindung vorstellt. Tiriel ist dort ein tyrannischer König, der seine Macht mißbraucht, um seine Untergebenen, ja selbst seine Kinder, wie Sklaven zu halten. Die Söhne jedoch rebellieren, Tiriel zieht daraufhin — blind und geisteskrank — auf Wanderschaft und kehrt nur zurück, um sie angesichts ihrer sterbenden Mutter zu verfluchen. Diese Zeichnung illustriert die Szene, in der Tiriel nach erneuter Wanderschaft einen weiteren, todbringenden Fluch über seine Kinder ausspricht.

Blake lehnte jede Einschränkung der menschlichen Freiheit ab und begrüßte die amerikanischen Unabhängigkeitsbestrebungen ebenso wie er 1789 die französische Revolution willkommen heißen sollte. Erdman hat auf die Parallelen zwischen Tiriel und dem englischen König Georg III. hingewiesen, der um 1788 an einer schweren psychischen Krankheit litt. Man kann also die Söhne Tiriels als allgemeine Symbole des Aufstandes gegen tyrannische Autorität, aber auch in einem engeren Sinne als Symbole für den Aufstand Amerikas sehen.

Verschiedene Motive dieser Zeichnung wurden später einzeln wiederverwendet: die links kauernde Frau in Tafel 6 von ›Europe‹ (1794) (›Hungersnot‹), Tiriel selbst in Tafel 8 dieses Werkes als alter Mann, der ein (nicht sichtbares) Übel abwehrt. Die drei Söhne erscheinen in verschiedenen Versionen eines Kupferstiches (ca. 1793-97) als ›Die Ankläger‹, außerdem mit der Unterschrift »our end is come« als Frontispiz des illuminierten Buches ›The Marriage of Heaven and Hell‹ (1793).

A.H.-W.

William Blake
452 Das Seuchenspital (das Haus des Todes)
um 1795
Farbdruck-Monotypie, mit Tusche und Aquarellfarbe übergangen
47,9 x 60,3 cm
Cambridge, Fitzwilliam Museum
Inv.Nr. 1765
Lit.: Anne T. Kostelanetz: Blake's 1795 colour prints, in: Rosenfeld 1969, S. 117ff.; Bindman 1970, Nr. 17; Ausst.-Kat. William Blake, Hamburger Kunsthalle, Hamburg 1975, Nr. 64 (Abb.)

1795 schuf Blake zwölf großformatige Farbdrucke zu Themen, die aus so verschiedenen literarischen Quellen wie der Bibel, Werken von Shakespeare und Milton stammen. Zehn dieser Farbdrucke befinden sich heute in der Tate Gallery, darunter auch eine etwas weiter überarbeitete Fassung dieses Blattes (eine dritte Fassung besitzt das British Museum, London). Anne Kostelanetz hat vorgeschlagen, diese Drucke als Serie zu sehen, die das Schicksal des Menschen von seiner Erschaffung durch die tyrannische Gottheit Urizen (Verkörperung auch der abstrakten Vernunft) bis zu seiner Erlösung durch die Auferstehung des Geistes behandelt.

Dieses Blatt zeigt ganz besonders deutlich das Elend der durch Urizen in einen sterblichen Körper gezwungenen Menschheit. Die literarische Quelle ist in diesem Fall Miltons Beschreibung des Aussätzigenasyls in ›Paradise Lost‹ (II, 477-495). Beherrscht wird die Darstellung durch einen blinden, bärtigen Greis, der mit ausgebreiteten Armen einen Bogen oder eine Schriftrolle hält (in der Fassung der Tate Gallery schießen außerdem von seinen Händen Pfeile hernieder). Dieser Greis taucht in vielen früheren Kompositionen Blakes als Verkörperung von Tyrannei und Unterdrückung auf, im ›Book of Urizen‹ (1794) ist er Urizen selbst. Drei der am Boden liegenden Kranken blicken verzweifelt zu ihm auf, flehen ihn an, doch der Blinde zeigt keinerlei Reaktion, wird sie nicht von ihren Qualen erlösen. Rechts steht, einen Dolch in der Hand, der Krankenwärter (für Anne Kostelanetz die Verkörperung von Tod und Seuche). Auch er beugt sich unter Urizens Armen, steht also ebenfalls unter seiner Gewalt. Offensichtlich zögert er, die Kranken zu töten: er scheint ein selber an seiner Aufgabe verzweifelndes, willenloses Instrument Urizens zu sein, zugleich Mörder und Opfer.

A.H.-W.

Johan Tobias Sergel

453 Szene aus dem Drama »Die Räuber«

1795
Lavierte Federzeichnung
21,5 × 34,0 cm
Bez.: »Sergell 1795. Die Räuber; Act III. Scen XVI. Mein Vater.«
Stockholm,
Nationalmuseum, Inv.Nr. NM H 120/1906
Lit.: Ragnar Josephson: Sergels fantasi, Stockholm 1956, Band II, S. 604ff., Abb. 784; Ausst.-Kat. Johan Tobias Sergel, Hamburger Kunsthalle 1975, Nr. 43, Abb. auf S. 133

Seit etwa 1790 nahm Sergel gern Anregungen aus dem zeitgenössischen Schauspiel auf; so entstanden auch zwei Zeichnungen zu Schillers ›Räubern‹. Die eine Darstellung (ebenfalls 1795 entstanden und heute im Nationalmuseum, Stockholm) zeigt, wie Franz Moor seinen Vater mit den Worten »er hat genug gelebt« in den Hungerturm stößt; dieses Blatt dagegen hat die Entdeckung des alten Moor durch seinen anderen Sohn Karl zum Thema. Karl Moor — eine athletisch-heldenhafte Gestalt — verharrt entsetzt beim Anblick seines Vaters, dessen (ebenfalls den klassizistischen Normen entsprechend idealisierte) Gestalt durch das hereinflutende Sonnenlicht erhellt wird. Die schweren Ketten, der geöffnete Sarg verstärken den pathetischen Effekt der Darstellung.

Sergels Wahl gerade dieser ergreifenden Szenen zeigt, daß ihn die individuellen menschlichen Konflikte eher interessierten als die revolutionären Ideen des Schauspiels. Dies verwundert nicht, bedenkt man seine tiefe Verehrung Gustavs III., eines Königs, dessen Hauptanliegen die Erweiterung der eigenen persönlichen Macht war und der um seines absolutistischen Führungsstiles willen bei Adel und Bürgertum gleichermaßen unbeliebt war.
Da Schillers Drama in Schweden erstmals 1814 aufgeführt wurde, kann man annehmen, daß Sergels Blatt allein auf Grund der Lektüre der ›Räuber‹ entstanden ist.   A.H.-W.

453

Louis Boulanger

454 Der letzte Tag eines zum Tode Verurteilten

um 1830
Lithographie
22,0 × 22,5 cm
Bez. u. l.: »Louis Boulanger del.«. Unterschrift: LE DERNIER JOUR D'UN CONDAMNÉ«
Paris, Bibliothèque Nationale
Inv.Nr. Dc 182 b tome I
Lit.: Bibl. Nat. Inv. après 1800, Bd. 3, Boulanger Nr. 13

Hugo schrieb ›Le dernier jour d'un condamné‹ 1828, die erste Ausgabe des Romans erschien 1829. Bald danach dürfte Boulangers Lithographie entstanden sein. Hugo plädiert in seinem Vorwort für die Aufhebung der Todesstrafe, eine Forderung, die er 1848 in einer gemeinsam mit Lamartine verfaßten Denkschrift wiederholte, deren Argumentation auf den ›Dernier Jour‹ zurückgriff. Boulanger arbeitet wie Hugo mit den handfesten Schockwirkungen der Horror-Romantik. Im gestischen Dreiklang der Arme der Enthaupteten sehen wir das romantisch-makabre Echo auf Davids ›Schwur der Horatier‹ (Kat. Nr. 310). Die sprechenden Köpfe verhalten sich zu den Kadaverstudien von Géricault (Kat.Nr.523) wie die Puppen eines Wachsfigurenkabinetts zur harten, klinischen Wirklichkeit eines Totenschauhauses. Aus dem Gekritzel an der Kerkerwand läßt sich der Name »Danton« herauslesen. Hempel-Lipschutz (1972, S. 108) sieht in der Darstellung »Erinnerungen« an die ›Caprichos‹.
W.H.

454

Die herausgeforderten Elemente

Louis Boulanger
455 ›Les Fantômes‹

1829
Lithographie
26,1 x 32,5 cm
Bez. u. l.: »Louis Boulanger del.«. Unterschrift: »LES FANTÔMES/Elle est morte — à quinze ans, belle, heureuse, adorée./ Morte au sortir d'un bal, qui nous mit tous en deuil./ Morte, hélas! et des bras d'une mère égarée . . ./La mort aux froides mains la prit toute parée . . ./pour l'endormir dans le cercueil . . .«
[Mit fünfzehn Jahren starb sie, schön, glücklich, beliebt,
Sie starb nach einem Ball, der uns alle in Trauer versetzte.
Starb, wehe! und aus den Armen einer erschreckten Mutter . . .
Nahm der Tod die Geschmückte mit kalten Händen . . .
Um sie im Sarg zum Schlaf zu legen . . .]
Paris, Bibliothèque Nationale,
Inv.Nr. Dc 182 b tome 1
Lit.: Bibl. Nat. Inv. après 1800, Bd. 3, Boulanger Nr. 7.

In seinem Gedicht ›Les Fantômes‹ (1828, erschienen in ›Les Orientales‹, XXXIII) besingt Hugo eine schöne Spanierin, die nach einer Ballnacht stirbt. Der poetische Gedanke beruht auf der Koppelung von Gegensätzen: die Lebensfreude verfällt der Vergänglichkeit, die Schönheit gerät in die Macht des häßlichen Todesdämons. Diese Dissonanzen versucht Boulanger zu veranschaulichen, wobei er sich von Delacroix' Gretchen (Kat.Nr. 481), vielleicht auch von Goya (Hempel-Lipchutz, 1972, S. 108) anregen läßt. W.H.

455

456

Jean Baptiste Regnault
456 Die Sintflut

1789
Öl auf Leinwand
89 x 71 cm (das Bild wurde im 19. Jahrhundert in Tondoform gebracht, hat aber kürzlich seine ursprünglichen Maße zurückerhalten)
Paris, Louvre, Inv. Nr. 7380
Lit.: Salon de 1789, Nr. 91; Salon de 1791, Nr. 211; Kat.Ausst. De David à Delacroix 1974-1975, Nr. 149; Christopher Sells, Esquisses de J. B. Regnault. In: La Revue du Louvre, Bd. 24, 1974, S. 405-410

Das Bild ist die Gemäldefassung einer Komposition, die Regnault schon 1787 als Illustration einer Ausgabe der Metamorphosen Ovids in französischer Übersetzung veröffentlicht hatte. Die antike Version des Geschehens stand dem Künstler also bei der Bildformulierung vor Augen. Er suchte die Gewalt des Ereignisses dem Betrachter nahezubringen, indem er diesem das tragische Schicksal einer Familie schilderte. Nicht der Aufruhr der kosmischen Elemente selbst, wie ihn Koch, Martin und Turner gestalteten (vgl. Kat. 457, 458, 459), sondern die machtlose Reaktion einzelner Menschen stand im Mittelpunkt seiner Aufmerksamkeit. Nur die Dunkelheit des Himmels und der Landschaft, die schwer auf diesen Menschen lastet und insbesondere die Frau, die rechts unten in die Tiefe zu weisen scheint, macht das Unheil spürbar. Jacques Louis David sollte eine solche Gestaltungsweise abstrahierend 1793 in seinem Bild »Der Tod des Marat« (siehe Kat. 350) zu höchster Meisterschaft treiben. Goya wandte sie ebenso abstrahiert 1797-1798 in seinen ›Caprichos‹ an (vgl. insbesondere die Radierung »Que se la llevaron« Kat. 23). G.H.

Joseph Anton Koch
457 Die Sintflut

1797
Aquarell mit Deckfarben
50,3 x 75,1 cm
Bez. u.: »comp. et dessine par Koch a Rome 1797«,
Wien, Graphische Sammlung Albertina
Lit.: Otto R. von Lutterotti, Joseph Anton Koch, Berlin 1940, Nr. Z940, S. 24

1795 nach Rom gekommen, stellt sich Koch der Herausforderung der großen künstlerischen Vorbilder dieser Stadt. So mißt er sich in dieser dramatischen Sintflutdarstellung mit Michelangelos ›Jüngstem Gericht‹ ebenso wie mit Poussins heroischen Landschaften. Das Thema, das nach 1800 von Künstlern wie Girodet (Gemälde im Louvre) und Turner (Kat. 458) als Ausdruck einer von Angst geprägten Zeit des Umbruchs interpretiert wurde, ist hier noch traditionell als biblische Illustration gestaltet. Kochs positive Einstellung zur Französischen Revolution und ihrem Ausgreifen war in diesem Jahr noch ungebrochen (vgl. Kat. 387), so daß sich die Darstellung nicht auf das Zeitgeschehen beziehen kann.
S. H.

William Turner
458 Die Sintflut

wohl 1804/5
Öl auf Leinwand
143 x 235 cm
London, Tate Gallery, Turner Bequest 493
Lit.: Butlin & Joll 1977, Nr. 55, Tafel 65; Wilton 1979, Nr. P55

Das Entstehungsdatum dieses Bildes ist nicht gesichert, wahrscheinlich handelt es sich jedoch um das Gemälde, über das es in der ›British Press‹ vom 8.5.1804 heißt: »Mr. Turner is engaged upon a very large picture of the Deluge which he intends for the exhibition next year.« In diesem Fall wurde es wohl 1805 in Turners eigener Galerie gezeigt, da der Künstler in diesem Jahr nicht in der Royal Academy ausstellte.
Seit er 1800 mit großem Erfolg das Gemälde ›The Fifth Plague of Egypt‹ (heute im Indianapolis Museum of Art) ausgestellt hatte, beschäftigte sich Turner immer wieder mit dem Thema ›Naturkatastrophe‹. Die Idee, ein Bild der Sintflut zu malen, mag ihm 1802 im Louvre gekommen sein, wo ihn Poussins

Darstellung dieses Themas (Abb. 218) sehr beeindruckte, aber auch zur Kritik herausforderte. Während er die Farben enthusiastisch lobte, fand er die Komposition mangelhaft und die Figuren absurd, der »Vision of a swamp'd world and the fountains of the deep being broken up« unangemessen. (Studies in the Louvre-Skizzenbuch, Tate Gallery, TB LXXI, S. 42).

Eben diesen Eindruck beschwört er dagegen in seinem eigenen Gemälde herauf: Himmel, Erde und Wasser werden von einer riesigen Wirbelbewegung erfaßt, die die Grenzen zwischen den Elementen verwischt. In diesen Wirbel werden Menschen, Tiere und Pflanzen unausweichlich hineingezogen, alle Rettungsversuche erscheinen völlig aussichtslos.

Als das Gemälde 1813 in der Royal Academy ausgestellt wurde, enthielt der Katalog die folgenden Zeilen aus Miltons ›Paradise Lost‹:
›Meanwhile the south wind rose, and with black wings
Wide hovering, all the clouds together drove
From under heaven –
– the thicken'd sky
Like a dark cieling (sic) stood, down rush'd the rain
Impetuous, and continual, till the earth
No more was seen.‹ A. H.-W.

Abb. 218 Poussin, *Der Winter* (Die Sintflut)

John Martin
459 Die Sintflut

1828
Schabkunstblatt,
59,7 × 81,7 cm
London, Victoria and Albert Museum,
Inv.Nr. E.570-1968
Lit.: Johnstone 1974, S. 74-75, Abb. auf S. 63; Feaver 1975, S. 92-96, Abb. 65a; Ausstellungskatalog John Martin (Hazlitt, Gooden & Fox), London 1975, Nr. 53, Tafel 56

Zwischen 1825 und 1827 erschienen Martins Schabkunstblätter zu Miltons ›Paradise Lost‹. Der Künstler, der vorher nur vereinzelte Radierungen angefertigt hatte, errang mit diesen Blättern einen solchen (auch finanziellen) Erfolg, daß er nun begann, nach seinen großen Gemälden Schabkunstblätter herzustellen: Auch diese Blätter fanden bald weite Verbreitung in ganz Europa. John Martin bearbeitete jede Platte selber und nahm dabei zahlreiche Veränderungen gegenüber seinen Gemäldevorlagen vor, so daß die Graphik oft eine spannungsreichere und konzentriertere Alternative darstellt.

Dieses Blatt ist nach einem heute verschollenen Gemälde entstanden, das Martin 1826 im British Institute ausgestellt hatte. Zu dem Gemälde erschien ein Pamphlet mit einer ausführlichen Beschreibung des Bildes durch den Künstler. Feaver zitiert eine handschriftliche Bemerkung Martins in einem der noch erhaltenen Pamphlete: »relative to the scale of proportion, viz. the figures and trees, the highest mountain in the picture will be found to be 15,000 feet, the next in height 10,000 feet, the perpendicular rock 4,000 feet.« (»gemessen an der Größe der Figuren und Bäume wird man sehen, daß der höchste Berg im Bild 15 000 Fuß, der nächsthöchste 10 000 Fuß und der rechtwinklige Felsen 4000 Fuß mißt«). Martins Bild wurde also mit wissenschaftlicher Genauigkeit konstruiert und beschwört doch den Eindruck eines entfesselten Chaos: Es ging dem Künstler um die möglichst exakte Rekonstruktion der Sintflut als eines historischen Ereignisses. Er zeigt ein weiteres Panorama als Turner (Kat. 458), das Einzelschicksal rückt gegenüber der universellen Katastrophe in den Hintergrund. Wie bei Turner jedoch teilt sich bei ihm das Wasser, verschmelzen die Elemente in einem mächtigen Strudel, spielt sich die Szene in einem von starken Lichteffekten durchbrochenen Dunkel ab.

Martin widmete das Schabkunstblatt Zar Nikolaus I., der ihn in seinem Atelier besucht hatte und ihm bei dieser Gelegenheit einen Ring und eine Goldmedaille geschenkt haben muß, Indiz für das internationale Ansehen des Künstlers. A. H.-W.

460

461

John Martin
460 Der Untergang von Ninive
1829
Schabkunstblatt, handkoloriert,
66,9 × 91,1 cm
London, Victoria and Albert Museum,
Inv.Nr. E.567-1968
Lit.: Johnstone 1974, S. 109, Abb. auf S. 108; Feaver 1975, S. 99-103, Abb. 70 und 71; Ausstellungskatalog John Martin (Hazlitt, Gooden & Fox), London 1975, Nr. 55, Taf. 57

Dieses Werk — Martins größtes Schabkunstblatt, für das er extra Papier anfertigen lassen mußte — entstand nach seinem 1828 fertiggestellten und zu seiner Zeit außerordentlich berühmten gleichnamigen Gemälde (heute verschollen). Es ist dem französischen König Karl X. gewidmet.

Thema der Darstellung ist die Eroberung der mächtigen assyrischen Stadt Ninive durch die Meder im Jahr 612 v.Chr. Von besonderem Interesse an dieser Eroberung war seit Byrons 1821 entstandenem Theaterstück ›Sardanapalus‹ die Reaktion des assyrischen Königs, der sich angesichts der feindlichen Übermacht einen Scheiterhaufen errichten und von seiner Lieblingskonkubine in Brand setzen ließ, auf dem er sein (angeblich sehr ausschweifendes) Leben beendete. Seit Byrons Stück erschien Sardanapal nicht mehr nur als unmäßiger, charakterloser Potentat, sondern als ein durchaus zu tiefen philosophischen Einsichten fähiger, im entscheidenden Moment todesmutiger Mensch. So schildert ihn auch John Martin in dem zu dem Gemälde erschienenen Katalog: »he cannot yield himself to the mockery of the triumphant rebels; he cannot abandon his beloved women to their embraces; he goes with them to voluntary death rather than drag on a life of degradation« (»Er kann sich nicht dem Spott der triumphierenden Rebellen ausliefern; er kann seine geliebten Frauen nicht ihren Umarmungen überlassen, er sucht lieber mit ihnen den Tod, als sich durch ein erniedrigendes Leben zu schleppen«).

Anders als Delacroix, der ebenfalls 1828 sein Gemälde ›Der Tod des Sardanapal‹ beendete — hier konzentriert sich alles auf die persönliche Vernichtung des Herrschers und seiner Bediensteten — macht Martin dieses Ereignis zu einem unter vielen in einer katastrophenerfüllten Komposition. Durch ein Unwetter wird die Stadt gespenstisch erleuchtet; überall suchen sich Menschenscharen vor den Medern zu retten, die vom Wasserreservoir aus durch die zerstörte Stadtmauer eingedrungen sind. Die Eroberung Ninives, dessen Macht durch die gigantischen Bauten und die aufgetürmten Schätze repräsentiert wird, erscheint wie ein Weltuntergang.

Verschiedene Details der Bauwerke lassen erkennen, daß sich Martin auch hier um eine möglichst exakte historische Rekonstruktion bemüht hat; als Quellen dienten ihm Reisebeschreibungen und Geschichtsbücher wie Thomas Maurices ›History of Hindostan‹.

A.H.-W.

John Martin
461 Der Untergang von Babylon
1831
Schabkunstblatt,
46 × 71 cm
London, British Museum
Lit.: Johnstone 1974, S. 14, 15, 51; Feaver 1975, S. 39-46, Abb. 27; Ausstellungskatalog John Martin (Hazlitt, Gooden & Fox), London 1975, Nr. 59, Tafel 58

Dieses Blatt geht auf ein 1,55 × 2,44 m großes Gemälde zurück, das Martin 1819 in der British Institution in London ausstellte. Es war sein erster Versuch, eine antike Stadt nach überlieferten Zeugnissen zu rekonstruieren und wurde zu einem großen Publikumserfolg: In einer Zeit, in der das öffentliche Interesse an archäologischen Ausgrabungen etwa in Pompeji sehr rege war, fand Martins Darstellung mit ihrem Anspruch historischer Korrektheit besonderen Anklang. Dazu kommt, daß viele Zeitgenossen in ihr eine Anspielung auf eigene Zustände sahen, wurde doch London oft als das ›neue Babylon‹ beschrieben und seine bauliche Entwicklung mit Bewunderung, aber auch mit Schrecken verfolgt.

Als Martins Gemälde und das Schabkunstblatt entstanden, war Babylon noch nicht archäologisch erforscht. Lediglich Claude James Richs illustriertes Werk ›Memoirs of the Ruins of Babylon‹ stellte einen ersten, beschreibenden Vorstoß dar. Auch in den Bibelstellen, die den Untergang Babylons ankündigen (Jesaja 13 und 14, Jeremia 50 und 51) wird die Stadt nicht näher beschrieben. So war Martin auf die Zeugnisse Herodots und Diodors und auf eigene Vermutungen angewiesen.

Ein Vergleich zwischen dem Schabkunstblatt und dem Ölgemälde (es wurde zuletzt auf einer Versteigerung bei Christie's 1937 nachgewiesen) zeigt, wieviel effektvoller Martin das Thema zwölf Jahre später darzustellen wußte. Der gezeigte Ausschnitt der Szene ist kleiner, dadurch rücken die Rettungsversuche der Babylonier stärker in den Vordergrund, erscheint die Architektur noch mächtiger. Starke Lichteffekte, verursacht durch Flammen und durch ein Gewitter, intensivieren das Drama: der plötzliche Fall einer Weltmacht wird zu einem Ereignis von kosmischer Bedeutung.

A.H.-W.

William Turner
462 Schneesturm: Hannibal und seine Armee überqueren die Alpen

1811-12
Öl auf Leinwand,
146 × 237,5 cm
London, Tate Gallery, Turner Bequest 490
Lit.: Butlin & Joll 1977, Nr. 126, Tafel 117; Wilton 1979, Nr. P126

Für die Darstellung dieses Themas mag Turner verschiedene Anregungen aus der Literatur und bildenden Kunst seiner Zeit erhalten haben. 1802 wurde ein heute verschollenes Gemälde von J.R. Cozens in London zum Verkauf ausgestellt, das Hannibal und seine Armee in Norditalien zeigte; die Alpenüberquerung selbst wurde in dem vielgelesenen Roman ›The Mysteries of Udolpho‹ (1794) von Ann Radcliffe beschrieben. Ein unmittelbar auslösender Faktor für die Entstehung dieses Gemäldes war jedoch Turners persönliches Erlebnis eines heftigen Sturmes auf dem Landsitz seines Freundes Walter Fawkes im Jahre 1810.

So füllt auch hier das Naturereignis fast den gesamten Bildraum und wird zur eigentlichen Handlung: In gewaltigen Wirbeln fegt ein heftiger Sturm über das Land, zur rechten Bildseite hin scheint er sich zu verdichten und in starkem Schneetreiben zu entladen. Durch die Schleier von Dunst und Wolken wird der Blick links auf Hannibals Ziel, die Ebenen Norditaliens, gelenkt: Durch die Sonne hellerleuchtet erscheinen sie unwirklich, eine paradiesische Vision. Der Überquerung Hannibals bleibt nur ein schmaler Streifen am unteren Bildrand vorbehalten: Links erkennen wir Szenen von Mord und Plünderung, rechts das voranrückende Heer der Karthager. — Turner hat in diesem Bild jede konventionelle Bildstruktur zugunsten von großen, fließend ineinandergreifenden unregelmäßigen Bögen und Wirbeln aufgegeben, die die Bewegung, Wechselhaftigkeit und Gewalt der Naturkatastrophe sichtbar machen.

Trotz ihrer Unkonventionalität wurde die Darstellung bei ihrer ersten Ausstellung in der Royal Academy (1812) begeistert aufgenommen. Der Katalog enthielt einige selbstverfaßte Verse Turners, in denen nicht nur die Mühen der Überquerung, sondern auch die danach drohenden Gefahren angesprochen werden (Hannibal war mit seiner Überquerung der Pyrenäen und Alpen um 218 v.Chr. einem römischen Angriff zuvorgekommen und konnte sich zunächst in Italien siegreich behaupten, wurde jedoch 202 v.Chr. durch die Römer unter Scipio Africanus entscheidend geschlagen). In diesem Zusammenhang war für Turner die äußerst entbehrungsreiche und gefährliche Überquerung der Alpen ein Schritt, der letzten Endes zur eigenen Vernichtung führte. Sicherlich sah der Maler, der unter dem Einfluß seines Freundes Walter Fawkes seit etwa 1810 zu einer kritischen Sicht der englischen Regierungspolitik gelangt war, Parallelen zwischen der Situation Karthagos und der augenblicklichen Lage Englands: Er fürchtete, daß weitere kriegerische Auseinandersetzungen mit Frankreich zur Niederlage seines Landes führen würden. Das Gemälde und die begleitenden Verse Turners sind also durchaus als Warnung an seine Landsleute aufzufassen.

A.H.-W.

462

463

nach Pierre Paul Prud'hon
463 Virginie auf dem untergehenden Schiff

1806
Radierung und Punktiermanier von
Barthélemy Roger nach einer Zeichnung von
Pierre Paul Prud'hon
20,1 × 16,2 cm
Bez.u.l.: »P.P.Prud'hon inv.del.«, u.r.:
»B. Roger Sc.«
Bibliothèque Nationale, Paris,
Inv.Nr. Dc 37 vol. 10
Lit.: Goncourt 1876, Nr. 142 (nicht beschriebener Zustand: vor oder nach dem 2., vor der Schrift).

Die Darstellung erschien 1806 als eine der von verschiedenen Künstlern beigetragenen Illustrationen zum Roman ›Paul et Virginie‹ von Bernardin de Saint-Pierre. Der Dichter selbst soll die Teilnahme Prud'hons gegen die von Eifersüchteleien einiger Davidschüler verursachten Hemmungen des Verlegers durchgesetzt haben.

Der Roman hatte seit seinem ersten Erscheinen 1788 einen wachsenden Erfolg, der bis weit ins 19. Jahrhundert hinein anhielt. Beschrieben wird das arkadische Glück zweier Familien auf der ›Ile de France‹ (der heutigen Insel Mauritius). Fern von den schädlichen Einflüssen der zivilisierten Welt wuchsen insbesondere die gleichaltrigen Kinder Paul und Virginie in harmonischen Verhältnissen auf. Diese Harmonie wurde gestört, als eine Großtante in Paris die Erziehung des Mädchens übernahm. Schicksalhaft mußte nach der Berührung mit der Zivilisation der Schiffbruch erfolgen: Bei der Rückkehr geriet Virginie mit dem Schiff in Seenot und ertrank vor den Augen ihrer Angehörigen.

Prud'hon zeigte Virginies Gestalt steil erhöht auf einem schwankenden Schiffsfragment. Der Gischt jener Woge, die sie hinabreißen wird, hinterfängt sie mit einem Licht, das sie gleichzeitig wie in einer Wolke dem Himmel nahe zu bringen scheint. So interpretierte Prud'hon den Vers, der die Darstellung im Buch begleitet: »Elle parut un ange qui prend son vol vers les cieux« (Sie erschien wie ein Engel, der zum Himmel auffliegt). G.H.

Théodore Géricault
464 Nach einem Schiffbruch

1822-1823
Öl auf Leinwand,
50,0 × 61,5 cm
Brüssel, Musées Royaux des Beaux-Arts,
Inv.Nr. 3558
Lit.: Clément 1879, Peintures Nr. 67 (?); Lorenz Eitner: Géricault's ›La Tempête‹. In: Museum Studies, Bd. 2, The Art Institute of Chicago 1967, S. 7-17; Kat.Ausst.Géricault 1971/1972, Nr. 117; Grunchec 1978, Nr. 221.

Bisher hat die wiedergegebene Szene — eine von der Macht sturmbewegter See überwältigte Frau mit ihrem Kind — gerade wegen ihrer Anonymität Eindruck gemacht. Nun schlug Grunchec kürzlich vor, sie mit dem Schiffbruch der Portugiesin Luisa de Mello in Verbindung zu bringen, der sich nach den ›Histoires tragiques maritimes‹ am 24. März 1593 zugetragen haben soll und deren Darstellung eines anderen Künstlers er im Salonkatalog von 1824 beschrieben fand. Géricault, der seine Motive sonst in seiner gegenwärtigen Umwelt zu suchen pflegte — Grunchec selbst bemerkte es —, mag sich gleichwohl davon inspiriert haben lassen; das scheint vor allem in der letzten Schaffensperiode möglich, in der auch Themen der Dichtung auftauchen. Indessen streifte er bei der Ausführung alles Episodische ab. Wie immer der Name der Frau war, die das Meer an den Strand geworfen hat, der Betrachter wird die Ohnmacht des Menschen schlechthin empfinden angesichts der aufgetürmten Wogen des Meeres und der Düsternis des drohenden Himmels, vor dem die noch düstereren Küstenfelsen sich kaum abzeichnen. In dem Rot des Tuches, das den Leichnam bedeckt, scheint ein Rest von verzweifelter Auflehnung lebendig zu sein — konzentriert in der Mitte des schmalen auflichtenden Vordergrundstreifens. Drohend ballt darüber eine Woge ihr tiefes Grün. G.H.

464

Das fahle Pferd

465

nach John Hamilton Mortimer
465 Der Tod auf dem fahlen Pferd
Radierung von Joseph Haynes, 1784
66 × 47,3 cm
London, Victoria and Albert Museum,
Inv.Nr. E.3710-1902
Lit.: Norman D. Ziff.: Mortimer's ›Death on a Pale Horse‹, in: Burlington Magazine, CXII, 1970, S.531-35; Ausstellungskatalog ›Zwei Jahrhunderte englischer Malerei‹, Haus der Kunst, München 1979, S.506-7, Nr.336

»Und siehe, ich sah ein fahles Pferd, und der darauf saß, dessen Name hieß Tod, und die Hölle folgte ihm nach. Und ihnen ward Macht gegeben, zu töten das vierte Teil auf der Erde, mit dem Schwert und Hunger, und mit dem Tod, und durch die Tiere auf Erden.« (Offenbarung Johannis 6,8)

Haynes Radierung entstand nach einer heute verschollenen Zeichnung, die Mortimer 1775 in der Society of Artists in London ausstellte. Die Radierung fand in England und auf dem Kontinent weite Verbreitung, sie regte u.a. Benjamin West zu seiner Darstellung des Themas an (Kat.466) und inspirierte Baudelaire zu einem Gedicht mit dem Titel ›Une gravure de Mortimer‹, das in der 2. Ausgabe der ›Fleurs du Mal‹ als ›Une gravure fantastique‹ erschien.
Mortimer, der für die Darstellung schreckenerregender Szenen berühmt war, griff als erster Engländer das seit dem Mittelalter nur selten dargestellte Thema aus der Apokalypse auf. Seine Behandlung der Szene verrät, daß er die ›Vier Reiter‹ aus Dürers Apokalypse (Abb.220) kannte: Auch dort sprengt der Tod von links nach rechts über teils entsetzt davonlaufende, teils bereits zu Boden gesunkene Gestalten hinweg. Mortimer übernahm auch den nach hinten gestreckten rechten Arm des Todes. Allerdings zeigt er den Tod allein und intensiviert so das Drama. Ziff nimmt noch eine weitere visuelle Quelle von Mortimers Zeichnung an, nämlich Stefano della Bellas Kupferstich ›Der Tod zu Pferde‹ (1648): Auch hier stürmt der Reiter diagonal auf den Betrachter zu. Die Krone des Todes mag Mortimer Miltons Beschreibung des Todes in ›Paradise Lost‹ entnommen haben.
Ein Zeitgenosse Mortimers sagte über das Thema (und erklärt so die ungewöhnliche Beliebtheit seiner Darstellung): »Es dürfte schwer sein, aus der gesamten Breite der Geschichte ein Thema auszuwählen, das so viel tiefes und schreckliches Interesse in sich vereint oder so viele alltägliche Leidenschaften und Sympathien erweckt: . . . es ist der geeignete Ausdrucksträger des Schrecklichen, Erhabenen und Pathetischen« (William Carey, ›Death on a Pale Horse‹, London 1817, S.6-8). Mortimer hat ein Thema wiederentdeckt, das mehr als alle anderen die persönliche Angst vor Tod und Vernichtung anspricht und intensiviert. A.H.-W.

Abb. 220 Dürer, *Die vier Reiter*

Benjamin West
466 Der Tod auf dem Fahlen Pferd
1783-1803
Lavierte Federzeichnung mit Spuren von Pastell
56,25 × 102 cm
Signiert und datiert: »B.West 1783. retouched 1803«
London, Royal Academy of Arts
Lit.: Evans 1959, S.89ff., Abb.42; Kraemer 1975, S.27-28, Fig.20; Dillenberger 1977, S.89ff., Abb.59, Diagramm Nr.33 auf S.55

Diese Zeichnung entstand als Studie zu einem der Gemälde, die West für die geplante Kapelle Georgs III. in Windsor malen sollte;

469

geplant war ein Zyklus von etwa 35 Darstellungen zur Geschichte der offenbarten Religion. Anders als Mortimer, dafür eher Dürers Vorbild folgend, verbindet West die in der Offenbarung Johannis als zeitlich aufeinanderfolgende Ereignisse geschilderten Öffnungen der ersten vier Siegel in einer Komposition. Rechts stürmen die ersten beiden in der Bibel erwähnten Reiter mit Bogen und Schwert voran, ihnen folgt der Reiter auf dem schwarzen Pferd, er hält eine Waage als Hinweis auf die Hungersnöte, die er mit sich bringen wird. In der Mitte des Blattes sprengt der Tod auf dem fahlen Pferd geradewegs auf den Betrachter zu, in der Erscheinung Mortimers Tod sehr ähnlich. Nicht nur seine Krone, auch die strahlenartigen Pfeile, die er in die entsetzt zurückweichende Menge schleudert, entsprechen Miltons Beschreibung des Todes in ›Paradise Lost‹; »black he stood as night;/ Fierce as ten furies; terrible as hell;/And shook a deadly dart./ What seemed his head/ The likeness of a kingly crown had on«.

Durch die Krankheit des Königs, aber auch aufgrund seines wachsenden Mißtrauens gegenüber dem Franzosen- (und Napoleon-) freundlichen West, kam es nicht zur Ausführung des Projektes, wenn West auch einen großen Teil der Bilder bereits fertiggestellt hatte. Besonders Wests Skizzen zum ›Tod auf dem fahlen Pferd‹ widersprachen den Erwartungen des Königs. Ihm kam es besonders darauf an, die Rationalität des göttlichen Planes und die vernunftmäßige Erfaßbarkeit seiner Entfaltung in der Geschichte sichtbar werden zu lassen. Wests Komposition strahlt jedoch eine chaotische Energie aus, die Furcht und Schrecken erregt; sie verwirrt, überwältigt den Betrachter. Ferner mißfiel es dem König, daß West 1802 in Paris eine Version in Öl der gleichen Komposition mit großem Erfolg ausstellte.

Trotz der Ablehnung seines Auftraggebers beschäftigte sich West noch bis 1817 mit dem Thema. In diesem Jahr entstand ein großformatiges Ölgemälde (heute in der Pennsylvania Academy of the Fine Arts, Philadelphia), in dem das ›Chaos‹ der Zeichnung jedoch nur noch abgeschwächt erscheint. Aus dem militanten ersten Reiter hat West hier die sanfte Figur des Erlösers gemacht und dem Thema so eine versöhnlichere Note gegeben.

A.H.-W.

467

James Gillray
467 Vorzeichen des Tausendjährigen Reiches

4.6.1795
Aquatinta, koloriert
29,4 × 35,8 cm
Hamburg, Museum für Kunst und Gewerbe
Lit.: B.M. 8655

Hier ist einmal nicht die Opposition, sondern Premierminister William Pitt (1759-1806) Opfer des satirischen Angriffs. Gillray schließt sich damit der öffentlichen Meinung an: 1795 erreichte die Unbeliebtheit der Regierung und besonders Pitts angesichts der immer katastrophaleren Wirtschaftslage einen Höhepunkt; im Erscheinungsmonat dieses Blattes wurde Pitts Haus von der aufgebrachten Menge gestürmt.

Hier erscheint der Regierungsführer als Tod auf dem Fahlen Pferd mit flammendem Schwert und einer Krone, auf der das Wort ›Zerstörung‹ steht. Hinter ihm sitzt ein Kobold mit der Krone des Prince of Wales; er trägt ein Dokument mit der Aufschrift »Provision für das Tausendjährige Reich: £ 125,000 pro Jahr« in der Hand. Hier spielt Gillray auf die hohen Kosten der Hochzeit des Prince of Wales und auf seine reiche Apanage an, die zu Lasten der Steuerzahler gingen und in einer Zeit der allgemeinen Teuerung ein besonderes Ärgernis darstellten. Hinter dem Pferd fliegen vier Kobolde, Karikaturen auf angesehene Vertreter der Regierungspartei und ihrer Prinzipien: Voran Pitts Kriegssekretär Viscount Melville, dahinter mit Brille und Flügeln Edmund Burke. Pitt hat die Führer der Opposition bereits niedergeritten (wie in Kat. 381 halten sie Friedensangebote an Frankreich in den Händen), nun prescht er weiter über eine ganze Herde von Schweinen. Sie symbolisieren die anonyme Volksmasse, seit Burkes 1790 veröffentlichten ›Reflexions of the French Revolution‹ oft als »swinish multitude« (»schweinische Menge«) bezeichnet. Gillray zeigt die Menge als Opfer des Machtstrebens gegensätzlicher, gleichermaßen übler Parteien.

Daß das apokalyptische Thema auch in Frankreich für die politische Satire genutzt wurde, zeigt eine nach der Völkerschlacht bei Leipzig entstandene Radierung (Abb. 221). Hier erscheint Napoleon als Tod auf dem Fahlen Pferd, das Papier in seiner Hand trägt die Aufschrift: »Ich werde meine Feinde bekämpfen. Aufgebot von 500.000 Menschen.«

A.H.-W

Abb. 221 Anonym, *Aufbruch zur Armee*

468

469

Philippe Jacques de Loutherbourg

468 Die Öffnung des ersten und zweiten Siegels

1798
Öl auf Leinwand
122,3 × 99 cm
Signiert und datiert: »P.I. de Loutherbourg RA 1798«
London, Tate Gallery
Lit.: The Tate Gallery Report 1968-70, 1970, S. 65; dass. 1970-72, 1972, Abb. auf S. 12; Joppien 1973, Nr. 69

Das Gemälde entstand im Auftrag des Verlegers Thomas Macklin als Kupferstichvorlage für dessen ›Illustrated Bible‹, die in Etappen zwischen 1791 und 1800 erschien. Macklin veröffentlichte 1800 einen Stich danach mit dem Titel ›Vision des Weißen Pferdes‹ als Illustration zu der Offenbarung Johannis 19, 11-12. Loutherbourgs Bild jedoch ist wohl nach Offenbarung 6, 2-4 entstanden, wo die Öffnung der ersten beiden Siegel beschrieben wird und wo einem Reiter mit Bogen auf weißem Pferd ein Reiter mit Schwert auf rotem Pferd folgt.

Loutherbourg gibt seinen Reitern kein finster-chaotisches Aussehen wie West in seiner Zeichnung (siehe Kat. 466), sondern läßt sie in Gestalt und Ausdruck eher heldenhaft und nobel erscheinen. Auch sind sie nicht von Zeichen der Vernichtung umgeben, sondern sprengen allein, völlig bildbeherrschend, diagonal aus der Komposition heraus; Sinnbilder göttlicher Kraft und Vitalität, nicht der erbarmungslosen Vernichtung.   A.H.-W.

William Blake

469 Der Tod auf dem fahlen Pferd

um 1800
Lavierte Federzeichnung
39,3 × 31,1 cm,
Signiert: »WB inv.«
Cambridge, Fitzwilliam Museum, Inv.Nr. 765
Lit.: Bindman 1970, S. 24, Nr. 23, Abb. 11; Bindman 1977, S. 143

Dies ist wahrscheinlich Blakes erste Darstellung eines Themas aus der Offenbarung Johannis. Er zeigt den Tod mit Krone, Schwert und Rüstung als kriegerischen Tyrannen; unter ihm ist einer der drei anderen apokalyptischen Reiter (wohl der auf dem schwarzen Pferd, der nach der Öffnung des 3. Siegels erscheint) zu sehen. Neu an der Komposition im Vergleich zu Mortimer, West und Loutherbourg (Kat. 465, 466, 468) ist der über beiden schwebende Engel mit der Schriftrolle, wohl eine Illustration der Zeilen »Und der Himmel entwich, wie ein eingewickelt Buch ...« (Offenbarung Johannis 6, 14).

Blake sieht es als Schuld der tyrannischen Kirche und einer Religion, die das Individuum unterdrücken will, daß der Mensch den Tod fürchtet: »... the purpose of thy Priests & of thy Churches is to impress on men the fear of death, to teach trembling & fear ...« (Blake: ›Milton, a Poem‹, 38:37). In Wirklichkeit jedoch wirft der sterbende Mensch nur die körperliche Hülle ab, die seine Seele als Schutz für die Existenz in der materiellen Welt brauchte. Der Tod ist also nur ein Stadium, durch das die Seele gehen muß, um in die Ewigkeit zurückzukehren; er übt deshalb für Blake keine wirkliche Macht aus.

A.H.-W.

Pferde

470

Farbtafel XVIII
William Turner
470 Der Tod auf dem fahlen Pferd

um 1830
Öl auf Leinwand
60 x 75,5 cm
London, Tate Gallery, Inv.Nr. 5504
Lit.: Butlin und Joll 1977, Nr. 259, Tafel 254; Walker 1978, S. 56, Abb. 73; Wilton 1979, Nr. P 259 (mit Abb.)

Zwischen 1825 und 1830 erlitt Turner eine Reihe von persönlichen Verlusten durch den Tod seiner beiden Gönner Walter Fawkes und Sir John Leicester und – wohl der härteste Schlag – seines Vaters. Dieses Gemälde, das er zu seinen Lebzeiten nicht ausstellte, ist also sicherlich das Zeugnis einer sehr persönlichen Auseinandersetzung mit dem Thema Tod.
Da Turner auf jeden Kontext, auf jedes erzählerische Detail (bis auf die Krone des Todes) verzichtet hat, war das Bild lange Zeit als »ein Skelett, das in der Luft von einem Pferd fällt« bekannt, ohne mit der Offenbarung Johannis in Verbindung gebracht zu werden. Aus einem glutrot bis schwefelgelb wallenden Nebel taucht verschwommen der Kopf des Pferdes auf, getaucht in grünliches Licht. Seitlich über den Rücken des Pferdes gekrümmt beugt sich der Tod – ein Skelett – mit weit ausgestreckten Armen, als wolle er nach einer Beute haschen, doch er greift ins Leere. Er wirkt weder kriegerisch noch heldenhaft, nicht wie eine weltbeherrschende Macht, sondern eher grotesk-hilflos: Fast scheint es, als habe Turner den Tod des Todes dargestellt. Das Bild ist nicht unvollendet, wie es manchmal heißt. Vielmehr hat Turner hier mehr als in irgendeinem anderen Gemälde die noch feuchte Ölfarbe stark abgerieben und -gekratzt, um so dem Bild seine fließende, chaotische Wirkung zu verleihen, in der Pferd und Reiter wie ungebändigte, fast präamorphe Erscheinungen auftreten.   A.H.-W.

Théodore Géricault nach George Stubbs
471 Pferd von einem Löwen angegriffen

um 1821
Öl auf Leinwand
54,0 x 65,0 cm
Paris, Musée du Louvre, Inv.Nr. RF 1946-2
Lit.: Clément 1879, Peintures Nr. 189; Sterling-Adhémar 1959, Nr. 958; Kat.Ausst. Géricault 1971-1972, unter Nr. 102 erwähnt; Grunchec 1978, Nr. 195.

Als Vorlage für seine Kopie verwendete Géricault wahrscheinlich einen Stich von Robert Laurie nach einem Gemälde von George Stubbs, der 1791 veröffentlicht wurde. Das Pferd farbig so fahl leuchten zu lassen, um sein Entsetzen auf diese Weise gesteigert zum Ausdruck zu bringen, wird also der Interpretation von Géricault zuzuschreiben sein (vgl. auch Kat. 472). An der Komposition ist beeindruckend, wie der von hinten angreifende Löwe seinen Kopf in die Höhlung des Halses gräbt, so daß sein Leib mit dem des Opfers verwachsen scheint, während das Pferd mit seiner unwillkürlich abwehrenden Rückwendung diesen Vorgang nur fördert.   G.H.

471

Théodore Géricault
472 Pferd von einem Löwen angegriffen

ca. 1821
Lithographie
25,8 x 22,3 cm
Paris, Bibliothèque de l'Ecole Nationale Supérieure des Beaux-Arts, Inv.Nr. 465
Lit.: Clément 1879, Lithographies, Nr. 100; Delteil Bd. 18 Nr. 42; Grunchec 1978, INC.; 100; Kat. Ausst. Rom 1979/1980

472

Die Anregung, die Géricault beim Kopieren der Komposition eines angefallenen Pferdes von George Stubbs (Kat. 471) gewann, führte ihn zu dieser eigenen Fassung des Themas. Er ließ den Löwen frontal – unmittelbar lebensbedrohend – die Kehle ergreifen und das Pferd im Schrecken hoch sich aufbäumen. Dabei ist der Schrecken durch die Schärfe seiner Helligkeit vor dem dunklen Grund zum Ausdruck gebracht – ein Mittel, das Goya schon ähnlich anwendete (vgl. Kat. 42). Der Löwe hingegen bleibt der Dunkelheit angeschlossen, aus welcher er aufgetaucht sein muß.   G.H.

Eugène Delacroix
473 Wildes, aufgeschrecktes Pferd, aus dem Wasser springend

1828
Lithographie
23,7 x 22,5 cm
Bez.u.l. (im Bildfeld): »Eug. Delacroix X^e 1808«, Unterschrift: »CHEVAL SAUVAGE«
Hamburger Kunsthalle, Kupferstichkabinett Inv.Nr. 1950/78
Lit.: Delteil, Bd. 3, Nr. 78 (2. Zustand)

Ließ Delacroix die Macbeth-Szene (Kat. 487) aus dem Dunkel hervorgehen, so wendet er hier ein anderes Verfahren an, das zu ähnlichen Wirkungen führt. Die in lineare Lichtenergien umgesetzte Dynamik des Pferdekörpers wirkt raumschaffend, d.h. der Umraum des Tieres wird von dessen rasender Wildheit hervorgerufen. Das strähnige Wasser und die Uferpflanzen sind das Echo der Mähne, die sich wieder in den hellen und dunklen Hintergrundschraffuren fortsetzt. Die energische Wendung des schmalen, rassigen Schädels ist von entscheidender Bedeutung. Indem sie der vom Wind nach links gepeitschten Mähne widerspricht, hält sie auch die Fluchtbewegung auf und macht den Schrecken, der diese ausgelöst hat, physiognomisch sichtbar. W.H.

473

Horace Vernet
474 Mazeppa
1826
Öl auf Leinwand
32,5 × 40,5 cm
Bez.u.r.: »H. Vernet 1826«
Kunsthalle Bremen, Inv. 554 - 1948/23
Lit.: Kat. Bremen 1973, S. 342

Studie zu dem Bild im Musée Calvet, Avignon. Die Anregung kam von Byrons gleichnamiger Verserzählung (1819), die bald nach ihrem Erscheinen ins Französische übersetzt wurde. Mazeppa, Hetman der Kosaken, hatte sich erkühnt, der Tochter eines polnischen Fürsten nahezutreten. Zur Strafe wurde er nackt auf ein wildes Pferd gebunden, das ihn davontrug. Ein Kosakenmädchen rettete den zu Tode Erschöpften. Mazeppa ist nicht nur der Mensch, der zur Strafe für seine sinnliche

474

Begierde dem Animalischen ausgeliefert wird, er ist auch der Ausgestoßene und Gesetzlose, den die Gesellschaft von sich weist und gnadenlos dem Untergang preisgibt. Alle diese Eigenschaften und Stigmata machen ihn zu einem der Leitbilder der künstlerischen Selbstdarstellung in den Jahren der Restauration und des ›juste milieu‹. Géricault, Delacroix, Boulanger (Kat. 475) und Chassériau beschäftigten sich mit dem Stoff (Kat. Ausst. Delacroix, Bremen 1964 S. 256f.) Bezeichnend ist, daß die meisten Darstellungen sich auf das tragische Schicksal Mazeppas konzentrieren. Die Errettung wird erst von Chassériau behandelt. Im Salon von 1827 stellte der Erfolg von Boulangers Bild sogar Delacroix' ›Sardanapal‹ in den Schatten. Victor Hugo besang Mazeppa in einem Boulanger gewidmeten Gedicht (›Les Orientales‹, XXXIV), in dem er das rasende Pferd als den Genius des Gefolterten deutet und beide zu *einer* Gestalt werden läßt. W.H.

475

Louis Boulanger
475 Mazeppa
um 1830
Lithographie
22,7 × 28,2 cm
Bez.u.l.: »Louis Boulanger del.«
Kunsthalle Bremen, Inv.Nr. 61/108
Lit.: Kat.Ausst.Delacroix, Bremen 1964, Nr. 469

Zum Thema vgl. Kat. 474. Als Vorbild, besonders für die Raubvögel, diente Hugos ›Mazeppa‹ (›Les Orientales‹, XXXIV). Das Pferd ist in der Einöde zusammengebrochen, drohendes ›Nachtgeflügel‹ setzt zum Angriff an, und auf Mazeppa scheint das Schicksal des Prometheus zu warten — beide sind den Romantikern willkommene Symbolgestalten der aufbegehrenden schöpferischen Selbstherrlichkeit und ihrer Bestrafung. W.H.

nach James Ward
476 Marengo, der Berberhengst
Lithographie von Ackermann nach dem 1824 entstandenen Gemälde von Ward
33,8 × 45,6 cm
Hamburger Kunsthalle, Kupferstichkabinett, Inv.Nr. 1980/110
Lit.: Ausstellungskatalog ›Zwei Jahrhunderte englischer Malerei‹, Haus der Kunst, München 1979, Nr. 351, Abb. 351

James Ward, wohl der berühmteste englische Tiermaler seiner Zeit, hat zahlreiche Darstellungen von kämpfenden oder wilden Pferden in der Tradition von Stubbs und Gilpin gemalt. 1826 erregte das Gemälde, nach dem diese Lithographie entstand, auf einer Ausstellung in der Royal Academy beträchtliches Aufsehen. Es zeigt den grauen Araberhengst, den Napoleon 1799 nach der Schlacht von Abukir in Ägypten erworben hatte, am Abend nach der Schlacht bei Waterloo. Mit weit aufgerissenen Augen, geblähten Nüstern und angespannten Muskeln scheint das reiterlose Tier im Lauf vor einem furchteinflößenden Hindernis zu verharren. Vor ihm sitzt jedoch nur eine Krähe (Symbol des Todes) auf einem Stein, sonst wirkt die Landschaft öde und verlassen. Der ursprüngliche Untertitel des Bildes bezeichnete es als »emblematisch für den Sturz seines Herrn« — damit wird wohl besonders auf die untergehende Sonne und die nahende Dämmerung angespielt.

Marengo wurde nach Napoleons Flucht verwundet von einem britischen Offizier auf dem Schlachtfeld gefunden, später wurde mit ihm eine Zucht aufgebaut. Ackermann hat die Lithographie nach dem Gemälde in einer Serie von Darstellungen vierzehn berühmter Pferde veröffentlicht. A.H.-W.

476

Eros

Pierre Paul Prud'hon
477 Phrosine und Melidor

1797
Radierung von Prud'hon, Kupferstich-
ergänzungen von Roger
20,7 x 14,4 cm
Bez.u.l.: »P.P.Prudhon inv. incidit«, auf der
Mitte der Schrifttafel: ». . . quelle Scene
inouie!/ . . . sa Phrosine etoit évanouie;«
(welch unerhörte Szene, seine Phrosine war
ohnmächtig), unter dem Bildfeld in der Mitte:
»Prud'hon, inv. incidit.«, über dem Bildfeld
links: »Phrosine et Mélidore«, rechts: »Chant
IV.Pag.100«
Paris, Bibliothèque Nationale,
Inv.Nr. Dc 37 vol. 10
Lit.: Salon de 1798, Nr.345; Goncourt 1876,
Nr. 4 (4.Zustand); Kat.Ausst.Clermond-Fer-
rand 1977, Nr.8.

›Phrosine und Melidor‹ ist eine Dichtung von Bernard, dessen Werke Prud'hon in einer Ausgabe von 1797 illustrierte. Es geht um zwei Liebende in Messina, deren Verbindung wegen ihrer Zugehörigkeit zu verschiedenen Gesellschaftsschichten unmöglich schien. Melidor versuchte, seine Geliebte zu entführen, wurde jedoch von ihren Brüdern überrascht und mußte fliehen. Er zog sich als Eremit auf eine einsame Insel vor Messina zurück. Phrosine machte seinen Aufenthalt ausfindig und gelangte in einer Nacht schwimmend dorthin, gelenkt von einem Feuer am Ufer von Melidors Insel, wenn auch ohnmächtig vor Erschöpfung. Melidor zog sie aus dem Wasser und belebte sie am Feuer. Diese Szene wählte Prud'hon für seine Darstellung. Er tauchte die Wiederbegegnung der Liebenden in den Zauber des Lichtes, das links vom Feuer ausgeht, auf der anderen Seite vom Mond, dessen Silberstreifen auf dem Wasser den zurückgelegten Weg des Mädchens nachzeichnet. Er deutete hinter beiden aber auch drohend den Felsen an, von dem sich Melidor später mit dem Leichnam seiner Geliebten — die von den Brüdern ein späteres Mal durch ein zweites Feuer in die Irre und damit in den Tod geleitet wurde — hinabstürzen sollte. Prud'hon ließ durch die Schwere der ohnmächtigen Gestalt in der Richtung, die der Umriß des Felsens angibt, das Tragische Ende vorausahnen.
G.H.

Johan Tobias Sergel
478 Der Priester und das Mädchen (III)

Lavierte Federzeichnung
16,7 x 20,6 cm
Bez.: »la celebration du sacrement«
Stockholm, Nationalmuseum,
Inv.Nr. NM HZ 22/1957
Lit.: Ragnar Josephson: »Sergels fantasi«,
Stockholm, 1956, Band II, S.429;
Ausstellungskatalog Johan Tobias Sergel,
Hamburger Kunsthalle, München 1975,
Nr.52, Abb. auf S.139

Ebenso wie Goya stand Sergel der Kirche äußerst kritisch gegenüber. Mit seinen Freunden Louis Masreliez und Carl August Ehrensvärd führte er heftige Religionsdebatten, in denen der christlichen Lehre vorgeworfen wurde, daß sie lediglich Gefühle von Demütigung und Schwäche hervorrufe und so besonders dem kreativen Künstler schade. In vielen Zeichnungen Sergels tritt Christus als bedeutungslose oder gar abstoßend häßliche Gestalt auf.
Besonders den Würdenträger der katholischen Kirche galt Sergels Abscheu; er warf ihnen Volksverdummung und Sittenlosigkeit

vor. Dieser Zeichnung, die Sergel als »Feier des Sakramentes« bezeichnet hat, gehen zwei weitere Blätter (ebenfalls Stockholm, Nationalmuseum) voraus, in denen deutlich wird, wie der Priester das Mädchen durch seine Autorität geblendet und eingeschüchtert hat.
A.H.-W.

Johann Heinrich Füssli
479 Almansaris besucht Hüon im Gefängnis

1804-05
(Wieland: Oberon, XII, 32-38), Vorlage für den Kupferstich von J. Heath in der Ausgabe ›Oberon, A Poem from the German of Wieland‹, London: William Sotheby, Esq., 2. Auflage 1805
Öl auf Leinwand
61 x 45 cm
Zürich, Kunsthaus, Inv.Nr. 1576
Lit.: Schiff 1973, Nr. 1228, S. 327; Ausstellungs-Katalog: Johann Heinrich Füssli, Hamburger Kunsthalle, München 1974, Nr. 154, S. 14 (G. Schiff)

In Wielands Verserzählung stellt Oberon die Liebe des Ritters Hüon und der Kalifentochter Amanda auf die Probe. Dieses Bild greift die Versuchungsszene heraus, in der die in Hüon verliebte Sultanin Almansaris zu ihm ins Gefängnis tritt. Geht es Wieland um den tragischen Konflikt zwischen der Leidenschaft der Rivalin und der Verweigerung des treuegebundenen Ritters, so verwandelt Füssli die Konstellation in einen Kampf der Geschlechter mit vertauschten Rollen. Die

Frau tritt als gebieterisch drohende Femme fatale auf, der Mann als kläglich unterlegener Gefangener. Für Füssli ist dies ein Leitthema, das er in verschiedenen literarischen Verkleidungen bildlich variiert (vgl. Schiff Nr. 1395) — symptomatisch für eine Zeit, in der nicht nur das traditionelle soziale Herrschaftsgefüge, sondern auch das von Mann und Frau ins Wanken geraten war. S.H.

sensrache eines eifersüchtigen Dritten verkörpert, und das Bild des realen Erwachens greifen so nahtlos ineinander, wie — in anderem inhaltlichen Zusammenhang — auch Goya Traumbilder der Bedrängung über das Bild des träumend Erkennenden blendet (Kat. 3). S.H.

Johann Heinrich Füssli
480 Der Alp verläßt das Lager zweier schlafender Frauen
1810
Bleistift, aquarelliert
31,5 x 40,8 cm
Bez. u. l.:
(Homer, Ilias X, 496f.: ›Und schwer atmet (er) auf: ein schrecklicher Traum zu dem Haupte stand ihm die Nacht . . . ‹ Voss); rechts ›Q(ueen's) E(lm) may 28.10.June 4.‹
Zürich, Kunsthaus, Inv.Nr. Z 1914/26
Lit.: Schiff 1973, Nr. 1445, Bd. I, S. 345, vgl. S. 228, 153 f.; Ingrid Schuster-Schirmer, Traumbilder von 1770-1900. Von der Traumallegorie zur traumhaften Darstellung, Diss. Bonn 1974, Bremen 1975, S. 139 f., Abb. 136

Das Phänomen des Alptraums, von Medizinern wie Robert Burton (›Anatomy of Melancholy‹) und John Bond (›An Essay on the Incubus or Night Mare‹, London 1753 [Hinweis von Rolf Quednau] schon früher beachtet, hat Künstler, allen voran Füssli, seit den 80er Jahren des 18. Jahrhunderts häufig beschäftigt. Die Kenntnis solcher medizinischen Beobachtungen, z.B. des auch auf diesem Blatt dargestellten Drückens in der Magengegend, fiel mit persönlichen Obsessionen zusammen. Horst W. Janson (›Fuseli's Nightmare‹, in: Arts and Sciences, II, 1963, 1) hat vermutet, daß Füssli in seinem Gemälde des ›Nachtmahr‹ von 1781 (The Detroit Institute of Art; Schiff Nr. 757) die Enttäuschung versagter Liebe zu Anna Landoldt verarbeitet habe. Selbst nicht an Spukgeschichten glaubend, verwendet Füssli Motive des Aberglaubens — hier den Alp, der auf der Brust der Liebesgequälten kauert —, um die Realität psychischer Beklemmung anschaulich zu machen. Auch das Pferd entstammt dieser Vorstellung des Aberglaubens (Doppelsinn des schweizerischen Wortes Mahr als Mähre und Alp). In dieser späteren Zeichnung überträgt er das Thema auf die Liebesqual eines lesbischen Paares. Der Alp ist soeben zu Pferde aus dem Fenster entwichen. Die vordere der beiden Frauen, von seiner Last aus dem Schlafe aufgeschreckt, faßt sich mit der Rechten in die besagte Magengrube. Die Traumvision des Alps, die wohl die gesandte Gewis-

480

Eugène Delacroix
481 Gretchen erscheint Faust
1828
Lithographie
26,0 x 35,0 cm
Bez. u. l.: »Delacroix inven.ᵗ et lithog.«
Unterschrift: »Meph: Laisse cet objet, on ne se trouve jamais bien de le regarder . . . tu as bien entendu raconter l'histoire de meduse? Faust. Assurément ce sont là les yeux d'un mort, qu'une / main amie n'a point fermés; c'est la le sein que Marguerite m'a livré, c'est le corps charmant que j'ai possédé.«
Kunsthalle Bremen, Inv.Nr. 50/94
Lit.: Delteil, Bd. 3, Nr. 72; Kat.Ausst. Delacroix, Bremen 1964, Nr. 381

Die Legende greift vier Zeilen aus der ›Walpurgisnacht‹ heraus:
Mephisto: Laß das nur stehn! Dabei wird's niemals wohl . . . Von der Meduse hast du ja gehört.
Faust: Fürwahr, es sind die Augen einer Toten, Die eine liebende Hand nicht schloß. Das ist die Brust, die Gretchen mir geboten, Das ist der süße Leib, den ich genoß.

Hinter Delacroix' Erfindung dürften die Hexenritte der ›Caprichos‹ stehen. Goyas ›Nachtgeflügel‹ wird um Würmer, Schlangen, Molche und Drachen ergänzt. Sie bilden ein geiles, gefräßiges Geschlinge, das sich in den Leibern der beiden Hexenknechte fortsetzt. Zu ihren Füßen liegt Gretchens Rosenkranz. Auch das »Zauberbild«, von Teufeln gehalten, hinter denen fackeltragende Mönche auftauchen, auch dieses blasse ›Idol‹ verrät die Auseinandersetzung mit Goya. Wir denken dabei nicht, wie Hempel Lipchutz (1972, S. 102) an Cap. 75 (Kat. 41), sondern an die leblose Frau von Cap. 9 (Kat. 24). Faust und Mephisto stehen, wörtlich wie metaphorisch, an einem Abgrund. In diesem Paar wird der edle Gedanke der Freundschaft dämonisiert und pervertiert. Aus Dante und Vergil (Flaxman), aus dem Einverständnis der beiden Männer, die den Mond betrachten (C.D.Friedrich) wird eine dubiose Geschäftspartnerschaft. Der Ratgeber degeneriert zum Versucher und Einflüsterer, sein Partner zum Komplizen. (Mephisto ist der Vorläufer des Robert Macaire, des virtuosen Universalbetrügers, in dem Daumier den schrankenlosen Kapitalismus des Bürgerkönigtums demaskieren wird.) W.H.

481

Hexen

George Romney
482 Hexe oder Dämon
nach 1786
Bleistift
25,2 x 10,4 cm
Cambridge, Fitzwilliam Museum
Lit.: Jaffé 1977, Nr. 80, Tafel 37

Diese ausdrucksvolle Zeichnung entstand wahrscheinlich als Studie zu einem Gemälde mit dem Titel ›Margery Jourdain und Bolingbroke beschwören den Dämon herauf‹ (nach Shakespeare, Henry VI, Teil II, 1. Akt, Szene 4), das Romney für John Boydells Shakespeare Gallery plante. Weil ihm jedoch John Opie in der Darstellung des Themas zuvorkam, führte er das Gemälde nicht aus.

Die Arbeit für die Shakespeare Gallery, die ihn seit 1786 beschäftigte, bedeutete Romney außerordentlich viel. Hier sah er nicht nur eine willkommene Abwechslung zu seiner Tätigkeit als Porträtist, sondern auch eine Chance, seine Fähigkeiten als Historienmaler unter Beweis zu stellen. An William Hayley schrieb er 1787: »... diese verfluchte Porträtmalerei! Wie bin ich daran gekettet! Ich bin entschlossen, sparsam zu leben, und sobald ich es mir erlauben kann, weniger Porträtaufträge anzunehmen, um mich dann ganz in die beglückenden Gefilde der Vorstellungskraft zu begeben« (William Hayley, «The Life of George Romney, Esq.», Chichester 1809, S. 123)

Romney stellte jedoch nur wenige Gemälde für die Shakespeare Gallery fertig, die noch dazu von der Öffentlichkeit kaum beachtet wurden: Sie verschafften ihm nicht den ersehnten Durchbruch als Historienmaler.

A.H.-W.

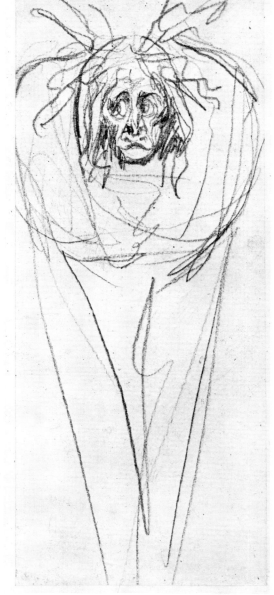

482

George Romney
483 Hexensabbat
um 1792
Bleistiftzeichnung
13,6 x 21,3 cm
Bez. auf der Rückseite (nicht von Romneys Hand): »45« und »Lapland«
Cambridge, Fitzwilliam Museum
Lit.: Jaffé 1977, Nr. 113, Tafel 52

Seit etwa 1789 interessierte sich Romney für die Hexerei; nach seiner Rückkehr aus Paris (1790) fertigte er verschiedene Skizzen zu den Hexenszenen aus ›Macbeth‹ an. Wegen der Vielzahl der Personen erscheint es jedoch unwahrscheinlich, daß auch dieses Blatt im Zusammenhang mit dem Drama entstanden ist. Patricia Jaffé ist der Ansicht, es könne sich hier vielleicht um eine Darstellung der zum Tode verurteilten Jeanne d'Arc handeln, die auf der Stadtmauer von Rouen, eine brennende Fackel in der Hand, einen letzten Aufruf an ihre Landsleute richtete:

»Behold this is the happy wedding torch
That joineth Rouen unto her countrymen
But burning fatal to the Talbotites!«
(Shakespeare, Henry VI, Teil I, 3. Akt, 2. Szene)

Eine Zeichnung Romneys zu diesem Thema, die wohl 1791 entstand, befindet sich im Fitzwilliam Museum (Jaffé 1977, Nr. 83), bei diesem Blatt könnte es sich um eine spätere Version handeln. Jeanne d'Arc wäre dann die Figur mit erhobenem Arm auf der rechten Seite der Komposition.

Der beklemmende, ja bedrohliche Eindruck der Zeichnung spiegelt Romneys Gemütsver-

fassung angesichts der Nachrichten von den französischen Septembermorden, die ihn besonders hart trafen, da er das revolutionäre Paris als Idylle gesehen hatte (Vgl. Kat.Nr. 440). Am 8.9.1792 schrieb er an William Hayley: »Die heutigen Neuigkeiten aus Frankreich sind schrecklich: alle gefangenen Priester sind ermordet worden, vielleicht steht Paris bereits in Flammen. Ich bin so aufgewühlt, daß ich unfähig bin, irgendetwas zu tun.« (William Hayley, »the Life of George Romney, Esq.«. Chichester 1809, S. 184).

A.H.-W.

nach Johann Heinrich Füssli
484 Die Hexen erscheinen Macbeth und Banquo

1785-90
(Shakespeare, Macbeth I, 3), Kupferstich mit Aquatinta von James Caldwell nach Füsslis Gemälde für Boydells 'Shakespeare Gallery'.
44,5 × 60 cm
Zürich, Kunsthaus, Inv.Nr. Gr. 1940/131
Lit.: Schiff 1973, Nr. 737, Bd. 1, S. 125f., 145; Ursula Ditchburn-Bosch, Johann Heinrich Füsslis Kunstlehre und ihre Auswirkung auf seine Shakespeare-Interpretation, Diss. Zürich 1960, S. 135f.; Winifred H. Friedman, Boydell's Shakespeare Gallery, Diss. Harvard, New York und London 1976, S. 208, Abb. 264

1786 faßte John Boydell den Entschluß, zur Förderung der englischen Historienmalerei eine Galerie als privates Museum zu gründen und Aufträge an Künstler zu erteilen. Shakespeares Dramen sollten dabei als Motivquelle dienen. Dieser Gedanke, 1789 in einem eigenst errichteten Gebäude und bald mit 170 Werken von ca. 35 Künstlern verwirklicht, war der lebendigste Ausdruck der damaligen Shakespearebegeisterung in der bildenden Kunst. Füssli, der schon vorher seine Faszination bildlich umgesetzt hatte, war an der Konzeption beteiligt. Ihn zeichnet in seinem Beitrag, einem Gemäldezyklus innerhalb der Galerie, aus, daß er nicht im detailgetreuen

Illustrieren verharrte, sondern, den psychologischen Kern Shakespearescher Konstellationen erfassend, typisierende Formulierungen fand.

Die Szene, in der Macbeth und Banquo die aus Dunst und Nebel heranschwebenden Hexen erscheinen, spitzt er zu einem Kontrast seelischer Reaktionen zu, der im Text viel verhaltener angelegt ist. Der rätselhaften Vision der Hexen, die Macbeth Königreiche verheißen, läßt er Banquo in erschrockener Unterwürfigkeit begegnen, während Macbeth, bei Shakespeare durchaus zögernd und zweifelnd, eine unerschütterliche Heldenpose erhält. Füssli selbst versteht Macbeth im Sinne der Kunsttheorie Edmund Burkes als erhabenen Charakter, erhaben, da er dem Phantom des nicht überbietbaren Grauens selbstsicher zu trotzen wagt; in seinen Worten: »Dies ist eine sublime [erhabene] Szene, und die Gestalt des Macbeth ist ungewöhnlich großartig: ein Charakter, der zu groß ist, um durch ein ungewöhnliches Ereignis eingeschüchtert zu werden, zeigt keinerlei Furcht oder auch nur Erstaunen . . .« (Analytic Review, S. 111; zitiert in der Übersetzung nach Schiff, 1973, S. 145). Sind für Goya die Ausgeburten der Nacht Äußerungen der träumenden Vernunft, in der selbst die Bodenlosigkeit des Irrationalen angelegt ist (vgl. Kat. 3), so entwirft Füssli ein optimistisches Bild individueller Überkraft, die jeder Bedrängung spottet.
S.H.

Peter Cornelius
485 Walpurgisnacht. Faust und Mephisto auf dem Weg zum Brocken

1811-13
Kupferstich 1813 von Ferdinand Ruyschewey nach Cornelius' Zeichnung von 1811 (die Federzeichnung heute im Städelschen Kunstinstitut Frankfurt)
39,9 x 34,4 cm
Bez. u. l.: »Cornelius gez. 1811«, u. r.: »Ferd. Ruyschewey gest. Rom 1813«. Erschienen 1816 bei Wenner in Frankfurt und Reimer in Berlin in der Mappe »Bilder zu Goethe's Faust«
Hamburger Kunsthalle, Bibliothek
Lit.: Alfred Kuhn, Peter Cornelius und die geistigen Strömungen seiner Zeit, Berlin 1921, S. 52-58

In seinen Faustillustrationen, die ihn in Deutschland einem großen Publikum bekannt machten, brach Cornelius mit dem französisch geprägten Klassizismus der Akademien. Schon die Wahl des Stoffes verrät seine Absicht, eine Kunst »deutschen Ursprungs« zu schaffen. Der Glätte und Harmonie französischer Traditionen setzt er eine Formensprache

485

entgegen, die sich in ihrer sperrig bizarren Härte und ihren altdeutschen Elementen auf eine nordische Herkunft beruft. Besonders extrem ist in dieser Hinsicht das Blatt der Walpurgisnacht. Goethes Spuk- und Geisterwelt findet in Cornelius' exzentrischer Grelle eine bildliche Entsprechung. Künstlerisch regten ihn dabei nicht nur die auch von den Zeitgenossen bemerkten Vorbilder an, etwa Dürers Randzeichnungen oder die altniederländische Malerei; der rechts aufsteigenden Lichterscheinung nach zu urteilen, hat er sich mit der Kunst des Engländers Blake auseinandergesetzt (vgl. Kat. 430); die Hexen- und Spukwesen lassen an Goyas ›Caprichos‹ denken. Deutet man derartige Vergleiche nur an, wird zugleich offensichtlich, daß die Nachtsichte des deutschen Künstlers, selbst angesichts der Zeichnung im Städel, dagegen wie aus konstruierendem Kalkül gefertigt sind. Die Kraft des Irrationalen ist bei ihm, anders als bei Goya, nur eine Form, in die er schlüpfte und die er in seinem Spätwerk ebenso wieder gegen akademische Formeln austauschen konnte.
S.H.

Johann Wolfgang von Goethe
486 Beschwörungsszene der Hexen (?)

nach 1816
Federzeichnung mit Sepia
19,5 x 24,5 cm
Frankfurt a. M., Goethe-Museum, Freies Deutsches Hochstift, Inv. Nr. 1067
Lit.: Ludwig Münz, Goethes Zeichnungen und Radierungen, Wien 1949, S. 111; Gerhard Femmel, Corpus der Goethezeichnungen, Bd. VI, Leipzig 1971, Nr. 224

Während Eugen Neureuther, dem Goethe das Blatt schenkte, es als Illustration des Zauberlehrlings ansah und Ernst Maaß (Goethes Medea, Marburg 1913, S. 6/11, 23, 32 T.C.) es als Darstellung des Medea-Mythos analysierte, brachte Münz (1949, S. 111) es wohl überzeugender mit »der Sphäre des Faust« in Zusammenhang. Wahrscheinlich ist keine bestimmte Szene gemeint. Eine der Zeichnung ähnliche angsteinflößende Mondszene erleben Faust und Mephisto in der Walpurgisnacht:
»Wie traurig steigt die unvollkommne Scheibe
Des toten Monds mit später Glut heran
Und leuchtet schlecht, daß man bei jedem Schritte
Vor einen Baum, vor einen Fels rennt!«

Wenn Hexen gemeint sind, dann sind es nicht die konkreten Opfer der Gesellschaft, die Goya darstellt, sondern mythische Wesen. Es ist die Welt des Spuks und der magischen Beschwörung, die seit dem Sturm und Drang dem Anspruch rationaler Welterkenntnis spottet.
S.H.

486

Eugène Delacroix
487 Macbeth befragt die Hexen

1825
Lithographie
32,4 x 25,2 cm
Bez. u. l. (im Bildfeld): »E Delacroix«, Unterschrift: »MACBETH. Toil and trouble: Fire burn, and cauldron bubble.« (Mühe und Sorge: Feuer brenne und Kessel koche)
Hamburger Kunsthalle, Inv. Nr. 1947/679
Lit.: Delteil Bd. 3, Nr. 40 (3. von 5 Zuständen)

In diesem Blatt zeigt Delacroix erstmals seine meisterhafte Beherrschung der Steinzeichnung. Wie Goya, von dessen ›Caprichos‹ er gelernt hat (Vgl. Kat. 42a), arbeitet er aus dem Dunkel ins Helle, jedoch nicht mittels kompakter Flächen, sondern linear. Der schwarze Grund wird vom Schaber (grattoir) aufgehellt, so daß die Gestalten weniger in ihrer körperlichen Dichte als in ihrer spukhaft-grel-

487

len Ausstrahlung sichtbar werden. Der Lichtschein strahlt wie eine Aura von ihren Umrissen aus.

Die Hexen, bei Füssli etwa zu rhythmischem Gleichklang vereinigt, agieren bei Delacroix als wilde Furien, einer Hydra vergleichbar, die sich in mehrere Körper und Gliedmaßen verzweigt. Gegenüber diesem Geflecht aus lockend-aggressiven Gebärden steht Macbeth breitbeinig wie ein unerschütterlicher Fels, doch von Ahnungen gezeichnet. Delacroix lenkt die Szene auf den Grundkonflikt seiner Kunst, den Gegensatz zwischen dem Einzelnen und der vielköpfigen Menge (die hier zur Hexenmeute degeneriert). Dieser Einzelne ist vom Handeln ausgeschlossen, er denkt nach, indes die anderen handeln, ohne zu denken. Sechs Jahre später überträgt Delacroix diesen Gegensatz auf ein politisches Historienbild (Kat. 550).   W.H.

Eugène Delacroix

488a Faust und Mephisto am Hochgericht

Bleistift, Pinsel und braune Tusche
30,6 x 46,5 cm
Rotterdam, Museum Boymans-van Beuningen, Inv.Nr. FII3
Lit.: Sérullaz 1963, Nr. 117; P. Hofer, Some drawings and lithographs for Goethe's Faust by Eugène Delacroix, Cambridge 1964.

488b Faust und Mephisto am Hochgericht

1828
Lithographie
20,5 x 28,0 cm
Kunsthalle Bremen, Inv.Nr. 50/95
Lit.: Delteil, Bd. 3, Nr. 73 (4. von 5 Zuständen)

Zu dieser Szene, der kürzesten im ganzen Faust, wurde Goethe von Shakespeares Macbeth (vgl. Kat.Nr. 487) und Bürgers ›Lenore‹ angeregt (»... am Hochgericht ein lustiges Gesindel ...«):

Nacht, offen Feld.
Faust, Mephistopheles auf schwarzen Pferden daherbrausend.
Faust: Was weben die dort um den Rabenstein?
Mephistopheles: Weiß nicht, was sie kochen und schaffen.
Faust: Schweben auf, schweben ab, neigen sich, beugen sich.
Mephistopheles: Eine Hexenzunft.
Faust: Sie streuen und weihen.
Mephistopheles: Vorbei! Vorbei!

Rechts hinten die Stätte des Hochgerichts, an der sich offenbar bereits Hexen zu schaffen machen, um Gretchens Hinrichtung vorzubereiten – ein Ritual, in dem das der christlichen Messe verspottet wird (sie »neigen sich, beugen sich«). Diese Bedeutungsinversion erinnert an Goyas ›schwarze Messen‹ (Kat. 40). Für Delacroix ist die Richtstätte ein schemenhaftes Memento – die Raumdiagonale ist Goyas Des. 36 (Kat. 86) verwandt – und aus den hingeworfenen Sätzen macht er eine bedächtige Belehrung. Faust, der Hörige, bekommt wieder einmal die Überlegenheit seines Lehrmeisters zu spüren. Wissend lauscht eine Hexe, die aus einem Erdspalt hervorlugt. So wild die Pferde galoppieren, sie haben sich zu einer kunstvollen, vielgliedrigen Figur verschränkt, deren Dominante Mephisto ist. Sein pedantisch erhobener Zeigefinger scheint dem Rasen Einhalt zu gebieten, gleich wie er die gehorsame Aufmerksamkeit des Schülers erzwingt. Günter Busch (1963, S.56) vermutet in dieser Formel den Einfluß von Cornelius' ›Faust und Mephisto am Hochgericht‹ (1811/16). Diese Komposition war als Stahlstich weit verbreitet. Was zählt, ist nicht die Anregung, sondern was Delacroix aus ihr machte. Der bläßliche Präzisionismus des Cornelius bringt nur ein akzentloses Einerlei aus Konturen und Schraffuren zustande, während Delacroix die Szene in nächtliches Dunkel taucht, aus dem flammende und knisternde Lichterscheinungen hervorzucken. Es ist, als trügen die Pferdeleiber Irrlichter mit sich. Man denkt an eine Stelle der Besteigung des Harzgebirges:

> Da sprühen Funken in der Nähe,
> Wie ausgestreuter goldner Sand ...

Die furiose Zeichnung im Museum Boymans (Kat. 488a) hält den ursprünglichen Bildgedanken in seiner ›prima idea‹ fest. Im gestreckten Galopp nähern sich die beiden Reiter dem Rabenstein. Faust erschrickt, sein Pferd scheut, doch sein Antreiber, dunkel mit seinem Rappen verschmolzen, wird ihn nicht zur Besinnung kommen lassen. Dieser Gegensatz zwischen Führer und Verführtem kommt in der Lithographie (Kat. 488b) kaum zum Ausdruck. Der Wahrnehmungsschock ist vorbei, Faust läßt sich willig unterweisen, er hat ein reines Gewissen ... oder gar keines.

W.H.

Gescheiterte Hoffnungen

1.

Seinen Sturz vorwegnehmend, gefällt sich das Gottesgnadentum in der zynischen Parodie seiner Allmacht. Wenn Maria Luisa (in einem Brief vom 14. August 1806) sich selbst, ihren königlichen Gemahl und Godoy, ihren Geliebten, als »Trinität auf Erden« bezeichnet, verhöhnt sie die Spiritualität des Glaubens, dessen Inquisitionstribunale ihr gute Dienste leisten, und sie weist, gleichsam nebenbei, jede Machtteilhabe des dritten Standes zurück, der seit der Revolution von 1789 die politische Bühne Europas verwirrt. Die Berufung auf ein altes Denk- und Vorstellungsmuster wie die Dreizahl wird auch im republikanischen Lager nicht verschmäht, denn sie bringt das Ancien Régime auf eine griffige Formel und hilft den eigenen Rechtsanspruch sichern. Die neue Dreieinigkeit tritt als eine aus dem Volk geborene Gesinnungsgemeinschaft gegen die »drei größten Irrtümer des Menschengeistes« auf: gegen Fanatismus, Feudalismus und Royalismus.[1] Füssli feiert den Sieg über die Tyrannen im Gelöbnis der drei Eidgenossen (Kat. 309), David im Ballhausschwur (Kat. 312). Bald danach wird in Paris der Wettbewerb für ein Denkmal ausgeschrieben, das die Gestalt des französischen Volkes mit den Allegorien von Freiheit und Gleichheit zeigen soll. Als erprobte Metapher erweist die Dreizahl ihre gegensätzliche Verwendbarkeit im Kampf der politischen Glaubensbekenntnisse, denn sie kann sowohl hierarchische Ordnungen wie deren Beseitigung durch das Gleichheitsprinzip verkörpern. Letzteres wird im Verein mit Freiheit und Brüderlichkeit zum revolutionären Losungs- und Erlösungswort der Unterdrückten, die alsbald — so sieht es Blake 1792 (Kat. 333) — ihren früheren Unterdrückern zu Hilfe kommen.

Wie gut, wie böse eine Trinität ist, entscheidet jeweils das Bekenntnis zu den politischen Wertsystemen, die dahinter stehen. Als in dem von Napoleon beherrschten Europa die Ideale der Freiheit, Gleichheit und Brüderlichkeit in französische Währung umgemünzt wurden, verwendete der patriotische Widerstand die Trinitätsformel, dem theologischen Bild der Teufelstrinität folgend, zur Dämonisierung des Usurpators und seiner Helfershelfer. Auf die Frage, wieviele Kaiser es gebe, lautet die Antwort des spanischen Bürgerkatechismus von 1808: »Einen wahrhaften, aber dreifach in drei lügenhaften Personen«, nämlich Napoleon, Murat und Godoy[2]. Das ist die Trinität des Teufels.

Der europäische Glaubenskrieg trat in eine neue Phase ein, als die Dreieinigkeit der von Napoleon Herausgeforderten — das Bündnis Österreichs, Rußlands und Preußens — die Oberhand gewann. In der Völkerschlacht bei Leipzig besiegten die Alliierten die vom russischen Feldzug geschwächte Grande Armée und trieben deren Reste hinter den Rhein zurück. Die von Paris entworfene Kontinentalordnung zerfiel, und am 11. April 1814 mußte Napoleon unter dem Druck seiner Marschälle abdanken. Schon in Leipzig hatten die Sieger den Plan zu einem Monarchentreffen in Wien gefaßt. Daraus wurde im Herbst 1814 eine politisch-gesellschaftliche Veranstaltung größten Ausmaßes, der ›Wiener Kongreß‹ (Kat. 495), dessen Beschlüsse, indem sie die europäischen Machtverhältnisse für das kommende Jahrhundert festlegten, auch die daraus erwachsenden Widersprüche programmierten, unter deren Druck Revolutionen, Staatsstreiche, Eroberungs- und Befreiungskriege einander ablösen sollten. Die neue europäische Staatenordnung war durch und durch konservativ, sie berief sich auf den zentralen Grundsatz des Ancien Régime, die Legitimität. Als zweite Stütze sollte der wiederhergestellten Stabilität die Religion dienen, wobei Krone und Kreuz sich wieder einmal zu wechselseitigem Nutzen verbanden, denn eine selbsternannte ›Heilige Allianz‹ mußte es als ihre heilige Pflicht erachten, für den geistlichen Schutzpatron jederzeit ihr schützendes Schwert zu ergreifen. (Wie brutal der restaurative Eifer sich des Glaubens-Deckmantels zu bedienen wußte, zeigt die Expedition der ›Söhne des heiligen Ludwig‹, die 1823 nach Spanien entsandt wurde und binnen weniger Monate wieder die absolute Monarchie in ihre Rechte einsetzte.

Vgl. S. 171 Der aus der antinapoleoni-

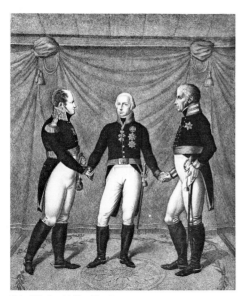

Abb. 222 *Der Heilige Bund*

schen Allianz hervorgegangene ›Heilige Bund‹ (Abb. 222) zwischen Österreich, Rußland und Preußen wurde am 26. September 1815 in einer Absichtserklärung verkündet. Die Herrscher der drei Signatarmächte fügten sich dem Trinitätsschema unter dem Gesichtspunkt der Ebenbürtigkeit ein, zugleich scheint jedoch der Zeichner auf einen kleinen Rangunterschied hinweisen zu wollen. In der Mitte steht Franz I. von Österreich in zentraler und verbindender Position, zur Linken Zar Alexander I. von Rußland, zur Rechten König Friedrich Wilhelm III. von Preußen. Die Köpfe dieser Trinität sind untereinander, aber auch gegen andere austauschbar, denn es sind ›Charaktermasken‹, hinter deren aufgesetzter Würde sich Mittelmaß verbirgt. Was diese drei »Familienväter« (wie sie sich nannten) in einem feierlichen Appell an ihre »christlichen Brüder« als unverbrüchliches Bündnis für »Recht und Friede« ausgeben, wird von scharfblickenden Zeitgenossen als Interessenpakt durchschaut, der jedem Partner nur so viel wert ist, wie er für sich herausschlagen kann. Mittelmaß ist ein mildes Wort für die geistige Statur der drei Herrscher. Grillparzer urteilt über Franz I.: »Es war keine Elevation, keine Hoheit in ihm . . . Aus Mangel an Vorstellung von der Würde der menschlichen Natur war er mißtrauisch gegen jedermann und Angeberei sein Schoßkind und seine Vorliebe.«³ Ein italienischer Schriftsteller im Dienste der österreichischen Geheimpolizei, der Abbate Guiseppe Carpani, berichtet über den Zaren: »Er gilt als falsch, leichtsinnig, unbeständig; gleichzeitig verschlossen und hochmütig.« Das Bild, das die Gräfin Thürheim vom preußischen König entwirft, rundet dieses Gruppenporträt dreier in jeder Hinsicht gleichrangiger Monarchen ab: »Einst im Unglück schwach, mutlos bis zur Herabwürdigung, ist er jetzt im Glück stolz, hart, unversöhnlich und habgierig.«

Drei Gestalten also, auf die Heines Wort von den »Charaktermasken« paßt, drei der vielen Dutzend Würdenträger, die fast ein Jahr lang die österreichische Hauptstadt als Schaufenster ihrer gesellschaftlichen und diplomatischen Ambitionen benutzten. Wie es auf diesem Jahrmarkt der Eitelkeit zuging, wissen wir aus vielen literarischen Zeugnissen von erstaunlicher, oft böser Blickschärfe, nicht zuletzt aus den Berichten der Polizeispitzel, die das maliziöse Zerrbild streifen. Hingegen hat kein Maler, kein Zeichner, kein Karikaturist hinter die Kulissen dieser Welt geblickt. Goya, wäre er damals in Wien gewesen, hätte, phäakisch gemildert, einen Widerschein der Gesellschaft wahrgenommen, die er zwanzig Jahre zuvor im Tollhaus seiner ›Caprichos‹ in einem letzten Höllenreigen hatte auftreten lassen — der nun doch kein letzter gewesen sein sollte, und als Bildnismaler würde er ein reiches Feld vorgefunden haben, denn keine Bildgattung war damals in Wien gefragter. Der Franzose Isabey war in die Stadt gekommen, um den Bedarf zu befriedigen. Mit Goya — man denke an seinen Ferdinand VII. von 1814 (Kat. 297a) — konnte sich diese Bildnismalerei nicht messen, denn die Rhetorik weltmännischen Selbstbewußtseins, die Lawrence (den Napoleons Rückkehr von Elba an seinem geplanten Aufenthalt in Wien hinderte) und Isabey geschickt zu variieren wußten, war dem Spanier fremd.

2.

Jedem Bündnis, als einer Konvergenz von Überzeugungen und/oder Interessen, eignet ein protektiver Impuls, der zu einer Mitte führt, eine vereinigende und befestigende Achse anruft: Säule, Stele oder Baum (Abb. 185). Der Handschlag rundum ist die einfachste Form dieser zentripetalen Solidarität. Was sich gegenseitig hält und Treue schwört (Kat. 492-494), schließt sich auch ab, tritt für ein in sich ruhendes, autonomes Gefüge ein, das dauern und überdauern möchte. Als institutionalisierte Permanenz vertritt das Bündnis der Mächtigen ein endgültiges, statisches Weltbild, dessen Tektonik sich gegenüber fremden Einflüssen abwehrend verhält. Von außen kommt Beunruhigung. Symmetrie ist die anschauliche Formel dieses Defensivdenkens. Die hierarchische Trinität macht das anschaulich. Anders die Kräfte der Veränderung: sie sprengen die in sich ruhenden Formabsprachen. Ob Füsslis Tell, dem der Rettungssprung zum Signal gerät (Kat. 308), ob Regnaults Genius, der eine Entscheidung trifft (Kat. 322), ob Delacroix' ›Liberté‹ (Kat. 538) oder Géricaults Schiffbrüchige (Kat. 520) — immer greifen diese Suchenden oder Fordernden, dem Tumult entstiegen, in den Raum, tragen ihre Botschaft oder ihre Frage ins Offene, werfen Bindungen ab, expandieren, wollen mitreißen und geben sich aus.

Dieser Gegensatz, bzw. sein Ausgangspunkt, unser Versuch, dem bescheidenen Niveau des Dreibund-Stiches die Formel für das Beharrungsdenken zu entnehmen, das die Heilige Allianz zu ihrer politischen Maxime erhob, führt zu der Frage, wie weit diese Grundsätze — uns beschäftigt hier nur der deutsche Raum — auch die Umrisse des künstlerischen Lebens beschwerten und auf Stabilität verpflichteten.

»Ist denn wirklich das Volk erwacht«, fragt Goethe am 13. Dezember 1813 Heinrich Luden, und sein schnelles Urteil über den schöpferischen Ertrag der Befreiungskriege fällt skeptisch aus: »Der Schlaf ist zu tief gewesen, als daß auch die stärkste Rüttelung so schnell zur Besinnung zurückzuführen vermöchte. Und ist denn jede Bewegung eine Erhebung? Erhebt sich, wer gewaltsam aufgestöbert wird?« Goethes Geringschätzung gilt »der Menge, den Millionen«, nicht den »Tausenden gebildeter Männer«, also auch nicht der Handvoll Künstler, um die es in unserem Zusammenhang geht. Vier Jahrzehnte später zieht Heine aus seinem Vergleich der französischen Kunstblüte nach 1814 und der Erschlaffung, die das befreite Deutschland zur gleichen Zeit befiel, einen Schluß, in dem Trauer mit Spott sich mischt: ». . . alles Leben schien auf immer versumpft — überall Stagnation, Lethargie und Gähnen.«⁴

Diese Urteile sind falsch und richtig zugleich. Der Blick auf Runge und Friedrich, zwei Neuerer ersten Ranges also, zeigt uns zwei Entwicklungsbahnen, die den zeitgenössischen Auseinandersetzungen, der Niederlage von 1806 und dem Sieg von 1813, keine entscheidenden, formprägenden Anstöße verdanken. Dennoch: die künstlerische und geistige Zäsur, die Runge in seinen ›Tageszeiten‹ (Kat. 499) und Friedrich in seinem Tetschener Altar (1808) setzte, gehört in das

481

revolutionäre Fazit der Epoche, zählt zu den radikalsten Konsequenzen, die sich aus der Verfügbarkeit der alten Muster (der Form wie des Inhalts) ergaben. Wenn, mit David an der Spitze, die Wortführer des republikanischen Kunstwollens — es ist eher ein Kunstsollen! — die Akademien als Aristokratennester schmähen und ihre Abschaffung fordern (so David am 8. August 1793), wenn sie den Künstler verachten, der sich im Dienste der Laster und des Vergnügens eines Herrschers prostituiert, wenn sie Kunst als eine universale Sprache verstehen, deren Empfänger die ganze Menschheit ist,[5] dann fordern sie eine geistige Erneuerung, wie sie — mehr als ein Jahrzehnt später — auch die Bekenntniskunst von Runge und Friedrich bestimmt. Auch hier wird der Formalismus der Akademien abgelehnt, wird die Fürstenknechtschaft dafür verantwortlich gemacht, daß nicht »etwas Großes« entstehe, wird Kunst als Sinnenspiel und bloßer Farbenreiz verachtet und einem neuen, ganz anderen »Verlangen nach Klarheit und Wahrheit« das Wort geredet[6]. Doch dieser Doppelentschluß, der Bindung und Entbindung vereinen möchte, richtet sich in Frankreich und in Deutschland auf je andere Vorstellungen von dem, was Kunstwerke bedeuten und bewirken sollen. Runge und Friedrich rebellieren gegen die Kunstrichter und Zensoren: jener verspottet den »Schnickschnack« der Weimarer Preisaufgaben, dieser meint, die Kunst würde mehr gefördert, »wenn jeder Künstler sich selbst die Aufgabe machte«[7]. Anders die Franzosen, die sich in ihrem demokratischen Eifer immer neue Preisgerichte und Bewertungsinstanzen einfallen lassen, wobei die Künstler selbst entscheidend mitwirken. In Frankreich fordert und fördert man die massenhafte Verbreitung von Kunstwerken durch Reproduktionsstiche, in Deutschland räsoniert Friedrich gegen die maschinenmäßig hergestellten Stahlstiche: »Ein Teutscher kann so etwas Gott sei Dank nicht, und die Briten sind stolz darauf, es allein zu vermögen.«[8]

Die Kunstpolitik der französischen Revolution ist von der Überzeugung gelenkt, daß die Künste in dem Maße, in dem sie auf die Öffentlichkeit erzieherisch einwirken, der staatlichen Förderung teilhaftig werden sollen. Die Künstler sollen die patriotischen und republikanischen Tugenden und Werte verherrlichen. Staatskunst also, auf breite Wirksamkeit, d.h. auf unmittelbare Propaganda berechnet, zweckgebunden und jedermann verständlich. Vom Tyrannendienst befreit, werden die Künstler von der Nation in die Pflicht genommen. Als in Paris dieser Auftragskunst die gesetzlichen Grundlagen erarbeitet wurden, standen hier in Deutschland ganz andere Fragen zur Diskussion. Das Ergebnis tritt zu der dort verlangten öffentlichen Bindung der Kunst in diametralen Gegensatz, denn es verkündet die Selbstherrlichkeit des schöpferischen Subjekts und die Zweckfreiheit seiner Hervorbringungen. Kant macht die Künste zum Gegenstand »interesselosen Wohlgefallens«. In geistiger Übereinstimmung mit Carstens (Kat. 302) fordert dessen Biograph »daß man weder den Künstler noch die Kunst als Eigentum eines besonderen Staates, sondern als der ganzen Menschheit angehörend betrachte«, denn: »Der Nutzen, den die Künste leisten, ist höherer Art, wer sie niederen Zwecken dienstbar machen will, hascht ewig nur ihren Schatten.«[9] (Auch in Frankreich wird ein neues Weltbürgertum geträumt, aber es soll französisch sprechen: »Die mit uns verbündeten Völker verschmelzen in der großen Familie, indem sie unsere Sprache und unsere Gesetze annehmen«, prophezeit der Abbé Grégoire[10]).

Hegels Wort von der »Reflexionsbildung unseres heutigen Lebens« und deren Folgen, die spekulative Bedeutungsvertiefung, ist zu bekannt, als daß es hier ausführlich zitiert werden müßte[11]. Es zieht den Schlußstrich unter einer Epoche der intensivsten Denkanstrengung, die aus dem Wissen, daß Kunst, da sie »unser höchstes Bedürfnis« nicht mehr ausfüllt, von der Reflexion gerechtfertigt werden müsse, einen neuen, gleichermaßen offenen wie chiffrierten Kunstbegriff erdachte. Schon 1801 verkündete August Wilhelm Schlegel »die große Wahrheit, daß eins alles und alles eins ist«, und er ermächtigte die Phantasie, das störende Medium der Wirklichkeit wegzuräumen, um in das »Zauberreich ewiger Verwandlungen« zu gelangen, »worin nichts isoliert besteht, sondern alles aus allem durch die wunderbarste Schöpfung wird, in uns sich bewegen läßt«. Eine solche Ansicht des Poetischen muß die »Wahrnehmungen der Sinne« und die »Bestimmungen des Verstandes« als unpoetisch empfinden[12]. Nicht anders sieht Hegel die Aufgabe des Künstlers, wenn er diesem rät, die »Unmittelbarkeit des Sinnlichen zu überwinden«, denn »erst jenseits der Unmittelbarkeit des Empfindens und der äußerlichen Gegenstände ist echte Wirklichkeit zu finden«[12a].

Alle diese Aussagen entbinden den Künstler von der Auseinandersetzung mit dem Konkreten, sei es mit dem Konkretum eines Auftrags oder dem der vorgefundenen Wirklichkeit, hingegen verpflichten sie ihn auf die Selbstbestimmung seines Handelns. In den Freiraum der Fragwürdigkeit gestellt, sucht die Reflexion ihre Bindungslosigkeit mit ethischen, metaphysischen und religiösen Rechtfertigungen abzustützen, so daß Kunst letztlich mit Heils- und Erfüllungsaufträgen befrachtet wird. Solcherart spekulativ beschwert, müssen Kunstwerke sich als Denksummen bewähren und finden ihre höchste geistige Aussageebene als subjektiver Religionsersatz.[13] So reagieren Theorie und Praxis in einem Land, in dem die spontane sinnliche Erfahrung des ästhetischen Gebildes Mißtrauen erweckt, in dem das Denken über Kunst das Kunstwerk konstituieren und die Leere füllen muß, welche die jahrhundertelange Auftragslosigkeit hervorgerufen hat; wo kein periodisch stattfindender Salon das Kräftemessen herausfordert und regelt, wo jeder sich unmittelbar zu Gott, zur höchsten schöpferischen Instanz glaubt — wo die Kunsttätigkeit ihre Problematisierung als Freiheit wie als strenge Pflicht erfährt.

Runge und Friedrich belegen das. In Runges ›Morgen‹ (Kat. 499) tritt uns eine vielsinnige Erweckungsgestalt entgegen, in der ein sittliches Ideal und ein Naturmythos, in der Maria und Venus, Himmel und Erde sich begegnen. Diese mystische Lichtbringerin ist eine auf die Unendlichkeit des Fühlens gerichtete Magnetnadel, das Körperliche nicht leugnend, aber es läuternd — lebensvoller und universaler in ihrer Aussage als die Verkündigungsgestalten der Revolutionsideale (Kat. 317, 322), jedoch jener allseitigen poetischen Unerschöpflichkeit verwoben, von der Schlegel spricht. Das besagt, daß sie sich nicht zum Aktionsmodell verdiesseitigte wie die ›Liberté‹ von Delacroix (Kat. 538), in deren Umriß die Gottesmutter, Die Ecclesia militans und die republikanischen Freiheits-Allegorien zu konkretem revolutionären Sendungspathos verschmelzen.[14]

Der ›Morgen‹ ist das Werk eines Künstlers, der das Wissen, »am Rande aller Religionen« zu stehen, mit der bohrenden Frage kompensiert, ob ein Kunstwerk nicht nur in dem Moment entstehe, »wann ich deutlich einen Zusammenhang mit dem Universum vernehme?«[15] Solcher Zusammenklang war in Frankreich nicht gefragt, man begnügte sich damit, die »heilige Freiheit« zu annektieren und zur »Göttin der Franzosen« zu erklären. Dieser Gegensatz zeigt einen zentralen Unterschied auf. Der Umstand, daß der Vorrat an religiösen und mythologischen Mustern sich als verfügbar erwies, wurde von der Kunstpolitik des Konvents und später Napoleons dazu genutzt, neuen Wein in die alten Schläuche zu gießen (Kat. 322). Nicht subjektive Bekenntnisse waren gefordert, sondern leicht verständliche Massenappelle und Heilsbotschaften. Napoleon, der den Pestkranken heilend die Hand auflegt (Kat. 370, 371), steht in der Nachfolge des heiligen Karl Borromäus.[16] Antiker und christlicher Mythos, dazu noch Ossian (Kat. 435), werden ausgemünzt und aktualisiert. Dieser freie Umgang mit der Tradition entspricht dem imperialen Denken Napoleons, der sich als Vollender der Revolution und als Erbe Karls des Großen verstand. Damit hängt wieder zusammen, daß Frankreich seine Expansion als Zivilisationsauftrag auffaßt. Konnte dieser Appell im Weltbürgertraum der Deutschen, die bewundernd nach Paris blickten, ein befreiendes Echo auslösen, so mußte er ebendieses in eine kritische Selbstprüfung stürzen, als er sich zum Instrument einer imperialistischen Entmündigungspolitik hergab. Nun bezieht der patriotische deutsche Widerstand eine Abwehrhaltung, die sich bis zur Zivilisationsfeindlichkeit steigert. Auch ein großer Maler wie Friedrich ist, wenn er polemisch zur Feder greift, von dieser Einschränkung auf das Teutsche nicht frei − einer Einschränkung, die Kunst mit Ethos und Wahrhaftigkeit verwechselt und beide für die ›deutsche Art‹ pachten möchte, der schon der junge Goethe in seinem Hymnus auf das Straßburger Münster nachwies, daß sie welschem Flickwerk überlegen ist.[17]

Der Beitrag Friedrichs zu den Befreiungskriegen transzendiert das konkrete Wollen und Handeln, die »Unmittelbarkeit des Sinnlichen«, in die religiöse Opferhaltung. Die Natur wird zum sakralen und nationalen Andachtsraum (Kat. 507). Erfanden die revolutionären Franzosen den ›Altar des Vaterlandes‹, so bringt Friedrich die für »Freiheit und Recht«[18] Gefallenen, aber auch den in die Ausweglosigkeit geratenen Feind (Kat. 508), auf dem Altar der Natur dar und hebt das individuelle Schicksal in den Gegensatz von Natur und Geschichte. Der Mensch, als geschichtliches Wesen, wird im Tod vom Naturzusammenhang aufgehoben und zugleich dem Verfall preisgegeben. Das Wort Resignation sagt zu wenig aus über die Steigerung und Monumentalisierung, die dieser Bildgedanke im ›Eismeer‹ (Kat. 517) erfährt. In dieser ›allégorie réelle‹ auf die Jahre der Demagogenverfolgung verdichtet sich die Stagnation, von der Heine spricht, zur tödlichen Leblosigkeit. In der Metapher des Schiffsbruchs stellt Friedrich, darin Géricault vergleichbar[19], vordergründig die Katastrophe des deutschen

Abb. 223 Gropius, *Denkmal für die Märzgefallenen*

Vormärz dar, doch indem die ›Natur‹, diese erbarmungslose Unterdrückerin, den Menschen zerstört, leiht sie dem Zusammenbruch aus ihrem eigenen Formenvorrat die Konturen eines Signals, dessen aufragende Diagonale dem Scheitern widerspricht. Es ist kein Zufall, daß diese Chiffre etwa hundert Jahre später wieder für ein politisches Scheitern verwendet wurde (Abb. 223).[20]

Was uns heute an Friedrich fesselt − die metaphorische Transparenz, die Chiffrierung der Wahrnehmungswelt, die asketische Fragehaltung seiner Gestalten −, erschwert den Zugang zu dem patriotischen Gräber- und Denkmalkult, der mit dem Ende der Befreiungskriege einsetzte, denn hier usurpiert das staatliche Beharrungsdenken den patriotischen Akt, weshalb diesen Projekten die Dimension des fragenden Dialoges abgeht, die Friedrich seinen Bildern offenhielt (Kat. 510-513).

Analog dem die Autorität des Staates bekräftigenden Denkmalkult, ihm jedoch vorausgehend, setzte die Gruppe der ›Nazarener‹ auf das alte Wahre, auf die Autorität der vorgeblich kunstlosen Naivität, wie sie die italienischen und deutschen Primitiven in ihren Werken ausgesprochen hatten. In der Obhut dieser noch nicht von der akademischen Routine verfälschten Lauterkeit hoffte diese Erneuerung auf eine gereinigte, dienende Sinngebung des künstlerischen Schaffens im

Bezugsfeld der christlichen Tradition. Auch hier verband und aktualisierte sich das Sakrale mit dem Nationalen, wurden innige Erweckungsgestalten erdacht, die den alten Heiligenkult beerben sollten (Kat. 500, 501). Doch dieser schlichte Kunst- und Glaubenseifer blieb im Privaten, blieb Künstlerreligion, denn er vermochte nicht, aus der Zwiesprache mit den Vorbildern die Kraft zur Eigensprache zu gewinnen. Aber vielleicht hat dieses Versagen tiefere, außerkünstlerische Ursachen. Wenn es, wie Schelling 1807 in einer an den bayrischen König gerichteten Rede sagt, »ohne großen allgemeinen Enthusiasmus ... nur Sekten, keine öffentliche Meinung [gibt]«[21], dann ist notwendig die Folge davon, daß das künstlerische Bewußtsein seine kreative Selbstfindung solange vergeblich betreibt, wie es seiner eigenen Fragwürdigkeit keine außerkünstlerischen Herausforderungen zuführen kann oder will. »Uns trägt kein Volk«: Klees Einsicht von 1924 gilt schon für jene, die hundert Jahre zuvor das Volk an der falschen Stelle suchten, in der Abschnürung auf das Volkstümliche, im malenden Gebetsgestus.

Friedrichs Freundschaftsbilder (Abb. 224) und Delacroix' ›Dante und Vergil‹ (Abb. 225) gehören zu den Nachtgedanken und -erfahrungen jener Jahre, genau wie der 2. Teil des

Abb. 224 Friedrich, *Zwei Männer in Betrachtung des Mondes*

Abb. 225 Delacroix, *Dante und Vergil*

›Faust‹, in dem Goethe sein Gespräch mit sich selbst von Faust und Mephisto führen läßt und es so in die Koordinaten der romantischen Freundschaft einbringt und sie zugleich sprengt (Kat. 488a, b). Freundschaft, das ist der Bündnisgedanke aufs Private gewendet, in die Verinnerlichung zurückgenommen. Friedrich gibt dieser Idee sakrale Würde, doch indem er sie in den Andachtsraum der Natur einsenkt, errichtet er ihr eine Rückzugswelt. Anders Delacroix, der in seinem Dante-Bild die Auseinandersetzung sucht. Das Erfahrungsrisiko der beiden Dichter ist der Gefahr verwandt, der sich der »Roi thaumaturge« im Pestkrankenlager stellte (Kat. 371). Was Heine in der erwähnten Vorrede von 1854 der französischen Kunst und Literatur unter der Restauration bescheinigt — ihre vom beleidigten Nationalgefühl stimulierte »höchste Kraftentwicklung« —, hat nicht nur mit der größeren Begabungsreserve zu tun, sondern mit dem geringeren Spekulationsballast. Gelang es einem Friedrich, den Rückzug aus der »Unmittelbarkeit des Empfindens und der äußerlichen Gegenstände« (Hegel) als Form- und Bedeutungsgewinn zu buchen, so blieben andere mangels formaler Abstraktionskraft auf der Strecke. In Frankreich ging die Frage nach dem Woher und Wohin des Menschen vergleichsweise naive, vorgezeichnete Wege. Hinter Delacroix' Dante-Barke steht formal Michelangelo, doch dieser Traditionskonnex verhüllt nicht, er verdeutlicht vielmehr, was diesen Bildgedanken von dem des Jüngsten Gerichts trennt: Delacroix malt keine Freundschafts-Ikone, sondern ein Gleichnis der innerweltlichen Hölle, in der sich der Mensch als Täter und als Opfer zugleich erfährt (Das verbindet Delacroix mit Goya).

In einem undatierten Brief an seinen Freund Dedreux-Dorcy bekennt Géricault: »Ich irre jetzt herum und verliere mich fortwährend. Vergeblich suche ich Halt, nichts ist fest, alles entgleitet mir, alles täuscht mich. Unsere Hoffnungen und Wünsche sind auf dieser Welt nur leere Chimären, unsere Erfolge Phantome, die wir zu halten glauben. Wenn auf dieser Welt etwas gewiß ist, dann sind es unsere Schmerzen. Wirklich ist nur das Leiden...«[22]

Dieses Bekenntnis, das Goyas ›El mundo es una máscara‹ (Kat. 43) mit Weltschmerz versetzt, könnte auch von Friedrich stammen. Doch während der Deutsche seiner Resignation im ›Eismeer‹ ein stummes, regungsloses Mal erfindet, setzt Géricault seine Verzweiflung in den Widerstreit von Tod und Leben. Ein Reportagethema, die auf einem Floß treibenden Schiffbrüchigen der ›Medusa‹ (Kat. 520), gerät ihm zum privaten und öffentlichen Symbol: in der Rettung aus der Seenot, auf die ein Schiff am Horizont hoffen läßt, kündigt sich ihm die nationale Wiedergeburt an. Der politische Gedanke des Bildes wurde von den Royalisten durchschaut.

Die Art, wie Géricault und Delacroix den Menschen befragen und in Extremsituationen stellen, unterscheidet sich grundlegend von der eines Friedrich oder Runge. Die beiden Deutschen betreiben die Selbstfindung als Ich-Darstellung — »Ich will mein Leben in einer Reihe Kunstwerke darstellen« (Runge im Februar 1802) —, sie wollen sich ihrer unverwechselbaren Identität versichern. Das macht sowohl die Radikalität wie die geringe Wandlungsbreite ihrer Kunst aus. Die Franzosen halten sich eher an die expandierende Wandlungsfähigkeit, die Heine im Gedicht über die »Charaktermasken« empfiehlt:[23]

Gib her die Larv, ich will mich jetzt maskieren
In einen Lumpenkerl, damit Halunken,
Die prächtig in Charaktermasken prunken,
Nicht wähnen, Ich sei einer von den Ihren.
Gib her die gemeine Worte und Manieren,
Ich zeige mich in Pöbelart versunken,
Verleugne all die schönen Geistesfunken,
Womit jetzt fade Schlingel kokettieren.
So tanz ich auf dem großen Maskenballe,
Umschwärmt von deutschen Rittern, Mönchen,
Kö̈ngen,[24]
Von Harlekin gegrüßt, erkannt von wengen.
Mit ihrem Holzschwert prügeln sie mich alle.
Das ist der Spaß. Denn wollt ich mich entmummen,
So müßte all das Galgenpack verstummen.

Das ist der »niedrige« Erfahrungshorizont, dem Géricault sich aussetzt. Indes Friedrich und Runge (in ›Wir Drei‹) die Freundschaftsreligion feiern, erprobt Géricault seine Solidarität mit den Erniedrigten und Beleidigten, mit den Bettlern und den Inquisitionsopfern, mit Negern, Verbrechern und jenen, welche die Gesellschaft irrsinnig nennt (Kat. 518-531). Diese Solidarität ist es auch, die Delacroix dazu befähigt, über die Grenzen Frankreichs hinauszublicken und den griechischen Freiheitskampf aus der Sicht der gnadenlos Unterdrückten zu deuten, wobei er aus dem »sterbenden Griechenland« (Kat. 537) eine Erweckungsgestalt formt, in der sich bereits seine ›Liberté‹ (Kat. 538) ankündigt: beide verbindet der Wille zur nationalen Selbstbestimmung. Dieser Einsatz für die nationale wie für die humane Sache macht Delacroix zum großen geistigen, nicht nur künstlerischen, Gegenspieler von Ingres (Kat. 498), dessen Kunst die Herrschertugenden rühmt und die traditionellen Heiligen- und Märtyrergestalten als Symbole der Legitimität, als Ordnungsgaranten deutet.

Die Freiheit, die das Volk auf die Barrikaden führt (Kat. 538), handelt unter dem Symbol der alten revolutionären Dreieinigkeit, der Trikolore, die, unter der Bourbonen-Restauration verboten, an die »Verbrüderung der Bürger« im Sommer 1789 erinnert.[25]

Abb. 226 Anonym, *Triumph der Freiheit*

In diesem Augenblick der Euphorie wird der Trinitätsgedanke von der populären Bildpropaganda internationalisiert und der weltweite Triumph der Freiheit vorausgesagt (Abb. 226). So mochten sich die Dinge darstellen, als die siegreiche Pariser Juli-Revolution in Brüssel (Abb. 227), Warschau und Italien das Zeichen zur nationalen Erhebung gab. Doch die Ereignisse nahmen einen anderen Verlauf. Dazu eine knappe Chronik. Am 16. Mai 1830 löste Karl X. (Kat. 498) die Abgeordnetenkammer auf, elf Tage später unterzeichnete er die »Ordonnanzen«, mit denen die Verfassung aufgehoben wurde. Das ist das Signal für die Pariser Volkserhebung, der es nach dreitägigen Kämpfen — den »Trois Glorieuses« (27.-29. Juli) — gelingt, den Bourbonenkönig in die Defensive zu drängen (Kat. 539-542). Noch ehe er am 1. August zurücktritt, wird der Herzog von Orléans am 30. Juli zum Lieutnant-Général (Statthalter) ausgerufen (Kat. 543). Am 9. August wird das neue Königtum verkündet: Der Herzog legt als Louis-Philippe den Eid auf die Verfassung ab. Der »Bürgerkönig« wird jedoch den Ruf seiner Liberalität und seiner Bürgernähe bald einbüßen: die Fi-

Abb. 227 Madou, *Nach den Brüsseler Straßenkämpfen 1830*

nanznot treibt ihn in die Arme der Geldaristokratie und macht aus der Julimonarchie »eine Aktienkompanie zu Exploitation des französischen Nationalreichtums, deren Dividenden sich verteilten unter Minister, Kammern, 240000 Wähler und ihrem Anhang«.[26]

Am 25. August brachen, nicht ohne Pariser Mitwirkung, die Brüsseler Unruhen aus. Sie führten zur Auflösung des vom Wiener Kongreß geschaffenen Königreichs der Vereinigten Niederlande, in dem wieder die nördlichen mit den südlichen Provinzen zusammengezwungen worden waren, und zur Gründung des Königreichs Belgien, dem die Londoner Konferenz von 1831 die dauernde Neutralität garantierte. Leopold I. aus dem Hause Sachsen-Coburg bestieg den neuen Thron. 1831 griff die revolutionäre Unruhe auf Italien über: Sie richtete sich gegen den Kirchenstaat und die österreichische Fremdherrschaft. Kurzfristig in Mittelitalien (Herzogtum Modena) erfolgreich, wurde sie innerhalb weniger Wochen von der österreichischen Armee, um deren Intervention der Papst gebeten hatte, niedergeschlagen. Ähnlich, noch blutiger endet der Warschauer Aufstand gegen die Armee des Zaren. Welches Echo die Kapitulation am 7. September 1831 beiden Freunden Polens auslöste, ist in den Schriften Heines und Börnes nachzulesen (Vgl. Kat. 551 und Abb. 87-90). Besonders Börnes 39. Brief aus Paris vom 3./5. März 1831 verdient unsere Aufmerksamkeit. Polens Freiheitskampf schon verloren glaubend, vermag Börne seinen fast völlig zerstörten Glauben an die gerechte Sache nur in einer Frage aussprechen: »Die Freiheit kann, sie wird siegen, früher oder später; warum siegt sie nicht gleich?« Doch was ihn zur Verzweiflung treibt, ist nicht nur der Sieg der Übermacht, sondern der Beifall, den seine schreibenden Landsleute dem Unterdrücker spenden werden: »Ja, es schwebt schon vor meinen Augen, ich lese es und höre es, wie das viehische Federvieh in Berlin von jedem Misthaufen, von jedem Dache herab den großen, erhabenen Nikolaus ankräht.« Noch einmal siegt also die von der Heiligen Allianz geschützte Staatenordnung. Für den Zeitraum, auf den sich unsere Ausstellung beschränkt, bedeutet das, daß das Zeitalter der Revolutionen – die vier Jahrzehnte von 1789 bis 1830 – auch das Zeitalter der Repressionen war.

Gegen Ende dieses Zeitraumes wird Goya endlich auch außerhalb Spaniens bekannt, freilich zunächst nur mit einer Facette seines Werkes, den ›Caprichos‹[27]. Paris ist das Einfallstor. Als Goya, aus Bordeaux kommend, im Sommer 1824 die Stadt besuchte, wußte offenbar kein Künstler davon, und ebensowenig erfuhr er von denen, die ihn bewunderten. Dazu zählte vor allem Delacroix. Von seiner

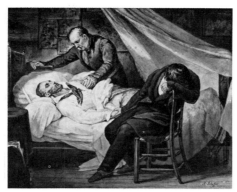

Abb. 228 Scheffer, *Géricault auf dem Totenbett*

Auseinandersetzung mit den ›Caprichos‹ (die manche Forscher »um 1817« beginnen lassen) zeugen eine Radierung (Kat. 42a) und eine Reihe von Zeichnungen des Louvre, die dem Ausleihverbot unterliegen, weshalb wir Maurice Sérullaz gebeten haben, eine Auswahl davon für unseren Katalog kurz zu erläutern (S. 23f.). Auch Künstler geringeren Ranges hielten damals bei Goya Ausschau nach ›Nachtgedanken‹ und Gruseleffekten (Kat. 454, 455). Zwei weitere Beispiele sollen die Spannweite der Formanleihen, richtiger: die Verfügbarkeit von Goyas ›Mustern‹ anschaulich machen. Die Quelle ist beide Male Cap. 43 (Kat. 3), der Künstler, den das Geflügel der Nacht heimsucht. Scheffer verwendet diese Gestalt in seinem Bild ›Géricault auf dem Totenbett‹ (1824, Museum Dordrecht, Abb. 228) für den Freund des Sterbenden, den Maler F.J. Dedreux-Dorcy. Keine äußere Bedrohung, die unsichtbare Anwesenheit des Todes greift nach dem Mann auf dem Stuhl und zwingt ihm den Trauergestus auf: die Verzweiflung Goyas wird verinnerlicht. Doch diese Haltung kann auch einen Alptraum signalisieren. Das belegt eine anonyme Litho-

Abb. 229 *Alptraum Louis Philippes*

graphie vom Anfang der 30er Jahre (Abb. 229)[28]. Louis-Philippe träumt von den Journalisten und Karikaturisten, diesen übermütigen Plagegeistern, die ihm keine Ruhe lassen. Eine harmlose Diablerie, wie sie damals dem Pariser Geschmack entsprach, die aber doch in zweifacher Hinsicht das Erbe Goyas antritt. Die vom Bürgerkönig schikanierte Presse rächt sich und zahlt es dem Monarchen heim: das Opfer wird Täter, indes der König, von allen Seiten bedrängt, seine Täter-Rolle einbüßt und Opfer wird. In diesem Rollentausch ereignet sich das, was wir die Dialektik der Geschichte nennen: das Wechselspiel von Revolution und Repression.

Werner Hofmann

1 Von Brutus zu Marat. Kunst im Nationalkonvent 1789-1795 (Reden und Dekrete, Bd. I), hrsg. von Katharina Scheinfuß, Dresden 1973, S. 23, 85
2 Politische Katechismen: Volney-Kleist-Heß. Hrsg. von Karl Markus Michel, Frankfurt a. M. 1966, S. 162
3 Diese und die beiden folgenden Charakterisierungen stammen aus: Hilde Spiel, Der Wiener Kongreß in Augenzeugenberichten, Düsseldorf 1965, S. 214, 225, 230
4 Entwurf einer Vorrede zu den ›Reisebildern‹, 1854, in: Sämtliche Schriften, hrsg. von Klaus Briegleb, München 1969 Bd. 2, S. 678
5 Scheinfuß, a.a.O., S. 26
6 Caspar David Friedrich in Briefen und Bekenntnissen, hrsg. von Sigrid Hinz, München 1974, S. 24, 83, 86, 102, 106. Runge rühmt in einem Brief vom 17. Feb. 1801 die Praxis der Pariser David-Schule: »Da ist es ganz anders, man zeichnet sechs Stunden nach dem Modell, da kann noch ordentlich was herauskommen ... « (Hinterlassene Schriften, Hamburg 1841, 2. Teil, S. 66)
7 Runge, a.a.O., 1. Teil, S. 5, 14. – Friedrich, a.a.O., S. 109
8 Friedrich, a.a.O., S. 102
9 Carl Ludwig Fernow, Leben des Künstlers Asmus J. Carstens ein Beitrag zur Kunstgeschichte des 18. Jahrhunderts, Leipzig 1806, S. XXIII, XXV.
10 Scheinfuß, a.a.O., S. 47
11 Hegel, Ästhetik, hrsg. von Friedrich Bassenge, Berlin 1955, S. 56f. Noch deutlicher ist die spätere Stelle, in der Hegel als einzigen Endzweck der Kunst die Enthüllung der Wahrheit fordert und sämtliche anderen Bestimmungen ausschließt: »Denn andere Zwecke wie Belehrung, Reinigung, Besserung, Gelderwerb, Streben nach Ruhm und Ehre, gehen das Kunstwerk als solches nichts an und bestimmen nicht den Begriff desselben.« (A.a.O., S. 96)

12 August Wilhelm Schlegel, Die Kunstlehre, in: Kritische Schriften und Briefe, hrsg. von Edgar Lohner, Bd. 2, Stuttgart 1963, S. 81, 83
12a Hegel, a.a.O., S. 55
13 Fernow: »So soll denn auch der Künstler, wie Carstens in wahrer Erkenntnis seines Zweckes wirklich tat, seine Kunst hinfort nicht in der Religion, sondern seine Religion, d.i. den Gegenstand seiner reinsten Liebe, seines eifrigsten Strebens, seiner seligsten Gefühle‹, in seiner Kunst finden.« (A.a.O., S. 254)
14 Vgl. W.H., Sur la ›Liberté‹ de Delacroix, in: Gazette des Beaux-Arts, Sept. 1975, S. 61 ff.
15 A.a.O., I. Teil, S. 6
16 Walter Friedlaender, Napoleon als ›Roi thaumaturge‹ in: The Journal of the Warburg and Courtauld Institutes, IV, 1941, S. 139 f.
17 Vgl. zu diesem deutsch-französischen ›Wettstreit‹: W.H., Art-Nature-Histoire, in Kat. der Ausstellung »La peinture allemande à l'époque du Romantisme«, Orangerie des Tuileries, Paris 1976/77, S. XIII f. – W.H., Gespräch, Gegensatz und Entfremdung – Deutsche und Franzosen suchen ihre Identität, im Kat. der Ausstellung »Courbet und Deutschland«, Hamburger Kunsthalle 1978, S. 71 f.
18 Hinz, a.a.O., S. 80, bringt einige von Friedrich formulierte Inschriften für gefallene Freiheitskrieger.
19 Erstmals hat M.W. Lorenz Eitner die beiden Bilder verglichen: The Open Window and the Storm-tossed Boat, in: The Art Bulletin, 1955, S. 281 f.
20 Vgl. Dietrich Schubert, Das Denkmal für die Märzgefallenen 1920 von Walter Gropius in Weimar, in: Jahrbuch der Hamburger Kunstsammlungen, Bd. 21, 1976, S. 199 f.
21 Über das Verhältnis der bildenden Künste zu der Natur, München 1807, S. 61 f.
22 Géricault raconté par lui-même et par ses amis, hsg. von Pierre Courthion, Genf 1947, S. 95
23 A.a.O., Bd. 1, S. 68 (Buch der Lieder: Junge Leiden).
24 Vgl. Kat. 492
25 Als 1821 die Griechen sich anschickten, das türkische Joch abzuschütteln, fanden sie begeisterten Zuspruch bei den europäischen Liberalen, denen der Freiheitskampf im Osten des Kontinents zudem eine Art Ersatz für die Auseinandersetzung mit der Reaktion im eigenen Land bot. Die Türken waren tatsächlich die ideologischen Partner der Heiligen Allianz. Die Großmächte, allen voran England und Österreich, wollten keine Veränderung der Machtverhältnisse auf dem Balkan. Metternich trat auch hier für den Status quo ein, und ein Tory wie der Herzog von Wellington (Kat. 267, 268a) war ein erklärter Freund der Türken.
26 Arnold Rabbow, dtv-Lexikon politischer Symbole, München 1970, S. 243 (Artikel Trikolore)
27 Karl Marx, Die Klassenkämpfe in Frankreich, 1848-1850, Berlin 1951, S. 32
28 Vgl. Jean Adhémar, Essai sur les débuts de l'influence de Goya en France au XIXe siècle, im Katalog der Ausstellung Goya, Bibl. Nationale, Paris 1935, S. XX f. – Ilse Hempel Lipschutz, Spanish Painting and the French Romantics, Cambridge (Mass.) 1972, S. 84-122. – Nigel Glendinning, Goya and his Critics, New Haven und London 1977
29 Vgl. Hempel Lipschutz, S. 76 und S. 378 (Anm. 46)

Die neue Ordnung

489

nach Louis-Léopold Boilly
489 Fahnenträger des Landfestes
Radierung und Punktiermanier, von Jacques-Louis Copia nach einem Gemälde von Boilly
33,9 x 25,7 cm
Bez.u.l.: »Peint par Boyli.«, u.r.: »Gravé par Copia.«, Unterschrift: »LE PORTE DRAPEAU DE LA FÊTE CHAMPÊTRE/Au retour de Sa Majesté LOUIS XVIII/dans sa Capitale, Le 3. Mai 1814«
Paris, Bibliothèque Nationale, Inv.Nr. Ef 103 rés.
Lit.: Bibl.Nat.Inv.18e siècle, Bd. 5, Copia Nr. 43.

Die Radierung von Copia nach dem 1792 von Boilly gestalteten Fahnenträger der Revolution (Kat. 319) erhielt nach der Rückkehr des Königs 1814 eine neue Fassung: die dreifarbige Fahne mit der Inschrift »Freiheit oder Tod« wurde zu einheitlicher Helligkeit aufgelichtet und mit den Emblemen der Bourbonen versehen sowie die Kokarde von der Mütze des Mannes genommen.
Offenbar war nach dem Zusammenbruch des Kaiserreiches der Revolutionsgeist ermüdet. Man bemühte sich um Anpassung. Doch auch die veränderte Darstellung zeugt von dem schwierigen Erbe, mit dem sich jedes Königtum in Frankreich von nun an belastet sah.
G.H.

Théodore Géricault
490 Parade vor Ludwig XVIII. auf dem Marsfeld

Aquarell über Vorzeichnung in Bleistift und Feder in Braun, mit Tusche laviert
26,1 x 36,4 cm
Bez.u.l.: »Géricault (Lhx) / N° 48 du Catalogue de M.Clément« (nicht von Géricaults Hand) Paris, Musée du Louvre, Cabinet des Dessins, Inv.Nr. RF 1396
Lit.: Clément 1879, Dessins Nr. 48; Guiffrey-Marcel, Bd. V, Nr. 4164; Eitner 1960, unter Nr. 54; Grunchec 1978, unter Nr. 78; Kat.Ausst. Rom 1979/1980, Nr. 41

Die dargestellte Parade fand 1814 auf dem Marsfeld vor Ludwig XVIII. statt, der nach dem Sturz Napoleons aus dem Exil zurückgekehrt war. Géricault, dessen tiefe Betroffenheit über den Rückzug der französischen Truppen aus Rußland im ›Verwundeten Kürassier‹ zum Ausdruck kam – 1814 im Salon als Gegenstück zum ›Angreifenden Husaren‹ ausgestellt (vgl. Kat. 403) –, muß in der Aussicht auf einen Neuanfang den hier gezeigten Bildplan entwickelt haben. Angriffskraft läßt er die Reiter verschiedener Gattungen vor dem neuen König demonstrieren (einen Teil davon erstickt die steril nicht von Géricault gezeichnete Architektur). Ungewöhnlich ist dabei der Einsatz des Lichtes, das von links eingreifend die Reiter zu aktivieren scheint, diese zugleich aber im Vordergrund von ihrem Schatten begleiten läßt, während die Zuschauer in ungeteiltem Licht darüber erhoben sind. So kommt zum Ausdruck, daß die Kraftentwicklung auf der einen Seite mit Mühsal verbunden ist, von welcher die andere Seite unberührt bleibt.
Der Entwurf kam nicht zu monumentaler Ausführung.
G.H.

490

nach Antoine-Jean Baron Gros
491 Ludwig XVIII. verläßt den Palast der Tuilerien

Radierung von Jean-Jacques Frilley nach einer Zeichnung von Edouard Girardet nach einem Gemälde von Gros
22,1 x 28,6 cm
Bez.u.l.: »Peint par le Baron Gros«, u.r.: »Gravé par Frilley«, u.l.: »Dessiné par Girardet«, Unterschrift: »Louis XVIII quitte le Palais des Tuileries/ (nuit du 19 au 20 Mars 1815)«, Nr. 954 der ›Galerie Historique de Versailles‹ (1835-1851)
Hamburger Kunsthalle, Kupferstichkabinett, Inv.Nr. 1980/36
Lit. zum Gemälde in Versailles: Salon de 1817, Nr. 392.

Als Napoleon 1815 Wege fand, seinen Verbannungsort Elba zu verlassen, und mit alten Anhängern einen tollkühnen Vorstoß nach Paris unternahm, mußte Ludwig XVIII – vor kurzem erst aus England zurückgekehrt – erneut fliehen.
Es mag verwundern, daß eine für den König schmerzliche und demütigende Situation einer monumentalen Darstellung für wert erachtet wurde. Doch nutzte Gros die Gelegenheit, Ludwigs XVIII. Verbundenheit mit seinen Untertanen zu demonstrieren (nur drei Menschen scheinen sich links zur Seite zu wenden). Winkende Hände bilden eine Art Krone über des Königs bloßem Haupt, die eine Verpflichtung zur Rückkehr darstellt. Mit erhobener Hand sichert sie der Vertriebene zu. G.H.

491

Heinrich Olivier
492 Der Treueschwur

1813
Allegorie auf den Vertrag von Kalisch zwischen Rußland und Preußen am 27. Februar 1813.
Tuschpinsel, weiß und gold gehöht, 25,8 x 24,5 cm
Bez. auf dem angefügten Rand u. r. wohl von anderer Hand: »Heinrich Olivier inv. & fecit im März. 1813.«
Hamburger Kunsthalle, Kupferstichkabinett, Inv.Nr. 1950/237
Lit.: Nicht bei Ludwig Grote, Die Brüder Olivier und die deutsche Romantik, Berlin 1938; zur Vergleichsabb. ebd. S. 113

Die Darstellung verklärt den ›Friedens-, Freundschafts- und Bündnisvertrag‹ von Kalisch, in dem Preußen, vertreten durch den Obersten Knesebeck, und Rußland eine militärische Allianz gegen Frankreich schlossen, zu einem heiligen Schwur des Zaren Alexander und König Friedrich Wilhelms III. Für den Fall eines Sieges trat Preußen darin zwar den Anspruch auf das Großherzogtum Warschau ab, sicherte sich aber die Wiederherstellung seines Territoriums in den Grenzen von 1806. Indem der Künstler die Monarchen in Ritterrüstungen hüllt und die Szene in einen gotischen Sakralraum, beherrscht von Nischenfiguren des heiligen Georg und Johannes des Täufers, verlegt, überhöht er das Bündnis zu einem heiligen Eid, der sich auf die mittelalterliche Verbindung von Christentum und Feudalismus beruft. Die halb verdeckte Inschrift hinter den Figuren »Zu(m) Kampf (für) die Frei(heit)« stellt eine einst republikanische Devise in den Dienst reaktionärer Politik. Zwei Jahre später – nachdem Napoleon endgültig besiegt und restaurative Neuordnung Europas im Wiener Kongreß geregelt worden war – wurde das preußisch-russische Bündnis um Österreich erweitert. Im Manifest der ›Heiligen Allianz‹, dem später die meisten anderen europäischen Staaten beitraten, wurde eine Politik zur Wiedereinsetzung der alten Feudalordnung auf der Grundlage christlicher Normen festgeschrieben, die bald alle liberalen Tendenzen durch Zensur und Demagogenverfolgung unterdrückte. Als Heinrich Olivier, der im Kreise der Wiener Romantik um Friedrich Schlegel auf der Seite Metternichscher Restauration stand, die Heilige Allianz darstellte, lag es nahe, auf die Allegorie des Vertrags von Kalisch zurückzugreifen (Abb. 230). Die Verwandlung der dortigen Schloßkapelle in einen Kathedralenchor geht vielleicht auf das Gedicht ›Österreich und Deutschland‹ zurück, das Metternichs Hofhistoriograph Joseph Freiherr von Hormayr am Vorabend des Wiener Kongresses veröffentlichte (vgl. Grote 1938, S. 113 f.). Seine Hymne auf die »ordnende Hand« der Habsburger endet mit einer Apotheose der drei Fürsten – Kaiser Franz I. von Österreich, Zar Alexander I. und König Friedrich Wilhelm III. von Preußen vor dem Sanktuarium des Frankfurter Doms. Oliviers bildliche Umsetzung solch einer Vorstellung ist ein Zeugnis dafür, wie der Rückblick ins Mittelalter, einst von Liberalen wie Caspar David Friedrich als Utopie eines neuen bürgerlichen Reichsstaates gemeint, im Zuge der Restauration der Festigung dynastischer Interessen in die Hände spielte. S.H.

492

Abb. 230 H. Olivier. *Die heilige Allianz*

Anonym

493 Allegorie auf die Heilige Allianz

um 1815
Aquarell und Feder
13,5 x 9,4 cm
Wien, Museum der Stadt Wien, Historisches Museum, Inv.Nr. 56.466/5
Lit.: Ausst.-Kat.: Wien 1800-1850 Empire und Biedermeier, Historisches Museum, Wien 1969, Nr. 153

Am 26. September 1815 unterzeichneten die drei Monarchen des griechisch-orthodoxen Rußland, des katholischen Österreich und des protestantischen Preußen, Zar Alexander I., Kaiser Franz I. und König Friedrich Wilhelm III. das Manifest der Heiligen Allianz, der später die meisten anderen europäischen Monarchien beitraten. Sie verpflichteten sich zu einer gemeinsamen Politik auf der Grundlage christlich-patriarchalischer Vorstellungen. Aus ihrem Gottesgnadentum leiteten sie das Recht zum Einschreiten gegen alle nationalen und liberalen Bestrebungen ab. Durch Metternichs Einfluß wurde die angestrebte Wiedereinsetzung der alten Feudalordnung und die Unterdrückung liberaler Tendenzen mit Nachdruck verfolgt. Der Zeichner dieses Blattes stellt das Bündnis der Restauration als Garant des Menschheitsglücks dar: Die Inschrift über den Monarchen lautet: »Wenn so Monarchen sich vereinen/So muß der Menschheit Glück er-/scheinen.« Das Schwurmotiv, einst Ausdruck republikanischen Freiheitsstrebens (vgl. Kat. 309, 310), ist hier wie bei Heinrich Olivier (Abb. 230) gänzlich in den Dienst der Reaktion getreten. S.H.

Johann Nepomuk Hoechle

494 Apotheose auf die drei siegreichen Monarchen

um 1815
Feder und Pinsel, laviert
39,9 x 55,9 cm
Wien, Akademie der bildenden Künste, Kupferstichkabinett Inv.Nr. 12.397
Lit.: Ausst.-Kat.: Der Wiener Kongress, Wien 1965, Nr. III/68

Der junge Hoechle, der die Ereignisse der Jahre 1814/15 im Gefolge Kaiser Franz I. mitmachte, bringt hier den endgültigen Sieg über Napoleon auf eine konventionelle allegorische Formel. In der Art eines traditionellen Triumphzuges läßt er die drei Monarchen, Kaiser Franz I., Zar Alexander I. und König Friedrich Wilhelm III. von Preußen, die himmlische Genien des Sieges und Ruhmes überhöhen, auf einer Quadriga vor ihren Truppen defilieren. Er huldigt damit jenen Herrschern, die sich nach dem Wiener Kongreß zur Heiligen Allianz verbündeten und die feudalen Strukturen in Europa wieder zu festigen trachteten. Was Heinrich Olivier in altdeutsch-romantischen Stil kleidete (Abb. 230), bringt Hoechle in eine herkömmliche barocke Formensprache. Die Darstellung wurde zur Zeit des Wiener Kongresses in lithographischen Reproduktionen verbreitet.
S.H.

nach Jean Baptiste Isabey

495 Der Wiener Kongreß

Linien- und Punktierstich von Jean Godefroy nach einer Zeichnung von Isabey
66,0 x 88,0 cm (Platte).
Bez.: »J.Isabey à Paris Rue des 3 Frères No. 7. Déposé à la Direction royale de la Librairie. J.Godefroiy 1819«. Inschrift auf der Plakette in der Mitte des unteren Rahmens: »CONGRES DE VIENNE./SEANCE DES PLENIPOTENTIAIRES DES HUIT PUISSANCES SIGNATAIRES DU TRAITE DE PARIS.« (Wiener Kongreß Sitzung der Bevollmächtigten der acht unterzeichneten Mächte des Pariser Vertrages) Wien, Graphische Sammlung Albertina,
Inv.Nr. 13.106
Lit.: Kat.Ausst.Wien 1965, Nr. IV 33
S. 169/170

Von Oktober 1814 bis Juni 1815 tagten die Delegierten von 8 Ländern in Wien, um Europa — das Napoleon in Verwirrung gestürzt hatte — nach dessen Abdankung neu zu ordnen.

Isabey war von Talleyrand aufgefordert worden, die französische Delegation zu begleiten, um die Kongreßteilnehmer bei ihrer Arbeit zu porträtieren. Er gruppierte sie im wesentlichen um zwei Personen: Links dominiert Prinz Metternich, der als Gastgeber den eintretenden Herzog von Wellington vorstellt (Sieger im Kampf gegen französische Truppen in Spanien und später auch Sieger von Waterloo). Metternich weist auf den Grafen von Castelreagh, den Vertreter Englands, der sich im Februar 1815 von Wellington nicht ablösen lassen wird, ohne vorher ein Manifest

gegen den Sklavenhandel durchgesetzt zu haben. Der preußische Delegierte Prinz von Hardenberg ist links vorne ein vom Künstler ausgezeichneter Zeuge der Vorstellungsszene.

In der rechten um einen Tisch versammelten Gruppe dominiert der französische Delegierte Prinz Talleyrand, den Arm auf den Tisch gelegt. Graf Stackelberg, ein Abgeordneter Rußlands, spricht auf ihn ein. So sind unaufdringlich, aber deutlich Metternich und Talleyrand, daneben bestimmte Vertreter von England, Preußen und Rußland hervorgehoben.

Die übrigen Teilnehmer sind von links nach rechts in der ersten Gruppe neben Wellington Graf Lobo da Silveira (Portugal), Saldanha da Gama (Portugal), Graf Löwenhielm (Rußland), der Graf de Noailles (Frankreich), weiter, hinter Metternich der Graf Latour du Pin (Frankreich), Graf Nesselrode (Rußland), Graf Palmetta (Portugal), neben Castelreagh sitzend. Um den Tisch folgen, ebenfalls von links nach rechts Prinz Dalberg (Frankreich), Baron Wessenberg (Österreich), Graf Rasumowsky (Rußland), Lord Stewart (England), da Labrador (Spanien), Lord Clamarty (England), Wacken (?), Gentz (Österreich, Sekretär des Kongresses), Baron Wilhelm von Humboldt (Preußen), Lord Cathcart (England).

Die Protektion des gastgebenden Monarchen ist durch das Bild des Kaisers im Krönungsornat gegenwärtig und erhält durch das der Maria Theresia aus dem Nachbarzimmer links Nachdruck. In der oberen Randleiste sind in Medaillons die Herrscher aller beteiligten Staaten wiedergegeben: Georg von England, Franz II. von Österreich, Ferdinand VII. von Spanien, Ludwig XVIII. von Frankreich, Johann von Portugal, Friedrich Wilhelm III. von Preußen, Alexander I. von Rußland und Karl XIII. von Schweden – in der unteren Randleiste die Wappen dieser Herrscher, die 21 Wappen der Delegierten in den seitlichen Leisten. Die Zeichen der Veritas, Prudentia, Sapientia und Scientia in den vier Ecken sollen Leitmotive der Versammlung sein, hervorgehoben das Zeichen der Justitia in der Plakette oben in der Mitte. G.H.

unbekannter französischer Künstler

496 Die Wiederherstellung *oder* Jedem das Seine

um 1814
Radierung, aquarelliert
20,2 × 30,7 cm
Überschrift: »La Restitution. ou Chaqu'un son Compte.« Unterschrift:
»(1) Elle est en bien Mauvais etat.« (Es – Spanien – ist in einem erbarmungswürdigen Zustand) »(2) Ou l'on trouve son bien on le prend.« (Wo man sein Gut findet, nimmt man es sich) »(3) il me faut encore Ceci« (ich brauche auch noch dies) »(4) Mais pourtant ce la doit être à moi« (aber gleichwohl muß es mir gehören) »(5) Acceptez toujour ceci vous prendrez le reste après« (Nehmen Sie immerhin dies, den Rest später) »(6) Grace à vous je n'ai plus rien« (Ihnen verdanke ich, daß ich nichts mehr habe) »(7) Depuis longtems j'y travaillais« (Lange arbeitete ich daran) »(8) Voyons ce qu'ils me laisseront« (Laßt uns sehen was sie mir übrig lassen) »(9) Allons nous en avant que l'on nous dise« (Gehen wir, bevor man uns gehen heißt) »(10) Mais de quel Cotê.« (Aber nach welcher Seite) »(11) Suivez moi je Connais Cette porte« (Folgen Sie mir, ich kenne diese Tür)
Hamburger Kunsthalle, Kupferstichkabinett, Inv.Nr. 1980/32
Lit.: Kat.Ausst.Wien 1965, Gang 4h, S. 68.

Wellington (7) zwingt Napoleon (6), die besetzten Länder herauszugeben (Wortspiel im Französischen: »rendre« = zurückgeben und erbrechen). Der Kaiser von Österreich (3) steckt das meiste ein und möchte auch noch die Niederlande an sich nehmen, die eigentlich Ludwig XVIII. (4) zugedacht waren. Mit einer Geste des Bedauerns überredet diesen der Zar (5), – er selbst hat mit den polnischen Provinzen einen reichlichen Zugewinn –, sich mit den französischen einstweilen zufriedenzugeben; diese ergreift er, um sie ihm zu überreichen. Ferdinand VII. (1) trägt Spanien unter dem Arm davon. Der preußische König (2) sammelt Erfurt auf, Sachsen hat er schon in der Tasche. Durch eine Luke versucht Murat (8), der von Napoleon zum König von Neapel kreierte General, seine Chancen zu erspähen – Neapel hat er schon aufgegeben. Durch eine Hintertür (»Porte de Derrière«) verschwindet Cambacérès, höchster Kanzler Napoleons und verantwortlich für den Code Civil, mit seinen Eßkumpanen Aigrefeuille und Villevielle. G.H.

497

Robert oder George Cruikshank
497 Das Massaker auf dem Petersfeld oder »Briten schlagen zu«

16.8.1819
Kolorierter Kupferstich
21,8 x 32,2 cm
Hamburger Kunsthalle, Kupferstichkabinett,
Inv.Nr. 1980/30
Lit.: B.M. 13258

Am 16. August 1819 trafen sich mehr als fünfzigtausend Menschen auf dem Petersfeld von Manchester, um bekannte Arbeiterführer wie Henry Hunt sprechen zu hören. Die Versammlung wurde auf brutale Weise von Polizisten, berittener Miliz und schließlich sogar von Husaren auseinandergetrieben, die die Anweisung hatten, Hunt auf der Bühne festzunehmen, sobald die Menge sich verlief. Durch das übereilte und rücksichtslose Vorgehen der Miliz, die ihre Pferde nicht unter Kontrolle halten konnte, wurden viele Zuhörer getötet oder schwer verletzt. Das Massaker erregte im ganzen Land heftige Empörung und erhielt schon bald den Beinamen »Peterloo« (in Anlehnung an die als besonders blutig erinnerte Schlacht bei Waterloo). Dieses Blatt zeigt die berittene Miliz mit den Ärmelschonern und Beilen von Schlachtern, die blind um sich schlägt und grausam alles niederreitet, was ihr in den Weg kommt, ohne sich durch Schreie oder Flehen erweichen zu lassen. Die feisten, verbissenen Gesichter der Reiter bilden einen eindrucksvollen Kontrast zu den gequälten, zum Teil edlen Zügen ihrer Opfer. Das eigentliche Ziel der Miliz – die Verhaftung Hunts – wird nicht gezeigt, die Vernichtung ist ihnen zum Selbstzweck geworden. Ihr Banner zeigt unter der Aufschrift »Loyal Manchester Yeomanry« (treue berittene Miliz von Manchester) zwei Zitate aus Werken von Shakespeare: »Be Bloody, bold & Resolute« (Macbeth, IV, 1) und »Spur your proud horses & Ride hard in blood« (Richard III., V, 3) – Aufforderungen zum heldenhaften Kampf, von der Miliz auf grausige Weise mißinterpretiert.

A.H.-W.

nach J.A.D. Ingres
498 Karl X. im Krönungsornat
Kopie von Louis Dupré

Feder in Braun, laviert, weiß gehöht
66,8 x 46,0 cm
Paris, Musée du Louvre, Cabinet des Dessins,
Inv.Nr. 26479
Lit.: Guiffrey-Marcel, Bd. V, Nr.3940

Das Blatt von Ingres gehört zu einem Album über die Krönung von Karl X., dessen Zeichnungen verschiedener Künstler als Vorlagen für prächtig kolorierte Stiche dienen sollten. Doch wurde das Werk nahe vor der Vollendung aufgegeben, nachdem 30 der 36 Zeichnungen schon auf Platten übertragen waren. Ingres trug drei der wichtigsten Darstellungen bei: die Titelallegorie sowie die Gestalten des Erzbischofs von Reims und des Königs – wobei die Ausführung der Rahmen Aimé Chenavard überlassen blieb.
Karl X., der 1825 gekrönt wurde, ist in repräsentativer Pose mit den Insignien seiner Macht frontal wiedergegeben, ganz offensichtlich nach dem Vorbild einer entsprechenden Darstellung des gekrönten Napoleon, die David 1805 in Angriff genommen hatte, seinerseits einen Bildtyp des 18. Jahrhunderts aufnehmend. Auf solche Weise kam die Neigung des Königs zu absoluter Herrschaft zum Ausdruck, die im Juli 1830 zur Revolution führte. Karl X., der letzte der Bourbonenkönige, mußte seinen Platz Louis-Philippe von Orléans überlassen, der sich zu einer konstitutionellen Monarchie verpflichtete.

G.H.

nach Wendelin Moosbrugger
498a Bildnis Carl Ludwig Sand

1820
Lithographie von G.F.A.Schöner
37,8 x 29,0 cm
lithographisch gedruckte Unterschrift: Carl Ludwig Sand; enthauptet zu Mannheim am 20. Mai 1820. Zu Mannheim im Gefängnis nach dem Leben gezeichnet von Mossbrugger. Auf Stein gez. von GFA (ligiert) Sch. Steindr. Anst. B. G. in Bremen.
Hamburger Kunsthalle, Kupferstichkabinett,
Inv.Nr. 1980/119

Diese bisher unveröffentlichte Inkunabel der Lithographie, die Dussler (Die Incunabeln der deutschen Lithographie, Berlin 1925) und Winkler (Die Frühzeit der deutschen Lithographie, München 1975) unbekannt blieb und auch in Singers ›Allgemeinem Bildniskatalog‹ (Leipzig 1930-36) nicht erscheint, dürfte als Vorbild für zumindest eine weitere zeitgenössische Darstellung (Singer Nr. 79736) des Burschenschaftlers und Mörders August von Kotzebues (1761-1819) gedient haben.
Carl Ludwig Sand (1795-1820), Theologiestudent in Jena, war prominentes Mitglied der ›Burschenschaft‹, die sich, oft aus ehemaligen Teilnehmern der Freiheitskriege, zu einer studentischen Vereinigung nach den politischen Ereignissen von 1815 zusammengeschlossen hatte. Ihr Anliegen war die staatliche Einheit der deutschen Nation sowie ein parlamentarisch demokratisches System, ihr Bekenntnis christliche und vaterländische Ideale. Während eines Festes auf der Wartburg am 18. Oktober 1817 aus Anlaß des 4. Jahrestages der Völkerschlacht bei Leipzig wurden reaktionäre Symbole und Schriften, darunter die Bücher Kotzebues verbrannt.
August von Kotzebue, Schriftsteller und Theaterdichter, ein Feind sowohl des mittlerweile besiegten napoleonischen Imperialismus wie auch der demokratischen Ideale, hatte besonders in seinem 1818 begründeten ›Literärischen Wochenblatt‹ die Ziele der Burschenschaft verspottet und sich damit zur Zielscheibe der studentischen Angriffe gemacht. Sand ermordete ihn am 23. März 1819 in Mannheim.
Diese Tat wurde weithin als Fanal einer neuen revolutionären Bedrohung empfunden: in den Karlsbader Beschlüssen am 20. September 1819 wurde die Burschenschaft daraufhin verboten.
Sand, der hier im ›altdeutschen‹ Kostüm der Burschenschaft mit offenem Kragen dargestellt ist, wurde zum Tode verurteilt und am 20. Mai 1820 enthauptet.

E. Schaar

498

Wunschbilder der Eintracht

Philipp Otto Runge
499 Der Morgen (erste gemalte Fassung)
1808
Öl auf Leinwand
109 × 85,5 cm
Hamburger Kunsthalle, Inv.Nr. 1016
Lit.: Philipp Otto Runge, Hinterlassene Schriften, Hamburg 1840 (zitiert als HS), Bd. 1, S. 66-69, 82f.; Bd. 2, S. 472ff., 515ff.; Traeger 1975, Nr. 414, S. 53f., 134, 156-168, 194f., 199; Jens Christian Jensen, Philipp Otto Runge, Leben und Werk, Köln 1977, S. 114-146; Ausst.-Kat.: Runge in seiner Zeit, Hamburger Kunsthalle, München 1977/78, Nr. 189, S. 204-206 (Hanna Hohl), S. 44 (Werner Hofmann), S. 104-106 (Peter-Klaus Schuster)

Abb. 231 Mattheuer, *Hinter den sieben Bergen*

Im Rahmen dieses Kataloges kann sich die Fragestellung darauf konzentrieren, inwieweit Runge in seinem vielschichtigen Hauptwerk aus dem Zyklus der »Zeiten« über den heilsgeschichtlichen Gedankenbogen hinaus die Umbruchsituation seiner Zeit reflektiert. Der zentrale eschatologische Aspekt, für den auf Traeger (1975) und den Hamburger Katalog (1977/78) verwiesen sei, läßt sich hier nur skizzenhaft andeuten.

In zyklischen Kategorien des Lebens — »aufblühen, zeugen, gebären und wieder versinken« (HS I, S. 69) — denkend, sind für den Künstler »Morgen«, »Mittag«, »Abend« und »Nacht«) Bilder der Tages- und Jahreszeiten, Lebens- und Weltalter zugleich. Er versucht, die zyklische Vorstellung mit der Idee einer Entwicklung des Geistes zu Gott hin zu verbinden. Der »Morgen« verkörpert in diesem Zusammenhang den Sonnenaufgang ebenso, wie den Frühling, die Geburt, die Weltentstehung (Licht- und Menschwerdung), göttliche Beseelung der Welt bzw. Hinwendung der Kreatur zu Gott.

Zu prüfen bleibt, ob Runge in diesem Bild über den religiösen Entwurf hinaus auch auf seine eigene historische Situation Bezug nimmt. Trifft Joseph von Görres den Kern, wenn er 1808 in seiner ausführlichen Besprechung der ›Zeiten‹ in der Göttin »die Aurora der neuen Zeit« sieht? (HS II, S.519). Die Konfrontation des Bildes mit Delacroix' Freiheitspersonifikation in dieser Ausstellung (Kat. 538) verlangt eine klärende Differenzierung. Immerhin enthält Daniels Analyse den Hinweis, daß Runges ›Zeiten‹ sich auf »Natur, Geschichte und Bibel« (HS II, S.475) beziehen und daß sich im Begriff Geschichte nach damaliger Vorstellung der der »Freyheit« mitdenken ließ (ebd. S.476); es wäre aber verfehlt, in Runges Aurora konkrete politische Freiheit im Sinne eines Aufrufs zu revolutionärem Handeln verkörpert zu sehen, eine Bedeutung, die später Wolfgang Mattheuer in seine Parodie beider Werke hineinlegt (Abb. 231). Diese Einschränkung heißt nicht, Runge habe seine eigene Gegenwart nicht in das Konzept der ›Zeiten‹ einbezogen. Im März 1806 – zwei Jahre nach Erscheinen der Stichfolge und zwei Jahre vor Vollendung des ›Kleinen Morgen‹ – übertrug er in einem Brief an Karl Schildener den Jahreszeitentopos auf die aktuelle Lage:

»Mir rauscht das Jahr in seinen vier Abwechselungen: *blühend, erzeugend, gebärend* und *vernichtend,* wie die Tageszeiten so beständig durch den Sinn, daß meine einzige Sehnsucht nach diesem ewig fortwährenden Wunder sich eben so immer von neuem erzeugt, und nach Künstlerweise sollte dann das lezte immer der Frühling seyn, die blühende Zeit, welche gerettet aus der vernichtenden hervorgegangen, und irdischer Weise wieder andre Zeiten erzeugt, aber leider stehen wir mit der jetzigen Weltzeit im Herbst, auf welchen die Vernichtung folgt; selig der, welcher daraus auferstehen wird!« (HS I, S. 66).

Diese wichtige Quelle, die Runges eigenen Standort in seinem Zyklus als Herbst vor drohender Vernichtung bestimmt, verbietet es, seinen ›Morgen‹ unvermittelt als aktuelle Utopie zu betrachten. Vielmehr verkörpert er einen paradiesischen Urzustand, der – allerdings als zurückersehnter – auf das Zukunftsbild der ›Nacht‹ projiziert wurde. Nur in der Stichfolge ausgeführt, ist doch deutlich, daß Runge in der ›Nacht‹ die gleiche Struktur des Aufstrebens und Vereinigens wählte, die auf Versöhnung von Gegensätzlichem und unendlichem Kreisen zielt. So gesehen gibt uns auch der ›Morgen‹ eine Vorstellung von Runges geistiger Utopie, in der die Dimension der Freiheit eingebettet bleibt in einen heilsgeschichtlichen, nicht vom Menschen erkämpften eschatologischen Zusammenhang, als Gnade und nicht als zu Erkämpfendes gedacht.   S. H.

Franz Pforr
500 Sulamith

um 1810
Bleistift
23,4 × 13,8 cm
Bez. u. l.: »F. Pforr«
Wien, Akademie der bildenden Künste, Kupferstichkabinett, Inv. Nr. 8628
Lit.: Klaus Lankheit, Das Freundschaftsbild der Romantik, Heidelberg 1952, S. 130-135; Keith Andrews, The Nazarenes, Oxford 1964, S. 27f.; vgl. Ausst.-Kat.: Klassizismus und Romantik, Sammlung Georg Schäfer, Nürnberg 1966, S. 85-87 (zum Gemälde)

500

Die nach Rom übergesiedelten deutschen Malerfreunde Pforr und Overbeck widmeten einander als Zeichen ihrer Verbundenheit zwei Gemälde. Overbeck vollendete seines erst nach dem frühen Tod des Freundes (vgl. Kat. 501). Sie brachten darin ihre Beziehung zueinander zum Ausdruck, symbolisch verschlüsselt in dem Frauenpaar Sulamith und Maria. Die Braut aus dem Hohen Lied Salomons und die Muttergottes verkörperten sowohl ihr verklärtes Frauenideal als auch ihre Lebens- und Kunstauffassung. Sulamith entsprach Overbecks Verbundenheit mit dem klassischen Italien, Maria dagegen dem von altdeutscher Rückschau geprägten Heimatgefühl Pforrs. Während Overbeck die Figuren in inniger Verbindung zeigt, widmet Pforr jeder eine getrennte Bildtafel, die er allerdings durch die Hausaltarform des Diptychons in Beziehung setzt. Das ausgestellte Blatt ist eine Vorzeichnung zum linken Flügel. Sulamith, die ihrem Kind als Zeichen der Liebe einen Granatapfel reicht, sitzt vor einer vom Dämmerungsschein verklärten italienischen Küstenlandschaft. Der abgeschiedene Garten und die Rasenbank erinnern an Marienbilder des 15. Jahrhunderts, der zurückhaltend nahende Freund an den heiligen Joseph. Ein Rehkitz und Vögel unterstreichen das Bild friedlicher Geborgenheit. Während Sulamith unter südlichem Himmel erscheint, sitzt die Maria des Pendant-Gemäldes am Fenster in einem altdeutschen Schlafgemach, dessen Abgeschiedenheit Keuschheit sinnfällig macht (Abb. 232). Beide Bilder erschließen sich nur im unmittelbaren Bezug zueinander. Sie sind ebenso aufeinander angewiesen wie die Personen, die sie verkörpern – anschauliches Zeugnis einer weltentrückten Freundschaft von Künstlern, die in der Zeit nach der Französischen Revolution bar traditioneller Zunftbindungen und ohne höfische Mäzene mehr denn je aufeinander angewiesen waren. Sie entzogen sich durch die gemeinsame Übersiedlung in die Kunststadt Rom den Konflikten ihrer Zeit, denen sie in ihrem Werk ein Wunschbild religiös verklärter Harmonie und Versöhnung entgegensetzten.

Abb. 232 Pforr, *Sulamith und Maria*

Friedrich Overbeck
501 Sulamith und Maria

1811/12
Schwarze Kreide und Kohle auf Karton
91,7 × 102,2 cm
Lübeck, Museum für Kunst und Kulturgeschichte, Behnhaus, Inv. Nr. AB 126
Lit.: Margaret Howitt, Friedrich Overbeck, Freiburg i. Br. 1886, Bd. 1, S. 181, 226, 387, 478ff., Bd. 2, S. 411; Klaus Lankheit, Das Freundschaftsbild der Romantik, Heidelberg 1952, S. 132-137; Jens Christian Jensen, Friedrich Overbeck. Die Werke im Behnhaus, Lübecker Museumshefte 4, Lübeck 1963, Nr. 13, S. 39f., 21f.; Hans-Joachim Ziemke, in: Ausstellungskatalog ›Die Nazarener‹, Städel, Frankfurt a. M. 1977, S. 45f., Nr. B 9

Die jungen Freunde Pforr und Overbeck, die in Rom Tür an Tür arbeiteten, hatten schon 1808 in Wien den Plan gefaßt, sich gegenseitig als Zeichen der Verbundenheit Bilder zuzu-

501

eignen. Ihre persönlichen Eigenschaften und Beziehungen verschlüsselten sie in den Frauengestalten Sulamith und Maria, ein Gedanke, den Pforr auch als Gedicht formuliert hat (zu Pforrs Darstellung siehe Kat. 500). Beiden bedeuteten diese Frauen das Wunschbild ihrer Bräute und zugleich das Ideal ihrer jeweiligen Kunstauffassung — Sulamith, die Braut des Hohen Liedes Salomon, verkörpert Overbecks italienisches und Maria Pforrs altdeutsches Ideal. Während Pforr die Figuren in zwei Bildfelder trennt — in einem gemeinsamen Rahmen als sich ergänzende Teile eines Ganzen deutlich gemacht —, vereint Overbeck sie zu einem Sinnbild inniger Verbindung. Er greift dabei auf eine Freundschaftsallegorie Pforrs aus dem Jahre 1808 zurück, dem frühesten Bildzeugnis des Unternehmens (Lankheit, Abb. 27), konzentriert den Ausschnitt jedoch auf Köpfe und Hände. Die ausgestellte Zeichnung entstand sehr wahrscheinlich 1812 nach einer Umrißpause aus dem Vorjahr. Durch den Tod des Freundes 1812 blieb der Entwurf liegen. 1815 erhielt Overbeck von dem Kunsthändler Wenner den Auftrag zur Ausführung in Öl, vollendete das Bild, dem er nun den Titel »Italia und Germania« gab, aber erst 1828 (München, Neue Pinakothek). War ursprünglich der konkrete Bezug auf den Freund Pforr inhaltlich bestimmend und müssen wir im späteren Stadium mit einer allgemeineren Interpretation des Künstlers im Hinblick auf mögliche Käufer rechnen, so bleibt doch Overbecks eigene Erläuterung in einem Brief von 1815 an Wenner aufschlußreich für die sich überlagernden Bedeutungsnuancen: Er erläutert darin, daß mittlerweile »aus den beiden Bräuten ein Paar ehrbare Frauen geworden sind, die Frauen Germania und Italia«, bedingt durch das Bedürfnis, »der jugendlich unklaren Vorstellung eine bestimmtere Bedeutung unterzulegen...«:

»Daß ich nun aber gerade die Idee einer Germania und Italia wählte, darüber gibt mein besonderer Standpunkt hier als *Deutscher in Italien* Aufschluß. Es sind die beiden Elemente gleichsam, die sich allerdings einerseits fremd gegenüberstehen, die aber zu verschmelzen nun einmal meine Aufgabe, wenigstens in der äußeren Form meines Schaffens, ist und bleiben soll, und die ich deßhalb hier in schöner inniger Befreundung mir denke. Es ist einerseits die Erinnerung der Heimath, die unverlöschbar dem Gemüthe eingeprägt steht, und andrerseits der Reiz alles des Herrlichen und Schönen, was ich dankbar in der Gegenwart genieße, und Beides zusammen, nicht getrennt und einander ausschließend, sondern in Harmonie gedacht und in gegenseitiger Würdigung.« (Zitiert nach Howitt, Bd. 1, S. 478f.)

Wer seiner besonderen Vorstellung nicht folgen könne, schließt er, dürfe das Bild auch einfach »Die Freundschaft« nennen.

Mit der Französischen Revolution waren die Zunftbindungen für Künstler endgültig gefallen. Der einzelne war wie nie zuvor auf sich selbst angewiesen. Für den, der nicht wie der späte Goya in individueller Unabhängigkeit zu arbeiten bereit und fähig war und der den Schmerz der Isolation im Werk offenlegt, lag es nahe, in der Freundschaft zu einem anderen Künstler Halt zu suchen. Overbecks Darstellung ist eines der deutlichsten Zeugnisse eines Wunschbildes nach Harmonie, die die Realität über die enge private Sphäre hinaus nicht bot.

S.H.

William Blake

502 Adam benennt die Tiere

1802
Kupferstich
15,9 × 13,1 cm
London, British Museum
Lit.: Todd 1971, S. 60; Bindman 1977, S. 132–140

Im Sommer 1800 reiste Blake mit seiner Frau und seiner Schwester auf Einladung des Schriftstellers William Hayley nach Felpham, Sussex. Hayley suchte seine Mitarbeit bei verschiedenen künstlerischen Projekten und wollte Blake gleichzeitig materiell unterstützen. Blake, der sich noch nie so weit von London entfernt hatte, empfand seinen neuen Aufenthaltsort zunächst als geradezu paradiesisch. Auf die Dauer jedoch fühlte er sich von Hayley unverstanden: der Freund sah in ihm den begabten Stecher, nahm jedoch weder seine Dichtung noch seine ›imaginären‹ Kompositionen ernst und vermittelte ihm Aufträge, die ihn nicht wirklich ausfüllten. Aus diesen Gründen reiste Blake 1803 nach London zurück.

Auch diese Illustration schuf Blake für ein Projekt, mit dem Hayley ihn finanziell unterstützen wollte, das aber für ihn künstlerisch wenig befriedigend war: Hayley schrieb eine

502

Reihe von Balladen, die auf Tieranekdoten beruhten; sie sollten von Blake illustriert und in monatlicher Folge zu seinem Gewinn verkauft werden. Trotz der Bemühungen Hayleys und seiner Freunde fanden diese Balladen jedoch einen so schlechten Absatz, daß Blake, der Papier und Druck bezahlt hatte, dabei noch einen Verlust erlitt.

In dem vorliegenden Kupferstich, dem Titelblatt der ersten Ballade, das mit einem Zitat aus William Cowpers ›The Task‹ (1775) versehen ist, entwirft Blake das Bild einer paradiesischen Koexistenz von Mensch und Tier vor dem Sündenfall. Die Darstellung ist geradezu ein Gegenbild zu den Visionen von Leid und Tyrannei (vgl. Kat. 452), die in Blakes Werk der neunziger Jahre so häufig auftauchen; in der Gesamtstimmung erinnert sie an die pastoralen Szenen aus seinen ›Songs of Innocence‹ (1789).

A.H.-W.

William Blake

503 Buch Hiob, Blatt 22

1825
Kupferstich
21 x 15,7 cm
Hamburger Kunsthalle, Kupferstichkabinett,
Inv.Nr. 1975/17m
Lit.: Joseph Wicksteed: ›Blake's Vision of the
Book of Job‹, London, 1910; L. Binyon und
Geoffrey Keynes: Illustrations to the Book of
Job by William Blake, New York 1935;
S. Foster Damon: Blake's Job, New York
1969; A. Wright: Blake's Job: A Commentary
Oxford 1972; B. Lindberg: William Blake's
Illustrations to the Book of Job, Abo Akademi, 1973; Ausst.-Kat. William Blake, Hamburger Kunsthalle, 1975, Nr. 182-203 (Abb.);
Bindman 1977, S. 207-214

1823-25 schuf Blake 22 Kupferstiche zum Buch Hiob im Auftrag des jungen Künstlers John Linnel, der besonders von Blakes 1805-10 entstandener Aquarellfolge zum selben Thema beeindruckt war. Erst 1910 wurde von Joseph Wicksteed erkannt, daß auch diese Folge über die Illustration der Bibelstellen hinaus eine versteckte Bedeutung hat und von einer sehr persönlichen Interpretation Blakes zeugt. In der Bibel erscheint das Buch als Geschichte der Versuchung des frommen Hiob, dem Gott seine Gesundheit, sein Gut und seine Ehre nimmt, um seine Glaubensfestigkeit zu prüfen; am Ende wird er dafür um so reicher (auch materiell) belohnt. Blake jedoch zeigt einen Hiob, der einen falschen Gott anbetet und dessen Frömmigkeit rein äußerlich ist.

Blatt 2 der Folge (Abb. 233) zeigt Hiob umgeben von seiner Familie im Gebet. Ein aufgeschlagenes Buch weist auf seine Gesetzesgläubigkeit hin, dagegen hängen die Musikinstrumente – Symbole einer aktiven, geistigen Gottesverehrung – ungenützt im Baum. Kirche und Schafherde im Hintergrund mögen für seine Befangenheit in einem Zustand der konventionellen Religiosität und des Materialismus stehen. In den folgenden Blättern zeigt Blake, wie Hiob durch seinen Grundirrtum in einen Zustand der Verzweiflung fällt, in dem ihm durch die Gnade Christi die Wahrheit offenbar wird: Der von ihm bisher angebetete Jahwe ist in Wirklichkeit Satan; Christus, der Erlöser, der nicht straft, sondern vergibt, ist der wahre Gott. Am Ende seiner Prüfungen steht für Job nicht erneuter materieller Segen wie in der Bibel, sondern ein Zustand geistiger Erkenntnis. Dies wird in Blatt 22 deutlich. Job verehrt nun den richtigen Gott, seine Religiosität ist geistig und kreativ: Die Musikinstrumente hängen nicht länger ungenutzt im Baum, das Gesetzbuch ist verschwunden.

503

Abb. 233 Blake, aus ›Buch Hiob‹

Auch in diesen Illustrationen klingt eine Grundüberzeugung Blakes an: die Notwendigkeit, das traditionelle Bild eines zornigen, strafenden Gottes und die repressiv aufgefaßte christliche Ethik zu überwinden, weil sie zu wirklich geistigem, schöpferischem Leben unfähig machen. Wieviel Kritik an ihrer eigenen Gesellschaft diese Blätter enthielten, wurde den Zeitgenossen Blakes offensichtlich nicht bewußt. Bei ihrer Veröffentlichung (1825) erreichten sie große Beliebtheit: Man begrüßte die Rückkehr des Künstlers zu ›Normalität‹ und ›Mäßigung‹.

A.H.-W.

nach François Baron Gérard

504 Corinne am Kap Miseno

Lithographie von Hyacinthe Aubry-Lecomte
nach einem Gemälde von Gérard
37,6 x 43,0 cm
Bez. u.l.: »Peint par Gérard«, u.r.: »Lith. par Aubry Lecomte«, Unterschrift: »CORINNE AU CAP MYSÈNE./D'après le tableau original appartenant à Mad Récamier«
Hamburger Kunsthalle, Kupferstichkabinett,
Inv.Nr. 1980/53
Lit. zum Gemälde in Lyon: Salon de 1822, Nr. 569 (Wiederholung); Kat. Lyon 1956, Nr. VII 5, S. 13-17; Kat.-Ausst. London 1959, Nr. 174

Die Darstellung interpretiert eine entscheidende Szene des Romans ›Corinne ou l'Italie‹, den Germaine de Staël-Holstein 1807 veröffentlicht hatte: Corinne unterbricht den rezitierenden Vortrag einer Dichtung vor Gästen eines Festes, das sie zu Ehren ihres Geliebten Lord Nelvil am Golf von Neapel arrangiert hatte, weil düster aufziehende Wolken ihre Vorahnungen zu bestätigen scheinen. Ihre Ahnungen waren in der Furcht begründet, Lord Nelvil sei den Konventionen seiner englischen Heimat zu eng verpflichtet, um eine Verbindung mit ihr aufrechterhalten zu können, die sich von ihrem Vaterhaus in England losgesagt hatte, um sich in Italien frei der Ausbildung ihrer Kunst hingeben zu können. In der Tat sollten Konflikte entstehen, die zur Trennung führten. Corinne ging daran zugrunde.

Gérard gab Corinne rechts in einsamer Größe auf einer Anhöhe vor dem Meer wieder – monumental im fast drei Meter breiten Gemälde. Das griechische Säulenfragment, auf das ihr Arm gestützt ist, und die Leier rufen die Erinnerung an Sappho wach. Die Zuhörer sind links in die Bildtiefe und den Abhang hinab distanziert. Am nächsten steht Lord Nelvil. Nicht zufällig erscheint hinter

504

ihm der Vesuv, dessen Rauchwolken sich mit denen, die Corinne den Gesang unterbrechen ließen, vermischen.

Prinz August von Preußen bestellte 1819 das Gemälde als eine Erinnerung an die 1817 verstorbene Madame de Staël, aber auch als Ehrung für deren enge Freundin Madame Récamier, der er es schenkte. G.H.

Philipp Otto Runge
505 Fingal

1804/5
Feder in Grau, Spuren von Blei
39,8 x 24,1 cm
Bez. auf der Rückseite von Daniel Runge:
»Original von Philipp Otto Runge 1804/5«
(»4« in Kreide durchgestrichen)
Hamburger Kunsthalle, Kupferstichkabinett, Inv.Nr. 34215
Lit.: Hanna Hohl, in: Ausst.-Kat.: Ossian und die Kunst um 1800, Hamburger Kunsthalle, München 1974, Nr. 56; Traeger 1975, Nr. 333, S. 67f., 86; Peter-Klaus Schuster, in: Ausst.-Kat.: Runge in seiner Zeit, Hamburger Kunsthalle, München 1977, Nr. 53

Das Ossian-Epos, 1761-65 von dem Schotten Macpherson gedichtet und als seine Übersetzung von ihm angeblich entdeckter gälischer Heldenlieder ausgegeben und noch zu Runges Zeit allgemein als authentisch angesehen, übte in der Dichtung und bildenden Kunst um 1800 eine außerordentliche Wirkung aus (siehe Kat.: Ossian, Hamburg 1974). Man stellte es als nordisches Pendant dem Homer an die Seite. Dem Interesse an vorgeschichtlichen Ursprüngen kam es ebenso entgegen wie der Begeisterung an einer wilden, erhabenen Natur.

Als der Hamburger Verleger Perthes plante, die deutsche Ossian-Übersetzung des Grafen Leopold von Stolberg herauszubringen, versuchte er, Runge als Illustrator zu gewinnen. Wie fasziniert Runge vom Stoff und Pathos des Textes war, läßt die Tatsache erkennen, daß er etwa hundert Radierungen ins Auge faßte, nicht alle für das Buch. Zunächst zeichnete er drei sogenannte Charakterbilder der Haupthelden, die den ersten Teil der Dichtung als Frontispiz gliedern sollten. Die Ausführung scheiterte an der strikten Ablehnung Stolbergs, der Runges Interpretation zu eigenmächtig fand und darin, wie Daniel Runge schreibt, »wohl gar mit Schaudern baare Pantheisterey gewittert zu haben scheint« (Philipp Otto Runge, Hinterlassene Schriften, Hamburg 1840/41, Bd. 1, S. 264). Runges Freiheit gegenüber dem Text liegt vor allem darin, daß er die drei Haupthelden zu mythischen Verkörperungen der Naturkräfte gemacht hat, die seinem zyklischen Weltbild entsprechen (vgl. ebd. S. 261f.). So verklärt er

Nationale Gräber, Heldenmale und Gedenkbilder

505

den Kämpfer Fingal zur »gebenden Sonne«, Oskar zum »bringenden Mond« und den Sänger Ossian zur »empfangenden Erde«. Natur und Geist in einer Vorstellung ewigen Kreislaufs verbindend, erhebt er die vermeintlichen Sagenhelden zu Gottheiten eines individuellen Mythos. In seinem erläuternden Brief an Stolberg schreibt er:

»Wenn die Sonne angesehen wird wie das Wort des Wesens, des Ruhms, der bleiben wird, wenn auch die Sonne vergeht, so ist es belebend gerichtet zum unendlichen Raum, und in sofern erscheint hier die Sonne wie der Bote, oder wie der Mond in einer höheren Potenz, der einst wieder verschlungen wird in den Abgrund der ewigen Liebe.

Das, was vergeht, ist die Jugend, die Gestalt, die Kraft, kurz *Oscar*, und über dieses alles erhebt sich zuletzt Ossian's Geist, und es ist, als wollte in ihm die ganze irdische Gestalt mit der Erde selbst sich auflösen in den alles umspannenden tönenden Raum, der den Lichtstrahl lebendig zu empfangen allein im Stande ist.«
(Hinterlassene Schriften, a.a.O., Bd. 1, S. 262f.).

In diesem Zusammenhang steht Runges Sonnengott Fingal, der Helios und Wodan vereint. In heroischer Untersicht überragt er das Meer. Sein Schild ist die Sonne, wie Runge selbst erläutert. »Jeder Tritt ist mit Thaten bezeichnet und jeder Streich seines Schwertes entscheidend« (ebd. S. 261). Als männlich-kämpferisches Pendant zur Aurora des ›Mor-

gen‹ (Kat. 499) verkörpert er eine heraufkommende Zeit, die in einem unendlichen Raum und einer unendlichen Zeit aufgehoben ist. Derart in ein metahistorisches Kreislaufdenken eingebunden, ist die Gestalt Fingals, die wie eine Leitfigur des Aufbruchs um 1800 anmutet, jedem konkreten politischen Bezug entrückt. Sie entstammt einer Utopie, die Natur, Geist und Geschichte im Unendlichen zu versöhnen trachtet. S.H.

Caspar David Friedrich
506a Grabmalentwurf

um 1813
Feder, gelblich aquarelliert
15,6 x 7,2 cm
Hamburger Kunsthalle, Kupferstichkabinett, Inv.Nr. 1922/331
Lit.: Eleonore Reichert, in: Ausst.-Kat.: Caspar David Friedrich, Hamburger Kunsthalle, München 1974, Nr. 100

506b Grabmalentwurf

um 1813
Feder, Bleistift, Pinselproben
18,9 x 8,9-9,5 cm
Hamburger Kunsthalle, Kupferstichkabinett, Inv.Nr. 1922/332
Lit.: Reichert 1974 (wie Kat. 506a), Nr. 103

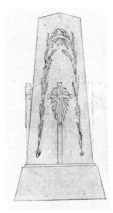 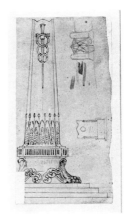

506a 506b

506c Sarkophag – Grabmalentwurf

um 1813
Feder, Bleistift
15,3 x 15,7 cm
Inschrift entlang der Draperie:
»(. . .) RUHE SANFT DU GUTE SEELE«
Hamburger Kunsthalle, Kupferstichkabinett, Inv.Nr. 1922/330
Lit.: Reichert 1974 (wie Kat. 506a), Nr. 104

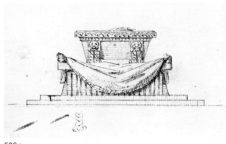

506c

Bis ins 18. Jahrhundert hatte in der Regel nur dem Feldherrn ein Grabdenkmal zugestanden. Im Zuge der bürgerlichen Emanzipation erhielten auch der Soldat und der Landwehrmann Anspruch auf monumentale Totenehrung, repräsentativ im gemeinschaftlichen Kriegerdenkmal (das zunächst auf dem Schlachtfeld, im 19. Jahrhundert auch in der Vaterstadt errichtet wurde), bescheidener im individuellen Grabmal. Solche Ehrung war vor allem infolge der Napoleonkriege zur allgemeinen Sache geworden, weil die Befreiungskämpfe der jeweiligen nationalen Identitätsfindung dienten, die Gefallenen nicht als Kanonenfutter in Kabinett-Kriegen, sondern als Opfer im Dienste des Vaterlandes verstanden wurden. Ihr Denkmal galt nicht nur ihrem Ruhm, sondern sollte zugleich die kommenden Generationen zur Nacheiferung anspornen. Totenkult schlug so in patriotische Aufrüstung, in einen Appell zur Wehrbereitschaft um (vgl. Reinhart Koselleck, Kriegerdenkmale als Identitätsstiftungen der Überlebenden, in: Identität, hg. von Odo Marquard u. Karlheinz Stierle, München 1979, S. 255 ff., bes. S. 258 f.).

Der Republikaner und Patriot Friedrich hat zwar nicht aktiv am Krieg gegen Napoleon teilgenommen, aber in seiner Kunst einen Beitrag zur nationalen Sache geleistet. Über sein Gemälde von Gräbern Gefallener hinaus (Kat. 507) hat er konkrete Entwürfe für Grabmale deutscher Gefallener gezeichnet. Dabei dachte er nicht an ein Kollektivdenkmal, sondern an die Ehrung einzelner, sicher in unmittelbarem Bezug auf den ihm freundschaftlich verbundenen Kreis um den Dichter und Freiheitskämpfer Theodor Körner. So war diesem sicher der Sarkophag zugedacht, der die Inschrift »Theodor« trägt (Reichert 1974 [wie Kat. 506a] Nr. 102). In allen Fällen greift er stilistisch wie in den Motiven archaisierend auf Vorbilder des christlichen und ritterlichen Mittelalters zurück, das er als Leitbild für eine nationale Erneuerung beschwor. Daß seine Entwürfe nicht realisiert wurden, lag an der folgenden Restaurationszeit, der zwar nicht die nationalen Symbole, aber die Erinnerungen an republikanische Freiheitsideen suspekt sein mußte. S.H.

Caspar David Friedrich
507 Gräber gefallener Freiheitskrieger
um 1812
Öl auf Leinwand
49,3 x 69,8 cm
Hamburger Kunsthalle, Inv.Nr. 1048
Lit.: Andreas Aubert, Patriotische Bilder von Kaspar David Friedrich aus dem Jahre 1814, in: Kunst und Künstler, Jg. 9, 1911, S. 321, 609-615; Börsch-Supan 1973, Nr. 205, Farbtaf. S. 57; Hans-Werner Grohn, in: Ausst.-Kat.: Caspar David Friedrich, Hamburger Kunsthalle, München 1974, Nr. 107

Von den Ereignissen der Befreiungskriege gegen Napoleon betroffen, setzt Friedrich in diesem Bild eines fiktiven Heldenfriedhofs den gefallenen Deutschen ein Denkmal. Durch die Grabtrümmer des Arminius im Vordergrund – seit Klopstocks ›Hermanns Schlacht‹ (1769) und Kleists ›Hermannsschlacht‹ (1808) wurde der Cheruskerführer als nationaler Held aktualisiert – erweckt er den Eindruck einer Kontinuität deutschen Märtyrertums. Die Inschriften auf den übrigen Sarkophagen und Stelen, die Friedrich in ähnlicher Form auch als konkrete Entwürfe für Gefallenengräber gezeichnet hat (Kat. 506a-c), präzisieren den aktuellen Anlaß des Bildes und das in Natursymbolen verschlüsselte Pathos: »FRIEDE DEINER GRUFT RETTER IN NOTH« (auf dem linken Sarkophag), »EDLER JÜNGLING VATERLANDS-ERRETTER« (auf der hellen Stele) und »DES EDEL GEFALLENEN FUIR FREIHEIT UND RECHT«. Hatte einst Goethe vor den Napoleonkriegen aus kosmopolitischer Sicht den Kampf zwischen Deutschen und Franzosen als sinnlos bezeichnet und mahnende Kriegsdenkmale gefordert, die den Opfern beider Parteien gelten (Sämtl. Werke in 30 Bänden, Stuttgart u. Tübingen 1851, Bd. 25, S. 205-207; hierzu: Reinhart Kosellek, Kriegerdenkmale als Identitätsstiftungen der Überlebenden, in: Identität, hg. von Odo Marquard u. Karlheinz Stierle, München 1979, S. 255 ff., hier S. 271), so nimmt Friedrich angesichts der unmittelbaren Bedrohung eindeutig für die eigene Nation Stellung. Einer Schlange auf dem vorderen Stein gibt er die Farben der Trikolore und weist dadurch die Franzosen als böse Angreifer aus. Vor dem Tor der großen Höhle im Bildzentrum stehen zwei Chasseure, die inmitten der deutschen Urlandschaft ebenso verloren scheinen wie der einzelne französische Soldat in der gleichzeitig entstandenen »Verschneiten Winterlandschaft« (Kat. 508). Möglicherweise beziehen sich die Initialien »GAF« und »F.A.K.« oder »F.H.K.« auf bestimmte Gefallene. Man hat vermutet, Friedrich könnte ein Gedächtnisbild auf Friesen, Hartmann und Körner gemeint haben, denen auch Kerstings Kriegertafeln (Kat. 509a, b) gelten. S.H.

508

Caspar David Friedrich
508 Der Chasseur im Walde
um 1813/14
Öl auf Leinwand
65,7 x 46,7 cm
Deutscher Privatbesitz
Lit.: Börsch-Supan 1973, Nr. 207 und S. 28; Hans-Werner Grohn, in: Ausst.-Kat.: Caspar David Friedrich, Hamburger Kunsthalle 1974, Nr. 113; Hans Joachim Neidhardt, in: Ausst.-Kat.: Caspar David Friedrich und sein Kreis, Dresden, 1974, Nr. 19

Während die Franzosen im Juni 1813 Dresden besetzten, zieht Friedrich sich für knapp zwei Monate ins Elbsandsteingebirge zurück und verarbeitet die nationale Schmach mit seinen künstlerischen Mitteln. Zahlreiche Naturstudien von Fichten werden ihm zu Sinnbildern

507

patriotischer Festigkeit. Er komprimiert den Gedanken zu dieser vaterländischen Symbollandschaft, die – wahrscheinlich nach der Niederlage der Franzosen in der Leipziger Völkerschlacht im Oktober 1813 – durch die Einbeziehung des Chasseurs (eines französischen Dragoners) unmißverständliche Klarheit gewinnt: Der Soldat wird zur Verkörperung der geschlagenen französischen Armee, die von der Festigkeit des deutschen Widerstands – der Wand der Fichten – dem Tode ausgeliefert wird. Daß diese Bildsprache bis hin zum Todeszeichen des Raben von den Zeitgenossen verstanden wurde, bestätigt eine Besprechung in der Vossischen Zeitung anläßlich der Ausstellung des Bildes in Berlin, worin es heißt: »Einem französischen Chasseur, der einsam durch den beschneiten Tannenwald geht, singt ein auf einem alten Stamm sitzender Rabe ein Sterbelied.« Im gleichen Jahr hat Friedrich im Gemälde der ›Gräber gefallener Freiheitskrieger‹ (Kat. 507) das Verlorensein der Franzosen durch eine ähnliche Konfrontation winziger Chasseure in einer übermächtigen deutschen Landschaft zum Ausdruck gebracht und dabei die Rühmung der deutschen Freiheitskämpfer stärker herausgearbeitet. S.H.

Georg Friedrich Kersting
509a Theodor Körner, Karl Friedrich Friesen und Hartmann auf Vorposten

1815
Öl auf Leinwand
46 × 35 cm
Bez. u. l.: »GK 15«
Berlin, Nationalgalerie, Inv.Nr. NG 1407

509b Die Kranzwinderin

1815
Öl auf Leinwand
40 × 32 cm
Bez. u. r.: »18 GK 15«
Berlin, Nationalgalerie, Inv.Nr. NG 1408
Lit.: Oscar Gehrig, Georg Friedrich Kersting, Schwerin 1931/32, S. 33-36, vgl. S. 24-31; Klaus Lankheit, Das Freundschaftsbild der Romantik, Heidelberg 1951, S. 106 f.; Kat.: Verzeichnis der Gemälde und Skulpturen des 19. Jahrhunderts, bearb. von Barbara Dieterich, Nationalgalerie Berlin 1976, S. 194 f.

Kersting nahm 1813 als Freiwilliger im Lützowschen Freikorps am Krieg gegen Napoleon teil. Der Maler Kügelgen hatte ihm die Waffen dafür geschenkt (Gehring 1931/32, S. 28). Seinen gefallenen Kameraden Körner, Friedrich und Hartmann setzte er in diesen kleinen, als Gegenstücke konzipierten Ge-

509 a

mälden ein privates Denkmal. Auf behutsame Weise verbinden sich darin Porträt, Allegorie und Symbollandschaft. Von seinem Freund Caspar David Friedrich übernahm Kersting den Gedanken, zwei Phasen eines Geschehens, Vorher und Nachher, durch Pendants anschaulich zu machen. Porträtgetreu zeigt er links die wachehaltenden Freunde, die durch das (von Schinkel entworfene) Eiserne Kreuz ausgezeichnet sind. In dem Motiv der Rast vor dem Kampf folgt er deutschen Schlachtenbildern der Napoleonzeit (vgl. z. B. Johann Baptist Seele: ›Truppenlager im Felde‹, Gemälde von 1804 in der Slg. Georg Schäfer, Schweinfurt). Über deren anekdotische Erzählweise hinaus strebt Kersting jedoch Authentizität an. Bildnisse, Uniformen und Waffen gibt er wirklichkeitsgetreu wieder. Er konnte dabei für Kleidung und Gewehre auf ein ganzfiguriges Selbstbildnis in Lützowscher Uniform zurückgreifen, das er im Felde gezeichnet hatte (Abb. 234). Kersting hebt die Erzählung aus dem Bereich des Anekdotischen auf die Ebene gedanklicher und emotionaler Assoziationen: Die Kulisse des mächtigen Eichenwaldes war den Zeitgenossen als Symbol der deutschen Nation und der Unbesiegbarkeit verständlich. Der Sonnendurchblick unterstreicht die Siegeszuversicht. Aus dem scheinbaren Augenzeugenbericht wird so ein patriotisches Bekenntnis.
Der Eichenwald bildet zugleich die Brücke zum rechten Bild. Vor seinem Hintergrund schwenkt der Blick unvermittelt von der Kampfesrast zum Idyll des verklärten Nachruhms hinüber. Der Kriegstod, der alle drei Freunde ereilt hat, tritt selbst nicht ins Bild. Er ist nur aus der Sicht entrückter Erinnerung einbezogen: Die Namen der Gefallenen sind in die Stämme der Eichen geschnitten, aus

509 b

deren Laub ein Mädchen Heldenkränze flicht. Sonnenschein verklärt ihre Handlung. So offensichtlich der Symbolcharakter dieser Szene ist, so sehr läßt sie sich doch zunächst auch vordergründig als Erzählung lesen. Durch ihre zeitgenössische Kleidung erhält das Mädchen Züge des real Vorstellbaren – eine Bürgerin von der Schönheit einer griechischen Göttin. Bei aller Idealisierung erweckt Kersting den Anschein des Tatsächlichen. Er entspricht damit – anders als Friedrich, dessen Symbolik den meisten Zeitgenossen ein Rätsel blieb – einer Sehgewohnheit seiner Zeit, die auf das Konkrete gerichtet war. Indes überhöht er das konkret Besondere zum Allgemeinen und schafft so mit dem persönlichen Gedenkbild an die Freunde ein Gleichnis patriotischer Gesinnung, das, als Ansporn zu Opferbereitschaft gemeint, die Schrecken des Krieges ausklammert. S.H.

Abb. 234 Kersting, *Selbstbildnis*

510

Leo von Klenze
510 Entwurf für ein Denkmal der Befreiungskriege

um 1814
Feder und Pinsel, laviert
84,5 × 62,3 cm
München, Staatliche Graphische Sammlung, Inv. Nr. 26981
Lit.: Bischoff 1977, Bd. 1, S. 52-54

Wenn die Realisierung monumentaler Denkmäler der Befreiungskriege auch späteren Generationen vorbehalten blieb, entstanden doch erste Entwürfe unmittelbar nach den Ereignissen. Dieses bis vor wenigen Jahren unbekannte Blatt dürfte Klenze noch vor 1815 gezeichnet haben, da in seinen Inschriften die Schlachten von Waterloo und Bellalliance fehlen. Klenze konzipierte gleichsam einen Kultplatz für Feiern des Sieges gegen Napoleon. Gedanken an die Schrecken, die sein Preis waren — allein in der Völkerschlacht starben in wenigen Tagen über 100000 Menschen —, sind vollständig unterdrückt. Im Gegenteil: die romantische Flußlandschaft und die gebündelten Sonnenstrahlen tauchen die Anlage in ein verklärendes Licht. Auch das griechische Figurenprogramm des ägyptisierenden Säulenmonuments steht ganz im Zeichen positiver Assoziationen: Die bekrönende Viktoria signalisiert mit ihrem Lorbeerkranz Sieg und Ruhm, den ihre Begleitfiguren mit Herkules-Fell und Füllhorn im Sinne des Satzes »Frieden durch Stärke« erläutern. Die gleiche Verbindung von Frieden und Ruhm variieren die im Kreis angeordneten Viktorien auf den Sockelpostamenten. Um die Erinnerungsfunktion des Denkmals deutlich zu machen, hat Klenze im Vordergrund wohl in zeitlichem Vorgriff einen Veteranen dargestellt, der mit weisender Geste jüngeren Soldaten das Monument erklärt. Im Unterschied zu ausgeführten späteren Freiheitskriegsdenkmälern hat Klenze hier den nationalen Aspekt, etwa den Reichsgedanken, nicht ausdrücklich betont, sondern lediglich versucht, das aktuelle Geschehen in zeitlos verklärter Form für die Nachwelt wachzuhalten. S.H.

Nur als Foto in der Ausstellung:
Karl Friedrich Schinkel
Idealbild eines Denkmals für Hermann den Cherusker

um 1814/15
Graphit und farbige Kreide
61,4 × 91 cm
Berlin (Ost), Kupferstichkabinett und Sammlung der Zeichnungen
Lit.: Ludwig Schreiner, Karl Friedrich Schinkel. Lebenswerk, Bd.: Westfalen, Berlin 1939, S. 168; Ludwig Schreiner, Karl Friedrich Schinkels Entwürfe zum Hermannsdenkmal und die Bandelsche Vorplanung, in: Niederdeutsche Beiträge zur Kunstgeschichte, Jg. 7, 1968, S. 204-218; Gerd Unverfehrt, Ernst von Bandels Hermannsdenkmal. Ein ikonographischer Versuch, in: Ein Jahrhundert Hermannsdenkmal 1875-1975, Hg. Günther Engelbert, Detmold 1975, Sonderveröffentlichungen des naturwissenschaftlichen und historischen Vereins für das Land Lippe, Bd. 23, S. 129-149, Abb. 1 (freundlicher Hinweis von Lutz Tittel)

Im Zuge der nationalen Besinnung schlug Landgraf Friedrich Ludwig zu Hessen-Homburg, wohl angeregt durch Klopstocks Oden auf Hermann den Cherusker, bereits 1782 vor, dem Germanenfürsten und Besieger der Römer bei Detmold, dem vermeintlichen Ort der Varusschlacht, ein Denkmal zu errichten. Hatte er an eine römische Triumphsäule gedacht und nach ihm der Architekt Wilhelm Tappe 1807 an einen Turm, so erhielt der Gedanke bei Schinkel eine neue Dimension. Die Freiheitskriege hatten dem Thema Aktualität verliehen. Schinkel versuchte, ihr durch eine gigantische Konzeption zu entsprechen, die selbst vergleichbare Nationaldenkmäler der wilhelminischen Zeit in den Schatten gestellt hätte. Er ließ den Fürsten in der Art des reitenden Drachenbezwingers St. Georg erscheinen, der in stürmender Überlegenheit einen Römer zu Boden sticht. Neu sind die kosmische Verklärung durch den Regenbogen und die Einbettung in die Landschaft, die als Projektionsfeld für Heimatgefühle von dem übergroßen Monument beherrscht wird. Dessen Ausmaß läßt sich an den winzig erscheinenden Menschen ablesen, die als zahllose Masse den von Opferfeuern gesäumten Sockel umstehen. Noch beeindruckender als in dem wohl gleichzeitigen Entwurf für den Berliner Denkmalbrunnen (Kat. 511) hat Schinkel das aktuelle Geschehen der Befreiungskriege zu einer zeitentrückten mythischen Symbolfigur überhöht. Zwar war die Zeichnung wohl nicht als Studie zu einem realen Denkmal gedacht — wie Hans Ernst Mittig (mündliche Mitteilung) annimmt, handelt es sich eher um einen Opernvorhangsentwurf —, sie nimmt aber in dem engen Bezug von Monument und Landschaft Züge des später von Bandel ausgeführten Hermannsdenkmals vorweg. S.H.

Nach Karl Friedrich Schinkel
511 Entwurf für ein Brunnendenkmal der Befreiungskriege auf dem Berliner Schloßplatz

1815/19
Kupferstich von Ferdinand Berger nach Schinkels Zeichnung
37,5 × 48,7 cm (Platte)
Bez. u. l.: »Entworfen und gezeichnet von Schinkel«, u. r.: »gestochen von Ferd. Berger«. Aus dem 1. Heft von Schinkels ›Sammlung Architektonischer Entwürfe‹
Berlin, Privatbesitz
Lit.: Paul Ortwin Rave (Hg.), Schinkel-Werk Bd. 11: Berlin, Dritter Teil, Berlin 1962, S. 264-269, bes. S. 266f.

1814, nachdem Napoleons Armee geschlagen war, erhielt Schinkel von einer Korporation von Ständen den Auftrag zu einem Denkmal der Freiheitskriege, in dessen Programm auch das letzte vergebliche Aufflammen des napoleonischen Kampfes 1815 aufgenommen wurde. Es sollte vor der Fassade des Schlüterschen Schlosses zu monumentaler Wirkung gelangen, wurde aber nicht ausgeführt – möglicherweise weil sein Thema, der Volkskrieg, in der Zeit der Restauration nicht mehr ungeteilte Unterstützung fand. Sein 1817 entstandenes Gemälde ›Triumphbogen‹ (Abb. 235), bei dem die Volksmassen während der triumphalen Heimführung der Quadriga des Brandenburger Tors unter dem Herrschaftssymbol eines Reiterdenkmals des von Schinkel verehrten Kronprinzen Friedrich Wilhelm stehen, entsprach mehr der neuen Tendenz, alte Feudalstrukturen zu festigen. Das Brunnendenkmal bekrönt dagegen Borussia, die Verkörperung Preußens, und die vier Hauptbilder, wie alle Figuren in Bronze geplant, sollten als umlaufender Fries dem Volke gelten: »Frieden« und »Kampf«, »Bewaffnung« und »Heimkehr«. S.H.

Abb. 235 Schinkel, *Triumphbogen*

Nur als Foto in der Ausstellung

Karl Friedrich Schinkel
Die Jugend bewaffnet sich zu den Freiheitskriegen

um 1820
Kreidezeichnung
36,5 x 129,5 cm
Berlin (Ost), Kupferstichkabinett und Sammlung der Zeichnungen
Lit.: Kaiser 1953, S. 29f.; Paul Ortwin Rave, Schinkel-Werk, Bd. 11: Berlin, Dritter Teil, Berlin 1962, S. 265f.

Entgegen der Annahme Raves (1962, S. 265f.) diente das Blatt wohl nicht als Vorzeichnung für den Fries des geplanten Brunnendenkmals vor dem Schloßplatz (Kat. 511). Wie Helmut Börsch-Supan (briefliche Mitteilung) annimmt, ist aufgrund der detaillierten Durchführung und des Landschaftshintergrundes wie bei dem unvollendeten Gegenstück (Rave 1962, Abb. 281) eher an einen Entwurf zu einem Gemälde zu denken. Er schlägt eine Entstehung um 1820 vor.
Schinkel idealisiert hier aus verklärender Rückschau den Aufbruch Freiwilliger in den Freiheitskrieg von 1813 zu einem trojanischen Heldenkampf. Gestalten des griechischen Mythos überhöhen die Szene zudem zu einer Allegorie des Kriegsaufbruchs. Indem der Künstler so das konkrete historische Ereignis ins Zeitlose entrückt, versucht er, das Pathos der Kampfbereitschaft als moralisches Beispiel künftiger Generationen wachzuhalten. Das Bild konnte sich allerdings nur dem erschließen, dem antike Mythologie und allegorische Bildsprache geläufig waren. In der Mitte des Bildes belehrt die Göttin Pallas Athene den Anführer der Widerstandskämpfer, die die antikische Nacktheit zu Helden verklärt. Kaiser (1953, S. 30) sieht in der Hauptfigur eine Verkörperung des preußischen Generals Scharnhorst. Links fertigen Jünglinge Speere, rechts werden Speerspitzen geschmiedet. Im Mittelgrund zieht ein Treck von flüchtendem Volk und Kriegern vorbei. Erst im Hintergrund mit seiner Silhouette der Türme Berlins schlägt das Bild scheinbar ewigen Heroismus' wieder in jedermann verständliche Zeitgeschichte um. S.H.

Karl Friedrich Schinkel
512 Das Kreuzbergdenkmal

1823
Kupferstich von Eduard Mauch nach Schinkels Zeichnung
52,3 x 36 cm (Platte)
Bez. u. l.: »Schinkel del.«, u. r.: »Mauch jun sc.«
Aus Schinkels ›Sammlung architektonischer Entwürfe‹, 3. Heft, Berlin 1823
Berlin, Privatbesitz
Lit.: Paul Ortwin Rave (Hg.), Karl Friedrich Schinkel, Lebenswerk, Berlin, Bd. III, Berlin 1962, S. 270ff.; Th. Nipperdey, Nationalidee und Nationaldenkmal im 19. Jahrhundert, in: Historische Zeitschrift, Bd. 206, 1968, S. 529ff.;
Peter Bloch, Das Kreuzbergdenkmal und die patriotische Kunst, in: Jahrbuch Preußischer Kulturbesitz, Berlin 1973, S. 142-159; Ulrich Bischoff, Denkmäler der Befreiungskriege in Deutschland 1813-1815, Diss. FU Berlin 1977, S. 72ff.

Um die Jahreswende 1817/18 erhielt Schinkel vom preußischen König Friedrich Wilhelm III. den Auftrag zu einem Denkmal der Befreiungskriege auf dem Tempelhofer Berg vor den Toren Berlins. Der Grundstein wurde im September 1818 gelegt, die Enthüllung fand 1821 statt. Das Denkmal sollte in der Nähe der preußischen Hauptstadt die zwölf für Preußen wichtigsten Siege zusammenfassend verherrlichen. Hatte Schinkel 1815 in seinem Fries des Kriegsaufbruchs (Kat. 511) die Erhebung des Volkes zum Thema gemacht, so mußte er jetzt dem Wunsch des Königs entsprechen und das preußische Herrscherhaus zur verbindenden Idee erheben. Friedrich Wilhelm III. löste nicht das Verlangen vieler Freiheitskämpfer nach einer Reichspolitik ein, sondern war lediglich am Ausbau des preußischen Staates interessiert. Im Bündnis der ›Heiligen Allianz‹ mit Rußland und Österreich verfocht er eine restaurative Politik, die mit Demagogenverfolgungen und Zensur alle liberalen Tendenzen unterdrückte und seinen Bürgern die versprochene Verfassung vorenthielt. Die Denkmalinschrift geht daher folgerichtig von ihm als souveränem Subjekt aus: »Der König

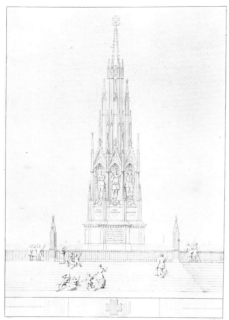

512

dem Volke / das auf seinen Ruf hochherzig Gut und Blut dem Vater / lande darbrachte den Gefal / lenen zum Gedaechtniß den Lebenden zur Anerken / nung den künftigen Geschlech / tern zur Nacheiferung.« Mit dem Vaterland war Preußen gemeint. Auf die Bereitschaft, es bis zum Selbstopfer zu erhalten und zu stärken, zielt in erster Linie die Inschrift »den künftigen Geschlechtern zur Nacheiferung«. Am deutlichsten ist die Erinnerung an den Volkskrieg zum staatstragenden Herrschaftszeichen in den zwölf Personifikationen der Siege umgemünzt. (Die klassizistisch oder altdeutsch erscheinenden Figuren wurden von den Bildhauern Christian Rauch, Friedrich Tieck und Ludwig Wiechmann geschaffen.) Als Verkörperungen historischer Ereignisse tragen sie zugleich Gesichtszüge der beteiligten Hohenzollernherrscher und ihrer Generäle. »Das Heroische wird personal anschaulich, und umgekehrt wird der Einzelne (Feldherr oder Hohenzoller) zum überzeitlichen Heroen« (Bloch 1973, S. 156). Auf diese Weise wird das Denkmal zum Identitätssymbol der preußischen Nation und ihrer Dynastie. Diese Vermischung von Begriffen und Personen wird verklärt durch die sakrale Weihe der gotischen Architektur, die zugleich als vermeintlich altdeutscher Stil patriotische Empfindungen ansprach. Ein Signet solcher Verknüpfung christlicher und politischer Assoziationen ist das von Schinkel entworfene Eiserne Kreuz, das nicht nur den Grundriß des Denkmals bestimmt, sondern auch seine Bekrönung bildet. Infolge der Kriegsspenden »Eisen für Gold« war Eisen zu einem nationalen Wert geworden, woraus folgerichtig auch das Denkmal selbst gegossen wurde. Als eines der wenigen ausgeführten Kriegsdenkmäler jener Jahre ist es ein anschauliches Zeugnis dafür, wie die Erinnerung an die einst von republikanischem Patriotismus getragene Befreiung im Zuge der Restauration in den Dienst monarchischer Herrschaft gestellt und ihres einstigen liberalen Impulses beschnitten wurde. S.H.

nach Karl Friedrich Schinkel
513 Entwurf eines Denkmals für General Gerhard Johann von Scharnhorst

um 1825
Kupferstich von Ferdinand Berger nach einer Zeichnung Schinkels
50,3 x 37,5 cm (Platte)
Bez. u. l.: »gez. von Schinkel«, u. r.: »gest. von Ferd. Berger«
Aus Schinkels ›Sammlung architektonischer Entwürfe‹
Berlin, Privatbesitz

In dem nicht ausgeführten Entwurf vermeidet Schinkel, den preußischen General, der durch die Heeresreform wichtige Voraussetzungen für den Sieg gegen Napoleon geschaffen hatte, persönlich darzustellen. Vielmehr läßt er das Denkmal des einzelnen als allgemeines Monument der Freiheitskriege erscheinen. Der Löwe, formal an Thorvaldsens Grottendenkmal in Luzern erinnernd, verkörpert Kampfbereitschaft, der präzisierende Sarkophagfries einer Reiterschlacht idealisiert den Krieg gegen Napoleon. Unterstützt durch die ar-

513

chaisierende Architektur, soll die Idealisierung den Ruhm des vergangenen Krieges zu einer überzeitlichen Botschaft erhöhen, die kommenden Generationen, in den Betrachterfiguren angedeutet, zum Beispiel und zur Nacheiferung diene. In den kleinen Soldatengrabmälern, die das Scharnhorstmonument umstehen, und der Felswand klingen Caspar David Friedrichs ›Gräber gefallener Freiheitskrieger‹ nach (Kat. 507). S.H.

514

John Martin
514 Ansicht eines Denkmalentwurfes für die Schlacht bei Waterloo

1820
Lavierte Federzeichnung
34,6 x 54 cm
Signiert und datiert: »John Martin 1820«
London, British Museum
Lit.: Johnstone 1974, S. 61 (mit Abb.); Feaver 1975, S. 46-47, Abb. Nr. 28

1820 stellte Martin diesen Entwurf sowie eine Seitenansicht desselben Monuments (Abb. 236, heute ebenfalls im British Museum) in der Royal Academy aus. Die beiden Zeichnungen sind ein erstes öffentliches Zeugnis seines wachsenden Interesses an Fragen der Stadtplanung; später sollte er sich besonders für die Verbesserung der Wasserversorgung und für das Abwässerproblem Londons interessieren.
Dieser Denkmalentwurf zeigt eine Brückenkonstruktion (über den Bogen sollte eine Treppe führen), die Elemente von Tunnel, Triumphbogen und Siegessäule enthält. Sie spannt sich über die Marylebone Road (hier der Blick nach Westen) und verbindet den Rand der Metropole mit dem noch unbesiedelten Gebiet, in dem gerade der Regents Park entstand. Der Bogen ist auf beiden Seiten durch je zwei urnenbekrönte Geschützrohre aus Marmor flankiert, an seinem höchsten Punkt erhebt sich ein ebenfalls an ein Kanonenrohr erinnernder Turm mit dem Standbild des siegreichen Wellington (in zeit-

genössischem Kostüm). Die Monumentalität des Entwurfes und die Prädominanz klarer geometrischer Linien erinnern an das Vorbild der französischen Revolutionsarchitektur etwa Boullées. Für den Stadtplaner Martin jedoch ist bezeichnend, daß sein Denkmal als Straßenüberführung auch einen praktischen Zweck erfüllt. A.H.-W.

Abb. 236 Martin, *Denkmalentwurf*

David Wilkie
515 Studie zu dem Gemälde ›General Sir David Baird entdeckt den Leichnam des Sultans Tippu Sahib nach der Erstürmung Seringapatams‹

um 1834
Lavierte Sepiazeichnung
21,9 x 16 cm
Signiert: »D. Wilkie«
London, British Museum
Lit.: British Museum Catalogue of Drawings by British Artists, Band IV, London, 1898, S. 345, Nr. 30

Bei diesem Blatt handelt es sich um eine Studie zu Wilkies größtformatigem Gemälde (346 x 268 cm, Abb. 237). Den Auftrag erhielt er von der Witwe des dargestellten Sir David Baird (1757-1829) im Jahre 1834. Nach eigener Aussage fesselte ihn diese Arbeit besonders, bot sie ihm doch die Gelegenheit, einen »schottischen Helden« zu porträtieren (Vergl.: Allan Cunningham: ›The Life of Sir David Wilkie‹, Band 3. London, 1843.) Dargestellt ist eine Episode aus dem britischen Angriff auf Seringapatam in Südindien. Dort hatte sich der Sultan Tippu bereits seit längerer Zeit gegen die wachsende Macht der Ostindischen Kompanie zur Wehr gesetzt. Nach einem Gefecht wurde er 1792 gezwungen, große Teile des von ihm regierten Maissur aufzugeben. 1799 wurde Maissur dann nach einem von Sir David Baird angeführten Sturm auf die Hauptstadt völlig von den Briten erobert; beim Eindringen in die Festung Seringapatams fand man den Leichnam des Sultans.

Wilkie zeigt den schottischen Offizier in Siegerpose vor einem Torbogen stehend. Stolz blickt er auf den von einigen Indern gestützten Körper des Sultans herab. Während die Skizze noch eine gewisse Unmittelbarkeit und Spannung ausstrahlt, wirkt das Gemälde eher theatralisch – ein aufwendiges Werk, in dem Wilkie um äußerste Detailtreue bemüht war: Als Vorlage für die Darstellung des ›Helden‹ benutzte er Henry Raeburns Porträt Bairds; verschiedene Inder standen ihm Modell, auch lieh er sich die Kleidung und das Amulett, die Tippu getragen hatte. Für die Licht- und Schattenwirkungen der Nachtszene (bei der er Rembrandts ›Nachtwache‹ im Auge hatte) fertigte er eigens ein kleines plastisches Modell an. A.H.-W.

515

Abb. 237 Wilkie, *General Sir David Baird*

Joseph Anton Koch
516 Der Tiroler Landsturm im Jahre 1809

1820
Öl auf Leinwand
95 x 134,5 cm,
Bez. u. r.: »I. Koch 1820«
Privatbesitz
Lit.: Otto R. von Lutterotti, Joseph Anton Koch, Berlin 1940, Nr. G 49, S. 91-96, 213-215

1816 erteilte der Freiherr vom Stein Koch den Auftrag zu einem Gemälde aus der Geschichte der Befreiungskriege. Hatte der preußische Minister an die Retirade des Herzogs von Braunschweig-Öls gedacht, so bestimmte der Tiroler Maler den Volkskrieg seiner Landsleute im Jahre 1809 zum Thema, dem er als Gegenstück ein Bild des Tellschusses hinzufügen wollte. Die 1816 bis 1819 gemalte erste Fassung, die der Künstler 1839 dem Museum Ferdinandeum in Innsbruck vermachte (Lutterotti Nr. G 53), war dem Freiherrn zu groß, woraufhin Koch 1820 mit geringen Abwandlungen diese Fassung anfertigte. Durch einen Brief des Künstlers aus dem Entstehungsjahr (im folgenden zitiert nach Lutterotti S. 93 f.) lassen sich die zahlreichen Motive bestimmen, die er zu einer »totalen Idee von dem Ganzen des Tiroler Kriegs« zu verbinden bemüht war. Zentrale Figur ist der Hauptanführer des Volkssturms, der Gastwirt Andreas Hofer. Ein Schwert in der Rechten und die Linke ausgestreckt, grüßt er die Tiroler Bauern, die ihn hochleben lassen. Die einst Herren vorbehaltene Reiterpose erhöht den Volkshelden zur Denkmalfigur. Koch selbst sprach von einem Monument der Zeitgeschichte. Hinter Hofer erscheinen, ebenfalls zu Pferde, die beiden anderen Anführer: links Joseph Speckbacher, rechts der Kapuzinermönch Haspinger mit Säbel und Kruzifix. Über ihnen bauscht sich die Fahne mit dem Tiroler Adlerwappen. Für die Darstellung des Volks, das seinen Anführern huldigt, während in der Ferne noch Rauchwolken vom Kampf zeugen, hat Koch sich Landestrachten in sein römisches Atelier schicken lassen. Versucht er auf diese Weise, seinem Zeitgemälde Authentizität zu verleihen, so steigert er den Eindruck des Heroischen, indem er bewaffnete Frauen in den Vordergrund rückt. Von der rechten mit dem Vorderlader sagt er: »... ich glaube, sie könnte selbst das geladene Gewehr abfeuern...«. Wie sehr Koch den Widerstand seiner Landsleute als seinen eigenen Kampf empfand, obwohl er 1809 im sicheren Rom lebte, bezeugt das Selbstbildnis, das er in der ersten Fassung in die linke Gruppe (links hinter der jungen Frau) einfügte. In das größere Bild malte der Tiroler Anton Psenner Kochs Porträt. Daß der Landsturm den Truppen Napoleons galt, deutet

516

517

Koch nur durch einen Gefallenen an, auf dem ein Tiroler in traditioneller Siegerpose und mit der zerbrochenen französischen Adlerstange in den Händen einen Fuß setzt.
Kochs Parteinahme, die durch solche versteckten Motive sarkastische Schärfe erhält, gilt indes nicht nur dem imperialen Aggressor — er fügt zugleich Spitzen gegen politische Kräfte der Gegenwart ein. Der einstige Anhänger der Französischen Revolution, den die Ausschreitungen jakobinischen Terrors ebenso verbittert hatten wie der Eroberungswahn Napoleons (vgl. Lutterotti S. 94), war auch im Hinblick auf die erhoffte europäische Neuordnung im Wiener Kongreß enttäuscht worden. Sein Landsturmbild entstand in den Jahren, die durch die Wiedereinsetzung der feudalen Ordnung in Europa gekennzeichnet waren. Mit den Karlsbader Beschlüssen 1819 waren die bürgerlichen Freiheiten auf lange Zeit geknebelt. Koch bringt seine Verbitterung aus Schutz vor Zensur durch Embleme im Vordergrund zum Ausdruck. Sagt er einerseits: »die weißglänzenden Maiblumen, die Disteln und Dornen samt anderem lasse ich jeglichem Sucher über«, so gibt er in einem Brief an seinen Freund Giovanelli vom 19.10.1820 doch genauere Auskunft: »Ganz vorne in der Mitte des Bildes ist ein viereckiges Loch, einer Violin ähnlich durchbrochen, der Deckel dieser Durchbruchstelle stellt Buchstaben dar, welche zusammen heißen POLITICA. (Auf der Steineinfassung noch die Worte: ARIA CATTIVA und a che PVZZA [›Böses Lied‹ und ›hier stinkt es‹]). Aus dem Abgrund dieser Politica kommen giftige Dämpfe hervor, herum wächst nichts als Disteln und Dornen, Giftschwämme, giftige Kräuter und Frösche. Daneben liegt auch der Eselskinnladen, mit dem Samson 1000 Philister zu Boden streckte« (Zitiert nach: Lutterotti S. 215).
Treffend gibt Dorothea Schlegel nach einem Atelierbesuch bei Koch in einem Brief an Friedrich Schlegel vom 16.3.1820 ihren Eindruck wieder: »Daß die Vornehmen, die Diplomaten und Caesaren dieses Bild nicht lieben können, ist wohl sehr natürlich, weil es eben die Völker sind« (Zitiert nach Lutterotti, S. 215).

S. H.

Farbtafel XXIV
Caspar David Friedrich
517 Das Eismeer
um 1823/24
Öl auf Leinwand
96,7 x 126,9 cm
Hamburger Kunsthalle, Inv. Nr. 1051
Lit.: G. Schmidt, in: Ausst.-Kat.: The Romantic Movement, Tate Gallery, London 1959, Nr. 152; Börsch-Supan 1973, Nr. 311; Hans Werner Grohn, in: Ausst.-Kat.: Caspar David Friedrich, Hamburger Kunsthalle, München 1974, Nr. 167; S. Holsten, ebd., S. 36f.; Jens Christian Jensen, Caspar David Friedrich. Leben und Werk, Köln 1974, S. 203-206.

1819/20 unternahm der Engländer William Parry eine Nordpolexpedition, die zwar nicht vollkommen scheiterte, aber mindestens eines der beiden Schiffe, den ›Griper‹, in große Gefahr brachte. Friedrich kann das international beachtete Ereignis aus einem 1822 bei Hoffmann und Campe erschienenen Buch über die Fahrt erfahren haben. Ein Zusammenhang mit seinem Bild liegt nahe, zumal ein Zeitgenosse das dargestellte Wrack ›Griper‹ genannt hat (Börsch-Supan 1973, S. 106). Obwohl Friedrich durch diese Nachricht angeregt sein mag, macht er alles andere als eine Reportage daraus. Indem er keine Handlung, sondern deren Ende zeigt, komprimiert er das Thema zum Symbol. Den metaphorischen Gehalt fängt der Titel ›Die gescheiterte Hoffnung‹ ein, der sich eingebürgert hat. Er bezieht sich indessen auf eine wenig frühere, heute verschollene Fassung, die, vom Künstler als »Ein gescheitertes Schiff auf Grönlands Küste im Wonne-Mond« bezeichnet, ein Wrack mit dem Namen ›Hoffnung‹ zeigte. Es ist allerdings anzunehmen, daß das Hamburger Bild angesichts des gleichen Motivs die gleiche inhaltliche Dimension hat. Friedrichs Neigung zum Verschlüsseln läßt vermuten, daß auch hier die Begriffe Hoffnung und Scheitern mitschwingen. Der Interpretation diese Richtung zu lassen, heißt nicht, sie einzuengen. Vielmehr erschließt sich der Sinn in verschiedenen Schichten.
Am anschaulichsten ist die Bedeutung der erhabenen Natur, von deren Größe und Kraft der Mensch und sein Werk nichtig wirken. Sie ist als übermächtiges Monument symbolisiert, als kristallisierte Energie, die alles Menschliche zertrümmert hat. Im Sinne der Idee des Erhabenen, wie sie Edmund Burke und prägnanter Schiller formuliert haben, schafft Friedrich ein neues Vanitassymbol, bei dem

der Trost der Todesüberwindung im Jenseits zwar noch mitgedacht sein mag, aber nicht mehr anschaulich wird. So konnte Jens Christian Jensen (1974, S. 206) aus der Sicht unseres Jahrhunderts Gedanken an das Nichts in das Bild hineinprojizieren. Die Vernichtung erscheint endgültig, aufgehoben einzig in der Übermacht der Natur, es sei denn, man wolle in dem von oben einfallenden Licht mit Helmut Börsch-Supan (1973, S. 387) »ein Gleichnis des Transzendenten« sehen.

Über die Sinnschicht der erhabenen Natur führt nicht nur dieser Jenseitsgedanke hinaus in einen sicher angestrebten spekulativen Bereich. Unterschwellig steckt wahrscheinlich auch eine politische Botschaft darin, die oft geleugnet wurde (Grohn 1974, S. 259). Daß Friedrichs patriotische und republikanische Einstellung, die die Restaurationszeit nicht erdrückt hat, oft in verschlüsselter Form auch in seinen Bildern Niederschlag gefunden hat, ist in jüngster Zeit immer deutlicher herausgearbeitet worden (Berthold Hinz, Hans-Joachim Kunst, Peter Märker, Peter Rautmann, Norbert Schneider, Bürgerliche Revolution und Romantik. Natur und Gesellschaft bei Caspar David Friedrich, Gießen 1976). Nicht immer tritt das so klar zutage wie in dem Gemälde ›Huttens Grab‹ (Abb. 238) (Börsch-Supan 1973, Nr. 316), das im gleichen Jahr wie das »Eismeer« entstanden ist. In einer Zeit, da Friedrich trotz der Zensur nach den Karlsbader Beschlüssen seine Sympathie für republikanische Patrioten so mahnend zum Ausdruck bringt wie im Gedenkbild Huttens, einer Zeit, wo er die von der Regierung verbotene altdeutsche Tracht als Bekenntnis zum Freiheitsgedanken immer wieder für seine Ausschau haltenden Rückenfiguren verwendet, ist kaum anzunehmen, daß einem so radikalen Bild gescheiterter Hoffnung die politische Dimension fehlt (vgl. Schmidt 1959, Nr. 152). S.H.

Abb. 238 Friedrich, *Huttens Grab*

Géricault: »*Wirklich ist nur das Leiden*«

518

519

Théodore Géricault
518 Gefangennahme in Rom

um 1816
Feder in Braun über Kreidevorzeichnung
19,0 x 26,4 cm
(auf der Rückseite ›Spinnende Frau umringt von drei Kindern‹, Studie zu einem Gemälde, das sich heute in der Staatsgalerie Stuttgart befindet)
Paris, Bibliothèque le l'Ecole Nationale Supérieure des Beaux-Arts, Inv.Nr. 961
Lit.: Kat. Ausst. Géricault 1971-1972, unter Nr. 95

Sicherlich ist diese Studie — ebenso wie jene unter Kat.Nr. 519 beschriebene — im Zusammenhang mit einem Gemälde entstanden, das von Clément überliefert ist (1879, Peintures Nr. 92; Grunchec 1978, Nr. 95): »Hinrichtung. Der Henker zeigt der Menge den Kopf des Hingerichteten. Ein Mönch bittet auf Knien für ihn. Diese Skizze wurde in Rom gemalt.« Immer wenn sich Géricault ein Thema vornahm, stellte er es sich in einer ganzen Folge von Szenen vor, von denen er dann eine zur Ausführung wählte (siehe auch Kat. 520). Vielleicht ist auch die von Clément genannte Skizze nur eine Studie und das Vorhaben nicht zur endgültigen Gestaltung gekommen. Schon in der Zeichnung der Gefangennahme scheint in der Art, wie die vermummten Häscher ihr Opfer zu ergreifen, als wollten sie den Leib dem Kopf entreißen, die bevorstehende Hinrichtung angedeutet. Der Kopf erinnert in seiner isolierten, aber hervorgehobenen Menschlichkeit an manches Bild Christi unter seinen Häschern. G.H.

nach Théodore Géricault
519 Der Weg zum Schafott

um 1816
Feder in Braun auf Pauspapier
21,8 x 30,0 cm
Bez. u. l.: »Géricault« (nicht von der Hand Géricaults)
Paris, Bibliothèque de l'Ecole Nationale Supérieure des Beaux-Arts, Inv.Nr. 960

Diese gepauste Kopie einer Zeichnung von Géricault vermittelt immerhin die Kompositionsidee. Wie die Zeichnung Kat. 518 gehörte sie zu jenem Projekt einer Hinrichtungsszene, das der Künstler während seines Aufenthaltes in Rom 1816-1817 verfolgte. Auch hier wußte Géricault die Anteilnahme des Betrachters für den Verurteilten zu wecken, der gebückt in der Reihe der vermummten Geistlichen dem Tod entgegengeht, während dahinter sich zwei Reiter frei in die Höhe entfalten. Auch später nahm Géricault diesen Appell gegen die Todesstrafe wieder auf. Er ließ ihn in der Art, wie er die ›Köpfe von Hingerichteten‹ (Kat. 523) verlebendigte, anklingen. Eindringlich gestaltete er ihn vor allem während seiner Reise nach England 1820-1821 in einer lavierten Federzeichnung, die drei zur Hängung Verurteilte wiedergibt (Rouen, Musée des Beaux-Arts, Kat.Ausst. Géricault 1971/1972, Nr. 95). G.H.

520

A. Corréard
521 Das Floß der Medusa: Seine Konstruktion

Radierung eines Unbekannten nach einer Zeichnung von Corréard
16,7 x 9,5 cm
Bez. u. l.: »A. Corréard, Ingénieur del.ᵗ«.
Überschrift: »PLAN DU RADEAU DE LA MÉDUSE, au moment de abandon.« [Grundriß des Floßes der Medusa zur Zeit, als es verlassen wurde], Unterschrift: »150 français avaient été placés sur cette machine: 15 seulement furent sauvés 13 jours après.« [150 Franzosen waren auf diesem Ding untergebracht: nur 15 wurden 13 Tage später gerettet]
Hamburger Kunsthalle, Bibliothek, Inv.Nr. Ill. XIX Géricault 1821
Eine der Illustrationen des Buches: A. Corréard, H. Savigny, Naufrage de la frégate la Méduse faisant partie de l'expédition du Sénégal, en 1816 (cinquième édition). G.H.

Théodore Géricault
520 Der Aufstand auf dem Floß

1818
Feder über Kreide- und Bleistiftvorzeichnung
40,6 x 59,3 cm
Amsterdams Historisch Museum,
Inv. Nr. A 10959
Lit.: Clément 1879, Dessins Nr. 109;
Kat.Ausst. Géricault 1971/1972, Nr. 75;
Eitner 1972, Nr. 7

Der dargestellte Kampf ereignete sich auf einem Floß, das beim Sinken der ›Medusa‹ nahe der Küste Afrikas 1816 eiligst gebaut wurde, da die Rettungsboote nicht ausreichten. Ursprünglich sollte das Floß von den Rettungsbooten mit an Land gezogen werden. Doch — mit 150 Menschen überbelegt — schien es zu schwer; deshalb wurden die Taue gekappt. Als in der zweiten Nacht auf See ein Sturm aufkam und der Untergang des Floßes befürchtet werden mußte, betranken sich einige Seeleute, um sich die letzte Minute zu erleichtern. In ihrer irrsinnigen Verzweiflung begannen sie, mit Äxten das Floß zu zerstören, um den befürchteten Moment zu beschleunigen. Dies zu verhindern, griffen andere ein. Auch in der vierten Nacht ergaben sich ähnliche Situationen.

Géricault sammelte sie in seiner Darstellung alle zu einer einzigen gedrängten Szenerie. Er knotete rechts um ein Weinfaß das kämpfende Menschenknäuel, aus dem — immer noch ineinander verschlungen — überwältigte Leiber ins Meer stürzen. An den Sturz der rebellischen Engel zur Hölle wollte Géricault dabei erinnern, an ein Detail aus Rubens Darstellung in der Münchner Pinakothek (die er durch einen Stich kannte) bewußt sich anlehnend. Einer der Aufständischen wirft sich in seinem Wahn selbst ins Meer, wie von einer Zentrifugalkraft getrieben (Einzelstudien hierzu siehe Kat. 522).

Auf dem vorderen Floßteil kauern die Unbeteiligten ebenso gedrängt, aber ihre Verzweiflung in sich verzehrend, statt sie in einander vertreibenden Aggressionen ausarten zu lassen. Zwei Arme sind dem Himmel entgegengestreckt, in der gleichen Richtung wie der Mast des Floßes, der jene Gebärde vergrößert zum Ausdruck zu bringen scheint. Selbst die Planken des Floßes greifen auf dieser Seite in die Höhe, während sie rechts unter der Last der Kämpfenden ins Wasser tauchen.

Géricault hat sich mehrere Situationen der 15tägigen Floßreise in Zeichnungen vorgestellt, die hier gezeigte Komposition jedoch besonders genau durchgearbeitet, offensichtlich eine monumentale Ausführung erwägend. Endgültig entschied er sich für eine andere Situation: für jenen Augenblick, der die fünfzehn Überlebenden dem gerade gesichteten Rettungsschiff sich zuwenden ließ. 1819 wurde das sieben Meter breite Werk im Salon gezeigt. G.H.

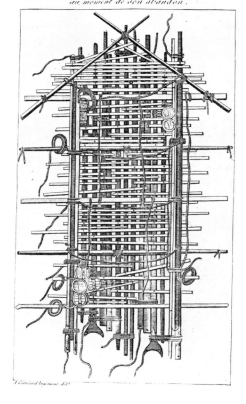

521

522

Théodore Géricault
522 Mann mit Beil

1818
Feder
16 x 14 cm
Paris, Privatsammlung
Lit.: Clément 1879, Dessins Nr. 134;
Eitner 1972, Nr. 30

Studien für einen der zum Wahnsinn getriebenen Schiffbrüchigen auf dem Floß der Medusa (siehe Kat. 520).   G.H.

Farbtafel XXI
Théodore Géricault
523 Köpfe von Hingerichteten

1818
Öl auf Leinwand
50 x 61 cm
Stockholm, Nationalmuseum,
Inv.Nr. NM 2113
Lit.: Clément 1879, Peintures Nr. 105;
Eitner 1972, Nr. 87; Grunchec 1978, Nr. 174

Als Géricault sein Monumentalwerk ›Das Floß der Medusa‹ in Angriff nahm (siehe Kat. 520), verschaffte er sich Leichenteile von Hingerichteten, um ihre Farbigkeit in verschiedenen Stadien der Verwesung zu studieren. Dabei entstanden Kompositionen eigener Art und Aussage (siehe auch Kat. 524).
In den beiden Gesichtern des Stockholmer Bildes verlebendigte Géricault die Prägung des letzten Momentes vor dem Tod. Das in sich gekehrte Gesicht der Frau gab er von einem Tuch umhüllt wieder, während das Entsetzen des im Aufschrei getroffenen Mannes von dem Rot des Blutes weitergetragen wirkt.
Im Kontrast des breiten bleichen Weiß des Lakens zum dunklen Grund ist der plötzliche Umbruch ins Nichts enthalten.   G.H.

Théodore Géricault
524 Abgehauene Menschenglieder

1818
Öl auf Leinwand
37,5 x 46,0 cm
Paris, Musée du Louvre, Inv.Nr. RF 579-A
Lit.: Clément 1879, Peintures, Nr. 108; Sterling-Adhémar 1959, Nr. 942; Eitner 1972, Nr. 93; Grunchec 1978, Nr. 180

Solche Studien dienten Géricault zur Vorbereitung auf sein Monumentalwerk ›Das Floß der Medusa‹ (siehe Kat.Nr. 520). Ohne sie direkt in seine Komposition einfügen zu wollen, vertiefte er sich mit ihnen in die Szenerie tödlichen Entsetzens. Dabei ließ er die Glieder wie die Köpfe (vgl. Kat.Nr. 523) in fahlem Licht ein Eigenleben entfalten. So vermitteln sie mit ihrer Richtung in die Tiefe auch einen aus dreifach gebrochenem Ansatz ins Dunkel sich zurückziehenden Ausdruck.   G.H.

523

524

Théodore Géricault

525 Studien eines Hundekopfes

Feder in Braun
13,8 x 21,2 cm
Rückseite: Das abgezogene Fell des Hundes
(Abb. 239)
Paris, Privatsammlung
Lit. zum Skizzenblatt in Rotterdam: Kat.
Rotterdam 1968, Nr. 139

Ähnliche Skizzen nach dem gleichen Hundekopf befinden sich in Rotterdam, Museum Boymans (Inv.Nr. F II 66). Es ist möglich, daß Géricault sie schon 1817 zeichnete, als er sich intensiv um eine Darstellung einer ›Bändigung von Stieren‹ bemühte. Eine der Hundekopfstudien verwandte er dann 1818 für sein Bildnis des vierjährigen Olivier Bro, den er auf einem Hund reitend darstellte. Um diese Zeit wird er auf der Rückseite des Rotterdamer Blattes den Verwundetentransport skizziert haben.

Auf dem ausgestellten Blatt setzte Géricault zunächst die Reihe der verschiedenen Ansichten des Kopfes fort, die er auf dem anderen begonnen hatte. Doch dann zeigte er den gleichen Kopf mit abgezogenem Fell, mit einer Lebendigkeit, die nun erst begreifen läßt, daß auch die vorher gezeichneten in wilder Bewegung agierenden Köpfe nach einem toten Modell gestaltet waren. Die Lebendigkeit des abgezogenen Kopfes erregt Grauen. Sicherlich ist eine solche Studie nicht allein mit anatomischer Gründlichkeit zu erklären. Sie legt Abgründe der Existenz bloß, wie sie in Géricaults wie in Goyas Werk gleicherweise immer wieder zu spüren sind.

G.H.

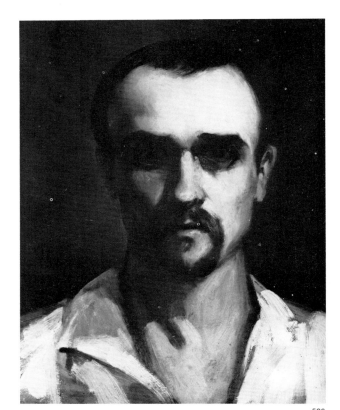

Abb. 239 Géricault, *Abgezogenes Fell eines Hundes*

Théodore Géricault

526 Studie eines Mannes

Öl auf Leinwand
41,0 x 32,5 cm
Paris, Privatsammlung
Lit.: Clément 1879, Peintures Nr. 49;
Kat.Ausst. Géricault 1971/1972, Nr. 73; Grunchec 1978, Nr. 163

Man weiß nicht, zu welchem Ziel Géricault diese Ausdrucksstudie malte. Einig ist man sich jedoch, sie sich wegen ihrer düsteren Monumentalität im Zusammenhang mit der Arbeit am ›Floß der Medusa‹ vorzustellen (vgl. Kat.Nr. 520). In der Tat kommt aus den streng frontal gerichteten, tief verschatteten Augen dem Betrachter eine Welterfahrung entgegen, wie sie die Schiffbrüchigen auf dem Floß hatten hinnehmen müssen. Wie bei Goyas Eingangsgestalt der ›Desastres de la guerra‹ (Kat.Nr. 69) erregt das fahl auftreffende Licht die düsteren Qualitäten des Grundes, der bei Goya grauenvolle Visionen ahnen läßt — bei Géricault den unheiltragenden Blick nährt. Géricaults Lehrmeister solcher Gestaltungsmöglichkeiten war Prud'hon, dessen ›Gerechtigkeit und Rache verfolgen das Verbrechen‹ (Kat.Nr. 433) er kopiert hat. G.H.

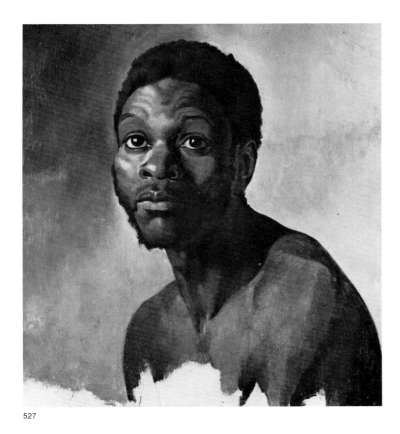

527

Théodore Géricault
527 Kopf eines Negers
Öl auf Papier, auf Leinwand aufgezogen
50 x 46 cm
Paris, Privatsammlung
Lit.: Grunchec 1978, Nr. 165

Diese Studie ist ein beredtes Zeugnis dafür, wie nahe Géricault das Schicksal der Neger ging. Der Dargestellte hebt den Blick nur mit großer Anstrengung, als ob er eine imaginäre Last über sich verspüre.
Dennoch bestehen Zweifel, ob die Studie zu den Vorbereitungen einer Komposition ›Der afrikanische Sklavenmarkt‹ gehört, für die Géricault noch kurz vor seinem Tod einige Ideenskizzen zeichnete. Stilistisch gehört sie wohl eher zum Umkreis des ›Floß der Medusa‹ (vgl. Kat.Nr. 520). Vielleicht begann Géricault sich schon um diese Zeit für das Problem zu interessieren, angeregt durch den Kontakt mit Corréard, einem der Überlebenden der Medusakatastrophe, der sich sehr für die Abschaffung des Sklavenmarktes in Afrika einsetzte. G.H.

Théodore Géricault
528 Zwei Kämpfende
Feder
8,5 x 14 cm
Paris, Privatsammlung

Eine Lebenserfahrung, wie sie Goya zur Darstellung der beiden streitenden alten Frauen führte (Kat.163), steht auch hinter diesen Studien von Géricault. Ähnliche gibt es auch auf Blatt 14 recto des Skizzenbuches in Chicago. In ihnen stellte sich Géricault verschiedene Situationen eines Ring- oder Boxkampfes vor. Für die Ausführung in einer Lithographie (Delteil Nr. 10, ca. 1818) wählte der Künstler die Gegenüberstellung der Gegner am Beginn des Kampfes (Abb. 240), deren Spannung er steigerte, indem er einen Neger als Kampfpartner eines Weißen auftreten ließ. G.H.

528

Abb. 240 Géricault, *Die Boxer*

Théodore Géricault

529 Bildnis eines Mannes aus der Vendée

Öl auf Leinwand
81,0 x 64,5 cm
Paris, Musée du Louvre, Inv.Nr. RF 1938-1
Lit.: Sterling-Adhémar 1959, Nr. 956; Lem 1963, S. 39; Grunchec 1978, Nr. 192; Kat.Ausst. Rom 1979/1980, Nr. 30

Traditionsgemäß wird die Studie ›Mann aus der Vendée‹ bezeichnet. Doch ist nicht bekannt, wann und mit welchem Ziel Géricault sie ausführte. Die von Lem genannten gezeichneten und gemalten Skizzen zum Aufstand royalistisch gesinnter Bauern, der sich 1793 mehrere Monate lang in der Vendée gegen die Revolutionsregierung behaupten konnte und auch danach weiterschwelte, sind nicht veröffentlicht. So bleibt zu klären, ob die Studie eine Beziehung zu ihnen hat.

Auf jeden Fall sagt die monumentale und zugleich differenzierte Art der Charakterisierung aus, wie ernst Géricault jenen von Arbeit und Mangel geprägten Menschen nahm. Eindrucksvoll gestaltet ist insbesondere der Blick, der im Schatten der breiten Hutkrempe kaum gewahrt, dennoch äußerst lebendig empfunden wird, da die Helligkeit der Augäpfel in dem scharfaufleuchtenden Weiß der Hemdzipfel im Halsausschnitt Unterstützung findet und etwas von deren Heftigkeit sich insgeheim auf sie überträgt. Dieser Ausbruch von Lebhaftigkeit bleibt jedoch von der vorwiegend düsteren Erscheinung des Mannes vor dunklem Grund gezügelt.

Die Monumentalität, die Géricault dem Dargestellten vermittelte, scheint von seiner Haltung einem lastenden Schicksal gegenüber und der Menschenwürde bestimmt – nicht von der Zugehörigkeit zu einem Stand: das war neu. G.H.

Théodore Géricault

530 Pity the Sorrows of a poor old man...

1821
Lithographie
31,7 x 37,6 cm
Bez.u.l.: »J.Gericault inv.ᵗ«, Unterschrift: »Pity the sorrows of a poor old man! Whose trembling limbs have borne him to your door« (Nimm dich der Sorgen eines armen alten Mannes an, dessen zitternde Glieder ihn vor deine Tür getragen haben)
Paris, Bibliothèque Nationale, Inv.Nr. Dc 141 b rés.
Lit.: Clément 1879, Lithographies Nr. 27; Delteil Bd. 18, Nr. 31; Grunchec 1978, INC. 27

530

Eine der zwölf Lithographien, die Géricault 1821 unter dem Titel ›Various subjects drawn from life‹ in England veröffentlichte. Der Titel geht auf die damals beliebten ›Nursery rhymes‹ zurück. Gillray hatte 1796 gezeigt, wie diese schlichte Mahnung zur Nächstenliebe dem heuchlerischen Mißbrauch, der Zivilisationsmaskerade im Sinne von Rousseau und Goya (vgl. Kat.43) verfallen kann (Abb. 241). Wir sehen Edmund Burke, einen der Wortführer der englischen Konservativen, als Bettler verkleidet vor dem Hause des Herzogs von Bedford, der dem vermeintlich »Abtrünnigen« den Zutritt verweigert (George, Nr. 8786).

Für Géricault geht es um das Schicksal, das die Großstadt einem überflüssig gewordenen, verelendeten Randmenschen zuweist. Weder die Passanten noch die wohlbehausten Krä-

529

Abb. 241 Gillray, *Pity the Sorrows of a Poor old Man*

mer beachten ihn. Die Bäckerin hinter dem Fenster wird kein Brot in seine offene Hand legen. Dieser Topos geht auf das biblische Gleichnis vom reichen Mann und dem armen Lazarus zurück, der »begehrte sich zu sättigen von den Brotsamen, die von des Reichen Tische fielen; doch kamen die Hunde und leckten ihm seine Schwären.« (Lukas, 16, 21) Géricaults Bettler hat nur einen Hund zum Freund. Der in seiner Kraftlosigkeit würdige Alte erinnert an eine Beweinung Christi von Rubens, die Géricault in einer Stichwiedergabe gekannt haben mag. Später dürfte Daumier diesen toten Christus für den erschlagenen Arbeiter in der rue Transnonain (Delteil, Nr. 135) herangezogen haben. (Vgl. Hofmann 1979, S. 12 f.) W.H.

Théodore Géricault
531 Befreiung der Inquisitionsopfer

1822/1823
Schwarze Kreide und Rötel
41,6 x 58,2 cm
Paris, Privatbesitz
Lit.: Clément 1879, Dessins, Nr. 161;
Kat. Ausst. Géricault 1971/1972, Nr. 119

Die Studie gibt Zeugnis von einem der monumentalen Bildprojekte, die Géricault am Ende seines Lebens beschäftigten, ohne sie ausführen zu können (auch der unter Kat.Nr. 527 erwähnte ›Sklavenmarkt‹ gehört dazu): Die Befreiung der Inquisitionsopfer bei der Besetzung Spaniens durch die Franzosen 1808. Daran hat Géricault wohl anläßlich der Kampagne Ludwigs XVIII. zur Festigung der Monarchie in Spanien, die auch zur Wiedereinführung der Inquisition führte, erinnern wollen. Trauriger Resignation angesichts einer solchen Entwicklung nachgebend ließ Géricault in seiner Komposition den Eindruck von lastender Schwere überwiegen: Die drei Befreiten im Vordergrund sind noch so befangen von der Last ihrer Erlebnisse, daß sie sich nicht vom Boden zu erheben vermögen, an den sie gekettet waren, wie es der breite Pfosten mit Ketten im Vordergrund auf kühne Weise buchstäblich nahebringt. Selbst der Befreite, der schon den Weg hinaus gefunden hat, reckt auf Knien den Hinzukommenden die Arme entgegen. Nur hier im Hintergrund wird als Zeichen der Freiheit eine phrygische Mütze in die Höhe gehalten. So wäre das Gemälde weniger ein politisch-französisches Gegenstück zu Goyas ›Desastres de la guerra‹ geworden als ein kongenialer Blick auf diejenigen, die wegen der Intoleranz und Aggressivität ihrer Mitmenschen zu leiden haben. G.H.

Frankreich:
Freiheit als nationale Selbstbestimmung

Thomas Phillips
532 Lord Byron in albanischer Tracht

1813
Öl auf Leinwand
74,9 x 62,2 cm
Signiert: Monogramm
London, National Portrait Gallery,
Inv.Nr. 142
Lit.: Ausstellungskatalog Byron, Victoria and Albert Museum, London, 1974, Nr. H8, Abb. 35; Ausstellungskatalog Zwei Jahrhunderte englischer Malerei, Haus der Kunst, München 1979, Nr. 544, Abb. auf S. 515

1809, mit 21 Jahren, unternahm Byron seine erste lange Auslandsreise. Sie führte ihn über Portugal, Spanien, Gibraltar und Malta nach Albanien und Griechenland. Ähnlich wie Griechenland stand Albanien seit dem 15. Jahrhundert unter türkischer Herrschaft, einer Herrschaft, die jedoch nie von der gesamten albanischen Bevölkerung anerkannt wurde. Als gegen Ende des 18. Jahrhunderts die Macht der Türken zu schwinden begann, gelang es verschiedenen albanischen Paschas (die allerdings theoretisch Vasallen des ottomanischen Sultans blieben), das Land ganz unter ihre Kontrolle zu bringen. Besonders erfolgreich war hierin Ali Pascha, dessen

531

Macht sich zusätzlich über den westlichen Teil Griechenlands erstreckte. Byron besuchte diesen trotz seiner Grausamkeit besonders bei den Griechen sehr beliebten Fürsten 1809. Während seines langen Aufenthaltes in Athen wurde Byrons Interesse am Schicksal Griechenlands geweckt. Er forderte die Freiheit und Selbstbestimmung dieses Volkes, ebenso wie er sich nach seiner Rückkehr nach England für die Rechte der englischen Arbeiter einsetzte und sich offen zu Napoleon bekannte. Sein Portrait in einer der Trachten, die er 1809 in Albanien gekauft hatte, mag man als Manifest seiner Solidarität mit den unterdrückten Völkern Albaniens und Griechenlands interpretieren. Als Thomas Philipps es 1813 malte, war Byron trotz seiner politischen Radikalität und trotz seiner privaten Skandale zum Lieblingskind der englischen Gesellschaft geworden: Ein Jahr zuvor waren die ersten beiden Teile seines epischen Gedichtes ›Childe Harold's Pilgrimage‹ erschienen und hatten ihn mit einem Schlag berühmt gemacht.

Byron sollte sich auch später noch für den hellenischen Freiheitskampf einsetzen: Ende Juli 1823 fuhr er zu diesem Zweck mit einer Schiffsladung von Waffen, Medikamenten und finanziellen Mitteln erneut nach Griechenland. Bevor er jedoch aktiv an einer kämpferischen Auseinandersetzung mit den Türken teilnehmen konnte, starb er im April 1824 an einem Sumpffieber. A.H.-W.

533

532

nach Ary Scheffer
533 Die Frauen von Souli
Öl auf Leinwand, Kopie eines Gemäldes von Scheffer von Cornelia Scheffer-Lamme
59,0 x 112,0 cm
Dordrechts Museum, Inv.Nr. DM/5/114
Lit. zum Gemälde von Scheffer im Louvre: Salon de 1827, Nr. 1733; Sterling-Adhémar 1959, Nr. 1700.

Eine Gruppe von Frauen und Kindern, auf einem jäh abstürzenden Felsvorsprung zusammengedrängt und in lebhaftem Gebärdenwiderstreit. Der kollektive Körperklumpen steigt gleich einem Schiffsbug nach rechts oben an, wo ihn sein Absturz erwartet. Dieser beherrschenden Schräge widersetzen sich die einzelnen Glieder des Kollektivs: ihre Blicke und Arme wenden sich nach links. Von dort kommt die Gefahr. Ihr Einhalt zu gebieten, geht über die Kräfte der Wehrlosen, und wir ahnen, daß die schmale Plattform ihnen keinen anderen Ausweg lassen wird als den Sprung in den Abgrund.

Scheffer bezieht sich auf ein Ereignis, das sich 1803 zutrug, also rund zwei Jahrzehnte vor dem Ausbruch des griechischen Befreiungskampfes. Ali Pascha, dem türkischen Stadthalter, war es gelungen, den Widerstand der Soulioten, eines griechischen Bergstammes, zu brechen. Als die Frauen ihre Männer besiegt sahen, flüchteten sie mit ihren Kindern ins Gebirge und sprangen Hand in Hand im Rhythmus eines griechischen Tanzes in die Tiefe. Scheffer hat die verschiedenen Empfindungen aus Angst, letzter Hoffnung und Resignation zusammengefaßt, welche dem Entschluß zum gemeinsamen Todessprung vorausgingen. Formal stand ihm als Vorbild die Lösung vor Augen, die Géricault in seinem ›Floß der Medusa‹ (Kat. 520) für die schicksalhafte Ausweglosigkeit gefunden hatte, wobei er freilich, anders als Scheffer, an die Bugspitze des Kollektivkörpers einen Menschen setzen konnte, den ein fernes Schiff Hoffnung schöpfen läßt. Auch Delacroix dürfte Scheffer angeregt haben (Kat. 535), doch behaupten sich die ›Frauen von Souli‹ neben ihren Vorbildern — mit deren Berühmtheit sie seinerzeit rivalisierten — als eine eigenständige Erfindung. Das riesige Bild, 1827 im Salon ausgestellt, ist heute eine Ruine (Louvre, 295:395 cm). Die Kopie von Scheffers Mutter folgt genau dem Original und gibt dessen ursprüngliche Farbqualitäten wieder.　　　　　　　　　　　W.H.

hängigkeitskampf engagierte, ein Umstand, den auch der Kunsthandel zu nutzen wußte. 1829 fielen die letzten Entscheidungen im Kampf gegen die Türken, am 3. Februar 1830 wurde Griechenland als unabhängige Erbmonarchie von den Großmächten anerkannt. Scheffer hat sich vielleicht von einem Bild von E. de Lansac anregen lassen, das eine griechische Mutter darstellt, die, ihr totes Kind in den Armen, sich selbst den Tod gibt (›Eine Szene aus den letzten Stunden von Missolunghi‹, 1828, Städtisches Museum, Missolunghi). Der Sohn, der seinen Vater verteidigt, gibt dieser oft von Feindschaft geprägten Beziehung — Franz Moor wirft seinen Vater in den Kerker (Kat. 453) — eine noble Wendung und Überhöhung, wodurch Vater und Vaterland eins werden.　　　　　　　　　　　W.H.

nach Ary Scheffer
534 Junger Grieche verteidigt seinen Vater
Lithographie von Adolphe Midy nach einem Gemälde von Scheffer (sein Verbleib ist unbekannt)
27,4 x 22,0 cm
Bez. u. l.: »A. Scheffer pinx«, u. r.: »Ad. Midy del.«, Unterschrift: »Jeune Grec défendant son père«
Paris, Bibliothèque Nationale, Inv. Nr. Dc 159 vol. 1, S. 17
Die Lithographie erschien im Februar 1829 in London, wo man sich seit Byron (Kat. 532) leidenschaftlich für den griechischen Unab-

Farbtafel XXII
Eugène Delacroix
535 Das Massaker von Chios
1824
Aquarell
33,8 x 30,0 cm
Paris, Musée du Louvre, Cabinet des Dessins, Inv. Nr. RF 3717
Lit.: Guiffrey-Marcel, Bd. IV, Nr. 3448; Sérullaz 1963, Nr. 47
Lit. zum Gemälde im Louvre: Sterling-Adhémar 1959, Nr. 661; Sérullaz 1963, Nr. 46; Rossi-Bortolatto 1972, Nr. 92
Im September 1821 faßte Delacroix den Gedanken, für den ›Salon‹ ein Thema aus dem griechischen Unabhängigkeitskrieg zu malen. Seine Wahl fiel auf das Gemetzel, mit dem die Türken im April 1822 den monatelangen Aufstand der griechischen Bevölkerung der Insel Chios beendeten. Das Massaker kam einer Ausrottung gleich. Augenzeugen, wie der französische Oberst Voutier, der sich für die Griechen schlug und den Delacroix als Quelle benutzte, berichteten von etwa zwanzigtausend Toten. Die Überlebenden wurden in die Sklaverei verschickt.
Im Januar 1824 nahm Delacroix sich die riesige Leinwand (419:354 cm) vor. Welchen Platz das Aquarell in der Reihe der Vorstudien einnimmt, ist noch nicht geklärt, wahrscheinlich diente es der Farbverteilung als erste Orientierung. Anfangs war es Delacroix' Absicht, Opfer und Täter zu einem konvulsivischen Körpergemenge zu verschmelzen, z. B. in der Louvre-Zeichnung RF 9203, die an Kampf- und Raubszenen von Rubens erinnert. Im Verlauf der Arbeit entschied er sich dafür, die Griechen von ihren Unterdrückern abzuheben und, verselbständigt, unter der Formsignatur fatalistischer Passivität zusammenzufassen. Nur ein einziger türkischer Reiter sollte die militärische Übermacht verkörpern. Im Aquarell ist das Schicksal dieser Menschen noch nicht zum Objekt des überlegen disponierenden Kunstverstandes geworden, der im Gemälde Regie führt, es fehlt den Leibern der melancholische Schmelz und den Gesichtszügen die Schönheit verklärten Leidens. Alles ist weniger differenziert. Die Männer und Frauen bilden, allein oder zu zweit, isolierte Zellen, lauter Menschenklumpen, denen anzumerken ist, daß sie sich nicht mehr in Freiheit erheben werden. Die Natur ist karg und blockhaft, weit entfernt von der tiefräumigen Entfaltung des Gemäldes; diese Kargheit verriegelt den Blick in die Ferne, und die hohe Horizontlinie legt ihr lastendes Gewicht auf die Besiegten.
Mag Delacroix, als er das ›Massaker‹ — oder besser: das, was darauf folgte — malte, an Davids ›Sabinerinnen‹ (Abb. 194) oder an Gros' ›Napoleon bei den Pestkranken in Jaffa‹, Kat. 371, ›Die Schlacht bei Eylau‹ gedacht haben — solchen Erinnerungen wußte er einen neuen Bildgedanken entgegenzusetzen, der nicht weniger als den Bruch mit dem herkömmlichen, bipolaren Kompositionsgedanken des Kampfbildes bedeutet. Bei David und seinen Schülern, selbst noch im ›Floß der Medusa‹ (Kat. 520) steigern Tod und Leben sich gegenseitig, verkörpert in der Regel der Fries der Toten, Verzweifelten oder

Wehrlosen nur das düstere ›memento mori‹, von dem der siegreiche Feldherr oder der gnädige Herrscher sich abhebt. Diese Statisten macht Delacroix zu Protagonisten. Er zeigt nicht den Augenblick des Kampfes, auch nicht den mit Waffen erzwungenen Sieg einer Streitmacht über eine andere, sondern das Ergebnis einer Unterwerfungspolitik: zusammengetriebene Männer, Frauen und Kinder — Opfer einer orientalischen Form der Kriegsführung, die seitdem in Europa Schule gemacht hat. Das ist das Neue an Delacroix' Bild: es ist nicht das Gemälde einer Schlacht, sondern ein Requiem auf eine Abschlachtung. Dieses ›Neue‹ hatte Goya schon ein Jahrzehnt vorher in seinen (erst 1863 veröffentlichten) ›Desastres‹ ausgesprochen. Davon wußte Delacroix nichts, er kannte nur die ›Caprichos‹, und er wußte auch nicht, daß Goya sich im Sommer 1824 in Paris aufhielt. War er im ›Salon‹, hat er Delacroix' Bild gesehen? Wir können darauf keine Antwort geben.

Das ›Massaker von Chios‹ wurde 1824 von Karl X. für 6.000 F. erworben. W.H.

Die Überlieferung führt die Szene auf Géricault zurück. Vielleicht wurde sie von dessen Bild ›Im griechischen Freiheitskampf‹ (Richmond, Museum of Fine Arts) oder einer ähnlichen Komposition angeregt. An Géricaults Bilder mit abgehackten Köpfen und Gliedmaßen (Kat. 523, 524) erinnert die abrupte Lichtführung der Radierung, die nicht der kontinuierlichen Körpermodellierung dient, sondern die Teile zu Bruchstücken isoliert. Dieses Krankenhaus ist ein trostloser Ort, ein Vorort des Todes. Delacroix mag dabei an die griechischen Befreiungskämpfe gedacht haben, denen er in seinem ›Massaker von Chios‹ (1824, Kat. 535) und in der Allegorie ›Griechenland auf den Ruinen von Missolunghi‹ (1827, Kat. 537) ein Denkmal setzte. Die Radierung steht auch in der Tradition der Gefängnis-Poesie, ebenso wie sie mit den Darstellungen ausgestoßener Randmenschen zusammenhängt (Kat. 530). Der Kranke im Elend teilt seine Nachdenklichkeit nicht nur mit Géricaults Bettler, sondern auch mit dem im Überfluß sterbenden ›Sardanapal‹ (1827) von Delacroix. W.H.

537

Eugène Delacroix
536 Ein Militärhospital
1828
Radierung (Aquatinta)
22,0 x 26,0 cm
Paris, Bibliothèque Nationale
Inv. Nr. Dc 183 n rés.
Lit.: Delteil Bd. 3, Nr. 8

Farbtafel XXIII
Eugène Delacroix
537 Griechenland auf den Ruinen von Missolunghi
1827
Öl auf Leinwand
213 x 142 cm
Bez. li. u.: Eug. Delacroix
Bordeaux, Musée des Beaux-Arts,
Inv. anc. 439
Lit.: Sérullaz 1963, Nr. 111; Rossi-Bortolatto 1972, Nr. 131.

Die Kämpfe um die westgriechische Stadt Missolunghi (Mesolongion) gehören zu den opferreichsten des Befreiungskrieges gegen die Türken. Seit 1822 mehrmals von den Türken belagert — am 9. April 1824 erlag Byron (Kat. 532) in ihren Mauern einem heftigen Fieber —, wurde die Stadt 1825 von der Übermacht bezwungen. Ehe der Feind von ihr Besitz ergreifen konnte, sprengten sich die letzten Verteidiger mit ihren Frauen und Kindern in die Luft.

Delacroix malte zwei Jahre später ein Gedächtnisbild auf das Ende der Stadt. Sein Bildgedanke ist der Versuch, Tatsachenbericht und Heilsbotschaft auf einen Nenner zu bringen. Das Ergebnis ist, mit einem Terminus, den Courbet für sein ›Atelier‹ prägte, eine ›allégorie réelle‹ (Hofmann, 1979, S. 20). Die hochgewachsene Frau ist nicht bloß irgendeine Überlebende, sondern das seine physische Selbstzerstörung überlebende Griechenland — Geist und Lebenswille einer ge-

536

knechteten Nation, aber von allegorischen Attributen unbelastet.

Zugleich jedoch ist die Frau irgendeine der anonymen Kämpferinnen, die diese Stadt verteidigt haben. Der Täter im Hintergrund ist Randfigur, von seiner martialischen Pose demaskiert. Er bemerkt die Frau nicht, was sich wohl damit erklärt, daß sie eben doch keine Überlebende ist, sondern eine Wiederauferstandene, die nur sehen kann, wer an Wunder glaubt. Die Architekturtrümmer, auf denen diese ›allégorie réelle‹ steht, haben einen Mann unter sich begraben, der vorderste Quaderstein trägt blutiges Rot – Farbe geht hier in die Substanz über, die sie darstellen soll. (Eine analoge ›Materialisierung‹ des Kunstmittels Farbe nimmt Goya in der »Erschießung der Aufständischen«, Abb. 50 S. 118 vor.) Das tote Armfragment ist eine Art Hommage à Géricault, dessen Metaphorik der abgeschlagenen Gliedmaßen (Kat. 524) von Delacroix aufgegriffen und zeichenhaft der Gestaltverstümmelung integriert wird. Doch über der Verstümmelung einer Stadt, ihrer Bauten und ihrer Bewohner, erhebt sich die Erweckungsfigur der Frau. Sie steht und kniet zugleich, was bedeutet, daß in ihr Niederlage und Triumph sich verschränken. In ihrer Haltung ist vornehme Preisgabe, aber auch das stumme Vorzeigen dessen, was geschehen ist, und ihrer Schönheit, die darüber triumphiert, indem sie den Selbstmord der Stadt mit ihrer eigenen sinnlichen Lebenskraft versöhnt und solcherart überwindet.

Am 15. Mai 1824 schrieb Delacroix in sein Tagebuch: »Was die Genies ausmacht oder besser: was sie hervorbringen, sind nicht neue Ideen, vielmehr sind sie von der Idee besessen; daß, was gesagt wurde, nicht genug gesagt worden ist.« Delacroix wußte sich in einer Tradition, und seine Beziehung zu Vorbildern ist von der Absicht getragen, bestimmte formale Muster oder Matrizen mit neuer Aussagekraft zu versehen, um ihr Bedeutungspotential zu vertiefen. Als er über die Gestalt Griechenlands nachdachte, war er sich offenbar bewußt, daß seine nationale Allegorie auch an der vom Altertum überkommenen Formhöhe gemessen werden würde – gleichwie er später das Profil seiner ›Liberté‹ nach antiken Münzen entwarf. Für das sterbende Griechenland vermuten wir einen zweifachen Rückgriff auf David. Die Geste des Vorzeigens, die sich auf die zu Tod verwundete Stadt bezieht, dürfte auf Davids Andromache zurückgehen, die den toten Hektor beweint (Les pleurs d'Andromaque, 1783). Damit verbindet sich die Geste der Preisgabe, die Delacroix an der knienden Mutter wahrgenommen haben dürfte, welche in Davids ›Sabinerinnen‹ (1799) genau die Bildmitte einnimmt (Abb. 194). Andromache und diese Mutter sind Beispiele für die antike Heldenfrau.

Zu diesem klassischen, richtiger: klassizistischen Stammbaum fügt sich ein anderer. Zwei Blätter in einem Skizzenbuch des Louvre, das auf 16 Seiten Entwürfe zu unserem Bild enthält, zeigen Griechenland als kniende Frau mit weit geöffneten Armen, die ihre Kinder zu beschützen sucht (RF 9145, Abb. Sérullaz 1963, Nr. 112). Dieser Gestus ist barocker Herkunft. Delacroix nutzte ihn zum ersten Mal in einer Kompositionsskizze für sein Frühwerk ›La Vierge du Sacré-Cœur‹ (RF 9 196). Diese Matrize blieb fortan in ihm haften und tauchte unter den ersten Ideen des Missolunghi-Bildes wieder auf (Hofmann, 1975, S. 64). So rundet sich der Bogen: das sterbende Griechenland ist eine säkularisierte Gottesmutter, die als nationales Symbol einen neuen Errettungs- und Erlösungsauftrag zu erfüllen hat.

W.H.

538 Studie der ›Liberté‹ für das Gemälde ›Die Freiheit führt das Volk an – Der 28. Juli 1830.‹

Bleistift, weiße Kreidehöhungen
32,4 x 22,8 cm
Paris, Musée du Louvre, Cabinet des Dessins, Inv.Nr. RF 4522.
Lit.: Sérullaz 1963, Nr. 125
Lit. zum Gemälde im Louvre: Sterling-Adhémar 1959, Nr. 669; Günter Busch: Eugène Delacroix, Die Freiheit auf den Barrikaden, Stuttgart 1960 (Werkmonographien zur Bildenden Kunst Nr. 52); Sérullaz 1963, Nr. 124; Werner Hofmann: Sur la ›Liberté‹ de Delacroix, in: Gazette des Beaux-Arts, September 1975, S. 61-70

Delacroix' ›Freiheit‹ beschließt und krönt die Erweckungsgestalten, von denen der letzte Abschnitt unserer Ausstellung eine Auswahl zeigt. Es ist hier nicht der Ort, eine ausführliche Analyse des großen Gemäldes zu geben (Louvre, 260 x 325 cm, Abb. 242), das im Salon von 1831 gezeigt und von Louis-Philippe für 3.000 F für die Galerie im Luxembourg erworben wurde, wo es nach wenigen Monaten im Depot verschwand – analog der vom Bürgerkönig verkündeten politischen Freiheit, die sich bald als leeres Versprechen erwies.

Wir beschränken uns auf die ausgestellte Zeichnung, die als Konzentrat des Bildgedankens angesehen werden kann. Der nackte Körper ist ganz und gar gestraffter Elan – nicht Masse, sondern ein Kraftliniengebilde aus Muskeln und Sehnen. Die eigenartige doppelte Kontorsion (die im Gemälde durch den Faltenwurf gemildert wird) bewirkt ein Vorwärtsdrängen, das gleichzeitig als gespanntes Sich-Abstoßen bzw. Sich-Abschnellen wahrgenommen wird. (Für Heine stellt die Liberté des Gemäldes »die wilde Volkskraft (dar), die eine fatale Bürde abwirft.«)

Die Erfindung frappiert durch ihre Schlüssigkeit, sie wirkt, als wäre sie aus einem Guß entstanden. Dieser Eindruck trügt: die Liberté hat eine lange Genesis, die in Delacroix' Anfänge zurückreicht. Als er sich für ein Bild über die Juli-Revolution entschloß, griff Delacroix bewußt zu einem Thema, das sich von den meisten Verherrlichungen der »drei glorreichen Tage« unterschied. Er begnügte sich nicht mit Straßenkämpfen oder mit dem Schicksal des Studenten Arcole (Kat. 540 a/b), dem im Salon von 1831 mehr als vierzig Gemälde gewidmet waren (Heine, Gemäldeausstellung in Paris, 1831). Delacroix' Thema geht auf ein Leitmotiv seiner Kunst zurück: die Frau als Retterin. Hinter der Liberté steht die zehn Jahre früher entstandene Gottesmutter (Abb. 243), eine Studie für das Gemälde der »Vierge du Sacré-Cœur«, das Delacroix für die Kathedrale von Ajaccio malte. (Hofmann 1975, S. 64) Eine Kompositionsskizze im Louvre (RF 9141, Abb. 244) verdeutlicht diesen Zusammenhang. Die Gottesmutter, Allegorie der triumphierenden Religion, wird von einer zu ihr emporblickenden Gestalt angefleht. Wir erkennen darin den Prototyp

538

Abb. 242 Delacroix, *Die Freiheit führt das Volk an*

Abb. 243 Delacroix, Studie zur ›*Vierge du Sacré-Cœur*‹

Abb. 244 Delacroix, Ideenskizze zur ›*Vierge du Sacré-Cœur*‹

Abb. 245 Garneray, Vignette

des knienden, anscheinend verletzten Arbeiters in der blauen Bluse, der sich der Liberté wie einer überirdischen Erscheinung zuwendet (Abb. 242/Gemälde). Sie ist die verjüngte, vitalisierte Gottesmutter, vom Himmel auf die Erde herabgestiegen. Sie trägt nicht mehr das Herz Jesu und das Kreuz, sondern die Trikolore und ein Gewehr. Unser Versuch, die Liberté aus der Kontinuität von Delacroix' Bildvorstellungen abzuleiten, führt zu dem Schluß, daß auch diese Gestalt, wie das sterbende Griechenland (Kat. 537), eine »allégorie réelle« ist, die Versinnlichung einer christlichen Heilsgestalt und eines Klischees aus dem republikanischen Allegorien-Vorrat (Abb. 245). Diese Versinnlichung hat Anlaß zu der Vermutung gegeben, Delacroix habe sich von einem Revolutionsgedicht von Auguste Barbier anregen lassen:

»Sie ist ein kraftvolles Weib mit mächtigen Brüsten, mit heiserer Stimme und herben Reizen, Braungebrannt, feurigen Blicks und gewandt, schreitet sie aus mit breiten Schritten...«

Damit ist Delacroix' Liberté nur vordergründig charakterisiert, denn sie ist, wie schon Heine gesehen hat, ungleich mehr, »eine seltsame Mischung von Phryne, Poissarde und Freiheitsgöttin«. Schließlich verkörpert sie auch den neuen, emanzipatorischen Geschichtsauftrag der Frau, auf den sich die Hoffnung der Saint-Simonisten (denen Delacroix nahestand) richtete: »la femme Messie«, den weiblichen Messias einer auf das Diesseits gerichteten Beglückungsreligion. W.H.

539

Nicolas-Toussaint Charlet
539 Die Ansprache am 28. Juli 1830
Lithographie
24,3 × 32,3 cm
Hamburger Kunsthalle, Kupferstichkabinett, Inv.Nr. 1980/43
Bez.u.r. (im Bildfeld): »Charlet 1830«, Unterschrift: »ALLOCUTION (28 Juillet 1830)
Polignac a mis la broche, y n'mangera pas l'roti, enfans? veillez au grain, soignez les pénitens! du bon coin! tel et roide d'hauteur! et quand nous aurons secoué le panier aux ordures, si la france nous doit plus qu'elle ne peut payer, nous lui ferons credit nom d.D...«
(Polignac hat den Spieß aufgelegt, den Braten wird er nicht essen, Kinder? Seid auf der Hut, kümmert euch um die Schwachmütigen! (Kämpft) mit Stoßkraft und Standfestigkeit! und wenn wir den Mistkorb gut geschüttelt haben, wenn uns Frankreich mehr schuldet als es uns bezahlen kann, räumen wir ihm Kredit ein, bei G...)

In dieser berühmten Lithographie gibt sich die Parteinahme für den demokratischen Gedanken eine adäquate Form. Schon Goya unterschied zwischen dem Volk und den Exekutanten der obrigkeitlichen Ordnung, indem er die Opfer individualisierte und die Täter als anonyme Vernichtungsmaschinerie auftreten ließ. Aus diesem Gegensatz von freiem Entschluß und blindem Gehorsam ergibt sich ein Qualitätsunterschied des kämpferischen Bewußtseins. Darauf zielt Charlet ab. Die königliche Kavallerie unterzieht sich dem Straßenkampf wie einer Säuberungsaktion: ihre Reiter wissen nicht, um was es hier geht. Die fünf Bewaffneten hinter der Mauerecke, darunter zwei junge Burschen, verkörpern, mögen sie auch posieren, den Willen des Volkes, sich gegen die Übermacht zu behaupten. Die von Gewehrläufen und Fahnenstangen gestützte Gruppe ist keiner mechanischen Disziplin unterworfen, sondern Ausdruck vielstimmiger Entschlossenheit. Ihr Anführer überzeugt mit Wort und Geste. Sein senkrechter Gewehrlauf − parallel zur Mauerkante − sagt: bis hierher und nicht weiter. Charlet blickt hinter die Kulissen des Heldentums, in die Phase, in der es allmählich Gestalt annimmt, »volonté générale« wird, und er unterschlägt nicht die Angst in den weit geöffneten Augen des Jungen. Augenzeugen berichten, daß es den legendären ›Gavroche‹ (so nannte Victor Hugo einen halbwüchsigen Straßenkämpfer in seinen ›Misérables‹) tatsächlich gab. W.H.

540a

540b

Louis Antoine Goblain und Victor Adam
540a Arcole hißt die Trikolore an der Brücke beim Pariser Rathaus

Lithographie
21,1 x 28,5 cm
Bez.u.l.: »La Vue par Goblain«, u.r.: »Courlin Lith.ᵗ Figures par Adam«, Überschrift: »Mercredi« (Mittwoch), Unterschrift: »HOTEL DE VILLE. (Pont d'Arcole.)
Un jeune homme du peuple s'avança, malgré le feu des Troupes, jusqu'à l'extrémité du Pont & y / planta le Drapeau Tricolore. Blessé mortellement quelques instants après, il expira en disant:/ souvenez vous que je m'appelle Arcole.«
[Rathaus. (Arcolebrücke.) Ein junger Mann aus dem Volk stürzte trotz des Feuers der Truppen bis zum Ende der Brücke vor und pflanzte dort die Trikolore auf. Tödlich verwundet wenige Augenblicke danach verendete er mit den Worten: Erinnert euch, daß ich Arcole heiße.]
Hamburger Kunsthalle, Kupferstichkabinett, Inv.Nr. 1980/46

nach Louis Thomas Bardel
540b Arcole ruft eine Bürgerwehr zum Sturm auf die Brücke auf

Lithographie von François de Villain nach einer Zeichnung von Bardel
18,1 x 26,7 cm
Bez.u.l.: »Bardel del.ᵗ«, u.r.: »Lith de Villain.«, Überschrift: »28 JUILLET 1830«, Unterschrift: »Je vais vous apprendre comment on meurt; si je succombe,/ Rappelez vous que je me nomme D'Arcole ...« [Ich werde euch zeigen, wie man stirbt; wenn ich umkomme, erinnert euch, daß ich D'Arcole heiße ...]
Hamburger Kunsthalle, Kupferstichkabinett, Inv.Nr. 1980/45
Lit.: Bibl.Nat.Inv. après 1800, Bd. 1, S. 316, Nr. 9

Bei den Kämpfen um das Pariser Rathaus fiel am 28. Juli ein revolutionärer Student unter den Kugeln der königlichen Truppen. Seine Selbstaufopferung wurde zum Symbol einer Volkserhebung, die sich bald um ihre Erfolge betrogen sehen sollte. Zwei Monate später, am 21. September 1830, berichtete Ludwig Börne im siebenten seiner Pariser Briefe über diesen Vorfall: »Man kann ungestört träumen auf dieser Brücke. Sie ist nur für Fußgänger, und sooft einer darüberging, zitterte die ganze Brücke unter mir, und mir zitterte das Herz in der Brust. Hier, hier an dieser Stelle, wo ich saß, fiel in den Julitagen ein edler Jüngling für die Freiheit. Noch ist kein Winter über sein Grab gegangen, noch hat kein Sturm die Asche seines Herzens abgekühlt. Die Königlichen hatten den Grève-Platz besetzt und schossen über den Fluß, die von jenseits andrängenden Studenten abzuhalten. Da trat ein Zögling der Polytechnischen Schule hervor und sprach: ›Freunde, wir müssen die Brücke erstürmen. Folgt mir! Wenn ich falle, gedenket meiner. Ich heiße Arcole; es ist ein Name guter Vorbedeutung. Hinauf!‹ Er sprach's und fiel, von zehn Kugeln durchbohrt. Jetzt liest man in goldnen Buchstaben auf der Pforte, die sich über die Mitte der Brücke wölbt: Pont d'Arcole, und auf der anderen Seite: le 28 juillet 1830.« Die »gute Vorbedeutung« bezieht sich auf das Städtchen Arcole in Norditalien, wo Napoleon 1796 die Österreicher schlug (vgl. Kat. 360).

Die das Bildbedürfnis des Publikums versorgenden Zeichner hatten zwischen Verklärung und Reportage zu wählen. Jules Rigo z.B. wählte den probaten Anführergestus (vgl. Kat.Nr. 546) und ließ dicht auf Arcole eine Gruppe von Bewaffneten folgen, die das ›Volk‹ in seinen verschiedensten Schichten verkörpern (Abb. 246).

Goblain (Kat. 540a) gibt eine vedutenhaft präzise Bestandsaufnahme, in die der Studenten zwar deutlich sichtbar, aber nicht exponiert einsetzt. Erst bei genauem Hinsehen merken wir, daß die Soldaten, die den Rathausplatz füllen, den Mann als Zielscheibe benutzen. Die Szene ist von fast photographischer Verläßlichkeit, entbehrt aber doch – oder gerade deshalb – der dramatischen Spannung, sie unterdrückt das Wagnis dieses Alleingangs. Dem Zeichner Bardel (Kat. 540b) stellt sich der erste Schritt zur Selbstaufopferung als Appell dar. Einer ruft seinen Kameraden, Studenten wie er, seinen Entschluß zu. Sie stehen alle auf der Seine-Insel, die von den Revolutionären gehalten wird. Die Brücke mit ihrer aufsteigenden Kettenkurve scheint den Fahnenträger seinen Feinden entgegenzutragen. Im Pulverdampf werden die königlichen Soldaten sichtbar.

W.H.

Abb. 246 Rigo, *Arcole ruft zum Sturm auf die Brücke*

Hippolyte Bellangé

541 »Die Schurken! . . . sie haben ihn getötet.« (28. Juli 1830)

Lithographie

19,4 x 14,6 cm

Bez.u.r. (im Bildfeld): »h.^te Bellangé 1830«

Hamburger Kunsthalle, Kupferstichkabinett, Inv.Nr. 1980/45

Literatur: Bibl.Nat. Inv. Après 1800, Band 2, S. 98, Nr. 76

Der tote Sohn liegt im Schutz der Ufermauer, seine Mutter, eine zornige Niobe, kümmert sich nicht um ihn, sondern blickt, selber unbewaffnet, mit ihrem ganzen Zorn auf die feindlichen Linien, als wollte sie die Kugeln der Königlichen herausfordern. Diese Gestalt beschließt unsere Reihe der Heldenfrauen, die über Delacroix und Scheffer zu Goya zurückreicht (Kat.Nr. 538, 533, 103). Das Gegenstück dieser Szene ist Scheffers Vater-Sohn-Episode aus dem griechischen Befreiungskampf (Kat. 534). W.H.

Auguste Raffet

542 »Erzbischöfe, Diakone, Pfarrer, Küster, Vermieter von Kirchenstühlen, alle sind sie Drückeberger. Sehen Sie nur.«

Lithographie

17,5 x 19,9 cm

Bez.u.r. (im Bildfeld): »Raffet«

Hamburger Kunsthalle, Kupferstichkabinett, Inv.Nr. 1980/40

Literatur: Béraldi 1885, Vol. XI, S. 89, Nr. 128

Raffet hat eine Schwäche für den Volkszorn, wenn er im Kampf (oder in der Zwietracht, Kat. 549) überbordet oder seinen Sieg orgiastisch feiert. Am letzten der drei glorreichen Tage, als Paris in der Hand der Revolutionäre war, folgte auf die Kämpfer der ersten Stunde die Nachhut — alle jene, die sich ihr Mütchen kühlen und ihre Taschen füllen wollten. Delacroix begnügte sich in seiner ›Liberté‹ (Kat. 538), die auf den Türmen von Notre-Dame wehende Trikolore zu zeigen. Raffet hält fest, was sich zu ebener Erde abspielte. W.H.

542

541

nach Charles Philippe Auguste de Larivière

543 Die Ankunft des Herzogs von Orléans auf dem Pariser Rathausplatz 1830

Radierung und Kupferstich von Jean Denis Nargeot nach einem Gemälde von Larivière (in Versailles)

18,6 x 40,2 cm

Bez.u.l.: »Peint par Larivière.«, u.r.: »Gravé par Nargeot.«

Hamburger Kunsthalle, Kupferstichkabinett, Inv.Nr. 1980/69

Lit.: Béraldi 1885, Bd. X, S. 189

Am 31. Juli begaben sich etwa neunzig Abgeordnete zum Palais-Royal, um den Herzog von Orléans (den späteren Louis-Philippe) zum Rathaus zu geleiten. Horace Vernet malte zwei Jahre später ein Bild dieses Auszuges, das vom König für die historische Galerie in Versailles gekauft wurde.

Unser Stich zeigt die Ankunft vor dem Rathaus; im Hintergrund Notre-Dame, rechts die Brücke, auf der Arcole — vgl. Kat. 540 — drei Tage vorher den Tod gefunden hatte. Aus den Erinnerungen des Herzogs von Broglie wissen wir, daß nur eine schüttere Menge den Weg des Kronprätendenten säumte. Dessenungeachtet hat Larivière den Einzug nach dem

543

herkömmlichen, seit der Antike tradierten Schema des fürstlichen Triumphzuges komponiert. Der volkstümliche Herrscher, von einem leicht Verwundeten begleitet, überquert den noch von Barrikadenresten übersäten Platz. Dem Reiter ist ein Arbeiter zugeordnet, der im Huldigungskniefall einen Pflasterstein entfernt (vgl. Kat. 539); rechts erhebt sich eine eindrucksvolle Pyramide volkstümlicher Dankbarkeit, darunter auch Veteranen der napoleonischen Kriege. Dem Herzog folgen zwei Sänften. In der einen sitzt der Bankier Laffitte, dessen Politik die Juli-Monarchie ihre Devise »bereichert euch!« verdanken wird; in der andern der Dichter Benjamin Constant, der Führer der liberalen Partei. Der Bankier, ein diskreter Drahtzieher, wird den Dichter überleben, über dessen Tod am 8. Dez. 1830 Börne schreibt: »Der Kampf für die Freiheit hielt ihn aufrecht, dem Siege unterlag er. Der Gram getäuschter Hoffnung hat sein Leben verkürzt; die Revolution hat ihm nicht Wort gehalten; die neue Regierung vernachlässigte den, der so viel getan, die alte zu stürzen« (17. Brief). W.H.

Honoré Daumier
544 Dort gibt's noch einiges zu tun!

Lithographie
20,0 x 30,2 cm
Unterschrift: »Y a encore de l'ouvrage par là!«
Paris, Bibliothèque Nationale,
Inv.Nr. Dc 180 b rés.
Lit.: Delteil Bd. 20, Nr. 12

Eine Kolonne von Straßenkehrern, städtischen Wegelagerern ähnlich, nähert sich, von den Tuilerien kommend, der Nationalversammlung. Diese herkulische Menge erwartet ein Augiasstall, die Abgeordnetenkammer, in der noch immer (oder schon wieder) die Reaktionäre das Sagen haben. Daumier unterläßt es, das selbsternannte Reinigungskommando zu heroisieren. In dem plumpen Kollektivkörper, der sich keilförmig aus der Tiefe nach vorne schiebt, ist der Elan der revolutionären Bewegung gebremst und vergröbert — aber für wachsame Augen jetzt erst recht gefährlich. Die Veröffentlichung der im September 1830 entstandenen Lithographie wurde von der Zensur verboten. W.H.

Honoré Daumier
545 Ein Juliheld

1831
Lithographie
21,8 x 18,9 cm
Unterschrift: »UN HEROS DE JUILLET, Mai 1831«
Paris, Bibliothèque Nationale,
Inv.Nr.Dc 180 b rés.
Lit.: Delteil Bd. 20, Nr. 23

Ein Randmensch, von den Ereignissen buchstäblich an den Rand getreten. An den »drei glorreichen Tagen« (vgl. Kat. 538, 539, 540a/b, 541) hat er sich für die Revolution geschlagen und eine Verletzung davongetragen. Jetzt steht er vor dem Nichts. Wie ist er auf das Geländer der Seine-Brücke gelangt? Die Frage ist weniger unbedarft, als sie anmutet, denn sie erhellt Daumiers Absicht. Das Geländer ist der Sockel dieses negativen Denk- und Mahnmals, die notwendige Basis für einen anonymen Menschen, den sein Entschluß zum Freitod in die Monumentalität hebt. Der Denkmal gewordene Krüppel kontrastiert mit dem hohlen Denkmalpathos der Deputiertenkammer. Nicht nur ist dieser Mensch physisch eine Ruine, — was er auf dem Leib trägt — lauter Leihscheine — gehört nicht mehr ihm. Anders formuliert: er ist der Leibeigene einer Gesellschaft geworden, die seinen Körper beschädigt und seinen schmalen Besitz an sich gezogen hat. Der Pflasterstein — er trägt die Aufschrift »letztes Mittel« — könnte einer von denen sein, die in den Julitagen zum Barrikadenbau gedient hatten. Vgl. Goyas Kriegskrüppel Kat. 168a.
W.H.

544

545

546

547

Ary Scheffer
546 Le Vengeur
Lithographie
47,8 x 45,2 cm
Bez. im Bildfeld u.r.: »A.Scheffer.« Unterschrift: »Le Vengeur/Le 13 Prairial an II (Ier juin 1794) le combat le plus terrible eut lieu entre l'armée navale de la république française et celle des anglais, le Vengeur Cerné de tous Côtés/se défendit jusqu'au moment ou l'équipage le sentit couler alors il arbora ses pavillons et s'engloutit aux cris mille fois répétés, vive la république! vive la liberté [Der Rächer. Am 1. Juni 1794 (Druckfehler!) fand der heftigste Kampf zwischen der Kriegsflotte der französischen Republik und derjenigen der Engländer statt, der eingekreiste »Rächer« verteidigte sich, bis die Mannschaft ihn sinken fühlte, darauf pflanzte sie ihre Fahnen auf und versank unter dem tausendfach wiederholten Ruf: Es lebe die Republik! Es lebe die Freiheit!]
Paris, Bibliothèque Nationale,
Inv.Nr.Dc 159 vol.I

»Während die englische Flotte das Mittelmeer beherrschte und mit der Hilfe von Paoli Korsika einnahm, gelang es den republikanischen Geschwadern, sich auf dem Atlantik zu behaupten. Am 9., 10. und 13. Prairial (28. und 29. Mai und 1. Juni 1794) lieferte die von Brest ausgelaufene Flotte von Villarel-Joyeuse der englischen Flotte von Howe eine Schlacht auf offener See bei der Insel Ouessant, um Getreideschiffe aus Amerika zu schützen. Die französischen Verluste waren hoch, ›Le Vengeur‹ wurde versenkt, doch mußten sich die Engländer zurückziehen, so daß der Konvoi passieren konnte.« (Albert Soboul, Die große französische Revolution, Frankfurt 1973, Bd.2, S. 371). Zweifellos wählte Scheffer diese Episode, die viele französische Barden zur Feder greifen ließ, mit dem Blick auf seine Gegenwart. Die Lithographie entstand dreißig Jahre nach dem Untergang des ›Vengeur‹ (der ›Vengeur du Peuple‹, ›Rächer des Volkes‹ geheißen hatte), zehn Jahre nach der Abdankung Napoleons und in dem Jahr, in dem Karl X. seinem Bruder Ludwig XVIII. auf den Bourbonenthron folgte. Der französische Patriotismus, dem die Restauration keine Anstöße bot, mußte sich in der Erinnerung an vergangene Heldentaten kräftigen. Der Widerstand des ›Vengeur‹ ließ sich auf die Gegenwart beziehen: wie damals mußte Frankreich, von einer Übermacht niedergezwungen, aus der Selbstaufopferung Mut und Hoffnung auf eine Wende schöpfen. Die Bildlegende hat Appellcharakter. Ihre Überschrift — ›Der Rächer‹ — assoziiert den Schiffsnamen mit dem Erweckungspathos des säbelschwingenden Offiziers, und das Zitat »vive la république! vive la liberté«! (das waren die letzten Rufe der Matrosen) mußte legitimistischen Ohren verdächtig klingen.
W.H.

Ary Scheffer
547 Allons, enfants de la Patrie!
Lithographie
17,0 x 22,5 cm
Bez. im Bildfeld u.r.: »A.Scheffer ainé«, erschienen 1826 in der Mappe »Croquis lithographiques par Scheffer ainé«
Paris, Bibliothèque Nationale,
Inv.Nr.Dc 159, vol. 2

Der vorderste Milizionär, der sich zum Stadttor zurückwendet, ist aus dem Offizier des ›Vengeur‹ (Kat. 546) hervorgegangen, doch wirkt sein Pathos, wie das seiner Kameraden, verhaltener, es ist der schwärmerischen Abschiedsseligkeit eines Schwind oder Richter nicht unähnlich. Das Kampflied der Revolutionssoldaten, das als ›Marseillaise‹ zur französischen Nationalhymne wurde, wird nicht von Menschen gesungen, für die »der Tag des Ruhmes gekommen ist« (». . . le jour de gloire est arrivé . . .«). Mehr als der Krieg fürs Vaterland, der ihnen bevorsteht, scheint diese Soldaten das zu bewegen, was sie zurücklassen müssen. Die Umarmung im Vordergrund macht das deutlich.
W.H.

548

549

Ary Scheffer
548 Allons, enfants de la Patrie...
Pinsel in Farbe
7,5 x 6,5 cm
Sign. u.r.: »A Scheffer.«
Dordrecht, Dordrechts Museum,
Inv.Nr. DM/S/T202/5

Scheffer zeichnete hundert Illustrationen für die ›Histoire de la Révolution française‹ von Adolphe Thiers, die 1834 erschien. In diesen kleinformatigen Zeichnungen scheint sich die formale Idee mit der Kraft des revolutionären Aufbruchs zu identifizieren. Das zeigt der Vergleich dieses Blattes mit Scheffers ›Allons, enfants...‹ von 1826 (Kat. 547). Nicht nur hat sich seitdem das politische Blatt gewendet, auch künstlerisch konnte sich Scheffer bei einigen Vorbildern Mut machen, etwa bei der ›Liberté‹ von Delacroix (Kat. 538) oder bei Rude, der 1832 die Arbeit an seinen Monumentalreliefs für den Arc de Triomphe begann.
W.H.

Auguste Raffet
549 Die Verhaftung der Charlotte Corday
Aquarell
7,5 x 10 cm
Sign. u.r.: Raffet.
Montpellier, Musée Fabre, Inv.Nr. 868-1-74
Lit.: Kat.Montpellier 1962, Nr. 238

Raffet ist der unermüdliche Chronist französischer Größe, beginnend mit der Revolution von 1789 und endend mit der Belagerung von Rom (1850), ein Chronist, der das große Ereignis auf das Taschenformat bringt, der das Heldentum mit harmlosen Anekdoten rahmt, also die ›Größe‹ durch die Beimischung des Trivialen relativiert. (Von dieser Optik hat Menzel gelernt.) Die Verhaftung der Charlotte Corday, im Zusammenhang mit der Arbeit am ›Musée de la Révolution‹ zu Beginn der dreißiger Jahre entstanden, versucht das rund vierzig Jahre zurückliegende Ereignis unparteiisch darzustellen.. Der tote Marat, respektvoll David (Kat. 350) entlehnt, ist in den Hintergrund gedrängt, seine Mörderin wird zwar nicht verherrlicht (wie bei Gillray, Kat. 357), aber sie zieht doch alles Licht auf sich, und ihre ruhige Gefaßtheit hebt sich überzeugend von dem wüsten Handgemenge rechts vorne ab.
W.H.

Eugène Delacroix (zugeschrieben)
550 Boissy d'Anglas vor dem Konvent
Öl auf Leinwand
40,7 x 54 cm
Bez.u.l.: »E.D.«
Northampton, Massachusetts, Smith College Museum of Art, Inv.Nr. 1928:13
Lit.: Sérullaz 1963, Nr. 143; Rossi-Bortolatto 1972. Nr. 211.
Lit. zum Gemälde in Bordeaux: Sérullaz 1963, Nr. 142; Lüdecke 1965, S. 18-20; Rossi-Bortolatto 1972, Nr. 210.

Bald nach der Juli-Revolution veranstaltete die Regierung einen Wettbewerb für drei große Historienbilder, die den Sitzungssaal des Parlaments im Palais-Bourbon schmükken sollten. Drei Themen wurden den Malern genannt, ein Ereignis aus der unmittelbaren Gegenwart — »Louis Philippe legt am 9. August 1830 in der Deputiertenkammer den Eid ab« — und zwei aus der Revolution von 1789: »Mirabeau protestiert vor dem Marquis de Dreux-Brézés gegen die vom König verfügte Beurlaubung der Generalstände« (23. Juni 1789) und »Boissy d'Anglas vor dem Konvent« (20. Mai 1795). Die Themenwahl zielt offensichtlich auf die ›Legitimität‹ von Herrschaft und ihre Gefährdung durch Übergriffe von oben und unten, und sie zeigt die Weisheit der neuen, konstitutionellen Monarchie gemessen am ›Ancien régime‹ auf. Philippe-Egalité, der Bürgerkönig, der den Eid ablegt, handelt im Einklang mit den Volksvertretern, die Ludwig XVI. durch den Marquis de Dreux-Brézés provozierte. Diesem Übergriff von oben entspricht der von unten, die wütende Menge, die mit dem Ruf »Brot und die Verfassung von 1793« in den Konvent eindringt, einen der Deputierten — Féraud — enthauptet und ihre Trophäe, auf eine Pike gespießt, dem Boissy d'Anglas unter die Augen hält.

Delacroix beteiligte sich nur an den beiden historischen Themen des Wettbewerbs, doch ohne Erfolg. Der ›Boissy d'Anglas‹ wurde mit der Begründung abgelehnt, Delacroix habe sich nicht an die Überlieferung gehalten, wonach Boissy d'Anglas aufgestanden sei und vor der Menge, die an ihm mit dem Kopf Férauds vorbeizog, ehrfürchtig den Hut abgenommen habe. Das der Jury vorgelegte Bild gehört seit 1886 dem Musée des Beaux-Arts in Bordeaux. Die etwa halb so große Fassung des Smith College galt lange Zeit als Vorstudie. Erst als die beiden Bilder 1963 auf der Pariser

Delacroix-Ausstellung einander gegenübergestellt waren, wurde das kleine Bild in Zweifel gezogen. Wahrscheinlich malte es ein Schüler (Andrieux ?) unter der Anleitung von Delacroix. Es gibt die entscheidenden Akzente des Bildes in Bordeaux vorzüglich wieder. Die aus dem Raumdunkel hervorbrechende Menge ist ein einziges Wogen, das sich in den hohen Kastenraum ergießt und anscheinend zwischen zwei Polen hin und her geworfen wird, zwischen Boissy d'Anglas, der, überhöht und von den Fahnen bekrönt, sich dem Kopf des Enthaupteten zuwendet, und einem dunklen Gegenspieler, der am linken Bildrand das andere Kräftezentrum bildet.

François-Antoine Boissy d'Anglas (1756-1826), ein geschickter, nicht unehrenhafter Opportunist, begann seine Karriere nach dem Sturz von Robespierre. Mit der Lebensmittelversorgung der Hauptstadt betraut, zeigte er sich dieser schwierigen Aufgabe nicht gewachsen. Der Volksspott nannte ihn Boissy-la-Famine, und es kam zu Aufständen. (Diese Ereignisse hatten ihre Auswirkung auf die Beziehungen zwischen Frankreich und der Freien und Hansestadt Hamburg, deren Hafen für Paris von lebenswichtiger Bedeutung war, da über ihn die Einfuhr von Lebensmitteln, besonders von Getreide aus Nordamerika, erfolgte. Es ist kein Zufall, daß das Hungerjahr 1795 die beiden Geschäftspartner einander näher brachte.) Am 20. Mai drang eine wütende Menge in den Konvent ein, zog jedoch nicht den Verantwortlichen zur Rechenschaft, sondern begnügte sich mit dem Kopf einer Randfigur, vor dem Boissy d'Anglas — mutig oder geistesgegenwärtig — eine Geste fand, die offenbar Respekt einflößte. Doch wie wurde sie von der Menge aufgefaßt? Als Ehrerbietung, wie immer wieder behauptet wird, vor dem Toten, als Standhalten vor der ›Volksjustiz‹ oder als Kapitulation vor ihr? Lüdecke (1965, S. 20) hat wohl recht, wenn er vermutet, daß das Bild wenig Sympathie bei der Jury fand, weil es zu viel aufrührerischen Zündstoff enthielt. 1831, »im Jahr des Lyoner Arbeiteraufstandes und des auch in Paris aufflackernden Widerstandes gegen die Bankiersmonarchie«, war dieser Ausdruck der kollektiven Empörung unerwünscht.

Delacroix selbst ging es um andere Fragen. Vielleicht ahnte er die Zweideutigkeit, mit der die Geste des Boissy d'Anglas behaftet war, und vermied deshalb eine klare Aussage. Der Deputierte steht groß und mächtig vor der Menge, nicht Opfer, sondern Herausforderer, aber letztlich doch ohne Ausstrahlung. Ein Poseur? Jahrzehnte später, am 24. Juni 1849, schrieb Delacroix in sein Tagebuch: »Beim Älterwerden wird einem klar, daß fast jedes

Ding eine Maske trägt ...« (Ein halbes Jahrhundert vorher hatte Goya, damals etwa im gleichen Alter wie Delacroix, unter Cap. 6 – Kat. 43 – geschrieben: »Die Welt ist eine Maskerade«.)

Mit Delacroix' Pessimismus geht eine aristokratische Einschätzung der geschichtsformenden Faktoren einher, zu deren ersten Anzeichen der ›Boissy d'Anglas‹ zählt. Wer verkörpert die ›Wahrheit‹ – die Masse oder das Individuum? In einem seiner Manuskripte, die als »metaphysische Fragmente« veröffentlicht wurden, entscheidet sich Delacroix für den Einzelnen: »Auf der einen Seite die Völker, die verfolgen und töten, auf der anderen das isolierte Opfer, das sie erhellt. Immer ein Mann und ein Volk; immer die individuelle Vernunft, die an der Gestaltung der universellen Vernunft arbeitet.« (Œuvres littéraires, Paris 1923, I, S. 119). Diese Überlegungen stammen aus der Jahrhundertmitte. Ihre Geschichtsauffassung geht aus der romantischen Bewunderung für den tragisch Einsamen hervor (Kat. 487), die im Boissy d'Anglas zum ersten Mal die poetische Sphäre (Macbeth, Faust, Tasso) verläßt und unter politische Vorzeichen gerät. Der Konflikt, der sich zwischen dem kollektiven, gestaltlosen Aufbegehren und dem trotzigen Dastehen des Deputierten ankündigt, rückt die Aussage dieses Bildes in den Gegensatz zur ›Liberté‹ (Kat. 538), zur Freiheit, die das Volk führt und zugleich ein Teil von ihm, also die Verkörperung der ›volonté générale‹ ist: Individuum und Masse agieren miteinander, nicht gegeneinander. W.H.

551

Paul Hippolyte Delaroche
551 Cromwell am Sarg Karls I.
Öl auf Leinwand
38,0 x 45,8 cm
Hamburger Kunsthalle, Inv.Nr. 2265
Lit.: Kat. Hamburg 1969
Lit. zur Fassung in Nîmes: Salon de 1831, Nr. 2720

Die verkleinerte Wiederholung des Bildes in Nîmes, das 1831 im Salon ausgestellt war. Es gehört zu der im 19. Jhdt. beliebten Bildgattung der indiskreten Geschichtsreportage. Heine besuchte die große Jahresausstellung mit den Augen eines von den politischen Ereignissen betroffenen Zeitgenossen, der überall nach verschlüsselten Hinweisen auf die Gegenwart Ausschau hält. Wir zitieren aus seinem großen Aufsatz über die ›Gemäldeausstellung in Paris 1831‹, der auch von Delacroix' ›Liberté‹ handelt (Kat. 538). Bei der Suche nach zeitgeschichtlichen Botschaften stößt Heine immer wieder auf die Antinomien der Epoche, den Kampf zwischen Leben und Tod, Freiheit und Unterdrückung. Delacroix' ›Freiheit‹ und Léopold Roberts ›Ankunft der Schnitter in den pontinischen Sümpfen‹ stehen auf der Seite des Lebens – ›Cromwell am Sarge Karls I.‹ verkörpert Tod und Unterdrückung. Merkwürdig: Heine sieht in dem Bild nicht den Sieg des republikanischen Gedankens über die Monarchie, sondern das Gegenteil, er bezieht es auf die Niederwerfung Polens durch die Truppen des Zaren: »Die Russen sind ein braves Volk und ich will sie gern achten und lieben; aber seit dem Falle Warschaus, der letzten Schutzmauer, die uns von ihnen getrennt, sind sie unseren Herzen so nahe gerückt, daß mir Angst wird. ... Gott sei uns allen gnädig! Unsere letzte Schutzmauer ist gefallen, die Göttin der Freiheit erbleicht, unsere Freunde liegen zu Boden, der römische Großpfaffe erhebt sich boshaft lächelnd, und die siegende Aristokratie steht triumphierend an dem Sarge des Volkstums.« Polens Fall hat sich allen Bildern des Salons aufgeprägt: »Die Freiheitsgöttin von Delacroix tritt mir mit ganz verändertem Gesichte entgegen, fast mit Angst in dem wilden Auge. ... Auch der tote Karl bekommt ein ganz anderes Gesicht und verwandelt sich plötzlich, und wenn ich genauer hinschaue, so liegt kein König, sondern das ermordete Polen in dem schwarzen Sarge, und davor steht nicht mehr Cromwell, sondern der Zar von Rußland ...«

Noch eine andere, in die Zukunft weisende Perspektive glaubt Heine in dem Bild von Delaroche zu entdecken. Es stellt für ihn die »zwei kämpfenden Prinzipien« dar, »die sich vielleicht schon in der schaffenden Gottesbrust befehdeten«. Er weigert sich, sie zu nennen, aber er umschreibt sie. In seiner Sympathie für den königlichen Märtyrer äußert sich nicht nur die romantische Schwäche für den Unterlegenen und für »die Majestät des Unglücks«, sondern die Trauer über einen Herrscher, der Lebensart besessen hatte und mit dessen Tod das trockene Puritanertum an die Macht gelangte: »Englands Leben ist seitdem bleich und grau, und die entsetzte Poesie floh den Boden, den sie ehemals mit ihren heitersten Farben geschmückt.« Diese Angst vor einer Welt, die ihre politischen Ziele um den Preis der Ernüchterung durchsetzt, bestimmt auch später Heines berühmte Warnung vor den Kommunisten und ihrer Bilderfeindlichkeit. Sie steht im französischen Vorwort zu ›Lutetia‹ (1855): »... nur mit Grauen und Schrecken denke ich an die Zeit, wo jene dunklen Ikonoklasten an die Herrschaft gelangen werden.« W.H.

Anhang

Verzeichnis der in Teil I (Goya) abgekürzt zitierten Literatur

Adhémar (o.J.)	Jean Adhémar, *Les Caprices de Goya*. Paris o.J. (1948)	Glendinning 1978	Nigel Glendinning, *A solution to the enigma of Goya's emphatic Caprichos. Nos. 65-80 of the disastres of war,* in: Apollo 1978, Nr. 107, S. 186-191
Baudelaire 1857	Charles Baudelaire, *Einige ausländische Karikaturisten,* Erstveröffentlichung, in: ›Le Présent‹ 1857; zit. nach: Charles Baudelaire, Sämtliche Werke/Briefe, Bd. 1. München 1977, S. 329-340	Gombrich 1963	E. H. Gombrich, *Imagery and Art in the Romantic Period,* in: E. H. Gombrich, ›Meditations on a Hobby Horse and other Essays on the Theory of Art‹. London 1963. S. 120-126
Beruete 1918	A. de Beruete y Moret, *Goya grabador*. Madrid 1918	Gudiol 1971	José Gudiol, *Goya, Biography, Analytical Study and Catalogue of his Paintings,* 4 Bände. Barcelona 1971
Bialostocki 1965	Jan Bialostocki, *Stil und Ikonographie,* Studien zur Kunstwissenschaft. Dresden 1965	du Gué Trapier 1960	Elizabeth du Gué Trapier, *Only Goya,* in: The Burlington Magazine 102, 1960, S. 158-161
Boelcke-Astor 1952/53	A. Catharina Boelcke-Astor, *Die Drucke der Desastres de la Guerra von Francisco Goya unter Zugrundelegung der Bestände des Berliner Kupferstichkabinetts,* in: Münchner Jahrbuch der bildenden Kunst, Dritte Folge, Bd. III/IV, 1952/53, S. 253-334	H	Tomás Harris, *Goya, Engravings and Lithographs,* 2 Bände. Oxford 1964
		Harris 1964 (2)	Enriqueta Harris, *A contemporary review of Goya's Caprichos,* in: The Burlington Magazine 106, 1964, S. 38-43
Burbach 1977	Rainer Burbach, *Goya*. München 1977	Hartmann 1973	Lucrezia Hartmann, ›Capriccio‹ – *Bild und Begriff,* Diss. Zürich 1973
Busch 1977	Werner Busch, *Nachahmung als bürgerliches Kunstprinzip,* Ikonographische Zitate bei Hogarth und in seiner Nachfolge. Hildesheim/New York 1977: *Hogarth und Goya,* S. 239	Held 1964	Jutta Held, Literaturbericht, *Francisco de Goya: Graphik und Zeichnungen,* in: Zeitschrift für Kunstgeschichte 27, 1964, S. 60-74
Camón Aznar 1951	José Camón Aznar, *Los Disparates de Goya y sus dibujos preparatorios*. Barcelona 1951	Held 1966	Jutta Held, *Goyas Akademiekritik,* in: Münchner Jahrbuch der bildenden Kunst, N. F. Bd. 17, 1966, S. 214-224
Carderera 1860	Valentin Carderera, *François Goya – sa Vie, ses Dessins et ses Eaux-Fortes,* in: Gazette des Beaux-Arts, August 1860, S. 215-227	Held 1980	Jutta Held, *Francisco Goya in Selbstzeugnissen und Bilddokumenten*. Reinbek bei Hamburg 1980
Carderera 1863	Valentin Carderera, *François Goya,* in: Gazette des Beaux-Arts, September 1863, S. 237-249	Helman 1963	Edith Helman, *Trasmundo de Goya*. Madrid 1963
		Helman 1970	Edith Helman, *Jovellanos y Goya*. Madrid 1970
Dvórák 1929	Max Dvórák, *Eine Illustrierte Kriegschronik,* in: Gesammelte Aufsätze. München 1929, S. 242-249	Hetzer 1957	Theodor Hetzer, ›Aufsätze und Vorträge‹, 2Bde. Leipzig 1957; *Francisco Goya und die Krise der Kunst um 1800;* Bd. 1, S. 177-198; Nachdruck eines Aufsatzes von 1950
Florisoone 1966	Michel Florisoone, *La raison du voyage de Goya à Paris,* in: Gazette des Beaux-Arts 108, 1966, S. 327-332	Heuken 1974	Bernhard Heuken, *Francisco Goya: Las Pinturas Negras*. Diss. Bonn 1974
Fraenger 1916	Carl Neumann/Wilhelm Fraenger, *Drei merkwürdige künstlerische Anregungen bei Runge, Manet und Goya,* Akademie der Wissenschaften, Philosophisch-historische Klasse, Jg. 1916, 4. Abhandlung 1916, S. 14-20	Hofer 1940	Philipp Hofer, *Goya's Aquatint Series ›La Tauromaquia‹,* in: Print Collector's Quarterly 27, 1940, S. 337-363
Fraenger 1977	Wilhelm Fraenger, ›Von Bosch bis Beckmann, Ausgewählte Schriften‹. Dresden 1977: *Goyas Träume,* S. 226-236, Nachdruck eines Aufsatzes von 1924	Hofer 1945	Philipp Hofer, *Some undescribed states of Goya's Caprichos,* in: Gazette des Beaux-Arts 87, 1945, S. 163-180
Gantner 1974	Josef Gantner, *Goya, Der Künstler und seine Welt*. Berlin 1974	Hofer 1969	Philipp Hofer, *La Tauromaquia and the Bulls of Bordeaux*. New York 1969
G (S)	Pierre Gassier, *Francisco Goya, Die Skizzenbücher*. Fribourg und Frankfurt 1973	Hofmann 1907	Julius Hofmann, *Francisco Goya, Katalog seines graphischen Werkes*. Wien 1907
G (Z)	Pierre Gassier, *Francisco Goya, Die Zeichnungen*. Fribourg und Frankfurt 1975	Holländer 1968	Hans Holländer, *Goya: Los Disparates*. Tübingen 1968
GW	Pierre Gassier/Juliet Wilson, *Francisco Goya, Leben und Werk*. Fribourg und Frankfurt 1971	Jansen o.J.	Elmar Jansen, *Francisco de Goya: Caprichos*. Weimar, O.J.
Glendinning 1961	Nigel Glendinning, *A new view of Goya's Tauromaquia,* in: Journal of the Warburg and Courtauld Institutes, 24, 1961, S. 120-127	Kat.Ausst. Boston 1974	*The Changing Image, Prints by Francisco Goya,* Museum of Fine Arts (bearb. von Eleanor A. Sayre). Boston 1974
Glendinning 1977	Nigel Glendinning, *Goya and his critics*. New Haven/London 1977	Kat.Ausst. Dresden 1978	*Francisco Goya, Die Radierungen im Dresdner Kupferstich-Kabinett* (bearb. von Christian Dittrich). Dresden 1978

Kat.Ausst. Göttingen 1976	*Goya: Radierungen,* Kunstsammlung der Georg-August-Universität Göttingen, (bearb. von Konrad Renger und Gerd Unverfehrt), 1976	López-Rey 1953 = 1970	José López-Rey, *Goya's Caprichos: Beauty, Reason and Caricature,* 2 Bde. Reprint der Ausgabe von 1953, Westport Conn. 1970
Kat.Ausst. Hamburg 1976	*William Turner und die Landschaft seiner Zeit (Kunst um 1800).* Hamburger Kunsthalle, 1976	Malraux 1978	André Malraux, *Saturne: Le destin, l'art et Goya,* Neuauflage des Buches von 1950. Paris 1978
Kat. Ausst. Karlsruhe 1976	*Francisco de Goya: Die Caprichos,* Staatliche Kunsthalle (bearb. von Sigrun Paas), Karlsruhe 1976	Matheron 1858	Laurent Matheron, *Goya.* Paris 1858
		Mayer 1923	August L. Mayer, *Francisco de Goya.* München 1923
Kat.Ausst. Münster 1978	*Leichter als Luft: zur Geschichte der Ballonfahrt* Westfäl. Landesmuseum für Kunst und Kulturgeschichte Münster, 1978	Muraro 1970	Michelangelo Muraro, *Goya, Tiepolo et la Peinture Venitienne du XVIII siècle,* in: La Revue du Louvre et des Musées de France 20, 1970, S. 271-282
Kat.Ausst. Paris 1935	*Goya,* Bibliothèque Nationale (bearb. von Jean Adhémar). Paris 1935	Nordström 1961	Folke Nordström, *Goya's Portraits of the Four Temperaments,* De artibus opuscula, Essays in Honor of Erwin Panofsky. New York 1961, S. 394-401
Kat.Ausst. Paris 1970	*Goya,* Orangerie des Tuileries. Paris 1970		
Kat.Ausst. Stockholm 1980	*Goyas ›Spanien, Tiden och Historien‹ en allegori över antagandet av 1812 ars spanska författning, Nationalmuseum* (bearb. von Eleanor A. Sayre). Stockholm 1980	Nordström 1962	Folke Nordström, *Goya, Saturn and Melancholy,* Acta Universitatis Upsaliensis, Figura Nova Series 3. Stockholm/Göteborg/Uppsala 1962
Kat.Ausst. Stuttgart 1980	*Goya in der Krise der Kunst seiner Zeit,* Württembergischer Kunstverein (bearb. von Reiner Burbach). Stuttgart 1980	Ortega y Gasset 1955	José Ortega y Gasset, *Velázquez und Goya.* Stuttgart 1955 (Span. Originalausgabe 1950)
		Palm 1971	Erwin Walter Palm, *Goya et Jean-Baptiste Boudard,* in: Gazette des Beaux-Arts, 113 I, 1971, S. 337-340
Klingender 1978	F. D. Klingender, *Goya in der demokratischen Tradition Spaniens.* (übersetzt von Eva Schumann). Berlin 1978 (engl. Originalausgabe London 1948)	Pérez-Sánchez 1979	Alfonso E. Pérez-Sánchez, *Goya: Caprichos-Desastres-Tauromaquia-Disparates.* Madrid 1979
Lafond 1890	Paul Lafond, *Goya.* Paris o. J. (1890)	Ragghianti 1949	Carlo Ludovico Ragghianti, *Goya e i suoi pensieri sull' arte,* 1949, in: C. L. R. Il pungolo dell' Arte, Venezia 1956, S. 151-157
Lafuente Ferrari. 1947	Enrique Lafuente Ferrari, *Antecedentes, coincidencias e influencias del arte de Goya.* Madrid 1947		
Lafuente Ferrari 1961	Enrique Lafuente Ferrari, *Goya, Sämtliche Radierungen und Lithographien.* Wien/München 1961	Ragghianti 1954	Carlo Ludovico Ragghianti, *Goya, i Caprichos e l'Iconologia,* 1954, in: C. L. R., Il pungolo dell' arte. Venezia 1956, S. 158-176
Lafuente Ferrari 1978	Enrique Lafuente Ferrari, *Los Caprichos de Goya, Introducción y catálogo crítico.* Barcelona 1978	de Salas 1979	Xavier de Salas, *Light on the Origin of Los Caprichos,* in: The Burlington Magazine 121, 1979, S. 711-716
Lafuente Ferrari 1979	Enrique Lafuente Ferrari, *El Mundo de Goya en sus dibujos.* Madrid 1979	SC = Sánchez-Cantón 1949	F. J. Sánchez-Cantón, *Los Caprichos de Goya y sus dibujos preparatorios.* Barcelona 1949
Lehrs 1906	Max Lehrs, *Ein geschabtes Aquatintablatt von Goya,* in: Jahrbuch der kgl. preußischen Kunstsammlungen 27, 1906, S. 141/142	Sánchez-Cantón 1951	F. J. Sánchez-Cantón, *Vida y obras de Goya.* Madrid 1951
Levitine 1954	George Levitine, *The influence of Lavater and Girodet's ›Expression des sentiments de l'âme‹,* in: The Art Bulletin 36, 1954, S. 33-44	Sayre 1964	Eleanor A. Sayre, *Eight books of drawings,* in: The Burlington Magzine 106, 1964, S. 19-30
		Sayre 1966	Eleanor A. Sayre, *Goya's Bordeaux Miniatures,* in: Boston Museum Bulletin 64, Nr. 337, 1966, S. 84-123
Levitine 1955	George Levitine, *Literary Sources of Goya's Capricho 43,* in: The Art Bulletin 37, 1955, S. 56-59		
Levitine 1959	George Levitine, *Some emblematic sources of Goya,* in: Journal of the Warburg and Courtauld Institutes 22, 1959, S. 106-131	Sayre 1971	Eleanor A. Sayre, *Late Caprichos of Goya. Fragments from a series. Commentary and notes.* New York 1971
Licht 1979	Fred Licht, *Goya, The Origins of Modern Temper in Art.* New York 1979	Sayre 1973	Eleanor A. Sayre, *Goya's titles to the ›Tauromaquia‹,* in: Festschrift für Hanns Swarzenski. Berlin 1973, S. 511-521
Loga 1903	Valerian von Loga, *Francisco de Goya.* Berlin 1903	Sayre 1974	Eleanor A. Sayre u.a., Kat.Ausst. *The Changing Image, Prints by Francisco Goya.* Boston 1974
Loga 1907	Valerian von Loga, *Goyas seltene Radierungen und Lithographien.* 1907		
Loga 1908	Valerian von Loga, *Goyas Zeichnungen,* in: Die graphischen Künste 31. Wien 1908, S. 1-18	Sérullaz 1963	Maurice Sérullaz, *Mémorial de l'exposition Eugène Delacroix,* Paris 1963
Loga 1910	Valerian von Loga, *Francisco de Goya.* Leipzig 1910	Symmons 1971	Sarah Symmons, *John Flaxman and Francisco Goya: Infernos transcribed* in: Burlington Magazine 113, 1971, S. 508-512
Loga o.J.	Valerian von Loga, *Francisco de Goya* (Meister der Graphik Bd. 4). Leipzig o.J. (1910)	Symmons 1977	Sarah Symmons, *Goya.* London 1977
		Vallentin 1971	Antonina Vallentin, *This I saw, The life and times of Goya,* (Reprint der Ausgabe von 1949). Westport/Conn. 1971
López-Rey 1945	José López-Rey, *Goya and the world around him,* in: Gazette des Beaux-Arts 87, 1945, S. 129-150		
López-Rey 1948	José López-Rey, *Four visions of woman's behavior in Goya's graphic work,* in: Gazette des Beaux-Arts 90, 1948, S. 355-364	Weissberger 1945	Herbert Weissberger, *Goya and his handwriting,* in: Gazette des Beaux-Arts 87, 1945, S. 181-192
López-Rey 1956	Jóse López-Rey, *A Cycle of Goya's drawings.* London 1956	Williams 1978	Gwyn A. Williams, *Goya.* Reinbek b. Hamburg 1978 (engl. Orginalausgabe 1976)

Verzeichnis der in Teil II (Zeitalter der Revolutionen) abgekürzt zitierten Literatur

Alpatow 1974	Michael W. Alpatow, *Studien zur Geschichte der westeuropäischen Kunst,* hrsg. v. Werner Hofmann. Köln 1974
Aulard 1892	Alphonse Aulard, *Le Culte de la Raison et le Culte de l'Etre Suprême.* Paris 1892, Reprint Aalen 1975
Balet 1973	Leo Balet/E. Gerhard, *Die Verbürgerlichung der deutschen Kunst, Literatur und Musik im 18. Jahrhundert.* Frankfurt a.M., Berlin, Wien 1973
Becker 1971	Wolfgang Becker, *Paris und die deutsche Malerei 1750-1840.* Studien zur Kunst des 19. Jahrhunderts, Bd. 10. München 1971
Beenken 1944	Hermann Beenken, *Das neunzehnte Jahrhundert in der deutschen Kunst, Aufgaben und Gehalte. Versuch einer Rechenschaft.* München 1944
Bentley 1967	G. E. Bentley (Hrsg.), *William Blake: Tiriel.* Oxford 1967
Bernhard 1973	Marianne Bernhard (Hrsg.), *Deutsche Romantik. Handzeichnungen,* 2 Bde. München 1973
Bibl. Nat. Inv. 18ᵉ siècle	Bibliothèque Nationale Paris, *Inventaire du Fonds Français, Graveurs du XVIIIᵉ siècle*
Bibl. Nat. Inv. après 1800	Bibliothèque Nationale Paris, *Inventaire du Fonds Français après 1800*
Bindman 1970	David Bindman, *William Blake. Catalogue of the Collection in the Fitzwilliam Museum,* Cambridge 1970
Bindman 1977	David Bindman, *Blake as an Artist.* Oxford 1977
Bischoff 1977	Ulrich Bischoff, *Denkmäler der Befreiungskriege in Deutschland 1813-1815.* Diss. Berlin 1977
Blunt 1959	Anthony Blunt, *The Art of William Blake.* New York 1959
B.M.	siehe S. 528 F.G. Stephens/E. Hawkins
Börsch-Supan 1973	Helmut Börsch-Supan/Karl Wilhelm Jähnig, *Caspar David Friedrich. Gemälde, Druckgraphik und bildmäßige Zeichnungen.* München 1973
Brunner 1979	Manfred Heinrich Brunner, *Antoine-Jean Gros, Die Napoleonischen Historienbilder.* Diss. Bonn 1979
Butlin & Joll 1977	Martin Butlin/Evelin Joll, *The Paintings of J. M. W. Turner.* New Haven und London 1977
Clément 1879	Charles Clément, *Géricault, étude biographique et critique avec le catalogue raisonné de l'œuvre du maître.* Paris 1879 (3. Aufl.)
Davis 1977	Michael Davis, *William Blake. A New Kind of Man.* London 1977
Délécluze 1855	M. E. J. Délécluze, *Louis David, son école et son temps.* Paris 1855
Delteil	Loys Delteil, *Le Peintre-Graveur illustré.* Paris 1924
Dillenberger 1977	John Dillenberger, *Benjamin West, the context of his life's work.* San Antonio 1977
Dowd 1948	David Lloyd Dowd, *Pageant-Master of the Republic. Jacques-Louis David and the French Revolution.* University of Nebraska Studies No. 3, 1948
Dowd 1960	David Lloyd Dowd, *Art and the Theater during the French Revolution: the Role of Louis David,* in: The Art Quarterly, Bd. XXIII 1960, S. 3-22
Eitner 1960	Lorenz Eitner, *Géricault, an album of drawings in the Art Institute of Chicago.* Chicago 1960
Eitner 1972	Lorenz Eitner, *Géricault's Raft of the Medusa.* London 1972
Engelmann 1857	Wilhelm Engelmann, *Daniel Chodowiecki's sämmtliche Kupferstiche.* Leipzig 1857
Erdman 1969	David Erdman, *Blake, Prophet against Empire.* Princeton 1969
Erdman/Grant 1970	David Erdman and John E. Grant (Hrsg.), *Blake's Visionary Form Dramatic.* Princeton 1970
Erdman 1974	David Erdman, *The Illuminated Blake,* New York 1974
Essich 1973	Robert N. Essich (Hrsg.), *The Visionary Hand. Essays for the study of William Blake's Art and Aesthetics.* Los Angeles 1973
Evans 1959	Grose Evans, *Benjamin West and the Taste of his Times.* Carbondale 1959
Feaver 1975	William Feaver, *The Art of John Martin.* Oxford 1975
Feuchtmayr 1975	Inge Feuchtmayr, *Johann Christian Reinhart (1761-1847),* Monographie und Werkverzeichnis. Materialien zur Kunst des 19. Jahrhunderts, Bd. 15. München 1975
Gombrich 1979	E. H. Gombrich, *The Dream of Reason: Symbolism in the French Revolution,* in: The British Journal for eighteenth-Century Study, Bd. 2, 1979, S. 187-205
Goncourt 1876	Edmond de Goncourt, *Catalogue raisonné de l'oeuvre peint, dessiné et gravé de P. P. Prud'hon.* Paris 1876
Grisebach 1924	August Grisebach, *Carl Friedrich Schinkel.* Leipzig 1924
Grosjean	George Grosjean, *La Révolution Française,* Paris um 1890
Grote 1938	Ludwig Grote, *Die Brüder Olivier und die deutsche Romantik.* Berlin 1938
Grunchec 1978	Philippe Grunchec/Jacques Thuillier, *L'opera completa di Géricault.* Mailand 1978
Guiffrey 1924	Jean Guiffrey, *L'œuvre de P. P. Prud'hon.* Paris 1924
Guiffrey-Marcel	Jean Guiffrey/Pierre Marcel, *Inventaire général des Dessins du Musée du Louvre et du Musée de Versailles, Ecole française,* 10 Bände. Paris 1907-1921
Hautecœur 1954	Louis Hautecœur, *Louis David.* Paris 1954
Hill 1965	Draper Hill, *Mr. Gillray, The Caricaturist.* London 1965
Hofmann 1952	Werner Hofmann, *Zu Füsslis geschichtlicher Stellung,* in: Zeitschrift für Kunstgeschichte 15, 1952, S. 163-178
Hofmann 1960	Werner Hofmann, *Das irdische Paradies, Motive und Ideen des 19. Jahrhunderts.* München 1960, veränd. Neuausgabe München 1974

Hubert 1967	Gérard Hubert, *L'Ossian de François Gérard et ses variantes*, in: La Revue du Louvre et des Musées de France, Nr. 4/5, 1967, S. 239-248
Hüttinger 1970	Eduard Hüttinger, *Der Schiffbruch. Deutungen eines Bildmotivs im 19. Jahrhundert*, in: ›Beiträge zur Motivkunde des 19. Jahrhunderts‹. Bd. 6. Studien zur Kunst des 19. Jahrhunderts, München 1970
Jaffé 1905	Ernst Jaffé, *Josef Anton Koch, Sein Leben und sein Schaffen*. Innsbruck 1905
Jaffé 1977	Patricia Jaffé, *Drawings by George Romney*, Fitzwilliam Museum Cambridge. Cambridge 1977
Jäger 1971	Hans-Wolf Jäger, *Politische Metaphorik im Jakobinismus und im Vormärz*. Stuttgart 1971
Johnstone 1974	Christopher Johnstone, *John Martin*. London 1974
Jones 1974	Howard Mumford Jones, *Revolution & Romanticism*. Cambridge/Mass., London 1974
Joppien 1973	Rüdiger Joppien, *Philippe Jacques de Loutherbourg* (Ausst.-Kat.), R. A., Greater London Council. London 1973
Kaiser 1953	Konrad Kaiser, *Patriotische Kunst*, in: Ausst.-Kat.: ›Patriotische Kunst aus der Zeit der Volkserhebung‹, Deutsche Akademie der Künste. Berlin 1953
Kat.Ausst. Berlin 1980	*Bilder vom Menschen in der Kunst des Abendlandes*, Staatliche Museen preußischer Kulturbesitz. Berlin 1980
Kat.Ausst. Breslau 1913	*Jahrhundertfeier der Freiheitskriege*, Kat. der historischen Ausstellung. Breslau 1913
Kat.Ausst. Chicago Los Angeles San Francisco 1962-1963	*Treasures of Versailles*. Chicago/Los Angeles/San Francisco 1962-1963
Kat.Ausst. Clermont-Ferrand 1977	*Aimer en France 1780-1800*. Clermont-Ferrand 1977
Kat.Ausst. Cleveland 1980	*Idea to Image. Preparatory Studies from the Renaissance to Impressionism.*, Cleveland Museum of Art, 1980
Kat.Ausst. de David à Delacroix 1974-1975	*De David à Delacroix. La peinture française de 1774 à 1830*. Paris/Detroit/NewYork/1975
Kat.Ausst. Delacroix 1964	*Eugène Delacroix 1798-1863*, Kunsthalle Bremen, 1964
Kat.Ausst. Dortmund 1958	*Das Bild der deutschen Industrie 1800-1850*. Schloß Cappenberg. Dortmund 1958
Kat.Ausst. Géricault 1971/1972	*Géricault* (bearb. v. Lorenz Eitner). Los Angeles/Detroit/Philadelphia 1971/1972
Kat.Ausst. Greuze 1977	*Jean-Baptiste Greuze 1725-1805*, (selection et catalogue par Edgar Munhall). Dijon 1977
Kat.Ausst. Hamburg 1976	*William Turner und die Landschaft seiner Zeit* (Kunst um 1800), Hamburger Kunsthalle, 1976
Kat.Ausst. A. Kauffmann 1968/1969	*Angelika Kauffmann und ihre Zeitgenossen*. Bregenz/Wien 1968/1969
Kat.Ausst. Köln 1974	*Idylle, Klassizismus und Romantik, Deutsche Druckgraphik zu Wallrafs Zeiten*, Wallraf-Richartz-Museum. Köln 1974
Kat.Ausst. London 1959	*The Romantic Movement*. London 1959
Kat.Ausst. London 1972	*The Age of Neo-Classicism*. London 1972
Kat.Ausst. Napoléon 1969	*Napoléon*. Paris 1969
Kat.Ausst. Ossian 1974	*Ossian und die Kunst um 1800*, Hamburger Kunsthalle, 1974
Kat.Ausst. Paris 1977	*L'Art de l'estampe et la révolution française*, Musée Carnavalet. Paris 1977
Kat.Ausst. Robert 1978	*Hubert Robert, Drawings & Watercolours*. Washington 1978
Kat.Ausst. Rom 1979/1980	*Géricault*. Rom 1979/1980
Kat.Ausst. University of North Carolina at Chapel Hill 1978	*French Nineteenth Century. Oil Sketches: David to Degas*. The University of North Carolina at Chapel Hill, 1978
Kat.Ausst. Wien 1964	*Österreichische Malerei des 19. Jahrhunderts, Eine Wiener Privatsammlung*, Oberes Belvedere. Wien 1964
Kat.Ausst. Wien 1965	*Der Wiener Kongreß*. Wien 1965
Kat.Slg. Bremen 1973	*Gemälde des 19. und 20. Jahrhunderts in der Kunsthalle Bremen* (bearb. v. Gerhard Gehrkens/Ursula Heiderich), 2 Bde. Bremen 1973
Kat.Slg. Düsseldorf 1968	*Die Gemälde des 19. Jahrhunderts, mit Ausnahme der Düsseldorfer Malerschule* (bearb. v. Rolf Andree). Düsseldorf 1968
Kat.Slg. Düsseldorf 1969	*Die Düsseldorfer Malerschule*, Kataloge des Kunstmuseums Düsseldorf, Malerei Bd. IV., 2 (bearb. v. Irene Markowitz). Düsseldorf 1969
Kat.Slg. Hamburg 1966	*Alte Meister der Hamburger Kunsthalle*, 5. Aufl. Hamburg 1966
Kat.Slg. Hamburg 1969	*Meister des 19. Jahrhunderts in der Hamburger Kunsthalle*. Hamburg 1969
Kat.Slg. Karlsruhe 1971	*Neuere Meister (19. und 20. Jahrhundert) in der Staatlichen Kunsthalle Karlsruhe* (bearb. v. Jens Lauts und Werner Zimmermann).Karlsruhe 1971
Kat.Slg. Lyon 1956	*Catalogue du Musée de Lyon*, Bd. VII.: Madeleine Vincent, *La Peinture des XIXe et XXe siècles*. Lyon 1956
Kat.Slg. Montpellier 1962	Jean Claparède, *Dessins de la collection Alfred Bruyas et autres dessins des XIXe et XXe siécles*, Montpellier, Musée Fabre. Paris 1962
Kat.Slg. München 1963	*Schackgalerie*, Bayerische Staatsgemäldesammlungen (bearb. v. E. Ruhmer, u.a.). München 1963
Kat.Slg. Rotterdam 1968	*Franse Tekeningen uit de 19e eeuw. Catalogus van de verzameling in het Museum Boymans-van Beuningen* (bearb. v. H. R. Hoetink). Rotterdam 1968
Kemp 1973	Wolfgang Kemp, *Natura, Ikonographische Studien zur Geschichte und Verbreitung einer Allegorie*. Diss. Tübingen 1973
Keynes 1957	Geoffrey Keynes, *William Blake's Illustrations to the Bible*. London 1957
Keynes 1970	Geoffrey Keynes, *Drawings of William Blake*, New York 1970
Keynes 1971	Geoffrey Keynes, *Blake Studies*. Oxford 1971
Kraemer 1975	Ruth S. Kraemer (Hrsg.), *Drawings by Benjamin West and his son Raphael Camar West*. New York 1975
Lem 1963	F. H. Lem, *Géricault portraitiste*, in: L'Arte, Bd. 28, 1963, S. 59ff
Lüdecke 1965	Heinz Lüdecke, *Eugène Delacroix und die Pariser Julirevolution*. Deutsche Akademie der Künste zu Berlin, 1965
Märker 1974	Peter Märker, *Geschichte als Natur. Untersuchungen zur Entwicklungsvorstellung bei Caspar David Friedrich*. Diss. Kiel 1974

Mollaret Brossollet 1968	H. Mollaret und J. Brossollet, *A propos des ›Pestiférés de Jaffa‹ de A. J. Gros,* in: Jaerboek van het koninklijk Museum voor schone Kunsten. Antwerpen 1968, S. 263-307
Novotny 1941	Fritz Novotny, *Adalbert Stifter als Maler.* Wien 1941
Novotny 1960	Fritz Novotny, *Painting and Sculpture in Europe 1780-1880.* Harmondsworth. Baltimore und Mitcham 1960
Rosenblum 1967	Robert Rosenblum, *Transformations in late Eighteenth Century Art.* Princeton, New Jersey 1967
Rosenblum 1975	Robert Rosenblum, *Modern Painting and the Northern Romantic Tradition. Friedrich to-Rothko.* London 1975
Rosenfeld 1969	Alwin H. Rosenfeld (Hrsg.), *William Blake, Essays for S. Foster Damon.* Providence 1969
Rossi-Bortolatto 1972	Luigina Rossi-Bortolatto, *L'opera pittorica completa di Delacroix.* Milano 1972
Schiff 1973	Gert Schiff, *Johann Heinrich Füssli 1741-1825,* 2 Bde. Œuvrekataloge Schweizer Künstler I. Zürich/München 1973
Schlenoff 1965	Norman Schlenoff, *Baron Gros and Napoléon's Egyptian Campaign,* in: Essays in Honar of Walter Friedländer. New York 1965, S. 152-164
Sérullaz 1963	Maurice Sérullaz, *Mémorial de l'exposition Eugène Delacroix.* Paris 1963
B. M.	Frederic George Stephens and Edward Hawkins, Catalogue of prints and drawings in the British Museum. Div. 1: *Catalogue of political and personal satires,* Vol. 5-8. London 1935-47
Sterling-Adhémar 1959	Charles Sterling/Hélène Adhémar, Musée National du Louvre. *Peintures école francaise, XIXe siécle.* Paris 1959
Starobinski 1789	Jean Starobinski, *Les emblèmes de la raison.* Mailand/Paris 1973
Todd 1971	Ruthven Todd, *William Blake, the Artist.* London 1971
Traeger 1975	Jörg Traeger, *Philipp Otto Runge und sein Werk,* München 1975
Walker 1978	John Walker, *Josef Mallord William Turner.* Köln 1978
Weston 1975	Helen Weston, *Prud'hon: Justice and Vengeance,* in: The Burlington Magazine, Bd. 117, 1, 1975, S. 353-362
Wildenstein 1973	Daniel et Guy Wildenstein, *Louis David, Recueil de Documents.* Rouen 1973
Wilton 1979	Andrew Wilton, *J. M. W. Turner – Leben und Werk,* München 1979
Zeitler 1966	Rudolf Zeitler, *Die Kunst des 19. Jahrhunderts,* Propyläen Kunstgeschichte Bd. 11. Berlin 1966
Zelger 1973	Franz Zelger, *Heldenstreit und Heldentod. Schweizerische Historienmalerei im 19. Jahrhundert.* Zürich 1973

Kurzbiographien der Künstler und Verzeichnis ihrer ausgestellten Werke

Die Zahlen am linken Rand beziehen sich auf die Nummern des Kataloges.

Adam, Albrecht
Nördlingen 1786-1862 München

405 Schlachtfeld nahe der Moskwa am 8. September 1812

Schlachtenmaler, Zeichner, Radierer. 1809 beteiligte er sich an dem Feldzug gegen Österreich. Eugène Beauharnais ernannte ihn in Mailand 1809 zu seinem Hofmaler. Er begleitete den Vizekönig 1812/13 in den Krieg nach Rußland, um dort zu zeichnen. Seit 1815 war er vorwiegend in München tätig. Die dokumentarischen Zeichnungen des Rußlandfeldzugs dienten als Grundlage seiner 1827-33 erschienenen Lithographieserie ›Voyage pittoresque et militaire de Willenberg en Prusse jusqu' à Moscou, fait en 1812 etc.‹. Ihr folgte 1834 eine Lithographieserie gleichen Inhalts: ›Croquis pittoresques dessinés d'après nature dans la Russie en 1812 par Adam‹. 1848-52 nahm er an dem Zug des Feldmarschalls Radetzky gegen Italien teil. Diese Schlachten malte er während seiner Wiener Zeit 1855-57 im Auftrag des Hofs. Wieder in München, erhielt er 1859 von König Maximilian II. den Auftrag für ›Die Schlacht bei Zorndorf‹ in der historischen Galerie des Maximilianeums.

Adam, Victor
Paris 1801-1866 Viroflay

540 a Arcole hißt die Tricolore an der Brücke beim Pariser Rathaus

Maler, Lithograph. Er war Schüler von Meynier und Regnault. Seine Schlachtendarstellungen schildern Kriege Napoleons. Die Verbreitung seiner Historienbilder durch Druckgraphik machte diesen mittelmäßigen Künstler populär.

Andrieu, Jean-Bertrand
Bordeaux 1761-1822 Paris

313 Die Belagerung der Bastille, 14. Juli 1789

314 Ankunft des Königs in Paris, 6. Oktober 1789

Medailleur und Stahlstecher. Er war Sohn eines Faßbinders und wurde in der Akademie von Bordeaux unter André Lavau ausgebildet. Im Alter von 12 Jahren ging er nach Paris und trat in das Atelier des Bildhauermedailleurs Gatteaux ein. 1798 hatte er großen Erfolg mit seiner Medaille auf die Erstürmung der Bastille, der bald das Stück auf die Ankunft des Königs in Paris folgte. Er fertigte eine Vielzahl von Werken dieser Gattung, welche an die wichtigsten Ereignisse der Revolution erinnern. Nach 1791 betätigte er sich mit gleichem Eifer auf dem Gebiet des Stahlstichs. Er schuf kleine Figuren, Illustrationen, Vignetten für Assignaten und den Buchdruck, ja sogar offizielle Banknoten und den offiziellen Stempel von 1804. 1809 erhielt er den staatlichen Auftrag, neue und für das gesamte Kaiserreich einheitliche Spielkarten zu stechen. Die Regierungen von der Zeit der Revolution bis zur Restauration machten sich seine herausragenden Fähigkeiten in der Medaillengravierung zu Nutze. Alle glorreichen historischen Ereignisse in Frankreich zu jener Zeit stellte er in Reliefs dieser Art dar. Andrieu entwickelte einen eigenen schulbildenden Stil. Er verband den Klassizismus vorbildlicher Syrakuser Medaillen mit den naturalistischen Tendenzen bei Varin und Dupré.

Bardel, Louis Thomas
geb. Paris 1804

540 b Arcole ruft eine Bürgerwehr zum Sturm auf die Brücke auf, Lithographie von Villain nach Bardel

Genre- und Militärmaler. Studierte in Paris an der École des Beaux-Arts. Ausstellungen in den Salons 1833-1841.

Barry, James
Cork (Irland) 1741-1806 London

301 Der Fortschritt der menschlichen Bildung

Barry erhielt seine künstlerische Ausbildung in der Zeichenschule von Robert West in Dublin. 1863 erregte er durch sein Historienbild ›Die Bekehrung und Taufe des Königs von Leicester‹ das Interesse des späteren Präsidenten der Londoner Akademie, Joshua Reynolds, und des Whig-Politikers Edmund Burke. Letzterer ließ ihn nach London kommen und ermöglichte ihm einen fünfjährigen Aufenthalt in Rom (1766-71). Die Freundschaft mit Burke prägte Barrys politische Haltung, so begrüßte er die amerikanische Unabhängigkeitsbewegung und stand der englischen Regierung kritisch gegenüber.
In Rom studierte Barry die Kunst der Antike, die ihm sein Leben lang Themen und Motive bieten sollte. Nach London zurückgekehrt, wurde er Mitglied der Akademie. Von 1776-82 schuf er unentgeltlich einen Zyklus von sechs großen Wandgemälden für die Society of Arts, Manufactures and Commerce in London, in dem er den Entwicklungsgang der menschlichen Kultur schilderte. Durch diesen Zyklus gewann er den Ruf, einer der größten englischen Historienmaler zu sein; 1782 erhielt er eine Professur an der Akademie. Persönliche Querelen mit Joshua Reynolds und sein undiplomatisches Verhalten anderen Akademiemitgliedern gegenüber führten 1799 jedoch zu seinem Ausschluß aus dieser Institution. Seine letzten Lebensjahre verbrachte er in dürftigen Verhältnissen und völliger Zurückgezogenheit.

Beethoven, Ludwig van
Bonn 1770-1827 Wien

Nach 369 Titelblatt der Partitur ›Eroica‹ (Foto)

Komponist. Er reiste 1787 auf Kosten des Kurfürsten von Köln nach Wien. 1792 verließ er Bonn kurz vor Einmarsch der französischen Revolutionstruppen, um endgültig nach Wien zu gehen. Graf Waldstein verschaffte ihm Zugang zum Wiener Adel, der ihn protegierte. 1804 ehrte er Napoleon mit seiner Sinfonie Nr. 3 ›Eroica‹. Nachträglich distanzierte er sich energisch von dieser Widmung. 1809 lehnte er eine Berufung durch König Jérôme nach Kassel ab auf Grund besserer finanzieller Angebote in Wien. Nach der Niederlage Joseph Bonapartes in Spanien 1813 komponierte er ›Wellingtons Sieg bei Vitoria‹. 1814 gab er Konzerte für den Wiener Kongreß.

Bellangé, Hippolythe
Paris 1800-1866 Paris

541 »Die Schurken!... sie haben ihn getötet« (28. Juli 1830)

Schlachtenmaler, Lithograph. Ab 1816 Ausbildung im Atelier von Gros. Dort besonders unter dem Einfluß von Charlet, dem er auch weiterhin verpflichtet blieb. Militärdarstellungen aus der Zeit Napoleons. 1837-54 Conservateur am Museum in Rouen.

Blake, William
London 1757-1827 London

307 Frontispiz zu ›America — a Prophecy‹

330 Illustrationen zu Mary Wollstonecraft, ›Original Stories from Real Life‹

331 Der Alte der Tage

333 Europa, von Afrika und Amerika gestützt

423 Die geistige Gestalt Nelsons lenkt den Leviathan

430 Illustrationen zu Edward Young, ›Night Thoughts‹

434 Studie zu Blatt 51 von ›Jerusalem‹

443 Der Sündenfall

444 Satan ruft seine Legionen hervor

449 Die große Pest von London

450 Skizze zu ›Der Krieg, entfesselt durch einen Engel, von Feuer, Seuche und Hungersnot gefolgt‹

451 Tiriel verflucht seine Kinder
452 Das Seuchenspital
469 Der Tod auf dem Fahlen Pferd
502 Adam benennt die Tiere
503 Blatt 22 zum ›Buch Hiob‹

Zwei Grundtendenzen bestimmten schon früh Blakes geistige Entwicklung: eine mystische Religiosität (beeinflußt von den Schriften Jacob Böhmes) und ein leidenschaftliches Engagement für individuelle und gesellschaftliche Freiheit. Diese Interessen sollten auch sein künstlerisches Selbstverständnis entscheidend prägen.

Blake, Sohn eines Strumpfwarenhändlers, trat als Zehnjähriger in die Londoner Zeichenschule Henry Pars ein. 1772 entschloß er sich, Künstler zu werden, mußte jedoch auf Wunsch des Vaters zunächst die Stecherausbildung absolvieren; nebenbei entstanden erste Gedichte. 1779 wurde er als Stecher in die Royal Academy aufgenommen, wo er nun Vorlesungen besuchte und in den kommenden Jahren wiederholt Gemälde und Zeichnungen ausstellte. 1780 beteiligte er sich an dem »anti-papistischen« Aufruhr unter Lord Gordon, der zur Erstürmung Newgates und der Befreiung der Gefangenen führte. In dieser Zeit knüpfte er erste Kontakte zu dem republikanisch gesinnten Verleger Joseph Johnson und zu Flaxman und Füssli. 1788 entwickelte er für die Veröffentlichung seiner ›Songs of Innocence‹ ein neues Druckverfahren, bei dem er Text und Bild auf eine Platte bringen konnte. 1789 geriet er zeitweilig unter den Einfluß von Emanuel Swedenborgs ›New Jerusalem Church‹, stand dieser Lehre mit ihrer starken Polarisierung von Gut und Böse und ihrer Verurteilung der freien Liebe jedoch bald ablehnend gegenüber.

Die Französische Revolution begrüßte er begeistert; 1791 feierte er sie in einem Fragment gebliebenen epischen Gedicht ›The French Revolution‹ als neuen, belebenden Impuls der Freiheit. Auch in seinen illuminierten prophetischen Büchern ›America‹ (1793) und ›Europe‹ (1794) nahm er Stellung zur Zeitgeschichte. Die Öffentlichkeit brachte für diese visionären Werke kaum Verständnis auf. 1800-1802 verbrachte er mit seiner Frau in Felpham/Sussex auf Einladung seines Mäzens William Hayley, für den er Portrait- und Illustrationsaufträge durchführte. Nach seiner Rückkehr nach London verschlechterte sich seine materielle Lage; auch eine selbstveranstaltete Ausstellung mit Werken, die von der Royal Academy und der British Institution abgelehnt worden waren, verschaffte ihm keine öffentliche Anerkennung. In den folgenden Jahren arbeitete er an seinen illuminierten Büchern ›Milton, a Poem‹ und ›Jerusalem‹ sowie an Illustrationen zum ›Buch Hiob‹ und zu Dantes ›Göttlicher Komödie‹ und anderen Auftragswerken. Erst in seinen letzten Lebensjahren fand sich ein kleiner Kreis von verständnisvollen Bewunderern um ihn, junge Künstler wie John Linnel, John Varley und Samuel Palmer, auf die sein Werk einen nachhaltigen Einfluß ausüben sollte.

Blaschke, Johann
Pozsony (bei Preßburg) 1770-1833 Wien
428 Hofers Tod

Ungarischer Kupferstecher, Kopist und Illustrator, tätig in Wien. Illustrierte Almanache und Veröffentlichungen zunächst ungarischer Dichter, später dann Taschenausgaben Goethes, Schillers und Wielands. Autor einer Stichserie nach Werken alter Meister aus der Galerie des Belvedere.

Boilly, Louis-Léopold
La Bassée (bei Lille) 1761-1845 Paris
319 Fahnenträger des Bürgerfestes, Radierung von Copia nach Boilly
489 Fahnenträger des Landfestes, Radierung von Copia nach Boilly

Schon seit 1775 lebte er selbständig von seiner Malerei, zunächst in Douai, später in Arras. 1785 bot sich ihm die Gelegenheit, nach Paris überzusiedeln. Mit seiner galanten Szenen und zahlreichen Porträts hatte er dort viel Erfolg. Dies sollte ihn während der Revolution auf Betreiben seines Kollegen Wicar wegen sittenwidriger Tätigkeit auf die Anklagebank bringen, das hieß nach damaligem Brauch nahe an die Guillotine. Er konnte sich jedoch retten, indem er auf Bilder verwies, mit denen er die Revolution unterstützt habe. Zu diesen gehörte der ›Fahnenträger‹ (Kat. 319). Später konnte er seine liebenswürdige Genremalerei mit gleichem Erfolg wie früher fortsetzen, immer am Rande der großen künstlerischen Ereignisse, jedoch mit einer anerkannt eigenen Note.

Boulanger, Louis
Vercelli 1806-1867 Dijon
454 Der letzte Tag eines zum Tode Verurteilten
455 Les Fantômes
475 Mazeppa

Portrait-, Genre-, und Historienmaler, Lithograph, Illustrator. Schüler von Lethière und Achille Devéria. 1827 erste Ausstellung im Pariser Salon mit ›Le dèpart‹; 1831-1867 fast alljährlich Ausstellungen. Ab 1860 Direktor der École des Beaux-Arts in Dijon. Freund Victor Hugos, der ihn zu den wichtigsten Vertretern der neuen Malergeneration rechnete. Setzte sich in seinen Lithographien mit phantastisch-romantischen Themen auseinander.

Carstens, Jakob Asmus
St. Jürgen bei Schleswig 1754-1798 Rom
302 Allegorie auf das 18. Jahrhundert
441 Kampf der Titanen und Götter

Maler und Zeichner. Studierte 1776 in Kopenhagen als Schüler Abildgaards. Aus finanziellen Gründen mußte er 1783 eine Reise nach Rom abbrechen und wurde Portraitmaler in Lübeck. Dort schloß er Freundschaft mit dem Kunstschriftsteller Fernow, der ihn förderte und seine Kenntnis der Klassiker erweiterte. 1788 siedelte er nach Berlin über und errang durch die Vermittlung Genellis und des Ministers Heinitz erste Erfolge. Die Ausstellung seiner großen Zeichnung ›Der Sturz der Engel‹ verschaffte ihm weitere Beachtung. 1790 wurde er Professor an der Akademie. Bei dem ab 1792 endlich verwirklichten Romaufenthalt stand er unter dem Eindruck der Antike, Raffaels und besonders Michelangelos. Jedoch verehrte er auch Dürer. In Rom erneuerte er die Freundschaft mit Fernow, der ihn in seinen Schriften unterstützte. Carstens vertrat in Rom den Grundsatz, daß der Künstler aus sich heraus schaffen und nicht nach dem äußeren Vorbild kopieren müsse. Seine Ausstellung von 1795 wurde allgemein als »Tag der Taufe einer neuen deutschen Kunst« gefeiert, wie der damalige Kunsthistoriker Reber es formulierte. Seine nächsten Anhänger waren Thorvaldsen, Koch, Schick, Cornelius, Overbeck und Genelli. Durch den Erfolg der Ausstellung von 1795 erhielt er zahlreiche Aufträge, die ihm tendenziell seine Unabhängigkeit als Künstler garantierten. Er ließ sich von seinem Berliner Lehramt suspendieren, um endgültig in Rom zu bleiben. In einem Brief an den preußischen Minister Heinitz artikulierte er seinen Stolz als Künstler, indem er schrieb, »daß (er) nicht der Berliner Akademie, sondern der Menschheit angehöre«.

Charlet, Nicolas-Toussaint
1792-1845 Paris
539 Die Ansprache am 28. Juli 1830

Lithograph, Maler. Sohn eines Soldaten. 1817 trat er in das Atelier von Gros ein, wo er Géricault kennenlernte. Er wurde bald darauf durch seine ersten Lithographieserien bekannt. 1820 reiste er mit Géricault nach London. Er beteiligte sich mittelbar an der Julirevolution 1830 durch seine vorbereitende Popularisierung der ›Légende Napoléonienne‹, deren verherrlichende künstlerische Darstellung er begründete. In anekdotischer, volkstümlicher Weise schilderte er das Soldatenleben in der ›Grand Armée‹. Delacroix schätzte diese Lithographien sehr. 1839 wurde er Zeichenlehrer an der École Polytechnique. 1842 vollendete er die Illustrationen zum Leben des Caporals Valentin, die das militärische Leben verniedlichen und verharmlosen. In demselben Jahr erschienen seine Illustrationen zu Napoleons Tagebuch von St. Helena.

Chodowiecki, Daniel
Danzig 1726-1801 Berlin
305 Die Amerikaner widersetzen sich der Stempelakte
306 Die Einwohner von Boston werfen den englisch-ostindischen Tee ins Meer
323 Die neue französische Konstitution
324 Die Kinder Frankreichs drohen ihrer Mutter
335 Die Empörung der Neger

Maler, Zeichner, Radierer. Sein Vater war Kaufmann. Er kam 1743 nach Berlin. Ab 1743 war er als Emaille- und Miniaturmaler tätig, erst nach 1760 als Radierer. 1746 wurde er Mitglied der Berliner Akademie und beteiligte sich 1786 an ihrer Neuordnung. 1796 wurde er dort Direktor. In seinen Darstellungen Friedrichs II. vermittelte er die Auffassung von einem »menschlichen« König aus der Sicht des Bürgers, die noch bis Menzel wirkte. Unmittelbar nach 1789 schien er Sympathie für die gesellschaftlichen Umwälzungen in Frankreich gehegt zu haben. Nach der Hinrichtung Ludwigs XVI. schloß sein vertrauensvolles Verhältnis zum ›Landesvater‹ eine Befürwortung der Französischen Revolution gänzlich aus.

Copley, John Singleton
Boston 1737-1815 London

304 Der Tod des Majors Pierson

Der junge Copley wurde zwar bis zu seinem 13. Lebensjahr durch seinen Stiefvater Peter Pelham im Zeichnen und Kupferstechen angeleitet, war jedoch nach dessen Tod darauf angewiesen, sich durch das Kopieren von Stichen nach Werken alter Meister und durch den Umgang mit Bostoner Malern selbst weiterzubilden.
Bereits mit zwanzig Jahren war er einer der beliebtesten Porträtisten der Stadt. 1766 schickte er von Boston aus ein Bildnis seines Stiefbruders zu einer Ausstellung der Londoner Society of Arts; es wurde selbst von Joshua Reynolds und Benjamin West mit großem Interesse zur Kenntnis genommen. 1774 folgte Copley einer Einladung Wests nach London, um dort seinen Stil zu verfeinern. Trotz seiner Sympathie für die amerikanische Unabhängigkeitsbewegung (während des Bostoner Tee-Sturms hatte er sich vergeblich bemüht, zwischen Regierung und Aufständischen zu vermitteln), ließ er sich nach einer Italienreise permanent in London nieder. Hier machten ihn seine Porträts und Historienbilder zu einem der beliebtesten englischen Maler; zeitlebens quälte ihn jedoch die Rivalität mit West. Um 1790 begannen seine schöpferischen Fähigkeiten merklich nachzulassen.

Cornelius, Peter Joseph von
Düsseldorf 1783-1867 Berlin

485 Walpurgisnacht, Faust und Mephisto auf dem Weg zum Brocken, Kupferstich von Ruyschewey nach Cornelius

Maler, Zeichner. Cornelius stammte aus einer Künstlerfamilie. Seit 1795 war er Schüler an der Düsseldorfer Akademie. 1809-11 lebte er in Frankfurt am Main. Hier entstanden erste Zeichnungen zum Faust, womit er seine patriotische Gesinnung artikulierte. Diese war verbunden mit einer programmatischen Wiederbelebung deutscher Kunst, die besonders durch Nepomuk Strixners Faksimiles nach Dürer (z. B. Faust I 1808) Anregung erhielt. 1811 reiste er nach Rom und schloß sich dem Lukasbund an. Er wurde neben Overbeck das Haupt der Nazarener. In dieser Zeit zeichnete er die Illustrationen zu den Nibelungen, die er dem preußischen Gesandten Niebuhr widmete, und vollendete die Blätter zum Faust. Außerdem schuf er Fresken in der Casa Bartholdy und lieferte Entwürfe für das Casino Massimo. 1819 Übersiedlung nach München. 1824 wurde er Direktor an der Düsseldorfer und 1825 an der Münchener Akademie. Er schuf monumentale Freskenzyklen in München. In den dreißiger Jahren hielt er sich wieder in Rom auf, 1838 in Paris. Nach dem Bruch mit König Ludwig von Bayern folgte er 1840 einer angestrebten Berufung nach Berlin. Dort konzipierte er Fresken für das unausgeführte Projekt eines neuen Doms mit Camposanto. 1842 unternahm er eine Reise nach London. Ihr folgten weitere drei Romaufenthalte. Cornelius genoß zu seiner Zeit die höchste Wertschätzung als Lehrer und Autor monumentaler Freskenzyklen.

Corréard, Alexandre
1788-1857

521 Das Floß der Medusa: Seine Konstruktion, nach Corréard

Er war einer von den fünfzehn Überlebenden auf dem Floß, das zum Untergang der Medusa am 5. Juli 1816 150 Schiffbrüchige aufgenommen hatte und erst nach 13 Tagen gefunden wurde (vgl. Kat. 520). Als Ingenieur und Geograph wollte er eine französische Expedition nach dem Senegal begleiten, als das Unglück geschah. Da er sich um eine Entschädigung der Opfer und Bestrafung der schuldigen Offiziere bemühte, wurde er aus dem Staatsdienst entlassen. Als Verleger politischer Bücher und Pamphlete zog er einen Kreis von Regierungskritikern an.

Cruikshank, Isaac
Leith (Schottland) um 1756-1811 London

364 Der Geist Buonapartes erscheint dem Direktorium

Über seine Jugend und Ausbildung ist wenig bekannt. Um 1784 kam Cruikshank nach London, wo er als Illustrator für zahlreiche Auftraggeber, meist kleinere Verleger und Buchhändler, arbeitete. 1792 stellte er ein Gemälde in der Royal Academy aus. Seit etwa 1794 schuf er politische Karikaturen, später auch Mode- und Ständesatiren. Er ist der Vater der Karikaturisten Robert und George Cruikshank.

Daumier, Honoré
Marseille 1808-1879 Valmondois bei Auvers

544 Dort gibt's noch einiges zu tun!

545 Ein Juliheld

Maler, Lithograph, Bildhauer. In Paris lernte er ab 1816 bei Alexandre Lenoir zeichnen und ab 1823 in der Academie Suisse. Er arbeitete 1825-30 in der Lithographiewerkstatt des Druckers Belliard. Um 1829 veröffentlichte er seine ersten Lithographien, Genreszenen und Darstellungen napoleonischer Soldaten in der Manier Charlets. 1830 arbeitete er für die humoristische Zeitschrift ›La Silhouette‹. Auf Grund der Kenntnis seiner satirisch-politischen Blätter stellt Charles Philipon den Autor 1831 ein als Mitarbeiter der Wochenzeitschrift ›La Caricature‹, die er 1830 als Kampforgan gegen das Bürgerkönigtum des Louis Philippe ins Leben gerufen hatte. Daumier modellierte Büsten von Parlamentariern als Vorstudien zu Lithographien. Ab 1832 zeichnete er für die ebenfalls republikanische Zeitschrift ›Le Charivari‹. In diesem Jahr karikierte er Louis Philipp als Rabelais' Gargantua und wird zu sechs Monaten Haft mit Bewährung wegen Majestätsbeleidigung verurteilt, die er nach Veröffentlichung seines Blatts ›Die Weißwäscher‹ absitzen muß. 1834 entstand die lithographische Darstellung ›Rue Transnonain‹ (vier von Soldaten ermordete Personen des Aufstands von 1834), deren Druckplatte beschlagnahmt und vernichtet wurde. Nach dem Erlaß des Pressegesetzes 1835 wird die Zeitschrift ›La Caricature‹ verboten. Daraufhin beschränkte sich Daumier auf die Sittenkarikatur. Er veröffentlichte seine Kritik am Bürgertum u. a. in dem schon 1832 von Philipon als illustrierte Tageszeitung gegründeten ›Charivari‹. Diese Blätter machten ihn berühmt. 1846 befreundete er sich mit Baudelaire und Daubigny. 1847 nahm er an der Gründungsversammlung des ›Salon des Indépendants‹ teil. In den vierziger Jahren entstanden die ersten Gemälde. Nach der Revolution 1848 malte er ›Die Republik‹. Die Aufhebung der Pressezensur ermöglichte die Wiederaufnahme tagespolitischer Karikaturen. Er erfand die Figur ›Ratapoil‹ als Verkörperung des Bonapartismus. 1849 befreundete er sich mit Delacroix. Als 1850 die Pressefreiheit erneut eingeschränkt wurde, verlegte er sich wieder auf Genreszenen. In den fünfziger Jahren stand er in freundschaftlichem Kontakt mit den Malern von Barbizon. 1860 beendete der ›Charivari‹ die Zusammenarbeit mit Daumier, der daraufhin in finanzielle Not geriet. Daumier bevorzugte allmählich die Malerei und sah lithographische Veröffentlichungen zunehmend als Broterwerb an. Seine Gemälde blieben von der Öffentlichkeit unbeachtet und wurden nur seinen Freunden bekannt. Als 1868 die Pressefreiheit liberalisiert wurde, beteiligte sich Daumier parteiergreifend an der Tagespolitik. 1869 entstanden Karikaturen gegen Wiederaufrüstung und Krieg. 1870 verweigerte er die Annahme des Kreuzes der Ehrenlegion.

David, Jacques Louis
Paris 1748-1825 Brüssel

310 Der Schwur der Horatier, Kupferstich von Levasseur, nach David

312 Der Schwur im Ballhaussaal, Aquatinta von Jazet, nach David

321 Triumph des französischen Volkes

339 Die Köpfe des Vorstehers der Kaufmannschaft und des Gouverneurs der Bastille

349 Lepelletier de Saint-Fargeau auf seinem Totenbett, Kupferstich von Tardieu, nach David

350 Der Tod des Marat, nach David

351 Der Kopf des ermordeten Lepelletier, Radierung von Denon, nach David

352 Der Kopf des ermordeten Marat, Radierung von Copia, nach David

359 Leichnam eines Jünglings

369 Schwur der Armee vor Napoleon nach der Verteilung der Adler

Wie selten ein Künstler hat David mit seinem klar zeichnenden, streng komponierenden Stil Themen von gesuchter hoher Ethik angemessen seine Zeitgenossen prägend beeindruckt. Er entwickelte ihn in mehrjähriger Selbstschulung an antiken Vorbildern 1775-1780 in Rom und gab ihn nach dem Erfolg seines ›Bélisaire‹ im Salon von 1781 an eine rasch anwachsende Menge von Schülern weiter. Zu den ersten gehörten Wicar (Kat. 386) und Girodet (Kat. 393), später gesellten sich Isabey (Kat. 495), Fragonard (Kat. 315, 358), Franque (Kat. 363), Gérard (Kat. 435, 504), Gros (Kat. 370, 371, 389, 404, 491) und Ingres (Kat. 498) dazu.

Aufsehen erregte ›Der Schwur der Horatier‹ (vgl. Kat. 310) im Salon von 1785, dessen klar formulierter Appell an patriotische Opferbereitschaft zeichenhaft die Revolution begleiten sollte. Mit Überzeugung setzte sich David für die revolutionäre Bewegung ein, wirkte mit bei der Abschaffung der Akademie, gestaltete Festumzüge, war aber auch als Abgeordneter im Konvent verantwortlich für manchen Haftbefehl. ›Der Tod des Marat‹ (vgl. Kat. 350) ist das berühmteste Zeugnis dieser Zeit. Nach dem Sturz Robespierres mußte David seinen Einsatz mit Gefangenschaft büßen. Erst durch eine Amnestie im Oktober 1796 erhielt er seine volle Freiheit zurück. Mehrere Jahre widmete er nun der Ausführung der ›Sabinerinnen‹ (vgl. Kat. 359), deren versöhnendes Eingreifen in den Bruderkrieg seine Zeitgenossen zu einem entsprechenden Frieden bewegen sollte. Napoleon wurde im nächsten Jahrzehnt Davids Hauptauftraggeber. 1804 insbesondere betraute er ihn mit vier riesigen Darstellungen der Krönungsfeierlichkeiten im Dezember 1804, von denen nur zwei zur Vollendung kamen (vgl. Kat. 369). Als nach dem Sturz Napoleons mit Ludwig XVIII. die Bourbonen wieder an die Macht kamen, zog sich David, der einst für den Tod des Königs gestimmt hatte, nach Brüssel zurück. Wie sehr auch im Exil sein künstlerischer Rang in Frankreich angesehen blieb, bezeugt Géricaults Besuch in Brüssel. Eigens um David aufzusuchen, unterbrach dieser seinen Aufenthalt in England im November 1820.

Delacroix, Eugène
Charenton-Saint-Maurice 1798-1863 Paris

473 Wildes, aufgeschrecktes Pferd, aus dem Wasser springend

481 Gretchen erscheint Faust

487 Macbeth befragt die Hexen

488 a Faust und Mephisto am Hochgericht

488 b Faust und Mephisto am Hochgericht

535 Das Massaker von Chios

536 Ein Militärhospital

537 Griechenland auf den Ruinen von Missolunghi

538 Studie der ›Liberté‹ für das Gemälde ›Die Freiheit führt das Volk an – Der 28. Juli 1830‹

550 Delacroix zugeschrieben, Boissy d'Anglas vor dem Konvent

Maler, Lithograph, Radierer. Sein Vater war Präfekt des Departements Gironde. Er wuchs in Bordeaux auf und nach dem Tode des Vaters ab 1806 in Paris. 1815 trat er in das Atelier des David-Schülers Guérin ein und nahm sich seinen Mitschüler Géricault zum Vorbild. Er arbeitete im Louvre nach alten Meistern. 1816 studierte er an der École des Beaux-Arts unter der Leitung Guérins. Dort schloß er Freundschaft mit Richard Parker Bonington. 1822 wurde sein erstes Bild ›Die Dantebarke‹ im Salon ausgestellt und vom Staat gekauft. Es löste heftige Kritik aus. In demselben Jahr begann Delacroix sein ›Journal‹. 1823 studierte er bei dem englischen Aquarellmaler Thales Fielding. Unter dem Einfluß der Malerei Constables entstand das Bild ›Massaker von Chios‹, welches er 1824 im Salon ausstellte. Es löste eine erbitterte Fehde der klassizistischen David-Schule gegen die Avantgarde der jungen Romantiker aus, wodurch die akademische Auseinandersetzung zwischen Rubinisten und Poussinisten neu entfacht wurde. 1825 reiste er nach England, wo er Bonington wiedertraf und die englische Malerei studierte. Hier beschäftigte er sich erneut mit Shakespeare, Byron und Walter Scott. 1827 entstanden seine Lithographien zu Goethes Faust. In demselben Jahr wurde sein Bild ›Der Tod des Sardanapal‹ im Salon ausgestellt und wiederum trotz heftiger Kritik vom Staat gekauft. Obwohl er von den Kritikern geächtet wurde, erfreute sich kein Künstler dieser Zeit größerer Begünstigung durch den Staat. 1830 malte er unter dem Eindruck der Julirevolution sein berühmtes Bild ›La Liberté guidant le peuple‹, das 1831 im Salon ausgestellt wurde. Dieses Werk verschaffte ihm die Anerkennung selbst einiger seiner strengsten Richter. Er erhielt mehrere Aufträge von Louis Philippe, jedoch ausschließlich auf Anregung Thiers'. 1832 reiste er im Gefolge des französischen Gesandten nach Nordafrika und fertigte dort ungezählte Skizzen an. Die Früchte seiner Studienreise wurden eingeleitet durch das 1834 im Salon gezeigte Bild ›Les femmes d'Alger‹. 1837 bewarb sich Delacroix um eine Mitgliedschaft der Akademie, die ihm erst nach dem achten Antrag 1857 gewährt wurde. Trotz einer Reihe von offiziellen Aufträgen, u. a. für Ausmalungen im Palais Bourbon und im Palais du Luxembourg, trat er in der öffentlichen Anerkennung hinter seinem großen Rivalen, dem Klassizisten Ingres, zurück. 1839 Reisen nach Holland und Belgien, um seine Rubensstudien zu vertiefen. Ein Jahr später befreundete er sich mit Chopin und George Sand. 1846 wurde er zum Offizier der Ehrenlegion ernannt. Zur Weltausstellung 1855 waren seine Werke in einem eigenen Saal ausgestellt, wodurch er neues Prestige gewann und noch im gleichen Jahr zum Commandeur der Ehrenlegion ernannt wurde.

Delaroche, Paul
Paris 1797-1856 Paris

551 Cromwell am Sarg Karls I..

Historienmaler. Seit 1816 wurde er in der École des Beaux-Arts ausgebildet. Gleichzeitig studierte er im Atelier von Watelet, ab 1818 bei Gros, der ihn in die Historienmalerei einführte. Ab 1822 beteiligte er sich erfolgreich an Salonausstellungen mit Monumentalbildern nach religiösen und historischen Themen. 1830 erhielt er den Auftrag für ein großes Gemälde mit dem Sturm auf die Bastille von 1789, das für die Salle du Budget des Pariser Rathauses bestimmt war. 1831 stellte er seine Bilder ›Ermordung der Söhne Eduards IV.‹ und ›Cromwell am Sarg Karls I.‹ erfolgreich aus. Daraufhin wurde er 1832 Membre de l'Institut und später Professor an der École des Beaux-Arts. 1834 unternahm er eine Studienreise nach Italien als Vorbereitung für die geplante Ausmalung der Madeleine-Kirche, die jedoch nicht ausgeführt wurde. Seine Malerei bewirkte einerseits stürmische Begeisterung des Publikums, andrerseits aber auch heftige feindliche Kritik. Diese brachte ihn 1837 zu dem Entschluß, nicht mehr im Salon auszustellen. 1837-41 schuf er das Monumentalfresko für den Saal des Palais des Beaux-Arts in Paris mit Darstellungen berühmter Maler der Vergangenheit. In den letzten 15 Lebensjahren überwogen Darstellungen aus dem Neuen Testament.

Duplessi-Bertaux, Jean
Paris 1750-1818 Paris

397 a Die Schlacht von Marengo (1. Fassung)

397 b Die Schlacht von Marengo (2. Fassung)

Sein Spitzname »Der Callot unserer Zeit« gibt das Vorbild zu erkennen, nach dem er sich als Zeichner und Radierer schulte, aber auch die Achtung, die ihm von den Zeitgenossen entgegengebracht wurde. Zumeist reproduzierte er die Kompositionen anderer (vgl. Kat. 358, 388). Aber im dritten Band der ›Tableaux historiques de la Révolution française‹ radierte er die Vignetten unter den Porträts alle nach eigener Erfindung. Er soll den Ereignissen, die er verbildlichte, begeistertes Interesse entgegengebracht haben.

Fietta

421 Der Triumpf der Gerechtigkeit und der Wahrheit

Über diesen Künstler war nichts in Erfahrung zu bringen.

Fragonard, Alexandre-Evariste
Grasse 1780-1850 Paris

315 Die Rechte des Menschen und des Bürgers, Radierung von Copia nach Fragonard

358 Der Tod Condorcets, Radierung von Duplessi-Bertaux nach Fragonard

Er war der Sohn des berühmten Jean-Honoré Fragonard. Von diesem bewahrte er als Erbe einen Sinn für Farben- und Lichtwirkungen, so sehr er sich von Davids Schulung prägen ließ. Schon mit 13 Jahren stellte er im Salon von 1793 aus. Auch die hier gezeigten Arbeiten muß er in noch sehr jungem Alter geschaffen haben. Später glänzte er als Historienmaler mit Themen durchaus royalistischer Haltung und führte auch für Kirchen Aufträge aus. 1830-1831 nahm er an demselben Wettbewerb um die Ausstattung eines Sitzungssaales des Palais Bourbon teil, den auch Delacroix beschickt hatte (vgl. Kat. 550), mit ebenso wenig Erfolg. Alexandre-Evariste Fragonard gehört zu den Malern, denen, wie Jean-Pierre Franque, erst in jüngster Zeit nach langer Vergessenheit erneut Aufmerksamkeit entgegengebracht wird.

Franque, Jean Pierre
Le Buis (Drôme) 1774-1860 Paris

363 Bonaparte in Ägypten, von einer Vision der Zustände in Frankreich zur Rückkehr gemahnt

Bei David lernte er gemeinsam mit seinem Zwillingsbruder Joseph, mit dem er auch später viel zusammenarbeitete. Um die Jahrhundertwende gehörten beide der Sekte der ›Primitiven‹ um Maurice Quay an, die nach archaischen Vorbildern, vornehmlich frühgriechischer und etruskischer Vasenmalerei, die Kunst, zugleich aber auch die ganze Lebensweise erneuern wollte und später in einem verfallenen Kloster christliche Gemeinschaft erprobte. Zum geistigen Gut dieser Sekte gehörten auch die Gesänge des Barden Ossian, dessen düsterer Welt das ausgestellte Gemälde nahesteht. Jean Pierre Franque war zu seiner Zeit als Maler großer religiöser und mythologischer Historienbilder durchaus beliebt, nach 1830 auch an den Versailler Schlachten- und Porträtgalerie beteiligt. Lange war er vergessen. Erst seit kurzem begann man sich wieder mit ihm zu beschäftigen.

Friedrich, Caspar David
Greifswald 1774-1840 Dresden

506 a Grabmalentwurf
506 b Grabmalentwurf
506 c Sarkophag-Grabmalentwurf
507 Gräber gefallener Freiheitskrieger
508 Der Chasseur im Walde
517 Das Eismeer

Maler, Radierer. Sein Vater war Seifensieder. Den ersten Kunstunterricht erhielt er bei J. F. Quistorp in Greifswald. 1794-98 studierte er an der Kopenhagener Akademie bei Lorentzen, Juel und Abildgaard. Ab 1798 lebte er in Dresden, dem Mittelpunkt der romantischen Bewegung. 1801 begegnete er Runge. Über ihn lernte er Tieck kennen. Er stand in Beziehungen zu Novalis und Kersting, später auch zu Kleist, Dahl und Carus. Bei der Ausstellung der Weimarer Kunstfreunde 1805 zeichnete Goethe zwei Werke Friedrichs mit einem Preis aus. Nach den Reisen 1801 und 1802 unternahm er 1806 die dritte Rügenwanderung. 1807 und 1808 zeichnete er in Nordböhmen. 1808/9 löste sein ›Tetschener Altar‹ bei den Kunsttheoretikern den sog. Ramdohr-Streit aus. 1810 wurden die Bilder ›Der Mönch am Meer‹ und ›Die Abtei im Eichwald‹ erfolgreich in der Berliner Akademie ausgestellt und vom preußischen Kronprinzen angekauft. Daraufhin wurde Friedrich dort Ehrenmitglied. In demselben Jahr wanderte er mit Kersting durch das Riesengebirge. 1813 lernte er Ernst Moritz Arndt in Dresden kennen. Als die französischen Truppen Dresden besetzten, entzog sich Friedrich den Ereignissen und wanderte durch das Elbsandsteingebirge. Seine engagierte Parteinahme für die Befreiungskämpfe artikulierte er jedoch eindeutig in seinen Landschaften und Denkmalentwürfen für gefallene Freiheitskämpfer. 1816 wurde er Mitglied und 1824 Professor der Akademie in Dresden. Zur Zeit der Restauration blieb er seinen patriotischen Zielen treu. Die politischen Aussagen seiner Malerei wurden zunehmend verschlüsselt. Friedrich hielt an seinen von der Romantik geprägten Bildthemen fest, die sich nicht mit dem Landschaftsverständnis des Biedermeier vereinbaren ließen. Als sich nach 1828 der Zeitgeschmack der Düsseldorfer Schule zuwandte, geriet Friedrich in Vergessenheit.

Füger, Friedrich Heinrich
Heilbronn 1751-1818 Wien

420 Apotheose des Erzherzogs Karl
442 Satans Entschluß, den Messias zu töten

Bildnis- und Historienmaler, zu seiner Zeit berühmt als Miniaturmaler. 1768 Jurastudium in Halle. Studierte bei Oeser in Leipzig. 1771/72 in Dresden. 1774 Rückkehr nach Heilbronn und Übersiedlung nach Wien. 1776 Stipendium für einen Romaufenthalt. Nach der Rückkehr 1783 Leitung der Wiener Akademie bis zu seinem Rücktritt 1806. Vertrat einen strengen Klassizismus.

Füssli, Johann Heinrich
Zürich 1741-1825 London

308 Der Sprung Wilhelm Tells aus dem Schiff, Kupferstich von Guttenberg nach Füssli
309 Die drei Eidgenossen beim Schwur auf dem Rütli
332 Die Erschaffung der Eva
432 Das Schweigen
436 Der Ausbrecher
437 Thor im Kampf mit der Midgardschlange
438 Tornado, Zeus im Kampf mit Typhon, Kupferstich von Blake nach Füssli
439 Der triumphierende Messiah
448 Vier Mänaden köpfen einen alten Mann mit einem Fallbeil
479 Almansaris besucht Hüon im Gefängnis
480 Der Alp verläßt das Lager zweier schlafender Frauen
484 Die Hexen erscheinen Macbeth und Banquo, Kupferstich von Caldwell nach Füssli

Maler, Zeichner und Kunsttheoretiker. Nach 1751 erhielt er eine künstlerische Ausbildung bei seinem Vater und begann ein Theologiestudium. 1762 verfaßte er zusammen mit Lavater und Felix Hess ein Pamphlet gegen den Landvogt Grebel und mußte deswegen Zürich verlassen. 1763 besuchte er Johann Georg Sulzer in Berlin. Ausgehend von seinem Freiheitsdrang und seiner Liebe zum Vaterland begriff er Friedrich den Großen als Prototyp eines Tyrannen. 1764 siedelte er nach London über. Während seiner Reise nach Frankreich 1766 begegnete er Rousseau, dessen Schriften ihn auf die Trennung von Kunst und Moral lenkten. 1770-79 in Rom konzentrierte er sich hauptsächlich auf seine Tätigkeit als Maler. Ende 1779 kehrte er zurück nach Zürich und arbeitete an dem Gemälde ›Die drei Eidgenossen beim Schwur auf dem Rütli‹. Dort erneuerte die Freundschaft mit Lavater. 1780 übersiedelte er endgültig nach London und schloß sich dem Kreis radikaler Intellektueller um den Verleger Joseph Johnson an, wo er später William Blake kennenlernte. 1786 war er Mitinitiator der Shakespeare Gallery, einem Markstein in der Entwicklung der Historienmalerei. 1789 begegnete er der vorrevolutionären Frauenrechtlerin Mary Wollstonecraft. Anläßlich der Erstürmung der Bastille äußerte Füssli Sympathie für den Anbruch eines neuen Zeitalters und glaubte an die Verwirklichung humanitärer Hoffnungen. 1790 wurde er Mitglied in der Royal Academy.

In demselben Jahr begann er mit den Arbeiten zu einer Milton Galerie als Gegenstück zur Shakespearegalerie. 1792 plante er zusammen mit dem Verleger Johnson und Mary Wollstonecraft eine Reise nach Paris, um die Revolutionsereignisse zu beobachten, die jedoch nicht realisiert wurde. Nach der Hinrichtung Ludwigs XVI. und dem Sieg der Jakobiner über die Girondisten wandte sich Füssli gegen die Revolution, indem er die Anarchie als legitimen Abkömmling des Despotismus bezeichnete. Ab 1801 begann Füssli als Professor of Painting seine Vorlesungen an der Royal Academy und vertrat eine klassizistische Kunsttheorie. 1802 reiste er nach Paris, um die von Napoleon geraubten Kunstschätze zu besichtigen. David lehnte er sowohl künstlerisch als auch politisch ab. Er verabscheute Napoleon aufgrund seiner Maßlosigkeit. 1804 bis zu seinem Tod ›Keeper‹ der Royal Academy. Nach der Selbstkrönung Napoleons 1804 verachtete er ihn als pomphaften Usurpator. Nach 1820 rückte Füssli in seiner kunsttheoretischen Auseinandersetzung in die Nähe des Nazarenergeistes der deutschen Romantik.

Gérard, François Baron
Rom 1770-1837 Paris

368 Der Kaiser Napoleon I. im Krönungsornat
435 Ossian am Ufer des Lora beschwört die Geister beim Klang der Harfe

504 Corinne am Cap Miseno, Lithographie von Aubry-Lecomte nach Gérard

Im Salon von 1798 gelang ihm mit dem noch heute beliebten Bild ›Amor und Psyche‹ (Louvre) der Durchbruch vom anerkannten Davidschüler zum berühmten Maler, der selber eine Schule gründen konnte. Unumstößlich wurde sein Ansehen, als Bonaparte ihn mit Aufträgen überhäufte. Seinen für Malmaison gestalteten ›Ossian‹ mußte er mehrfach wiederholen (vgl. Kat. 435). Vor allem aber zogen Porträts der ganzen kaiserlichen Familie und anderer Würdenträger des Kaiserreiches Aufträge von allen Höfen Europas nach sich. Auch während der Restauration blieb er der bevorzugte Maler des hohen Adels. Ludwig XVIII. bestellte eine Wiederholung der ›Corinne‹, die Prinz August von Preußen 1819 in Auftrag gegeben hatte (Kat. 504). Für Karl X. komponierte Gérard ein riesiges Bild der Krönung, 1829 vollendet (Versailles).

Géricault, Théodore
Rouen 1791-1824 Paris

390 Episode des Ägyptenfeldzugs
403 Angreifender Jägeroffizier
464 Nach einem Schiffbruch
471 Pferd von einem Löwen angegriffen, nach Stubbs
472 Pferd von einem Löwen angegriffen
490 Parade von Ludwig XVIII. auf dem Marsfeld
518 Gefangennahme in Rom
519 Der Weg zum Schafott, nach Géricault
520 Der Aufstand auf dem Floß
522 Mann mit Beil
523 Köpfe von Hingerichteten
524 Abgehauene Menschenglieder
525 Studien eines Hundekopfes
526 Studie eines Mannes
527 Kopf eines Negers
528 Zwei Kämpfende
529 Bildnis eines Mannes aus der Vendée
530 Pity the sorrows of a poor old man...
531 Befreiung der Inquisitionsopfer

Neben der Schulung in den Ateliers von Carle Vernet und Pierre Guérin wußte Géricault die reichen Anregungen zu nutzen, die das Musée Napoléon mit seinen in ganz Europa gesammelten Kunstschätzen (vgl. Kat. 388) zu bieten hatte. Im Salon von 1812 offenbarte sich dem Publikum in dem ›Angreifenden Offizier‹ (vgl. Kat. 403) sein überragendes Können. Die Niederlagen der französischen Armeen in der darauffolgenden Zeit trafen Géricault hart. Unter ihrem Eindruck entstand ›Der verwundete Kürassier‹ als Pendant zu dem sieghaften Reiter von 1812. Mit der Neuordnung unter Ludwig XVIII. muß Géricault Hoffnungen verbunden haben (vgl. Kat. 490). Er ging so weit, sich in die Leibgarde des Königs einreihen zu lassen, die während der Rückkehr Napoleons 1815 den flüchtigen Monarchen begleitete. In Rom 1816-1817 war nicht nur die Begegnung mit Kunstwerken fruchtbar, sondern auch diejenige mit der neuen Umwelt. Die Stationen eines zum Tode Verurteilten (Kat. 518, 519) beschäftigten ihn ebenso wie das Rennen wilder Pferde während des Karnevals im Februar 1817. Bis zu monumentaler Ausführung brachte er indessen weder in Rom ein Projekt noch 1817-1818 in Paris, zu sehr mit den Problemen seiner Liebe zur Frau eines nahestehenden Verwandten beschäftigt, von der er sich nach der Geburt eines Sohnes trennen mußte. Nun aber wandte er sich mit desto größerer Intensität der Arbeit zu und vollendete in einjähriger Anstrengung sein Hauptwerk ›Das Floß der Medusa‹ (vgl. Kat. 520-524). 1819 zeigte Géricault sein Werk im Salon und 1820-1821 in London und Dublin. Die in England gesammelten Eindrücke formten ihn ebenso nachhaltig (vgl. Kat. 471, 472, 530) wie einige Jahre zuvor diejenigen in Rom. Seine Malerei gewann an Nuancenreichtum und Atmosphäre. 1822 machten ihn mehrere Reitunfälle arbeitsunfähig. Nur noch eine kurze Arbeitsperiode blieb ihm 1823. Ihr berühmtestes Ergebnis ist die Bildnisreihe von Geisteskranken, die er für einen befreundeten Arzt schuf. Die Monumentalprojekte dieser Zeit blieben unausgeführt (Kat. 531). Eine schwere Krankheit, wohl Wirbelsäulentuberkulose, führte zu einem vorzeitigen Ende, das von vielen Bewunderern seiner Kunst, unter ihnen Delacroix, tief betrauert wurde.

Gillray, James
Chelsea 1757-1815 London

327 Der Freiheitsbaum muß sofort gepflanzt werden!
328 Der Schrein in St. Ann's Hill
329 Voltaire belehrt den jungen Jakobinismus
334 Barbarei in Westindien
343 Petit Souper, à la Parisienne
357 Die heroische Charlotte la Cordé während ihres Prozesses
362 Kampf um den Misthaufen – oder – Jack Tar erledigt Buonaparte
367 Buonaparte, 48 Stunden nach der Landung
375 Der Plum-Pudding in Gefahr – oder – die Staatsepikuräer nehmen ein kleines Abendessen zu sich
381 Der triumphierende Genius Frankreichs – oder – Britannia bittet um Frieden
382 Versprochene Schrecken der französischen Invasion – oder – schlagende Argumente dafür, über einen königsmörderischen Frieden zu verhandeln
383 Aufziehender Sturm – oder – die republikanische Flotille in Gefahr
384 Die Apotheose des Generals Hoche
391 Die Vernichtung des französischen Kolosses
392 Entwurf für den ›Naval Pillar‹
410 Der spanische Stierkampf – oder – der korsische Matador in Gefahr
411 Spanische Patrioten greifen französische Banditen an, loyale Briten helfen dabei
424 Der Tod Nelsons im Augenblick des Sieges
467 Vorzeichen des Tausendjährigen Reiches

Gillrays Kindheit war durch die Mitgliedschaft seiner Eltern in der Evangelischen Brüderkirche, einer aus dem Pietismus stammenden Religionsgemeinschaft, geprägt. Mit etwa dreizehn Jahren begann er in London eine Lehre als Schriftstecher, die er jedoch abbrach, um sich einer wandernden Schauspielertruppe anzuschließen. Mit neunzehn war er wieder in London und schuf erste Karikaturen. Ab 1778 setzte er seine Stecherausbildung an der Schule der Royal Academy fort und produzierte bis 1883 weiterhin Karikaturen für verschiedene Verleger. In den folgenden Jahren versuchte er, sich als Porträtist und Nachstecher einen Namen zu machen, kehrte jedoch 1886 zur professionellen Satire zurück. Seit etwa 1791 bis zum Nachlassen seiner geistigen Fähigkeiten arbeitete er fast ausschließlich für die Graphikhändlerin und Verlegerin Hannah Humphrey.
Gillray hatte den Sturm auf die Bastille begrüßt, wurde aber nach den Septembermorden zu einem überzeugten Gegner der Revolution. Viele Jahre lang arbeitete er nach Themenvorschlägen und Anregungen des Tory-Politikers George Canning, der ihn dafür auch finanziell unterstützte. Gillray war der populärste englische Karikaturist seiner Zeit; seine Blätter fanden in ganz Europa Verbreitung.

Girodet de Roucy-Trioson, Anne Louis
Montargis 1767-1824 Paris

393 Der Aufstand in Kairo

Girodet war einer der glänzendsten Schüler Davids. 1789 gewann er den Rompreis. So befand er sich während der Revolution in Italien und erlebte 1793 die Belagerung und Zerstörung der französischen Akademie in Rom, gegen die sich eine Menge von Italienern wegen der gehißten Trikolore erregt hatte. Nur mit Hilfe eines Mannes, der ihm Modell gesessen hatte, konnte er nach Neapel fliehen. Auch auf dem Weg nach Venedig 1794 erlebte er Feindseligkeiten, wurde als Franzose vierzehn Tage eingekerkert. Erst 1795 kehrte er über Florenz und Genua, wo er Gros traf, nach Frankreich zurück. Inzwischen bewies er im Salon von 1793 sein zwei Jahre zuvor in Rom gemaltes Bild ›Schlaf des Endymion‹ (Louvre), wie sehr er von Davids strengem Vorbild weg zu einem eigenen Stil gefunden hatte, in dem weiche Lichtwirkungen und Farbnuancierungen die ersten Weichen zu einer romantischen Malerei stellten. Auch in dem für Malmaison gemalten ›Empfang der französischen gefallenen Helden durch den Barden Ossian‹ (vgl. Kat. 435) machte er mit solchen Mitteln übersinnliche Vorgänge mitteilbar. In seiner ›Sintflutszene‹, die im Salon von 1806 Aufsehen erregte und von Zeitgenossen über Davids ›Sabinerinnen‹ (vgl. Kat. 359) gestellt wurde, formte er darüber hinaus eine expressiv übersteigerte Gebärdensprache, die auch in seinem Riesengemälde ›Der Aufstand in Kairo‹ (vgl. Kat. 393) von mächtiger Wirkung ist.

Goblain, Antoine Louis
Paris 1779- um 1838

540 a Arcole hißt die Tricolore an der Brücke beim Pariser Rathaus

Landschaftsmaler, Zeichner, Lithograph. Tätig in Paris. Schüler von L. Moreau, V. J. Nicolle und J. T. Thibaut. Ausstellungen im Salon 1824-38 mit Architektur- und Landschaftsaquarellen.

Goethe, Johann Wolfgang von
Frankfurt 1749-1832 Weimar

325 Goethe zugeschrieben, Landschaft mit Freiheitsbaum

Nach 435 Prometheus (Foto)

Nach 436 Faust erscheint dem Erdgeist (Foto)

486 Beschwörungsszene der Hexen (?)

Goethes Studium während der Knabenjahre umfaßte neben der Literatur ebenso die Musik und die Malerei. Er erhielt Zeichenunterricht. 1765-68 studierte er in Leipzig, dem damaligen gesellschaftlichen Mittelpunkt einer vom französischen Rokoko geprägten Kultur. Der Aufenthalt in Straßburg 1770/71 leitete die Zeit des ›Sturm und Drang‹ ein. Hier stand er unter dem Einfluß J. G. Herders. Die Straßburger Jahre waren von einer auf die deutsche Kultur gerichteten nationalen Begeisterung und ein enthusiastisches Verhältnis zur Natur gekennzeichnet. In Zusammenhang damit stand die Verehrung Erwin von Steinbachs als Genie in dem Aufsatz ›Von deutscher Baukunst‹ (1772). Ab 1775 am Hof von Weimar entstanden die ersten bedeutenden Landschaften seiner insgesamt 2000 Zeichnungen. Die Italienreise von 1786-88 begründete die klassizistische Orientierung seiner Kunstauffassung. Dort stand Goethe in engem Kontakt mit deutschen Künstlern: Wilhelm Tischbein, Angelica Kaufmann, Philipp Hakkert. Während der Zeit nach 1788 in Weimar setzte er sich mit der Französischen Revolution und Napoleon auseinander. Goethe selbst erlebte im ersten Koalitionskrieg gegen die französischen Revolutionstruppen an der Seite des Herzogs Carl August die Niederlage von Valmy 1792 und den anschließenden Rückzug. Im folgenden Jahr reiste er in das Hauptquartier der Belagerungstruppen vor Mainz. Jene Zeit wurde erst in ›Campagne in Frankreich 1792 — Sieg von Mainz 1973‹ im Jahre 1793 autobiographisch erfaßt. Goethe beurteilte Napoleon als Symbol einer politischen Ordnung, die über nationales Denken hinausging. Anläßlich des Staatsbesuchs zum Fürstentag in Erfurt 1808 würdigte Napoleon den Dichter mit großem Respekt. Ausgehend von seinem Selbstverständnis als Genie, begründete Goethe Napoleons Verhalten mit der Übereinstimmung ihrer beider Wesen. Goethe begriff Napoleon als ›Kompendium der Welt‹, ähnlich wie er sich selbst einschätzte: »Meine Werke haben von tausend verschiedenen Personen Nahrung gezogen ... alle kamen und boten mir ihre Gedanken, Fähigkeiten, ihre Hoffnung, ihre Art, zu sein an«. (Goethe an Soret am 17.2.1832, zit. n. Biedermann: Goethes Gespräche; 1979, S. 661). Noch 1828 sah Goethe Napoleon als Halbgott. In einer Äußerung gegenüber Riemer (1826) verglich er ihn mit Prometheus: Napoleon habe den Menschen das Licht der moralischen Aufklärung gebracht. »Den bürgerlichen Zustand des Menschen, seine Freiheit und was diese betrifft, ihren möglichen Verlust, ihre Erhaltung, ihre Behauptung hat er zum Gegenstand der Betrachtung, des Interesses von einem jeden gemacht. Er hat dem Volk gezeigt, was das Volk kann, denn er hat sich ja an die Spitze desselben gestellt.« (dtv-Lexikon der Goethe-Zitate, 2. Aufl. München 1972, Bd. II, S. 639). Sogar nachdem Goethe L. A. Fauvelet de Bourrienes ›Memoires sur Napoléon‹ (Bd. 1, 1829) bekannt wurden, war er zunächst über »die entsetzliche Realität« bestürzt. Gegenüber Eckermann spricht er Napoleon den Nimbus des Halbgottes ab, jedoch zugunsten einer gerade durch dieses Buch vermittelten größeren Wahrhaftigkeit Napoleons als Helden.

Grenier, François
Paris 1793-1867 Paris

400 Die Übergabe von Madrid

Er war Schüler von David und Guérin. Als Maler begann er mit Historienbildern antik-mythologischen oder christlich-legendären Inhalts und Schlachtenszenen. Später bevorzugte er Genreszenen, die er gern als Aquarell oder Lithographie ausführte.

Greuze, Jean-Baptiste
Tournus 1725-1805 Paris

342 Revolutionsszene

Man weiß wenig über seine Anfänge in Lyon und Paris. 1755 gelang es ihm, als Zeichner, Porträtist und Genremaler in die Akademie aufgenommen zu werden. Er kam rasch zu großem Ansehen. Sein Ehrgeiz trieb ihn auch zur Historienmalerei, die damals am höchsten geachtet wurde. Seinen Ruhm begründeten jedoch Genrebilder mit moralisierendem Unterton, wie die Gegenstücke ›Der undankbare Sohn‹ und ›Der bestrafte Sohn‹ (beide im Louvre). Diderot schätzte solche Werke (im ›Essai sur la peinture‹) ebenso hoch ein wie Historienbilder — er nannte im Vergleich sogar ein Werk von Poussin. Greuze kann mit seiner Hinwendung zum kleinbürgerlichen Menschen und dessen ethischen Tagesproblemen zu den Wegbereitern einer neuen Denkweise gerechnet werden, wenn er auch in den 80er Jahren von Davids hohem Pathos überflügelt und überrundet wurde. Für seine Haltung während der Revolution gibt es kein anderes Zeugnis als zwei Zeichnungen, von denen eine hier ausgestellt ist (Kat. 342).

Gros, Antoine-Jean Baron
Paris 1771-1835 Meudon

360 Bonaparte bei der Brücke von Arcole, Kupferstich von Longhi nach Gros

370 Skizze zu ›Besuch Napoleons bei den Pestkranken von Jaffa‹

371 Besuch Napoleons bei den Pestkranken von Jaffa, Stich von Masson nach Gros

389 Bonapartes Ansprache vor Beginn der Pyramidenschlacht, Radierung von Frilley nach Gros

404 Der Brand von Moskau

491 Ludwig XVIII. verläßt den Palast der Tuilerien, Radierung von Frilley nach Gros

Mit fünfzehn Jahren trat er in das Atelier von David ein, der ihm 1793 einen Paß für Italien verschaffte. Entscheidend für seinen späteren Lebensweg wurde 1796 in Genua die Bekanntschaft mit Josephine, die ihn in Mailand ihrem Gatten Napoleon vorstellte und ihm zu einem Porträtauftrag verhalf (Kat. 360). Wurde er einstweilen nur in der Kommission beschäftigt, die überall in Italien Kunstwerke zur Beschlagnahme auszuwählen hatte (vgl. Kat. 388), so fanden sich doch im folgenden Jahrzehnt außerordentliche Aufgaben: Er wurde der Interpret wichtiger Situationen in der Karriere Napoleons in monumentalen Gestaltungen. Außer den in Kat. 370, 371 und 389 besprochenen Werken, sei auf ›Napoleon auf dem Schlacht von Eylau‹ (Salon von 1806, jetzt im Louvre) verwiesen: Napoleon in Erschütterung vor den Opfern einer Schlacht und als Helfer der Verwundeten sollte heroisiert werden. Nach dem Sturz Bonapartes wurde Gros offizieller Porträtist des Hofes. 1816, als David ins Exil ging, übernahm er dessen Atelier und Lehramt an der Ecole des Beaux-Arts. Von seinen Schülern sind in dieser Ausstellung vertreten: Larivière (vgl. Kat. 543), Delaroche (Kat. 551), Charlet (Kat. 539) und Bellangé (Kat. 541). Sein Einfluß reichte aber weit über seine eigene Schule hinaus. Géricault verehrte ihn, ebenso Delacroix. Als gegen Ende der 20er Jahre Ingres Einfluß zunahm, sah sich Gros wachsender Kritik gegenüber. 1837 nahm er sich deswegen das Leben.

Hauer, Johann Jakob
Algesheim bei Mainz 1751-1829 Paris

354 Charlotte Corday (Der Tod Marats)

Maler. Ausbildung in Frankreich. Seine Historienbilder 1793/95 und 96 im Salon ausgestellt. Trat den Revolutionstruppen bei und hatte 1793 als Kommandant des Bataillons der ›Section des Cordeliers‹ Gelegenheit, die Mörderin Marats, Charlotte de Corday, während ihres Prozesses zu portraitieren.

Hoechle, Johann Nepomuk
München 1790-1835 Wien

494 Apotheose auf die drei siegreichen Monarchen Franz I., Zar Alexander und Friedrich Wilhelm III.

Maler und Lithograph. In München Schüler von Ferdinand Kobell. Ab 1800 Studium bei Füger und Wutky in Wien. Erste Anregungen zu seiner Spezialisierung als Schlachtenmaler wahrscheinlich durch Ignace Duvivier von der Wiener Akademie. Darstellungen des österreichischen

Sieges über Napoleon in der Schlacht von Aspern 1809. Im Gefolge des Kaisers Franz' I. von Österreich Studium der Ereignisse von 1814/15 an den Schauplätzen des Wiener Kongresses. 1819 Reise im kaiserlichen Gefolge nach Italien und 1820 zu den großen Manövern nach Ungarn. Lithographische Darstellungen des österreichischen Militärs und der bedeutenden Ereignisse aus dem Leben des Kaisers.

Ingres, Jean Auguste Dominique
Montauban 1780-1867 Paris

498 Karl X. im Krönungsornat, Kopie von Dupré

Ingres war der begabteste und erfolgreichste Schüler Davids, in dessen Atelier er 1797 eintrat. Schon früh bekam er offizielle Aufträge wie 1803 das Bildnis des ersten Konsuls Napoleon für die Stadt Lüttich und das Bildnis des thronenden Napoleon, das er im Salon von 1806 ausstellte. 1806 ging er als Pensionär der Villa Medici nach Rom und blieb dort auch, als 1810 sein Stipendium ablief. Nach dem Zusammenbruch des Kaiserreichs 1815 hatte Ingres in finanzielle Schwierigkeiten, denen er mit zahlreichen kleinen Porträtzeichnungen, namentlich für Kunden der englischen Kolonie, zu begegnen suchte. 1820 siedelte er nach Florenz über. Nachdem er 1823 zum korrespondierenden Mitglied der Académie des Beaux-Arts ernannt wurde, im Salon von 1824 Erfolge zu verzeichnen hatte und das Kreuz der Ehrenlegion von Karl X. persönlich erhielt, kehrte er nach Paris zurück. Er eröffnete hier eine Schule, die großen Zulauf fand. 1829 wurde er zum Professor der Ecole des Beaux-Arts ernannt. Sein Vorbild sollte für die Malerei in Europa eine ähnlich wichtige Rolle spielen wie vordem dasjenige Davids. Seine Kunst blieb jedoch nicht unbestritten. Verletzt von Kritik, bewarb sich Ingres 1834 um den Posten des Direktors der Villa Medici in Rom und konnte dort seinen Einfluß auf jüngere Künstler erweitern. Bei seiner Rückkehr nach Paris 1841 wurde er stürmisch gefeiert. Als er 1855 anläßlich der Weltausstellung nach langer Zeit wieder öffentlich ausstellte, hatte sein Gegenspieler Delacroix, der seine Kompositionen mit reichbewegter Farbigkeit gestaltete, während er der Schönheit der Linienführung den Vorzug gab, ebenso viel Erfolg wie er. Der Nachhall seiner Kunst reichte — wie derjenige seines Antagonisten — weit ins 20. Jahrhundert.

Isabey, Jean Baptiste
Nancy 1767-1855 Paris

495 Der Wiener Kongreß, Linien- und Punktierstich von Godefroy nach Isabey

Miniaturmaler, Zeichner, Lithograph. Zuerst arbeitete er in Nancy bei Giradot und Claudot, dann ging er 1785 nach Paris, wo er Unterricht bei dem Miniaturmaler Dumont und ab 1786 bei David nahm. Vor 1789 malte er Miniaturen für die Königin und den französischen Hof. Angeregt durch englische Schabkunstblätter, fertigte er gewischte Zeichnungen an, die er stechen ließ. Diese Vervielfältigungen machten ihn rasch populär. Unter dem Schutz Davids wurde er erster Miniaturmaler. Die Mitglieder des Konvents ließen es sich zur Ehre gereichen, von ihm portraitiert zu werden. Von dem Directoire wurde er mit Ämtern betraut. In jener Zeit begann seine Karriere als Favorit in den bedeutenden Salons. Durch Hortense Beauharnais bei Bonaparte eingeführt, wurde er schnell der Lieblingskünstler des Ersten Konsuls und von Josephine. Im Empire war er der offizielle Maler des Kaisers, der Lehrer von Marie-Louise, der Gestalter öffentlicher und privater Feste mit dem Titel ›Zeichner am Kabinett der Zeremonien‹ und Direktor der Dekorationen der Oper. Im Auftrag Talleyrands begleitete er die französische Delegation zum Wiener Kongreß, um die Diplomatenversammlung zu zeichnen. Es gehörte zu den gesellschaftlichen Gewohnheiten der Kongreßteilnehmer, bei einer Spazierfahrt durch Wien Isabeys Atelier zu besuchen. Karl X. ernannte ihn 1825 zum Offizier der Ehrenlegion. 1837 machte ihn Louis Philippe zum ›conservateur adjoint‹ der königlichen Museen und stellte ihm eine Wohnung in Versailles zur Verfügung. Seine Beliebtheit hielt sich bis ins zweite Kaiserreich.

Kersting, Georg Friedrich
Güstrow 1785-1847 Meißen

509 a Theodor Körner, Karl Friedrich Friesen und Hartmann auf Vorposten

509 b Die Kranzwinderin

Er stammte aus einer Handwerkerfamilie. 1805-8 studierte er an der Kopenhagener Akademie bei Juel, Abildgaard und Lorentzen, danach in Dresden. Freundschaftliche Beziehungen verbanden ihn mit C.D. Friedrich und dem Romantikerkreis um Carus, Kleist und Kügelgen. Die Malerin Louise Seidler vermittelte ihm die Bekanntschaft mit Goethe. 1810 wanderte er mit C.D. Friedrich durch das Riesengebirge. 1812-13 beteiligte er sich als Freiwilliger im Lützowschen Korps an den Befreiungskriegen. 1816 wurde er Zeichenlehrer der polnischen Fürstin Sapieha in Warschau. Seit 1818 übernahm er die Leitung der Malereiabteilung an der Meißener Porzellanmanufaktur. Er unternahm 1822 und 1844 kurze Reisen nach Berlin, 1824 nach Weimar, wo er Goethe besuchte, Nürnberg und Dresden.

Kininger, Vincenz Georg
Regensburg 1767-1851 Wien

419 a Kampfszene aus dem Ersten Koalitionskrieg mit Christoph Hirschel und Carl Klösch

419 b Der Soldat Georg Toth rettet seinen Rittmeister

419 c Kampfszene aus dem Ersten Koalitionskrieg mit Daniel Lukatsy und Barothi

Aquarell- und Miniaturmaler, Zeichner, Kupferstecher, Schabkünstler, Lithograph, Radierer. Seit 1778 in Wien. 1780 Eintritt in die Wiener Akademie. Besuchte die Kupferstichklasse J. Schmutzers. Gehörte zu den besten Schülern, daher Protektion durch den Akademiedirektor Füger. 1786 Wechsel zu J. Jacobés. Ab 1790 selbständig. 1807 Professor an der Schabkunstschule der Wiener Akademie. Bis 1840 als Porträtist, Illustrator und Reproduktionsstecher tätig.

Klein, Johann Adam
Nürnberg 1792-1875 München

406 Der Rückzug der französischen Armee aus Rußland im Jahre 1812, Radierung von Mansfeld nach Klein

Radierer, Maler, Lithograph. Erster Zeichenunterricht bei Chr. v. Bemmel, ab 1802 an der Nürnberger Zeichenschule unter G. Ph. Zwinger. Ab 1805 Ausbildung beim Kupferstecher Ambrosius Gabler. Ab 1811 Ausbildung an der Akademie in Wien unter Füger. Joh. Georg Mansfeld vermittelte Mäzene aus dem Wiener Adel. Im Jahr 1815 Rheinreise. Nach 1817 Unterstützung durch den Fürsten Metternich und Maximilian von Bayern. 1819 Reise nach Italien. Zusammentreffen mit Koch, Reinhart und Schadow. Ab 1837 in München ansässig. Schilderung militärischer Begebenheiten und ländlicher Szenen verbunden mit Tier- besonders Pferdedarstellungen.

Klenze, Leo von
Bockelah (Harz) 1784-1864 München

510 Entwurf für ein Denkmal der Befreiungskriege

Architekt, Maler, Zeichner. Er studierte Architektur bei Gilly in Berlin. Seit 1803 in Paris, arbeitete bei Percier und Fontaine. Anschließend war er bis 1813 Hofarchitekt Jérômes in Kassel. 1814 begegnete er dem Kronprinzen Ludwig von Bayern und trat 1816 in dessen Dienste. Noch im gleichen Jahr wurde er Leiter der Hofbauintendanz in München. 1816 wurde er mit dem Walhallaprojekt beauftragt. Dieses hatte der bayerische Kronprinz bereits 1807 in Berlin geplant, um das Vaterland als patriotische Reaktion auf die Invasion Napoleons einen Ruhmestempel zu errichten. Als besonderer Günstling Ludwigs wurde er 1833 geadelt. Er unternahm Reisen nach Italien, Südfrankreich und Griechenland. 1834 beeinflußte er die Pläne der neuen Residenzstadt Athen. Am Jahrestag der Völkerschlacht bei Leipzig 1842 wurde die Walhalla feierlich eingeweiht. 1843-54 wurde seine Ruhmeshalle in München errichtet. In den 40er Jahren entstand nach seinem Entwurf ein Anbau der Eremitage in St. Petersburg. 1847 übernahm Klenze die Bauleitung der von Gärtner begonnenen Befreiungshalle in Kehlheim, deren Errichtung der bayerische König 1836 als Monument zur Erinnerung an die Befreiungskriege beschlossen hatte.

Kobell, Wilhelm von
Mannheim 1766-1853 München

398 Die Beschießung von Ulm

Maler und Radierer. Sein Vater war Ferdinand

Kobell. Er unterrichtete ihn an der Zeichenakademie in Mannheim. Kobell orientierte sich zunächst an der niederländischen Malerei des 17. Jahrhunderts. 1792 wurde er Hofmaler Karl Theodors von der Pfalz und siedelte 1793 nach München über. In dieser Zeit traten die holländischen Vorbilder zurück zugunsten einer realistischen Freilichtmalerei.

Von daher wurde er neben Dillis zum Mitbegründer der Münchner Landschaftsmalerei. 1808-15 entstand im Auftrag des bayerischen Kronprinzen Ludwig der Zyklus von zwölf großen Schlachtenbildern der napoleonischen Kriege. 1809 reiste er nach Wien zur Besichtigung der Schlachtfelder von Aspern und Wagram. Bis zum folgenden Jahr hielt er sich in Paris auf. Ab 1814 war er Professor der Landschaftsmalerei an der Münchner Akademie. 1818 unternahm er eine Romreise. Ein Jahr zuvor wurde er in den persönlichen und 1833 in den erblichen Adelsstand erhoben. 1826 mußte er die Akademie verlassen, weil der Direktor Peter Cornelius das Fach Landschaftsmalerei abschaffte. In der Spätzeit ab 1830 überwogen biedermeierliche ›Begegnungsbilder‹.

Koch, Joseph Anton
Obergibeln (Tirol) 1768-1839 Rom

387 Der Schwur der 1500 Republikaner bei Montenesimo

457 Die Sintflut

516 Der Tiroler Landsturm im Jahre 1809

Landschaftsmaler, Zeichner, Radierer. Koch stammte aus einer Bauernfamilie. Ein Augsburger Weihbischof sorgte für seine Ausbildung, die er ab 1782 u.a. bei dem Bildhauer Ingler in Augsburg erhielt. Durch die Vermittlung des Malers J.J. Mettenleiter besuchte er 1785-91 die Hohe Karlsschule in Stuttgart unter Hetsch und A.F. Harper, einem Schüler Davids. Als Autor von Karikaturen und Mitglied einer revolutionären Vereinigung fürchtete Koch eine disziplinarische Maßnahme und floh 1791 nach Straßburg, wo er mit den Jakobinern in Kontakt trat. Ernüchtert ging er 1792 nach Basel, wurde aber ausgewiesen und zog sich in die Berner Alpen zurück, um nach der Natur zu zeichnen. 1794 ermöglichte ihm der englische Mäzen Nott einen dreijährigen Studienaufenthalt in Italien. Koch reiste nach Neapel und lernte Hackerts Vedutenmalerei kennen. Ein Jahr darauf ging er nach Rom. Hier waren Michelangelo und Raffael sowie Carstens, der gerade ausstellte, seine Vorbilder. Aktzeichnen in Reinharts kleiner Akademie und Zeichnungen nach der Natur ergänzten sein Studium. Er war befreundet mit Thorvaldsen, Wächter und Wallis. 1803 entdeckte Koch die Landschaft um Olevano für die deutsche Malerei. Er wurde u.a. durch den Kunsthistoriker Rumohr in die Gesellschaft um die preußische Botschaft eingeführt und lernte dort Wilhelm von Humboldt und August Wilhelm Schlegel kennen. In den letzten Jahren des ersten römischen Aufenthalts wich Kochs Vorliebe für figürliche Darstellungen zugunsten der Landschaftsmalerei. Seine klassisch-heroischen Landschaften sicherten ihm die Stellung als Kopf der deutschen Maler in Rom, aber auch die Anerkennung in Deutschland. Bei der Münchener Ausstellung von 1811 erkannte ein Kritiker in seinem Bild einen »echt deutsch zu nennenden Stil«. Die napoleonische Herrschaft in Rom wirkte sich auf die finanzielle Situation der Künstler nachteilig aus, so daß Koch auf Anregung der Brüder Humboldt 1812 nach Wien übersiedelte, wo er u.a. Olivier beeinflußte. Auf Grund seines Erfolges bei der Ausstellung von 1814 in München wurde er korrespondierendes Mitglied der Akademie. 1815 nach Rom zurückgekehrt, war er Vorbild der jüngeren Künstlergeneration (Rottmann, Fohr, Horny und Richter). 1827-29 beteiligte er sich mit fünf Darstellungen aus Dantes Göttlicher Komödie an dem Freskenzyklus in dem Casino Massimo.

Krafft, Johann Peter
Hanau 1780-1856 Wien

427 Erzherzog Karl mit seiner Suite in der Schlacht von Aspern

Maler. Erster Zeichenunterricht in Hanau bei Anton Tischbein. Ab 1799 Studium an der Wiener Akademie unter Füger. 1801 Reise mit Schnorr von Carolsfeld nach Paris. Schüler Davids, Bekanntschaft mit Gérard. Gewann Preis der Akademie. Malte für Lucian Bonaparte Kopien der in Paris zusammengetragenen Kunstwerke. 1808/9 Italienreise. Bildnisse französischer Generäle. Zurück in Wien Schlachtenbilder. 1815 Mitglied und 1828 Professor der Akademie. Seit 1828 Direktor der kaiserlichen Galerie im Belvedere. Mitbegründer des Kunstvereins. Portaits und Bilder aus dem Zeitgeschehen mit Massenszenen unter französischem Einfluß.

Larivière, Charles Philippe Auguste
Paris 1789-1876 Paris

543 Die Ankunft des Herzogs von Orléans auf dem Pariser Rathausplatz, Radierung und Kupferstich von Nargeot nach Larivière

Maler, Schüler von Girodet und Gros. Errang 1819 den zweiten und 1824 den ersten Rompreis. 1822-69 häufig im Salon ausgestellt, z.B. ›Pest in Rom‹. Malte zehn Historienbilder, hauptsächlich Schlachten, und etwa zwanzig Portraits für das Musée Historique in Versailles.

Lecoeur, Louis

385 John Bull

Über diesen Radierer ist wenig bekannt. Er arbeitete zwischen 1784 und 1825 in Paris.

Lecomte, Hippolyte
Puiseaux (Loiret) 1781-1857 Paris

399 Die Bombardierung Madrids am 4. Dezember 1808, Radierung von Conché nach Lecomte

Er stellte von 1804-1847 im Pariser Salon als Historienmaler vorwiegend Schlachtendarstellungen aus. Er war Schüler von Regnault (Kat. 322, 456), stand aber, als er die hier gezeigte Komposition schuf, Carle Vernet näher (vgl. Kat. 388), dessen Tochter er heiratete. Mit Horace Vernet (Kat. 474) arbeitete er viel zusammen.

Loutherbourg, Philippe Jacques de
Straßburg 1740-1812 London

378 Die Schlacht bei Valenciennes, Kupferstich von Bromley nach Loutherbourg

379 Der Sieg des Earl of Howe, Kupferstich von Fittler nach Loutherbourg

380 Die Überrumpelung der französischen Korvette ›La Chevrette‹ durch englische Soldaten, mit Porträts der beteiligten Offiziere

442 Allegorie auf die Siege Nelsons

468 Die Öffnung des ersten und zweiten Siegels

1755 begann er sein Studium bei Carle van Loo und erweiterte später seine Fähigkeiten bei dem Landschaftsmaler Casanova. 1763 stellte er mit Erfolg zum ersten Mal im Salon aus (eine pastorale Landschaft). 1767 wurde er in die Académie Royale aufgenommen und zum Hofmaler ernannt. 1771 ging er nach London, ursprünglich wohl nicht mit der Absicht, für immer zu bleiben; sein Erfolg als Bühnenmaler am Drury Lane Theatre hielt ihn. 1781 wurde er in die Royal Academy aufgenommen. Im selben Jahr führte er sein ›Eidophysikon‹ vor: ein bewegliches Panorama, das nachgeahmten Naturphänomenen, wie Sonnenaufgang oder Sturm, ausgesetzt wurde. 1784 gehörten er und seine Frau zu den Gründungsmitgliedern der ›Theosophical Society‹ Emanuel Swedenborgs. In demselben Jahr lernte er den Wunderarzt Cagliostro kennen, dem er 1787 sogar für einige Monate in die Schweiz folgte. Er teilte mit ihm das Interesse an der Alchemie; unter seinem Einfluß war Loutherbourg selber bis 1789 als ›Heilkundiger‹ tätig. Neben Landschaften entstanden seit den 90er Jahren viele Darstellungen zum Alten und Neuen Testament und zur englischen Geschichte.

Löschenkohl, Johann Hieronymus
Elberfeld-1807 Wien oder Berg

326 Denkmal auf die Französische Revolution von 1789, 90, 91 und 1792

Holzschneider, Kupferstecher, Kunsthändler, Verleger und Maler. Seit 1779 in Wien tätig. Ursprünglich Graveur und Goldarbeiter. Bekannt durch Illustrationen aktueller, lokaler Zeitereignisse volkstümlichen Charakters.

Martin, John
Haydon-Bridge (Northumberland) 1789-1854 Douglas (Isle of Man)

459 Die Sintflut

460 Der Untergang von Ninive

461 Der Untergang von Babylon

514 Ansicht eines Denkmalentwurfes für die Schlacht bei Waterloo

Nach einer Ausbildung bei dem italienischen Maler Boniface Musso in Newcastle kam Martin 1806 nach London, wo er seinen Lebensunterhalt zunächst als Glas- und Porzellanmaler bestritt. Seit 1811 stellte er regelmäßig und mit wachsendem Erfolg in der Royal Academy aus. 1816 wurde er zum Hofmaler für das Fach Historische Landschaft ernannt.

Vorher nur gelegentlich graphisch tätig, widmete er sich ab etwa 1822 intensiv der Radier- und besonders der Schabkunsttechnik; so schuf er 48 Illustrationen zu Miltons ›Paradise Lost‹ und zahlreiche Blätter nach seinen eigenen besonders erfolgreichen Gemälden. Diese Schabkunstblätter trugen ihm internationalen Ruhm ein; besonders in Frankreich, wo sein Name eng mit dem Begriff des Erhabenen verbunden wurde, war er hoch geschätzt: Zu seinen Bewunderern gehörten Victor Hugo und Dumas d. Ä. Ab 1827 beschäftigte er sich engagiert mit Fragen der Stadtplanung und Technik. Er entwickelte ausführliche Konzepte für die Kanalisation Londons und für die Uferbefestigung der Themse, aber auch für die Verbesserung der Luft und der Sicherheit in Kohlegruben und für die Konstruktion von Schiffen.

Auch nach seinem Tode blieben seine »historischen« Landschaften außerordentlich populär. Die Stiche, die Charles Mottram nach seinem Spätwerk, drei Gemälden zum Jüngsten Gericht, anfertigte, erreichten nach ihrer Veröffentlichung 1857 selbst in Amerika einen sensationellen Publikumserfolg.

Monnet, Charles
Paris 1732-1808 Paris

345 Die Hinrichtung Ludwigs XVI, Radierung von Helmann nach Monnet

Als Historien- und Bildnismaler gehörte er zur Akademie. Seine Illustrationen zu Voltaire und Fénelon lassen vermuten, daß er fortschrittlich dachte; vor allem läßt die ›Collection des Principales Journées de la Révolution‹ diesen Schluß zu.

Moosbrugger, Wendelin
Rehmen bei Au (Vorarlberg) 1760-1849 Aarau

498a Carl Ludwig Sand, Lithographie von Schöner nach Moosbrugger.

Porträtmaler. Er wurde an der Mannheimer Akademie ausgebildet. Seit 1794 war er in Konstanz tätig, aber auch in Karlsruhe, Wien (1814), am Hofe zu Stuttgart, in Rastatt und in der Schweiz.

Monsiau, Nicolas-André
Paris 1755-1837 Paris

336 Abschaffung der Sklaverei

Er gehörte, wie Regnault, zu den Malern, die sich der Schwierigkeit gegenübersahen, neben David und dessen Schule zu bestehen. Seit er 1789 in die Akademie aufgenommen war, stellte er regelmäßig im Salon als Historienmaler aus. 1793 und 1794 wurde er tief getroffen durch den Tod auf dem Schafott seiner Förderer und Gönner, des Marquis de Corberon, der ihm 1776 eine Reise nach Rom ermöglicht hatte, und seines Schwiegervaters M. Daucourt. Gleichwohl scheint er manche Errungenschaften der Revolution begrüßt zu haben, wie die hier ausgestellte Zeichnung annehmen läßt. Seine letzten Lebensjahre verbrachte er in tiefer, zuletzt krankhafter Melancholie.

Mortimer, John Hamilton
Eastbourne 1741-1779 London

465 Der Tod auf dem Fahlen Pferd, Radierung von Joseph Haynes nach Mortimer

Nach einer Ausbildung bei dem Bildnismaler Thomas Hudson, dann in der St. Martin's Lane Academy und schließlich bei Robert Pine und Joshua Reynolds trat Mortimer auf Ausstellungen der Society of Artists als Porträt- und Historienmaler hervor; 1774 wurde er Präsident dieser Institution. Seit 1770 stellte er in zahlreichen Zeichnungen und Kupferstichen Banditen- und Horrorszenen sowie wenig bekannte Themen aus Mythologie und Bibel dar; er gilt deshalb als Vorläufer der Romantik in England. 1774/75 schuf der für seinen »wilden und trunkenen« Lebenswandel notorische Künstler zwei moralisierende Gemäldezyklen, ›Der Verlauf des Lasters‹ und ›Der Verlauf der Tugend‹. 1778 wurde er auf Wunsch des Königs als außerordentliches Mitglied in die Royal Academy aufgenommen.

Olivier, Heinrich
Dessau 1783-1848 Berlin

492 Der Treueschwur

Maler und Zeichner. Er war ein Bruder von Ferdinand und Friedrich O. Seinen ersten Kunstunterricht erhielt er bei K. W. Kolbe. Ab 1801 hospitierte er an der Akademie in Leipzig. Er folgte 1804 seinem Bruder Ferdinand nach Dresden und hielt sich 1807-10 in Paris auf. Hier kopierte er Werke Raffaels. Im Auftrag des Herzogs von Sachsen-Anhalt malte er zusammen mit Ferdinand Olivier ein Bildnis Napoleons. Bei den Portraits stellte er seine Zeitgenossen in altdeutscher Tracht dar. Ab 1810 arbeitete er in Dessau. 1813 trat er als Offizier in die deutsche Legion ein. Nach dem Befreiungskrieg lebte er während des Kongresses in Wien. Dort fertigte er Illustrationen an zu der romantischen Zeitschrift ›Friedensblätter‹ und stand Dorothea Schlegel nahe. 1815 entstand hier seine Darstellung der heiligen Allianz.

Overbeck, Friedrich
Lübeck 1789-1869 Rom

501 Sulamith und Maria

Maler, Stecher. Er nahm ersten Unterricht bei J. N. Peroux in Lübeck, 1806-9 an der Akademie in Wien. 1809 gründete er zusammen mit seinem Freund Pforr den Lukasbund, der sich in Opposition zur Akademie die Erneuerung der Malerei aus christlicher Tradition zum Ziel setzte. Ab 1810 in Rom, blieb er das Haupt der Gemeinschaft. Wie die übrigen Nazarener orientierte er sich an Raffael und der Frührenaissance, bemühte sich aber gleichzeitig um die Neubelebung altdeutscher Kunst. 1813 trat er zum Katholizismus über. Er beteiligte sich an der Gemeinschaftsarbeit des Künstlerbunds bei den Fresken der Casa Bartholdy (1816/17) und der Villa Massimo (1817-27). 1836 lehnte er es ab, als Hofmaler Ludwigs I. nach München zu gehen.

Pforr, Franz
Frankfurt am Main 1788-1812 Albano bei Rom

500 Sulamith

Maler. Er nahm 1801-1805 Unterricht bei Johann Heinrich Tischbein in Kassel, ab 1805 an der Wiener Akademie unter Füger. 1806 befreundete er sich mit Overbeck, mit dem er 1809 den Lukasbund stiftete. Diese Künstlergemeinschaft setzte sich die Belebung altchristlicher Kunst zum Ziel und opponierte gegen die Akademie. 1810 siedelte Pforr nach Rom über. In stärkerem Maße als die übrigen Nazarener nahm er sich die altdeutsche Kunst zum Vorbild.

Phillips, Thomas
Dudley 1770-1845 London

532 George Gordon Byron in albanischer Tracht

Phillips arbeitete in Birmingham bei einem Glasmaler. 1890 kam er als Schüler von Benjamin West, dem er empfohlen worden war, nach London, wo er zwei Jahre später zum ersten Mal in der Royal Academy ausstellte. Ursprünglich besonders an der Historienmalerei interessiert, errang er mit seinen Porträts brillante Erfolge. 1804 wurde er außerordentliches und 1808 ordentliches Mitglied der Royal Academy; 1824 erhielt er dort als Nachfolger Füsslis eine Professur für Malerei. Um sich darauf vorzubereiten, unternahm er in demselben Jahr eine Italienreise. Sein Lehramt übte er bis 1832 aus. Phillips malte viele der interessantesten Persönlichkeiten seiner Zeit: Neben Byron saßen ihm auch Blake und Faraday Modell.

Pomares, F.

414 Zustand Spaniens im Jahr 1810, Radierung von Pinelli nach Pomares.

Über diesen Künstler ist bis jetzt nichts bekannt.

Prieur, Jean Louis
Paris 1759-1795 Paris

338 Festnahme des Gouverneurs der Bastille, M. de Launay, Radierung von Berthault nach Prieur

341 Verhaftung Ludwigs XVI in Varennes, Kopie einer Radierung von Berthault nach Prieur

Sein Name ist eng mit den ›Tableaux historiques de la Révolution francaise‹ verknüpft. Er lieferte die Zeichnungen zu den 1791/92 erschienenen 34 Lieferungen (je zwei Bilder), die sich heute im Louvre befinden. Die Guillotine beendete sein Leben.

Prud'hon, Pierre Paul
Cluny 1758-1823 Paris

316 Die französische Verfassung, Radierung von Copia nach Prud'hon

317 Die Freiheit, Radierung von Copia nach Prud'hon

361 Allegorie auf Bonaparte, Radierung von Picot nach Prud'hon

366 Triumph Bonapartes, Lithographie von Maurin nach Prud'hon

433 Göttliche Rache und Gerechtigkeit verfolgen das Verbrechen

463 Virginie auf dem untergehenden Schiff, Radierung von Roger nach Prud'hon

477 Phrosine und Melidor

Ein Stipendium ermöglichte ihm, der in bescheidenen Verhältnissen unter zahlreichen Geschwistern aufgewachsen war, das Studium der Malerei bei Devosge in Dijon, das er später in Paris und in Rom vervollständigen konnte. Als er sich 1791 in Paris niederließ, war die revolutionäre Bewegung schon voll wirksam. Prud'hon schloß sich ihr mit Begeisterung an. Er nahm teil an den Sitzungen der Jakobiner und übernahm kleine Aufträge der revolutionären Regierung (Kat. 316, 317). Nach dem Sturz Robespierres hielt er sich eine Zeitlang in Burgund zurück. Seit 1797 wieder in Paris, mußte er zunächst mit Buchillustrationen seinen Unterhalt verdienen (Kat. 477). Doch änderte sich sein Leben, als Napoleon die Macht übernahm. Insbesondere Josephine, Napoleons Gattin, bevorzugte und förderte ihn. Eine der auf diese Weise angeregten Arbeiten war die Komposition ›Triumph Bonapartes‹, mit der Prud'hon im Salon von 1801 Erfolg hatte (vgl. Kat. 366). Vollends wurde sein Ruhm mit dem monumentalen Werk ›Gerechtigkeit und Rache verfolgen das Verbrechen‹ im Salon von 1808 gefestigt (vgl. Kat. 433). Der Sturz des Kaiserreiches brach seine Schaffenskraft, obwohl er äußerlich keine Nachteile hatte. Die größeren Unternehmungen der letzten Jahre blieben unvollendet. Auch die Portraits dieser Zeit, sein Leben lang hat er viele gemalt, zeugen von der Schwermut des Künstlers.

Raffet, Auguste
Paris 1804-1860

542 »Erzbischöfe, Diakone, Pfarrer, Vermieter von Kirchenstühlen, alle sind sie Drückeberger. Sehen Sie nur.«

549 Die Verhaftung von Charlotte Corday

Schlachtenmaler, Lithograph, Radierer und Zeichner für Holzschnitt und Kupferstich. Er war Sohn eines Soldaten. Ab 1824 lernte er im Atelier von Charlet und wechselte 1829 zu Gros über. Er übertraf sein Vorbild Charlet durch unmittelbar sinnfällige Darstellungsweise des Geschehens. Seine Schlachtenbilder sind im Vergleich zu Charlet realistischer. Als Lithograph bevorzugte er Themen der ›légende napoléonienne‹ und wurde zu einem der Hauptmeister der Lithographie in Frankreich. Er schilderte vorwiegend die militärischen Erfolge der Republik und des napoleonischen Kaiserreichs. Nach der Julirevolution überwand er die als Zeitkritik verschlüsselten Darstellungen aus der Zeit Napoleons und schilderte aktuelle Ereignisse. Seit dem Mißerfolg im Wettbewerb um den Rompreis 1831 war er kaum noch als Maler tätig.

Ramberg, Johann Heinrich
Hannover 1763-1840 Hannover

346 Die Verhaftung der Königin Marie Antoinette

Historienmaler, Karikaturist, Illustrator. Erster Unterricht bei seinem Vater. Durch Protektion Georgs III. von England 1781-88 Studium an der Akademie in London bei Benjamin West. Einfluß des satirischen Zeichners Gillray. 1789 Vollendung seines Hauptwerks: der Theatervorhang für das Leineschloß in Hannover. 1790 Italienreise. Nach dem Tod Chodowieckis der begehrteste Illustrator in Deutschland.

Regnault, Jean-Baptiste
Paris 1754-1829 Paris

322 Freiheit oder Tod

456 Die Sintflut

Seine Karriere stand etwas im Schatten der so überaus glänzenden von David. Sicherlich ist der 9 m lange ›Triumphzug Napoleons I. zum Tempel der Unsterblichkeit‹ (Versailles) in Rivalität mit Davids Krönungsbild so gigantisch ausgefallen. Doch hatte auch Regnault seine Erfolge. Er gewann 1776 den Rompreis und viel Anerkennung in Rom, u. a. von Raphael Mengs. Regelmäßig fanden seine Einsendungen zum Salon Beachtung, auch die beiden hier gezeigten Bilder von 1789 und 1795. Vor allem im Salon von 1799 brillierte er mit drei Werken, von denen das eine, ›Die drei Grazien‹, heute noch berühmt ist (Louvre). Auch als Porträtmaler war er gesucht.

Robert, Hubert
Paris 1733-1808 Paris

340 Der Abbruch der Bastille

348 Korridor des Gefängnisses St. Lazare

353 Marat schlafend auf seinem Bett

Als Robert nach elfjährigem Studium in Rom 1765 heimkehrte, hatte er als Architekturmaler, der von einfachen Architekturansichten bis zu reinen Phantasien alle Variationen beherrschte, bereits einen Namen und Erfolg. Er verwendete noch lange seine Studien antiker Monumente und seine in Italien gewonnenen Eindrücke, suchte seine Motive nun aber auch in Paris: die Oper beispielsweise während des Brandes 1781 und danach. Auch als Gartengestalter tat er sich hervor und wurde 1778 zum Zeichner der königlichen Gärten ernannt. Seine Arbeit am Projekt eines Louvre-Museums wurde Ende Oktober 1793 von seiner Verhaftung unterbrochen. Er selbst empfand es offenbar als ungerecht oder übertrieben, als Royalist verdächtigt oder deswegen inhaftiert zu werden (vgl. Kat. 348 und 353). Nach dem Sturz Robespierres freigelassen, konnte er ungehindert seine Aufgabe am Louvre und seine Malerei wiederaufnehmen.

Romney, George
Dalton-in-Furness (Lancashire) 1734-1802 Kendal (Westmoreland)

303 Reichtum und Armut

440 Der Sturz der aufständischen Engel

445 Erregte Menschenmenge

446 Ein Massaker

447 John Howard besucht ein Gefängnisspital

482 Hexe oder Dämon

483 Hexensabbat

Der junge Romney mußte anfangs in der Tischlerwerkstatt seines Vaters mitarbeiten, begann jedoch 1755 eine Ausbildung bei dem Wanderportraitisten Christopher Steele. 1857-62 führte er als selbstständiger Maler Aufträge in York, Lancaster, Manchester und Cheshire aus, dann zog er nach London, wo er sich als Historien- und Bildnismaler einen Namen zu machen suchte. 1864 reiste er zur Vervollständigung seiner Ausbildung nach Paris, dort lernte er Greuze und Vernet kennen. 1873-75 folgte ein Romaufenthalt. Romney studierte die Kunst der Antike und bewunderte besonders die Werke Tizians und Raffaels; außerdem lernte er den gleichermaßen an Literatur interessierten Füssli kennen. Nach London zurückgekehrt, wurde Romney bald einer der beliebtesten Bildnismaler Englands. Er stellte wiederholt in der Royal Academy aus, ohne deren Mitglied zu werden. Der Grund dafür mag das gespannte Verhältnis zu Joshua Reynolds gewesen sein, der in ihm einen nicht ebenbürtigen Rivalen sah. Romneys wirkliches Interesse galt Themen aus der Literatur und dem zeitgenössischen Leben. Seit etwa 1786 setzte er sich für die Errichtung einer Shakespeare-Galerie ein, die Gemälde der besten lebenden englischen Künstler enthalten sollte. Stiche nach diesen Gemälden sollten die finanzielle Seite dieses Projektes sichern, dessen Leitung der Verleger John Boydell übernahm. Nach anfänglichem Erfolg scheiterte es jedoch an der durch die Französische Revolution ausgelösten Finanzkrise.

1790 unternahm Romney eine zweite Parisreise, die ihn mit David und Greuze zusammenführte. Anfänglich ein begeisterter Anhänger der Ideale der Revolution, versetzten ihn die Nachrichten von den Septembermorden in tiefe Depressionen. In den neunziger Jahren verschlechterte sich sein Gesundheitszustand rapide, er starb in völliger Umnachtung.

Rugendas II, Johann Lorenz
Augsburg (?) 1775-1826 Augsburg

402 Belagerung von Saragossa vom 25. Januar bis zum 29. Februar 1809, Aquatinta von Köpfer nach Rugendas II

407 Napoleons Flucht in der Schlacht von Waterloo am 18. Juni 1815

Stecher, Kunstverleger. Ab 1804 Lehrer und später Direktor der Augsburger Kunst- und Zeichenschule. Schuf Darstellungen aus den napoleonischen Kriegen und zeitgenössischer historischer Ereignisse, topographische Ansichten, Bildnisse, Reproduktionen, Illustrationen und ein Kartenspiel mit Darstellungen aus der bayerischen Geschichte.

Runge, Philipp Otto
Wolgast (Vorpommern) 1777-1810 Hamburg

415 Fall des Vaterlandes
416 Not des Vaterlandes (Vorder- und Rückseite)
426 Die Buben der zweiten Spielkartenfassung
499 Der Morgen (erste gemalte Fassung)
505 Fingal

Maler, Theoretiker. Er wuchs im protestantischen Elternhaus auf. Sein erster Lehrer war der Theologe und Naturdichter Kosegarten. 1795 ging er in die kaufmännische Lehre bei seinem Bruder Daniel in Hamburg. Gleichzeitig erhielt er regelmäßig Zeichenunterricht. 1799 studierte er an der Kopenhagener Akademie unter Juel und Abildgaard. 1800 beteiligte er sich an einer Privatakademie nach dem Vorbild der in den Propyläen als mustergültig eingeschätzten Pariser Akademie. 1801 auf der Reise zur weiteren Ausbildung in Dresden lernte er in Greifswald Caspar David Freidrich kennen. Bis 1803 in Dresden stand er zur Akademie nur in lockerer Verbindung. Hier schloß er Freundschaft mit Ludwig Tieck, der ihn auf die Schriften Jacob Böhmes und Novalis' aufmerksam machte. Er trat in Beziehung zu Goethe, mit dem er später über seine Farbenkugel korrespondierte. 1802 distanzierte sich Runge vom Klassizismus. Er strebte die Erneuerung der Kunst in der Landschaft an und begann sein Hauptwerk, die ›Zeiten‹. Seit 1803 vorwiegend in Hamburg, stand er in enger Verbindung zu seinem Bruder Daniel. Bedingt durch die geschäftlichen Schwierigkeiten seines Bruders in Zusammenhang mit der Kontinentalsperre zog er 1806 für ein Jahr zu seinen Eltern nach Wolgast. In demselben Jahr wurde die Stadt von napoleonischen Truppen gebrandschatzt. In Hamburg unterstützte ihn sein Bruder Daniel, so daß er unabhängig von Zunft und Gunst des Publikums arbeiten konnte. 1807 erschienen die ›Zeiten‹ bei dem liberalen Hamburger Verleger Friedrich Perthes. 1809 wurde Runge Mitglied der Patriotischen Gesellschaft in Hamburg. Perthes plante die Herausgabe einer patriotischen Zeitschrift, betitelt ›Vaterländisches Museum‹, die 1810-11 erschien. Runge zeichnete hierzu 1809 ein Umschlagbild, dessen politischen Inhalt er aber aus Furcht des Verlegers vor der Zensur in einem zweiten Entwurf verschlüsseln mußte. 1810 erschien bei Perthes seine ›Farbenkugel‹.

Sauvage, Piat Joseph
Tournai 1744-1818 Tournai

318 Der Alptraum der Aristokratie, Punktiermanier von Copia nach Sauvage

Er studierte in Tournai und Antwerpen. 1774 bis 1808 hielt er sich in Paris auf und war als Hofmaler des Prinzen von Condé und Ludwigs XVI. an der Ausstattung zahlreicher Schlösser beteiligt. Besonders in der Grisaillemalerei tat er sich hervor. Sein Engagement während der Revolution ist schwer zu durchschauen. 1814 versicherte er dem Prinzen von Condé, er sei gezwungen gewesen, seine Hofmalerdiplome zu verbrennen. Seit 1808 war er Lehrer an der Akademie in Tournai.

Schadow, Johann Gottfried
Berlin 1764-1850 Berlin

376 Die Teilung der Welt
377 Bemächtigt Euch Berlins
417 Das Hallische Tor
418 Die Freude der großen Nation

Bildhauer, Zeichner, Radierer, Lithograph. Er wurde zunächst in der königlichen Bildhauerwerkstatt von J. P. A. Tassaert und gleichzeitig an der Berliner Akademie ausgebildet. Seine ersten selbständigen Arbeiten waren Radierungen. 1785 reiste er nach Rom. Hier studierte er die Antike und arbeitete in der Werkstatt Trippels. Er befreundete sich mit Canova, an dem er sich künstlerisch orientierte. Als ihn die Nachricht vom Tode Friedrichs II. erreichte, entwarf er unter Beteiligung seines Studienfreundes Genelli zwei Denkmäler. 1787 nach Berlin zurückgekehrt, wurde er in der Königlichen Porzellanmanufaktur eingestellt. Ein Jahr später ernannte man ihn zum Leiter der Hofbildhauerwerkstatt und zum ›Director aller Sculpturen‹ an dem neu geschaffenen Oberhofbauamt, wo er C. G. Langhans unterstellt war. Im Auftrag dieses Amts entwarf er die Quadriga und die übrigen Skulpturen des Brandenburger Tors. Der von Friedrich Wilhelm III. erteilte Auftrag zur Errichtung eines bronzenen Reiterdenkmals Friedrichs des Großen im Jahr 1791 war der Anlaß zu Schadows Studienreise nach Schweden, Rußland und Dänemark 1791/92. Dort studierte er die Technik des Erzgusses und orientierte sich an den Reiterstatuen französischer Herkunft (Falconet). Die in diesem Zusammenhang geplante Parisreise konnte er wegen der politischen Lage kurz vor dem Ersten Koalitionskrieg nicht realisieren. Keiner von Schadows Entwürfen zum Friedrichdenkmal wurde vom König zur Ausführung bestimmt.
Bedingt durch die politischen Ereignisse und den wachsenden Erfolg Chr. G. Rauchs beim König verringerte sich nach der Jahrhundertwende allmählich die Zahl der öffentlichen Aufträge, so daß Schadow zunehmend auf Privataufträge angewiesen war. Während der napoleonischen Invasion 1806/7 schuf er im Auftrag des bayrischen Kronprinzen Ludwig Büsten für die Walhalla. Den Ausbruch und den Sieg der Befreiungskriege feierte er 1813 mit seinen radierten Karikaturen, in denen er Napoleon verspottete. 1814 folgten zwei Blätter auf Blücher. 1815 wurde er zum ersten Direktor der Berliner Akademie ernannt. In demselben Jahr erhielt er von den mecklenburgischen Ständen den Auftrag zum Blücherdenkmal in Rostock. Er bat Goethe um Beratung. Das 1819 enthüllte Denkmal war der erste Bronzeguß seit Schlüters Großem Kurfürst in Deutschland. Auf Veranlassung Friedrich Wilhelms III. folgte 1821 das Lutherdenkmal in Wittenberg. Danach betätigte er sich wegen eines Augenleidens in zunehmendem Maße als Zeichner.

Scheffer, Ary
Dordrecht 1795-1858 Paris-Argenteuil

533 Die Frauen von Souli, Kopie von Cornelia Scheffer-Lamme
534 Junger Grieche verteidigt seinen Vater, Lithographie von Midy nach Scheffer
546 Le Vengeur
547 Allons, enfants de la Patrie!
548 Allons, enfants de la Patrie!

Maler, Lithograph, Radierer, Bildhauer. Sein Vater Jean Baptiste Scheffer war ein Tischbeinschüler und ab 1806 Hofmaler des holländischen Königs Louis Bonaparte. Die Mutter Cornelia Scheffer war Miniaturmalerin. Er wuchs in Den Haag, Rotterdam und Amsterdam auf. 1806 besuchte er die Zeichenakademie in Amsterdam. Seit 1811 in Paris, Schüler bei P. N. Guérin. Anfangs stand er unter dem Einfluß seiner Mitschüler Géricault und Delacroix. Er beabsichtigte, den Klassizismus seines Lehrers mit dem romantischen Sentiment zu vereinigen. 1812 debütierte er im Salon.
Sein Bild ›Aufopferung der Bürger von Calais‹ wurde 1819 im Salon ausgestellt und erhielt eine ungünstige Kritik, verschaffte ihm aber die Anerkennung Gérards. Dieser vermittelte ihm 1822 eine Anstellung als Zeichenlehrer der Kinder des Herzogs von Orléans, des späteren Königs Louis Philippe. Unter dem Einfluß von Delacroix malte er 1824 Bilder zum griechischen Freiheitskampf: ›Die Frauen von Souli‹ und ›Botzaris im Endkampf um Missolunghi‹. 1825 entstand das Bild ›Allons enfants de la patrie!‹. Nach der Julirevolution 1830 erhielt er von Louis Philippe Aufträge für das Musée Historique in Versailles. 1831 entstand sein Bild ›Polonia‹, eine Allegorie des niedergeworfenen Aufstands gegen die Russen von 1830. Nach 1831 setzte sich Scheffer vorwiegend mit literarischen Themen auseinander. Seine Vorliebe galt Dante (Paolo und Francesca), Goethe, Schiller, W. Scott, Byron und de Béranger. Daneben gewannen aber auch biblische Themata und christliche Legenden an Bedeutung. In der Zeit um 1840 erreichte Scheffer den Gipfel seines Ruhms, der ihn bis zu seinem Tod nicht mehr verließ. Seine zunehmend süßlichen Figuren lassen Gefühle zu Posen erstarren. Sie garantierten ihm jedoch den Erfolg. Auch als Bildnismaler wurde er bald Favorit der Gesellschaft. 1844 unternahm er eine Reise in sein Heimatland, die er 1849 und 1854 wiederholen sollte. 1845 lernte er den Dichter Graf Krasinski kennen, der aus Polen geflüchtet

war. Nach der Februarrevolution 1848 half Scheffer Louis Philippe und seiner Familie. Seitdem nahm er kaum noch am öffentlichen Leben teil, widmete sich aber um so mehr seinen Freunden, zu denen er Chopin, Gounod, Liszt und Rossini zählen konnte. 1850 reiste er zum Begräbnis von Louis Philippe nach England. 1857 unternahm er eine zweite Reise dorthin. Bereits vier Jahre nach seinem Tod wurde ihm in Dordrecht ein Standbild errichtet.

Schinkel, Karl Friedrich
Neuruppin 1781-1841 Berlin

511 Entwurf für ein Brunnendenkmal der Befreiungskriege auf dem Berliner Schloßplatz, Kupferstich von Berger nach Schinkel

Nach 511 *Die Jugend bewaffnet sich zu den Freiheitskriegen* (Foto)

512 Das Kreuzbergdenkmal, Kupferstich von Mauch nach Schinkel

513 Entwurf eines Denkmals für General Gerhard Johann von Scharnhorst, Kupferstich von Berger nach Schinkel

Architekt, Maler, Zeichner.
Er studierte Architektur in Berlin, 1794 bis 1798 bei David und Friedrich Gilly, anschließend bis 1800 an der Bauakademie. Seine Reise nach Italien und Frankreich 1803-5 hielt er in Zeichnungen fest, die von Goethe bewundert wurden. Wegen mangelnder Bauaufträge infolge der politischen Verhältnisse wandte er sich als Autodidakt der Malerei zu. Neben Architekturlandschaften schuf er Visionen gotischer Dome, die im Zusammenhang mit den Befreiungskriegen als Symbol einer patriotischen Gesellschaftsutopie aufzufassen sind. 1810 beeindruckte ihn die Ausstellung von Bildern C. D. Friedrichs in Berlin. In diese Zeit gehören unausgeführte Entwürfe zu monumentalen gotischen Domen. Er konzipierte Panoramen und Dioramen, deren Vorführung mit Musik begleitet werden sollte. 1810 wurde er Beamter im staatlichen Bauwesen, 1811 Mitglied und 1820 Professor der Berliner Akademie. Seine Ernennung zum Oberlandesbaudirektor im Jahr 1830 machte ihn künftig zur höchsten Instanz für alle Bauten im Königreich Preußen. Schinkels ausgeführte Bauten sind vorwiegend klassizistisch. Sein Schaffen war von ungewöhnlicher Spannweite. Es umfaßte alle architektonischen Aufgaben jener Zeit einschließlich Stadtplanung und Denkmalpflege. Unmittelbar nach der Rheinreise von 1816 schrieb Schinkel Gutachten über den Ausbau des Kölner Doms, dessen Wiederherstellung er leitete. Schinkel entwarf sogar Möbel und Gegenstände des Kunsthandwerks. Der Kunstguß der königlichen Eisengießerei erreichte unter seinem Einfluß eine große Bedeutung. Nach Schinkels Entwürfen wurden monumentale Denkmäler in dieser Technik ausgeführt. Nach einer zweiten Italienreise 1824 besuchte er 1826 England und Schottland.

Schubert, Johann David
Dresden 1761-1822 Dresden

344 Greuel zu Avignon 1791, Radierung von Riepenhausen nach Schubert

356 Marat stirbt des Tod's, den er für andere gepredigt hatte.

Maler, Radierer, Zeichner für den Kupferstich. Schüler der Dresdener Akademie. Seit 1781 Schlachtenmaler. Ab 1786 in der Porzellan-Manufaktur in Meißen tätig. 1801 Lehrer für Geschichtsmalerei an der Akademie Dresden. Illustrationen zeitgenössischer Romane und Taschenbücher (Leiden des jungen Werther).

Seele, Johann Baptist
Meßkirch 1774-1814 Stuttgart

394 Kampf der Österreicher, Russen und Franzosen auf der Teufelsbrücke am Sankt Gotthardspaß im Jahre 1799

395 Kampf der Österreicher, Russen und Franzosen auf der Teufelsbrücke am Sankt Gotthardspaß im Jahre 1799, Radierung von Bleuler nach Seele

Maler, Radierer, Lithograph. 1782-92 an der Hohen Karlsschule in Stuttgart bei Hetsch. 1792-98 in Donaueschingen, 1796 in der Schweiz. Seit 1798 vorwiegend in Stuttgart. Auf Grund seines Erfolgs mit dem ›Kampf auf der Teufelsbrücke‹ 1804 Hofmaler und Direktor der Herzoglichen Privatgalerie in Stuttgart. 1808/9 Studienaufenthalt in München. Einfluß W. v. Kobells. Spezialisierte sich auf das militärische Genre und Schlachten.

Sergel, Johan Tobias
Stockholm 1740-1814 Stockholm

431 Qualvoller Traum

453 Szene aus dem Drama ›Die Räuber‹

478 Der Priester und das Mädchen

Mit sechzahn Jahren trat Sergel als Lehrling in die Broderiewerkstatt seines Vaters ein; nebenbei erhielt er Unterricht im Zeichnen und Modellieren. Ein Jahr später nahm er das Studium bei dem aus Frankreich stammenden Bildhauer Hubert Larchevêque auf. Mit ihm zusammen unternahm er 1758 eine siebenmonatige Reise nach Paris, wo er ein Vierteljahr lang an der Akademie studierte. 1763 erhielt er den Meisterbrief als Bildhauer und die erste selbständige Anstellung für den Schloßbau. 1767-78 hielt er sich als Staatsstipendiat in Rom auf. Dort zeichnete er nach Werken der Antike und der Renaissance, studierte an der Académie de France (1771-75) sowie in einer privaten Sonderakademie und pflegte den Kontakt zu Füssli und Abildgaard. 1779 rief ihn Gustav III. als Hofbildhauer in der Nachfolge Larchevêques nach Stockholm zurück. In den folgenden Jahren entstanden viele offizielle Auftragswerke: eine Büste des Königs, Denkmäler, Dekorationen für die Königliche Oper u.a. 1783-84 begleitete Sergel Gustav III. als Cicerone auf einer Italienreise. Der Tod des verehrten Gönners 1792 traf den Künstler schwer. Weiterhin erfreute er sich jedoch hoher Wertschätzung: 1808 wurde er in den Adelsstand erhoben, 1810 zum Direktor der Kunstakademie ernannt. Während seiner letzten Lebensjahre regte ihn das Interesse, das ihm der neue Kronprinz Karl Johan entgegenbrachte, noch einmal zu frischer Aktivität an.

Swebach-Desfontaines, Jacques François Joseph
Metz 1769-1823 Paris

355 Die Entdeckung des Mordes an Jean Paul Marat, Radierung von Berthault nach Swebach-Desfontaines

Schon mit vierzehn Jahren präsentierte er seine Arbeiten der Öffentlichkeit. Seine Mitarbeit an den ›Tableaux historiques de la Révolution française‹ hat ihn bekannt gemacht und zur Herausgabe eines ähnlichen Werkes über die ›Campagnes des Français sous le Consulat et l'Empire‹ geführt. Als Maler von militärischen und Genreszenen war er ebenso beliebt wie als Porzellanmaler zuerst in Sèvres, dann in St. Petersburg.

Turner, Joseph Mallord William
London 1775-1851 London

408 Das Schlachtfeld von Waterloo

458 Die Sintflut

462 Hannibal und seine Armee überqueren die Alpen

470 Der Tod auf dem Fahlen Pferd

Schon als Knabe zeichnete Turner viel und fertigte Kopien nach topographischen Stichwerken an. Um 1788 nahm er Zeichenunterricht bei dem auf Architekturstudien spezialisierten Thomas Malton und dem topographischen Maler Paul Sandby. 1789 wurde er Schüler der Royal Academy, wo er schon 1790 ein Landschaftsaquarell ausstellte. Bis 1795 entstanden hauptsächlich weitere Aquarelle, dann erlernte Turner bei Loutherbourg an der Akademie die Ölmalerei. Spätestens seit dieser Zeit läßt sich sein intensives theoretisches Interesse an den Eigenschaften von Farben und Licht nachweisen, das ihn sein Leben lang kennzeichnen sollte.
1799 wurde er außerordentliches, 1802 ordentliches Mitglied der Royal Academy und schon 1803 in den Vorstand gewählt, wenn er sich auch durch stilistische Freiheiten zunehmend der Kritik aussetzte. Eine eigene Galerie bot ihm ab 1804 die Möglichkeit, seine Werke selbständig auszustellen, weiterhin beschickte er jedoch auch die Expositionen der Akademie. 1807 erhielt er eine Professur für Perspektive, hielt seine ersten Vorlesungen jedoch erst 1811. Seit der Zeit seiner Ausbildung unternahm Turner viele Reisen durch England, auf denen er zahlreiche Naturstudien anfertigte. Oft dienten sie der Vorbereitung von topographischen Radierzyklen wie dem ›Liber Studiorum‹ (1807), von denen Turner lebte. 1802 fand seine erste Auslandsreise statt, sie führte ihn in die Schweiz und nach Paris, wo er im Louvre intensiv die Maltechnik der Alten Meister studierte. Viele weitere Reisen auf dem Festland, auch nach Italien, folgten ab 1817.

Seit 1810 war Turner ein regelmäßiger Gast bei dem liberalen Whig-Politiker Walter Ramsden Fawkes, unter dessen Einfluß er eine kritischere Einstellung zur englischen Regierung gewann. Sie führte ihn jedoch nie zu völliger Opposition: 1823/24 führte er ein Gemälde der Trafalgarschlacht im Auftrag des Königs aus.

Seit etwa 1830 verlagerte sich sein Interesse immer stärker auf die Darstellung elementarer atmosphärischer Erscheinungen. Für seine dafür entwickelte malerische Technik, eine kaum noch an Gegenstände gebundene Farbigkeit, erntete er zunächst viel Spott; in dem ersten Band von ›Modern Painters‹ (1843), unternahm John Ruskin jedoch eine verständnisvolle Verteidigung seiner Kunst.

Vernet, Carle
Bordeaux 1758-1836 Paris
388 Abtransport der Pferde von San Marco, Radierung von Duplessi-Bertaux nach Vernet

Als Sohn des berühmten Landschafts- und Marinemalers Joseph Vernet zeichnete er von früh an. Die Revolution, die er anfangs begrüßt hatte, erfüllte ihn mit Abscheu, nachdem er am Tage der Belagerung der Bastille einen Schuß in die Hand erhalten hatte, vor allem aber nach dem Tod seiner Schwester auf dem Schafott. Während der Napoleonzeit wurde er mit Schlachtendarstellungen beschäftigt, für die er als Pferdeliebhaber prädestiniert erschien. Er gestaltete sie mehr als Schlachtveduten, denn als -getümmel. 1816 war er, mit seinem Sohn Horace (Kat. 474), einer der ersten, die sich mit der neu eingeführten Technik der Lithographie beschäftigten.

Vernet, Horace
Paris 1789-1863 Paris
474 Mazeppa

Historien- und Militärmaler, Lithograph.
Er wurde ausgebildet bei seinem Vater Carle Vernet und seinem Großvater Jean Michel Moreau, sowie bei F. A. Vincent. Er beteiligte sich 1814 an der Verteidigung der Barrière Clichy. 1820 reiste er nach Italien. 1826 wurde er Lehrer des Historienfachs an der Académie des Beaux-Arts. 1829-35 war er Direktor der Académie de France in Rom. Nach 1830 stand er in der Gunst des neuen Pariser Regimes und wurde der populärste Maler Frankreichs. In dieser reichen Schaffensperiode entstanden Militär- und Schlachtenbilder, Portraits und orientale Genreszenen, aber auch satirische Zeichnungen. Seine Schlachtenbilder fanden unter Louis Philippe größten Ruhm, wurden aber von zahlreichen Kritikern wegen ihres hohlen Pathos abgelehnt. Wegweisende Bedeutung besaßen seine Illustrationen zur ›Histoire de Napoléon‹ von Laurent l'Ardèches aus dem Jahr 1839. Dieses Werk war Vorbild für Franz Kuglers Geschichte Friedrichs des Großen von 1840 mit den Illustrationen Menzels. Infolge eines Sturzes vom Pferd waren die letzten Lebensjahre Vernets durch Krankheit verdüstert.

Vincent, François André
Paris 1746-1816 Paris
372 Allegorie auf die Befreiung französischer und italienischer Gefangener aus Algier im Jahre 1805 durch Jérôme Bonaparte

Er war wie sein berühmter Generationsgenosse David Schüler von Vien und tat sich bald als Historien- und Porträtmaler hervor. In seinen Anfängen traditioneller Malweise, insbesondere der von Boucher und Greuze, verpflichtet, entwickelte sich seine Darstellungsweise allmählich zu dem klaren Stil, den auch das ausgestellte Werk repräsentiert. Sein Oeuvre gibt also Zeugnis von dem Wandel in der französischen Malerei von 1770 bis 1815. Viele seiner Arbeiten, insbesondere die im Salon gezeigten, sind allerdings verschollen. Im letzten Jahrzehnt war er von Krankheit gezeichnet und seine Schaffenskraft deshalb behindert.

Ward, James
London 1769-1859 London
476 Marengo, der Berberhengst, Lithographie von Ackermann nach Ward

Nach einer Lehre bei dem Kupferstecher John Raphael Smith arbeitete Ward bis 1791 bei seinem Bruder, dem Stecher und Radierer William Ward. Um 1790 begann er unter dem Einfluß seines Schwagers, des Malers George Morland, zu malen; Anregungen boten auch die Werke von Stubbs und Gilpin sowie ab 1803 des von ihm besonders verehrten Rubens. Seit 1792 stellte er Gemälde in der Royal Academy aus, deren außerordentliches Mitglied er 1807 und deren ordentliches Mitglied er 1811 wurde. 1794 wurde er Maler und Mezzotinto-Stecher des Prince of Wales.

Während er anfangs besonders mit Tierbildern hervortrat (so malte er weidendes Vieh, später auch Porträts berühmter Pferde), wandte er sich ab 1805 auch religiösen Themen zu, malte einige Landschaften und allmählich immer anspruchsvollere Historienbilder, die nicht immer die gewünschte Anerkennung fanden. In den 30er Jahren brachte ihn der Versuch, seinen Sohn als Geschäftsmann zu unterstützen, in große finanzielle Schwierigkeiten; bis zu seinem Tode war er auf eine Pension der Royal Academy angewiesen.

West, Benjamin
Springfield (Pennsylvania) 1738-1820 London
425 Der Tod Nelsons
466 Der Tod auf dem Fahlen Pferd

West, Sohn einer Quäkerfamilie, lenkte schon als Knabe durch seine künstlerische Begabung das Interesse einflußreicher Gönner und Förderer auf sich, die sich seiner Ausbildung annahmen. Um 1756 zog er nach Philadelphia, wo er mit seinen Porträts großen Erfolg erzielte; nebenbei entstanden erste Historienbilder. Nach einem kurzen Aufenthalt in New York reiste er 1760 nach Italien, um seine künstlerische Ausbildung zu vervollständigen. Drei Jahre lang hielt er sich überwiegend in Rom auf, studierte die Kunst der Antike und schloß Bekanntschaft mit Mengs, Winckelmann und Gavin Hamilton. 1863 fuhr er zu einem kurzen Besuch nach England. Hier fand er eine so schmeichelhafte Aufnahme und erhielt so viele Aufträge, daß er sich zum Bleiben entschloß; bald gehörte er zu den meistgeschätzten Historienmalern des Landes. 1771 errang er durch sein Gemälde ›Der Tod des General Wolfe‹, in dem er die Figuren in zeitgenössischem Kostüm zeigte – damals eine revolutionäre Neuheit – internationalen Ruhm. 1769-1810 führte er zahlreiche Arbeiten für das englische Königshaus aus, wenn er für George III. auch ab 1800 seiner »demokratischen Tendenzen« und seiner Sympathie für die Französische Revolution wegen zunehmend suspekt wurde. Wests Reise zusammen mit anderen Akademiemitgliedern 1802 nach Paris und seine positiven Äußerungen über die Kunstförderung in Frankreich verstärkten das Mißtrauen des Königs.

Mit einem Jahr Unterbrechung hatte West von 1792 bis zu seinem Tode das Amt des Präsidenten der Royal Academy inne; bis zuletzt führte er mit großem Erfolg wichtige öffentliche Auftragsarbeiten aus. Er wurde in St. Paul's Cathedral begraben.

Wicar, Jean Baptiste
Lille 1762-1834 Rom
386 Den Verteidigern des Vaterlandes

Seit 1781 studierte er bei David, als einer seiner ersten Schüler. 1784/85 fuhr er mit seinem Lehrer nach Rom, der dort den ›Schwur der Horatier‹ malen wollte (vgl. Kat. 310). Die zweite Reise nach Rom und Florenz 1787-1793 wurde durch seine ›Galerie de Florence‹ gesichert, die er mit Erfolg publizierte. Nachrichten von der Revolution nahm er mit Begeisterung auf. Nach seiner Rückkehr 1793 griff er selber ein und machte sich durch Denunziationen unbeliebt. Darum mußte er seine Tätigkeit am Musée du Louvre nach dem Sturz Robespierres aufgeben. Sein Aufenthalt im Gefängnis im Juni 1795 war allerdings nur kurz. Im Herbst 1795 konnte er wieder nach Italien reisen. Während Napoleons Italienfeldzug gehörte Wicar zur Kommission, die Kunstwerke konfiszierte, um Frankreichs Museen zu bereichern (vgl. Kat. 388). 1799 mußte er sich mit den französischen Truppen nach Genua zurückziehen. Als Italien wiedererobert wurde, richtete er sich in Rom ein Atelier ein. 1806 wurde er Direktor der Akademie in Neapel, doch mußte er 1809, von Feindseligkeiten umgeben, sein Amt wieder aufgeben und kehrte nach Rom zurück. Er gehörte dort auch nach dem Zusammenbruch des Kaiserreiches zu den offiziellen und meistbeschäftigten Künstlern, sowohl als Porträt- wie als Historienmaler. Als er 1834 starb, hinterließ er seiner Vaterstadt Lille einen beachtlichen Teil seiner Kunstsammlung.

Wilkie, David
Cults (Schottland) 1785-1841 Mittelmeer
413 Studie zu dem Gemälde ›Guerilla Kriegsrat in einer spanischen Herberge‹
515 Studie zu dem Gemälde ›General Sir David Baird entdeckt den Leichnam des Sultans Tippu Sahib nach der Erstürmung Seringapatams‹

Mit vierzehn Jahren trat Wilkie seine künstlerische Ausbildung an der Trustees Academy in Edinburgh an. 1805 kam er nach London, wo er die Schule der Royal Academy besuchte. Ab 1806 nahm er mit rapide wachsendem Erfolg an den Ausstellungen dieser Institution teil, deren Mitglied er 1811 wurde. Seine Darstellungen aus dem schottischen Landleben im Stil der holländischen Genrebilder des 17. Jahrhunderts erreichten außerordentliche Popularität; mit der Zeit jedoch wandte er sich verstärkt erhabeneren Themen aus der Geschichte und der Bibel zu, die nicht immer ungeteilte Anerkennung fanden.
Nach kurzen Besuchen in Frankreich und Holland unternahm er 1825 eine dreijährige Reise durch Frankreich, Deutschland, die Schweiz, Italien und Spanien, um sich von einem Nervenzusammenbruch zu erholen. Unter dem Einfluß von Murillo und Velázquez veränderte sich sein malerischer Stil.
1830 wurde Wilkie Hofmaler des englischen Königs, 1836 in den Adelsstand erhoben. Er starb auf der Rückfahrt einer Expedition in den Nahen Osten, wo er in Konstantinopel, Jerusalem und Alexandria Material für religiöse Gemälde gesammelt hatte.

Wolf, Ludwig
Berlin 1776-1832 Berlin
429 Andreas Hofer, Anführer der Tiroler Insurgenten

Sohn des gleichnamigen Bildhauers. Schüler des Bildhauers J. P. A. Tassaert. Nach 1788 Studium an der Berliner Akademie. Gefördert von Carstens. Seit 1793 Beteiligung an den Akademieausstellungen. Ab 1811 Mitglied der Akademie. Malte Pferdedarstellungen, militärische Szenen, Historienbilder.

Zix, Benjamin
Straßburg 1772-1811 Perugia
373 Die Nacht vor der Schlacht von Austerlitz (nach Zix)

Vivant Denon, als Direktor des Musée Napoléon in Paris verantwortlich für die Wahl von Kunstwerken zur Beschlagnahme in ganz Europa (vgl. Kat. 388), lernte bei Gelegenheit des feierlichen Einzugs Napoleons 1805 in Straßburg Benjamin Zix kennen, der als Entwerfer des Triumphbogens aufgefallen war. Er nahm ihn als Historiographen der napoleonischen Feldzüge in seinen Dienst. So reiste Zix durch Deutschland, Österreich, Spanien und Italien, um die Schlachtfelder und eroberten Städte zu zeichnen. Auf der Rückreise von Rom 1811 erlag er einer schweren Erkrankung.

Verzeichnis der Vergleichsabbildungen

1 Goya: *Selbstbildnis mit Zylinder*, 1797-98, Rötelzeichnung. New York, Walter C. Baker.
2 Goya: *Spätes Selbstporträt*, 1824, Feder und braune Tusche. Madrid, Prado.
3 Bartolomé Murillo: *Der Traum des Patriziers*, Öl auf Leinwand. Madrid, Prado.
4 Mitelli: *Titelblatt / Alfabeto in sogno esemplare per disegnare*, 1683, Kupferstich.
5 Salvator Rosa: *Der Traum des Aeneas*, Kaltnadelradierung.
6 Marc Antonio Raimondi: *Die Pest*.
7 Michelangelo: *Der Traum*, schwarze Kreide. Privatbesitz.
8 Goya: *Gaspar Melchor de Jovellanos*, 1798, Öl auf Leinwand. Madrid, Prado.
9 Goya: *Zeichnung für Cap. 43*, 1797, Feder und Sepia. Madrid, Prado.
10 Etienne-Louis Boullée: *Kenotaph für Newton*, Federzeichnung. Paris, Bibliothèque Nationale.
11 *Philosophie und die sieben freien Künste* aus: Herrad von Landsberg, ›Hortus Deliciarum‹. Ehemals Straßburg.
12 Goya: *Der Schiffbruch*, 1793-94, Öl auf Zink. Madrid, Privatbesitz.
13 Goya: *Der hl. Franz von Borgia am Sterbebett eines Unbußfertigen*, 1788, Ölskizze. Madrid, Privatbesitz.
14 Goya: *Der heilige Franz von Borgia...*, 1788, Öl auf Leinwand. Valencia, Kathedrale.
15 Goya: *Was für ein goldener Schnabel* (Cap. 53), Radierung und Aquatinta.
16 Goya: *Zwei nackte Frauen auf einem Bett*, 1796-97, chin. Tusche laviert. Verschollen.
17 Goya: *Das riecht nach Zauberei*, 1808-14, Sepia laviert. Madrid, Prado.
18 Goya: *Diese Hexen werden es sagen*, 1804-14, Sepia laviert. Madrid, Prado.
19 Tizian: *Grablegung Christi*, Öl auf Leinwand. Madrid, Prado.
20 Tizian: *Tityos*, Öl auf Leinwand. Madrid, Prado.
21 Goya: *Versuche* (Cap. 60), 1797-98, Radierung und Aquatinta.
22 Luca Giordano: *Salomons Traum*, Öl auf Leinwand. Madrid, Prado.
23 Goya: *Schrei nicht, Dumme* (Cap. 74), Radierung und Aquatinta.
24 Goya: *Die Familie Karls IV.*, 1800-01, Öl auf Leinwand. Madrid, Prado.
25 Goya: *Heute ist sein Namenstag*, chin. Tusche laviert. Paris, Louvre.
26 Goya (nach Flaxman): *Zwei Männer tragen eine Frau fort*, um 1802-05, Pinsel und chin. Tusche laviert. Madrid, Biblioteca Nacional.
27 Goya: *Entwurf für das Grab der Herzogin von Alba*, um 1802-03, Pinsel u. chin. Tusche laviert. Madrid, Berganza.
28 Marillier: Illustration für Young, *Night Thoughts*, 1769, Kupferstich.
29 Goya: *Sie träumt von einem Schatz*, 1796-97, chin. Tusche laviert. Lille, Privatbesitz.
30 Goya: *Der hinkende und der bucklige Tänzer*, 1824-28, Schwarze Kreide. Madrid, Prado.
31 Ugo da Carpi: *Diogenes*, Farbholzschnitt nach Parmigianino.
32 Goya: *Zeichnung für Cap. 32*, 1797-98, Rötel u. rot laviert. Madrid, Prado.
33 James Gillray: *Karikatur auf George III*.
34 Goya: *Zeichnung für Cap. 50*, rot laviert. Madrid, Prado.
35 Emil Nolde: *Studien nach Goya*.
36 Jusepe de Ribera: *Dreieinigkeit*, 1636, Öl auf Leinwand. Madrid, Prado.
37 Hieronymus Bosch: *Garten der Lüste*, aus ›Das Paradies auf Erden‹, Öl auf Holz. Madrid, Prado.
38 Goya: *Blindekuh*, 1788-89, Öl auf Leinwand, Karton für El Pardo. Madrid, Prado.
39 Goya: *Der hl. Isidor erscheint*, 1798-1800, Öl auf Leinwand. Buenos Aires, Museo Nacional de Bellas Artes.
40 James Gillray: *The finishing touch*, Karikatur.
41 Goya: *Zeichnung für Cap. 57*, rot laviert. Madrid, Prado.
42 Goya: *Traum von Lüge und Wankelmut*, 1797-98, Radierung und Aquatinta. Madrid, Biblioteca Nacional.
43 Goya: *Zeichnung für Cap. 33*, chin. Tusche laviert. New York, Metropolitan Museum of Art.
44 Holzschnitt aus: Sebastian Brant, ›Das Narrenschiff‹, Basel 1494.
45 *Erhebung der spanischen Provinzen gegen Napoleon*, 1808, Kupferstich.
46 Goya: *Die Stelzenläufer*, 1791-92, Öl auf Leinwand. Madrid, Prado.
47 Hieronymus Bosch: *Die sieben Todsünden*, Detail, Öl auf Holz. Madrid, Prado.
48 William Hogarth: *Chairing the members*, aus: ›Four Prints of an Election‹, 1755-58.
49 Goya: *Der 2. Mai 1808*, 1814, Öl auf Leinwand. Madrid, Prado.
50 Goya: *Der 3. Mai 1808*, (Die Erschießung der Aufständischen), 1814, Öl auf Leinwand. Madrid, Prado.
51 López Enguidanos (?): *Der 2. Mai 1808 auf der Puerta del Sol*, Kupferstich.
52 J. Galbez (Galvez) und F. Brambila: *Die Explosion der Kirche Santa Engracia*, Aquatintaradierung aus dem Zyklus ›Ruinas de Zaragoza‹, 1814.
53 López Enguidanos: *Der 2. Mai im Prado*, Kupferstich. Der nach rechts zeigende Reiter am Brunnenbecken könnte Goya als Vorlage für Des. 17 (Abb. 57) gedient haben.
54 nach F. Pomares: *Die Erhebung von Madrid* (2. Mai 1808), Radierung von B. Pinelli aus dem Zyklus ›Guerra della Independencia espagnola‹.
55 Goya: *Allegorie auf die Stadt Madrid*, 1810, Öl auf Leinwand. Madrid, Ayuntamiento.
56 nach J. Aparicio: *Die spanische Nation erhebt sich gegen Napoleon Bonaparte und besiegt ihn in Verteidigung ihres Königs, ihrer Religion und des Vaterlandes*, 1814, Kupferstich von Pinelli.
a Anonym: *Napoleon und Godoy*, kolorierter Stich. Madrid, Museo Municipal.
57 Goya: *No se convienen (Sie stimmen nicht zu)*, Des. 17, um 1810-12, Radierung.
58 Goya: *Saturn*, 1820-23, Öl auf Leinwand. Madrid, Prado.
59 Goya: *Christus am Ölberg*, 1819, Öl auf Leinwand. Madrid, Escuelas Pías.
60 Tizian: *Christus am Ölberg*, Öl auf Leinwand. Madrid, Prado.
61 Galbez und Brambila, aus ›Ruinas de Zaragoza‹ (s. Abb. 52).
62 Nicolas Poussin: *Bethlehemitischer Kindermord*, Öl auf Leinwand. Musée Condé, Chantilly.
63 Johann Heinrich Füssli: *Die Nachtmahr*, 1781, Öl auf Leinwand. Detroit, The Detroit Institute of Art.
64 Galbez und Brambila, aus ›Ruinas de Zaragoza‹ (s. Abb. 52).
65 Jacques Callot: *Die Gehenkten*, Radierung aus dem Zyklus ›Die großen Schrecken des Krieges‹.
66 John Flaxman: *Der Graben der Seuchen*, Kupferstich zu Dante.
67 R.K.Porter: *Das Massaker von Toulon*, Flugblatt 1803.
68 James Gillray: *A March to the Bank*, Karikatur 1787.
69 Goya: *Ländliche Ereignisse*, 1824-28, Schwarze Kreide. Ehemals Berlin, Slg. Gerstenberg.
70 William Hogarth: *Dismemberment*, Illustration für Beaver, ›Roman Military Punishments‹, 1725.
71 nach J. Aparicio: *Das Jahr des Hungers*, Stich von Calliano.
72 nach Johann Heinrich Füssli: *Ugolino und*

seine Söhne im Hungerturm, Linienstich von Moses Haughton. Zürich, Kunsthaus.

73 John Flaxman: *Hektor von Achilles geschleift,* Linienstich.

74 Anonym, französisch: *Franzosen schlagen spanische Aufständische in die Flucht,* Kupferstich.

75 Goya: *Alles geht drunter und drüber* (Des. 42), Radierung.

76 Pieter Bruegel: *Die großen Fische fressen die kleinen,* 1556, Stich nach einer Zeichnung in Wien, Albertina.

77 Kopie nach Goya: *Duell mit Stöcken,* 1820-23, Öl auf Leinwand. Madrid, Prado.

78 Goya: *Die Strohpuppe,* 1791-92, Öl auf Leinwand. Madrid, Prado.

79 Jean-Honoré Fragonard: *La Fuite à dessein,* Öl auf Leinwand. New York, Privatbesitz.

80 James Gillray: ›*Modern Grace‹,* 1796, Karikatur.

81 Gottfried Schadow: *Die Tänzerin Vigano,* Federstudie. Berlin, Akademie der Künste.

82 Goya: *Vorsicht bei diesem Schritt,* 1803-12, chin. Tusche laviert. Chicago, Art Institute.

83 Goya: *Stehender Akt,* chin. Tusche laviert. Madrid, Prado.

84 Galbez und Brambila, aus ›Ruinas de Zaragoza‹ (s. Abb. 52)

85 Galbez und Brambila, aus ›Ruinas de Zaragoza‹

86 David Wilkie: *The Maid of Saragossa,* Öl auf Leinwand. London, Buckingham Palace.

87 Tobias Stimmer: *Allegorie auf die Wahrheit,* Feder laviert. Basel, Kupferstichkabinett.

88 nach F. Pomares: *Triumph der Religion,* Radierung von B. Pinelli.

89 Honoré Daumier: *Die Londoner Konferenz,* 1832, Kreidelithographie.

90 J. J. Grandville: *Den Raben zur Beute,* Karikatur auf die allgemeine Korruption unter dem Bürgerkönigtum, 1831.

91 Jacopo Tintoretto: *Junge Frau,* Öl auf Leinwand. Madrid, Prado.

92 Galbez und Brambila, aus ›Ruinas de Zaragoza‹ (s. Abb. 52)

93 Goya: *Engel,* Deckenfresko in San Antonio de la Florida, Madrid.

94 Baptiste Boudard: *La Tribulation,* aus ›Iconologie‹, Parma 1759.

95 Jean-Honoré Fragonard: *Der Traum des Plutarch,* Öl auf Leinwand. Rouen, Musée des Beaux Arts.

96 *Ferdinand VII. schwört auf die Verfassung,* Lithographie.

97 Jacques Callot: *Der Bettler mit den Krücken,* Radierung (Lieure 482).

98 Jacques Callot: *Der Verkrüppelte,* Radierung (Lieure 488).

99 Eugène Delacroix: *Trinkender Hirte,* Öl auf Leinwand. Kunstmuseum Basel.

100 Giovanni Castiglione: *Diogenes sucht Menschen,* Radierung (Bartsch 21).

101 William Hogarth: *A Midnight modern conversation,* 1732, Kupferstich aus ›A Harlot's Progress‹, Detail.

102 Jean-Honoré Fragonard: *Le Pacha,* Öl auf Leinwand. Privatbesitz.

103 Goya: *Mädchen am Brunnen,* 1796-97, chin. Tusche laviert. New York, Metropolitan Museum of Art.

104 Goya: *Die Säger,* um 1810-24, Sepia laviert. Früher Madrid, Marqués de Casa Torres.

105 Francisco de Zurbarán: *Petrus erscheint dem hl. Pedro Nolasco,* Öl auf Leinwand. Madrid, Prado.

106 Goya: *Torheit in Säcken* (Disp. 8), um 1815-24, Radierung und Aquatinta.

107 Goya: *Junge Frau mit erhobenen Armen,* 1795-96, chin. Tusche laviert. Madrid, Prado.

108 Goya: *Der Koloß,* um 1808-12, Öl auf Leinwand. Madrid, Prado.

109 Goya: *Selbst so erkennt er ihn nicht,* 1797-98, rot laviert. Madrid, Prado.

110 Hieronymus Bosch: *Der Heuwagen* (Detail aus dem Mittelbild des Triptychons), Öl auf Holz. Madrid, Prado.

111 Goya: *Hof der Irren,* 1794, Öl auf Zink. Dallas, Meadows Museum.

112 aus Cesare Ripa, ›Iconologia‹: *Die Falschheit,* 1630.

113 Jean-Honoré Fragonard: *Les suites de l'orgie,* Bleistift laviert. Rotterdam, Museum Boymans-van Beuningen.

114 Clodion: *Bacchantin,* Zeichnung. Cambridge Mass., Fogg Art Museum.

115 Goya: *Das Wunder des hl. Antonius von Padua,* Ölskizze. Madrid, Privatbesitz.

116 Goya: *Junge Frau und dickbäuchiger Mann,* 1796-97, chin. Tusche laviert. Früher Rom, Clementi.

117 Leonardo da Vinci: *Schwingflugzeug mit liegendem Flieger,* um 1487, Zeichnung.

118 H. Ridgeway: *Westminster School,* Karikatur 1785.

119 Goya: *Wilde ermorden eine Frau,* 1808-14, Öl auf Leinwand. Madrid, Prado.

120 William Hogarth: *Beer Street* aus ›Beer Street and Gin Lane‹, 1750-51.

121 Tizian: *Venus und Adonis,* Öl auf Leinwand. Madrid, Prado.

122 Goya: *Masken in der Karwoche des Jahres 94.* 1796-97, chin. Tusche laviert. San Francisco, Privatbesitz.

123 Lucas van Leyden: *Aristoteles und Phyllis,* um 1512, Holzschnitt.

124 Goya: *Zwei alte Männer,* 1820-23, Öl auf Leinwand. Madrid, Prado.

125 nach Francisco de Zurbarán: *Hl. Antonius,* Linienstich.

126 William Hogarth: *Charaktere und Karikaturen,* 1743.

127 Goya: *Sich umarmende Menschenfrösche,* 1797-98, rot laviert. Madrid, Prado.

128 Pieter Bruegel, *Luxuria,* Stich.

129 Jacobs Peter Gowy: *Der Fall des Ikarus,* Öl auf Leinwand. Madrid, Prado.

130 *Satyr und Nymphe,* hellenistisch. Tivoli, Villa des Cassius.

131 Hans Baldung Grien: *Der Tod und das Weib,* 1517, Tempera, Holz. Basel, Kunstmuseum.

132 Luis de Morales: *Estremadura Pietà,* Öl auf Holz. Madrid, Academia San Fernando.

133 Antonello da Messina: *Der tote Christus von einem Engel gestützt,* Gemälde. Madrid, Prado.

134 Goya: *Selbstbildnis mit dem Arzt Arrieta,* 1820, Öl auf Leinwand. Minneapolis, Institute of Arts.

135 Pieter Bruegel: *Der Quacksalber,* Stich.

136 Jacopo Amigoni: *Jahel und Sisera.* Venedig, Museo Correr.

137 Lorenzo Lotto: *Marsilio und seine Braut,* Öl auf Leinwand. Madrid, Prado.

138 Goya: *Sitzende Maja,* chin. Tusche laviert. Cambridge, Fogg Art Museum.

139 Paolo Veronese: *Venus und Adonis,* Öl auf Leinwand. Madrid, Prado.

140 Velázquez: *Philipp IV. zu Pferde,* um 1635, Öl auf Leinwand. Madrid, Prado.

141 Velázquez: *Isabella von Bourbon zu Pferde,* um 1630-35, Öl auf Leinwand. Madrid, Prado.

142 Velázquez: *Prinz Baltasar Carlos zu Pferde,* um 1635, Öl auf Leinwand. Madrid, Prado.

143 Velázquez: *Prinz Baltasar Carlos als Jäger,* 1635, Öl auf Leinwand. Madrid, Prado.

144 Velázquez: *Las Meninas,* 1656, Öl auf Leinwand. Madrid, Prado.

145 Velázquez: *Don Juan de Austria,* um 1643, Öl auf Leinwand. Madrid, Prado.

146 Velázquez: *Sebastian de Morra,* um 1644, Öl auf Leinwand. Madrid, Prado.

147 Velázquez: *Aesop,* um 1640, Öl auf Leinwand. Madrid, Prado.

148 Velázquez: *Die Betrunkenen,* 1628, Öl auf Leinwand. Madrid, Prado.

149 Jacques Callot: *Der große Felsen,* Radierung. (Lieure 512).

150 Goya: *Blatt aus dem Sanlúcar-Album,* 1796, chin. Tusche laviert. Madrid, Prado.

151 Anonym, französisch (?): *La Belle à jambe,* um 1785, Schabkunstblatt.

152 James Gillray: *La Dernière Ressource – or – van Buchell's Garters,* 1791.

153 Frontispiz zu Lavaters ›Physiognomischen Fragmenten‹, Bd. 4, 1778.

154 Jacques Callot: *Die Rache der Bauern,* Radierung aus den ›Schrecken des Krieges‹, 1633. (Lieure 1355).

155 Goya: *Disparate Claro (Klare Torheit),* um 1815-24, Radierung und Aquatinta. 1. Zustand.

156 Goya: *El mismo Ceballos montado sobre otro toro quiebra rejones...,* 1815-16, Radierung und Aquatinta. Tauromaquia 24.

157 Marc Antonio Raimondi: *Parnaß,* Kupferstich.

158 Goya: *El albañil herido,* 1786-87, Karton für den Speisesaal in El Pardo. Madrid, Prado.

159 Goya: *Selbstportrait am Ende eines Briefes an Martin Zapater vom 2.8.1800.* Barcelona, Biblioteca Central.

160 Anonym, französisch: *Droits de l'homme,* 1793, Kupferstich.

161 Goya: *Junge schlafende Frau,* um 1792, Öl

auf Leinwand. Madrid, Antonio Mac-Crohon.
162 Gaspar Becerra: *Maria Magdalena*, Gemälde. Madrid, Prado.
163 Goya: *Las lavanderas (Die Wäscherinnen)*, 1780, Karton für El Pardo.
164 Tizian: *Bacchanal*, Öl auf Leinwand. Madrid, Prado.
165 El Greco: *Die Entkleidung Christi*, 1577-79, Öl auf Leinwand. Toledo, Kathedrale.
166 Goya: *Asmodea*, 1820-23, Öl auf Leinwand. Madrid, Prado.
167 Anonym, französisch: *Es ist zu hoffen, daß ich bald damit fertig bin!* Karikatur auf die Steuerlast des Volkes zugunsten von Adel und Geistlichkeit.
168 Benjamin West: *Der Tod des Generals Wolfe*, 1771, Öl auf Leinwand. Ottawa, National Gallery of Canada.
169 William Blake: *Orc entsteigt den Flammen*, Reliefätzung aus dem Zyklus ›America – a Prophecy‹, 1793.
170 Johann Heinrich Füssli: *Die drei Eidgenossen beim Schwur auf dem Rütli*, 1779/81, Öl auf Leinwand. Zürich, Rathaus.
171 Anonym, französisch: *Das Föderationsfest auf dem Marsfeld 1790*, um 1790, Radierung und Aquatinta. Verlegt bei Berthault, Paris.
172 Anonym, italienisch: *Der Freiheitsbaum auf dem Markusplatz in Venedig*, 1797, Kupferstich.
173 nach Simon: *Das Fest des Höchsten Wesens auf dem Marsfeld*, 1794, Kupferstich von Marchand.
174 nach F. Bonneville: *Das Höchste Wesen*, um 1794. Kupferstich von J. B. Compagne.
175 Anonym: *Der Mensch, der seine Grundrechte erhalten hat, dankt dem Höchsten Wesen*, 1795, Kupferstich von Perée.
176 William Hackwood: *Bin ich nicht ein Mensch und ein Bruder?* 1787, Jasper-Medaillon. Barlaston, Wedgwood Museum.
177 Anonym: *Diskussion über die Farbigen*, 1791, Kupferstich.
178 Marie Louise Adelaide Boizot: *Auch ich bin frei*, um 1794, Kupferstich.
179 Théodore Géricault: *Der afrikanische Sklavenhandel*, 1822/23, Schwarze Kreide und Rötel. Paris, École des Beaux-Arts.
180 Villeneuve: *Gegenstand zum Nachdenken für gekrönte Jongleure*, um 1793, (Der guillotinierte Kopf Ludwigs XVI.), Radierung und Aquatinta.
181 Anonyme Kopie nach Abb. 180: *Wahre Abbildung des Unschuldigen Königs*, um 1793, Der guillotinierte Kopf Ludwigs XVI.
182 James Barry: *Elysium oder Der Ort der letzten Vergeltung*, 1777-83, Öl auf Leinwand. London, Royal Society of Arts.
183 John Singleton Copley: *Der Tod des Majors Pierson*, 1784, Öl auf Leinwand. London, Tate Gallery.
184 Jacques Stella: *Der Sturm auf das Schloß*, 1657, Kupferstich aus ›Jeux et plaisirs de l'enfance‹. Paris 1657.

185 Johann Wolfgang von Goethe: *Freiheitsbaum*, 1792, Federzeichnung. Rückseite eines Briefes an Herder vom 16.10.1792. New York, Pierpont Morgan Library.
186 William Blake: *Ein Neger auf dem Foltergestell*, 1793-95, Kupferstich. London, Westminster City Libraries.
187 William Blake: Titelblatt der ›Versions of the Daughter of Albion‹, 1793-94, Ausschnitt.
188 *Guillotine*, Radierung eines unbekannten Künstlers aus dem Göttinger Revolutionsalmanach.
189 Johann Jakob Hauer: *Abschied Ludwigs XVI. von seiner Familie*, Öl auf Leinwand. Paris, Musée Carnavalet.
190 Jacques Louis David: *Marie Antoinette auf dem Weg zur Hinrichtung*, 1793, Federzeichnung. Paris, Louvre, Cabinet des Dessins.
191 Jacques Louis David: *Der Tod des Marat*, Öl auf Leinwand. Brüssel, Musées Royaux des Beaux-Arts. Zur Rekonstruktion des Pendantverhältnisses vgl. Abb. 192.
192 nach Jacques Louis David: *Lepelletier auf seinem Totenbett*, Kupferstich von Tardieu (Kat. 349).
193 Johann Jakob Hauer: *Jean Paul Marat*, um 1793, Öl auf Leinwand. Paris, Musée Carnavalet.
194 Jacques Louis David: *Die Sabinerinnen*, 1799, Öl auf Leinwand. Paris, Musée Carnavalet.
195 Anonym, französisch: *Bonaparte und die Hauptgeneräle der französischen Republik*, um 1796, Holzschnitt, verlegt bei Letourny.
196 Heinrich und Ferdinand Olivier: *Napoleon*, 1808-10, Öl auf Leinwand. Schloß Oranienbaum bei Dessau.
197 Goya: *Der Koloß*, 1810/12, Öl auf Leinwand. Madrid, Prado.
198 Jacques-Louis David: *Die Salbung des Kaisers Napoleon und die Krönung der Kaiserin Josephine 1804*, 1806/7, Öl auf Leinwand. Paris, Louvre.
199 James Gillray: *Die große Krönungsprozession Napoleons*, 1804, Kupferstich.
200 Gerhard von Kügelgen: *Germania* (Cybele), 1815, Öl auf Leinwand. Ehemals München, Galerie Gurlitt.
201 Benjamin Zix (zugeschrieben): *Die Nacht vor der Schlacht von Wagram*, Federzeichnung, laviert. Paris, Bibliothèque Nationale.
202 S. W. Fores: *Der kaltblütige Mörder oder Die Ermordnung des Herzogs von Enghien*, Radierung, koloriert. Paris, Bibliothèque Nationale.
203 nach Abraham Girardet: *Triumphaler Einzug von Monumenten der Wissenschaft und Kunst in Frankreich*, Radierung von Pierre Gabriel Berthault.
204 William Turner: *Das Schlachtfeld von Waterloo*, 1818, Öl auf Leinwand. London, Tate Gallery.
205 David Wilkie: *Guerilla Kriegsrat in einer spanischen Herberge*, 1828, Öl auf Leinwand. London, Buckingham Palace.

206 William Blake: *Die geistige Gestalt Nelsons lenkt den Leviathan*, um 1808, Tempera. London, Tate Gallery.
207 Benjamin West: *Die Apotheose Nelsons*, 1807, Öl auf Leinwand. London, National Maritime Museum.
208 *Bacchisches Relief*. Florenz, Uffizien.
209 Johann Heinrich Füssli: *Samuel erscheint Saul bei der Hexe von Endor*, 1777, Bleistift aquarelliert. Zürich, Kunsthaus.
210 Jacques Louis David: Zeichnung nach einem antiken Sarkophag, aus einem Skizzenbuch, 1775. Paris, Louvre.
211 Goya: *Sie träumt von einem Schatz*, siehe Abb. 29.
212 Anonym, französisch: *La justice et la vengeance divine poursuivant le crime*, 1815, Stich. Paris, Bibliothèque Nationale.
213 Johann Heinrich Füssli: *Eule mit ausgebreiteten Flügeln*, um 1820, Bleistift, getönt. Basel, Öffentliche Kunstsammlung.
214 William Blake: *Vala, Hyle and Scofield*, Blatt 51 aus ›Jerusalem‹. Kombinierte Kupferstich- und Radiertechnik. London, British Museum.
215 Ludwig Nauwerck: *Faust erscheint der Erdgeist*, Lithographie von 1826 nach einer Zeichnung von 1910
216 William Blake: Titelblatt zu ›Europe-a Prophecy‹, 1794
217 Johann Heinrich Füssli: *Satan über dem feurigen See, Beelzebub zu sich aufrufend*, 1802, Öl auf Leinwand. Zürich, Kunsthaus.
218 Nicolas Poussin: *Der Winter* (Die Sintflut), 1660-64, Öl auf Leinwand. Paris, Louvre.
220 Albrecht Dürer: *Die vier Reiter*, 1498, Holzschnitt.
221 Unbekannter französischer Künstler: *Aufbruch zur Armee*, 1814, Kupferstich. Paris, Bibliothèque Nationale.
222 *Der Heilige Bund 1814*, Zar Alexander I., Franz von Österreich und Friedrich Wilhelm III., König von Preußen, Kupferstich.
223 Walter Gropius: *Märzgefallenen-Denkmal*, 1921. Weimar.
224 Caspar David Friedrich: *Zwei Männer in Betrachtung des Mondes*, 1819, Öl auf Leinwand. Dresden, Staatliche Kunstsammlungen.
225 Eugène Delacroix: *Dante und Vergil*, 1822, Öl auf Leinwand. Paris, Louvre.
226 Anonym, französisch: *La liberté fera le tour du monde!*, 1830, Kupferstich.
227 Jean-Baptiste Madou: *Nach den Brüsseler Straßenkämpfen im September 1830*, Stich.
228 A. Scheffer: *Géricault auf dem Totenbett*, Öl auf Leinwand.
229 Anonym: *Der Alptraum Louis Philippes*, Lithographie.
230 Heinrich Olivier: *Die heilige Allianz*, Gouache. Dessau, Staatliche Galerie.
231 Wolfgang Mattheuer: *Hinter den sieben Bergen*, 1973, Öl auf Hartfaser. Leipzig, Museum der bildenden Künste.

232 Franz Pforr: *Sulamith und Maria*, Öl auf Holz. Schweinfurt, Slg. Georg Schäfer.

233 William Blake: Blatt 2 zum ›Buch Hiob‹, 1825, Kupferstich. Hamburger Kunsthalle.

234 Georg Friedrich Kersting: *Selbstbildnis als Lützower Jäger*, 1813, Zeichnung.

235 Karl Friedrich Schinkel: *Triumphbogen*, 1817, Öl auf Holz. Berlin, Staatliche Schlösser und Gärten.

236 John Martin: *Seitenansicht eines Denkmalentwurfes für die Schlacht bei Waterloo*, 1820, lavierte Federzeichnung. London, British Museum.

237 David Wilkie: *General Sir David Baird entdeckt den Leichnam des Sultans Tippu Sahib nach der Erstürmung Seringapatams*, 1839, Öl auf Leinwand. Edinburgh Castle.

238 Caspar David Friedrich: *Huttens Grab*, 1823, Öl auf Leinwand. Weimar, Staatliche Kunstsammlungen.

239 Théodore Géricault: *Abgezogenes Fell eines Hundes*. Federzeichnung (Rückseite von Kat. 525).

240 Théodore Géricault: *Die Boxer*, 1818, Lithographie.

241 James Gillray: *Pity the Sorrows of a Poor old Man*, 1796, Radierung. London, British Museum.

242 Eugène Delacroix: *Die Freiheit führt das Volk an – Der 28. Juli 1830*, Öl auf Leinwand. Paris, Louvre.

243 Eugène Delacroix: Studie zur ›Vierge du Sacré-Coeur‹, Zeichnung. Kunsthalle Bremen.

244 Eugène Delacroix: Ideenskizze zur ›Vierge du Sacré-Coeur‹, Bleistift, Pinsel in Braun, weiß gehöht. Paris, Louvre, Cabinet des Dessins.

245 nach François Garnerey: Vignette für ›Comité du Salut public‹, Rad. von Queverdo.

246 Jules Rigo: *Arcole ruft zum Sturm auf die Brücke zum Rathausplatz auf*, Lithographie.

Fotonachweis

Verlag und Kunsthalle danken allen öffentlichen und privaten Leihgebern von Gemälden oder Graphiken, die im Katalog wie im Abbildungsverzeichnis namentlich aufgeführt sind, für ihr Entgegenkommen, Bildvorlagen zur Verfügung zu stellen. Darüber hinaus werden folgenden Archiven und Fotografen Bildvorlagen verdankt:

Jörg P. Anders, Berlin; Alain Danvers, Bordeaux; Stickelmann, Bremen; André Berlin, Photographe-Encadreur, Dijon; Stijns, Dordrecht; Museum für Kunst und Kulturgeschichte der Stadt Dortmund; Schloß Cappenberg; Walter Klein, Düsseldorf; Landesbildstelle Rheinland, Düsseldorf; Tom Scott, Edinburgh; Ralph Kleinhempel, Hamburg; Stanley Parker-Ross, A.R.P.S., Hornchurch, Essex; Foto MAS, Madrid; Antonio Sanchez-Barriga Fernandez, Madrid; Elsam. Mann & Cooper Ltd., (Manchester); Claude O'Sughrue, Montpellier; Bibliothèque Nationale, Paris; J.E. Bulloz, Paris; Photographie Giraudon, Paris; Robert David, Paris; Roland Dreyfus, Paris; Documentation photographique de la Réunion des Musées Nationaux, Paris; Foto Toso, Venedig; Landesbildwerkstätte »Alpenland«, Wien; Fotoatelier Georges Bodmer, Zürich; Walter Dräyer, Zürich; Jupp Franz Photographe, Straßburg.

Konkordanzen

Goya – Gemälde

Gassier/Wilson	Gudiol	Kat.
26	= 36	= 281
140	= 92	= 283
169	= 109	= 282
230	= 265	= 285
260	= 224	= 284
271	= 229	= 283a
275	= 255	= 286
290	= 293	= 287
670	= 372	= 289
671	= 405	= 290
688	= 268	= 288
696	= 482	= 291
737	= 397	= 293
746	= 323	= 292
781	= –	= 294
804	= 531	= 295
835	= 522	= 296
878	= 548	= 297
1540	= 632	= 298
1628a	= 714	= 299a
1641	= 725	= 300
–	= 772	= 299b

Goya-Graphik (Zyklen)

Cap.	Harris	Kat.
1 =	36 =	1
2 =	37 =	22
3 =	38 =	42
5 =	40 =	232
6 =	41 =	43
7 =	42 =	44
8 =	43 =	23
9 =	44 =	24
10 =	45 =	269
14 =	49 =	25
17 =	52 =	228
19 =	54 =	26
20 =	55 =	26a
21 =	56 =	28
23 =	58 =	29
24 =	59 =	30
31 =	66 =	227
32 =	67 =	31
33 =	68 =	55
34 =	69 =	32, 237
36 =	71 =	234
38 =	73 =	34
42 =	77 =	56
43 =	78 =	3
46 =	81 =	5
50 =	85 =	36
51 =	86 =	6
52 =	87 =	45
55 =	90 =	46
56 =	91 =	37
57 =	92 =	48
58 =	93 =	38
59 =	94 =	250
61 =	96 =	7
62 =	97 =	39
63 =	98 =	57
64 =	99 =	248
66 =	101 =	8
70 =	105 =	40
72 =	107 =	99, 236
75 =	110 =	41

Des.	Harris	Kat.
1 =	121 =	69
4(34) =	124 =	70
5(28) =	125 =	71
7(41) =	127 =	103
9(29) =	129 =	72
11(18) =	131 =	74
14(23) =	134 =	75
15(22) =	135 =	82
16 (4) =	136 =	239a,b
18(16) =	138 =	76
20 (8) =	140 =	77
26(27) =	146 =	78
27(11) =	147 =	79
28 =	148 =	80
30(21) =	150 =	84
34 (1) =	154 =	240
36(39) =	156 =	86
37(32) =	157 =	87
39(51) =	159 =	88
44(15) =	164 =	89
47(33) =	167 =	90
50(55) =	170 =	91
58(34) =	178 =	92
61(35) =	181 =	92a
62 =	182 =	241
64(38) =	184 =	93
66 =	186 =	58
67 =	187 =	59
68 =	188 =	94
69(69) =	189 =	9
70 =	190 =	95
71 =	191 =	10
72 =	192 =	11
74 =	194 =	60
75 =	195 =	12
76 =	196 =	61
77 =	197 =	63
79 =	199 =	105
80 =	200 =	107
81 =	201 =	96
82 =	202 =	108

Taur.	Harris	Kat.
2 =	205 =	260
6 =	209 =	261
10 =	213 =	262
21 =	224 =	98
28 =	231 =	254
32 =	235 =	256
33 =	236 =	259
E =	241 =	258

Disp.	Harris	Kat.
1 =	248 =	146
2 =	249 =	147
3 =	250 =	148, 245
4 =	251 =	54
5 =	252 =	16
6 =	253 =	149
7 =	254 =	150
9 =	256 =	152
10 =	257 =	153
11 =	258 =	154
12 =	259 =	156
13 =	260 =	162
14 =	261 =	157
15 =	262 =	158, 247
17 =	264 =	160
18 =	265 =	249
	267 =	161a
	268 =	161

Goya-Graphik (Einzelblätter)   *Goya-Zeichnungen*

Harris	Kat.	Gassier/Wilson	Kat.	Gassier/Wilson	Kat.	Gassier/Wilson	Kat.
1 =	212	32 =	209	985 =	221	1446 =	170
2 =	213	53 =	213	992 =	243	1450 =	171
3 =	214	55 =	214	1008 =	73	1451 =	116
4 =	207	75 =	210	1016 =	81	1452 =	229
7 =	190	87 =	217	1045 =	83	1469 =	172
8 =	191	98 =	195	1129 =	62	1475 =	15
9 =	192	99 =	202	1133 =	104	1478 =	165
11 =	196	100 =	201	1135 =	106	1493 =	164
12 =	202	109 =	200	1148 =	85	1497 =	172a
13 =	206	110 =	199	1207 =	253	1525 =	117
14 =	205 a, b	113 =	204	1215 =	255	1526 =	270
15 =	203	114 =	208	1228 =	257	1562 =	268b
17 =	198	115 =	194	1240 =	252	1584 =	151
18 =	200	116 =	197	1245 =	123	1590 =	155
20 =	217	117 =	193	1251 =	109	1595 =	246
21 =	216	123 =	215	1253 =	110	1599 =	159
23 =	219	193 =	211	1256 =	124	1605 =	244
24 =	220	245 =	4	1258 =	125	1608 =	17
25 =	97	356 =	222a	1261 =	126	1610 =	251
26 =	68	357 =	222b	1267 =	127	1645 =	272
27 =	242	377 =	223a	1269 =	128	1646 =	271
29 =	221	378 =	223b	1270 =	129	1647 =	18
30 =	277	395 =	225b	1272 =	130	1648 =	166
31 =	278	396 =	225a	1275 =	131	1714 =	174
32 =	280	405 =	230a	1282 =	13	1715 =	19
33 =	279	406 =	230b	1285 =	132	1718 =	175
272 =	272	423 =	224b	1289 =	133	1720 =	20
274 =	166	424 =	224a	1298 =	111	1721 =	176
276 =	273	460 =	231	1301 =	134	1723 =	118
277 =	274	492 =	27	1307 =	14	1726 =	177
280 =	276	514 =	226	1312 =	135	1735 =	178
281 =	275	538 =	2	1324 =	136	1756 =	180
283 =	263	597 =	235b	1326 =	137	1758 =	179
284 =	264	598 =	235a	1329 =	138	1761 =	173
285 =	265	617 =	33	1333 =	139	1763 =	181
286 =	266	620 =	49	1334 =	140	1767 =	119
		622 =	233	1337 =	141	1768 =	65
		623 =	35	1339 =	142	1770 =	120
		624 =	47	1345 =	143	1771 =	121
		635 =	66	1346 =	144	1777 =	183
		636 =	67	1347 =	145	1778 =	21
		637 =	100	1350 =	112	1784 =	184
		641 =	101	1352 =	113	1796 =	185
		642 =	102	1353 =	114	1800 =	186
		643 =	102a	1355 =	64	1805 =	122
		648 =	238	1357 =	115	1807 =	188
		651 =	50	1358 =	52	1811 =	182
		748 =	219	1365 =	53	1814 =	173a
		750 =	220	1382 =	163	1815 =	187
		755 =	218	1392 =	167	1818 =	189
		898 =	268a	1407 =	168		
		899 =	267	1411 =	168a		
		971 =	51	1431 =	169		

Verzeichnis der Leihgaben nach Standorten

Die Zahlen verweisen auf die entsprechenden Katalognummern

Amsterdam, Historisch Museum: 520
Basel, Kunstmuseum: 299a, 441
Berlin, Staatliche Museen Preußischer Kulturbesitz, Kupferstichkabinett: 167, 168, 172, 172a, 173a
Berlin, Staatliche Museen Preußischer Kulturbesitz, Nationalgalerie: 509a, 509b
Bordeaux, Musée des Beaux-Arts: 537
Boston (Mass.), Museum of Fine Arts: 291
Bremen, Kunsthalle: 474, 475, 481, 488
Bristol, City of Bristol Museum and Art Gallery: 380
Brüssel, Musées Royaux des Beaux-Arts: 464
Cambridge, Fitzwilliam Museum: 118, 120, 180, 303, 307, 408, 440, 445, 446, 447, 452, 460, 482, 483
Cleveland, Cleveland Museum of Art: 393
Dijon, Musée des Beaux-Arts: 350, 433
Dordrecht, Dordrechts Museum: 533, 548
Dublin, National Gallery of Ireland: 292
Düsseldorf, Goethe-Museum: 325
Edinburgh, National Gallery of Scotland: 413
Edinburgh, Steigal Fine Art: 449, 450
Fort Worth (Texas), Kimbell Art Museum: 290
Frankfurt a. M., Freies Deutsches Hochstift, Goethe-Museum: 486
Hamburg, Museum für Kunst und Gewerbe: 327, 328, 391, 467
Hannover, Niedersächsisches Landesmuseum, Landesgalerie: 346
Kassel, Staatliche Kunstsammlungen, Neue Galerie: 372
London, British Museum: 15, 136, 198, 215, 268a, 268b, 271, 378, 379, 422, 423, 436, 461, 502, 514, 515
London, Courtauld Institute Galleries: 304
London, National Maritime Museum: 425
London, National Portrait Gallery: 532
London, Royal Academy of Arts: 437, 466
London, Sabin Galleries Ltd.: 301
London, Tate Gallery: 458, 462, 468, 470
London, Victoria and Albert Museum: 443, 444, 459, 460, 465
London, Westminster City Libraries: 330, 333
Lübeck, Museen für Kunst und Kulturgeschichte, Behnhaus: 501
Madrid, Banco Español de Crédito: 289
Madrid, Banco Exterior de España: 285, 297
Madrid, Biblioteca Nacional: 18, 117, 163, 166, 200, 202, 213, 214, 217, 219, 220, 221, 222a, 222b, 225a, 225b, 229, 243, 270, 272, 276
Madrid, Prado: 2, 4, 13, 14, 17, 19, 20, 21, 27, 33, 35, 47, 49, 50, 51, 52, 53, 62, 64, 65, 66, 67, 73, 81, 83, 85, 100, 101, 102, 102a, 104, 106, 109, 110, 111, 112, 113, 114, 115, 116, 119, 121, 122, 123, 124, 125, 126, 127, 128, 129, 130, 131, 132, 133, 134, 135, 137, 138, 139, 140, 141, 142, 143, 144, 145, 151, 155, 159, 169, 170, 171, 174, 175, 176, 177, 178, 179, 181, 182, 183, 184, 185, 186, 187, 189, 209, 210, 211, 224a, 224b, 226, 231, 233, 235a, 235b, 238, 243, 244, 246, 251, 283, 284, 286, 293, 294, 298
Manchester, University of Manchester, Whitworth Art Gallery: 331, 451
Montpellier, Musée Fabre: 347, 549
München, Bayerische Staatsgemäldesammlungen: 398
München, Sammlung der Bayerischen Hypotheken- und Wechsel-Bank in der Alten Pinakothek: 284a, 299a, 299b
München, Staatliche Graphische Sammlung: 510
New Orleans, New Orleans Museum of Art: 370
New York, New York Public Library: 329
Northampton (Mass.), Smith College Museum of Art: 550
Oldenburg, Stadtmuseum: 236, 245, 247, 254
Ottawa, National Gallery of Canada: 173
Oxford, Ashmolean Museum: 165
Paris, Bibliothèque de l'Ecole Supérieure des Beaux-Arts: 472, 518, 519
Paris, Bibliothèque Nationale: Abb. Zeittafel, 42a, 310, 312, 318, 319, 339, 349, 351, 352, 359, 360, 361, 366, 371, 386, 389, 454, 455, 463, 477, 489, 530, 534, 536, 544, 545, 546, 547
Paris, Musée Carnavalet: 336, 340, 348, 354
Paris, Musée du Louvre: 321, 363, 368, 369, 390, 403, 404, 456, 471, 490, 498, 524, 529, 535, 538
Rotterdam, Museum Boymans-van Beuningen: 164, 188
Rouen, Musée des Beaux-Arts: 524
Stockholm, Nationalmuseum: 431, 453, 478, 523
Stuttgart, Staatsgalerie: 394
Schweinfurt, Sammlung Georg Schäfer: 302
Tournus, Musée Greuze: 342
Washington, National Gallery of Art: 296
Washington, Phillips Collection: 300
Wien, Kupferstichkabinett der Akademie der Bildenden Künste in Wien: 494, 500
Wien, Graphische Sammlung Albertina: 353, 387, 442, 457, 495
Wien, Heeresgeschichtliches Museum: 395, 396, 402, 406, 409, 419a, 419b, 420, 421, 427, 428, 429
Wien, Historisches Museum: 326, 407, 493
Wien, Österreichisches Staatsarchiv, Abteilung Haus-, Hof- und Staatsarchiv: 337
Zürich, Kunsthaus: 308, 309, 432, 448, 479, 480, 484
Privatbesitz (verschiedene Sammlungen): 1, 3, 5, 6, 7, 8, 9, 10, 11, 12, 16, 22, 23, 24, 25, 26, 26a, 28, 29, 30, 31, 32, 34, 36, 37, 38, 39, 40, 41, 42, 43, 44, 45, 46, 48, 54, 55, 56, 57, 58, 59, 60, 61, 63, 68, 69, 70, 71, 72, 74, 75, 76, 77, 78, 79, 80, 82, 84, 86, 87, 88, 89, 90, 91, 92, 92a, 93, 94, 95, 96, 97, 98, 99, 103, 105, 107, 108, 146, 147, 148, 149, 150, 152, 153, 154, 156, 157, 158, 160, 161, 161a, 162, 168a, 190, 191, 192, 203, 205a, 207, 212, 216, 227, 228, 232, 234, 237, 239a, 239b, 240, 241, 242, 248, 249a, 249b, 250, 256, 258, 259, 260, 261, 262, 263, 264, 265, 266, 269, 273, 274, 275, 277, 278, 279, 280, 281, 282, 283a, 287, 288, 298b, 299b, 320, 334, 343, 357, 375, 382, 385, 392, 410, 424, 439, 508, 511, 512, 513, 516, 522, 525, 526, 527, 528, 531

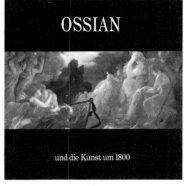   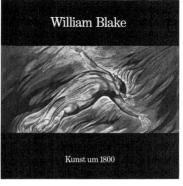

vergriffen vergriffen 228 S., 438 Abb., 8 in Farbe, DM 28,50 248 S., 506 Abb., 18 in Farbe, DM 28,50

Ein ehrgeiziges Unternehmen, »das die Forschung ins Museum zurückgeholt hat und sie zugleich einem großen Publikum anschaulich vermittelt«, schrieb Eduard Beaucamp am 29.5.1976 in der F.A.Z. über den Hamburger Ausstellungszyklus ›Kunst um 1800‹. Neun Ausstellungen, neun verschiedene Antworten auf die Frage nach der ›Kunst um 1800‹ — das machte diesen Zyklus der Hamburger Kunsthalle, der nun mit Goya zu Ende geht, zu einer Herausforderung an das Publikum, denn hier wurden keine Stilschubladen gefüllt, sondern mit jedem Thema und jeder Persönlichkeit wurde ein neuer Ansatz gewonnen, mußte der Betrachter einen neuen Blickwinkel aufsuchen. Neun Ausstellungen, jedoch keine Summe, sondern die Einsicht, daß der Bruch, der die Zeit Goethes und Napoleons, Beethovens und Goyas von der Vergangenheit trennt, auch zwischen deren bedeutendsten Repräsentanten aufklafft. Es trägt sie kein gemeinsamer Stilnenner, sondern nur ein gemeinsames Wissen: die Gewißheit der Ungewißheit.

Die wissenschaftlich erarbeiteten und reich dokumentierten Kataloge des Zyklus sind zu einem Begriff geworden: Wer sie zur Hand nimmt, kann das von Ossian zu Goya sich steigernde geistige Abenteuer ermessen, das alle Autoren und Mitgestalter erfüllte. Neben dem Herausgeber und der Hamburger Mannschaft — Hanna Hohl, Gisela Hopp, Siegmar Holsten, Andrea Heesemann-Wilson, Eckhard Schaar, Peter-Klaus Schuster, Georg Syamken — haben David Bindman, Per Bjurström, Detlef Dörrbecker, Hans-Werner Grohn, Gert Schiff, Sarah Symmons, Daniel Ternois, Hélène Toussaint und Andrew Wilton an den Katalogen mitgewirkt.

190 S., 339 Abb., 4 in Farbe, DM 28,50 vergriffen 348 S., 707 Abb., 20 in Farbe, DM 28,50 224 S., 532 Abb., 6 in Farbe, DM 28,50